O NÚCLEO INTANGÍVEL
DA COMUNHÃO CONJUGAL

JORGE ALBERTO CARAS ALTAS DUARTE PINHEIRO

O NÚCLEO INTANGÍVEL DA COMUNHÃO CONJUGAL

OS DEVERES CONJUGAIS SEXUAIS

DISSERTAÇÃO DE DOUTORAMENTO EM
CIÊNCIAS JURÍDICAS NA FACULDADE DE
DIREITO DA UNIVERSIDADE DE LISBOA

ALMEDINA

TÍTULO:	O NÚCLEO INTANGÍVEL DA COMUNHÃO CONJUGAL
AUTOR:	JORGE ALBERTO CARAS ALTAS DUARTE PINHEIRO
EDITOR:	LIVRARIA ALMEDINA – COIMBRA www.almedina.net
LIVRARIAS:	LIVRARIA ALMEDINA ARCO DE ALMEDINA, 15 TELEF. 239 851900 FAX 239 851901 3004-509 COIMBRA – PORTUGAL livraria@almedina.net LIVRARIA ALMEDINA ARRÁBIDA SHOPPING, LOJA 158 PRACETA HENRIQUE MOREIRA AFURADA 4400-475 V. N. GAIA – PORTUGAL arrabida@almedina.net LIVRARIA ALMEDINA – PORTO R. DE CEUTA, 79 TELEF. 22 2059773 FAX 22 2039497 4050-191 PORTO – PORTUGAL porto@almedina.net EDIÇÕES GLOBO, LDA. R. S. FILIPE NERY, 37-A (AO RATO) TELEF. 21 3857619 FAX 21 3844661 1250-225 LISBOA – PORTUGAL globo@almedina.net LIVRARIA ALMEDINA ATRIUM SALDANHA LOJAS 71 A 74 PRAÇA DUQUE DE SALDANHA, 1 TELEF. 213712690 1050-094 LISBOA atrium@almedina.net LIVRARIA ALMEDINA – BRAGA CAMPUS DE GUALTAR, UNIVERSIDADE DO MINHO, 4700-320 BRAGA TELEF. 253678822 braga@almedina.net
EXECUÇÃO GRÁFICA:	G.C. – GRÁFICA DE COIMBRA, LDA. PALHEIRA – ASSAFARGE 3001-453 COIMBRA E-mail: producao@graficadecoimbra.pt JULHO, 2004
DEPÓSITO LEGAL:	214229/04

Toda a reprodução desta obra, por fotocópia ou outro qualquer processo, sem prévia autorização escrita do Editor, é ilícita e passível de procedimento judicial contra o infractor.

À memória de minha avó Virgínia

À memória de meus pais

À minha mulher e a meus filhos

NOTA PRÉVIA

O estudo que agora se publica corresponde, no essencial, à dissertação de doutoramento que foi apresentada por escrito, na Faculdade de Direito da Universidade de Lisboa, no dia 15 de Novembro de 2002.

A dissertação foi defendida no dia 27 de Janeiro de 2004, em provas públicas, realizadas na Reitoria da Universidade de Lisboa, perante um júri constituído pelos Senhores Professores Doutores José Barata-Moura, Reitor da mesma Universidade e Presidente do júri, Guilherme de Oliveira, da Faculdade de Direito da Universidade de Coimbra, Rita Lobo Xavier, da Faculdade de Direito de Universidade Católica do Porto, José de Oliveira Ascensão, António Menezes Cordeiro, Miguel Teixeira de Sousa, Carlos Pamplona Corte-Real, José Duarte Nogueira e Pedro Romano Martinez, todos da Faculdade de Direito da Universidade de Lisboa. A arguição coube aos Senhores Professores Doutores Rita Lobo Xavier e Miguel Teixeira de Sousa.

Infelizmente não pôde estar entre os membros do júri o meu orientador, que faleceu inesperadamente no dia 13 de Março de 2003. É justo, justíssimo, lembrar nesta ocasião o Senhor Professor Doutor António Marques dos Santos não apenas pela sua obra, reconhecida aquém e além fronteiras, mas também pelo seu modo de estar na Academia – pela sua humanidade, pela sua dedicação, pela sua generosidade e pelo seu rigor.

No período que decorreu entre a apresentação por escrito da tese e a sua defesa oral contei com a ajuda preciosa de ilustres juristas, cujos nomes não posso deixar de mencionar.

Ao Senhor Professor Doutor Carlos Pamplona Corte-Real, de quem fui aluno em 1987/88, na disciplina semestral de Direito das Sucessões, e em cuja equipa trabalhei diversos anos como docente, na disciplina anual de Direito da Família e das Sucessões, desejo exprimir o meu reconhecimento pelas intensas e, por vezes, acesas trocas de impressões sobre aspectos centrais da presente obra. Registo, com elevado apreço, os diálogos que, apesar das nossas profundas divergências quanto ao entendimento da relação conjugal, conseguimos manter. E acredito que esses diálogos só foram possíveis e profícuos graças à atitude académica do Senhor Professor, que concilia a tolerância e o inconformismo, a livre-discussão e a prudente fundamentação.

Ao Dr. Rui Pinto, Assistente da Faculdade de Direito de Lisboa, e ao Dr. Luís Pires, que, na mesma casa, ensinou Direito da Família e das Sucessões, manifesto a minha gratidão pela leitura atenta e crítica da dissertação.

À Dr.ª Marta Patrício, Assessora da Procuradoria-Geral da República, agradeço o auxílio na recolha de elementos bibliográficos, que usei para preparar a discussão da tese.

Às Mestras Dr.ª Fátima Manso e Dr.ª Lurdes Pereira, Assistentes, e ao Dr. Daniel Morais, Assistente estagiário, todos da Faculdade de Direito de Lisboa, agradeço por terem assumido o encargo de me substituírem nas aulas que precederam o dia da prestação das minhas provas de doutoramento.

AGRADECIMENTOS

É justo agradecer a todos aqueles que tornaram menos difícil a apresentação desta dissertação. Não sendo possível uma referência nominativa e exaustiva, gostaria de destacar o contributo de algumas pessoas e entidades.

Ao Senhor Professor Doutor António Marques dos Santos desejo exprimir toda a minha gratidão pela aceitação da orientação do presente trabalho e pelo seu apoio constante, crítico e rigoroso, que reforçou a minha determinação e que foi essencial para a elevação do nível científico do resultado final.

Ao Conselho Científico da Faculdade de Direito da Universidade de Lisboa quero exprimir os meus agradecimentos por me ter concedido dispensa de serviço docente pelo prazo legal máximo, o que me permitiu avançar decisivamente na elaboração da tese.

À Procuradoria-Geral da República quero manifestar o meu reconhecimento pelas facilidades de investigação que me foram proporcionadas quer durante o período em que colaborei com o respectivo Conselho Consultivo quer posteriormente.

Quero ainda dirigir uma palavra de especial agradecimento a três amigos: ao Professor Doutor Jorge Bacelar Gouveia, da Faculdade de Direito da Universidade Nova de Lisboa, que me incitou a começar e a prosseguir esta empresa com o máximo empenho; ao Doutor José Manuel Meirim, Assessor da Procuradoria-Geral da República e Professor da Faculdade de Motricidade Humana da Universidade Técnica de Lisboa, que sempre mostrou grande consideração pelo meu trabalho e que, por várias vezes, espontaneamente, me enviou e me guardou elementos bibliográficos pertinentes; ao Dr. Rui Ataíde, Assistente da

Faculdade de Direito da Universidade de Lisboa, que se disponibilizou para debater comigo inúmeras questões no momento sensível do início da realização do projecto de doutoramento.

São também devidos agradecimentos às diversas instituições a que recorri para efeitos de recolha bibliográfica e que foram, além da Faculdade de Direito da Universidade de Lisboa e da Procuradoria-Geral da República, a Faculdade de Direito da Universidade de Coimbra, a Faculdade de Direito da Universidade Complutense de Madrid, a Faculdade de Direito da Universidade Autónoma de Madrid, a Universidade Pontifícia Comillas, em Madrid, a Biblioteca Interuniversitária Cujas de Direito e Ciências Económicas, em Paris, a Faculdade de Direito da Universidade de Estudos de Milão, a Faculdade de Direito da Universidade de Estudos de Milão-Bicocca, a Universidade Católica do Sagrado Coração, em Milão, a Faculdade de Direito da Universidade de Estudos de Pádua, o Max-Planck-Institut für ausländisches und internationales Privatrecht, em Hamburgo, a Faculdade de Direito da Universidade de Hamburgo e a Faculdade de Direito da Universidade Ludwig-Maximilian de Munique.

Por fim, numa dissertação como esta, situada no campo do Direito da Família, seria impensável omitir o peso do contributo dos entes que me são mais queridos. À Anabela, minha mulher, quero deixar uma palavra pública de reconhecimento pela sua ajuda, pela sua compreensão e pelo seu espírito de renúncia, manifestados quotidianamente ao longo de um período de cerca de cinco anos, durante o qual ela própria não deixou de desenvolver uma actividade profissional exigente e intensa e em que nos aconteceram coisas importantes, como são o nascimento de uma filha e os primeiros anos de vida de duas crianças. Aos meus dois filhos, Tomás, que nem sequer tinha um ano de idade quando apresentei o meu requerimento de candidatura a doutoramento, e Margarida, que nasceu cerca de ano e meio depois, quero, aliás, exprimir a minha admiração pelo respeito – precoce – com que encararam o meu trabalho e por não mostrarem nenhum sinal de ressentimento mesmo quando não estive em condições de lhes prestar toda a atenção merecida.

À minha irmã, Deolinda Maria, e ao meu irmão, Manuel Guilherme, desejo também agradecer, nomeadamente por me terem dispensado de participar na resolução de assuntos patrimoniais comuns.

SIGLAS E ABREVIATURAS

        a. – article
      A.2d – Atlantic Reporter. Second Series
      A.C. – Law Reports. Appeal Cases
      a.F. – alte Fassung
   AAFDL – Associação Académica da Faculdade de Direito de Lisboa
    AAVV – autores vários
     Abs. – Absatz
      ac. – acórdão
      AcP – Archiv für die civilistische Praxis
     ADC – Anuario de Derecho Civil
     ADE – Archivio di Diritto Ecclesiastico
  Adel.L.R. – The Adelaide Law Review
     ADL – Annales de Droit de Louvain
    AJCL – The American Journal of Comparative Law
      al. – alínea
    ALFE – Annuaire de Législation Française et Étrangère
   All ER – The All England Law Reports
     ALR – Allgemeines Landrecht für die preußischen Staaten (de 1794)
   ALR.3d – American Law Reports Annotated. Third Series
Am.J.Fam.L. – American Journal of Family Law
   An. Soc. – Análise Social
     App. – Appeal, Court of Appeal; Cour d'appel; Corte d'appello
Aranzadi TC – Repertorio Aranzadi del Tribunal Constitucional

Arch.Pen. – Archivio Penale
ARLM – Acórdãos da Relação de Lourenço Marques
art./ arts. – artigo/ artigos
artt. – articoli
AT – Audiencia Territorial
ATRLuanda – Acórdãos do Tribunal da Relação de Luanda
AUSST – Annales de l'Université des Sciences Sociales de Toulouse
Barb. – Barbour's Chancery Reports
BFDUC – Boletim da Faculdade de Direito da Universidade de Coimbra
BGB – Bürgerliches Gesetzbuch
BGH – Bundesgerichtshof
BGHZ – Entscheidungen des Bundesgerichtshofes in Zivilsachen
BMJ – Boletim do Ministério da Justiça
BOCG – CD – Boletín Oficial de las Cortes Generales – Congreso de los Diputados
BT-Drucks. – Drucksachen des Deutschen Bundestages
Bull.civ. – Bulletin des arrêts des chambres civiles de la Cour de cassation
Bull.crim. – Bulletin des arrêts de la chambre criminelle de la Cour de cassation
BVerfG – Bundesverfassungsgericht
BverfGE – Entscheidungen des Bundesverfassungsgerichts
bzw. – beziehungsweise
C. civ., c. civ. – Code civil
C.A. – Court of Appeal
C.Cat. – La Civiltà Cattolica
c.d. – cosiddetta
cân. – cânone
CassFr – Cour de cassation (francesa)
CassIt – Corte di Cassazione
CC, Cc, C.c., c.c.– Código Civil, Code civil, Codice Civile
cf., cfr. – confira
Ch. – The Law Reports. Chancery Division

chron. – chroniques (no Recueil Dalloz)
CIC – Codex Iuris Canonici
cit. – citado
CJ – Colectânea de Jurisprudência
CJA – Cahiers de Jurisprudence d'Aquitaine
CJ-S – Colectânea de Jurisprudência. Acórdãos do Supremo Tribunal de Justiça
Col.L.R. – Columbia Law Review
Contr. – Contratto e impresa
cost. – Costituzione
Ct. – Court
Ct. App. – Court of Appeal
D. – Recueil Dalloz
d.h. – das heißt
dact. – dactilografado
Dan. e Resp. – Danno e Responsabilità
DC – District of Columbia
DCr – Recueil critique de jurisprudence et de législation Dalloz
Defrénois – Répertoire du notariat Defrénois
Dem. e Dir. – Democrazia e Diritto
DFP – Il Diritto di Famiglia e delle Persone
Dig. D.P. – Digesto delle Discipline Privatistiche
Dig.it. – Digesto italiano
Dir. – O Direito
dir. priv. – diritto privato
Dir.Eccl. – Il Diritto Ecclesiastico
DP – Recueil périodique et critique mensuel Dalloz
Dr. & P. – Droit & Patrimoine
Dr. Fam. – Droit de la Famille
ecc. – eccetera
ED – Enciclopedia del Diritto
ed. – edição
EheG – Ehegesetz (de 20/2/1946)
EheschlRG – Eheschließungsrechtsgesetz (de 4/5/1998)
Enc.Giur. – Enciclopedia Giuridica

Ent. – Entscheidung
1. EheRG – Erste Gesetz zur Reform des Ehe- und Familienrechts (de 14/6/1976)
F.2d – Federal Reporter. Second Series
Fam. e Dir. – Famiglia e Diritto
Fam.Adv. – Family Advocate
Fam.L.Q. – Family Law Quarterly
Familia – Familia. Rivista di Diritto della Famiglia e delle Successioni in Europa
FamNamRG – Familiennamensrechtsgesetz (de 16/12/1993)
FamRZ – Zeitschrift für das Gesamte Familienrecht
fasc. – fascículo
FDL – Faculdade de Direito de Lisboa
ff. – folgende
FI – Il Foro italiano
Fla – Florida
Ford.L.R. – Fordham Law Review
fund. – fundador
FuR – Familie und Recht
Gaz.Pal. – Gazette du Palais
GDir – Guida al diritto
gem. – gemäß
gén. – général
GG – Grundgesetz für die Bundesrepublik Deutschland
Giur.Cost. – Giurisprudenza Costituzionale
Giur.It. – Giurisprudenza Italiana
Giur.Mer. – Giurisprudenza di Merito
Giust.Civ. – Giustizia Civile
Giust.Pen. – Giustizia Penale
GRL – Gazeta da Relação de Lisboa
Harv.L.R. – Harvard Law Review
Hs. – Halbsatz
i.e. – *id est*
IECL – International Encyclopedia of Comparative Law
Ill. – Illinois
Ind. – Indiana

Io.L.R. – Iowa Law Review
IR – Informations Rapides (no Recueil Dalloz)
IRETIJ – Institut de Recherche pour le Traitement de l'Information Juridique (divulgação jurídica por via informática)
Ius Can. – Ius Canonicum
J.-Cl.Civ. – Juris-Classeur (Civil)
J.Fam.L. – Journal of Family Law
JA – Juristische Arbeitsblätter
JCP – Jurisclasseur périodique – La semaine juridique
JD – Journal du Droit (divulgação jurídica por via informática)
JR – Juristische Rundschau
JRel – Jurisprudência das Relações
JTS – Jurisprudencia del Tribunal Supremo (Porto Rico)
jur. – jurisprudence (no Recueil Dalloz)
JuS – Juristische Schulung
Jus – Jus. Rivista di Scienze Giuridiche
JZ – Juristenzeitung
Kan. – Kansas
KG – Kammergericht
La Ley – La Ley. Revista Jurídica Española de Doctrina, Jurisprudencia y Bibliografía
LG – Landgericht
LM – Das Nachschlagewerk des Bundesgerichtshofs in Zivilsachen (fundado por Lindenmaier e Möhring)
loc. – local
LPartG – Lebenspartnerschaftsgesetz, também conhecida pela designação "Gesetz über die Eingetragene Lebenspartnerschaft" (de 16/2/2001)
m. E. – meines Erachtens
Mass. – Massachusetts
MDR – Monatsschrift für Deutsches Recht
MGiust.Civ. – Giustizia Civile. Massimario Annotato della Cassazione

MGiust.Pen. – Giustizia Penale. Massimario Annotato della Cassazione
Mich. – Michigan
Mich.L.R. – Michigan Law Review
Minn. – Minnesota
Miss. – Mississipi
MünchKomm – Münchener Kommentar
n. – nota, notas
n. – numero (quando respeita a uma decisão judicial italiana)
N.E. – North Eastern Reporter
N.E.2d – North Eastern Reporter. Second Series
N.J. – New Jersey
N.W. – North Western Reporter
N.W.2d – North Western Reporter. Second Series
N.Y. – New York
ND – Nuovo Diritto
NEJ – Nueva Enciclopedia Jurídica
NGCC – La Nuova Giurisprudenza Civile Commentata
NJW – Neue Juristische Wochenschrift
Nm. – nota ou notas de margem
n.º/n.ºˢ – número/números
Notre D.L. – Notre Dame Lawyer
Nov. – Novella (no contexto: Riforma del Diritto di Famiglia, lei de 19/5/1975)
NovissDig.it. – Novissimo Digesto Italiano
Nr. – Nummer, Nummern
Nuovo Dig.it. – Nuovo Digesto Italiano
ob. – obra
OJLS – Oxford Journal of Legal Studies
Okla. – Oklahoma
OLG – Oberlandesgericht
Ore. – Oregon
org. – organizador, organizadores
OTM – Organização Tutelar de Menores
P – Pacific Reporter

p. – página
p. e., p. ex. – por exemplo
P.2d – Pacific Reporter. Second Series
p.ej. – por ejemplo
Pa. – Pennsylvania State Reports
par. – parágrafo
per es. – per esempio
Pers. y Der. – Persona y Derecho
pp. – páginas
proc. – processo
Quadr. – Quadrimestre
Rass.DC – Rassegna di Diritto Civile
RAU – Regime do Arrendamento Urbano
RC – Relação de Coimbra
RCDP – Rivista Critica di Diritto Privato
RDC – Rivista di Diritto Civile
RDCLB – Revista de Direito Comparado Luso-Brasileiro
RDCom – Rivista del Diritto Commerciale e del Diritto Generale delle Obbligazioni
RDConcep. – Revista de Derecho (Universidad de Concepción)
RDP – Revista de Derecho Privado
RDPuert. – Revista de Derecho Puertorriqueño
RE – Relação de Évora
RFDCar – Revista de la Facultad de Derecho (Caracas)
RFDUGr – Revista de la Facultad de Derecho de la Universidad de Granada
RFDUL – Revista da Faculdade de Direito da Universidade de Lisboa
RFI – Repertorio del Foro Italiano
RG – Reichsgericht
RGD – Revista General de Derecho
RGLJ – Revista General de Legislación y Jurisprudencia
RGRK – Das Bürgerliche Gesetzbuch mit besonderer Berücksichtigung der Rechtsprechung
RGU – Rassegna Giuridica Umbra
RGZ – Entscheidungen des Reichsgerichts in Zivilsachen

RIDC – Revue Internationale de Droit Comparé
RIFD – Rivista Internazionale di Filosofia del Diritto
RISG – Rivista Italiana per le Scienze Giuridiche
Riv.Pen. – Rivista Penale
RJCLM – Revista Jurídica de Castilla-La Mancha
RJPF – Revue juridique Personnes et famille
RL – Relação de Lisboa
RLJ – Revista de Legislação e de Jurisprudência
RLM – Relação de Lourenço Marques
RLuanda – Relação de Luanda
RMP – Revista do Ministério Público
RN – Revista do Notariado
ROA – Revista da Ordem dos Advogados
RP – Relação do Porto
RRCCS – Revista de Responsabilidad Civil, Circulación y Seguro
RTDC – Revue Trimestrielle de Droit Civil
RTDFam – Revue Trimestrielle de Droit Familial
RTDPC – Rivista Trimestrale di Diritto e Procedura Civile
RTh – Rechstheorie
S. – Recueil Sirey
S. – Satz (em referências à legislação alemã)
s. – seguintes
S. Ct. – Supreme Court Reporter
S.W.2d – South Western Reporter. Second Series
s/ – sem
Sez.Civ. – Sezione Civile
sgg. – seguenti
SI – *Scientia Ivridica*
So.2d – Southern Reporter. Second Series
So.Calif.L.R. – Southern California Law Review
sog. – soggennant
som. – sommaires (em revistas francesas de recolha de jurisprudência)
St.Iur. – Studium Iuris
St.Sen. – Studi Senesi

StGB — Strafgesetzbuch
STJ — Supremo Tribunal de Justiça
t. — tomo, tome
TC — Tribunal Constitucional (português)
TCesp — Tribunal Constitucional (espanhol)
Tex. — Texas
TGI — Tribunal de grande instance
TJ — Tribuna da Justiça
Trib. — Tribunale
TS — Tribunal Supremo
U.Chi.L.R. — The University of Chicago Law Review
U.Ill.L.R. — University of Illinois Law Review
U.N. — United Nations
U.Pa.L.R. — University of Pennsylvania Law Review
U.S. — United States Supreme Court Reports
ÜAndG — Unterhaltsänderungsgesetz (de 20/2/1986)
usf. — und so fort
v. — *versus*
v.g. — *verbi gratia*
vgl. — vergleiche
vº — *verbo*
vol. — volume
Vt. — Vermont
Wash. — Washington
Wis. — Wisconsin
ZfJ — Zentralblatt für Jugendrecht und Jugendwohlfahrt
ZPO — Zivilprozeßordnung
ZRP — Zeitschrift für Rechtspolitik
ZZP — Zeischrift für Zivilprozeß

INTRODUÇÃO

I

A mais profunda modificação do regime dos efeitos do casamento que teve lugar durante todo o século XX baseou-se no princípio da igualdade dos cônjuges[1], o mesmo princípio que continua hoje a marcar o Direito Matrimonial ocidental. O afastamento da concepção hierárquica da família, traduzida na subordinação de um dos membros do casal à autoridade do outro, foi e é a manifestação de outro fenómeno, que consiste na afirmação do valor da liberdade individual[2]. Dada a evolução social e política actual, não é certamente adequada uma definição do significado das referências legais aos deveres recíprocos dos cônjuges que colida com este valor. Todavia, para alguns

---

[1] Cfr. HENRICH, "Die Ehe: ein Rechtsinstitut im Wandel", em Henrich/Jayme//Sturm, *Ehe und Kindschaft im Wandel*, Band 1, Frankfurt a.M./Berlin, Verlag für Standesamtswesen, 1998, p. 31; SCHWIND, "Verrechtlichung und Entrechtlichung der Ehe", *FamRZ* 1982, pp. 1055-1056; WEYERS, "La evolución del Derecho de Familia en la República Federal Alemana desde la postguerra", em AAVV, *La reforma del Derecho de Familia*, Universidad de Salamanca, 1977, p. 115.

[2] Cfr. FRANK, "100 Jahre BGB – Familienrecht zwischen Rechtspolitik, Verfassung und Dogmatik", *AcP* 2000, p. 418 = "Le centenaire du BGB: le Droit de la Famille face aux exigences du raisonnement politique, de la Constitution et de la cohérence du système juridique", *RIDC* 2000, p. 835; PROSPERI, "La «famiglia di fatto» tra libertà e coercizione giuridica", em P. Stanzione (org.), *Persona e comunità familiare*, Edizioni Scientifiche Italiane, 1985, p. 297; STURM, "Wertwandel im Familienrecht", em Henrich/Jayme/Sturm, *Ehe und Kindschaft im Wandel* I cit., pp. 3-4.

sectores, tributários do chamado liberalismo moderno[3], tal conclusão peca por defeito. No pressuposto de que houve uma autêntica revolução no domínio da moral social[4], que a regulamentação jurídica do casamento tem de acompanhar, ou de que o ideal constitucional do pluralismo só é exequível numa situação de rigorosa neutralidade do Estado[5], chega-se a contestar a existência de deveres conjugais pessoais ou, pelo menos, daqueles que visem orientar os comportamentos íntimos. Aliás, a intervenção do Direito na esfera sexual de duas pes-

---

[3] Cfr. HAAG, *Consent. Sexual Rights and the Transformation of American Liberalism*, Ithaca/London, Cornell University Press, 1999, p. VIII ["The political landscape of the 1980s and 1990s appears polarized by a contest between two versions of liberal thought: the «classic liberal» values, denoted as «conservative», venerate free markets and define personal, individual freedom as relevant to economic relations («opportunity» and chances therein) rather than to sexual relations. The «modern liberal» values, in contrast, support economic regulation and intervention, and define personal freedoms as sexual and social in nature. Although cast as a battle between opposed ideologies – one conservative and one liberal – it seems more a battle between two strains of the same liberal values, one classic and one modern"; LENSEL/LAFOND, *La famille à venir (Une réalité menacée mais nécessaire)*, Paris, Economica, 2000, p. 7; ROGÉRIO SOARES/LEITE DE CAMPOS, "A família em Direito Constitucional Comparado", *ROA* 1990, pp. 7 e 16.

[4] Cfr. STURM, "Wertwandel im Familienrecht" cit., pp. 1-3: a partir de 1960, houve uma mudança radical de valores que se reflecte nas normas que regulam o casamento; o individualismo e a realização pessoal destronaram os valores tradicionais da lealdade, da obediência, do autodomínio e da aceitação da realidade, agora frequentemente repudiados e até ridicularizados. A opinião do autor é algo precipitada. Circunscrevendo-nos à área particular do casamento, verifica-se que continua a haver "a strong social norm against marital infidelity" [EEKELAAR, "Uncovering Social Obligations: Family Law and the Responsible Citizen", em MacLean (org.), *Making Law for Families*, Oxford/Portland, Hart, 2000, p. 17]. E as análises eticamente mais descomprometidas do casamento, assentes na aplicação dos modelos económicos ao Direito da Família, consideram que o adultério representa um "threat point", um momento em que o outro cônjuge tem de decidir se o "jogo do casamento" prossegue ou termina [cfr. SLAUGHTER, "Marital Bargaining: Implications for Legal Policy", em MacLean (org.), *Making Law for Families* cit., p. 33].

[5] Cfr. PAWLOWSKI, *Methodenlehre für Juristen: Theorie der Norm und des Gesetzes; ein Lehrbuch*, 2.ª ed., Heidelberg, C.F.Müller, 1991, p. 392 e s.: a regulamentação exclusivamente formal do casamento é a única que é plausível num Estado que confere igual dignidade a todas e quaisquer convicções dos seus cidadãos.

soas casadas é especialmente questionada sob os mais diversos graus e formas. O liberalismo moderno, que se caracteriza pelo pragmatismo e pela versatilidade, pode recusar carácter jurídico aos deveres dos cônjuges ou qualificá-los como simples ónus; pode concluir pela impossibilidade de se detectarem conteúdos materiais para os deveres conjugais mencionados pela lei ou admitir que esses deveres comportam conteúdos precisos que estão, porém, na inteira disponibilidade das partes; pode até recorrer à tese clássica da fragilidade da garantia.

Com este trabalho, propomo-nos estudar uma problemática que se insere bem no centro da *tempestade* que atinge o Direito Matrimonial. É nosso propósito demonstrar que a lei continua a impor aos cônjuges o dever de não terem relações sexuais com terceiro e o dever de terem relações sexuais um com o outro. É também nosso propósito discorrer sobre a natureza e a garantia destes dois deveres, bem como sobre a eficácia dos mesmos em casos particulares (*v.g.*, separação e acordo de não cumprimento).

No plano metodológico, rejeitamos uma pesquisa condicionada pela contraposição entre concepções institucionais e concepções contratuais do casamento. A discussão, antiga e tão em voga a partir de 1960[6], contribui pouco para a resolução dos principais problemas do Direito Matrimonial[7]. A cada um dos dois grandes tipos de orientação não está necessariamente ligada uma dada posição sobre o carácter juridicamente vinculativo dos deveres conjugais pessoais, por exemplo. A defesa da natureza puramente moral dos deveres tanto pode ser feita

---

[6] Cfr. HENRICH, "Die Ehe: ein Rechtsinstitut im Wandel" cit., p. 36.

[7] Cfr. PAWLOWSKI, *Das Studium der Rechtswissenschaft: eine Einführung in das Wesen des Rechts*, Tübingen, J.C.B. Mohr, 1969, pp. 315-317; WACKE, anotação ao § 1353, Nm. 1-2, *Münchener Kommentar zum Bürgerlichen Gesetzbuch*, Band 7, *Familienrecht* I, 4.ª ed., München, C.H.Beck, 2000 (de agora em diante citado WACKE/MünchKomm). Aliás, a contraposição do casamento-contrato ao casamento-instituição afigura-se pouco correcta: cfr. MOZOS, "Nueva imagen del matrimonio y sistema matrimonial español", *La reforma del Derecho de Familia en España, hoy*, vol. I, Universidad de Valladolid, Departamento de Derecho Civil, 1981, p. 52; WACKE "Logische Paradoxien in antiker und moderner Jurisprudenz", *Festschrift der Rechtswissenschaftlichen Fakultät zur 600-Jahr-Feier der Universität zu Köln*, Köln/Berlin/Bonn/München, Carl Heymanns, 1988, p. 362.

por um institucionalista, empenhado em assegurar a reserva da disciplina das relações conjugais à instituição social do casamento[8], como por um partidário de concepções inter-individuais, rendido a uma visão absoluta do direito de liberdade.

O que dirige a nossa investigação é sobretudo o pré-entendimento da relação conjugal como uma união fundamentalmente pessoal que, sendo distinta de qualquer outra, concilia os valores da liberdade e da responsabilidade. E são vários os sinais recentes que, em Portugal e no estrangeiro, confirmam a validade deste pré-entendimento, moderadamente distante da perspectiva liberal. O reconhecimento que agora é concedido à união de facto mostra que há uma alternativa plausível ao casamento. Quem decide casar rejeita não só a opção de viver sozinho, mas também a opção de viver numa forma de coabitação legalmente relevante e isenta de constrangimentos jurídicos a nível da dimensão pessoal da comunhão. O compromisso *ope legis* separa o casamento da união de facto[9]. Em 1998, foram introduzidas três alterações ao Código Civil alemão que sublinham justamente a vertente de vinculação inerente ao casamento. No título dedicado aos efeitos do casamento, o § 1353 I 2 estabelecia anteriormente apenas que "os cônjuges estão mutuamente obrigados à comunhão conjugal de vida". Na sequência da Lei relativa à celebração do casamento (EheschlRG), de 4 de Maio de 1998, foi acrescentada a expressão "eles são responsáveis um perante

---

[8] Segundo ANTUNES VARELA, "As concepções institucionais e as concepções inter-individuais do casamento", *Pers. y Der.* 1985, pp. 167-168, uma das ideias principais subjacentes à tese institucionalista é a de que a definição das regras da relação matrimonial, "cada vez mais refractária à intervenção dos mecanismos coercivos do sistema estadual", cabe, em larga medida, à organização social.

[9] Cfr. TALAVERA FERNÁNDEZ, *La unión de hecho y el derecho a no casarse*, Granada, Editorial Comares, 2001, em especial, pp. 162-164, 171-173 e 352. Ver também: CANTERO NÚÑEZ, "Uniones de hecho", em Delgado de Miguel (org.), *Instituciones de Derecho Privado*, t. IV, *Familia*, vol. 1.º, Madrid, Consejo General de Notariado/Civitas Ediciones, 2001, pp. 296-298; FENOUILLET, "Couple hors mariage et contrat", em Fenouillet/Vareilles-Sommières (org.), *La contractualisation de la famille*, Paris, Economica, 2001, pp. 114-115; HÜBNER, "Eherecht am Ausgang des 20. Jahrhunderts – Versuch einer Positionsbestimmung", *Festschrift für Gottfried Baumgärtel*, Köln/Berlin/Bonn/München, Carl Heymanns, 1990, p. 674 e s.; PROSPERI, "La «famiglia di fatto» tra libertà e coercizione giuridica" cit., pp. 302-303.

o outro". No título respeitante à celebração do casamento, o § 1314 II 5 passou a prever a anulabilidade do acto, quando tenha sido celebrado entre duas partes que não pretendiam estar vinculadas à obrigação de comunhão conjugal de vida, e o § 1310 I, na nova redacção, determina que o funcionário do registo civil se deve recusar a celebrar o casamento quando for patente que este seria anulável nos termos do § 1314 II. Em face disto, a doutrina atribui ao legislador "uma vontade nova de reforçar a coesão do casal casado"[10], qualifica o casamento como uma "comunhão de responsabilidade"[11] ou anuncia a criação de um novo impedimento matrimonial – o "impedimento matrimonial do casamento sem deveres"[12]. No mesmo ano, em Inglaterra, e no que parece representar um desvio à política familiar de "liberalismo terapêutico"[13], o Governo revela a intenção de contribuir para a promoção de atitudes "responsáveis" perante o casamento, nomeadamente, num documento do "Home Office", em que se sugere que os funcionários do registo proporcionem aos casais que pretendem casar informação que lhes dê uma "ideia clara dos direitos e responsabilidades que eles irão assumir"[14]. E, um pouco por toda a Europa, a reivindicação da

---

[10] Cfr. FURKEL, "La loi portant réorganisation du droit de la formation du mariage en République Fédérale d'Allemagne (Eheschließungsrechtsgesetz)", *Dr. Fam.* 2000/5, p. 9.

[11] "Verantwortungsgemeinschaft": cfr. BOSCH, "Neuordnung oder nur Teilreform des Eheschließungsrechts?", *NJW* 1998, p. 2005; WAGENITZ, "Wider die Verantwortungslosigkeit im Eherecht", *Festschrift für Walter Rolland zum 70. Geburtstag*, Köln, Bundesanzeiger Verlag, 1999, p. 380 e s.

[12] Cfr. A. WOLF, "Der Standesbeamte als Ausländerbehörde oder Das neue Eheverbot der pflichtenlosen Ehe", *FamRZ* 1998, p. 1477 e s.

[13] A expressão "therapeutic liberalism" é usada por ARCHBOLD, "Family Law--Making and Human Rights in the United Kingdom", *Making Law for Families* cit., p. 193, para descrever uma tendência que tenta combinar o desejo de deixar que a família se autogoverne com a crença na utilidade da acção de mediadores, assistentes sociais, educadores e conselheiros, sempre que se desenhe uma situação de crise.

[14] Cfr. EEKELAAR, "Uncovering Social Obligations" cit., p. 25. Esta estratégia – "the strategy of linking the idea of empowerment with that of responsibility" – é elogiada pelo autor no texto "The End of an Era?", em Katz/Eekelaar/MacLaen (org.), *Cross Currents: Family Law and Policy in the US and England*, New York, Oxford University Press, 2000, p. 649.

possibilidade do casamento entre pessoas do mesmo sexo, encarada por alguns autores como uma ameaça à subsistência da sociedade tal como a conhecemos na actualidade[15], surge, afinal, como um factor de revitalização do interesse pelo instituto do casamento e de clarificação dos respectivos efeitos. Os casais homossexuais não se contentam com as cerimónias mais ou menos simbólicas que dão solenidade à sua relação, nem com os benefícios patrimoniais de uma união de facto; eles querem ficar submetidos aos deveres pessoais dos cônjuges[16].

II

Hoje, mais do que nunca, é verdade que as ideias não têm fronteiras. No campo do Direito da Família, isso é particularmente visível:

---

[15] Cfr. FRANÇA PITÃO, *Uniões de facto e economia comum (Comentário crítico às leis n.*os *6/2001 e 7/2001, ambas de 11.05)*, Almedina, Coimbra, 2002, p. 70.

[16] Cfr. ROWTHORN, "Marriage as a signal", em Dnes/Rowthorn (org.), *The Law and Economics of Marriage and Divorce*, Cambridge, Cambridge University Press, 2002, p. 152. Entretanto, na Alemanha, onde começou por ser apresentado, em 25 de Outubro de 1995, um projecto do Partido dos Verdes que permitia a celebração do casamento entre pessoas do mesmo sexo (*BT-Drucks*. 13/2728), sem modificar a principal norma sobre os efeitos do casamento até então em vigor (o § 1353 I 2, que vincula os cônjuges reciprocamente à obrigação de comunhão conjugal de vida), acabou por ser aprovada uma lei ["Gesetz über die Eingetragene Lebenspartnerschaft" (LPartG), de 16 de Fevereiro de 2001] que prevê um instituto análogo ao casamento ("eingetragene Lebenspartnerschaft"), exclusivamente aplicável aos casais de homossexuais. A "eingetragene Lebenspartnerschaft" demarca-se da união de facto por corresponder a uma "comunhão de responsabilidade" (cfr. DETHLOFF, "Die Eingetragene Lebenspartnerschaft – Ein neues familienrechtliches Institut", *NJW* 2000, p. 2604), caracterizada pela vinculação recíproca dos seus membros aos deveres de "auxílio", "assistência " e "desenvolvimento em comum da vida" (cfr. § 2 da LPartG: "Die Lebenspartner sind einander zu Fürsorge und Unterstützung sowie zur gemeinsamen Lebensgestaltung verpflichtet. Sie tragen füreinander Verantwortung"). Os autores esclarecem que estes deveres estão aquém dos que resultam da obrigação de comunhão conjugal de vida, imposta aos casais de heterossexuais que contraem casamento (cfr. DETHLOFF, "Die Eingetragene Lebenspartnerschaft" cit., p. 2600, e D. SCHWAB, "Eingetragene Lebenspartnerschaft – Ein Überblick", *FamRZ* 2001, pp. 390-391).

basta ter em conta os trabalhos preparatórios da legislação portuguesa sobre as medidas de protecção da união de facto e da economia comum[17], bem como a importância que a nossa comunicação social conferiu em 2001 à apresentação da proposta de alteração do regime francês de divórcio na Assembleia Nacional e à entrada em vigor da lei sobre a "eingetragene Lebenspartnerschaft". Deste modo, o estudo em apreço não ignora o valor da análise da produção jurídica de outros países, sobretudo dos que estão culturalmente mais próximos do nosso. Logo no princípio da primeira parte se chama a atenção para a localização do ordenamento português no sistema romanístico, do que resulta um primeiro dado relevante em matéria de sistematização do presente texto. Ao contrário do que sucede no sistema anglo-americano, a nossa lei indica os deveres a que os cônjuges estão sujeitos, por força da celebração do casamento. Mas a técnica de referência legislativa utilizada, típica do sistema romanístico, torna difícil a atribuição de um conteúdo seguro a esses deveres, como se sublinha no primeiro capítulo da primeira parte. Por conseguinte, é prioritário saber se os deveres conjugais sexuais decorrem ou não dos deveres nominados que estão previstos em sede dos efeitos do casamento. Com esse objectivo, discute-se o tema da concretização dos deveres conjugais em geral no segundo capítulo. E, no início do terceiro e quarto capítulos, procura provar-se que a disposição legal sobre deveres conjugais inclui o dever de não ter relações sexuais com terceiro e o dever de ter relações sexuais com o cônjuge. Resolvida esta questão, enfrenta-se, ainda no âmbito de cada um daqueles dois capítulos, o problema da intangibilidade quer da proibição de adultério quer da obrigação de débito conjugal, o que, no último caso, implica uma reflexão sobre o respectivo conteúdo. Prepara-se, assim, o caminho para a segunda parte.

A segunda parte da dissertação, que se destina a traçar uma caracterização mais completa dos deveres conjugais sexuais, desenrola-se, sobretudo, em torno de duas grandes contraposições teóricas: uma pri-

---

[17] No dossiê *União de facto*, elaborado pela Divisão de Informação Legislativa e Parlamentar e distribuído na audição pública sobre uniões de facto, famílias monoparentais e regime das economias comuns, que ocorreu em 16 de Maio de 2000, mais de dois terços do material compilado versava sobre direito estrangeiro.

meira contraposição, que opõe as concepções que constroem os referidos deveres de acordo com os modelos tradicionais de direito subjectivo àquelas que nem sequer lhes reconhecem natureza jurídica; e uma segunda contraposição, que, no seio do universo das opiniões que não cabem nos extremos da outra divisão, separa as teses favoráveis à qualificação das posições jurídicas activas conjugais como direitos subjectivos das restantes. No entanto, a estrutura da segunda parte não é inteiramente dilemática. Para alcançar uma melhor compreensão do objecto do nosso trabalho, nomeadamente de um dos aspectos da intangibilidade dos deveres conjugais sexuais, que é a indisponibilidade, procede-se ao tratamento autónomo da hipótese que detecta uma ligação entre o conceito de *status* e os deveres conjugais.

A terceira e última parte da dissertação é dedicada à garantia dos deveres conjugais sexuais. Numa primeira fase, averigua-se em que medida a relação conjugal influencia a protecção das posições jurídicas. Neste contexto, discute-se a existência de um regime de excepção entre os cônjuges, no caso de violação dos direitos gerais de um pelo outro; evidenciam-se as conexões entre o problema da tutela dos direitos gerais e o problema da tutela dos direitos conjugais; realiza-se uma análise preliminar da doutrina da fragilidade da garantia dos deveres conjugais pessoais; trata-se do tema do cumprimento coercivo e da coerção para o cumprimento dos deveres conjugais sexuais; e analisa-se pormenorizadamente a regulamentação dos pressupostos e das consequências das vicissitudes do vínculo matrimonial que atende à prática de um ilícito conjugal. Numa segunda fase, destaca-se o que aproxima a tutela dos direitos conjugais sexuais da tutela da generalidade dos direitos subjectivos. É a altura em que se formula uma solução para os problemas da responsabilidade civil do cônjuge por ilícito conjugal e da responsabilidade civil de terceiro por interferência na relação conjugal, uma vez que o grau de complexidade e controvérsia destes assuntos não aconselha o seu estudo antes de estarem reunidos elementos fundamentais acerca da natureza e da garantia especificamente matrimonial dos direitos conjugais sexuais.

PARTE I

DELIMITAÇÃO DOS DEVERES CONJUGAIS SEXUAIS

A. **A INDETERMINAÇÃO DOS DEVERES CONJUGAIS**

1. Em matéria de efeitos do casamento, não se deixa de fazer sentir a contraposição entre sistema romanístico e sistema anglo-americano. De facto, em países como Portugal, Espanha, França, Itália ou Alemanha, a lei indica as consequências que advêm, para os cônjuges, no plano pessoal, da celebração do casamento, enquanto as legislações inglesa e norte-americanas não fazem semelhante referência aos deveres conjugais pessoais. Um dos primeiros motivos desta discrepância é, sem dúvida, a influência sobre os legisladores anglo-americanos do pensamento jurídico associado à "common law". Construída a partir de procedimentos destinados à resolução de casos judiciais particulares, a "common law" lançou e alimentou as raízes de uma persistente aversão ao estabelecimento de regras substantivas gerais[18].

---

[18] GLENDON, *The Transformation of Family Law* (*State, Law and Family in the United States and Western Europe*), Chicago, The University of Chicago Press, 1989, pp. 85-86, fala especificamente da influência do "case-law system" sobre a elaboração doutrinária: "English common law was the product of writs developed to deal with recurring types of disputes and of the slow accretion of judicial opinions in individual cases. It was a system of procedures rather than substantive rules. When systematizers and treatise writers tried to make sense of the sprawling, rather disorderly body of law produced in this fashion, they took their categories from the materials at hand – court decisions – generalizing from the types of situations that had given rise to lawsuits. This causes family law in the common law countries even today to have an entirely different appearance from its continental counterparts. As the author of the leading English family law treatise Cretney wrote in 1984, «family law carries to an extreme degree the reluctance of English to establish clear rights; ...it is often necessary to ask first what procedures are available to resolve the issue in dispute»". Cfr. ainda DE VITA, "Aperçu comparatif sur l'évolution européenne: considérations et conjectures", em Fenouillet/Vareilles-Sommières (org.), *La contractualisation de la*

Deste modo, apesar do constante recuo da "common law", observado nos últimos anos, a ponto de a "statute law" ter assumido a primeira posição enquanto fonte de Direito da Família[19], não se detecta qualquer tendência para a determinação legal expressa de direitos ou deveres familiares[20].

Por outro lado, o regime ditado pela "statute law", extenso no que toca à chamada "posição económica de cônjuge"[21], não abrange a área que, nos países do continente europeu, é designada pela expressão "efeitos pessoais do casamento". Tal dualidade legislativa apoia-se num princípio cuja origem não pode ser desligada do "case-law system": o princípio da não interferência na vida privada, fruto de uma prática judicial que recusava tomar posição acerca de "questões delicadas inerentes à relação conjugal"[22].

E este mesmo princípio contém uma censura implícita à opção pela referência legal aos deveres conjugais. Mas outras críticas são apontadas aos legisladores do sistema romanístico: a ingenuidade de pretender levar duas pessoas a viver conjuntamente em paz e harmonia[23]; a adopção de uma "forma estranha de Direito" ("a strange kind of law").

---

famille cit., p. 258 ("L'on affirme ainsi qu'en Angleterre le droit de la famille n'a à la limite ni comencement ni fin").

[19] Cfr. CRETNEY/MASSON, *Principles of Family Law*, 6.ª ed., London, Sweet & Maxwell, 1997, p. 86.

[20] Neste sentido, CRETNEY/MASSON, *Principles of Family Law* cit., p. 78: "The Children Act 1989 – in many ways a model of well-drafted statute – exemplifies the reluctance of English statutory texts to specify the rights and obligations stemming from family membership: the key concept of «parental responsibility» is defined as «all the rights, duties, powers, responsibilities and authority which by law a parent of a child has in relation to the child and his property»."

[21] Cfr. CRETNEY/MASSON, *Principles of Family Law* cit., p. 86.

[22] Cfr. GLENDON, *The Transformation of Family Law* cit., p. 86.

[23] Na óptica de GLENDON, *The Transformation of Family Law* cit., pp. 86-87, se bem que os legisladores da Europa continental não tivessem a ilusão de conseguir forçar os membros da família a comportarem-se de determinada maneira, acreditavam, pelo menos, no efeito de persuasão da lei. CRETNEY/MASSON, *Principles of Family Law* cit., p. 304, por seu turno, aderem à seguinte opinião (formulada num documento onde se faz um esboço da situação do divórcio na Europa): "as the Government's 1993 Consultation Paper, *Looking to the future. Mediation and the*

Embora estas apreciações não escondam o carácter fragmentário e desordenado do direito matrimonial de matriz anglo-americana[24], uma delas merece alguma atenção. Na visão de um autor anglo-americano[25], as normas dos países da "civil law" respeitantes ao "ongoing mariage" tendem a assumir mais "a forma de declarações de modelos genéricos de comportamento do que de regras específicas de conduta com sanções directas para a sua violação". Elas traduziriam frequentemente "representações meramente simbólicas de um ideal de vida familiar", distanciando-se das normas jurídicas em sentido corrente e justificando, por isso, o epíteto de "strange kind of law".

São observações que sublinham a particularidade da referência legal aos deveres conjugais no quadro dos países do sistema romanístico. Neles impera a indeterminação por força do recurso à enumeração genérica e à cláusula geral. Isto mesmo ocorre em Portugal, onde se consagra, no artigo 1672.º do Código Civil, um elenco de deveres a que estão reciprocamente vinculados os cônjuges mediante o uso de termos cujo significado não é claro[26].

Consequentemente, a fixação do conteúdo dos deveres conjugais sexuais exige a investigação prévia do sentido desses termos. Mas tal

ground for divorce pointed out – no statute, however «cleverly and carefully drafted, can make two people love each other, like and respect each other, help, understand and be tolerant to each other or force them to live together in peace and harmony»".

[24] Cfr. CRETNEY/MASSON, *Principles of Family Law* cit., pp. 77-78: "Indeed, those coming to the English legal system from a different cultural background might well describe English family law as «little more than a jumble of procedures, couched almost entirely in terms of remedies rather than rights, moving directly from the formation of marriage to divorce or death, pausing only to give the parties the right to apply to the court for protection from violence». It would be difficult to deny the charge that the statute book fails to deal in any systematic or comprehensive manner with such matters as the legal consequences of marriage, the mutual rights and duties of the spouses, and of parent and child."

[25] GLENDON, *The Transformation of Family Law* cit., p. 87.

[26] Este fenómeno é destacado por um ilustre cultor das disciplinas de Direito da Família e de Direito da Personalidade, LEITE DE CAMPOS, *Lições de Direito da Família e das Sucessões*, 2.ª ed., Coimbra, Livraria Almedina, 1997, p. 183, que chega a afirmar: "As normas que fixam os efeitos do casamento contêm conceitos de tal modo gerais e indeterminados que, de facto, o casamento será o que os cônjuges quiserem."

investigação não pode ficar confinada ao espaço balizado pelas nossas fronteiras nacionais. No domínio dos efeitos do casamento, o ordenamento jurídico português comunga plenamente das características do sistema romanístico e é, como o demonstra a chamada Reforma de 1977, especialmente sensível à produção jurídica dos países desse sistema que se encontram culturalmente mais próximos.

Todavia, em nome do rigor, afigura-se conveniente, num primeiro momento, traçar uma separação justificada por uma divergência de técnica legislativa rapidamente perceptível. No caso de França, Espanha, Itália e Portugal, as disposições respeitantes aos efeitos do casamento socorrem-se de elencos de conceitos indeterminados. No caso da Alemanha, optou-se por uma cláusula geral. Admitindo provisoriamente a hipótese de a variação em apreço gerar resultados substanciais diversos, procura-se, assim, no contexto de uma pesquisa destinada a firmar uma construção válida para o ordenamento nacional, evitar um aproveitamento menos cuidado de materiais de origem germânica.

Posto isto, segue-se a abordagem do regime dos efeitos do casamento nos 5 referidos países do sistema romanístico. A análise começará por aqueles em que foi dada preferência à técnica da enumeração e no seu seio será observada a ordem cronológica correspondente à data de aprovação da respectiva codificação civil vigente.

1. A ENUMERAÇÃO NO SISTEMA ROMANÍSTICO

1.1. Direito francês

2. Os artigos 212 e 215 do *Code civil* prevêem respectivamente que os "cônjuges se devem mutuamente fidelidade, socorro, assistência" e que "os cônjuges se obrigam mutuamente a uma comunhão de vida".

De acordo com Carbonnier[27], a estes deveres acresceriam outros, prescritos não pela lei mas pela "moral conjugal". Tratar-se-ia de aque-

---

[27] CARBONNIER, *Droit Civil 2/ La famille (L' enfant, le couple)*, 21.ª ed., Paris, Presses Universitaires de France, 2002, pp. 468, 473 e 474.

les deveres que os tribunais teriam implicitamente incluído no conteúdo do casamento ao entenderem a respectiva violação como possível "falta" ("faute") para efeitos de divórcio. Por exemplo: "o dever de sinceridade, o dever de paciência, o dever de manter com o outro cônjuge uma certa comunhão espiritual, o dever de velar pela sua própria honra para não deixar que a honra do outro, que é solidária, seja reflexamente atingida". Numa expressão, tais deveres seriam reconduttíveis ao "dever que cada cônjuge tem de respeitar a personalidade do outro".

Para além desta divisão entre "deveres expressamente ligados ao casamento" e "deveres implicitamente ligados ao casamento", o mesmo autor acolhe a separação tradicional entre o dever de socorro, a que atribui carácter pecuniário, e os restantes deveres conjugais, que revestiriam cariz pessoal[28].

Numa posição de contraste estão Hauser e Huet-Weiller[29], que recusam frontalmente classificar os deveres em razão do seu objecto

---

[28] CARBONNIER, *Droit Civil 2* cit.,p. 468. No mesmo sentido, BATTEUR, *Droit des Personnes et de la Famille*, Paris, LGDJ, 1998, p. 175 e s., BÉNABENT, *Droit Civil. La famille*, 10.ª ed., Litec, Paris, 2001, p. 91 e s. (que prefere a terminologia pessoal-patrimonial), BOULANGER, *Droit Civil de la Famille*, 2.ª ed., t. I, *Aspects internes et internationaux*, Paris, Economica, 1992, p. 262. De modo diferente, MATTEI, *Droit de la Famille* (sous la direction de Jacqueline Rubellin-Devichi), Paris, Dalloz, 1996. pp. 83 e 88: simultaneamente autonomiza o dever de socorro face ao dever de assistência, qualifica-o como puramente pecuniário e trata-o no quadro das relações extrapatrimoniais, em que, aliás, versa a totalidade dos deveres conjugais. Por seu lado, TERRÉ e FENOUILLET, *Droit Civil. Les personnes. La famille. Les incapacités*, 6.ª ed., Paris, Dalloz, 1996, p. 343, distinguem, no âmbito dos efeitos do casamento, as relações pessoais das pecuniárias; no entanto, colocam todos os deveres conjugais na área das relações pessoais: "Le mariage crée nécessairement entre les époux des rapports personnels, indépendamment de toute considération pécuniaire. Ainsi en est-il de l'obligation de fidélité. A quoi s'ajoutent des devoirs dont le caractère personnel est dominant, même si leur exécution n'est pas sans incidence d'ordre financier, qu'il s'agisse du secours, de l'assistance, de la communauté de vie, de la direction de la famille ou de l'éducation des enfants".

[29] Cfr. HAUSER e HUET-WEILLER, *Traité de Droit Civil* (sous la direction de Jacques Ghestin). *La famille (Fondation et vie de la famille)*, 2.ª ed., Paris, LGDJ, Paris, 1993 p. 741: "L'opposition a eu sa valeur à une époque où le droit acceptait de sanctionner les obligations tenant à la personne par des moyens de contrainte directe.

pessoal ou patrimonial, considerando a distinção incompatível com a análise moderna do casamento. Em seu lugar, propõem a contraposição entre deveres de comunhão e de entreajuda. Nos deveres de comunhão, situam o dever de fidelidade e a obrigação de comunhão de vida. Nos deveres de entreajuda, os deveres de socorro e de assistência. Deste modo se alerta para o carácter misto de cada um dos deveres conjugais. Nenhum deles pertenceria exclusivamente ao domínio "do pessoal" ou "do económico"[30].

Ao mesmo tempo, Hauser e Huet-Weiller desvendam a sua posição relativamente ao problema da unidade ou dualidade dos deveres de socorro e de assistência.

Na orientação dominante, sustenta-se a diversidade dos deveres de socorro e de assistência, no pressuposto da separabilidade das vertentes pessoal e patrimonial. Assim, enquanto ao dever de assistência caberia natureza eminentemente pessoal, o dever de socorro identificar-se-ia com a obrigação de alimentos entre os cônjuges. Neste contexto, é mais uma vez paradigmática a análise de Carbonnier[31]. O professor de Paris defende o desdobramento do dever de assistência num dever de ajuda ("aide") no trabalho e de "prestação de cuidados"

A partir du moment où la contrainte par corps ne se concevait plus guère ou heurtait les esprits, ces obligations personnelles ont largement perdu leur autonomie juridique. Car, de deux choses l'une, ou bien elles s'exécutent sans histoire, elles gardent bien alors leur caractère personnel mais n'intéressent pas le droit, ou bien elles génèrent un contentieux intéressant le juriste mais, faute d'autres sanctions, se tranforment invariablement en obligations pécuniaires et intéressent plus la séparation que le mariage. A la limite, et à titre d'explication, on pourrait dire que l'article 1142 du Code civil selon lequel 'toute obligation de faire ou de ne pas faire se résoud en dommages et intérêts, en cas d'inexécution de la part du débiteur', après avoir été écarté du mariage, situation légale et non conventionnelle, retrouverait son champ d'application".

[30] HAUSER e HUET-WEILLER, *Traité de Droit Civil (Fondation et vie)* cit., p. 742: "L'obligation de cohabitation charnelle a, par example, des prolongements dans la cohabitation matérielle et le choix de la résidence de la famille. Inversement l'obligation d'assistance, traditionnellement présentée comme d'ordre personnel par rapport au devoir de secours d'ordre matériel, tendrait désormais à se confondre avec lui dans la vision actuelle du mariage".

[31] Cfr. CARBONNIER, *Droit Civil 2* cit., pp. 468, 473, 494-497.

("soins") no caso de doença ou invalidez. O dever de assistência, dependente, quanto à medida e às modalidades, dos usos e circunstâncias, seria, em regra, insusceptível de avaliação pecuniária; da sua existência resultaria, nomeadamente, a inadmissibilidade de uma indemnização pedida pela mulher contra o marido por causa dos trabalhos domésticos por ela efectuados e, em geral, a impossibilidade de invocar, em princípio, uma relação laboral entre os cônjuges quando um deles auxilia o outro no exercício da sua profissão.

No que toca ao dever de socorro, nada mais constituiria do que uma manifestação específica da relação de alimentos no casamento. Todavia, apenas seria possível aproximar o dever em apreço da obrigação (geral) de alimentos na hipótese de dissolução do matrimónio[32]. Na constância do casamento, e mesmo havendo "séparation de corps", a "ideia alimentar" seria assegurada através da contribuição para os encargos do matrimónio.

---

[32] Cfr. CARBONNIER, *Droit Civil 2* cit., pp. 494-496. "A l'état pur, le devoir de secours est l'équivalent de l'obligation alimentaire et il devrait se manifester sous l'aspect d'une créance réclamée en justice, exécutée par le versement d'une pension, d'une somme d'argent périodique. Mais il n'est pas naturel qu'entre deux époux l'obligation alimentaire fonctionne de la même manière qu'entre deux parents ou alliés quelconques, qui ont des foyers distincts et des patrimoines rigoureusement séparés. Ici, il y a ménage commun, très souvent communauté des biens, vases communicants des conditions sociales. Pour trouver le devoir de secours à l'état pur, réclamé comme une créance et exécuté par une pension, il faut raisonner sur des situations où, en droit, le ménage n'existe plus". Segue-se a referência aos casos de morte e divórcio. "Le devoir de secours survit ici au mariage, qui a été dissous par la mort: le survivant qui est dans le besoin peut faire valoir une créance d'aliments contre la succession du prédécédé (207-1)". Após o divórcio, a lei estatui expressamente a manutenção do dever de socorro somente quando a extinção do casamento tiver por fundamento a ruptura da vida em comum (artigos 270 e 281, par. 1.º, do *Code civil*). Ou seja, "toutes les fois qu'il y a divorce pour faute, ou par consentement mutuel, ou sur double aveu, le devoir de secours disparaît. La prestation compensatoire qui peut être due par un époux à l'autre procède d'une idée differente, et elle revêt un caractère forfaitaire (a. 271), très éloigné de la variabilité du devoir de secours". A dúvida fica, porém, no ar. "Du moins est-ce la règle, car, par exception (a. 273, *in fine*; 276-1, par. 2.º; 279, par. 3.º), la variabilité peut ressurgir, donnant à penser que le devoir de secours n'était pas tout à fait éteint".

A referida contribuição, mencionada expressamente no artigo 214 do *Code civil*, comportaria dois elementos: o sustento da família ("l'entretien du ménage") e a educação.

Na ausência de estipulações especiais constantes da convenção antenupcial ("convention matrimoniale"), a lei indica o critério que permite determinar a contribuição – os cônjuges contribuirão para os encargos do matrimónio "na proporção das suas faculdades". Por esse motivo, Carbonnier traça nitidamente a fronteira que afasta a contribuição quer dos alimentos quer do dever de socorro: a primeira não cobre exclusivamente as necessidades alimentares do casal e dos filhos menores, inclui quaisquer despesas correspondentes ao "nível de vida" ("train de vie") da família.

Tal como Carbonnier, Bénabent[33] defende a cisão dos deveres de socorro e de assistência. Mas concede ao segundo um significado mais amplo. "Ele consiste em dar ao cônjuge o apoio da sua afeição e da sua devoção nas dificuldades da vida: assim, ajudar o seu cônjuge doente ou inválido, proporcionando-lhe os cuidados necessários, dando-lhe auxílio profissional, etc. De maneira mais geral, pode dizer-se que consiste em respeitar o outro e em tornar a vida comum tolerável... senão mesmo agradável. A maior parte dos comportamentos injuriosos que estudaremos entre as causas do divórcio são, deste modo, concebidos como situações de incumprimento do dever de assistência". Desta forma, o dever de assistência compreenderia "o dever de sinceridade, de paciência, de solidariedade, de honra, de cortesia, de respeito mútuo".

Com este desenho de um dos deveres legalmente nominados, afigura-se dispensável a construção de "deveres implicitamente ligados ao casamento", adoptada por Carbonnier.

Mas as incertezas avolumam-se se se atender à teoria da unidade dos deveres de socorro e de assistência, propugnada por Catherine Philippe[34], Hauser e Huet-Weiller.

---

[33] BÉNABENT, *Droit Civil. La famille* cit., p. 97.

[34] Na dissertação *Le devoir de secours et d'assistance entre époux (Essai sur l'entraide conjugale)*, Paris, LGDJ, 1981, PHILIPPE formula e fundamenta a tese da unidade e permanência do dever de socorro e de assistência e considera-o fonte de todas as obrigações entre cônjuges e ex-cônjuges.

Num primeiro momento, Hauser e Huet-Weiller[35] contestam a autonomia do dever de assistência, invocando dois argumentos destinados a diminuir o seu apregoado carácter pessoal: a discussão sobre os limites da obrigação de assistência centra-se sobretudo em aspectos de ordem patrimonial; o artigo 238 do *Code civil* permite o divórcio em caso de alteração das faculdades mentais de um cônjuge, "fazendo assim cessar o dever de assistência no momento em que ele teria a sua utilidade".

Dada a inoperância do critério da patrimonialidade, ficaria precludida a hipótese de distinguir com rigor o dever de assistência perante o de socorro. Seria, pois, inevitável concluir que ambos se fundem numa noção vaga – de "entreajuda", de "ajuda recíproca tanto pessoal como material". Aliás, "o artigo 212 do *Code civil*, muito genérico, parece mais dar dois exemplos de entreajuda conjugal do que duas noções distintas" (os termos "socorro" e "assistência" estão intervalados por uma vírgula e não por uma conjunção de coordenação).

Em seguida, os mesmos Hauser e Huet-Weiller repudiam a demarcação tradicional entre contribuição para os encargos da família e dever de socorro (e de assistência), nos termos da qual aquela contribuição assentaria na ideia de compensação ou colocação em comum e seria eficaz durante o matrimónio, enquanto o dever de socorro estaria ligado à ideia de "mínimo vital" e se tornaria visível num momento de ruptura. Ora, nem a lei nem a jurisprudência[36] apoiariam o mencionado contraste. Numa perspectiva adequada do casamento – como comunidade igualitária –, haveria apenas que reconhecer caber aos cônjuges "uma obrigação recíproca consistente em assegurar uma compensação entre as suas situações".

---

[35] HAUSER e HUET-WEILLER, *Traité de Droit Civil (Fondation et vie)* cit., p. 754 e s.

[36] "Quant à la jurisprudence elle ne soumet pas l'exécution du devoir de secours, quand il subsiste, aux règles des obligations alimentaires sans imposer de nombreuses nuances. Inversement, tout en prenant la précaution de rappeler que la contribution aux charges du ménage est distincte de l'obligation alimentaire entre époux, la Cour de Cassation n'hésite pas à assimiler contribution et aliments pour l'application des textes sur la liberté de l'indexation, reconnaissant ainsi une parenté certaine entre les deux obligations" [opinião extraída ainda de HAUSER e HUET--WEILLER, *Traité de Droit Civil (Fondation et vie)* cit., mais concretamente p. 756].

Finalmente, são explicitados o conteúdo, os limites e as modalidades de um dever de entreajuda conjugal, marcadamente material. Assim, é-lhe assinalado um conteúdo que ultrapassa a noção de alimentos, pois compreenderia todas as despesas, necessárias ou não à existência, que permitissem ao cônjuge viver segundo o seu nível social. O referido dever não teria em vista somente os cônjuges, podendo também beneficiar terceiros (*v.g.*, filhos e parentes credores de alimentos). Por outro lado, e apesar de o artigo 214 do *Code civil* aludir unicamente às convenções antenupciais, admite-se que o cumprimento do dever de entreajuda possa ser regulamentado por qualquer estipulação das partes. Contudo, o acordo nunca poderia exonerar totalmente um dos cônjuges do mencionado dever e a sua aplicação ficaria prejudicada se, em concreto, obstasse à satisfação das necessidades básicas de um cônjuge. Na falta de consenso, observar-se-ia o disposto no artigo 214, par. 1.º: o dever de entreajuda cumpre-se na "proporção das respectivas faculdades dos cônjuges", o que poderá implicar, designadamente, a afectação de rendimentos e a fruição de bens próprios do outro cônjuge. Seja como for, não se trata de enriquecer um cônjuge ou outro, numa linha de nivelamento, mas "de lhe assegurar a vida conjugal a que ele tem direito". Para esse efeito, cada cônjuge cumpriria o dever de acordo com a modalidade que escolhesse – *v.g.*, entrega de capital, lucros ou salários, colaboração profissional, desempenho de tarefas domésticas.

A flutuação doutrinária, observada a propósito dos deveres de socorro e de assistência, persiste, se bem que em menor grau, no tratamento da obrigação de comunhão de vida.

A esta última é apontado um duplo conteúdo: de "coabitação carnal" e de habitação comum[37].

---

[37] Cfr. BÉNABENT, *Droit Civil. La famille* cit., p. 93; HAUSER e HUET-WEILLER, *Traité de Droit Civil (Fondation et vie)* cit., p. 747; MATTEI, *Droit de la Famille* cit., p. 85. Para além dos dois sentidos de comunhão de vida *supra* referidos, CARBONNIER, *Droit Civil 2* cit., pp. 468-469, indica mais dois. Numa acepção mais económica, "communauté de vie" equivaleria a "communauté de ménage": "Les époux ont le devoir de faire ménage commun, de *vivre à même pot et feux*, comme on disait au Moyen Age, de partager la vie comme on partage le pain. Il ne faut pas mépriser la sagesse ancestrale parce qu'elle a vu *aussi* dans le mariage une sorte de coopérative

A obrigação de coabitação carnal corresponde ao "debitum conjugale" ("dever conjugal por excelência" nas palavras de Carbonnier[38]), à "comunhão de leito" ("communauté de couche ou de lit"), exprimindo a incumbência de cada cônjuge se "prestar a um comércio carnal"[39], de manter relações sexuais, com o outro.

Curiosamente, a obrigação de habitação comum suscita maiores desenvolvimentos e cautelas.

De acordo com Hauser e Huet-Weiller[40], tal obrigação constitui "terreno privilegiado de esvaziamento pela ideologia da liberdade, da igualdade e pelo tratamento social". Ao fenómeno não seria estranho o modo pelo qual vinha consagrada através do artigo 214, na redacção originária do *Code civil*: a mulher estava obrigada a viver com o marido, a segui-lo para onde ele fosse residir; o marido, por sua vez, tinha de "recebê-la".

A norma não resistiu à década de 70. E as alterações legislativas da época, animadas pelos princípios da igualdade dos sexos e do reconhecimento da liberdade individual, legitimariam a dúvida acerca da sobrevivência de uma verdadeira obrigação de habitação comum. Especificando: o artigo 215 do *Code civil* estabelece a obrigação mútua de comunhão de vida, mas nada diz quanto à sua tradução material e às suas modalidades de aplicação. O artigo 108 do *Code civil* determina

---

de consommation, une manière de vivre à moindres frais (non pas toujours à moindres impôts) que dans deux ménages de célibataires". Numa acepção mais filosófica, sensível à ideia de casamento por contraste com a de união livre, "communauté de vie" equivaleria a "communauté pour la vie". CALLU, "Les rapports personnels entre époux", *Mariage et famille en question (l'évolution contemporaine du droit français)*, sous la direction de Roger Nerson, II, CNRS, 1979, p. 9, afirma: "la communauté de vie c'est d'abord, et avant tout, une disposition intellectuelle: c'est la volonté commune de vivre en état de mariage. Peu importe, à l'extrême, la manière dont se manifestera cette intention; ce qui compte et ce qui crée la communauté de vie, c'est cette communauté d'esprit". TERRÉ e FENOUILLET, *Droit Civil. Les personnes. La famille* cit., p. 345, esclarecem que a comunhão de vida implica, a par de habitação comum e comunhão sexual, uma comunhão afectiva, intelectual.

[38] CARBONNIER, *Droit Civil 2* cit., pp. 468-469.
[39] Cfr. BÉNABENT, *Droit Civil. La famille* cit., p. 93.
[40] HAUSER e HUET-WEILLER, *Traité de Droit Civil (Fondation et vie)* cit., p. 747.

que "o marido e a mulher podem ter um domicílio distinto desde que não sejam violadas as regras relativas à comunhão de vida". Por último, o artigo 258 do *Code civil*, permitindo ao juiz, que rejeitou definitivamente o pedido de divórcio, decidir sobre a residência da família, consubstanciaria uma aceitação legal indirecta da falta de coabitação.

Portanto, e continuando a seguir Hauser e Huet-Weiller, o dever de viver sob o mesmo tecto surgiria previsto, em larga medida, a título "honoris causa"[41].

Embora não exteriorize uma posição semelhante, Bénabent, impressionado pelo disposto no artigo 108 do *Code civil*, hesita: "Se a maior parte dos cônjuges continua a partilhar o lar, não é certo que, depois da lei de 1975, não se possa conceber uma forma mais flexível de comunhão de vida, que se adapte à existência de domicílios separados, contanto que ocorram suficientes encontros"[42].

Já Carbonnier traça com firmeza os contornos do dever em questão: vincularia à comunhão de residência. O artigo 215 do *Code civil* teria em vista a residência, "noção concreta, realista, por oposição a esse vínculo abstracto que é o domicílio. Os cônjuges podem ter dois domicílios distintos: eles não estão menos obrigados entre si a ter uma residência (art. 108), que será a *residência da família*, isto é do casal e dos filhos menores"[43].

Ou seja, a definição rigorosa do dever de comunhão de vida exige que se não confunda residência com domicílio; a comunhão de vida não pressupõe domicílio, mas residência comum[44]. De facto, imediatamente a seguir ao preceito que obriga os cônjuges a uma comunhão de vida, está um a dizer que "a residência da família é no lugar que eles escolhem de comum acordo" (artigo 215, par. 2.º, do *Code civil*)[45].

---

[41] *Traité de Droit Civil* cit., p. 749.

[42] BÉNABENT, *Droit Civil. La famille* cit., p. 94 (a lei a que alude o autor é a Lei n.º 75-617, de 11/7/1975, que, designadamente, alterou o artigo 108 do *Code civil*, dando-lhe a actual redacção). Identicamente, HAUSER (org.), *Code des personnes et de la famille*, Paris, Litec, 2002, p. 205.

[43] CARBONNIER, *Droit Civil 2* cit., p. 469.

[44] Em idêntica linha, MATTEI, *Droit de la Famille* cit., pp. 85-86.

[45] Na falta de acordo, CARBONNIER, *Droit Civil 2* cit., p. 470, admite a intervenção judicial: "Une sorte de droit commun des conflits conjugaux suffit à justifier

Para encerrar este breve panorama dos deveres conjugais no direito francês, resta aludir ao dever de fidelidade.

Este é, muitas vezes, definido a partir da sua violação. Carbonnier[46], por exemplo, debruça-se sobre a fidelidade falando da infidelidade física e da infidelidade moral. A primeira designaria toda a relação sexual de um cônjuge com terceiro; a segunda, a "infidelidade simplesmente moral", limitar-se-ia às intrigas amorosas, não chegando ao ponto das relações sexuais.

De qualquer forma, predomina realmente a orientação que confere à fidelidade quer uma dimensão física quer uma dimensão moral[47]. A fidelidade física imporia a cada cônjuge que não tivesse relações sexuais com terceiro. A fidelidade moral, de configuração menos líquida, obrigaria à abstenção de "atitudes demasiado íntimas com um terceiro"[48], seria afectada por uma tentativa de adultério ou por uma "conduta licenciosa ou ligeira"[49].

Novamente, Hauser e Huet-Weiller põem em causa uma certa uniformidade[50]. Observando uma actual desvalorização das relações sexuais, no plano ético-social, perguntam se a fidelidade não terá um

---

l'intervention du tribunal de grande instance pour vider le différend (cf. a. 258). Cette intervention se conçoit sous la forme limitée d'une autorisation de résidence séparée – dont chacun des époux peut avoir besoin, s'il veut rompre le *statu quo* résidentiel contre le gré de l'autre". Todavia, a jurisprudência não o acompanha, como informa MATTEI, *Droit de la Famille* cit., p. 86: "En cas de désacord concernant le choix de la résidence de la famille, le code ne prévoit pas expréssement la façon de régler ce différend; les juges se montrent réticents et refusent, en principe, de jouer les arbitres en fixant judiciairement cette résidence".

[46] CARBONNIER, *Droit Civil 2* cit., pp. 471-473. BÉNABENT, *Droit Civil. La famille* cit., p. 92, opta igualmente por recortar a noção de fidelidade pela negativa.

[47] Neste aspecto, juntam-se a Carbonnier BÉNABENT, *Droit Civil. La famille* cit., p. 92; MATTEI, *Droit de la Famille* cit., p. 83; TERRÉ e FENOUILLET, *Droit Civil. Les personnes. La famille* cit., p. 344.

[48] Cfr. BÉNABENT, *Droit Civil. La famille* cit., p. 92.

[49] Cfr. TERRÉ e FENOUILLET, *Droit Civil. Les personnes. La famille* cit., p. 344.

[50] Cfr. HAUSER e HUET-WEILLER, *Traité de Droit Civil (Fondation et vie)* cit., p. 746. De mencionar também BATTEUR, *Droit des Personnes* cit., p. 176, que manifesta algum cepticismo quanto à existência de uma infidelidade moral: "En l'état actuel des moeurs, il est curieux d'affirmer qu'il y a adultère dans la simple infidélité affective ou intelectuelle...".

sentido mais intelectual do que físico. Não obstante rejeitam a redução ao adultério moral, noção que reputam de nebulosa. Em alternativa, seria talvez preferível desenhar uma categoria única que excluísse a "simples intimidade com um terceiro contrária à confiança conjugal" e até qualquer atitude prejudicial à unidade da família. "No limite já não haveria uma obrigação de fidelidade clara e autónoma mas uma obrigação de boa fé, não menos exigente, aplicada ao casamento."

1.2. Direito espanhol

3. O artigo 67 do Código Civil dispõe que "o marido e a mulher devem respeitar-se e ajudar-se mutuamente e actuar no interesse da família" e o artigo 68 do mesmo diploma diz que os "cônjuges estão obrigados a viver juntos, guardar fidelidade e socorrer-se mutuamente". No total, são enunciados seis deveres, não sendo questionado o carácter pessoal de nenhum deles[51].

---

[51] Em regra, as obras gerais debruçam-se sobre todos numa divisão dedicada às relações pessoais dos cônjuges ou aos efeitos pessoais do matrimónio: cfr. COSSIO Y CORRAL, *Instituciones de Derecho Civil*, t. II, *Derechos Reales y Derecho Hipotecario. Derecho de Familia y Derecho de Sucesiones*, revisado y puesto al día por Cossío y Martínez e León Alonso, Madrid, Editorial Civitas, 1988, pp. 394-395; DÍEZ PICAZO/ANTONIO GULLÓN, *Sistema de Derecho Civil*, vol. IV, *Derecho de Familia. Derecho de Sucesiones*, 8.ª ed., Madrid, Tecnos, 2001, pp. 91-93; LUNA SERRANO, "Matrimonio y divorcio", em *El nuevo régimen de la familia*, I. *La transformación del Derecho de Familia y la formación del jurista. Matrimonio y divorcio*, Lacruz Berdejo e outros, Madrid, Editorial Civitas, 1982, p. 117 e s.; PUIG BRUTAU, *Compendio de Derecho Civil*, volumen IV, *Derecho de Familia. Derecho de Sucesiones*, Barcelona, Bosch, 1990, pp. 25-27; LÓPEZ Y LÓPEZ, "Efectos personales y patrimoniales del matrimonio", em E. Roca (org.), *Derecho de Familia*, 3.ª ed., Valencia, Tirant lo Blanch, 1997, pp. 88-90; LACRUZ BERDEJO, *Derecho de Familia*, em co-autoria, 4.ª ed., Barcelona, Libreria Bosch, 1997, p. 95 e s. [Estas páginas bem como as demais integradas no mesmo § 14 são da reponsabilidade exclusiva de Lacruz Berdejo e não de Sancho Rebullida, como erradamente consta da nota preliminar à 4.ª ed. De facto, o texto é muito semelhante aos comentários que foram escritos individualmente por LACRUZ BERDEJO, em Lacruz Berdejo (org.), *Matrimonio y divorcio. Comentarios al nuevo título IV del libro primero del Código Civil*, 2.ª ed., Madrid, Editorial Civitas, 1994. Em LACRUZ BERDEJO e outros, *Derecho de Familia*, 3.ª ed.,

A doutrina não se inclina para reconhecer outros deveres para além dos legalmente mencionados. Pelo contrário. Antes de mais, o dever de actuar no interesse da família é, por vezes, excluído, explicita ou implicitamente, do grupo de deveres que um cônjuge tem para com o outro[52]. Aparentemente, a razão desta atitude radica na ideia de que a actuação no interesse da família transcende a relação pessoal entre os cônjuges, projectando-se no plano da colectividade familiar. Consequentemente, cada cônjuge estaria afinal vinculado perante a família e não especificamente perante o outro[53].

Um importante sector doutrinário[54] insiste, porém, na inclusão entre os deveres conjugais. Faltando, normalmente, a indicação de um motivo, supõe-se que terá sido decisiva a consagração do dever de actuar no interesse da família no capítulo dos direitos e deveres dos cônjuges (Capítulo V do Título IV, Livro I) e não numa parte do Código Civil respeitante à família em geral.

Excepcionalmente, Gete-Alonso[55] procura explicar as razões. Atendendo à sistematização legal, a autora considera o dever em ques-

---

Barcelona, Libreria Bosch, 1989, a nota preliminar atribuía correctamente a autoria das páginas correspondentes à p. 95 e s. da 4.ª ed. a Lacruz Berdejo].

[52] Explicitamente, ALBALADEJO, *Curso de Derecho Civil*, IV, *Derecho de Familia*, 9.ª ed., Barcelona, José Maria Bosch Editor, 2002, p. 118. Implicitamente, tratando do dever de actuar no interesse da família em separado dos deveres recíprocos dos cônjuges, LACRUZ BERDEJO, *Derecho de Familia* (1997) cit., p. 97 e s., pp. 104-105; LUNA SERRANO, "Matrimonio y divorcio" cit., p. 117 e s.

[53] Curiosamente, o possível argumento é sugerido por um partidário da tese contrária, GETE-ALONSO Y CALERA, "De los derechos y deberes de los cónyuges", *Comentarios a las Reformas del Derecho de Familia (Ley 11/81, de 13 de mayo, y Ley 30/81, de 7 de julio)*, vol. I, Amorós Guardiola e outros, Madrid, Tecnos, 1984, pp. 327-328. Na verdade, o afastamento da *conjugalidade* do dever de actuar no interesse da família não se costuma fazer acompanhar por uma justificação mínima.

[54] Cfr. DÍEZ PICAZO/ANTONIO GULLÓN, *Sistema de Derecho Civil* IV cit., pp. 91-93; GARCÍA VARELA, "De los derechos y deberes de los cónyuges", em Gil de la Cuesta (org.), *Comentario del Código Civil*, t. 1, Barcelona, Bosch, 2000, pp. 745--746; GETE-ALONSO Y CALERA, "De los derechos y deberes" (1984) cit., pp. 328-329; LÓPEZ ALARCÓN, *El nuevo sistema matrimonial español (Nulidad, separación y divorcio)*, Madrid, Tecnos, 1983, p. 151 e s.; LÓPEZ Y LÓPEZ, "Efectos personales y patrimoniales del matrimonio" cit., pp. 88-90.

[55] GETE-ALONSO Y CALERA, "De los derechos y deberes" (1984) cit., p. 329.

tão integrado no "conteúdo do consentimento matrimonial". Na sua opinião, por via desse dever, cada cônjuge poderia exigir que o comportamento do outro não atingisse a "unidade que decorre do matrimónio". O "interesse da família" representaria um limite à acção de cada cônjuge, perante o outro, por força da existência de uma "comunhão matrimonial". Mas, neste sentido, o dever de actuar no interesse da família subsume-se – quem o afirma é ainda Gete-Alonso[56] – na obrigação de respeito e na de ajuda... O obstáculo é *facilmente* superado com uma crítica à repetitividade da lei. De qualquer modo, não fica inteiramente fechada a porta a uma interpretação diferente do "interesse da família" – "como critério pelo qual devem passar todas as decisões dos cônjuges, sejam conjuntas ou separadas"[57].

Em rigor, o "dever de actuar no interesse da família" exprime um princípio[58] a observar nas relações entre os cônjuges, a par do princípio da igualdade (previsto no artigo imediatamente anterior); os cônjuges têm de exercer os seus direitos pessoais de modo a não lesarem o conjunto dos interesses das pessoas que formam a família nuclear. Trata-se de um *freio* aos egoísmos individuais, instituído para assegurar a coesão e a liberdade de cada um no interior da família[59].

A tendência para comprimir o enunciado legal de deveres conjugais verifica-se de novo a propósito do dever de ajuda e do dever de socorro, estabelecidos em preceitos diversos. Uma importante

---

[56] "De los derechos y deberes" cit., p. 331.

[57] GETE-ALONSO Y CALERA, "De los derechos y deberes" (1984) cit., p. 328. Em termos frontais, cfr. LÓPEZ ALARCÓN, *El nuevo sistema matrimonial español* cit., p. 160: o dever de actuar no interesse da família é "un deber que afecta no solamente las relaciones entre cónyuges, como parece deducirse de su colocación textual, sino que es una norma general de conducta de los cónyuges cuando obran como tales en el trato de los miembros de la familia y en la gestión de sus asuntos".

[58] Expressamente, LÓPEZ ALARCÓN, *El nuevo sistema matrimonial español* cit., p. 160.

[59] A ideia do interesse da família como limite ao interesse próprio está subjacente à generalidade das opiniões. A ligação entre o primeiro e a efectividade dos direitos fundamentais dos diversos membros da família é acentuada por LÓPEZ Y LÓPEZ, "Efectos personales y patrimoniales del matrimonio" cit., pp. 89-90. MOZOS, "Persona y comunidad familiar en el derecho español", em P. Stanzione (org.), *Persona e comunità familiare* cit., p. 58, sublinha a função de estabilidade familiar.

corrente[60] afasta a distinção. Estar-se-ia na presença de uma duplicação inútil, uma vez que ajuda e socorro significariam o mesmo; abrangeriam qualquer necessidade de um cônjuge que o outro pudesse contribuir para satisfazer. Haveria um só dever, o dever de socorro ou de ajuda, expresso por duas palavras diferentes, mediante o qual cada cônjuge estaria obrigado a prestar ao outro "o apoio que aquele possa dar e de que este precise em tudo o que – económico, corporal ou espiritual – dentro da lei, dos bons costumes e da moral, exija a comunhão de vida que o matrimónio instaurou entre casados"[61].

Esta figura unitária incluiria, no plano económico, nomeadamente, as obrigações de alimentos, de contribuir para os encargos do matrimónio com bens próprios e de proporcionar os recursos necessários à família[62]. Compreenderia também a obrigação de assistir o cônjuge no desempenho da sua profissão ou no do seu negócio, "colaborando com ele na medida em que o exijam as circunstâncias pessoais, familiares e económicas da família"[63].

---

[60] Cfr. ALBALADEJO, *Curso de Derecho Civil* IV cit., p. 122; ALONSO PÉREZ, "Dialéctica entre fidelidad matrimonial y libertad sexual: el delito de violación entre esposos separados y el llamado *debito conyugal*", em *Estudios de Derecho civil en Homenaje al Profesor Dr. José Luis Lacruz Berdejo,* volumen I, coordinación a cargo del Área de Derecho civil de la Facultad de Derecho de la Universidad de Zaragoza, Barcelona, José Maria Bosch Editor, 1992, pp. 48-49; DÍEZ PICAZO/ANTONIO GULLÓN, *Sistema de Derecho Civil* IV cit., p. 92; GARCÍA VARELA, "De los derechos y deberes de los cónyuges" cit., pp. 745 e 752; GETE-ALONSO Y CALERA, "De los derechos y deberes" (1984) cit., pp. 326, 327, 331, 339-341; LACRUZ BERDEJO, *Derecho de Familia* (1997) cit., pp. 101-102, e comentário ao artigo 68, revisto por Rams Albesa e Delgado Echeverría, em Lacruz Berdejo (org.), *Matrimonio y divorcio* (1994) cit., pp. 659-660; LETE DEL RÍO, comentário ao artigo 67, em Lacruz Berdejo (org.), *Matrimonio y divorcio* (1994) cit., pp. 646-647; MARÍN LÓPEZ, comentário ao artigo 67, em Rodríguez-Cano (org.), *Comentarios al Código Civil,* Elcano (Navarra), Aranzadi, 2001, p. 168.

[61] Cfr. ALBALADEJO, *Curso de Derecho Civil* IV cit., p. 122. Numa leitura juspersonalista, o dever em análise obrigaria um cônjuge a colaborar com o outro no exercício do respectivo direito fundamental ao desenvolvimento mais completo da personalidade (Cfr. DÍEZ PICAZO/ANTONIO GULLÓN, *Sistema de Derecho Civil* IV cit., p. 92).

[62] Cfr. GETE-ALONSO Y CALERA, "De los derechos y deberes" (1984) cit., p. 340.
[63] Cfr. LACRUZ BERDEJO, *Derecho de Familia* (1997) cit., pp. 101-102.

Há quem aceite, porém, a divisão legal. Nuns casos, sem qualquer justificação[64]. Noutros, aplicando a contraposição entre obrigação de fazer e obrigação de dar à delimitação dos deveres de ajuda e socorro[65]. Por vezes, detecta-se uma variação meramente quantitativa entre os referidos deveres, que estariam, numa situação de contraste, ligados a distintos momentos do casamento[66]. E numa hipótese adopta-se a dicotomia unicamente para obter "uma visão mais apurada da casuística"[67].

---

[64] Cfr. PUIG BRUTAU, *Compendio de Derecho Civil* IV cit., p. 26.

[65] Cfr. COSSIO Y CORRAL, *Instituciones de Derecho Civil* II cit., p. 394: "La diferencia entre ambos estriba en que el deber de ayuda consiste en una obligación de hacer (asistir al otro cónyuge, cuidar al cónyuge enfermo...), mientras que en el deber de socorro estamos en presencia de una obligación de dar (alimentos según los arts. 142 y 144 del Cc.)".

[66] Cfr. MOZOS, "Persona y comunidad familiar" cit., pp. 59-60: "el deber de *ayuda mutua* es muy difícil de distinguir del *socorro mutuo* (...), la diferencia parece solamente cuantitativa, no cualitativa. La *ayuda mutua* (...) indica solidaridad entre los esposos, como consecuencia de una comunidad de vida. Es el amparo material y moral que un esposo presta al otro, en la adversidad, en la enfermedad, en la vejez, transcendiendo al plano patrimonial en la obligación de contribuir proporcionalmente al levantamiento de las cargas del matrimonio, por norma de «régimen primario» (art. 1318-1 Cc.), en relación con los propios recursos y medios de cada uno: es la traducción de la igualdad en términos de equivalencia y reciprocidad, si es que se puede hablar con estos términos. (...) El *socorro mutuo*, sin duda, tiene lugar mucho más allá de la ayuda mutua, porque cuando los cónyuges viven juntos, en circunstancias y situaciones normales, se desenvuelve la ayuda mutua, en cambio, en situaciones límite en que la convivencia se ha roto, por el motivo que fuere, todavía subsiste el socorro mutuo, como pasaría en la separación de hecho, p. ej., y que se manifestaría, sobre todo, en la obligación o *deuda de alimentos* (arts. 142 a 153 Cc.)".

[67] Cfr. LÓPEZ ALARCÓN, *El nuevo sistema matrimonial español* cit., pp. 157-160. Apesar de tudo, atribui aos deveres um conteúdo não coincidente: "A mi juicio, el deber de socorro se concreta en el auxilio que cada cónyuge debe prestar al otro como persona que vive y se perfecciona en el matrimonio y que, por ello, debe ser especialmente atendida por el otro cónyuge; está encaminado a la satisfacción de las necesidades fundamentales de la comparte, tanto de orden material (alimentos) como de orden espiritual (religioso, intelectual, afectivo)." Em contrapartida, o dever de ajuda teria uma "tonalidade societária": "En el cumplimiento de este deber, cada uno de los esposos tiene en cuenta al otro en su condición de cónyuge que, integrado en la comunidad familiar, necesita de la colaboración conyugal para llevar adelante el gobierno de la familia como empresa común en la que ambos están interesados".

Mas mais frequentemente defende-se que o dever de ajuda tem um carácter geral, enquanto o dever de socorro reveste um carácter específico e concreto: este circunscreve-se ao campo das necessidades económicas ou materiais, aquele dirige-se também às pessoais ou espirituais[68]. A partir daqui admite-se a própria existência de um dever de ajuda *stricto sensu*, confinado ao domínio pessoal. Ora, é justamente a distinção esboçada nestes termos que acaba por ser mencionada e criticada pelos adeptos de um dever uno, para os quais colocar a obrigação de ajuda ou de socorro exclusivamente no plano patrimonial ou extrapatrimonial representa uma incorrecção[69] ou uma dificuldade inútil[70].

A crítica às soluções legais não abranda quando se passa à análise de outros deveres enumerados. É constante a opinião de que o legislador, ao descrever o conteúdo da relação conjugal, se excedeu na formulação, incorrendo em repetições e referências desnecessárias, que criam ao intérprete dificuldades na definição e na demarcação dos vários deveres[71].

---

[68] Cfr. ESPÍN CÁNOVAS, *Manual de Derecho Civil español*, IV, *Familia*, 7.ª ed., Madrid, Edersa, 1982, p. 217. Na mesma linha, LUNA SERRANO, "Matrimonio y divorcio" cit., p. 122: "En el plano económico, el deber de ayuda mutua se concreta en la obligación del socorro recíproco, que lógicamente ha de entenderse en lo que lo requiera cada esposo y lo pueda proporcionar el otro, dentro de lo que es normal según el tenor y posición de la familia. Típicas actuaciones de la obligación de socorro mutuo son, por su mayor habitualidad, el trabajo del esposo para allegar fondos para la familia y la dedicación al cuidado del hogar por parte de la mujer". Contudo, há quem distinga os dois deveres, com base na contraposição do aspecto espiritual ao material, sem reduzir um deles a uma especificação do outro: cfr. ROMERO COLOMA, *El matrimonio y sus crisis jurídicas: problemática civil y procesal*, Barcelona, Serlipost, 1990, p. 96.

[69] Cfr. ALBALADEJO, *Curso de Derecho Civil* IV cit., pp. 121-122; LETE DEL RÍO, comentário ao art. 67, em Lacruz Berdejo (org.), *Matrimonio y divorcio* (1994) cit., pp. 646-647.

[70] Cfr. ALONSO PÉREZ, "Dialéctica entre fidelidad matrimonial" cit., pp. 48-49; GETE-ALONSO Y CALERA, "De los derechos y deberes" (1984) cit., p. 327.

[71] Cfr., paradigmaticamente, GETE-ALONSO Y CALERA, "De los derechos y deberes" (1984) cit., pp. 330, 331 e 341. Para esta comentadora, bastaria, no fundo, a previsão da obrigação de convivência.

Quanto ao dever de respeito, aponta-se, por exemplo, a sua interferência com o dever de actuar no interesse da família[72], com o dever de ajuda e socorro mútuo[73], com o dever de fidelidade (como se verá em seguida) e, de certa forma, com todos os deveres conjugais[74].

No entanto, o tema forte é a necessidade da própria consagração do dever de respeito no quadro do Direito matrimonial, tendo em conta a vigência do dever geral de respeito[75]. De facto, o dever de respeito impõe-se em todas as relações sociais, devido à protecção constitucional da dignidade da pessoa e do livre desenvolvimento da personalidade[76].

Numa certa óptica, o reconhecimento desse dever no artigo 67 do Código Civil visaria estabelecer o princípio de que os direitos e liberdades individuais não são afectados pela união conjugal[77]. O dever de respeito seria prejudicado de modo mais directo pela "conduta injuriosa ou vexatória" de um cônjuge para com o outro[78] e ainda por outras situações que atingissem a dignidade pessoal de um cônjuge[79].

---

[72] Cfr. *supra*, nota 56.

[73] Cfr. LÓPEZ Y LÓPEZ, "Efectos personales y patrimoniales del matrimonio" cit., p. 89.

[74] Cfr. COSSIO Y CORRAL, *Instituciones de Derecho Civil* II cit., p. 394, LUNA SERRANO, "Matrimonio y divorcio" cit., pp. 121-122, MOZOS, "Persona y comunidad familiar" cit., p. 59, que qualificam a violação dos deveres conjugais em geral como infracção ao dever de respeito recíproco.

[75] O problema aparece expressamente equacionado em GETE-ALONSO Y CALERA, "De los derechos y deberes" (1984) cit., p. 324; LACRUZ BERDEJO, *Derecho de Familia* (1997) cit., pp. 102-103; LETE DEL RÍO, comentário ao art. 67, em Lacruz Berdejo (org.), *Matrimonio y divorcio* (1994) cit., p. 642; ROCA JUAN, comentário ao art. 57, em *Comentarios a las reformas del C.c. El nuevo Título Preliminar del Código y la Ley de 2 de mayo de 1975*, II, Madrid, 1977, p. 897.

[76] Cfr. MOZOS, "Persona y comunidad familiar" cit., p. 59.

[77] Cfr. DÍEZ PICAZO/ANTONIO GULLÓN, *Sistema de Derecho Civil* IV cit., p. 92.

[78] Cfr. LUNA SERRANO, "Matrimonio y divorcio" cit., p. 121. LÓPEZ ALARCÓN, *El nuevo sistema matrimonial español* cit., p. 155, apresenta um elenco amplo de hipóteses de conduta injuriosa ou vexatória de um cônjuge. Por exemplo: "expulsar del lecho o de la casa sin ánimo de abandono, sino de zaherir"; "expresiones soeces e irreverentes, actos o gestos obscenos"; "violencias físicas de un esposo contra el otro, como golpes, bofetadas y heridas".

[79] LÓPEZ ALARCÓN, *El nuevo sistema matrimonial español* cit., pp. 157, explica não ser imprescindível o *animus iniuriandi*, característico da conduta inju-

Porém, sem discutir tal visão, outra parte da doutrina procura aprofundar a especificidade do dever de respeito conjugal. Seria correcto que o mesmo concretizaria no âmbito do casamento o dever de respeito ao próximo, só que poderia também englobar, num sentido amplo, o dever de fidelidade[80].

Deste modo, adivinha-se uma nova questão: quais as fronteiras do dever de fidelidade? Não seria complicado traçá-las se se o restringisse ao plano sexual[81]. Todavia, para parte da doutrina, a fidelidade obrigaria também à abstenção de qualquer conduta que criasse a convicção social da existência de relações íntimas entre um cônjuge e terceiro[82], do "adultério sentimental"[83] e até de "todas as manifestações que afectam a dignidade pessoal"[84].

---

riosa ou vexatória. Assim, indica um conjunto de transgressões ao dever de respeito que não cabem naquele tipo de conduta. Designadamente: "la intervención por el cónyuge de la correspondencia y de las comunicaciones telefonicas del otro; los excesos de un cónyuge en el ejercicio de sus derechos y en su comportamiento conyugal cuando perjudican gravemente al otro cónyuge, como la embriaguez frecuente, la pasión del juego, la mala administración de los fondos domésticos o la dilapidación de la propia fortuna; la grave desatención de la relación personal con el otro cónyuge por exceso injustificado de dedicación en el orden profesional, social, religioso o de otra índole".

[80] Cfr. GETE-ALONSO Y CALERA, "De los derechos y deberes" (1984) cit., pp. 324 e 331. LACRUZ BERDEJO, Derecho de Familia (1997) cit., p. 102, escreve: "Acaso la especificidad del «respeto mutuo» de los cónyuges se relacione con el deber de fidelidad, como obligación de evitar cada esposo cualquier conducta suya depresiva para la dignidad del otro".

[81] No sentido da restrição, DÍEZ PICAZO/ANTONIO GULLÓN, Sistema de Derecho Civil IV cit., pp. 92-93; LÓPEZ ALARCÓN, El nuevo sistema matrimonial español cit., p. 153; LÓPEZ Y LÓPEZ, "Efectos personales y patrimoniales del matrimonio" cit., p. 89.

[82] Cfr. LACRUZ BERDEJO, Derecho de Familia (1997) cit., p. 99.

[83] Cfr. ALONSO PÉREZ, "Dialéctica entre fidelidad matrimonial" cit., p. 55. O adultério sentimental corresponderia a uma vertente mais ética do dever de fidelidade e compreenderia "cualquier violación grave a la entrega mutua entre los esposos", "todos los comportamientos opuestos al amor debido".

[84] Cfr. COSSIO Y CORRAL, Instituciones de Derecho Civil II cit., p. 395. A este propósito, alude às práticas de automutilação, inseminação artificial, aborto e esterilização.

Como o dever de respeito abrange o âmbito moral, nele se inscreveria a obrigação de manter um comportamento que não lese a reputação do outro cônjuge por causa de relacionamentos com terceiras pessoas, pelo que restaria um derradeiro caminho para salvar a utilidade da referência legal ao dever especial de respeito mútuo (*i.e.*, o dever de fidelidade): reduzi-lo forçosamente à proibição do adultério e de outras práticas sexuais (homossexualidade, bestialidade), remetendo todos os demais aspectos relacionados com a dignidade pessoal para o dever geral de respeito conjugal[85].

A proposta, proveniente de quem confere ao dever de fidelidade um sentido meramente negativo, não enfrenta outro risco de sobreposição, agora com a obrigação de convivência. Efectivamente, é visível o peso de uma linha[86] que agrega no dever de fidelidade a obrigação de "trato sexual" entre os cônjuges e a obrigação de abstenção de relações extramatrimoniais. E a prestação do "débito conjugal" é frequentemente reconduzida à obrigação de convivência[87].

Argumentando-se com o facto de a dissolução ou a mera suspensão do vínculo matrimonial tomar como ponto de partida a existência ou inexistência de convivência, eleva-se esta a dever essencial ou central dos cônjuges[88].

"A convivência dos cônjuges não só é consequência normal da instauração do estado conjugal como é fundamental para a prossecução dos fins morais e sociais da instituição matrimonial e base da comuni-

---

[85] Assim, GETE-ALONSO Y CALERA, "De los derechos y deberes" (1984) cit., pp. 338-339.

[86] Cfr. ALONSO PÉREZ, "Dialéctica entre fidelidad matrimonial" cit., p. 58; COSSIO Y CORRAL, *Instituciones de Derecho Civil* II cit., pp. 394-395; LACRUZ BERDEJO, *Derecho de Familia* (1997) cit., p. 99.

[87] Cfr. COSSIO Y CORRAL, *Instituciones de Derecho Civil* II cit., pp. 394-395. DÍEZ PICAZO/ANTONIO GULLÓN, *Sistema de Derecho Civil* IV cit., p. 93, associam a "comunidade de leito (*cohabitatio*)" à obrigação de convivência. Em GETE-ALONSO Y CALERA, "De los derechos y deberes" (1984) cit., p. 334, a "vida marital", com ou sem "ayuntamiento carnal", surge como imposição do "deber de vivir juntos".

[88] Cfr. GETE-ALONSO Y CALERA, "De los derechos y deberes" (1984) cit., p. 334. Mais enfático, ONECHA Y SANTAMARIA, "El deber de convivencia de los cónyuges", *RGD* 1997, p. 6887 e s., que atribui relevância jurídica transcendente ao seu tema.

dade familiar", escreve Luna Serrano[89]. De harmonia com a afirmação, a autora pronuncia-se sobre os demais deveres conjugais[90]: o dever de respeito recíproco "tem o seu âmbito de transcendência mais específico dentro da convivência conjugal"; o dever de ajuda mútua (que, na sua concepção, absorve o dever de socorro) "entende-se também fundamentalmente no âmbito da convivência, fora do qual teria uma muito parcial realização"; o dever de fidelidade "é consequência da entrega confiada aos cônjuges que a convivência supõe".

Em outros textos, encontram-se análises da obrigação de convivência: "supõe comunhão de vida e implica a prestação do débito conjugal"[91]; é uma obrigação instrumental da "unidade de tecto, de leito e de mesa" ("unidad de techo, de lecho y de mesa")[92]; determina a existência de "vida marital" entre os cônjuges, a "manutenção das relações pessoais (de todo o tipo) entre eles, de maneira continuada e desenvolvida, normalmente, no domicílio conjugal"[93].

Não obstante a largueza e a relevância assinaladas ao dever em causa, a generalidade da doutrina acaba por concentrar o grosso do seu esforço no tema do domicílio conjugal. Isto acontece eventualmente por convicção de que o domicílio conjugal – enquanto lugar onde ocorre, normalmente, o cumprimento da obrigação de convivência[94] – representa a base da mesma, convicção de certa forma apoiada na integração de uma norma que regula a fixação daquele domicílio ainda no capítulo do Código Civil sobre direitos e deveres dos cônjuges. Trata-se do artigo 70, que prescreve: "Os cônjuges fixam de comum acordo o domicílio conjugal e, em caso de divergência, resolverá o juiz, tendo em conta o interesse da família".

Não surpreende, por isso, a "degradação" incidental da obrigação de convivência à exigência de um cônjuge "mostrar a sua disposição de viver onde se encontre o outro, pagando a sua parte das despesas, ou de

---

89 LUNA SERRANO, "Matrimonio y divorcio" cit., p. 118.
90 *Ibidem*, pp. 121, 122 e 123.
91 Cfr. COSSIO Y CORRAL, *Instituciones de Derecho Civil* II cit., p. 395.
92 Cfr. DÍEZ PICAZO/ANTONIO GULLÓN, *Sistema de Derecho Civil* IV cit., p. 93.
93 Cfr. GETE-ALONSO Y CALERA, "De los derechos y deberes" (1984) cit., p. 334.
94 A noção é partilhada por GETE-ALONSO Y CALERA, "De los derechos y deberes" (1984) cit., p. 335; LACRUZ BERDEJO, *Derecho de Familia* (1997) cit., p. 98.

receber o outro – e a sua contribuição económica – onde ele se encontra". Mais precisamente, qualquer cônjuge estaria vinculado, na medida das possibilidades comuns, "a acolher o outro ou a aceitar o estabelecimento de ambos num meio existencial razoavelmente congruente com a inserção social, as aspirações e o modo de vida do seu consorte"[95].

1.3. Direito italiano

4. Nos termos do 2.º parágrafo do artigo 143 do *Codice Civile*, com o casamento nasce "a obrigação recíproca à fidelidade, à assistência moral e material, à colaboração no interesse da família e à coabitação". E o parágrafo seguinte acrescenta que os dois cônjuges estão obrigados a contribuir para as necessidades da família, com o seu património e a respectiva "capacidade de trabalho profissional ou doméstico".

Comentando o artigo citado, Zatti destaca, em primeiro lugar, a "amplitude dos conceitos usados" e "o carácter não *enumerativo*" do mesmo[96]. Apesar daquela "amplitude", ele detecta, mais adiante, dois deveres conjugais inominados: "o dever de preservar a autonomia e a intimidade da família" e o "dever de seguir o método do acordo"[97].

O dever de preservar a autonomia e a intimidade da família retiraria o seu fundamento do artigo 29 da Constituição, que, ao reconhecer "os direitos da família como sociedade natural fundada no matrimónio", se teria pronunciado pela tutela dos valores da autonomia da família e da coesão do grupo familiar. O primeiro valor visaria, prioritariamente, excluir intervenções autoritárias externas na vida familiar. O segundo teria como propósito assegurar os "direitos dos membros da

---

[95] É o que propugna LACRUZ BERDEJO, *Derecho de Familia* (1997) cit., p. 98, começando por falar da falta de um "ponto de referência comum" à obrigação de convivência.

[96] ZATTI, "I diritti e i doveri che nascono dal matrimonio e la separazione dei coniugi", em *Trattato di Diritto Privato*, diretto da Pietro Rescigno, reimpressão da 2.ª ed. de 1996, Torino, UTET, 2002, p. 13.

[97] Cfr. ZATTI, "I diritti e i doveri che nascono dal matrimonio" cit., pp. 63-65.

família legítima", sem prejuízo do princípio de equiparação entre filhos nascidos dentro e fora do matrimónio. Ambos acabariam por obter expressão nos artigos 145 e 252, respectivamente, do próprio *Codice Civile*. No caso de desacordo dos cônjuges, o artigo 145, par. 2.º, admite a intervenção judicial para resolver o problema da fixação da residência ou "outros assuntos essenciais", mas faz depender a possibilidade da solução externa de um requerimento conjunto dos cônjuges. O artigo 252 impede a integração do "filho natural" de um cônjuge na "família legítima" sem o consentimento do outro.

Com esta base, seria legítimo configurar um dever, com uma dupla vertente, que permitiria a um cônjuge exigir do outro: na vertente da autonomia, uma conduta que evite interferências *ab externo* no desenvolvimento da vida familiar, sejam elas provenientes de parentes e afins (*v.g.*, pais ou sogros) ou de estranhos (*v.g.*, médicos ou sacerdotes); e, na vertente da intimidade, um comportamento que garanta a "privacidade doméstica", o que seria incompatível, por exemplo, com a decisão unilateral de acolher pais, outros familiares ou estranhos, ou de ir viver com eles[98].

Algumas das situações concretas mencionadas seriam também susceptíveis de conexão com outro "dever implícito": o dever de "seguir o método do acordo", emanação conjunta do princípio da paridade entre marido e mulher e do artigo 144 do *Codice Civile*, cujo par. 1.º sujeita a acordo dos cônjuges a orientação da vida familiar e a fixação da residência da família. O dever em questão "implica a qualificação negativa de todos os comportamentos pelos quais um dos cônjuges tenda a subtrair-se à determinação consensual da modalidade de convivência, perseguindo unilateralmente soluções, ou realizando modos de vida, que incidam sobre a orientação da vida familiar sem serem, se não

---

[98] ZATTI, "I diritti e i doveri che nascono dal matrimonio" cit., p. 64, não pára nestes exemplos: "esistono altri tipi di comportamento, che possono sottrare ogni spazio di intimità domestica, o risultare distruttivi della «coesione» familiare: e da questo punto di vista, varie ipotesi marginali rispetto ai doveri di assistenza e collaborazione, e anche rispetto al dovere di fedeltà, possono opportunamente riunirsi sotto l'indicazione di un dovere di preservazione dell'intimità e della coesione della famiglia con il quale contrastano, per esempio, la soggezione ai parenti o a persone estranee, la vita troppo irregolare, le assenze prolungate, ecc.".

«acordados», pelo menos conformes a um entendimento «tácito» entre os cônjuges"[99].

Relativamente aos deveres conjugais conjugais nominados, questiona-se a autonomia de conteúdo da obrigação de colaborar no interesse da família. Assim, um autor entende-a sobretudo como um critério destinado a nortear o cumprimento dos vários deveres, introduzindo equilíbrio entre a exigência dos indivíduos e a da unidade familiar[100]. A obrigação de colaboração encarnaria um princípio de solidariedade, necessariamente associado à integração do indivíduo (ou do cônjuge) na sociedade (ou na família), que permitiria a compatibilidade dos direitos e liberdades de todos. Esse princípio marcaria os deveres de fidelidade, assistência moral e material, coabitação e contribuição para as necessidades da família.

Outros[101] vêem na obrigação uma modalidade da obrigação de assistência. "Enquanto especificação do conceito mais amplo de assistência, deve ser ainda considerada a obrigação de colaboração no inte-

---

[99] Esta passagem é extraída de ZATTI, "I diritti e i doveri che nascono dal matrimonio" cit., p. 23.

[100] Cfr. FURGIUELE, *Libertà e famiglia*, Milano, Giuffrè, 1979, pp. 160-163. Merece destaque o seguinte excerto: "L'indubia rilevanza che deve alora riconoscersi anche nell'ambito familiare ai diritti fondamentali dell'individuo, per essere infatti l'imagine giuridica della famiglia quella stessa del rapporto avente per contenuto il realizzarsi come persone dei suoi membri, si specifica nel senso e nelle dimensioni attraverso il concomitante obbligo di collaborazione e ciò secondo una logica di contemperamento analoga a quanto in generale attiene al nesso di libertà e solidarietà. In particolare l'obbligo può estendersi, ma fino al punto di non comportare l'annullamento del diritto a realizzare la propria personalità e viceversa quest'ultimo è tutelato nei limiti in cui non implichi «svuotamento» dell'obbligo correlativo".

[101] Cfr. BESSONE/ALPA/D'ANGELO/FERRANDO/SPALLAROSSA, *La famiglia nel nuovo diritto (Principi costituzionali, riforme legislative, orientamenti della giurisprudenza)*, 4.ª ed., Bologna, Zanichelli, 1995, pp. 86-87; ALFIO FINOCCHIARO E MARIO FINOCCHIARO, *Diritto di Famiglia (Commento sistematico della legge 19 maggio 1975, n.151)*, volume primo, artt. 1-89, Milano, Giuffrè, 1984, p. 271; SANTORO-PASSARELLI, comentário ao artigo 143 do *Codice Civile*, em *Commentario al Diritto Italiano della Famiglia*, a cura di Luigi Carraro, Giorgio Oppo, Alberto Trabucchi, volume secondo, Milano, CEDAM, 1992, pp. 510-511; VILLA, "Gli effetti del matrimonio", *Famiglia e matrimonio*, a cura di Giovanni Bonilini e Giovanni Cattaneo, Torino, UTET, 1997, p. 201.

resse da família, que se traduz na imposição de um comportamento, activo ou omissivo, idóneo a favorecer o desenvolvimento da personalidade de quem, cônjuge ou filho, compartilha com o obrigado uma experiência de tipo familiar"[102].

Paradoxalmente, a defesa de um amplo e unitário dever de assistência e de colaboração não se materializa numa noção igualmente extensa e agregadora; procura-se antes ilustrá-lo mediante a apresentação de uma tipologia de comportamentos, inspirada afinal pela orientação favorável à separação entre assistência e colaboração[103].

No lado oposto, esboça-se com clareza a distinção[104]. Enquanto o dever de assistência teria por fim a satisfação dos interesses do outro cônjuge, o dever de colaboração visaria a satisfação de interesses comuns a todos os membros do grupo familiar (cônjuges e filhos). Em conformidade, ensaia-se a definição de ambos: "*Assistência* indica o dever de prosseguir e manter a «comunhão» através da atenção às necessidades do outro cônjuge imanentes à relação conjugal. *Colaboração* indica o dever de agir para estabelecer e manter as condições mais adequadas à unidade e continuidade do grupo familiar através da decisão conjunta e da satisfação solidária das necessidades comuns"[105].

Numa visão mais analítica[106], o dever de colaboração compreenderia, designadamente, o empenho concreto na educação dos filhos e a intervenção directa nas relações exteriores necessárias à realização da família. A consagração do dever afastaria uma pré-determinação de funções familiares em razão do sexo, vinculando à prestação da própria

---

[102] ALFIO FINOCCHIARO E MARIO FINOCCHIARO, *Diritto di Famiglia* cit., p. 271.

[103] Cfr. BESSONE/ALPA/D'ANGELO/FERRANDO/SPALLAROSSA, *La famiglia nel nuovo diritto* cit., pp. 85-87, e, sobretudo, VILLA, "Gli effetti del matrimonio" cit., pp. 201-202 (cfr. *infra*, nota 109).

[104] ALAGNA, *Famiglia e rapporti tra coniugi nel nuovo diritto*, 2.ª ed., Milano, Giuffrè, 1983, pp. 129-130; PARADISO, *Il Codice Civile. Commentario*, diretto da Piero Schlesinger, *I rapporti personali tra coniugi*, Milano, Giuffrè Editore, 1990, p. 42; ZATTI, "I diritti e i doveri che nascono dal matrimonio" cit., pp. 44-46; FRANCESCO FINOCCHIARO, *Commentario del Codice Civile Scialoja-Branca* (a cura di Francesco Galgano), *Del matrimonio*, t. II, Bologna-Roma, Zanichelli Editore, Soc. Ed. del Foro Italiano, 1993, pp. 261-262.

[105] ZATTI, "I diritti e i doveri che nascono dal matrimonio" cit., p. 46.

[106] Cfr. PARADISO, *I rapporti personali tra coniugi* cit., pp. 48-49.

actividade pessoal (sem a hipótese de substitui-la pela mera disponibilização de meios económicos). De qualquer forma, e por força do artigo 144 do *Codice Civile*, a divisão de tarefas seria, em primeira linha, estabelecida por acordo. Contudo, o referido dever de colaboração colidiria com a ideia de uma repartição rígida; ele ditaria, pelo contrário, a obrigação de um esforço para a alteração do acordo, sempre que o justifiquem as circunstâncias concretas.

Prosseguindo o desenvolvimento da óptica autonomista[107], o dever de assistência moral refere-se ao "sustento recíproco na esfera afectiva, psicológica, espiritual". Apesar dos seus contornos pouco certos, seria possível assinalar-lhe um conteúdo seguro constituído pelo "dever de respeito da personalidade moral, da cultura, do próprio temperamento do cônjuge, e pela obrigação de comunicar aquelas notícias, mesmo que relativas à esfera pessoal, que possam incidir sobre a vida familiar e sobre a sua orientação". Na vertente material, o dever de assistência respeitaria ao "sustento recíproco nas necessidades da vida quotidiana". Mais especificamente, à ajuda no trabalho e nos estudos, ao auxílio na doença e no caso de prisão. Porém, a obrigação de assistência teria limites, que seriam encontrados, principalmente, através do recurso à "valoração social média"[108].

---

[107] Cfr. PARADISO, *I rapporti personali tra coniugi* cit., p. 41.

[108] Ainda PARADISO, *I rapporti personali tra coniugi* cit., p. 42. FURGIUELE, *Libertà e famiglia* cit., pp. 166-167, defendendo que o dever de assistência é delimitado pela respectiva *ratio* – a realização da personalidade de cada cônjuge –, entende que o mesmo cessa sempre que se preencha, nos termos do artigo 151, par. 1.º, do *Codice Civile*, o pressuposto da separação judicial, portanto em todas as situações que tornem "intolerável a prossecução da convivência" (doença que altere o equilíbrio do cônjuge, desvio sexual, doença contagiosa ou repugnante, comportamento violento determinado pelo consumo repetido de drogas ou bebidas alcoólicas) ou ocorra a condenação a pena de prisão que, de acordo com o artigo 3, n.º 1, da Lei n.º 898, de 1/12/1970, justifique o divórcio. Igualmente, VILLA, "Gli effetti del matrimonio" cit., pp. 202-203. Frontalmente contra, PARADISO, *I rapporti personali tra coniugi* cit., p. 43: "Non sarebbe esatto, peraltro, ritenere che l' *intollerabilità* che legittima la richiesta di separazione costituisca sempre ed in ogni caso un limite all'estensione del dovere. Nel valutare il sistema riformato occorre considerare che la ricorrenza di una situazione di intollerabilità della convivenza è valutazione rimessa al singolo e non sindacabile dal giudice". E em nota acrescenta: "Va da sé comunque

No entanto, a polémica acerca da autonomia do dever de colaboração, em especial perante o dever de assistência, é, de acordo com os próprios protagonistas[109], algo estéril, já que não influiria em aspectos

---

che ben possono darsi ipotesi in cui la convivenza, per le condizioni del coniuge, sia obiettivamente intollerabile e tale da non poter essere pretesa, alla stregua delle valutazioni medie".

[109] Cfr. ALAGNA, *Famiglia e rapporti tra coniugi* cit., p. 130 ("non sembra essenziale stabilire se i due obblighi dei quali si discute siano tra loro autonomi, collegati o integrati, trattandosi di aspetti teorici spesso ininfluenti sulla disciplina concreta del rapporto"). No outro pólo, VILLA, "Gli effetti del matrimonio" cit., p. 201--202. Convencido da superioridade da exemplificação enquanto método de caracterização do dever de assistência e de colaboração ("sembra valga piuttosto la pena di ricercare il concreto contenuto del dovere ed illustrare la varietà di accezioni che esso può assumere", afirma, criticando os que se batem por um conceito de colaboração distinto do de assistência), acaba por relativizar a sua própria recusa da tendência autonomista: "è possibile abbozzare per esemplificazioni i tratti del dovere in discussione, ricavando dalla dottrina e dalla giurisprudenza una sorta di tipologia di comportamenti che, sebbene non esaustiva, è in grado di fornire qualche linea di orientamento. In questo quadro, si specifica che è dovere di ciascun coniuge assistere l'altro quando questi sia infermo, malato, anziano, condannato alla reclusione o versi in stato di difficoltà economica; che l'un coniuge debba aiutare l'altro nel lavoro o nello studio; che il dovere di assistenza si esplica anche sul piano morale, imponendo il sostegno reciproco nella sfera affettiva, psicologica e spirituale. In coerenza con tali premesse, si precisa che viola il dovere di assistenza, anche morale, il comportamento della moglie che denoti aridità di sentimenti, noncuranza della persona del marito e che tolleri ingerenze della propria madre nella vita famigliare, assillando nel contempo il marito con pressanti e spropositate richieste di denaro; analogamente, si ritiene lesivo del dovere il comportamento del marito intollerante delle nuove convinzioni religiose della moglie, nonchè l'ingiustificato rifiuto di aiuto e conforto spirituale, con la volontaria aggressione della personalità dell'altro coniuge per annientarla, deprimerla o comunque ostacolarla. Chi poi dà peso all'autonomia del dovere di collaborazione quale espressione della solidarietà, vi ricollega il dovere di prestare la propria attività personale in compiti in cui essa non può venire sostituita dalla messa a disposizione di mezzi economici: in tal modo, vi riconduce il dovere di sorvegliare ed educare i figli, o quello di curari i rapporti esterni necessari alla conduzione della famiglia". Por outro lado, este rol, construído com base num critério que mal se divisa, abarca até uma situação (tolerância de interferência da mãe na vida familiar) que, na óptica de outro jurista (cfr. ZATTI, "I diritti e i doveri che nascono dal matrimonio" cit., p. 64), caberia, mais adequadamente, num dever conjugal inominado.

relevantes da relação conjugal. Na realidade, verifica-se larga convergência quanto à importância, grande[110], e à dimensão, colectiva ou comunitária, do dever de colaboração.

A obrigação de contribuir para as necessidades da família tende a ser tratada em conexão com os deveres de assistência e de colaboração, até por estar situada na esfera de um ou até de ambos os deveres[111].

Se é consensual a falta de especificidade da obrigação agora *sub iudice*, suscita, contudo, algumas dúvidas o respectivo enquadramento na classificação que divide as situações em pessoais e patrimoniais. A patrimonialidade do dever de contribuição é apontada, despreocupadamente, como a razão de ser de um estudo mais desenvolvido a ter lugar na parte reservada ao regime patrimonial da família e não na que cabe à generalidade dos deveres conjugais[112]. A susceptibilidade de avaliação económica da contribuição faz, afinal, recair o ónus da prova sobre os defensores da pessoalidade, que argumentam basicamente com a

---

[110] Na demonstração deste aspecto, desenha-se uma verdadeira aproximação entre as diversas teses. Assim, BESSONE/ALPA/D'ANGELO/FERRANDO/SPALLAROSSA, *La famiglia nel nuovo diritto* cit., pp. 86-87, partidários de um amplo dever de assistência, reconhecem à previsão da obrigação de colaboração "il ruolo e il significato di criterio fondamentale di adempimento degli obblighi derivanti dal matrimonio, di indicazione di un fine comune a tali obblighi, in definitiva di «clausola generale» cui deve uniformarsi il comportamento dei coniugi". Palavras que, diga-se, reflectem, uma forte influência da explicação de Furgiuele... No sector autonomista, PARADISO, *I rapporti personali tra coniugi* cit., p. 48, demarcando-se da orientação oposta, começa por admitir como "corretta l'impostazione che assegna a tale previsione normativa un ruolo centrale nel complessivo sistema di diritti e doveri che nascono dal matrimonio".

[111] A favor da integração no dever de colaboração, PARADISO, *I rapporti personali tra coniugi* cit., p. 42. Pela recondução ao dever de assistência, FURGIUELE, *Libertà e famiglia* cit., p. 166. SANTORO-PASSARELLI, em *Commentario al Diritto Italiano della Famiglia* cit., p. 512, e VILLA, "Gli effetti del matrimonio" cit., p. 203, colocam a obrigação de contribuir para as necessidades da família num amplo dever de assistência e colaboração. Mas há adeptos da autonomia do dever de colaboração que concebem a referida obrigação como uma manifestação conjunta daquele e do dever de assistência: ALAGNA, *Famiglia e rapporti tra coniugi* cit., p. 131-132; ZATTI, "I diritti e i doveri che nascono dal matrimonio" cit., p. 49.

[112] Cfr. VILLA, "Gli effetti del matrimonio" cit., p. 203; ZATTI, "I diritti e i doveri che nascono dal matrimonio" cit., pp. 48-50.

inscrição do dever de contribuição na lógica de solidariedade familiar, que regeria as relações pessoais entre os cônjuges[113].

Mas as divergências não cessam quando se debate o conteúdo da figura. Aceitando como adquirido o princípio de que o dever de contribuição não legitima o enriquecimento de um cônjuge à custa do outro e que, por isso, não é lícito a qualquer um deles pretender a utilização dos recursos do outro para satisfazer as suas próprias necessidades ou as necessidades comuns, a não ser em caso de insuficiência dos meios pessoais[114], a doutrina divide-se, de imediato, ao apreciar a questão do critério que deve nortear a contribuição.

Para uns[115], o dever de contribuição traduziria uma aplicação plena da ideia de solidariedade familiar, visando a satisfação tendencial de todas as exigências materiais dos membros da família. Não haveria distinção entre necessidades da família e necessidades individuais e todos os recursos dos cônjuges e filhos estariam afectados à sua satisfação.

Para outros[116], em menor número, o dever em causa corresponderia a um "dever de sustento da família". Os recursos onerados seriam

---

[113] Cfr. FURGIUELE, *Libertà e famiglia* cit., pp. 169-171; PARADISO, *I rapporti personali tra coniugi* cit., p. 73.

[114] ZATTI, "I diritti e i doveri che nascono dal matrimonio" cit., p. 48.

[115] Cfr. ALAGNA, *Famiglia e rapporti tra coniugi nel nuovo diritto* cit., p. 262 e s.; FALZEA, "Il dovere di contribuizone nel regime patrimoniale della famiglia", *RDC* 1977, I, p. 617; PARADISO, *I rapporti personali tra coniugi* cit., p. 75; SANTOSUOSSO, *Il matrimonio*, 3.ª ed., Torino, UTET, 1989, p. 259; ZATTI, "I diritti e i doveri che nascono dal matrimonio" cit., pp. 48-49.

[116] Cfr. SANTORO-PASSARELLI, em *Commentario al Diritto Italiano della Famiglia* cit., p. 514, que usa a expressão "obbligo paritario di contribuzione al mantenimento". Mas os melhores intérpretes desta orientação são ALFIO FINOCCHIARO E MARIO FINOCCHIARO, *Diritto di Famiglia* cit., pp. 274-275, que criticam vivamente a posição assumida pelos autores citados *supra*, na nota 115. Neste sentido, argumentam que a incompatibilidade entre sustento e contribuição é afirmada mas não demonstrada; que constituem "due facce della stessa medaglia" ("il primo é attento a colui che riceve, la seconda si riferisce a colui che dà"); que a transformação das necessidades individuais em familiares não é compreensível à luz do senso comum ("Quando la moglie richiede al marito la pelliccia o di trascorrere la «settimana bianca» in una località alla moda, l'uomo della strada – e non solo lui – avverte

unicamente os que fossem indispensáveis à satisfação das necessidades com relevância familiar, insusceptíveis de serem automaticamente identificadas com as necessidades próprias de cada cônjuge.

Em qualquer caso, reconhece-se o carácter relativo da contribuição, em virtude da fluidez do conceito de "necessidades da família" e do acolhimento da regra da proporção. No que respeita àquele conceito, é constante a referência à "condição económico-social", ou ao "teor da vida familiar", e ao papel do acordo entre os cônjuges[117]. Está igualmente difundida a ideia de que a contribuição recai sobre os sujeitos obrigados na proporção dos seus bens, rendimentos e capacidade de trabalho[118]. Um maior desenvolvimento marca, porém, as diferenças: a orientação que encara o dever de contribuição como dever de sustento, embora não o circunscreva às necessidades básicas, defende que, uma vez assegurado o "nível mínimo de existência familiar", o dever perde progressivamente a sua intensidade, e, a partir de então, ficaria também excluído qualquer desvio ao princípio da proporcionalidade[119]. A posição maioritária não vê motivo para fragilizar o dever de contribuição logo que esteja garantida a "conservação da família"[120]. Além disso, apenas atribui valor à regra da proporção no plano das relações inter-

---

chiaramente che si tratta di bisogni del richiedente e che la famiglia che viene invocata è solo uno schermo"); que a oneração de todos os possíveis meios de contribuição (capital, rendimentos, esforço laboral) seria absurda, própria de um "sistema opressor e colectivista" desligado da tradição jurídica italiana.

[117] Cfr. ALFIO FINOCCHIARO E MARIO FINOCCHIARO, *Diritto di Famiglia* cit., p. 279; BESSONE/ALPA/D'ANGELO/FERRANDO/SPALLAROSSA, *La famiglia nel nuovo diritto* cit., p. 88; PARADISO, *I rapporti personali tra coniugi* cit., pp. 83-86; ZATTI, "I diritti e i doveri che nascono dal matrimonio" cit., pp. 48-49.

[118] Cfr. ALFIO FINOCCHIARO E MARIO FINOCCHIARO, *Diritto di Famiglia* cit., p. 276-278; BESSONE/ALPA/D'ANGELO/FERRANDO/SPALLAROSSA, *La famiglia nel nuovo diritto* cit., p. 88; BIANCA, *Diritto civile, II. La famiglia. Le successioni*, 3.ª ed., Milano, Giuffrè, 2001, p. 64; PARADISO, *I rapporti personali tra coniugi* cit., pp. 75, 84; ZATTI, "I diritti e i doveri che nascono dal matrimonio" cit., pp. 48-49.

[119] Cfr. ALFIO FINOCCHIARO E MARIO FINOCCHIARO, *Diritto di Famiglia* cit., p. 277-279.

[120] Cfr. ALAGNA, *Famiglia e rapporti tra coniugi nel nuovo diritto* cit., p. 262 e s.; FALZEA, "Il dovere di contribuizone nel regime patrimoniale della famiglia" cit., p. 636.

nas; perante terceiros, os cônjuges estariam vinculados à prestação de tudo aquilo de que dispõem[121].

No entanto, um aspecto suscita ampla concordância: a interpretação do artigo 143, parágrafo 3.º, na parte que alude expressamente à contribuição com o trabalho profissional ou doméstico. Nos termos deste preceito, o trabalho doméstico teria valor equivalente ao trabalho retribuído, apresentando idêntica aptidão para o cumprimento da obrigação de contribuir para as necessidades da família[122]. Sem vincular a mulher às tarefas do lar[123], representaria, numa sociedade ainda dominada pelo modelo da "mulher-dona de casa", um corolário, entre outros, do princípio da igualdade moral entre os cônjuges[124].

Como é natural, os restantes deveres conjugais nominados – fidelidade e coabitação – não são submetidos a uma apreciação deste tipo, de "sabor economicista".

Após a reforma do *Codice Civile*, ocorrida em 1975, venceu definitivamente uma linha de pensamento que, proclamando a especial relevância do dever de fidelidade, recusa a sua redução à proibição de adultério e lhe confere o sentido de lealdade ou dedicação recíproca[125].

---

[121] Cfr. PARADISO, *I rapporti personali tra coniugi* cit., p. 76, e TRABUCCHI, anotação ao art. 148, em *Commentario al Diritto Italiano della Famiglia* (diretto da Giorgio Cian, Giorgio Oppo, Alberto Trabucchi), II, Padova, CEDAM, 1992, pp. 650-652.

[122] Cfr. ALAGNA, *Famiglia e rapporti tra coniugi nel nuovo diritto* cit., p. 139; ALFIO FINOCCHIARO E MARIO FINOCCHIARO, *Diritto di Famiglia* cit., pp. 279-280; BESSONE/ALPA/D'ANGELO/FERRANDO/SPALLAROSSA, *La famiglia nel nuovo diritto* cit., p. 88; FURGIUELE, *Libertà e famiglia* cit., p. 172; PARADISO, *I rapporti personali tra coniugi* cit., p. 88.

[123] Cfr. ALAGNA, *Famiglia e rapporti tra coniugi nel nuovo diritto* cit., pp. 137-139; ALFIO FINOCCHIARO E MARIO FINOCCHIARO, *Diritto di Famiglia* cit., p. 280; BESSONE/ALPA/D'ANGELO/FERRANDO/SPALLAROSSA, *La famiglia nel nuovo diritto* cit., p. 88; FURGIUELE, *Libertà e famiglia* cit., p. 173.

[124] Cfr. FURGIUELE, *Libertà e famiglia* cit., p. 172; PARADISO, *I rapporti personali tra coniugi* cit., p. 88.

[125] Assim, ALAGNA, *Famiglia e rapporti tra coniugi nel nuovo diritto* cit., pp. 79-83; ALFIO FINOCCHIARO E MARIO FINOCCHIARO, *Diritto di Famiglia* cit., pp. 267-270; BESSONE/ALPA/D'ANGELO/FERRANDO/SPALLAROSSA, *La famiglia nel nuovo diritto* cit., p. 84; FURGIUELE, *Libertà e famiglia* cit., pp. 163-165; PARADISO, *I rapporti personali tra coniugi* cit., pp. 24-27, 31-32; SANTORO-PASSARELLI, em

Contudo, a partilha destas teses não chega para assegurar a homogeneidade. No seio dos seus defensores, há quem negue ao dever de fidelidade qualquer conotação sexual[126] e há quem lhe dê todo o conteúdo sexual tradicionalmente associado ao casamento[127].

Entretanto, o dever de coabitação não ganha significado sexual, mesmo no quadro de uma teoria que rejeita projectar na fidelidade a dimensão sexual[128]. A coabitação surge quase exclusivamente ligada à matéria da residência da família[129]. E como se não bastasse, num contexto em que a lei defere ao acordo dos cônjuges a fixação da residência da família (art. 144 do *Codice Civile*), chega-se a negar que coabitar implique viver em conjunto numa residência previamente escolhida[130].

Commentario al Diritto Italiano della Famiglia cit., p. 507; VILLA, "Gli effetti del matrimonio" cit., pp. 196-198; ZATTI, "I diritti e i doveri che nascono dal matrimonio" cit., p. 36 e s. Isolado, BIANCA, *Diritto civile* II cit., pp. 62-63, que não se deixa seduzir por um conceito de fidelidade que ultrapasse a ideia de abstenção de relações ou actos sexuais extraconjugais.

[126] Cfr. ALAGNA, *Famiglia e rapporti tra coniugi nel nuovo diritto* cit., pp. 80-83.

[127] Cfr. ALFIO FINOCCHIARO E MARIO FINOCCHIARO, *Diritto di Famiglia* cit., p. 268, que incluem na fidelidade (sexual) a obrigação de aderir aos desejos sexuais de um cônjuge e de não ter relações sexuais com pessoa diversa. Com opinião afim, PARADISO, *I rapporti personali tra coniugi* cit., pp. 32-33, e SANTORO-PASSARELLI, em *Commentario al Diritto Italiano della Famiglia* cit., p. 507.

[128] Cfr. ALAGNA, *Famiglia e rapporti tra coniugi nel nuovo diritto* cit., pp. 91-92: "non sembra più possibile collegare l'obbligo di convivenza col dovere di esclusiva sessuale, dovendosi piuttosto guardare al valore sostanziale della stabilità del nucleo organizzato. Anche l'ambito del dovere di coabitazione va individuato ormai non già in base a schemi aprioristici, bensì avendo riguardo alla disciplina positiva della residenza e del domicilio dei coniugi, come fissati dalla legge di riforma".

[129] BIANCA, *Diritto civile* II cit., p. 64, é, de novo, a "voz resistente à inovação": "La coabitazione consiste nella normale convivenza di marito e moglie, e cioè nella comunione di casa e di vita sessuale, che representa precisamente il modello sociale di convivenza coniugale (*more uxorio*)".

[130] Cfr. ALFIO FINOCCHIARO E MARIO FINOCCHIARO, *Diritto di Famiglia* cit., p. 272, citando o artigo 45/1 do *Codice Civile*, que prescreve: "Ciascuno dei coniugi ha il proprio domicilio nel luogo in cui ha stabilito la sede principale dei propri affari o interessi."

1.4. Direito português

5. O artigo 1672.º do Código Civil determina que os cônjuges estão reciprocamente vinculados pelos "deveres de respeito, fidelidade, coabitação, cooperação e assistência".
O legislador não se ficou, porém, por um simples elenco. De acordo com o artigo 1674.º, o dever de cooperação "importa para os cônjuges a obrigação de socorro e auxílio mútuos e a de assumirem em conjunto as responsabilidades inerentes à vida da família que fundaram". Nos termos do artigo 1675.º, n.º 1, o dever de assistência compreende a obrigação de prestar alimentos e a de contribuir para os encargos da vida familiar. E no artigo seguinte pormenoriza-se a substância do dever de assistência numa das suas vertentes: "O dever de contribuir para os encargos da vida familiar incumbe a ambos os cônjuges, de harmonia com as possibilidades de cada um, e pode ser cumprido, por qualquer deles, pela afectação dos seus recursos àqueles encargos e pelo trabalho despendido no lar ou na manutenção e educação dos filhos".
Qual o motivo do desenvolvimento dado a apenas dois deveres enunciados?
Não se pode afirmar que o legislador tenha pretendido conferir maior relevo aos que define, já que os colocou nos dois últimos lugares do artigo 1672.º.
Na versão originária, o Código Civil não previa um dever conjugal de cooperação. Em contrapartida, o dever de assistência apresentava um sentido amplo: obrigava os cônjuges ao socorro e auxílio mútuos, à prestação de alimentos e à contribuição para as despesas domésticas (artigo 1673.º, n.º 1, na redacção primitiva). Ora, com a Reforma de 77, o antigo dever de assistência deu origem a dois deveres: o de assistência e o de cooperação. À primeira vista, estaria encontrada a razão da atitude legislativa: distinguir com rigor deveres até aí diluídos num só.
No entanto, já na primeira redacção o Código Civil previa, no artigo 1671.º, três deveres conjugais (fidelidade, coabitação e assistência) e ocupava-se somente de um deles – do dever de assistência (art. 1673.º, n.º 1).

Não sendo aceitável pensar que o legislador tivesse querido entregar o conteúdo dos deveres conjugais reputados de mais importantes (como resulta do simbolismo da localização sistemática) ao critério do intérprete ou das partes, resta a hipótese de não se ter sentido a exigência de uma definição legal dos deveres de fidelidade e coabitação no contexto de um vasto consenso doutrinário e jurisprudencial em torno da sua configuração. De facto, tal cristalização conceptual manteve-se, entre nós, até às vésperas da Reforma do Código e, de certa forma, até hoje.

Mas o legislador de 77 introduziu um novo dever conjugal – o de respeito –, sem qualquer especificação. E nem a sua consagração foi recebida de forma pacífica nem os respectivos limites são fáceis de traçar.

Deste modo, não se vislumbra uma explicação lógica da decisão de aprofundamento de dois dos cinco deveres mencionados.

O tratamento legal dos deveres conjugais levanta outra questão: a da taxatividade do elenco estabelecido pelo artigo 1672.º.

Teixeira de Sousa[131] aponta dois grupos de deveres conjugais não referidos no preceito: deveres pessoais, como o dever de respeito da integridade moral e física da família e o dever de preservação do bom nome e reputação da família; deveres associados aos efeitos patrimoniais do casamento, como os que respeitam ao exercício dos poderes de administração e de disposição dos bens de cada um ou de ambos os cônjuges. No primeiro grupo estariam compreendidos deveres cuja violação ocorreria "tanto quando o cônjuge ofende directamente a família ou algum dos seus membros, como quando o cônjuge faz recair sobre si, por vários motivos possíveis, a reprovação social, pois que o cônjuge que se sujeita ao opróbrio público prejudica igualmente a dignidade moral, o bom nome e a reputação da família". O segundo grupo conteria deveres patrimoniais correspondentes aos artigos 1678.º a 1683.º do Código Civil, cuja violação teria lugar, designadamente, no caso de um cônjuge efectuar uma má administração dos bens próprios do outro ou dos bens comuns do casal ou no caso de um cônjuge vender

---

[131] Cfr. TEIXEIRA DE SOUSA, *O regime jurídico do divórcio*, Coimbra, Livraria Almedina, 1991, pp. 38, 39, 42 e 43.

um bem, próprio ou comum, sem o consentimento do outro, contrariando o disposto nos artigos 1682.º e 1682.º-A.

Ora, esse primeiro grupo de deveres é frequentemente entendido como uma manifestação de um dever nominado – o dever conjugal de respeito [132].

A consagração do dever de respeito suscita várias questões e uma delas é justamente a dificuldade de precisar o respectivo conteúdo. Mas tem prioridade lógica a questão da própria necessidade de a lei explicitar o dever de respeito no artigo 1672.º do Código Civil, quando o mesmo já decorria dos termos gerais [133].

Duas razões parecem justificar largamente a previsão: há que tornar claro que as relações entre os cônjuges não estão à margem do direito comum, sobretudo porque as "teorias imunitárias" conhecem várias formas e fundamentos (unidade familiar, paz do lar, privacidade individual); há que reconhecer uma certa especialidade ao dever de respeito no casamento [134].

E o primeiro lugar na enumeração legal tão-pouco merece qualquer objecção [135].

---

[132] Cfr. PAIS DE AMARAL, *Do casamento ao divórcio*, Lisboa, Edições Cosmos, 1997, p. 77; FERREIRA PINTO, *Causas do divórcio*, 3.ª ed., Porto, ELCLA, 1996, pp. 63-67; FRANÇA PITÃO, *Sobre o divórcio (Anotações aos artigos 1773.º a 1895.º-D do Código Civil)*, Coimbra, Livraria Almedina, 1986, pp. 54-56; ANTUNES VARELA, *Direito da Família*, 1.º vol., 5.ª ed., Lisboa, Livraria Petrony, 1999, p. 342. Na jurisprudência, cfr., entre outros, ac. STJ 17/12/1985, *BMJ* 352, p. 370 (embriaguez frequente); ac. RE 19/11/1987, *BMJ* 371, p. 566 (condenação por crime de violação de filha menor do casal).

[133] O problema é levantado por FERREIRA PINTO, *Causas do divórcio* cit., pp. 61-62.

[134] Relativamente a esta segunda razão, cfr. FERREIRA PINTO, *Causas do divórcio* cit., p. 61: "dentro da sociedade conjugal o dever de respeito tem um cariz todo especial, pois dos maiores e mais específicos contactos físicos e espirituais que resultam necessariamente do matrimónio, há simultaneamente uma maior tendência para o seu relaxamento e agudização. O mesmo facto só porque surge entre os cônjuges pode não representar uma violação do dever de respeito, ou só porque surge entre os cônjuges pode representar uma violação do dever de respeito."

[135] Contra, ANTUNES VARELA, *Direito da Família*, 1.º vol., cit., p. 342, defendendo que o dever de respeito não devia figurar na lei como o primeiro dos deveres conjugais, por representar "uma limitação do pensamento comunitário que está na

No que respeita à extensão da figura em apreço, as análises doutrinárias divergem.

Conta com muitos adeptos uma visão ampla do dever de respeito: ele teria um conteúdo residual, albergando tudo quanto não pudesse encontrar sede nos restantes deveres conjugais[136]; seria o mais importante dos deveres conjugais e todos os outros não passariam de meras formas específicas do dever de respeito[137]; "respeitar" significaria "não lesar" os direitos individuais, a integridade física e moral do outro cônjuge, o que incluiria não ofender os parentes deste e não denegrir a sua própria honra[138], mas também não lesar os "direitos especificamente conjugais" do outro[139].

Antunes Varela[140] não vai tão longe. Com o dever de respeito, a lei teria pretendido "acentuar que sobre cada cônjuge recai um dever especial de abstenção em face dos direitos pessoais absolutos do outro"; cada cônjuge estaria obrigado ao respeito das liberdades individuais e da integridade, física ou moral, do outro. O respeito da integridade moral do outro cônjuge implicaria a preservação da "honra e bom nome solidários do casal".

Teixeira de Sousa[141] atribui ao dever de respeito uma área coincidente com a de alguns direitos fundamentais constitucionalmente garantidos (direito à vida, à integridade moral e física, à intimidade da vida privada em matéria estranha à união conjugal, à inviolabilidade da correspondência; liberdade de expressão e de informação, de cons-

---

base da sociedade conjugal". A opinião deste ilustre jurista pressupõe a prevalência do "pensamento comunitário" sobre os direitos e dignidade do indivíduo e colide com a sua ideia de que o dever em causa abrange a dignidade e o bom nome do casal.

[136] Cfr. EDUARDO DOS SANTOS, *Direito da Família*, 2.ª ed., Coimbra, Almedina, 1999, p. 288.

[137] Cfr. FERREIRA PINTO, *Causas do divórcio* cit., p. 62. Não muito distante, PAIS DE AMARAL, *Do casamento ao divórcio* cit., p. 76.

[138] Cfr. PAIS DE AMARAL, *Do casamento ao divórcio* cit., p. 77; FERREIRA PINTO, *Causas do divórcio* cit., pp. 63-67; FRANÇA PITÃO, *Sobre o divórcio* cit., pp. 54-56.

[139] Cfr. PEREIRA COELHO, *Curso de Direito da Família*, dact., Coimbra, 1987, p. 396. Igualmente, EDUARDO DOS SANTOS, *Direito da Família* cit., p. 288.

[140] ANTUNES VARELA, *Direito da Família*, 1.º vol., cit., p. 359-365.

[141] TEIXEIRA DE SOUSA, *O regime jurídico do divórcio* cit., pp. 39-40.

ciência, de religião e de culto, de criação cultural, de aprender e ensinar e de escolha de profissão) e uma outra, ocupada pelo "dever de tolerar os hábitos pessoais dos cônjuges em matérias que não contendem com a união característica do casamento" (por exemplo, hábitos de alimentação, de vestuário e de ocupação dos tempos livres). De fora, estariam, como se disse, o dever de respeito da integridade moral e física da família e o dever de preservação do bom nome e reputação da família.

Nas três perspectivas, o dever de respeito surge, no fundo, como um reflexo da tutela geral da personalidade física e moral (assegurada pelo artigo 70.º, n.º 1, do Código Civil) no domínio dos efeitos matrimoniais[142]. Quando se qualifica a violação dos direitos e liberdades individuais como violação do dever de respeito conjugal tem-se em vista exclusivamente direitos e liberdades pessoais.

No entanto, a figura do dever geral de respeito ultrapassa a área pessoal[143] e a ofensa do cônjuge tanto pode ocorrer por "agressão" à sua pessoa como ao seu património.

É, em geral, discutível uma limitação do dever conjugal de respeito que não seja fruto do propósito de garantir a utilidade da referência legal aos demais deveres conjugais. Seja a redução motivada por uma distinção entre lesão do cônjuge e lesão da família, abrindo o espaço a deveres inominados pessoais, ou por uma leitura do artigo 1672.º que o converte num mero rol de deveres pessoais do casamento, forçando à criação de deveres patrimoniais inominados. Será realmente pertinente uma distinção entre lesão imediata e mediata do cônjuge? Não é o artigo 1672.º uma das disposições gerais inseridas no capítulo intitulado "Efeitos do casamento quanto às pessoas e aos bens dos cônjuges"?

---

[142] Esta ligação total ao Direito da Personalidade observa-se também na posição *sui generis* de LEITE DE CAMPOS, *Lições de Direito da Família e das Sucessões*, 2.ª ed., cit., p. 261, para quem o dever de respeito "é fundamentalmente o dever de aceitar o outro cônjuge como pessoa que ele é".

[143] Aliás, a figura está originariamente associada à discussão acerca do conceito de direito real. Cfr., nomeadamente, OLIVEIRA ASCENSÃO, *Direito Civil: Reais*, 5.ª ed., Coimbra, Coimbra Editora, 1993, p. 597 e s. (em particular pp. 611-612) e MENEZES CORDEIRO, *Direitos Reais*, reprint de 1979, Lex, Lisboa, 1993, n.º 106 e s. (em particular n.os 111-IV e 142-III).

A Teixeira de Sousa deve-se, apesar disso, reconhecer o mérito de ter insistido na defesa da existência de deveres conjugais patrimoniais. Origina, efectivamente, perplexidade a tendência para o estudo dos deveres conjugais numa dimensão estritamente pessoal, mesmo que se traduzam inequivocamente em prestações patrimoniais[144].

Falemos pois do dever de assistência. Enquanto a obrigação de contribuir para os encargos da família vincula o cônjuge quer perante o outro quer perante os familiares a cargo dos cônjuges, o credor da obrigação conjugal de prestar alimentos é unicamente o cônjuge.

A obrigação de alimentos é absorvida pelo dever de contribuir para os encargos da família durante a vigência da plena comunhão de vida, só adquirindo autonomia no caso de os cônjuges se encontrarem separados de facto. Neste caso, os cônjuges estão reciprocamente obrigados à prestação de alimentos se a nenhum deles for imputável a separação (artigos 1675.º, n.º 2, e 2015.º, do Código Civil). Sendo imputável a um ou a ambos, a prestação só recai, em princípio, sobre o "único ou principal culpado"; excepcionalmente e por motivos de equidade, pode ficar obrigado o "cônjuge inocente ou menos culpado, considerando, em particular, a duração do casamento e a colaboração que o outro cônjuge tenha prestado à economia do casal" (art. 1675.º, n.º 3, do Código Civil).

A obrigação de alimentos na separação de facto difere da obrigação alimentar comum. Tal como o dever de contribuir para os encargos da vida familiar, não se circunscreve àquilo que seja indispensável ao sustento, habitação e vestuário; abarca tudo o que esteja de acordo com a condição económica e social do agregado familiar (designadamente, despesas com actividades recreativas).

Mas a lei reconhece igualmente o direito do cônjuge (ou ex-cônjuge) a alimentos no caso de separação de pessoas e bens ou divórcio

---

[144] Assinale-se, contudo, a abordagem de EDUARDO DOS SANTOS, *Direito da Família* cit., pp. 289-290, que, contra o que é corrente, aprecia o dever de assistência no quadro dos efeitos patrimoniais do casamento. Recentemente, CAPELO DE SOUSA, *Direito da Família e das Sucessões (Relatório sobre o programa, o conteúdo e os métodos de ensino de tal disciplina)*, Coimbra Editora, Coimbra, 1999, p. 66, sublinha também o carácter eminentemente patrimonial das obrigações estatuídas nos artigos 1675.º e 1676.º do Código Civil.

(artigos 1795.º-A e 2016.º do Código Civil). Uma parte da doutrina sustenta que a prestação alimentícia teria então como ponto de referência o padrão de vida correspondente à condição económica e social dos cônjuges (na data da sentença)[145]. Outra parte formula opinião oposta: o dever de alimentos seria cumprido através do montante estritamente necessário para permitir a sobrevivência do credor[146].

O dever de contribuir para os encargos da vida familiar está subordinado à regra da proporcionalidade – depende, nos termos do n.º 1 do artigo 1676.º do Código Civil, das possibilidades individuais de cada cônjuge. No entanto, se um cônjuge contribuir para lá da proporção que lhe cabia, "presume-se a renúncia ao direito de exigir do outro a correspondente compensação" (n.º 2 do artigo 1676.º).

A forma concreta de contribuição é, em princípio, fixada por acordo (cfr. artigo 1671.º, n.º 2); a contribuição pode consistir por exemplo em trabalho despendido no lar ou na manutenção e educação dos filhos[147], em dinheiro, (remuneração do trabalho fora de casa, juros, rendas), no "fornecimento de imóvel próprio para a habitação comunitária da família" ou na "cedência do mobiliário, louças, trem de

---

[145] Cfr. ANTUNES VARELA, *Direito da Família*, 1.º vol., cit., p. 354-356, e ABEL DELGADO, *O divórcio*, 2.ª ed., Livraria Petrony, Lisboa, 1994, pp. 168-169.

ANTUNES VARELA, *Direito da Família*, 1.º vol., cit., p. 356, admite a sobrevivência da obrigação conjugal de alimentos para além da morte de qualquer dos cônjuges "mas apenas como obrigação de alimentos propriamente dita". Ou seja, a prestação alimentícia na hipótese de dissolução do casamento por morte (conferida pelo artigo 2018.º) acabaria, normalmente, por ser inferior à que caberia na hipótese de dissolução por divórcio. Esta dualidade, que não resulta expressamente da lei, parece exprimir a influência da concepção do casamento como união que só a morte pode extinguir. Após o divórcio, manter-se-ia "uma comunhão de nível económico e social"...

[146] Cfr. PAIS DE AMARAL, *Do casamento ao divórcio* cit., p. 86; LEITE DE CAMPOS, *Lições de Direito da Família*, 2.ª ed. cit., pp. 259-260; EDUARDO DOS SANTOS, *Direito da Família* cit., pp. 289-290, p. 401 e s., p. 413.

[147] É o que estabelece o artigo 1676.º, n.º 1, saudado nesta medida por LEONOR BELEZA, "Os efeitos do casamento", *Reforma do Código Civil*, Lisboa, Ordem dos Advogados, 1981, p. 110, como "o primeiro texto legal que, na nossa ordem jurídica, reconhece o valor económico do chamado trabalho doméstico e com os filhos, ao equipará-lo implicitamente ao trabalho profissional".

cozinha, faqueiros e outros móveis próprios de um dos cônjuges para o serviço comum do casal"[148].

O conceito de encargos da vida familiar, nem sempre objecto de atenção[149], abrange todas as necessidades dos cônjuges, filhos, outros parentes (ou afins) a cargo dos cônjuges, ditadas pelo padrão de vida do agregado familiar. Não é, pois, legítimo resumi-lo a "despesas do lar"[150].

Conceito afim, senão idêntico, é usado na lei para definir o dever de cooperação, o que provoca censuras à consagração da visão dualista em matéria de deveres de assistência e de cooperação[151]. Como distinguir "responsabilidades inerentes à vida da família" e "encargos da vida familiar"?[152]

---

[148] Cfr. ANTUNES VARELA, *Direito da Família*, 1.º vol., cit., p. 358.

[149] Neste contexto, FERREIRA PINTO, *Causas do divórcio* cit., pp. 85-86, marca a diferença: "nestes encargos caberão todas as despesas inerentes à vida doméstica que, dentro do padrão de vida possibilitado pelos meios económicos de que os cônjuges dispõem, está nos hábitos da generalidade dos casais em iguais ou idênticas condições económicas e sociais. Estarão neste caso os gastos com os alimentos dos filhos, em que se incluem para além do sustento, habitação e vestuário, ainda a instrução e educação; as despesas com o pessoal doméstico; com a manutenção do próprio lar – luz, gás, telefone, consertos... – ; e com mobílias, electrodomésticos, louças, etc."

[150] Como faz FRANÇA PITÃO, *Sobre o divórcio* cit., p. 65.

[151] Cfr. ANTUNES VARELA, *Direito da Família*, 1.º vol., cit., p. 350. Também crítico, PAMPLONA CORTE-REAL, *Direito da Família e das Sucessões (Relatório)*, Lisboa, Lex, 1995, p. 110, considerando que o dever de cooperação importa "uma óbvia sobreposição e dificuldade na sua articulação com o dever de assistência".

[152] TEIXEIRA DE SOUSA, *O regime jurídico do divórcio* cit., p. 42, apresenta como exemplo do dever de assunção das responsabilidades inerentes à vida da família a obrigação de cooperação entre os cônjuges na guarda e educação dos filhos do casal. Justamente um exemplo legal do modo de cumprimento do dever de contribuir para os encargos da vida familiar... Por seu turno, LEONOR BELEZA, "Os efeitos do casamento" cit., pp. 111-112, privilegia o problema da demarcação entre as obrigações em que se desdobra o dever de cooperação: "seja qual for a distribuição de funções que entre si, no exercício do poder de direcção da família, os cônjuges efectuem, sempre serão basicamente de ambos as responsabilidades da família, pelo que, em relação a estas, a noção de auxílio mútuo não serve. É que auxílio supõe intervenção em tarefa ou actividades alheias – e como tal o dever existe em relação à vida de cada um dos

No entanto, o dever de cooperação não implica para os cônjuges somente a obrigação de assumirem em conjunto as "responsabilidades inerentes à vida da família que fundaram"; compreende, e sempre de acordo com o artigo 1674.º do Código Civil, a obrigação de socorro e auxílio mútuos.

Esta última obrigação impõe que um cônjuge ajude e apoie o outro na generalidade das dificuldades e situações (em especial, no exercício da profissão e em caso de doença)[153].

Aludiu-se já à cristalização conceptual em torno dos deveres de fidelidade e de coabitação. Na verdade, reina a uniformidade no que concerne aos aspectos fundamentais.

Considera-se que o dever de fidelidade implica a proibição de qualquer dos cônjuges ter contactos sexuais ou ligações sentimentais com terceiro; que o adultério (uma manifestação de *infidelidade material*) constitui a sua violação mais grave; e que a violação desse dever pode assumir uma *forma moral* (*v.g.*, *flirt* com outra pessoa).

Quanto ao dever de coabitação, diz-se que implica "comunhão de leito, mesa e habitação"; que, por um lado, obriga os cônjuges a viver

---

cônjuges; já em relação à vida da família, eles não se auxiliam entre si porque não há parte que é de um e parte que é de outro, mas assumem essas responsabilidades em conjunto, como responsabilidades basicamente de ambos."

[153] Ilustra a amplitude e diversidade da obrigação em apreço, TEIXEIRA DE SOUSA, *O regime jurídico do divórcio* cit., p. 41: "A obrigação de socorro e auxílio mútuo concretiza-se nomeadamente no dever de cada um dos cônjuges proteger o outro de actos ofensivos de terceiros, no dever de lhe prestar ajuda psicológica (para o demover do suicídio ou da prática de actos criminosos ou para o dissuadir da toxicodependência, por exemplo), no dever de auxiliar o outro cônjuge na administração dos bens que administra, no dever de colaborar no cumprimento de obrigações fiscais e no dever de proteger a propriedade dos bens comuns."

Não se pode deixar de realçar o facto de ser atribuído certo conteúdo patrimonial a uma obrigação que, segundo ANTUNES VARELA, *Direito da Família*, 1.º vol., cit., 349-350, corresponderia ao antigo dever de assistência (anterior à reforma do Código) na sua vertente espiritual. Este mesmo autor enverada por uma abordagem que está longe de fazer jus à alegada imaterialidade da obrigação de socorro e auxílio mútuos: destacando a integração nesta da "colaboração necessária ao exercício da profissão", refere-se aos limites que separam a colaboração em cumprimento do dever de cooperação da colaboração com direito a remuneração (*Direito da Família*, 1.º vol., cit., pp. 348-349).

em conjunto na mesma casa, pressupondo uma residência comum; que, por outro, integra o chamado débito conjugal, a obrigação de cada um dos cônjuges manter relações sexuais com o outro.

Ensaia-se, por vezes, a atribuição ao dever de fidelidade de um conteúdo destituído de sentido sexual. Mas, a análise subsequente, alinhando violações do dever cujos extremos são o adultério e a ligação sentimental com outrem, estreita bastante o potencial alcance da declaração inicial[154].

Em vários textos, vem sublinhada a particular relevância do *debitum coniugale*[155]; todavia, não é raro que concorra em posição subordinada, no quadro do dever de coabitação, com a problemática da residência da família[156].

Para além disso, o tratamento da obrigação de trato sexual entre os cônjuges põe a descoberto hesitações em torno do âmbito dos vários

---

[154] Cfr. ANTUNES VARELA, *Direito da Família*, 1.º vol., cit., pp. 342-343: escreve ter o dever em questão por objecto "a dedicação exclusiva e leal, como consorte, de cada um dos cônjuges ao outro"; aponta como formas de "traição à promessa de dedicação plena, exclusiva e leal" o adultério, as relações sexuais sem cópula, a inseminação artificial com esperma de outro homem, o *flirt* ou *namoro* com outra pessoa, a ligação sentimental com outrem. Na mesma linha, ABEL DELGADO, *O divórcio* cit., pp. 67-68; FRANÇA PITÃO, *Sobre o divórcio* cit., pp. 56-59.

[155] Cfr. ANTUNES VARELA, *Direito da Família*, 1.º vol., cit., p. 345 ("as relações sexuais... constituem o dever conjugal por excelência"); FRANÇA PITÃO, *Sobre o divórcio* cit., p. 59 (citando o autor anterior); PAIS DE AMARAL, *Do casamento ao divórcio* cit., p. 82 (a obrigação de cada cônjuge se "entregar" sexualmente ao outro representa "o dever mais natural e imediato dentre os que resultam do casamento").

[156] Cfr. o próprio ANTUNES VARELA, que, na obra *Direito da Família*, 1.º vol., cit., pp. 345-349, dedica ao *debitum coniugale* metade do espaço que confere aos problemas associados ao tema da residência da família. PEREIRA COELHO, *Curso de Direito da Família* (1987) cit., pp. 390-394, em nota de rodapé à alínea sobre o dever de fidelidade fala do débito conjugal, integrando-o no dever de coabitação, não voltando a tratar do assunto na alínea do dever de coabitação, onde se debruça exclusivamente sobre a fixação da residência da família. EDUARDO DOS SANTOS, *Direito da Família* cit., p. 287, acentua a obrigação de os cônjuges viverem na mesma casa, acabando por aludir ao débito conjugal em termos peculiares: "E, já que a influência francesa é notória na Reforma de 1977, por certo que, cá como em França e em tantas outras legislações, se há-de entender que o dever de coabitação implica uma outra obrigação mais estrita, qual é a do débito conjugal".

deveres. Assim, embora seja invariavelmente reconduzida ao dever de coabitação, é cumulativamente ligada por alguns aos deveres de respeito e de fidelidade[157].

1.5. As dificuldades gerais na concretização dos deveres conjugais

6. Sob o ponto de vista estritamente formal, seria possível opor ordenamentos que enumeram os deveres conjugais num só artigo a ordenamentos que repartem o enunciado por dois artigos. Entre os primeiros estariam os direitos português e italiano; nos segundos, os direitos francês e espanhol. Contudo, e abstraindo dos aspectos de correcção da técnica legislativa, a contraposição revelar-se-ia pouco expressiva. Assim, por exemplo, os direitos português e espanhol, susceptíveis de encarnarem a referida contraposição, partilham a previsão do dever de respeito. E, afastada a situação deste último dever, os termos legais usados para formar o elenco de deveres num ordenamento acabam por ter correspondência nos demais ordenamentos. Para demonstrá-lo, nada melhor do que invocar o dever de fidelidade, presente sem variações terminológicas.

A palavra fidelidade é, porém, compreendida de forma diversa: no direito italiano, sobretudo como lealdade ou dedicação; nos restantes direitos, principalmente como abstenção de ligações extramatrimoniais. Mas a bipartição reveste-se de carácter relativo. Em Itália, há

---

[157] Cfr. FERREIRA PINTO, *Causas do divórcio* cit., p. 76: "A família não é feita de compartimentos estanques e os deveres apontados aos cônjuges no artigo 1672.º do CC têm forçosamente zonas de fronteira mal delimitadas, pelo que a mesma acção ou omissão pode significar a violação de mais do que um. De resto, como também já escrevemos, todos estes deveres se poderiam reduzir ao dever geral de respeito ou, dizendo de outro modo, ao dever de respeitar a plena comunhão de vida a que ao casarem os cônjuges se comprometeram. Não é assim de estranhar que o dever de ter relações sexuais com o outro cônjuge resulte, simultaneamente, do dever de fidelidade, do dever de coabitação e do dever mais amplo de respeito em que aqueles estão inclusos."
Concorda com tal perspectiva, FRANÇA PITÃO, *Sobre o divórcio* cit., pp. 58-59.

quem identifique fidelidade e abstenção de relações ou actos sexuais extraconjugais; e a aceitação da ideia de lealdade ou dedicação tanto pode acompanhar a negação de conexão entre fidelidade e sexualidade como a defesa de um conceito de dever de fidelidade que encerra, simultaneamente, a proibição de adultério e a obrigação de relações sexuais entre os cônjuges. No direito francês, encontra-se quem questione a vertente sexual da fidelidade. No direito espanhol, um sector ponderoso lança toda a carga sexual do casamento no dever de fidelidade, rejeitando a limitação a um *non facere*.

O dever de coabitação dos direitos português e italiano encontra paralelo na obrigação de comunhão de vida do direito francês e no dever de convivência do direito espanhol. O significado oscila de novo. No direito italiano, coabitação representa, em regra, apenas residência comum; nos direitos português e francês, traduz também o trato sexual entre os cônjuges; no direito espanhol, coexistem as duas orientações. Todavia, a dicotomia, onde impera, esbate-se por causa do tratamento de privilégio que recebe o tema da residência da família. Só que até o dever de residência comum sofre alguma erosão, nos ordenamentos francês e italiano, a pretexto de uma norma legal que permite aos cônjuges possuírem domicílios distintos.

Larga controvérsia é alimentada pelos "deveres de entreajuda": os deveres de socorro e assistência, no direito francês; os deveres de ajuda e socorro, no direito espanhol; os deveres de assistência e colaboração, no direito italiano; os deveres de cooperação e assistência, no direito português. Debate-se a patrimonialidade destes deveres com pouco entusiasmo, é certo, mas de forma sensível nos direitos francês e italiano. O problema que maior interesse suscita é o da unidade ou dualidade dos deveres. Apesar de tudo vinga o dualismo, apoiado no facto consumado da opção legal. Essa opção concretiza-se no direito português por uma explicitação incomparável dos deveres de assistência e de cooperação, o que pode fundamentar a escassa atenção concedida em Portugal ao problema – por contraste com o que sucede nos outros três países. Outro problema é o da autonomia da obrigação de contribuir para os encargos da vida familiar, resolvido pelo legislador português ao incorporá-la no dever de assistência. Tendendo à negação da autonomia, a doutrina italiana divide-se entre a recondução da dita obrigação ao dever de assistência ou de colaboração; em França, a obrigação de contribuir é confrontada com o dever de socorro numa visão que denuncia distinção e interdependência; no direito espanhol, surge, normalmente, integrada no dever de socorro ou numa figura que agrega o dever de socorro e o de ajuda. E as dúvidas incidem ainda em pontos de carácter fortemente "económico" ou "matemático": noção de encargos da vida familiar; quantificação da contribuição para tais encargos; medida da obrigação de alimentos, incluída no âmbito dos deveres de entreajuda (o de socorro, nos direitos francês e espanhol; o de assistência, no direito português; o de assistência ou de colaboração, no direito italiano).

No entanto, aos deveres de entreajuda é imputada uma área não patrimonial, em que se situaria, designadamente, o dever de um cônjuge apoiar o outro no trabalho e na doença. Veja-se a imagem do dever de assistência nos direitos francês e italiano, do dever de ajuda no direito espanhol e do dever de cooperação no direito português.

Por vezes, no dever de entreajuda qualificado como mais pessoal é vertido um conteúdo amplo. Assim ocorre em França e Itália, onde não foi consagrado o dever de respeito. Nota-se, afinal, a necessidade de ocupar o espaço que a lei deixou, ao não prever aquele dever, seja por esta via, seja com a construção de deveres inominados.

Nos direitos português e espanhol, a integração do dever de respeito na enumeração legal reduz o campo de manobra para a afirmação de deveres inominados. Mas irrompe com alguma intensidade a discussão acerca da própria necessidade de estabelecer um dever conjugal, especial, de respeito, na vigência de um dever geral. Observe-se, porém, que não é, como se viu, do dever geral de respeito que se pensa emergirem, em França e Itália, as obrigações que nos países ibéricos são enquadradas no dever conjugal de respeito.

Um segundo tema peculiar dos países que conhecem um dever nominado de respeito é o da extensão do mesmo. Detectam-se as mais diversas posições, verificando-se mesmo a existência de algumas que não se esforçam por evitar a sobreposição de deveres. Para determinados autores, por exemplo, a recusa de relações sexuais entre os cônjuges constituiria uma violação cumulativa dos deveres de respeito, fidelidade e coabitação – o dever de respeito absorveria o de fidelidade ou abrangeria a totalidade dos deveres conjugais.

Outro aspecto digno de menção, aplicável a todos os ordenamentos considerados, é o tom uniformemente não-patrimonialista do estudo dos deveres de respeito e dos deveres inominados, que supomos ser pouco compreensível.

A lei espanhola impõe ainda aos cônjuges o dever de actuarem no interesse da família. Apesar de certa afinidade verbal, revela-se inadequada uma aproximação ao dever de colaboração no interesse da família estabelecido no *Codice Civile*. O domínio da entreajuda conjugal, preenchido no direito italiano pelo citado dever de colaboração e pelo dever de assistência, está plenamente ocupado no direito espanhol pelos deveres de ajuda e socorro. Ora, a interpretação corrente do dever de actuar no interesse da família leva a crer que se trata não de um dever conjugal, mas de um princípio a observar nas relações entre os cônjuges, de um critério que norteia os deveres conjugais propriamente ditos.

7. O cenário legal não é muito distante nos quatro países. Não se pode, porém, falar de uma orientação interpretativa transnacional comum. Aliás, é antes de mais difícil apreender a tendência dominante em cada ordenamento relativamente ao sentido de cada termo constante do elenco legal de deveres conjugais.

Na origem das hesitações e flutuações doutrinais e jurisprudenciais, está o processo de referência legislativa aos deveres conjugais que foi adoptado: a utilização de um elenco que contém um "cacho de conceitos indeterminados"[158].

Fidelidade, respeito, coabitação, comunhão de vida, convivência, cooperação, colaboração, ajuda, socorro... Um conjunto de expressões destinadas a condicionar o comportamento dos cônjuges, paradoxal-

---

[158] A frase é proferida por ZATTI, "I diritti e i doveri che nascono dal matrimonio" cit., p. 11, n. 18, a propósito do artigo 143 do *Codice Civile*: "L'articolo si configura, per così dire, come un grappolo di concetti indeterminati, ciascuno dei quali conserva caratteri simili a quelli di espressioni proprie ad altri campi, quali «correttezza», «lealtà», «diligenza», ecc."

mente desprovidas de um conteúdo claro e preciso. Todas elas, sem excepção, se caracterizam pela vaguidade[159].

A indeterminação de um dos conceitos – o de coabitação – é posta em causa por Zatti[160], para quem, no âmbito do direito italiano, tal característica só seria aplicável à "fedeltà", à "assistenza", à "collaborazione". Na sua opinião, várias alterações legislativas da década de setenta teriam retirado à "coabitazione" a sua "função omnicompreensiva", pelo que actualmente a palavra teria um significado menos extenso, abrangendo unicamente a ideia de habitação sob o mesmo tecto.

O autor argumenta que, na altura em que persistia a tendência tradicional de atribuir à palavra coabitação um conteúdo muito amplo, a correspondente obrigação ocupava o primeiro lugar no elenco legal de deveres resultantes do casamento e se entendia que o termo podia ser usado no *Codice Civile*, noutros contextos da regulamentação matrimonial, com a acepção de convivência ou de união carnal.

Nos anos setenta, foram introduzidas expressões com significados que até aí se defendia estarem compreendidos pela ideia de coabitação: "convivenza" e "comunione spirituale e materiale tra i coniugi" (Lei n.º 898, de 1/12/1970. *Disciplina dei casi di scioglimento del matrimonio*). Deste modo, a palavra coabitação tê-los-ia perdido. E a reforma de 1975, que passou o dever de coabitação do primeiro para o último lugar da enumeração do artigo 143, teria confirmado a natureza residual e a compressão do conceito. O dever de coabitação conteria agora apenas o que não estivesse incluído num qualquer dos outros deveres, nos quais – e ainda segundo Zatti – "se compreendem melhor todos os aspectos da convivência".

Não interessa para já apreciar a correcção da opção por um significado mais restrito do termo. Importa sim evidenciar que Zatti excluiu a indeterminação impressionado pela dita opção, que apresenta carácter

---

[159] Perfilhamos a noção de conceitos indeterminados (e, portanto, a respectiva classificação com base na natureza da indeterminação) formulada por MENEZES CORDEIRO, *Da boa fé no Direito Civil*, vol. II, Coimbra, Livraria Almedina, 1984, pp. 1176-1178.

[160] Cfr. ZATTI, "I diritti e i doveri che nascono dal matrimonio" cit., p. 11, n. 18, p. 30, pp. 66-67.

valorativo. Ou seja, preencheu o conceito, superando a respectiva indeterminabilidade. Nesse momento, achou que não estava perante um verdadeiro conceito indeterminado.

Ora, o significado de coabitação não é de modo algum nítido. Não o é devido quer à polissemia quer à vaguidade do conceito. Coabitação tanto pode representar a "vida em comum" (ou "comunhão de mesa, leito e habitação"), como a "habitação sob o mesmo tecto" (ter residência comum) ou as relações sexuais. Todos estes sentidos constam de qualquer dicionário[161]. E não se pode excluir nenhum deles sem valorar. Assim, o conceito de coabitação começa necessariamente por abranger um significado de grande amplitude e de limitada compreensão como é "vida em comum".

Por isso, carece, tal como os restantes conceitos inscritos nos elencos de obrigações emergentes do casamento, de preenchimento ou de valoração. Justamente esta fuga ao método subsuntivo contribui para a multiplicidade de resultados atrás detectada.

Bem presentes estão os ensinamentos de Engisch[162]: a valoração do conceito indeterminado não tem de ser uma valoração estritamente pessoal do intérprete ("subjectiva"). Em texto menos recente, o filósofo do Direito refere-se até concretamente ao domínio dos deveres conjugais, esclarecendo que aqui não seria aceitável uma valoração subjectiva[163]. Haveria que atender às "concepções morais dominantes".

---

[161] Cfr. ACADEMIA DAS CIÊNCIAS DE LISBOA, *Dicionário da Língua Portuguesa Contemporânea*, vol. I, Lisboa, Editorial Verbo, 2001, p. 844, entrada "coabitação"; CÂNDIDO DE FIGUEIREDO, *Dicionário da Língua Portuguesa*, vol. I, 16.ª ed., Livraria Bertrand, Lisboa, 1981, p. 655, entrada "coabitar".

[162] Cfr. ENGISCH, *Introdução ao pensamento jurídico*, 7.ª ed., tradução portuguesa da 8.ª ed. alemã de 1983, Lisboa, Fundação Calouste Gulbenkian, 1996, pp. 236-241.

[163] Cfr. ENGISCH, *Introdução ao pensamento jurídico*, 5.ª ed., tradução portuguesa da 3.ª ed. alemã de 1964, Lisboa, Fundação Calouste Gulbenkian, 1979, p. 196: "Saber (...) se um cônjuge comete faltas «graves» contra o matrimónio, capazes de provocar uma «ruptura culposa» do mesmo, quando insulta o outro cônjuge, quando pratica excessos alcoólicos, quando comete frequentes violações da fidelidade conjugal – tudo isto são questões que a lei não quer ver respondidas através de uma valoração eminentemente pessoal do juiz".

Só que a valoração dita objectiva ocorreria por recepção da valoração da generalidade das pessoas ou daquelas que fazem parte da camada "dominante" ou "dirigente". Nesta medida, coloca-se uma importante questão de conhecimento. O jurista teria de averiguar quais são as concepções éticas vigentes, abstraindo das suas próprias – a não ser que estas sejam afinal... concepções éticas vigentes[164]. Portanto, a valoração "dominante" é fixada com base numa valoração necessariamente pessoal.

É claro que o preenchimento dos conceitos indeterminados não é forçosamente arbitrário. Como escreve Menezes Cordeiro, "existe toda uma série de indícios que inculcam as variáveis a ponderar e o seu peso relativo". Mas a possibilidade de objectividade tem limites: esses indícios nem sempre abundam e a valoração não pode alcançar a segurança equivalente ao grau de precisão dos conceitos determinados[165].

No caso particular dos deveres conjugais, não há consenso em torno dos indícios ou referências materiais capazes de apoiarem a valoração do intérprete. Revela-se polémica, nomeadamente, a influência das variáveis tutela da personalidade e acordo. Acresce que a valoração exigida incide sobre zonas de vivência íntima corrente, sendo especialmente difícil ao jurista manter um distanciamento que impeça a arbitrariedade.

Não se conclua, porém, pela impraticabilidade do preenchimento dos conceitos a que respeitam os deveres conjugais[166]. Os problemas apontados não deixam de ser típicos dos conceitos indeterminados; assumem "somente" um grau acima da média. Consequentemente, os instrumentos de preenchimento serão os comuns, reclamando-se "apenas" um rigor acima da média.

---

[164] Cfr. ENGISCH, *Introdução ao pensamento jurídico*, 7.ª ed. portuguesa cit., p. 237, que admite a possibilidade do juiz "consultar o seu sentimento ético" se ele se situar dentro de um dos "sectores da população cujo juízo é aceito como válido por cada ordem estadual e jurídica".

[165] Cfr. MENEZES CORDEIRO, *Da boa fé no Direito Civil* cit., pp. 1181-1182.

[166] PAMPLONA CORTE-REAL, *Direito da Família e das Sucessões (Relatório)* cit., p. 83, dá notícia de uma linha doutrinal que sustenta "a inviabilidade da concretização do conteúdo dos deveres conjugais". Adiante, em I.B.1., retomaremos o assunto.

8. Todavia, seria abusivo invocar a técnica de regulamentação como causa exclusiva ou principal da falta de unidade doutrinária. O fenómeno dos conceitos indeterminados não é recente no plano dos efeitos do casamento. Já nos termos do texto originário do Código Civil espanhol os cônjuges eram obrigados a viver juntos, a guardar fidelidade e a socorrer-se mutuamente. E em 1942 o *Code civil* estabelecia: "Les époux se doivent mutuellement fidélité, secours, assistance". No mesmo ano, o *Codice Civile* impunha a observância da coabitação, da fidelidade e da assistência. A redacção primitiva do actual Código Civil português previa os deveres de fidelidade, coabitação e assistência. Mas as fracturas relativas à interpretação (*lato sensu*) do conteúdo dos deveres conjugais só adquiriram visibilidade após a vitória do movimento reformista na década de 70 do século XX.

Até então, mesmo no espaço jurídico italiano, de há alguns anos para cá tão agitado pelas mais diversas leituras da relação matrimonial, vivia-se uma relativa tranquilidade em matéria de posições de direito positivo. Num primeiro momento, talvez fosse possível imputar a situação a um "clima de homogeneidade social e cultural" de matriz conservadora[167]. Num segundo momento, em que se aceleravam as transformações e se quebrava a referida homogeneidade, talvez se pudesse justificar o não aproveitamento do potencial de adaptação dos conceitos indeterminados com os constrangimentos decorrentes da consagração, em outras disposições do Código, de um modelo de família autoritária e tradicional; existiriam indícios normativos contrários a uma mudança de visão do casamento, eventualmente desejada por uma parte da sociedade.

Concretizadas as iniciativas legislativas, observou-se a manutenção da terminologia própria dos "antigos" deveres conjugais, a par de outros que foram acrescentados. Aparentemente, eles serviriam tão bem a igualdade como serviram a desigualdade entre os cônjuges.

---

[167] PARADISO, *La comunità familiare*, Milano, Giuffrè, 1984, pp. 24-25, considera que, nos anos imediatamente posteriores à Constituição italiana de 1947, se teria verificado uma defesa cerrada do *status quo* a nível da disciplina jurídica da família graças ao "clima de persistente homogeneidade social e cultural", fruto da "influência exercida pela Igreja com a sua visão do matrimónio".

Entretanto, em Itália, alguns sectores cedo manifestam a sua insatisfação relativamente à Reforma do Direito da Família, por estar já ultrapassada pela evolução social no momento da sua aprovação. Dentro desta orientação, é particularmente elucidativa a voz de Scalisi[168]: o decénio em que ocorreu a reforma teria sido um "período de profundas e radicais transformações sociais", abrangendo simultaneamente a consolidação da "sociedade industrial" e o nascimento da "sociedade pós-industrial"; o que assinalaria a passagem da primeira à segunda seria, designadamente, "o explodir impetuoso da complexidade a todos os níveis (político, económico, social)"; ora, a reforma teria sido produto de uma ideologia de sociedade industrial, mas só teria sido aprovada numa época de transição para a sociedade pós-industrial; deste modo, a legislação teria tido em vista fundamentalmente a "família legítima", ignorando "a realidade de uma pluralidade de modelos familiares alternativos".

Mais: nem sequer teria sido bem sucedido o tratamento que a reforma fez da família legítima. O tipo mais tradicional de família teria sido submetido a um regime essencialmente idêntico e unitário; contudo, também ele teria sofrido profundas mutações, a ponto de não poder ser tratado de modo homogéneo.

Perante este panorama, os conceitos indeterminados surgiriam como um paliativo das alegadas insuficiências legislativas verificadas a propósito da família legítima. Dada a incorrecção de uma formulação precisa de situações jurídicas subjectivas válida para todos os casos, teria sido positiva a previsão de situações que comportam uma margem ampla de indeterminação, como por exemplo "aquelas que têm por objecto a assistência material e espiritual, a colaboração no interesse da família, a contribuição dos cônjuges e dos filhos e mesmo a própria fidelidade conjugal". Por esta via, seria, em abstracto, admissível uma "pluralidade teórica e praticamente indefinida de modos alternativos de conduta".

---

168 Cfr. SCALISI, "La famiglia e le «famiglie»", *La riforma del Diritto di Famiglia dieci anni dopo*, Padova, CEDAM, 1986, p. 270 e s.

Adiante-se que Scalisi não entende como legítima qualquer conduta: em concreto, apenas uma seria exigível. Para saber qual, haveria que efectuar uma valoração *a posteriori* e em que relevaria o tipo de família e, no âmbito de cada tipo, "o modelo de existência do consórcio familiar".

Por perceber fica o que é e o que não é tipo, o que é e o que não é modelo de existência. Em última análise, corre-se o risco de legitimar qualquer comportamento que se suponha ter uma expressão social minimamente relevante em termos estatísticos.

Acresce que o autor não tem qualquer prurido em aplicar os conceitos indeterminados a todos os tipos de família legítima, abrigando assim uma pluralidade de modos de conduta, embora afirme que a lei quase se fechou em torno de um tipo e de um regime. Neste caso, não se esperou por uma reforma. Assumiu-se que aqueles conceitos, traçados num cenário predominantemente monista, suportariam igualmente teses do pluralismo jus-familiar.

Pluralismo jus-familiar que tem várias faces. Nem todos os seus adeptos se identificam de forma nítida. Nem todos rejeitam uma definição do conteúdo dos deveres conjugais. Por vezes o que os une é somente a preocupação de evitar a censura jurídica de formas alternativas de organização da vida. No domínio específico do preenchimento dos conceitos, esse objectivo pode ser prosseguido, designadamente, pela conservação ou acréscimo da indeterminabilidade ou pelo esvaziamento, total ou parcial, de sentido. Assim, por exemplo, o conceito indeterminado legal de fidelidade é meramente substituído pelo conceito indeterminado doutrinal de lealdade, o dever de coabitação é desligado da obrigação de residir na mesma casa.

Logicamente, a leitura dos efeitos do casamento diversifica-se. De um lado resistem os que trabalham com a ideia de padrão social dominante, do outro investem os defensores da *ideologia da tolerância*.

Os últimos pretendem vestir a pele de paladinos da liberdade que resgatam a credibilidade do direito, ameaçada por alucinantes transformações sociais. O caminho eleito parece ser o da eliminação da distância entre o ser e o dever-ser, pela conversão do facto em norma.

Apetece perguntar: Que Direito pode gerar a indiferença e a neutralidade ética? Que Direito é viável sem uma referência comum?[169]

2. A CLÁUSULA GERAL DO § 1353 I 2 HS. 1 DO BGB

2.1. A crítica à técnica da enumeração

9. No § 1353 I 2 Hs. 1 do BGB estabelece-se que: "Os cônjuges estão mutuamente obrigados à comunhão conjugal de vida" ("Die Ehegatten sind einander zur ehelichen Lebensgemeinschaft verpflichtet")[170]. Mais adiante prevê-se a "obrigação de sustento da família" ("Verpflichtung zum Familienunterhalt"): "Os cônjuges estão mutuamente obrigados a sustentar a família de modo adequado, através do seu trabalho ou com os seus bens" ("Die Ehegatten sind einander

---

[169] Cfr. MEULDERS-KLEIN, "Internationalisation des droits de l'homme et l'évolution du droit de la famille: Un voyage sans destination?", *ADL* 1996, n.º 1, p. 37. A autora reflecte sobre o "ambiente" de pluralismo e de tolerância no Direito das Pessoas e da Família. Relativamente à tolerância, "vertu morale qui consiste à ne pas juger autrui", adverte que deixa de o ser "lorsqu'elle se mue en indifférence ou dégénère en dogme aussi intransigeant que le pire des intégrismes". Quanto ao pluralismo, alerta para o resultado do seu espírito de abertura: "en voulant respecter toutes les opinions et satisfaire toutes les exigences, il débouche sur le plus petit commun dénominateur éthique". Sublinhando o carácter fundamental do Direito das Pessoas e da Família, afasta a possibilidade de se o construir "sur une poussière d'opinions divisées, d'éléments éclatés, et de sentiments éphémères". Seria imprescindível um "direito inteligível e comummente respeitado", já que "l'absence de valeurs partagées hormis la liberté identifiée au bonheur laisse en suspens la question du sens et de la justice". Ver também LEMOULAND, "Le pluralisme et le droit de la famille, post-modernité ou pré-déclin?", *D*. 1997, chron., p. 133 e s.

[170] O teor do actual § 1353 I 2 Hs. 1 é idêntico ao de todo o § 1353 I 2 antes da alteração introduzida pela EheschlRG de 4/5/1998, que acrescentou uma proposição ao § 1353 I 2 (Hs. 2: "sie tragen füreinander Verantwortung"), e ao de todo o § 1353 I antes da reforma do Direito da Família que teve lugar através da Lei de 14/6/1976.

verpflichtet, durch ihre Arbeit und mit ihrem Vermögen die Familie angemessen zu unterhalten" – § 1360 1).

O Código alemão não contém, portanto, qualquer enumeração de deveres conjugais. Não obstante isto, as duas obrigações referidas parecem ter pontos de contacto com deveres enunciados nos países do sistema romanístico. Assim, seria difícil não começar por admitir um paralelo entre a obrigação germânica de comunhão conjugal de vida e a obrigação de comunhão de vida que o *Code civil* impõe aos cônjuges. E seria absurdo excluir alguma afinidade da "Verpflichtung zum Familienunterhalt", por exemplo, com o "dever de contribuir para os encargos da vida familiar".

No entanto, uma análise mais cuidada permite apenas confirmar a correspondência entre "Verpflichtung zum Familienunterhalt" e "dever de contribuir para os encargos da vida familiar". Em ambos os casos, a obrigação abrange o que, à luz da situação familiar, for exigível para satisfazer as necessidades do casal e dos filhos, incluindo as despesas do lar (§ 1360 a. I do BGB; doutrina portuguesa acerca dos encargos da vida familiar); pode ser cumprida pelo trabalho ou pela afectação dos recursos patrimoniais (§ 1360 1; artigo 1676.º, n.º 1, do Código Civil português); trabalho que pode ser doméstico (§ 1360 2; artigo 1676.º, n.º 1); presume-se que o cônjuge que presta mais do que é devido renuncia à compensação (§ 1360 b.; artigo 1676.º, n.º 2).

A "Verpflichtung zum Familienunterhalt" traduz-se num conceito que a lei tenta delimitar com regulamentação relativa ao seu âmbito e ao respectivo modo de cumprimento. Tal como no "dever de contribuir para os encargos da vida familiar", acaba por subsistir a indeterminação. De facto, o BGB, ao contrário do Código Civil português, traça o âmbito da obrigação, mas fá-lo em termos vagos. Designadamente, por usar a expressão "o que é exigível de acordo com as circunstâncias dos cônjuges"[171]. Consequentemente, a definição do montante devido num

---

[171] Cfr. § 1360 a. I: "Der angemessene Unterhalt der Familie umfaßt alles, was nach den Verhältnissen der Ehegatten erforderlich ist, um die Kosten des Haushalts zu bestreiten und die persönlichen Bedürfnisse der Ehegatten und den Lebensbedarf der gemeinsamen unterhaltsberechtigten Kinder zu befriedigen." STRECK, *Generalklausel und unbestimmter Begriff im Recht der allgemeinen Ehewirkungen*, Bonn, Ludwig Röhrscheid Verlag, 1970, pp. 135-136, inclui o conceito "angemessene

caso concreto implica a operação de preenchimento típica dos conceitos indeterminados.

Quanto à obrigação de comunhão a que respeita o § 1353 do BGB, a sua aproximação à obrigação de comunhão prevista no artigo 215 do *Code civil* esgota-se no plano verbal. A previsão da segunda obrigação constitui um mero complemento da enumeração de deveres conjugais constante do artigo 212 do mesmo *Code civil*. É, no fundo, parte de uma enumeração complexa que engloba os artigos 212, 215 e, embora menos claramente, 214. Desta forma, a obrigação francesa tem um conteúdo correspondente, como atrás se disse, ao do dever de coabitação em Portugal; não inclui outros conteúdos porque já foram tomados em consideração pelos demais deveres legalmente fixados.

Diferente é o perfil da obrigação germânica de comunhão. Num Código que não encerra um elenco de deveres conjugais, nela recai a generalidade da carga de juridicidade da relação conjugal. O seu conteúdo é muito vasto. Tanto assim é que a obrigação de sustento tende a ser vista como uma simples especificação legal da ampla obrigação de comunhão conjugal de vida. Por isso, a obrigação de comunhão conjugal de vida demarca-se, sob o prisma da qualificação, quer da "Verpflichtung zum Familienunterhalt" quer da obrigação que tem por objecto a "communauté de vie". As duas últimas incorporam deveres conjugais particulares indeterminados. A outra figura contém um dever conjugal imposto por uma cláusula geral.

A fronteira entre cláusulas gerais e conceitos indeterminados[172] é difusa. Há, por exemplo, cláusulas gerais indeterminadas, contando-se, entre elas, a própria "eheliche Lebensgemeinschaft". Todavia, a confusão não é aceitável. Sendo vão o apelo a um critério estrutural, pode e deve recorrer-se a um critério quantitativo. As cláusulas gerais estão mais distantes dos conceitos determinados. E entre a "eheliche

---

Unterhalt der Familie" entre os "unbestimmten Begriffe des Unterhaltrechts" justamente por o seu significado depender do que seja exígivel "nach den Verhältnissen der Ehegatten".

[172] Sobre o assunto, cfr., nomeadamente, MENEZES CORDEIRO, *Da boa fé no Direito Civil* cit., pp. 1182-1184; ENGISCH, *Introdução ao pensamento jurídico*, 7.ª ed. portuguesa cit., pp. 228-234; STRECK, *Generalklausel und unbestimmter Begriff im Recht der allgemeinen Ehewirkungen* cit., pp. 21-27.

Lebensgemeinschaft" e os termos usados nos elencos de deveres conjugais verifica-se precisamente a aludida diferença de grau: aquela atinge um maior número de situações.

10. A favor da adopção de uma cláusula geral indeterminada no capítulo da relação conjugal tem sido aduzida uma argumentação que lhe aponta vantagens sobre a enumeração – mesmo a baseada em conceitos indeterminados.

No sentido da superioridade da cláusula, tem-se, em primeiro lugar, invocado a sua maior adequação ao caso concreto e à evolução temporal. Assim, Kipp[173], não hesitando em apelidar a enumeração inserida no artigo 212 do *Code civil* de "designação académica de velha sabedoria", entendia não caber ao legislador concretizar a obrigação de comunhão conjugal, porque as normas que o tentassem nunca conseguiriam fixar o regime para todos os matrimónios e envelheceriam rapidamente. Schlüter[174], por seu turno, aplaude a opção de não enunciar deveres particulares emergentes do casamento: o casamento, "enquanto comunhão de vida que abrange toda a personalidade e se funda na individualidade dos cônjuges", não se deixaria aprisionar num elenco normativo de direitos e deveres; só a indeterminabilidade substancial e a necessidade de valoração do § 1353 I 2 BGB (actual § 1353 I 2 Hs. 1) permitiriam uma adaptação do Direito a novos desenvolvimentos. Outros vêem na regulamentação por cláusula geral uma prova de sensibilidade do legislador relativamente à complexidade da vida[175] ou associam à técnica da enumeração o risco de recepção na lei de "valorações datadas" ("zeitbezogene Wertungen")[176].

---

[173] Cfr. KIPP/WOLFF, *Derecho de Familia*, vol. I (in *Tratado de Derecho Civil* por Ludwig Ennecerus, Theodor Kipp y Martin Wolff, cuarto tomo), 2.ª ed., tradução espanhola da 20.ª ed. alemã (sexta revisión, 1928), Barcelona, Bosch, 1953, p. 198.

[174] Cfr. SCHLÜTER, *BGB-Familienrecht*, 9.ª ed., Heidelberg, C.F. Müller Verlag, 2001, p. 32.

[175] Cfr. FIRSCHING/GRABA, *Familienrecht, 1. Halbband: Familiensachen* (em *Handbuch der Rechtspraxis*, Band 5a), 6.ª ed., München, C.H Beck, 1998, p. 29.

[176] Cfr. KRAUSE, *Bürgerliches Recht: Familienrecht*, Stuttgart/Berlin/Köln//Mainz, Kohlhammer, 1977, p. 60.

Não se discute a maior aptidão de resposta da cláusula geral aos desafios do caso concreto nem a sua maior capacidade de resistência ao tempo. São aspectos ligados à sua generalidade que, no entanto, implica também um lado negativo: o maior grau de incerteza[177].

Além disso, as mencionadas vantagens potenciais da cláusula geral sobre as enumerações de conceitos indeterminados só se verificam quando estas, e somente estas, se encontram ultrapassadas pelo tempo ou pela especificidade da situação que enfrentam. Tem de ocorrer um desencontro entre os resultados da valoração da cláusula e da valoração dos conceitos, originado pelo esgotamento da virtualidade técnica dos últimos.

Conhece-se ainda uma segunda ordem de razões, destinadas a justificar a preferência da cláusula geral em detrimento do enunciado, agora centradas na ideia de protecção da autonomia dos cônjuges. Schlüter[178], por exemplo, rejeita a constitucionalidade de uma eventual enumeração legal. Na sua perspectiva, o artigo 6 I da Lei Fundamental, que consagra a autonomia da família e do casamento, salvaguardaria "a esfera privada do casamento e da família" ("die Privatsphäre von Ehe und Familie") de interferências do Estado, impedindo, nomeadamente, o legislador de proceder a uma regulamentação pormenorizada da

---

[177] Expressamente sobre a incerteza da interpretação do § 1353, cfr. STRECK, *Generalklausel und unbestimmter Begriff im Recht der allgemeinen Ehewirkungen* cit., p. 37. GERNHUBER/COESTER-WALTJEN, *Lehrbuch des Familienrechts*, 4.ª ed., München, C.H.Beck, 1994, consideram útil a existência de um programa de deveres, até num contexto de heterogeneidade das concepções relativas ao casamento, de "casamento polimorfo", de recusa definitiva do divórcio-sanção: indicaria um "padrão de comportamento" ("Verhaltensmuster") que orientaria os cônjuges e criaria regras que vigorariam no caso de falta de acordo entre eles (p. 166). Acresce que os dois autores, ao abordarem o tema da função da cláusula geral do § 1353 I 2 do BGB (Hs. 1), têm o cuidado de criticar não toda e qualquer enumeração mas quando muito aquela que se faça através de conceitos determinados (pp. 172-173). O único alvo são as "proposições jurídicas rigorosamente delimitadas" ("scharf konturierte Rechtssätze") que prescrevem minuciosamente obrigações para os cônjuges, porque seriam incapazes de abarcar a especificidade de cada caso e poderiam gerar um regime situado no domínio do mau-gosto e da futilidade.

[178] Cfr. SCHLÜTER, *BGB-Familienrecht* cit., pp. 3, 4, 10 e 32. Igualmente, GIESEN, *Familienrecht*, 2.ª ed., Tübingen, Mohr Siebeck, 1997, p. 85.

comunhão matrimonial. Porém, em diversas hipóteses, o elogio da cláusula geral verifica-se independentemente de fundamentos constitucionais. Diz-se então que a figura concede aos cônjuges a possibilidade de encontrarem o seu próprio "estilo de vida" ("Lebensform")[179] ou evita o perigo de sacrifício dos desejos e valores individuais, inerentes a um estreitamento de conteúdo da comunhão conjugal[180].

Não obstante isto, afigura-se forçada a conexão entre a liberdade individual dos cidadãos e a técnica da cláusula geral. Basta ter presente o tipo de utilização que as cláusulas gerais do BGB receberam durante o período do Estado nacional-socialista[181]. À semelhança dos conceitos indeterminados, carecem de preenchimento. São sobretudo os critérios desta operação que traçam a margem efectiva de autonomia que assiste aos destinatários do direito.

Por fim, importa lembrar que o Código alemão não confiou totalmente na cláusula geral para regular o conteúdo do casamento, tendo especificado a obrigação de sustento, e esclarecer que a doutrina germânica não renunciou a um elenco de deveres conjugais particulares.

---

[179] Cfr. D. SCHWAB, *Familienrecht,* 9.ª ed., München, Verlag C.H.Beck, 1999, p. 55.

[180] Cfr. KRAUSE, *Bürgerliches Recht: Familienrecht* cit., p. 60. Em Portugal, ANTUNES VARELA, *Direito da Família,* 1.º vol., cit., p. 341, referindo-se aos deveres conjugais constantes do artigo 1672.º do Código Civil português, anota: "A tendência de algumas legislações mais avançadas, como a alemã, é orientada no sentido de reduzir os deveres pessoais impostos coercivamente aos cônjuges, abandonando também nesse domínio o modelo clássico (único) do casamento e franqueando aos nubentes a possibilidade de darem outros possíveis conteúdos à relação matrimonial".

[181] Cfr. MENGONI, "Problema e sistema nella controversia sul metodo giuridico", *Jus* 1976, p. 11, que, aludindo ao uso da teoria das cláusulas gerais como instrumento de introdução dos conteúdos da ideologia nazi no Direito Civil, remete para a obra de Rüthers, *Die unbegrenzte Auslegung. Zum Wandel der Privatrechtsordnung im Nazionalisozialismus,* Frankfurt a.M., 1973, por ilustrar exaustivamente o emprego que aquelas tiveram ao serviço do Estado totalitário alemão, em particular da sua política racista.

2.2. A construção dos deveres conjugais a partir da cláusula geral

11. À cláusula geral que prevê a obrigação de comunhão conjugal de vida tende a ser expressamente reconhecido, no campo do Direito matrimonial, um significado análogo ao que cabe à cláusula da boa fé objectiva ("Treu und Glauben") estabelecida pelo § 242 do BGB, na área do Direito das Obrigações[182]. De acordo com Wacke[183], ambas remetem para "normas supra-positivas da ética social" ("überpositive Normen der Sozialethik"), que, deste modo, seriam recebidas pela ordem jurídica; ambas criam um conjunto de deveres de comportamento juridicamente vinculantes, desempenhando assim o papel de limite de direitos e o papel de instituição de deveres; e ambas carecem, enquanto "tipos abertos" ("offene Tatbestände"), de especificação através de um catálogo de grupos típicos de casos.

Segundo Hepting[184], à recepção de normas da "ética social" corresponderia a "função de transformação" ("Transformationsfunktion"). Na sua perspectiva, não há razão para deixar de atribuir essa função típica das cláusulas gerais ao § 1353 I 2 (Hs. 1) do BGB. O preceito

---

[182] Esta ideia, que vem já dos Fundamentos do BGB (*Motive* IV, 104), é seguida por BRUDERMÜLLER, anotação ao § 1353, Nm. 2, *Palandt Bürgerliches Gesetzbuch*, 60.ª ed., München, C.H.Beck, 2001 (de agora em diante citado PALANDT/BRUDERMÜLLER); DIEDERICHSEN, anotação ao § 1353, Nm. 3, *Palandt Bürgerliches Gesetzbuch*, 56.ª ed., München, C.H.Beck, 1997 (de agora em diante citado PALANDT/DIEDERICHSEN); DÖLLE, *Familienrecht*, Band I, Karlsruhe, C.F.Müller, 1964, p. 392; GIESEN, *Familienrecht* cit., pp. 84-85; FIRSCHING/GRABA, *Familienrecht, 1. Halbband* cit., p. 29; HÜBNER/VOPPEL, anotação ao § 1353, Nm. 18, *J. von Staudingers Kommentar zum Bürgerlichen Gesetzbuch mit Einführungsgesetz und Nebengesetzen*, 13.ª ed., Viertes Buch, Familienrecht, Berlin, Sellier – de Gruyter, 2000 (de agora em diante citado STAUDINGER/HÜBNER/VOPPEL); LANGE, anotação ao § 1353, Nm. 2, *Soergel- Bürgerliches Gesetzbuch mit Einführungsgesetz und Nebengesetzen*, Band 7, Familienrecht I, 12.ª ed., Stuttgart/Berlin/Köln/Mainz, Kohlhammer, 1988 (de agora em diante citado SOERGEL/LANGE); SCHLÜTER, *BGB-Familienrecht* cit., p. 32; WACKE/MünchKomm cit., § 1353, Nm. 12.

[183] Cfr. WACKE/MünchKomm cit., § 1353, Nm. 12.

[184] Cfr. HEPTING, *Ehevereinbarungen*, München, C.H.Beck, 1984, pp. 188--189.

funcionaria, portanto, como uma "porta de entrada" ("Einbruchstelle") no Direito para normas extrajurídicas e "concepções de valores" ("Wertvorstellungen"). No entanto, haveria que proceder a uma recepção crítica: o juiz não deveria adoptar todos os deveres morais mas somente aqueles cuja conversão em deveres jurídicos alcançasse consenso.

Gernhuber e Coester-Waltjen[185]referem-se brevemente à função de instituição de deveres ("pflichtenbegründende Funktion") e à função de limite de direitos. As duas seriam desempenhadas pelo § 1353 I 2 (Hs. 1), na sua vertente de regra jurídica. Através da primeira, conseguir-se-ia obter deveres jurídicos concretos a que ficariam sujeitos os cônjuges. A segunda, com maior relevância em matéria patrimonial, adequaria o exercício de direitos subjectivos ao casamento, podendo implicar restrições parciais e até totais no exercício entre os cônjuges. Para além disso, os dois juristas discriminam uma "função reguladora" ("regulative Funktion"), mediante a qual a disposição em apreço, ainda na qualidade de regra jurídica, determinaria o modo de cumprimento dos deveres matrimoniais.

Mas Wacke não caracteriza a cláusula geral da comunhão conjugal de vida apenas por comparação com a do § 242 do BGB. Aquela teria ainda funções de "directriz de interpretação" ("Auslegungsrichtlinie") e de "reparação de lacunas" ("Lückenbüßer"[186]) na área do regime legal e "convencional" dos efeitos do casamento.

Gernhuber e Coester-Waltjen vêem no § 1353 I 2 (Hs. 1) uma "máxima de interpretação" ("Interpretationsmaxime"). Aqui a expressão abrange quer a interpretação em sentido restrito quer a integração de lacunas; ao contrário, porém, de Wacke, o papel em causa seria assumido unicamente no plano dos "acordos" ("Ordnungen und Beschlüsse") entre os cônjuges.

---

[185] Cfr. GERNHUBER/COESTER-WALTJEN, *Lehrbuch des Familienrechts* cit., pp. 172-173.

[186] Caracterização tida por incorrecta em STAUDINGER/HÜBNER/VOPPEL cit., § 1353, Nm. 18, onde se usa, em alternativa, a expressão "Füllung von Lücken" ("preenchimento de lacunas").

Streck[187] reage de forma crítica à aproximação do § 1353 ao § 242 do BGB, começando por detectar uma missão que só aquele teria: a determinação de todos os direitos e deveres das partes da relação em apreço. O primeiro fixaria o fim da relação matrimonial (a comunhão conjugal de vida), subtraindo-o à disponibilidade dos cônjuges. Mas o § 242 não faria o mesmo no quadro do Direito das Obrigações, já que o fim da relação obrigacional seria decidido pelas partes. Consequentemente, apenas o § 1353 permitiria deduzir, a partir do fim do casamento, deveres conjugais vinculativos com um conteúdo concreto.

Todavia, a par desta função de fundamento para a determinação das situações jurídicas matrimoniais, o autor entende que o § 1353 possibilita, no Direito Matrimonial, o julgamento segundo a equidade ("Gerechtigkeit des Einzelfalles"), tarefa que caberia igualmente ao § 242, embora fora do âmbito do Direito da Família.

12. Com base numa das funções assinaladas ao § 1353 I 2 Hs. 1 – a de instituição ou dedução de deveres –, a doutrina formula catálogos de obrigações conjugais particulares[188].

O catálogo de Diederichsen[189] abrange os seguintes deveres: "comunhão sexual" ("Geschlechtsgemeinschaft"); "comunhão de habitação" ("häusliche Gemeinschaft"); "decisão por acordo em assuntos

---

[187] Cfr. STRECK, *Generalklausel und unbestimmter Begriff im Recht der allgemeinen Ehewirkungen* cit., pp. 35-36.

[188] Lüderitz e Beitzke reputam tal atitude de concretização do § 1353 de anacrónica, inútil e até perigosa: prosseguiria a tradição de legislações anteriores ao BGB, como o ALR prussiano, que enumeravam deveres de comportamento a que estariam submetidos os cônjuges, p. e., o de relações sexuais ("Beischlaf"); representaria um esforço de sentido duvidoso, porque os deveres arrolados não seriam assistidos de sanção nem seriam susceptíveis de execução directa; tais deveres serviriam de "ninhos para ideologias" ("Nistplätze von Ideologien") e tornariam obscura a demarcação entre "responsabilidade estatal e privada". Seja como for, os autores não deixam de aludir, directa ou indirectamente, a vários deveres conjugais específicos, que são deliberadamente disseminados pelas páginas dedicadas à comunhão conjugal de vida: cfr. BEITZKE, *Familienrecht*, 26.ª ed. (com a colaboração de Lüderitz), München, C.H.Beck, 1992, p. 73 e s., e LÜDERITZ, *Familienrecht*, 27.ª ed., München, C.H.Beck, 1999, p. 71 e s.

[189] Cfr. PALANDT/DIEDERICHSEN cit., § 1353, Nm. 4 e s.

que afectem a vida em comum" ("Das eheliche Zusammenleben berührende Entscheidungen sind im gegenseitigen Einvernehmen zu treffen"); "assistência" ("Beistand"); "melhor desenvolvimento da própria personalidade" ("...besten Anforderungen an die eigene Persönlichkeitsgestaltung"); "respeito" ("Rücksichtnahme"); "informação sobre a própria situação patrimonial" ("Auskunftspflicht über die eigenen Vermögensverhältnisse").

Giesen[190] propõe outra concretização do § 1353 I 2 Hs. 1: "fidelidade conjugal" ("eheliche Treue"); comunhão de habitação; "permissão da utilização conjunta do lar e do recheio" ("...die Mitbenutzung der ehelichen Wohnung und aller Haushaltsgegenstände zu gestatten"); assistência e "auxílio" ("Fürsorge"); "colaboração na actividade" ("Mitarbeit im Betrieb") do cônjuge; "educação em conjunto" ("gemeinsame Erziehung") dos filhos.

Gernhuber/Coester-Waltjen[191] dividem os deveres conjugais em pessoais e não pessoais. Nos pessoais incluem: fidelidade; comunhão de habitação; "protecção e assistência" ("Schutz und Beistand"); "tolerância relativamente às características e opiniões do cônjuge" ("Toleranz gegenüber seinen Eigenarten und Meinungen"), "consideração pelos seus planos" ("Rücksicht auf seine Pläne") e "disponibilidade de entendimento em todos os assuntos comuns" ("Verständigungsbereitschaft in allen gemeinschaftlichen Angelegenheiten"). Nos deveres não pessoais estariam os que se referem ao trabalho e ao património: "ajuda na administração do património" ("Hilfe bei der Vermögensverwaltung") do outro; "concordância em actos fiscais" ("Zustimmung zu steuerlichen Akten"); "protecção de ameaças à propriedade do cônjuge" ("...gefährdetes Eigentum des Partners zu schützen"); permissão da utilização conjunta do lar e do recheio; "aplicação adequada da capacidade de trabalho" ("...die Arbeitskraft in ehegemäßer Form einzusetzen").

---

[190] Cfr.GIESEN, *Familienrecht* cit., p. 87 e s.
[191] Cfr. GERNHUBER/COESTER-WALTJEN, *Lehrbuch des Familienrechts* cit., pp. 173-177, 181 e 182.

Para Henrich[192], comunhão conjugal de vida significa: "exclusividade" ("Ausschlielichkeit"); comunhão de habitação; "comunhão espiritual" ("Geistige Gemeinschaft"); "comunhão de corpos" ("Körperliche Gemeinschaft"); assistência.

Hübner[193] formula um amplo enunciado de deveres conjugais: fidelidade conjugal; respeito; "consideração pelos direitos de personalidade e pela esfera de intimidade do cônjuge" ("Achtung des Persönlichkeitsrechts und der Intimsphäre des Gatten"); "consideração pelas convicções ideológicas e religiosas do cônjuge" ("Achtung der religiösen und weltanschaulichen Überzeugung des Gatten"); assistência; "dever de garante" ("Garantenpflicht") no sentido do § 13 do StGB, o que implica impedir que o outro pratique actos ilícitos; "regulamentação conjunta de assuntos comuns" ("Einvernehmliche Regelung gemeinschaftlicher Angelegenheiten"); comunhão de habitação; "colaboração na profissão ou no negócio do cônjuge" ("Mitarbeit im Beruf oder Geschäft des Gatten"); "consideração pelos direitos patrimoniais" ("vermögensrechtliche Rücksichtnahme").

Lange[194] enumera também deveres emergentes do casamento: "vida em conjunto" ("Zusammenleben"); comunhão sexual e fidelidade; permitir que o cônjuge cumpra os seus deveres para com a respectiva família de origem; "ter em consideração a dignidade, a honra e a esfera de personalidade do outro" ("die Würde, die Ehre und die Persönlichkeitssphäre des anderen zu achten"); assistência; colaboração no cumprimento das obrigações fiscais comuns, informação sobre a situação patrimonial própria e "contribuição adequada para o sustento" ("die Verpflichtung zur ehelichen Lebensgemeinschaft... wird verletzt, wenn ein Ehegatte dem anderen den Unterhalt in unangemessener oder kränkender Form zur Verfügung stellt").

---

[192] Cfr. HENRICH, *Familienrecht*, 5.ª ed., Berlin, New York, Walter de Gruyter, 1995, pp. 49-50.

[193] Cfr. HÜBNER, anotação ao § 1353, Nm. 21 e s., *J. von Staudingers Kommentar zum Bürgerlichen Gesetzbuch mit Einführungsgesetz und Nebengesetzen*, 12.ª ed., Viertes Buch, Familienrecht, Berlin, Sellier – de Gruyter, 1993 (de agora em diante citado STAUDINGER/HÜBNER); e STAUDINGER/HÜBNER/VOPPEL cit., § 1353, Nm. 28 e s.

[194] Cfr. SOERGEL/LANGE cit., § 1353, Nm. 7 e s.

Diferente é a lista de Schwab[195]: "vida em comunhão" ("Leben in Gemeinschaft"); cuidar dos assuntos comuns ("Sorge um die gemeinsamen Angelegenheiten"); permissão da utilização conjunta do lar e do recheio; assistência; respeito; garantia da igualdade entre os cônjuges ("Die Ehe verbindet die Gatten zur gleichberechtigten Partnerschaft").

Wacke[196] apresenta igualmente um catálogo: "aptidão para a compreensão" ("Verständnisbereitschaft"); "disponibilidade para o entendimento" ("Verständigungsbereitschaft"); "cuidar dos filhos não matrimoniais do cônjuge como se fossem filhos comuns" ("Um erst- oder voreheliche Kinder des Partners muß sich der Stiefelternteil grundsätzlich ebenso kümmern wie um gemeinsame"); respeitar os direitos de personalidade e a esfera privada do cônjuge; aceitar as convicções políticas e religiosas do outro; assistência, "socorro" ("Hilfe") e "afastamento de perigos" ("Gefahrenabwehr"); comunhão de habitação; permissão da utilização conjunta do lar e do recheio; informação sobre questões patrimoniais, auxílio em matéria patrimonial, colaboração no cumprimento das obrigações fiscais comuns; fidelidade conjugal.

13. Esta amostra significativa dos enunciados doutrinários de deveres conjugais no direito alemão leva a pensar na existência de um elevado grau de heterogeneidade a nível de concepções relativas ao conteúdo da relação matrimonial. Realmente, os enunciados variam de autor para autor citado. Essa variação radica, porém, frequentemente em aspectos terminológicos (para designar a abstenção de relações sexuais com terceiro, p. e., recorre-se quer à expressão "Treue" quer à palavra "Ausschlielichkeit") ou na simples decisão de autonomizar ou não um dado dever face a outro dever inominado (*v.g.*, a permissão de utilização conjunta do lar e do recheio, que nuns casos surge incluída na "häusliche Gemeinschaft" e noutros não).

Por isso, "decantados" os dois factores menores que contribuem para as divergências entre elencos, arrisca-se uma análise, necessariamente breve, dos seguintes deveres: comunhão de habitação ("häusliche Gemeinschaft"); fidelidade ("Treue"); respeito ("Rücksichtnahme");

---

[195] Cfr. D. SCHWAB, *Familienrecht* cit., pp. 55-59.
[196] Cfr. WACKE/MünchKomm cit., § 1353, Nm. 16 e s.

assistência ("Beistand"); sustento da família ("Familienunterhalt"), dever expressamente previsto pelo BGB.

O dever de comunhão de habitação identifica-se fundamentalmente com a "obrigação de vida em conjunto" ("Pflicht zum Zusammenleben") num mesmo local[197] – o "domicílio comum" ("gemeinschaftliche Wohnsitz"). Este dever não abrangeria a comunhão sexual, embora a jurisprudência[198] considere legítima a cessação da comunhão de habitação se um dos cônjuges padece de doença venérea e insiste em ter relações sexuais com o outro.

O "Pflicht zum Zusammenleben" pressuporia a fixação de um domicílio conjugal[199], que ocorreria por acordo entre os cônjuges, não sendo a falta de consenso judicialmente suprível. Contudo, eles não deveriam exprimir a sua concordância ou discordância de modo arbitrário; estariam obrigados a chegar a acordo tendo em conta determinados elementos objectivos, designadamente as condições profissionais e económicas do casal. Assim: na hipótese de apenas um cônjuge trabalhar (fora de casa), deveria prevalecer a fixação (ou alteração) mais favorável ao desempenho da sua actividade[200]; no caso de os dois desenvolverem actividade remunerada, prevaleceria a vontade daquele que suporta a maior parte do "Unterhaltspflicht"[201].

---

[197] Contra, STRECK, *Generalklausel und unbestimmter Begriff im Recht der allgemeinen Ehewirkungen* cit., pp. 58-59, para quem basta a vida em "coordenação espacial" ("räumliche Zuordnung") ou o encontro dos cônjuges num mesmo espaço físico.

[198] Cfr. as referências de GERNHUBER/COESTER-WALTJEN, *Lehrbuch des Familienrechts* cit., p. 176, n. 19.

[199] Sem prejuízo da possibilidade de os cônjuges terem outro domicílio para efeitos externos: cfr. BEITZKE, *Familienrecht* cit., p. 77; GERNHUBER/COESTER--WALTJEN, *Lehrbuch des Familienrechts* cit., p. 149; LÜDERITZ, *Familienrecht* cit., p. 76.

[200] Cfr. DIEDERICHSEN, "Die allgemeinen Ehewirkungen nach dem 1. EheRG und Ehevereinbarungen", *NJW* 1977, p. 218; GERNHUBER/COESTER-WALTJEN, *Lehrbuch des Familienrechts* cit., p. 150.

[201] Cfr. STAUDINGER/HÜBNER cit., § 1353, Nm. 72.

Apesar de o dever em causa ser tido como o "primeiro corolário do conceito de comunhão conjugal de vida"[202], a doutrina sublinha a sua dependência das circunstâncias. A obrigação de fixar domicílio num local determinado seria condicionada pelo "plano de vida" ("Lebensplan") dos cônjuges[203]. Deste modo, a "häusliche Gemeinschaft" poderia ser realizada sem um domicílio fixo (v.g., casamento entre artistas de um circo ambulante)[204] ou com dois domicílios fixos (v.g., casamento entre pessoas empregadas em localidades distintas)[205]. No extremo, admitir-se-ia uma convivência temporária sem lar comum, feita de encontros esporádicos em hotéis, no caso dos artistas ("Hotelehe unter Künstlern")[206].

O reconhecimento de uma ampla relatividade quanto à obrigação de comunhão de habitação não impede que vários autores[207] concluam pela excepcionalidade das eventuais limitações concretas: os cônjuges teriam sempre que se esforçar no sentido de eliminarem os obstáculos a uma "convivência a tempo inteiro".

Mas a incerteza surge em mais uma área. Sendo geralmente aceite que um cônjuge deve facultar ao outro o uso da casa de morada de família e do respectivo recheio, independentemente do regime de bens ou das regras comuns (sobre propriedade ou arrendamento), funda-

---

[202] Cfr. SOERGEL/LANGE cit., § 1353, Nm. 8. Conferem também especial relevância ao dever de comunhão de habitação: PALANDT/DIEDERICHSEN cit., § 1353, Nm. 6; STAUDINGER/HÜBNER/VOPPEL cit., § 1353, Nm. 70; TSCHERNITSCHEK, Familienrecht, 2.ª ed., München, Wien, Oldenbourg, 1998, p. 37.

[203] Cfr. GERNHUBER/COESTER-WALTJEN, Lehrbuch des Familienrechts cit., p. 150.

[204] Cfr. WACKE/MünchKomm cit., § 1353, Nm. 25.

[205] Cfr. GERNHUBER/COESTER-WALTJEN, Lehrbuch des Familienrechts cit., p. 150, que falam a propósito de uma comunhão conjugal assegurada por visitas recíprocas ("wechselseitige Besuchsehe").

[206] Cfr. de novo GERNHUBER/COESTER-WALTJEN, Lehrbuch des Familienrechts cit., p. 175.

[207] Cfr. SOERGEL/LANGE cit., § 1353, Nm. 8; STAUDINGER/HÜBNER/VOPPEL cit., § 1353, Nm. 72-75; HECKELMANN, anotação ao § 1353, Nm. 7, Erman Bürgerliches Gesetzbuch, 10.ª ed., 2. Band, Münster, Aschendorff, 2000 [de agora em diante citado ERMAN/HECKELMANN (2000)].

menta-se, por vezes, a ideia no dever de comunhão de habitação[208]; ora, esta posição enfrenta a concorrência de opiniões favoráveis antes à autonomia do dever de permitir a utilização conjunta do lar e do recheio[209] ou ao seu enquadramento na obrigação de sustento da família[210].

Aos partidários da inclusão na "häusliche Gemeinschaft" impressiona a função da casa e do recheio enquanto "suporte material quotidiano" da vida em comum; para os defensores da recondução à obrigação de sustento, avulta o carácter de contribuição patrimonial da permissão de uso; os "autonomistas" denunciam situações em que o "direito ao sustento" não absorve totalmente o "direito à utilização conjunta do lar e do recheio"[211].

A discussão evidencia as dificuldades existentes em torno da delimitação do dever de sustento da família, não evitadas pela regulamentação constante do § 1360 e s. do BGB.

A referência legal expressa à "Familienunterhalt" explica a tendencial omissão, nas enumerações inspiradas pelo § 1353 I 2 Hs. 1, de uma obrigação que, p. e., Giesen[212] considera a mais importante sob o ponto de vista prático. Aquelas destinam-se principalmente a auxiliar a tarefa de interpretação e aplicação do Direito, adiantando critérios de preenchimento da cláusula geral; não representam a exclusão da conju-

---

[208] Cfr. HENRICH, *Familienrecht* cit., p. 50; FIRSCHING/GRABA, *Familienrecht, 1. Halbband* cit., p. 30; PALANDT/BRUDERMÜLLER cit., § 1353, Nm. 6; PALANDT//DIEDERICHSEN cit., § 1353, Nm. 6; SOERGEL/LANGE cit., § 1353, Nm. 8; STAUDINGER//HÜBNER/VOPPEL cit., § 1353, Nm. 79-80.

[209] Cfr. ERMAN/HECKELMANN (2000) cit., § 1353, Nm. 16; GERNHUBER/COESTER-WALTJEN, *Lehrbuch des Familienrechts* cit., p. 187; GIESEN, *Familienrecht* cit., pp. 89-90; D. SCHWAB, *Familienrecht* cit., p. 56.

[210] Cfr. WACKE/MünchKomm cit., § 1353, Nm. 26.

[211] Neste sentido, GIESEN, *Familienrecht* cit., p. 90, apresentando o seguinte exemplo: a um dos cônjuges pertence uma vivenda com dois pisos; o 1.º piso chega para uma satisfação adequada das necessidades do casal; todavia, o cônjuge proprietário não poderia vedar ao outro o acesso ao 2.º piso.

[212] Cfr. GIESEN, *Familienrecht* cit., p. 102.

galidade do dever de sustento da família, dever que é afinal uma emanação segura da obrigação de comunhão de vida[213].

O dever de sustentar a família, situado no plano dos efeitos patrimoniais do casamento[214], distingue-se da obrigação comum de sustento ou de alimentos pela sua reciprocidade, pela sua maior intensidade[215] e pela normalidade do cumprimento através de prestação de trabalho; idênticos motivos o afastam da obrigação de alimentos entre os cônjuges separados, estabelecida pelo § 1361 ("Unterhalt bei Getrenntleben") e que seria aplicável na falta de comunhão conjugal de vida[216].

A reciprocidade do dever em análise não impõe forçosamente contribuições de igual montante. Vigora até a regra da proporcionalidade: os cônjuges contribuem para o sustento da família de harmonia com a sua capacidade de trabalho e com o seu património[217]. No que toca à forma concreta de prestação, ela dependerá, por força do § 1360a. II, das exigências da comunhão conjugal de vida. No entanto, do § 1360 II resulta que o cônjuge que se dedica exclusivamente à administração do lar pode, em regra, assegurar o cumprimento da sua parte com o trabalho doméstico.

Segundo o § 1360a. I, a contribuição adequada abrange tudo o que for exigível, de acordo com a situação concreta dos cônjuges ("nach den Verhältnissen der Ehegatten"), para satisfazer as despesas com o lar e com as necessidades pessoais dos cônjuges e filhos comuns. É patente, por um lado, a imprecisão introduzida pela remissão para a situação dos cônjuges, conceito que a doutrina considera equivalente ao de posição social ou de padrão de vida[218]. Por outro lado, como o

---

[213] Cfr. BEITZKE, *Familienrecht* cit., p. 76, e LÜDERITZ, *Familienrecht* cit., p. 75: "Ausfluß der ehelichen Lebensgemeinschaft ist sicher die Unterhaltspflicht".

[214] Cfr. BERGERFURTH, *Das Eherecht*, 10.ª ed., Freiburg i.Br., Haufe, 1993, p. 118.

[215] "Die Ehegatten sind in Notfällen gehalten, alle verfügbaren Mittel miteinander und mit den minderjährigen Kindern zu teilen" (D. SCHWAB, *Familienrecht* cit., p. 76).

[216] Cfr., nomeadamente, GERNHUBER/COESTER-WALTJEN, *Lehrbuch des Familienrechts* cit., p. 237.

[217] Cfr. GIESEN, *Familienrecht* cit., pp. 104-105.

[218] Cfr. GIESEN, *Familienrecht* cit., p. 104.

preceito fala de filhos comuns, afirma-se que um cônjuge não teria de contribuir para o sustento de filho unicamente do outro[219].

Na opinião de Gernhuber/Coester-Waltjen[220], a "Familienunterhalt" teria como núcleo o alojamento, a alimentação, o vestuário e o "acompanhamento em casa" ("Betreuung im Hause"), compreendendo ainda, em segunda linha, os cuidados de saúde, as despesas de índole social e espiritual (*v.g.*, contribuições para igrejas, partidos políticos, associações desportivas e culturais) e mesmo recreativas.

Em coerência com as suas teses, estes professores não aludem aqui nem à permissão da utilização conjunta do lar e do recheio nem à colaboração na profissão ou no negócio do cônjuge. O silêncio quanto à primeira figura relaciona-se com uma atitude autonomista[221]; o silêncio quanto à segunda explica-se por negarem a existência de um dever que tenha por objecto a referida colaboração, salvo em casos extremos de risco[222].

A generalidade da doutrina[223] não tem uma visão tão restritiva da "Mitarbeitspflicht": configura hipóteses mais ou menos excepcionais mas não circunscritas à noção de "grave necessidade", em que a colaboração seria exigível por força da obrigação de sustento da família

---

[219] Cfr. HENRICH, *Familienrecht* cit., p. 81; LÜDERITZ, *Familienrecht* cit., p. 85; TSCHERNITSCHEK, *Familienrecht* cit., p. 54. WACKE/MünchKomm cit., § 1353, Nm. 19, não discorda; todavia, extrai directamente do § 1353 o dever de um cônjuge tratar dos filhos unicamente do outro como se fossem seus.

[220] Cfr. GERNHUBER/COESTER-WALTJEN, *Lehrbuch des Familienrechts* cit., p. 232.

[221] Ver *supra*, nota 209.

[222] Cfr. GERNHUBER/COESTER-WALTJEN, *Lehrbuch des Familienrechts* cit., pp. 218-219: "In einigen wenigen Fällen kann Mitarbeit als Unterhaltsleistung geschuldet sein. Zwar richtet kein Unterhaltsanspruch unmittelbar auf Arbeitsleistung im eigenen Geschäft oder Beruf (...). Aus § 1353 kann lediglich (als Ausfluß der allgemeinen Beistandspflicht in Notsituationen) eine Pflicht zur Mitarbeit in extremen Gefährdungssituationen entwickelt werden, die anders nicht zu meistern sind."

[223] Cfr. BERGERFURTH, *Das Eherecht* cit., pp. 92-95; GIESEN, *Familienrecht* cit., p. 92; HENRICH, *Familienrecht* cit., pp. 56-57; SCHLÜTER, *BGB-Familienrecht* cit., p. 53; D. SCHWAB, *Familienrecht* cit., pp. 63-64; STAUDINGER/HÜBNER/VOPPEL cit., § 1353, Nm. 84-86; TSCHERNITSCHEK, *Familienrecht* cit., pp. 50-51.

e por força da obrigação de assistência, de respeito ou da pura e simples "organização da comunhão conjugal" (quando da colaboração do cônjuge depende, por exemplo: a continuação ou viabilidade económica de actividade, ou negócio, que gera a maior parte do rendimento da família; o desenvolvimento de actividade artística, ou literária, ou a conservação de uma empresa familiar, independentemente do proveito económico).

Curiosa é a presença, a nível dos fundamentos invocados a favor do dever de colaboração, de duas obrigações conjugais, cuja relação não é completamente pacífica: a obrigação de sustento de família e a obrigação de assistência. De facto, a par da posição dominante, que separa a primeira das obrigações legalmente não especificadas, há quem defenda a convergência total entre "Unterhaltspflicht" e "Beistandspflicht", por identificação ou por "diluição" daquela nesta[224].

Na óptica maioritária[225], o dever de assistência imporia o auxílio e a protecção do outro cônjuge. *V.g.*: impedir a sua morte, ainda que por tentativa de suicídio, ou lesão; ajudar na respectiva recuperação, se for toxicodependente ou alcoólico; interná-lo num estabelecimento de saúde, em caso de doença grave; impedir que pratique actos ilícitos; não o denunciar; não deixar sozinha a mulher em estado avançado de gravidez. Numa zona nebulosa estão, pelo contrário, os seguintes comportamentos: participar na educação dos filhos, obrigação em alguns casos autonomizada ou situada no núcleo do dever de sustento[226]; colaborar na empresa familiar quando ela seja pouco relevante para efeitos de sustento da família, obrigação umas vezes negada, extraída

---

[224] Cfr. HENRICH, *Familienrecht* cit., p. 50 (identificação); STRECK, *Generalklausel und unbestimmter Begriff im Recht der allgemeinen Ehewirkungen* cit., pp. 89 e 135 (integração total); TSCHERNITSCHEK, *Familienrecht* cit., p. 37 (integração total).

[225] Cfr. GERNHUBER/COESTER-WALTJEN, *Lehrbuch des Familienrechts* cit., p. 174 (usando a terminologia "Schutz und Beistand"); GIESEN, *Familienrecht* cit., p. 91 ("Beistand und Fürsorge"); PALANDT/DIEDERICHSEN cit., § 1353, Nm. 10-14; D. SCHWAB, *Familienrecht* cit., p. 57; TSCHERNITSCHEK, *Familienrecht* cit., pp. 37-38.

[226] Pelo dever de assistência, cfr. TSCHERNITSCHEK, *Familienrecht* cit., p. 37; a favor da autonomia, cfr. GIESEN, *Familienrecht* cit., p. 93; pelo dever de sustento, cfr. GERNHUBER/COESTER-WALTJEN, *Lehrbuch des Familienrechts* cit., p. 232 ("Betreuung im Hause").

da "Pflicht zur Rücksicht auf die Familie" ou extraída directamente do § 1353[227]; cooperar em matéria de impostos, viabilizando a declaração fiscal mais vantajosa para o casal, obrigação em várias hipóteses autonomizada ou inserida na "vermögensrechtliche Rücksichtnahme"[228].

Inequivocamente mais *movediço* do que o dever de assistência se afigura ser o dever de respeito. Para Schwab[229], este visa simultaneamente assegurar os direitos pessoais e patrimoniais do outro cônjuge enquanto indivíduo, garantindo-lhe à cabeça uma esfera privada, não comum (*v.g.*, a protecção de escritos confidenciais, o segredo epistolar, a proibição de gravações ocultas e de intromissão sistemática na vida extraconjugal), e o exercício dos direitos próprios de uma forma compatível com a comunhão conjugal e a esfera privada do companheiro (*v.g.*, moderação no exercício da liberdade de religião e de profissão, comunicação ao outro de elementos importantes da vida individual, exercício dos direitos reais que não limite as prerrogativas do outro relativamente ao lar conjugal). Henrich[230] fala de uma "comunhão espiritual", agregando a obrigação de ter consideração pelo outro, de mostrar compreensão e disponibilidade para o compromisso, de deixar ao cônjuge espaço para a realização pessoal e de colocar, em certas alturas, os interesses próprios depois dos da família. Para Hübner[231], os possíveis ingredientes do dever de respeito encontram-se dispersos. Há assim um denominado dever de respeito recíproco, que justifica algumas restrições ao exercício de direitos gerais e exige tolerância relati-

---

[227] Por uma negação tendencial do dever de colaboração, cfr. GERNHUBER//COESTER-WALTJEN, *Lehrbuch des Familienrechts* cit., pp. 218-219; a favor de uma recondução ao dever de assistência, cfr. GIESEN, *Familienrecht* cit., p. 92; defendendo uma ligação à "Pflicht zur Rucksicht", cfr. D. SCHWAB, *Familienrecht* cit., p. 64; por uma dedução imediata do § 1353, TSCHERNITSCHEK, *Familienrecht* cit., pp. 50-51.

[228] A obrigação é inserida no dever de assistência por GIESEN, *Familienrecht* cit., p. 92, e D. SCHWAB, *Familienrecht* cit., p. 57; a favor da autonomia, cfr. GERNHUBER/COESTER-WALTJEN, *Lehrbuch des Familienrechts* cit., p. 181; no sentido da inclusão na "vermögensrechtliche Rücksichtnahme", cfr. STAUDINGER/HÜBNER//VOPPEL cit., § 1353, Nm. 93-94.

[229] Cfr. D. SCHWAB, *Familienrecht* cit., pp. 57-58.

[230] Cfr. HENRICH, *Familienrecht* cit., p. 50.

[231] Cfr. STAUDINGER/HÜBNER cit., § 1353, Nm. 36 e s., 82 e s.; STAUDINGER//HÜBNER/VOPPEL cit., § 1353, Nm. 43 e s., 88 e s.

vamente às ligações do cônjuge com a família de origem; um dever de consideração pelo direito (geral) de personalidade e pela esfera íntima do cônjuge, implicando, designadamente, a permissão de contactos sociais entre o cônjuge e terceiros, a preservação do segredo da correspondência, a proibição de gravações ocultas ou a narração de aspectos da vida íntima do casal a terceiros; um dever de consideração pelas convicções políticas e religiosas do cônjuge, assegurando a liberdade de religião e de consciência também no casamento (e portanto a possibilidade de conversão a uma crença diferente da crença até aí perfilhada) mas reclamando igualmente alguma contenção no seu exercício; e finalmente, precedido do dever de comunhão de habitação e de colaboração na profissão ou negócio do cônjuge, um dever de respeito dos direitos patrimoniais, que gera deveres de protecção do património do outro, restrições ao exercício de direitos sobre bens próprios (*v.g.*, casa de morada de família) e obriga à colaboração em matéria fiscal (declaração de impostos). Já em Giesen[232], nada se aproxima de um eventual dever de respeito.

Em contrapartida, o dever de fidelidade beneficia de um cenário estável. Em regra, entende-se significar abstenção de relações sexuais com terceiro[233]. No entanto, o consenso não incide sobre os dois hemisférios da sexualidade no casamento: suscita controvérsia o reconhecimento de um dever de ter relações sexuais com o cônjuge[234].

2.3. As dificuldades na concretização dos deveres conjugais

14. No decurso da discussão parlamentar da EheRG, de 14/6//1976, foi requerida a introdução no BGB de uma concretização exemplificativa da obrigação de comunhão conjugal, nos termos da qual a mesma obrigação abrangeria, em especial, os deveres de fidelidade, de

---

[232] Cfr. GIESEN, *Familienrecht* cit., p. 87 e s.
[233] Diferentemente, STRECK, *Generalklausel und unbestimmter Begriff im Recht der allgemeinen Ehewirkungen* cit., p. 60 e s., que propõe um sentido mais amplo.
[234] Cfr., p. e., WACKE/MünchKomm cit., § 1353, Nm. 30-31.

assistência e de "velar pelos filhos comuns" ("Sorge für gemeinschaftliche Kinder")[235].

A proposta de combinação da técnica da cláusula geral com a da enumeração, visivelmente influenciada pelo Código Civil suíço[236], veio a ser rejeitada sem que, em rigor, tenha sido apreciada a representatividade do elenco sugerido. Para a maioria parlamentar, foi suficiente a ideia corrente da superioridade regulativa da cláusula geral: a alteração poderia comportar um "estreitamento do conteúdo" ("inhaltliche Einengung") do casamento e, além disso, seria de recear que a passagem para um primeiro plano de "pontos de vista datados" ("zeitbezogene Gesichtspunkte") obstasse ao "desenvolvimento judicial do direito" ("Rechtsfortbildung") e à interpretação ajustada à evolução social[237].

Defensor entusiasta da proposta, Bosch[238] não hesitará em confrontar a opção germânica com regulamentações estrangeiras que contêm deveres conjugais particulares (*v.g.*, o art. 159 do Código Civil suíço, o art. 212 do *Code civil* e o art. 143 do *Codice Civile*) para lamentar a vitória de um "minimalismo" ("Minimalismus") legislativo que, na sua óptica, resulta num "empobrecimento" ("Verarmung") de constitucionalidade duvidosa[239]. Para mais, acrescenta, quando ninguém do Bundestag ousou apontar alguma incorrecção ao "conteúdo material" ("materieller Inhalt") da alteração pretendida.

---

[235] *BT-Drucks.* 7/4361, p. 7.

[236] O artigo 159 do Código Civil suíço de 1907 prevê:

"Durch die Trauung werden die Ehegatten zur ehelichen Gemeinschaft verbunden.

"Sie verpflichten sich gegenseitig, das Wohl der Gemeinschaft in einträchtigem Zusammenwirken zu wahren, und für die Kinder gemeinsam zu sorgen.

"Sie schulden einander Treue und Beistand."

[237] Cfr. ainda *BT-Drucks.* 7/4361, p. 7.

[238] BOSCH, "Die Neuordnung des Eherechts ab 1. Juli 1977", *FamRZ* 1977, pp. 572-573.

[239] Neste sentido, Bosch alega a impossibilidade de efectivar a protecção conferida pelo art. 6 I da GG ao casamento se não se souber o que é o casamento. A mesma norma é brandida pelos opositores da enumeração (cfr. Schlüter, *supra*, n.º 10).

Esta sugestão de um consenso estabelecido em torno do conjunto de deveres constantes do elenco então submetido à votação merece as maiores reservas. Na altura, como hoje, reinava a diversidade de opiniões em matéria de catálogos de deveres conjugais. Nenhum dos que atrás citámos[240] se cinge aos três deveres mencionados nos trabalhos preparatórios da reforma alemã de 1976. E apenas um discrimina um dever correspondente, de certa forma, ao "dever de zelar pelos filhos" (o catálogo de Giesen, que se refere à educação conjunta dos filhos); em regra, a figura, objecto de estatuição no § 1626 e s. do BGB, análoga ao poder paternal do direito português, é enquadrada somente no domínio da relação de filiação ou está, quando muito, diluída no dever conjugal de assistência ou de sustento.

Percebe-se, portanto, como seria difícil, depois de décadas à sombra de uma cláusula geral, aproveitada para incorporar preferências pessoais do intérprete (de ordem terminológica ou substancial) e sentida como suficientemente vaga para acolher as mais diversas posições, admitir a hipótese de um único elenco, legal, ainda que meramente complementar ou de cariz exemplificativo. Mais simples é, decerto, manter a situação, invocando as vantagens comparativas da cláusula geral. Simples sim, inteiramente coerente não: como explicar a consagração legislativa de um dever conjugal particular de entreajuda económica como é o dever de sustento?

Em 1991 e no domínio do direito português, Teixeira de Sousa escreve[241]: "Os deveres conjugais enunciados no art. 1672.º correspondem à ética social dominante sobre o casamento, de tal modo que, se a enumeração constante desse preceito fosse substituída por uma cláusula geral referida aos deveres próprios da relação conjugal, a concretização doutrinária e jurisprudencial dessa cláusula em certos deveres específicos coincidiria certamente com os deveres que se contêm naquela enumeração legal".

Como o exemplo alemão demonstra, a afirmação tem o seu quê de temerário. Vale, todavia, por sublinhar a comunidade de processos de pensamento subjacentes à concretização das cláusulas gerais e dos

---

[240] Cfr. *supra*, n.º 12.
[241] TEIXEIRA DE SOUSA, *O regime jurídico do divórcio* cit., p. 37.

conceitos indeterminados. É assim que, apesar de o direito alemão adoptar uma técnica diferente de referência legal aos deveres conjugais, os resultados acabam por ser confluentes com os dos Estados que escolheram o caminho do enunciado de conceitos indeterminados, por tal enunciado conservar actualidade (implicitamente reconhecida pela doutrina alemã, quando formula os seus elencos de deveres conjugais) e por existir alguma homogeneidade entre a sociedade destes Estados e a sociedade alemã. Superado o factor de incerteza adicional no direito alemão, que é a própria falta de uma lista legal, "arrumando" os catálogos que agrupam num mesmo nível deveres de importância desigual (*v.g.*, catálogos em que o dever de fidelidade ombreia com o dever de colaboração em assuntos fiscais), abstraindo das divergências puramente terminológicas, consegue-se no final identificar uma tendência problemática (e de instabilidade) próxima da que subjaz aos países do sistema de enumeração estudados: uma comunhão de habitação, relativizada e demarcada em relação à comunhão sexual, como acontece com a coabitação no direito italiano; um dever de sustento de família nominado (que seduziu o legislador português da reforma), relativamente ao qual, tal como na generalidade dos países do sistema de enumeração, se levanta o problema da autonomia e do montante exigível a título de cumprimento; um dever de assistência que, na sua área mais sedimentada, integra a entreajuda não patrimonial; um dever de respeito, de extensão e representação pouco definidas, que apresenta pontos de contacto com deveres inominados dos direitos francês e italiano e com os deveres de respeito nominados dos dois países ibéricos; um dever de fidelidade, compreendido fundamentalmente como dever de abstenção de relações sexuais, à semelhança do que se passa em Portugal, Espanha e França.

Perante isto, revelam-se, para já, exagerados os temores, visíveis e ocultos, quanto à adopção de uma enumeração assente num "cacho" de conceitos indeterminados. As duas técnicas legislativas em causa têm consentido uma oscilação doutrinária similar. E pouco plausível seria que certos temas e soluções caracteristicamente germânicos ficassem perdidos por efeito da consagração de um elenco legal de matriz romanística. Não ficaria, certamente, o dever de respeito circunscrito a uma vertente meramente pessoal. Não desapareceria, certamente, o

tema da permissão de uso de habitação e do recheio (correspondente entre nós a um direito de habitação da casa de morada de família e a um direito de uso do recheio, muito vagamente estudados em ligação com os deveres conjugais e cuja existência durante o casamento decorre indirectamente da sua persistência *post-mortem* através da figura das atribuições preferenciais do cônjuge sobrevivo na partilha – art. 2103.º-A e s. do Código Civil): na falta de cabimento em deveres vertidos na lei (um dever de comunhão de habitação ou de sustento), haveria sempre a válvula de escape da não taxatividade.

B. A CONCRETIZAÇÃO DOS DEVERES CONJUGAIS

1. OS CRITÉRIOS DE CONCRETIZAÇÃO

15. Wolf, excluindo qualquer determinação da "obrigação de comunhão conjugal de vida" com base em critérios de ordem moral, defende o seguinte princípio em matéria de concretização: cada cônjuge está vinculado "a contribuir, nos termos do seu próprio juízo do que é adequado, para que o outro possa existir como homem ou mulher, como personalidade, de acordo com as suas naturais inclinações e características adquiridas (ao longo da vida)"[242]. Ou seja, a cada cônjuge, individualmente, caberia definir o conteúdo da respectiva relação: o cônjuge vinculado cumpre a sua obrigação segundo a ideia que tem de cumprimento; o "cônjuge credor" está autorizado a viver de acordo

---

[242] Cfr. E. WOLF, "Der Begriff Familienrecht", *FamRZ* 1968, p. 493 e s. (a frase em questão encontra-se na p. 496: "In einer Ehe ist ein Gatte dem anderen gegenüber verpflichtet und berechtigt, nach eigenem pflichtgemäßen Ermessen dazu beizutragen, daß der andere entsprechend seinen natürlichen Anlagen und erworbenen Eigenschaften als Mann oder Frau als Persönlichkeit existieren kann"); "Ehe, Zerrüttung und Verschulden", *NJW* 1968, pp. 1497-1498.

com a sua individualidade, o que implica poder decidir como entender em qualquer momento, ainda que contra uma decisão prévia unilateral ou comum.

Streck[243] afasta as orientações que procedem à determinação da "obrigação de comunhão conjugal de vida" através do conceito de casamento: "A lei renuncia à fixação de um dado modelo de casamento; a moral ou a determinação do casamento através da sua essência não conseguem dar uma resposta satisfatória; a ideia de Direito não permite realizar a determinação através do modelo social de casamento". Por isso, a concretização deveria assentar antes no conceito de "comunhão de vida" ("Lebensgemeinschaft"). Ora, este conceito apresenta carácter formal, pelo que dele só se pode extrair obrigações conjugais estritamente formais. Consagrando o direito fundamental à autodeterminação pessoal, a GG proíbe qualquer determinação jurídica substancial da vida individual. Consequentemente, "o Direito tem de renunciar à determinação material, normativa, da comunhão de vida e garantir unicamente as possibilidades de liberdade. No que respeita à realização da comunhão de vida conjugal do § 1353 BGB, o Direito tem de permanecer «neutral»."

No âmbito do direito italiano, Scalisi[244] considera impossível uma pré-determinação uniforme dos direitos e deveres dos cônjuges. A determinação das situações jurídicas familiares poderia ocorrer unicamente *a posteriori*, tendo em conta o tipo de família e, no âmbito do tipo, o "modelo de existência" ou "estilo de vida" da família em questão. Nesta linha, a individualização do comportamento exigível depende do concurso de dois factores: "a opção valorativa da lei", à qual cabe indicar o âmbito geral e abstracto das possíveis condutas permitidas; o "modo particular da realidade familiar", à qual cabe fixar qual das várias condutas alternativas admissíveis pode levar à integral satisfação do valor jurídico. Resultado: as situações jurídicas familiares "são susceptíveis de assumir, na fase da passagem à realização da correspondente situação de facto, as configurações mais diversas e

---

[243] Cfr. STRECK, *Generalklausel und unbestimmter Begriff* cit., p. 37 e s., em especial pp. 52-53.

[244] Cfr. SCALISI, "La «famiglia» e le «famiglie»" cit., pp. 286-289.

também as conformações mais variadas e os conteúdos mais díspares". Há, assim, uma pluralidade de estatutos normativos da família – um para cada "forma e modo de viver familiar".

Ora, nenhuma destas três posições propõe um critério satisfatório de preenchimento: a primeira entrega o conteúdo dos deveres matrimoniais ao juízo subjectivo de cada cônjuge, a segunda recusa frontalmente a hipótese de uma determinação material e a terceira remete para a vontade do casal concreto (que define o respectivo "estilo de vida").

A observação de todas elas, rendidas como estão à ideia de liberdade pessoal, suscita a dúvida quanto à possibilidade da própria operação de preenchimento dos conceitos indeterminados ou das cláusulas gerais relativos aos deveres conjugais (compatível com a protecção constitucional da personalidade)[245].

Mas serão os problemas levantados pela concretização dos deveres conjugais muito distintos dos que se colocam relativamente à de outras figuras? E representa em qualquer sector a opção por cláusulas gerais ou conceitos indeterminados uma confissão legislativa da incapacidade do jurista ou uma "retirada do Direito"?

16. A pesquisa dos critérios de concretização dos deveres conjugais é uma questão do domínio da Ciência do Direito. Assim sendo, afigura-se imprescindível o recurso à tópica, entendida como técnica de obter proposições fundadas no "common sense"[246].

---

[245] Embora não tendo em vista os autores atrás citados, PAMPLONA CORTE-REAL, *Direito da Família e das Sucessões* (Relatório) cit., p. 83, afirma: "Sustenta-se, nomeadamente, a nível doutrinário, a inviabilidade da concretização do conteúdo desses «deveres» conjugais, questionando-se, sobretudo, o grau da sua exigibilidade – face à tutela dos direitos de personalidade – e perdurabilidade, em situações de «afrouxamento» (separação de facto), modificação ou extinção da relação conjugal."

[246] Cfr. CANARIS, *Pensamento sistemático e conceito de sistema na Ciência do Direito*, tradução portuguesa da 2.ª ed. alemã (1983), Lisboa, Fundação Calouste Gulbenkian, 1989, p. 243 e s. A "tese da tópica" foi apresentada por Viehweg na obra *Topik und Jurisprudenz* de 1953. Aqui a tópica vem caracterizada como uma "técnica de pensamento que se orienta pelo problema", que adopta o "modo de pensar aporético". Este "modo de pensar" seria o contrário do "pensamento sistemático". O "modo de pensar sistemático" partiria de uma concepção e escolheria os problemas por ela abrangidos, rejeitando os demais. O "pensamento aporético" admitiria todos

A tópica está especialmente vocacionada para a *justiça* do caso concreto, dada a sua preocupação de não afastar nenhum ponto de vista antes de o discutir e de perfilhar, no final, aquele que receba a aprovação de "todos, da maioria ou dos sábios"[247]. Isto transparece mesmo na obra dos mais proeminentes "pensadores sistemáticos" quando é abordado o problema da concretização de conceitos, cláusulas ou pautas. Recorde-se Engisch[248], que defende o preenchimento dos "conceitos indeterminados normativos" através de valorações preexistentes da "generalidade das pessoas" ou de uma "camada representativa". Veja-se ainda Larenz[249], considerando que a concretização das "pautas carecidas de preenchimento" é alcançada mediante a "consciência jurídica geral dos membros da comunidade jurídica".

E a relevância instrumental da tópica não diminui em virtude de o conceito, ou cláusula, estar situado no espaço jus-familiar. "No Direito da Família, mais do que em outros sectores do ordenamento, o intérprete (académico ou magistrado) é intérprete não só de disposições mas também da (presumida) consciência social. Por tal se entende a mentalidade corrente, os valores considerados e observados pela generalidade, as opiniões prevalentes num dado momento histórico". Quem o

---

os problemas, sem exclusão; não recusaria problemas incompatíveis com um certo ponto de vista. Porém, como explica Canaris, aceitando esta visão, a tópica nada teria de específico: todo o pensamento científico se "orienta pelo problema"; o pensamento sistemático "aberto ao sistema" não recusa problemas insusceptíveis de ordenação no sistema (à data existente), é também "aporético". Revelando-se inexpressiva a ligação ao pensamento problemático, a caracterização adequada da tópica viehwegiana implica uma aproximação à tópica aristotélica. Por esta via, Canaris traçou o conceito de tópica que agora adoptamos no texto principal.

[247] Cfr. CANARIS, *Pensamento sistemático* cit., pp. 271-272. Aliás, na doutrina alemã, há anos que se encontra generalizada a opinião de que a tópica constitui o procedimento adequado para a investigação extralegal de máximas de decisão. Assim, cfr. ORRÙ, "I criteri extralegali di integrazione del diritto positivo nella dottrina tedesca contemporanea", *Jus* 1977, p. 349.

[248] Cfr. ENGISCH, *Introdução ao pensamento jurídico*, 7.ª ed. portuguesa cit., pp. 213-214, pp. 236-239.

[249] LARENZ, *Metodologia da Ciência do Direito*, 3.ª ed. portuguesa (tradução da 6.ª ed. alemã, de 1991), Lisboa, Fundação Calouste Gulbenkian, 1997, pp. 310-311.

diz[250], logo em seguida ensaia a correspondente demonstração com uma breve referência ao tema da fidelidade conjugal.

Não está, porém, isenta de dificuldades uma orientação apoiada em valoração preexistente num sector social, por muito que se lute pela objectividade. Para procurar aquela valoração é inevitável uma "valoração (própria) pessoal", ainda que esta represente "apenas uma parte integrante do *material* do conhecimento, e não o último *critério* do conhecimento"[251]. E se o intérprete evitar a tentação de atribuir à "valoração social" um conteúdo totalmente correspondente à sua opinião, pode ainda assim desesperar perante a disparidade de concepções éticas vigentes[252]. Qual delas receber?

No quadro da concretização de conceitos e cláusulas, a tópica tem de ser complementada com uma interpretação "à luz da ordem jurídica global"[253]. Mais: o processo de concretização deve até iniciar-se pela ponderação das referências normativas fundamentais; então será mais fiável e menos árdua a tarefa de detecção do "juízo social", em virtude de se encontrar estabelecida uma série de indícios relevantes[254].

---

[250] ALPA, "I principi generali e il Diritto di Famiglia", *DFP* 1993, pp. 264-266.

[251] Cfr. ENGISCH, *Introdução ao pensamento jurídico*, 7.ª ed. portuguesa cit., p. 239.

[252] A este problema alude LARENZ, *Metodologia da Ciência do Direito* cit., p. 407, a propósito de uma "pauta carecida de preenchimento": "os bons costumes remetem para a moral social que é em cada caso reconhecida. No entanto, o que a moral social, que é em cada caso dominante, exige nesta ou naquela situação é, por seu turno, nas mais das vezes, difícil de determinar; as concepções sobre o que é, ou já não é, moralmente permitido são hoje, em muitos domínios, largamente discrepantes."

[253] Cfr. CANARIS, *Pensamento sistemático* cit., pp. 273-274. Cfr. também LARENZ, *Metodologia da Ciência do Direito* cit., p. 407, nota 14, dando razão a Teubner na parte em que este fala de um "controlo de correcção", que consistiria na medição das regras sociais previamente pesquisadas pelas normas, princípios jurídicos e pautas de valor da Constituição.

[254] Neste sentido, ZATTI, "I diritti e i doveri che nascono dal matrimonio" cit., pp. 16-17, ao tratar da questão do método de determinação dos deveres conjugais:

"In generale con riguardo alle norme «bisognose di integrazione», si può registrare un sufficiente accordo tra gli autori nel dare rilievo, anzitutto, ai parametri legislativi offerti sia dalla disciplina complessiva dell'istituto in cui la norma si

Por este motivo, o estudo do conteúdo dos deveres conjugais impõe uma prévia consideração de três parâmetros: o princípio da igualdade dos cônjuges, a regra do acordo em assuntos comuns e a protecção da personalidade[255].

2. A IGUALDADE NA CONCRETIZAÇÃO DOS DEVERES CONJUGAIS

17. A actual redacção do artigo 1672.º do Código Civil português, que estabelece um elenco de deveres matrimoniais, foi fruto da última grande intervenção legislativa na área do Direito da Família. A chamada Reforma de 1977 (Decreto-Lei n.º 496/77, de 25 de Novembro) abrangeu, entre outras, a matéria dos efeitos do casamento, para a qual introduziu regulamentação visivelmente influenciada pelo princípio constitucional da igualdade dos direitos e deveres dos cônjuges (artigo 36.º, n.º 3, da Constituição). O impacto deste princípio depreende-se a partir de uma simples leitura contrastante de parte das regras legais consagradas a nível do estatuto da mulher e do marido, antes e depois da Reforma[256].

---

inserisce, sia dai princìpi dell'ordinamento giuridico, in particolare quelli espressi nella Costituzione.

"Tale operazione non esaurisce, tuttavia, il compito dell'interprete; essa vale piuttosto a «orientare» una seconda fase, nella quale opera il rinvio alle valutazioni dominanti o ai modelli di comportamento propri ai vari ambiti sociali e alle zone d'interessi cui le norme si riferiscono."

[255] Todos eles são referidos por ZATTI, "I diritti e i doveri che nascono dal matrimonio" cit., p. 23 e s. Os dois primeiros são tidos como "elementi di determinazione «diretta» di doveri conessi implicitamente al matrimonio"; por seu turno, a tutela da personalidade ditaria algumas indicações de conduta entre os cônjuges.

[256] Cfr., designadamente, TERESA BELEZA, *Mulheres, Direito, crime ou A perplexidade de Cassandra*, Lisboa, s/editora, 1990, p. 165 e s., que, analisando a evolução legal da situação da mulher na família, integra o Código Civil de 1966 num período de "domesticação da mulher casada" e a respectiva Reforma de 1977 numa fase de "eliminação das discriminações expressas". De igual modo, ELINA GUIMARÃES, "A mulher portuguesa na legislação civil", *An. Soc.* 1986/3.º-4.º, p. 569, segundo a qual o Código Civil de 1966 teria (re)instaurado a desigualdade entre

Na versão originária do Código Civil, o artigo 1672.º determinava que, em regra, a mulher devia adoptar a residência do marido. O artigo 1674.º designava o marido como chefe de família, atribuindo-lhe, em princípio, o poder ("marital") de representar a família e de decidir em todos os actos da vida conjugal comum. O artigo 1676.º, n.º 2, permitia-lhe denunciar, em alguns casos, contratos em que a mulher se comprometera com terceiro a exercer certas actividades lucrativas[257]. O artigo 1677.º conferia à mulher o "governo doméstico".

E o Código Penal então vigente continha normas que regulavam de forma diversa o mesmo acto consoante o autor fosse o marido ou a mulher. Nos termos do artigo 372.º, o marido que matasse a mulher em flagrante adultério sofria apenas um desterro de seis meses para fora da comarca; todavia, tal atenuante extraordinária só era extensiva à mulher se a amante do marido fosse por ele "teúda e manteúda" na casa conjugal. Por outro lado, o § 1.º do artigo 461.º declarava lícita a violação da correspondência da mulher pelo marido.

Cingindo-nos a este conjunto normativo, abstraindo, portanto, de outras disposições (v.g., no domínio da administração e disposição dos bens do casal), facilmente se verifica a diversa projecção dos deveres conjugais em razão do sexo do cônjuge.

Apesar de o artigo 1671.º determinar estarem os cônjuges reciprocamente vinculados pelos deveres de fidelidade, coabitação e assistência, a verdade é que o conteúdo e a intensidade desses deveres não eram idênticos para ambos. A violação do dever de fidelidade pela mulher

---

esposa e marido, enquanto a Reforma de 1977 teria constituído um sólido passo para uma situação de "equivalência".

[257] O mencionado artigo 1676.º tinha por epígrafe "Outros direitos da mulher" e previa:

"1. A mulher não necessita do consentimento do marido para exercer profissões liberais ou funções públicas, nem para publicar ou fazer representar as suas obras ou dispor da propriedade intelectual.

"2. O exercício de outras actividades lucrativas, mediante contrato com terceiro, não depende igualmente do consentimento do marido; mas é lícito ao marido, se não tiver dado o seu consentimento e este não tiver sido judicialmente suprido, ou não vigorar entre os cônjuges o regime da separação de bens, denunciar a todo o tempo o contrato, sem que por esse facto possa ser compelido qualquer dos cônjuges a uma indemnização."

era tida como mais grave, como resulta da solução prevista para a hipótese de homicídio de cônjuge em flagrante adultério. O dever de coabitação obrigava a mulher a adoptar a residência do marido. O dever de assistência implicava que à mulher coubesse o governo da casa. E o reconhecimento ao outro cônjuge do poder de decisão "em todos os actos da vida conjugal de interesse comum" levava a pensar que a determinação dos deveres conjugais ficava, no restante, ao dispor do marido.

Por fim, as diferenças incidiam também directamente no plano dos direitos da personalidade. O direito à privacidade não impedia a violação da correspondência pelo marido. A faculdade de denúncia de certos contratos celebrados pela mulher tornava precário o direito à liberdade de actividade.

A revolução de 25 de Abril de 1974 iniciou um processo de rápida aplicação do princípio da igualdade na relação entre marido e mulher. Logo em 1975 se pôs fim às atenuantes especiais para o crime de homicídio cometido pelo marido contra a esposa adúltera. A norma do artigo 461.º, § 1.º, do Código Penal, e as disposições civis discriminatórias foram revogadas pela Constituição de 1976, por serem incompatíveis com o novo direito constitucional[258].

A Reforma de 1977 veio preencher o consequente vazio legal, adaptando o Código Civil à Constituição. Desta forma, o artigo 1671.º, na presente versão, confia a direcção da família a ambos os cônjuges. O artigo 1673.º estabelece agora que eles devem escolher de comum acordo a residência da família. O artigo 1677.º-D prevê que cada um dos cônjuges possa exercer qualquer profissão sem o consentimento do

---

[258] Nesta linha, LEONOR BELEZA, "O estatuto das mulheres na Constituição", *Estudos sobre a Constituição*, I, Lisboa, Livraria Petrony, 1977, p. 76, considerando que o disposto no n.º 3 do artigo 36.º da Constituição, em conjugação com o n.º 1 do artigo 293.º teria abolido o "regime legal de preponderância do homem sobre a mulher na família". O n.º 1 do artigo 293.º, na redacção primitiva, corresponde ao actual artigo 290.º, n.º 2, da Constituição. A autora não nomeia o artigo 461, § 1.º, do Código Penal; em nosso parecer, o preceito também teria sido revogado pela Constituição de 1976 mas desta vez por força do artigo 34.º, n.º 1, da Constituição conjugado com o aludido artigo 293.º, n.º 1.

outro. E o novo texto do Código não procedeu a uma pré-fixação de papéis dentro do lar.

A experiência portuguesa está em sintonia com a de outros países, designadamente com a de França, Alemanha e Itália, que, aliás, inspiraram as nossas alterações. Todavia, tem de singular o seu carácter relativamente abrupto. A Reforma portuguesa não foi precedida de um movimento gradual de índole legislativa ou jurisprudencial[259]. Por

---

[259] Em França, segundo CORNU, *Droit Civil. La famille*, 7.ª ed., Paris, Montchrestien, 2001, pp. 45-46, "la promotion symbolique et pratique de la femme mariée s'est opérée en trois temps": a Lei de 18 de Fevereiro de 1938 aboliu o "poder marital" ("puissance maritale"), baseado num preceito que impunha à mulher o dever de obedecer ao marido (art. 213 do *Code civil*, na versão originária); a Lei n.º 70-459, de 4/6/1970, aboliu a qualidade (marital) de chefe de família, que reservava ao marido a direcção da família; a Lei n.º 75-617, de 11/7/1975, aboliu "les derniers vestiges de prééminence maritale", nomeadamente uma certa preponderância do marido na escolha da residência da família.

Na Alemanha, o movimento com vista à igualdade dos cônjuges desenvolveu-se em duas grandes fases no domínio legislativo. A Gleichberechtigungsgesetz de 18/6/1957 eliminou boa parte do poder decisivo do homem na relação conjugal ("der Stichentscheid des Mannes"), mantendo-o, porém, na relação de filiação. A 1. EheRG, de 14/6/1976, suprimiu quase todos os resíduos de predominância do marido sobre a mulher, remetendo para o acordo dos cônjuges a repartição de papéis na vida matrimonial (antes a lei fixava um modelo de casamento em que a mulher era dona de casa – "die Hausfrauenehe"). Cfr. FERRAND, "Le Droit Civil de la Famille et l'égalité des époux en République Fédérale d'Allemagne", *RIDC* 1986, p. 867 e s.; MELÓN INFANTE, "El Derecho de Familia en Alemania (Orientaciones y tendencias desde la promulgación del BGB hasta la actualidad)", *ADC* 1959, p. 70 e s.; MÜLLER-FREIENFELS, "Réforme du Droit de la Famille en République Fédérale d'Allemagne", *ALFE* 1976, p. 34 e s. Todavia, como se pode ler em HENRICH, "Diritto di famiglia e giurisprudenza costituzionale in Germania: riforma del Diritto di Famiglia ad opera dei giudici costituzionali?", *RDC* 1991, I, p. 49 e s., e *Familienrecht*, cit., pp. 3-5, as mencionadas alterações foram "corrigidas" por decisões do Bundesverfassungsgericht que perfilhavam uma visão mais igualitária dos direitos reconhecidos ao homem e à mulher do que aquela que emergia da legislação ordinária então vigente. Assim, e sempre a partir do princípio constitucional da igualdade entre homem e mulher (art. 3 II GG), registem-se as duas decisões seguintes: após a Gleichberechtigungsgesetz de 1957, Ent. 29/7/1959 (*BVerfGE* 10, p. 60), que declarou nula a norma do BGB que dizia caber ao pai decidir relativamente aos assuntos dos filhos, no quadro do "poder paternal" ("elterliche Gewalt"), quando não houvesse acordo entre os progenitores; após a 1. EheRG de 1976, Ent. 5/3/1991 (*FamRZ* 1991, p. 535), considerando incons-

outro lado, algumas soluções alcançadas em 1977 no nosso país ultrapassaram aquelas que foram acolhidas nos "ordenamentos globalmente escolhidos como modelos"[260].

---

titucional a disposição do BGB que, na ausência de acordo dos cônjuges, fixava o apelido do marido como apelido comum ("gemeinsame Familienname").

Em Itália, a execução do princípio da igualdade dos cônjuges no domínio do *Codice Civile* teve lugar só através da Lei n.º 151, de 19/5/1975 (Riforma del Diritto di Famiglia). Cfr., em especial, FALZEA, "Considerazioni conclusive" (intervenção de encerramento das conferências que se desenrolaram em Verona nos dias 14 e 15/6/ /1985), *La riforma del Diritto di Famiglia dieci anni doppo*, Padova, CEDAM, 1986, p. 296 e s., que efectua uma síntese bem fundamentada das manifestações do "propósito igualitário" inerente àquela legislação. Mas o "immobilismo legislativo" até à Reforma de 1975 foi contrabalançado pela acção da jurisprudência constitucional (assim, QUADRI, "La famiglia dal Codice ai nostri giorni", *DFP* 1992, p. 768). A Corte Costituzionale pronunciou-se várias vezes pela desconformidade entre o princípio da "igualdade moral e jurídica" dos cônjuges, previsto no art. 29.º, parágrafo 2.º, da Constituição, e várias normas conexas com os deveres conjugais. P. e.: em 19/12/ /1968, a *sentenza* n.º 127 declarou ilegítimo o art. 151, parágrafo 2.º, do *Codice Civile*, na medida em que tratava de modo diverso o adultério em razão do sexo do cônjuge, aceitando apenas a relevância do adultério do marido enquanto causa de separação desde que o facto constituísse uma injúria grave para a mulher (*FI* 1969, I, p. 4); em 13/7/1970, a *sentenza* n.º 133 considerou inconstitucional o art. 145 do *Codice Civile*, por obrigar o marido a proporcionar à mulher tudo o que fosse preciso para satisfazer as suas necessidades, vinculando-a, diferentemente, a um dever de contribuição unicamente na hipótese de insuficiência de meios do marido (*FI* 1970, I, p. 2047). Sobre o papel da Corte Costituzionale no Direito da Família italiano, cfr. BESSONE/ROPPO, *Il Diritto di Famiglia (Evoluzione storica. Principi costituzionali. Lineamenti della riforma)*, Torino, Giappichelli, 1977, p. 234 e s., e GROSSI, "La famiglia nella evoluzione della giurisprudenza costituzionale", *La famiglia nel Diritto Pubblico* (a cura di Giuseppe Dalla Torre), Roma, Edizioni Studium, 1996, p. 23 e s.

[260] É exemplar a questão do nome. O artigo 1677.º, n.º 1, do Código Civil português, na redacção de 1977, reconheceu a qualquer um dos cônjuges a faculdade de juntar aos seus os apelidos do outro. O § 1355 do BGB, na versão de 1976, determinou que os cônjuges deviam adoptar um "nome comum de família" ("Ehename") a escolher de entre os apelidos do marido ou da mulher, estabelecendo na Abs. 2 Satz 2 que, na falta de acordo entre eles, o apelido do marido ficaria como "Ehename". O § 1355 II 2 BGB logo originou dúvidas de constitucionalidade (cfr. HENRICH, "Diritto di famiglia e giurisprudenza costituzionale in Germania" cit., pp. 54-57). Finalmente, foi declarada a sua incompatibilidade com o art. 3 II GG (BVerfG 5/3/1991, *FamRZ*

18. Não parece susceptível de contestação a função interpretativa e integradora do princípio da igualdade dos cônjuges na área da regulamentação dos efeitos do casamento, uma vez destacada a conexão entre aquele e esta. Nos ordenamentos português, italiano e espanhol, a ideia é reforçada pela previsão expressa do princípio fundamentador na legislação ordinária (artigo 1671.º do Código Civil português, artigo 143, parágrafo 1.º, do *Codice Civile*, e artigo 66 do Código Civil espanhol).

A reafirmação do princípio constitucional da igualdade está longe de ser supérflua. Previne o perigo de uma "leitura redutora" do princípio em nome de um interesse supra-individual da família[261], já que "é um relembrar ao intérprete dos termos em que deve entender todas as disposições que se seguem relativamente aos efeitos do casamento e porventura integrar eventuais lacunas"[262].

Efectivamente, o risco era sério na altura das reformas em virtude de ainda ter peso a concepção tradicional da família como entidade hierarquizada e de esta concepção ter conseguido coexistir, numa situação de relativa força ao longo de quase três décadas, com o artigo 29, parágrafo 2.º, da Constituição italiana, que dispôs: "O matrimónio é

1991, p. 535). Na sequência da FamNamRG de 16/12/1993, o § 1355 prevê agora que, na falta de acordo, não será adoptado um "apelido de família", mantendo ambos os cônjuges os nomes que tinham à data da celebração do casamento. No direito francês, o *Code civil* continuou a consagrar no art. 264 o costume que obriga a mulher a adoptar o nome do marido, situação que, na óptica de CARBONNIER, *Droit civil 2* cit., p. 482, representa "une inégalité". A Reforma italiana de 1975 aditou ao *Codice Civile* o art. 143 *bis*, nos termos do qual "la moggie aggiunge al proprio cognome quello del marito". O preceito resistiu a uma apreciação da Corte Costituzionale (11/2/1988, n.º 176, *FI*, 1988, I, p. 1811), mas nem por isso ficou a partir daí a coberto de críticas e interrogações (cfr. VILLA, "Gli effetti del matrimonio" cit., pp. 190-192, para uma visão do estado actual do problema).

[261] Ver o que escreve G. STANZIONE, *Sui rapporti familiari nel vigente ordinamento spagnolo in comparazione con il diritto italiano*, Napoli, Edizioni Scientifiche Italiane, 1984, pp. 152-153.

[262] Cfr. LEONOR BELEZA, "Os efeitos do casamento" cit., p. 107, reputando, por isso, o artigo 1671.º de "pedagogicamente desejável", embora entenda que ele é "em rigor inútil do ponto de vista normativo", por nada acrescentar ao princípio constitucional.

organizado sobre a igualdade moral e jurídica dos cônjuges, com os limites estabelecidos pela lei para garantia da unidade familiar".

Em Itália, as tendências conservadoras exploraram basicamente dois grandes caminhos interpretativos[263]: a contraposição entre igualdade jurídica e moral; a relação entre igualdade e garantia da unidade. Assim, defendeu-se que a igualdade jurídica se referia às relações patrimoniais e que as relações pessoais entre os cônjuges seriam regidas por uma igualdade exclusivamente moral, como tal subordinada, no domínio jurídico, ao valor da unidade da família (cuja conservação implicaria uma estrutura autocrática). Ou que representando a garantia da unidade familiar um limite do princípio paritário e sendo impossível a realização daquela numa situação de igualdade, a regra da igualdade teria impacto meramente verbal.

Mas o movimento anti-igualitário recorreu igualmente a outros argumentos. Designadamente, sustentou o carácter não preceptivo da norma constante do parágrafo 2.º do artigo 29.º da Constituição italiana, reconduzindo-a à categoria das normas programáticas, tidas como carentes de eficácia vinculativa imediata[264].

Ora, a reprodução do princípio da igualdade nos códigos civis permitiu ignorar hipotéticos problemas de Direito Constitucional – estivessem estes ligados à mencionada bipartição das normas em preceptivas e programáticas ou ao tema da aplicabilidade directa das normas constitucionais às entidades privadas[265].

---

[263] Cfr. os resumos críticos de MOSCARINI, *Parità coniugale e governo della famiglia*, Milano, Giuffrè, 1974, p. 27 e s., e PARADISO, *I rapporti personali tra coniugi* cit., pp. 8-12.

[264] Cfr. referência em MOSCARINI, *Parità coniugale e governo della famiglia* cit., p. 25.

[265] No entanto, por força da evolução doutrinária, estes assuntos perderam hoje o seu "potencial de ameaça". Cfr., entre outros, GIACOBBE, "Eguaglianza morale e giuridica tra i coniugi e rapporti familiari", *RDC* 1997, I, p. 901: "per quanto concerne l'ordinamento italiano – ma il discorso potrebbe essere esteso all'ordinamento della Repubblica Federale Tedesca, del Regno di Spagna, della Repubblica Portoghese – deve essere sottolineato – come ormai è pacificamente acquisito nella cultura giuridica contemporanea – il superamento del tradizionale rapporto tra Costituzione e Ordinamento positivo: nel senso cioè che la Costituzione non è più considerata un complesso di principi generali diretti alla definizione dei rapporti tra il potere costi-

19. À semelhança do que sucede com o princípio geral da igualdade[266], o princípio da igualdade entre os cônjuges é susceptível de ser compreendido em sentido positivo e em sentido negativo. No último sentido, o princípio impede que a lei privilegie ou discrimine um cônjuge face ao outro em razão do sexo. Na acepção positiva, impõe um tratamento *justificadamente* igual ou desigual dos cônjuges. Nesta última óptica, o princípio da igualdade dos cônjuges torna-se permeável à finalidade da igualdade real, admitindo assegurá-la através do tratamento igual dos cônjuges em situações desiguais ou do tratamento desigual dos mesmos em situações iguais (p. e., concedendo tratamento mais favorável à mulher).

Em concreto, o princípio da igualdade dos cônjuges assume uma dimensão positiva-material[267]. É certo que não se pode dissociá-lo do processo de igualização jurídico-formal entre o homem e a mulher, de abolição das diferenciações favoráveis ao marido que resultavam da lei. Contudo, não basta a eliminação de disposições legais que discriminavam ou privilegiavam um cônjuge em razão do seu sexo; o princípio implica a atribuição aos cônjuges da direcção conjunta da família e reclama uma atitude activa do Estado com vista à prossecução da igualdade efectiva entre marido e mulher.

O princípio em causa molda de facto os deveres conjugais. A lei não se limita a declarar que os cônjuges são iguais em direitos e deveres; reconhece a reciprocidade das posições jurídicas (cfr. as enumerações de deveres e a sua equivalente germânica) e aspira a uma

---

tuito e il cittadino, quanto, piuttosto, un complesso di norme fondamentali, direttamente incidenti nei rapporti intersoggettivi, e, tra questi, nei rapporti coinvolgenti il valore fondamentale della persona: il che comporta che i principi posti dalla Costituzione non possono non essere direttamente rilevanti in tema di disciplina della famiglia."

[266] Cfr., por todos, JORGE MIRANDA, *Manual de Direito Constitucional*, IV, *Direitos Fundamentais*, 3.ª ed., Coimbra, Coimbra Editora, 2000, p. 237 e s.

[267] Cfr. MOSCARINI, *Parità coniugale e governo della famiglia* cit., pp. 30-34; PARADISO, *I rapporti personali tra coniugi* cit., pp. 12-13; ALAGNA, *Famiglia e rapporti tra coniugi nel nuovo diritto* cit., pp. 55-57; ZATTI, "I diritti e i doveri che nascono dal matrimonio" cit., pp. 20-21; DAVID DUARTE, "Perspectivas constitucionais da família", *Traços da família portuguesa*, Direcção-Geral da Família, 1994, pp. 96-98.

reciprocidade perfeita. Pretende-se garantir aos cônjuges não só posições jurídicas em igual número e com igual conteúdo como uma idêntica possibilidade de exercício concreto. Assim, o regime de deveres particulares repete a ideia de reciprocidade (ver, p. e., artigo 1674.º do Código Civil português) ou/e recusa qualquer discrepância ligada ao sexo do cônjuge e é previsto o mecanismo da intervenção judicial no caso de os cônjuges estarem em desacordo (*v.g.*, artigo 1673.º, n.ºs 1 e 3, do Código Civil português, artigo 70 do Código Civil espanhol e artigo 145.º do *Codice Civile*)[268].

Em consequência, a concretização não pode, por norma, resultar numa definição do conteúdo dos deveres conjugais variável em função do género. O dever de respeito não abrange simultaneamente a exclusão da intromissão na esfera das comunicações privadas do marido e a permissão das escutas telefónicas e da abertura das cartas quando o homem tenha uma vaga suspeita da infidelidade do cônjuge. O dever de fidelidade não acarreta a proibição do "adultério simples", para a mulher, e só do "adultério grave", para o marido. O dever de cooperação não dita a obrigação de a mulher ajudar o marido no exercício da respectiva profissão, ficando ele dispensado de um comportamento recíproco. O dever de assistência não comporta a necessária afectação exclusiva da mulher às tarefas do lar e a plena isenção do outro cônjuge do chamado trabalho doméstico. E o marido não é certamente titular de um poder unilateral de preenchimento dos deveres indeterminados. "O que vale para um vale para o outro." Ainda a título de exemplo: quem, marido ou mulher, abre uma carta dirigida ao seu cônjuge, sem o consentimento deste, viola, nos mesmos termos, o dever de respeito.

---

[268] A intervenção judicial está vinculada ao princípio da igualdade e tenta resolver os "bloqueios" decorrentes da falta de acordo, contribuindo nesta medida para o enraizamento de uma "cultura de igualdade conjugal". Cfr. ALAGNA, *Famiglia e rapporti tra coniugi nel nuovo diritto* cit.: "la parità deve essere particolarmente tutelata – soprattutto per il profilo della imperatività – proprio quando insorgano conflitti tra le parti" (p. 48); "Ove infatti la legge si limitasse ad affermare che i coniugi sono titolari di eguali diritti e doveri e che l'indirizzo della vita familiare va tracciato di comune accordo, senza prevedere ad esempio un sistema per superare gli eventuali conflitti – sì da comportare, in definitiva, una limitazione della sfera di autonomia decisoria dei privati –, la eguaglianza risulterebbe paralizzante" (p. 60).

No entanto, por aqui se detecta uma normal limitação do princípio da igualdade enquanto parâmetro atendível na concretização dos deveres em apreço. Alcançado um estatuto paritário, não interessa discutir a respectiva substância. Se, por absurdo, se negasse a conformidade entre um mero acto de cortesia social para com uma pessoa de sexo diferente e o dever de fidelidade, o princípio da igualdade, na sua expressão mais directa, exigiria somente que a estranha regra se aplicasse quer ao marido quer à mulher.

E a referência à materialidade pouco adianta porque a discussão continua totalmente orientada para o binómio diferenciação-indiferenciação. Acresce que a superioridade da noção substancial sobre a noção formal da igualdade apresenta um reverso: é agitada por defensores de distinções capazes de contribuir para a manutenção na sociedade de uma desigualdade que se quer corrigir ou para a criação de uma outra desigualdade de sentido inverso que não se desejou criar. É o caso da específica aptidão do corpo feminino para a concepção, mencionada[269] como motivo legítimo para sujeitar a mulher a uma incapacidade matrimonial mais prolongada do que aquela que impende sobre o homem (o prazo internupcial é, respectivamente, de trezentos e cento e oitenta dias, por força do artigo 1605.º, n.º1, do Código Civil português). Por outro lado, uma política de "aprofundamento" da igualdade, privilegiando a mulher face ao homem no mundo do trabalho através da instituição de um sistema de quotas combinado com instrumentos fiscais, pode, pela sua intensidade e duração, originar um desequilíbrio socio-profissional mas agora em prejuízo do homem. Uma perspectiva extremista da igualdade material no âmbito dos deveres conjugais viabilizaria, por hipótese, uma (neo-)avaliação mais severa do adultério praticado pela mulher, dado o risco de uma concepção fora do matrimónio (que colidiria com a presunção legal de paternidade), ou a obrigação de o marido cumprir o dever de assistência necessariamente atra-

---

[269] Cfr., nomeadamente, PEREIRA COELHO/GUILHERME DE OLIVEIRA, *Curso de Direito da Família*, vol. I, *Introdução. Direito Matrimonial*, 2.ª ed., com a colaboração de Moura Ramos, Coimbra, Coimbra Editora, 2001, pp. 279-280.

vés de trabalho doméstico, para combater a persistente ligação especial da mulher ao trabalho em casa[270].

3. A TUTELA DA PERSONALIDADE NA CONCRETIZAÇÃO DOS DEVERES CONJUGAIS

20. O movimento igualitário está ligado a uma ideia de protecção da personalidade no casamento[271]. Traduzindo-se, na maior parte dos casos, a supremacia do marido na atribuição de um conjunto de poderes que restringiam a esfera de privacidade e de acção do outro cônjuge, a recepção do princípio da igualdade implicou a remoção dos limites que afectavam especificamente a mulher casada no exercício dos seus direitos de personalidade.

É paradigmática a situação do direito à reserva da correspondência e de outros meios de comunicação privada. Em Portugal, até 1976, não era punível a abertura da correspondência da mulher pelo marido.

---

[270] Ler, a propósito, as observações importantes de TERESA BELEZA, *Mulheres, Direito, crime* cit., pp. 234-235, sobre as tendências de "aprofundamento" das noções de igualdade e de desigualdade, onde sugere que o homem tenha, tal como a mulher, de observar um prazo internupcial de trezentos dias ["porque não se pode, em nome da igualdade, equiparar o homem a ela? «Só» porque a igualitarização só é pensável (ou legítima) pelo tratamento mais favorável?"] e que, "numa sociedade em que os encargos familiares (em sentido amplo) das mulheres são, provavelmente, um dos maiores travões à sua inserção profissional, a criação maciça de infra-estruturas sociais de apoio que libertem as mulheres da sua «escravatura doméstica»" seria mais eficaz "do que programas de formação profissional que tenham quotas reservadas às mulheres."

[271] Cfr. VASSAUX, *Liberté individuelle et devoirs personnels des époux*, dact., thèse pour le Doctorat d'État en Droit, Université de Lille II, 1989, pp. XIII-XVI, que traça uma estreita conexão entre a evolução, durante o século XX, de uma concepção hierárquica para uma concepção igualitária da família e o acréscimo de liberdade individual no plano familiar. De modo semelhante, DE CUPIS, "Persona e famiglia nell'ordinamento giuridico", *DFP* 1988, pp. 1749-1750: "Il superamento di vecchie disuguaglianze, già operato dal costume, è stato recepito dal diritto. E poiché l'uguaglianza, come abbiamo detto, tutela l'umana personalità, è indiscutibile che la realizzazione della stessa uguaglianza nell'ambito della famiglia sia un elemento di raccordo tra la persona humana e la famiglia medesima."

Em Itália, uma famosa sentença proferida já na década de setenta[272] concluiu ser legítimo ao marido interceptar e gravar conversações telefónicas da sua mulher.

Nesta sentença percebe-se a medida e o fundamento da diversidade, em razão do sexo, do alcance da tutela da personalidade dos cônjuges. Em causa estava a possibilidade de utilizar um registo de comunicação telefónica da mulher como prova de adultério numa acção de separação intentada pelo marido. Perante normas que incriminavam a gravação de telefonemas de outrem, excluiu-se a ilicitude do facto do marido porque teria sido praticado *no exercício de um direito*. Esse direito seria nada mais nada menos do que o direito à fidelidade conjugal. Porém, o mesmo não serviria para justificar ingerência análoga da mulher nas comunicações privadas do marido. Só o homem seria titular da chamada "potestà maritale", que, integrando poderes de controlo da conduta moral da mulher, asseguraria o valor da unidade da família.

Apesar de ter sido objecto de fortes críticas doutrinárias, a decisão judicial reflectia afinal a concepção então corrente em Itália de que a qualidade de "chefe de família" conferia ao marido autoridade para fiscalizar as comunicações epistolares ou telefónicas da mulher, para a impedir de trabalhar fora de casa ou de conviver com certas pessoas[273]. Essa autoridade era muito menos controvertida no Portugal da época,

---

[272] App. Milano, 9/7/1971, *Dir.Eccl.* 1973, II, p. 201.

[273] Cfr. GALOPPINI, "Intercettazioni telefoniche e potestà maritale", *RTDPC* 1974, p. 644, que, embora discordando desta visão, reconhecia o seu carácter de "*communis opinio*, dottrinaria e soprattutto giurisprudenziale". A autora incluía na "potestà maritale" somente o "poder-dever" de escolher a residência da família, tido como a única e derradeira manifestação legal da preeminência do marido relativamente à mulher; de outra forma, o instituto, verdadeiro limite ao princípio da igualdade dos cônjuges, colidiria com o artigo 29, parágrafo 2.º, da Constituição, que exigia que os limites *fossem estabelecidos pela lei* para garantia da unidade familiar. Outro ataque à referida sentença é desferido por BESSONE/D'ANGELO, "Diritti della persona e garanzia costituzionale di unità della famiglia", *Giur.Mer.* 1975 (contendo "sintesi dei materiali utilizzati per un seminario svolto durante l'anno accademico 1973-74"), IV, p. 129 e s.: o artigo 29, parágrafo 2.º, da Constituição italiana não derroga o artigo 2 da mesma fonte; a "potestà maritale", enquanto instrumento de defesa da coesão familiar, não deixa de estar sujeita aos princípios fundamentais da Constituição italiana, designadamente ao princípio do reconhecimento e garantia dos

em que, a par da chefia masculina da família, se previa expressamente a licitude da abertura de correspondência da mulher ou da denúncia de contratos mediante os quais ela se comprometesse a trabalhar para terceiro.

Pondo fim à subordinação de um cônjuge face ao outro, as reformas italiana de 1975 e portuguesa de 1977 impuseram, naturalmente, uma alteração de perspectiva. O resultado não foi, porém, a bilateralização automática do poder de ingerência na vida privada, "pela simples razão de que paridade significa remoção de poderes autoritários – com o que esses implicam no plano do controlo e da «correcção». Justificar, hoje, poderes recíprocos de ingerência invocando a unidade da família, significa assumir, arbitrariamente, que o respeito recíproco de dois cônjuges, à luz do qual nenhum tem autoridade sobre o outro, não seja funcional face à unidade e estabilidade familiar; significa em substância não reconhecer que mudou o modelo e que a estabilidade da família não se associa mais à constituição de um «poder» familiar, imune aos limites comuns e superior aos valores da personalidade, mas a uma prática de acordo que se move a partir do respeito recíproco"[274].

É que a realização da igualdade entre os cônjuges constitui reivindicação de uma tendência para a "emancipação" da mulher, integrada numa dinâmica geral de "libertação" do indivíduo[275]. Por isso, a igualdade nunca se poderia executar através de um "nivelamento por baixo",

---

"direitos invioláveis do homem", constante do artigo 2; entre tais direitos estariam justamente "a liberdade e segredo da correspondência e de outras formas de comunicação" (artigo 15 da Constituição italiana). Em anotação, PACE discorda frontalmente da sentença: "la Corte non ha considerato che, così facendo, essa non soltanto pregiudicava l'eguaglianza, quanto meno «morale» tra i coniugi, ma poneva nel contempo le premesse per lo sgretolamento della pur esaltata unità familiare: la quale, essendo soprattutto spirituale, non può vivere alimentandosi di sospetti o di sopraffazioni" ("Intercettazioni telefoniche del coniuge, utillizabilità delle prove illecite e unità familiare", *Dir.Eccl.* 1973, II, pp. 221-222).

274 ZATTI, "I diritti e i doveri che nascono dal matrimonio" cit., p. 59-60.
275 PARADISO, *La comunità familiare* cit., pp. 11-13, vê na "libertação" do indivíduo o fio condutor da reforma italiana do Direito da Família: "ciò che, se non appare sempre in termini espliciti, si evince almeno dall'impostazione sostanziale delle letture più diffuse della novella". Corresponderia ao "espírito da reforma" a atribuição de um peso determinante às opções pessoais.

de uma equiparação pela via do tratamento mais desfavorável. Ou seja, não se trata unicamente de equiparar os cônjuges em matéria de direitos e deveres mas de lhes assegurar liberdade – liberdade igual para ambos[276].

A "emergência do princípio da igualdade como regra incontestável no âmbito da relação inter-conjugal" abre, portanto, uma nova era, assinalando o momento da passagem da família em que o interesse individual é secundário à família ao serviço da realização pessoal dos respectivos membros[277]. Arredado o modelo de vida conjugal predominantemente orientada para um interesse superior de grupo, garantido por um poder-dever que cabe ao marido, nessa medida quase uma espécie de funcionário público[278], exalta-se agora a dimensão personalista do casamento.

O "princípio personalista" ombreia com o princípio da igualdade na disciplina constitucional sobre a "comunidade familiar", segundo

---

[276] Cfr. BUSNELLI, "Libertà e responsabilità dei coniugi nella vita familiare", *Jus* 1974, p. 71, que caracteriza o princípio da "igualdade moral e jurídica dos cônjuges" como um princípio concreto e relativo, na medida em que não prescreve uma "astratta parità di diritti e di obblighi tra marito e moglie" mas antes "la concreta eguaglianza, o meglio l'eguale libertà dei coniugi nelle singole coppie". Seguem-no, entre outros, PARADISO, *I rapporti personali tra coniugi* cit., pp. 12-13, e ZATTI, "I diritti e i doveri che nascono dal matrimonio" cit., p. 21.

[277] Cfr. FURGIUELE, "Condizioni umane protette e nuovi diritti individuali nella famiglia dei diritti europei", *Rass.DC* 1987, pp. 94-95.

[278] A construção da "relação de poder marital" como análoga a uma relação de Direito Público remonta a CICU, *Il Diritto di Famiglia (Teoria generale)*, Roma, Athenaeum, 1914, em especial pp. 91-95, e marcará as várias teorias explicativas da supremacia do marido, incluindo aquelas que foram perfilhadas por críticos das teses fundamentais do autor no campo do Direito da Família. Deste modo, anos depois encontraremos LOJACONO, *La potestà del marito nei rapporti personali tra coniugi*, Milano, Giuffrè, 1963, p. 399 e s., a defender que a "potestà maritale" encerra um poder-dever normativo, reconhecido pelo Estado no âmbito da "organização institucional familiar" em virtude de esta envolver "carattere e contenuto personalissimi e di estrema riservatezza", incompatíveis com a interferência de uma autoridade externa; ou M. GOMES DA SILVA, *Curso de Direito da Família*, apontamentos das lições proferidas no ano lectivo de 1960-61, coligidos pelos alunos Jorge Liz e Vasconcelos Abreu, dact., AAFDL, 1960, pp. 161-163, a falar de "subordinação da mulher a um órgão da família", que seria o marido.

Guerini[279]. A celebração do casamento não afecta a tutela da personalidade de cada cônjuge, sublinha-se constantemente[280]. Apenas o papel da família no desenvolvimento da personalidade individual justificaria a sua protecção constitucional, de acordo com alguns[281].

Representa indício claro desta tendência a inclusão do dever de respeito na enumeração legal dos deveres conjugais. É certo que tal dever, consagrado nos Códigos civis ibéricos durante os anos setenta, comporta um conteúdo amplo, impondo a observância de todos os direitos, não só pessoais como patrimoniais, do outro cônjuge, cuja violação não contrarie os demais deveres conjugais[282]. Todavia, a sua

---

[279] GUERINI, *Famiglia e Costituzione*, Milano, Giuffrè, 1989, pp. 4-6, 141 e s.

[280] A frase "Le mariage n'emporte pas absorption d'une personnalité par l'autre: même lit, rêves différents", proferida originariamente em benefício da mulher para conter a predominância que a lei, em vários aspectos, atribuía ao marido e que actualmente CARBONNIER, *Droit Civil 2* cit., pp. 483-484, usa num sentido (pós-) igualitário ("Lui comme elle, chacun des deux époux garde sa liberté"), é hoje repetida até pelos (antigos?) adversários da direcção conjunta da vida familiar (*v.g.*, ANTUNES VARELA, *Direito da Família* cit., p. 360).

[281] Cfr. BESSONE, "L'ordinamento costituzionale del Diritto di Famiglia e le prospettive di evoluzione della società italiana", *DFP* 1975, p. 1449 e s. (em particular, p. 1454, onde, acerca do regime constitucional da família, escreve: "Tutela dei diritti inviolabili e garanzie di sviluppo della personalità dei singoli sono elementi essenziali della loro *ratio legis*"); FURGIUELE, *Libertà e famiglia* cit., p. 72 e s. (começando por apontar à família a qualidade de "formazione sociale", entende, a pp. 76-77, que o motivo da relevância constitucional das "formazioni sociali" está no facto de constituírem "luogo di svolgimento della personalità dell'individuo"); RESCIGNO, "La tutela della personalità nella famiglia, nella scuola, nelle associazioni", *Persona e comunità (Saggi di Diritto Privato)*, II (1967-1987), Padova, CEDAM, 1988, p. 251 e s. (*v.g.*, p. 260: "l'esplicazione della personalità si presenta, ad un tempo, come la ragione ed il limite della garanzia apprestata ai gruppi").

[282] A favor da especialidade dos demais deveres conjugais face ao dever de respeito, também EDUARDO DOS SANTOS, *Direito da Família* cit., p. 288, e *Do divórcio. Suas causas*, Porto, ELCLA, 1994, p. 143. A doutrina alemã alude a um dever de respeito que compreende a esfera patrimonial: cfr. BEITZKE, *Familienrecht* cit., p. 75 ("aus der Ehe entspringt die Pflicht zur besitzrechtlichen Rücksichtnahme"); LÜDERITZ, *Familienrecht* cit., p. 74; STAUDINGER/HÜBNER/VOPPEL cit., § 1353, Nm. 88 ("vermögensrechtliche Rücksichtnahme"), D. SCHWAB, *Familienrecht* cit., p. 57 ("Jeder Ehegatte bleibt dem anderen gegenüber Inhaber seiner Persönlichkeits- und Vermögensrechte").

relevância advém-lhe, sobretudo, da conexão que apresenta com a tutela do cônjuge enquanto indivíduo.

É pacífico que a figura em questão visa proteger a integridade física e moral de cada cônjuge perante o outro. Sob este ponto de vista, e numa primeira impressão, a previsão do dever de respeito não constituiria grande novidade. Já antes os cônjuges estavam obrigados a não lesar o corpo ou a honra do outro: nos termos do artigo 1778.º do texto originário do Código Civil português, a separação litigiosa de pessoas e bens podia ser requerida com fundamento em qualquer facto que ofendesse gravemente a integridade física ou moral do requerente. Todavia, uma hipotética limitação a nível dos bens da personalidade[283] não deixaria de exprimir um avanço: seria rejeitada uma visão patológica; e uma defesa da imunidade relativa para as infracções entre os cônjuges já não contaria com o argumento de a lei se referir unicamente às ofensas graves.

No entanto, é maior o significado do dever de respeito: abre a porta à vigência da generalidade dos direitos de personalidade na vida matrimonial[284]. Por isso, surgem dúvidas quanto à necessidade de nomear um novo dever conjugal[285]. Não decorre já de outras regras a

---

[283] Restritivo, ABEL DELGADO, *O divórcio* cit., p. 58 e s., enquadrando na violação do dever de respeito apenas as ofensas à integridade física e moral. Por seu lado, ANTUNES VARELA, *Direito da Família* cit., p. 363, reputa de artificiosa a adição do mencionado dever à lista dos deveres provenientes do casamento, encarando-a como um processo de suprir a eliminação de um preceito [a alínea g) do artigo 1778.º, na versão primitiva] estudado para o sistema de causas subjectivas específicas em matéria de separação ou divórcio litigioso, consequentemente prejudicado pela adopção do sistema de causa genérica subjectiva única, e conclui: "Quer isto dizer, portanto, que o dever de respeito, indevidamente colocado à testa dos deveres conjugais, quer especialmente abranger o dever que recai sobre cada um dos cônjuges de não atentar contra a integridade física ou moral do outro."

[284] Pela nitidez, cfr. DÍEZ PICAZO/ANTONIO GULLÓN, *Sistema de Derecho Civil* IV cit., p. 92; DÍAZ-AMBRONA BARDAJÍ e HERNÁNDEZ GIL, *Lecciones de Derecho de Familia*, Madrid, Editorial Centro de Estudios Ramón Areces, 1999, p. 156.

[285] Levantam o problema FERREIRA PINTO, *Causas do divórcio* cit., 61-62; GETE-ALONSO Y CALERA, "De los derechos y deberes" (1984) cit., p. 324; LACRUZ BERDEJO, *Derecho de Familia* (1997) cit., pp. 102-103; LEONOR BELEZA, "Os efeitos do casamento" cit., p. 112; LETE DEL RÍO, comentário ao art. 67, em Lacruz Berdejo (org.), *Matrimonio y divorcio* (1994) cit., p. 642; ROCA JUAN, comentário ao art. 57, em *Comentarios a las reformas del C.c.* cit., p. 897.

aplicação da tutela da personalidade no casamento?, pergunta-se. Talvez sim, mas será bom reforçar. De facto, a experiência mostra ser mais fácil a penetração da cultura dos direitos fundamentais na relação entre estranhos do que na relação entre familiares[286].

O dever conjugal de respeito não se cinge, pois, à proibição de homicídio, ofensas corporais, maus tratos, injúrias ou difamações. Abrange inevitavelmente todas as situações jurídicas inerentes à "dignidade da pessoa humana". O casamento não exclui, designadamente, o direito à privacidade no seio da família: cada membro conserva "uma esfera inviolável de intimidade"[287]; os cônjuges estão sujeitos a um "dever mútuo de respeito da intimidade"[288]; a lesão do direito à reserva da vida privada pode "configurar uma violação grave do dever de respeito, que constitua fundamento para o divórcio ou separação judicial de pessoas e bens (pense-se, por exemplo, num caso extremo de intercepção das chamadas telefónicas do cônjuge, de abertura da sua correspondência, de perseguição e espionagem por detectives privados, etc., a ponto de tornar verdadeiramente intolerável a convivência conjugal), ou até dar lugar a responsabilidade civil (resultando os prejuízos, por exemplo, da divulgação de factos íntimos do cônjuge)"[289]. O estado de casado também não prejudica o exercício do direito à liberdade de religião e de culto[290]. E assim por diante.

---

[286] A "interspousal immunity" é um produto do direito anglo-americano, o mesmo que apoia o individualismo, que proclama e aprofunda direitos, que cria o "right of privacy": cfr. *infra*, parte III/A.1.1.

[287] Cfr. TOMMASINI, "Diritto alla riservatezza, comunità familiare, tutela della intimità dei soggetti conviventi", *Persona e comunità familiare* cit., pp. 111, 112 e 117, e "Osservazioni in tema di diritto alla *privacy*", *DFP* 1976, pp. 261-262. De modo idêntico, AULETTA, "La riservatezza nell'ambito della società familiare", em AAVV, *Eguaglianza morale e giuridica dei coniugi*, Napoli, Jovene Editore, 1975, p. 210; CATAUDELA, "Riserbo e segreto", *Letture di Diritto Civile*, Padova, CEDAM, 1990, p. 199; RUSCELLO, "Riservatezza e doveri coniugali", *Familia* 2001, pp. 1013-1015.

[288] Cfr. RIGAUX, *La protection de la vie privée et des autres biens de la personnalité*, Bruxelles/Paris, Émile Bruylant/LGDJ, 1990, p. 541.

[289] Cfr. P. MOTA PINTO, "O direito à reserva sobre a intimidade da vida privada", *BFDUC* 1993, p. 558.

[290] Cfr. JÓNATAS MACHADO, *Liberdade religiosa numa comunidade constitucional inclusiva (Dos direitos da verdade aos direitos dos cidadãos)*, Coimbra, Coim-

Tudo isto se ajusta aos ordenamentos em que falta uma formulação legal tão explícita[291]. Em França[292], considera-se que o casamento não põe em causa a liberdade individual de cada cônjuge. Na Alemanha[293], extrai-se da obrigação de comunhão de vida o dever de respeito da personalidade. Em Itália[294], a obrigação de não violar os

---

bra Editora, 1996, p. 260, que indica existirem, do ponto de vista constitucional, três "proposições verdadeiras" acerca da liberdade religiosa no seio da família, a primeira das quais seria: "cada um dos cônjuges goza do direito à liberdade religiosa". Dela decorre que "a unidade da família não pode ser conseguida através do sacrifício da liberdade religiosa de um dos cônjuges". MATTU, "Libertà religiosa e Diritto di Famiglia: una sintetica rassegna di giurisprudenza", *DFP* 1998, p. 435, ocupando-se do "rapporto tra coniugi", afirma: "l'esercizio del diritto di libertà religiosa, garantito in ogni situazione, non può non avere eguale espressione anche nell'ambito della famiglia, al pari di qualsiasi altro diritto della personalità".

[291] Segundo E. ROCA, "Globalización y Derecho de familia. Los trazos comunes del Derecho de familia en Europa", *RFDUGr* 4, 2001, p. 41, o sistema familiar de todos e cada um dos países europeus tem um denominador comum: "el respeto de los derechos fundamentales de los ciudadanos en tanto que miembros del grupo familiar y a la vez, la efectividad de estos derechos en este tipo de relaciones".

[292] BATTEUR, *Droit des Personnes et de la Famille* cit., pp. 178-179; BÉNABENT, *Droit Civil. La famille* cit., p. 97 e s., e "La liberté individuelle et le mariage", *RTDC* 1973, p. 474 e s.; CALLU, "Les rapports personnels entre époux" cit., p. 24 e s.; CARBONNIER, *Droit civil 2* cit., pp. 483-484; FENOUILLET, *Droit de la Famille*, Paris, Dalloz, 1997, p. 76; HAUSER/HUET-WEILLER, *La famille (Fondation et vie)* cit., p. 778; LABRUSSE-RIOU, *Droit de la Famille.1. Les personnes*, Paris, Masson, 1984, pp. 224--225; LARRIBAU-TERNEYRE, "Mariage", *J.-Cl.Civ.* art. 205 à 211, fasc. 10, 1998, n.os 119-120; NICOLEAU, *Droit de la Famille*, Paris, Elipses, 1995, p. 80; VASSAUX, *Liberté individuelle et devoirs personnels des époux* cit.

[293] Cfr. AMBROCK, *Ehe und Ehescheidung*, Berlin/New York, Walter de Gruyter, 1977, pp. 22-23; PALANDT/BRUDERMÜLLER cit., § 1353, Nm. 10; PALANDT//DIEDERICHSEN cit., § 1353, Nm. 13; GERNHUBER/COESTER-WALTJEN, *Lehrbuch des Familienrechts* cit., p. 175; HENRICH, *Familienrecht* cit., p. 50; STAUDINGER/HÜBNER//VOPPEL cit., § 1353, Nm. 43-52; SOERGEL/LANGE cit., § 1353, Nm. 16-21; ROLLAND, *Das neue Ehe- und Familienrecht: 1. EheRG; Kommentar zum 1. Eherechtsreformgesetz*, 2.ª ed., Neuwied/ Darmstadt, Luchterhand, 1982, Nm. 20 e s.; D. SCHWAB, *Familienrecht* cit., pp. 57-58; SCHLÜTER, *BGB-Familienrecht* cit., p. 33; TSCHERNITSCHEK, *Familienrecht* cit., p. 38; WACKE/MünchKomm cit., § 1353, Nm. 20-21.

[294] Cfr. AULETTA, *Il Diritto di Famiglia*, 6.ª ed., Torino, Giappichelli, 2002, pp. 79-80; BESSONE/ALPA/D'ANGELO/FERRANDO/SPALLAROSSA, *La famiglia nel nuovo diritto* cit., p. 86; CATTANEO, *Corso di Diritto Civile. Effetti del matrimonio, regime*

direitos de personalidade é especialmente associada ao dever de assistência moral.

Longe estão enfim os tempos da normal relativização do segredo das comunicações telefónicas por força da relação matrimonial. A jurisprudência italiana actual em nada se revê na posição que tomara em 1971[295]. Na última década do século XX, um tribunal superior[296] virá a julgar ilícita a intercepção telefónica entre os cônjuges, efectuada com finalidade probatória, rejeitando a possibilidade de operar qualquer causa de exclusão da ilicitude. A intercepção não se enquadraria no exercício de um direito (o direito correlativo do "dever de solidariedade conjugal", expressão usada como sinónimo da totalidade dos deveres conjugais): "Os deveres de solidariedade derivados do casamento não são, na realidade, incompatíveis com o direito à reserva da vida privada de cada um dos cônjuges, antes pressupõem a sua existência, porque a solidariedade é possível somente entre pessoas que se reconheçam com plena e igual dignidade. E, por outro lado, não se pode considerar a perda do direito à reserva uma sanção para a violação dos direitos de solidariedade conjugal, porque uma tal sanção exigiria uma previsão expressa, que não se verifica sequer no caso de ilícitos bem mais graves". Quanto à legítima defesa, "respeita exclusivamente às condutas que procuram impedir a ofensa injusta, não às condutas para adquirir a prova da ofensa"[297].

---

patrimoniale, separazione e divorzio, Milano, Giuffrè, 1988, p. 31; DEPINGUENTE, "Rapporti personali tra coniugi", *RDC* 1982, II, pp. 412-413; FURGIUELE, *Libertà e famiglia* cit., pp. 165-166; MELONI, "Gli obblighi di assistenza e coabitazione tra coniugi nel quadro delle innovazioni normative e dell'evoluzione della giurisprudenza", *DFP* 1990, II, p. 699 e s.; PARADISO, *I rapporti personali tra coniugi* cit., p. 41; RUSCELLO, "Riservatezza e doveri coniugali" cit., p. 1015; SANTOSUOSSO, *Il matrimonio* cit., p. 245; G. STANZIONE, *Diritto di Famiglia*, Torino, Giappichelli, 1997, p. 107; VILLA, "Gli effetti del matrimonio" cit., pp. 201-202; ZATTI, "I diritti e i doveri che nascono dal matrimonio" cit., p. 53 e s.

[295] Cfr. *supra*, nota 272.

[296] CassIt 10/6/1994, *Fam. e Dir.* 1994, p. 453.

[297] Neste ponto, não se afastou completamente a hipótese de a escuta telefónica ser lícita num contexto diverso. RUSCELLO, "Le libertà familiari", *Persona e comunità familiare* cit., p. 321, admite que a violação do "diritto alla riservatezza"

21. Os deveres mais tradicionais não se subtraíram ao influxo do princípio personalista na relação matrimonial. O dever de viver em residência comum foi confrontado com o direito à liberdade de exercício de actividade[298]. Os deveres sexuais dos cônjuges foram colocados perante o direito à liberdade sexual[299] e, um deles (o dever de ter relações sexuais com o cônjuge), até perante o direito à liberdade de religião[300].

Com base nesta dialéctica, delimitaram-se os modos admissíveis de assegurar o cumprimento dos deveres matrimoniais, pondo de parte o recurso às actuações violentas[301], definiram-se hipóteses de infracções conjugais não censuráveis, porque fruto de actos consagrados por um direito ou reclamados por outro dever[302]. Procurou-se, no fundo,

---

preencha os pressupostos da legítima defesa: "il comportamento lesivo del coniuge potrebbe infatti intendersi come mezzo tendente ad evitare aggressioni alla propria sfera giuridica e, in particolare, lesioni del diritto alla fedeltà".

[298] LEITE DE CAMPOS, *Lições de Direito da Família e das Sucessões*, 1.ª ed., Coimbra, Livraria Almedina, 1990, pp. 247-248, entende serem forçosos conflitos entre os direitos de personalidade e os deveres dos cônjuges e dá o seguinte exemplo: um oficial do Exército é destacado para desempenhar funções na Madeira durante cinco anos; até então residia em Coimbra com a mulher, que é médica no Hospital da cidade, e os filhos, que estudam na Universidade de Coimbra; o marido acaba por partir sozinho, por as circunstâncias não permitirem razoavelmente a deslocação de toda a família. Fica a pergunta: "Será que, neste caso, o marido faltou culposamente ao dever de cooperação e ao de coabitação indo exercer a sua profissão para a Madeira?".

[299] Refira-se, designadamente, DE CUPIS, *I diritti della personalità*, 2.ª ed., Milano, Giuffrè, s/ data (mas 1982), p. 228 e s., por tratar do tema do direito à liberdade sexual, distinguindo conforme tenha sido ou não celebrado matrimónio.

[300] Cfr. PAWLOWSKI, *Das Studium der Rechtswissenschaft* cit., pp. 307-309, que questiona a obrigação de um cônjuge ter relações com o outro, à luz de um voto de castidade que o primeiro teria de cumprir nos termos da sua convicção religiosa.

[301] Bastante sugestiva é a sentença italiana dimanada da CassIt 16/2/1976, *Giust.Pen.* 1978, II, p. 406, onde, a certo passo, se lê: "L'inadempimento della parte del coniuge dissenziente del cosidetto «debito coniugale» non determina di per sé la legittimità della coazione all'adempimento del medesimo quasi come atto di autoesecuzione forzata in forma specifica della pretesa avanzata dal titolare del diritto alla prestazione sessuale ingiustamente negata".

[302] A situação referida na nota *supra*, 298, do cônjuge destacado de Coimbra para a Madeira, é resolvida considerando que dificilmente haverá culpa do marido. Ele teria exercido o seu direito de realização profissional: cfr. LEITE DE CAMPOS,

apagar a imagem do casamento como "justo título" para exigir, unilateral e incondicionalmente, comportamentos envolventes e íntimos. E o balanço acaba por ser inequivocamente positivo, uma vez que se criaram condições para passar de uma "relação de servidão" para uma "relação de colaboração".

Todavia, alguns sectores preconizam soluções extremas, em nome do direito à liberdade e ao desenvolvimento da personalidade. Assim, nega-se que o dever de coabitação implique residir em comum[303] ou recusa-se carácter jurídico aos deveres conjugais não patrimoniais, designadamente ao dever de ter relações sexuais[304]. Tal visão legitima a concessão de tutela ilimitada ao indivíduo mais egoísta e ignora que todo o direito conhece restrições. Incorre no vício da concepção a que pretende reagir: instrumentaliza o casamento, subordinando-o à prossecução de um interesse superior que já não é o do grupo ("interesse familiar") mas o do indivíduo[305]. Em última análise, recusando a essên-

---

Lições de Direito da Família, 1.ª ed., 1990, loc. cit. Por seu turno, ALAGNA, *Famiglia e rapporti tra coniugi nel nuovo diritto* cit., p. 93, recomenda muita prudência na aplicação da sanção estabelecida pelo primeiro parágrafo do artigo 146 do *Codice Civile* para o afastamento da residência familiar (análoga à da primeira parte do artigo 1675.º, n.º 3, do Código Civil português, que priva do direito à assistência o cônjuge que se afastou sem justa causa da residência) originado por causa de cariz profissional. Tanto mais que algumas vezes é a própria lei a impor aos cônjuges a separação: "ad esempio quando due dipendenti dello Stato prestino attività lavorative in luoghi diversi, essendo noto l'obbligo per tali impiegati di risiedere – tranne in casi del tutto eccezionali – nel luogo di lavoro".

[303] Para este efeito, FURGIUELE, *Libertà e famiglia* cit., p. 169, "rasga" ostensivamente a lei: a menção legal à "residência da família" não teria, afirma, sentido normativo; seria inadmissível, acrescenta, atribuir ao dever de coabitação o conteúdo, "correspondente à letra", de habitação sob o mesmo tecto.

[304] PAWLOSWKI, *Das Studium der Rechtswissenschaft* cit., p. 304 e s., aceita poucas restrições de índole matrimonial às liberdades constitucionalmente reconhecidas. Um "motivo de consciência" seria, p. e., suficiente para excluir um comportamento reclamado pela "ética" do casamento (*v.g.*, não teria de haver relações sexuais entre os cônjuges se um deles achasse isso incompatível com os respectivos compromissos religiosos).

[305] Veja-se a crítica de GUERINI, *Famiglia e Costituzione* cit., pp. 75-93, à tese da prevalência da tutela do indivíduo sobre a garantia constitucional da "comunidade familiar".

cia do casamento, recusa um instituto que recebe protecção constitucional (artigos 36.º, n.ºs 1 e 2, e 67.º da Constituição portuguesa, artigos 32 e 39.1 da Constituição espanhola, artigo 6 I da Lei Fundamental alemã, artigo 29, parágrafo 1.º, da Constituição italiana, preâmbulo da Constituição francesa).

O casamento visa a comunhão tendencialmente plena de vida (já que a comunhão realmente plena é uma utopia[306]); não pode ser visto como um acto irrelevante, que deixe tudo como estava. A qualidade de cônjuge reflecte-se necessariamente no exercício dos direitos gerais[307]. Consequentemente, a utilidade do discurso da tutela da personalidade na definição do conteúdo da relação conjugal depende de alguma moderação. Há que encontrar o equilíbrio entre direitos de personalidade e deveres conjugais[308], uma área de sobrevivência mútua, inevitavelmente situada algures entre o núcleo da comunhão conjugal e o núcleo da protecção individual.

---

[306] Cfr.GERNHUBER/COESTER-WALTJEN, *Lehrbuch des Familienrechts* cit., p. 162: "Vollkommene Lebensgemeinschaft der Ehegatten ist eine Utopie".

[307] Daí mais uma vantagem da previsão expressa do dever de respeito: traduz a compatibilidade do estado de casado com a protecção do património ou da personalidade e simultaneamente impede a transposição pura e simples do quadro pré-matrimonial (induzida por uma eventual aplicação mecânica das regras gerais). O vínculo conjugal dita especialidades: um cônjuge tem de ser cuidadoso ao exercer um direito face ao outro. Neste contexto, pode ser ilícito: ocultar correspondência recebida ou chamadas telefónicas efectuadas (cfr. ANTUNES VARELA, *Direito da Família* cit., p. 362); pedir uma indemnização (cfr. D. SCHWAB, *Familienrecht* cit., p. 58).

[308] Cfr. FALZEA "Considerazioni conclusive" cit., p. 303: o autor não contesta que a família constitui o "primeiro local" ("luogo primario") de afirmação e desenvolvimento da personalidade individual, mas sublinha que a relação conjugal é a mais contínua e mais estreita das relações interpessoais; deste modo, a vida familiar nunca forçaria à "abdicação ao mais alto valor da liberdade"; essa liberdade teria, porém, de conciliar-se com a liberdade do outro cônjuge e com os deveres matrimoniais, com o propósito de "ridimensionare gli eccessi ai quali si è giunti nella pur esaltante battaglia per l'affermazione della personalità individuale". Opinião muito próxima é a do suíço JENT, *Die immaterielle Beistandspflicht zwischen Ehegatten unter dem Gesichtspunkt des Persönlichkeitsschutzes*, Bern/Frankfurt am Main/New York, Peter Lang, 1985, p. 44, segundo o qual entre o indivíduo e a comunhão matrimonial haveria uma "típica relação de tensão" ("Individuum und Gemeinschaft stehen in einem

4. O ACORDO NA CONCRETIZAÇÃO DOS DEVERES CONJUGAIS

22. O artigo 39.º do Decreto n.º 1, de 25 de Dezembro de 1910, proclamava o princípio da igualdade na sociedade conjugal. Todavia, como Gomes da Silva[309] explicava, era uma maneira de dizer "puramente demagógica ou de fachada". O artigo logo acrescentava competir ao marido a defesa da pessoa e dos bens da mulher e dos filhos, função que pressupunha a atribuição de poderes de direcção efectiva da família. O marido era titular do poder marital, no âmbito do qual lhe caberia, designadamente, "orientar a vida da família fixando a maneira de viver, o nível de vida, a nacionalidade, o domicílio, as relações pessoais da mulher".

O artigo 1674.º do Código Civil português, na versão do Decreto n.º 47 344, de 25 de Novembro de 1966, manteve o princípio da chefia marital, o que anos depois Antunes Varela[310] justificava nos seguintes termos:

"A chefia da família, traduzida concretamente no poder de decisão final nos assuntos de interesse comum, continuou entregue ao marido, não por virtude do antigo preconceito masculinista da incapacidade da mulher, mas com o principal intuito de preservar a autonomia e a unidade institucional da família. Pretendeu-se evitar que, à menor discordância entre os cônjuges, qualquer deles fosse tentado a transportar a divergência para a barra do tribunal, devassando a intimidade da vida familiar e quebrando, através da decisão de um estranho (o juiz), a autonomia da sociedade familiar. Esse recurso fácil ao tribunal, por questões em regra de importância relativamente secundária, pode bem ser o rastilho capaz de fazer deflagrar o desentendimento entre os cônjuges que, de outro modo, se reconciliariam as mais das vezes".

---

typischen Spannungsverhältnis"), estando os direitos de personalidade e o "facto da comunhão" ("die Tatsache der Gemeinschaft") reciprocamente limitados.

[309] M. GOMES DA SILVA, *Curso de Direito da Família*, apontamentos das lições ao curso jurídico de 1953-1954, coligidos por Fernando Collaço e Ramiro Vidigal, dact., AAFDL, 1955, pp. 302, 312 e 313.

[310] ANTUNES VARELA, *Direito da Família* cit., p. 333.

Nesta óptica, a conservação do poder marital teria fundamentalmente o sentido de rejeição da regra do acordo entre os cônjuges, por se entender que esta encerrava em si elevado potencial de desagregação familiar. Mas se a solução de 1966 não padecia do "preconceito masculinista da incapacidade da mulher", padecia, não obstante isso, de um preconceito masculinista: não se consagrou um regime de alternância temporal no "cargo" de chefia e o poder de direcção foi entregue indefinidamente ao homem e não à mulher[311].

Por outro lado, a lei portuguesa conferiu ampla extensão ao poder marital. Ao contrário da lei italiana, não se bastou com a declaração de que o marido seria o chefe da família e com a previsão de algumas manifestações particulares de autoridade masculina (por exemplo, a faculdade de fixar a residência familiar); concedeu ao marido legitimidade para decidir "em todos os actos da vida conjugal de interesse comum".

Por isso, não seria aceitável, entre nós, uma visão semelhante à que era perfilhada por Galoppini[312] no domínio do direito italiano anterior à Reforma de 1975, restringindo o poder marital às situações de predominância do marido concretamente estabelecidas pela lei. À regulamentação portuguesa adequava-se antes uma posição como a de Lojacono[313], que considerava dispor o marido de "todos os poderes necessários para controlar a vida doméstica sob qualquer perspectiva e nos mais diversos sectores".

---

[311] Cfr. RICHTER, *Profili attuali della potestà maritale*, Milano, Giuffrè, 1970, p. 56: "nessun ostacolo logico e giuridico si oppone a che in ipotesi la potestà di capo della famiglia venga attribuita, invece che al marito, alla moglie, così da trasformare la potestà maritale in potestà della moglie. Nessun ostacolo logico, perchè l'esigenza di ottenere l'unità di indirizzo sarebbe egualmente rispettata; nessun ostacolo giuridico, perchè l'ordinamento può liberamente operare proprie valutazioni e proprie scelte, salvo il limite del rispetto dei diritti inviolabili degli individui (art. 2 cost.), tra i quali certo non può ricomprendersi, per l'uomo, l'attribuzione della potestà maritale."

[312] GALOPPINI, "Intercettazioni telefoniche e potestà maritale" cit., pp. 644-646.

[313] LOJACONO, *La potestà del marito nei rapporti personali tra coniugi* cit., p. 399 e s.

Neste contexto, o modo de cumprimento dos deveres conjugais, matéria de interesse comum do casal, ficava, de certo modo, na dependência da decisão de um só cônjuge. Isso não significava, porém, que ao homem assistisse inteira liberdade no preenchimento dos deveres conjugais indeterminados. Havia uma "imagem consuetudinária" dos deveres familiares que não podia ser contrariada no exercício do poder marital[314]. A autoridade masculina estaria balizada pelo seu fundamento – a unidade da família – e pelo costume.

A supremacia do marido não podia resistir a uma aplicação séria do princípio da igualdade dos cônjuges. Contudo, colocava-se um problema: como regular o governo da família? A resposta da Reforma portuguesa de 1977 foi dada no artigo 1671.º, n.º 2, do Código Civil: "A direcção da família pertence a ambos os cônjuges, que devem acordar sobre a orientação da vida em comum.". Tal como em Itália[315], passou-se do sistema de poder marital ao sistema de acordo.

Não é correcto dizer que o legislador português de 1977 acolheu a tese da diarquia na variante da "autoridade indivisa com recurso para os tribunais em caso de conflito"[316]. A noção de diarquia acentua a

---

[314] LOJACONO, *La potestà del marito nei rapporti personali tra coniugi* cit., p. 115 e s., trata os deveres conjugais recíprocos (*v.g.*, o de fidelidade) no capítulo intitulado "Parità dei coniugi ed unità familiare". Lendo-o, verifica-se que aqueles são concebidos como uma realidade cujo conteúdo essencial está subtraído à "potestà maritale"; aliás o autor chega a negar "ogni rapporto tra potestà maritale ed obbligo di fedeltà". E não muito longe destaca a relevância do costume no quadro da problemática da "potestà maritale". FRANCESCO FINOCCHIARO, "Rapporti personali fra coniugi e patria potestà", em AAVV, *Eguaglianza morale e giuridica dei coniugi* cit., pp. 96-97, aludindo à questão do adultério no tempo da "potestà maritale", conclui: "è evidente che il costume sociale diventa normativo tutte le volte in cui l'operatore giuridico debba determinare il contenuto dei singoli doveri coniugali".

[315] Cfr. FERRANDO, "Famiglia e matrimonio", *Familia* 2001, pp. 962-963; SANTOSUOSSO, *Il matrimonio* cit., p. 233. O artigo 144, parágrafo 1.º, do *Codice Civile* prevê: "I coniugi concordano tra loro l'indirizzo della vita familiare e fissano la residenza della famiglia secondo le esigenze di entrambi e quelle preminenti della famiglia stessa".

[316] A afirmação é de EDUARDO DOS SANTOS, *Direito da Família* cit., p. 284, que previamente esclarece: "Segundo a teoria da autoridade indivisa, que foi proposta por Plauch, a soberania do grupo conjugal ou familiar pertence a ambos os cônjuges,

paridade de dois sujeitos a nível dos poderes de que são investidos. Ora, a lei não se contenta com a atribuição da direcção da família aos dois cônjuges; exige que ela seja exercida em conjunto, acordadamente. Não se consagrou um simples modelo de governo da família a cargo de duas pessoas. Instituiu-se um modelo de governo colegial ou uma "comunità decisionale"[317].

A obrigatoriedade de acordar em assuntos atinentes à direcção da família representa um vector insusceptível de ser menosprezado. O esforço para o acordo não constitui mera necessidade prática, como sugere a leitura diárquica. Sendo indiscutível que apenas o consenso entre os cônjuges permite, no actual contexto de igualdade, a prossecução da vida familiar, afigura-se insuficiente a descrição, pela negativa, do acordo, visto[318] como um elemento cuja falta ocasiona situações de bloqueio e de "facto (unilateralmente) consumado". Existe o *dever* de tentar chegar a acordo[319].

---

sem delimitação de esferas. A resistência de um dos cônjuges paralisará a resistência divergente do outro, obrigando, assim, os dois a entenderem-se. Mas, na prática, acaba por vencer o mais forte ou o mais influente"(p. 283). A visão de uma família em que dois membros lutam entre si para impor a sua própria vontade adequa-se mais (embora, ainda assim, pouco) aos ordenamentos em que se fixa o princípio da co-direcção sem estabelecer a regra do acordo. É o que sucede no direito francês (cfr. o artigo 213 do *Code civil*: "Les époux assurent ensemble la direction morale et matérielle de la famille. Ils pourvoient à l'éducation des enfants et préparent leur avenir"), não no direito português. De outra opinião, ANTUNES VARELA, *Direito da Família* cit., pp. 338-340, aproximando o artigo 1671.º, n.º 2, do Código Civil português, do artigo 213 do Código francês e transpondo para o nosso direito as críticas que são feitas, nomeadamente por Carbonnier, à solução consagrada na lei francesa.

[317] Cfr., entre outros, IRTI, "Il governo della famiglia", *Il nuovo Diritto di Famiglia* (Convegno del Sindacato Avvocati e Procuratori di Milano e Lombardia), Milano, Giuffrè, 1976, p. 43, e FALZEA "Considerazioni conclusive" cit., p. 299.

[318] Cfr., paradigmaticamente, ANTUNES VARELA, *Direito da Família* cit., pp. 339-340.

[319] Deste modo, FURGIUELE, *Libertà e famiglia* cit., p. 140 (considera a procura do acordo uma tarefa "obrigatória" dos cônjuges por estar em causa uma "condição fundamental para a conservação e o desenvolvimento da relação"), e PARADISO, *I rapporti personali tra coniugi* cit., p. 138 ("la ricerca di un accordo – e la disponibilità concreta al suo raggiungimento – costituisce oggetto di un puntuale obbligo").

O acordo ocupou o espaço do poder marital na direcção da vida comum. Por isso, não é reconduzível a uma simples faculdade, a algo abandonado à espontaneidade das partes, até porque o não exercício aproveitaria eventualmente ao cônjuge mais influente, implicando o *reconhecimento fáctico* da autoridade de um sobre o outro[320]. Como decorre claramente dos códigos civis português e italiano, os cônjuges estão *obrigados* a procurar em conjunto uma definição dos aspectos fundamentais da sua relação[321].

A ideia vale igualmente para os ordenamentos cuja lei não contenha uma declaração expressa. No direito alemão, onde somente se prescreve o acordo no domínio da "administração do lar" ("Haushaltsführung", § 1356 I do BGB), entende-se estarem os cônjuges vinculados a regular a generalidade dos assuntos comuns por mútuo consentimento[322]. Segundo

---

[320] Cfr. TRABUCCHI, "Il governo della famiglia", *Cinquant'anni nell'esperienza giuridica*, scritti raccolti e ordinati da Giorgio Cian e Renato Pescara, Padova, CEDAM, 1988 (publicado primeiramente em *La riforma del Diritto di Famiglia*, Padova, 1972, p. 41 e s.), p. 340: "L'accordo non è solo un mezzo di scelta decisionale, è anche oggetto di un obbligo essenziale per coloro que vivono nel matrimonio. Praticamente l'affermazione di tale obbligo viene a dare a ciascun coniuge anche la forza di sottrarsi alla prepotenza dell'altro".

[321] Especificamente sobre o artigo 144 do *Codice Civile*, diz VILLA, "Gli effetti del matrimonio" cit., p. 211: "la legge non sembra essersi limitata a rendere esplicita un'esigenza insita nel rapporto tra due soggetti dotati di uguali poteri, dal momento che una disposizione dal contenuto così ristretto si rivelerebbe addirittura superflua; l'art. 144 assume quindi un autonomo significato solo se viene interpretato come un vero e proprio precetto che impone ai coniugi un ulteriore dovere, complementare a quelli elencati dal precedente art. 143 e cioè l'obbligo di ricercare l'accordo".

[322] Cfr. PALANDT/DIEDERICHSEN cit., § 1353, Nm. 9 ("Das eheliche Zusammenleben berührende Entscheidungen sind im gegenseitigen Einvernehmen zu treffen"); GERNHUBER/COESTER-WALTJEN, *Lehrbuch des Familienrechts* cit., p. 175 ("Verständigungsbereitschaft in allen gemeinschaftlichen Angelegenheiten"); ROLLAND, *Das neue Ehe- und Familienrecht* cit., Nm. 27-29 ("Pflicht zur gemeinsamen Entscheidung"); ROTH-STIELOW, anotação ao § 1353, Nm. 15 "Regelung der Angelegenheiten des gemeinsamen Lebens im gegenseitigen Einverständnis (mit entsprechenden Bemühungen von beiden Seiten"), *Das Bürgerliche Gesetzbuch mit besonderer Berücksichtigung der Rechtsprechung des Reichsgerichts und des Bun-*

Hepting[323], eles nem sequer teriam liberdade para desenvolver a sua vida comum à margem de qualquer regulamentação acordada. Não seria viável uma relação conjugal sem um mínimo de disciplina de origem bilateral. "O dever formal de cada cônjuge se esforçar com o outro para conseguir um entendimento e uma regulamentação em mútuo consentimento ("einvernehmliche Regelung") é, consequentemente, de enorme significado para a manutenção do casamento. Ele decorre directamente da obrigação conjugal de vida constante do § 1353 I 2 e com a 1. EheRG tornou-se um importante dever conjugal pessoal".

Entre nós, o dever em questão reveste obviamente natureza conjugal[324]. E é grande o seu peso apesar de corresponder a uma "obrigação de meios" destituída de autonomia[325]. Nesse sentido, depõem as

---

desgerichtshofes, 12.ª ed., Band IV, 1. Teil, Berlin/New York, Walter de Gruyter, 1984 (de agora em diante citado RGRK/ROTH-STIELOW); STAUDINGER/HÜBNER/VOPPEL cit., § 1353, Nm. 63 ("Einvernehmliche Regelung gemeinschaftlicher Angelegenheiten"); STRECK, *Generalklausel und unbestimmter Begriff* cit., pp. 55-58 ("Die formale Pflicht zur gemeinsamen Entscheidung"); WACKE/MünchKomm cit., § 1353, Nm. 18 ("Die Achtung vor dem Partner gebietet, alle wichtigen gemeinschaftlichen Angelegenheiten einvernehmlich zu regeln").

[323] HEPTING, *Ehevereinbarungen* cit., pp. 85-86, em divisão intitulada "Abschlußfreiheit und Pflicht zum Konsens" e inserida no § 10 ("Vertragsfreiheit und ehelicher «Zwang zur Autonomie»").

[324] Natureza que a doutrina de um "ordenamento paralelo" se preocupa em realçar: cfr. PARADISO, *I rapporti personali tra coniugi* cit., p. 138 ("l'accordo, ponendosi come il perno attorno al quale ruota il rapporto coniugale, si caratterizza come uno dei «medesimi doveri» assunti col matrimonio").

[325] Efectivamente, o dever de tentar alcançar o acordo é parte do dever conjugal de cooperação previsto no artigo 1674.º do Código Civil, mais precisamente da "obrigação de assumir em conjunto as responsabilidades inerentes à vida da família". Nesta medida, detecta-se um aspecto seguro para efeitos de distinção entre tal obrigação e o dever de contribuir para os encargos da vida familiar, regulado pelo artigo 1676.º e incluído no dever de assistência (sobre as dificuldades que decorrem da delimitação, ver *supra*, n.º 5). Em Itália, COSTANZA, "Il governo della famiglia nella legge di riforma", *DFP* 1976, p. 1881, encontra no "dovere di collaborazione" a obrigação que impende sobre os cônjuges "di impegnarsi ad attuare l'accordo, evitando di restare arroccati sulle proprie idee o di assumere posizioni intransigenti e polemiche". Diferentemente, pela autonomia do dever de acordo, VILLA (cfr. *supra*, nota 321) e ZATTI, "I diritti e i doveri che nascono dal matrimonio" cit., pp. 65-66.

consequências jurídicas da falta de acordo. Não é de modo algum remota a hipótese de a recusa obstinada de um cônjuge em concordar com o outro quanto à "orientação da vida comum" preencher os pressupostos do divórcio requerido nos termos do artigo 1779.º do Código Civil e servir para obter a declaração de culpa do cônjuge intransigente[326]. No entanto, é sobretudo ilustrativa a intervenção judicial *não sancionatória*.

Começando por estabelecer que os cônjuges devem escolher de comum acordo a residência da família, o artigo 1673.º do Código Civil determina que caberá ao tribunal decidir na ausência de encontro de vontades. Consagrou-se a possibilidade de actuação judicial numa hipótese que não é de ruptura (divórcio, separação de pessoas e bens ou separação de facto). Não se quis em lugar do acordo a prevalência da vontade de uma das partes, a inércia, o fracasso puro e simples do matrimónio. Com isto se deixou sinalizado o mútuo consentimento dos cônjuges como único caminho para o autogoverno da família.

Pode discutir-se a pertinência da intervenção judicial[327]. Pode criticar-se o próprio modo de intervenção[328]. Todavia, é inegável que o

---

[326] Analogamente, CIAN, "Introduzione. Sui presupposti storici e sui caratteri generali del Diritto di Famiglia riformato", *Commentario alla Riforma del Diritto di Famiglia*, a cura di Luigi Carraro, Giorgio Oppo, Alberto Trabucchi, tomo primo, parte prima, Padova, CEDAM, 1977, p. 48 "il comportamento di ciascuno nell'eventuale mancato formarsi dell'accordo potrà (...) essere valutato in sede di giudizio di separazione ed incidere sulla pronuncia di addebitabilità della stessa"; FERRANDO, *Il matrimonio*, Milano, Giuffrè, 2002, p. 87.

[327] LEONOR BELEZA, "Os efeitos do casamento" cit., p. 104, efectua um brilhante resumo da problemática:

"A favor e contra a intervenção do juiz nos conflitos familiares têm sido invocados argumentos vários.

"Diz-se a favor que a igualdade entre os cônjuges supõe a intervenção possível de um árbitro, ou poder-se-á verificar uma paralisia da vida familiar; que é o único remédio para uma situação perigosa para a unidade do núcleo familiar, a única forma de evitar a crise última; que pode acontecer que os cônjuges queiram efectivamente uma solução para o conflito mas não a saibam encontrar ou não a aceitem se provier apenas de um ou do outro; que, se é verdade que só se recorre ao juiz se já há crise familiar, então a intervenção daquele nenhum mal pode causar e talvez forneça uma solução; e que, se a intervenção só é possível quando reclamada por um ao menos dos cônjuges, não há violação da autonomia da família.

direito português acolheu a figura do suprimento judicial do acordo dos cônjuges sobre o local da casa de morada da família – solução que é extensiva a outras questões ligadas à direcção da família. Há base para a aplicação analógica da norma do n.º 3 do artigo 1673.º [329]. Dando um bom exemplo de assunto contido no conceito de orientação da vida em comum – a fixação ou alteração da residência da família –, o preceito responde a uma situação em que os cônjuges não conseguem chegar a consenso quando estavam vinculados a procurá-lo.

A defesa da excepcionalidade do n.º 3 do artigo 1673.º tem assentado em duas grandes razões: a protecção da autonomia da família e da intimidade da vida privada[330] e a particular gravidade da matéria da fixação da residência da família[331]. Contudo, não escapa a objecções.

"Em contraposição, dizem os detractores da intervenção judicial que é uma utopia pensar que o juiz pode efectivamente resolver os conflitos entre os cônjuges; que na verdade tudo o que pode é agravar a situação entre eles, não havendo harmonia que resista à sua intervenção; que a simples possibilidade desta é contrária ao sentido de responsabilidade na condução dos negócios familiares que se pretende incutir nos cônjuges; que reintroduz um princípio de autoritarismo; que o juiz se pode ver instado a resolver conflitos fúteis; que a justiça não está em condições de assegurar este tipo de funções, o que contribuirá para agravar a paralisia da vida familiar; que o juiz terá dificuldade em ultrapassar as suas próprias concepções; finalmente, que a sua intervenção é contrária à autonomia da família, à própria igualdade dos cônjuges e produzirá um intolerável «ménage à trois»."

[328] Em abstracto, o juiz poderia ter funções de conciliação ou de arbitragem e a sua intervenção poderia depender do requerimento de uma ou de ambas as partes. O artigo 1672.º, n.º 3, conferiu ao juiz poderes de arbitragem vinculativa (a que se somam poderes de conciliação de exercício facultativo por força do artigo 1415.º, n.º 3, do Código de Processo Civil) e fez depender a sua intervenção da solicitação de um só cônjuge. Sob este prisma foi-se mais longe do que no direito italiano. Nos termos do artigo 145 do *Codice Civile*, qualquer cônjuge pode recorrer ao tribunal em caso de desacordo. Numa primeira fase, a intervenção do juiz terá cariz conciliatório. Se os cônjuges não chegarem a uma solução consensual, o juiz adoptará uma decisão *quando for pedida por ambos os cônjuges*.

[329] Defende a analogia EDUARDO DOS SANTOS, *Direito da Família* cit., p. 282.

[330] Com base nessa ideia, ANTUNES VARELA, *Direito da Família* cit., p. 340, afasta a intervenção judicial fora dos casos expressamente referidos na lei.

[331] Para LEONOR BELEZA, "Os efeitos do casamento" cit., p. 115, a possibilidade de intervenção judicial, "negada em tese geral", teria sido consagrada no n.º 3 do artigo 1673.º "por se entender que se trata de uma questão que, a haver um dos

Se a autonomia e a intimidade constituem argumentos tão ponderosos para levar à limitação da intervenção judicial, por que foi admitido o recurso unilateral ao tribunal para resolução do problema da determinação da casa de morada de família, prescindindo da anuência de todos os interessados na preservação dos referidos valores (*v.g.*, os dois cônjuges)? Se é a importância da residência da família que fundamenta a interferência judicial, que dizer das demais questões associadas à "orientação da vida em comum"? A expressão abrange assuntos familiares fundamentais e não tudo o que respeite à vida em comum. Por fim, como propugnar a singularidade do n.º 3 do artigo 1673.º se proliferam disposições prevendo a intervenção judicial na constância do matrimónio, sem que haja necessariamente ruptura ou invocação de ruptura? O n.º 3 do artigo 1676.º permite a um cônjuge exigir judicialmente a entrega directa dos rendimentos ou proventos do outro cônjuge necessários para a satisfação dos encargos da vida familiar. O n.º 3 do artigo 1684.º admite o suprimento judicial do consentimento conjugal (condição de validade de vários actos de disposição dos bens do casal), havendo "injusta recusa, ou impossibilidade, por qualquer causa, de o prestar". O artigo 1901.º, relativo ao poder paternal na constância do matrimónio, reconhece a qualquer cônjuge a possibilidade de recorrer ao tribunal para obter a resolução de "questões de particular importância" relativas aos filhos comuns e sobre as quais não tenha havido acordo dos pais.

No entanto, tal como sucedia com o poder marital, a regra do acordo, assistida pelo instituto do suprimento judicial, depara com limites. Nem todas as matérias respeitantes à orientação da vida em comum estão abrangidas pelo dever de acordo.

23. No quadro do artigo 1671.º, n.º 2, o conceito "orientação da vida em comum", coincidente com o de "direcção da família", tem em vista os assuntos familiares mais relevantes[332]. A fixação da residência

---

cônjuges pelo menos que a queira resolver, não deve em princípio ficar sem solução. É que pode ser excessivamente grave o protelar indefinido de uma situação de incerteza quanto ao local de residência".

[332] Assim, LEONOR BELEZA, "Os efeitos do casamento" cit., pp. 107-108.

é um deles. Na detecção dos restantes, é especialmente útil o conhecimento do direito italiano.

O *Codice Civile* estabelece, no artigo 144, que os cônjuges acordarão entre eles a "orientação da vida familiar" ("indirizzo della vita familiare") e que fixarão a residência da família, e prevê, no artigo 145, que o juiz decida se houver desacordo quanto à "fixação da residência" ou a "outros assuntos essenciais" ("altri affari essenziali"). Não obstante isto, aponta-se a expressão "indirizzo della vita familiare" como sinónimo de "affari essenziali"[333].

Identificada à partida a adopção da residência como objecto do dever de acordo (e da decisão arbitral do juiz), a doutrina procura delimitar as demais questões sujeitas ao consenso conjugal. Costanza[334] propõe a concretização dos temas mais importantes com base nos problemas que a "família média" é geralmente chamada a resolver – o nível de vida, a actividade profissional, a adesão a uma ideologia política ou a um credo religioso, a participação em actividades sociais, o número de filhos e a convivência com os membros das respectivas famílias de origem. Todavia, impressionada pela diversidade da realidade familiar ("cada família constitui um *unicum* dificilmente redutível a esquemas tipológicos pré-determinados, seja pelas diferenças sócio-económicas, seja e sobretudo pelas conotações psíquicas, intelectuais e morais dos seus membros"), a autora não afasta a hipótese de que o âmbito do dever de acordo seja traçado atendendo a cada família em concreto.

Prosseguindo, Costanza esclarece: o artigo 144 do *Codice Civile*, "estabelecendo a regra da co-direcção, fixa um critério rígido sob o aspecto dogmático, mas elástico no plano operativo, segundo o qual qualquer problema ligado ao *ménage* deve ser examinado, discutido e resolvido por ambos os cônjuges conjuntamente". Desta forma, o próprio exercício de direitos fundamentais da pessoa, individualmente considerada, ficaria submetido à regra do acordo, desde que tivesse

---

[333] Cfr. FRANCESCO FINOCCHIARO, "Rapporti personali fra coniugi e patria potestà" cit., p. 102.

[334] COSTANZA, "Il governo della famiglia nella legge di riforma" cit., p. 1880 e s.

"repercussões sobre o *ménage* da família". Seria o caso do "exercício do direito ao trabalho, à liberdade pessoal, de associação, de professar uma crença religiosa, de manifestar uma ideia política, à liberdade sexual", que "pode ter reflexos de não pouca monta na ordem familiar".

Alagna[335] atribui ao dever de acordo um âmbito mais restrito. Caberiam no "acordo de orientação" ("accordo di indirizzo") somente a escolha da residência e as "escolhas de fundo ("scelte di fondo"), isto é aquelas destinadas a individualizar o modelo familiar pré-determinado, a fixar os objectivos de cada núcleo organizado e os modos de cumprir as principais obrigações postas pela lei a cargo dos cônjuges, nas relações recíprocas (fidelidade, assistência moral e material, colaboração, coabitação, contribuição) e nas relações com os filhos (sustento, educação, instrução, modalidades de exercício do poder paternal)". Não estariam submetidas ao dever de acordo "modalidades de exercício de direitos pessoais e pessoalíssimos dos cônjuges" (*v.g.*, o direito de escolher um domicílio autónomo, de desenvolver uma actividade profissional, de definir as próprias relações pessoais e epistolares, de manifestar ideias políticas e religiosas) e "decisões não susceptíveis pela sua natureza de serem programadas ou previamente combinadas" (por exemplo, o número de filhos, o tipo e a frequência de relações sexuais entre os cônjuges).

Perante tal divergência, percebe-se a conveniência de proceder com cuidado na pesquisa da solução conforme com o direito português. A "orientação da vida em comum" integrará decerto qualquer assunto com especial relevância na vida familiar. Designadamente, o modo de cumprimento dos deveres conjugais (incluindo a determinação do nível de vida, prévia à delimitação da contribuição para os encargos da vida familiar) e de exercício do poder paternal. Mas não se pode esquecer que a regra do acordo não veio substituir o poder marital por um poder recíproco de interferência na esfera privada de cada cônjuge. A obrigatoriedade do consenso não se estende, portanto, aos direitos de personalidade que não estejam directamente abrangidos pela relação conjugal. É o caso do direito à liberdade de actividade, cujo exercício por um

---

[335] ALAGNA, *Famiglia e rapporti tra coniugi nel nuovo diritto* cit., pp. 177--179.

cônjuge não carece, nos termos do artigo 1677.º-D do Código Civil, do consentimento do outro[336].

Relativamente a uma matéria delicada como é a do número de filhos, dois argumentos jogam a favor da sua submissão ao acordo no quadro do direito português: o impacto da decisão na vida do casal e a admissibilidade da relevância do consentimento do cônjuge em matéria de concepção (que se extrai, designadamente, do artigo 1839.º, n.º 3, do Código Civil). No entanto, a defesa da exigência de acordo nem sempre tem coincidido com a da possibilidade de intervenção judicial na falta de consenso[337]. Há, porém, fortes razões para aceitar o recurso ao tribunal na hipótese de dissenso quanto à questão do número de filhos. Em primeiro lugar, os problemas de concepção não estão isentos de apreciação judicial, são até cada vez mais objecto de acções em que os tribunais não se consideram incompetentes em razão da matéria (vejam-se os litígios em torno da procriação assistida). Em segundo lugar, consagrando a intervenção judicial para resolver discordâncias acerca do exercício do poder paternal na constância do matrimónio (cfr. artigo 1901.º, n.º 2, do Código Civil), a lei coloca o interesse dos filhos acima do eventual interesse de um cônjuge na sua privacidade, quando

---

[336] No entanto, o titular desse direito está, ainda assim, obrigado a agir com consideração pelos interesses da sua família. Não é indiferente qualquer opção de índole profissional, independentemente do seu impacto na vida em conjunto. Que dizer, por exemplo, do pedido de transferência, feito por um cônjuge sem consultar o outro, quando a mesma implica residir em local distinto do da casa de morada de família e diminuição do rendimento do agregado familiar?

[337] Cfr. PARADISO, *I rapporti personali tra coniugi* cit., pp. 169-174: considera estarem os cônjuges obrigados a manifestar disponibilidade para chegar a acordo quanto ao número de filhos, mas exclui a possibilidade de tal questão vir a ser apresentada a um juiz por "uma fundamental exigência de respeito da reserva e da liberdade íntima da pessoa". Também ROPPO, *Il giudice nel conflitto coniugale (La famiglia tra autonomia e interventi pubblici)*, Società editrice il Mulino, Bologna, 1981, pp. 322-323, recusa a identidade entre o âmbito da "regra do acordo" e o da intervenção judicial baseada no artigo 145 do *Codice Civile*, afastando a hipótese de o tribunal se pronunciar sobre um conflito conjugal acerca da existência ou não de filhos. Contudo, a sua posição é muito diversa em virtude de assentar num entendimento peculiar da "regra do acordo". Esta vigoraria no caso das escolhas em matéria de concepção mas com o significado de "possibilidade" e não de "necessidade jurídica" de acordo.

estão em causa "questões de particular importância"; a partir daqui, seria contraditório negar a possibilidade de controlo externo de um assunto patentemente essencial para o futuro dos filhos já existentes e dos nascituros.

24. O acordo alcançado não representa uma manifestação de pura autonomia privada dos cônjuges. Não só por corresponder ao cumprimento de um dever legal, mas sobretudo por o respectivo conteúdo estar condicionado por parâmetros distintos dos que são normalmente aplicáveis aos negócios jurídicos. O acordo sobre a orientação da vida em comum não é um instrumento de discricionariedade plena. O encontro de vontades dos cônjuges não é concebido como um simples meio de composição dos interesses das partes. O n.º 2 do artigo 1671.º do Código Civil português exige que se tenha em conta o "bem da família". Nesta medida, o acordo surge como um acto bilateral vinculado[338]. Assim se começa a tornar imediatamente claro que a definição dos principais aspectos da relação conjugal não está inteiramente ao dispor das partes.

Não pode ser deificado o consenso no domínio da concretização dos deveres emergentes do casamento. A convenção dos cônjuges incidirá sobre o modo de cumprimento destes deveres, o que permite, é certo, "uma gama de determinações do conteúdo"[339]. No entanto, "a autonomia não é um valor em si e para si mas é valor enquanto realiza um interesse merecedor de tutela"[340]. Por isso, o acordo não é atendível

---

[338] Cfr. MOSCARINI, *Parità coniugale e governo della famiglia*, cit., p. 89 e s., em particular, p. 107, que encontra no acordo dos cônjuges uma expressão de "discricionariedade vinculada" – "vinculada à prossecução do interesse da família", a que o artigo 144.º do *Codice Civile* manda atender no estabelecimento consensual do "indirizzo della vita familiare".

[339] Cfr. ZATTI, "I diritti e i doveri che nascono dal matrimonio" cit., p. 32, quando explica o significado da fórmula "modi dell'adempimento" no contexto dos deveres conjugais nominados.

[340] Cfr. PERLINGIERI, "Sulla famiglia come formazione sociale", *Rapporti personali nella famiglia*, Napoli, Edizioni Scientifiche Italiane, 1982, p. 42, que escreve em complemento: "non è possibile dedurre dal dogma dell'autonomia nel rapporto familiare la possibilità di regolamentare questi rapporti anche in modo non conforme alle scelte legislative attuative dell'ordine pubblico costituzionale".

se colidir com o princípio da igualdade ou com o núcleo inderrogável dos direitos de personalidade e dos deveres conjugais.

Pawlowski tem-se notabilizado por negar ao Estado a função de orientar o comportamento dos cônjuges[341]. O Direito Matrimonial só poderia oferecer uma regulamentação formal, já que qualquer disposição legal acerca dos aspectos substanciais da comunhão conjugal seria incompatível com direitos fundamentais, *v.g.*, o direito à liberdade de religião e à liberdade de convicção. A própria consagração do princípio da igualdade dos cônjuges como regra com projecção constante na vida comum estaria em rota de colisão com as orientações religiosas que conferem ao sexo masculino papel predominante na família. E não seria lícito marginalizar esta ou aquela crença por discriminar a mulher, já que o reconhecimento da liberdade de religião não teria em vista somente as confissões que estivessem de harmonia com as ideias correctas à luz da consciência social dominante.

Se os intervenientes estivessem de acordo, seria lícita a comunhão assente na supremacia do marido. Isto seria, por exemplo, o que se passaria no casamento entre fundamentalistas cristãos ou islâmicos. Num Estado pluralista, diz Pawlowski, importa assegurar a vontade das partes e "o princípio do igual tratamento" ("das Prinzip der Gleichbehandlung") das convicções religiosas (ou outras).

Não deixa de ser interessante observar aqui a conjugação sucessiva de várias soluções: rejeição de carácter material ao regime legal do casamento, sacralização dos direitos individuais, hipertrofia da autonomia privada, afastamento da injuntividade do princípio da igualdade entre os cônjuges. Dificilmente se encontrará uma manifestação tão coerente e tão visível de "liberalismo jurídico" no capítulo matrimonial. Não há sequer a preocupação de esconder ou atenuar os efeitos negativos de uma posição oposta à hetero-regulamentação do que é essencial no casamento.

Um desses efeitos negativos traduz-se na atribuição indiferenciada de dignidade ao consentimento conjugal sem olhar ao seu teor. Nomeadamente, nenhum obstáculo é apontado à opção bilateral por um

---

[341] Cfr. ultimamente PAWLOWSKI, "Die Ehe im Staat der Glaubensfreiheit", *FuR* 4/90, pp. 213-215.

modelo hierarquizado de família – aquele que vigorava antes das reformas inspiradas pelo princípio da igualdade. Mas como aceitar um eventual acordo de subordinação de um cônjuge face ao outro em ordenamentos que associam o acto à aplicação e ao desenvolvimento da ideia de paridade entre os cônjuges?

No artigo 1671.º do Código Civil português, o acordo é tido como sequência do princípio da igualdade. De facto, veio ocupar o espaço que cabia ao poder marital. A instituição da regra do consenso na vida comum acompanhou o triunfo da ideia de igualdade substancial (e não exclusivamente formal, note-se). O acordo não pode pois servir uma causa manifestamente contraditória com o seu fundamento histórico e jurídico. Não há base que apoie a relevância de uma convenção que (re)estabeleça o poder marital ou enquadre a renúncia de uma das partes à igualdade.

O princípio em questão é inderrogável[342]. Enquanto expressão do princípio geral da igualdade no Direito da Família, emerge da dignidade da pessoa humana e dá corpo a um direito indisponível[343].

---

[342] Assim, JORGE MIRANDA, *Manual de Direito Constitucional* IV cit., p. 248 (o artigo 36.º, n.º 3, da Constituição portuguesa é indicado como exemplo de uma das regras específicas de igualdade que se impõem "às relações entre particulares nos actos e contratos que nelas directamente se subsumam"); MOZOS, "Persona y comunidad familiar" cit., p. 57 ("lo que pactaran entre sí los cónyuges atribuyendo el uno al otro cualquier género de superioridad, sería nulo"); PINO, *Il Diritto di Famiglia*, 2.ª ed., Padova, CEDAM, 1984, pp. 83-84 ("tra i coniugi la eguaglianza deve essere perfetta e assoluta e non ridursi alla mera equivalenza formale delle funzioni spettanti a ciascuno. Anzi è proprio escluso che i coniugi possano ordinare i loro rapporti in modo difforme da quello previsto dall'art. 29 Cost., ispirandosi a criteri diversi, quali quelli della supremazia di un coniuge sull'altro o di una ripartizione delle funzioni e delle responsabilità relative, secondo la vocazione, vera o presunta, di ciascun coniuge"); SANTORO-PASSARELLI, em *Commentario al Diritto Italiano della Famiglia* cit., p. 497 ("S'intende che l'accordo sull'indirizzo, per essere valido, non può derogare al principio di eguaglianza, che è principio di ordine pubblico"); ZATTI, "I diritti e i doveri che nascono dal matrimonio" cit., p. 24, nota 23 (não teria valor nem a renúncia à paridade dos cônjuges, "né un accordo que realizasse condizioni di vita coniugale equivalenti per risultato alla rinuncia").

[343] Cfr. LEITE DE CAMPOS, *Lições de Direitos de Personalidade*, 2.ª ed., Coimbra, separata do BFDUC, 1995, pp. 81-82. O ilustre académico enuncia entre os "direitos de projecção da pessoa física" o direito à igualdade e afirma a

A posição de Pawlowski revela-se discutível sob outro prisma. O reconhecimento da plena autonomia dos cônjuges na escolha do modelo de vida em comum desemboca numa atitude de neutralidade relativamente a escolhas que exigem o sacrifício mais ou menos extenso da tutela da personalidade de um ou dos dois membros da família. Nomeadamente, ao predomínio do homem na relação conjugal liga-se a compressão acentuada da faculdade de exercício dos direitos individuais da mulher: o marido decidirá se ela sairá sozinha ou acompanhada, se ela trabalhará ou não fora de casa, se trabalhará como secretária ou como empregada de mesa, se será amiga de Antónia ou de Carlos, se continuará a falar com o irmão ou a ir a casa da mãe, se fará este ou aquele telefonema, se vestirá esta ou aquela saia, se terá a cara descoberta ou tapada por um véu, etc. Tudo legitimamente, se ambos os cônjuges concordarem..., apesar de o consentimento da mulher ser frequentemente fruto de uma *pressão de facto*.

O professor alemão rejeita a vinculatividade dos deveres que a maior parte da doutrina extrai da "eheliche Lebensgemeinschaft". As partes declaram casar e a lei declara que o casamento envolve uma obrigação. Mas tal obrigação corresponderia por inteiro àquilo que as partes quisessem. Elas não estariam submetidas a uma hipotética visão social dominante do conteúdo do casamento, sob pena de não haver pluralismo nem liberdade individual. Não se justificaria, por exemplo, a afirmação de que qualquer cônjuge tem o dever jurídico de manter relações sexuais com o outro, já que tal referência não estaria de harmonia com as convicções de todos os casais ou de todos os cônjuges concretamente considerados. Contudo, aparentemente nada impede, segundo Pawlowski, que um certo casal estipule que um dos cônjuges seja o "chefe da família" e que nessa medida tenha poderes de direcção e de disciplina (quiçá, sem respeito pela integridade física do "subordinado") sobre o outro. Que liberdade é então esta que em alguns casos se resume ao direito de renunciar... à liberdade?

---

incindibilidade entre ser pessoa e ser igual perante os outros, explicando que: "A ideia de pessoa é incompatível com a desigualdade entre as pessoas, enquanto tais. Poderão diferenciar-se, e diferenciam-se sempre, nos seus méritos, nas suas funções ou no que têm. Mas não naquilo que são. Cada ser humano reconhece-se igualmente em todos os outros. É este o fundamento da sua personalidade e da dos outros."

Imagine-se agora um acordo conjugal que não colida com o princípio da igualdade. O casal estabelece, por um lado, que nenhum dos cônjuges pode mudar de religião ou de partido e, por outro, que qualquer um deles está autorizado a ler a correspondência e a ouvir as conversas telefónicas do outro. No ordenamento do autor em causa, este tipo de acordos tende a ser reputado de inválido por limitar o "âmbito das liberdades pessoais" de modo contrário aos "bons costumes" (§ 138 BGB)[344]. Em assuntos deste género, prevaleceria o "direito de decidir sozinho" ("alleiniges Entscheidungsrecht")[345].

Nos ordenamentos cuja lei impõe expressamente aos cônjuges a obrigação de chegarem a acordo, sai vitoriosa a opinião de que tal dever não abrange, pelo menos em geral, os direitos e liberdades individuais[346]. Não obstante isto, a distinção entre "dever de chegar a acordo" e "dever de cumprir o acordo celebrado"[347] sugere a hipótese

---

[344] Cfr. GERNHUBER/COESTER-WALTJEN, *Lehrbuch des Familienrechts* cit., pp. 162-164. Igualmente, REINHART, "Zur Festlegung persönlicher Ehewirkungen durch Rechtsgeschäft", *JZ* 1983, p. 189. HEPTING, *Ehevereinbarungen* cit., pp. 210--211, qualifica semelhantes acordos como "contrários aos bons costumes e socialmente inadmissíveis" ("sozial untragbar und sittenwidrig") por fazerem de um cônjuge quase uma espécie de objecto do outro.

[345] Cfr. SOERGEL/LANGE cit., § 1353, Nm. 6 e 20. Nesta linha, já antes MÜLLER-FREIENFELS, *JZ* 1964, p. 308 (limitações no sentido de uma dependência recíproca total levam à "desfiguração" da comunhão conjugal de vida). A favor da invalidade dos aludidos acordos, também ROLLAND, *Das neue Ehe- und Familienrecht* cit., Nm. 24, 25, 26 e 28; WACKE/MünchKomm cit., § 1353, Nm. 20.

[346] Em Portugal, ver PEREIRA COELHO/GUILHERME DE OLIVEIRA, *Curso de Direito da Família* I cit., pp. 345-346, e FERREIRA PINTO, *Direito da Família*, dact., Departamento de Direito da Universidade Internacional, 1988/89, pp. 142-143. Em Itália, numa posição mais rígida, ver ALAGNA, *Famiglia e rapporti tra coniugi nel nuovo diritto* cit., pp. 178-179, e DOGLIOTTI, "Rapporti personali e patrimoniali tra coniugi (dir. priv.)", *ED*, vol. XXXVIII, 1987, pp. 393-394.

[347] Alertam para tal distinção, HEPTING, *Ehevereinbarungen* cit., p. 86 (há que destrinçar entre dever de acordo e deveres resultantes do acordo), e PINO, *Il Diritto di Famiglia*, 2.ª ed., cit., p. 95 (a regra do acordo assume uma dupla forma: dever de comportamento, obrigando os cônjuges a procurar uma combinação, e dever de abstenção, obrigando-os a não adoptar comportamentos incompatíveis com o acordo estabelecido).

de a matéria poder ser incluída num acordo de realização facultativa. Contudo, o acordo facultativo (quanto à celebração) não será já um acordo conjugal, mas um acordo sobre direitos de personalidade entre dois sujeitos unidos pelo vínculo matrimonial. Ficará, portanto, submetido à norma aplicável às limitações voluntárias dos direitos de personalidade. Consequentemente, no direito português, o acordo que serviu de exemplo seria nulo: proibindo ou condicionando, directamente, em termos genéricos e sem restrições temporais, o exercício de faculdades compreendidas em vários direitos de personalidade (as liberdades de religião e de associação política pressupõem a possibilidade de alteração de convicções, o direito à intimidade engloba a reserva dos meios de comunicação privada), ofende "princípios da ordem pública" (artigo 81.º, n.º 1, do Código Civil). O facto de a manifestação de vontade de uma pessoa ocorrer perante outra com a qual se encontra casada não basta para afastar o regime característico dos direitos de personalidade.

Em contrapartida, não se deve absolutizar a tutela da personalidade. Se a comunhão plena de vida é uma utopia, a estanqueidade da vida conjugal e da vida individual é uma miragem.

5. A IDEIA DE NÚCLEO INTANGÍVEL NA CONCRETIZAÇÃO DOS DEVERES CONJUGAIS

25. Streck, Wolf, Scalisi, Pawlowski. Quatro nomes unidos por uma tendência de pluralismo ou liberdade que acarreta a formalização do Direito, reduzido à função de remeter para a vontade dos protagonistas a disciplina das suas condutas. Não haveria motivo para preocupações de índole social ou para falar de protecção do interveniente mais débil. Tudo se passaria como se subitamente se tivesse entrado numa nova era, dita pós-industrial, em que o ser humano teria atingido o clímax da perfeição, em que já não haveria lugar para disposições que proibissem os negócios usurários, os pactos leoninos, a coacção moral, ou para regras que, de qualquer outro modo, restringissem a eficácia das exteriorizações de autonomia privada. Agora, todos os homens seriam adultos e sensatos[348]. O Estado é que seria *o mau, o invasor, o castrador*.

A caricatura esboçada reflecte, confessa-se, um juízo pessimista relativamente à suficiência da auto-regulamentação, em especial numa área em que não se pode esperar das partes um elevado grau de racionalidade nem de objectividade. Mas uma outra ordem de argumentos se opõe à relevância *incondicional* da autonomia privada, unilateral ou bilateral, no domínio dos efeitos do casamento.

A norma que recorre a conceitos indeterminados ou a cláusulas gerais não pode ser entendida como uma norma cujo conteúdo se destina a ser definido pelos respectivos destinatários concretos. A valoração pertinente é a social e não a individual. Ora, nesta perspectiva, nem todo o acordo ou comportamento dos cônjuges será tido como conforme à ordem matrimonial. Há uma noção social do que deve ser e do que não deve ser o casamento. O casamento enquanto estado não é confundido com um qualquer relacionamento entre pessoas de sexo diferente desde que precedido pelo acto de casamento[349].

A concretização de um dever caracteristicamente associado a um acto ou contrato não se pode fazer de tal forma que esse dever pudesse estar ligado a qualquer outra realidade. Existe um mínimo de que depende a especificidade do casamento e que está subtraído à vontade das partes – "o núcleo da comunhão conjugal de vida" ("der Kernbereich der ehelichen Lebensgemeinschaft"), na terminologia de Reinhart[350], "o núcleo inderrogável dos deveres conjugais"

---

[348] A recusa da hetero-regulamentação do casamento tem o seu quê de *seráfico* (cfr. NAVARRO VALLS, *Matrimonio y Derecho*, Tecnos, Madrid, 1995, pp. 47, 61 e 62).

[349] Como dizem GERNHUBER/COESTER-WALTJEN, *Lehrbuch des Familienrechts* cit., p. 27, o casamento é "uma forma social de comportamento" ("soziale Verhaltensform") e não uma "embalagem vazia que somente aos cônjuges cabe encher" ("eine inhaltsleere Hülle, die mit Inhalt zu erfüllen allein den Ehegatten aufgegeben ist"). A referência à imagem da "embalagem vazia" ("enveloppe vide"), enquanto argumento para defender a existência de uma essência precisa do casamento, é repetida por BARLON, *De la volonté dans le Droit Extrapatrimonial de la Famille*, dact., thèse pour le Doctorat en Droit Privé, Université de Reims, 2000, p. 543.

[350] REINHART, "Zur Festlegung persönlicher Ehewirkungen" cit., p. 191.

("il nucleo inderogabile dei doveri coniugali"), na terminologia de Zatti[351].

O mínimo injuntivo do casamento corresponde aos aspectos geralmente reconhecidos pela sociedade actual como denunciadores da estrutura do instituto[352]. Não é de modo algum figura de retórica ou fórmula cabalística. Trata-se de uma área acessível ao conhecimento, da qual decorrem limites efectivos à autonomia privada. A falta de um amplo consenso em torno da sua demarcação realça a dificuldade da questão, mas não torna aceitável a recusa do núcleo intangível da comunhão. Hoje, como na altura das reformas legislativas dos anos 70, cabe à doutrina e à jurisprudência realizar a "importante tarefa de clarificação da estrutura fundamental" da relação conjugal[353].

Wacke[354] inclui no domínio injuntivo a exigência de monogamia, o dever de fidelidade sexual, o princípio da perpetuidade tendencial do casamento ("das Lebenszeitprinzip"), a regulamentação estatal sobre o início e o fim do casamento e, normalmente, a obrigação de viver em comunhão de habitação. Gernhuber/Coester-Waltjen[355] integram no regime imperativo da comunhão matrimonial as normas estabelecidas no interesse de terceiros e aquelas que reflectem "postulados de justiça indisponíveis" ("unaufgebbare Gerechtigkeitspostulate"). Entre as primeiras estariam as que respeitam à pretensão de sustento da família e ao poder conferido a cada um dos cônjuges de celebrar negócios para a adequada satisfação das necessidades da família com efeito também sobre o outro (§ 1357 I 1 do BGB). Como exemplo das segundas indicam o dever de fidelidade, o dever de protecção e assistência, bem como o § 1356 I 2 do BGB (que consagra a autonomia do cônjuge a quem foi entregue a administração do lar).

---

[351] ZATTI, "I diritti e i doveri che nascono dal matrimonio" cit., p. 34.

[352] Cfr. GERNHUBER/COESTER-WALTJEN, Lehrbuch des Familienrechts cit., pp. 27 e 167.

[353] Cfr. LÜKE, "Die persönlichen Ehewirkungen und die Scheidungsgründe nach dem neuen Ehe- und Familienrecht", Festschrift für Friedrich Wilhelm Bosch zum 65. Geburtstag, Bielefeld, Verlag Ernst und Werner Gieseking, 1976, p. 632.

[354] WACKE/MünchKomm cit., § 1353, Nm. 3.

[355] GERNHUBER/COESTER-WALTJEN, Lehrbuch des Familienrechts cit., pp. 166--167.

Estas posições representam uma visão intermédia, distante quer da doutrina institucional, na variante que, atribuindo a todos os deveres morais o carácter de deveres jurídicos conjugais, concedia um imenso território ao direito injuntivo, quer da doutrina interindividual, na variante que, num processo exagerado de reacção, sustentada, não obstante isto, por vários e sabedores juristas ainda hoje, recusa quase totalmente a juridificação das normas morais e nega praticamente a heteronomia do conteúdo do casamento.

A linha intermédia conta também com o nome de Hepting[356], que, insatisfeito com a contraposição radical entre direito injuntivo e direito dispositivo, procura fazer a transição mediante um sistema de níveis diferenciados. Na sua construção, inspirada no modelo de pensamento de Comes, "o âmbito do direito injuntivo" ("der Bereich zwingenden Rechts") teria como realidade oposta "o espaço injuntivamente livre de direito" ("der zwingend rechtsfreie Raum"). A passagem do último para o primeiro ocorreria gradualmente através de um "direito de fronteira" ("Schwellenrecht"), composto por dois níveis: "o espaço livre de direito por vontade das partes" ("der dispositiv rechtsfreie Raum") e "a ausência de vinculatividade na sequência de acordo" ("die verabredete Unverbindlichkeit"). O enfraquecimento da liberdade individual e o crescimento da juridificação teriam lugar à medida que se transitasse do "espaço injuntivamente livre de direito" para o do direito injuntivo.

De qualquer forma, a expressão do direito injuntivo acaba por não ser muito diferente entre os citados defensores da orientação intermédia. Segundo Hepting[357], o "âmbito de direito injuntivo" compreenderia, a par das "normas para protecção de terceiros", as "estruturas fundamentais do casamento" (pré-existentes, de origem heterónoma) ou os "postulados de justiça indisponíveis" (na actualidade); por exemplo, o princípio da perpetuidade do § 1353 I 1 do BGB, a paridade fundamental dos cônjuges e o dever de fidelidade sexual.

A tendência moderada adequa-se plenamente ao quadro legal português. O artigo 1618.º, n.º 1, do Código Civil, estabelece o princípio da aceitação integral dos efeitos do casamento e o artigo 1699.º,

---

[356] HEPTING, *Ehevereinbarungen* cit., p. 182 e s.
[357] HEPTING, *Ehevereinbarungen* cit., p. 224.

n.º 1, alínea b), do mesmo diploma, exclui expressamente a "alteração dos direitos ou deveres, quer paternais, quer conjugais" das possíveis excepções. E se a letra da lei refere somente o momento da celebração do casamento e o momento anterior (convenção antenupcial ou, atendendo ao n.º 2 do artigo 1618.º, outro acto dos *nubentes*), a limitação da autonomia privada estende-se igualmente ao período de desenvolvimento da relação conjugal[358].

---

[358] Conforme é consensual: cfr., por exemplo, ANTUNES VARELA, *Direito da Família* cit., p. 371, por norma mais conservador, e LEITE DE CAMPOS, *Lições de Direito da Família*, 2.ª ed., cit., p. 183, que costuma ser mais aberto.

O artigo 160 do *Codice Civile* estatui: "Gli sposi non possono derogare nè ai diritti nè ai doveri previsti dalla legge per effetto del matrimonio". Contudo, o artigo está inserido num capítulo dedicado ao regime patrimonial da família, o que leva um sector minoritário a duvidar da sua aplicação a todos os "diritti e doveri che nascono dal matrimonio", regulados em capítulo anterior. CIAN, "Introduzione. Sui presupposti storici e sui caratteri generali del Diritto di Famiglia riformato" cit., p. 51, FURGIUELE, *Libertà e famiglia* cit., p. 249, e SACCO, comentário ao artigo 42 Nov.", *Commentario alla Riforma del Diritto di Famiglia*, tomo primo, parte prima, cit., p. 323 e s., consideram que o preceito abrange unicamente a obrigação de contribuir para as necessidades da família, opinião que é eficazmente refutada por VILLA, "Gli effetti del matrimonio" cit., pp. 217-218: "lo stesso regime patrimoniale della famiglia è strettamente legato, nella sua conformazione concreta, al dovere di contribuzione, che l'art. 143 colloca sullo stesso piano degli altri obblighi derivanti dal matrimonio; pertanto, risulterebbe del tutto illogica una disposizione che dettasse obblighi riguardanti la stessa materia assegnando un carattere imperativo a quelli di indole economica, ma ritenendo negoziabili quelli più vicini ad uno scopo di protezione della personalità individuale dei coniugi e dei figli. D'altro canto, esistono dati normativi che confermano una sostanziale inderogabilità di tali doveri: così l'art. 123 c.c., che sancisce la nullità del matrimonio qualora «gli sposi abbiano convenuto di non adempiere agli obblighi e di non esercitare i diritti da esso discendenti», e dunque riconosce l'invalidità di una convenzione che assuma ad oggetto simili rinunce o esoneri; e così anche l'art. 108 c.c., che nega valore ad ogni pattuizione accidentale che possa modificare il contenuto tipico del matrimonio. È opportuno tener presente inoltre che un'esenzione generalizzata da tutti i doveri, incluso quello di coabitazione, si tradurrebbe in una separazione di fatto avvenuta per solo consenso dei coniugi, alla quale però l'art. 150 c.c. non riconosce effetto alcuno".

Em Portugal não se encontra terreno para tal polémica, em virtude de o artigo 1618.º estar situado nas disposições gerais do capítulo do casamento civil.

A proibição de modificação pactícia dos deveres conjugais constitui prova inequívoca da presença de um conteúdo matrimonial independente da vontade das partes e inderrogável. No entanto, a relação derivada do casamento não está sujeita a um regime de origem estritamente heterónoma. A lei exige o consenso dos cônjuges em questões fundamentais da vida familiar (cfr. artigo 1671.º, n.º 2, do Código Civil). O acordo não é instrumento de regulação de "bagatelas".

Tem de haver, pois, uma área dos deveres conjugais isenta de injuntividade, na qual se não jogue o que é essencial ao casamento. É de um ponto de equilíbrio entre vontade dos cônjuges e conteúdo característico do casamento que se trata. Equilíbrio que preocupou o legislador na formulação do artigo 1671.º, n.º 2, do Código Civil. Aí se aponta o "bem da família" como critério do acordo.

A expressão não alude ao interesse individual dos cônjuges. A esse aspecto liga-se a expressão imediatamente subsequente – "interesses de um e outro". "Bem da família" também não pode representar uma alusão ao interesse individual dos filhos. Quando procura salvaguardar a posição dos descendentes, o texto legal tende a ser mais preciso, usando expressões do género "interesse do filho" (artigos 1673.º, n.º 1, 1776.º, n.º 2, 1778.º, 1793.º, n.º 1, 1878.º, n.º 1) ou "interesse do menor" (artigo 1905.º, n.ºs 1 e 2). Por fim, é de excluir a alusão ao interesse de uma entidade colectiva. A família não tem personalidade nem autonomia jurídica.

"Bem da família" designa o interesse dos membros do grupo enquanto tais. A perspectiva não é individual, mas comunitária. Faz-se sinopticamente menção a necessidades cuja satisfação ocorre, normalmente, no seio da família: "da necessidade de segurança à de protecção e assistência, da necessidade de estabilidade nos afectos à necessidade de segurança económica"[359]. Por isso, o critério do acordo *sub iudice* passa pela ponderação do núcleo dos deveres conjugais. A observância deste núcleo por um cônjuge é fundamental para a realização do outro

---

[359] PARADISO, *I rapporti personali tra coniugi* cit., p. 22, acerca das "esigenze preminenti della famiglia", um dos dois limites (o outro são as "esigenze di entrambi i coniugi") que o artigo 144, parágrafo 1.º, do *Codice Civile*, assinala ao acordo sobre a orientação da vida familiar.

enquanto membro da família. Que segurança poderia decorrer da relevância plena de um acordo nos termos do qual, por exemplo, a qualquer dos cônjuges fosse lícito não contribuir para os encargos da vida familiar e manter relações sexuais com terceiro?

Mas um segundo equilíbrio se impõe, desta feita entre relação conjugal e direitos de personalidade. A indisponibilidade dos efeitos do casamento, declarada pela lei civil, não pode desembocar num regime injuntivo cujo pormenor e variedade temática ameaçasse a liberdade individual. Simetricamente, não é razoável uma interpretação abrogante das normas sobre o casamento-estado, ancorada na particular preponderância constitucional da protecção da personalidade.

Contudo, esta solução de mútua cedência não deve levar ao enquadramento do problema como um puro embate entre situações jurídicas individuais concorrentes. "Como para muitas relações humanas, igualmente aqui o Direito deve conciliar a presença dos dois ânimos: individualista, que requer a tutela da liberdade, solidário, que pede o respeito do dever com a consequente eventual responsabilidade"[360].

A defesa da compatibilização entre direitos de personalidade e deveres conjugais procura uma correcta articulação entre individual e social. Até por volta de 1970, o combate travava-se com as teses favoráveis à prevalência dos deveres conjugais. Era a época de intervenções como a de Galoppini[361], contrária a uma jurisprudência que concedia relevância aos direitos de liberdade nas relações familiares exclusivamente na medida em que não interferissem com os deveres emergentes do matrimónio. A autora contestou o pressuposto: a haver prevalência, a mesma caberia às liberdades fundamentais, cujas restrições só poderiam ocorrer nos casos e nos termos constitucionalmente previstos. Deste modo, a questão a colocar teria de ser outra: como pode cada

---

[360] TRABUCCHI, "Famiglia e Diritto nell'orizzonte degli anni' 80", *La riforma del Diritto di Famiglia dieci anni dopo (Bilanci e prospettive)*, Padova, 1986, p. 37. Cfr. ainda LEMOULAND, "Le pluralisme et le droit de la famille" cit., p. 135: "La famille n'est pas une coexistence passive de bonheurs individuels et d'intérêts égoïstes (...) Elle est un point d'équilibre entre des intérêts égoïstes ainsi qu'entre ces mêmes intérêts et celui de la collectivité".

[361] GALOPPINI, "*Status coniugale* e diritti di libertà", *DFP* 1975, p. 1534 e s.

cônjuge exercer a sua liberdade individual sem lesar os "interesses do núcleo familiar"? Sob esta luz, seria configurável "uma possibilidade de mediação entre direitos de liberdade e deveres conjugais, fundada na responsabilidade", já que o aspecto comunitário da família visaria o desenvolvimento harmonioso da personalidade individual, objectivo igualmente subjacente ao tema dos direitos de liberdade.

De então para cá, mudaram os contendores. A ideia de superioridade dos deveres emergentes do casamento perdeu adeptos e a posição da supremacia absoluta dos direitos de personalidade ganhou influência. Por isso, os partidários da "teoria do equilíbrio" concentram-se presentemente na luta contra a concepção de uma liberdade individual incondicional. Entre eles, mencione-se Meulders-Klein, que examina a hipótese de conflitos potenciais entre o direito ao "respeito da vida privada", entendido como direito à liberdade individual de cada um dos membros da família, e o direito ao "respeito da vida familiar" dos outros, incluindo o "direito" ao cumprimento do dever conjugal de fidelidade[362]. A autora belga rejeita o relativismo moral de base pluralista por estar em desconformidade com o valor da dignidade da pessoa humana. O pensamento relativista pretenderia a consagração da "liberdade de cada um fazer o que lhe apetecer", quando afinal a dignidade do homem encontraria melhor guarida numa situação de "equilíbrio cuidadoso entre os interesses individuais e o interesse geral".

Na verdade, é preciso não esquecer que os direitos de personalidade têm limites, intrínsecos e extrínsecos[363]. E no domínio dos limites

---

[362] MEULDERS-KLEIN, "Vie privée, vie familiale et droits de l' homme", *RIDC* 1992, p. 767 e s., e *La personne, la famille et le droit: 1968-1998 (Trois décennies de mutations en occident)*, Bruxelles, Bruylant, 1999, p. 48 e s. Plenamente de acordo, GLENDON, "The Tension between Individual Liberty and Family Protection in the U.N. Universal Declaration of Human Rights", em *Liber Amicorum Marie-Thérèse Meulders-Klein (Droit Comparé des Personnes et de la Famille)*, Bruxelles, Bruylant, 1998, pp. 283, 284 e 295. Cfr. ainda THÉRY, *Le démariage: justice et vie privée*, Paris, Éditions Odile Jacob, 2001, pp. 7, 8, 446 e s.

[363] Cfr. OLIVEIRA ASCENSÃO, *Teoria Geral do Direito Civil,* vol. I, *Introdução. As pessoas. Os bens*, 2.ª ed., Coimbra, Coimbra Editora, 2000, p. 92: "todo o direito é necessariamente limitado. Os direitos de personalidade, que são os mais importantes direitos subjectivos, não escapam à regra". Assim, estão sujeitos a limites intrínsecos, que "são os demarcados por lei ao estabelecer o conteúdo dos direitos", e a limites

extrínsecos insere-se o conjunto de deveres nascidos com o casamento[364]. Portanto, se cada cônjuge dispõe de um espaço de liberdade, mesmo perante o outro, tal espaço não se estende de modo incontrolado[365], aniquilando as vinculações inerentes ao laço matrimonial.

A percepção de zonas de intersecção potenciais entre os direitos de personalidade e os deveres conjugais, bem como a consciência da indeterminação comum a ambas as figuras[366], aconselham, em primeiro lugar, uma pesquisa de conteúdos que previna o conflito entre as

---

extrínsecos, que "resultam da necessidade de conjugação com outras situações protegidas".

[364] Cfr., explicitamente, CAPELO DE SOUSA, *O direito geral de personalidade*, Coimbra, Coimbra Editora, 1995, pp. 522-523, afirmando: "o contrato de casamento determina a assunção de diversos deveres pessoais entre os cônjuges (arts. 1672.º a 1675.º do Código Civil) que, num certo plano, limitam o direito geral de personalidade de cada um dos cônjuges".

[365] Cfr. GERNHUBER/COESTER-WALTJEN, *Lehrbuch des Familienrechts* cit., pp. 162-164. Começando por declarar o princípio da liberdade pessoal do cônjuge nos domínios da vida religiosa e da relação com terceiras pessoas, acabam por indicar restrições àquela por força da integração na família. Seria possível mudar de religião, mas não seria lícito negligenciar a família ou comportar-se de forma desrespeitosa para com o outro cônjuge, por causa das novas obrigações religiosas. Seria admissível o contacto com terceiros, pessoalmente, através de carta ou de telefone, sem suportar a fiscalização do cônjuge. "No entanto, o casamento exige fidelidade e com isso proíbe toda a relação contrária à fidelidade e também toda a relação que suscite a aparência de adultério" ("Ehe gebietet dagegen Treue und verbietet damit jeden treuwidrigen Umgang, aber auch jeden Umgang, der nur den «bösen Schein» eines Treubruchs hervorruft.").

[366] Os bens objecto dos direitos de personalidade apresentam contornos pouco claros: *v.g.*, o que significa liberdade?

CAPELO DE SOUSA, *O direito geral de personalidade,* cit., p. 258, refere as dificuldades de definição de liberdade nos vários domínios epistemológicos, formulando apressadamente uma noção "relevante para efeitos da tutela civil da personalidade humana" – "a liberdade parece dever ser entendida como todo o poder de autodeterminação do homem".

Para DE CUPIS, *I diritti della personalità*, 2.ª ed., cit., p. 215, "o direito à liberdade é o direito de tomar a atitude que melhor apraz, dentro dos limites impostos pelo ordenamento jurídico". Trata-se de um conceito de liberdade afim daquele que subjaz a numerosas Constituições, nos termos das quais ninguém pode ser obrigado a fazer ou deixar de fazer alguma coisa senão em virtude da lei (Cfr. JORGE MIRANDA, *Manual de Direito Constitucional* IV cit., p. 29).

figuras. Ou seja, o problema é primordialmente de extensão das posições jurídicas. Prematuro e talvez desnecessário é o enquadramento do fenómeno como de colisão real de direitos.

Desta forma, a (re)descoberta do sentido dos deveres conjugais implicará frequentemente o estabelecimento de uma relação de tensão com os direitos de personalidade, cuja arbitragem caberá à concepção do núcleo intangível, quer na óptica do Direito Matrimonial, quer na óptica do Direito da Personalidade[367].

26. Segundo a concepção empenhadamente pluralista de Pawlowski[368], a regulamentação matrimonial não abrange matérias de cariz pessoalíssimo. Apenas a vertente patrimonial estaria submetida ao Direito estatal. O casamento nada mais seria do que uma "forma jurídica", ao abrigo da qual os cônjuges poderiam viver de acordo com a sua própria consciência. As partes teriam unicamente posições jurídicas típicas de quem pertence a uma organização económica: dever de sustento, dever de colaboração em assuntos fiscais, direito ao uso da casa de morada de família e do respectivo recheio, direito a compensações patrimoniais ("Zugewinnausgleich", "Versorgungsausgleich"), direitos sucessórios, etc. A "obrigação de comunhão conjugal de vida" corresponderia aos deveres de lealdade prescritos para os membros das sociedades. No fundo, o casamento seria reconduzível a uma sociedade civil constituída entre duas pessoas de sexo diferente.

NATSCHERADETZ, *O Direito Penal Sexual: conteúdo e limites*, Livraria Almedina, Coimbra, 1985, p. 141, atribuindo ao Direito Penal Sexual o objectivo de garantir a maior liberdade possível nos comportamentos sexuais, adopta a noção de liberdade vertida no artigo 4.º da Declaração dos Direitos do Homem e do Cidadão: "a liberdade consiste em poder fazer tudo aquilo que não prejudique outrem".

[367] Os estudiosos do Direito da Personalidade socorrem-se também do conceito de núcleo intangível. Cfr., designadamente, OLIVEIRA ASCENSÃO, *Teoria Geral do Direito Civil,* I cit., pp. 93-95, que, no que respeita às restrições negociais aos direitos de personalidade, distingue "núcleo duro", "orla" e "periferia".

[368] PAWLOWSKI, *Die "Bürgerliche Ehe" als Organisation*, Heidelberg/Hamburg, R. v. Decker's Verlag, 1983, em especial, pp. 6-7, 71-72; "Die Ehe als Problem des staatlichen Rechts (Überlegungen zu den Grundlagen des Rechts)", *Europäisches Rechtsdenken und Gegenwart – Festschrift für Helmut Coing zum 70. Geburtstag*, Band I, München, Beck, 1982, p. 653 e s.

Em contraste, observa-se uma tendência para ver no casamento um instituto que exige amplo envolvimento das partes, particularmente na esfera íntima. Nesta lógica, o adultério e a recusa do débito conjugal representam situações frontalmente contrárias à ordem jurídica matrimonial, sendo que a primeira chega a ser entendida como a mais grave das infracções conjugais.

Somente a última orientação garante a autonomia do casamento perante outras figuras. Todavia, ela depende da demonstração de que a disposição legal sobre deveres conjugais inclui o dever de não ter relações sexuais com terceiro e o dever de ter relações sexuais com o cônjuge.

C. O DEVER DE NÃO TER RELAÇÕES SEXUAIS COM TERCEIRO

1. CONEXÃO COM O DEVER DE FIDELIDADE

1.1. Identidade total

27. Embora assumindo atitude crítica face às teses de Fedele (de inspiração canonista), Vassalli[369] acolheu sem reservas o desdobramento jus-canónico do *ius in corpus*. A relação conjugal comportaria dois aspectos, juridicamente obrigatórios: o débito e a fidelidade. Mas o alinhamento pela posição que identifica totalmente o dever de fidelidade com o dever de não ter relações sexuais com terceiro torna-se

---

[369] VASSALLI, *Del «Ius in corpus» del «debitum coniugale» e della servitù d'amore ovverosia La Dogmatica Ludrica*, Arnaldo Forni, 1981 (precedido de "Lettura di Severino Caprioli"), publicado primeiramente em 1944 (Roma, Giovanni Bardi). Ver em particular pp. 131-134. Na mesma época, cfr. DEGNI, *Il Diritto di Famiglia nel nuovo Codice Civile italiano*, Padova, CEDAM, 1943, p. 226 ("La fedeltà consiste nella mutua dedizione reciproca ed esclusiva dei corpi").

mais visível quando este autor, que tanto agitou o Direito Matrimonial italiano, fundamenta a obrigatoriedade da *fides* invocando o sistema de sanções aplicáveis ao adultério.

A construção dita clássica mantém, aliás, o predomínio nos países do sistema de enumeração até à década de quarenta[370]. Depois, decairá em número de adeptos. Todavia, o recuo não se deveu a uma progressiva recusa de conteúdo sexual aos deveres matrimoniais mas a uma visão que pretendia um alargamento do conceito de fidelidade[371], insatisfeita com a limitação ao plano físico.

Ciente disto, D'Antonio[372] defenderá ser a fidelidade sexual uma manifestação do "compromisso de vida que, enquanto tal, envolve a pessoa dos cônjuges na sua totalidade" e, portanto, "um bem de carácter espiritual". Isto porque a materialização do adultério implicaria uma intensa "participação espiritual": "pressupõe a capacidade de entender o sentido, o valor das próprias acções e de se erguer acima das tendências que possam levar a agir de um modo ou de outro, para efectuar uma escolha que provenha de uma livre autodeterminação".

A doutrina italiana não se contentou, porém, com o desenho tradicional do dever de fidelidade, ainda que servido por uma fundamentação sensível ao movimento de demanda de um significado espiritual. Uma década após a Reforma de 1975, quase só Bianca[373] insistirá em

---

[370] Dentro desse período, cfr. PIRES DE LIMA/BRAGA DA CRUZ, *Lições de Direito Civil (Relações de Família e Sucessões)*, Coimbra, Livraria do Castelo, 1936, p. 297, afirmando que a violação do dever de fidelidade "toma o nome de adultério". Em edição subsequente dá-se uma noção de adultério que confirma a opção pela tese da plena convergência entre fidelidade e exclusividade sexual. Cfr. PIRES DE LIMA/ /BRAGA DA CRUZ, *Direitos de Família*, 3.ª ed., vol. II (*Efeitos jurídicos do casamento. Doações matrimoniais*), Coimbra, Coimbra Editora, 1953, p. 5: "Para que se considere consumado o adultério, é condição essencial a existência de relações sexuais de um dos cônjuges com terceira pessoa.".

[371] Cfr. *infra*, n.º 30 e s.

[372] D'ANTONIO, *La colpa nella separazione personale dei coniugi*, Padova, CEDAM, 1968, pp. 107-111. De forma similar, PUIG PEÑA, *Compendio de Derecho Civil español*, 3.ª ed., V. *Familia y Sucesiones*, Madrid, Ediciones Pirámide, 1976, p. 108.

[373] BIANCA, *Diritto civile* II cit., pp. 62-63, e "I rapporti personali nella famiglia e gli obblighi di contribuzione", *La riforma del Diritto di Famiglia dieci anni*

circunscrever a fidelidade à "abstenção de relações ou actos sexuais extraconjugais".

Em Portugal e França, prevalece uma visão dicotómica da fidelidade (moral-física). Entre nós, contra a corrente está Pais de Amaral[374], para quem o dever de fidelidade "se localiza" no compromisso de cada um ter relações sexuais apenas com o seu cônjuge, opinião apoiada em razões históricas e na expressão do dever de respeito. Na pátria do *Code civil*, poucas são as propostas directas de uma leitura puramente sexual daquele dever[375]. No entanto, o apuramento do peso real da corrente que identifica totalmente fidelidade e exclusividade sexual exige a ponderação de lacónicas reduções da violação do dever de fidelidade ao adultério[376], de críticas dirigidas à "hipótese da infidelidade moral"[377] e de referências a uma infidelidade em sentido restrito[378].

---

dopo cit., pp. 78-79. Analogamente, CATTANEO, *Corso di Diritto Civile. Effetti del matrimonio* cit., p. 29.

[374] PAIS DE AMARAL, *Do casamento ao divórcio* cit., pp. 78-81, e "Divórcio litigioso", *Que divórcio?*, Maria Saldanha Pinto Ribeiro e outros, 2.ª ed., Lisboa, Edições 70, Lisboa, 1992, pp. 105-107.

[375] Cfr. NICOLEAU, *Droit de la Famille* cit., pp. 69, 73-74, e, recuando no tempo, PLANIOL/RIPERT/ROUAST, *Traité Pratique de Droit Civil Français*, t. II, *La famille*, 2.ª ed., par André Rouast, Paris, LGDJ, 1952, n.º 343.

[376] Cfr. HARTEMANN, *Droit Civil: la famille*, 3.ª ed., Lyon, L'Hermès, 2000, pp. 50-51; JUGLART/PIEDELIEVRE/PIEDELIEVRE, *Cours de Droit Civil*, t. I, 1er vol., *Introduction. Personnes. Famille*, 16.ª ed., Paris, Montchrestien, 2001, pp. 371-372; NICOLAS-MAGUIN, *Droit de la Famille*, Paris, Éditions La Découverte, 1998, p. 80; VOIRIN/GOUBEAUX, *Droit Civil*, t. 1, *Personnes. Famille. Incapacité. Biens. Obligations. Sûretés*, 27.ª ed., par Gilles Goubeaux, Paris, LGDJ, 1999, p. 103,.

[377] Cfr. BATTEUR, *Droit des Personnes* cit., p. 176; COLOMBET, *La famille*, 6.ª ed., Paris, Presses Universitaires de France, 1999, pp. 78-79; LARRIBAU-TERNEYRE, "Mariage" cit., n.os 23-25.

[378] Cfr. PAILLET, *Infidélité conjugale et continuité familiale*, dact., thèse pour le Doctorat d'État en Droit, Université de Bordeaux I, 1979, p. 83 e s., que integra na infidelidade *stricto sensu* situações que pressupõem relações sexuais com terceiros – o adultério propriamente dito ou relação sexual passageira e "le concubinage adultérin". Na infidelidade *lato sensu* caberia "l'inconduite", uma modalidade de comportamento injurioso.

Neste contexto, o direito espanhol surpreende. Um bom número de autores[379] extrai do dever de fidelidade simplesmente uma proibição de índole sexual. A infidelidade compreenderia, pois, o adultério, entendido como a realização de cópula carnal entre pessoas de sexo diferente, e qualquer outra relação carnal que não ocorresse entre os dois cônjuges (homossexualidade, bestialidade, etc.). Ficariam de fora outros comportamentos, *v.g.*, "a imposição de determinados hábitos sexuais ao cônjuge, ou as relações não carnais com terceiros"[380], que constituiriam antes violação do dever de respeito.

---

[379] Assim, ALBALADEJO, *Curso de Derecho Civil* IV cit., p. 121; CAMPUZANO TOMÉ, em Serrano Alonso (org.), *Manual de Derecho de Familia*, Madrid, Edisofer, 2000, p. 101; CASTÁN TOBEÑAS/GARCÍA CANTERO/CASTÁN VÁZQUEZ, *Derecho Civil Español, Común y Foral*, tomo quinto, *Derecho de Familia*, volumen primero, *Relaciones cónyugales*, 12.ª ed., revisada e puesta al día por García Cantero e Castán Vázquez, Madrid, Reus, 1994, § CXIII (actualizado por Castán Vázquez), pp. 265--266; DÍEZ PICAZO/ANTONIO GULLÓN, *Sistema de Derecho Civil* IV cit., p. 92-93; GETE-ALONSO Y CALERA, "De los derechos y deberes" (1984) cit., pp. 338-339; LASARTE ÁLVAREZ, *Principios de Derecho Civil*, tomo sexto, *Derecho de Familia*, 2.ª ed., Madrid, Editorial Trivium, 2000, p. 93; MORO ALMARAZ/SÁNCHEZ CID, *Lecciones de Derecho de Familia*, Madrid, Universidad de Salamanca/Colex, 2002, p. 93; PUIG FERRIOL, comentário ao artigo 82.º, *Comentario del Código Civil*, dirigido por Candido Paz-Ares Rodriguez e outros, 2.ª ed., t. I, Madrid, Ministerio de Justicia, 1993, p. 337; LÓPEZ Y LÓPEZ, "Efectos personales y patrimoniales del matrimonio" cit., p. 89; SÁNCHEZ GARCÍA, "Salidas jurídicas a las crisis matrimoniales: las separaciones conyugales", em Instituto S. de Estudios y Orientaciones Familiares (org.), *Las rupturas matrimoniales: un enfoque multidisciplinar*, Universidade Pontificia de Salamanca, 1986, p. 260; SERRANO GÓMEZ, em Serrano Alonso (org.), *Manual de Derecho de Familia* cit., p. 67; VALLADARES RASCÓN, *Nulidad, Separación, Divorcio*, 2.ª ed., Madrid, Editorial Civitas, 1982, pp. 124-126; VEGA SALA, "El nuevo Derecho del Matrimonio", *El nuevo Derecho de Familia español*, Diego Espín Canovas e outros, Madrid, Reus, 1982, pp. 258-260.

[380] Cfr. GETE-ALONSO, "De los derechos y deberes" (1984) cit., p. 339. Mais genérico, mas sem dispensar o elemento físico, cfr. ALBALADEJO, *Curso de Derecho Civil* IV cit., p. 121, admitindo que caibam no conceito de infidelidade todos os factos que a "consciência social" qualifique "como de pessoa que não guarda para o seu cônjuge a exclusividade das suas possibilidades de entrega corporal completa e inclusivamente incompleta".

A favor de tal noção, invoca-se a jurisprudência anterior relativa ao dever de fidelidade e a necessidade de articulação com o dever de respeito, nominado como aquele[381]. Ora, o último argumento tem em vista um cenário legal semelhante ao português, o que deixa base para reflexão. Não haverá excessiva permeabilidade da opinião comum nacional face à francesa? Não ditará a previsão expressa do dever conjugal de respeito uma menor extensão de outros deveres nominados?

No direito germânico, a palavra "fidelidade" ("Treue") é dominantemente empregada como sinónimo de abstenção de relações sexuais extramatrimoniais. Com este sentido, a fidelidade constitui um dever constantemente presente nos catálogos que concretizam a obrigação legal de comunhão conjugal de vida[382].

---

[381] Cfr. GETE-ALONSO Y CALERA, "De los derechos y deberes" (1984) cit., pp. 338-339, e VEGA SALA, "El nuevo Derecho del Matrimonio" cit., pp. 258-260. Em texto posterior, GETE-ALONSO Y CALERA, "De los derechos y deberes de los cónyuges", em Paz-Ares Rodriguez e outros, *Comentario del Código Civil*, Madrid, Ministerio de Justicia, 1993, pp. 320-321, segue orientação distinta: "La exigencia de fidelidad es una especificación del deber de respeto mutuo que se traduce, en su vertente de incumplimiento, en la relación carnal o no con terceros, debiendo de valorarse en función de lo que la comunidad social considera en cada momento. Comprende, pues, tanto al adulterio y amancebamiento (que hoy sólo son ilícitos civiles) como la relación homosexual con terceros o de cualquier otro tipo, incluso las relaciones non carnales siempre que la conciencia social así las califique."

[382] Cfr. WACKE/MünchKomm cit., § 1353, Nm. 30. Mas muitos outros podem ser mencionados: AMBROCK, *Ehe und Ehescheidung* cit., p. 21, e "Zur Bedeutung des § 1353 nach Inkrafttreten des Eherechtsgesetzes; das Verhältnis der Vorschrift zu § 1565 BGB und den Scheidungstatbeständen", *JR* 1978, p. 1; BLANK, *Familienrecht I: Eherecht*, Köln, Carl Heymanns, 2000, p. 31; BÖHMER, anotação ao § 1353, Nm. 8, *Das gesamte Familienrecht*, begründet von Franz Massfeller und Christof Böhmer, 3.ª ed., Neuwied/Kriftel/Berlin, Luchterhand, 1994; PALANDT/BRUDERMÜLLER cit., § 1353, Nm. 7; D'HAM/HAASE, *Bürgerliches Recht II (Familien- und Erbrecht)*, 2.ª ed., Stuttgart/Berlin/Köln/Mainz, Kohlhammer, 1974, p. 27; DIEDERICHSEN, "Die allgemeinen Ehewirkungen" cit., p. 218; PALANDT/DIEDERICHSEN cit., § 1353, Nm. 5; DÖLLE, *Familienrecht* I cit., p. 392; ERMAN/HECKELMANN (2000) cit., § 1353, Nm. 5; FINGER, *Familienrecht*, Königstein, Athenäum, 1979, p. 109; GASTIGER/OSWALD, *Familienrecht*, Stuttgart/Berlin/Köln/Mainz, Kohlhammer, 1978, p. 35; GERNHUBER/ /COESTER-WALTJEN, *Lehrbuch des Familienrechts* cit., p. 173; GIESEN, *Familienrecht* cit., p. 88; HENRICH, *Familienrecht* cit., p. 50; H. LEHMANN, *Deutsches Familienrecht*, 3.ª ed., Berlin, Walter de Gruyter, 1960, p. 60; K.-H. LEHMANN, *Recht der Ehelichen*

Além disso, a exclusividade sexual vem qualificada como "elemento irrenunciável do princípio da monogamia"[383], como manifestação do "núcleo", do "núcleo indisponível" ou do "núcleo invariável" da comunhão conjugal de vida[384], como dever conjugal injuntivo e

---

Lebensgemeinschaft, Stuttgart/Berlin/Köln/Mainz, Kohlhammer, 1974, p. 24; LÜKE, "Die persönlichen Ehewirkungen" cit., p. 632, e "Grundsätzliche Veränderungen im Familienrecht durch das 1. EheRG", *AcP* 1978, p. 6; REINHART, "Zur Festlegung persönlicher Ehewirkungen" cit., p. 189; REUTER, *Einführung in das Familienrecht*, München, C.H.Beck, 1980, p. 51; ROTH-STIELOW, anotação ao § 1353 do BGB, Nm. 9, *Das 1. EheRG. Das neue Ehe und Scheidungsrecht*, Kommentar erläutert von Günther Bastian, Klaus Roth-Stielow, Dietmar Schmeiduch, Stuttgart/Berlin/Köln//Mainz, Kohlhammer, 1978; SCHELLHAMMER, *Zivilrecht nach Anspruchsgrundlagen. Familienrecht samt Verfahren in Familien- und Betreuungssachen* (de agora em diante citado SCHELLHAMMER, *Familienrecht*), Heidelberg, C.F.Müller, 1998, p. 21; SCHLECHTRIEM, anotação ao § 1353, Nm. 4, *Bürgerliches Gesetzbuch*, herausgeben von Othmar Jauernig, 8.ª ed., München, C.H.Beck, 1997 (de agora em diante citado JAUERNIG/SCHLECHTRIEM); SCHLÜTER, *BGB-Familienrecht* cit., p. 33; D. SCHWAB, *Familienrecht* cit., p. 55; SEIDL, *Familienrecht*, 3.ª ed., München, C.H.Beck, 1993, p. 19; SOERGEL/LANGE cit., § 1353, Nm. 12; STAUDINGER/HÜBNER/VOPPEL cit., § 1353, Nm. 31; TSCHERNITSCHEK, *Familienrecht* cit., p. 37; ZIEGLER/MÄUERLE, *Familienrecht*, 2.ª ed., Baden-Baden, Nomos, 2000, p. 50.

[383] Cfr. WACKE/MünchKomm cit., § 1353, Nm. 30 ("unverzichtbares Element unseres Prinzip der Einehe"), acompanhado por AMBROCK, "Zur Bedeutung des § 1353" cit., p. 1; HECKELMANN, anotação ao § 1353, Nm. 5, *Handkommentar zum Bürgerlichen Gesetzbuch* (bis zur 4.Aufl herausgegeben von Professor Dr. Walter Erman), 9.ª ed., 2. Band, Münster, Aschendorff, 1993 [de agora em diante citado ERMAN/HECKELMANN (1993)]; STAUDINGER/HÜBNER/VOPPEL cit., § 1353, Nm. 31. Contra, LANGE-KLEIN, anotação ao § 1353, Nm. 7, *Reihe Alternativkommentare. Kommentar zum Bürgerlichen Gesetzbuch*, Band 5, *Familienrecht*, Neuwied/Darmstadt, Luchterhand, 1981 (de agora em diante citado LANGE-KLEIN/*Reihe*): a característica da irrenunciabilidade seria desmentida na prática pela possibilidade de perdão.

[384] Cfr. JAUERNIG/SCHLECHTRIEM cit., § 1353, Nm. 4, ("der Kernbereich"); REINHART, "Zur Festlegung persönlicher Ehewirkungen" cit., p. 189 ("der unabdingbare Kernbereich"); REUTER, *Einführung in das Familienrecht* cit., p. 51 ("Die Pflicht zur ehelichen Lebensgemeinschaft hat heute nur noch einen sehr engen «festen Kern»..."); ROTH-STIELOW, *Das 1. EheRG* cit., § 1353, Nm. 6-9 (o dever de fidelidade pertence a um "núcleo indisponível"- "auf einem Kern unabdingbar"- da comunhão conjugal de vida).

invariável[385], como parte "do conteúdo essencial indisponível do casamento"[386] e como "elemento fundamental da comunhão conjugal de vida"[387].

Ora, um tratamento tão seguro da relevância da fidelidade não é produto de ignorância do tema dos direitos de personalidade nem de uma defesa cega do conteúdo tradicional do casamento. A matéria da liberdade e vinculação no casamento é debatida[388], a questão concreta da conexão da fidelidade com a liberdade não é evitada[389]. E alguns dos autores[390] que se batem pela obrigatoriedade da fidelidade sexual recusam a existência do dever jurídico de ter relações sexuais com o respectivo cônjuge, invocando a dignidade da pessoa humana ou a intimidade individual. Ou seja, em geral, considera-se conciliável a sujeição ao dever de fidelidade e a tutela da personalidade do obrigado.

Há, claro, vozes dissidentes. Para além de Pawlowski, Lange-Klein[391] nega que se possa falar de um dever jurídico de fidelidade.

---

[385] Cfr. GERNHUBER/COESTER-WALTJEN, *Lehrbuch des Familienrechts* cit., p. 173: "Fast alle persönlichen Pflichten, die aus der Generalklausel zu entwickeln sind, werden in ihrer näheren Ausgestaltung von der jeweils konkreten Situation der Ehegatten bestimmt. Nur die Pflicht zur Treue kennt keine Unterschiede; sie gilt unbedingt (und zwar als zwingendes Recht, das zwar der Libertinage der Ehegatten tatsächlich ausgeliefert ist, jedoch weder generell noch einzelfallbezogen vertraglich ausgeschlossen werden kann)".

[386] SOERGEL/LANGE cit., § 1353, Nm. 12 ("Die Pflicht, die Treue zu bewahren, gehört nach allseitiger Ansicht zum unabdingbaren Wesensgehalt der Ehe").

[387] "Die Exklusivität der Geschlechtsgemeinschaft gehört zu den Grundelementen der ehelichen Lebensgemeinschaft" – ROLLAND, *Das neue Ehe- und Familienrecht* cit., Nm. 9, e BRUDERMÜLLER, anotação ao § 1353 BGB, Nm. 11, *Familienrecht Kommentar*, herausgegeben von Prof. Dr. Walter Rolland, Neuwied/Kriftel//Berlin, Luchterhand, 1993 (de agora em diante citado ROLLAND/BRUDERMÜLLER).

[388] Cfr. GERNHUBER/COESTER-WALTJEN, *Lehrbuch des Familienrechts* cit., p. 162 e s.

[389] Cfr. ROTH-STIELOW, *Das 1. EheRG.* cit., § 1353, Nm. 8: a obrigação de fidelidade deve ser em todos os casos observada, apesar de o legislador ter concedido a cada casal liberdade no desenvolvimento da sua vida conjugal.

[390] Cfr. BÖHMER, *Das gesamte Familienrecht* cit., § 1353, Nm. 8; LÜKE, "Grundsätzliche Veränderungen im Familienrecht" cit., p. 6; WACKE/MünchKomm cit., § 1353, Nm. 31.

[391] LANGE-KLEIN/ *Reihe* cit., § 1353, Nm. 3-7.

Atribuindo prioridade à garantia do desenvolvimento individual dos cônjuges, da pluralidade e mutabilidade das comunhões de vida, estabelece fortes limitações ao grau de concretização da cláusula geral de comunhão conjugal de vida e coloca no centro o consenso das partes. Por um lado, com base no § 1353 do BGB, admite unicamente a formulação de um conjunto de declarações vagas em áreas delimitadas, para preservar a individualidade dos cônjuges. Por outro lado, reconhece quaisquer decisões do casal sobre a vida em comum e, portanto, ainda que se afastem das "concepções tradicionais do casamento". Na sequência, Lange-Klein traça um amplo "espaço livre de direito", onde situa toda a matéria da sexualidade.

28. No âmbito da corrente que identifica plenamente fidelidade e exclusividade sexual cabem ainda as posições que estendem o dever de fidelidade à obrigação de não criar a aparência de um adultério ou de não gerar filhos com outrem que não o cônjuge.

No primeiro caso[392], ocorre uma equiparação discutível da aparência à realidade para vencer constrangimentos de índole processual. Isto é, procura-se abranger situações em que há indícios de adultério mas em que não se conseguiu fazer prova do mesmo.

No segundo caso, sente-se o peso da antiga conexão entre reprodução e acto sexual no tratamento do novo fenómeno da inseminação heteróloga. Numa época de menor eficácia e menor divulgação dos meios contraceptivos, indicava-se como um dos principais fundamentos do dever de fidelidade sexual evitar os inconvenientes sociais e económicos da filiação extramatrimonial e concluía-se que a concepção por um cônjuge de filho extramatrimonial traduzia a prática de

---

[392] Cfr. GERNHUBER/COESTER-WALTJEN, *Lehrbuch des Familienrechts* cit., pp. 163-164: "Ehe gebietet dagegen Treue und verbietet damit jeden treuwidrigen Umgang, aber auch jeden Umgang, der nur den «bösen Schein» eines Treubruchs hervorruft". Igualmente, BÖHMER, *Das gesamte Familienrecht* cit., § 1353, Nm. 8, STAUDINGER/HÜBNER/VOPPEL cit., § 1353, Nm. 32, e WACKE/MünchKomm cit., § 1353, Nm. 30. Em Itália, assinale-se a sentença do Trib. Perugia 3/10/1992, *RGU* 1993, p. 279, que BRECCIA, "Separazione personale dei coniugi", *Dig. D.P.*, Sez.Civ., XVIII, 1998, p. 388, censura por consagrar o "perbennismo di facciata" e favorecer a hipocrisia.

adultério. A procriação assistida tornou falsa a premissa de que era indispensável o contacto sexual para a concepção. O progresso da contracepção diminuiu o risco de gravidez indesejada. Porém, alguns autores[393] persistem na ligação entre fidelidade e geração, mesmo que autonomizada do relacionamento sexual, inclinando-se para uma fidelidade que obrigaria à abstenção de disposição do corpo a favor de terceiro.

Diferente será já o enquadramento da visão que agrega no dever de fidelidade todos os deveres conjugais sexuais mas apenas estes[394].

---

[393] Cfr. CATTANEO, *Corso di Diritto Civile. Effetti del matrimonio* cit., p. 30: "La fedeltà coniugale ha oggi assunto, a ben vedere, un duplice significato. Essa implica l'astensione dall'intimità con altre persone e, al tempo stesso, l'impegno a non generare figli se non col proprio coniuge. Al giorni d'oggi, infatti, non solo è divenuto facile evitare che ai rapporti intimi segua la procreazione, ma è anche divenuto possibile procreare un figlio senza alcun contatto sessuale con l'altro genitore. Occorre dunque precisare che, sebbene la legge non lo dica espressamente, i coniugi debbono ritenersi tenuti alla fedeltà in ambedue i sensi. Mentre è ovvio, cioè, che i rapporti sessuali con terzi sono vietati anche se infecondi, va altresì precisato che nè la moglie può lecitamente farsi praticare un'inseminazione artificiale con seme di un terzo, né il marito fornire il suo seme per procreare artificialmente un figlio con un' altra donna." Cfr. TRABUCCHI, "Inseminazione artificiale diritto civile", *Cinquant'anni nell'esperienza giuridica*, cit., 1988, p. 881 e s. (primeiramente publicado no *NovissDig.it.*, vol. VIII, 1962): fidelidade enquanto "esclusività dei diritti relativi al corpo del coniuge", bipartindo-se em fidelidade sexual e "fidelidade na procriação"; na última acepção, o dever de fidelidade imporia "riserva per la derivazione della propria discendenza"; a fecundação artificial heteróloga preencheria uma situação de adultério. Ver também TRABUCCHI, "Fedeltà coniugale e Costituzione", *Cinquant'anni nell'esperienza giuridica*, cit., pp. 1423-1425 (primeiramente publicado na rubrica "Attualità e notizie", *RDC* 1974, II, p. 314 e s.), texto onde se combate a opinião que associa a obrigação de fidelidade ao direito de ter a prestação sexual e se mantém a ideia da exclusividade de disposição do corpo. Menos claro, porém, TRABUCCHI, "Matrimonio diritto civile", *Cinquant'anni nell'esperienza giuridica*, cit., p. 966 (primeiramente publicado no *NovissDig.it*, *Appendice*, IV, s/data mas 1983): "La fedeltà si dovrebbe intendere rispettata quando il rapporto dell'uno verso l'altro coniuge ha carattere esclusivo, cioè con esclusione di ogni altro soggetto del sesso oposto, e corrisponde, in positivo, a una reciproca dedizione fisica e spirituale che dura quanto dura il matrimonio."

[394] Cfr. GARCÍA CANTERO, *Comentarios al Código Civil y Compilaciones Forales*, dirigidos por Manuel Albaladejo, t. II, Artículos 42 a 107 do Código Civil, 2.ª ed., Madrid, Editorial Revista de Derecho Privado, 1982, pp. 195-196; LACRUZ

A leitura meramente física impede a confusão com uma noção ampla do dever em apreço aberta à dimensão dita moral ou espiritual (cfr. *infra*, n.º 30)[395]. Contudo, a inclusão do dever de ter relações sexuais

BERDEJO, *Derecho de Familia* (1997) cit., pp. 99-101; MALUQUER DE MOTES, "Los efectos del matrimonio", em Maluquer de Motes (org.), *Derecho de Familia (Análisis desde el derecho catalán)*, Barcelona, Bosch, 2000, p. 99; O'CALLAGHAN, *Compendio de Derecho Civil*, t. IV, *Derecho de Familia*, 5.ª ed., Madrid, EDERSA, 2001, p. 106. Todos encontram no dever de guardar fidelidade um aspecto negativo (relativo à exclusividade sexual) e um aspecto positivo (a obrigação de ter relações sexuais com o cônjuge). LÓPEZ ALARCÓN, *El nuevo sistema matrimonial español* cit., p. 153, e "La separación judicial por culpa y su conexión con el divorcio", *La Ley* 1982, p. 809, confere ao dever de fidelidade "el amplio sentido de derecho exclusivo y recíproco de los cónyuges sobre el cuerpo en orden a las naturales relaciones sexuales". No entanto, a disposição do artigo 82 do Código Civil espanhol (que prevê: "Son causas de separación: 1.ª El abandono injustificado del hogar, la infidelidad conyugal, la conducta injuriosa o vejatoria y cualquier otra violación grave o reiterada de los deberes conyugales") dá azo a alguma ambiguidade: dois dos juristas citados entendem que a violação do aspecto negativo do dever de fidelidade caberia na expressão "infidelidad conyugal" e a violação do aspecto positivo na expressão "cualquier otra violación de los deberes conyugales" (GARCÍA CANTERO, *Comentarios al Código Civil* cit., pp. 195, 196 e 275; LÓPEZ ALARCÓN, *El nuevo sistema matrimonial español* cit., p. 153). Em texto posterior, GARCÍA CANTERO, "La crisis de la sexualidad y su reflejo en el Derecho de Familia, *Estudios de Derecho civil en Homenaje al Profesor Dr. José Luis Lacruz Berdejo* cit., I, p. 346, numa muito breve alusão ao artigo 68 do Código Civil espanhol, associa a fidelidade somente à exclusividade de relações sexuais. Por seu turno, BERNALDO DE QUIRÓS, *Derecho de Familia*, Madrid, Universidad de Madrid, 1989, pp. 150-152, adopta uma posição atípica. Guardar fidelidade suporia "el monopolio sexual y amoroso mutuos", mas constituiria ainda infidelidade conjugal ter filhos de terceira pessoa e "sentir intervenciones en el propio cuerpo que impidan el *debitum conjugale*". Só que o *debitum* em si mesmo decorreria já do "deber de vivir juntos".

[395] Apesar de eventualmente se invocar a moral para integrar o débito no dever de fidelidade, como faz REBUTTATI, "Matrimonio Diritto civile" *Nuovo Dig.it.*, vol. VIII, 1939, p. 306, n. 2: "fedeltà è, come abbiamo detto, amore avente carattere esclusivo. Questo dovere può essere violato con fatto negativo ossia col rifiuto d'uno dei coniugi alla prestazione, o con fatto positivo (delittuoso), col violare il carattere esclusivo di essa. Quantunque ordinariamente si definisca infedele il coniuge che viola l'obbligo di tener esclusivamente fede all'altro, tuttavia moralmente è da considerare infedele anche il coniuge che, violando la fede data, ricusasse la prestazione dovuta per legge di natura".

com o cônjuge ultrapassa a lógica da identidade total entre fidelidade e dever de abstenção de relações sexuais com terceiro: o primeiro dever é concebível numa ordem jurídica que permita a poligamia, o segundo decorre da monogamia característica do casamento ocidental; o primeiro exige um comportamento activo de um cônjuge para com o outro, o segundo um comportamento omissivo de um cônjuge face a terceiros. A reunião dos dois referidos deveres numa só posição jurídica das várias que emergem do casamento redunda, como se percebe, numa figura desprovida de unidade interna.

1.2. Inexistência de identidade

29. Segundo Alagna[396], a fidelidade teria "perdido o seu carácter originário de obrigação formal imposta do exterior e tutelada como valor jurídico autónomo e relevante no plano privatístico (separação por culpa) e no plano penalístico (adultério e concubinato), para assumir significado substancial, dissociado do dever de exclusividade sexual e ligado em vez disso ao vínculo recíproco de responsabilidade dos cônjuges".

A evolução do conceito de fidelidade na consciência social e jurídica da colectividade teria começado em finais da década de 60 com a declaração de inconstitucionalidade de normas do Código Penal que puniam a violação do dever de não ter relações sexuais com terceiro e teria culminado com a Reforma de 1975, que instituiu um novo regime de separação pessoal. Não haveria agora lugar para a subordinação do dever de fidelidade a condicionalismos "pseudo-moralistas", subordinação que seria típica da tese que encontrava naquela figura uma obrigação de exclusividade sexual.

Para o autor, a tese que repudia assentaria na falsa ideia de que o sistema normativo visaria a unidade da família a qualquer preço. Ora,

---

[396] ALAGNA, *Famiglia e rapporti tra coniugi* cit., p. 77 e s. Cfr., entre nós, ALICE FEITEIRA, *Autonomia da vontade e efeitos pessoais do casamento*, dact., dissertação de Mestrado em Ciências Jurídicas, Faculdade de Direito da Universidade de Lisboa, 1996, p. 90 e s., inteiramente rendida ao discurso do eminente jurista italiano.

a finalidade da lei não iria para além de uma regulamentação das relações entre os cônjuges e entre pais e filhos que conferisse garantia jurídica aos interesses dos indivíduos no seio do grupo. "A existência da comunhão material e espiritual das partes é um pressuposto (para o nascimento e a duração do *coniugio*) sobre o qual o Direito não pode e não deve incidir com indagações (de mérito) preventivas ou sucessivas. Tal comunhão representa um mero elemento (de facto) da situação: nisto reside justamente a espontaneidade social do instituto familiar".

Por outro lado, seria ilusório pretender tutelar os valores familiares "delineando apenas limites à liberdade física e psíquica dos cônjuges ou enumerando eventuais ilícitos e correspondentes sanções". De tal forma, seria, pelo contrário, estimulada a reacção do cônjuge ofendido em prejuízo da própria família.

Ora, o que importaria seria não a coesão formal mas a estabilidade do grupo. Neste quadro, a exclusividade sexual não se apresentaria como essencial. "Demonstra-o o elevado número de famílias realmente unidas mau grado (às vezes até) a evidente inobservância da exclusividade sexual; e o mesmo grande número de comunidades familiares em que as partes, embora fiéis (sob o ponto de vista da exclusividade sexual) não conseguem colaborar para alcançar a unidade substancial".

Haveria que traçar a noção de fidelidade de harmonia com aquela que seria a finalidade legal – assegurar a estabilidade da família "no interesse dos sujeitos e da sua igual dignidade social, num clima de responsabilidade recíproca e face aos filhos".

Consequentemente, a fidelidade relevaria de modo duplo: como efeito do dever de responsabilidade recíproca dos cônjuges e como meio de fiscalização deste. A fidelidade estaria afinal associada à "vontade de plena união dos cônjuges", erigida em pilar do casamento e da estabilidade do grupo. A conexão com a unidade substancial da família impediria que se atribuísse à obrigação de fidelidade conteúdo negativo – *v.g.*, o de dever de abstenção de relações físicas extra-matrimoniais.

Alagna acaba, porém, por não renunciar ao elemento de exclusividade sexual. Relativiza-o enquanto aspecto da relação conjugal: "A exclusividade sexual é uma componente do mais amplo compromisso recíproco de devoção, um seu factor normal mas não necessário: eventuais violações são portanto consideradas numa perspectiva parcialmente diversa da tradicional. É necessário avaliar, noutros termos, se as relações físicas mantidas por um cônjuge com terceiro podem ser configuradas como incumprimento (em sentido técnico-jurídico) de tal obrigação de devoção e do compromisso de responsabilidade. Esta verificação é feita não com base num critério mecanicista e punitivo mas tendo em vista o caso particular e o tipo de factos em análise."

O percurso em causa merece para já duas observações. O autor procede à caracterização de um dos deveres conjugais legalmente enunciados de modo a negar-lhe um conteúdo tradicional seguro e a aumentar a respectiva indeterminação. Não implicando exclusividade sexual, a fidelidade seria um efeito da responsabilidade recíproca dos cônjuges e exprimiria a vontade de plena união destes. Em que medida esta formulação demarca o dever de fidelidade de qualquer outro dever conjugal? Por fim, o elemento (aparentemente) excluído do dever de fidelidade ressurge na órbita do mesmo dever, ficando sujeito a uma apreciação instável, dependente das circunstâncias do caso e da opinião do juiz concreto.

É certo que o sentido corrente da palavra fidelidade é, em abstracto, distinto do de exclusividade sexual, facto que não é desprezado pelos especialistas do Direito da Família.

"A fidelidade traduz-se por uma constância no querer ou, mais restritivamente, pela atitude que leva ao cumprimento rigoroso de promessas, deliberações, contratos...", escreve Ferreira Pinto. Por isso, o dever de fidelidade dos cônjuges talvez pudesse "significar a atitude que leva qualquer deles ao cumprimento exacto das promessas feitas no momento da celebração do matrimónio, representando o elemento de perseverança e de estabilidade perante as naturais dificuldades de dois seres que se unem pelo casamento e que vão iniciar uma vida nova"[397].

Por sua vez, Lange[398], admite que o dever de fidelidade comporta um sentido que reputa de lato, impróprio, que abarcaria "a obrigação de agir em conjunto com o cônjuge na relação com terceiros, de o promover, de fazer valer as suas opiniões e de enfrentar os ataques em con-

---

[397] Ferreira Pinto, *Causas do divórcio* cit., p. 69.
[398] Soergel/Lange cit., § 1353, Nm. 13-14.

junto com ele" ou a obrigação de não denunciar crimes que o cônjuge tenha praticado, a não ser que haja um motivo forte para a denúncia.

Todavia, a aplicação de um sentido amplo de fidelidade ao casamento não permite expurgar a obrigação de abstenção de relações sexuais com terceiro. Declarar casar corresponde a manifestar a vontade de aderir a uma "fórmula de comunicação sexual"[399] monopolizadora. Ser fiel à mulher ou ao marido passa, numa óptica de senso comum, por não ter relacionamento sexual com outrem[400]. Nem a construção criativa do conceito de comunhão de vida tentada por Streck recusa um dever de fidelidade com esta acepção[401].

Ou seja, em sede de conteúdo, não é pertinente discutir se o dever conjugal de fidelidade impõe ou não a exclusividade sexual mas se ele se esgota ou não nesta.

1.3. Identidade parcial

30. Os tribunais franceses cedo se encaminharam para um alargamento da concepção de fidelidade. Várias decisões proferidas no século XIX[402] entenderam como contrários à "fé conjugal" ("foi conjugale") comportamentos do cônjuge mulher na época tidos como "imprudentes", "levianos", "suspeitos", "bizarros" ou "estranhos". Nestas situações, em que não se logrou demonstrar a existência de "comércio carnal" com terceiro, os juízes censuraram a conduta da

---

[399] Frase usada por VILADRICH, *La agonía del matrimonio legal*, 3.ª ed., Pamplona, EUNSA, 1997, p. 21.

[400] Cfr., por exemplo, ACADEMIA DAS CIÊNCIAS DE LISBOA, *Dicionário da Língua Portuguesa Contemporânea* I cit., p. 94, que define o adultério como "violação da fidelidade conjugal".

[401] STRECK, *Generalklausel und unbestimmter Begriff im Recht der allgemeinen Ehewirkungen* cit., pp. 86-87, indica o "dever de fidelidade sexual" ("Die Pflicht zur geschlechtlichen Treue") como um dos deveres matrimoniais particulares, explicando que, normalmente, através do adultério seria violada a confiança de um dos cônjuges no outro.

[402] *V.g.*, Saumur 2/8/1862, *D.* 1862.3, p. 72; Auxerre 3/5/1881, *S.* 1881.2.143; Riom 22/12/1886, *D.* 1887.2, p. 230.

mulher por originar uma aparência de adultério, "injuriosa" para o marido.

Todavia, a construção da infidelidade moral representa mais do que um mero expediente que permitiria aos juízes concluir pela ocorrência de uma infidelidade quando suspeitassem ter havido relação sexual extraconjugal e esta não tivesse ficado estabelecida em juízo devido às dificuldades da prova[403]. Cobre também outras hipóteses: envio de uma carta a terceiro, na sequência de um anúncio para fins alegadamente matrimoniais ou para a realização de encontros amorosos[404]; contactos com um bruxo para conseguir uma intervenção sobrenatural que permita viver sem entraves com outrem que não o cônjuge[405]; a cedência, no plano do pensamento, da mulher ao ascendente de um membro do clero católico, "cujo valor intelectual era, aos seus olhos, superior ao do marido"[406].

Por esta via é abrangido um conjunto de comportamentos do cônjuge que têm de comum o seu carácter ofensivo para o outro[407]. De acordo com a análise de Vassaux[408], a criação de uma "relação equívoca" entre um cônjuge e um terceiro constituiria o elemento essencial da infidelidade moral. E, como de imediato reconhece, a aplicação do critério não está isenta de dúvidas: "Com efeito, todo o problema consiste em definir a situação equívoca. Como fixar o momento a partir do qual a atitude de um cônjuge se torna ambígua, ilógica?".

---

[403] Não colhe a explicação do enquadramento das "relações equívocas com um terceiro" entre as violações do dever de fidelidade, apresentada por LINDON/ /BÉNABENT, *Le Droit du Divorce*, Paris, Litec, 1984, p. 321, nos seguintes termos: "En réalité, ces relations sont moins retenues en elles-mêmes que comme rendant extrêmement probable l'adultère, dont la preuve directe est naturellement toujours très difficile".

[404] Paris 5/6/1969, *JCP* 1969.II.16128; Paris 25/3/1982, *JD* 29237.

[405] Agen 7/3/1985, *Cahiers de Jurisprudence d'Aquitaine* 1985, p. 300.

[406] App. Paris 13/2/1986, *Gaz.Pal.* 1986.1.216, note J.- G.M.

[407] Como sublinha GOURDON, *La notion de cause de divorce étudiée dans ses rapports avec la faute*, Paris, LGDJ, 1963, pp. 172-173, a chamada infidelidade moral é encarada pelos juízes como uma infracção ao dever de respeito, "une injure".

[408] VASSAUX, *Liberté individuelle et devoirs personnels des époux* cit., pp. 566-567.

Apesar de não proporcionar grande segurança na definição do alcance do dever de fidelidade para lá da vertente física, da proibição de relações sexuais extraconjugais, a orientação jurisprudencial em apreço convenceu a maioria da doutrina francesa[409] e teve eco além--fronteiras.

Em Itália, Gangi[410] escreverá: "Em geral, pode dizer-se que a fidelidade conjugal consiste na abstenção não só de contactos sexuais mas também de relações amorosas puramente sentimentais com pessoa diversa do cônjuge. Efectivamente, o casamento não é só união de corpos mas também união de almas; portanto, até uma relação amorosa puramente platónica ou sentimental com pessoa diversa do cônjuge constitui infracção à obrigação de fidelidade conjugal." E como se tal não bastasse para perceber qual foi a sua fonte de inspiração, o autor acrescentará que a "relação puramente platónica ou sentimental pode constituir, segundo as particulares circunstâncias do caso, uma injúria mais ou menos grave para o outro cônjuge". Do mesmo modo, De

---

[409] Cfr. BACH, *Droit Civil*, t. 1, 13.ª ed., Paris, Sirey, 1999, p. 232; BÉNABENT, *Droit Civil. La famille* cit., p. 92; BOUTON, em Rubellin-Devichi (org.), *Droit de la Famille* cit., p. 157; BUFFELAN-LANORE, "Divorce", *J.-Cl.Civ.* art. 242 à 246, fasc. 10, 1995, n.º 23; CARBONNIER, *Droit civil 2* cit., pp. 471-473; CHABAULT, "De la relativité de l'adultère dans le divorce pour faute", *Dr. Fam.*, 1998/7-8, p. 6; COURBE, *Droit de la Famille*, 2.ª ed., Paris, Armand Colin, 2001, p. 80; EUDIER, *Droit de la Famille*, Paris, Armand Colin, 1999, p. 43; FENOUILLET, *Droit de la Famille* cit., pp. 68-69; GOURDON, *La notion de cause de divorce* cit., p. 168 e s.; LABRUSSE-RIOU, *Droit de la Famille.1. Les personnes* cit., pp. 218-220; MALAURIE/AYNÈS, *Cours de Droit Civil*, t. III, *La famille*, Philippe Malaurie, 6.ª ed., Paris, Éditions Cujas, 1998, p. 224; MARTY/RAYNAUD, *Droit Civil*, 3.ª ed., *Les personnes*, Pierre Raynaud, Paris, Sirey, 1976, p. 231; MATTEI, *Droit de la Famille* cit., p. 83; MAZEAUD/MAZEAUD/CHABAS//LEVENEUR, *Leçons de Droit Civil*, t. I, 3e vol., *La famille*, 7.ª ed. por Laurent Leveneur, Paris, Montchrestien, 1995, n.ºˢ 1077 e 1432-3; RAYMOND, *Droit Civil*, 3.ª ed., Paris, Litec, 1996, pp. 535-536; RENAULT-BRAHINSKY, *Droit de la Famille (Concubinage, Pacs et mariage. Divorce. Filiation)*, 4.ª ed., Paris, Gaulino, 2002, p. 60; RINGEL/PUTMAN, *Droit de la Famille*, Aix-en-Provence, Librairie de l' Université/Presses universitaires d'Aix-Marseille, 1996, pp. 127-128; SAVATIER, *Le Droit, l'Amour et la Liberté*, Paris, LGDJ, 1937, p. 16; TERRÉ/FENOUILLET, *Droit Civil. Les personnes. La famille* cit., pp. 344-345; VASSAUX, *Liberté individuelle et devoirs personnels des époux* cit., p. 420 e s.

[410] GANGI, *Il matrimonio*, 2.ª ed., Milano, Giuffrè, 1947, pp. 204-205.

Cupis[411] sustentará uma formulação pela negativa do dever englobando as vertentes sexual e sentimental. Contudo, o papel determinante no destronar da perspectiva exclusivamente sexual da fidelidade coube a Jemolo[412], que esteve na origem de uma visão distinta, pelo menos formalmente, da que se impôs no território francês.

Em Espanha, logo em 1935 o Tribunal Supremo[413] viria a estabelecer: "Podem cometer-se actos atentatórios da fidelidade conjugal que, sem haver a demonstração de que cheguem à categoria de ajuntamento carnal, constitutivo de adultério, podem conter uma conduta imoral ou desonrosa de um dos cônjuges que produza tal perturbação das relações matrimoniais que torne insuportável para o outro a continuação da vida comum". Esta posição, proferida no quadro da "Ley del Divorcio", de 2 de Março de 1932, resistiu às alterações legislativas e continua a prevalecer na jurisprudência do país vizinho[414]. Já na doutrina a sua influência é relativamente menor, sem deixar de ser importante[415].

---

[411] DE CUPIS, "Coniuge", *ED*, IX, 1961, n.º 3, dirá: "L'uso delle facoltà sessuali è inoltre circoscrito alle relazioni tra coniugi e in ciò consiste il dovere della fedeltà. La stessa fedeltà, per di più, non è limitata al campo strettamente sessuale, estendendosi, invece, all'intera sfera delle relazioni sentimentali." (cfr. as exactíssimas palavras repetidas por DE CUPIS, *Il Diritto di Famiglia*, Padova, CEDAM, 1988, p. 48). Nesta linha, cfr. BONILINI, *Nozioni di Diritto di Famiglia*, Torino, UTET, 1987, p. 57; GALGANO, *Diritto Civile e Commerciale*, volume quarto, *La famiglia. Le successioni. La tutela dei diritti. Il fallimento*, 2.ª ed., Padova, CEDAM, 1993, p. 48.

[412] Cfr. *infra*, n.º 31.

[413] TS 24/1/1935, conforme ENTRENA KLETT, *Matrimonio, separación y divorcio*, 3.ª ed., Aranzadi, 1990, p. 488.

[414] Cfr., por exemplo, AT Cáceres 2/6/1984, *RGD* 1985, p. 2440: "está debidamente acreditada la infidelidad de la esposa, pues como con acierto se expresa en el primer considerando de la sentencia apelada, este concepto es más amplio que el adulterio, ya que la fidelidad presupone para cada cónyuge la obligación de observar una conduta inequívoca, debiéndose abstener cada uno de ellos de cualquier relación que origine una apariencia comprometedora y lesiva para la dignidad del otro". Mais palavra menos palavra, a passagem citada repete o que diz SANCHO REBULLIDA, em *Comentarios al Código Civil y Compilaciones Forales*, dirigidos por Manuel Albaladejo, t. II, Artículos 42 a 107 do Código Civil, Madrid, Editorial Revista de Derecho Privado, 1978, p. 125.

[415] Sancho Rebullida (cfr. nota imediatamente *supra*, n.º 414) beneficia da companhia de FOSAR-BENLLOCH, *Estudios de Derecho de Familia*, t. II, *La*

Entre nós, invocando a jurisprudência francesa, Cunha Gonçalves[416] sustentará representar infracção do dever de fidelidade "o simples amor platónico, o *flirt* anglo-americano", quando praticado pela

---

separación y el divorcio en el Derecho español vigente, vol. 1.º, Barcelona, Bosch, 1982, p. 47 e p. 50 (nota 4 *bis*); GARCÍA VARELA, "De los derechos y deberes" cit., p. 752; GETE-ALONSO Y CALERA, "De los derechos y deberes" (1993) cit., pp. 320-321 [diversamente, "De los derechos y deberes" (1984) cit., pp. 338-339]; LÓPEZ-MUÑIZ GOÑI, "La separación conyugal" (cap. II), *La Ley de Divorcio*, García Varela e outros, 4.ª ed., Madrid, Colex, 1992, p. 48; OSSORIO SERRANO, "Efectos del matrimonio", em Moreno Quesada (org.), *Curso de Derecho Civil* IV, *Derecho de Familia y Sucesiones*, Valencia, Tirant lo blanch, 2002, pp. 94-95; RUIZ SERRAMALERA, *Derecho de Familia*, dact., Madrid, 1991, p. 98; dos magistrados ENTRENA KLETT, *Matrimonio, separación y divorcio* cit., p. 488, SANTOS BRIZ, *Derecho Civil*, t. V, *Derecho de Familia*, Madrid, Editorial Revista de Derecho Privado, 1982, pp. 96-97, e VÁZQUEZ IRUZUBIETA, *Régimen jurídico de la celebración y disolución del matrimonio*, Madrid, Editorial Revista de Derecho Privado, 1981, pp. 228-230.

[416] CUNHA GONÇALVES, *Direitos de Família e Direitos das Sucessões*, Lisboa, Edições Ática, 1955, pp. 211-213. A posição do ilustre Professor baseia-se numa argumentação assimetricamente explicitada. Estende o dever de fidelidade para além da proibição do adultério, remetendo, sem mais, para o "estado dos costumes do povo". Com semelhante fundamentação, mas com menor parcimónia verbal, limita os efeitos da extensão privilegiando o marido face à mulher:

"Por muito imparcial e igualitário que fosse o legislador, impondo a fidelidade *recíproca*, não se pode, na interpretação e aplicação deste preceito, abstrair por completo dos costumes, das tradições sociais da mesma infracção. Se o legislador pretendeu reformar os costumes, avigorar e tornar mais rígida a moralidade privada e pública, claro é que, não tendo criado, simultaneamente, uma nova psicologia social, perdeu o seu tempo e consignou na lei um preceito ineficaz, *letra morta*.

"Na verdade, em todos os países, ninguém estranha e condena, por igual modo, a infidelidade do marido e da mulher; os efeitos morais e materiais duma e doutra são mui diversos. Um homem *conquistador*, quando bem sucedido nas suas empresas, quase que adquire prestígio, quer entre os outros homens, quer entre as mulheres; pelo contrário, a mulher, que se deixa conquistar por dois ou mais homens, é havida como *pecadora*, é ìntimamente desprezada por esses mesmos homens, repelida pelas mulheres honestas, que não a recebem nas suas casas, e o seu convívio é, desde logo, reparado e suspeito. As coisas são o que são. Não podemos interpretar a lei de modo diverso do que o faz a sociedade".

Ver também REIS RODRIGUES, *Dos direitos e deveres pessoais dos cônjuges*, dact., dissertação de licenciatura, Faculdade de Direito da Universidade de Lisboa, 1941, p. 63, que distingue a fidelidade física da moral e afirma que a mesma distinção é feita pelo professor Paulo Cunha.

mulher. À luz de premissas que classifica de incontestáveis, conclui: "o *flirt*, visto que se mantém nos limites da correspondência literária e do mero derriço, que é aliás a antecâmara do adultério, nenhum prejuízo causa, quando praticado pelo marido, quer a este, quer à sua consorte. Pelo contrário, o *flirt* da mulher casada compromete gravemente a sua reputação e reflecte-se no prestígio moral do seu marido."

Por acaso ou não, uma importante decisão judicial da década de cinquenta[417] acolherá uma concepção ampla de falta de cumprimento da obrigação de fidelidade tendo em vista justamente "o comportamento indigno da mulher" que, no caso, consistia em "beijar e abraçar outro homem, aparecer com ele em público enlaçada pela cintura".

Na verdade, com ou sem discriminação em razão do sexo, a construção da infidelidade moral foi recebida e adquiriu peso inegável, na doutrina, antes da Reforma de 77[418].

Posteriormente e apesar da introdução do dever de respeito no elenco legal de deveres conjugais, sairá até reforçada a hegemonia desse tipo de enquadramento, agora perfeitamente rendido a uma

---

[417] STJ 10/12/1954, *BMJ* 46, p. 456.

[418] Cfr. M. GOMES DA SILVA, *Curso de Direito da Família* (1955) cit., p. 306, que abrange na infracção ao dever de fidelidade "não só o adultério pròpriamente dito mas ainda qualquer atitude que em relação a terceiros importa quebra da dedicação e amor conjugais, como o simples «flirt», por exemplo". Não se faz aqui qualquer distinção entre marido e mulher. Cfr. também AMÉLIA DA SILVA, *Efeitos pessoais do casamento*, dact., dissertação para o Curso Complementar de Ciências Histórico-Jurídicas, Faculdade de Direito da Universidade de Coimbra, 1961, pp. 9-11: aponta duas formas de infracção à obrigação de guardar fidelidade conjugal, a infidelidade física ou adultério e a infidelidade moral; a fidelidade não se reduziria "ao não cometer adultério", imporia o dever do cônjuge, marido ou mulher, de se abster de "comportamentos indignos de uma pessoa casada" (frisando-se: "Se for o marido a proceder dessa forma, a falta não deixa de existir: o dever é o mesmo"), abarcaria ainda "a proibição da prática de vícios contra a natureza, como por exemplo a homossexualidade", censurável em qualquer hipótese, independentemente do estado civil dos agentes, e a inseminação artificial heteróloga, sem conhecimento ou contra a vontade do marido. A autora termina confessando a sua insegurança: "Pode objectar-se que não há grande propriedade nas expressões «infidelidade física ou adultério e infidelidade moral» para designar os casos aí incluídos; contudo, servi-me delas porque não consegui arranjar outras que melhor permitissem ordenar a distinção que era mister ser feita".

óptica igualitária. De facto, os tribunais superiores retomarão a orientação que se manifestou no referido aresto dos anos cinquenta[419]. Deste modo, será possível encontrar sentenças que englobam na violação do

---

[419] A posição do ac. STJ 10/12/1954 não teve continuidade na jurisprudência. Ao longo de vários anos, a noção de infidelidade será reservada à situação de adultério. Com a entrada em vigor do Código Civil de 1966, o problema do "relacionamento ambíguo" será resolvido unicamente pela via da ofensa grave à integridade moral do cônjuge, na altura um dos fundamentos especificados de separação litigiosa de pessoas e bens e de divórcio (artigos 1778.º e 1792.º, do Código Civil, nas versões anteriores à Reforma), não se verificando qualquer referência complementar de que decorresse o tratamento dos casos concretos como hipóteses de violação do dever de fidelidade: cfr. ac STJ 6/4/1973, *BMJ* 226, p. 227 ("presença de mulher casada na sua aldeia natal, por diversas vezes, acompanhada por indivíduo que a população daquele local considera seu amante"); ac. STJ 15/6/1973, *BMJ* 228, p. 216 ("mulher casada que persiste durante vinte meses em receber em casa, na ausência do marido e quando se encontrava apenas acompanhada pelos filhos, o mais velho dos quais com apenas seis anos de idade, um homem, permitindo que ele aí permaneça até à meia-noite, e até às três horas; e que confia a pessoa estranha, um homem, também na ausência do marido, que tinha beijado um tal P. , porque a carne da mulher era fraca"); ac. STJ 5/2/1974, *BMJ* 234, p. 267 (admite a possibilidade de as relações não adulterinas de uma mulher com homem que não o marido ser gravemente ofensivo da integridade moral deste); ac. STJ 16/7/1974, *BMJ* 239, p. 213 ("marido que, tanto em lugares públicos como em casas particulares, se apresenta acompanhado de outras mulheres"); ac. STJ 20/10/1977, *BMJ* 270, p. 229 ("comportamento do marido relativo à esposa, mantendo com outra mulher um íntimo, assíduo e apertado convívio em frequentes almoços e jantares, passeios de automóveis, etc., não convidando nunca aquela sua esposa para o acompanhar para fora de casa a fim de assistir a quaisquer espectáculos, exposições e a visitas a museus"); ac. STJ 2/10/1979, *BMJ* 290, p. 399, proferido na sequência da impugnação do ac. RP 14/12/1978, *BMJ* 283, p. 371 ("permissão pela mulher, durante certo período de tempo, de entrada de outro homem algumas vezes e ao princípio da noite no domicílio conjugal onde ela vivia com os filhos do casal, ainda crianças, em termos de concitar em alguns conterrâneos a suspeita da sua infidelidade ao marido", ausente no Brasil); ac. RP 20/2/1979, *CJ* 1979/1, p. 320 ("conduta da ré que esconde e encobre ao marido os seus encontros com um homem, por causa de quem deixa, mesmo, de cumprir o seu dever profissional de dar aulas, obrigando aquele seu marido a fazer a figura de marido enganado, ao procurá-la na escola onde devia encontrar-se e para onde lhe fez ver que havia seguido à hora habitual e a quem procurou convencer que da escola regressava, fazendo-o para tal à hora habitual, quando na realidade se tinha encontrado nessa manhã com outro homem").

dever de fidelidade "não só a infidelidade material, o adultério, que constitui a sua forma extrema, mas também a infidelidade moral, a mera ligação sentimental e platónica a outrem" ou que consideram "infidelidade matrimonial de ordem moral" o facto de um dos cônjuges escrever uma peça literária em que "se imagina a copular com uma personagem desse escrito que não o seu cônjuge"[420].

Por outro lado, repete-se na doutrina actual a alusão à infidelidade moral, que compreenderia "relações sexuais sem cópula, inseminação artificial com esperma de outro homem, *flirt* ou *namoro* com outra pessoa, ligação sentimental com outrem"[421], ou que "consiste numa ligação sentimental (ou não carnal) de um dos cônjuges com um terceiro"[422] ou em "toda a relação íntima ou afectiva susceptível de manchar a honra ou ferir os sentimentos do outro cônjuge"[423].

A importação portuguesa realizou-se com elevada serenidade. Não constituiu obstáculo o facto de a teoria da "infidélité morale" ter surgido em nome do dever de respeito pelo cônjuge ofendido[424]. Nem

---

[420] Cfr., respectivamente, ac. RE 29/1/1987, *BMJ* 365, p. 712, e ac. STJ 25/2//1987, *BMJ* 364, p. 866.

[421] Cfr. ANTUNES VARELA, *Direito da Família* cit., p. 343.

[422] Cfr. TEIXEIRA DE SOUSA, *O regime jurídico do divórcio* cit., p. 41, que prossegue: "Mas só a infidelidade moral exteriorizada pode constituir uma violação do dever de fidelidade, embora, mesmo nesse caso, ainda haja que distinguir entre a ligação platónica a certas pessoas (como artistas, desportistas ou figuras públicas em geral) da relação sentimental, mas efectiva, com determinada pessoa". Na mesma linha, cfr. ABEL DELGADO, *O divórcio* cit., p. 68.

[423] Cfr. EDUARDO DOS SANTOS, *Direito da Família* cit., p. 286 (noção semelhante em *Do divórcio* cit., p. 128).

[424] Cfr. GOURDON, *La notion de cause de divorce* cit., pp. 173-174, destacando o contributo genético da sentença do tribunal de Auxerre de 3/5/1881, citada *supra*, nota 402, na qual se apreciou a conduta de uma mulher que mantinha "relations romanesques avec un tiers, relations remarquées par le public": "dans l'esprit des juges les relations de la femme n'en étaient certainement pas restées à «l'état d' entretiens et de visites toutes platoniques». Les juges s'y réfèrent manifestement, et cette référence transparaît dans le soin qu'ils portent à relever les faits qui rendent suspecte la conduite de l'épouse." Não se tendo, porém, provado o adultério, ao tribunal restou reprovar o comportamento da mulher por atingir o "devoir de respect du mari", imposto implicitamente pela lei ao incluir a injúria entre os possíveis fundamentos de divórcio.

se encontra qualquer sinal da inquietação que se observa, por vezes, em França, relativamente a esta perspectiva alargada do dever de fidelidade.

Paillet[425], por exemplo, bate-se por "uma concepção mais estreita e razoável de fidelidade", pressupondo a existência de um dever conjugal inominado de respeito. Em contraposição, Eduardo dos Santos[426] acha "evidente" que as violações associadas à infidelidade moral poderiam "cair no âmbito do dever de respeito"; só que, "quando o legislador fala do dever de fidelidade parece admitir que esta respeita a tudo e só ao que envolve ou contende com a unidade do matrimónio, essa fusão corporal e anímica de marido e mulher". E por aqui se queda a sensibilidade nacional.

O adultério deixou de ser causa tipificada de divórcio, os costumes evoluíram... Haveria assim razão para estranhar a ideia de uma infidelidade meramente moral ou intelectual[427].

Ideia que, aliás, cria o risco de se formar um dever conjugal com conteúdo desmesurado e demarcação pouco clara... Não haverá aqui motivo para temer pela liberdade individual dos cônjuges[428]? Qual é afinal o critério da infidelidade não carnal, até onde pode a mesma ir[429]?

---

[425] PAILLET, *Infidélité conjugale* cit., p. 95.

[426] EDUARDO DOS SANTOS, *Do divórcio* cit., p. 128.

[427] Assim, BATTEUR, *Droit des Personnes* cit., p. 176; COLOMBET, *La famille* cit., p. 79; LARRIBAU-TERNEYRE, "Mariage" cit., n.º 25.

[428] Embora aceitando o conceito de fidelidade moral, que se traduziria na "interdiction d'entretenir des relations équivoques avec les tiers", VASSAUX, *Liberté individuelle et devoirs personnels des époux* cit., pp. 567-568, alerta: "L'impossibilité de cerner précisément la notion d'équivoque rendrait bien audacieuse la tentative d'établir une frontière nette au-delà de laquelle la liberté personnelle des époux ne peut plus s'exercer. L'appréciation judiciaire s'avère de fait bien délicate, inspirée par des considérations très relatives. L'état des moeurs, le milieu social des époux, leur éducation jouent un rôle très important"; cfr. também LARRIBAU-TERNEYRE, "Mariage" cit., n.º 25 ("Les limites d'une conception trop extensive et dès lors trop exigeante de l'obligation de fidélité se trouvent dans le nécessaire respect de la liberté individuelle et de l'autonomie des époux").

[429] Cfr., ilustrativamente, VASSAUX, *Liberté individuelle et devoirs personnels des époux* cit., p. 576-577: "certains arrêts provoquent un certain étonnement en ce

31. Em Itália, caberá a Jemolo[430] liderar o processo de alteração da tendência dominante ao escrever: "A fidelidade, em nosso parecer e contra a opinião mais comum, não é somente a sexual, mas também a fidelidade no sentido mais elevado, que consiste em reservar ao cônjuge aquele lugar que se costuma designar de *companheiro da vida*. Uma relação platónica, mas que tenha o conteúdo moral e certa aparência exterior de uma relação conjugal, viola aquela obrigação de fidelidade."

Na norma do *Codice Civile* que estabelecia tal obrigação reflectir-se-ia a ética do Estado, o que imporia a rejeição da redução da fidelidade "à grosseria («grossolanità») do «não cometer adultério»" e a assunção do vocábulo na mais elevada acepção. "Negamos, portanto, o paralelismo entre a fidelidade do artigo 143 e o adultério do artigo 151 e de outros textos da lei, considerando que a fidelidade tem um alcance mais amplo e que só um dos deveres contidos no conceito de fidelidade é atingido com o adultério".

Uma imagem ("companheiro de vida"), um adjectivo depreciativo ("grosseria") e uma referência genérica à ética serão ingredientes do sucesso de Jemolo. O autor, constantemente citado[431], seguido de perto

---

qu'ils imputent à faute le simple fait pour un conjoint de se voir adresser des billets doux! Par exemple, l'épouse qui reçoit des lettres passionnées d'un ami du ménage, des lettres «qui ne comportent pas que des formules de sentiment» commet une faute. Pareillement, les correspondances féminines adressés au mari sont injurieuses pour la femme et entraînent la sanction du destinataire.

"Il semble assez curieux que soit ici condamné un époux qui ne joue qu'un rôle passif, qui ne peut guère éviter les manifestations de la passion qu'il inspire...".

Perante esta jurisprudência (materializada nos acórdãos Montpellier 28/10/1980, *IRETIJ* 1152; Douai 19/3/1982, *JD* 43586; Paris 29/6/1982, *JD* 28946; Montpellier 2/2/1983, *JD* 168), POUSSON-PETIT/POUSSON, *L'affection et le droit*, Paris, Éditions du Centre National de la Recherche Scientifique, 1990, p. 328, manifestam igual perplexidade.

[430] JEMOLO, *Il matrimonio*, reimpressão da 3.ª ed., Torino, Unione Tipografico-Editrice Torinese, 1961, pp. 418-419.

[431] Ao longo dos anos e por autores que pouco parecem ter de comum entre si. Cfr. o defensor do princípio da autoridade na família, LOJACONO, *La potestà del marito nei rapporti personali tra coniugi* cit., pp. 78-79, invocando Jemolo para defender a sua perspectiva da fidelidade conjugal como "il più diretto corollario dell'amore oblativo giuridicamente qualificato", e, em contraste, os estudiosos do

por Furgiuele[432], abrirá o caminho para uma outra perspectiva, proposta por Busnelli. Apesar de a sua investida contra a equiparação da fidelidade à proibição do adultério se exprimir incisivamente na tese de que violaria a obrigação em apreço também uma "relação platónica" com "certa aparência", a posição de Jemolo encerrava o embrião de uma construção já distinta da teoria da infidelidade moral por proceder à formulação pela positiva do dever de fidelidade[433]. A fidelidade obri-

---

Direito da Família italiano reformado, apostados na exploração intensiva dos vectores igualdade e acordo (p. e., entre muitos, Furgiuele). Ver ainda, caricatamente, a contradição patente em que incorre SCARDULLA, *La separazione personale dei coniugi ed il divorzio*, 3.ª ed., Milano, Giuffrè, 1996. Num primeiro momento, deixa-se seduzir inteiramente pela força persuasiva de Jemolo: "Molto esattamente lo Jemolo precisa che non deve pensarsi che «l'obbligo della fedeltà... si riduca alla grossolanità del 'non commetere adulterio' ma assuma il vocabolo nella più elevata accezione»" (p. 12); "la fedeltà coniugale non consiste soltanto nel non commetere adulterio, cioè nel non giacersi con persona diversa dal proprio coniuge, ma nel non trattenere con altri legami amorosi anche di natura puramente spirituale" (pp. 41-42). Subitamente, muitas páginas depois (pp. 244-245), vê na infidelidade o sinónimo de adultério: "La violazione dell'obbligo della fedeltà si realizza attraverso il compimento dell'adulterio, per cui indifferentemente in prosieguo useremo le espressioni adulterio e violazione dell'obbligo della fedeltà".

[432] FURGIUELE, *Libertà e famiglia* cit., pp. 163-165: a obrigação de fidelidade consiste "nell'impegno gravante su ciascun coniuge a non tradire la fiducia in lui riposta dall'altro nello sceglierlo come unico «compagno della propria vita», e cioè ad astenersi da quei comportamenti che siano contradditori con il carattere esclusivo di un siffatto vincolo personale"; "Nè è possibile, nella vasta prospettiva che qui si delinea, restringere il reciproco affidamento, in cui si fonda il «legame» coniugale, al solo aspetto attinente al sesso"; "In un'ottica analoga una relazione extraconiugale anche soltanto platonica può costituire violazione dell'obbligo di fedeltà". Em sintonia, AULETTA, *Il Diritto di Famiglia* cit., p. 79; FRANCESCO FINOCCHIARO, *Del matrimonio* II cit., pp. 256-257.

[433] Formulação pela positiva entendida como a-jurídica por M. GOMES DA SILVA, *Curso de Direito da Família* (1960) cit., p. 209, *Aditamentos às Lições de Direito da Família*, relativos ao ano lectivo de 1966/67 e elaborados pelos alunos Manuel Ernesto Coutinho e Jorge Neto Valente (não revistos pelo Professor), dact., Lisboa, AAFDL, 1967, p. 5. O dever de fidelidade mútua compreenderia dois aspectos, "um substancial, a que a lei é inacessível, outro, negativo, que a lei regula". À luz do primeiro aspecto (não obstante "destacado pela moral e, sem dúvida o fundamental"), o dever de fidelidade consistiria "na vida em comum, na dedicação efectiva de

garia cada cônjuge a ser o único companheiro da vida do outro e, nesta medida, obstaria a uma relação com terceiro, ainda que não carnal, concorrente com a relação conjugal.

Sem discordar, Busnelli[434] acentuará, no entanto, a caracterização *positiva* da fidelidade, argumentando com a despenalização do adultério entretanto ocorrida. A sanção penal da infidelidade sexual teria em vista a tutela do "decoro" dos cônjuges no respectivo meio social, em que a mera aparência de "traição" abalaria a reputação do cônjuge "passivo". O afastamento da incriminação do adultério, sentida como perigosa e frequentemente geradora de efeitos opostos aos que pretendia obter, implicaria o abandono da leitura publicística e sancionatória do dever em questão. "Consequentemente, revela-se agora inadequada a tradicional determinação negativa – em termos de abstenção de contactos sexuais com pessoa diversa do cônjuge – do conteúdo da fidelidade".

O autor recusa igualmente uma determinação positiva de tal conteúdo inteiramente "ancorada numa perspectiva limitadamente físico-

---

uma pessoa à outra". A recusa, mais ou menos subtil, da noção positiva de fidelidade, é típica não só da orientação favorável à identificação total com a exclusividade sexual como da construção da infidelidade moral. Vergando-se face à jurisprudência francesa, LARRIBAU-TERNEYRE, "Mariage" cit., n.º 16, dirá justamente: "l'une des caractéristiques de l'obligation de fidélité, est qu'elle ne peut se définir positivement mais seulement être délimitée négativement par référence à tout ce qui peut représenter pour la jurisprudence, qui constitue en ce domaine le seul repère d'ordre juridique, un manquement à l'obligation de fidélité". Por seu lado, um adepto firme da distinção entre infidelidade material e moral, e não alguém que foi "vencido mas não convencido", EDUARDO DOS SANTOS, *Direito da Família* cit., p. 285, não hesita em sublinhar que o dever de fidelidade, "ao contrário dos restantes deveres conjugais, é de conteúdo negativo". ANTUNES VARELA, *Direito da Família* cit., pp. 342-345, encontrará na "dedicação exclusiva e leal, como consorte, de cada um dos cônjuges ao outro" o objecto do dever de fidelidade recíproca; todavia, de imediato se refugiará na dimensão negativa deste dever, a única de que se socorrerá para demonstrar o carácter jurídico da fidelidade. De modo semelhante, ABEL DELGADO, *O divórcio* cit., pp. 67-68; FRANÇA PITÃO, *Sobre o divórcio* cit., pp. 56-59.

[434] BUSNELLI, "Significato attuale del dovere di fedeltà coniugale", em AAVV, *Eguaglianza morale e giuridica dei coniugi* cit., pp. 279-281.

-sexual, como quando se afirma que «a fidelidade consiste na mútua dedicação recíproca e exclusiva dos corpos» (Degni)". Isto porque o dever de fidelidade teria de ser concebido em conexão com aquele que seria o fim primário do matrimónio – a "comunhão espiritual" entre os cônjuges – e não com a "mútua dedicação de corpos", simples instrumento de realização daquele fim.

Note-se que Busnelli não chega a defender a ruptura entre fidelidade e exclusividade sexual. A segunda é por ele compreendida como um dos vários elementos exigidos pela primeira. Será Alagna e apenas Alagna que tomará o pensamento de Busnelli e tentará desenvolvê-lo em direcção à mencionada ruptura[435].

Mas há que prosseguir a análise do texto de Busnelli. O fim da perspectiva publícistica e sancionatória representaria muito mais do que a mera rejeição de um entendimento totalmente sexual da fidelidade. Transformada esta num "compromisso («impegno») perfeitamente privado e exclusivamente familiar", a recondução à infidelidade de situações aparentes de adultério, tidas como lesivas da reputação social do outro cônjuge, seria inaceitável. Mais do que a aparência externa ou a consideração de terceiros interessaria a harmonia interna entre os cônjuges ou a estabilidade do grupo familiar.

O dever de fidelidade, "enriquecido por um fundamental conteúdo positivo e já não circunscrito à esfera das relações sexuais", estaria destinado a repercutir-se profundamente, enquanto "compromisso recíproco de devoção", sobre a vida familiar. Assim, adoptaria uma dupla configuração. Numa análise *a priori*, traduziria uma "regra normativa de conduta a que os cônjuges se devem conformar"[436].

---

[435] Cfr. *supra*, n.º 29.

[436] A propósito, Busnelli cita CAPOGRASSI, "Analisi dell'esperienza comune", *Opere*, II, Milano, Giuffrè, 1959, p. 135 e s. (primeiramente publicado em 1930): "matrimonio e famiglia non sono nell'ordinamento giuridico che una vera organizzazione di sacrificio, una esigenza perenne per il soggetto di sacrificare la propria tendenza di licenza e di vagabondaggio, la propria ripugnanza a rimanere prigioniero di una rete di doveri e di responsabilità". No estudo "Significato attuale del dovere di fedeltà coniugale", o peso de Capograssi afigura-se similar ao de Jemolo. Busnelli definirá fidelidade recorrendo a frases de CAPOGRASSI, ob. e loc. cit., pp. 138 e 139:

Numa análise *a posteriori*, integraria um "parâmetro normativo de avaliação do comportamento dos cônjuges: parâmetro de que o juiz – chamado a intervir numa ocasião, mais ou menos «patológica» da vida familiar – deverá socorrer-se para emitir a sua decisão, em particular quando essa contém uma solução ou um remédio adaptado ao caso concreto, mais do que uma sanção mecânica e tipificada".

O pequeno escrito de Busnelli produziu impacto imediato na jurisprudência[437] e na doutrina. Tornou-se quase um lugar comum a explicação de que o dever de fidelidade tinha conteúdo amplo e que, não se cingindo à dimensão sexual, abrangia todas as dimensões da vida em comum[438], ao mesmo tempo que se difundia o uso da

---

"volontà di (...) piena unione sia nell'inizio e sia nello sviluppo della nuova esperienza; e che questa esperienza deve essere e tenersi fedele a questa volontà"; "devozione e come tale umiltà: non sentirsi necessari all'altra vita ma l'altra vita necessaria a sé sentire il beneficio dell'altra vita". Todavia, as palavras transcritas inserem-se num contexto que não é o da caracterização do dever de fidelidade. Capograssi trata genericamente do casamento. A "devozione" ou "volontà di piena unione" é apontada como princípio que sintetiza a disciplina jurídica do matrimónio e da família, nunca como expressão de um dado dever conjugal. Ou seja, Busnelli inclui na fidelidade tudo aquilo que Capograssi indica corresponder à essência jurídica do casamento.

[437] *V.g.*, CassIt 6/2/1976, *FI* 1976, I, p. 272, e CassIt 24/3/1976, *FI* 1976, I, p. 1219.

[438] Cfr. BESSONE/ALPA/D'ANGELO/FERRANDO/SPALLAROSSA, *La famiglia nel nuovo diritto* cit., p. 84; CAVALIERE, "Diritti e doveri dei coniugi", *I rapporti personali fra coniugi* (Saggi dal Corso di Lezioni di Diritto Civile tenute dai Proff. Michele Spinelli e Giuseppe Panza), Bari, Adriatica Editore, 1983, pp. 300-302; CENDERELLI, *Profili penali del nuovo regime dei rapporti familiari*, Milano, Giuffrè, 1984, pp. 117-118; DOGLIOTTI, "Rapporti personali e patrimoniali tra coniugi (dir. priv.)" cit., p. 390, e "La separazione giudiziale", *Famiglia e matrimonio* cit., p. 358, n.28; DOGLIOTTI/BRANCA, "Giurisprudenza edita e inedita in materia di rapporti personali tra i coniugi", *Rass.DC* 1985, pp. 1061-1062; FERRANDO, "Diritti e doveri nascenti dal matrimonio", *Giurisprudenza del Diritto di Famiglia* (Casi i materiali a cura di Mario Bessone, raccolti da Massimo Dogliotti e Gilda Ferrando), *II. Rapporti personali e patrimoniali tra coniugi, famiglia di fatto*, 5.ª ed., Milano, Giuffrè, 1997, p. 3; ROPPO, "Coniugi: I) Rapporti personali e patrimoniali tra coniugi", p. 3, *Enc.Giur.* 1988; SBISÀ, "Riforma del Diritto di Famiglia", *NovissDig.it.*, Appendice, VI, 1986, p. 812; TAMBURRINO, *Lineamenti del nuovo Diritto di Famiglia italiano*,

terminologia emblemática de Busnelli ou de terminologia afim. Efectivamente, a fidelidade é frequentemente definida como compromisso de devoção[439], "dedicação física e espiritual"[440] ou "lealdade"[441].

No conjunto de nomes que secundaram Busnelli, avulta o de Zatti. Ele avançará para o estudo do dever de fidelidade com uma superior consciência metodológica. Verificada a indeterminabilidade dos deveres conjugais e realizada a pesquisa dos critérios de concretização, Zatti debruçar-se-á sobre o conteúdo da fidelidade conjugal. Acaba por concordar com Busnelli mas procura introduzir um complemento útil (e não uma alternativa praticamente verbal, como seria a mera substi-

---

2.ª ed., Torino, UTET, 1981, p. 194; UCELLA, *Il matrimonio*, Padova, CEDAM, 1996, p. 244.

[439] Cfr. BOCCACIO/DOGLIOTTI, "Separazione personale: intolerabilità della convivenza e addebito", *RTDPC* 1988, p. 1179; DOGLIOTTI, "Separazione, addebito, affidamenti: criteri interpretativi e valutazioni di merito", *Giur.It.* 1982, I, 2, p. 686, e *Separazione e divorzio. Il dato normativo. I problemi interpretativi*, 2.ª ed., Torino, UTET, 1995, p. 41; GAZZONI, *Manuale di Diritto Privato*, 6.ª ed., Napoli, Edizioni Scientifiche Italiane, 1997, pp. 356-357, referindo-se a "impegno globale di devozione". ZATTI/MANTOVANI, *La separazione personale*, Padova, CEDAM, 1983, pp. 115--116 reproduzem a terminologia de Busnelli: "impegno reciproco di devozione".

[440] Cfr. SANTORO-PASSARELLI, comentário ao art. 24 Nov., *Commentario alla Riforma del Diritto di Famiglia*, a cura di Luigi Carraro, Giorgio Oppo, Alberto Trabucchi, tomo primo, Padova, CEDAM, 1977, p. 228, e comentário ao art. 143, *Commentario al Diritto Italiano della Famiglia* cit., p. 507. Igualmente, CHECCHINI, "Allontanamento per giusta causa o ripudio?", *RDC* 1981, I, pp. 264-266; DEPINGUENTE, "Rapporti personali tra coniugi" (1982) cit., pp. 408-409; SESTA, *Lezioni di Diritto di Famiglia*, 2.ª ed., Padova, CEDAM, 1997, pp. 55-57; G. STANZIONE, *Diritto di Famiglia* cit., p. 106. Ver ainda TRABUCCHI, "Matrimonio diritto civile" cit., p. 966 (mas defende posição diferente em outros trabalhos: cfr. *supra*, nota 393); VILLA, "Gli effetti del matrimonio" cit., pp. 197-198 ("la fedeltà viene tradotta in un dovere, essenzialmente interno alla coppia, di dedizione reciproca").

[441] Cfr. ZATTI, "I diritti e i doveri che nascono dal matrimonio" cit., pp. 36 e s. Da mesma forma, cfr. CAVALLO, "Sulla violazione del dovere di fedeltà coniugale e sulle sue conseguenze in tema di addebitabilità della separazione", *Giust.Civ.* 1993, I, p. 3079; FERRANDO, *Il matrimonio* cit., p. 89.

tuição do termo "devoção" pelo sinónimo "dedicação" ou outro): a ideia de lealdade[442].

A fidelidade obrigaria a uma "lealdade em sentido específico", a "estar ao lado de", a "considerar-se vinculado a", a "não trair" ("em sentido amplo, não só sexual nem afectivo"). Nestes termos, implicaria que um cônjuge sacrificasse os interesses e opções individuais que estivessem em conflito com os compromissos e horizontes da relação matrimonial. Em caso de incompatibilidade, esta relação deveria, em regra, prevalecer sobre qualquer outra. O tema da fidelidade corresponderia, portanto, ao do "sacrifício imposto à livre procura de um «itinerário pessoal» pelos laços do casal e do grupo".

Zatti apercebe-se naturalmente da extensão do dever de fidelidade assim concebido, reconhecendo que a problemática indicada parece situar-se nos domínios dos deveres de assistência e de colaboração. Contudo, insiste na sua posição: a noção de fidelidade estaria sempre associada à exclusividade do vínculo conjugal e, por outro lado, não deixaria de ser útil recolher, "através dos diversos «nomina» dos deveres decorrentes do matrimónio, o fio da fidelidade-lealdade".

---

[442] ZATTI, "I diritti e i doveri che nascono dal matrimonio" cit., sobretudo pp. 39 e 186. Em Espanha, ver RAGEL SÁNCHEZ, *A qué obliga el matrimonio?*, Cáceres, Caja Duero-Universidad de Extremadura, 1998, pp. 74-75 ("A mi juicio, se producirá la infidelidad cuando un cónyuge tenga una conducta desleal hacia su consorte, ya se trate de una actividad sexual, afectiva, familiar o social").

Entre nós, LEITE DE CAMPOS, "A família como grupo: as duas agonias do Direito da Família", *ROA* 1994, pp. 926-927, defendendo opinião afim da da corrente em que se integra Zatti, chama a atenção para o elemento temporal, algo esquecido na análise do dever de fidelidade: "A (necessária, embora «tendencial») indissolubilidade do casamento está estritamente ligada à fidelidade e ao amor (...). Fidelidade que não se entende (só) no aspecto sexual, negativo, mas no aspecto positivo: ser fiel é estar presente ao seu cônjuge em todas as circunstâncias (G. Gusdorf). Analisando semanticamente a «fidelidade», verifica-se que, nas suas raízes bíblicas, a palavra designa a qualidade do homem que é fiel perante o seu próximo, verdadeiro na sua palavra, fiável nas suas acções, e tudo isto de maneira durável (J. Barr). (...) A fidelidade fundamentante do casamento só pode ser positiva e criadora, triunfando do tempo."

Ou seja, renuncia-se no final à precisão desejada no início da investigação. Zatti aceita, de modo deliberado e sistemático, a "confusão" entre o dever de fidelidade e outros deveres conjugais. Fá-lo mais uma vez quando contrapõe aquele dever à tutela da personalidade do obrigado:

"O dever encontra limite, por um lado, na tutela da privacidade de cada cônjuge em relação ao outro e na livre manifestação da própria personalidade e «identidade»; tem medida, por outro lado, no critério de compatibilidade entre a relação que um cônjuge assume e a «dedicação» recíproca: e ainda sob este aspecto absorve alguns pontos do dever de assistência".

E, quando trata da separação judicial, volta a propugnar a indistinção. A fidelidade, manifestação especificamente conjugal da noção de lealdade, pressuporia a lealdade em sentido comum, o "dever de se comportar abertamente, sem esconder ao outro cônjuge factos, decisões, atitudes relevantes para a relação recíproca". Haveria, afinal, uma "nitidíssima solução de continuidade entre os deveres de fidelidade e de respeito da outra pessoa", que importaria não temer mas valorizar, "para tornar mais ágil a apreciação das hipóteses concretas".

Mais longe irá Pino[443] na aproximação dos dois últimos deveres. Na sua óptica, a referência à dedicação (ou a noções afins) atenderia mais ao "valor ético e social do matrimónio" do que ao conteúdo jurídico da fidelidade. A lei actual teria dado à fidelidade "um significado diverso daquele atribuído pelo direito antes vigente; o princípio da igualdade entre os cônjuges transformou a antiga «dedicação» devida pela mulher ao marido num *igual respeito recíproco* («reciproco pari rispetto») do decoro e da dignidade de ambos, inspirado no princípio da monogamia (art. 86)". Isto é, restaria identificar fidelidade e respeito.

Aqui reside, aliás, a principal fragilidade da teoria em foco: a falta de fronteiras que separem claramente o dever de fidelidade do dever de

---

[443] PINO, *Il Diritto di Famiglia*, 2.ª ed., cit., pp. 88-89.

assistência[444], do dever de respeito[445] ou da generalidade dos deveres conjugais[446].

---

[444] Cfr. GAZZONI, *Manuale di Diritto Privato* cit., p. 357 (a obrigação de assistência seria absorvida pela de fidelidade); ZATTI, "I diritti e i doveri che nascono dal matrimonio" cit., p. 40.
De acordo com ZATTI/MANTOVANI, *La separazione personale* cit., p. 168, a revisão do conceito de fidelidade e a permanência do dever de respeito no âmbito do dever de assistência estariam em boa parte na origem da intersecção de conteúdos.
"A conclusione delle pagine dedicate all'infedeltà, si può osservare come si riproponga oggi, in termini però mutati, quella incertezza di confine tra fedeltà e assistenza che, nel diritto previgente, si stabiliva tra violazioni della fedeltà e ingiuria.
"Infatti se, cadute le fattispecie tipiche di colpa, si fa immediato riferimento ai doveri nascenti dal matrimonio in tutto il loro contenuto, si deve tener conto, per quanto riguarda la fedeltà, non solo dell'aspetto di esclusiva sessuale ma anche di quello, spesso sottolineato, di dedizione affettiva; si prospettano allora come violazioni della fedeltà anche quei contegni che, pur non risolvendosi nella scelta di un altro *partner*, sottraggono il coniuge alla dedizione; contegni che tradizionalmente si qualificano come ingiurie o eccessi, e che costituivano e costituiscono violazioni del dovere d'assistenza, e precisamente del dovere di rispetto dall'altro coniuge, e del dovere di mantenere le condizioni della *communio vitae* tra coniugi."
[445] Para além de Pino, Mantovani e Zatti, cfr. G. STANZIONE, *Diritto di Famiglia* cit., pp. 106-107: "è insito nel contenuto del dovere di fedeltà un dovere di rispetto, valutabile con riguardo al fatto che uno dei coniugi, al solo scopo di ledere la dignità personale dell'altro, ad esempio, ponga in essere comportamenti tali da ingenerare la convinzione, personale dell'altro coniuge e nell'ambiente sociale, della violazione della fedeltà". É especialmente frisada esta discutível faceta do dever de fidelidade durante a separação judicial. Cfr., designadamente, F. della ROCCA, "Separazione personale (dir. priv.)", *ED* XLI, 1989, p. 1378: "Così l'obbligo di fedeltà, attinente alla sfera più intima della persona e correlato funzionalmente alla pienezza di una comunione di vita, perde il suo originario vigore e significato, sia per la mancanza della fisica e morale disponibilità reciproca, sia per la rigorosa separatezza della sfera di riserbo di ciascun coniuge; ma permane come dovere di astensione, nelle relazioni sociali ed affettive, da comportamenti tali da ledere l'altrui dignità, offendendone il decoro e la onorabilità, e da pregiudicare lo svolgimento dei residui rapporti in condizioni di lealtà e correttezza".
[446] Busnelli não se coibiu de aliar à vaguidade da sua construção a aplicação à fidelidade de referências bibliográficas pensadas para um domínio mais vasto – o da "plena união", característica que justifica todo o conjunto de deveres conjugais (cfr. *supra*, nota 436). Para G. STANZIONE, *Diritto di Famiglia* cit., p. 107, o dever de

32. No quadro de uma teoria que se arroga de uma formulação positiva e extensa do dever de fidelidade, não se estranha que o mesmo possa ser tido até como suporte da obrigação de ter relações sexuais com o cônjuge.

Assim, Santosuosso[447], declarando-se adepto da concepção da fidelidade como "compromisso recíproco de devoção", defende que a expressão alude "não apenas à exclusividade das relações sexuais entre os cônjuges mas a todas as manifestações da vida mais íntima dos próprios cônjuges, na tripla esfera sentimental, sexual e generativa". Para o efeito, invoca a "linguagem comum", segundo a qual, diz, se reputaria de fiel: "um cônjuge que nutra pelo outro cônjuge, e não por uma terceira pessoa, os sentimentos de amor e de estima reservados ao companheiro da vida; que só com ele realiza os actos sexuais; e que, por consequência, só tenha filhos do cônjuge".

Paradiso[448] adere também à corrente encabeçada por Busnelli. A fidelidade teria o significado de "dedicação física e espiritual" de um cônjuge ao outro e, por isso, compreenderia "quer o *ius in corpus*, enquanto aspecto íntimo do amor e da dedicação física, quer a exclu-

---

fidelidade, na sua dimensão moral, constituiria, de certa forma, "il fondamento comune a tutti gli altri doveri di natura personale".

[447] SANTOSUOSSO, *Il matrimonio* cit., pp. 246-247, 249, 325, e "La separazione personale dei coniugi", *La riforma del Diritto di Famiglia dieci anni dopo* cit., p. 100. Nessa linha, falando de fidelidade "nella triplice sfera sentimentale, sessuale e genitale", cfr. DEPINGUENTE, "Rapporti personali tra coniugi" (1982) cit., pp. 408-409; MELONI, "I rapporti familiari; evoluzione della giurisprudenza civile e penale ed innovazioni normative", *DFP* 1989, II, p. 1145 e s.; MERELLO, "Comunione materiale e spirituale fra i coniugi: matrimonio e divorzio", *DFP* 2001, p. 1308; ALFIO FINOCCHIARO/MARIO FINOCCHIARO, *Diritto di Famiglia* cit., pp. 267-268. Na última obra, define-se cada uma das "esferas": "è necessario che gli sposi nutrano un amore reciproco e non coltivono un amore di analoga natura con persona che non sia l'altro coniuge" ("fidelidade sentimental"); "obbligo di aderire ai desideri sessuali di un coniuge e di non dare prestazioni sessuali a persone diversa" ("fidelidade sexual"); "obbligo di non consentire alla fecondazione artificiale sia essa eterologa od omologa" ("fidelidade genital").

[448] PARADISO, *La comunità familiare* cit., pp. 289-296, e *I rapporti personali tra coniugi* cit., pp. 31-35. De modo semelhante, TOMMASEO, *Lezioni di Diritto di Famiglia*, Padova, CEDAM, 2000, p. 28.

sividade sexual, enquanto consequência natural de uma dedicação que, para ser plena, não pode deixar de ser exclusiva".

Envolvendo cumulativamente a proibição, para a mulher, de recorrer à prática de fecundação heteróloga e à interrupção da gravidez, para o marido, de doar sémen, e, para ambos, de se submeterem a esterilização, este conceito alargado de fidelidade física encontraria a sua justificação na acepção ampla de fidelidade, que "respeita à essência do matrimónio, enquanto forma específica de convivência entre um homem e uma mulher, como decorre da disciplina vigente e da própria valoração difundida no corpo social".

A extensão do dever de fidelidade ao débito conjugal coexiste, porém, por vezes, com uma perspectiva negativa daquele dever, o que já se comprovou[449] mas que se pode observar de novo, desta feita em ligação com o critério da infidelidade moral.

Para a tendência em apreço, mais visível no ordenamento espanhol[450], afigura-se relativamente seguro constituir a fidelidade "recíproca disponibilidade sexual dos cônjuges e abstenção de relações sexuais com terceiros". Desta forma, haveria somente que alertar para o facto de haver uma outra dimensão, já não sexual: a fidelidade obrigaria à "abstenção de relações amorosas puramente sentimentais", que caberiam na figura do chamado "adultério sentimental"[451].

---

[449] *Supra*, n.º 28.

[450] Cfr. ALONSO PÉREZ, "Dialéctica entre fidelidad matrimonial" cit., p. 55; DÍAZ-AMBRONA BARDAJÍ/ HERNÁNDEZ GIL, *Lecciones de Derecho de Familia* cit., p. 154; ENRIQUE RUBIO, "Matrimonio", *NEJ*, XVI, 1978, pp. 15-16. Cfr., porém, no direito francês, LAMARCHE, *Les degrés du mariage*, thèse pour l'obtention du grade de Docteur en Droit, Université Montesquieu-Bordeaux IV, 1997, p. 326.

[451] A primeira e a terceira expressões constam de ALONSO PÉREZ, ob. e loc. cit.; a segunda de DÍAZ-AMBRONA BARDAJÍ/ HERNÁNDEZ GIL, ob. e loc. cit. LACRUZ BERDEJO, comentário ao artigo 68, em Lacruz Berdejo (org.), *Matrimonio y divorcio* (1994) cit., pp. 655-659, acolhe "la extensión del deber de fidelidad al ámbito afectivo en general", concordando com o critério do aresto do TS 24/1/1935, marcado pela orientação da infidelidade moral. Contudo, o comentário será reproduzido no manual *Derecho de Familia* (1997) cit., pp. 101-102, amputado da parte que se referia à inclusão do aspecto afectivo. O dever de fidelidade aparece, portanto, confinado a uma dimensão sexual positiva e negativa (cfr. *supra*, nota 394).

A fidelidade comportaria, em suma, uma vertente positiva e uma vertente negativa, cada uma delas albergando obrigações distintas: um *facere* – ter relações sexuais com o cônjuge – e um *omittere* – não ter relações sexuais nem "ligações amoroso-platónicas" com um estranho[452].

1.4. O retorno da concepção restrita "grosseira" de fidelidade

33. A atitude de afirmação ou negação do dever conjugal de não ter relações sexuais com terceiro repercute-se no traçado do âmbito do direito à liberdade e do direito à privacidade na constância do matrimónio. A regra da exclusividade não permite o reconhecimento da faculdade de escolha de parceiro sexual, cerceando a liberdade sexual e, de certa forma, a liberdade de sentimento e de pensamento. A ideia de uma proibição estatal do adultério não contempla nem a possibilidade de manifestação carnal da afectividade para com outrem que não o cônjuge, nem a possibilidade de actuação segundo convicções (religiosas ou outras) favoráveis à poligamia *de facto*.

A atribuição de relevância jurídica à fidelidade sexual, designadamente no quadro da concessão do divórcio e da fixação dos efeitos patrimoniais deste, desencadeia a problemática da prova do adultério[453]. Aspectos íntimos da vida do alegado cônjuge infractor e do

---

[452] Cfr. FERREIRA PINTO, *Causas do divórcio* cit., pp. 69-72. Ou CALLU, "Les rapports personnels entre époux" cit., pp. 17-18: "le devoir de fidélité c'est d'abord et avant tout l'obligation pour chaque conjoint d'entretenir des relations sexuelles avec l'autre conjoint"; "la fidélité revêt d'abord un aspect positif"; "le devoir de fidélité présente aussi un aspect négatif en ce qu'il interdit tout ce qui pourrait porter atteinte à l'union des conjoints, que le manquement provienne d'une simple inconduite ou d'un adultère consommé".

[453] A problemática assume especial interesse nos ordenamentos francês e português, em virtude do papel que neles é conferido à "faute"/culpa do cônjuge. A matéria da prova no divórcio chega a ser objecto de regulamentação específica no *Code civil*, ao abrigo da qual é permitida a utilização de todos os meios de prova (art. 259), com excepção de cartas trocadas entre um cônjuge e terceiro que tenham sido obtidas "par violence ou fraude" (art. 259-1) e dos "constats dressés à la demande d'un époux" se tiver havido "violation de domicile ou atteinte illicite à l'intimité de

seu alegado cúmplice serão devassados por estranhos – detectives, funcionários, advogados, juízes, etc. Em juízo, serão apresentados documentos (*v.g.*, cartas, registos de correio electrónico, fotografias, gravações, filmes) e testemunhos, destinados a demonstrar a existência de relacionamento sexual extramatrimonial.

A consagração do dever em apreço, atendendo ao seu impacto restritivo, tem naturalmente de encontrar uma justificação razoável. Ora, de acordo com Calais-Auloy, com a "descoberta dos métodos de contracepção" o dever de abstenção de adultério teria perdido razão de ser. "A fidelidade da mulher era outrora o único meio de assegurar ao homem uma descendência de sangue. Actualmente, é pouco provável que uma mulher adúltera se ponha a procriar"[454].

---

la vie privée" (art. 259-2). Sobre o tema, ver DESNOYER, *L'évolution de la sanction en droit de la famille*, Paris, L'Harmattan, 2001, p. 155 e s.; LÉCUYER, "Journal intime: La Cour de cassation n'est pas isolée", *Dr. Fam.* 2001/6, pp. 18-19; VASSAUX, *Liberté individuelle et devoirs personnels des époux* cit., p. 439 s. Tratando de vários meios de prova admissíveis para comprovação da situação de adultério – "constats d'huissier" (diligências judiciais, mencionadas no *supra* citado art. 259-2 do *Code civil*, em que um funcionário tenta surpreender em flagrante o cônjuge suspeito de infidelidade), "rapports de détectives", "lettres, photographies et enregistrements" e "témoignages" –, o último autor considera que, na jurisprudência, o direito à prova prevalece, em geral, sobre o direito à privacidade. A demonstração da existência de adultério levaria forçosamente à violação da intimidade da vida privada dos hipotéticos interessados, violação que os tribunais qualificam de lícita se forem respeitadas certas condições relativas à obtenção da prova (*v.g.*, no caso de "constats d'huissier", autorização judicial prévia ou realização durante o dia). Todavia, como decorre da redacção do art. 80.º, n.º 2, do Código Civil português, a questão não é tanto de violação (lícita) quanto de *extensão* de um direito de personalidade. Importa saber se a reserva da intimidade da vida privada cessa ou não perante o interesse na indagação do adultério (responde afirmativamente OLIVEIRA ASCENSÃO, *Teoria Geral do Direito Civil*, I cit., p. 121).

Para mais pormenores acerca do curioso meio de prova francês que é o "constat d'huissier", consultar SOURVILLE, "La réforme du divorce: le point de vue de l'huissier de justice", em AAVV, *Divorce, 20 ans après*, Paris, Dalloz/Revue Juridique d'Ile de France, 1997, pp. 71-73.

[454] CALAIS-AULOY, "Pour un mariage aux effets limités", *RTDC* 1988, p. 257 ("La fidélité de la femme était autrefois le seul moyen d'assurer à l'homme une descendance par le sang. Actuellement il est peu probable qu'une femme adultère se mette à procréer").

Somando a tudo isto a despenalização do adultério, que entre nós ocorreu através do Decreto-Lei n.º 262/75, de 27 de Maio, e o desaparecimento da referência legal expressa ao adultério como fundamento de separação judicial ou divórcio, que abria o elenco do art. 1778.º do Código Civil, na versão anterior à do Decreto-Lei n.º 496/77, de 25 de Novembro, será defensável continuar a associar ao casamento a obrigação de exclusividade sexual?

A regra "pater is est, quem nuptiae demonstrant", constante do art. 1826.º, n.º 1, do Código Civil, não pode ser encarada como corolário da imposição dos deveres de coabitação e de fidelidade aos cônjuges; trata-se de mera presunção legal *iuris tantum* assente no elevado grau de probabilidade de o filho nascido ou concebido na constância do matrimónio ter como pai o marido da mãe[455]. A aplicação da presunção de paternidade à hipótese de concepção antenupcial é elemento revelador da relativa separação que impera entre esta matéria e qualquer dever conjugal. Por outro lado, a proibição de ter relações sexuais com terceiro não obriga apenas a mulher, caracteriza-se pela reciprocidade. É, portanto, incorrecto fundamentar o dever de não cometer adultério na garantia de coincidência entre filiação presumida e verdade biológica.

A ânsia de originalidade que assalta Calais-Auloy esvai-se quando depara com duas situações extremas – "introdução de um terceiro no lar conjugal ou abandono completo desse lar pelo cônjuge infiel"[456]. Nestes casos, e apesar da evolução que teve lugar no campo

---

[455] Cfr. PEREIRA COELHO, *Filiação*, apontamentos das lições proferidas no âmbito da cadeira de Direito Civil (Curso Complementar), coligidos pelos alunos Rui Duarte Morais, Oehen Mendes e Maria José Castanheira Neves, dact., Faculdade de Direito da Universidade de Coimbra, 1978, pp. 71-75, e GUILHERME DE OLIVEIRA, *Impugnação da paternidade*, separata do BFDUC, Coimbra, 1979, p. 11 e s.

[456] CALAIS-AULOY, ob.cit., p. 258. As suas propostas, que não obtiveram grande adesão, foram classificadas de "estranhas" e "menos sérias" por MEULDERS-KLEIN, M.-T., *La personne, la famille et le droit* cit., p. 48. Por seu turno, VILLA-NYS, "Réflexions sur le devenir de l'obligation de fidélité dans le droit civil de la famille", *Dr. P.* 2000, n.º 85, p. 98, afirma que a opinião de Calais-Auloy assenta num pressuposto falso, a aversão ao matrimónio tradicional, quando "les jeunes couples qui s'engagent dans le mariage cherchent, bien au contraire, à partager les valeurs essentielles au rang desquelles figure la fidélité".

da contracepção, haveria que reagir contra a infidelidade sexual porque "ela torna impossível a vida do casal e dos filhos". Fora dessas situações, o "juramento de fidelidade que os cônjuges sentiram a necessidade de fazer" já não interessaria ao legislador: à sociedade importaria sobretudo a "estabilidade do casal" e a liberdade dos indivíduos. Ou seja, o "dever de não praticar uma poligamia inaceitável" substituiria o dever de não ter relações sexuais com terceiro. "Tem-se censurado frequentemente as nossas sociedades ocidentais por serem menos realistas do que certas sociedades orientais que admitem (sociedades islâmicas) ou admitiam (sociedades chinesas) a poligamia. A censura cairá se não sancionarmos mais uma certa poligamia (e poliandria) aceitáveis".

Mas será realmente o adultério compatível com a "vida do casal"? Segundo Paillet[457], a comunhão de vida, essencial no casamento, suporia um elemento psicológico de "convergência sentimental". Ora, a infidelidade indiciaria o contrário – "divergência". Não haveria conciliação possível entre os dois conceitos. "Não nasce a infidelidade de uma profunda insatisfação perante a situação presente, de um violento desejo de ir na direcção de outra coisa, de deixar alguém por causa de outro parceiro? Não há no prefixo «ad» da palavra «adultério» essa ideia de «ir na direcção de»?..."

No entanto, esta visão do adultério como desencontro de sentimentos, demasiado subjectiva, corre o risco de sucumbir a uma discussão centrada nos "lugares comuns da paixão sufocada e do delírio dos sentidos"[458] ou na "hipótese de se amar ao mesmo tempo duas ou mais pessoas", muito versada nas estórias cor-de-rosa. Convirá, por isso, evitar uma argumentação totalmente apoiada no chamado elemento psicológico da comunhão de vida.

Seja como for, não se pode prescindir da ideia de comunhão de vida. É da comunhão tendencialmente plena de vida, inerente à imagem legal de casamento, que decorre afinal o dever conjugal de não ter relações sexuais com terceiro. A comunhão matrimonial surge como única [cfr. art. 1601.º, alínea c), do Código Civil português] e abrangendo a generalidade dos aspectos da vida dos cônjuges. E entre eles

---

[457] PAILLET, *Infidélité conjugale* cit., pp. 206-207.
[458] A expressão é de BRECCIA, "Separazione personale dei coniugi" cit., p. 388.

está necessariamente o aspecto sexual, objecto de evidente atenção legislativa. O casamento contraído por duas pessoas do mesmo sexo é juridicamente inexistente [art. 1628.º, alínea e)]. A proibição do incesto justifica o impedimento à união entre pais e filhos ou entre irmãos [artigo 1602.º, alíneas a) e b)].

A exclusividade sexual reflecte uma das vertentes fundamentais da plenitude matrimonial. Representando o acto sexual um dos actos mais íntimos e mais pessoais e dando forma a uma das ocasiões de mais intensa aproximação entre duas pessoas, como harmonizar o adultério com a união conjugal, por definição absorvente e monopolizadora[459]? A descriminalização do adultério e o facto de o mesmo ter deixado de ser causa nominada de separação judicial ou divórcio em nada prejudicam o cenário.

A despenalização de um comportamento que até aí constituía também um ilícito civil não influi na solução de Direito Civil. A abolição da prisão por dívidas não assinalou, por exemplo, o fim do dever jurídico obrigacional ou da sua garantia. E se a lei civil portuguesa não contém presentemente uma alusão ao adultério no quadro do divórcio ou da separação judicial de pessoas e bens é por ter havido a transição de um sistema baseado em causas especificadas para um outro baseado numa causa geral. O art. 1779.º do Código Civil, disposição vigente no que toca aos fundamentos do divórcio-sanção, não individualiza nenhuma violação de dever conjugal.

Para quem valorize as explicitações legais, o art. 2196.º, n.º 1, será crucial[460]. O preceito, aplicável, com adaptações, às doações (art. 953.º), prevê a nulidade das disposições testamentárias feitas pelo cônjuge adúltero em benefício do seu cúmplice. Ao contrário das demais indisponibilidades relativas, não se fundamenta na protecção da liberdade de testar (ou da disposição patrimonial a título gratuito) mas

---

[459] Para uma perspectiva filosófica animada da temática da "totalidade e exclusividade" no casamento, cfr. VILADRICH, *La agonía del matrimonio legal* cit., em particular p. 88 e s.

[460] A título de exemplo de uma aplicação recente do preceito, cfr. o ac. STJ 24/1/2002, *CJ-S* 2002/1, p. 51, que concluiu pela conformidade do artigo 2196.º, n.º 1, do Código Civil, com os artigos 18.º, n.º 2, e 62.º, n.º 1, da Constituição da República Portuguesa.

da ordem matrimonial[461]. À situação de adultério liga-se uma estatuição negativa: o cônjuge adúltero não pode validamente beneficiar o terceiro cúmplice, este não pode validamente adquirir bens doados ou deixados por aquele. E se assim sucede só pode ser por o adultério consubstanciar a violação de um dever – justamente, o dever conjugal de não ter relações sexuais com terceiro.

Que tal dever restringe a liberdade do obrigado, é óbvio. Porém, à "dimensão da liberdade" contrapõe-se a "substância objectiva da relação conjugal", "relação de convivência tendencialmente estável e exclusiva"[462]. Há, pois, que optar entre o direito "predatório, circunstancial" e a preservação do conteúdo mínimo do casamento-estado. Se nenhum limite se consentir aos direitos de personalidade, o que identificará o "fenómeno conjugal"?

Como tão bem elucida Leite de Campos[463], a família (em especial, a família matrimonial) não sobrevive à vitória do "subjectivismo pós-moderno". Baseado no entendimento de que a Justiça equivale a um conceito vazio e de que a única maneira de "resolver os problemas" é "superar as limitações à espontaneidade do desejo", este subjectivismo reputa os direitos de personalidade superiores a todos os outros direitos – "mesmo ao «Direito» estadual que constituirá, perante eles, Direito de segunda ordem, subordinado". Ninguém (nem o Estado, nem os outros) poderia restringir os direitos fundamentais do indivíduo. Resultado: "O ser humano na família surge, pois, em guerra com os outros, rejeitando a autoridade, a solidariedade, a convivência, a cedência". A família, grupo de pessoas, acaba por "agonizar", porque "cada um só «quer» o seu desejo contingente", porque "da relação direito/dever que é o núcleo do vínculo familiar, só resta o direito predatório, circunstancial".

---

[461] Cfr. GUILHERME DE OLIVEIRA, *O testamento. Apontamentos*, s/ local, Reproset, s/data, p. 22: "No caso do art. 2196 a indisponibilidade funda-se numa velha suspeita de que a liberalidade seja feita com o intuito de captar o início ou a manutenção de uma relação adulterina; alguma doutrina antiga falava, significativamente, no «salário do vício»".

[462] Cfr. FURGIUELE, "Libertà e famiglia: dal sistema al microsistema", *Persona e comunità familiare* cit., p. 88.

[463] LEITE DE CAMPOS, "A família como grupo" cit., p. 927 e s.

A proibição do adultério não colide com o cerne da tutela da personalidade. Por um lado, não é toda a liberdade individual que é sacrificada. Verifica-se uma mera restrição ao exercício da liberdade no plano sexual. Nem sequer fica suspensa a liberdade sexual de cada cônjuge – ela não se circunscreve à escolha do parceiro, compreende a determinação do momento e da forma da manifestação da sexualidade. Por outro lado, o limite relativo a uma faculdade do direito à liberdade sexual é fruto da aquisição voluntária de um estado, o de casado, pelo interessado, na sequência da celebração de um acto que integra o exercício de um direito constitucionalmente protegido (cfr. art. 36.º, n.º 1, da Constituição portuguesa).

Não há, assim, motivo sério para afastar o dever de abstenção de relações carnais extramatrimoniais com base no ordenamento dos direitos de personalidade. Ainda que se fale de um *direito à felicidade* ou *à realização pessoal*. Citando um importante civilista espanhol[464]: "Com o mesmo fundamento poderia negar-se um devedor a cumprir as suas obrigações porque o fazê-lo produz-lhe um trauma, ou pretender qualquer pessoa que o vizinho lhe entregue o relógio ou a conta corrente porque carece deles para o desenvolvimento harmonioso da sua personalidade."

34. Sem contestar que o casamento implica, em princípio, exclusividade sexual, Alagna[465] *expulsa-a* do âmbito do dever de fidelidade. Na sua opinião, teria ocorrido uma evolução do dever, associada designadamente à despenalização do adultério e do concubinato, por força da qual já não teria qualquer base a tese de uma fidelidade de índole sexual. A persistência nesta tese revelaria incapacidade de separar o aspecto moral do normativo; o legislador não teria nem poderia ter como fim último "a tutela da unidade moral dos cônjuges, dos seus afectos, das suas relações físicas e psíquicas". A comunhão dos cônjuges não dependeria do Direito, mas da espontaneidade dos membros da

---

[464] LACRUZ BERDEJO, comentário ao artigo 68, em Lacruz Berdejo (org.), *Matrimonio y divorcio* (1994) cit., p. 658.

[465] ALAGNA, *Famiglia e rapporti tra coniugi* cit., p. 77 e s. Cfr., igualmente, *supra*, n.º 29.

família. À lei caberia somente regular a vertente jurídica. Deste modo, a obrigação de fidelidade prevista no Codice visaria assegurar a "estabilidade" da família, isto é, a "ligação entre os membros", a "unidade substancial", e não a "unidade formal ou física". Estabilidade que se conseguiria independentemente de um cônjuge ter relações sexuais com terceiro e que em nada beneficiaria com a consagração de um dever limitativo da liberdade física e psíquica dos cônjuges, susceptível, pelo contrário, de instalar um espírito propício à desagregação do grupo familiar. Por isso, e em suma, a fidelidade não se confundiria com a exclusividade sexual; estaria, ao invés, ligada à "vontade de plena união dos cônjuges".

Quanto à exclusividade sexual, seria uma componente normal, e não essencial, do "compromisso recíproco de devoção"; a sua violação teria de ser enquadrada "com serenidade"; na fase de separação ou de divórcio, o juiz não poderia esquecer que "a família contemporânea já não se baseia em dados formais, como a convivência ou a mesma exclusividade sexual, mas na vontade de plena união das partes". Por fim, e pressupondo a diferença entre fidelidade e exclusividade sexual, Alagna censura a posição da inderrogabilidade do dever de não ter relações sexuais com terceiro.

A proposta do jurista italiano contém um propósito muito claro: a subestimação do dever de não ter relações sexuais com terceiro, uma vez que ao dever de fidelidade, que consta em primeiro lugar do elenco dos deveres recíprocos dos cônjuges (art. 143, parágrafo 2.º, do *Codice Civile*), "parece ser atribuído valor quase emblemático também no novo Direito da Família".

Porém, a tentativa de Alagna claudica. Não se vislumbra qualquer conexão entre a despenalização do adultério e a pretensa evolução do conceito de fidelidade. O argumento da espontaneidade da união conjugal serve melhor a justificação da desregulamentação total do casamento do que a reconstrução do conteúdo jurídico do dever de fidelidade. A indicação de situações de "real unidade" do grupo familiar quando há adultério gera dúvidas quanto à autenticidade da alegada unidade. A detecção de casos de desagregação familiar apesar do respeito da exclusividade sexual pouco interessa: os partidários da acepção estritamente sexual do dever de fidelidade não o vêem como o único dever conjugal nem como um dever cujo cumprimento seja só por si suficiente para o êxito matrimonial. A apreciação "crítica", não automática, do adultério para efeitos de separação ou divórcio, não é apanágio do dever em questão; é exigida para a violação de qualquer dever conjugal.

Acima de tudo, Alagna estabelece uma distinção artificial entre dever de fidelidade e de exclusividade sexual; a primeira é reconduzida à "vontade de plena união dos cônjuges", a segunda ao "compromisso recíproco de devoção". São conceitos que Busnelli utiliza como sinónimos e que Alagna não se esforça por demarcar. Naturalmente, porque a inércia é mais profícua. Trata-se de uma e mesma coisa. A originalidade, qual camada de verniz, *estala*, deixando perceber o pensamento que lhe subjaz: os cônjuges não estão sempre, em todos os casamentos, em todas as circunstâncias, obrigados à exclusividade sexual; a abstenção de ter relações físicas com terceiro impõe-se desde que reclamada pelo dever de fidelidade, o que se verifica frequentemente. Ou seja, a obrigação de não ter relações sexuais, *quando efectivamente existisse*, só poderia emergir da fidelidade. Para Alagna, a recusa de sentido sexual ao primeiro dever conjugal enunciado pela lei apresenta-se como o caminho adequado para alcançar, cumulativamente, dois objectivos tradicionalmente incompatíveis: a relativização da proibição de adultério e a proclamação do carácter imperativo do dever de fidelidade.

Mas se não é de aceitar a *des-sexualização* frontal do dever de fidelidade[466], tão-pouco se deve acolher a *diluição* do seu conteúdo, puramente sexual, característica das *teorias de alargamento*.

A criação da noção de infidelidade moral é originada por um constrangimento no plano da mentalidade técnico-jurídica: a necessidade de reconduzir os fundamentos de divórcio à violação de um dever conjugal nominado. Exigindo-se "faute" para decretar o divórcio, constituindo a "faute" obrigatoriamente violação de uma regra matrimonial,

---

[466] Com a qual BRECCIA, "Separazione personale dei coniugi" cit., p. 388, simpatiza. Para ele, o que contaria em matéria de infidelidade seria o "distanciamento" de um cônjuge face ao outro, tornando-se "superfluo scendere nella casistica dei comportamenti intimi".

a jurisprudência francesa, sentindo-se condicionada pela letra da lei, teve de encontrar resposta no texto do *Code civil* que enumera os deveres emergentes do casamento. Na fundamentação das sentenças, não se considerou bastante o facto de certos comportamentos preencherem o tipo da "injúria grave".

Os tribunais franceses distinguirão, até à Reforma de 1975, entre infidelidade material ou adultério, causa peremptória de divórcio, e infidelidade moral, causa facultativa de divórcio. As modificações legislativas inviabilizarão a "teoria das causas peremptórias"[467]. Contudo, subsistirá a divisão dicotómica da infidelidade. Num momento susceptível de estimular uma certa abertura interpretativa, os casos ditos de infidelidade moral nem por isso serão caracterizados como violações de um dever inominado ou de um amplo dever de assistência[468]. Houve pressa de aproveitar a elaboração forense[469].

Não obstante isto, como aprovar a qualificação encontrada para uma amálgama de situações que vão desde a aparência de contactos sexuais extramatrimoniais, à ligação sentimental ou intelectual com terceiro, à prática de actos destinados a afastar o respectivo cônjuge da sua vida afectiva ou a entabular relacionamento amoroso com outrem, determinado ou não, e à recepção de propostas ou declarações amorosas emitidas por terceiro? Umas situações traduzem elementos probatórios de adultério relegados por um intérprete que, impressionado pela previsão de "constats d'huissier", praticamente só se contenta com a *certeza do flagrante*. Algumas indiciam tentativa de adultério. Outras, porém, só permitem a aproximação da figura do adultério por evoca-

---

[467] Sobre o assunto, cfr. VASSAUX, *Liberté individuelle et devoirs personnels des époux* cit., pp. 507, 508 e 522.

[468] Cfr. BÉNABENT, *Droit Civil. La famille* cit., p. 97, que desdobra o dever de assistência "en devoirs de sincérité, de patience, de solidarité, d'honneur, de courtoisie, de respect mutuel".

[469] Cfr. CARBONNIER, *Droit civil 2* cit., p. 473: "La jurisprudence avait rendu le devoir de fidélité plus strict par une interprétation de l'ancien a. 232, en traitant comme injure, cause de divorce (mais cause facultative, laissant au juge un pouvoir d'apprécier, et non plus cause péremptoire), l'infidélité simplement morale, qui n'est pas allée jusqu'aux rapports sexuels, qui s'est bornée à des intrigues amoureuses. Cette jurisprudence peut revivre dans l'a. 242."

rem, de modo mais ou menos vago, um relacionamento triangular, uma interferência de terceiro no casamento (efectiva ou desejada, consentida ou provocada...). O que, para além disso, as unifica, porém, na argumentação que sustenta a infidelidade moral, consiste no impacto negativo que têm sobre a dignidade do "cônjuge inocente"[470] – vítima da opinião pública que, no mínimo, censura a sua tolerância ou ingenuidade, suplantado (ou supondo-se suplantado) pelo terceiro ou por qualquer terceiro, suspeitando que o seu cônjuge não desencoraja exteriorizações de cariz sentimental provenientes de outrem...

A Reforma do Código Civil português incluiu o dever de respeito no elenco de deveres conjugais. Paradoxalmente, cresceu, entre nós, a tese da infidelidade moral. Certa sentença chega ao extremo de detectar uma violação do dever de fidelidade num conto em que um cônjuge se imagina "a copular" com uma personagem[471]. Aqui, a infidelidade moral veste-se de *adultério fictício*, deixando transparecer o que tem de fantasia.

Este panorama assenta numa dupla incompreensão – do alcance e relevo do dever de respeito, do papel da consciência social na concretização dos deveres conjugais.

O dever de respeito que encabeça o elenco do artigo 1672.º não surge entre os deveres conjugais como simples repetição de um dever geral, localizado na área do Direito Matrimonial, ou como mero ponto de apoio para declarar que os direitos fundamentais constitucionalmente garantidos vigoram apesar do casamento. E muito menos pode

---

[470] Cfr. a preciosa análise de VASSAUX, *Liberté individuelle et devoirs personnels des époux* cit., p. 563 e s.

[471] Ac. STJ 25/2/1987, *BMJ* 364, p. 866, citado *supra*, n.º 30. Em contraste, ver ac. RP 13/12/1988, *BMJ* 382, p. 531 (a "fundada suspeita de infidelidade" integra a violação do dever de respeito) e ac. RE 2/11/1995, *BMJ* 451, p. 527 ("I- Provado que pessoas vizinhas diziam que a ré tinha amantes, necessariamente se tem de inferir que ela tinha um comportamento que suscitou aqueles dizeres, o que é incompatível com uma conduta que normalmente deve ter uma mulher casada. II- Tal comportamento não pode deixar de violar o dever de respeito a que alude o artigo 1672.º do Código Civil e é fundamento de divórcio"), implicitamente restritivos quanto ao âmbito do dever de fidelidade.

ser definido como um limite à comunhão[472]. O respeito que o Código Civil nomeia ao regular os efeitos do casamento é qualificado como dever conjugal. Por isso, encerra especificidade e exige uma leitura que faça jus ao seu contributo potencial para a *plena comunhão de vida*. Comunhão e não *submissão* – consequentemente, importa assegurar os direitos individuais. Comunhão e não *encontro ocasional* – portanto, há que prevenir o exercício descontrolado dos direitos pessoais. Simultaneamente, o dever conjugal de respeito liberta e responsabiliza o titular de direitos gerais. Um cônjuge não pode legitimamente impedir o outro de os exercer, mas quem os detém não está autorizado a exercê-los com desprezo pela posição do primeiro[473]. Mais precisamente: o dever de respeito exige a cada cônjuge prudência na exteriorização do respectivo poder de autodeterminação, em especial da liberdade de relacionamento (não carnal) com terceiros.

Na valoração social, fidelidade conjugal significa somente não cometer adultério, juízo que, em regra, a rigorosa doutrina alemã inteiramente acata e que os defensores das visões amplas nem sempre desconhecem[474]. A corrente da infidelidade moral peca por ultrapassar o entendimento ditado pelo "sensus communis".

---

[472] Para ANTUNES VARELA, o dever de respeito representa "uma limitação do pensamento comunitário que está na base da sociedade conjugal", uma situação jurídica que não une os cônjuges. Por esta razão, defende que o facto de um cônjuge ocultar do outro a correspondência que recebe, ou as chamadas telefónicas que faz, pode integrar infracção apenas de outro dever – o de cooperação: cfr. *Direito da Família* cit., pp. 342 e 362.

[473] Destacam o efeito restritivo do dever de respeito sobre os "direitos não conjugais", STAUDINGER/HÜBNER cit., § 1353, Nm. 36 "Die Gatten sind zur gegenseitigen Rücksichtnahme verpflichtet. Das bedeutet gegebenenfalls, da der Inanspruchnahme legitimer ehelicher Rechte eine Einwendung entgegenstehen kann. Darüber hinaus kann die Ausübung von Rechten, die nicht nur den Ehegatten untereinander, sonder jedermann zustehen können («Jedermanns»-Rechte), wegen der ehelichen Pflicht zur Rücksichtnahme eingeschränkt sein", e D. SCHWAB, *Familienrecht* cit., p. 57 ("Freilich ergeben sich immanente Grenzen des Persönlichkeitsschutzes aus der ehelichen Lebensgemeinschaft als einem Raum gemeinsamer Privatsphäre und aus dem Gebot der Rücksichtnahme auf den Partner").

[474] Cfr. RAGEL SÁNCHEZ, *A qué obliga el matrimonio?* cit., pp. 74-75: "Cuando hablamos de infidelidad enseguida pensamos en el adulterio que, como es sabido, consiste en el hecho de mantener una persona casada relaciones sexuales con persona

De idêntico vício padece a tendência dominante em Itália. Além disso, suscita novos reparos. A formulação positiva e lata do dever de fidelidade extrai ilações precipitadas da despenalização do adultério. Primeiro, parte do pressuposto evidente de que a punição criminal incorpora uma perspectiva sancionatória, negativa, para concluir que a descriminalização acarreta uma visão radicalmente distinta, positiva, do dever em apreço. A defesa de uma determinação positiva do conteúdo da fidelidade não corresponde, no entanto, a um avanço material. Não é difícil estabelecer uma versão positiva e negativa de qualquer das grandes posições sobre o dever. A ideia de "mútua dedicação recíproca e exclusiva de corpos"[475], por exemplo, representa, em parte, uma alternativa à da proibição de adultério. E, ainda a título ilustrativo, refira-se um seguidor espanhol[476] de Busnelli que diz que a fidelidade comporta, enquanto regra de conduta, uma dupla vertente: negativa, "abster-se de comportamentos contrários à exclusividade do amor, da vida sexual e das outras manifestações de respeito e dignidade"; positiva, "unívoca disposição para o compromisso pessoal e voluntário contraído". Atitude de qualquer forma rara no seio de uma orientação em que impera a preocupação de sublinhar a vertente positiva da fidelidade, rejeitando defini-la mediante palavras com conotação negativa – "abstenção", "proibição", exclusividade". Sem prejuízo de, adiante, se inserir o adultério ou a ligação sentimental com terceiro entre as possíveis hipóteses de violação da figura...

Observa-se um elemento *lúdico* nesta visão, impulsionado talvez pelo ambiente de *democraticidade* da Reforma italiana de 1975, que pôs em prática o princípio da igualdade entre os cônjuges. As democracias têm, por vezes, um "estranho pudor ante certas palavras que

---

diferente a su cónyuge. Esta opinión está bastante generalizada en nuestra sociedad e incluso en el mundo de los juristas". Todavia, ao autor não lhe parece boa. O dever legal de fidelidade imporia antes "lealdade".

Será adequada a atitude do intérprete que, perante um conceito indeterminado, privilegia a sua valoração em detrimento daquela que prevalece na sociedade?

[475] Concepção de Degni, mencionada por BUSNELLI, "Significato attuale del dovere di fedeltà coniugale", pp. 279-280.

[476] DORAL, comentário ao artigo 82, em Lacruz Berdejo (org.), *Matrimonio y divorcio* (1994) cit., p. 850.

consideram repressivas ou carregadas de culpabilidade"[477]; "estranho", em virtude de as mesmas situações, sob outras designações, continuarem a ser puníveis. De facto, o *Codice Civile* sanciona actualmente o adultério, a infidelidade, ao contemplar, no art. 151, o "addebito" na separação judicial, quando haja "comportamento contrário aos deveres que derivam do matrimónio".

Mais violento se afigura o segundo corolário da despenalização do adultério indicado por Busnelli. Como a incriminação do relacionamento sexual não conjugal visava evitar a desconsideração pública que afectava o cônjuge "traído", haveria que encontrar um fundamento diferente para o dever de fidelidade. Tal dever estaria agora em conexão com a garantia da harmonia entre os cônjuges e já não com a tutela da sua reputação. Deste modo, teria um conteúdo amplo, que excederia a esfera sexual. É a concepção da fidelidade como "compromisso recíproco de devoção".

Não se discute a inviabilidade da detecção de uma razão de ser comum à imposição de fidelidade e ao crime de difamação. Não se contesta que a alusão legal à fidelidade tenha por objectivo a realização da harmonia conjugal. Contudo, é incorrecto enquadrar o fundamento comum aos deveres conjugais como fundamento específico de um deles, tal como é incorrecto atribuir a um o significado conjunto de todos. A posição cifra-se, assim, na *confusão da parte com o todo*[478].

---

[477] Cfr. VEGA SALA, "El nuevo Derecho del Matrimonio" cit., p. 258.

[478] A favor de uma visão análoga e patentemente desproporcionada, cfr., em Espanha, AT Valladolid 6/6/1984, *La Ley* 1985, p. 884: "En la adecuada interpretación del concepto de infidelidad conyugal, causa de separación matrimonial conforme al art. 82.1 CC, viene impuesta la apreciación de que por tal debe entenderse no sólo la estricta conducta de adulterio, con la que vino siendo identificada, sino también lo que en la doctrina moderna se reputa adulterio sentimental, en el que deben cobijarse todos los comportamientos opuestos al amor debido y a las demás manifestaciones no acordes al respeto y a la dignidad que el matrimonio comporta, como son, igualdad en los derechos y obligaciones del marido y la mujer, respeto y ayuda mutua, socorro también mutuo, vida en común, prestaciones de alimentos tanto al otro cónyuge como a los hijos, etc.". Próximo, ALVAREZ-CAPEROCHIPI, *Curso de Derecho de Família*, t. I, *Matrimonio y régimen económico*, Madrid, Editorial Civitas, 1987, pp. 154-155: "Puede calificarse de infidelidad toda conducta grave o reiterada opuesta al amor debido" (em particular, "abandono injustificado del hogar", "adulterio",

E se nem sempre os protagonistas da concepção maioritária no direito italiano estão conscientes de que a respectiva tese leva à colocação de todo o conteúdo do casamento no dever de fidelidade, alguns assumem, pelo menos, a rejeição de uma linha clara de demarcação entre aquele dever e um outro (*v.g.*, o de respeito ou de assistência). Ou seja, em lugar de uma *caracterização* propõe-se *indiferenciação*.

35. A agregação no dever conjugal de fidelidade da abstenção de adultério e do débito conjugal tem a vantagem de unificar conteúdos tematicamente homogéneos associados ao casamento. Num só dever ficaria concentrado tudo o que respeita aos efeitos do enlace matrimonial no domínio da sexualidade. Assim sendo, o esforço de legitimação da obrigação de trato sexual entre os cônjuges não causaria distorções no desenho de outros deveres conjugais, como por exemplo, o de coabitação, frequentemente tido como portador de duas vertentes cuja ligação parece (relativamente) pouco consistente. A própria demonstração de uma obrigação de ter relações sexuais com o cônjuge acabaria por ser facilitada através de uma aproximação estreita à proibição do adultério, bastando pensar que a celebração do casamento não poderia equivaler a uma emissão de votos de castidade, que a proibição implicaria uma contrapartida de cariz igualmente sexual.

Contudo, a construção nestes termos do dever de fidelidade colide com o entendimento social relevante. E não alcança a completa harmonia conceptual interna: a fidelidade imporia um *non facere*, ditado pela unidade da família conjugal[479], e um *facere*, requerido pela com-

---

"conducta injuriosa o vejatoria", "violación grave o reiterada de los deberes respecto de los hijos comunes o respecto de los de cualquiera de los cónyuges que convivan el el hogar conyugal", "condena a pena de privación de libertad por tiempo superior a seis años", "el alcoholismo, la toxicomanía o las perturbaciones mentales", "condena en sentencia firme por atentar contra la vida del cónyuge, sus ascendientes o descendientes").

[479] Na proibição do adultério projecta-se o princípio da unidade da família (cfr. MOZOS, "Despenalización del adulterio y nuevo significado de la fidelidad conyugal", *La reforma del Derecho de Familia en España, hoy*, vol. I, cit., pp. 84-85). A intensidade da comunhão matrimonial exige a *unicidade* da ligação, incompatível com a prática de actos íntimos entre um dos cônjuges e terceiro.

plementariedade sexual dos membros do casal. O carácter negativo de um dos componentes poderá, é verdade, ser dissimulado mediante a referência a uma "dedicação física", da qual a abstenção de relacionamento sexual extramatrimonial fluiria, "enquanto natural consequência de uma dedicação que, para ser plena, não pode deixar de ser exclusiva"[480]. Mas o expediente secundariza o dever de não ter relações com terceiro face ao dever de ter relações sexuais com o cônjuge, contrastando sobremaneira com o maior grau de censura ética que a violação do primeiro desencadeia, e gera a tentação de fundamentar a proibição do adultério no débito conjugal, criando terreno para fazer depender a obrigação de exclusividade sexual da efectiva convivência conjugal[481].

As situações de recusa de trato sexual ou equiparadas (*v.g.*, a sujeição a intervenções cirúrgicas para impossibilitar a actividade sexual[482]) não se inserem entre as violações do dever de fidelidade conjugal. De fora, está também a fertilização artificial, desta feita por não corresponder a um *acto sexual*[483]. A noção de fidelidade abrange somente a proibição de adultério.

---

[480] Cfr. PARADISO, *La comunità familiare* cit., p. 290, e *I rapporti personali tra coniugi* cit., pp. 32-33.

[481] A Corte Cost. 18/4/1974, n.º 99, *Giur.Cost.* 1974, p. 731, considerando que "fra diritto alle prestazioni sessuali dell'altro coniuge e dovere di astenersi da atti di adulterio corre un rapporto così stretto da giustificare la conclusione che trattasi di due aspetti di una inscindibile disciplina giuridica", pronunciou-se pela eliminação do dever de exclusividade sexual entre os cônjuges separados.

[482] Hipótese que BERNALDO DE QUIRÓS, *Derecho de Familia* cit., p. 152, inexplicavelmente, dá como exemplo de infidelidade.

[483] O acto sexual pressupõe "intenção de satisfazer apetites sexuais" [cfr. MAIA GONÇALVES, *Código Penal Português* (anotado e comentado), 13.ª ed., Coimbra, Livraria Almedina, 1999, p. 549 (em anotação ao art. 163.º)]. Cfr. POUSSON-PETIT, *Le démariage en droit comparé*, Bruxelles, Larcier, 1981, p. 331, opondo-se à equiparação da inseminação (heteróloga) ao adultério na medida em que "l'insémination artificielle se réduit à une opération de laboratoire dans laquele on ne peut déceler aucune manifestation d'érotisme ou de jouissance". Igualmente, CAMPUZANO TOMÉ, em Serrano Alonso (org.), *Manual de Derecho de Familia* cit., pp. 101-103 (que reputa discutível a doutrina que alude a um "adultério biológico" ou "bioadultério"); SCARDULLA, "Inseminazione artificiale omologa od eterologa ed intollerabilità della convivenza", *DFP* 1987, p. 1347 ("in presenza di un'inseminazione artificiale

O adultério não se reduz, porém, à prática de relações sexuais *aptas à procriação* nem à cópula vaginal, com ou sem emissão de esperma[484]. Compreende todos os actos de relacionamento que se

eterologa, sia l'identità dell'uomo che ha fornito lo sperma nota od ignota alla moglie, manca da parte di quest'ultima quella dedizione erotica del proprio corpo che è elemento essenziale per la configurabilità dell'adulterio e quindi della violazione dell'obbligo della fedeltà").

É particularmente debatida a qualificação da fertilização artificial heteróloga, sem o consentimento do marido, como violação do dever de fidelidade. Há, porém, quem se pronuncie pela ilicitude conjugal da própria fertilização artificial, heteróloga ou homóloga, aprovada pelo marido: cfr. ALFIO FINOCCHIARO/MARIO FINOCCHIARO, *Diritto di Famiglia* cit., p. 268 (o dever de fidelidade obstaria ao consentimento na fecundação artificial, homóloga ou heteróloga), e EDUARDO DOS SANTOS, *Do divórcio* cit., p. 130 (admite, hesitantemente, que a inseminação artificial, homóloga ou heteróloga, com o consentimento do marido, constitua violação de dever conjugal, esclarecendo que então o marido veria precludido o direito ao divórcio ou separação e não poderia impugnar a paternidade presumida). Em regra, tal orientação é inaceitável. A concordância do marido denuncia, normalmente, a presença de uma vontade comum do casal no sentido de alargar a respectiva família, de aprofundar a comunhão (cfr. SCARDULLA, "Inseminazione artificiale" cit., p. 1346: "l'inseminazione artificiale, se prospettata e quindi praticata, al fine di vedere realizzata l'aspirazione comune dei coniugi ad avere della prole – scartiamo quindi l'ipotesi che essi agognino la nascita per interessi di natura diversa come quello, portato ad esempio dalla dottrina, di assicurarsi un'eredità –, costituisce un'espressione di affettività coniugale foriera di un'intensificazione dell'assistenza morale"). Aliás, já antes da Reforma de 1977, MOITINHO DE ALMEIDA, *As sevícias e as injúrias graves como fundamentos legais de divórcio e de separação de pessoas e bens*, Lisboa, *Jornal do Fôro*, 1959, pp. 57-58, defendera não haver "vislumbre de injúria" na fecundação artificial aprovada pelo marido, independentemente de o sémen lhe pertencer ou não. Em coerência com o que foi exposto, repudiada a inclusão da fertilização artificial heteróloga, sem o consentimento do marido, no campo das infidelidades, nem sempre será exacto optar pela solução da violação do dever de respeito (defendida por PAIS DE AMARAL, *Do casamento ao divórcio* cit., p. 81, EDUARDO DOS SANTOS, *Do divórcio* cit., p. 130, e FERREIRA PINTO, *Causas do divórcio* cit., pp. 72-75). Por vezes, a iniciativa da mulher atingirá o dever de cooperação, mais concretamente o dever de tentar alcançar o acordo nos assuntos mais importantes da vida familiar (como é ter ou não ter filhos), estabelecido no art. 1671.º, n.º 2, do Código Civil português.

[484] Como explica AZZOLINA, *La separazione personale dei coniugi*, Torino, UTED, 1948, pp. 44-46, a exigência inicial de *corporis traditio ad actus per se aptos ad prolis generationem*, com *seminatio intra vas*, foi fruto da influência canonista. No

subtraiam à exclusividade conjugal em matéria de partilha inter-pessoal de experiências sexuais: a cópula vaginal, a cópula vulvar ou vestibular, o coito anal, o coito oral, a masturbação com intervenção de terceiro, o auxílio à masturbação, etc. E é indiferente que a prática tenha lugar com pessoa de sexo diferente ou igual. Importa é que ocorra com outra *pessoa* que não o cônjuge[485]. A necrofilia e a bestialidade, designadamente, têm de ser aferidas pelo dever conjugal de respeito.

entanto, o requisito percebia-se melhor para o casamento católico, que tinha a *procreatio prolis* como fim primário (cân. 1013 do CIC, na versão da época). Aos poucos, os civilistas e penalistas abdicariam do elemento *immissio seminis*, por a sua observância levar "alla conclusione aberrante di escludere l'adulterio perfino nel caso di coito normale eseguito con precauzioni antifecondative" (cfr. PAJARDI, *La separazione personale dei coniugi nella giurisprudenza*, Padova, CEDAM, 1966, p. 16). Alguma doutrina portuguesa actual insiste no primeiro conceito restrito de adultério: cfr. TEIXEIRA DE SOUSA, *O regime jurídico do divórcio* cit., p. 41 ("relação de cópula completa de um dos cônjuges com um terceiro") e ABEL DELGADO, *O divórcio* cit., p. 68 ("manutenção de relações sexuais consumadas de um dos cônjuges com outra pessoa de sexo diferente que não seja o seu cônjuge").

[485] Paradoxal é a tendência de alguns canonistas que equiparam a bestialidade ao adultério, embora o confinem rigidamente ao trato sexual susceptível de levar à concepção (cfr. referência em EDUARDO DOS SANTOS, *Do divórcio* cit., pp. 126-127). Paradoxal é também que se amplie o conceito de adultério de modo a englobar actos sexuais *sem vocação* para a procriação, diferentes da cópula *perfeita ou consumada*, para em seguida os excluir quando sejam efectuados por pessoas do mesmo sexo [assim, BRIGUGLIO, "Separazione personale dei coniugi (diritto civile)", *NovissDig.it.*, vol. XVII, 1970, p. 16, e SCARDULLA, *La separazione personale dei coniugi* cit., p. 245]. EDUARDO DOS SANTOS, *Do divórcio* cit., pp. 125-128 não incorre em nenhum dos dois paradoxos: sustenta que qualquer acto sexual pode integrar-se no elemento material do adultério, ainda que se verifique com pessoa do mesmo sexo ou com animal. No nosso parecer, é excessivo o alargamento à bestialidade. A valoração social do relacionamento homossexual tornou-se muito menos negativa, atenuando-se a grande distância que o separava do relacionamento heterossexual (cfr., nomeadamente, MONTECCHIARI, "La separazione con addebito", em AAVV, *La famiglia*, vol. V, *Separazione dei coniugi*, Torino, UTET, 2000, p. 93, sobre a mudança de orientação no direito italiano: anteriormente qualificado como "ingiuria" e não como adultério, o relacionamento homossexual de pessoa casada tende agora a ser entendido como uma violação do dever de fidelidade); mas a liberalização das mentalidades não se processou a um nível semelhante no que toca às práticas sexuais com animais ou cadáveres; repugna, em geral, que se atribua a elas o tratamento que recebem as que ocorrem entre seres humanos. Por isso, a palavra infidelidade, ou adultério, é

2. SOBRE A INTANGIBILIDADE DO CONTEÚDO DO DEVER DE FIDELIDADE

2.1. As orientações relativistas

36. No estudo de Alagna[486], o afastamento da inderrogabilidade da obrigação de exclusividade sexual é o passo que se sucede à descoberta de uma pretensa diferença relevante entre esta obrigação e o dever de fidelidade. O acordo feito entre os cônjuges para se dispensarem do dever de não ter relações sexuais com terceiro teria plena eficácia jurídica enquanto permanecesse o consenso recíproco e desde que não envolvesse uma vontade implícita de desagregação da comunhão. O cônjuge que mantivesse relações sexuais extramatrimoniais ao abrigo do referido acordo não estaria, por isso, sujeito às consequências negativas do "addebito della separazione".

O carácter imperativo da fidelidade, primeiro dever mencionado no elenco do art. 143 do *Codice Civile*, não estaria em discussão. Todavia, ela não imporia automaticamente a exclusividade sexual. Desta forma, não haveria base para ver na proibição do adultério um efeito legal necessário do casamento. Abstraindo da dúvida acerca da aplicabilidade do art. 160 do *Codice Civile* às relações estritamente pessoais dos cônjuges (o preceito, colocado num capítulo dedicado à disciplina das relações patrimoniais da família, exclui a possibilidade de os cônjuges derrogarem direitos ou deveres "previstos na lei por efeito do matrimónio"), o autor defende a regra da disponibilidade dos poderes e deveres familiares. "Os cônjuges, na ausência de uma obri-

---

reservada para os actos sexuais inter-pessoais. As posições canonísticas que estendem o sentido da palavra a outros casos nasceram no contexto de um ordenamento que ainda hoje reconhece como única causa legítima de separação *perpétua* (com permanência do vínculo) o adultério (cân. 1152). Afigurava-se chocante que a realização por um cônjuge de actos tidos como *aberrantes* não permitisse ao outro interromper a convivência. Ora, com o sistema civil de separação e divórcio, não é preciso dilatar o âmbito da infidelidade.

[486] ALAGNA, *Famiglia e rapporti tra coniugi* cit., p. 77 e s., em especial pp. 86 e 87.

gação específica declarada indisponível de modo claro e não equívoco, são livres de efectuar a opção julgada conforme ao modo de vida eleito". Exigível seria apenas que houvesse consenso relativamente a "opções determinantes", entre as quais se contaria, inequivocamente, a dispensa da exclusividade sexual.

Com a descriminalização e a abolição do sistema de separação por causas tipificadas, o adultério teria perdido o carácter de comportamento em si mesmo juridicamente negativo. No Direito italiano posterior à reforma, em que a separação judicial é obtida mediante a demonstração da impossibilidade objectiva da prossecução da vida em comum (cfr. art. 151 do *Codice Civile*), o adultério teria importância unicamente enquanto sintoma daquela que seria a verdadeira infidelidade – a falta de "vontade de plena união dos cônjuges".

No entanto, embrenhado na tentativa de relativizar a exclusividade sexual, Alagna não se limita a combater a sua "injuntividade autónoma"; recusa-lhe, contraditoriamente, juridicidade. Atribui ao dever de abstenção de relações sexuais com terceiro cariz meramente moral; no entanto, reconhece-lhe, no plano jurídico, a qualidade de "requisito normal da família"[487] e, consequentemente, de elemento cuja exclusão implica a celebração de um acordo entre os cônjuges. Nesta linha, teria sido preferível caracterizá-lo como *dever jurídico supletivo*.

Furgiuele[488] sustenta, com maior coerência, a disponibilidade do dever de não cometer adultério. O aspecto sexual resultaria da fidelidade, entendida como o compromisso de cada cônjuge ser para o outro o "único companheiro da própria vida". Só que o compromisso de fidelidade abarcaria sobretudo a dimensão espiritual e afectiva, o que permitiria aos cônjuges prescindirem, por acordo, da mútua exclusividade física. Com uma restrição: que não fosse afectado o pressuposto necessário da relação conjugal, "a exclusividade do compromisso afectivo", reflexo da lógica monogâmica do casamento.

---

[487] "Non si vuole qui dubitare del valore morale dell'obbligo di esclusiva sessuale; deve dirsi però che quest'ultima su piano giuridico rappresenta un *normale* requisito della famiglia, ma non ne costituice una *condicio sine qua non*" (p. 81). "Non può parlarsi di un vero e proprio dovere giuridico di esclusiva sessuale" (p. 87).

[488] Furgiuele, *Libertà e famiglia* cit., pp. 145-146, n.76, e 163-164.

O proeminente jurista não ignora a discrepância entre a sua opinião e os ensinamentos do seu mentor, Jemolo, que se mostrara contrário à licitude dos pactos de exoneração da fidelidade sexual. Contudo, pensa escrever num contexto diverso. Entretanto, teria ocorrido uma "privatização" da vertente sexual da fidelidade, operada pela despenalização do adultério e do concubinato.

Zatti[489] defende também a supletividade do dever de não ter relacionamento carnal com outrem que não o cônjuge. A fidelidade, na sua óptica sinónimo de lealdade, daria corpo a um dever só parcialmente indisponível. O dever de fidelidade comportaria, tal como qualquer outro dever conjugal, um "conteúdo mínimo inderrogável" e um "conteúdo tangível". E a proibição dos actos sexuais extramatrimoniais não estaria associada ao referido conteúdo mínimo, já que ele vedaria ao cônjuge somente "a assunção de uma relação com outra pessoa que implique compromissos de dedicação pessoal e afectiva qualitativamente concorrentes com os conjugais". Não haveria, por isso, obstáculo à licitude do "adultério ocasional" se a "transgressão" fosse admitida por um "entendimento" ("intesa") entre os cônjuges[490].

Zatti move-se de harmonia com os considerandos metodológicos que tecera anteriormente, a propósito da determinação da generalidade dos deveres conjugais nominados. O "modelo de comportamento que encontra base na consideração da realidade social", factor reputado de útil na tarefa de concretização, reclamaria a subsistência da conexão entre exclusividade sexual e dever de fidelidade. No entanto, a incer-

---

[489] ZATTI, "I diritti e i doveri che nascono dal matrimonio" cit., em particular p. 28 e s., p. 182 e s.

[490] Na obra do autor, "l'intesa dei coniugi" não é simplesmente um acordo. "Alla formazione ed evoluzione di una tale *intesa* non concorrono solo gli accordi, nel senso dell'art. 144 c.c.; essa riflette, a partire dal principio là espresso, le tolleranze e gli adattamenti, i modi di vita scelti o accettatti, lo stile impresso alla convivenza, finché le parti abbiano ritenuto di poter convivere e praticato un costume di ricerca del consenso. Essa dunque riassume e compone, nel «modo di vivere» l'esperienza coniugale, il riflesso degli elementi oggettivi dell'ambiente, della cultura, della generazione: i quali acquistano diretto rilievo solo quando, riguardo a un certo aspetto, il dissenso – il non-entendersi – dei coniugi sia stato fin dall'inizio tale, da escludere una «interpretazione» comune degli impegni assunti con il matrimonio" (p. 35).

teza e a contingência do modelo não autorizariam o enunciado de condutas especificamente inderrogáveis, *v.g.*, a abstenção de adultério. "Perante um modelo não facilmente definível, ou variável, parece mais correcto concluir a «precisão» dos deveres, assinalando a gama de significados compatíveis com os elementos normativos de que se possa fazer uso e indicando os critérios através dos quais se possa ligar a situação concreta a um ou a outro ponto, no arco das determinações possíveis". Sob este prisma, tendo a lei consagrado o princípio do acordo entre os cônjuges, o consenso das partes teria relevância fundamental – "pode tornar mais ou menos rigorosa a concreta realização do dever, dentro de um limite que interessa estabelecer e que representa o conteúdo inderrogável do dever". Conteúdo inderrogável que Zatti quer, à viva força, que seja vago para evitar a "erosão temporal" e a circunscrição do acordo a um papel "puramente administrativo". Com o mesmo (duplo) objectivo, trocará o conceito indeterminado "fidelidade" pelo de "lealdade", demitindo-se de explicitar o que, na sensibilidade social da sua época e do seu país, era (e ainda é) tido como expressão do dever de fidelidade.

Todavia, a relativização da proibição de adultério não assenta somente no argumento genérico de que é inviável um enunciado de condutas conjugais especificamente inderrogáveis. A despenalização volta a ser invocada. Se a incriminação do adultério e do concubinato assegurava à exclusividade sexual a natureza de "obrigação de Direito Público", o fim das sanções penais traduziria a sua "privatização", traço típico de uma situação disponível. Efectivamente, o "conteúdo mínimo" do dever conjugal estaria marcado por uma "configuração de ordem pública"; o conteúdo derrogável concederia espaço a "uma «privatização» na escolha da categoria, da intensidade, dos modos de realização dos «fins» da convivência e dos direitos e deveres para estes ordenados".

O terceiro factor decisivo na explicação de Zatti será o regime da separação judicial. Substituída a enumeração legal casuística de fundamentos subjectivos por uma cláusula geral que se refere à ruptura objectiva da vida conjugal como causa única, a violação isolada do dever de não ter relações sexuais com terceiro não implicaria forçosamente a principal, senão única, sanção estabelecida para o "comportamento contrário aos deveres que derivam do matrimónio". O impacto do adultério variaria em razão das circunstâncias. Algumas vezes, sendo, por exemplo, reiterado ou acompanhado de outras violações de deveres conjugais, o adultério justificaria o pedido de separação e de "addebito". Noutros casos, designadamente por ser ocasional e ter sido de alguma forma consentido pelo outro cônjuge, seria já conciliável com a continuação de uma dada convivência matrimonial. A exclusividade sexual serviria de base à concretização judicial enquanto *standard* disponível, nunca como elemento do núcleo intangível, não relativizável, do casamento.

A separação é, aliás, um instituto que inspira teses favoráveis à secundarização do dever de não cometer adultério. Antes da reforma de 1975, foi declarada a inconstitucionalidade do art. 156, parágrafo 1.º, do *Codice Civile*, na parte em que impunha o dever de fidelidade aos cônjuges separados consensualmente[491]. Na motivação do respectivo acórdão, afirmou-se estar a fidelidade, enquanto dever de abstenção de qualquer relação sexual com terceiros, completamente ligada à "disponibilidade física de um cônjuge face ao outro". Em nome da "natureza das coisas" e da *ratio* da disciplina da relação matrimonial, o "direito à prestação sexual do outro cônjuge" seria indissociável do dever de abstenção de adultério. Por isso, a "obrigação de absoluta fidelidade" não sobreviveria ao desaparecimento da coabitação "com os direitos e deveres conexos". Ao estabelecer que a fidelidade perdurava, sem restrições, na hipótese de separação, o art. 156, parágrafo 1.º, trataria de modo idêntico situações juridicamente distintas (coabitação na constância do matrimónio, cessação da coabitação após separação), violando, assim, o princípio da igualdade. Legítimo seria apenas vedar aos cônjuges separados a prática de adultério que, em concreto, acarretasse "injúria grave" para o outro. Porque o casamento imporia o "dever de não praticar actos que constituam injúria grave para o outro cônjuge", o qual seria plenamente harmonizável com o estado de separação.

---

[491] Corte Cost. 18/4/1974, n.º 99, *Giur.Cost.* 1974, p. 731, citada *supra*, nota 481.

Esta decisão, tão saudada por Sbisà[492], exercerá larga influência em Itália apesar da subsequente introdução de um novo art. 156[493]. Mas a ideia de uma "intíma conexão da fidelidade com a convivência" tem também voz em Espanha[494], onde o artigo 82.1ª do Código Civil determina que a infidelidade conjugal é causa de separação judicial contanto que não exista "prévia separação de facto livremente consentida por ambos ou imposta pelo que a alegue".

37. Apesar de aceitar que o "dever de fidelidade sexual" ("Pflicht zur geschlechtlichen Treue") pertence, com carácter indisponível, à "realidade social casamento", Streck[495] defende que tal dever apenas é violado quando seja atingida a "confiança do parceiro na fidelidade sexual". O dever de não ter relações sexuais com terceiro teria fundamento na confiança e dependeria dela. O adultério violaria, em primeira linha, a confiança do outro cônjuge e não um qualquer direito. Assim, se ambos os cônjuges tivessem renunciado previamente, no desenvolvimento da sua vida em comum, a essa confiança, o eventual relacionamento sexual extramatrimonial não poderia ser qualificado como ilícito; nem sequer haveria adultério em sentido técnico.

O dever de fidelidade sexual não seria mais do que um dever particular derivado da "relação conjugal de lealdade" ("eherechtliche Treueverhältnis")[496]. Esta relação teria a sua base no facto de os cônjuges estarem juridicamente vinculados a um fim comum (a comunhão de vida). Manifestando, como é juridicamente exigido, a sua vontade

---

[492] Cfr. SBISÀ, "Riforma del Diritto di Famiglia" cit., p. 800:

"In tal modo, nella valutazione dei doveri coniugali, l'accento si sposta dal vincolo matrimoniale alla convivenza, dal rigore formale alla realtà degli affetti.

"Questa tendenza ha trovato piena attuazione e sviluppo nella riforma del diritto di famiglia, che ha assunto come principio generale la corrispondenza tra situazione giuridica e realtà sostanziale, sia nella disciplina del matrimonio, sia in quella della filiazione."

[493] Cfr., nomeadamente, MELONI, "I rapporti familiari" cit., p. 1174.

[494] Cfr. LUNA SERRANO, "Matrimonio y divorcio" cit., pp. 123-124.

[495] STRECK, *Generalklausel und unbestimmter Begriff im Recht der allgemeinen Ehewirkungen* cit., pp. 86-87.

[496] Cfr. ob. cit., p. 60 e s.

de alcançar em conjunto um fim, as partes teriam criado reciprocamente a confiança de que se dedicariam à prossecução do mesmo. Em atenção a isto, haveria uma entrega mútua, uma ampla exposição de um cônjuge perante o outro. Ora, a ordem jurídica, ao impor um fim, teria igualmente de proteger a confiança gerada por causa da respectiva prossecução. Desta forma, do § 1353 do BGB teria de resultar a protecção da confiança na relação conjugal.

Segundo Streck, a confiança a que alude não seria distinta daquela que se encontraria subjacente à boa fé que a lei requer nos contratos obrigacionais (§ 242 do BGB), na inadmissibilidade do "venire contra factum proprium", no instituto da *suppressio* ("Verwirkung"), na eventual proibição da invocação de vícios formais ou na reacção à "exceptio doli" ("Arglisteinrede"). Nenhuma razão obstaria à extensão do princípio da confiança ao Direito da Família. O que teria levado à sua aplicação fora do Direito das Obrigações, nomeadamente, no Direito das Sociedades e no Direito do Trabalho, justificaria a sua utilização no Direito Matrimonial. Ou seja, a existência de uma relação jurídica com uma estrutura essencialmente dirigida para a obtenção de um fim.

De qualquer modo, entre os cônjuges, o princípio da confiança teria um objecto próprio. "A relação de lealdade é determinada, por um lado, através da confiança do cônjuge na conformidade social do comportamento do parceiro e, por outro lado, através da confiança num comportamento correspondente à comunhão de vida que é realizada".

As pessoas que declaram casar declarariam aderir a uma realidade pré-existente cuja forma é moldada pelos factos sociais. Casariam para realizar o tipo social casamento. Consequentemente, cada cônjuge acreditaria que o outro quer realizar a comunhão mediante o comportamento que se considera socialmente adequado para o efeito. No entanto, a confiança inerente à relação de lealdade teria em vista um membro certo da sociedade, a pessoa com a qual se vai casar. A aferição do comportamento socialmente adequado teria então de ser feita relativamente a um "cônjuge concreto na sua situação concreta". As expectativas quanto ao companheiro seriam diversas consoante a sua profissão, idade, saúde, formação, passado e personalidade. A título de exemplo, o proxeneta não poderia exigir da prostituta com a qual casou exclusividade sexual se é justamente graças ao "adultério" que se cumpre o dever conjugal de sustento. "O dever social-moral de fidelidade sexual dirige-se tanto à prostituta como à mulher do funcionário. Todavia, o significado jurídico desta obrigação baseia-se somente na confiança; esta refere-se a um parceiro concreto e face a ele se analisa, avalia e decide a questão da observância ou da inobservância; desta maneira, a mulher de um funcionário pode estar juridicamente vinculada à fidelidade sexual, enquanto a prostituta age licitamente se pratica «adultério». As obrigações éticas não se convertem automaticamente em obrigações jurídicas, mas só na medida em que recebam protecção jurídica no âmbito da relação de lealdade".

Para mais, as partes poderiam, ao abrigo da sua faculdade de definição em conjunto da comunhão conjugal, dispor da confiança recíproca num comportamento socialmente adequado, afastando-se da obrigação ética. Não se extinguiria a confiança; mudaria unicamente o respectivo objecto. Tendo os cônjuges acordado a fixação de regras distintas das sociais, confiariam agora na adopção de uma atitude destinada a cumprir não o dever-ser social mas o dever-ser entre eles estipulado. Na terminologia de Streck, a confiança passaria a incidir sobre o comportamento correspondente à comunhão de vida realizada ("Der Vertrauen auf ein der verwirklichten Lebensgemeinschaft"). A protecção jurídica da confiança dotada de um novo objecto decorreria do princípio "pacta sunt servanda", que obrigaria ao respeito pelos compromissos assumidos, e da proibição do "venire contra factum proprium", que vincularia as partes ao comportamento por elas estabelecido.

Aqui se evidencia de novo a irrazoável "flexibilidade neutral" do autor. Ele próprio esclarece não constituir o princípio da confiança fundamento material de deveres conjugais; e é exactamente a insuficiência do princípio que atrai Streck, já que qualquer conduta tenderá a ser válida num Direito Matrimonial "formal, sem conteúdo e vazio"[497].

---

[497] "Nach der hier entworfenen Auslegung gilt nur das Vertrauensprinzip selbst allgemein zwischen Ehepartnern. Was es gebietet, ist für jede Ehe und für jeden Streit dieser Ehe erst zu erkennen; denn nur im konkreten Fall läßt sich Inhalt und Grundlage des Vertrauens feststellen. Das Vertrauensprinzip ist folglich nicht Grund materialer normativer Ehepflichten; es läßt das Eherecht unter dem Gesichtspunkt der Allgemeingültigkeit formal, inhaltslos und leer, erlaubt aber die Feststellung der individuellen Gerechtigkeit des Einzelfalles" (p. 70).

A construção em apreço sujeita-se a uma segunda crítica: trai a lógica formal, em que se refugiou, ao subalternizar a confiança num comportamento socialmente adequado perante a confiança num comportamento que se distancia da ética social. Não foi o casamento caracterizado como realidade social? Não é, já agora, o primeiro conteúdo da confiança enunciado, também o primeiro sob a óptica cronológica, aquele que é gerado no ambiente de maior solenidade? Por último, o autor procede a um alargamento desmesurado do princípio da confiança. A tutela da confiança não se justifica só por si; "a confiança, fora das normas particulares a tanto dirigidas, é protegida quando, da sua preterição, resulte atentado ao dever de actuar de boa fé ou se concretize num *abuso do direito*"[498]. A problemática que foi situada no âmbito do princípio da confiança tem, pois, de ser deslocada para a área da boa fé.

Todavia, é de rejeitar a possibilidade de a obrigação de fidelidade traduzir nem mais nem menos do que "uma obrigação de boa fé aplicada ao casamento". A ideia lançada por Hauser e Huet-Weiller[499] é fruto da dificuldade em lidar com as mudanças legislativas e a variedade de concepções. Na opinião dos dois académicos franceses, a passagem do adultério de causa peremptória a facultativa de divórcio teria dado livre curso à jurisprudência para "personalizar" o dever de fidelidade, relativizando a sua violação. E, nesse sentido, regista-se, com perplexidade, a flutuação em torno do significado do dever: algumas vezes, puramente carnal; outras, incluindo "uma nebulosa de fidelidades intelectuais"; ali, quem sabe?, englobando até a abstenção de qualquer atitude contrária ao casamento, numa visão que teria a vantagem de escapar à discussão de hipóteses marginais, "como a falta de amor" ("manque d'amour"), em que não haveria já uma autêntica infidelidade. A legislação moderna teria, em suma, consagrado a "imprevisibilidade" dos efeitos do casamento, contribuindo para o "banalizar" dentro dos actos jurídicos, o que tornaria oportuno transpor para o

---

[498] Cfr. MENEZES CORDEIRO, *Da boa fé no Direito Civil* cit., pp. 1247-1248.

[499] HAUSER e HUET-WEILLER, *Traité de Droit Civil (Fondation et vie)* cit., pp. 745-746, seguidos por LEMOULAND, *Le mariage*, Paris, Dalloz, 1998, p. 78, para quem o dever de fidelidade se tornou "un devoir relatif, qui se ramène, banalement, à une exécution de bonne foi de l'engagement que l'on a pris".

Direito Matrimonial regras gerais sobre os efeitos dos actos jurídicos (*v.g.*, o par. 3.º do art. 1134 do *Code civil*, nos termos do qual o cumprimento das "convenções" é orientado pela boa fé). Transposição que não seria directa, mas mediada pelas palavras que os textos legais usam para regulamentar o casamento. Posto isto, sugere-se que a palavra fidelidade exprimiria o princípio de que "o casamento deve ser cumprido de boa fé".

A posição analisada gera, em poucas linhas, uma catadupa de deficiências. Ensaia uma fuga de um grau de generalidade para um grau de generalidade superior (da fidelidade para a boa fé ou para tudo o que atinja o casamento). Retira especificidade ao casamento, atribuindo à sua regulamentação um papel estritamente verbal, quase inútil – o de representação do esquema de Direito Comum através de outros termos. Identifica o dever de fidelidade com o dever de actuar segundo a boa fé, sem negar ao primeiro o carácter de vínculo principal[500]; no entanto, a boa fé como regra de conduta funda obrigações secundárias e deveres acessórios[501].

---

[500] Ao entendimento da fidelidade como proibição de todos os comportamentos que ameacem o casamento soma-se a qualificação como um dos dois deveres que respeitam à "communion de l'esprit et des corps que crée le mariage" (*Traité de Droit Civil* cit., p. 741 e s.).

[501] Ver MENEZES CORDEIRO, *Da boa fé no Direito Civil* cit., p. 586 e s. A relação conjugal não está, obviamente, imune ao princípio da boa fé. Contudo, a boa fé nunca surge como dever conjugal central. A boa fé objectiva terá o habitual papel instrumental, de intervenção para assegurar o equilíbrio substancial de posições numa situação de relacionamento específico entre pessoas.

A função da boa fé no domínio do casamento-estado é bem compreendida por CAVALIERE, "Diritti e doveri dei coniugi" cit., pp. 302-305. Embora perfilhe um conceito amplo de fidelidade, o autor não cede à tentação de a identificar com a boa fé. O princípio da actuação de harmonia com a boa fé é mencionado unicamente para obstar à verificação de uma hipótese em que o "cônjuge infiel" requerente da separação judicial (litigiosa) ficaria injustamente privilegiado face ao outro. De notar ainda, e de novo em contraste com a opinião de Hauser/Huet-Weiller, o modo como Cavaliere, sensível à peculariedade do casamento, justifica a invocação da "cláusula da boa fé" na ausência de uma norma expressamente aplicável à relação conjugal:

"Se è vero che la clausola opera soprattutto in materia contrattuale (art. 1375 c.c.), è certo però che costituisce un criterio di valutazione, del resto produttivo di conseguenze giuridiche ben determinate, anche in tema di matrimonio putativo (artt.

2.2. Os factores da dúvida

38. O casamento, estreita comunhão de vida entre duas pessoas, não se coaduna com a partilha da sexualidade entre uma delas e um terceiro, mesmo que consentida por ambos os cônjuges. Mas a defesa

---

128 c.c. e sgg.). La buona fede di uno o di entrambi i coniugi determina il verificarsi di effetti favorevoli (la norma parla di «diritti» dei coniugi in buona fede, art. 129 c.c.), così come la mala fede importa l'obbligo di corrispondere «una congrua indennità, anche in mancanza di prova del danno sofferto» (art. 129 bis c.c.).

"Se dunque la buona fede opera in relazione all'atto di matrimonio, non si vede perchè non dovrebbe applicarsi lo stesso criterio di valutazione anche al rapporto nascente da quello e dunque servire a riequilibrare la posizione del coniuge adempiente (l'art. 1375 c.c. del resto parla di «esecuzione secondo buona fede» con chiaro riferimento al rapporto contrattuale. Anche se il parallelismo tra la disciplina contrattuale e quella del matrimonio può non apparire opportuna, la previsione normativa della buona fede in entrambe le ipotesi sembra possa giustificarne l'estensibilità)."

No caso português são superiores os indícios da permeabilidade do Direito Matrimonial ao princípio da boa fé objectiva. Para efeitos de casamento putativo, está de boa fé "o cônjuge que tiver contraído o casamento na ignorância desculpável do vício causador da nulidade ou anulabilidade, ou cuja declaração de vontade tenha sido extorquida por coacção física ou moral". Trata-se de uma boa fé "como que a meio caminho no sentido da boa fé objectiva" (MENEZES CORDEIRO, *Da boa fé no Direito Civil* cit., p. 506). No *Codice Civile*, a boa fé, enquanto condição da eficácia putativa geral do casamento, é simplesmente subjectiva: o consenso "estorto con violenza o determinato da timore di eccezionale gravità derivante da la cause esterne agli sposi" (art. 128, parágrafo 1.º) releva como pressuposto autónomo, alternativo. Mais importante é o facto de o nosso regime de divórcio por violação culposa de deveres conjugais (aplicável, com adaptações, à separação judicial de pessoas e bens por força do art. 1794.º do Código Civil) conter manifestações do princípio da boa fé objectiva. No art. 1779.º, n.º 2, do Código Civil, estabelece-se que, na apreciação dos factos que possam constituir divórcio, o tribunal deve tomar em conta a culpa que possa ser imputada ao requerente, preceito mencionado por MENEZES CORDEIRO, ob. cit., pp. 837-838, como expressão da fórmula *tu quoque*; a mesma figura aflora na alínea a) do art. 1780.º do Código Civil, onde se estatui que um cônjuge não pode obter o divórcio "se tiver instigado o outro a praticar o facto invocado como fundamento do pedido ou tiver intencionalmente criado condições propícias à sua verificação" [cfr. FERREIRA PINTO, *Causas do divórcio* cit., p. 89: "O juízo ético-jurídico subjacente à al. a) do art. 1780.º do CC inscreve-se desde logo, abstraindo de outras considerações adjacentes, na linha ética da velha máxima que proíbe a quem quer que seja alegar a sua própria torpeza, para dela tirar proveito"].

da natural intangibilidade do dever de exclusividade sexual depara com três elementos especialmente perturbadores e constantemente mencionados no quadro das orientações relativistas: a despenalização do adultério, o fim da indicação legal do adultério como fundamento específico de divórcio (ou separação) e o problema do efeito da cessação da convivência sobre o dever de fidelidade. O seu potencial desestabilizador é, implícita ou explicitamente, aceite por aqueles que sustentam a inderrogabilidade ou a invariabilidade do dever conjugal de não ter relações sexuais com terceiro. É que os "não relativistas" também os referem, ainda que em termos muito diversos – como "falsos obstáculos" à tese da intangibilidade[502]. Por isso, e numa perspectiva preparatória da problemática da natureza do dever de não ter relações sexuais

---

[502] Sobre a despenalização da violação do dever de fidelidade, cfr. Mozos, "Persona y comunidad familiar" cit., p. 63 ("lo único que pasa es que su protección jurídica ha sido reducida, pero el carácter del deber, como tal, sigue siendo el mismo: por ello sería nulo el pacto por el cual, los cónyuges se dispensaran mutuamente del cumplimiento de ese deber para el futuro"); ROLLAND, *Das neue Ehe- und Familienrecht* cit., Nm. 9, e ROLLAND/ BRUDERMÜLLER cit., § 1353, Nm. 11. Nas duas últimas obras, lê-se que a exclusividade da comunhão conjugal continua a não estar à disposição dos cônjuges: "Der Wegfall des strafrechtlichen Schutzes (Streichung des § 172 StGB- Strafbarkeit des Ehebruchs) hat auf diese Pflicht keinen Einfluß".

Sobre o desaparecimento do adultério enquanto causa nominada de divórcio, cfr. MAYAUD, "L'adultère, cause de divorce, depuis la loi du 11 juillet 1975", *RTDC* 1980, p. 494 e s. (em particular, p. 496: "la pudeur des textes sur ce sujet ne peut être interprétée comme un assouplissement des devoirs conjugaux ou un encouragement à l'infidélité. La fidélité entre époux est une obligation librement consentie et il y a toujours faute pour chacun d'eux à ne pas la respecter").

Simultaneamente sobre a descriminalização e a alteração do sistema de fundamentos de divórcio, cfr. MATTEI, *Droit de la Famille* cit., p. 84 ("Le devoir de fidélité s'impose toujours avec la même force et c'est à tort que l'on invoque la «libéralisation», qui serait due à l'adoucissement de la sanction pénale ou à la disparition du mot «adultère» dans les dispositions du Code civil relatives au divorce"); WACKE/MünchKomm cit., § 1353, Nm. 30 (o dever de fidelidade é indisponível, "unabhängig davon, daß sowohl die Strafbarkeit als auch der Scheidungsgrund des Ehebruchs aus kriminal- und rechtspolitischen Gründen weggefallen sind").

Sobre o efeito da separação judicial, cfr. PARADISO, *I rapporti personali tra coniugi* cit., pp. 35-39, e TRABUCCHI, "Fedeltà coniugale e Costituzione" cit.: ambos se pronunciam, na mesma ocasião, pela subsistência do dever de fidelidade após a separação e pela sua inderrogabilidade.

com terceiro, é necessário apurar qual o real impacto que os três aspectos enunciados têm sobre a consistência do conteúdo do dever de fidelidade.

A indagação do significado da despenalização do adultério tem de partir da consideração do panorama anterior. Primeiramente há que observar como se realizava a punição criminal e descobrir os motivos que a determinavam. Em Itália, onde a descriminalização é mais insistentemente brandida como argumento em abono da disponibilidade do dever de fidelidade, o Direito Penal da década de 50 estabelecia uma solução distinta em razão do sexo: a mulher casada que tivesse relações sexuais com terceiro incorria em responsabilidade criminal (art. 559 do Código Penal), enquanto o marido só era punido se vivesse em união de facto com outra mulher (art. 560 do Código Penal). No início da década de 60, será ainda defendida a conformidade constitucional desta regulamentação[503], explicando-se que a diversidade, longe de ser arbitrária, assentaria na valoração social do adultério da mulher como "ofensa mais grave do que a derivada da isolada infidelidade do marido". Aceitava-se que o adultério do marido também pudesse destruir a unidade familiar. Todavia, achava-se que a conduta da mulher envolveria um maior grau de ilicitude: em primeiro lugar, porque ficaria mais abalada a reputação da família no meio social; depois, pela "perturbação psíquica" resultante para os filhos, marcados pela imagem da mãe "nos braços de um estranho"; por fim, devido ao "perigo de introdução na família de prole não pertencente ao marido, e que todavia lhe é atribuída por presunção da lei". E será justamente a desigualdade de tratamento que precipitará volvidos poucos anos a descriminalização do adultério e do concubinato, operada através da jurisprudência.

O Tribunal Constitucional italiano[504] acabará por declarar a inconstitucionalidade das normas incriminatórias, à luz do princípio da igualdade: "A lei, não atribuindo relevância ao adultério do marido e punindo ao invés o da mulher, põe em estado de inferioridade esta

---

[503] Cfr. Corte Cost. 28/11/1961, n.º 64, *Giur.Cost.* 1961, p. 1224.
[504] Cfr. Corte Cost. 19/12/1968, n.º 126, *Giur.Cost.* 1968, p. 2174 = *FI* 1969, I, p. 4.

última, a qual, lesada na sua dignidade, é constrangida a suportar a infidelidade e a injúria e não tem nenhuma tutela em sede penal. O adultério do marido ou da mulher constitui indubitavelmente um perigo para a unidade familiar, mas quando a lei faz um diferente tratamento, este perigo assume proporções mais graves, seja pelos reflexos sobre o comportamento de ambos os cônjuges, seja pelas consequências psicológicas sobre os sujeitos". A decisão não se baseou, pois, na ideia de menor relevância do dever de exclusividade sexual ou de que ele não merece protecção. Deste modo se começa a vislumbrar a imprecisão das orientações relativistas italianas.

Todavia, se o princípio da igualdade dos cônjuges explica o fenómeno concreto da descriminalização por via judicial, nada adianta quanto à justificação da subsequente ausência de uma intervenção legislativa que consagrasse o crime de adultério num formato já igualitário[505]. De forma paralela, o princípio da igualdade só em parte permite compreender as modificações legislativas que ocorreram no ordenamento francês. Aqui vigorava também uma regulamentação penal analogamente discriminatória que foi expressa e totalmente revogada em vez de ser adaptada (Lei n.º 75-617, de 11/7/1975).

Por outro lado, em Portugal, o princípio da igualdade não desempenhou qualquer papel na despenalização do adultério. Na versão originária do Código Penal de 1886, a mulher casada que tivesse relações sexuais extramatrimoniais era punida "com prisão maior celular de dois a oito anos" (art. 401.º); o adultério do marido só era punido, e com uma simples multa de três meses a três anos, se o homem tivesse "manceba teúda e manteúda na casa conjugal" (art. 404.º). No entanto, o Decreto de 3 de Novembro de 1910 (Lei do Divórcio) equiparou

---

[505] Cfr. CENDERELLI, *Profili penali del nuovo regime dei rapporti familiari* cit., p. 44: "la scomparsa, nella legislazione oggi vigente, del reato di adulterio, essendo conseguita unicamente all'esigenza di rimuovere, nel solo modo possibile, la denunziata disparità di trattamento dei coniugi di fronte alla legge penale, non equivale senz'altro ad una rinunzia a dare sanzione penale all'obbligo di fedeltà". De facto, a jurisprudência constitucional nunca negou ao legislador ordinário legitimidade para incriminar o adultério, desde que a disciplina fixada viesse a ser igual para o marido e para a mulher (cfr., designadamente, Corte Cost. 3/12/1969, n.º 147, *Giur.Cost.* 1969, p. 923).

quase plenamente, para efeitos penais, o adultério do marido ao da mulher. No respectivo art. 61.º, § 1.º, previa-se: "O adultério do marido será igualado, em carácter e gravidade, ao da mulher, mas a pena nunca poderá exceder para qualquer deles e respectivo co-réu o máximo de prisão correccional". Máximo que era de dois anos. Consequentemente, neste ponto, a discriminação só permaneceu no regime do conjugicídio privilegiado. Nos termos do art. 372.º do Código Penal, para o marido beneficiar da pena atenuada de desterro de seis meses para fora da comarca bastava "achar a sua mulher em flagrante adultério"; a atenuante só aproveitaria à mulher se o marido praticasse o adultério com "concubina teúda e manteúda" por ele na casa conjugal.

A regra da idêntica punição do adultério foi asperamente censurada por não ter em conta que "na moral dominante se apresentam com importância e significado diferentes os adultérios da mulher e do marido"[506] ou por ignorar "duas ordens de razões" que justificariam um tratamento mais severo do adultério da mulher[507]: "razões de ordem moral, porque é muito maior o escândalo causado pelo adultério da mulher", "razões de ordem jurídica, porque, quanto aos filhos adulterinos do marido, está por natureza feita a prova de que não são filhos do casal; enquanto que, relativamente aos filhos adulterinos da mulher, há sempre dificuldade em ilidir a presunção de paternidade que a lei estabelece contra o marido". Surpreendentemente a solução igualitária atravessou incólume o período do Estado Novo, tendo apenas sucumbido por força do Decreto-Lei n.º 400/82, de 23 de Setembro, que revogou o Código Penal de 1886 e aprovou o Código Penal de 1982, cujo texto não previa o crime de adultério.

Pretende Bettetini[508] que a descriminalização do adultério exprime "um dos princípios constantes da legislação penal europeia" e

---

[506] Cfr. PAULO CUNHA, *Direito da Família*, texto segundo as prelecções ao curso do 4.º ano da Faculdade de Direito da Universidade de Lisboa no ano lectivo de 1939-1940, elaborado pelos alunos Raúl Ventura, Raúl Marques e Júlio Salcedas, t. I, dact., Lisboa, 1941, p. 703.

[507] Cfr. PIRES DE LIMA/BRAGA DA CRUZ, *Direitos de Família* II (1953) cit., p. 7.

[508] BETTETINI, *La secolarizzazione del matrimonio nell'esperienza giuridica contemporanea*, Padova, CEDAM, 1996, p. 34 e s.

que seria "ocupar-se daquilo que sucede no seio do mundo doméstico unicamente se e na medida em que se verifiquem acções que perturbem ou que, de qualquer maneira, possam pôr em perigo um mínimo ético socialmente reconhecido ou a ordem pública". Supõe assim que o fenómeno teria na sua origem a opinião de que o dever de exclusividade sexual assumiria pouca relevância externa. Inconformado, e temendo que se crie "nos sujeitos do ordenamento a convicção de que, desaparecida a pena, tenha desaparecido também qualquer responsabilidade jurídica perante outra pessoa", reivindica para o adultério uma sanção pública de índole pecuniária. "A violação de uma das propriedades do instituto matrimonial tal como está formalizado na tradição ocidental, a unidade, cria aliás uma desordem não só interna, mas também no ordenamento (justamente pela relevância jurídica *ad extra*, face a terceiros, do matrimónio), que carece de ser remediada. A lesão da fidelidade não é um *quid* privado e apenas moralmente reprovável, mas, enquanto lesão de um bem merecedor de tutela, acto externo relevante, dotado de uma dimensão jurídica própria. Logo, será necessário impor ao lesante uma sanção para restabelecer a justiça. Caso contrário, é inevitável a atenuação, ou até a eliminação do princípio da responsabilidade, fundamento de qualquer ordem jurídica".

A posição do autor revela-se globalmente inadequada, não tanto por perfilhar a "teoria da norma jurídica kelseniana"[509], mas por não identificar a verdadeira *ratio* da despenalização. O modo de encarar o sentido da descriminalização do adultério, frequente no direito italiano, propicia este tipo de erro. O facto de a regulamentação penal, contendo

---

[509] Crítica de que BETTETINI, ob. cit., p. 40, se defende por antecipação: "Pur senza aderire alla kelseniana teoria sanzionatoria della norma giuridica, essendo ben convinti che la coazione non faccia parte dell'essenza del diritto, non può esservi dubbio che essa ne costituisca una intrinseca proprietà. E nelle fattispecie dell'adulterio e del concubinato, ad una reale e giusta garanzia e tutela, soprattutto della parte più debole, contribuirebbe di certo, seppur non in via principale, l'inserimento del dovere morale e giuridico di fedeltà in una dimensione coattiva esterna." Outra é a convicção de AMORES CONRADÍ, "La nueva ordenación de la ley aplicable a los efectos del matrimonio", *RJCLM* 1991, pp. 41-42, que nega a qualidade jurídica dos deveres conjugais pessoais, argumentando que não existem sanções externas para o seu incumprimento.

disposições discriminatórias em razão do sexo do cônjuge, ter soçobrado em virtude de um princípio que será o motor da Reforma do Direito da Família, leva alguns estudiosos deste ramo a adoptarem uma visão estanque, oposta à interdisciplinariedade. Procurando explicações apenas no âmbito do Direito da Família e não encontrando no princípio da igualdade a resposta imediata para o vazio que se seguiu à declaração de inconstitucionalidade, tais autores inclinam-se para ver na "retirada penal" uma entrega deliberada da fidelidade ao puro arbítrio individual ou ao consenso irrestrito dos cônjuges. Com isto esquecem que a não consagração do crime de adultério se insere num movimento mais amplo de Direito Penal, norteado por um novo modelo político-criminal[510].

Ora, os motivos da não incriminação do adultério só podem ser alcançados mediante um duplo esforço – de apelo aos quadros do Direito Penal e de abstracção de uma qualquer projecção acidental do princípio de igualdade dos cônjuges neste domínio. Porque a descriminalização do adultério é o resultado da aplicação dos princípios da

---

[510] Cfr. FIGUEIREDO DIAS, *Direito Penal Português. Parte Geral II (As consequências jurídicas do crime)*, Lisboa, Aequitas/Editorial Notícias, 1993, p. 63 e s., que fala do "paradigma emergente na política criminal", baseado na "ideia de que, para um eficaz domínio e controlo do crime, o Estado e o seu aparelho penal formalizado não devem fazer mais, mas menos". Essa ideia-base teria ocasionado o movimento da descriminalização, "sem dúvida um dos mais importantes e característicos da política criminal do nosso tempo", que no sistema português se teria manifestado, designadamente, a nível das matérias respeitantes à conduta sexual e aos problemas familiares. De acordo com o ilustre professor, o aludido movimento "arranca da proposição segundo a qual num Estado de Direito material, de cariz social e democrático, o direito penal só pode intervir onde se verifiquem lesões insuportáveis das condições comunitárias essenciais de livre desenvolvimento e realização da personalidade de cada homem", da qual decorreriam, entre outras, duas consequências: "Em primeiro lugar, a de que o direito penal não está legitimado para intervir relativamente a condutas – por mais imorais, a-sociais ou politicamente indesejáveis que se apresentem – que não violem um bem jurídico claramente individualizável. Em segundo lugar, a de que mesmo quando uma conduta viole um bem jurídico, ainda os instrumentos jurídico-penais devem ficar fora de questão sempre que a violação possa ser suficientemente controlada ou contrariada por instrumentos não criminais de política social: a «necessidade social» torna-se em critério decisivo de intervenção do direito penal, assim arvorado em última ou extrema *ratio* da política social".

necessidade e da eficácia do Direito Penal, mais precisamente, do reconhecimento da suficiência da tutela civil e da inadequação da tutela penal[511]. Não se tratou de uma desvalorização do dever conjugal de

---

[511] Cfr. TERESA BELEZA, *Direito Penal*, 1.º vol., 2.ª ed., dact., AAFDL, 1984, p. 36: "incriminar o adultério não só, eventualmente, poderá ser ineficaz, como acontece também que na legislação da família há um processo a utilizar como consequência do adultério, que é o divórcio.

"Donde, parece que não é necessário, que não vale a pena o direito penal vir a meter-se no assunto e sujeitar as pessoas a um vexame de passar pelo banco dos réus, de serem metidas na cadeia, de, eventualmente, iniciarem uma carreira criminosa, por causa do efeito criminógeneo das prisões, etc.".

Para MOZOS, "Despenalización del adulterio y nuevo significado de la fidelidad conyugal" cit., p. 69 (em particular, pp. 73-74), a descriminalização realizada em Espanha através da Ley de 28 de Mayo de 1978 não seria fruto de uma permissividade moral ou de uma reclamação de maior liberdade individual; representaria um "avanço no progresso do Direito".

"Ciertamente, creo que esto es así, viendo la cuestión desde el punto de vista de la propia técnica jurídica, puesto que la protección penal de un bien jurídico cualquiera, cuando se trata de un interés privado, por hablar de algún modo, supone un cierto arcaismo, porque el instrumento de protección resulta demasiado tosco. Así ha pasado, en nuestra generación con el Derecho de patentes, p. ej., y siempre ha sido igual, porque el que reflexione un poco sobre la evolución del Derecho romano, se dará cuenta que, en el Derecho Primitivo la protección de los derechos privados (o mejor dicho, de los que luego serán los derechos privados), tenía lugar a través de instrumentos penales: el *furtum*, p. ej., protegía el derecho de propiedad, el *nexum*, los derechos de obligación (...).

"Por el contrario, cuando la protección penal, o simplesmente pública, desaparece, o se transforma en protección civil, ésta adquiere una riqueza anteriormente insospechada, si la doctrina, la práctica y la jurisprudencia, prestan la atención debida". Em contraste, "el procedimiento criminal resulta inadecuado para valorar ciertas relaciones, en las que por tener que haber un inculpado, se derivan de ello consecuencias que, no siempre, pueden adaptarse a las diversas situaciones que puedan presentarse (así, por ejemplo la atribución de la pensión alimenticia a la esposa inocente, o del ejercicio de la patria potestad, en el que pueden entrar otras valoraciones, etc.), dificultándose otras (como el perdón del ofendido, las relaciones con los hijos, con la familia civil, en relación con el parentesco por afinidad, etc.)".

UCELLA, *La tutela penale della famiglia (Orientamenti vecchi e nuovi)*, Padova, CEDAM, 1984, p. 119 e s., pronuncia-se pela tendencial despenalização da tutela da família, uma vez que a sanção penal seria ineficaz, desprovida de "influenza deterrente". "La coercibilità civile di alcune disposizioni di legge" ou "l'inderrogabilità dei

fidelidade. Houve antes a percepção de que a sanção penal, dotada de um efeito secundário estigmatizante ou criminogéneo, não cumpria um papel dissuassor e ficava, em geral, muito aquém do que prometia a utilização dos meios de Direito Privado. O Direito Penal reagia contra o adultério basicamente com a aplicação de uma pena privativa de liberdade ao infractor. Não resolvia o problema da continuação ou extinção do vínculo, não estava vocacionado para uma ponderação global da vivência conjugal concreta e não atendia às necessidades nem aos interesses dos membros do agregado familiar. Restava, portanto, confiar integralmente no ilícito civil.

A relação de alternatividade entre a solução penal e a solução civil cedo se desenhou na legislação portuguesa. O art. 61, § 4.º, da Lei do Divórcio, determinava que "o cônjuge ofendido tem de optar pela acção criminal de adultério, ou pela civil de divórcio, ou de separação, não podendo cumulá-las em caso algum". Ainda assim o que havia de estranho nesta *fungibilidade de meios*, frontalmente incompatível com o carácter subsidiário do Direito Penal, não obstou nem à longevidade do preceito nem à pesquisa, entre nós, de uma legitimação autónoma para os dois géneros de resposta. A protecção penal teria por objecto não a simples fidelidade mas um "complexo bem jurídico"[512]: "a incriminação do adultério justifica-se, sobretudo, porque ele perturba a ordem matrimonial e, reflexamente, a ordem social, e porque com ele há violação da honra do cônjuge que dele é vítima, violação do pudor e da honestidade de quem o pratica e ofensa da fé conjugal".

---

diritti e dei doveri nascenti in capo ai soggetti costituenti il nucleo familiare (artt. 143, 144, 145, 147, 160 c.c.)" não permitiria a "ricerca, ad ogni costo, della tutela penalistica" – "la sanzione punitiva, in questo caso non colpirebbe un danno cagionato al corpo sociale, il che ne giusficherebbe la sussistenza e l'intervento, ma concorrerebbe soltanto a simulare il riscatto delle posizioni di svantagio, attraverso la richiesta di una punizione senza rendere giustizia al danneggiato e a rafforzare la c.d. norma sociale attraverso la sanzione penale". Haveria que procurar no Direito Civil a tutela apropriada, excluindo qualquer tentativa "di far corrispondere ad una condotta illecita, dal punto di vista civile, una condotta illecita anche dal punto di vista penale". Bastaria, afinal, o recurso ao esquema sancionatório privado.

[512] AMÉLIA DA SILVA, *Efeitos pessoais do casamento* cit., pp. 17-18, no encalço de EDUARDO CORREIA, "Da natureza criminosa do adultério dos cônjuges separados de facto", *RLJ*, ano 90, p. 291.

A fundamentação deixava antever o fim da incriminação num "ambiente de modernidade". O bem jurídico invocado para a proibição penal do adultério era demasiado vago ou já assegurado pela previsão de outros tipos de crime (os chamados crimes contra a honra)[513]. Nunca receberia o beneplácito do novo Direito Penal Sexual[514], que visa exclusivamente a defesa da liberdade individual na esfera sexual, bem jurídico pessoal, mais determinado e distinto do que qualquer outro que recebia protecção penal no Direito Penal Sexual anterior.

Chegando a este ponto, custa a admitir que a despenalização do adultério represente um indício de não intangibilidade do dever de exclusividade sexual. A dignidade do dever não foi discutida. A mudança foi impulsionada por um critério de *eficiência na protecção*. Concluiu-se que o dever alcançava melhor, e suficiente, defesa no quadro civil. Seria, assim, violento deduzir da cessação da tutela penal a redução do grau de tutela civil.

Diz-se que a não incriminação implicou uma *privatização* do dever de exclusividade sexual. Efectivamente, o adultério passou a ser um "comportamento ignorado" por um ramo de Direito Público[515]. Ir para além disso é entrar num caminho falacioso. Não se pode afirmar que o dever de não ter relações sexuais com terceiro tenha ficado ao dispor dos cônjuges, sujeitos privados. A inderrogabilidade não é

---

[513] Nos ordenamentos de punição criminal discriminatória, a situação era similar. A intervenção penal era justificada para evitar o "escândalo público" (cfr. ROLLAND, *La responsabilité entre époux*, thèse pour le Doctorat en Droit, Université Paris II, 1997, pp. 115-116), para garantir a "instituição familiar" (MILLARD, *Famille et Droit Public – Recherches sur la construction d'un objet juridique*, Paris, LGDJ, 1995, p. 206), a "honra do cônjuge sujeito a ser enganado" (BEIGNIER, *L'honneur et le droit*, Paris, LGDJ, 1995, pp. 435-436) ou/e "os mecanismos abstractos do Direito da Filiação" (Cfr. MAYAUD, "L'adultère, cause de divorce" cit., pp. 498-499).

[514] Cfr. ORTS BERENGUER, *Delitos contra la libertad sexual*, Valencia, Tirant lo Blanch, 1995, p. 21 e s.; NATSCHERADETZ, *O Direito Penal Sexual* cit., p. 119 e s.

[515] Cfr. REGOURD, "Sexualité et libertés publiques", *AUSST* 1985, p. 45 e s. (em particular, pp. 67-68) que apresenta o adultério como um exemplo de comportamento tolerado, porque ignorado, pela lei penal. Estaria imune à "perseguição penal", sem que fosse propriamente um comportamento compreendido pelo direito à sexualidade. "Son statut est, à cet égard, proche de celui de la prostitution qui ne fait pas davantage en tant que telle l'objet d'une incrimination pénale".

monopólio do Direito Público. O Direito Civil quando regula a autonomia privada prevê limites – directamente ou, designadamente, por referência à ordem pública ou aos bons costumes. E as proibições civis não têm, obviamente, de coincidir com as penais.

39. Numa visão formal, a essencialidade conjugal da fidelidade teria de se reflectir na previsão da dissolução (ou suspensão) do casamento em qualquer caso de relacionamento sexual extramatrimonial. De certa forma, era a perspectiva que imperava no direito francês anterior à reforma de 1975.

A teoria do adultério como causa peremptória de divórcio[516] teve a sua origem no período fixado entre 1884 e 1900. A Lei de 27 de Julho de 1884 restabeleceu o divórcio, que fora abolido pela "loi de Bonald" (de 8 de Maio de 1816), sem reintroduzir a distinção que o texto originário do *Code civil* fazia relativamente ao adultério do marido e da mulher para efeitos de concessão do divórcio. Todavia, no início, alguma jurisprudência hesitou em equiparar o adultério de um cônjuge ao do outro, no plano civil, mostrando-se indulgente para com o adultério do marido que se não traduzisse em concubinato no lar conjugal. Rapidamente cresceu então uma corrente que propugnou a obrigatoriedade de decretar o divórcio logo que ficasse demonstrado ter o marido mantido relações sexuais fora do matrimónio. Provado o adultério, independentemente das circunstâncias (designadamente, do local da prática do acto ou do sexo do cônjuge infractor), o juiz não teria a faculdade de recusar o divórcio.

Em 1901, altura em que a Cour de cassation usou pela primeira vez a expressão "causa peremptória" para qualificar o adultério[517], tornou-se patente o triunfo, nos tribunais, da opinião que defendia a automaticidade da sentença judicial de divórcio na hipótese de um dos cônjuges ter tido relações extramatrimoniais. E posteriormente a concepção do carácter peremptório do adultério viria a obter confirmação

---

[516] Sobre o assunto, cfr., em especial, GOURDON, *La notion de cause de divorce* cit., p. 162 e s.; MAYAUD, "L'adultère, cause de divorce" cit., pp. 500-502; VASSAUX, *Liberté individuelle et devoirs personnels des époux* cit., p. 506 e s.

[517] CassFr 5/8/1901, *D.* 1901.I, p. 470.

legal implícita na "ordonnance" de 12 de Abril de 1945. O diploma determinava que, fora dos casos de adultério e de "condamnation d'un époux à une peine afflictive et infâmante", só seria possível obter o divórcio com fundamento em "excessos, sevícias e injúrias" desde que tais factos "constituam uma violação grave ou repetida dos deveres e obrigações resultantes do casamento e tornem intolerável a manutenção do vínculo conjugal". Não incluindo o adultério entre as causas de divórcio susceptíveis de apreciação quanto à sua gravidade, o legislador dava assim aval inequívoco à ideia da respectiva *gravidade intrínseca*.

É justamente esta ideia que justifica a concepção do adultério como causa peremptória. Não haveria que ter contemplações quando um cônjuge tivesse relações sexuais com terceiro. Ele teria adoptado um comportamento absolutamente incompatível com o dever de fidelidade. A intensidade do dever imporia ao juiz que pronunciasse o divórcio sempre que tal fosse requerido pelo cônjuge fiel. O dever de fidelidade sexual não poderia ficar submetido a "considerações de oportunidade".

Ora, o intuito de reduzir ao máximo a margem de livre apreciação judicial para salvaguardar a força do dever de fidelidade conduziu a uma construção objectiva de um dos fundamentos de divórcio-sanção. O divórcio teria de ser decretado quando o "adultério" estivesse "materialmente comprovado", sendo indiferentes as condições em que tivesse ocorrido[518]. Deste modo, acabaria por ser castigado o cônjuge que, no momento da prática de relações sexuais com terceiro, padecia de anomalia psíquica[519] ou supunha erradamente já não estar casado[520]. Na mesma linha, viria a ser dada razão a um cônjuge que pedia o divórcio invocando o adultério do outro, que fora por si próprio provocado[521].

---

[518] Cfr. CassFr 12/11/1953, *JCP* 1954.II.7927.

[519] Cfr. CassFr 31/10/1962, *Bull.civ.* 683, p. 498.

[520] Cfr. CassFr 29/1/1936, *DP* 1937.1.15 (mulher muçulmana repudiada pelo marido) e CassFr 1/5/1939, *DCr* 1941.56 (adultério cometido depois de ter sido proferida a sentença de divórcio, mas antes de ser decidido o respectivo recurso).

[521] Cfr. CassFr 1/6/1950, *JCP* 1950.II.5782 (mulher que contratou prostituta para seduzir o marido).

Os desenvolvimentos da teoria do carácter peremptório do adultério evidenciam a sua inadequação. Ao acolher o princípio da responsabilidade objectiva, negava à fidelidade a sua dimensão de dever. O dever conjugal dita uma regra de conduta cuja violação merece reprovação, se for culposa. Procura-se que cada cônjuge oriente o seu comportamento no sentido prescrito. Não se abstrai, por isso, da consciência, da vontade e da liberdade do destinatário. Em coerência, a punição do acto contrário ao dever pressupõe a culpa do agente.

Por idêntico motivo, o enquadramento do adultério na concepção francesa das causas peremptórias colidia com o sistema de divórcio que vigorava na época. A defesa da suficiência do elemento material do adultério para efeitos de dissolução do casamento não era realmente conciliável com a ideia de um divórcio baseado no ilícito culposo ("faute") de um cônjuges.

Por fim, a teoria em apreço encerrava contradições internas. Propugnava a obrigatoriedade de pronunciar o divórcio uma vez provada a mera existência de relações carnais com terceiro e procedia, de harmonia com esta tese, ao tratamento da falta de consciência da ilicitude, da inimputabilidade, da incapacidade acidental e do "adultério provocado pelo outro cônjuge". Porém, era forçada a admitir que a violação de um cônjuge por terceiro não justificava o deferimento do pedido de divórcio formulado pelo outro cônjuge[522] e, a fim de evitar o sucesso de uma qualquer "mise en scène" montada para defraudar a proibição do divórcio por mútuo consentimento, recusava atender ao adultério se tivesse havido "conivência" dos cônjuges[523].

Em 1975, o adultério perde simultaneamente o estatuto de causa nominada e de causa peremptória de divórcio. O "divorce pour faute", agora uma de entre várias modalidades de divórcio admissíveis, pode ser requerido por um cônjuge desde que o outro tenha sido condenado a uma pena criminal (art. 243 do *Code civil*) ou quando ao outro sejam imputáveis factos que integrem "uma violação grave ou repetida dos deveres e obrigações do casamento e tornem intolerável a manutenção da vida comum" (art. 242 do *Code civil*).

---

[522] Cfr. TGI Niort 21/11/1960, *D.* 1961, p. 247.
[523] Cfr. CassFr 15/4/1970, *D.* 1970, som., p. 206.

No entanto, a alteração não pode ser interpretada como uma diminuição de importância do dever de não ter relações sexuais com terceiro. A violação do dever está coberta pela referência genérica à "violação dos deveres e obrigações do casamento" constante do art. 242 do *Code*[524] e preenche, quase sempre, os requisitos da gravidade e intolerabilidade[525]. A mudança legislativa contribuiu sobretudo para a correcção daquele que era o maior defeito da teoria do carácter peremptório do adultério – a responsabilização do cônjuge, independentemente de culpa[526]. E nesta medida, apoiando a superação da redução tendencial do conceito de adultério ao elemento constitutivo material, proporcionou um verdadeiro reforço da fidelidade enquanto *dever normativo*.

---

[524] Cfr. CARBONNIER, *Droit civil 2* cit., p. 472: "Depuis 1975, l'adultère n'est plus nommément prévu par le C.c., mais il peut être saisi sous la formule générale du divorce pour faute". Identicamente, DESNOYER, *L'évolution de la sanction* cit., p. 230; MARTY/RAYNAUD, *Droit Civil (Les personnes)*, cit., pp. 350-351; MASSIP, *La réforme du divorce*, t. I, 2.ª ed., Paris, Répertoire du notariat Defrénois, 1986, p. 61; MAYAUD, "L'adultère, cause de divorce" cit., p. 509.

[525] Segundo CARBONNIER, ob. e loc. cit., e MAYAUD, ob. cit., pp. 512-513, o adultério caracteriza-se pela gravidade intrínseca. PAILLET, *Infidélité conjugale* cit., p. 206 e s., considera a impossibilidade da vida comum uma condição inerente ao adultério; PIERRAT, *Le sexe et la loi*, 2.ª ed., Paris, La Musardine, 2002, p. 12, afirma que, após 1975, o adultério continua a ser uma causa de divórcio "presque assurée". DEKEUWER-DÉFOSSEZ, "Impressions de recherche sur les fautes causes de divorce", *D.* 1985, chron., pp. 220-221, enumera decisões judiciais que confirmam "la prévision selon laquelle l'adultère demeurerait une faute intrinsèquement grave"; na óptica de VASSAUX, *Liberté individuelle et devoirs personnels des époux* cit., p. 521 e s., existiria uma "presunção judicial de gravidade do adultério".

[526] A formulação do art. 242 do *Code civil*, combinada com a disposição do 1.º parágrafo do art. 245 ("Les fautes de l'époux qui a pris l'initiative du divorce n'empêchent pas d'examiner sa demande; elles peuvent, cependant, enlever aux faits qu'il reproche à son conjoint le caractère de gravité qui en aurait fait une cause de divorce"), criou melhor clima para um tratamento racional da problemática da culpa no adultério, que se manifestou, designadamente, na definição de uma solução uniforme para a provocação e para a "conivência activa": cfr., entre outros, LARRIBAU--TERNEYRE, "Mariage" cit., n.º 30, MAYAUD, ob. cit., p. 500 e s. (em especial, pp. 516--518). NERSON/RUBELLIN-DEVICHI, "Le devoir de fidélité", *RTDC* 1980, p. 333, sublinham "l'effet moralisateur de la disparition d'une conception objective de l'adultère", emergente da reforma de 1975.

A passagem do adultério de causa peremptória a causa facultativa de divórcio não conta, pois, como argumento a favor da derrogabilidade do dever de exclusividade sexual. E igualmente inexpressiva se revela a mera substituição, no campo do regime do divórcio (ou separação judicial)-sanção, de uma enumeração exemplicativa de causas específicas não peremptórias, que refira o adultério, por uma causa única genérica, situação que teve lugar entre nós.

Se na versão originária do Código Civil português de 1966, o adultério era um dos fundamentos nominados de divórcio e separação litigiosa de pessoas e bens [arts. 1778.º, alínea a), e 1792.º] e se a Reforma de 1977 veio extinguir o elenco legal de causas no domínio do divórcio-sanção, o certo é que aquele não deixa de ser fundamento do divórcio baseado na conduta culposa de um dos cônjuges: é, obviamente, exemplo de "violação de deveres conjugais", primeiro dos requisitos mencionados pelo actual art. 1779.º, n.º 1. De resto, a regulamentação da espécie de divórcio em apreço não sofreu modificações profundas: alude-se agora expressamente à culpa, insiste-se na condição de que os factos "comprometam a possibilidade de vida em comum"[527] e indicam-se idênticos "motivos de exclusão" no art. 1780.º.

No contexto da discussão acerca da intangibilidade do dever de não ter relações sexuais com terceiro, seria impensável omitir uma explicação breve sobre o teor do último preceito referido, tanto mais que este tem "especialmente em vista o pedido de divórcio baseado na violação do dever de fidelidade (adultério)"[528]. A primeira alínea do art. 1780.º estabelece causas impeditivas do direito ao divórcio – a instigação do acto ou a criação intencional de condições propícias à sua

---

[527] Condição que, hoje como antes, ocorre usualmente no caso de adultério: cfr. TEIXEIRA DE SOUSA, *O regime jurídico do divórcio* cit., p. 46 (a prática do adultério corresponde a uma violação objectivamente grave de deveres conjugais, não exigindo que se averigue se impede ou dificulta a convivência conjugal). Como bem esclarece PEREIRA COELHO, "Divórcio e separação judicial de pessoas e bens na Reforma do Código Civil", *Reforma do Código Civil* cit., pp. 52-53, o art. 1795.º-D, n.º 3, do Código Civil, demonstra que o adultério "indicia, para a lei, uma deterioração irremediável das relações conjugais".

[528] Cfr. ANTUNES VARELA, *Direito da Família* cit., p. 499.

verificação. Nestas circunstâncias anteriores à prática do facto que serve de fundamento à acção pode englobar-se a intervenção do cônjuge requerente num acordo em derrogação do dever de exclusividade sexual. A alínea b) aponta causas de extinção do direito de obter o divórcio que decorrem do comportamento do cônjuge ofendido, assumido após o ilícito conjugal. Entre elas cabe o perdão, expresso ou tácito. Em suma, o adultério não é punido se tiver sido cometido ao abrigo de um acordo prévio celebrado entre os cônjuges ou se tiver sido perdoado pelo cônjuge lesado.

Como harmonizar estas soluções, que não são específicas do direito nacional[529], com a ideia de indisponibilidade do dever de fideli-

---

[529] No direito francês, equipara-se a dispensa convencional do dever de fidelidade à conivência activa dos cônjuges no adultério, o que, nos termos do art. 245, par. 1.º, do *Code civil*, pode implicar a rejeição do divórcio-sanção fundado em adultério: cfr. BÉNABENT, *Droit Civil. La famille* cit., pp. 92-93; LARRIBAU-TERNEYRE, "Mariage" cit., n.ºs 33 e 45; PAILLET, *Infidélité conjugale* cit., p. 179. Por força do art. 244, par. 1.º,"la réconciliation des époux intervenue depuis les faits allégués empêche de les invoquer comme cause de divorce". E identifica-se "réconciliation" e "pardon" ou entende-se que aquela abrange necessariamente o perdão dos factos ofensivos (cfr. BÉNABENT, *Droit Civil. La famille* cit., pp. 153-154; JUGLART/PIEDELIEVRE/PIEDELIEVRE, *Cours de Droit Civil* I/1 cit., pp. 429-430; MALAURIE/AYNÈS, *Cours de Droit Civil* III cit., pp. 228-229; MASSIP, *La réforme du divorce* I cit., pp. 69-70; RINGEL/ /PUTMAN, *Droit de la Famille*, pp. 160-161).

No direito espanhol, em que a infidelidade conjugal não pode ser invocada para conseguir a separação judicial com cariz sancionatório desde que exista prévia separação de facto por mútuo consentimento (art. 82.º, 1.ª, do Código Civil), ALBALADEJO, *Curso de Derecho Civil* IV cit., pp. 119-120, aproxima, a propósito, a separação de facto consensual do acordo em que se permite o adultério. VEGA SALA, "El nuevo Derecho del Matrimonio" cit., p. 260, condenando a imprecisão da lei espanhola, por não ter fixado os requisitos do adultério enquanto causa de separação, exclui a separação quando baseada em adultério consentido, provocado ou perdoado pelo outro cônjuge.

No direito italiano, atribui-se ao "patto di esonero della fedeltà" eficácia impeditiva do "addebito" da separação, requerido por motivo de infidelidade (cfr. CATTANEO, *Corso di Diritto Civile. Effetti del matrimonio* cit., pp. 29-30; PARADISO, *I rapporti personali tra coniugi* cit., pp. 38, 181-182). No direito alemão, admite-se que não fique sujeito a sanções o cônjuge que, com o consentimento ("Zustimmung") do outro, tenha tido relações sexuais extramatrimoniais: cfr. RGRK/ROTH-STIELOW, § 1353, Nm. 32. LANGE-KLEIN/ *Reihe* cit., § 1353, Nm. 7, invoca a possibilidade de

dade? É ou não, afinal, válido o acordo de dispensa do dever de não ter relações sexuais com terceiro? É ou não permitida a renúncia unilateral que tenha por objecto esse mesmo dever?

Não há que rever posições. O dever de fidelidade é indubitavelmente injuntivo. O acordo configura apenas uma causa de exculpação do adultério[530] e, por isso, inviabiliza a sanção, correspondente a um conjunto de consequências patrimoniais desfavoráveis para o cônjuge adúltero ou à própria concessão do divórcio a pedido do outro cônjuge. O perdão, acto jurídico não negocial, não equivale sequer a uma renúncia ao direito de obter a efectivação da responsabilidade subjectiva do cônjuge infiel; exprime antes a atitude de desculpa voluntária da infracção cometida, a que a lei associa o efeito de extinção daquela responsabilidade[531]. Em nenhuma das duas situações se divisa um acto

haver perdão ("Verzeihung") do adultério, para negar a qualificação de "elemento irrenunciável" ao dever de fidelidade.

[530] Cfr. TEIXEIRA DE SOUSA, *O regime jurídico do divórcio* cit., pp. 70-71 [o art. 1780.º, alínea a), do Código Civil, indica situações em que o comportamento do cônjuge ofendido exclui a culpa do outro]. Sobre a "reciproca dispensa dalla fedeltà sessuale", escreve CATTANEO, *Corso di Diritto Civile. Effetti del matrimonio* cit., p. 29: "nel valutare se l'infedeltà commessa da un coniuge abbia reso intollerabile la convivenza, oppure se essa debba considerarsi causa di addebito della separazione, il giudice dovrà anche accertare se tale infedeltà possa ritenersi scusabile a causa del comportamento dell'altro coniuge (ad esempio della sua tolleranza, o delle infedeltà commesse anche da lui). Ma altro è scusare una colpa, altro è ammetere l'efficacia di una dispensa preventiva. Gli effetti giuridici del matrimonio sono infatti stabiliti da norme imperative, e sono perciò invalidi i patti con i quali le parti intendano modificarli o escluderli".

FERNANDEZ NETO, *Causas de exclusão do direito ao divórcio fundado em violação culposa dos deveres conjugais (Contribuição para o estudo do perdão do cônjuge ofendido)*, dact., dissertação de Mestrado, Faculdade de Direito da Universidade de Coimbra, 1992, pp. 178-180, e FERREIRA PINTO, *Causas do divórcio* cit., p. 88, consideram precipitadamente o consentimento do cônjuge ofendido uma causa de exclusão da ilicitude da conduta do outro. Nos termos do artigo 340.º, n.º 2, do Código Civil, o consentimento do lesado só exclui a ilicitude do acto que não seja contrário "a uma proibição legal ou aos bons costumes", estatuição que vale, em geral, para toda a responsabilidade por facto ilícito (cfr. art. 38.º do Código Penal).

[531] Cfr. ANTUNES VARELA, *Direito da Família* cit., p. 498; FERNANDEZ NETO, *Causas de exclusão do direito ao divórcio* cit., p. 67 e s.; TEIXEIRA DE SOUSA, *O regime jurídico do divórcio* cit., pp. 74-75. O comportamento posterior da vítima leva

de disposição do dever de fidelidade. Na primeira, faltará a culpa, pressuposto exigível para a repressão da infidelidade. Na segunda, o cônjuge ofendido perdeu pura e simplesmente a faculdade de invocar os meios de protecção do dever conjugal.

Feito este pequeno, mas imprescindível, *parêntesis*, importa rematar a questão do significado da revogação da referência legal expressa ao adultério, no plano dos fundamentos de dissolução ou modificação da relação matrimonial, situando-a nos ordenamentos em que foi totalmente abandonada a concepção do divórcio (ou separação judicial) como sanção em si mesma. Ao invés do que à primeira vista se poderia supor, os dados não ficam substancialmente alterados. Embora não representando uma manifestação nominada de ruptura (diferentemente da separação de facto no direito alemão, mencionada nos §§ 1565 e 1566 do BGB), o adultério é entendido como o melhor exemplo de situação que denuncia o "fracasso do casamento" ("Scheitern der Ehe", expressão utilizada no § 1565 I do BGB para formular o "princípio da ruptura" no divórcio) ou "torna intolerável a prossecução da convivência" (art. 151, parágrafo 1.º, do *Codice*

---

a pensar que a ofensa foi definitivamente "esquecida": "une faute pardonnée est une faute effacée que l'on ne devrait donc jamais plus pouvoir évoquer. L'étymologie suggère certe énergie particulière attachée au pardon: pardonner c'est donner complètement. Or, de même que «donner et retenir ne vaut», «pardonner sans oublier ne vaut»: celui qui a pardonné ne peut plus reprocher à l'époux pardonné les fautes effacées" (MALAURIE/AYNÈS, *Cours de Droit Civil* III cit., p. 228). A relevância legal do perdão funda-se, em última análise, na rejeição do "venire contra factum proprium".

Seja como for, a renúncia à repressão ou à reparação, admissível desde que não contenda com o direito potestativo de divórcio ou com o direito a alimentos do próprio cônjuge ofendido, não se confunde com a renúncia ao "direito à fidelidade". É assim que STAUDINGER/HÜBNER/VOPPEL cit., § 1353, Nm. 31, adeptos da imperatividade da obrigação de fidelidade, aceitam que o cônjuge afectado possa renunciar às sanções aplicáveis, em seu benefício, à violação da obrigação ("Wohl kann der Gatte auf die zu seinen Gunsten bestehenden Sanktionen geschlechtlicher Treuepflichtverletzungen verzichten"), designadamente à exclusão da "pretensão de sustento" do cônjuge adúltero por motivo de "iniquidade grosseira" ("grobe Unbilligkeit", § 1579 do BGB).

Civile)[532]. E neste aspecto detecta-se um ponto de contacto com os ordenamentos nacional e francês, em virtude de o respectivo divórcio--sanção se não subtrair inteiramente à ideia de ruptura (cfr. o apelo às noções "comprometimento da possibilidade" ou "intolerabilidade da manutenção" da vida em comum")[533].

Para mais, não se pode falar de uma tutela demasiado frágil do dever de exclusividade sexual, insusceptível de se compaginar com uma figura caracterizada pela inderrogabilidade. A violação dos deveres conjugais não encontra, é certo, a sua sanção no momento em que se decide estritamente sobre a dissolução ou a modificação do vínculo, mas aquela violação não deixa de ser punida. No ordenamento italiano, aquele cujo comportamento seja contrário aos deveres conjugais fica sujeito ao "addebito" da separação, o que acarreta várias consequências: nomeadamente, a perda de qualidade de sucessível do cônjuge e a

---

[532] Cfr. FIRSCHING/GRABA, *Familienrecht, 1. Halbband* cit., pp. 85-86: "Ehebrecherische Beziehungen zu einem anderen Partner gehören zum «Normalfall» einer Ehezerrütung, die häufig zur Scheidung führen". A gravidade do adultério justificaria, excepcionalmente, a concessão do divórcio antes de decorrido um ano de separação de facto: cfr. SOERGEL/LANGE cit., § 1353, Nm. 12 ["Geschlechtliche Beziehungen zu einer anderen Person als dem Ehegatten (...) werden in der Regel für den anderen eine unzumutbare Härte zur Fortsetzung der ehelichen Lebensgemeinschaft im Sinne des § 1565 II begründen"]. No direito italiano, cfr. PARADISO, *La comunità familiare* cit., p. 38: "l'infedeltà del coniuge, palese od occulta che sia, integrerà pur sempre quel «minimo oggettivo», che consenta il riscontro fattuale alla allegata intolerabilità della convivenza, richiesto dalla giurisprudenza" (para decretar a separação).

[533] Sob o mesmo prisma, a adopção de um sistema de ruptura, quase puro, a nível dos pressupostos do divórcio e da separação não foi, nem mesmo a nível interno, uma mudança revolucionária. Na época em que a lei alemã (§ 42 EheG) ou a lei italiana (art. 151, na versão originária do *Codice Civile*) indicava o adultério como fundamento de divórcio, o princípio da culpa encontrava-se já temperado pelo pensamento da ruptura. Cfr., quanto ao direito alemão, MÜLLER-FREIENFELS, *Ehe und Recht*, Tubingen, J.C.B. Mohr, 1962, p. 135 e s., considerando que os factos especificamente enunciados como causas de divórcio só tinham relevo enquanto indícios de ruptura matrimonial. Cfr., no caso italiano, D'ANTONIO, "Separazione personale dei coniugi e mutamento del titolo", *RDC* 1977, I, pp. 640-641, explicando que os factos concretamente enumerados como causas de separação antes da Reforma de 1975 estavam subordinados ao critério da "intolerabilità della convivenza".

impossibilidade de exigir o cumprimento do dever de assistência material[534]. No direito alemão, o cônjuge adúltero incorre igualmente em consequências patrimoniais desfavoráveis (*v.g.*, exclusão do direito de sustento e das compensações que seriam habitualmente devidas pela dissolução do casamento, "Zugewinnausgleich" e "Versorgungsausgleich")[535]. Como é normal num ilícito civil, o relacionamento sexual extramatrimonial não é forçosamente sancionado a pedido do outro cônjuge; há sempre que atender à culpa, à causalidade e à virtualidade extintiva da responsabilidade do infractor que está associada a certos factos do lesado.

40. "Procedendo o dever de fidelidade do casamento", diz Albaladejo[536], "logo, parece que se tem de afirmar que deveria subsistir também se os esposos estão separados legalmente ou de facto, enquanto o casamento não se dissolva ou anule". Contudo, não é esse o caminho seguido pelo autor. À "correcção lógica" daquela conclusão contrapõe a sua "irrealidade prática". A obtenção da separação com base no art. 82, 1ª, do Código Civil espanhol, seria o único "remédio" contra a infidelidade, pelo que não haveria qualquer "remédio" quando os cônjuges já estivessem separados de facto. Faltando, pois, qualquer meio jurídico de tutela do dever de fidelidade, não seria possível defender que tal dever continuaria a vincular os cônjuges separados. E, para confirmar a sua tese, Albaladejo socorre-se do art. 82, 1ª, parágrafo 2.º, do Código Civil, encontrando nele a prova de que a lei "tolera" a infidelidade dos cônjuges separados.

A orientação de Albaladejo enferma de dois vícios de base. Primeiro, parte do pressuposto de que a separação judicial representa o

---

[534] Cfr. D'ANTONIO, "Separazione personale dei coniugi e mutamento del titolo" cit., p. 644; PARADISO, *La comunità familiare* cit., p. 38.

[535] A prática do adultério integra, em regra, uma situação em que a atribuição de "Zugewinnausgleich", "Unterhaltsanspruch" ou "Versorgungsausgleich", representa uma "iniquidade grosseira" ("grobe Unbilligkeit"), o que, nos termos dos §§ 1381, 1579 e 1587c, Nr. 1, do BGB, obsta ao reconhecimento de tais benefícios patrimoniais: cfr. STAUDINGER/HÜBNER/VOPPEL cit., § 1353, Nm. 31; RGRK/ROTH-STIELOW, § 1353, Nm. 32.

[536] ALBALADEJO, *Curso de Derecho Civil* IV cit., pp. 119-120.

único meio de reagir contra a violação do dever de fidelidade, ignorando, nomeadamente, a hipótese de deserdação e de extinção do direito a alimentos[537]. O segundo vício consiste na ideia de que o carácter vinculativo de um dever em certo momento depende da possibilidade de punição efectiva da violação do dever nesse exacto momento. É, porém, pacífico que a coercibilidade não é característica de cada norma mas da ordem jurídica no seu todo[538]; por maioria de razão, afigura-se inconcebível considerar a sanção elemento integrante da norma jurídica em todas as situações abrangidas pela previsão.

No entanto, o citado art. 82.º, 1ª, do Código Civil espanhol, depois de nomear a infidelidade conjugal entre as causas de separação judicial dos cônjuges baseadas na violação dos deveres decorrentes do matrimónio (1.º parágrafo), estabelece que: "Não poderá invocar-se como causa a infidelidade conjugal se existe prévia separação de facto livremente consentida por ambos ou por aquele que a alegue" (2.º parágrafo). Albaladejo não é o único a apoiar-se nesta disposição para afastar a vigência do dever de fidelidade se os cônjuges estiverem separados[539]. Será que a norma prejudica, de algum modo, a concepção do dever em apreço como efeito fundamental do casamento?

---

[537] O art. 152, 4.º, do Código Civil espanhol, determina a cessação da "obligación de dar alimentos" desde que o credor tenha "cometido alguna falta de las que dan lugar a la desheredación". Nos termos do art. 855, 1.ª, o incumprimento grave ou reiterado dos deveres conjugais constitui uma "causa justa" de deserdação do cônjuge. Desta forma, e apesar de ver no dever de fidelidade uma consequência da convivência entre os cônjuges, LUNA SERRANO, "Matrimonio y divorcio" cit., pp. 123--124, entende que a infidelidade não deixa de ser causa de deserdação no caso de separação de facto.

[538] Cfr., entre muitos outros, CASTRO MENDES, *Introdução ao Estudo do Direito*, Lisboa, Editora Danúbio, 1984, p. 48 e s.; OLIVEIRA ASCENSÃO, *O Direito – Introdução e Teoria Geral*, 11.ª ed., Coimbra, Livraria Almedina, 2001, p. 77 e s.

[539] Cfr. ENTRENA KLETT, *Matrimonio, separación y divorcio* cit., p. 546: "La conclusión que se obtiene de este precepto es que la separación judicial o la convenida producen como efecto legal indirecto la desaparición del deber de fidelidad". Na perspectiva de LASARTE ÁLVAREZ, *Principios de Derecho Civil* 6.º cit., p. 128, por força do art. 82, 1.ª, "en la separación de hecho convencional el deber de fidelidad ha de considerarse inexistente". Assim, "al menos respecto de la separación por mutuo acuerdo habría que llegar a la misma conclusión; que, de añadidura, podría también extenderse a los restantes supuestos de separación legal si se considera que la suspen-

A maioria da doutrina espanhola[540] defende que, apesar de tudo, o dever de fidelidade sobrevive à separação dos cônjuges. O art. 82.º, 1ª, par. 2.º, consagraria somente uma causa de exculpação, similar à do artigo 1780.º, alínea a), do Código Civil português[541]. Ao cônjuge é recusado o direito de requerer a separação em atenção ao seu comportamento anterior à infidelidade do outro. Não pode obter a separação com fundamento em adultério porque antes contribuiu para a separação de facto.

Embora não afecte a essencialidade do dever de fidelidade, a opção legal não deixa de ser criticável. É excessivo vislumbrar na mera separação de facto consensual ou imputável a um cônjuge um factor que, fatalmente, origina ou propicia o adultério do outro[542]. Por esse motivo, há quem propugne[543] uma interpretação restritiva da norma

---

sión de la vida en común de los esposos (art. 83) deja también latente el presunto deber de fidelidad que, por otra parte, no resulta exigible en caso de separación".

[540] LASARTE ÁLVAREZ, *Principios de Derecho Civil* 6.º cit., pp. 128-129, reconhece que a sua posição se distancia da opinião comum e das "convicciones sociales actualmente imperantes", ambas favoráveis à permanência do dever de fidelidade; LÓPEZ-MUÑIZ CRIADO, "Separación", em O'Callaghan Muñoz (org.), *Matrimonio: nulidad canónica y civil, separación y divorcio*, Madrid, Editorial Centro de Estudios Ramón Areces, 2001, p. 193, critica precisamente o Código Civil por não eliminar essa permanência.

[541] Cfr. ARZA, *Remedios jurídicos a los matrimonios rotos (Nulidad, separación, divorcio)*, Bilbao, Publicaciones de la Universidad de Deusto, 1982, p. 61 ("el adulterio se considera consentido en la separación voluntaria ou impuesta"); FOSAR-BENLLOCH, *Estudios de Derecho de Familia* II/1.º cit., p. 49 ("excusa absolutoria"); HERNANDO COLLAZOS, *Causas de divorcio: derecho español y francés comparado*, Viscaya, Universidad del País Vasco, 1989, p. 105 ("excusa"); SÁNCHEZ GARCÍA, "Salidas jurídicas a las crisis matrimoniales" cit., p. 260 ("una especie de excusa absolutoria"); VALLADARES RASCÓN, *Nulidad, Separación, Divorcio* cit., p. 291 (não há culpa do cônjuge infiel se a separação foi consensual ou imposta pelo outro, já que a "relación extraconyugal ha sido facilitada o provocada por la separación").

[542] Neste sentido, cfr. VALPUESTA FERNANDEZ, *Los pactos conyugales de separación de hecho: historia y presente*, Universidad de Sevilla, 1982, pp. 241-242, evitando "caer en el planteamiento, muchas veces utilizado, de que la separación de los esposos lleva necessariamente a la infidelidad".

[543] Cfr. CASTÁN TOBEÑAS/ GARCÍA CANTERO/CASTÁN VÁZQUEZ, *Derecho Civil Español, Común y Foral* V/1.º cit., p. 1109 (inserida no § CXXVI bis, actualizado por GARCÍA CANTERO); GARCÍA CANTERO, *Comentarios al Código Civil* cit., p. 276.

controvertida, admitindo a relevância da infidelidade, no âmbito do instituto espanhol da separação judicial, se tiver sido cometida "de modo injurioso" para o outro cônjuge.

Um pouco mais razoável teria sido prever a rejeição da acção de separação baseada em adultério praticado numa altura em que a ausência de vida em comum podia ela mesma servir de fundamento para a separação judicial (*v.g.*, se a infidelidade tivesse ocorrido depois de terem passado, pelo menos, três anos após a cessação da convivência conjugal). A ruptura decorreria então da separação de facto, pelo que o adultério subsequente já não desempenharia qualquer papel no processo de desagregação familiar[544].

Independentemente de disposição legal específica, o princípio subjacente à proposta é de aplicar no direito português[545]. Como se sabe, o nosso sistema de divórcio-sanção não é puro. Através dele não se pune qualquer violação de dever conjugal, mas somente aquela que "comprometa a possibilidade da vida em comum". Se já há ruptura da vida em comum [o que acontece, *v.g.*, de acordo com o art. 1781.º, alínea a), do Código Civil, quando a separação de facto se prolonga por três anos consecutivos], não se pode dizer que o adultério posterior tenha determinado a ruptura; no máximo, impedirá uma reconciliação. O quadro será distinto se, no momento da infidelidade, a separação de facto não chegava a atingir o patamar legalmente definido para a ruptura: o adultério permitirá a obtenção do divórcio nos termos do art.

---

[544] O par. 2.º do art. 82, 1.ª, é por vezes justificado à luz da "relevância negativa da causa virtual": cfr. Universidad de Murcia (Departamento de Derecho Civil), *Seminario sobre la reforma del Derecho de Familia*, vol. I, 1984, p. 116 ["el hecho mismo de haber consentido e impuesto la separación de hecho indica la existencia de otra causa que, cualquiera que sea, se ha producido ya, excluyendo esta causa legal" (de separação)]. Só que a separação de facto não é, sem mais, motivo de separação judicial: é preciso que, sendo consentida, dure seis meses ou, não o sendo, três anos (cfr. art. 82.º, 5.ª e 6.ª).

[545] E no direito francês (cfr. DASTE, *Divorce. Séparations de corps et de fait: conditions, procédure, conséquences, contentieux de l'après-divorce*, 6.ª ed., Paris, Delmas, 2001, p. 44; LAMARCHE, *Les degrés du mariage* cit., p. 371 e s.): o dever de fidelidade mantém-se após a separação de facto e até depois da autorização judicial de residência separada, mas os juízes admitem que a duração da separação retire relevância ao adultério enquanto causa subjectiva de divórcio.

1779.º do Código Civil; a separação, se consentida ou imposta pelo outro, implicará, quando muito, a atenuação da culpa do cônjuge infiel[546]. Note-se que o dever de fidelidade continua a subsistir à data do adultério em qualquer dos dois casos. Designadamente no primeiro, o adultério não deixa de ser ilícito. É apenas a sua importância *como fundamento de divórcio* que fica excluída, por força do jogo dos pressupostos da dissolução sancionatória. Aliás, *a priori*, nada obsta à tutela do dever violado por outras vias – designadamente, mediante as consequências patrimoniais da declaração de culpa no âmbito do divórcio-ruptura[547].

Algo problemático se afigura o estatuto do dever de fidelidade após a separação de pessoas e bens. O artigo 1795.º-A do Código Civil não estabelece a extinção desse dever, mas somente dos deveres de coabitação e assistência. A reconciliação é admissível a todo o tempo (art. 1795.º-C, n.º 1). Contudo, havendo conversão da separação em divórcio, o adultério superveniente, tendencial obstáculo definitivo à possibilidade de reconciliação, não tem qualquer interesse para a definição da culpa no divórcio; o que tiver sido decidido no processo de separação sobre a culpa dos cônjuges não pode ser alterado pela sentença que decretar a conversão (art. 1795.º-D, n.º 4). Sob este prisma, a fidelidade parece estar reduzida a um *dever nominal*. O facto de este cenário surgir uma vez extinto o dever de coabitação suscita dúvidas acerca da conexão existente entre deveres conjugais. Será compreensível o dever de fidelidade sem o dever de coabitação?

---

[546] A atenuação não é obrigatória. Cfr. o sumário do ac. RE 23/5/1989, *BMJ* 387, p. 676: "I- A separação de facto querida ou aceite por ambos os cônjuges, para que, assim, qualquer deles possa desempenhar a sua actividade profissional, não dispensa que ambos cumpram o dever de fidelidade conjugal.// II- Aquela situação de separação nem sequer diminui, de modo sensível, a culpa na violação do dever de fidelidade".

[547] Cfr. o ac. STJ 6/2/1992, *BMJ* 414, p. 551: apreciando o recurso de uma sentença proferida no âmbito de uma acção de divórcio com fundamento em separação de facto, decidiu que, para efeitos da declaração de culpa exigida pelo art. 1782.º, n.º 2, do Código Civil, são atendíveis "tanto os factos motivadores da separação como os que, ocorrendo no decurso dela, hajam contribuído para a impossibilidade de uma reconciliação dos cônjuges".

Nas vésperas da reforma italiana de 1975, a Corte Costituzionale emitiu parecer negativo[548] justamente a propósito de um instituto equivalente à nossa antiga separação judicial de pessoas e bens por mútuo consentimento – a "separazione personale consensuale" judicialmente homologada. Homologada a separação, e porque a obrigação de fidelidade estaria ligada ao "direito-dever que tem por objecto a disponibilidade física de um cônjuge face ao outro", os cônjuges deixariam de estar sujeitos ao dever de não ter relações sexuais com terceiro; o adultério só seria ilícito se, "pelo concurso de circunstâncias particulares", constituísse "injúria grave" para o outro cônjuge. Pela fundamentação do acórdão, a orientação do tribunal era extensível à chamada "separazione giudiziale" (figura próxima da separação judicial de pessoas e bens). Ou seja, decretada ou homologada a separação pelo juiz, o dever de fidelidade daria lugar a um dever de respeito *sui generis* – o dever de não praticar o adultério de uma forma gravemente ofensiva para o outro cônjuge.

O acórdão enfrentou contestação por assentar na distinção entre adultério simples ou prudente e adultério injurioso ou escandaloso, utilizada anteriormente para um tratamento discriminatório da violação do dever de fidelidade em razão do sexo do cônjuge infractor. A teoria ínsita na contraposição foi, assim, condenada por envolver "hipocrisia"[549] e "convidar ao adultério"[550]. Tecnicamente mais pertinentes foram, porém, as críticas[551] dirigidas à ideia de uma ligação indelével

---

[548] Corte Cost. 18/4/1974, n.º 99, *Giur.Cost.* 1974, p. 731. Cfr. *supra*, n.º 36 *in fine*.

[549] Cfr. PARADISO, *I rapporti personali tra coniugi* cit., pp. 36-37.

[550] Cfr. LOJACONO, "Fedeltà coniugale, etica giuridica e Costituzione", *DFP* 1974, p. 1138, falando com ironia daquele que seria "l'ultimo grido della... moda costituzionale" – a indiferença pela prática do adultério após a separação desde que não houvesse "injúria grave", o que só se verificaria se o adultério fosse "sbandierato ai quattro venti". SANTORO-PASSARELLI, "Divorzio e separazione personale", *Libertà e autorità nel Diritto Civile: altri saggi*, Padova, CEDAM, 1977, p. 207, afirma que a Corte Costituzionale teria introduzido no ordenamento do matrimónio uma espécie de adultério "rispettabile".

[551] Cfr. TRABUCCHI, "Fedeltà coniugale e Costituzione" cit., pp. 1424-1425 e, ainda, LOJACONO, "Fedeltà coniugale, etica giuridica e Costituzione" cit., p. 1136; PARADISO, *I rapporti personali tra coniugi* cit., p. 37; SANTORO-PASSARELLI,

entre o dever de fidelidade e o de convivência sexual: redundando numa estranha relação sinalagmática, legitimaria, em última análise, mesmo não havendo separação, o acto sexual extramatrimonial de um cônjuge sempre que o outro não estivesse "fisicamente disponível" em virtude de doença, ausência, idade avançada ou qualquer outro motivo.

A polémica sobre o dever de fidelidade durante a separação não chegou a ser resolvida pelo legislador da Reforma de 1975. Se, na versão anterior, o art. 156 do *Codice Civile*, relativo aos efeitos da separação, estabelecia expressamente que se mantinham os direitos matrimoniais do cônjuge não culpado compatíveis com o estado de separação, norma que a mencionada sentença do Tribunal Constitucional viria a declarar inconstitucional na parte em que assegurava a subsistência do dever de fidelidade, o novo art. 156 ocupa-se apenas dos efeitos da separação nas relações patrimoniais dos cônjuges, o que consente duas interpretações distintas: após a separação, perduram apenas deveres patrimoniais ou permanecem também os deveres pessoais compatíveis com o estado de separação (*v.g.*, o de fidelidade)[552].

O art. 232, parágrafo 2.º, do *Codice Civile* tem sido apontado[553] como elemento comprovativo da dependência do dever de fidelidade face à coabitação e da consequente cessação do mesmo com a separação. Tendo a lei determinado que o marido é pai do filho concebido durante o matrimónio (art. 231), o art. 232 vem estabelecer uma "presunção de concepção durante o matrimónio" no parágrafo 1.º (filho nascido dentro dos 180 dias posteriores à celebração do casamento ou dentro dos 300 dias posteriores à anulação, dissolução ou cessação dos efeitos civis do casamento), enquanto no parágrafo 2.º indica quando já não vigora a referida presunção: se o filho de mãe casada nascer depois

---

comentário ao art. 143, *Commentario al Diritto Italiano della Famiglia* cit., p. 509; EMIDIA VITALI, "Il mutamento del titolo della separazione", *DFP* 1980, p. 303.

[552] Pronunciam-se pela inconclusividade do artigo, D'ANTONIO, "Separazione personale dei coniugi e mutamento del titolo" cit., p. 654 e s., e ZATTI, "I diritti e i doveri che nascono dal matrimonio" cit., p. 218 e s.

[553] Cfr. FRANCESCHELLI, *La separazione di fatto*, Milano, Giuffrè, 1978, p. 180: "è la legge stessa che «presume» l'infedeltà del coniuge separato nel momento in cui, ai sensi dell'art. 232, 2.º comma, dispone che la presunzione di concepimento durante il matrimonio non opera decorsi trecento giorni dalla separazione personale".

de decorridos trezentos dias da "pronuncia di separazione giudiziale", da "omologazione di separazione consensuale" ou da "data de comparência dos cônjuges perante o juiz que os tenha autorizado a viver separadamente". No entanto, se é verdade que a lei não presume que o pai do filho concebido após várias situações em que foi autorizado o fim da coabitação seja o marido da mãe, também verdade é que o dever de fidelidade não constitui, como se viu[554], fundamento da presunção de paternidade e que, por outro lado, seria absurdo manter a presunção quando se torna muito improvável o relacionamento sexual entre os cônjuges[555]. A cessação da presunção explica-se pelo facto de ter terminado a convivência conjugal; na base da previsão legal está "uma valoração de facto e não a afirmação de um princípio jurídico, que seria o desaparecimento do dever de fidelidade"[556]. E a esta luz se deve compreender também o art. 1829.º Código Civil português, que afasta a presunção "pater is est" quando o nascimento do filho ocorrer passados trezentos dias depois de finda a coabitação dos cônjuges.

Dada a *inutilidade argumentativa* dos arts. 156 e 232 do *Codice Civile*, há quem sustente a actualidade da posição do Tribunal Constitucional italiano[557]. Mas a maior parte do terreno doutrinário acaba por

---

[554] *Supra*, n.º 33.

[555] Cfr. EMIDIA VITALI, "Il mutamento del titolo della separazione" cit., p. 304.

[556] Cfr. D'ANTONIO, "Separazione personale dei coniugi e mutamento del titolo" cit., p. 660. TOMMASEO, *Lezioni di Diritto di Famiglia* cit., p. 54, também não aceita uma ligação entre o artigo 232, par. 2.º, e o problema da vigência do dever de fidelidade após a separação.

[557] Cfr. D'ANTONIO, "Separazione personale dei coniugi e mutamento del titolo" cit., pp. 662-663: "L'interprete (...) si trova ancor oggi di fronte alla necessità di stabilire se la fedeltà sia o no compatibile con lo stato di separazione. E siccome la soluzione del problema è stata dettata dalla Corte costituzionale mediante la creazione di una norma prima inesistente, questa norma dovrebbe ritenersi tuttora vincolante, dato che la situazione di fatto, oltre che sul piano dei princípi, che aveva portato all'enunciazione della norma in parola è rimasta la stessa, pur nella scomparsa dell'art. 156, comma 1.º, c.c. di cui la sentenza n. 99 aveva fornito un'integrazione". Pela actualidade da sentença, cfr. igualmente MELONI, "I rapporti familiari" cit., p. 1174; F. della ROCCA, "Separazione personale (dir. priv.)" cit., p. 1378.

ser dividido entre adeptos[558] e adversários[559] da tese da manutenção do dever de fidelidade durante o estado de separação, unidos na rejeição da tese do "nexo" entre dever de abstenção de adultério e "direito à prestação sexual" do outro cônjuge. Os primeiros não se baseiam apenas na subsistência do vínculo conjugal e na compatibilidade do dever de fidelidade com o estado de separação; argumentam ainda com a finalidade da separação[560]. A separação decretada ou homologada concederia aos cônjuges uma pausa para reflectirem sobre o seu destino em comum, adiando o divórcio. Representaria, por isso, uma derradeira tentativa de reconstituição da comunhão plena, pelo que não se harmonizaria com atitudes que prejudicassem a possibilidade de uma reconciliação, *v.g.*, com a prática do adultério.

---

[558] Cfr. CARRARO, "Il nuovo Diritto di Famiglia", *RDC* 1975, I, p. 94; GRASSETTI, comentário ao art. 156, *Commentario al Diritto Italiano della Famiglia*, a cura di Luigi Carraro, Giorgio Oppo, Alberto Trabucchi, volume secondo, Milano, CEDAM, 1992, pp. 704-705; JEMOLO, "Separazione consensuale e per colpa", *RDC* 1977, II, p. 214; PARADISO, *I rapporti personali tra coniugi* cit., p. 39; SANTORO-PASSARELLI, comentário ao art. 143, *Commentario al Diritto Italiano della Famiglia* cit., pp. 509-510; SANTOSUOSSO, *Il matrimonio* cit., pp. 247-248; TRABUCCHI, "Separazione dei coniugi e mutamento del titolo per addebito di fatti sopravvenuti", *Cinquant' anni nell' esperienza giuridica*, cit., p. 1462 e s. (primeiramente publicado na *Giur.It.* 1977, I, 1, p. 2145 e s.).

[559] Cfr. BESSONE/ALPA/D'ANGELO/FERRANDO/SPALLAROSSA, *La famiglia nel nuovo diritto* cit., pp. 84-85, p. 117 e s.; BIANCA, *Diritto civile* II cit., p. 187, e "I rapporti personali nella famiglia e gli obblighi di contribuzione" cit., p. 79; DOGLIOTTI, "Separazione, addebito, affidamenti" cit., p. 686; ALFIO FINOCCHIARO/ /MARIO FINOCCHIARO, *Diritto di Famiglia* cit., p. 674; FRANCESCHELLI, *La separazione di fatto* cit., p. 175 e s., PINO; *Il Diritto di Famiglia*, 2.ª ed., cit., pp. 156-157; VETTORI, "L'unità della famiglia e la nuova disciplina della separazione giudizale fra coniugi (profili interpretativi degli artt. 151 e 156 c.c.)", *RTDPC* 1978, pp. 735-736; ZATTI, "I diritti e i doveri che nascono dal matrimonio" cit., p. 218 e s. MONTECCHIARI, "La separazione con addebito" cit., p. 91, declara que se admite "ormai pacificamente che il dovere di fedeltà coniugale non può più esistere dopo la pronuncia di separazione"; no entanto, cita de imediato jurisprudência superior recente (CassIt 18/9/ /1997, *GDir* 1997, 38, 26 = *Giust.Civ.* 1997, I, p. 2383) favorável à permanência daquele dever na fase de separação.

[560] Cfr. PARADISO, *I rapporti personali tra coniugi* cit., p. 39.

Os adversários da manutenção do dever de fidelidade não negam à separação o carácter de pausa para reflexão, mas acentuam que o instituto não pretende privar os cônjuges da sua faculdade de livre decisão. Portanto, os cônjuges deveriam poder decidir, sem constrangimentos, isto é, sem estarem submetidos ao dever de fidelidade, a reconciliação ou a consolidação da ruptura. A isto acresceria o facto de a eventual imposição de um dever de fidelidade no período de separação estar destituída de funcionalidade[561]: a "pretensão de fidelidade é dirigida à abstenção de relações sexuais com outra pessoa não como modo de vida do outro cônjuge, fim em si mesmo, mas como condição de uma relação exclusiva" que é a matrimonial; "excluída, com a separação, uma condição de vida que se caracteriza pelo escopo de realizar uma relação de vida comum entre os cônjuges, a fidelidade significa pretender que, sem aquele escopo, se realize para o outro cônjuge uma sujeição à exclusividade sexual".

Os partidários da sobrevivência do dever de fidelidade durante a separação tendem a admitir[562] a chamada "mutação do título da separação" (passagem da separação sem "addebito" a separação com "addebito" ou de "addebito" a um cônjuge para "addebito" ao outro), que encaram como um meio de punir o adultério. Os partidários da extinção do dever logo que decretada ou homologada a separação negam logicamente a associação de qualquer consequência à prática do adultério, inclinando-se para a inadmissibilidade da mutação do título.

No direito português, a lei afasta expressamente a possibilidade de alteração do que foi anteriormente decidido em matéria de culpa dos cônjuges (art. 1795.º-D, n.º 4). Ainda que ocorra adultério durante a separação de pessoas e bens, a sentença de divórcio respeitará o que tiver sido estabelecido no processo de separação. Se, por exemplo, a sentença de separação declarar um cônjuge como exclusivo culpado, o adultério subsequente do outro, por mais censurável que seja, em nada afectará a aludida declaração. Porém, não se pense que com isto ficou afinal consagrada, de modo encoberto, a inexistência do dever de fide-

---

[561] Cfr. ZATTI, "I diritti e i doveri che nascono dal matrimonio" cit., pp. 226--227.

[562] Excepções: CARRARO, "Il nuovo Diritto di Famiglia", cit. p. 94; GRASSETTI, comentário ao art. 156, *Commentario al Diritto Italiano della Famiglia* cit. p. 706.

lidade. Há motivos que, somados, ilustram nitidamente a sua permanência após a separação.

O casamento ainda não está dissolvido e o art. 1795.º-A, do Código Civil, atribui à separação efeito extintivo de apenas dois dos deveres conjugais constantes do elenco do art. 1672.º, o de coabitação e o de assistência. Ora, o dever de fidelidade, não mencionado pelo art. 1795.º-A, não deriva do dever de coabitação mas do casamento; por isso, vale quando falta uma concreta relação física entre os cônjuges e quando cessa o dever de ter essa relação. Sendo elemento fundamental da comunhão plena de vida, não desaparece por ter desaparecido um outro elemento, como seja a coabitação, em especial quando há esperança de restabelecimento dessa comunhão. A tese da inutilidade funcional do dever de fidelidade na constância da separação entende-o como funcionalmente dependente do dever de coabitação, aproximando-se da posição perfilhada pela jurisprudência constitucional italiana em 1974. E tem implícita a ideia de inutilidade do instituto da separação de pessoas e bens. Supondo que a carência de uma peça indispensável à comunhão plena de vida torna as demais desnecessárias, aposta no aprofundamento e na irreversibilidade da desagregação familiar; então, a separação de pessoas e bens não será mais do que uma "paragem burocrática" no caminho para o divórcio.

A separação de pessoas e bens tanto pode terminar pela reconciliação como pela dissolução do casamento (art. 1795.º-B do Código Civil). Todavia, há um princípio de *favor matrimonii* que se manifesta em situações de crise matrimonial e que revela a preferência da lei pela reconciliação: no processo de divórcio, litigioso ou por mútuo consentimento, há sempre uma tentativa de conciliação dos cônjuges (art. 1774.º, n.º 1, do Código Civil); é livre a desistência nas acções de divórcio e de separação de pessoas e bens, embora os direitos ao divórcio e à separação sejam indisponíveis (art. 299.º, n.º 2, do Código de Processo Civil); a reconciliação pode fazer-se a todo o tempo (art. 1795.º-C, n.º 1, do Código Civil), enquanto a conversão em divórcio por iniciativa de um só dos cônjuges fica normalmente sujeita a um prazo de dois anos (art. 1795.º-D, n.º 1, do Código Civil). Por isso, a possibilidade de uma reconciliação deve ser assegurada, o que implica a proibição do adultério, acto especialmente destrutivo dessa possibilidade. Não se diga entretanto que a reconciliação deixará de ser livre por força da manutenção do dever de fidelidade. O dever não obriga ao restabelecimento da vida em comum, mas à mera abstenção de relacionamento sexual com terceiro.

A incompatibilidade do adultério com a separação de pessoas e bens é confirmada pelo art. 1795.º-D, n.º 3, do Código Civil, que reconhece ao cônjuge ofendido o direito de requerer unilateralmente a conversão em divórcio, ainda que não tenha decorrido o período de dois anos sobre o trânsito em julgado da sentença de separação. Simultaneamente, o preceito encerra uma sanção para o cônjuge infiel[563], que perde o benefício do prazo. A sanção é leve em comparação com aquela em que incorre o cônjuge adúltero no caso de separação de facto que na altura constitua fundamento de divórcio-ruptura (efeitos patrimoniais desfavoráveis de uma eventual declaração de culpa). Todavia, justifica-se a diferença. Na hipótese de separação de pessoas e bens foi já certificada a ruptura pela autoridade estatal, que regulou também as respectivas consequências; isto revela a especial intensidade da ruptura e, portanto, uma maior dificuldade na reconciliação, o que autoriza a atribuir ao adultério cometido após a separação de pessoas e bens menor relevância[564]. Mas, embora menos grave, o adultério na constância da separação de pessoas e bens não deixa de ser grave. De tal modo que é susceptível de acarretar a aplicação de outras sanções para além da consignada no aludido artigo 1795.º-D, n.º 3, do Código Civil – *v.g.*, a extinção do direito a alimentos, em virtude de o alimentado "se tornar indigno do benefício pelo seu comportamento moral" (art. 2019.º do Código Civil)[565].

---

[563] Cfr. PIRES DE LIMA/ANTUNES VARELA, anotação ao art. 1795.º-D, *Código Civil Anotado*, vol. IV, 2.ª ed., Coimbra, Coimbra Editora, 1992, p. 589.

[564] Cfr. PEREIRA COELHO, "Divórcio e separação judicial de pessoas e bens" cit., pp. 52-53, e anotação ao ac. STJ 24/10/1985, *RLJ* 119, 1986-87, p. 9, nota 2 (o acórdão em apreço encontra-se publicado na *RLJ* 118, 1985-86, p. 332): o adultério cometido depois da separação de pessoas e bens é ilícito mas não tem gravidade bastante para alterar a sentença então proferida quanto à culpa dos cônjuges ou para ser causa de acção de divórcio autónoma.

[565] Cfr., no direito francês, WATINE-DROUIN, *La séparation de corps*, thèse pour le Doctorat d'État en Droit, Université de Paris II, 1984, t. I, p. 80: "L'époux

D. O DEVER DE TER RELAÇÕES SEXUAIS COM O CÔNJUGE

41. A exigência de diversidade de sexo, condição de existência do casamento civil [artigo 1628.º, alínea e), do Código Civil português], representa um trunfo importante na defesa do dever conjugal de conjunção carnal. A referência legal à diferenciação de género denota a ligação fundamental entre o instituto matrimonial e a sexualidade humana, confirmando a opinião de que "a atracção física entre o homem e a mulher constitui o fundamento primário do casamento"[566]. E como o Direito Canónico ilustra, facilmente se percorre a distância que vai desta matriz de fundamentação ao débito conjugal.

É a tese de que um dos fins do casamento canónico é o "remedium concupiscentiae" que levará os canonistas a considerar, no período pré-tridentino, a "copula carnalis" um dever dos cônjuges garantido por uma acção petitória e por uma acção possessória[567]. Ultrapassada entretanto a terminologia tradicional dos fins do matrimónio (usada ainda no cân. 1013 do CIC de 1917: "A procriação e a educação da prole é o fim primário do casamento; a ajuda mútua ou o remédio da concupiscência é o seu fim secundário"), mantém-se viva a ideia de que o casamento católico vincula os cônjuges ao trato sexual. A obrigação resulta do actual cân. 1055 do CIC, que caracteriza o casamento como uma aliança mediante a qual o homem e a mulher formam entre si um "consórcio de toda a vida", naturalmente orientado para a prossecução do "bem dos cônjuges" e para a procriação e educação dos filhos. Por "consortium totius vitae" entende-se uma união de tal modo pro-

---

séparé de corps infidèle peut être, en tout ou partie privé de la pension alimentaire qui lui a été allouée (Art. 207 al. 2 C. civ.)". O art. 207, par. 2.º, do *Code civil*, aplicável à "séparation de corps" *ex vi* do art. 303, par. 2.º, determina: "quand le créancier aura lui-même manqué gravement à ses obligations envers le débiteur, le juge pourra décharger celui-ci de tout ou partie de la dette alimentaire".

[566] Cfr. SOUTO PAZ, *Derecho Matrimonial*, 2.ª ed., Madrid/Barcelona, Marcial Pons, 2002, p. 17.

[567] Cfr. ESMEIN, *Le mariage en droit canonique*, 2.ª ed. (mise à jour par Génestal e Dauvillier), tome second, Paris, Recueil Sirey, 1935, p. 7 e s.

funda que os dois seres envolvidos como que se tornam um só. Esta unidade compreenderia então dois elementos: "a união de corpos ou «unio corporum» e a união de almas ou «unio animorum»"[568]. A expressão "bem dos cônjuges" é interpretada, nomeadamente, como alusão aos antigos fins secundários do casamento – o remédio da concupiscência e o auxílio mútuo[569].

A concepção do casamento como comunhão plena de vida estabelecida entre duas pessoas de sexo diferente é, portanto, comum ao Direito Civil e ao Direito Canónico. No entanto, o regime do casamento católico apresenta especificidades que destacam a marca sexual da aliança conjugal: nos termos do cân. 1055, o casamento está naturalmente ordenado para a procriação; a impotência assume a natureza de impedimento matrimonial (cân. 1084); o casamento não consumado pode ser dissolvido (cân. 1142). Atendendo ao contraste produzido por estes aspectos, Souto Paz[570] conclui não haver qualquer obrigação de trato sexual na relação matrimonial civil.

O catedrático espanhol não reconhece dimensão sexual à obrigação que os cônjuges têm de viver juntos, prevista no artigo 68 do Código Civil do seu país. Parece realmente difícil, à primeira vista, conciliar num mesmo dever comunhão de habitação e comunhão sexual. Afigura-se algo abrupta a deslocação de um registo centrado na casa de morada de família para outro assente na partilha dos corpos. Por isso, não surpreende muito que Zatti[571] atribua ao termo "coabitação" um significado menos amplo: o de habitação sob o mesmo tecto. Que espaço fica, porém, para um dever de ter relações sexuais com o cônjuge?

---

[568] Cfr. HERVADA, "Obligaciones esenciales del matrimonio", *Ius Can.* 1991, p. 67.
[569] Cfr. MARTÍNEZ BLANCO, *Derecho Canónico*, Murcia, DM, 1995, p. 517; MOLINA MELIÁ/OLMOS ORTEGA, *Derecho Matrimonial Canónico, sustantivo y procesal*, 4.ª ed., Madrid, Editorial Civitas, 1991, p. 72.
[570] SOUTO PAZ, *Derecho Matrimonial* cit., p. 122.
[571] ZATTI, "I diritti e i doveri che nascono dal matrimonio" cit., p. 67.

1. ALTERNATIVAS À VIA DO DEVER DE COABITAÇÃO

1.1. A hipótese do dever de fidelidade

42. Ao longo do estudo destinado à delimitação do dever de não ter relações sexuais com terceiro, foi-se detectando um conjunto de posições favoráveis a uma noção de fidelidade que abarcasse a exigência de actividade sexual entre os cônjuges. No âmbito da perspectiva estritamente sexual do dever de fidelidade, falou-se de uma orientação que lhe conferia uma vertente quer positiva quer negativa[572]: na dimensão negativa, o dever de fidelidade vedaria aos cônjuges qualquer contacto sexual com outrem; na dimensão positiva, obrigá-los-ia a terem relações sexuais um com o outro. Mas também no seio de concepções que vêem no dever de fidelidade uma realidade não confinada à esfera sexual se deparou com construções que dele extraíam a obrigação de trato sexual[573].

As várias propostas de recondução do débito conjugal ao dever de fidelidade não ostentam uma justificação uniforme. Na tese da fidelidade como mero dever corporal simultaneamente de acção e de omissão, sente-se a força da pura necessidade de juntar toda a matéria da sexualidade num só dever conjugal, insinuando, assim, uma ideia que permitiria poupar na fundamentação das parcelas: a acção seria imposta por causa da omissão e vice-versa. Na motivação das outras propostas, tal necessidade está encoberta ou temperada. Na opinião que desdobra a infidelidade em adultério, ligação íntima não carnal com terceiro e recusa do débito conjugal, percebe-se, de certa forma, o influxo do critério da corrente que se notabiliza pela defesa da hipótese da infidelidade moral. A indisponibilidade sexual manifestada para com o próprio cônjuge seria ainda susceptível de ser reputada de "injúria grave". À semelhança do que sucederia nos casos de infidelidade moral, haveria uma atitude reveladora de desprezo ou até de repugnância pela pessoa do companheiro[574].

---

[572] Cfr. *supra*, n.º 28.
[573] Cfr. *supra*, n.º 32.
[574] Neste sentido, alguma jurisprudência italiana anterior à Reforma de 1975, analisada por MELONI, "I rapporti familiari" cit., p. 1147.

Na formulação de base predominantemente positiva, o conceito de fidelidade postulado não poderia deixar de incluir o dever de relacionamento físico, sob pena de subversão da respectiva lógica de alargamento. A estratégia de reacção às teorias de base predominantemente negativa, mais restritivas e centradas na temática sexual, forçou, porém, muitas vezes, a uma minimização discursiva da actividade sexual dos cônjuges[575]. A tal ponto que uma primeira leitura de passagens de textos, que acentuam a diferença inerente à doutrina em apreço, pode causar a sensação de que a matéria da vida sexual fica situada numa área perfeitamente estranha à dos deveres conjugais. No entanto, acaba por ser um "problema de linguagem", de divergência quanto à natureza jurídica dos deveres sexuais ou/e de localização destes num universo de deveres conjugais que encerrariam conteúdos sobreponíveis (panorama que é justamente consequência da ampliação desmesurada do significado do dever de fidelidade)[576].

Além disso, a orientação perfilhada por Busnelli comporta variantes nas quais há uma imagem sexual nítida do dever de fidelidade. A alusão a uma "tripla esfera sentimental, sexual e generativa" aponta claramente para um compartimento no qual está a "obrigação de aderir

---

[575] Cfr. BUSNELLI, "Significato attuale del dovere di fedeltà coniugale" cit., particularmente pp. 279-281, em que se torna visível o pensamento e a intenção da teoria do "compromisso recíproco de devoção": evoluir para um dever de fidelidade com um conteúdo mais amplo, que não esteja tendencialmente limitado à esfera sexual. Deste modo, tem de ser combatida a tese da fidelidade enquanto simples proibição do adultério ou enquanto "mútua dedicação recíproca e exclusiva dos corpos". Todavia, a dimensão física nunca é esquecida, sendo reconhecida como "strumento naturale e normale di realizzazione e di consolidamento di «quella comunione spirituale» tra i coniugi, che costituisce il fine primario del matrimonio".

[576] Cfr. ZATTI, "I diritti e i doveri che nascono dal matrimonio" cit., p. 51 e s., correspondentes a um número intitulado "Sfera sessuale e profilo del dovere". O autor não rejeita afinal todo e qualquer tratamento da esfera sexual sob o prisma do dever, mas antes apenas aquele que se faça mediante a transposição de esquemas patrimonialistas; ao mesmo tempo, reclama uma qualificação das situações de recusa de relações sexuais que abandone a referência à injúria e a adopção de "un linguaggio più vicino a quello comune, senza la preoccupazione di riversare il contegno, che si ritenga imposto ai coniugi, nello stampo definito ed esclusivo dell'uno o dell'altro dovere «nominato»".

aos desejos sexuais de um cônjuge e de não dar prestação sexual a pessoa diversa". O termo "dedicação física", que na óptica de Santoro-Passarelli e seus discípulos[577] definiria uma das duas facetas da fidelidade, sugere imediatamente a presença da sexualidade, presença que Paradiso se atreve a expor e a valorizar.

Paradiso socorre-se de terminologia cuja utilização se observa em tentativas díspares de recondução do débito conjugal ao dever de fidelidade, relativamente recentes: a expressão "ius in corpus" traduz a obrigação de disponibilidade sexual entre os cônjuges[578]. Esta simples opção verbal denuncia alguma falta de rigor. A expressão em causa, associada ao Direito Canónico, designa o conjunto composto por exclusividade sexual e débito[579]; não é, portanto, sinónimo de apenas uma das figuras.

Contudo, importa efectuar uma apreciação crítica de índole substancial. Ora, o resultado da tendência que associa a união carnal e o dever de fidelidade não é globalmente positivo. Há, é certo, uma concentração de todas as obrigações de índole sexual. Mas, abstraindo disso e do facto de essas obrigações conjugais, tal como as demais, se destinarem a assegurar a plena comunhão de vida entre duas pessoas, o que permite falar de unidade do dever de fidelidade? Os elementos que se pretende reunir ditam condutas de sinal oposto ("facere" e "non facere"), têm importância diversa (a violação da exclusividade sexual suscita uma censura manifestamente superior à que origina a recusa do débito), não traduzem a mesma característica do casamento (a monogamia) e estão sujeitos a um regime distinto (no caso de separação de pessoas e bens, mantém-se a proibição de adultério enquanto a obrigação de trato sexual se torna inexigível). Para quê insistir então num alargamento do significado de um dos deveres conjugais, quando ele nem sequer se harmoniza com a valoração social?

---

[577] Cfr. *supra,* nota 440.

[578] Cfr. PARADISO, *I rapporti personali tra coniugi* cit., pp. 32-33; ALONSO PÉREZ, "Dialéctica entre fidelidad matrimonial" cit., p. 54 e s. (partidário da corrente da infidelidade moral); LACRUZ BERDEJO, *Derecho de Familia* (1997) cit., pp. 101-102 (obra em que o dever de fidelidade surge confinado a uma dimensão sexual, positiva e negativa).

[579] Cfr. VASSALLI, *Del «Ius in corpus» del «debitum coniugale»* cit., p. 131.

1.2. A hipótese do dever de cooperação

43. Fechada a porta da fidelidade, será pertinente o caminho da obrigação de socorro e auxílio mútuos, correspondente ao dever de assistência italiano? A voz de Auletta[580] ergue-se para sustentar a recondução da "obrigação recíproca de realizar a unidade do casal também sob o prisma sexual" ao "dovere di assistenza morale". A invocação da fidelidade, dever que "vincula cada cônjuge a criar uma relação afectiva exclusiva com o outro, como companheiro da própria vida", teria menor cabimento, "na medida em que a união sexual contribui para favorecer a harmonia espiritual do casal". E o autor esclarece que a assistência moral denomina o apoio espiritual e obriga cada cônjuge "a respeitar a personalidade do outro, favorecendo o desenvolvimento e a realização das inclinações". A última expressão ("realizzazione delle inclinazioni"), pela sua ressonância canónica, afigura-se suficientemente reveladora da intenção de incluir a vertente sexual[581].

Auletta não se submete totalmente ao ensino de Jemolo. Se aceita o seu conceito de fidelidade, diverge no que toca à noção de coabitação[582]. No dever de coabitação insere apenas a obrigação de "convivência estável sob o mesmo tecto"[583]. A "comunhão de corpos" é remetida para outro dever nominado, o de "assistência moral e material", o qual, por isso, assume, de certa forma, os contornos de um dos bens visados pelo casamento concordatário – a "mútua ajuda"

---

[580] AULETTA, *Il Diritto di Famiglia* cit., pp. 79 e 311. A propósito, cita Trib. Terni 22/11/1994, *ND* 96, 186.

[581] Cfr. VILADRICH (em 1997, vice-presidente da "Consociatio internationalis studio iuris canonici promovendo"), *La agonía del matrimonio legal* cit., p. 175: um dos fins do casamento seria "la ordenada realización conyugal de la inclinación sexual" ou, na terminologia dos clássicos, o "remedio da concupiscência".

[582] Segundo JEMOLO, *Il matrimonio* cit., p. 418, coabitação "è anche lo *ius in corpus in ordine ad actus per se aptos ad prolis generationem*".

[583] AULETTA, *Il Diritto di Famiglia* cit., p. 81: "In base al dovere di coabitazione i coniugi sono tenuti a convivere stabilmente sotto lo stesso tetto e – secondo una corrente di pensiero – a non sottrarsi alla normale vita sessuale di coppia (profilo che, come si è detto, per altri rientra sotto il dovere di fedeltà ma che sembra meglio riconducibile al dovere di assistenza morale)".

("mutuum adiutorium"). Numa interpretação de Direito Canónico[584], da mútua ajuda decorreria um dever material, tradicionalmente tipificado como um dever de "comunhão de mesa, leito e habitação", e um dever espiritual, traduzido, designadamente, numa obrigação susceptível de ser autonomizada, a "obrigação essencial de pagar o débito conjugal", ligada ao fim do remédio da concupiscência.

Antes da Reforma de 1975, De Cupis chegou a defender solução análoga. Num texto isolado[585], atribuía à "execução de prestações sexuais normais" o carácter de forma de assistência conjugal. A tal opinião, emitida no âmbito de uma pesquisa destinada a estabelecer em que circunstâncias ficaria terceiro sujeito à "sanção civil de ressarcimento" por lesão do interesse familiar de um cônjuge, não foi, provavelmente, estranho o peso de determinada orientação nascida num ramo de Direito estruturado em torno da ideia de punição. De facto, por vezes, penalistas e tribunais[586] subsumiram a recusa de ter relações sexuais com o próprio cônjuge no crime de violação da obrigação de assistência familiar, previsto no art. 570 do Código Penal italiano de 1930. E quando foi em definitivo abandonada esta visão do crime, nunca dominante, persistiu no Direito Penal a associação entre assis-

---

[584] Cfr. HERVADA, "Obligaciones esenciales del matrimonio" cit., p. 74 e s.

[585] Cfr. DE CUPIS, "La tutela esterna degli interessi familiari", *RDCom* 1971, p. 240. Em dois outros trabalhos, um anterior e um posterior, pronunciou-se diversamente, pela inclusão implícita do dever de realizar a união sexual no dever de coabitação (cfr., em 1961, "Coniuge" cit., p. 2 , e, em 1988, *Il Diritto di Famiglia* cit., p. 47). Paralelamente e já depois da Reforma, ver a hesitação de SCARDULLA, *La separazione personale dei coniugi* cit., que qualifica a recusa do débito conjugal ora como uma violação do dever de coabitação (p. 40), ora como uma violação do dever de assistência moral (p. 175 e s.).

[586] Cfr. MANZINI, *Trattato di Diritto Penale italiano*, 4.ª ed., Torino, UTET, 1963, vol. VII, p. 861; SANDULLI, "Il rifiuto dell'amplesso coniugale è reato", *Riv. Pen.* 1937, p. 798 (*apud* CENDERELLI, *Profili penali del nuovo regime dei rapporti familiari* cit., p. 122, nota 76); CassIt 4/2/1946, *Arch.Pen.* 1947, II, 200, CassIt 26/11//1963, *MGiust.Pen.* 1963, 524, 889, acórdãos citados por MELONI, "I rapporti familiari" cit., p. 1148.

tência e actividade sexual, agora nos fundamentos de decisões[587] que reprimiam a violência entre os cônjuges.

No entanto, não é fácil traçar a área do dever de assistência italiano e francês ou do seu homólogo nos ordenamentos dos países ibéricos[588]. E como a polémica não poupa o conteúdo do dever de fidelidade, verifica-se a tentação da bifrontalidade. Admite-se[589] então a possibilidade de o "débito conjugal" resultar simultaneamente dos deveres de socorro mútuo e de fidelidade ou aceita-se[590] despreocupadamente uma avaliação da conduta de recusa do trato sexual quer à luz do dever de fidelidade quer à luz do dever de assistência.

---

[587] Cfr. CassIt 16/2/1976, *Giust.Pen.* 1978, II, p. 406 (embora se diga constituir a recusa injustificada do débito conjugal transgressão do dever de assistência moral e material, mencionado pelo art. 143 do *Codice Civile*, na redacção de 1975, nega-se ao cônjuge lesado o direito de impor ao outro a conjunção carnal através do emprego de violência física ou moral).

[588] A incerteza em torno do dever de socorro e auxílio mútuos contribuiu para a eliminação do crime previsto no artigo 199.º do Código Penal português de 1982, que, subordinado à epígrafe "Abandono do cônjuge ou de filhos em perigo moral", punia com prisão até 2 anos ou multa quem infringisse "grosseiramente dever de socorrer ou ajudar o outro cônjuge". Durante os trabalhos da Comissão de revisão de 1995, o Prof. Figueiredo Dias propôs a descriminalização, argumentando que o preceito assentava em interesses de mera ordem moral, para a defesa dos quais a lei penal não estava vocacionada [cfr. MAIA GONÇALVES, *Código Penal Português* (anotado e comentado), 9.ª ed., Coimbra, Livraria Almedina, 1996, p. 810]. A explicação explorava de modo discutível a polissemia da palavra "moral". O artigo 199.º tinha em vista a bipartição moral-patrimonial; de resto, os dois artigos precedentes ocupavam-se da "omissão de assistência material" a cônjuge, filhos e mulher grávida. Mais ajustada se afigura observação anterior do mesmo ilustre professor, alertando para a indefinição existente no Direito Civil em torno do dever de socorrer e ajudar. No fundo, e como se lê em MAIA GONÇALVES, *Código Penal Português* (anotado e comentado), 5.ª ed., Coimbra, Livraria Almedina, 1990, p. 458, achava-se que o Código na versão de 1982 estabelecia um crime "de conteúdo muito vago, mal se contendo dentro dos limites da tipicidade".

[589] Cfr., em Espanha, ALONSO PÉREZ, "Dialéctica entre fidelidad matrimonial" cit., p. 53.

[590] Cfr., em Itália, ZATTI, "I diritti e i doveri che nascono dal matrimonio" cit., pp. 52-53; ZATTI/MANTOVANI, *La separazione personale* cit., p. 173.

De novo, se depara com a "escola da indefinição", entre nós convictamente representada por Ferreira Pinto[591]: "A família não é feita de compartimentos estanques e os deveres apontados aos cônjuges no art. 1672.º do CC têm forçosamente zonas de fronteira mal delimitadas, pelo que a mesma acção ou omissão pode significar a violação de mais do que um. De resto (...), todos estes deveres se poderiam reduzir ao dever geral de respeito ou, dizendo de outro modo, ao dever de respeitar a plena comunhão de vida a que ao casarem os cônjuges se comprometeram".

Seria, assim, normal que o mesmo comportamento, de uma assentada, atingisse dois, três, ou quiçá, a totalidade dos deveres conjugais nominados[592]. Ora, é indiscutível que todos eles reflectem o conteúdo do vínculo matrimonial e que uma imagem completa deste reclama uma visão do conjunto. Mas não é legítimo sustentar a existência de importantes domínios de sobreposição. Como aceitar que o legislador tenha exprimido os deveres conjugais através de conceitos afinal em larga medida permutáveis quando os termos são cumulativos e não alternativos? O art. 1672.º do Código Civil português discrimina deveres, fazendo anteceder o último por uma conjunção coordenativa. Com a Reforma de 1977, um dos deveres (o de assistência) cindiu-se em dois (o de cooperação e o de assistência), que são separadamente explicitados (artigos 1674.º e 1675.º); perante duas figuras particularmente próximas, anteriormente unificadas, divisa-se a intenção de uma rigorosa demarcação, aplicável, por maioria de razão, à generalidade das tipificações. Como pugnar, aliás, pela indiferenciação, quando não é uniforme o regime dos deveres conjugais em matéria de incumprimento e vicissitudes? Havendo separação de facto imputável a um dos cônjuges, ou a ambos, o artigo 1675.º, n.º 3, do Código Civil português determina que o dever de assistência só incumbe, em princípio, ao único ou principal culpado. Nos termos do preceito, a eliminação da reciprocidade afecta um dever – o de assistência – e não todos os deveres conjugais; nos termos do preceito, a causa é a separação de facto e

---

[591] FERREIRA PINTO, *Causas do divórcio* cit., p. 76.

[592] Cfr. FERREIRA PINTO, ob. e loc. cit., achando que a exigência de relações sexuais com o outro cônjuge resulta simultaneamente de três deveres.

não propriamente a violação do dever de fidelidade. A separação de pessoas e bens "extingue os deveres de coabitação e de assistência, sem prejuízo do direito a alimentos"; o artigo 1795.º-A não alude aos deveres de respeito, de fidelidade ou de cooperação. Observa-se, portanto, a necessidade prática de um esforço profundo de demarcação conceptual dos deveres conjugais entre si.

44. Às duas obrigações em que o art. 1674.º do Código Civil decompõe o dever de cooperação não pode ser dado conteúdo, no todo ou em parte, coincidente com o do dever a que respeita o artigo 1675.º. Deste modo, a "obrigação de socorro e auxílio mútuos" não se aproxima do "devoir de secours", pelo menos, se se aceitar como bom o entendimento, maioritário na doutrina francesa, de que este se resume a uma obrigação de alimentos. E a obrigação de assunção conjunta das "responsabilidades inerentes à vida da família" tem de ser interpretada de forma a não interferir com o "dever de contribuir para os encargos da vida familiar".

A singularidade da última obrigação constante do artigo 1674.º afigura-se um pouco mais problemática. Tende-se a incluir no seu seio os deveres de guarda e educação dos filhos do casal[593], confirmando-se, assim, a afinidade existente entre a obrigação em apreço e o dever de contribuir para os encargos da vida familiar. A distinção é, porém, possível: o dever de contribuir para os encargos não obriga à manutenção e educação dos filhos; o artigo 1676.º, n.º 1, indica uma forma, entre outras, de satisfação daquele dever. A escolha dos exemplos concretos pelo legislador é norteada pelo propósito de efectivação do princípio da igualdade dos cônjuges: ao dizer-se que o dever de assistência pode ser cumprido por qualquer dos cônjuges através do "trabalho despendido no lar ou na manutenção e educação dos filhos", reage-se, por um lado, à opinião bastante arraigada na sociedade portuguesa da década de 70, segundo a qual se estaria perante uma activi-

---

[593] Cfr. PAIS DE AMARAL, *Do casamento ao divórcio* cit., p. 85; PIRES DE LIMA/ANTUNES VARELA, anotação ao art. 1674.º, *Código Civil Anotado* IV cit., p. 264; EDUARDO DOS SANTOS, *Direito da Família* cit., p. 287; TEIXEIRA DE SOUSA, *O regime jurídico do divórcio* cit., p. 42.

dade feminina, e, por outro, reconhece-se igual dignidade ao trabalho desenvolvido fora e dentro de casa, fazendo justiça ao papel da "dona de casa".

Contudo, a obrigação de assunção conjunta das responsabilidades familiares não se cinge à cooperação na criação e educação dos filhos (ou na "assistência" de outros familiares[594]). A respectiva formulação denota uma ligação muito estreita com o princípio da igualdade dos cônjuges[595]. Por isso, a obrigação impõe também[596] o respeito da regra de co-direcção da família e de decisão bilateral em matéria de orientação da vida em comum, emprestando ao artigo 1671.º, n.º 2, uma força que inutilize qualquer tentativa de minimizar a eficácia do que nele se dispõe. O facto de a regra mencionada encontrar abrigo num dos chamados deveres dos cônjuges impede que seja tida como não vinculativa, enquanto hipotética declaração produzida por uma eventual norma constitucional programática, que teria sido repetida com a melhor das intenções na legislação ordinária.

A segunda obrigação enunciada pelo artigo 1674.º do Código Civil português tem afinal alcance similar ao da obrigação "alla collaborazione nell'interesse della famiglia", previsto no art. 143, 2.º par., do *Codice Civile*. Nesta medida, pressupõe o empenho pessoal de cada cônjuge, não bastando a disponibilização de meios económicos, e impõe ainda o dever de assegurar "a realização de actividades e programas que respeitem a toda a família"[597].

---

[594] Cfr. PIRES DE LIMA/ANTUNES VARELA, ob. e loc. cit. (a cooperação compreende a assistência dos parentes que estejam a cargo de um ou de outro cônjuge).

[595] Cfr. TEIXEIRA DE SOUSA, ob. e loc. cit.: "O dever de assunção conjunta das responsabilidades inerentes à vida da família decorre da igualdade de direitos e deveres entre os cônjuges (art. 36.º, n.º 3, CRP; art. 1671.º, n.º 1)". Segundo LEONOR BELEZA, *Direito da Família*, apontamentos das lições proferidas no ano lectivo de 1980-81, AAFDL, 1980, p. 87, a tal dever corresponde uma visão da família "em que todas as responsabilidades são de ambos os cônjuges e os papéis não se encontram determinados à partida, sendo as funções de ambos inter-mutáveis".

[596] Contra a extensão, EDUARDO DOS SANTOS, *Do divórcio* cit., pp. 141-143, afirmando que a obrigação "não pode ter por objecto senão a prole" (nascida do matrimónio).

[597] Cfr. PARADISO, *I rapporti personali tra coniugi* cit., pp 48-49.

Seja como for, a cooperação a nível das responsabilidades familiares implica deveres que, em primeira linha, beneficiam os parentes dos cônjuges e o colectivo familiar[598]. Consequentemente, não se trata do melhor caminho para fundamentar uma situação em que seja prioritário o interesse dos próprios cônjuges, *v.g.*, o débito conjugal. Mas será diferente o caso da outra vertente do dever de cooperação?

A obrigação de socorro e auxílio mútuos pressupõe a intervenção na "vida do outro cônjuge" e já não no domínio mais genérico da chamada vida da família[599]. A utilização dos vocábulos socorro e auxílio não autoriza a identificação da obrigação em que se inscrevem com os deveres de socorro e ajuda, consagrados no Código Civil espanhol[600]. Na opinião da corrente unitária, o conjunto dos dois últimos deveres contém elementos (*v.g.*, a obrigação de alimentos) que, entre nós, estão inseridos no dever de assistência. Na perspectiva autonomista, a um deles, o dever de socorro, é, normalmente, imputada estrutura patrimonial, assumindo o dever de ajuda, pelo contrário e à semelhança da nossa obrigação de socorro e auxílio mútuos, estrutura pessoal.

As palavras socorro e auxílio são sinónimas. No entanto, a primeira palavra põe a tónica numa ajuda que permita fazer face a situações anormais e graves, de crise ou emergência do outro cônjuge que urge remediar, e a segunda leva-nos a pensar numa colaboração destinada a enfrentar os problemas do quotidiano[601].

O dever de cooperação na vida do outro cônjuge aproxima-se do "devoir d'assistance" ou da "Beistandspflicht", o que se reflecte nas concretizações da doutrina nacional. Numa exemplificação mais permeável à influência francesa, destacam-se "os cuidados exigidos pela vida e saúde de cada um dos cônjuges, bem como a colaboração neces-

---

[598] Cfr. PIRES DE LIMA/ANTUNES VARELA, anotação ao art. 1674.º, *Código Civil Anotado* IV cit., p. 264 (a segunda parte do artigo 1674.º tem especialmente em vista "os deveres de carácter pessoal que não aproveitam directamente aos cônjuges").

[599] Cfr. LEONOR BELEZA, "Os efeitos do casamento" cit., p. 113.

[600] Cfr. a análise *supra*, n.º 3.

[601] Cfr. FERREIRA PINTO, *Causas do divórcio* cit., p. 80, e EDUARDO DOS SANTOS, *Do divórcio* cit., pp. 140-141.

sária ao exercício da sua profissão"[602]. Numa formulação de sabor germânico, traduz-se a obrigação de socorro e auxílio mútuos em deveres de ajuda e protecção, que abarcam nomeadamente: a defesa contra "actos ofensivos de terceiros"; o apoio psicológico para impedir o suicídio ou a prática de crimes e para alcançar a recuperação do estado de toxicodependência; a colaboração na administração dos bens a cargo do outro cônjuge e no cumprimento das obrigações fiscais; a tutela da propriedade dos bens comuns[603].

A repartição em deveres de ajuda e protecção, relativos quer à pessoa quer ao património do outro cônjuge, merece ser acolhida, dado o seu carácter sistemático e expressivo. Todavia, a enumeração que nela assenta, imediatamente atrás explanada, sujeita-se a duas objecções. Em primeiro lugar, engloba uma situação, a tutela da propriedade dos bens comuns, que melhor se enquadraria na obrigação de assunção das responsabilidades familiares, já que a titularidade dos bens não pertence exclusivamente ao outro cônjuge e ao socorro e auxílio mútuos está associada a ideia de intervenção em assunto alheio. Em segundo lugar, embora não pretenda ser taxativa, revela-se fiel aos ensinamentos de Gernhuber[604], marginalizando duas áreas de elevada relevância,

---

[602] Cfr. ANTUNES VARELA, *Direito da Família* cit., p. 350. Cfr. CARBONNIER, *Droit civil 2* cit., p. 473, que escreve acerca do "devoir d'assistance": "il existe entre époux un devoir d'aide et de soins: d'aide dans le travail, de soins en cas de maladie ou d'infirmité".

[603] Cfr. TEIXEIRA DE SOUSA, *O regime jurídico do divórcio* cit., p. 41.

[604] Cfr. GERNHUBER/COESTER-WALTJEN, *Lehrbuch des Familienrechts* cit.. Na p. 174, lê-se: "In den Grenzen des Zumutbaren schuldet jeder Ehegatte seinem Partner Schutz und Beistand. Ehegatten haben einander vor Mißhandlung und Tötung zu bewahren, aber auch sonst in jeder Bedrängnis zu stützen. Schutz und Beistand wird auch dann geschuldet, wenn die Gefahrenquelle in der Person des Partners selbst liegt. Ehegatten haben einander vor dem Selbstmord zu bewahren; sie schulden sich gegenseitig Hilfe, wenn sie süchtig geworden sind; sie sind gehalten, begründete (und erst recht: auf Verdacht beruhende) Strafanzeigen gegen den Partner grds. zu unterlassen, aber auch strafbare Handlungen des Partners zu verhüten". Na p. 181 e s., indicam-se como deveres patrimoniais decorrentes do § 1353 do BGB, designadamente, o auxílio na administração do património, a prestação do consentimento em actos fiscais potencialmente vantajosos para o outro cônjuge e a protecção dos bens

a saúde física e o trabalho. O apoio na doença e na actividade profissional, reclamado pelos deveres de ajuda[605], constitui aspecto paradigmático da obrigação de auxílio e socorro mútuos. Daí que se note a sua presença em análises não só do "devoir d'assistance" mas de figuras equivalentes de outros ordenamentos estrangeiros, *v.g.*, do "dovere di assistenza"[606].

Posto isto, percebe-se o critério que preside à obrigação de socorro e auxílio mútuos e, simultaneamente, porque esta não pode albergar o dever de ter relações sexuais com o cônjuge. Não é aceitável conceber o acto sexual como a solução para um mal que atormentaria um dos membros do casal ("o apetite carnal")[607], como uma ajuda ao cônjuge ou uma intervenção exclusivamente no interesse do outro. Um eventual débito conjugal tem de se legitimar na ideia de convergência de desejos, de busca da satisfação recíproca através da prática do próprio acto. O nível adequado é o da partilha e não o da terapia ou o da concessão de apoio.

---

deste que se encontrem em risco ("...gefährdetes Eigentum des Partners zu schützen"). Deliberadamente, não se fala aqui da colaboração na actividade profissional ("Mitarbeit"). Mais adiante (pp. 218-219), defende-se a obrigatoriedade de tal colaboração somente em casos extremos.

[605] Cfr. JENT, *Die immaterielle Beistandspflicht zwischen Ehegatten* cit., p. 43, p. 79 e s.: a "obrigação de assistência" ("Beistandspflicht") é dividida em "deveres gerais de ajuda" ("allgemeine Hilfspflichten"), "deveres de auxílio" ("Fürsorgepflichten") e "deveres de protecção" ("Schutzpflichten"). A "simples ajuda" ("einfache Hilfeleistung") na actividade profissional é integrada nos "deveres gerais de ajuda"; a "verdadeira colaboração" ("eigentliche Mitarbeit") na actividade e os "cuidados de saúde" ("Krankenpflege") são inseridos nos "deveres de auxílio".

[606] Cfr. PARADISO, *I rapporti personali tra coniugi* cit., p 41.

[607] A concepção rejeitada aproxima-se da visão católica do casamento como "remedium concupiscentiae" ou "remedium infirmitatis". Cfr., em especial, LEITE DE CAMPOS, *A invenção do Direito Matrimonial, I. A institucionalização do casamento*, separata do vol. LXII do BFDUC (1986), reimpressão, Coimbra, 1995, p. 95 e s., no qual se descreve o entendimento moralista pré-tridentino dos fins matrimoniais.

1.3. A hipótese do dever de respeito

45. As possibilidades de fundamentação alternativa do dever de ter relações sexuais com o cônjuge não estão completamente esgotadas. Falta experimentar o caminho do dever de respeito, de certo modo trilhado por teses que conferem a este carácter omnicompreensivo, que, na falta de referência legal ao mesmo, o identificam com um dever nominado de entreajuda, que rejeitam uma separação nítida entre o dever de fidelidade e o equivalente do dever de socorro e auxílio mútuos ou que encaram a recusa do débito conjugal sobretudo como um acto injurioso.

A introdução do dever de respeito no elenco legal dos ordenamentos dos dois países ibéricos tem gerado alguns mal-entendidos. Um dos maiores é, sem dúvida, aquele que se manifesta pela colocação de toda a normatividade da relação conjugal na figura que foi, cronologicamente, a última a ser expressamente mencionada pela legislação e que subitamente converteria os demais deveres conjugais em meras repetições parcelares de si própria[608]. O dever de respeito tudo conteria, pelo que dele resultaria o dever de ter relações sexuais com o cônjuge[609]. O equívoco reside na confusão entre um dever especificamente estabelecido pelo Código Civil no âmbito dos efeitos do casamento e o dever de respeitar a lei. Presume-se que, com a alteração, o legislador viria dizer o óbvio: que seria obrigatório cumprir um dever jurídico.

Nos ordenamentos que desconhecem o dever nominado de respeito, observa-se a tendência para suprir a omissão legal estendendo o conteúdo dos deveres nominados. O "dovere di assistenza" ou o "devoir d'assistance" é tido como o mais ajustado para esse efeito[610]. Ao mesmo tempo ou não, o dever de fidelidade não escapa à pene-

---

[608] Contesta-se, assim, a posição de Cossio y Corral, *Instituciones de Derecho Civil* II cit., p. 394; Luna Serrano, "Matrimonio y divorcio" cit., pp. 121-122; Mozos, "Persona y comunidad familiar" cit., p. 59; Ferreira Pinto, *Causas do divórcio* cit., p. 76; França Pitão, *Sobre o divórcio* cit., pp. 58-59.

[609] Abertamente, Ferreira Pinto, ob. e loc. cit., e França Pitão, ob. cit., p. 58.

[610] Cfr., respectivamente, Auletta, *Il Diritto di Famiglia* cit., pp. 79-80, e Bénabent, *Droit Civil. La famille* cit., p. 97.

tração de elementos característicos do "dever de respeito da personalidade", independentemente do prisma que se privilegia ser o positivo ou o negativo ("compromisso recíproco de devoção" ou infidelidade). Neste contexto, o débito conjugal é, por vezes, situado no âmbito do "dovere di assistenza" ou do dever de fidelidade ou de ambos[611], justamente por se extrair dos deveres em questão a obrigação de ter em consideração a dignidade do outro cônjuge ou de o não ofender.

Em Portugal, o artigo 1672.º do Código Civil torna dispensável a ampliação do significado dos deveres de fidelidade e de cooperação. Importa apurar, porém, se o dever de respeito impõe ou não o trato sexual entre os cônjuges.

O primeiro lugar no elenco das situações jurídicas que vinculam os cônjuges não é fruto do acaso ou de um lapso. O dever de respeito assume a maior relevância. No entanto, não tem cariz omnicompreensivo. Trata-se como que de um "primus inter pares". Há que acatar o princípio interpretativo inscrito no artigo 9.º, n.º 3, do Código Civil, afastando decididamente a ideia de uma lei que se repete, que prescreve o evidente ou o desnecessário. A inegável amplitude do dever em causa não se pode concretizar num conteúdo que interfira com a área material de situações vinculativas enunciadas pelo legislador como específicas. Qualquer esforço de individualização implica a conciliação da generalidade do dever de respeito com a autonomia dos outros deveres conjugais. Por isso, para lá de um domínio central, àquele dever cabe carácter residual. Nesta medida, enquanto o problema do adultério se

---

[611] Cfr. ZATTI, "I diritti e i doveri che nascono dal matrimonio" cit., pp. 52-53, recomendando a apreciação do dever de "prestação" do acto sexual com base nas obrigações de fidelidade e de "assistenza", "senza la preoccupazione di riversare il contegno, che si ritenga imposto ai coniugi, nello stampo definito ed esclusivo dell'uno o dell'altro dovere «nominato»", em virtude de assim se tornar mais fácil "comporre insieme tutti gli aspetti che debbono influire sulla valutazione del contegno, e *in primis* quelli di rispetto della personalità dell'altro coniuge". Analogamente, cfr. ZATTI/MANTOVANI, *La separazione personale* cit., p. 173: a recusa do débito conjugal, enquanto sintoma de "una condotta che complessivamente si risolve nella umiliazione dell'amor proprio dell'altra parte", viola "il dovere di assistenza sotto il profilo del rispetto della personalità dell'altra parte" e, denotando "coscienza e volontà del carattere offensivo del contegno", viola igualmente "il dovere di dedizione che si ritiene come un aspetto della fedeltà coniugale".

coloca estritamente no plano da fidelidade, o da relação não carnal, mas "leviana", com terceiro projecta-se exclusivamente no sector do respeito conjugal.

Num sentido mais imediato e mais restrito, o dever de respeito consiste em não lesar a honra, não suscitando dúvidas a ilicitude dos comportamentos de um cônjuge que atinjam a integridade moral do outro (*v.g.*, insultos verbais, gestos obscenos, não cumprimentar). Contudo, a relevância deste dever advém-lhe fundamentalmente do seu significado enquanto base para a afirmação da permanência do essencial da tutela da personalidade individual na vida matrimonial. A finalidade do casamento – a tendencial comunhão de vida – não permite a supressão de direitos de personalidade, sendo oponíveis entre os cônjuges não só os que têm por objecto a integridade moral ou física como também os que visam a privacidade ou a liberdade. Nem podia ser de outra forma, sob pena de se desenhar uma união opressiva.

Só que é vasta a extensão do dever de respeito – a tal ponto que dificilmente se justifica a construção de deveres conjugais inominados. Não são apenas direitos pessoais gerais que acabam por ser reconhecidos. Salvaguardados ficam também os direitos patrimoniais individuais de cada cônjuge. Além disso, o dever de respeito dá corpo à obrigação de sinceridade[612], especificamente conjugal. Esta obrigação de "transparência", que proíbe, em princípio, "as reticiências e os enganos" entre os cônjuges, embora não impondo uma "confissão geral e permanente" dos factos relativos a cada um deles[613], cria uma restrição ao exercício do direito à intimidade da vida privada individual.

Aqui se divisa um indício do alcance duplo do dever de respeito em matéria de "direitos não conjugais": por um lado, ele assegura a sua eficácia intramatrimonial; por outro, limita o respectivo exercício no que for necessário para garantir a coesão conjugal. Ou seja, ao cônjuge não é lícito agir invariavelmente como se estivesse sozinho; tem de tomar em consideração os justos interesses do outro. O estado de casado repercute-se na área dos direitos gerais, impondo em várias cir-

---

[612] A favor, EDUARDO DOS SANTOS, *Do divórcio* cit., p. 145.
[613] Cfr. GUYON, "De l'obligation de sincérité dans le mariage", *RTDC* 1964, p. 489 e s.

cunstâncias uma atitude de moderação a quem os detém. Designadamente, o direito de liberdade de relacionamento pessoal não autoriza qualquer ligação, ainda que não física, do cônjuge com terceiro, e o direito de propriedade não pode ser invocado para aprovar, sob o ponto de vista conjugal e abstraindo do regime de bens concretamente aplicável, a alienação caprichosa de um imóvel próprio onde o casal passava férias e fins-de-semana.

Enquadra-se a obrigação de ter relações sexuais no traçado do dever de respeito ora esboçado?

A caracterização da recusa do débito como atentado ao amor-próprio do outro cônjuge atribui ao acto o carácter de violação do direito à honra na vertente subjectiva[614]. O débito conjugal seria um imperativo emergente do dever de respeito *stricto sensu*. Todavia, não se está perante uma situação típica de lesão de honra (correspondente à factualidade definida pelas normas penais sobre injúria e difamação) e a defesa da ilicitude, ao contrário do que sucede nos comportamentos que integram aquilo que se define imprecisamente como infidelidade moral, não assenta predominantemente em argumentação conexa com a problemática da honra. Acresce que o critério do amor-próprio não é só por si decisivo; até o "abandono" do lar conjugal, violação do dever de coabitação, o pode preencher. É verdade que a obrigação de conjunção carnal é susceptível de ser interpretada como uma restrição ao exercício do direito de liberdade sexual, ditada pelo interesse do outro cônjuge. Não obstante isto, a adopção da óptica de um dever cujo conteúdo é residual depende da cabal demonstração da inadequação da óptica do dever de coabitação, termo que nos dicionários"[615] denomina

---

[614] Sobre as perspectivas do direito à honra, cfr. PAIS DE VASCONCELOS, *Teoria Geral do Direito Civil*, vol. I, Lisboa, Lex, 1999, pp. 45-46: A honra comporta uma vertente pessoal ou subjectiva e uma outra social ou objectiva, sendo ambas tuteladas pelo Direito. "Na primeira, traduz-se no respeito e consideração que cada pessoa tem por si própria; na segunda, traduz-se no respeito e consideração que cada pessoa merece ou de que goza na comunidade a que pertence".

[615] Cfr., respectivamente, ACADEMIA DAS CIÊNCIAS DE LISBOA, *Dicionário da Língua Portuguesa Contemporânea* I cit., p. 844, entrada "coabitação", e CÂNDIDO DE FIGUEIREDO, *Dicionário da Língua Portuguesa* I cit., p. 655, entrada "coabitar".

a "vida em comum, em relação íntima, como marido e mulher", ou as "relações habituais lícitas ou ilícitas, com pessoa do outro sexo", e que na doutrina jus-familiar clássica e canónica abrange a chamada "comunhão de leito".

2. A VIA DO DEVER DE COABITAÇÃO

46. A Reforma de 1977 não alterou a perspectiva da doutrina portuguesa. Continua a prevalecer o entendimento de que "coabitação" é sinónimo de "comunhão de leito, mesa e habitação"[616]. E neste contexto "comunhão de leito" tem, em regra, um sentido que ultrapassa o da mera partilha de uma cama, englobando as relações sexuais[617]. A conotação sexual tradicional do termo "coabitação" é tal que a sua ausência nos artigos 67.º e 68.º do Código Civil de Espanha, representa para alguns autores deste país um motivo para excluir a obrigação de débito conjugal ou para a extrair do dever de fidelidade. A lei estabelece, porém, que os cônjuges estão obrigados a "viver juntos", o que tem afinal o mesmo significado de "coabitar"[618]. Aliás, no direito fran-

---

[616] Cfr. PAIS DE AMARAL, *Do casamento ao divórcio* cit., pp. 82-84; LEITE DE CAMPOS, *Lições de Direito da Família*, 2.ª ed., cit., pp. 253-254; PEREIRA COELHO/ /GUILHERME DE OLIVEIRA, *Curso de Direito da Família* I cit., p. 356; ABEL DELGADO, *O divórcio* cit., pp. 73-75; FERREIRA PINTO, *Causas do divórcio* cit., p. 75 e s.; FRANÇA PITÃO, *Sobre o divórcio* cit., pp. 59-61; TEIXEIRA DE SOUSA, *O regime jurídico do divórcio* cit., p. 40; ANTUNES VARELA, *Direito da Família*, 1.º vol., cit., p. 345 e s. Na jurisprudência, cfr. ac. STJ 25/5/1983, processo n.º 070860, cujo sumário se encontra disponível na *Internet* em *http://www.dgsi.pt*, endereço respeitante às bases jurídico-documentais do Ministério da Justiça; ac. STJ 23/4/1998, recurso n.º 251/98, *CJ-S* 1998/2, p. 54.

[617] Há também acórdãos que incluem o débito conjugal no dever de coabitação, sem qualquer menção à comunhão de leito: cfr. STJ 16/7/1981, *BMJ* 309, p. 346; RL 17/6/1980, *CJ* 1980/3, p. 192; RE 29/7/1982, *CJ* 1982/4, p. 275.

[618] Opinião sustentada por BERNALDO DE QUIRÓS, *Derecho de Familia* cit., pp. 150-152, COSSIO Y CORRAL, *Instituciones de Derecho Civil* II cit., p. 395, ENTRENA KLETT, *Matrimonio, separación y divorcio* cit., p. 481 e s., e VÁZQUEZ IRUZUBIETA, *Régimen jurídico de la celebración y disolución del matrimonio* cit., p. 222 e s., que incluem o *debitum* na obrigação de convivência. Mas Cossio y Corral concorda igualmente com a inserção da disponibilidade sexual no dever de fidelidade.

cês, considera-se a obrigação de "communauté de vie" figura idêntica à do "devoir de cohabitation" e, nesta medida, base do dever de actividade sexual[619].

O *Codice Civile*, tal como o Código Civil português, inclui a coabitação na enumeração de deveres matrimoniais. Apesar disso, é espe-

---

[619] Cfr. BACH, *Droit Civil* 1 cit., pp. 230-231; BATTEUR, *Droit des Personnes et de la Famille* cit., pp. 176-177; BÉNABENT, *Droit Civil. La famille* cit., p. 93 e s.; BUFFELAN-LANORE, *Droit Civil 1e année*, 12.ª ed., Paris, Armand Colin, 2001, p. 358; CARBONNIER, *Droit civil 2* cit., pp. 468, 469 e 476; COLOMBET, *La famille* cit., pp. 80--81; CORNU, *Droit Civil. La famille* cit., p. 52 e s.; COURBE, *Droit Civil. Les personnes, la famille, les incapacités*, 3.ª ed., Paris, Dalloz, 2000, p. 67, e *Droit de la Famille* cit., p. 82 e s.; DEKEUWER-DÉFOSSEZ, "Impressions de recherche sur les fautes causes de divorce" cit., p. 221; DOUCHY, *Droit Civil 1ère année: Introduction, personnes, famille*, Paris, Dalloz, 2001, p. 309; EUDIER, *Droit de la Famille* cit., p. 43; FENOUILLET, *Droit de la Famille* cit., p. 68; GRANET, *Le Droit de la Famille*, Grenoble, Presses Universitaires de Grenoble, 1997, pp. 39-40; HAUSER/HUET-WEILLER, *La famille (Fondation et vie)* cit., p. 747 e s.; HAUSER (org.), *Code des personnes et de la famille* cit., p. 205; HENAFF, "La communauté de vie du couple en droit français", *RTDC* 1996, pp. 552-553; LABRUSSE-RIOU, *Droit de la Famille.1. Les personnes* cit., pp. 218-220; LINDON/BÉNABENT, *Le Droit du Divorce* cit., pp. 322-323; MANIGNE, "La communauté de vie", *JCP* 1976.I.2803, n.º 4; MARTY/RAYNAUD, *Droit Civil (Les personnes)*, cit., p. 235; MATTEI, *Droit de la Famille* cit., p. 83; MAZEAUD/MAZEAUD//CHABAS/LEVENEUR, *Leçons de Droit Civil (La famille)* cit., n.ºs 1078 e 1432-3; NERSON, "La faute dans les relations sexuelles entre époux", *RTDC* 1971, p. 365; NICOLAS-MAGUIN, *Droit de la Famille* cit., p. 81; NICOLEAU, *Droit de la Famille* cit., p. 69 e s.; RAYMOND, *Droit Civil* cit., p. 537; RINGEL/PUTMAN, *Droit de la Famille* cit., p. 130 e s.; TERRÉ/FENOUILLET, *Droit Civil. Les personnes. La famille* cit., p. 345; VOIRIN/GOUBEAUX, *Droit Civil* 1 cit., p. 103; WATINE-DROUIN, *La séparation de corps* cit., pp. 9 e 22.

Recorde-se entretanto que a "communauté de vie" prevista no artigo 215, par. 1.º, do *Code civil* é apenas um de entre os vários deveres dos cônjuges, ombreando, nomeadamente, com os deveres de fidelidade, socorro e assistência, logo mencionados no artigo 212. O conceito de "communauté de vie" é mais restrito do que o de "eheliche Lebensgemeinschaft" (§ 1353 do BGB) ou de "plena comunhão de vida" (art. 1577.º do Código Civil português).

Por fim, acrescente-se que, no direito francês, a conotação sexual do termo "coabitação" extravasa o próprio domínio matrimonial, sendo também usado para designar as relações sexuais entre duas pessoas não casadas entre si [cfr. DEKEUWER-DÉFOSSEZ, "Couple et cohabitation", em Brunetti-Pons (org.), *La notion juridique de couple*, Paris, Economica, 1998, pp. 66-67].

cialmente forte a orientação que rejeita qualquer conteúdo sexual à "coabitazione", apoiada sobretudo num aspecto sem paralelo entre nós: na sequência da Reforma de 1975, a "coabitazione" passou a ocupar o último lugar na enumeração de deveres quando antes detinha o primeiro. A mudança legislativa teria implicado uma desvalorização relevante do dever de coabitação, incompatível com a manutenção de um sentido amplo. A "erosão" do dever em apreço é igualmente perceptível no facto de, por vezes, a lei usar as expressões "convivenza" e "comunione spirituale e materiale", em detrimento da palavra "coabitazione", quando está em causa a maior extensão de efeitos do casamento (art. 123 do *Codice Civile*; arts. 1 e 3 da Lei n.º 898, de 1/12/ /1970, relativa à dissolução do casamento). Consequentemente, domina a ideia[620] de que coabitar é somente habitar a mesma casa ("abitare sotto lo stesso tetto") ou estar com o outro cônjuge.

Contudo, encontra-se ainda um certo número de autores italianos[621] que retiram do dever de coabitação uma obrigação de convivência sexual. Efectivamente, as razões da tese contrária não impressionam muito. Não é líquido que a posição de um dever conjugal no elenco legal reflicta a respectiva importância relativa se os dados normativos são contraditórios. Na hipótese de um cônjuge se "afastar" sem justa causa da residência familiar, recusando-se a voltar lá, o artigo 146, par. 1.º, do *Codice Civile* determina que fica suspenso o seu "direito à assistência moral e material". Se o dever de coabitação assumisse relevância inferior à do "dovere di assistenza", por que motivo o

---

[620] Destaque-se ALFIO FINOCCHIARO/MARIO FINOCCHIARO, *Diritto di Famiglia* cit., pp. 272-273; FURGIUELE, *Libertà e famiglia* cit., pp. 167-169; SANTORO-PASSARELLI, comentário ao art. 143, *Commentario al Diritto Italiano della Famiglia* cit., p. 506; SANTOSUOSSO, *Il matrimonio* cit., pp. 231, 253 e 254; ZATTI, "I diritti e i doveri che nascono dal matrimonio" cit., p. 66 e s.

[621] ALPA, "Lesione del *ius in corpus* e danno biologico del «creditore»", *Giust.Civ.* 1987, I, p. 573; BIANCA, *Diritto civile* II cit., p. 64; BONILINI, *Nozioni di Diritto di Famiglia* cit., p. 58; DE CUPIS, *Il Diritto di Famiglia* cit., p. 47 (obra de 1988, em contraste com "La tutela esterna degli interessi familiari" cit. *supra*, nota 585); SCARDULLA, *La separazione personale dei coniugi* cit., pp. 40 e 215 (em contraste com p. 175 e s.); TAMBURRINO, *Lineamenti del nuovo Diritto di Famiglia italiano*, cit., p. 194.

incumprimento do primeiro por um cônjuge desobrigaria o outro do cumprimento do segundo? Em vários casos que geram invalidade do casamento, é a "coabitazione", e não a "fedeltà", a "assistenza" ou a "collaborazione", por um certo período de tempo que impede a propositura da acção de impugnação (arts. 119, 120 e 122 do *Codice Civile*). E admitindo-se, por um instante, que à enumeração correspondesse uma autêntica hierarquia de deveres conjugais, ficaria sempre por demonstrar a existência de uma conexão necessária entre a importância e a extensão do conteúdo de um dever. Finalmente, não é correcto afirmar que a lei evita o vocábulo "coabitazione" quando se coloca o problema da destruição retroactiva ou da eliminação *ex nunc* da eficácia do casamento. No domínio da "nullità del matrimonio", é até mais frequente a palavra "coabitazione" (arts. 119, 120 e 122 do *Codice Civile*) do que a palavra "convivenza" (apenas no art. 123, por alusão). E divisa-se aqui uma identidade de enquadramento (referência para definir um obstáculo à propositura de acção de impugnação do casamento) que deixa mais rapidamente supor identidade de significados do que distinção.

47. Na formulação normal da concepção mais ampla, o dever de coabitação comporta a obrigação de comunhão de habitação e a obrigação de comunhão sexual[622]. Deste modo, a primeira obrigação surge como o mínimo denominador comum das grandes orientações em confronto.

Todavia, o recorte do conceito de comunhão de habitação acaba por ser problemático tanto na perspectiva ampla como na perspectiva restrita do dever de coabitação. A ideia de convivência a tempo inteiro ou, pelo menos, habitual num determinado local – a casa de morada de família – está longe de reunir largo consenso. A decadência estatística

---

[622] Cfr. *supra*, notas 616 e 619. Há concepções mais amplas, como a de VÁZQUEZ IRUZUBIETA, *Régimen jurídico de la celebración y disolución del matrimonio* cit., pp. 222-223, para o qual o dever compreende três aspectos: "1) la obligación de vivir juntos; 2) la obligación de prestarse el débito conyugal; 3) el deber de atemperamiento de los caracteres para evitar los conflictos conyugales que tornan imposible la vida matrimonial". Ora, se se aceitar a terceira obrigação, ela caberá melhor no dever de respeito.

da adesão ao modelo da "dona de casa" e a exigência crescente de mobilidade geográfica da força de trabalho são factos que ajudam a questionar a imposição de residência comum. Paralelamente, a crise é alimentada[623] pela invocação do direito à liberdade de actividade ou de realização profissional que assiste a qualquer dos cônjuges e, especificamente nos ordenamentos francês e italiano, ainda pelo reconhecimento legal, directo ou indirecto, da possibilidade de o cônjuge ter domicílio distinto do outro (artigo 108 do *Code civil* e artigo 45, par. 1.º, do *Codice Civile*).

A imaterialização do dever de "viver sob o mesmo tecto" e a remissão generosa para o acordo das partes são algumas das reacções provocadas pela consciência dos obstáculos que se erguem ao estabelecimento de um conteúdo válido para todas as circunstâncias. Dentro da primeira óptica[624], para haver coabitação bastaria que houvesse vontade de manter a união. Dentro da segunda, os cônjuges seriam absolutamente livres de estipular as "formas de localização" da respectiva convivência[625] ou estariam, quando muito, sujeitos ao limite traçado pela noção de *"communio*, que não admite que um cônjuge reserve para si uma residência da qual o outro seja excluído, e exige, ao invés, da parte de ambos, o comportamento outrora indicado como «ter perto de si» o outro cônjuge"[626]. Mas, a imaterialização, como bem afirmam os seus partidários, anula a eficácia substancial da obrigação de comunhão de habitação, enquanto o critério do acordo baseia visões que se afiguram excessivamente permissivas, mesmo quando procuram honestamente desenhar uma zona de intangibilidade, e nada resolve nas situações em que falte uma regulamentação de origem bilateral.

---

[623] Cfr. ALAGNA, *Famiglia e rapporti tra coniugi nel nuovo diritto* cit., p. 92 e s.; BÉNABENT, *Droit Civil. La famille* cit., pp. 94-95; LEITE DE CAMPOS, *Lições de Direito da Família* cit., 1.ª ed., pp. 247-248; ALFIO FINOCCHIARO/MARIO FINOCCHIARO, *Diritto di Famiglia* cit., p. 272; FURGIUELE, *Libertà e famiglia* cit., pp. 167-168; HAUSER//HUET-WEILLER, *La famille (Fondation et vie)* cit., pp. 747-748.

[624] ALAGNA, *Famiglia e rapporti tra coniugi nel nuovo diritto* cit., p. 98 e s.; HAUSER/HUET-WEILLER, *La famille (Fondation et vie)* cit., p. 748.

[625] Cfr. ALFIO FINOCCHIARO/MARIO FINOCCHIARO, *Diritto di Famiglia* cit., pp. 272-273; FURGIUELE, *Libertà e famiglia* cit., p. 169.

[626] Cfr. ZATTI, "I diritti e i doveri che nascono dal matrimonio" cit., p. 69.

A comunhão de habitação não é, decerto, uma obrigação de conteúdo invariável, perfeitamente indiferente às condições concretas do casal. Em compensação, é inadmissível esquecer que há na legislação materiais que permitem construir uma imagem da obrigação, imagem que, por mais ideal que seja, tem de nortear, na medida do possível, a conduta dos cônjuges. Entretanto, há que afastar materiais normativos inconclusivos. Qualquer um dos cônjuges pode ter, nos termos do artigo 83.º e s. do Código Civil português, um domicílio que não coincida com a chamada residência da família e isso em nada contende com os deveres recíprocos. Para efeitos de coabitação, interessa o local onde a pessoa tem efectivamente o seu centro de vida (nomeadamente, privada) e não a "sede abstracta do indivíduo para o exercício de certos direitos e determinadas obrigações"[627]. Como se pressente pela finalidade do casamento e pelo artigo 1673.º, o plano técnico adequado é o da residência e não o do domicílio.

O artigo 1673.º, inserido entre o enunciado de deveres dos cônjuges e a caracterização dos dois últimos deveres mencionados pelo artigo 1672.º, contribui decisivamente para a apreensão da imagem legal de coabitação. Através dele ficam os cônjuges obrigados a adoptar a residência da família, escolhida por acordo que tenha em consideração, designadamente, as exigências da sua vida profissional e os interesses dos filhos – aspectos fundamentais da vida quotidiana –, tendo o tribunal competência para decidir na falta de acordo quanto à fixação ou alteração da referida residência. E mais adiante se faz depender a validade dos actos de disposição de direitos atinentes à casa de morada da família do consentimento de ambos os cônjuges, em qualquer regime de bens (artigos 1682.º-A, n.º 2, 1682.º-B e 1687.º, n.º 1). Ora, todo este tecido prescritivo revelar-se-ia absurdo se a residência de família não passasse de um local de recepção de correspondências ou de um lugar de encontro ocasional, se fosse dispensável a convivência material ou se apenas fosse exigível uma qualquer espécie de convergência territorial. Pretende-se que os cônjuges residam habitualmente num mesmo local, a residência ou casa de morada de família.

---

[627] Cfr. ANTUNES VARELA, *Direito da Família* cit., p. 346.

No entanto, a residência habitual não é um elemento intocável do dever de coabitação. "Motivos ponderosos", entre os quais avultam os constrangimentos de índole profissional (previamente mencionados como parâmetros do acordo para a fixação da casa de morada de família, estão ligados a um direito de personalidade com tutela constitucional e influem no dever conjugal de contribuição para os encargos da vida familiar), permitem a não adopção da residência da família (artigo 1673.º, n.º 2). É o que sucede, por exemplo, se ambos os cônjuges são funcionários públicos e foram colocados em zonas distintas do país, distantes uma da outra. Seja como for, nestes casos permanece a obrigação de comunhão de habitação, embora com uma configuração particular: não sendo viável a convivência num esquema de residência habitual, os cônjuges têm de se esforçar por desenvolver uma convivência que se aproxime o mais possível dessoutra (*v.g.*, aproveitando fins-de-semana, feriados e férias). Note-se que o afastamento do ideal legal por razões profissionais tem de ser encarado como excepcional ou transitório[628] e não está imune ao juízo de ilicitude. Perante mais um momento de tensão entre direitos de personalidade e deveres conjugais, há que aceitar a solução decorrente da ressalva inicial do artigo 1673.º, n.º 2, tanto mais que o direito à liberdade de actividade conhece, tal como qualquer direito, restrições ao seu exercício. Retomando o exemplo do casal de funcionários públicos: supondo que um deles trabalha na cidade onde foi fixada a residência da família e o outro em localidade distante, é de esperar que este último não evite os concursos abertos para lugares na cidade onde se situa a casa de morada de família; supondo que ambos trabalhavam na localidade onde habitam, a transferência de um deles para uma povoação longínqua, a pedido do próprio, integrará uma situação de violação ilícita do dever de coabitação se não colher justificação num "motivo ponderoso".

No seio da teoria ampla do dever de coabitação, a obrigação de comunhão sexual recebe o epíteto de primordial. Todavia, talvez por

---

[628] Cfr. ERMAN/HECKELMANN (2000) cit., § 1353, Nm. 7; SOERGEL/LANGE cit., § 1353, Nm. 8; STAUDINGER/HÜBNER/VOPPEL cit., § 1353, Nm. 72-75.

pudor, talvez em virtude da complexidade dos "jeux de la nuit"[629], a problemática da delimitação do seu conteúdo alcança geralmente desenvolvimento escasso. A doutrina francesa, por exemplo, prefere privilegiar o aspecto da garantia, debruçando-se em pormenor sobre o tema da violação entre os cônjuges. Apesar de tudo, consegue-se detectar a prevalência da tese que circunscreve a obrigação às relações sexuais ditas *normais*. A restrição merece ser debatida – e sê-lo-á[630]. Mas, para já, agora que estão reunidos os elementos necessários, há que resolver em definitivo uma questão pendente.

Terá cabimento reconduzir o débito conjugal ao dever de coabitação? Como harmonizar uma figura que postula exigências de índole residencial com outra vocacionada para a dimensão sexual? Como conciliar obrigação de actividade sexual com uma obrigação em que é crucial a ponderação de interesses profissionais? Fará sentido associar duas obrigações, se uma é determinada em função de um local e a outra nem sequer se tem de cumprir nesse preciso local? No direito alemão, em que a lei preferiu a técnica da cláusula geral à da enumeração de conceitos indeterminados, os autores[631] que aceitam a existência das

---

[629] NERSON, "La faute dans les relations sexuelles entre époux" cit., p. 367, que, a propósito da apreciação do comportamento sexual dos cônjuges para efeitos de concessão do divórcio, escreve: "Gardons-nous d'insister mais reconnaissons combien délicate est la tâche des juges, qui doivent dresser le mur mitoyen des atrocités permises et des délicatesses interdites! Complexes apparaissent les «jeux de la nuit»".

[630] Cfr. *infra*, n.ºs 51 e 52.

[631] AMBROCK, *Ehe und Ehescheidung* cit., p. 21, pp. 25-27; BERGERFURTH, *Das Eherecht* cit., pp. 70-71; BLANK, *Familienrecht I* cit., p. 31; BRUDERMÜLLER cit., § 1353, Nm. 9 e 14; PALANDT/BRUDERMÜLLER cit., § 1353, Nm. 6-7; D'HAM/HAASE, *Bürgerliches Recht II* cit., p. 27; DIEDERICHSEN, "Die allgemeinen Ehewirkungen" cit., p. 218; PALANDT/DIEDERICHSEN cit., § 1353, Nm. 5-6; ERMAN/HECKELMANN (2000) cit., § 1353, Nm. 5; FIRSCHING/GRABA, *Familienrecht,1. Halbband* cit., pp. 29 e 31; GASTIGER/OSWALD, *Familienrecht* cit., p. 35, GERNHUBER/COESTER-WALTJEN, *Lehrbuch des Familienrechts* cit., p. 173, nota 1, e p. 175; GIESEN, "Allgemeine Ehewirkungen gem. §§ 1353, 1356 im Spiegel der Rechtsprechung", *JR* 1983, p. 91, nota 33; HECKEL, *Einführung in das Ehe- und Familienrecht*, Darmstadt, Wissenschaftliche Buchgesellschaft, 1981, pp. 27-28; HENRICH, *Familienrecht* cit., p. 50; H. LEHMANN, *Deutsches Familienrecht* cit., p. 60; K.-H. LEHMANN *Recht der Ehelichen Lebensgemeinschaft*, cit., p. 24; ROLLAND, *Das neue Ehe- und Familienrecht* cit., Nm. 7 e 11; ROTH-STIELOW cit., § 1353, Nm. 9; JAUERNIG/SCHLECHTRIEM cit., § 1353, Nm.

obrigações normalmente agrupadas em Portugal e França no dever de coabitação ou de "communauté de vie", autonomizam-nas ("Pflicht zur Geschlechtsgemeinschaft", "Pflicht zur häuslichen Gemeinschaft"). Não constroem um dever amplo que as agregue (a "Pflicht zum Zuzammenleben", referida por Firsching, Graba, Hübner, Karl-Heinz Lehmann e Lange, cinge-se à comunhão de habitação) e por vezes nem sequer as colocam em lugar contíguo no enunciado que propõem.

Não há, porém, que seguir a orientação germânica. O dever alargado de coabitação está animado por um espírito global que desaconselha a separação dos seus componentes. Estimula-se a aproximação física de duas pessoas para criar, manter e reforçar laços de intimidade entre elas. A comunhão de habitação traduz-se numa convivência, que se quer o mais prolongada e frequente possível, num mesmo local, o lar, espaço territorial da vida privada por excelência; a comunhão sexual atinge o expoente da aproximação física, envolvendo áreas pessoalíssimas dos seus intervenientes. Daí que seja compreensível uma certa unidade de regime, inalcançável se se repartisse as duas obrigações em apreço por diferentes deveres nominados. A situação de cessação do dever de coabitação na constância do matrimónio (art. 1795.º-A do Código Civil português) não pode deixar de incluir a actividade sexual entre os cônjuges.

48. "Viver junto, juntar-se, coabitar, fazer vida marital" são expressões que pressupõem a existência de uma "união carnal" entre duas pessoas[632]. Deste modo, Souto Paz não tem razão quando entende

---

4; SEIDL, *Familienrecht* cit., p. 19; SOERGEL/LANGE cit., § 1353, Nm. 8 e 10; STAUDINGER/HÜBNER/VOPPEL cit., § 1353, Nm. 34, 35 e 70; STRECK, *Generalklausel und unbestimmter Begriff im Recht der allgemeinen Ehewirkungen* cit., p. 84 e s.; TSCHERNITSCHEK, *Familienrecht* cit., p. 37; ZIEGLER/MÄUERLE, *Familienrecht* cit., p. 50.

D. SCHWAB, *Familienrecht* cit., p. 55, constitui excepção. Para ele, a "Pflicht zur häuslichen Gemeinschaft" e a "Pflicht zur Geschlechtsgemeinschaft" são, a par da "Pflicht zur Wahrung der ehelichen Treue", componentes do dever conjugal de "viver em comunhão" ("Leben in Gemeinschaft").

[632] Cfr. ENTRENA KLETT, *Matrimonio, separación y divorcio* cit., p. 485. No direito português anterior ao Código Civil de 1966, o dever de comunhão sexual era

que o regime espanhol do casamento civil não consagra o dever de cada cônjuge ter relações sexuais com o outro[633]. É certo que o referido dever beneficia de maior visibilidade no Direito Canónico. No entanto, o estudo comparado do casamento civil e do casamento católico, embora útil, tem de ser realizado com prudência. Tal como se tem de evitar a identificação de figuras induzida unicamente por motivos terminológicos[634], também é de rejeitar a ideia de ruptura entre institutos, no que toca a aspectos fundamentais, baseada na hiperbolização de diferenças de disciplina.

Se o CIC entende o casamento como "aliança (...) pela qual o varão e a mulher constituem entre si um consórcio de toda a vida" (cân. 1055) e se o Código Civil português o define como "contrato celebrado entre duas pessoas de sexo diferente que pretendem constituir família mediante uma plena comunhão de vida" (artigo 1577.º), tornando assim entre nós explícito aquilo que em ordenamentos estrangeiros aparentados (francês, espanhol, italiano, alemão) resulta indirectamente da legislação, tudo o resto acaba por ser relativamente secundário.

Não é de esperar que o legislador civil, ao enumerar deveres conjugais com recurso a conceitos indeterminados, sacrifique a coerência da sua escolha técnica global para impor concretamente um dever determinado de conjunção sexual. Este dever só pode decorrer de conceitos indeterminados previstos na lei e, na verdade, decorre mesmo de um deles ("coabitação", "coabitazione", "communauté de vie"[635] ou

---

extraído do artigo 38.º, n.º 2, do Decreto n.º 1, de 25 de Dezembro de 1910, que impunha aos cônjuges a obrigação de viver juntos. Na altura, REIS RODRIGUES, *Dos direitos e deveres pessoais dos cônjuges* cit., p. 82 e s., contestou a existência do débito conjugal, mas, como ele próprio declarou, tratava-se de uma posição isolada.

[633] Cfr. *supra*, n.º 41.

[634] Não é, por exemplo, inteiramente precisa a ideia de que a obrigação de socorro e auxílio mútuos corresponde ao "mutuum adiutorium" dos canonistas (perfilhada por PIRES DE LIMA/ANTUNES VARELA, *Código Civil Anotado* IV cit., p. 263; ANTUNES VARELA, *Direito da Família* cit., p. 349); o "mutuum adiutorium" assume um significado muito mais amplo, compreendendo até a coabitação (cfr. HERVADA, "Obligaciones esenciales del matrimonio" cit., pp. 74-75).

[635] Cfr. BRUGUIÈRE, "Le devoir conjugal (Philosophie du code et morale du juge)", *D*. 2000, chron., pp. 10 e 12: "Le devoir conjugal (devoir de relations sexuelles

"vivir juntos"). Que a noção de coabitação integra uma vertente sexual confirma-o a própria lei ao estabelecer a cessação da presunção de paternidade "se o nascimento do filho ocorrer passados trezentos dias depois de finda a coabitação dos cônjuges" (artigo 1829.º do Código Civil português). Não quer isto dizer que o casamento civil tenha, à semelhança do casamento canónico, por fim a procriação, nem que a presunção "pater is est" tenha por fundamento o dever de coabitação[636]. Mas configura-se aqui uma conexão normativa evidente entre a coabitação e a procriação e, portanto, entre a coabitação e o acto que mais frequentemente origina a reprodução[637].

É claro que a impotência só constitui impedimento matrimonial no Direito Canónico. Apesar disso, o Direito Civil não exclui a sua relevância. A impotência de um cônjuge pode permitir ao outro obter a anulação [artigos 1631.º, alínea b), e 1636.º do Código Civil português] ou a declaração de nulidade (artigo 180, par. 2.º, do *Code civil*, artigo 73, n.º 4, do Código Civil espanhol, artigo 122 do *Codice Civile*) do casamento civil. De facto, não se discute, em abstracto, a importância

---

dans le mariage) est pudiquement caché dans le code civil derrière la communauté de vie. Ceci contraste fortement avec la vision charnelle du droit canonique qui voyait dans la «copula carnalis» un fait et un effet du mariage. Ce fondement discret du devoir dans le code civil ne doit cependant pas faire illusion. Contrairement à une idée réçue, ce devoir n'est pas absent des débats judiciaires". Effectivamente, o jurista esclarece que, entre 1980 e 2000, foram proferidas mais de 120 decisões dos tribunais franceses sobre a matéria.

[636] Cfr. *supra*, n.º 33.

[637] A situação não se manifesta apenas no Código português. O artigo 313, par. 1.º, do *Code civil*, estabelece: "En cas de jugement ou même de demande, soit de divorce, soit de séparation de corps, la présomption de paternité ne s'applique pas à l'enfant né plus de trois cents jours après l'ordonnance autorisant les époux à résider séparément, et moins de cent quatre-vingts jours depuis le rejet définitif de la demande ou depuis la réconciliation." À luz de uma interpretação *a contrario* do artigo 116 do Código Civil espanhol, a presunção "pater is est" cessa se o nascimento da criança tiver ocorrido trezentos dias depois de "la separación legal o de hecho de los cónyuges". Nos termos do artigo 232, par. 2.º, do *Codice Civile*, a "presunzione di concepimento durante il matrimonio" não vigora "decorsi trecento giorni dalla pronuncia di separazione giudiziale, o dalla omologazione di separazione consensuale, ovvero dalla data della comparizione dei coniugi avanti al giudice quando gli stessi sono stati autorizzati a vivere separatamente".

desta característica pessoal[638]. E o *Codice Civile* chega até a nomear "as anomalias ou desvios sexuais" de um cônjuge entre o conjunto de circunstâncias que conferem ao outro a faculdade de impugnar o casamento, desde que impeçam o "desenvolvimento da vida conjugal" e se prove que o cônjuge vítima do erro não teria prestado o seu consentimento se tivesse tido conhecimento exacto daquelas no momento da cerimónia (cfr., em particular, artigo 122, par. 3.º, al. 1).

No fundo, e apesar de o "direito laico" não reconhecer papel crucial à "consumação do matrimónio", as discrepâncias de regime do Direito Canónico face ao Direito Civil não autorizam a conclusão de que apenas o primeiro impõe aos cônjuges o dever jurídico de ter relações sexuais. O dever em causa é comum aos dois ramos, variando somente o respectivo grau de importância, que é maior se se está perante casamento católico[639].

49. Mas são aduzidas outras e maiores objecções ao reconhecimento da normatividade do débito conjugal. Tal como acontece com o dever de fidelidade sexual[640], o dever de cada cônjuge ter relações

---

[638] No caso específico da doutrina portuguesa, é constante a invocação da impotência na indicação de exemplos de "qualidades essenciais da pessoa do outro cônjuge", um dos requisitos da relevância do erro-vício para efeitos de anulação do casamento: cfr. LEITE DE CAMPOS, *Lições de Direito da Família*, 2.ª ed., cit., p. 198; PEREIRA COELHO/GUILHERME DE OLIVEIRA, *Curso de Direito da Família* I cit., pp. 253-254; PIRES DE LIMA/ANTUNES VARELA, *Código Civil Anotado* IV cit., p. 183; CASTRO MENDES, *Direito da Família*, edição revista por Miguel Teixeira de Sousa, AAFDL, 1990/1991, p. 103; EDUARDO DOS SANTOS, *Direito da Família* cit., pp. 174--175; ANTUNES VARELA, *Direito da Família*, 1.º vol., cit., pp. 274-275.

[639] A hipótese concreta da falta de "consumação" é tratada pelos tribunais estatais como uma manifestação mais grave de violação do dever de coabitação, em comparação com a cessação de relações sexuais pós-matrimonial. Esta orientação, patente no ordenamento francês (cfr. *infra*, n.º 52 e nota 699), impõe-se no Direito Civil da Família por força da realidade social. Embora a virgindade pré-matrimonial tenha perdido importância na civilização ocidental dos dias de hoje, continua a ser forte o significado sexual da "noite de núpcias", da "lua-de-mel", da "primeira vez depois do casamento".

[640] Cfr. *supra*, n.º 33.

sexuais é especialmente questionado pelas dúvidas que suscita a sua articulação com os direitos de liberdade e de privacidade. E, no caso do dever de coabitação carnal, essas dúvidas são de tal modo ampliadas que não é raro encontrar quem[641] simultaneamente admita o dever de exclusividade sexual e recuse aquele.

Atendendo justamente ao carácter sensível da problemática em apreço, Pawlowski[642] escolherá uma situação de recusa do débito conjugal como ponto de partida para uma discussão destinada a sustentar que a generalidade dos deveres conjugais pessoais não tem natureza jurídica: um padre católico deixa a sua Igreja e casa-se, contrariando as disposições de Direito Canónico; depois de ter coabitado um ano com o cônjuge, arrepende-se de ter violado as regras da Igreja Católica e, para observar os princípios da sua confissão religiosa, deixa de ter relações sexuais com a mulher com a qual era validamente casado nos termos da lei civil.

De acordo com o autor, seria neste "caso de escola" ("Schulfall") que se coloca com todo o vigor a questão de saber se os cônjuges estão ou não reciprocamente sujeitos a deveres jurídicos em matéria pessoal.

---

[641] Cfr. ALVAREZ-CAPEROCHIPI, *Curso de Derecho de Familia* I cit., p. 137, e comentário ao artigo 69, em Lacruz Berdejo (org.), *Matrimonio y divorcio. Comentarios al nuevo título IV del libro primero del Código Civil*, Madrid, Editorial Civitas, 1982, p. 404; BOCCACIO/DOGLIOTTI, "Separazione personale" cit., p. 1182; BÖHMER, *Das gesamte Familienrecht* cit., § 1353, Nm. 8; CASTÁN TOBEÑAS/ GARCÍA CANTERO/CASTÁN VÁZQUEZ, *Derecho Civil Español, Común y Foral* V/1.º cit., p. 271; CATTANEO, *Corso di Diritto Civile. Effetti del matrimonio* cit., pp. 33-34; DOGLIOTTI, "Rapporti personali e patrimoniali tra coniugi (dir. priv.)" cit., p. 392, "Separazione, addebito, affidamenti" cit., pp. 686-687, *Separazione e divorzio* cit., pp. 43-44, e "La separazione giudiziale", *Famiglia e matrimonio* cit., p. 359, nota; FOSAR-BENLLOCH, *Estudios de Derecho de Familia* II/1.º cit., p. 47; FURGIUELE, *Libertà e famiglia* cit., p. 167; LÜKE, "Grundsätzliche Veränderungen im Familienrecht" cit., p. 6; PY, *Le sexe et le droit*, Paris, PUF, 1999, p. 47 e s.; RAGEL SÁNCHEZ, *A qué obliga el matrimonio?* cit., pp. 55-57; ROPPO, "Coniugi" cit., p. 3; SESTA, *Lezioni di Diritto di Famiglia* cit., pp. 108-109; WACKE/MünchKomm cit., § 1353, Nm. 31 (que, como se verá *infra*, no n.º 79, qualifica a coabitação carnal como um simples "ónus material").

[642] PAWLOWSKI, *Das Studium der Rechtswissenschaft* cit., p. 307 e s., p. 323 e s.

Se de facto os cônjuges estão vinculados a um determinado padrão de comportamento, é ilícita a recusa do padre de ter relações sexuais com o cônjuge. Todos estão obrigados a respeitar um único modelo de casamento – o modelo estatal, baseado na visão social maioritária, que, designadamente, associa relação conjugal e sexualidade. Se, no entanto, o casamento não exclui a liberdade individual de cada cônjuge, o padre agiu licitamente. Admitida "a possibilidade jurídica de formas distintas de casamento" ("die rechtliche Möglichkeit verschiedener Eheformen"), os cônjuges estão autorizados a agir segundo a sua consciência, e, consequentemente, não violam a lei apenas por se afastarem da opinião social dominante.

Desde o início, Pawlowski adopta uma atitude radical: ou vigora o direito de liberdade de convicção religiosa (ou outra) ou vigora o dever de coabitação carnal; ou há liberdade pessoal ou há verdadeiros deveres conjugais não patrimoniais. Não concebe um meio termo, ignorando persistentemente o tema dos limites no domínio dos direitos de personalidade e dos direitos fundamentais. Neste cenário artificial de incompatibilidade absoluta entre certos deveres conjugais e liberdade de convicção dos cônjuges, a solução do dilema é previsível: nega-se carácter jurídico aos primeiros. "Os cônjuges não actuam, portanto, ilicitamente quando – como o padre do nosso exemplo – se decidem por um comportamento que não corresponde à «expectativa social» («Sozialerwartung»)". Por isso, estando constitucionalmente assegurada a cada cidadão a possibilidade de agir de harmonia com a sua convicção própria, o Direito excluiria a admissibilidade do recurso à "coercibilidade estatal" ("staatlicher Zwang") para obter o cumprimento dos deveres controvertidos.

Esta neutralidade ética perante os aspectos pessoais revela uma visão essencialmente patrimonialista do casamento e corresponde, assim, a uma interpretação parcialmente abrogante do § 1353 I 2 do BGB, preceito que obriga genericamente os cônjuges a uma recíproca comunhão conjugal de vida. Por igual motivo, aquela visão não pode vingar entre nós, já que o Código Civil português define o casamento-estado como uma "plena comunhão de vida" (artigo 1577.º) e prevê "efeitos do casamento quanto às pessoas e aos bens dos cônjuges" (Livro IV, título II, capítulo IX).

Embora não vá tão longe, Lange-Klein[643] bate-se por uma perspectiva que se avizinha da de Pawlowski. Afirmando que o casamento atribui papel central ao "desenvolvimento individual" ("individuelle Gestaltung") dos cônjuges e engloba uma multiplicidade de manifestações de comunhão de vida, defende a interpretação da claúsula geral do § 1353 I 2 do BGB à luz dos seguintes critérios: acerca da "direcção da vida conjugal" ("Eheführung"), apenas são admissíveis declarações vagas em domínios restritos, a fim de se não eliminar totalmente a "individualidade" ("Individualität") dos cônjuges; as decisões de ambos os cônjuges sobre a direcção da vida conjugal merecem respeito, independentemente de qualquer valoração e ainda que se demarquem das concepções tradicionais. Na sequência disto, recusa qualquer dever conjugal sexual. A aplicação dos dois critérios mencionados implicaria um "espaço livre de direito" ("rechtlicher Freiraum") amplo, no qual se enquadraria claramente a sexualidade.

A opinião exposta diminui o significado da obrigação de "comunhão conjugal de vida", como o próprio autor, aliás, reconhece, e, mais do que isso, pela sua indiferença no que toca às valorações de terceiros, colide com a função típica de qualquer cláusula geral (ou conceito indeterminado), que é a de ser uma "porta para a entrada de normas sociais no Direito"[644].

E quer esta orientação quer a de Pawlowski é vulnerável a uma crítica mais específica. A regulamentação civil do casamento contém indícios de que a sexualidade entre os cônjuges é de relevância fundamental para o legislador: a comunhão de vida em causa não é uma qualquer comunhão mas uma comunhão "conjugal" ("*eheliche* Lebensgemeinschaft") e, portanto, necessariamente, *íntima*; o parentesco na linha recta ou no 2.º grau da linha colateral obsta ao casamento (§ 1307 do BGB), o que traduz a permanência do "tabu do incesto"

---

[643] LANGE-KLEIN/ *Reihe* cit., § 1353, Nm. 2 e s.
[644] Cfr. HEPTING, *Ehevereinbarungen* cit., p. 188 ("Einbruchstelle sozialer Normen in das Recht").

("Inzesttabu")[645]; o § 1355 II do BGB[646] pressupõe a vigência do princípio da heterossexualidade. Trata-se de todo um conjunto de dados normativos que infirma a ideia da sexualidade como fenómeno subtraído à intervenção do legislador civil.

Elementos semelhantes estão presentes nos ordenamentos português, francês, italiano e espanhol[647]. Como resulta dos enunciados legais de deveres conjugais, o casamento-estado é entendido como uma união profunda, tendencialmente total, de duas pessoas. Pessoas que têm de ter sexo diferente [artigos 1577.º e 1628.º, alínea e), do Código Civil português; artigo 144 do *Code civil*[648]; artigos 66 e 67 do Código Civil espanhol[649]; artigo 107 do *Codice Civile*[650]] e que não podem estar ligadas por um parentesco próximo [artigo 1602.º, alíneas a) e b), do Código Civil português, artigos 161 e 162 do *Code civil*, artigo 47.º, 1.º e 2.º, do Código Civil espanhol, artigo 87, 1) e 2), do *Codice Civile*].

---

[645] Cfr. D. SCHWAB, *Familienrecht* cit., p. 48.

[646] Cfr. D. SCHWAB, ob. cit., p. 31. O § 1355 II do BGB diz: "Zum Ehenamen können die Ehegatten durch Erklärung gegenüber dem Standesbeamten den Geburtsnamen des Mannes oder den Geburtsnamen der Frau bestimmen".

[647] Tal como no direito americano, em que, quer se queira quer não, "sex remains the central «term» of the marriage relation to this day according to the letter of the law" (BORTEN, "Sex, Procreation and the State Interest in Marriage", *Col.L.R.* 102/4, 2002, p. 1128). Cfr. BRANLARD, *Le sexe et l'état des personnes*, Paris, LGDJ, 1993, p. 129 e s., p. 323 e s.: a sexualidade constitui o "cimento do casamento" e não cede perante o direito de liberdade religiosa; os motivos religiosos não legitimam a castidade nem o adultério (*v.g.*, o adultério que se enquadra num proselitismo invulgar – o "flirty-fishing" dos "Meninos de Deus").

[648] Cfr. MAUGER-VIELPEAU, "Le mariage peut il «survivre» au transsexualisme d'un époux?", *D*. 2002, jur., p. 125: "Cette condition apparaissait tellement évidente aux rédacteurs du code civil qu'elle n'y figure qu'implicitement à l'art. 144 qui prévoit l'âge minimal pour pouvoir se marier, âge qui diffère selon qu'il s'agit d'un homme ou d'une femme".

[649] Os dois artigos usam a expressão "marido e mulher" para definir os direitos e deveres dos cônjuges: cfr. ALBALADEJO, *Curso de Derecho Civil* IV cit., p. 35.

[650] O artigo 107 trata das formalidades da celebração do casamento. Cfr. ENRICO VITALI, "Il matrimonio civile", *Famiglia e matrimonio*, a cura di Giovanni Bonilini e Giovanni Cattaneo, cit., p. 109: "La esigenza della diversità dei sessi, come presupposto esistenziale del matrimonio, è ricavabile dall'art. 107, che fa riferimento alla dichiarazione resa personalmente da ciascuno degli sposi di volersi prendere rispettivamente in marito e in moglie".

Vários adversários[651] da existência do dever de coabitação carnal tentam contrabalançar estes dados invocando argumentos conexos com a liberdade sexual. Por vezes[652], entende-se que é suficiente a verificação da aplicabilidade do crime de violação a situações em que a vítima e o agente estão casados entre si. A proibição do emprego da força para levar o outro cônjuge à prática de actos sexuais demonstraria a completa inconsistência da figura do débito conjugal. Há, porém, uma segunda explicação[653] no seio da mesma orientação negativista: a incriminação da violação entre os cônjuges prova somente que o casamento não extingue a liberdade sexual na relação matrimonial; assim sendo, a "entrega mútua dos corpos", que traduz o exercício do direito de liberdade sexual, só pode ser produto de uma "decisão individual, livre e espontânea". Por isso, a recusa da "prestação sexual" não poderia ser reputada de ilícita.

No entanto, nenhuma das duas investidas contra o dever de coabitação carnal acaba por ser bem sucedida. A primeira assenta numa noção demasiado restrita de dever jurídico, que é entendido como uma figura sempre susceptível de execução específica, e numa troca da regra pela excepção em matéria de garantia. É, efectivamente, inadmissível o uso da força, pública ou privada, para conseguir a satisfação do débito conjugal. Mas, por um lado, a impossibilidade de execução específica não exclui a juridicidade – é, aliás, característica das obrigações de prestação de facto infungível, positivo ou negativo[654]. Por

---

[651] Cfr. ALVAREZ-CAPEROCHIPI, *Curso de Derecho de Familia* I cit., p. 137, e comentário ao artigo 69, em Lacruz Berdejo (org.), *Matrimonio y divorcio* (1982) cit., p. 404; BOCCACIO/DOGLIOTTI, "Separazione personale" cit., p. 1182; CASTÁN TOBEÑAS/ GARCÍA CANTERO/CASTÁN VÁZQUEZ, *Derecho Civil Español, Común y Foral* V/1.º cit., p. 271; DOGLIOTTI, ob. citadas *supra*, nota 641; RAGEL SÁNCHEZ, *A qué obliga el matrimonio?* cit., pp. 55-57; SESTA, *Lezioni di Diritto di Famiglia* cit., pp. 108-109.

[652] Cfr. CASTÁN TOBEÑAS/GARCÍA CANTERO/CASTÁN VÁZQUEZ, *Derecho Civil Español, Común y Foral* V/1.º cit., p. 271; PY, *Le sexe et le droit* cit., pp. 49-50.

[653] Cfr., designadamente, ALVAREZ-CAPEROCHIPI, comentário ao artigo 69, em Lacruz Berdejo (org.), *Matrimonio y divorcio* (1982) cit., p. 404.

[654] Cfr. BRACINHA VIEIRA, *Alguns aspectos da evolução do moderno direito familiar*, dact., Direcção-Geral da Assistência, 1969, p. 5: "A dificuldade de se executarem por via coerciva certas obrigações particularmente íntimas, como o dever de

outro lado, o direito português consagra o princípio da proibição da autotutela ("A ninguém é lícito o recurso à força com o fim de realizar ou assegurar o próprio direito, salvo nos casos e dentro dos limites declarados na lei", declara o artigo 1.º do Código de Processo Civil), o que é comum aos ordenamentos do nosso ciclo cultural. Tal como não é permitido a um vendedor ameaçar o comprador com uma pistola para obter o pagamento do preço, também não é, em geral, lícito a um cônjuge usar da violência para forçar o outro ao cumprimento de um dever conjugal, patrimonial ou pessoal. E a proibição da justiça privada fica reforçada se o efeito pretendido nem sequer puder ser alcançado através da justiça pública[655].

A segunda aplicação da liberdade sexual destinada a rejeitar o dever de coabitação carnal é um pouco mais cuidada; no entanto, atribui àquela um sentido absoluto, que nenhum direito possui. A "decisão individual, livre e espontânea" em assunto íntimo não tem de ser assegurada a todo o custo. O que importa é que realmente subsista o direito de liberdade sexual, que ele possa ser, no essencial, exercido. Ora, é realizável[656] a conciliação do mesmo com o dever de coabitação carnal, mediante a utilização do critério do equilíbrio entre direitos de personalidade e relação conjugal[657].

O direito de liberdade sexual apresenta um conteúdo duplo, positivo e negativo. Sob o prisma positivo, define-se como "direito à liber-

---

coabitação, não parece diferir da impossibilidade, tantas vezes reconhecida pelo direito das obrigações, de exigir, em determinadas circunstâncias, a execução de prestações *in natura*".

[655] Cfr. BÉNABENT, "La liberté individuelle et le mariage" cit., p. 477, que, a favor da compatibilidade entre obrigatoriedade do *debitum coniugale* e punibilidade do marido que viola a sua mulher, escreve: "La violence ne peut pas être légitime lorsqu'elle permet d'obtenir par une voie de justice privée, ce que ne pourrait pas ordonner la justice publique. Or un tribunal ne pourrait certes pas condamner une épouse récalcitrante à s'exécuter".

[656] Deste modo, não se concorda com os adeptos do débito conjugal que consideram não existir liberdade sexual na constância do matrimónio (cfr. ALONSO PÉREZ, "Dialéctica entre fidelidad matrimonial" cit., p. 62) ou que falam de "un grave sacrificio della libertà sessuale" (cfr. DE CUPIS, *I diritti della personalità*, 2.ª ed., cit., p. 231).

[657] Cfr. *supra*, n.º 25.

dade de exercício das qualidades e faculdades sexuais próprias"[658] ou "direito de dispor do seu corpo em ordem à prática de actos sexuais"[659]. Na vertente negativa, inclui o "direito de não ser objecto de agressões sexuais"[660], particularmente relevante no campo do Direito Penal (artigo 163.º e s. do Código Penal português). O reconhecimento do dever de coabitação carnal não afecta a liberdade sexual negativa[661]: a "agressão sexual" entre os cônjuges não deixa de ser criminalmente punida[662] e não é configurável o recurso aos meios estatais de coacção para conseguir a satisfação do débito conjugal. A parte mais significativa do direito de personalidade em apreço não é prejudicada[663].

Contudo, o casamento restringe a liberdade sexual na sua dimensão positiva[664]. O dever de fidelidade priva o cônjuge da faculdade de

---

[658] Cfr. DE CUPIS, última ob.cit., p. 227 ("diritto alla libertà concernente l'esplicazione delle proprie qualità e facoltà sessuali").

[659] Cfr. CAPELO DE SOUSA, O direito geral de personalidade, cit., p. 264, nota 269.

[660] Cfr. CAPELO DE SOUSA, ob. e loc. cit. Analogamente, LEMME, "Libertà sessuale (delitti contro la)", ED XXIV, 1974, p. 555 ("diritto di pretendere che altri non aggredisca il proprio corpo per farne oggetto di manifestazioni di libidine").

[661] Cfr. ORLANDO DE CARVALHO, Teoria geral da relação jurídica. Bibliografia e sumário desenvolvido, Coimbra, 1970, pp. 59 e 60: "o direito à liberdade negativa existe mesmo contra a violência empregada pelo titular de um direito para obter a sua satisfação (ratio da regra «nemo potest cogi ad factum»).

"Por isso, o cumprimento do débito conjugal não é exigível pela violência, sendo lícito ao obrigado resistir ao emprego desta e reclamar quando o forcem, em nome do direito à liberdade sexual negativa".

[662] Cfr. MAIA GONÇALVES, Código Penal Português, 9.ª ed., cit., p. 627, que, em anotação ao artigo 164.º do Código Penal, esclarece: "Contrariamente ao que sucedia no domínio do CP de 1886, cópula entre pessoas casadas pode integrar o crime de violação, verificados os respectivos pressupostos. A expressão «fora do casamento», que constava do Projecto de 1966 e foi posteriormente eliminada, precludia essa possibilidade, mas o obstáculo desapareceu".

[663] Consequentemente, LEMME, "Libertà sessuale" cit., p. 557, não tem razão quando rejeita a hipótese do dever de coabitação carnal, alegando que admiti-la implicaria aceitar "che, con il matrimonio, si perda un diritto fondamentale, non solo nel suo aspetto positivo, ma anche in quello negativo (...) e che, addirittura, un coniuge possa restare impunemente oggetto dell'altrui violenza".

[664] Cfr. RAYMOND, Ombres et lumières sur la famille, avec la collaboration de Barreteau-Raymond, Paris, Bayard, 1999, pp. 121-123.

escolha do parceiro sexual e o dever de coabitação obriga o casal a manter relações sexuais. As restrições são, porém, lícitas, uma vez que têm por fonte um acto em que a vontade das partes se encontra suficientemente acautelada⁶⁶⁵.

O casamento *in fieri* beneficia de regulamentação marcada pelo intuito de defesa da liberdade do indivíduo interveniente; a tal ponto que é até possível falar de um direito à liberdade matrimonial autónomo e com natureza de direito de personalidade⁶⁶⁶. Este direito, que

---

⁶⁶⁵ Cfr. PEREIRA COELHO, *Curso de Direito da Família* (1987) cit., p. 391, nota; SANTOS CIFUENTES, *Los derechos personalísimos*, Buenos Aires/Córdoba, Lerner Ediciones, 1974, p. 274 e s. CAPELO DE SOUSA, *O direito geral de personalidade,* cit., pp. 522-523, afirma que o direito geral de personalidade, não sendo reconhecido ilimitada e isoladamente, "é condicionado e, em certos planos, limitado pelo teor das obrigações livremente assumidas pelo respectivo titular dentro dos limites da lei", *v.g.*, pelas obrigações emergentes do casamento, que cerceiam a liberdade sexual dos cônjuges.

⁶⁶⁶ Cfr. BÉNABENT, ""La liberté individuelle et le mariage" cit., p. 444 (o direito ao casamento assume contornos de "droit fondamental de la personnalité"); BIANCA, *Diritto civile* II cit., p. 40 "La libertà di contrarre matrimonio assurge (...) a diritto della personalità poiché tutela un interesse fondamentale dell'uomo"; LEITE DE CAMPOS, *Lições de Direito da Personalidade* cit., pp. 83-84, e *Lições de Direito da Família*, 2.ª ed., cit., p. 99, enquadra o direito à celebração do casamento entre os "direitos de ser humano" ou "direitos da pessoa em sentido tradicional"; SCHWELB, "Marriage and Human Rights", *AJCL* 1963, p. 337 e s., considera a liberdade de consentimento para casar uma "exigência básica de dignidade humana". Muito expressiva é a citação que abre o seu texto: "O casamento é algo mais do que um contrato civil sujeito a regulação pelo Estado; é um direito fundamental dos homens livres" (Traynor, J., Supreme Court of California, em *Perez v. Sharp.*).

Por vezes, a liberdade matrimonial é tratada como componente da liberdade sexual: cfr. DE CUPIS, *I diritti della personalità*, 2.ª ed., cit., p. 228 ("La libertà sessuale comporta anche la libertà di attuare, il meno, una stabile convivenza sessuale di carattere familiare, e col soggetto che più aggrada: è questa la libertà matrimoniale"); SANTOS CIFUENTES, *Los derechos personalísimos* cit., p. 274 ("Otro aspecto importante es el de la libertad sexual. Ante todo, su manifestación más destacada es el carácter personalísimo de la celebración del matrimonio"); REGOURD, "Sexualité et libertés publiques" cit., p. 55 ("Des libertés englobant le droit à la sexualité: Droit à l'intimité et Droit au mariage"). Em rigor, a liberdade matrimonial não se confunde com a liberdade sexual; a primeira corresponde a uma manifestação de liberdade de estado e a segunda a uma manifestação da liberdade de disposição do próprio corpo: cfr. CAPELO DE SOUSA, *O direito geral de personalidade,* cit., pp. 264

se encontra consagrado quer no direito interno quer no direito internacional[667], compreende o direito de casar e o direito de não casar. O direito de casar engloba a faculdade de casar, de determinar o momento para o fazer ou de escolher o cônjuge. O direito de não casar abrange a possibilidade de nunca casar, de não casar em determinado momento ou com certa pessoa.

A protecção da liberdade matrimonial divisa-se claramente em quatro frentes: promessa de casamento; cerimónia de celebração do matrimónio; falta e vícios da vontade; cláusulas apostas a liberalidades.

O artigo 1591.º do Código Civil português exclui a possibilidade de execução específica da promessa de casamento e limita a respon-

---

e 271. Como resulta do que escreve o ilustre professor de Coimbra (ob. cit., pp. 522--523), o casamento está entre os contratos que não constituem simples restrições voluntárias ao exercício dos direitos de personalidade, apresentando um "autónomo fundamento axiológico-jurídico"; "tais contratos, não incidindo directamente sobre a própria personalidade de um ou de ambos os contraentes, não são revogáveis unilateralmente e juridicamente têm de ser pontualmente cumpridos (arts. 406.º, n.º 1, e 762.º e s. do Código Civil), sinal de que não se confinam ao mero exercício dos direitos de personalidade, pois então, quando legais, seriam sempre revogáveis unilateralmente pelo titular da personalidade embora com a obrigação de indemnizar os prejuízos causados às legítimas expectativas da outra parte (art. 81.º, n.º 2, do Código Civil)".

[667] O artigo 36.º, n.º 1, da Constituição da República Portuguesa, reconhece a todos o direito de contrair casamento em condições de plena igualdade. Nos termos do artigo 16.º da lei fundamental, aquele preceito deve ser interpretado de harmonia com o artigo 16.º da Declaração Universal dos Direitos do Homem (adoptada pela Assembleia Geral das Nações Unidas em 10/12/1948), que, designadamente, estabelece: "A partir da idade núbil, o homem e a mulher têm o direito de casar e de constituir família, sem restrição alguma de raça, nacionalidade ou religião." (1.ª parte do n.º 1); "O casamento não pode ser celebrado sem o livre e pleno consentimento dos futuros esposos" (n.º 2). O teor do artigo 23.º, n.º 3, do Pacto Internacional sobre os Direitos Civis e Políticos (adoptado pela Assembleia Geral das Nações Unidas em 16/12/1966), é praticamente idêntico ao do artigo 16.º, n.º 2, da referida Declaração. Destaque-se, por fim, o artigo 12.º da Convenção para a Protecção dos Direitos do Homem e das Liberdades Fundamentais (conhecida por Convenção Europeia dos Direitos do Homem, foi concluída em Roma, no âmbito do Conselho da Europa, em 4/11/1950), que prevê: "A partir da idade núbil, o homem e a mulher têm o direito de casar-se e de constituir família, segundo as leis nacionais que regem o exercício deste direito".

sabilidade civil por falta de cumprimento às indemnizações previstas no artigo 1594.º. Embora a primeira estatuição não constitua uma especialidade do regime da promessa de casamento[668], é no entanto reveladora a preocupação de afirmar, nesta sede, o que já decorreria da aplicação do artigo 830.º, n.º 1: a promessa de casamento não gera uma obrigação, judicialmente exigível, de contrair matrimónio. Já a segunda disposição vem atribuir à obrigação de indemnizar uma extensão menor do que aquela que resultaria da aplicação das regras gerais, com o propósito de evitar que o nubente se sinta pressionado a casar para evitar o pagamento de uma indemnização avultada[669].

As regras da celebração do casamento civil comum (não urgente), constantes do Código Civil (artigos 1615.º e s.) e do Código do Registo Civil (artigos 153.º a 155.º), procuram assegurar igualmente a autenticidade da vontade de contrair matrimónio. O casamento deve ser celebrado numa cerimónia pública em que estarão presentes o funcionário do registo civil, os contraentes ou um dos contraentes e o procurador do outro; nesta cerimónia, os nubentes, ou um deles e o procurador do outro, devem manifestar pessoalmente a vontade de casar. A figura do procurador *ad nuptias* é admitida com restrições: só um dos nubentes pode estar representado; a procuração deve conter poderes especiais para o acto, a designação expressa do outro nubente e a indicação da modalidade do casamento. E essa procuração pode ser revogada a todo o tempo, até à celebração do casamento. O artigo 155.º do Código do Registo Civil regula pormenorizadamente o acto da celebração do casamento, prevendo, nomeadamente, que o conservador pergunte a cada um dos nubentes se aceita o outro por consorte e que cada um dos nubentes responda, sucessiva e claramente: "É de minha livre vontade casar com F. indicando o nome completo do outro nubente".

É comum à solenidade do matrimónio um dos fundamentos gerais da forma legal: levar as partes a reflectirem antes de se vincularem[670].

---

[668] Cfr., entre outros, PEREIRA COELHO/GUILHERME DE OLIVEIRA, *Curso de Direito da Família* I cit., p. 225.

[669] Cfr. PEREIRA COELHO/GUILHERME DE OLIVEIRA, ob. cit., pp. 225-226.

[670] Cfr., nomeadamente, OLIVEIRA ASCENSÃO, *Teoria Geral do Direito Civil*, III, *Acções e factos jurídicos*, dact., Lisboa, 1992, p. 186.

Mas deve-se ainda destacar, no caso do casamento, os seguintes aspectos particulares: considera-se indispensável a presença de um funcionário do Estado, a quem cabe zelar pelo respeito da liberdade matrimonial; estabelece-se a regra da actualidade do mútuo consenso e admite-se a relevância da revogação da procuração, mesmo quando ela não se faça a tempo de evitar a realização da cerimónia do casamento, para possibilitar sempre ao nubente a mudança de opinião até ao último momento; admite-se o casamento por procuração mas sem conferir ao procurador a faculdade de indicar a pessoa do outro nubente.

Como decorre dos artigos 1631.º/b), 1635.º, 1636.º e 1638.º, apesar dos cuidados postos em torno do acto de celebração do matrimónio, não é excluída a relevância, para efeitos de anulação, da incapacidade acidental, da falta de intenção ou de consciência da declaração, do erro-obstáculo, da coacção física, da simulação (e da reserva mental nos termos do artigo 244.º, n.º 2), do erro-vício, da coacção moral ou da exploração da situação de necessidade[671].

A ideia de defesa do consentimento matrimonial reflecte-se ainda no regime das condições apostas a liberalidades. Tem-se como não escrita, por contrária à lei, a condição testamentária de que o herdeiro ou legatário celebre ou deixe de celebrar o casamento (artigos 2233.º, n.º 1, e 2230.º, n.º 2)[672]. A mesma solução vale para as doações, por força do artigo 967.º.

---

[671] Para maiores desenvolvimentos acerca da matéria da perfeição e da liberdade do consentimento dos nubentes, cfr. CASTRO MENDES, *Direito da Família* cit., p. 98 e s.; PEREIRA COELHO/GUILHERME DE OLIVEIRA, *Curso de Direito da Família* I cit., p. 244 e s.; ANTUNES VARELA, *Direito da Família* cit., p. 269 e s.; PIRES DE LIMA/ /ANTUNES VARELA, *Código Civil Anotado* IV cit., p. 171 e s.; LEITE DE CAMPOS, *Lições de Direito da Família*, 2.ª ed., cit., p. 195 e s.; EDUARDO DOS SANTOS, *Direito da Família* cit., p. 166 e s.

[672] Contudo, o artigo 2233.º, n.º 2, reputa válido o legado de usufruto, uso, habitação, pensão ou outra prestação contínua ou periódica para produzir efeitos enquanto o beneficiário não casar ou não voltar a casar. De acordo com MANUEL DE ANDRADE, *Teoria Geral da Relação Jurídica*, II, *Facto jurídico, em especial negócio jurídico*, 7.ª reimpressão, Coimbra, Livraria Almedina, 1987, n.º 178, III, p. 371, a condição em apreço seria válida pelo seguinte motivo: "Não houve nesta disposição o ânimo de restringir a liberdade do instituído, mas apenas de prover à situação em que ele se encontraria se viesse a determinar-se de certo modo".

Perante a intensidade da tutela da liberdade matrimonial ora evidenciada, afigura-se pouco aceitável rejeitar o dever de coabitação carnal, alertando para a eficácia restritiva que o casamento teria no domínio da liberdade sexual. Até porque, como se verá[673], essa eficácia nem sequer se traduz na supressão de todas as prerrogativas inerentes à vertente positiva da liberdade sexual. A disciplina injuntiva do débito conjugal quase que se resume ao enunciado da própria obrigação.

50. São ainda apontados três obstáculos à hipótese de um dever jurídico de coabitação carnal: a opinião de que este dever, a existir, teria por objecto uma pessoa ou o seu corpo, o que, além de anacrónico, atentaria contra a "dignidade humana" ("Würde des Menschen")[674]; "a inoportunidade de tornar públicas circunstâncias penosas da vida íntima das pessoas num processo, abrindo desta forma o caminho para acções *boccacianas* («cause boccaccesche»)"[675]; por fim, o entendimento de que estaria em causa "uma esfera da vida humana que é dominada por impulsos espontâneos, e na qual, portanto, o Direito não pode exercer qualquer influência positiva"[676] ou um "facto dos sentimentos íntimos da pessoa" pertencente ao "âmbito pré-jurídico", logicamente subtraído à interferência do Direito[677].

---

[673] *Infra*, nos n.ºs 51 e 52.
[674] Cfr. BÖHMER, *Das gesamte Familienrecht* cit., § 1353, Nm. 8; BOTTO, "*Ius in corpus* tra coniugi e risarcibilità per atto lesivo del terzo", *Giust.Civ.* 1987, I, pp. 576-577; DIAS JOSÉ, "O dever conjugal de coabitação", *TJ* 1986, n.º 16, p. 2; FURGIUELE, *Libertà e famiglia* cit., p. 167; ROPPO, "Coniugi" cit., p. 3.
[675] Cfr. CATTANEO, *Corso di Diritto Civile. Effetti del matrimonio* cit., p. 34. Em sentido idêntico, LÜKE, "Grundsätzliche Veränderungen im Familienrecht" cit., p. 6; WACKE/MünchKomm cit., § 1353, Nm. 31.
[676] Cfr. CATTANEO, *Corso di Diritto Civile. Effetti del matrimonio* cit., p. 34.
[677] Cfr. BOTTO, "*Ius in corpus* tra coniugi" cit., p. 578, que, em abono da sua tese, invoca ALAGNA. Em *Famiglia e rapporti tra coniugi nel nuovo diritto* cit., p. 80, este último escreve que: "Il matrimonio è fondato sul reciproco amore dei coniugi; ma nessuna legge può regolare questo fenomeno. Non può parlarsi di un diritto a essere amati o di un dovere di amare. Esiste invece un preciso diritto di libertà e di autonomia sancito da norme fondamentali (artt. 2 e 3 cost.) cui ogni altra situazione giuridica va subordinata, o quanto meno coordinata".

O primeiro obstáculo cede facilmente em virtude de ser produto da ideia de que um eventual dever de ter relações sexuais teria inevitavelmente como contrapartida uma situação jurídica activa com natureza igual ou similar à de um direito patrimonial. Como ao longo da II Parte se mostrará, não tem de ser, nem é, assim.

A segunda objecção, atinente à conveniência de impedir a chamada "lavagem de roupa suja" em tribunal ou de evitar processos judiciais "de mau gosto", esquece que tal motivo não é determinante para o legislador, que, designadamente, incrimina condutas de índole sexual e prevê acções de investigação da paternidade[678].

À terceira linha de argumentação subjaz um fundamento duplo: a ligação entre relações sexuais e sentimento de afeição e, como é patente, a incompatibilidade entre sentimento e Direito. No entanto, o dever de ter relações sexuais não é emanação de um dever de amar o respectivo cônjuge, dever este que o casamento não origina[679]. Há, porém, uma obrigação de responsabilidade, de respeito pelos compromissos assumidos com a celebração do casamento[680]. É exacto que o sentimento no seu estado puro, enquanto permanece no foro interno, não está sujeito a regulamentação jurídica. Mas a exteriorização dos sentimentos é situação que se situa no "mundo do social" e, nesta

---

[678] No âmbito da acção de investigação, presume-se a paternidade quando se prova que o pretenso pai teve relações sexuais com a mãe durante o período legal de concepção [artigo 1871.º, n.º 1, alínea e), do Código Civil português]; "a presunção considera-se ilidida quando existam dúvidas sérias sobre a paternidade do investigado" (artigo 1871.º, n.º 2), o que normalmente dependerá da demonstração de que durante aquele período a mãe manteve relações sexuais com outros homens.

[679] Cfr. FALZEA, "Fatto di sentimento", *Voci di Teoria Generale del Diritto*, Milano, Giuffrè, 1978, pp. 492-493 (primeiramente publicado em *Studi in onore di Santoro Passarelli*, vol. VI, Napoli, 1972); HUBA, "Recht und Liebe", *FamRZ* 1989, pp. 127-128; LACRUZ BERDEJO, comentário ao artigo 68, em Lacruz Berdejo (org.), *Matrimonio y divorcio* (1994) cit., p. 658; POUSSON-PETIT/POUSSON, *L'affection et le droit* cit., pp. 364-366.

[680] Cfr. LACRUZ BERDEJO, ob. e loc. cit. Depois de impor aos cônjuges a obrigação de comunhão conjugal de vida, o § 1353 II do BGB acrescenta: "sie tragen füreinander Verantwortung".

medida", interessa ao Direito[681]. *V.g.*, o comportamento motivado por sentimentos negativos é punível e o sofrimento é indemnizável.

Aliás, autores que excluem o débito conjugal em nome da liberdade de afecto, aceitam, paradoxalmente, que a recusa do débito conjugal tem consequências jurídicas justamente enquanto manifestação de um sentimento (negativo)[682]. Na verdade, e salvo excepções, não se pode fazer prevalecer a emoção sobre a razão, o espontâneo sobre o cultural.

3. CONTEÚDO E INTANGIBILIDADE DO DEVER DE COABITAÇÃO SEXUAL

51. Segundo a opinião dominante, o débito conjugal cumpre-se tendo relações sexuais *normais*. Numa perspectiva tradicional[683], são

---

[681] Cfr. FALZEA, "Fatto di sentimento" cit., p. 457 e s.; POUSSON-PETIT//POUSSON, *L'affection et le droit* cit., p. 29 e s.

[682] Cfr. BOTTO, ob. e loc. cit. "Da alcune parti si è sostenuto che la sanzione del mancato adempimento del *debitum coniugale* è da individuarsi nella separazione dei coniugi (anche con addebito). Anche tal soluzione va peraltro considerata inappagante, in quanto non si è forse sufficientemente soffermata l'attenzione sul fatto che la separazione non sanziona la lesione del singolo rifiuto di rapporto sessuale, bensì il venir meno della *affectio maritalis*, di cui il rifiuto sessuale è solo una componente sintomatica; CATTANEO, ob. e loc. cit. ("non si nega che comportamenti attinenti alla vita sessuale possano talvolta giustificare un addebito. Per un verso, questo potrà essere motivato dalla violenza esercitata dal marito sulla moglie. Per altro verso, non si può nemmeno escludere che il persistente rifiuto dei rapporti sessuali possa talora considerarsi violazione dei doveri coniugali: ma non di per sé, e cioè non in quanto rifiuto di adempire il «debito», bensì in quanto realizzi una grave e deliberata offesa alla dignità del coniuge.).

[683] Cfr. AZZOLINA, *La separazione personale dei coniugi* cit., pp. 74-75; BRIGUGLIO, "Separazione personale dei coniugi (diritto civile)" cit., p. 17; CUNHA GONÇALVES, *Direitos de Família e Direitos das Sucessões* cit., p. 215; FERREIRA PINTO, *Causas do divórcio* cit., pp. 76-77; GANGI, *Il matrimonio* cit., p. 239; MOITINHO DE ALMEIDA, *As sevícias e as injúrias graves* cit., p. 57; PIRES DE LIMA/ANTUNES VARELA, *Código Civil Anotado* IV cit., p. 258; PLANIOL/RIPERT/ROUAST, *Traité Pratique de Droit Civil Français* II cit., p. 286; VÁZQUEZ IRUZUBIETA, *Régimen jurídico de la celebración y disolución del matrimonio* cit., pp. 227-228.

tidas como normais as relações aptas para a concepção; as práticas contraceptivas são qualificadas de anómalas e integradas na categoria dos "excessos", o que autoriza o cônjuge a recusar a conjunção carnal quando o outro pretenda empregar meios anticoncepcionais. Esta visão de normalidade sexual, bastante influenciada pelo Direito Canónico[684], baseia-se em dois postulados: a sexualidade é eticamente indissociável da procriação e existe um dever conjugal de procriação.

No entanto, prevalece, actualmente, na consciência social o entendimento de que é vulgar e perfeitamente admissível a actividade sexual com o uso de meios contraceptivos. A divulgação do planeamento familiar e a generalização das técnicas de procriação assistida contribuíram decisivamente para um enquadramento autónomo da sexualidade[685]. Sob o ponto de vista social, e, portanto, jurídico, não há motivo para avaliar a licitude dos actos sexuais em virtude de possibilitarem, em maior ou menor grau, a concepção. Note-se que é a própria Constituição portuguesa a atribuir ao Estado a incumbência de "garantir, no respeito da liberdade individual, o direito ao planeamento familiar, promovendo a informação e o acesso aos métodos e aos meios que o assegurem" [artigo 67.º, n.º 2, alínea d)].

Estabelecida a separação entre procriação e sexualidade em geral (fora e dentro do casamento), torna-se insustentável a tese de que aquela é objecto de um dever conjugal[686]. O dever de ter relações

---

[684] Cfr. SOUTO PAZ, *Derecho Matrimonial* cit., p. 118: "El bien de la prole explica la tendencia institucional del matrimonio cristiano a la generación y educación de la prole. El significado del matrimonio como unión del hombre y de la mujer, en la que está admitido el trato sexual, adquiere en el matrimonio cristiano una relevancia especial en orden a la procreación.

"Según estos presupuestos doctrinales, la actividad sexual es lícita sólo en el matrimonio y se ordena naturalmente a la procreación. Por consiguiente, la desvinculación intencionada de la relación sexual y del proceso generativo constituye un comportamiento ilícito y contrario a la doctrina cristiana. Esta concepción entra en conflicto frontal y directo con las tendencias actuales a la planificación familiar, basada en métodos anticonceptivos y en el aborto, procedimientos condenados reiteradamente por el magisterio católico".

[685] Cfr. REGOURD, "Sexualité et libertés publiques" cit., p. 48-49, p. 57 e s.

[686] Tese que chega a ser defendida por autores que não reconduzem o débito conjugal ao dever de ter relações sexuais aptas para a concepção: cfr. BUFFELAN-

sexuais não obriga à geração[687]. Presentemente, não há qualquer sinal de que o acto sexual entre os cônjuges se deva encaminhar para a procriação[688]. Nos termos do artigo 1577.º do Código Civil português, o casamento tem por finalidade a constituição da família; no entanto, a própria relação entre os cônjuges é já uma relação familiar (art. 1576.º). A lei não considera, portanto, a geração fim do instituto[689]. O regime dos deveres conjugais alude aos filhos ("interesses dos filhos", artigo 1673.º, n.º 1; "manutenção e educação dos filhos", artigo 1676.º, n.º 1), com o mesmo espírito de protecção que preside à regulamentação

-LANORE, *Droit Civil 1e année* cit., p. 359 ("devoir de procréation corollaire du devoir de cohabitation"); FIRSCHING/GRABA, *Familienrecht,1. Halbband* cit., p. 31; GASTIGER/OSWALD, *Familienrecht* cit., p. 35, que desdobram a comunhão sexual em dever de procriação ("Pflicht zur Erzeugung bzw. Empfängnis von Kindern") e dever de ter relações sexuais, posição implicitamente seguida por BERGERFURTH, *Das Eherecht* cit., p. 70; LACRUZ BERDEJO, comentário ao artigo 68, em Lacruz Berdejo (org.), *Matrimonio y divorcio* (1994) cit., p. 656, que conta com o apoio de ENTRENA KLETT, *Matrimonio, separación y divorcio* cit., p. 487; SCARDULLA, *La separazione personale dei coniugi* cit., pp. 160, 161 e 175; RGRK/ROTH-STIELOW, § 1353, Nm. 34 e 35, e ROTH-STIELOW cit., § 1353, Nm. 27.

[687] Cfr. BRUDERMÜLLER cit., § 1353, Nm. 12; ROLLAND, *Das neue Ehe- und Familienrecht* cit., Nm. 10; STRECK, *Generalklausel und unbestimmter Begriff im Recht der allgemeinen Ehewirkungen* cit., p. 88. Contra a existência de um dever conjugal de procriação, cfr., também, ERMAN/HECKELMANN (1993) cit., § 1353, Nm. 5; FINGER, *Familienrecht* cit., pp. 110-111; GERNHUBER/COESTER-WALTJEN, *Lehrbuch des Familienrechts* cit., pp. 176-177; HEPTING, *Ehevereinbarungen* cit., p. 211 e s.; LÜDERITZ, *Familienrecht* cit., p. 68; STAUDINGER/HÜBNER cit., § 1353, Nm. 31; WYSK, *Rechtsmibrauch und Eherecht*, Bielefeld, Gieseking, 1994, p. 191.

[688] Não há, nomeadamente, no direito vigente, uma norma correspondente à da versão originária do artigo 1778.º, alínea b), do Código Civil português, que permitia a um cônjuge requerer a separação litigiosa de pessoas e bens com fundamento em "práticas anticoncepcionais ou de aberração sexual exercidas contra a vontade do requerente".

[689] Cfr. ANTUNES VARELA, *Direito da Família* cit., p. 183. Diferentemente, LEITE DE CAMPOS, *Lições de Direito da Família*, 2.ª ed., cit., p. 163: "Se entendermos por constituição da família, a procriação, como parece mais correcto (já referimos a propósito da Constituição da República Portuguesa), a definição de casamento no Código Civil português aproxima-se muito da do Direito Canónico". O autor acentua, porém, que "a procriação (constituir família), embora sendo um fim normal ou natural do casamento, não é um fim absolutamente essencial".

característica dos efeitos da filiação (cfr. artigo 1874.º e s., em que se regista igual preocupação pelo interesse, sustento e educação dos filhos). Consequentemente, não impõe uma obrigação de procriação. Quanto à presunção "pater is est", consagrada na área do estabelecimento da filiação (artigo 1826.º, n.º 1), aplicável ao nascimento posterior ao casamento ainda que a concepção seja anterior, não se fundamenta num dever conjugal mas numa ponderação estatística[690].

Em princípio, não é lícito a um cônjuge recusar ter relações sexuais por o outro pretender utilizar meios contraceptivos. Se é normal que os cônjuges tenham descendentes comuns, isso não significa que, após o casamento, a procriação fique completamente entregue ao domínio do aleatório. O nascimento de uma criança coloca a questão da responsabilidade pela vida de um novo ser vivo, questão que a lei resolve impondo a ambos os progenitores um conjunto ponderoso de obrigações, destinadas a assegurar o interesse do filho. É, por isso, desejável que a paternidade e a maternidade decorram de uma escolha bilateral, concretamente consciente[691], em que tenham sido tomados em linha de conta os constrangimentos habitualmente mais relevantes (*v.g.*, problemas de saúde, dificuldades económicas, obstáculos de índole profissional).

Contudo, será legítima a recusa de ter relações sexuais mediante o uso de meios contraceptivos se tiver havido entre os cônjuges um acordo no sentido da concepção. O dever de decidir em conjunto sobre a orientação da vida em comum engloba a matéria da procriação[692], constituindo um ilícito o não cumprimento do acordo eventualmente alcançado sobre o assunto[693]. Na impossibilidade de consenso, será

---

[690] Cfr. *supra*, n.º 33.

[691] Entre as tarefas que cabem ao Estado para protecção da família, a Constituição nomeia, a par da garantia do direito ao planeamento familiar, a organização das "estruturas jurídicas e técnicas que permitam o exercício de uma maternidade e paternidade conscientes" [artigo 67.º, n.º 2, alínea d)].

[692] Cfr. *supra*, n.º 23.

[693] GERNHUBER/COESTER-WALTJEN, *Lehrbuch des Familienrechts* cit., p. 177, STRECK, *Generalklausel und unbestimmter Begriff im Recht der allgemeinen Ehewirkungen* cit., p. 88, STAUDINGER/HÜBNER/VOPPEL cit., § 1353, Nm. 40, WACKE/Münch Komm cit., § 1353, Nm. 32, entendem que age ilicitamente o cônjuge que emprega

igualmente legítima a abstenção de relações sexuais com meios contraceptivos quando o outro cônjuge exerça abusivamente o seu direito de não procriar[694] (*v.g.*, o casal não tem descendência, a mulher está na idade limite de fertilidade e o marido rejeita a hipótese de gerarem um filho, sem que haja uma razão plausível). A actividade sexual deixa de ser exigível quando colida com o dever conjugal de respeito ou de cooperação.

52. A teoria da normalidade não se esgota na questão da concepção e esta nem sequer constitui um tema essencial daquela. Por vezes, os seus partidários limitam-se a afirmar, explícita ou implicitamente, que o casamento impõe o dever de ter relações sexuais normais ou de ter uma vida sexual normal[695]. Noutros casos, são apontadas situações de sexualidade conjugal irregular, com ou sem alusão às práticas

---

meios contraceptivos, tendo previamente concordado em ter filhos. O acórdão do BGH de 17/4/1986, *BGHZ* 97, p. 372, excluiu a relevância jurídica de um acordo de contracepção: o direito, que a cada pessoa assiste, de decidir livremente se quer ter filhos, pertenceria ao núcleo mais restrito dos direitos de personalidade, sendo insusceptível de regulação bilateral. No entanto, a concretização do desejo unilateral de ter filhos acaba por afectar significativamente terceiro, o parceiro sexual. Com o nascimento de uma criança, cada progenitor assume a qualidade de sujeito numa nova relação familiar. Aquele que não participou conscientemente no processo de procriação, que ignora que o seu parceiro deixou de cumprir o que fora convencionado e passou a usar meios contraceptivos, fica sujeito aos efeitos jurídicos da filiação. Ora, a liberdade de procriar (e de não procriar) tem de ser reconhecida a ambos os membros do casal e não apenas a um. O direito de personalidade de uma pessoa está limitado por igual direito de personalidade de qualquer outra (cfr. o que diz CAPELO DE SOUSA, *O direito geral de personalidade,* cit., pp. 523-524, sobre os "limites do direito geral de personalidade emergentes da incidência nas relações intersubjectivas de direitos de outras pessoas").

[694] Na opinião de STAUDINGER/HÜBNER/VOPPEL cit., § 1353, Nm. 39, à recusa unilateral de procriar tem de corresponder um interesse digno de protecção.

[695] Cfr. COURBE, *Droit Civil. Les personnes, la famille* cit., p. 58, e *Droit de la Famille* cit., p. 79; EDUARDO DOS SANTOS, *Do divórcio* cit., p. 135; GUILHERME DE OLIVEIRA, "HIV e SIDA – 14 perguntas sobre as relações de família", *RLJ* 129, p. 227; LEITE DE CAMPOS, *Lições de Direito da Família,* 2.ª ed., cit., p. 254; RGRK//ROTH-STIELOW, § 1353, Nm. 31 e 33; SOERGEL/LANGE cit., § 1353, Nm. 10.

contraceptivas[696]. Tais situações referem-se quer ao tipo quer ao número de contactos. Desta forma, o débito conjugal não justificaria nem as "práticas *contra-natura*" (expressão que tem, especialmente, em vista a sodomia[697]), nem uma frequência elevada de relações sexuais (um cônjuge não estaria obrigado, p. e., a aceder a várias solicitações diárias[698]). E um período longo de abstinência (*v.g.*, dois anos e meio ou seis meses, consoante tenha ou não havido já "consumação do matrimónio"[699]) violaria o dever de ter relações sexuais. Verifica-se assim, e abstraindo da orientação tradicional, a falta de concretizações positivas do critério da normalidade. Não se diz, nomeadamente, que o dever conjugal obriga à cópula vaginal ou a um determinado número semanal de conjunções carnais[700].

Mas se é mais ou menos recente a tendência para evitar a especificação do critério da normalidade, há muito que está implantada a ideia de que, em princípio, são admissíveis todas as práticas sexuais entre os dois cônjuges desde que consentidas por ambos. E repare-se que, na óptica dos defensores da teoria da normalidade, o consen-

---

[696] Destaque-se, no seu conjunto, o direito francês, cuja jurisprudência permite construir a casuística mais completa: ver, em particular, VASSAUX, *Liberté individuelle et devoirs personnels des époux* cit., p. 299 e s., p. 305 e s.

[697] Cfr. CassIt 4/10/1951, *Giur. Cass. civ.* 1952, I, 44, na seguinte passagem transcrita por PAJARDI, *La separazione personale* cit., p. 55: "La pratica carnale contro natura con il coniuge (c.d. sodomia coniugale) è stata sempre ritenuta un fatto gravissimo (...)".

[698] Cfr. App. Venezia 11/1/1958 ("È eccesso anche una sfrenata lascivia per la quale si pretendano dal marito numerosi congiungimenti giornalieri"), acórdão seleccionado por MELONI, "I rapporti familiari" cit., p. 1147.

[699] Cfr., respectivamente, CassFr 5/11/1969, *D.* 1970, p. 223, e Nancy 10/3/ /1894, *DP* 1895, 2, 14, mencionados por VASSAUX, *Liberté individuelle et devoirs personnels des époux* cit., pp. 300 e 301.

[700] Encontra-se definitivamente ultrapassada uma regra antiga segundo a qual os cônjuges teriam de ter relações sexuais duas vezes por semana [cfr. BÉNABENT, *Droit Civil. La famille* cit., p. 93, HAUSER/HUET-WEILLER, *La famille (Fondation et vie)* cit., p. 751, nota 52, HONORÉ, *Sex law*, London, Duckworth, 1978, p. 25]. Uma curiosa sentença do tribunal de Saintes 6/1/1992, *D.* 1993, som., p. 28, adoptou um padrão de frequência normal mais baixo – uma vez por semana – para fixar o montante da indemnização devida a um paciente que, por negligência do médico, ficara impedido de ter relações sexuais com o seu cônjuge durante dois meses e meio.

timento não constitui uma mera causa de exculpação; afasta a ilicitude das práticas[701]. Isto é nítido na redacção originária do Código Civil português de 1966. Nos termos da alínea b) do artigo 1778.º, a acção de separação litigiosa de pessoas e bens podia ser intentada por qualquer dos cônjuges com base em "práticas anticoncepcionais ou de aberração sexual exercidas contra a vontade do requerente". *A contrario*, não havia fundamento para a separação-sanção se tivesse havido consenso. Não chegava então a ser necessário o recurso ao artigo 1780.º, alínea a), aplicável, em contrapartida, ao adultério consentido pelo outro cônjuge[702].

Em certas hipóteses, divisa-se, portanto, a inadequação do critério da normalidade. Efectivamente, é forçoso reconhecer o papel do consenso na determinação do "quando, onde e como" das relações sexuais comuns. Todavia, o acordo está subordinado aos limites da própria existência do dever de coabitação carnal, aos limites legais gerais e aos limites do dever de fidelidade. Não será, por exemplo, válido o acordo pelo qual os cônjuges se comprometam a nunca mais ter relações sexuais entre si, a tê-las às 16h00 em plena via pública do centro de uma cidade ou com a participação simultânea de outrem ("ménage à trois").

A simples remissão para o consentimento das partes não é suficiente para resolver o problema do conteúdo do débito conjugal[703]. A obrigatoriedade da coabitação não fica excluída quando falta o encontro das duas vontades, quando o consentimento de um dos cônjuges

---

[701] Cfr. AZZOLINA, *La separazione personale dei coniugi* cit., p. 74, BRIGUGLIO, "Separazione personale dei coniugi (diritto civile)" cit., p. 17, GANGI, *Il matrimonio* cit., p. 239, para os quais deixa de haver "excesso" quando haja acordo; ROTH-STIELOW cit., § 1353, Nm. 23 ("Geschlechtsverkehr in Sonderstellungen ist erlaubt, solange beide Ehegatten damit einverstanden sind"). Na análise de POUSSON-PETIT, *Le démariage en droit comparé* cit., p. 436, a visão que qualifica "certaines techniques dans l'acte sexuel" como perversões acolhe a regra "volenti non fit iniura" – "le consentement fait disparaître en tout cas l'éventuel outrage".

[702] Cfr. *supra*, n.º 39.

[703] A proposta de ZATTI, "I diritti e i doveri che nascono dal matrimonio" cit., p. 53 – ignorar a teoria da normalidade e confiar totalmente no consenso dos cônjuges – é frágil.

está viciado[704] ou quando é inadmissível o conteúdo do acordo eventualmente alcançado. Há que procurar um critério geral de concretização, que não pode ser nem o da normalidade nem o do consentimento. Ora, se é inteiramente viável a regulação bilateral que se demarque do padrão médio desde que não seja afastada a coabitação carnal, então o padrão mínimo de conduta sexual comum revela-se o critério mais seguro. Os cônjuges estão afinal vinculados a uma mínima comunhão sexual[705]. Desta forma, consegue-se atender ao exacto peso socialmente atribuído ao valor da liberdade individual na esfera sexual, subavaliado pela doutrina da normalidade[706] e empolado pelos adversários do dever conjugal de ter relações sexuais. Paralelamente, adquire maior coerência uma jurisprudência que, não discutindo a primordialidade do dever de coabitação carnal, pune situações de adultério esporádico e sanciona somente[707] a recusa *prolongada ou persistente* de ter relações sexuais com o cônjuge.

---

[704] A questão do consentimento feminino é "espinhosa" (POUSSON-PETIT, *Le démariage en droit comparé* cit., p. 436) e tem sido particularmente tratada no direito ango-americano. Sobre o tema, cfr. HAAG, *Consent. Sexual Rights* cit., que, estudando, sob uma perspectiva histórica, a problemática da coacção no plano sexual, demonstra como é difícil assegurar a autenticidade do consentimento feminino, mesmo na actual sociedade americana: "Consent, in modern liberal discourse about sexual rights, has a metaphysical status" (p. 180); impera, porém, uma interpretação formalista, "literal", traduzida no axioma "yes means yes", o que "seems to occlude sources of coercion or pressure short of physical harm – whether fear or anticipation of violence, desire to avoid unpleasant but nonviolent consequences, lack of desire, or desire to please produced in the larger cultural context" (pp. XV e XVI).

[705] Neste sentido, HONORÉ, *Sex law* cit., p. 23.

[706] No entanto, os exemplos extremos escolhidos pelos adeptos do critério da normalidade para ilustrar o incumprimento do débito, por falta de periodicidade, denotam uma predisposição, mais ou menos inconsciente, para baixar o nível de exigência em matéria de sexualidade conjugal.

[707] Cfr. HAUSER/HUET-WEILLER, *La famille (Fondation et vie)* cit., p. 751; MELONI, "I rapporti familiari" cit., p. 1148; NERSON, "La faute dans les relations sexuelles entre époux" cit., p. 366; SCARDULLA, *La separazione personale dei coniugi* cit., pp. 177-178; VASSAUX, *Liberté individuelle et devoirs personnels des époux* cit., p. 301.

53. Dado o carácter pessoalíssimo da actividade sexual, a determinação do respectivo padrão mínimo varia em função das circunstâncias concretas do casal[708]. Por isso, o "direito ao débito conjugal" cederá "quando as relações entre marido e mulher atingirem tal grau de deterioração que se torna humanamente inexigível qualquer concessão carnal própria de um clima de harmonia e de afecto entre os esposos"[709]. Por isso, num "clima de paz conjugal", importará considerar, nomeadamente, a saúde, a idade e a condição física dos cônjuges[710]. É assim que se afigura justificada a recusa de um cônjuge em ter relações sexuais com o outro, sem medidas adequadas de protecção, quando o último padeça da doença da sida ou seja portador do HIV[711]. É assim

---

[708] Cfr. GERNHUBER/COESTER-WALTJEN, *Lehrbuch des Familienrechts* cit., p. 173. Por se "estar em domínios de tal modo íntimos e relacionados com a sensibilidade", até os defensores de um padrão de normalidade restrito (relações sexuais aptas para a concepção) concordam "que não se pode estabelecer critérios rigorosos e imutáveis a fixar as fronteiras do lícito e do ilícito, do admissível e do inadmissível, do termo do dever de submissão e do início do direito de recusa, nas práticas sexuais dos cônjuges" (FERREIRA PINTO, *Causas do divórcio* cit., p. 77).

[709] Ac. RC 18/5/1982, *BMJ* 319, pp. 344-345.

[710] Cfr. ANTUNES VARELA, *Direito da Família* cit., p. 345; D. SCHWAB, *Familienrecht* cit., p. 55.

[711] Como se escreveu *supra*, n.º 51, *in fine*, um cônjuge não está obrigado a ter relações sexuais se a solicitação infringir o dever conjugal de respeito ou de cooperação. Cfr. GUILHERME DE OLIVEIRA, "HIV e SIDA – 14 perguntas sobre as relações de família" cit., p. 227, que, começando por realçar a particular importância dos deveres conjugais de respeito e de cooperação, em caso de contaminação de um dos cônjuges, conclui: "o regime matrimonial impõe que um cônjuge infectado tome todas as precauções para evitar a transmissão do vírus". No direito alemão, entende-se que, nos termos do § 1353 II do BGB ("Ein Ehegatte ist nicht verpflichtet, dem Verlangen des anderen Ehegatten nach Herstellung der Gemeinschaft Folge zu leisten, wenn sich das Verlangen als Mißbrauch seines Rechtes darstellt"), "abusa do seu direito" o cônjuge, contaminado com sida, que pretenda ter relações sexuais que possam pôr em causa a vida ou a saúde do outro. Cfr. TIEDEMANN, "Aids – Familienrechtliche Probleme", *NJW* 1988, pp. 730-731, e WYSK, *Rechtsmißbrauch und Eherecht* cit., pp. 190-191. O primeiro dos autores germânicos considera também legítima a recusa de ter relações sexuais, sem medidas de protecção, desde que um dos cônjuges suspeite fundadamente que o outro esteja contaminado. Por seu turno, Wysk chega a admitir a licitude da recusa total de contactos sexuais com o cônjuge contagiado: "Gegenüber dem Wunsch nach geschlechtlichen Kontakten kommt der Weigerung des gesunden

que, e ainda por referência ao factor saúde, a permanência indefinida de obstáculos à comunhão sexual não é equiparada à violação ilícita do dever de coabitação, se a eliminação dos mesmos implicar intervenções terapêuticas ou cirúrgicas perigosas para o paciente[712]. Nem todas as circunstâncias concretas são, porém, igualmente atendíveis. Em regra, não é, nomeadamente, lícita a recusa do débito por motivos religiosos[713].

Questão delicada é a da atitude do cônjuge que não extrai prazer do acto sexual. Um acórdão alemão famoso[714] defendeu que ele não só está obrigado a ter relações sexuais com o outro, como também a dissimular uma eventual falta de vontade, porque o casamento implicaria "entrega com espírito de sacrifício". Tal opinião afigura-se claramente

---

Partners, mag sie auch nur subjektivem Unbehagen entspringen, der Vorrang zu, weil der Ehegatte sich auf ein unter menschlichen Bedingungen nie völlig auszuräumendes Restrisiko der Lebensgefährdung berufen kann".

[712] Verifica-se então uma impossibilidade não culposa de cumprimento do dever de coabitação. Se o cônjuge não quiser submeter-se a um tratamento, que seria eficaz e não ofereceria riscos, a impossibilidade converte-se em culposa. Cada cônjuge tem o dever de se esforçar por afastar eventuais impedimentos à vida sexual comum, o que pode, por exemplo, implicar a sujeição a uma operação: cfr BRUDERMÜLLER cit., § 1353, Nm. 9, ERMAN/HECKELMANN (2000) cit., § 1353, Nm. 5; SOERGEL/LANGE cit., § 1353, Nm. 10; ROLLAND, *Das neue Ehe- und Familienrecht* cit., Nm. 7.

Há, além disso, impossibilidade imputável a um cônjuge se ele se submeter a acto médico que impeça o "debitum coniugale", o que é equiparável a violação ilícita e culposa do dever de coabitação por força de um princípio geral de Direito (cfr. artigo 801.º, n.º 1, do Código Civil português). Diferentemente, BERNALDO DE QUIRÓS, *Derecho de Familia* cit., p. 152, que fala de infidelidade conjugal.

[713] Cfr. BÉNABENT, *Droit Civil. La famille* cit., p. 102; BRUDERMÜLLER cit., § 1353, Nm. 10; ROLLAND, *Das neue Ehe- und Familienrecht* cit., Nm. 8.

[714] BGH 2/11/1966, *FamRZ* 1967, p. 211: "Die Frau genügt ihren ehelichen Pflichten nicht schon damit, daß sie die Beiwohnung teilnahmslos geschehen läßt. Wenn es ihr infolge ihrer Veranlagung oder aus anderen Gründen, zu denen die Unwissenheit der Eheleute gehören kann, versagt bleibt, im ehelichen Verkehr Befriedigung zu finden, *so fordert die Ehe von ihr doch eine Gewährung in ehelicher Zuneigung und Opferbereitschaft und verbietet es, Gleichgültigkeit oder Widerwillen zur Schau zu tragen*" (o itálico é nosso). A favor, DIEDERICHSEN, "Die allgemeinen Ehewirkungen" cit., p. 218; FIRSCHING/GRABA, *Familienrecht,1. Halbband* cit., p. 31. Adopta posição afim, ANTUNES VARELA, *Direito da Família* cit., p. 346.

excessiva. Por um lado, a "entrega com espírito de sacrifício" ultrapassa o que é exigível[715]. O cônjuge não tem de observar um padrão de conduta sexual ideal – o modelo de cumprimento do dever de coabitação carnal não é o do herói, nem o do mártir[716]. Por outro lado, o débito não é uma figura de índole "assistencial", não é uma emanação da obrigação de socorro e auxílio que incumbe a cada cônjuge perante o outro; não se destina a ocorrer às necessidades de apenas um deles, tem em vista a obtenção de satisfação comum mediante a acção coordenada de ambos. Não quer isto dizer que a falta de prazer sexual de um dos cônjuges autorize a cessação dos contactos físicos entre eles. Não estando instrumentalizada para a procriação, a coabitação carnal representa um elemento de reforço directo da ligação do casal, contribuindo para a sua coesão substancial. Não sendo a única dimensão do casamento, a sexualidade do casal é, em muitos casos, a causa principal, mais ou menos oculta, da ruptura[717]. Deste modo, em vez de negar o dever de ter relações sexuais, há que detectar a perspectiva correcta que presidirá ao seu cumprimento. O débito pressupõe comunhão de interesses e requer, portanto, uma adaptação recíproca. Quando algo falha, não há motivo nem para desistir nem para insistir no mesmo caminho. Cabe aos cônjuges falar sobre o assunto, experimentar novas soluções e, se necessário, recorrer a ajuda técnica especializada[718].

---

[715] Cfr. BRUDERMÜLLER cit., § 1353, Nm. 9; GERNHUBER/COESTER-WALTJEN, *Lehrbuch des Familienrechts* cit., p. 173; RGRK/ROTH-STIELOW, § 1353, Nm. 31; ROLLAND, *Das neue Ehe- und Familienrecht* cit., Nm. 7.

[716] Pelo sentido de humor, cfr. LABBÉE, *Les rapports juridiques dans le couple sont-ils contractuels?*, Presses Universitaires du Septentrion, Villeneuve d'Ascq (Nord), 1996, p. 102: "Le modèle choisi pour apprécier l'attitude du conjoint remplissant son devoir conjugal, ne sera pas Tarzan, comme le rappelle encore Monsieur Malaurie dans son cours de droit des obligations".

[717] Cfr. BRUGUIÈRE, "Le devoir conjugal" cit., p. 10: "le devoir conjugal se retrouve aujourd'hui de plus en plus au centre des conflits entre époux".

[718] Cfr. RGRK/ROTH-STIELOW, § 1353, Nm. 31: "Die Befriedigung und Beglückung auch des Partners sind Ziele des Geschlechtsverkehrs. Zeigen sich bei der Verwirklichung dieser Ziele Schwierigkeiten, so muß gemeinsam nach Möglichkeiten der Abhilfe gesucht werden (Änderung der Art des Vorgehens mitsamt Stellung, Intensivierung des Vorspieles, Erkunden der erogenen Zonen des Partners, Inanspruchnahme eines Facharztes oder Beseitigung von Spannungszuständen durch bioenergetische Behandlung oder Eutonie)".

É à luz destes dados que convém apreciar a matéria dos acordos em matéria de sexualidade entre os cônjuges. O acordo de abstinência duradoura é inválido[719], em virtude de a rejeição (consensual ou não) de um mínimo de actividade sexual traduzir um factor de afastamento entre os cônjuges. Ao invés, é válido o acordo cujo teor exceda o padrão mínimo (*v.g.*, prevendo práticas sexuais *atípicas* ou uma frequência elevada de contactos); motivado, em regra, por uma procura conjunta de bem-estar através da actividade sexual, é susceptível de permitir a manutenção ou o aprofundamento da ligação comum. Só que, indo mais longe do que estabelece o dever legal de coabitação carnal e apoiando-se no interesse da realização íntima dos dois membros do casal, o acordo é unilateralmente revogável[720] (com a mesma ausência de formalismos que preside à celebração do acordo). Seria incoerente que um dos cônjuges ficasse, na sequência do seu consentimento inicial, vinculado a um acordo cujo cumprimento lhe desagrada. No caso de revogação, vigora plenamente o padrão mínimo. Havendo dissenso quanto ao conteúdo ou à realização do padrão mínimo, as razões que levaram ao abandono do critério da normalidade, que foram razões de equilíbrio entre direitos individuais e deveres conjugais, impedem o suprimento judicial da falta de acordo[721]. Apesar da relevância da sexualidade na vida comum, a sua independência face ao tema da procriação justifica um regime parti-

---

[719] Obviamente, desde que se não baseie em circunstâncias que legitimam a recusa unilateral do débito conjugal. Cfr., quanto aos acordos de "castidade" ("Enthaltsamkeit"), a posição de SOERGEL/LANGE cit., § 1353, Nm. 10: "Auf eine entsprechende Vereinbarung wird sich ein Ehegatte dem anderen gegenüber indessen dann nicht berufen können, wenn sie nicht (mehr) von physischen oder psychischen Gründen getragen wird, die nach den herrschenden sittlichen Anschauungen immerhin zu respektieren sind".

[720] Assim, HONORÉ, *Sex law* cit., pp. 24-25.

[721] Cfr. PARADISO, *I rapporti personali tra coniugi* cit., p. 169 e s. Sem excluir a relevância jurídica do acordo sobre aspectos sexuais ou "del sistematico rifiuto a collaborare, della disponibilità cioè all'individuazione di una intesa", o autor defende a impossibilidade de suprimento judicial, esclarecendo: "Certo tali questioni, ed altre ancora attinenti alla sfera intima di ciascuno, finiscono poi sul tavolo del giudice al momento della separazione o magari dell'annullamento del matrimonio. Ma in tal

cular. Aos tribunais competirá unicamente decidir *a posteriori*, seja para decretar a dissolução, seja para punir o comportamento insensível e insensato de um dos cônjuges.

Posto isto, percebe-se o contraste existente entre os dois deveres conjugais sexuais. Embora ambos sejam injuntivos, o dever de ter relações sexuais varia em razão das circunstâncias e não absorve todas as manifestações de sexualidade entre os cônjuges, enquanto o dever de fidelidade proíbe sempre qualquer acto sexual entre um cônjuge e terceiro. Mas, além disso, aquele que é designado como "o dever conjugal por excelência"[722] integra-se num dever mais amplo, que é o único dever conjugal nominado susceptível de extinção total ainda na constância do matrimónio, *i.e.*, no caso de ser decretada a separação de pessoas e bens (artigo 1795.º-A do Código Civil português).

Ora, tendo sido rejeitada a validade do acordo de castidade, porque vigora o dever de fidelidade quando já não vigora o de coabitação[723]? O fenómeno explica-se como resultado da harmonização entre

---

caso se non il riserbo delle persone viene rispettata almeno la loro intima libertà, poiché non saranno tenuti ad esplicitare motivi e ragioni del loro comportamento né a discuterne con terzi, ma soltanto a subirne le eventuali conseguenze giuridiche" (p. 173, nota 120).

[722] Cfr., paradigmaticamente, ANTUNES VARELA, *Direito da Família* cit., p. 345, no direito português, e CARBONNIER, *Droit civil 2* cit., pp. 468-469, no direito francês. Para LEITE DE CAMPOS, *Lições de Direito da Família*, 2.ª ed., cit., p. 254, "o facto de os cônjuges manterem relações sexuais normais, dado o significado humano que estas assumem, pressuporá normalmente que continua a existir uma comunhão de vida pelo menos suficiente para a qualificação do estado, como estado de casado".

[723] VÁZQUEZ IRUZUBIETA, *Régimen jurídico de la celebración y disolución del matrimonio* cit., p. 228, afirma que "sería absurdo pensar que la cohabitación entre un hombre y una mujer unidos por el vínculo no implique el derecho-deber a la cópula carnal. Pensar y sostener lo contrario y a la vez exigir el deber de fidelidad es sencillamente demencial o, si se quiere, interpretar la ley con una frialdade inaceptable y de espalda a la realidad". Todavia, esta argumentação, demasiado emotiva, não vinga por sugerir um vínculo de interdependência entre os dois deveres sexuais (cfr. *supra*, n.º 40). Quando muito, o que se pode afirmar é que o adultério de um dos cônjuges, descoberto pelo outro, é uma das circunstâncias a considerar na determinação concreta do dever de coabitação carnal.

liberdade individual e *favor matrimonii*. Numa situação de acentuada deterioração do casamento, não se quer impor a um cônjuge que tenha relações sexuais com o outro, mas também não se quer permitir que, antes da dissolução do casamento, qualquer uma das partes tenha relações sexuais com terceiro, impossibilitando a reconciliação e confiando a outrem uma parcela de intimidade que está ínsita na ideia de plena comunhão de vida. Escolheu-se uma via intermédia, entre extinção e subsistência dos dois deveres sexuais.

Parte II

NATUREZA DOS DEVERES CONJUGAIS SEXUAIS

A. **ENTRE A TRADIÇÃO E O NIILISMO**

1. **O FRACASSO DOS DOIS MODELOS TRADICIONAIS DE DIREITO SUBJECTIVO**

1.1. **O *ius in corpus*: direito real ou direito de crédito?**

54. No âmbito dos efeitos do casamento, observa-se a conhecida propensão para resolver o problema da qualificação de qualquer posição jurídica mediante o recurso a uma das duas categorias clássicas de direito subjectivo[724]. Especialmente ilustrativa é a polémica que suscitou a questão da natureza do *ius in corpus* em Itália, durante a quarta década do século XX. Frequentemente usada na época, estando até consagrada no CIC então em vigor[725], a expressão *ius in corpus* ("direito sobre o corpo") designava a realidade que corresponderia, pelo lado activo, ao conjunto formado pelos deveres conjugais de fidelidade e de coabitação carnal.

Num pequeno artigo[726], em que começa por considerar que o casamento civil italiano não se distingue muito do casamento católico,

---

[724] Cfr. RESCIGNO, "Postilla" (ao texto de Caprioli, citado *infra*, na nota 837), *RDC* 1981, II, p. 434.

[725] Cân. 1081, par. 2.º, do CIC de 1917: "Consensus matrimonialis est actus voluntatis quo utraque pars tradit et acceptat *ius in corpus, perpetuum et exclusivum, in ordine ad actus per se aptos ad prolis generationem*" – "O consentimento matrimonial é o acto de vontade pelo qual ambas as partes dão e aceitam *o direito perpétuo e exclusivo sobre o corpo para a prática de actos em si aptos para gerar a prole*" (os itálicos são nossos).

[726] CARNELUTTI, "Accertamento del matrimonio", *FI* 1942, IV, pp. 41 e 42.

Carnelutti, reconhecendo embora aos canonistas o mérito de terem descoberto a figura do *ius in corpus*, defende que o *ius* não é um direito de crédito perante o outro cônjuge mas um "verdadeiro direito real" ou, pelo menos, um "direito absoluto, em que ao outro cônjuge não cabe a posição de obrigado mas de objecto do direito". O autor hesita quanto à aplicação directa da categoria do direito real apenas porque a noção de *res* não inclui a pessoa humana; para vencer essa dificuldade conceptual (!), propõe que se acolha "uma concepção pura e vasta do objecto do direito", à semelhança do que sucederia já na disciplina de Direito do Trabalho, em que um dos seus mais ilustres cultores da época – Greco – entendia o contrato de trabalho como *locatio hominis*.

Opinião oposta será apresentada pelo canonista Fedele, num texto[727] em que se sublinha a natureza heterógenea do casamento católico e do casamento civil. A contestação da tese de Carnelutti, feita num tom impessoal, é igualmente formalista: "todos os canonistas e todas as sentenças eclesiásticas falam de *debitum*, de *reddere debitum*. E estas e outras tantas expressões parecem-me suficientes para significar que a *traditio-acceptatio* do *ius in corpus* dá origem a um direito de crédito de um cônjuge face ao outro (...). Além disso, é sabido que nos casos de *intentio* e de *conditio contra matrimonii substantiam* os canonistas distinguem, no que respeita ao *bonum prolis*, isto é, ao *ius in corpus*, e ao *bonum fidei*, a exclusão do direito da exclusão do exercício do direito, e falam, respectivamente, de *animus se non obligandi* e de *animus non implendi*. Pois bem, esta distinção e esta linguagem significam inequivocamente que, no direito da Igreja, o *ius in corpus* é concebido como um verdadeiro direito de crédito em sentido técnico". Fedele rejeita, assim, a "qualificação carneluttiana". A visão canonística do *ius in corpus* seria a que estaria mais de harmonia com a "configuração tradicional do *matrimonium in fieri* e do *matrimonium in facto esse*, da qual não se deve desviar".

Carnelutti retorquirá[728] de imediato, mostrando-se pouco impressionado com os argumentos assentes na terminologia canonística. Sobre a fórmula *reddere debitum* dirá que, provavelmente, a mesma

---

[727] FEDELE, "Postilla a una nota di F. Carnelutti", *ADE* 1943, pp. 64 e 67.
[728] CARNELUTTI, "Replica intorno al matrimonio", *FI* 1943, IV, pp. 5 e 6.

tem carácter empírico, sendo "usada sem autêntica consciência do problema e, por isso, sem específica referência a uma solução". A verdade é que, acrescenta, a construção do direito de crédito não permite explicar porque actua ilicitamente aquele que tem relações sexuais com o cônjuge de outrem. Neste sentido invoca a lei penal da altura, que previa a punição do "terceiro cúmplice", situação que Carnelutti reputa de incompatível com o pensamento de que o adultério viola unicamente uma obrigação existente entre os cônjuges. Por fim, insiste na natureza real ou absoluta do *ius in corpus*, não encontrando qualquer obstáculo nem na distinção entre *animus se non obligandi* e *animus non implendi* nem na outra, entre *matrimonium in fieri* e *matrimonium in facto esse*, já que "uma coisa é a existência, outra é o cumprimento, não só de direitos de crédito mas também de direitos reais".

É claro que Fedele treplicou[729]. No entanto, mais importante do que a polémica propriamente dita, quase interminável e tão ao gosto da época, é o facto de a mesma ter induzido Vassalli a escrever "Del *ius in corpus* del *debitum coniugale* e della servitù d'amore ovverosia La dogmatica ludrica", obra publicada em 1944, republicada em 1981, e que ainda hoje marca profundamente a atitude da doutrina italiana no que respeita ao tema dos deveres conjugais sexuais. O magistral texto de Vassalli constitui um ataque certeiro desferido contra os excessos de conceptualismo jurídico. Com elegância e com uma leve ironia, o autor consegue colocar em descrédito as posições de Carnelutti e de Fedele.

Num primeiro capítulo, intitulado "A teoria e a prática do direito real", Vassalli demonstra a origem medieval da ideia do direito sobre o corpo do cônjuge. Os canonistas aplicavam então a tutela possessória aos litígios conjugais, baseando-se na Epístola de S. Paulo aos Coríntios (I *Corinth.*, 7, 4) e em escritos de doutores da Igreja que, pronunciando-se sobre a relação conjugal, a equiparavam a uma relação de "servidão" ("*servitus*") e consideravam que cada cônjuge tinha um

---

[729] FEDELE, "Ancora su la natura del matrimonio e l'oggetto del consenso matrimoniale", *ADE* 1943, p. 387: "io ho preso partito a favore della qualificazione dello *ius in corpus* come diritto di credito. Né la replica del Carnelutti mi ha posto innanzi argomenti sufficienti per farmi mutar pensiero. Che poi la questione meriti d'essere studiata con maggior profondità anche dai canonisti, come osserva il Carnelutti, non sono certo io a metterlo in dubbio".

"poder" ("potestas") sobre o corpo do outro. Num esforço de adaptação jurídica, aproximou-se a palavra "poder" da noção de "direito" ("ius", "ius in corpus") e a palavra "servidão" do conceito de servidão predial. E levou-se tão a sério esta qualificação jurídica que o papa Alexandre III viria a estabelecer que a "restituição do cônjuge" só seria concedida se o outro cônjuge provasse que a sua "posse" observava dois requisitos similares aos que eram exigidos para a posse nos termos da servidão predial: isto é, que tivesse sido celebrado um "casamento legítimo" e que este fosse "conhecido"[730]. Deste modo, Vassalli conclui que toda a teoria do *ius in corpus* enquanto direito real foi delineada pelo "magistério incansável da escolástica", que séculos atrás esclarecera que aquele *ius*, submetido aos mesmos princípios que regem o exercício das servidões prediais, implica não só que os terceiros se abstenham de qualquer perturbação, mas também que o sujeito passivo se abstenha de actos que prejudiquem a exclusividade do direito do outro cônjuge[731].

Note-se que, para efeitos de enquadramento do *ius in corpus* nos direitos reais, a categoria que maior adesão obteve foi a servidão ("mutua servitus") e não a propriedade nem o usufruto[732]. Efectivamente, os primeiros dogmáticos contentaram-se com a figura da servidão, porque nela "cada um permanece *dominus* da sua coisa e suporta

---

[730] Cfr. VASSALLI, *Del «Ius in corpus» del «debitum coniugale»* cit., p. 41. No actual regime dos direitos reais, continua a excluir-se a aquisição por usucapião das "servidões prediais não aparentes" [artigo 1293.º, alínea a), do Código Civil português].

[731] VASSALLI, *Del «Ius in corpus» del «debitum coniugale»* cit., pp. 65 e 69. Concretamente sobre o exercício do *ius* na perspectiva da escolástica, cfr. pp. 69 e 70: aplicava-se o "principio relativo all'esercizio della servitù, per cui il proprietario del fondo servente non può far cosa che tenda a diminuirne l'uso o a renderlo più incomodo, il proprietario del fondo dominante non può, dal canto suo, usare del diritto che secondo il titolo e non può operare innovazioni che aggravino la condizione del fondo servente: e così non può l'uomo digiunando o altrimenti affaticando il suo corpo mettersi in stato di non poter rendere il debito (...); d'altronde la potestà della moglie deve esercitarsi col rispetto della salute del marito". Para um eventual confronto com os princípios atinentes ao exercício das servidões prediais no direito vigente, cfr., designadamente, os artigos 1564.º e 1565.º do Código Civil português.

[732] Cfr. VASSALLI, ob. cit., pp. 39, 40 e 42.

um vínculo sobre a mesma"; a categoria do usufruto, apesar de ter sido desde cedo utilizada na linguagem corrente, nunca atraiu os juristas, com excepção de Kant, que, nas suas "elucubrações serôdias" ("serotine elucubrazioni"), alude a um *ius utendi et fruendi*.

Nos tempos modernos, Kant surge, aliás, como uma referência indispensável da orientação realista, entretanto (quase) extinta. Entendendo o casamento como uma união de duas pessoas de sexo diferente cujo fim é a "posse vitalícia e recíproca das suas faculdades sexuais", o grande pensador germânico[733] vê na relação matrimonial a única forma de comunhão sexual conforme à "própria lei da humanidade": "O uso natural que uma pessoa faz do órgão sexual da outra é um acto de gozo, pelo qual uma das duas partes se abandona à outra. Neste acto, o Homem reduz-se a si mesmo a uma coisa, o que é contrário ao direito da humanidade que reside na sua própria pessoa. Este direito não é possível senão com uma condição: que enquanto uma das duas pessoas é adquirida pela outra, exactamente como se fosse uma coisa, aquela, por sua vez, adquira reciprocamente a outra; deste modo, ela encontra-se de novo a si mesma e restabelece a sua personalidade. Todavia, a aquisição de um membro do Homem é simultaneamente aquisição de toda a pessoa, porque a pessoa é uma unidade absoluta; por conseguinte, o abandono e a aceitação de um sexo, para gozo do outro, só é possível e admissível sob a condição de haver casamento".

Após esta tentativa de fundamentação jurídica do casamento, Kant considera que o "direito conjugal" é um direito pessoal segundo uma modalidade real: "o que prova que este direito é simultaneamente um direito de natureza real é o facto de, se um dos cônjuges tiver fugido ou se tiver abandonado à posse de outra pessoa, o outro estar autorizado, em qualquer altura e sem contestação, a reconduzi-lo ao seu poder como uma coisa". E, na verdade, esclareça-se, a legislação do seu país e da sua época (ALR I 7 §§ 5, 77, 78) previa um esquema de defesa da relação conjugal semelhante ao adoptado para a tutela do direito de propriedade.

---

[733] KANT, *Die Metaphysik der Sitten*, 2.ª ed., Königsberg, bey Friedrich Nicolovius, 1798, §§ 24-25, obra republicada por Wilhelm Weischedel, sob o título *Immanuel Kant: Die Metaphysik der Sitten*, 9.ª ed., Frankfurt a.M., Suhrkamp, 1991.

No entanto, noutra parte da sua obra[734], o filósofo alemão frisa que o mencionado direito conjugal não é um direito de propriedade que tenha por objecto o cônjuge, pois que o ser humano não pode ser objecto de propriedade, mas uma figura que contém o *ius utendi* e o *ius fruendi*, ou seja, um direito de usufruto sobre uma pessoa, válido apenas por decorrer do casamento: "O homem não pode desejar a mulher para gozar dela como uma coisa, quer dizer, para provar o prazer que resulta directamente de um comércio puramente carnal, nem a mulher se pode abandonar a ele com idêntico escopo, sem que as duas partes abdiquem da sua personalidade (coabitação carnal ou animal); ou seja, esta união dos sexos não deve ter lugar senão sob a condição de haver casamento, no qual as duas pessoas se dão reciprocamente uma à outra".

55. Antes de se debruçar sobre a orientação obrigacional, Vassalli faz um "*Intermezzo* sobre a servidão do amor" (segundo capítulo), em que apresenta aplicações literárias jocosas da técnica dos Direitos Reais à relação amorosa. De acordo com o autor[735], a sua "digressão" não é impertinente: "Aqui se encontra, exacerbada pela paródia, a habilidade da antiga escola, que torce os textos para deles tirar partido na disciplina de matérias novas, na resolução de casos estranhos aos próprios textos. São também esses processos de comentário a textos que encontrámos no capítulo precedente, aí propostos para a defesa possessória das razões conjugais".

E o ilustre jurista italiano prossegue. Afirmando que os mencionados "exercícios" jocosos são, em geral, mais "nutridos de seiva jurídica" do que os "dos construtores ou zeladores de categorias", explica de imediato os motivos profundos que o levaram a escrever *Del «ius in corpus» del «debitum coniugale»*...: "Este trabalho da Ciência do Direito, que tem no título a palavra "dogmática", é antes de mais legítimo na medida em que – enquanto pesquisa de uma restituição

---

[734] "Anhang erläuternder Bemerkungen zu den metaphysischen Anfangsgründen der Rechtslehre", n.os 1-3, resposta a uma recensão, publicada como apêndice à segunda parte de *Die Metaphysik der Sitten*, 2.ª ed., cit.

[735] VASSALLI, *Del «Ius in corpus» del «debitum coniugale»* cit., pp. 103-104.

orgânica do pensamento que elabora o Direito – sirva para pôr em maior evidência a virtude normativa das leis, para apurar as razões políticas e reconhecer a estrutura técnica, para representar, portanto, de uma forma mais completa, o imperativo em todos os seus possíveis desenvolvimentos. Tudo o resto é jogo".

Tutto il resto è giuoco. Deste modo, se adivinha o teor dos dois últimos capítulos. No terceiro, intitulado "A teoria e a prática do direito da obrigação"[736], prova-se que as fontes inspiradoras da concepção creditícia dos deveres conjugais não são muito diversas das que levaram à criação da tese do direito real. Designadamente, o ponto de partida é sempre a mesma epístola de S. Paulo, na qual tanto se diz que o marido e a mulher têm de "cumprir o débito" ("debitum reddere"), como que cada cônjuge tem "potestas" sobre o corpo do outro. Comum às duas orientações é igualmente o contexto medieval em que surgem e se consolidam, bem como a apropriação de regras e meios de tutela fixados para realidades muito distintas dos deveres conjugais. É assim que, por exemplo, foi concedida a cada cônjuge uma acção para condenar o outro ao cumprimento do débito. Verificada a inexecução, o juiz ordenava que o cônjuge inadimplente efectuasse a prestação, podendo usar, para constrangê-lo, das sanções comuns (*v.g.*, excomunhão, no tribunal eclesiástico, multa ou pelourinho, no tribunal secular – cuja competência era cumulativamente reconhecida se não estivesse em discussão a existência e a validade do casamento).

Consequentemente, Vassalli entende ser arbitrário construir os deveres conjugais segundo esquemas do Direito das Obrigações ou dos Direitos Reais. Por isso, no quarto e último capítulo[737], Fedele e Carnelutti são conjuntamente censurados: trata-se de um "retorno a velhas receitas", inútil para justificar e estabelecer o regime dos deveres conjugais. Mas Carnelutti acaba por ser particularmente visado. Se bem que Vassalli defenda, contra Fedele, a tendencial identidade substancial do Direito Canónico e do direito laico, em matéria dos efeitos do casamento, é a Carnelutti que Vassalli se refere quando fala de "retorno a velhas receitas, *confundido com a descoberta de novidades promis-*

---

[736] VASSALLI, ob. cit., p. 107 e s.
[737] VASSALLI, *Del «Ius in corpus» del «debitum coniugale»* cit., p. 123 e s.

soras" (o sublinhado é nosso) ou quando pergunta se a representação do poder de um cônjuge perante o outro como direito real será uma "conquista da novíssima dogmática". Afinal, Carnelutti era o civilista e, na óptica de Vassali, era, além disso, o protagonista contrário à "restituição orgânica do pensamento que elabora o Direito".

Não espanta, assim, que, abruptamente, Vassalli perca a sua fleuma, ao pronunciar-se sobre a explicação dada por Carnelutti às normas que incriminavam o cúmplice do cônjuge adúltero (arts. 559, par. 2.º, e 560, par. 2.º, do Código Penal italiano), que, para Vassalli, tutelam a "ordem jurídica matrimonial" e nunca a fidelidade conjugal: "Levantar a hipótese da natureza real do *ius in corpus* para explicar estas normas do Código Penal assemelha-se demasiado à brincadeira macabra, mediante a qual se reconduzia a pena de morte ao instituto da expropriação por utilidade pública".

E logo em seguida termina: "Mas não é com estas elucubrações que se garante o Direito e se mantém viva a consciência da sua função entre os homens: à degradação a que chegou, e que coincide com o declínio sanguinário da nossa civilização, não é, talvez, totalmente estranha a obra de certa dogmática que predominou nos últimos tempos". Contudo, o autor procura não insultar os dois juristas que criticou. "É evidente que, dizendo isto, não posso estar a pensar nas engraçadas exumações precedentes". A propósito deles/delas, e através de um verso de Horácio ("Nec lucisse pudet, sed non incidere ludum"), dirige directamente apenas um apelo para a cessação definitiva dos "jogos puramente conceptuais".

1.2. O estertor da teoria e da prática do direito real

56. Na síntese da Escola de Lisboa[738], as várias opiniões clássicas acerca do conceito de direito real podem enquadrar-se numa classificação tripartida de teorias. A primeira teoria, ligada à sistemática

---

[738] Cfr. OLIVEIRA ASCENSÃO, *Direito Civil: Reais* cit., p. 597 e s. (sobretudo, pp. 600-601); MENEZES CORDEIRO, *Direitos Reais – Sumários*, Lisboa, 1984-1985, p. 105.

central, entende o direito real como um poder directo sobre uma coisa. A segunda, produto da terceira sistemática, concebe o direito real como um poder absoluto sobre uma coisa. A última teoria propõe uma solução de compromisso: o direito real comporta uma dimensão interna, constituída por um poder directo sobre uma coisa, e uma dimensão externa, traduzida numa relação que opõe o seu titular a todos os outros sujeitos da ordem jurídica.

As formulações modernas do *ius in corpus* como direito real são motivadas principalmente pela preocupação de justificar porque não é lícito a terceiro perturbar a comunhão conjugal. Neste contexto, a teoria do poder directo desempenha um papel escasso, em virtude de considerar que o que há de mais característico no direito real é a existência de apenas dois elementos: o titular e a coisa[739]. Portanto, a sua eventual adaptação ao tema dos efeitos do casamento permite atribuir relevância unicamente à situação de um cônjuge perante o outro, secundarizando a problemática da interferência de terceiro. A teoria do poder absoluto tem raízes em Kant[740]. Curiosamente, à primeira vista, a posição que ele assume acerca do "direito conjugal" parece basear-se na teoria do direito real como poder directo, na variante de poder material[741]. Na perspectiva do pensador germânico[742], o casamento atribui aos cônjuges a "posse recíproca de faculdades sexuais", possibilitando a prática legítima de actos sexuais entre eles, definidos como "actos de gozo". No entanto, Kant é muito claro: prova cabalmente a natureza real do "direito conjugal" a faculdade que um cônjuge tem de "reconduzir ao seu poder" o outro cônjuge, que se tenha "abandonado à posse de outra pessoa". É justamente a ideia de o direito real ter como contrapartida uma obrigação passiva universal, entendimento comum à teoria

---

[739] Cfr. MENEZES CORDEIRO, *Direitos Reais* cit., n.º 106-II.

[740] E não em Planiol, como se lê, por vezes, na doutrina: cfr. a advertência de MENEZES CORDEIRO, *Direitos Reais* cit., n.º 109-IV, nota 434.

[741] OLIVEIRA ASCENSÃO, *Direito Civil: Reais* cit., p. 602, descreve assim a concepção do poder directo enquanto poder material: "Para esta corrente, poder directo é aquele que se traduz em actos materiais, ou actos de gozo, sobre uma coisa. E como os actos de gozo pressupõem a posse da coisa, podemos também dizer que direitos reais são aqueles que outorgam a posse duma coisa".

[742] Cfr. *supra*, n.º 54.

do poder absoluto e às orientações mistas, que confere um impulso inicial à concepção realista do *ius in corpus*. Para Carnelutti[743], a punição do cúmplice do cônjuge adúltero representa um aspecto decisivo – o terceiro também está obrigado, o casamento impõe que todos respeitem a situação jurídica de que é titular cada cônjuge face ao outro.

Contudo, após a 2ª Grande Guerra, finda a época "sanguinária" a que alude Vassalli no final da obra *Del «ius in corpus» del «debitum coniugale»*, torna-se visível a insustentabilidade de qualquer concepção dos deveres conjugais pessoais inspirada nos direitos reais. Havia que reagir firmemente, no plano dos princípios, para evitar a repetição de situações de violação maciça dos mais elementares direitos de seres humanos, em boa parte fruto de uma relativização do valor da pessoa humana para asssegurar objectivos de supremacia racial ou estatal. Em 1948, é adoptada a Declaração Universal dos Direitos do Homem. Em 1949, é publicada a Lei Fundamental da República Federal da Alemanha, cujo artigo 1.º proclama a inviolabilidade da dignidade da pessoa humana. E, desde então, tal linha não só se manteve como se alargou e aprofundou. O início do século XXI é, assim, assinalado pelos esforços de criação de um organismo permanente, o Tribunal Penal Internacional, com competência para julgar os crimes contra a humanidade. O Direito compreende, pois, uma vertente personalista essencial, que se não compadece com qualquer equiparação entre ser humano e coisa. Ora, nenhuma das grandes concepções do direito real, sejam elas clássicas ou modernas[744], prescinde da referência a uma coisa. Deste modo, a utilização da técnica dos Direitos Reais no plano dos deveres de fidelidade e de coabitação sexual sugere uma aproximação entre a coisa, objecto do direito real propriamente dito, e a pessoa, ou o corpo, de quem está vinculado aos mencionados deveres

---

[743] Cfr. *supra*, n.º 54.

[744] Cfr., nomeadamente, as seguintes formulações: o direito real é "a afectação jurídico-privada de uma coisa corpórea aos fins de pessoas individualmente consideradas" (MENEZES CORDEIRO, *Direitos Reais* cit., n.º 119-V); "direitos reais são direitos absolutos, inerentes a uma coisa e funcionalmente dirigidos à afectação desta aos interesses do sujeito" (OLIVEIRA ASCENSÃO, *Direito Civil: Reais* cit., p. 44).

conjugais, o que manifestamente repugna à consciência social vigente[745].

É certo que Carnelutti não chega a identificar *res* e pessoa. É certo que Kant não afirma que o "direito conjugal" seja um direito de propriedade[746], nem que os cônjuges assumam a qualidade de coisas durante o acto sexual[747]. No entanto, em qualquer dos casos, está-se

---

[745] Cfr. Botto, "*Ius in corpus* tra coniugi" cit., p. 577 ("Parlare infatti di diritto reale sul corpo del coniuge suona come una vera aberrazione, tanto da richiamare alla mente il concetto di schiavitù"); Furgiuele, *Libertà e famiglia* cit., p. 167 ("Il momento sessuale del matrimonio, o l'interesse alla filiazione, non supera una configurazione del rapporto incentrata sulla garanzia delle esigenze della personalità dell'individuo, nè quindi legittima una riduzione dello stesso e del suo corpo ad oggetto di una situazione giuridica soggettiva, di un diritto reale in definitiva"); Gernhuber/Coester-Waltjen, *Lehrbuch des Familienrechts* cit., p. 153 ("Freiheit und Gleichheit aller Privatrechtssubjekte haben die ehemals tolerierte Kategorie der Beherrschungsrechte an fremden Personen aus dem System der sujektiven Rechte entfernt: Auch Ehe vermittelt den Ehegatten keine Beherrschungsrechte, die jeweils den Partner zum Objekt haben"); Larenz/Wolf, *Allgemeiner Teil des Bürgerlichen Rechts*, 8.ª ed., Beck, München, 1997, p. 293 (*Recht der elterlichen Sorge* e *Recht auf Achtung der ehelichen Lebensgemeinschaft* não são "Herrschaftsrechte, weil Kinder und Ehegatten, die den Bezugspunkt dieser Rechte bilden, nicht wie sonstige Objekte Gegenstand einer Herrschaft sein können"); Villa, "Gli effetti del matrimonio" cit., p. 196 (na tese do *ius in corpus* "riecheggino concetti ormai tramontati nel sentire della società, alla quale certamente ripugna l'idea di un diritto sul corpo altrui, quasi si trattasse di una situazione dominicale").

[746] Na interpretação de Savigny, *Traité de Droit Romain*, III, trad. francesa do alemão (*System des heutigen Römischen Rechts*), Paris, Firmin Didot Frères, 1843, pp. 333-334, Kant (em *Metaphysische Anfangsgründe der Rechtslehre*, Königsberg, 1797, pp. 110-111) admite a propriedade de um cônjuge sobre o outro. Savigny esclarece, porém, que Kant concebe a propriedade no mesmo sentido que os romanos, como "poder sobre uma coisa determinada"

[747] Ao desenvolver a teoria do direito pessoal segundo uma modalidade real na *Metaphysik der Sitten*, Kant trata da "aquisição da mulher pelo marido, dos filhos pelo casal e dos criados pela família". Acerca disto Menezes Cordeiro, *Da boa fé no Direito Civil* cit., p. 287, nota 14, observa: "A «aquisição» deve, aqui, ser entendida em sentido não reificado: no campo do Direito Conjugal, p. ex., K. vê na relação dos sexos uma situação de gozo, que só não converte os parceiros em coisas se se basear num contrato adequado válido – o contrato de casamento – *Metaph. d. Sitten* cit., § 25 (278)".

longe de assegurar a "infungibilidade do indivíduo enquanto tal". O cônjuge não é tido como *res* somente porque se não pretende discutir a noção jurídica de coisa que a doutrina, quase por acidente, dir-se-ia, consagrou. Para vencer o obstáculo colocado por aquela noção, Carnelutti usa o termo "direito absoluto", em vez de "direito real", para designar o direito que cabe a cada cônjuge e que tem por objecto o outro. Fica, assim, a ideia de que – pessoa ou coisa – tudo não passa de uma mera questão de palavras. O "direito conjugal" de Kant não é catalogado como um direito de propriedade nem como um direito real, mas surge como um *tertium genus* que confere ao titular um *ius utendi* e um *ius fruendi*. O direito em questão não será real em sentido próprio, mas é um direito semelhante que incide sobre uma pessoa ("ius instar realis personale"). No acto sexual, e de acordo com o mesmo autor, os cônjuges conservam a sua personalidade; no entanto, isso ocorre por força da aquisição recíproca da posse de cada um pelo outro. Por haver casamento, tem lugar um fenómeno de posse recíproca, operando-se uma espécie de compensação de direitos que impediria a "reificação" dos intervenientes. Esta interessante construção, porém, só serve, quando muito, para negar que o "direito pessoal real" implique a subordinação de um certo cônjuge perante o outro. Ambos os cônjuges, marido ou mulher, são igualmente "patrimonializados". Em rigor, eles não se distinguiriam das coisas por serem insusceptíveis de posse, distinguir-se-iam por poderem possuir...

O ser humano deve ter a primazia na vida jurídica. E, "dentro do mundo do Direito, o Direito Civil constitui aquele círculo em que é menos fungível o indivíduo como tal"[748]. Em suma, não merece aplauso o aproveitamento de um discurso e de uma tutela ligados a realidades que se contrapõem radicalmente às pessoas, como são as coisas, com o propósito de caracterizar e regular os deveres de fidelidade e de coabitação, em especial porque há alternativas.

---

[748] Cfr. ORLANDO DE CARVALHO, *A teoria geral da relação jurídica – seu sentido e limites*, 2.ª ed., Coimbra, Centelha, 1981, p. 92.

57. Nas vésperas da entrada em vigor do Código Civil português de 1966, Gomes da Silva[749] tomou a iniciativa de separar com traços fortes os *direitos sobre pessoas*, de que seriam exemplos os "direitos paternais e os direitos conjugais correspondentes ao chamado débito conjugal", dos *direitos sobre coisas*: "As coisas estão sujeitas a direitos em consequência do senhorio do homem sobre o mundo exterior e para consecução de fins íntrinsecos, exclusivos do mesmo homem". Em contraste, os *direitos sobre pessoas*, a que este importante cientista do direito subjectivo prefere chamar *direitos para com as pessoas*, "resultam da intensificação do carácter comum dos fins demandados pelos membros da comunidade e, consequentemente, pela intensificação de um dos traços profundos da personalidade humana, que é o encontro e a cooperação com os seus semelhantes. E se, por vezes, nessa cooperação parece esbater-se a individualidade do sujeito passivo, tal não resulta da assimilação às coisas, senão de se acentuar a interdependência e solidariedade dos membros da comunidade".

Contudo, o processo civil anterior continha providências relativas aos cônjuges que pareciam "reificar" um deles – evidentemente, o cônjuge do sexo feminino. O Código de 1939 previa o "depósito da mulher" (1467.º e 1468.º), quer como acto preparatório quer como incidente das acções de divórcio e de separação de pessoas e bens, e dois processos especiais, um para entrega da mulher (artigo 1470.º) e outro para obrigar o marido a receber a mulher em casa (artigo 1471.º). Para mais, entre estes dois processos e aquele depósito, o Código ocupava-se do arrolamento dos bens mobiliários do casal (artigo 1469.º), o que não ajudava muito a apagar a impressão de uma "coisificação" da mulher casada.

O depósito era, porém, requerido pela mulher, tinha de ser autorizado, sem que houvesse necessidade de fundamentar a sua necessidade, e efectuava-se em "casa de família honesta", que o juiz escolhia, preferindo os parentes da mulher. A mulher podia levar consigo as roupas e objectos do seu uso. Diferentemente do que se passara em

---

[749] M. GOMES DA SILVA, *Esboço de uma concepção personalista do Direito (reflexões em torno da utilização do cadáver humano para fins terapêuticos e científicos)*, Lisboa, separata da RFDUL, 1965, p. 177.

determinado período de vigência do Código de Processo Civil de 1876 (artigo 2.º do Decreto n.º 4 174, de 26 de Abril de 1918, revogado pelo Decreto n.º 5 644, de 10 de Maio de 1919), o Código de 1939 não admitia a possibilidade de o marido ser preferido como depositário da mulher, prestando caução.

O depósito podia, portanto, ser encarado como uma providência estabelecida para protecção do cônjuge mulher, que ficava (condicionalmente) dispensada da obrigação de coabitar com o marido num período de litígio ou de pré-litígio, em que aumentavam os riscos de ofensa à integridade do membro do casal reputado mais fraco. No entanto, a terminologia era pouco feliz, como denuncia Amélia Silva[750] em 1961: "Porquê depósito e não outro qualquer nome? Haverá, afinal, aqui, algum depósito? Não consigo compreender como é que um ser humano pode ser depositado e manter-se depositado com vida e liberdade de agir".

Mas se, apesar da linguagem, o regime do depósito vinha de alguma forma ao encontro dos interesses da mulher casada, o mesmo já se não podia dizer quanto ao processo especial de entrega da mulher. Graças ao "curioso critério de considerar os direitos da mulher como contrários ao bem da família", foi conferido ao marido o direito de "exigir o regresso da esposa ao domicílio conjugal, recorrendo à força se para tal fosse necessário. As mulheres da época nem queriam crer que a lei era tão cruel..."[751]. De facto, o marido podia requerer a entrega judicial da mulher quando esta o abandonasse "ou se recusasse a acompanhá-lo, sendo a isso obrigada". Após o requerimento, a mulher era citada para deduzir oposição, atitude que apenas teria sucesso se ela provasse documentalmente uma das seguintes situações: pendência ou procedência de divórcio ou separação, depósito ou requerimento de depósito. Fora dessas hipóteses, cabia ao juiz designar o dia, hora e local para a entrega. E, em regra, a realização da diligência implicava que a mulher se deslocasse da casa em que se encontrava para o domicílio do marido, acompanhada por um funcionário judicial ou por este e pelo juiz. Os formalismos normais da entrega revelavam-se de tal

---

[750] AMÉLIA DA SILVA, *Efeitos pessoais do casamento* cit., p. 57, nota.
[751] ELINA GUIMARÃES, "A mulher portuguesa na legislação civil" cit., p. 567.

forma humilhantes que Alberto dos Reis[752] achava legítimo que se fizesse a vontade à mulher que desejasse dirigir-se para casa do marido sozinha ou acompanhada de qualquer pessoa amiga ou de família: "Em vez de ir na companhia do chefe da secção ou deste e do juiz, o que sempre a exporá a um certo vexame ou vergonha, pode querer furtar-se a toda e qualquer exibição e ir discretamente encontrar-se com a Justiça em casa do marido. Em tal caso, aprazar-se-á o encontro no domicílio conjugal e lavrar-se-á aí o auto de entrega".

Obviamente, o eminente processualista tinha sensibilidade. Por isso, comenta: "Como nota Simões Pereira, a diligência da entrega não pode equiparar-se à investidura na posse dum objecto, nem à captura duma pessoa para a forçar a entrar na cadeia. Consiste, em resumo, numa ordem para que a mulher se junte ao marido e no cumprimento dessa ordem. É, pois, essencial a colaboração voluntária da mulher. Ela tem que obedecer à ordem; se declarar terminantemente que se recusa a ser entregue, comete o crime de desobediência"[753]. Esta passagem foi certeiramente apreciada por Teresa Beleza na sua dissertação de doutoramento[754]: a entrega da mulher era realmente equiparável à investidura na posse de um objecto, o que se demonstra pela necessidade de rejeitar expressamente tal equiparação; a autonomia da mulher estava extremamente limitada, já que a recusa de colaboração desencadeava uma sanção penal.

Por fim, o Código de Processo de 1939 estabelecia um processo para obrigar o marido a receber a mulher em casa. Quando o marido abandonasse a mulher ou a expulsasse de casa, ela podia exigir judicialmente que aquele a recebesse em casa. Isto é, mesmo que o marido tivesse deixado o lar conjugal, a mulher não podia exigir directamente que ele regressasse, tinha de requerer que ele a recebesse em casa, recebimento que, à semelhança de uma qualquer encomenda postal registada, pressupunha a presença do marido no domicílio conjugal em

---

[752] ALBERTO DOS REIS, *Processos especiais*, II, reimpressão (de obra póstuma, publicada em 1956), Coimbra, Coimbra Editora, 1982, pp. 439-440.
[753] ALBERTO DOS REIS, *Processos especiais* II cit., p. 440.
[754] TERESA BELEZA, *Mulheres, Direito, crime* cit., p. 157.

determinado dia e hora. Tudo somado – depósito, entrega, recebimento – indicia "a medida exacta da reificação da mulher na lei"[755].

As três providências mencionadas mantiveram-se na versão originária do Código de Processo Civil, aprovado pelo Decreto-Lei n.º 44 129, de 28 de Dezembro de 1961. Duas delas, o depósito e a entrega judicial da mulher casada, finalmente classificadas de "aberrantes" em cerimónias públicas pelos mais prestigiados juristas[756], viriam a ser abolidas na sequência da adequação do processo ao Código Civil de 1966, efectuada através do Decreto-Lei n.º 47 690, de 11 de Maio de 1967. Pelo contrário, a providência para obrigar o marido a receber a mulher mostrava-se indispensável à luz do novo direito substantivo: o artigo 1672.º do Código Civil de 1966, na redacção primitiva, determinava que, em regra, a mulher devia adoptar a residência do marido e podia exigir judicialmente a este que a recebesse na sua residência.

O último resquício da prática do direito real no domínio dos efeitos do casamento – a providência de recebimento – desapareceu somente após a Revolução de 25 de Abril de 1974. Com a entrada em vigor da Constituição de 1976, foram revogadas as normas incompatíveis com o princípio da igualdade dos direitos e deveres dos cônjuges (artigo 36.º, n.º 3, conjugado com o artigo 293.º, n.º 1, ambos da Constituição, sendo que o último corresponde ao actual artigo 290.º, n.º 2), contando-se entre elas o artigo 1672.º do Código Civil, na sua versão originária, e o artigo 1415.º do Código de Processo Civil de 1961, na redacção de 1967, que consagrava o processo que permitia à mulher exercer a prerrogativa que lhe era concedida por aquele artigo (isto é, ser recebida na residência do marido).

Lamentavelmente, a legislação do Direito da Família contém ainda hoje disposições e institutos que se referem a pessoas como se elas fossem coisas. Integrado na secção que disciplina o poder paternal, o artigo 1887.º, n.º 2, do Código Civil determina que, se os menores sujeitos ao poder paternal abandonarem a casa dos pais ou dela forem

---

[755] Cfr. TERESA BELEZA, ob. cit., p. 158.
[756] Cfr. ANTUNES VARELA, "Do projecto ao Código Civil" (comunicação feita na Assembleia Nacional, por Sua Excelência o Ministro da Justiça, no dia 26 de Novembro de 1966), *BMJ* 161, p. 66.

retirados, "qualquer dos pais e, em caso de urgência, as pessoas a quem eles tenham confiado o filho podem reclamá-lo, recorrendo, se for necessário, ao tribunal ou a autoridade competente". Repare-se que não se diz que os pais podem reclamar a presença do filho ou exigir o seu regresso; reconhece-se aos pais a faculdade de reclamarem o próprio filho[757]. E se os pais quiserem reclamar judicialmente o filho, observa-se o processo de "entrega judicial de menor", constante do artigo 191.º e s. da OTM, aprovada pelo Decreto-Lei n.º 314/78, de 27 de Outubro. O tribunal competente é o que tem jurisdição na área em que o menor se encontrar (artigo 191.º, n.º 1, *in fine*, da OTM), o que é uma excepção à regra geral da competência territorial do tribunal da residência do menor (artigo 155.º, n.º 1, da OTM). Numa OTM anotada[758], afirma-se

---

[757] Bem diversa é a terminologia da Convenção sobre os Aspectos Civis do Rapto Internacional de Crianças, concluída na Haia em 25 de Outubro de 1980, e aprovada para ratificação pelo Decreto do Governo n.º 33/83, de 11 de Maio: qualquer pessoa ou entidade que julgue que uma criança foi deslocada ou retirada ilicitamente pode, mediante requerimento, "pedir que lhe seja prestada assistência por forma a assegurar o regresso da criança" (artigo 8.º). E a autoridade do Estado requerido pronuncia-se sobre o "pedido para o regresso da criança"; deferindo-o, "ordena o regresso da criança" (artigo 12.º e s.). Como se vê, não foi preciso dizer que a criança é reclamada ou entregue. Não se pense, porém, que a lei portuguesa é a única que usa um vocabulário de cariz "dominial". O artigo 318 do *Codice Civile* é muito parecido com o nosso artigo 1887.º: "Il figlio non può abbandonare la casa dei genitori o del genitore che esercita su di lui la potestà nè la dimora da essi assegnatagli. Qualora se ne allontani senza permesso, *i genitori possono richiamarlo* ricorrendo, se necessario, al giudice tutelare" (o sublinhado é nosso). Mas pior do que isso é o facto de, na Alemanha, uma edição recente de um famoso dicionário jurídico (CREIFELDS, *Rechtswörterbuch*, 15.ª ed., München, Beck, 1999, entrada "Subjektives Recht", pp. 1260-1261) caracterizar o poder paternal ("elterliche Sorge") como um "direito de senhorio" ("Herrschaftsrecht"). Naturalmente, não é essa a opinião comum na doutrina alemã (cfr., a citação de duas obras alemãs, *supra*, na nota 745). Em nosso entender, o que se lê naquele dicionário ilustra de certa forma os riscos da continuação de uma obra fundada há muito tempo por alguém que também há muito tempo dela está desligado, situação vulgar na Alemanha e em França. Por vezes, a actualização traduz-se apenas na ponderação de alterações legislativas e no tratamento de assuntos novos. As posições antigas, talvez por respeito ou por comodismo, não são modificadas.

[758] RUI EPIFÂNIO/ANTÓNIO FARINHA, *Organização Tutelar de Menores (Decreto--Lei n.º 314/78, de 27 de Outubro) – Contributo para uma visão interdisciplinar do Direito de Menores e de Família*, 2.ª ed., Coimbra, Livraria Almedina, 1992, p. 465.

que a solução em matéria de conhecimento do pedido de entrega do menor é compreensível, dado o tribunal do local onde se encontra o menor "ser o que está em melhores condições para avaliar do respectivo fundamento e da conveniência de eventual deferimento do pedido". Todavia, não se pode ignorar a coincidência entre esta solução e a que se aplica às acções respeitantes a direitos reais ou pessoais de gozo sobre imóveis (artigo 73.º, n.º 1, do Código de Processo Civil: *forum rei sitae*). Aliás, as coincidências com a terminologia da área dos "direitos sobre as coisas" e com o regime aplicável à mulher casada antes de 1976 não param aqui. Não é ordenada a entrega do menor se, por exemplo, se mostrar que foi requerido "o depósito do menor como preliminar ou incidente da acção de inibição do poder paternal" (artigo 191.º, n.º 3, da OTM). Sim, efectivamente, é possível ordenar o "depósito do menor", como preliminar ou incidente da acção de inibição do poder paternal, acto que "tem lugar em casa de família idónea, preferindo os parentes obrigados a alimentos" (artigo 199.º, n.º 2, da OTM). Tudo é feito, reconheça-se, com o propósito de melhor acautelar a situação do menor. Designadamente, a ordem de entrega do menor depende da "idoneidade" do requerente (artigo 192.º da OTM), enquanto a entrega judicial da mulher casada não admitia oposição fundada na falta de "idoneidade" do marido. No entanto, o vocabulário utilizado evoca o sinistro período pré-filiocêntrico do poder paternal, em que o filho nada mais era do que um objecto pertencente ao pai[759].

O menor não deixa de ter personalidade jurídica e capacidade de gozo. A sua incapacidade geral de exercício não autoriza que seja tratado como uma coisa[760]. É, tal como o pai e tal como a mãe, uma

---

[759] Sobre a evolução histórica do instituto do poder paternal, cfr., entre outros, EDUARDO DOS SANTOS, *Direito da Família* cit., p. 509 e s.; FÁTIMA DUARTE, *O poder paternal – Contributo para o estudo do seu actual regime*, Lisboa, AAFDL, 1.ª reimpressão (da ed. de 1989), 1994, p. 8 e s.

[760] No último quartel do século XX, o Conselho da Europa sentiu a necessidade de declarar: "As crianças não devem mais ser consideradas como propriedade dos pais, mas ser reconhecidas como indivíduos com os seus direitos e necessidades próprias" [Recomendação 874 (1979) adoptada pela Assembleia Parlamentar em 4 de Outubro de 1979, relativa a uma Carta Europeia dos Direitos da Criança]. Em linguagem poética: "Teus filhos não são teus filhos/ são filhos e filhas da vida/ anelando por si própria/ Vêm através de ti, não de ti,/ e, embora, estejam contigo,/ a ti não perten-

pessoa. Desta forma, as regras têm de ser estabelecidas e formuladas de harmonia com aquilo que o Direito tem de ser – "um sistema axiológico, um sistema ético a que o Homem preside como o primeiro e mais imprescritível dos valores"[761].

1.3. A resistência da teoria e da prática do direito de crédito

58. Quando Carnelutti critica Fedele[762], insistindo na caracterização do *ius in corpus* como direito real ou similar, o argumento principal de que se socorre (a responsabilização criminal do cúmplice do cônjuge adúltero) revela que pressupõe a oponibilidade meramente *inter partes* do direito de crédito. Em contrapartida, a exposição de Fedele, demasiado apoiada nas expressões usadas pelos canonistas a propósito do *ius in corpus*, permite supor unicamente que, para ele, o direito de crédito não tem por objecto uma pessoa[763]. Contudo, Vassalli, embora se insurja com maior vigor contra a concepção realista, considera igual-

---

cem./ Podes dar-lhes o teu amor,/ mas não teus pensamentos, pois que/ eles têm seus pensamentos próprios" (Kahil Gibran). Estes versos abrem o parecer da Procuradoria Geral da República n.º 8/91, de 16/1/1992, cuja relevância levou à sua publicação integral em três locais: *Diário da República* 216, de 18/9/1992, p. 8820 (44 e s.); *BMJ* 418, p. 285 e s.; *Pareceres da Procuradoria-Geral da República*, II, *Constituição da República. Direitos, liberdades e garantias*, Lisboa, Gabinete de Documentação e Direito Comparado, s/data mas 1997, p. 337 e s., obra em que tivemos a honra de colaborar, sob a coordenação de Garcia Marques e Luís Silveira. Com o objectivo de esclarecer dúvidas quanto à conduta a seguir face à recusa dos pais (testemunhas de Jeová) em internarem os filhos menores no hospital, quando o seu estado de saúde é grave, o parecer em apreço pronunciou-se sobre a problemática sensível do critério e limite do exercício do poder paternal.

[761] Cfr. ORLANDO DE CARVALHO, *A teoria geral da relação jurídica – seu sentido e limites* cit., pp. 90-91.

[762] Cfr. *supra*, n.º 54.

[763] FEDELE, "Postilla a una nota di F. Carnelutti" cit., p. 67: "Volendo, ora, prender partito tra la qualificazione carneluttiana dello *ius in corpus* come diritto reale o quanto meno come diritto assoluto (...) e la qualificazione canonistica dello *ius in corpus* come diritto di credito, in cui all'altro coniuge spetta la posizione dell'obbligato, non già quella dell'oggetto del diritto, io non esiterei a far propria la seconda"

mente inadequada a construção dos deveres conjugais segundo o esquema do Direito das Obrigações, destacando, em certa passagem[764], um ponto comum às duas explicações. A qualquer uma delas subjaz um poder sobre a pessoa: "Um poder sobre a pessoa, se esta não for reduzida a uma pura expressão corpórea, destituída de toda a humanidade, não pode identificar-se com um poder sobre coisas e tem necessariamente de se traduzir no poder de exigir um comportamento da pessoa sujeita, ou um comportamento determinado, seja positivo ou negativo, ou uma pluralidade de comportamentos, até ao limite no qual todos os comportamentos da pessoa estão coactivamente implicados".

Numa primeira análise, Vassalli rejeitaria a qualificação do direito de crédito no pressuposto de que a figura confere ao credor um poder sobre a pessoa do devedor, opinião frequentemente imputada a Savigny[765]. Dado o nível de exigência e de intimidade requerido pelo

---

[764] VASSALLI, Del «Ius in corpus» del «debitum coniugale» cit., pp. 110-111.

[765] Cfr., nomeadamente, ANTUNES VARELA, Das obrigações em geral, vol. I, 10.ª ed., Coimbra, Almedina, 2000, pp. 133-134, que atribui a Savigny a definição da obrigação como poder do credor sobre a pessoa do devedor e o critica, nomeadamente, por não ter atendido à evolução histórica: "A tese poderia aceitar-se como um decalque, embora imperfeito, da fisionomia que a obrigação revestia no primitivo direito romano, enquanto o credor, exercitando a *manus iniectio*, tinha a faculdade de apoderar-se da pessoa do devedor (socialmente degradado com o facto do não cumprimento), para o reduzir à condição de escravo ou mandar mesmo executá-lo. Mas já não será muito próprio falar de um poder (do credor) sobre a pessoa do devedor, depois que a famosa *Lex Poetelia Papiria* transferiu o acento tónico da responsabilidade pelo não cumprimento para o património do obrigado". Todavia, a escrita de SAVIGNY, *Traité de Droit Romain*, I, trad. francesa do alemão (*System des heutigen Römischen Rechts*), Paris, Firmin Didot Frères, 1840, pp. 332-333, é equívoca: tanto distingue o direito de crédito do direito de propriedade como confere a ambos uma natureza idêntica ("estendem o império da nossa vontade sobre uma porção do mundo exterior"); e contrapõe a relação de domínio absoluto sobre uma pessoa, em que esta se torna escrava, à obrigação, em que o domínio recai exclusivamente sobre um acto determinado de uma pessoa. Na interpretação de PESSOA JORGE, *Direito das Obrigações*, 1.º vol., Lisboa, AAFDL, 1975/76, pp. 119-120, Savigny defende que o direito de crédito consiste "numa propriedade sobre um acto do devedor", numa situação em que há domínio parcial de uma pessoa. Bem diferente é a leitura de MENEZES CORDEIRO, *Direito das Obrigações*, 1.º vol., reimpressão (da ed. de 1980), Lisboa, AAFDL, 1990, pp. 175-176: como Savigny fala apenas de domínio sobre um acto,

ius in corpus, a óptica obrigacional levaria à aceitação da hipótese de um poder demasiado extenso e intenso de um indivíduo sobre outro, dificilmente compatível com a dignidade da pessoa humana. Mas o enquadramento rigoroso das posições de Vassalli e do respectivo contexto legal deixa perceber que o afastamento da perspectiva creditícia dos deveres conjugais de fidelidade e de coabitação se funda mais precisamente na convicção de que o procedimento impugnado corresponde a um tratamento patrimonial do que há de mais pessoal no casamento-estado. Por um lado, a obra inspirada pela controvérsia que opõe Fedele a Carnelutti é pouco posterior à aprovação do *Codice Civile*, diploma que perfilha uma visão patrimonialista da obrigação em sentido técnico[766]. Por outro lado, Vassalli sustenta[767] que, tanto no Direito das Obrigações como no Direito da Família, todos os direitos de uma pessoa perante outra são "direitos a comportamentos" e não direitos sobre pessoas. É, pois, ilusória a ideia de que o autor concebe o direito do credor como um poder sobre a pessoa do devedor.

As razões do repúdio específico da teoria creditícia divisam-se num momento em que a posição de Fedele suscita um dos melhores apontamentos de humor[768]: para quem se bate pela natureza obrigacional do *ius in corpus*, haveria uma "prestação de uso da pessoa do cônjuge; que, sendo em geral prestação gratuita, acabaria por se inserir ou no comodato ou em outro contrato, inominado". Em contraste com o cônjuge, a prostituta "non comodat": "aluga" ou "vendit amplexus". Isto é, se o *ius in corpus* fosse um direito de crédito, o casamento seria

---

que não se confunde com o direito real de propriedade, a sua doutrina é, no fundo, "uma doutrina pessoalista, segundo a qual o direito do credor é um direito a uma acção do devedor".

[766] Artigo 1174: "La prestazione che forma oggetto dell'obbligazione deve essere suscettibile di valutazione economica e deve corrispondere a un interesse, anche non patrimoniale, del creditore".

[767] VASSALLI, *Del «Ius in corpus» del «debitum coniugale»* cit., p. 136. Contudo, anos atrás, VASSALLI, *Lezioni di Diritto Matrimoniale*, vol. I, Padova, CEDAM, 1932, p. 33, sublinhara a existência de poderes sobre a pessoa no campo das relações familiares: ("patria potestà, potestà maritale, autorità del tutore").

[768] VASSALLI, *Del «Ius in corpus» del «debitum coniugale»* cit., p. 138.

um contrato patrimonial[769]. É isto que verdadeiramente repugna a Vassalli e que, em coerência, o leva a excluir a regulamentação dos deveres de fidelidade e de coabitação baseada na matéria do cumprimento e do incumprimento das obrigações[770].

Como explica outro jurista italiano[771], a passagem da fase em que a relação conjugal na sua vertente pessoal era reduzida à fenomenologia do direito de crédito, ou do direito real, para aquela em que se recusa uma equiparação, decorre principalmente da consciência da não patrimonialidade dos efeitos do casamento em causa. E assim é na doutrina italiana subsequente a Vassalli. Diz-se, por exemplo, que é absolutamente inadmissível "a construção da relação sexual entre os cônjuges como cumprimento de uma obrigação, à semelhança do pagamento da conta da mercearia"[772]; ou que é anacrónica a transposição, em matéria das relações sexuais, de "dois esquemas patrimonialistas" – o do direito real e o do direito de crédito[773]. Na mesma linha, Bianca[774] dirá que os direitos familiares cabem na categoria dos direitos de crédito, "desde que esteja presente o elemento da patrimonialidade".

Apesar de tudo, subsiste, na ordem jurídica italiana[775], uma certa atracção pela analogia entre a relação conjugal e a relação obrigacional.

---

[769] A dicotomia negócios onerosos – negócios gratuitos é exclusiva dos negócios patrimoniais. Cfr. CASTRO MENDES, *Teoria Geral do Direito Civil*, II, Lisboa, AAFDL, 1979, p. 328; MANUEL DE ANDRADE, *Teoria Geral da Relação Jurídica* II cit., p. 54.

[770] Logo que termina a descrição da prática do Direito das Obrigações no campo das relações conjugais pessoais, VASSALLI, *Del «Ius in corpus» del «debitum coniugale»* cit., p. 126, considera aberrante o recurso às noções de direitos reais e de direitos de crédito para definir o *ius in corpus*.

[771] FURGIUELE, "Condizioni umane protette e nuovi diritti individuali nella famiglia" cit., pp. 97-98.

[772] Cfr. BOTTO, "*Ius in corpus* tra coniugi" cit., p. 577.

[773] Cfr. ZATTI, "I diritti e i doveri che nascono dal matrimonio" cit., p. 51.

[774] BIANCA, "Famiglia (Diritti di)", *NovissDig.it.*, vol. VII, s/ data (1960?), p. 71.

[775] Começando por BIANCA, *Diritto civile* II cit., p. 66 (os deveres conjugais são "obblighi giuridici cui corrispondono altretanti «diritti» in capo all'altro coniuge"), e "I rapporti personali nella famiglia e gli obblighi di contribuzione", p. 79 (é possível falar de fidelidade "in termini di obbligo di pretesa giuridica"). PATTI,

Na impossibilidade de atribuir ao dever de fidelidade, ou de coabitação, o carácter de obrigação em sentido técnico (dita "obbligazione"), por falta de conteúdo patrimonial, invoca-se uma figura afim, uma "quase-obrigação" (designada pela palavra "obbligo"[776]), traduzida num direito relativo, assistido de garantia e tendo por objecto uma prestação insusceptível de avaliação pecuniária.

59. Recentemente, tem surgido uma ou outra posição que, embora partindo de uma visão patrimonialista do direito de crédito, ignora os escolhos à colocação de todos os deveres conjugais no seio das obrigações *stricto sensu*. É o caso do italiano Cippitani e do francês Labbée.

Tendo primeiramente negado que os chamados direitos conjugais fossem direitos subjectivos[777], pouco tempo depois, o autor italiano virá a agregar a totalidade dos deveres familiares, incluindo os emergentes do casamento, num dever amplo de "mantenimento", ao qual confere a natureza de obrigação em sentido próprio ("obbligazione")[778]. Todas as prestações prescritas pelas diversas relações familiares (*v.g.*, assistir, colaborar, coabitar, instruir, educar) formam o objecto de um único dever jurídico, que Cippitani, à falta de melhor termo, designa de "mantenimento", acrescentando que a palavra tem um significado mais amplo do que "sustento". Com o vocábulo "mantenimento" pretende exprimir a riqueza de sinónimos que encerra a palavra germânica "Unterhalt", cujo verbo correspondente –"unterhalten" – significa, em linguagem corrente, "sustentar", "alimentar",

---

Diritto Privato. Introduzione. La famiglia. Le Successioni, Milano, Giuffrè, 1999, p. 83, afirma que prevalece a opinião de que os deveres pessoais dos cônjuges "sono obblighi giuridici, ai quali corrispondono in capo all'altro coniuge altrettanti diritti".

[776] A distinção "obbligazione" – "obbligo", que assenta na contraposição entre prestação patrimonial e não patrimonial, foi criada por GIORGIANNI, *L'obbligazione (La parte generale delle obbligazioni)*, I, reimpressão (da ed. de 1945), Milano, Giuffrè, 1968, p. 77.

[777] CIPPITANI, "L'addebito della separazione come rimedio di carattere patrimoniale", *DFP* 1996, pp. 697-699.

[778] CIPPITANI, *La ricerca giuridica e il Diritto di Famiglia (A proposito di un saggio di Augusto Pino)*, Milano, Giuffrè, 1998, p. 41 e s.

"entreter", "conversar". E logo na escolha terminológica se verifica uma tendência para ajustar o conjunto dos deveres familiares à noção técnico-jurídica de obrigação. Na linguagem jurídica, "Unterhalt" e "mantenimento" apresentam conotação fundamentalmente patrimonial.

Declarada a incorporação das situações jurídicas familiares particulares num só "dever de sustento" ("obbligo di mantenimento"), nesta acepção ampla, Cippitani passa a traçar as consequências da violação do dever, de modo a convencer os leitores do respectivo carácter obrigacional[779]. As consequências, diz, são semelhantes às que são prescritas para a generalidade das obrigações. Se ocorrer o incumprimento do dever de sustento, produzem-se consequências de natureza patrimonial. A lei admite a realização coactiva da prestação. Em abono desta tese, são invocados, nomeadamente, os artigos 148 e 156 do *Codice Civile*. O artigo 148, parágrafo 2.º, referindo-se aos deveres que incumbem aos cônjuges de manter, instruir e educar os filhos, dispõe que, em caso de incumprimento, pode ser ordenada a entrega directa de uma parte dos rendimentos do inadimplente ao outro cônjuge ou a quem suporta as despesas com a manutenção, instrução e educação da prole. Na hipótese de o cônjuge não entregar ao outro aquilo que ele tem direito a receber para o seu sustento, o artigo 156, parágrafo 6.º, atinente aos efeitos do instituto da separação, prevê a possibilidade de o juiz determinar "il sequestro" de parte dos bens do cônjuge devedor e de ordenar a terceiros, obrigados a pagar periodicamente ao cônjuge inadimplente quantias em dinheiro, que uma parte destas seja entregue directamente ao cônjuge que carece de ajuda económica. Perante isto, "a responsabilidade patrimonial do obrigado ao sustento não parece ser muito diversa da que está prevista para o incumprimento de outros deveres, como os que resultam de contrato ou de facto ilícito".

Quanto às consequências, com cariz pessoal, da violação do mencionado dever de sustento, o autor italiano entende que em nada impedem a equiparação do dever em apreço aos deveres obrigacionais. As situações jurídicas familiares de índole pessoal, de que dá como exemplo o dever de fidelidade, são apresentadas como simples mani-

---

[779] CIPPITANI, *La ricerca giuridica e il Diritto di Famiglia* cit., p. 54 e s.

festações do dever de sustento, destituídas de autonomia, o que se supõe confirmado pela ausência de tutela específica para as mesmas. Nomeadamente, a infidelidade não é por si só sancionada, abolido que foi o crime de adultério. Os deveres conjugais de índole pessoal não passam de parâmetros que têm de orientar a execução da prestação de sustento. São elementos de apreciação do comportamento do devedor à luz da diligência que lhe é exigível no cumprimento da obrigação familiar, representando uma projecção específica do artigo 1176 do *Codice Civile*, disposição que fixa a diligência que deve ser usada pelo sujeito passivo da relação obrigacional. A falta de colaboração, de assistência, de coabitação ou de fidelidade releva se tornar intolerável a prossecução da convivência conjugal, facto que serve de fundamento à separação litigiosa (artigo 151 do *Codice Civile*). Noutro circunstancialismo, a violação de um determinado dever familiar de tipo pessoal não desencadeia qualquer efeito jurídico. Ou seja, as consequências pessoais da violação do dever de sustento resumem-se à extinção ou modificação da própria relação familiar, fenómeno que tem igualmente paralelo no Direito das Obrigações (*v.g.*, resolução do contrato por incumprimento).

Posto isto, Cippitani julga-se em condições de proclamar a natureza autenticamente obrigacional da relação familiar. A prestação de sustento é susceptível de avaliação pecuniária e corresponde a um interesse do credor, preenchendo, assim, os dois requisitos legais do objecto de uma obrigação (artigo 1174 do *Codice Civile*). O "mantenimento" é normalmente configurado, desde o início como um "assegno" ou uma contribuição para as necessidades do beneficiário. Nas situações em que isto não acontece, a determinação pecuniária da prestação de sustento é efectuada após a modificação da relação familiar. Nos termos do artigo 156, parágrafo 1.º, do *Codice Civile*, o juiz que decreta a separação dos cônjuges fixa a favor daquele que não seja responsável pela separação, e que não disponha de rendimentos próprios suficientes, o montante que tem de receber do outro para assegurar o respectivo sustento. Em qualquer caso, quando ocorrer o incumprimento da prestação de sustento, há lugar ao pagamento do equivalente em dinheiro (cfr. os *supra* referidos artigos 148 e 156 do *Codice Civile*). Não obstante isto, o autor em questão afirma que a obrigação de sustento não tem natureza patrimonial; a prestação teria, como se viu, carácter económico, mas a patrimonialidade da obrigação é aferida em função do interesse do credor, interesse que, na prestação de sustento, é "familiar", não patrimonial. Em conclusão, a relação familiar não deixa de ser uma relação obrigacional, pois a lei civil não exige que o direito de crédito se apoie num interesse patrimonial (artigo 1174.º do *Codice Civile*[780]); todavia, a mencionada característica do interesse do sujeito activo revela a particularidade da relação jus-familiar.

A obra de Cippitani é, em nossa opinião, um trabalho eminentemente experimental, um desafio que o investigador faz à sua própria criatividade. Neste sentido, basta ver como em poucos anos evolui de uma posição em que considera os deveres conjugais isolados como uma espécie de poderes-deveres[781] para uma teoria em que as diversas situações jurídicas familiares se diluem numa relação ampla com natureza obrigacional. Tudo isto porque entretanto leu um estudo de Pino, acerca da pesquisa jurídica, que lhe "fornece a ocasião para reflectir sobre o Direito da Família"[782]. Procura então pensar esta disciplina em ligação com a Teoria Geral, "confrontando as questões tradicionais com as posições teóricas novas da Ciência do Direito". Trata-se de um "exercício" em que tenta desenvolver "uma análise crítica do pensamento dominante em matéria de Direito da Família, pelo menos em alguns aspectos. O objectivo é o de saber se a teoria tradicional é a única possível ou se se pode colocar a hipótese de um tratamento diferente desta matéria". A ideia é aliciante, mas a concretização é pouco feliz. Como a concepção maioritária seria aquela que detecta nas relações familiares uma área insusceptível de avaliação económica, o investigador usa os seus "instrumentos de trabalho" para construir algo de radicalmente novo. E o jurista Cippitani, justiça lhe seja feita, tem bons, senão excelentes, conhecimentos jurídicos. Contudo, não aprendeu o essencial da lição de Vassalli (autor que não cita nem ao longo do texto nem na bibliografia consultada): o domínio dos conceitos e dos mecanismos formais não substitui a consciência do que é razoável; uma

---

[780] Reproduzido *supra*, na nota 766.
[781] CIPPITANI, "L'addebito della separazione" cit., pp. 698-699.
[782] CIPPITANI, *La ricerca giuridica e il Diritto di Famiglia* cit., "Premessa" (p. IX).

coisa é *jogar* com o Direito, outra é estudar a realidade social de forma juridicamente pertinente.

Tem cabimento excluir a patrimonialidade da alegada obrigação de sustento quando se entende que a respectiva prestação é susceptível de avaliação pecuniária? É sensato falar de uma obrigação não patrimonial que se caracteriza pela economicidade[783]? E, se por acaso, a patrimonialidade nada tivesse a ver com a possibilidade de avaliação pecuniária, parece natural a convertibilidade de toda e qualquer situação jurídica familiar em dinheiro? A indignação que a orientação creditícia do *ius in corpus* originou radica precisamente na evocação da possibilidade do tratamento económico dos deveres de fidelidade e de coabitação. Se é certo que Cippitani consegue, *in extremis*, evitar este último erro grosseiro, fá-lo, porém, à custa da subordinação do não--económico ao económico e da negação do que é crucial no regime das relações familiares. Haveria um único dever conjugal principal, no qual o autor inscreve uma prestação susceptível de avaliação económica, contrariando a sua ideia inicial de que a palavra *sustentar* teria aqui uma acepção que comportaria também o acto de conversar, de entreter, etc.[784]. Aos deveres de fidelidade e de coabitação é atribuído o papel de simples deveres acessórios.

O resultado é uma imagem ilógica do casamento. As partes vinculam-se reciprocamente ao dever de sustento. O dever de ter relações sexuais com o cônjuge e de não as ter com outrem, bem como o dever de comunhão de habitação são apenas regras de conduta destinadas a assegurar a realização correcta de uma prestação com valor pecuniário.

---

[783] Cfr. CIPPITANI, *La ricerca giuridica e il Diritto di Famiglia* cit., pp. 67-68: "I rapporti familiari possono essere inseriti in quell'insieme di rapporti ed istituti giuridici che vengno definiti «diritto privato». Il principio (l'argomento, tema, e così via in termini linguistici) intorno al quale ruota il diritto privato è costituito dall'«economicità». Il principio di economicità è una articolazione dell'idea centrale dell'intero ordinamento giuridico, che si è identificato nella prescrittività.

"Prescrivere, nell'ambito del diritto privato, significa imporre comportamenti e prevedere conseguenze che è possibile misurare per mezzo dei valori monetari. In termini economici si può valutare la prestazione dedotta nelle obbligazioni, la cosa oggetto dei diritti (art. 810 c.c.), i diritti che cadono in successione, e così via".

[784] Queremos acreditar que a economicidade imputada à prestação de sustento não se aplica a esse tipo de actos.

Em que medida? Viver na mesma casa facilita essa prestação graças a uma pressão psicológica subtil, decorrente do contacto quotidiano do devedor com o credor? As relações sexuais entre os cônjuges dão-lhes a motivação que permite o melhor cumprimento da obrigação de sustento? O adultério é ilícito porque a relação extramatrimonial prejudica a vontade de contribuir para os encargos da vida familiar, quer do cônjuge infiel, que se pode sentir mais ligado a um terceiro, quer do cônjuge fiel, que eventualmente se sente traído? Talvez Cippitani se pudesse ter eximido a este género de questionário *gracioso* se se tivesse refugiado na categoria da relação complexa. Mas, associando à relação conjugal várias prestações principais – sustento, fidelidade, coabitação, etc. –, ficaria afastado o carácter obrigacional da relação familiar (atendendo ao quadro legal italiano). A economicidade de uma (ou mais) das prestações não chegaria para contrabalançar o peso das remanescentes, para influenciar a qualificação da situação global a coberto da ideia de uma absorção estrutural.

A economicidade, ou patrimonialidade, é uma característica que exprime mal a relação conjugal no seu todo ou, sobretudo, na parte que respeita aos deveres de fidelidade e de coabitação. A posição de Labbée constitui mais um exemplo, pela negativa, disso mesmo. O autor francês[785] empenha-se em demonstrar a existência de uma tendência nítida para subtrair o casamento ao Direito da Família e para o colocar no capítulo do Direito das Obrigações. As normas que regem a formação e os efeitos do casamento não seriam muito distintas das normas obrigacionais. "Não falta muito para que se possa aplicar pura e simplesmente o Direito das Obrigações ao regime do casamento".

Ao estudar os efeitos do casamento[786], descreve a fidelidade como um dever que não se circunscreve à proibição do adultério e

---

[785] LABBÉE, *Les rapports juridiques dans le couple sont-ils contractuels?* cit., em especial, pp. 12, 13, 109 e 139.

[786] LABBÉE, *Les rapports juridiques dans le couple sont-ils contractuels?* cit., p. 67 e s. Imediatamente antes (p. 66) remata a análise das "sanções das condições de fundo e de forma do casamento" com as seguintes conclusões: a teoria da inexistência é comum ao casamento e aos contratos em geral; a distinção entre impedimentos dirimentes e impedientes não é uma especificidade substancial do Direito Matrimonial, mas uma mera questão de vocabulário; o regime da invalidade do casamento é muito

limita o dever de comunhão de vida, estabelecido no artigo 215 do *Code civil*, à comunhão de habitação. Labbée, porém, não recusa que os cônjuges estejam sujeitos ao dever de ter relações sexuais entre si. A jurisprudência "descobriu" deveres que se não encontravam contidos na letra da lei, entre os quais "o dever de consumação do casamento" e o dever de não cometer outros ilícitos em matéria sexual (para além do adultério, uma das possíveis violações de um dever conjugal nominado). Ora, isto é entendido como um argumento a favor da identificação entre o casamento e os contratos regulados pelo Direito das Obrigações. Em ambas as hipóteses se aplicaria o artigo 1135 do *Code civil*. Tal como no domínio do Direito das Obrigações, ao juiz é permitido detectar uma obrigação conjugal "na qual as partes não podiam ter pensado e que elas não podiam ter querido"[787].

Escusado será dizer que a noção de fidelidade acolhida por Labbée é demasiado ampla e que o conceito legal de "communauté de vie" compreende a coabitação carnal. Igualmente pouco rigorosa é a sua perspectiva dos deveres inominados ou implícitos. Estes não são "invenções" da jurisprudência que "apanham" os interessados completamente desprevenidos. E não são, de modo algum, aspectos característicos do Direito das Obrigações. São um produto da Ciência do Direito. Mas o que importa destacar é a comparação que o jurista francês faz entre o casamento e o contrato de trabalho, invocando o dever de fidelidade[788]: "a definição de infidelidade no casamento já não parece ser exclusiva do casamento. Ela assemelha-se àquilo que justifica a ruptura de um contrato de trabalho (...). A proximidade das fórmulas é surpreendente.

---

semelhante ao dos contratos tratados no Direito das Obrigações, "la théorie du mariage putatif, enfin, n'est qu'une illustration de l'application de la nullité aux contrats successifs, et à la théorie de la bonne foi".

[787] LABBÉE, última ob. cit., pp. 68-69, 87-88. Por lapso, é referido o artigo 1133 quando se tem em vista o teor do artigo 1135 do *Code civil*: "Les conventions obligent non seulement à ce qui y est exprimé, mais encore à toutes les suites que l'équité, l'usage ou la loi donnent à l'obligation d'après sa nature".

[788] LABBÉE, *Les rapports juridiques dans le couple sont-ils contractuels?* cit., p. 72 e s. A comparação ressurge na nota "L'infidélité conventionnelle dans le mariage", *D*. 2000, jur., p. 256.

"Durante o período de duração do contrato de trabalho, o assalariado está vinculado a uma obrigação de fidelidade. Esta obrigação impõe-lhe uma regra de discrição e impede-o de assumir atitudes que constituam uma situação de concorrência face à entidade patronal. Se se abstrair da relação de subordinação que existe entre a entidade patronal e o trabalhador (no casamento, a obrigação de fidelidade é sinalagmática e não unilateral), podem-se efectuar as seguintes aproximações: o conteúdo da obrigação de fidelidade do assalariado consiste tradicionalmente numa obrigação de não concorrência (a), num dever de discrição (b), numa obrigação de não cometer actos de desonestidade (c) e numa obrigação de respeitar os «segredos de fabrico» («secrets de fabrication») dos outros (d)".

De imediato, Labbée tenta mostrar que o dever conjugal de fidelidade apresenta igual conteúdo. O espírito que preside aos acórdãos da *Cour de cassation* que censuram o exercício pelo trabalhador de uma actividade concorrente à da entidade patronal não seria muito diferente daquele que leva o mesmo tribunal superior a considerar ilícito conjugal o adultério, "as visitas frequentes do marido à vizinha", "o facto de o marido instalar na sua loja uma mulher que a sua esposa suspeita ser cúmplice de *inconduite*" ou "de ter um comportamento impróprio relativamente à noiva do seu filho". E o autor aproveita para frisar que o Supremo Tribunal francês usa expressamente[789] a palavra fidelidade em conexão com a proibição de concorrência a que está submetido o trabalhador.

Pronunciando-se acerca da obrigação de discrição, defende que há uma identidade entre a proibição de divulgação de informações confidenciais, imposta ao trabalhador, e a proibição de revelar a terceiro

---

[789] Igualmente, o ac. RC 23/11/1995, *CJ* 1995/V, p. 89: considerou que a prestação de trabalho a uma empresa concorrente da entidade patronal "viola os deveres de lealdade e fidelidade para com a entidade patronal". Além disso, as secções sociais dos nossos tribunais superiores entendem que também "sai ferido o dever de fidelidade" na relação laboral quando o trabalhador "declara ter vendido um produto por preço inferior ao verdadeiro, ficando com a diferença a mais" (ac. STJ 2/12/1998, processo n.º 98S245, cujo sumário se encontra disponível na *Internet* no endereço *http://www.dgsi.pt*), ou quando subtrai coisas à entidade patronal (ac. STJ 1/3/1985, processo n.º 000901, sumário em *http://www.dgsi.pt*).

factos "relativos à vida íntima do casal ou à vida privada do outro cônjuge". Além disso, tanto os actos desonestos praticados quer pelo trabalhador quer pelo cônjuge (p. e., subtracção de objectos ou quantias em dinheiro pertencentes à entidade patronal ou ao outro cônjuge) representam violações do dever de fidelidade. Por fim, até o cônjuge está subordinado, por força deste dever, à obrigação de não divulgar os "segredos de fabrico" (!); tal como o trabalhador não pode dar a conhecer aspectos da "intimidade da empresa", como são "todos os procedimentos de fabrico ignorados pelos concorrentes", também o cônjuge é sancionado se revelar em público elementos atinentes à intimidade do outro. Em suma, "todas as atitudes constitutivas de ilícito nos contratos fundados na fidelidade... se encontram no casamento".

A argumentação de Labbée em torno do dever conjugal de fidelidade, concebido como uma amálgama formada pelo dever legal de fidelidade e pelo dever de respeito, tem o condão de deixar os leitores bem dispostos. Especialmente curiosa é a ideia dos "segredos de fabrico" – apesar de atenuada (?) pela antropomorfização da empresa que, pelos vistos, tem a sua intimidade –, sobretudo se se tiver em conta que a obrigação conjugal de discrição, previamente enunciada pelo autor, absorve todo o conteúdo da obrigação de não revelar em público os "segredos de fabrico" do respectivo cônjuge. Será assim tão difícil vislumbrar os limites que separam uma área assente no critério patrimonial de uma área assente em critério distinto?

O paralelo entre casamento e contrato de trabalho parece seduzir alguma doutrina. A favor da teoria realista do *ius in corpus*, dependente da possibilidade ética e científica da analogia entre coisa e pessoa enquanto objectos de direitos, Carnelutti chama a atenção para a posição que define o contrato de trabalho como uma "locação de homens"[790] (cfr. *supra*, n.º 54). Mas contrapõe o *ius in corpus* conjugal ao *ius in corpus* laboral em virtude de o último, com eficácia unica-

---

[790] A noção em apreço baseia-se no Direito Romano: a *locatio conductio operarum* equivalia ao actual contrato de trabalho (cfr. MENEZES CORDEIRO, *Direitos Reais* cit., n.º 305-III, e *Manual de Direito do Trabalho*, reimpressão, Coimbra, Livraria Almedina, 1997, pp. 37-38). Ainda hoje o *Code civil* se refere ao contrato de trabalho como "louage des gens de travail..." (artigo 1779, 1.º).

mente *inter partes*, assumir a natureza de direito de crédito: "se, faltando à sua obrigação perante a entidade patronal, o empregado trabalhar para outrem, há ilícito apenas da sua parte, e, se, ao invés, uma mulher conceder a um terceiro o gozo do seu corpo, também o terceiro viola o direito do marido"[791].

Na obra de Labbée que temos vindo a analisar, o ponto de contacto entre o contrato de trabalho e o casamento é a constituição de um dever de fidelidade, nunca desenhado como a outra face de um "direito sobre o corpo" e, nos dois casos, entendido como dever obrigacional. Todavia, tal como Carnelutti, o investigador francês despreza a demarcação decorrente da contraposição patrimonial-pessoal. Um só traço é apontado para delinear o contraste: no contrato de trabalho, em que há uma relação de subordinação, somente o trabalhador está vinculado ao dever de fidelidade; no casamento, a relação é de igualdade e, consequentemente, o mesmo dever é já recíproco. Ora, a chamada fidelidade a que está sujeito o trabalhador funda-se num contrato que tem por objecto duas prestações principais de cariz patrimonial – o bem-trabalho e o salário. A isto acresce o facto de tais prestações serem, em regra, fungíveis[792].

Labbée peca ainda pela incompreensão da exclusividade na relação conjugal. Ele confere à alteração legislativa que retirou ao adultério o carácter de causa peremptória de divórcio o significado de uma "banalização" da infidelidade conjugal, que autoriza a colocação desta num plano idêntico ao da violação de um dever de fidelidade emergente de qualquer contrato[793]. Repete-se, assim, no âmbito de uma con-

---

[791] CARNELUTTI, "Replica intorno al matrimonio" cit., p. 5.

[792] Cfr. MENEZES CORDEIRO, *Manual de Direito do Trabalho* cit., p. 95: "o Direito do trabalho versa hoje situações massificadas, onde todas as pessoas são substituíveis. Domina o anonimato em escala porventura ainda maior do que a verificada no Direito comum".

[793] LABBÉE, *Les rapports juridiques dans le couple sont-ils contractuels?* cit., p. 75: "On aurait pu imaginer que la fidélité dans le mariage était d'une essence plus élévée que dans les contrats. Mais cela ne paraît plus être le cas.// En supprimant la cause péremptoire de divorce, que constituait l'adultère, le législateur n'a t'il pas banalisé l'infidélité, en transformant ce qui pouvait ressembler à un sacrilège, en une simple faute civile?".

cepção creditícia, a desvalorização de deveres conjugais fundamentais[794]. Na relação laboral, a expressão "dever de fidelidade" reporta-se sempre a deveres acessórios que incumbem ao trabalhador[795]. Ora, a fidelidade é um dever conjugal principal, independentemente de a respectiva violação constituir ou não causa peremptória, ou causa nominada, de divórcio ou separação judicial de pessoas e bens[796]. A confusão em que incorre este adepto da pura contratualidade das relações conjugais é, em boa medida, resultado do excessivo fascínio que sobre ele exerce o facto de um termo ser comum ao Direito da Família e ao Direito do Trabalho. Todavia, a utilização de uma linguagem idêntica por duas disciplinas não implica que esteja subjacente uma realidade idêntica, sob o prisma de conteúdo, relevância ou natureza. Há que ponderar o contexto da eventual coincidência linguística. Não é, por exemplo, plausível no direito português, recorrer à noção de crime de infidelidade[797] para preencher o conceito indeterminado de

---

[794] Ver *supra*, Cippitani.

[795] No Direito do Trabalho português, é mais comum a utilização do termo "lealdade". Neste quadro, a palavra comporta dois sentidos possíveis: ou designa todos os deveres acessórios que cabem ao trabalhador ou unicamente o dever acessório tipificado no artigo 20.º, n.º 1, alínea d), do regime jurídico do contrato de trabalho, aprovado pelo Decreto-Lei n.º 49 908, de 24 de Novembro de 1969 (cfr. MENEZES CORDEIRO, *Manual de Direito do Trabalho* cit., p. 129). A disposição obriga o trabalhador a "guardar lealdade à entidade patronal, nomeadamente não negociando por conta própria ou alheia em concorrência com ela, nem divulgando informações referentes à sua organização, métodos de produção ou negócios". O respectivo teor é muito parecido ao do artigo 2105 do *Codice Civile*, que, sob a epígrafe "Obbligo di fedeltà", prescreve: "Il prestatore di lavoro non deve trattare affari, per conto proprio o di terzi, in concorrenza con l'imprenditore, nè divulgare notizie attinenti all'organizzazione e ai metodi di produzione dell'impresa, o farne uso in modo da poter recare ad essa pregiudizio".

[796] Cfr. *supra*, n.º 39.

[797] Cfr. artigo 224.º do Código Penal que, subordinado à epígrafe "Infidelidade", prevê no n.º 1: "Quem, tendo-lhe sido confiado, por lei ou por acto jurídico, o encargo de dispor de interesses patrimoniais alheios ou de os administrar ou fiscalizar, causar a esses interesses, intencionalmente e com grave violação dos deveres que lhe incumbem, prejuízo patrimonial importante, é punido com pena de prisão até 3 anos ou com pena de multa".

fidelidade no Direito Matrimonial, concluindo que seria "fiel" o cônjuge que se abstivesse de prejudicar os interesses patrimoniais do outro.

60. No direito francês, a insuficiência dos dados legais[798] deixa dúvidas quanto à necessária patrimonialidade da obrigação. Deste modo, é configurável uma defesa do carácter creditício dos deveres de coabitação e de fidelidade numa linha distinta da que é preconizada por Labbée. Apesar disso, provavelmente por força da influência da orientação tradicional que, baseando-se no artigo 1128 do *Code civil* (preceito que dispõe: "Só as coisas que estão no comércio podem ser objecto de convenções"), sustenta o conteúdo obrigatoriamente patrimonial do direito de crédito, Pousson-Petit/Pousson[799] qualificam os deveres conjugais de fidelidade e de coabitação como obrigações, por terem como objecto "prestações de carácter económico, avaliáveis em dinheiro". Mas a alegada susceptibilidade de avaliação pecuniária das prestações traduz-se apenas na possibilidade de indemnização por incumprimento. Ou seja, afinal, os co-autores não tomam partido a favor da natureza patrimonial dos deveres em apreço; aludem somente às consequências patrimoniais da respectiva violação, consequências que tanto podem derivar da lesão de direitos patrimoniais como da lesão de direitos pessoais. Nos direitos espanhol e alemão, a lei também não resolve expressamente o problema do carácter patrimonial, ou não, da obrigação[800]. Por isso, não é claro que a natureza creditícia dos deveres conjugais, afirmada por alguns juristas[801], seja desmentida

---

[798] O artigo 1126 do *Code civil* limita-se a determinar que: "Tout contrat a pour objet une chose qu'une partie s'oblige à donner, ou qu'une partie s'oblige à faire ou à ne pas faire".

[799] POUSSON-PETIT/POUSSON, *L'affection et le droit* cit., pp. 364-365.

[800] O artigo 1088 do Código Civil espanhol estabelece: "Toda obligación consiste en dar, hacer o no hacer alguna cosa". Após a "Gesetz zur Modernisierung des Schuldrechts", de 26/11/2001, o § 241 do BGB prevê: "(1) Kraft des Schuldverhältnisses ist der Gläubiger berechtigt, von dem Schuldner eine Leistung zu fordern. Die Leistung kann auch in einem Unterlassen bestehen.// (2) Das Schuldverhältnis kann nach seinem Inhalt jeden Teil zur Rücksicht auf die Rechte, Rechstgüter und Interessen des anderen Teils verpflichten".

[801] Cfr. LACRUZ BERDEJO, *Derecho de Familia* (1997) cit., p. 104, e comentário ao artigo 68, em Lacruz Berdejo (org.), *Matrimonio y divorcio* (1994) cit.,

pela ausência de economicidade das prestações em apreço. No entanto, há quem[802] repudie aquela natureza, em nome da patrimonialidade da obrigação.

O Código Civil português pronunciou-se de modo inequívoco sobre a controvérsia em torno da patrimonialidade da obrigação: "A prestação não necessita de ter valor pecuniário" (artigo 398.º, n.º 2, 1ª parte). Superado, portanto, o obstáculo principal que se colocava à teoria creditícia do débito conjugal e do dever de fidelidade, tais situações jurídicas familiares parecem ser, à primeira vista, manifestações particulares da figura geral da obrigação. O dever de cada cônjuge perante o outro representaria a adstrição intersubjectiva. Excluída a hipótese de um poder absoluto sobre uma pessoa ou sobre o seu corpo, a fidelidade e a coabitação só poderiam ter por objecto um comportamento humano, isto é, uma prestação. E, para mais, a reciprocidade inerente aos deveres conjugais confirmaria a feição obrigacional: teriam por fonte um contrato *sinalagmático*, epíteto típico do Direito das Obrigações. O reconhecimento legal de que a patrimonialidade é somente um aspecto acidental dos direitos de crédito não assegurou, porém, o triunfo da qualificação obrigacional dos efeitos sexuais do casamento. Outros motivos são apontados contra essa qualificação.

No ordenamento alemão, em que a lei deixou em aberto a questão da patrimonialidade da prestação obrigacional[803], ficando, nesse ponto, muito aquém do Código Civil português, Lipp nega natureza creditícia ao dever de comunhão conjugal de vida, imposto pelo § 1353 do BGB, embora parta do princípio de que a obrigação em sentido técnico-jurí-

---

p. 663: os deveres conjugais são "verdaderas obligaciones", mais precisamente, "obligaciones legales sin carácter patrimonial". Igualmente, ALONSO PÉREZ, "Dialéctica entre fidelidad matrimonial" cit., p. 50. No direito alemão, cfr. ROTH-STIELOW cit., § 1353, Nm. 6: "Eheliche Lebensgemeinschaft als Schuldverhältnis *sui generis* basiert daher (...)".

[802] Cfr. LASARTE ÁLVAREZ, *Principios de Derecho Civil* 6.º cit., p. 90: "los deberes conyugales no pueden ser enfocados desde la perspectiva de las obligaciones en sentido técnico, pues el componente puramente patrimonial de éstas se encuentra ausente del matrimonio".

[803] Cfr. *supra*, nota 800.

dico não tem de ser necessariamente patrimonial[804]. Curiosamente, o autor germânico considera que teria sido intenção do legislador atribuir àquele dever de comunhão a estrutura de uma autêntica obrigação[805]. A versão originária do BGB insere o mencionado dever numa relação jurídica entre os cônjuges e confere a cada um deles a faculdade de exigir judicialmente o "restabelecimento da vida conjugal". No estado de evolução da doutrina da época, admitida a possibilidade de obrigações sem carácter patrimonial, isso significaria que o regime dos efeitos pessoais do casamento se apoiava na figura do direito de crédito. Mas isso não é decisivo para quem adere a uma orientação objectivista e actualista da interpretação[806].

No entanto, mantêm-se na lei alemã actual aspectos favoráveis à aproximação entre o dever de comunhão conjugal de vida e a categoria

---

[804] LIPP, *Die eherechtlichen Pflichten und ihre Verletzung – ein Beitrag zur Fortbildung des persönlichen Eherechts*, Bielefeld, Gieseking, 1988, pp. 48-50, invoca os trabalhos preparatórios respeitantes ao § 206 do Primeiro Projecto do BGB, correspondente ao § 241 da versão definitiva (§ 241 I, após a alteração de 2001). Refere-se, nomeadamente, à rejeição de uma proposta de alteração ao Projecto, mediante a qual se pretendia restringir o objecto da relação creditícia a uma "prestação de interesse patrimonial", e transcreve uma passagem da exposição de motivos, em que se lê que a proposta de alteração foi rejeitada por se não entender indispensável que o credor tivesse um interesse patrimonial no cumprimento da obrigação.

[805] LIPP, *Die eherechtlichen Pflichten und ihre Verletzung* cit., pp. 5-7. Cfr., em particular, a primeira das páginas: "Das BGB beabsichtigte, als es am 1. Januar des Jahres 1900 in Kraft trat, durch § 1353 Abs. 1 BGB a.F. das eheliche Verhältnis als ein Rechtsverhähtnis zwischen den Ehepartner grundzulegen. Den dogmatischen Weg hierzu sah der Gesetzgeber in der Gewährung von ehelichen Forderungsrechten, die den Gatten gegenseitige Ansprüche auf eine umfassende, grundsätzlich jeden Bereich des Lebens ergreifende Verwirklichung der ehelichen Gemeinschaft sichern sollten. Die Vorschrift des § 1353 Abs. 1 BGB a.F. hatte den Sinn, jedem der Partner ein klagbares Recht auf Herstellung der ehelichen Lebensgemeinschaft einzuräumen". A ideia é repetida na p. 44, afirmando-se, sem hesitações, que o legislador quis conferir ao dever recíproco de comunhão conjugal de vida a natureza de obrigação propriamente dita ("Die Normqualität des § 1353 Abs. 1 S. 2 BGB ist die der Obligation").

[806] LIPP, *Die eherechtlichen Pflichten und ihre Verletzung* cit., p. 7: "Entscheidend für das Rechtsverständnis kann nur der objektive Sinn des Gesetzes, nicht der sujektivhistorische Willen des «Gesetzgebers» sein".

de obrigação. O binómio direito-dever está presente. O dever que recai sobre qualquer dos cônjuges fundamenta a "pretensão" do outro de restabelecimento da vida conjugal, judicialmente tutelada[807]. Todavia, para Lipp, é pouco relevante o facto de o regime do casamento pressupor, tal como o regime geral das obrigações, uma "prestação exigível"[808]. É que "pretensão" e "prestação" não são conceitos exclusivos do Direito das Obrigações; pertencem ao património jurídico comum. Deste modo, há que averiguar se a "pretensão conjugal" é ou não reconduzível a uma pretensão de tipo obrigacional.

No desenrolar da sua pesquisa, a problemática da execução ocupa o primeiro lugar. O § 888 do Código de Processo Civil alemão[809] prevê

---

[807] Depois de impor aos cônjuges a obrigação recíproca de comunhão conjugal de vida, o BGB estabelece: "Ein Ehegatte ist nicht verpflichtet, dem Verlangen des anderen Ehegatten nach Herstellung der Gemeinschaft Folge zu leisten, wenn sich das Verlangen als Mißbrauch seines Rechtes darstellt oder wenn die Ehe gescheitert ist" (§ 1353 II).

O § 194 II do BGB fala, genericamente, de "pretensão emergente de uma relação familiar" ("Anspruch aus einem familienrechtlichen Verhähtnis"). O § 194 I, que define a pretensão como o "direito de exigir a outrem uma acção ou omissão" ("Das Recht, von einem anderen ein Tun oder ein Unterlassen zu verlangen"), permite identificá-la com a exigibilidade da prestação. Como escreve LIPP, *Die eherechtlichen Pflichten und ihre Verletzung* cit., p. 46, "«Anspruch» und «Forderung» sind ihrer rechtstechnischen Funktion nach identisch".

No plano adjectivo, a comunhão conjugal de vida é garantida por uma acção de "restabelecimento da vida conjugal" ("Herstellung des ehelichen Lebens"), para cuja apreciação é, nos termos do § 606 da ZPO, competente o tribunal de família.

[808] LIPP, ob. cit., pp. 46-47. Os próximos parágrafos do texto principal são resultado da leitura da p. 50 e s.

[809] Teor do § 888 *ZPO* (*Unvertretbare Handlungen*): "(1) Kann eine Handlung durch einen Dritten nicht vorgenommen werden, so ist, wenn sie ausschließlich von dem Willen des Schuldners abhängt, auf Antrag von dem Prozegericht des ersten Rechszuges zu erkennen, daß der Schuldner zur Vornahme der Handlung durch Zwangsgeld und für den Fall, daß dieses nicht beigetrieben werden kann, durch Zwangshaft oder durch Zwangshaft anzuhalten sei. Das einzelne Zwangsgeld darf den Betrag von fünfzigtausend Deutsche Mark nicht übersteigen. Für die Zwangshaft gelten die Vorschriften des Vierten Abschnitts über die Haft entsprechend.

"(2) Eine Androhung der Zwangsmittel findet nicht statt.

"(3) Diese Vorschriften kommen im Falle der Verurteilung zur Eingehung einer Ehe, *im Falle der Verurteilung zur Herstellung des ehelichen Lebens* und im

a possibilidade de ser solicitada a aplicação de sanções pecuniárias e sanções privativas de liberdade ao devedor, com o propósito de o compelir ao cumprimento de uma prestação infungível. Mas exclui expressamente a execução da sentença que condena ao restabelecimento da vida conjugal. De acordo com Lipp, isto constitui um indício da particularidade da pretensão conjugal. Se a mera insusceptibilidade de realização coactiva não obsta ao carácter obrigacional de uma prestação, a explicação concreta da impossibilidade de execução de uma pretensão permitiria concluir se esta tem ou não natureza creditícia.

A execução específica de prestações obrigacionais é afastada pela lei quando as mesmas não dependem exclusivamente da vontade do obrigado, exigindo ainda uma certa "predisposição interior", seja ela artística, científica ou puramente psíquica. É o caso, por exemplo, do compositor que se obriga a fazer uma nova ópera. A prestação em causa não está submetida ao regime da execução específica porque a sua realização requer, além da "boa vontade" do devedor, um determinado dom ou uma dada qualidade. E a execução da prestação de restabelecimento da vida em comum é igualmente afastada em virtude de o sucesso do casamento não depender unicamente da vontade das partes. É preciso que exista uma "comunhão espiritual" entre os cônjuges: "Esta comunhão espiritual é sempre resultado das inclinações e das características pessoais das partes. É, obviamente, inviável «restabelecê-la» sem a boa vontade de ambas as partes. No entanto, também é óbvio que a comunhão conjugal de vida se não realiza apenas com a boa vontade".

Em defesa da sua opinião acerca da razão de ser da insusceptibilidade de execução dos deveres conjugais pessoais, Lipp apresenta dois argumentos. Por um lado, o regime material do divórcio mostra claramente que a manutenção (e, portanto, o restabelecimento) da vida conjugal não depende somente da vontade das partes. O casamento é dissolvido porque "fracassou"[810]. A palavra "fracassar" ("scheitern") exprime a ideia de que a ruptura da vida em comum é, muitas vezes,

---

Falle der Verurteilung zur Leistung von Diensten aus einem Dienstvertrag nicht zur Anwendung" (o itálico é nosso).

[810] Cfr. § 1565 I 1 do BGB: "Eine Ehe kann geschieden werden, wenn sie gescheitert ist".

consequência de um "azar", de uma "incompatibilidade de caracteres", de um processo em que nenhum dos cônjuges teve qualquer responsabilidade. Por outro lado, a jurisprudência e a doutrina referem-se constantemente a um "espírito conjugal", que os cônjuges estariam obrigados a manter para realizar a comunhão, o que prova a presença de uma vertente espiritual no casamento.

É justamente o conteúdo necessariamente espiritual da comunhão conjugal de vida que impede a qualificação creditícia da pretensão de restabelecimento. A pretensão conjugal não se satisfaz com a simples adopção de um determinado comportamento exterior, exige "espírito conjugal". Nesta medida, distingue-se de qualquer pretensão obrigacional, seja esta susceptível ou insusceptível de realização coactiva. A relação jurídica obrigacional impõe ao devedor um comportamento meramente exterior. Assim sendo, um dever relativo de comunhão conjugal de vida ultrapassa o limite do conteúdo possível de uma obrigação. O casamento é uma "comunhão íntima, plena, pessoal, vitalícia", inimaginável sem uma dada atitude interior das partes. "O «espírito conjugal» é elemento indispensável da «realização» de um casamento, nos termos do § 1353 do BGB. A lei faz deste estado de consciência um dever jurídico das partes. O «comportamento de prestação» não pressupõe apenas uma capacidade ou disposição pessoal (que se situa à margem da obrigação em sentido técnico), que depois leva à insusceptibilidade de execução de pretensão – a própria *atitude conjugal, interior*, é convertida pelo § 1353 I 2 do BGB no conteúdo de um dever jurídico".

Esta posição de Lipp é pouco convincente. À partida, não se pode afirmar que o legislador criou um dever *jurídico* cujo objecto é uma "prestação" do *forum internum*. O autor alemão acaba, aliás, por intuir a insensatez de tal interpretação, quando questiona a vinculatividade do dever relativo de comunhão conjugal de vida[811]. Ou seja, no fundo, o

---

[811] Cfr. LIPP, *Die eherechtlichen Pflichten und ihre Verletzung* cit., pp. 59-60: não existe um direito subjectivo ao restabelecimento do casamento ("Aufgrund der generellen Obligationsfeindlichkeit des Ehepersonenrechts kann es kein subjektives Recht «auf Herstellung der Ehe» geben") e, por isso, há que abolir a acção de restabelecimento ("Die erste Forderung, die sich ergibt, ist die Beseitigung der Herstellungsklage nicht nur als anachronistisches Relikt, sondern als zwingende Folge des

que ele pretende discutir é o carácter jurídico do dever em questão. Os deveres conjugais pessoais, se relativos, não teriam cariz obrigacional porque nem sequer se caracterizariam pela juridicidade. De qualquer forma, a fundamentação é sempre frágil.

O Código Civil impõe a cada cônjuge um dever perante o outro (§ 1353 I 2 do BGB) e o Código de Processo Civil prevê uma acção para assegurar o cumprimento deste mesmo dever (§ 606 da ZPO). É, no mínimo, estranho supor que o dever não seja jurídico ou que uma ordem normativa vocacionada para a regulamentação do lado exterior das condutas humanas se ocupe tão profundamente de um dever em que seja essencial a atitude interior do obrigado. Perante isto, Lipp aposta tudo numa leitura *demasiadamente livre* do regime da execução, baseada numa perspectiva analogamente subjectiva do regime do divórcio e das alusões jurisprudenciais e doutrinais ao "espírito conjugal".

O § 888 I da ZPO fixa uma regra para os "comportamentos exclusivamente dependentes da vontade do devedor" (admissibilidade de sanções compulsórias). O § 888 III da ZPO determina que a regra se não aplica em três casos, entre os quais está a sentença de restabelecimento conjugal[812]. Isto é, o legislador inclui o restabelecimento conjugal entre os "comportamentos exclusivamente dependentes da vontade do devedor". Consequentemente, não é rigorosa a conclusão de que os deveres conjugais pessoais são insusceptíveis de execução em virtude de o respectivo cumprimento estar condicionado por elementos estranhos à vontade do obrigado. Na verdade, a excepção é introduzida para evitar uma excessiva limitação da liberdade do vinculado[813]. Não

---

fehlenden subjektiven Eherechts"); a dimensão pessoal da comunhão conjugal de vida não estará subtraída à regulamentação jurídica? ["Kann die Generalklausel diesseits des subjektiven Eherechts noch eine (maßgebliche) Rolle für die persönlichen Beziehungen der Gatten spielen? Oder muß die eheliche Lebensgemeisnchaft in Konsequenz der hier vertrenen Auffassung als bloße Faktizität hingenommen werden, dem Zugriff des Rechts verschlossen?"].

[812] Cfr. *supra*, nota 809.

[813] Cfr. SCHMID, *Die Familie in Artikel 6 des Grundgesetzes*, Berlin, Duncker Humblot, 1989, pp. 82-83. Ver também SCHILKEN, anotação ao § 888, Nm. 10, *Münchener Kommentar zur Zivilprozeordnung mit Gerichtsverfassungsgesetz und Neben-*

se deseja o cumprimento a todo o custo, mas unicamente o cumprimento voluntário. Contudo, Lipp rejeita abertamente a visão da ZPO[814].

O investigador perfilha uma opinião acentuadamente *fatalista* do casamento. O sucesso ou o fracasso da comunhão não assentaria totalmente na vontade dos cônjuges; seria uma questão de sorte ou de azar. E há sorte se ambas as partes estiverem investidas de "espírito conjugal", factor que equivale à "inspiração", no campo das prestações de índole artística. O entendimento de Lipp não é, porém, de modo algum, o que subjaz ao Direito Matrimonial germânico. A adopção do princípio da ruptura a nível dos fundamentos do divórcio não traduz o reconhecimento de uma dimensão aleatória na relação conjugal. É a alternativa a uma solução em que predominava o princípio da culpa, justificando-se por alargar a liberdade individual de desvinculação e poupar problemas processuais[815]: para obter a dissolução, basta concluir que o casamento "fracassou", não sendo preciso fixar responsabilidades.

---

gesetzen, Band 3, Lüke/Walchshöfer (Herausgeber), München, C.H.Beck, 1992 (de agora em diante citado SCHILKEN/MünchKomm): a tutela da personalidade é a *ratio* da proibição de aplicação de sanções compulsórias, consagrada no § 888 da ZPO. No sentido da extensão desta proibição legal a "determinados direitos de liberdade cujo exercício não deve estar directa nem indirectamente sujeito a coacção", cfr. SCHMIDT--VON RHEIN, anotação ao § 888, Nm. 5, *Reihe Alternativkommentare. Kommentar zur Zivilprozeordnung*, Rudolf Wassermann (Gesamtherausgeber), Luchterhand, 1987 (de agora em diante citado SCHMIDT-VON RHEIN/*Reihe*). Entre nós, cfr. CALVÃO DA SILVA, "Sanção pecuniária compulsória (artigo 829.º-A do Código Civil)", *BMJ* 359 (1986), p. 120: o recurso à sanção pecuniária compulsória para garantir as obrigações de coabitação e de fidelidade "violaria a personalidade do cônjuge", constituindo uma restrição ilícita do seu direito à liberdade.

[814] LIPP, *Die eherechtlichen Pflichten und ihre Verletzung* cit.: o § 888 da ZPO não se devia ter referido ao restabelecimento da vida conjugal, já que a execução da sentença correspondente está *a priori* afastada por força da própria "natureza das coisas" ("Natur der Sache"), *i.e.*, do "conteúdo da pretensão conjugal" (p. 51); o § 888 parte do princípio de que a realização da comunhão de vida conjugal depende só da vontade das partes, concepção que é insustentável (p. 52); há, em suma, que eliminar a alusão do § 888 à "sentença de restabelecimento da vida conjugal" (p. 54).

[815] Cfr. GERNHUBER/COESTER-WALTJEN, *Lehrbuch des Familienrechts* cit., pp. 277-278.

Na construção que agora se critica, o esforço de negação da natureza obrigacional e, quiçá, jurídica da relação conjugal pessoal passa pelo destaque da relevância da *interioridade* no casamento. E numa óptica de senso comum, "bom casamento" é aquele em que há "comunhão espiritual", "afinidade emocional" ou "convergência sentimental" entre as partes. Mas, a espiritualidade, o sentimento ou a emoção, no seu estado puro, não recebem tratamento jurídico. Tais realidades só interessam ao Direito quando são acompanhadas por factos externos[816]. O legislador prescreve ou proíbe comportamentos; as realidades psíquicas são ponderadas enquanto causas ou efeitos de acções ou omissões. Ora, a situação do casamento não é diferente. Quando se determina que os cônjuges estão juridicamente obrigados entre si a uma plena comunhão de vida, não se cria um dever *etéreo* de "comunhão espiritual", desprovido de visibilidade social. Os sujeitos da relação conjugal não são seres incorpóreos; são indivíduos que dizem ou deixam de dizer, que fazem ou deixam de fazer. Tudo o que permanece no domínio da consciência pode ser "pecado" ou "boa intenção"; pode respeitar à ordem moral ou à ordem religiosa, nunca à ordem jurídica. Não obstante isto, Lipp[817] considera que a lei se não limitou a impor uma certa conduta externa aos cônjuges, que o BGB teria obrigado os cônjuges a assumirem um estado de espírito – o estado de "espírito conjugal".

Efectivamente, o intérprete, autor ou juiz, fala frequentemente de "espírito conjugal". Todavia, o significado corrente do termo está longe de ser aquele que é sugerido por Lipp. A expressão "espírito conjugal" ou é utilizada no contexto do tema da ruptura do casamento ou no con-

---

[816] Cfr. FALZEA, "Fatto di sentimento" cit., p. 490 e s.
[817] Cfr. LIPP, *Die eherechtlichen Pflichten und ihre Verletzung* cit., pp. 54-55 ("Als wesentliche Einsicht in die Besonderheit des Anspruchs aus § 1353 Abs. 1 S. 2 BGB hat sich ergeben, daß Ehegatten einander nicht nur ein bestimmtes *äußeres* Verhalten schulden, sondern Verwirklichung der Lebensgemeinschaft in «ehelicher Gesinnung». Diese «eheliche Gesinnung», jede *innere Haltung* ist integrativer Bestandteil einer verwirklichten ehelichen Lebensgemeinschaft selbst"); "Ersatzansprüche zwischen Ehegatten wegen vorprozessualer Aufwendungen – BGH, NJW 1988, 2032" [trata-se mais precisamente do ac. BGH 4/11/1987, publicado também em *FamRZ* 1988, p. 143], *JuS* 1990, pp. 791-792.

texto da matéria do cumprimento dos deveres conjugais[818]. Na primeira hipótese, a ausência de "espírito conjugal" representa um dos pressupostos do divórcio-ruptura, a impossibilidade de restabelecimento da vida em comum[819]. Falta o "espírito conjugal" quando se não possa razoavelmente esperar que, no futuro, os cônjuges venham a viver como casal. Trata-se de efectuar um juízo objectivo, inevitavelmente assente em indícios externos (*v.g.*, actos e palavras que revelam indiferença ou separação). É, aliás, um tipo de prognose que nem sequer é exclusiva da disciplina de extinção do casamento. No âmbito do regime português do contrato de trabalho, contrato obrigacional especial, o despedimento com justa causa depende da impossibilidade de subsistência da relação de trabalho (artigo 9.º, n.º 1, do Decreto-Lei n.º 64-A/89, de 27 de Janeiro). No entanto, naturalmente, isto não é visto como argumento para se falar de perda de "espírito laboral", nem serve para se deduzir a existência de um dever eminentemente espiritual do trabalhador perante a entidade patronal... Numa segunda acepção, o "espírito conjugal" não é guindado a dever conjugal principal. É nada mais nada menos do que o critério que deve nortear a conduta dos cônjuges no cumprimento das suas obrigações recíprocas. É, afinal, um outro nome da boa fé ou da diligência. Não é, por isso, o melhor elemento para separar os deveres conjugais pessoais dos deveres obrigacionais, nem para negar juridicidade aos primeiros.

---

[818] Cfr., designadamente, os dois acórdãos citados por LIPP, *Die eherechtlichen Pflichten und ihre Verletzung* cit., p. 53, nota 39: "Die Zerrütung der Ehe (...) besteht darin, daß (...) die eheliche Gesinnung zerstört, also eine völlige innere Entfremdung eingetreten ist, die es dem Ehegatten unmöglich macht, fernerhin dem anderen Ehegatten die ihm nach dem Wesen der Ehe geschuldete Liebe und Achtung entgegenzubringen" (RGZ 163, p. 338); "Daraus ergibt sich, daß die Erfüllung der persönlichen Pflichten, die aus dem Wesen der ehelichen Gemeinschaft fließen, nur gewährleistet werden kann durch die auf der freien sittlichen Entscheidung beruhende eheliche Gesinnung" [BGH 26/6/1952, LM Nr. 1 b zu § 823 (Af)].

[819] Cfr. GERNHUBER/COESTER-WALTJEN, *Lehrbuch des Familienrechts* cit., pp. 312-313. O § 1565 I 2 do BGB prevê: "Die Ehe ist gescheitert, wenn die Lebensgemeinschaft der Ehegatten nicht mehr besteht *und nicht erwartet werden kann, daß die Ehegatten sie wiederherstellen*".

61. A inadequação dos critérios de conteúdo que recorrem à contraposição entre patrimonial e não patrimonial ou à contraposição entre espiritual e material está longe de "abalar a fé" na demarcação dos deveres conjugais pessoais face às obrigações *stricto sensu*, no ordenamento jurídico português. A generalidade dos autores nacionais entende que a distinção "não oferece margem para grandes dúvidas"[820]. Isto apesar de, entre nós, se conferir escasso significado à problemática da eficácia absoluta ou relativa, quando se procede ao confronto das duas figuras. Note-se que foi a ideia de que os deveres conjugais pessoais têm eficácia *erga omnes* que motivou um determinado sector a recusar a perspectiva obrigacional do *ius in corpus* e a preferir uma concepção de índole realista[821]. E, como se verá adiante[822], a questão do âmbito subjectivo de oponibilidade continua a ser importante na caracterização dos deveres em apreço, constituindo, inclusive, um aspecto impreterível do debate actual acerca da respectiva natureza jurídica, no ordenamento alemão, em que o tema da qualificação dos deveres conjugais se encontra especialmente desenvolvido.

Numa altura em que a tese de que os direitos de crédito operam unicamente *inter partes* obtém larga adesão no direito português[823], a renúncia da doutrina ao potencial distintivo do critério da eficácia explica-se, presumivelmente, pelo facto de haver grande divisão no que toca à oponibilidade dos deveres conjugais pessoais[824] e de se pensar

---

[820] Cfr. ALMEIDA COSTA, *Direito das Obrigações*, 8.ª ed., Coimbra, Livraria Almedina, 2000, p. 107, pronunciando-se acerca do panorama doutrinário.

[821] Cfr. *supra*, n.º 54.

[822] *Infra*, n.ºs 71 e 72.

[823] MENEZES CORDEIRO, que na obra *Direito das Obrigações* I cit., p. 251 e s., defendia que a relatividade não era característica dos direitos de crédito, mudou entretanto de posição. Nas mais recentes prelecções orais de Direito das Obrigações ao curso de licenciatura da Faculdade de Direito da Universidade de Lisboa, o proeminente académico tem vindo a aceitar que a obrigação produz apenas efeitos relativamente ao devedor. Quando muito, vigoraria um dever geral de respeito quanto aos direitos pessoais de gozo; no entanto, admite ser controversa a natureza creditícia destas situações jurídicas.

[824] A favor da vinculatividade *erga omnes*, cfr. ANTUNES VARELA, *Direito da Família* cit., pp. 369-371, e "As concepções institucionais e as concepções inter-individuais do casamento" cit., pp. 186-187; CASTRO MENDES, *Direito da Família* cit.,

existirem outros elementos aptos à autonomização dos mesmos. Parece ser por isso que, por exemplo, o prestigiado civilista Antunes Varela, defensor da eficácia *erga omnes* dos direitos pessoais dos cônjuges e perfeitamente ciente do alcance desta última posição[825], se não refere à oponibilidade, ao traçar as diferenças existentes entre as obrigações e os deveres familiares de cariz pessoal[826].

Mas que elementos específicos dos deveres de coabitação e de fidelidade são esses que tornariam dispensável o tratamento do problema da dimensão subjectiva da vinculatividade? No quadro da delimitação dos deveres familiares pessoais perante os deveres de prestar obrigacionais[827], apontam-se como traços individualizadores dos primeiros o carácter funcional e duradouro, a ligação intrínseca à instituição familiar, a fragilidade da garantia e a tipicidade. No entanto, somente um dos aspectos enunciados encerra suficiente virtualidade distintiva. Os direitos de família são permanentes, apresentam "vocação de perpetuidade", porém, também há situações jurídicas obrigacionais de longa duração (*v.g.*, as emergentes do contrato de trabalho e de sociedade). Pode dizer-se que os deveres familiares são privativos da instituição familiar, que não podem ser objecto de qualquer relação jurídica fora do círculo de pessoas unidas pelo vínculo familiar. Todavia, a autonomia não é característica das obrigações em sentido próprio[828]. O conceito de obrigação afere-se estruturalmente e, por-

---

p. 25; TEIXEIRA DE SOUSA, *O regime jurídico do divórcio* cit., pp. 37-38. A favor da vinculatividade exclusivamente *inter partes*, cfr. CAPELO DE SOUSA, *Direito da Família e das Sucessões (Relatório)* cit., pp. 66-67; LEITE DE CAMPOS, *Lições de Direito da Família*, 2.ª ed., cit., p. 144; PEREIRA COELHO/GUILHERME DE OLIVEIRA, *Curso de Direito da Família* I cit., p. 177.

[825] Cfr. textos indicados na nota 824.

[826] Cfr. ANTUNES VARELA, *Das obrigações em geral* I cit., pp. 199-201.

[827] Cfr. ALMEIDA COSTA, *Direito das Obrigações* cit., pp. 107-108; ANTUNES VARELA, *Das obrigações em geral* I cit., pp. 198-200; LEITE DE CAMPOS, *Lições de Direito da Família*, 2.ª ed., cit., p. 137 e s.; PEREIRA COELHO/GUILHERME DE OLIVEIRA, *Curso de Direito da Família* I cit., p. 171 e s.

[828] Cfr., designadamente, ALMEIDA COSTA, *Direito das Obrigações* cit., pp. 88-90; GALVÃO TELLES, *Direito das Obrigações*, 7.ª ed., Coimbra, Coimbra Editora, 1997, pp. 12-13; PESSOA JORGE, *Direito das Obrigações* I cit., pp. 32-34; MENEZES CORDEIRO, *Direito das Obrigações* I cit., pp. 291-292. ANTUNES VARELA, *Das*

tanto, nada impede que abranja situações jurídicas dependentes ou institucionalizadas. No plano da garantia, tende-se a considerar que os direitos familiares beneficiam de uma tutela menor do que a correspondente aos direitos de crédito. Só que tal tese carece de demonstração. Por um lado, a violação dos deveres conjugais tem consequências sancionatórias específicas (*v.g.*, efeitos patrimoniais do divórcio com declaração de culpa). Por outro lado, a lei não exclui expressamente a possibilidade de o lesado pelo não cumprimento dos deveres familiares reclamar uma indemnização nos termos gerais. Mas toda esta problemática será tratada desenvolvidamente na III Parte. Quanto à tipicidade, trata-se, realmente, de uma característica dos deveres conjugais [cfr. artigos 1618.º e 1699.º, n.º 1, alínea b), do Código Civil], que, neste ponto, divergem das obrigações (cfr. artigos 398.º, n.º 1, e 405.º do Código Civil). É inadmissível a constituição de deveres conjugais não previstos na lei, enquanto vigora um *numerus apertus* de direitos de crédito. No entanto, a divergência detectada apresenta escasso relevo para quem tente definir, com nitidez, uma linha de fronteira para as duas situações jurídicas em confronto, uma vez que a "atipicidade reinante nas obrigações não é uma característica que derive da essência do fenómeno creditício"[829].

Pelo contrário, a alegada *disposição funcional* dos direitos familiares traduz-se num elemento valioso para efeitos de recusa da teoria da obrigação. Considera-se que, em contraste com os direitos de crédito, que permitem exigir a outrem um comportamento no interesse do credor, os direitos conjugais são exercidos simultaneamente no inte-

---

obrigações em geral I cit., afirma que a "obrigação não autónoma" cabe no conceito estrito de obrigação (pp. 69-70) e, não obstante isto, indica a conexão institucional como um dos aspectos que separa os direitos familiares dos direitos de crédito (pp. 198-199).

[829] Cfr. MENEZES CORDEIRO, *Direito das Obrigações* I cit., p. 289, acrescentando que a atipicidade obrigacional resulta apenas "duma opção de natureza técnica, feita pelo legislador contemporâneo" e que a "história revela que pode existir, no seio das obrigações, a tipicidade normativa, sem prejuízo da sua natureza". Foi o que sucedeu, por exemplo, no direito romano clássico, em que se observava um "sistema fechado de obrigações". Cfr. VERA-CRUZ PINTO, *O Direito das Obrigações em Roma*, vol. I, Lisboa, AAFDL, 1997, pp. 34-35, p. 207, p. 211 e s.

resse do respectivo titular e do "sujeito passivo". Ou, por outras palavras: a obrigação está ao serviço de qualquer finalidade do credor, enquanto o dever conjugal visa a realização de uma estreita comunhão de vida entre duas pessoas. E isto reflecte-se a nível estrutural. Numa representação simplificada da relação jurídica obrigacional, um dos sujeitos é titular de um direito e o outro sujeito está vinculado a um dever simétrico. Diferentemente, na esfera jurídica de cada um dos sujeitos da relação jurídica matrimonial encontra-se sempre um direito e um dever com igual conteúdo, o que ilustra a dimensão não estritamente individualista, não *egoísta*, das situações jurídicas activas conjugais. Se a relação creditícia implicar obrigações recíprocas e não houver prazos diferentes para o cumprimento, cada uma das partes pode suspender a realização da prestação a que se acha adstrita, enquanto a outra não efectuar a que lhe cabe ou não oferecer o seu cumprimento simultâneo (artigo 428.º, n.º 1, do Código Civil). Na relação matrimonial, o cumprimento dos deveres conjugais pessoais por um não está subordinado ao cumprimento dos deveres conjugais pessoais pelo outro[830]. Não há,

---

[830] Em lições orais de Direito da Família, proferidas na Faculdade de Direito da Universidade de Lisboa, PAMPLONA CORTE-REAL tem partido da inaplicabilidade da excepção de não cumprimento aos deveres conjugais pessoais para questionar a contratualidade do casamento.

No direito francês, predomina a opinião de que a "exception d'inexécution" é aplicável aos deveres conjugais (cfr., nomeadamente, BÉNABENT, *Droit Civil. La famille* cit., pp. 102-103, e FENOUILLET, *Droit de la Famille* cit., p. 80). Neste sentido, invoca-se o par. 1.º do artigo 245 do *Code civil*, na redacção de 1975, o qual dispõe: "Les fautes de l'époux qui a pris l'initiative du divorce n'empêchent pas d'examiner sa demande; *elles peuvent, cependant, enlever aux faits qu'il reproche à son conjoint le caractère de gravité qui en aurait fait une cause de divorce*" (o itálico é, obviamente, nosso). Contudo, os exemplos dados, situações em que se coloca justamente o problema da apreciação da conduta do cônjuge requerente do divórcio à luz da 2.ª parte do preceito acabado de citar, não se enquadram entre as concretizações da excepção de não cumprimento. Trata-se antes da questão da "compensação de faltas" ou "reciprocidade de ofensas". A excepção de não cumprimento é uma excepção (material) dilatória, vocacionada para induzir a outra parte ao cumprimento [assim, JOÃO ABRANTES, *A excepção de não cumprimento do contrato no Direito Civil português (Conceito e fundamento)*, Coimbra, Livraria Almedina, 1986, p. 151 e s., p. 164 e s.]. Os actos de um cônjuge que a doutrina e a jurisprudência francesas alinham como manifestações da "exception d'inexécution" são actos de pura retaliação à

afinal, um verdadeiro sinalagma[831]. Referindo-se ao débito conjugal, ao dever de cooperação e ao dever de respeito, Antunes Varela[832] esclarece que "não há em bom rigor jurídico prestação, de um lado, e contraprestação do outro, mas participação solidária no mesmo acto. O que há, no desenrolar da plena comunhão matrimonial de vida, são prestações solidárias dos cônjuges ao serviço de interesses morais, espirituais, físicos ou materiais de igual modo solidários". Embora não seja concretamente mencionado, o dever de fidelidade ostenta idêntico cariz comunitário. A proibição das relações sexuais com terceiro contribui para o aprofundamento da união entre os cônjuges, não se destinando a tutelar um interesse exclusivo do outro cônjuge (por exemplo, a sua reputação no meio social).

A função extra-individual dos deveres conjugais, que ajuda a tornar compreensível a invocação do princípio da indisponibilidade das situações jurídicas activas pessoais derivadas do casamento, surge, assim, como um ponto decisivo para desenhar a linha de ruptura com a categoria da obrigação. Apesar de tudo, há uma zona de intersecção da

---

violação dos deveres conjugais pelo outro cônjuge ou sinais de uma ruptura matrimonial definitiva, dificilmente reversível; a análise destes comportamentos "se rapproche de la logique pénale de l'excuse de provocation et exclut toute logique contractuelle" (ROCHE-DAHAN, "Les devoirs nés du mariage. Obligations réciproques ou obligations mutuelles?", *RTDC* 2000, p. 735).

No direito português, é consensual a ideia de que a ofensa dos deveres conjugais por um dos cônjuges não integra uma causa de exculpação para o incumprimento desses deveres pelo outro cônjuge (ver, por todos, PIRES DE LIMA/ANTUNES VARELA, *Código Civil Anotado* IV cit., p. 538). E a lei portuguesa admite unicamente a suspensão de um dever conjugal *patrimonial*, o dever de assistência, numa situação que se assemelha a uma hipótese de excepção de não cumprimento (artigo 1675.º, n.º 3, 1.ª parte, do Código Civil).

[831] A excepção de não execução requer mais do que reciprocidade de deveres jurídicos; exige um vínculo de interdependência ou correspectividade. É necessário que cada prestação apareça como contrapartida da outra: cfr. JOÃO ABRANTES, *A excepção de não cumprimento* cit., p. 39 e s. Rejeita explicitamente a perspectiva sinalagmática dos deveres conjugais, ROCHE-DAHAN, "Les devoirs nés du mariage" cit., p. 738 e s., por entender que não ocorre uma "interdependência objectiva" das situações jurídicas emergentes do casamento.

[832] ANTUNES VARELA, "As concepções institucionais e as concepções inter--individuais do casamento" cit., p. 185.

prática do dever conjugal com a prática do dever obrigacional. Nomeadamente, o Direito Matrimonial socorre-se, tal como o Direito das Obrigações, dos conceitos de débito, prestação, cumprimento e culpa. Isto é inevitável, na medida em que existe um regime jurídico geral do comportamento humano[833]. Não se trata, pois, de uma qualquer estranha apropriação de noções e mecanismos próprios do universo creditício.

1.4. Da denegação de qualificação jurídica precisa à denegação absoluta de carácter jurídico

62. A rejeição das orientações realistas e obrigacionais está longe de constituir o fim do percurso lógico em matéria de caracterização dos deveres conjugais. Sabe-*se o que não são*. Ignora-se ainda *o que são*. Todavia, o labor de Vassalli esgota-se praticamente na crítica das posições de Carnelutti e Fedele. De resto, limita-se a concluir pela "obrigatoriedade jurídica" do débito e da fidelidade[834]. O primeiro dever era regulado pela lei civil da época, que considerava a impotência como causa de divórcio ou de invalidade do casamento e consagrava os seguintes "meios de influência e de coacção": a admoestação do juiz, "o sequestro de rendimentos" ("il sequestro di rendite"), a separação decretada como sanção do incumprimento do débito. A violação do dever de fidelidade era objecto de sanção não apenas civil como penal. Em conclusão, haveria um "sistema unitário de protecção" dos dois deveres. E por aqui se queda Vassalli, deixando a impressão de que, na sua óptica, dizer mais do que isto seria incorrer nos mesmos vícios que assinalou às teorias repudiadas. Isto é, uma tentativa de aprofundamento seria inútil e só contribuiria para descredibilizar o Direito.

---

[833] Débito, prestação e cumprimento pertencem ao domínio do dever jurídico (figura que, segundo PESSOA JORGE, *Direito das Obrigações* I cit., pp. 45-47, não tem tido a "atenção que merece"), do qual a obrigação é uma mera manifestação particular. A culpa é pressuposto comum à responsabilidade pela prática de várias espécies de ilícito (*v.g.*, penal), não constituindo apanágio do ilícito obrigacional.

[834] VASSALLI, *Del «Ius in corpus» del «debitum coniugale»* cit., p. 131 e s.

A obra de Vassalli terá um efeito inibidor forte e prolongado. Habitualmente prolixa, viva e ousada no que toca ao Direito Matrimonial, a doutrina italiana recua quando depara com o problema da natureza jurídica dos deveres conjugais pessoais, atitude que contrasta com a que é assumida pela doutrina alemã. Especialmente expressiva é a posição de Paradiso[835]. Numa obra publicada em 1990, este autor entende que o "ius in corpus" é um verdadeiro direito subjectivo, afirmando, porém, que não convém investigar a natureza desse direito, por ser "questão meramente dogmática, desnecessária para definir os seus contornos" e por serem "conhecidos os possíveis resultados e aspectos grotescos de uma tal investigação, magistralmente descritos pela *Dogmatica ludrica* de Filippo Vassalli". Mas, bem diverso é o enquadramento dado por Paradiso à natureza dos acordos entre os cônjuges[836], o que dissipa suspeitas que eventualmente pudessem existir quanto aos motivos realmente determinantes da sua escolha científica: esta não resulta propriamente duma preparação dogmática em abstracto diminuta nem do desejo de enveredar pelos "caminhos fáceis do pragmatismo".

---

[835] PARADISO, *I rapporti personali tra coniugi* cit., p. 32, nota 90. Cfr. ainda GAZZONI, *Manuale di Diritto Privato* cit., pp. 356-357, cuja análise do dever de fidelidade evolui rapidamente de uma alusão algo depreciativa à polémica que teve por protagonistas Carnelutti e Fedele ("Un tempo addirittura si teorizzava una sorta di *servitù d'amore*, cioé uno *ius in corpus* esclusivo spettante al coniuge a cui corrispondeva un *debitum coniugale* vicendevole e si discuteva con tutta serietà se detto diritto fosse di credito, come ritenevano i canonisti, o reale, come riteneva una certa dottrina civilista") para uma definição intencionalmente desprovida de preocupação dogmática ("oggigiorno si ritiene dalla dottrina piú avanzata che, venuto meno il profilo pubblicistico, la fedeltà sia posta a tutela della comunione di vita tra i coniugi ed in questa chiave non c'è dubbio che essa vada sganciata da una restrittiva formulazione in chiave di sessualità per essere piú seriamente ed intensamente riferita ad un impegno globale di devozione, estensibile a tutti gli aspetti della vita familiare"). No direito italiano actual, a questão da natureza jurídica dos deveres de coabitação e de fidelidade é, frequentemente, encarada com relutância e desprezo. O jurista que não se satisfaça com o simples enunciado de uma qualificação jurídica mais ou menos genérica ("diritto soggettivo", "obbligo", etc.), que se atreva a conceder deliberadamente um mínimo de atenção ao problema, arrisca-se a ser censurado por ter adoptado um comportamento "fora de moda" e "politicamente incorrecto".

[836] PARADISO, *I rapporti personali tra coniugi* cit., p. 146 e s.

Sendo assim, afigura-se legítimo perguntar se é pertinente o esforço aqui desenvolvido em torno da problemática da natureza dos deveres conjugais sexuais. Será de alguma forma útil? Contribuirá para prestigiar o Direito e o investigador? Num certo plano, as respostas cabem, decerto, aos leitores deste texto. Num outro plano, mais abstracto, elas têm de ser ensaiadas pelo respectivo autor. Dentro deste último plano, é justo começar por formular uma pergunta de sabor retórico: devemos viver atormentados pelo medo do ridículo? Note-se que, *a priori*, nenhuma construção científica está livre de ser *parodiada*, com maior ou menor inteligência, com maior ou menor elegância[837].

---

[837] Cfr., designadamente, a sátira de JHERING, "Im juristischen Begriffshimmel", *Scherz und Ernst in der Jurisprudenz*, 1884, significativamente citada no estudo que precede a edição, de 1981, da obra *Del ius in corpus del debitum coniugale*. Não é por acaso que CAPRIOLI, "La riva destra dell'Adda – si vestivano di nomi le cose, il nostro mondo aveva un centro" (texto primeiramente publicado na *RDC* 1981, II, p. 390 e s.), pp. 79-80, selecciona um trecho da tradução italiana (*Serio e faceto nella giurisprudenza*, Firenze, 1954, pp. 284-285), em que Jhering "brinca" com o conceito de obrigação através do seguinte diálogo (que traduzimos para português):

"– Quanto mais complicada é a relação, tanto mais fácil é a construção. Os únicos temas que, para além do contrato, eu ainda acho atraentes são a obrigação e a representação directa.

"– Posso perguntar-te a que resultados chegaste?

"– Relativamente à obrigação, cheguei à conclusão de que é um direito sobre a actividade do devedor.

"– Eu não consigo concebê-lo. Enquanto não tiver sido desenvolvida, a actividade não existe e depois nem sequer é possível que exista um direito sobre ela.

"– Existir? Vê-se bem que não és um dos nossos. A actividade do devedor, que para o teu pensamento tacanho, demasiado limitado, em meu parecer, pela categoria do tempo, existe somente no futuro; para mim, que não coloco limites desse género ao meu pensamento, existe já agora. Para mim, existir e pensar identificam-se.

"– Se é assim, já não falo mais...".

Scherz und Ernst in der Jurisprudenz contém uma caricatura da construção jurídica que poucos anos antes o mesmo Jhering tanto prezava, e que agora reputa, com numerosos exemplos, de inútil, sob o ponto de vista prático, e contrária ao bom-senso. Ainda segundo LARENZ (*Metodologia da Ciência do Direito* cit., p. 57), a obra não é ainda portadora de uma nova orientação científica; a descrença manifestada no que respeita à teoria – simbolizada na frase, de Jhering, "primeiro há que perder-se

Vários pontos conexos com a sexualidade humana (*v.g.*, deveres conjugais, determinação da paternidade, crimes sexuais) são objecto de regulamentação legal. Tal como o legislador não renuncia, nem pode renunciar, a uma intervenção em determinados domínios por estes serem particularmente sensíveis ou íntimos, também o cientista não pode abdicar do estudo de matérias relevantes em virtude de as mesmas causarem algum embaraço ou por se situarem numa zona que é tradicionalmente visada pelo humor. A pesquisa não pode estar condicionada pela *fobia do riso*. Como em todas as coisas, é requerida moderação. Afirmações e qualificações vagas pouco resolvem. Ao investigador compete aprofundar os assuntos sensíveis, com especial cuidado e bom-senso. Se o fizer, nada garante que o seu trabalho não suscite risos; todavia, eles poderão ser inteiramente descabidos.

O Direito, enquanto disciplina científica, não se credibiliza nem com omissões nem com a análise superficial de problemas importantes. Deste modo, o tratamento atento do tema da natureza dos deveres de coabitação sexual e de fidelidade apresenta utilidade teórica. Mas tem igualmente utilidade prática. O regime legal específico dos deveres conjugais não dá, naturalmente, resposta a todas as situações. Entre aquelas que não encontram solução expressa na lei, é particularmente controvertido o problema da aplicabilidade do instituto da responsabilidade civil no caso da prática de adultério[838]. Ora, a caracterização dos deveres conjugais é um factor a ter em conta na ponderação da solução a tomar relativamente a este e a outros problemas. Não se pretende com isto dizer que é a qualificação que dita o regime, o que seria incorrer no "anátema" da inversão metodológica. Todavia, também se não perfilha o anti-conceptualismo primário. Reconhecida "a necessidade do discurso científico integral"[839], o jurista não se pode dar ao luxo de des-

---

por completo a fé na teoria, para podermos sem perigo utilizarmo-nos dela" – tem de ser interpretada "mais como expressão de dúvidas momentâneas do que como profissão de um certo credo científico".

[838] Cfr. *infra*, Parte III.

[839] Cfr. MENEZES CORDEIRO, "Introdução à edição portuguesa de *Pensamento sistemático e conceito de sistema na Ciência do Direito* (Canaris)", Lisboa, Fundação Calouste Gulbenkian, 1989, p. XVI e s.

prezar um elemento susceptível de o auxiliar no desempenho daquela que é a sua tarefa. A consideração prévia e minimamente séria do tema da natureza habilita o intérprete a proceder de forma mais consciente à determinação da garantia que assiste aos deveres conjugais sexuais. No entanto, importa frisar que se pisa terreno jurídico muito permeável aos valores, motivo pelo qual se tem de colocar a hipótese de a qualificação dogmática das figuras não só não ser elemento único mas também, por vezes, nem sequer ter o papel de factor decisivo.

63. O desequilíbrio entre o esforço de crítica às teorias do direito real e do direito de crédito e o esforço positivo de definição da índole do *ius in corpus*, torna a obra de Vassalli atraente aos olhos de quem duvida do cariz jurídico dos deveres conjugais sexuais. Aliás, não será preciso esperar muito até que o autor venha a ser invocado como defensor do carácter essencialmente moral do dever de fidelidade[840]. E, anos depois da reforma italiana de 1975, surgirá uma nova edição do texto "Del *ius in corpus* del *debitum coniugale*...", cuja introdução será nada mais nada menos do que um estudo contrário à vinculatividade dos deveres conjugais pessoais[841].

---

[840] Cfr. DARI, "Danni da adulterio e da separazione personale", *RTDPC* 1948, p. 690, que atribui à exclusividade sexual entre cônjuges "un valore essenzialmente d'ordine morale", recordando, neste sentido, as páginas em que Vassalli rejeita a concepção do *ius in corpus* como direito real.

[841] CAPRIOLI, "La riva destra dell'Adda" cit. Cfr. em particular p. 95 e s. – aqui sustenta que a regulamentação das relações conjugais não patrimoniais, na década de quarenta, se baseava na tutela da exclusividade sexual, tida como a mais representativa das obrigações emergentes do casamento, pelo que a ulterior despenalização do adultério teria afectado a juridicidade de todos os deveres pessoais. O trabalho em causa desencadeou uma reacção indignada de DE CUPIS, materializada no artigo "Ancora una postilla sul *jus in corpus*", *RDC* 1981, II, p. 504 e s. DE CUPIS censura Caprioli por exprimir "una generale concezione eversiva, ammissibile, per certo, nell'ambito della libertà di pensiero, ma artificiosamente agganciata all'opera e alla personalità di Vassalli" (p. 507), lembrando que Vassalli se pronunciou claramente pela obrigatoriedade jurídica do débito e da fidelidade, e refuta também a ideia de uma ligação entre descriminalização do adultério e ausência de disciplina jurídica (p. 509): "tutti gli mezzi di difesa giuridica contro la lesione degli interessi coniugali di natura personale tuttora permangono"; "per quanto riguarda il semplice adulterio,

A demonstração do fracasso dos modelos tradicionais de direito subjectivo, desacompanhada de uma proposta de explicação rigorosa da estrutura dos deveres de coabitação carnal e de fidelidade, cria, de certo modo, um ambiente propício à integração destes no *espaço livre de Direito*.

2. A "FUGA DO DIREITO"

2.1. A "hipótese do *non-droit*"

64. Logo no séc. XIX, a percepção da pré-juridicidade e da essência não patrimonial da família levará a Escola Histórica a propugnar[842] a inclusão da maior parte das relações de família num domínio diferente do do Direito (estatal). Neste contexto, traça-se a seguinte contraposição: os bens são exteriores ao indivíduo, as "famílias contêm o embrião do Estado" e "servem para completar o indivíduo"; desta forma, os bens pertencem totalmente ao domínio do direito positivo, enquanto a família, aproximando-se muito dos direitos que estão à margem do direito positivo (os chamados direitos originários), só parcialmente cabe no Direito. Em abstracto, o "poder da vontade", que seria o direito subjectivo, teria três objectos possíveis: o "eu primitivo", o "eu ampliado pela família" e o "mundo exterior". Ao primeiro, situado à margem do direito positivo, corresponde o direito originário. O "eu ampliado pela família" está em parte sujeito ao direito da família, mas a sua parte mais importante encontra-se fora do alcance do Direito. O "mundo exterior" integra-se plenamente no direito positivo, dando conteúdo ao direito dos bens, que se subdivide em direito das coisas e direito das obrigações. Savigny enuncia, assim, três principais classes

---

permangono le sanzioni civili, e quindi è assurdo trarre esorbitanti illazioni dalla depenalizzazzione di esso". Ou seja, é errada a opinião "circa il crollo degli obblighi reciproci tra i coniugi dopo la scomparsa dello scudo penale della monogamia".

[842] SAVIGNY, *Traité de Droit Romain* I cit., § LIII e s., p. 328 e s.

de direitos subjectivos: o direito da família, o direito das coisas e o direito das obrigações. E passa a apresentar uma perspectiva geral do regime das respectivas instituições particulares.

A instituição familiar é decomposta em três relações – casamento, poder paternal e parentesco –, todas elas qualificadas de relações naturais, colocadas "acima da humanidade", no plano do *ius naturale*, e, por isso, vistas como realidades "necessárias", "independentes do direito positivo". Mas o aspecto natural não seria o único digno de consideração: "a família reúne três elementos inseparáveis, o elemento natural, moral e legal". Destes três, apenas o elemento legal seria tratado pelo direito positivo. Consequentemente, o conteúdo jurídico da família coincidiria com o seu elemento legal. Representando a família "o complemento de uma individualidade imperfeita", isso permite pensar que a dimensão jurídica se confina à "posição que as suas diversas relações conferem ao indivíduo, que já não surge somente como homem, mas como cônjuge, como pai, como filho, e, portanto, com um modo de existência rigorosamente determinado, independente da vontade individual e ligado ao grande conjunto da Natureza"; enquanto relação jurídica, a relação familiar é "uma relação de uma pessoa com todos os outros homens, visto que é da sua essência o reconhecimento geral".

Sob este prisma, a fidelidade e a "entrega" dos cônjuges não teriam a natureza de deveres jurídicos. Apesar da importância de tais aspectos, que também integram a essência do casamento na óptica da Escola Histórica, Savigny afirma que os mesmos se "apoiam na tutela da moral, não na protecção do Direito". E o autor retoma o assunto quando critica a concepção kantiana do casamento[843]: "Mas quem nos obriga a interpretar assim o contrato de casamento? Quando o padre pergunta aos cônjuges se eles se comprometem a amar e a ser fiéis um ao outro até à morte, e os cônjuges assumem este compromisso, tal declaração não implica a promessa de certos actos determinados, nem a submissão a um constrangimento jurídico no caso de esses actos não serem realizados; pelo contrário, ela significa que os cônjuges conhe-

---

[843] SAVIGNY, *Traité de Droit Romain* I cit., § CXLI, p. 335.

cem os preceitos do cristianismo sobre o casamento e que têm a intenção de os observar durante a sua vida".

A linha de Savigny acabará por não se enraizar. Quase até meados do séc. XX predomina a tendência da inteira juridicidade dos deveres conjugais pessoais, em boa medida dinamizada pela Escola Exegética francesa e pelos seus adeptos de diversas nacionalidades, atenuada somente pela ideia de que a interferência externa prejudicaria, por vezes, desnecessariamente, a paz do "santuário familiar", em regra susceptível de ser assegurada, na prática, através de um instrumento interno de regulação unilateral (o poder ou autoridade marital, a chefia da família). No período imediatamente subsequente à Segunda Guerra Mundial esboça-se, compreensivelmente, uma orientação que anuncia as limitações do Direito na regulamentação da família e que se enquadra num movimento amplo de algum cepticismo perante o Estado, a autoridade e a sociedade.

Em Itália, Jemolo[844] será um dos primeiros a exprimir o novo "sentimento ideológico" no seio do Direito da Família. "A família", escreve, "não pode ser reduzida a uma construção jurídica, nem a uma célula política, nem a uma estrutura económica"; a palavra "família" lembra sobretudo "afectos", imagens e não conceitos, "diz mais respeito ao coração do que à razão"; "o lado afectivo é o que mais conta na vida" para uma "geração como a nossa, sem pilares sólidos, sem segurança, que sabe estar a pisar solo movediço, e que, por isso, afasta deliberadamente o olhar das construções jurídicas, políticas, económicas – que todas têm bases frágeis e que uma daquelas fortes rajadas de vento que a história conhece pode arrasar de um dia para o outro".

É altura de destacar a pré-juridicidade da família, evidenciando as insuficiências do legislador, incapaz de definir um instituto "que surgiu antes que o conceito de Direito se isolasse de outros conceitos afins, um instituto que não é seu, que ele não pode dominar, do qual apenas pode regular certos aspectos". A lei não consegue abarcar a essência da família, "o instituto rebela-se contra qualquer tentativa do legislador que ultrapasse um âmbito praticamente demarcado por natureza". E, ao

---

[844] JEMOLO, "La famiglia e il Diritto", texto de conferência proferida em 1949, *Pagine sparse di Diritto e Storiografia*, Milano, Giuffrè, 1957, p. 222 e s.

mesmo tempo, a própria análise parece estar perpassada pela emoção, amputada de objectividade. É feita a condenação da repressão das violações dos deveres conjugais pessoais, desde que extravasem do foro interno, argumentando-se a propósito com o facto de a sanção do incumprimento do débito ter sido usada como instrumento do fascismo para o incremento e para a melhoria da raça.

Por este ritmo, o resultado previsível seria, no mínimo, a limitação da eficácia do Direito ao domínio das relações patrimoniais da família. Na verdade, Jemolo, embora reconheça que "não se pode restringir o âmbito do Direito ao da economia", diz que os remédios jurídicos alcançam eficácia plena "unicamente quando se trata de prescrever em matéria de valores económicos, do meu e do teu". Nos outros domínios, a aplicação da lei apenas se pode aproximar da finalidade última do legislador e "esta aproximação torna-se tanto mais remota quanto mais se faz na zona dos valores imateriais, do âmbito afectivo". E aqui é proferida a famosa frase: "a família aparece sempre como uma ilha que o mar do Direito pode tocar, mas apenas tocar". Isto é, "a sua íntima essência permanece metajurídica"; "a família é a rocha sobre a onda e o granito que forma a sua base pertence ao mundo dos afectos, dos instintos primordiais, à moral, à religião, e não ao mundo do Direito".

No entanto, posteriormente, o distanciamento temporal permitirá a Jemolo exprimir as suas ideias com maior serenidade[845]. A família é uma realidade inequivocamente pré-estatal, em que é fundamental o "substrato do costume, da tradição, dos sentimentos primordiais". No entanto, a lei não está impotente. A regulamentação da família não depende exclusivamente do costume; a sua modelação depende ainda do Estado, das forças políticas e dos movimentos revolucionários. Aliás, o Estado consegue regular "as obrigações mais importantes dos cônjuges, desde que se manifestem naquele âmbito das relações exteriores, dos factos tangíveis, dos comportamentos concretos, que é o âmbito do Direito". E entre tais obrigações figuram a coabitação e a fidelidade.

---

[845] JEMOLO, *Il matrimonio* cit., p. 414 e s.

Poucos anos antes da reforma italiana de 1975, o mesmo autor aprecia a evolução do Direito da Família[846]. E confessa o arrependimento pelas posições que adoptara na sua juventude, antes da década de quarenta, quando era "idólatra do Estado" ("statolatri"), seguidor da concepção publicista de Cicu, acérrimo defensor da intervenção estatal no domínio da família. Livre finalmente da pressão psicológica decorrente da necessidade de reagir energicamente a uma tese de feição intervencionista, tese que em dada altura fora partilhada por si e aproveitada pelo Estado totalitário, Jemolo pode, sem complexos, apontar os excessos das teorias liberais. Não é certo que a regulamentação legal da relação conjugal pessoal seja inútil e destituída de legitimidade. "Pode negar-se o valor moral do comportamento fruto de coacção, do dever cumprido por causa da ameaça, mas isto não implica que se tenha de abolir a sanção", já que é puro idealismo pensar num mundo sem normas sancionatórias. A mudança da era das ideias políticas e das instituições para a era da economia e do bem-estar terá abalado a concepção que justificava a legislação sobre a família; no entanto, a intervenção do Estado não pode ficar circunscrita à esfera económica. "Não creio que este nosso rancor, italiano, difuso contra o Estado, este nosso anarquismo de alguns anos para cá triunfante, tenha de durar para sempre".

65. Será o "pai do Direito da Família francês do pós-Guerra"[847], eminente estudioso da Sociologia do Direito, que se debruçará com atenção sobre um conceito hoje tão vulgarizado, e até deturpado, como é o *non-droit*, num artigo que ficou célebre[848].

O *non-droit* corresponde a uma figura detectada pela Sociologia do Direito numa fase de maturidade, em que esta disciplina se conse-

---

[846] JEMOLO, "Sul Diritto di Famiglia (pensieri di un malpensante)", *Studi in onore di Gioacchino Scaduto. Diritto Civile*, I, Padova, CEDAM, 1970, p. 553 e s.

[847] Para usar a expressão de FRANK, "100 Jahre BGB – Familienrecht" cit., p. 418 ("Carbonnier, der Vater des französischen Familienrechts der Nachkriegszeit").

[848] CARBONNIER, "L'hypothèse du non-droit" (primeiramente publicado em 1963 nos *Archives de Philosophie du Droit*), *Flexible Droit (Pour une sociologie du droit sans rigueur)*, 7.ª ed., Paris, LGDJ, 1992, p. 23 e s.

gue desligar da concepção *panjurídica* e perceber que o Direito não tem "o dom da ubiquidade". Ao reconhecerem "que o Direito não ocupa toda a atmosfera humana, que há, nas sociedades, vácuos de Direito", os sociólogos são forçados a pensar na "hipótese do *non-droit*".

Numa primeira aproximação, Carbonnier define *non-droit* como "a ausência do Direito num certo número de relações humanas em que o Direito teria vocação técnica para estar presente". Trata-se de uma noção marcada pela negatividade e, deste modo, distinta do *anti-droit*, "o Direito injusto, que é um fenómeno positivo", bem como do *sous-droit*, Direito não estatal, produto de determinados agrupamentos particulares. De qualquer modo, a noção suscita dificuldades. Onde começa o *non-droit* e acaba o Direito ou vice-versa? Na maior parte dos casos, a lei é aplicada amigavelmente, sem litígios. Ou seja, o *non-droit* não é simplesmente o *não-contencioso*, porque "o contencioso é infinitamente mais pequeno do que o Direito". E, afastado este critério qualitativo de demarcação, resta uma diferença de grau. Na medida em que é possível conceber "o Direito que está presente numa categoria de relações humanas" como "uma massa estatística, susceptível de mais ou de menos", é admissível ver no *non-droit* "não um vácuo absoluto de Direito, mas uma diminuição mais ou menos considerável da pressão jurídica".

Seja como for, a vaguidade subsiste. E não se dissipa pelo facto de se identificar o *non-droit* com o complexo de normas não jurídicas. Na óptica de Carbonnier, "é banal representar o Direito como uma película fina à superfície das coisas humanas" ou "como a parte visível de um icebergue que simboliza o todo das relações sociais", tal como constitui um exercício clássico distinguir a moral do Direito através de círculos concêntricos. As regras não jurídicas de conduta coincidem, de certo modo, com o *non-droit*; porém, para se chegar ao cerne do problema, é preciso ir além da verificação de que o Direito coexiste com outros sistemas de normas. "Se há que estudar o *non-droit*, parece lógico atender em primeira linha ao *non*, ao vácuo, à ausência, remetendo para depois o trabalho de descobrir o que ficará no lugar do Direito. O essencial, na hipótese do *non-droit*, é o movimento do Direito para o *non-droit*, o abandono, pelo Direito, de um terreno que ocupava ou que lhe caberia ocupar. O *non-droit*, naquilo que tem de mais significativo, é a retirada do Direito".

Os "mecanismos pelos quais o Direito se retira" repartem-se por duas classes: a do *non-droit* como dado social e a do *non-droit* como escolha individual. No domínio do *non-droit* criado pela vontade do indivíduo, Carbonnier separa a "escolha orgânica" da "escolha difusa". A primeira é definitiva; o indivíduo opta de uma vez para sempre pelo *non-droit* em detrimento do Direito. A "escolha difusa", mais frequente, traduz "preferência quotidiana pelas soluções do *non-droit* no interior de uma situação de Direito". O indivíduo, integrado numa determinada relação jurídica, pode, em cada momento, decidir se opta ou não por uma resposta jurídica.

O Direito da Família seria justamente a área por excelência do *non-droit* enquanto escolha individual *difusa*: "É uma reflexão que surge um pouco por todo o lado, de que as instituições familiares, para funcionarem harmoniosamente, têm de ser apoiadas por relações afectivas entre os participantes, e de que, por exemplo, um casamento em que cada um dos cônjuges se refugia no estatuto de direitos e obrigações que a lei lhe confere será, na realidade, um casamento bem pobre. Mas, partindo desta reflexão justa, chega-se a uma conclusão discutível: representa-se o casamento e outras instituições do Direito da Família como compostos de Direito e de costume, de Direito e de moral, de Direito e de afeição, de Direito e de amor. Concede-se pacificamente um papel ao *non-droit*, mas debaixo do Direito; um múnus de impregnação e, segundo uma imagem famosa, de seiva encoberta.

"Isto não é descrever os factos com exactidão. No desenvolvimento quotidiano de uma instituição familiar, os indivíduos não estão a praticar continuamente um Direito molhado pelo *non-droit*, pelo costume e pela moral. Em geral, eles só praticam o Direito de longe em longe, quando não é possível agir de outra forma (assim, quando é necessário celebrar o seu casamento ou tranquilizar um comprador que receia uma consequência do regime matrimonial) e, no intervalo, eles vivem como se o Direito não existisse. O *non-droit* não se junta, pois, com o Direito, ele está de um lado e o Direito do outro. Há dias longos de *non-droit*, para alguns instantes de Direito. Porque o *non-droit* é a essência, o Direito o acidente. Normalmente, o Direito apenas entra em cena quando é chamado pela vontade expressa de pelo menos um dos interessados, ao passo que a sua vontade implícita é suficiente para o manter à parte".

Estas são as palavras que o sociólogo Carbonnier profere acerca do Direito e do *non-droit* em conexão com a relação conjugal. Não há nelas qualquer vestígio de negação de juridicidade dos deveres conjugais. Considera-se afinal que o Direito está presente, ainda que de forma latente, tornando-se visível se for invocado pelas partes. Efectivamente, o jurista Carbonnier[849] não duvida da vinculatividade dos deveres de coabitação e de fidelidade; designadamente, o cônjuge que os viola sujeita-se à aplicação de sanções jurídicas, o que ilustra a integração inequívoca dos mesmos no sector do Direito.

2.2. Em "luta contra o Direito"

66. As posições mais recentes contrárias à juridicidade dos deveres conjugais pessoais não são nem se apresentam como expressões actuais do pensamento da Escola Histórica[850]. Em Savigny, o espaço não jurídico é preenchido pela "ordem natural" e, sobretudo, pela ética cristã. Nas novas teorias, a moral social é desalojada pela liberdade individual.

Nem Jemolo nem Carbonnier podem legitimamente ser indicados como precursores ou apoiantes do movimento que hoje recusa carácter jurídico aos deveres de coabitação e de fidelidade. A *ilha* de Jemolo não deixa de ser *tocada* pelo *mar* do Direito; a *rocha de granito* está sujeita à força das *ondas* do ordenamento estatal; os direitos e deveres recíprocos dos cônjuges "nascem antes de mais no terreno religioso e

---

[849] Cfr. CARBONNIER, *Droit civil 2* cit., p. 467 e s.
[850] Cfr., nitidamente, PAWLOWSKI, "Abschied von der «Bürgerliche Ehe»?", *Studi in onore di Pietro Rescigno*, II.1, Milano, Giuffrè, 1998, pp. 699-700, que rejeita a doutrina matrimonial de Savigny ("der die Ehe als eine Einheit von «Naturverhältnis», «sittlichem Verhältnis» und «Rechtsform» charakterisierte"), afirmando que o casamento já não pode ser concebido como unidade que inclui uma componente moral.

moral"[851], mas são regulados pelo Direito nos seus aspectos mais importantes. O *non-droit* de Carbonnier não é uma zona de *caos* nem de autonomia privada pura[852]. O *non-droit* da família é até um *non-droit* "difuso": o Direito pode irromper a qualquer momento na vida familiar, por iniciativa de um dos interessados. Um cônjuge pode exigir ao outro o cumprimento dos deveres que a lei declara decorrerem do casamento e o cônjuge inadimplente incorre em sanções organizadas pelo aparelho do Estado. Apesar de tudo isto, os nomes dos dois autores são, por vezes, associados à tendência que repudia totalmente a ideia de um regime jurídico material aplicável às relações pessoais entre os cônjuges.

Caprioli[853] invoca Jemolo para provar que a questão da qualificação jurídica dos deveres de coabitação carnal e de fidelidade é uma "pergunta desprovida de sentido" (no melhor dos casos, "indiscreta"; no pior, "vergonhosamente retrógrada") e que ao Estado está vedado intervir nas relações pessoais emergentes do casamento. Contudo, é

---

[851] JEMOLO, *Il matrimonio* cit., p. 417.

[852] Cfr. CARBONNIER, "L'hypothèse du non-droit" cit., p. 37: "Il faut bien comprendre que le non-droit n'est pas néant ni chaos. C'est un monde de relations que le droit n'abandonne point, quand il se retire, à la dissolution et au désordre (même dans les périodes dites de licence sociale). Le terrain qu'il évacue sera tout simplement réoccupé par les anciens occupants, principes d'ordre, de paix et d'harmonie dont on postule plus ou moins, dans l'hypothèse considérée, l'antériorité au droit. Ces principes coulent de maintes sources.

"Ils coulent, d'abord, de tout le social non juridique, qui a vocation, dans cette zone, à prendre le relais du droit, de tous les systèmes de normes qui ne sont pas des systèmes de droit: *folkways*, *mores*, pour revenir aux catégories de la sociologie américaine; *costume*, pour en emprunter une autre à la sociologie italienne; ou, tout bonnement, règles de moeurs, de convenance, de courtoisie, impératifs de l'éthique et de la religion (à supposer que morale et religion procèdent totalement de la société)".

Como esclarece RUBELLIN-DEVICHI, "Les grandes réformes en cours dans le Droit de la Famille en France", em *Liber Amicorum Marie-Thérèse Meulders-Klein* cit., pp. 661-662, a rejeição do Direito estatal, em nome de uma vaga ideia de respeito da liberdade individual ou da vida privada dos cidadãos, não tem qualquer conexão com a "hipótese do *non-droit*".

[853] CAPRIOLI, "La riva destra dell'Adda" cit., em particular p. 4 e s.

mais uma posição que é instrumentalizada[854] por alguém que descrê profundamente do Direito, por alguém que aproveita qualquer texto ou qualquer passagem em que se ridicularizem construções jurídicas ou se reduza o alcance da regulamentação geral e abstracta de origem estatal. Não é, portanto, apenas a obra de Jemolo. É também "Im juristischen Begriffshimmel" de Jhering[855] e, principalmente, "Del *ius in corpus* del *debitum coniugale...*" de Vassalli. De resto, a despenalização do adultério é o único argumento de direito positivo que Caprioli aduz no sentido da não juridicidade dos deveres em apreço[856].

Sem ser o autor mais representativo, Caprioli constitui um exemplo da "luta contra o Direito" que caracteriza o "antijuridismo contemporâneo" no campo do Direito da Família e que – acompanhando de perto a expressão feliz de Paradiso[857] – se traduz na "exaltação da afectividade e da espontaneidade, da vontade multiforme, episódica e contingente do sentimento e do desejo", na rejeição da normatividade e da respectiva função social, no "exacto contrário da disciplina jurídica". Sob a sua forma mais pura, esta mesma linha conta ainda com os nomes de Lange-Klein, Ramm, Pawlowski, mas só aparentemente com o de Alagna.

Alagna[858] começa por se demarcar da tese que atribui natureza jurídica aos deveres conjugais de cariz sexual. Tal tese é criticada pela sua ineficiência. Tendo como fim último a tutela da "unidade moral dos

---

[854] Cfr. DE CUPIS, "Ancora una postilla sul *jus in corpus*" cit., p. 509, que, a propósito das citações que Caprioli faz de Jemolo, observa: "lo stesso Jemolo, in uno dei suoi ultimi scritti, pubblicato postumo, ha lamentato l'assenza di sanzioni giuridiche appropriate al filiale dovere di rispetto dei genitori: dunque, in definitiva, egli si è reso ben conto della necessità dell'intervento del diritto nella famiglia, lamentando che, per qualche aspetto, tale intervento sia manchevole".

[855] Cfr. *supra*, nota 837.

[856] Cfr. *supra*, nota 841.

[857] Cfr. PARADISO, "I rapporti personali fra coniugi tra riforma del Diritto di Famiglia e leggi speciali. Linee per una riflessione", *I cinquant' anni del Codice Civile (Atti del Convegno di Milano, 4-6 giugno 1992)*, II, Milano, Giuffrè, 1993, pp. 606--607, que não hesita em falar de "una delle espressioni più significative della lotta contro il diritto, di quel *Hass gegen das Gesetz* che già evidenziava Hegel".

[858] ALAGNA, *Famiglia e rapporti tra coniugi nel nuovo diritto* cit., p. 77 e s.

cônjuges", visaria uma finalidade insusceptível de ser assegurada através do sistema normativo. Na opinião de Alagna, a comunhão entre os cônjuges é um "mero elemento de facto", produto da espontaneidade das partes. Consequentemente, a ideia de vínculos jurídicos sexuais redunda numa restrição injustificada do "direito de liberdade e de autonomia", que a Constituição italiana reconhece e garante a todos os indivíduos nos artigos 2 e 3. O débito e a exclusividade sexual são, assim, definidos como obrigações estritamente morais.

Todavia, o texto do jurista italiano é ambíguo. O cumprimento das referidas obrigações é entendido como requisito normal da comunhão conjugal, a sua falta é classificada como eventual indício da violação de um dever jurídico em sentido técnico (um amplo dever de devoção ou de fidelidade); e, por fim, Alagna esclarece que é admissível a dispensa recíproca dos deveres sexuais, que estes não são indisponíveis, podendo ser afastados por acordo dos cônjuges. Isto é, o autor confunde juridicidade com intangibilidade[859]. No fundo, o seu ataque não é desferido directamente contra a normatividade e sim contra a inderrogabilidade e a essencialidade dos deveres em questão. Não é, portanto, comparável com posições que nem sequer consentem a referência a deveres sexuais relativos e supletivos entre os cônjuges.

Lange-Klein[860] situa peremptoriamente os assuntos sexuais no "espaço livre de Direito". Após o casamento, cada cônjuge mantém a sua individualidade, não é eliminada a sua esfera privada, pelo que não seria admissível extrair da cláusula geral que obriga os cônjuges a uma comunhão conjugal de vida (§ 1353 do BGB) um dever particular de fidelidade ou de prática de relações sexuais. Ramm[861] exclui a existên-

---

[859] Cfr., nomeadamente, ALAGNA, *Famiglia e rapporti tra coniugi nel nuovo diritto* cit., p. 87: "Non può parlarsi di un vero e proprio dovere giuridico di esclusiva sessuale. La fedeltà assume valore imperativo con riferimento all'obbligo di responsabilità reciproca dei coniugi".

[860] LANGE-KLEIN/ *Reihe* cit., § 1353, Nm. 2 e s.

[861] RAMM, *Familienrecht, I: Recht der Ehe*, München, Beck, 1984, p. 231 e s. Em *Familienrecht: Verfassung, Geschichte, Reform; ausgewählte Aufsätze*, Tubingen, Mohr, 1996, p. 319, propôs, porém, uma alteração legislativa que, explicitando o significado da "eheliche Lebensgemeinschaft", dava ao § 1353 do BGB a seguinte redacção: "(1) Mit der Eheschließung begründen Mann und Frau eine auf das Leben

cia de deveres conjugais pessoais, *v.g.*, de coabitação ou de fidelidade, argumentando com os direitos fundamentais de liberdade, que, "nos termos do artigo 1 I da GG, valem para qualquer comunhão humana e deste modo também para a comunhão conjugal". O "direito ao livre desenvolvimento da personalidade", que o artigo 2 I daquela Lei Fundamental reconhece a todo o ser humano, não varia em razão do estado civil. Nenhum cônjuge pode estar limitado externamente no plano pessoal. Qualquer decisão que afecte o seu relacionamento matrimonial pertence somente ao âmbito moral, tem de estar absolutamente salvaguardada de constrangimentos jurídicos. Logicamente, Ramm rejeita a possibilidade de serem propostas acções para tutela das relações conjugais pessoais (*v.g.*, "Herstellungsklage" e "Ehestörungsklage"), bem como a hipótese de a fidelidade conjugal ser garantida mediante cláusulas penais ou condições apostas a liberalidades.

67. Mas quem se destaca especialmente no seio da orientação contrária à natureza jurídica dos deveres conjugais pessoais é Pawlowski, cuja obra engloba vários livros e artigos sobre a matéria, que foram publicados ao longo de cerca de trinta anos e ostentam um propósito constante de clareza e de coerência interna. O primeiro texto[862], anterior à reforma legislativa que estabeleceu o predomínio do princípio da ruptura no regime de divórcio (1. EheRG), aprecia um caso prático de recusa do débito conjugal, por motivo de convicção religiosa. É a famosa situação do padre católico que se casa e que, mais

---

angelegte Gemeinschaft, die auf gegenseitiger Liebe, Achtung und Treue, auf Verständnis und Vertrauen und uneigennütziger Hilfe füreinander beruht (eheliche Lebensgemeinschaft). (2) Aus der Ehe soll eine Familie erwachsen".

Apesar disso, Ramm explicou que tal noção não impedia os cônjuges de desenvolverem o casamento de acordo com a sua vontade. ("Das eheliche Lebensgemeinschaft läßt sich vielfach gestalten und ist keineswegs durch Sanktionen zu reglementieren"); o novo § 1353 conteria basicamente um possível modelo de orientação para a vida conjugal e para a resolução de eventuais conflitos entre os cônjuges, podendo também ser útil na interpretação dos acordos celebrados entre ambos. E, de facto, o articulado proposto não usa a palavra "verpflichtet", constante do texto do § 1353 I 2 Hs. 1 do BGB vigente.

[862] PAWLOWSKI, *Das Studium der Rechtswissenschaft* (1969) cit., p. 304 e s.

tarde, arrependido por ter infringido as regras da Igreja, deseja permanecer casto. A mulher propõe contra ele uma acção de divórcio com fundamento em violação culposa de um dever conjugal (§ 43 EheG). O padre não nega os factos, mas contesta a qualificação da sua conduta como culposa.

Pawlowski não discute que a mulher possa exigir o divórcio e obter alimentos (na época, condicionados pela determinação da culpa – § 58 e s. da EheG). Afasta unicamente a caracterização do comportamento do marido como culposo e, portanto, ilícito. O padre incorreria sim numa espécie de responsabilidade por acto lícito. O respectivo comportamento, "pouco convencional", prejudicou as legítimas expectativas da mulher, autorizando-a, assim, a formular pretensões de divórcio e de alimentos. O marido não violou qualquer dever conjugal, porque o casamento não cria nenhum dever jurídico de comunhão sexual nem outro dever pessoal entre os cônjuges (p. e., de fidelidade).

Na opinião do eminente jurista alemão, o casamento civil é somente "um quadro no qual se devem realizar as legítimas expectativas dos cônjuges". O Direito Matrimonial não pode prescrever regras de actuação nem impor um modelo de conduta. A tese da vinculatividade dos deveres conjugais pessoais implica a adopção de um único padrão de comportamento, o que marginaliza todos os cidadãos que tenham convicções diversas da pessoa média, já que qualquer atitude que se desvie da normalidade arrisca-se a ser tida como contrária ao casamento. A salvaguarda da liberdade de convicção religiosa ou de outro tipo de convicção só se harmoniza com uma ordem matrimonial que aceite a licitude da decisão de um cônjuge, quando ele decide agir de um modo que não é conforme à expectativa social dominante (como sucede no exemplo do padre).

De acordo com Pawlowski[863], a ideia de deveres jurídicos conjugais pessoais atinge a Lei Fundamental não só porque a cada cônjuge individualmente considerado continua, após o casamento, a ser reconhecido o direito fundamental de liberdade de crença e de consciência, consagrado no artigo 4.º, como também porque vigora o princípio do pluralismo. À "comunidade jurídica" cabe garantir a convivência pací-

---

[863] PAWLOWSKI, *Das Studium der Rechtswissenschaft* cit., p. 323 e s.

fica de homens com as mais diversas convicções religiosas e de vida. Cada um deve ter a faculdade de seguir a sua própria convicção. Deste modo, "é do interesse do Estado que os cônjuges desenvolvam as suas relações com autonomia", sem estarem subordinados a uma "filosofia de vida" que não é a sua, embora possa ser a da maioria dos cidadãos. Os cônjuges estão submetidos às restrições que constam das normas gerais (*v.g.*, disposições que proíbem as ofensas corporais), do regime de alimentos e das "disposições estatutárias" (p. e., regras sobre actos de administração e disposição do património). No demais, eles são livres na realização do seu casamento. Podem escolher qualquer "forma de casamento" (*v.g.*, com estrutura matriarcal ou patriarcal) e desistir unilateralmente da forma escolhida, logo que a mesma já não se adeqúe à sua opinião, sem que haja lugar a um juízo de ilicitude.

No entanto, a legislação da época fixava um regime do divórcio dependente da verificação de violação culposa de deveres conjugais e previa, tal como a actual, uma acção para o restabelecimento da comunhão conjugal ("Eheherstellungsklage"). Apesar disto, Pawlowski não defendeu a inconstitucionalidade das normas que colidiam com o seu pensamento. Propôs antes uma interpretação *sui generis*. No que respeita ao divórcio[864], considerou, por um lado, que o adultério e outras violações dos deveres conjugais relevariam não enquanto factos ilícitos mas enquanto "causas adequadas à perturbação da funcionalidade do casamento". Por outro lado, a alusão legal à culpa foi entendida num sentido amplo, não técnico: há "culpa" se o réu podia ou devia saber que o seu "comportamento não convencional" era "intolerável" para o outro cônjuge. E a esta luz se resolveria o "caso do padre casado e casto". Este agiu licitamente; porém, não podia ou não devia ignorar que o seu comportamento iria levar à "perturbação" do casamento. Uma vez que a manutenção do vínculo matrimonial "onera de modo inadmissível" a mulher, ela tem a faculdade de dissolvê-lo. Para além disso, tendo sido defraudada nas suas "legítimas expectativas sociais", coincidentes com as de uma pessoa média, pode exigir alimentos a título de compensação. Quanto à acção de restabelecimento da comu-

---

[864] PAWLOWSKI, *Das Studium der Rechtswissenschaft* cit., p. 334 e s.

nhão, Pawlowski sublinha[865] a insusceptibilidade de execução da sentença correspondente, o que confirmaria que o Estado não tem legitimidade constitucional para forçar as pessoas a observar os chamados deveres conjugais.

Numa segunda monografia[866], em que desenvolve o tema do sentido e da natureza do casamento, Pawlowski pôde, por fim, abandonar a sua explicação artificial acerca do regime de divórcio fundado em causas subjectivas. Ocorrera entretanto a reforma de 1976, que introduziu um sistema de divórcio muito marcado pelo princípio da ruptura, alteração que, no parecer do autor, configurou uma renúncia do Estado à qualificação do comportamento de um cônjuge como ilícito ou censurável. Sendo assim, Pawlowski reconhece agora implicitamente que a sua opinião não se adequava ao direito positivo anterior. Ainda na mesma obra[867], o autor viu-se forçado a propugnar uma interpretação dita correctiva da lei, afastando a possibilidade da acção de restabelecimento da comunhão conjugal; as sentenças servem para condenar ao cumprimento de deveres jurídicos e o casamento não impõe regras de comportamento aos cônjuges, na sua esfera pessoal. De facto, era estranho que, até então, não tivesse sido defendida uma interpretação abrogante de disposições que consagrariam um instrumento de pressão moral sobre os indivíduos, quando o Estado tinha de permanecer neutro.

Mas o que é afinal o casamento? Pawlowski aprofunda a ideia do casamento como "quadro aberto"[868]. O casamento civil é uma "organização", simples "forma jurídica" mediante a qual cada indivíduo pode viver de acordo com as suas crenças e convicções. A regulamentação

---

[865] Pawlowski, *Das Studium der Rechtswissenschaft* cit., pp. 324-325.

[866] Pawlowski, *Die "Bürgerliche Ehe" als Organisation* cit., p. 6: "Mit dem Übergang von der «Verschuldens-» zur «Zerrütungsscheidung» verzichtet unser Staat aber – m.E. konsequent – darauf, dieses Verhalten einem der Ehegatten zuzurechnen, d.h. es «rechtlich» (nach allgemeinverbindlichen Kriterien) zu qualifizieren: als rechtswidrig, vorwerfbar usf.".

[867] Pawlowski, *Die "Bürgerliche Ehe" als Organisation* cit., pp. 72-73 ("in korrigierender Auslegung des Gesetzes").

[868] Pawlowski, *Die "Bürgerliche Ehe" als Organisation* cit., nomeadamente, pp. 6-7, 71-72, 81-82, 88-90. Já em *Das Studium der Rechtswissenschaft* cit., o casamento surge como "ein – offener – Rahmen" (p. 326).

do instituto prescreve "processos" e não "conteúdos"; atribui competências e define procedimentos; não interfere na área pessoalíssima dos cônjuges, permitindo-lhes que vivam licitamente o tipo de casamento que escolheram. Os direitos e deveres dos membros da "organização" que é o "casamento civil" são unicamente situações jurídicas assistidas de garantia (sanção ou/e realização coactiva) – o dever de sustento, o dever de colaboração em assuntos fiscais, o direito ao uso da casa de morada de família e do respectivo recheio, o direito a certas compensações patrimoniais ("Zugewinnausgleich", "Versorgungsausgleich"), os direitos sucessórios, etc. Não há uma regulamentação jurídica de direitos e deveres pessoais. O casamento civil é uma "comunhão exterior", assente na administração conjunta do lar, uma "organização de divisão de trabalho"[869], em que o "lucro" eventualmente produzido pertence, em princípio, a ambos os cônjuges.

Como não podia deixar de ser, esta doutrina matrimonial de Pawlowski baseia-se no princípio do pluralismo, na defesa da neutralidade do Estado no plano ético, na protecção da liberdade de crença e de consciência. E se agora o "exemplo do padre católico casado e casto" não desempenha papel central na rejeição do carácter jurídico dos deveres conjugais pessoais, a problemática da liberdade de convicção religiosa continua a ser muito importante na construção do professor alemão. A hipótese de conversão na constância do matrimónio fornece um "argumento decisivo"[870]. Se uma pessoa tem direito a mudar de religião, não pode ser juridicamente censurada por o ter feito. Se um cônjuge muda de religião depois do casamento, aderindo, por exemplo, às Testemunhas de Jeová, e passa a pautar a sua conduta pela nova fé, os actos que exprimem a respectiva crença, ainda que dificultem o relacionamento com o outro cônjuge (agnóstico ou membro de uma Igreja antiga), não podem ser concebidos como ilícitos, por ofenderem deveres conjugais tradicionais, de índole pessoal. Tais deveres

---

[869] Cfr., especificamente, PAWLOWSKI, Die "Bürgerliche Ehe" als Organisation cit., p. 89: "Die «bürgerliche Ehe» stellt sich danach als eine «arbeitsteilige Organization» dar, deren «Gewinn» gewissermaßen grundzätlich beiden Ehegatten zusteht".

[870] PAWLOWSKI, Die "Bürgerliche Ehe" als Organisation cit., p. 53 e s.

não têm, portanto, cabimento numa ordem constitucional que aceita a liberdade de crença e de consciência e a regra da igualdade de tratamento. De outra forma, seria marginalizado qualquer indivíduo que aderisse a uma confissão religiosa substancialmente distinta da que é perfilhada pela maioria das pessoas.

Contudo, a reforma de 1976 e uma olímpica opinião que derroga a acção de restabelecimento da comunhão conjugal não eliminam a totalidade dos obstáculos de direito positivo à posição em análise. O § 1353 I do BGB continua a consagrar a obrigação de comunhão conjugal de vida. A lei que disciplina o divórcio (*v.g.*, "cláusulas de equidade" dos §§ 1381, 1579 e 1587c, do BGB) leva a que as pessoas que causam o fracasso do casamento, por razões religiosas, sofram consequências patrimoniais negativas. Sobre a disposição que prevê o dever de comunhão conjugal de vida, Pawlowski diz[871] que se trata de um preceito que, na área pessoal, tem "significativo apelativo" e não normativo, o que se insere na linha interpretativa que em 1969 seguira quanto à acção de restabelecimento. Fundamentando apenas deveres jurídicos patrimoniais que não estivessem concretamente regulados (por exemplo, o de colaboração em assuntos fiscais), o § 1353 teria relevo jurídico na medida em que estabeleceria "deveres de lealdade" conjugais, semelhantes àqueles que constam do regime das sociedades. Colocado perante as "cláusulas de equidade" respeitantes aos efeitos patrimoniais do divórcio, Pawlowski nega[872] que estas funcionem

---

[871] PAWLOWSKI, *Die "Bürgerliche Ehe" als Organisation* cit., p. 55 ["Der Hinweis auf die «Pflicht zur (persönlichen) Lebensgemeinschaft» in § 1353 I 2 BGB hat insofern wie der Hinweis auf die «lebenslange Ehe» nur eine «appelative» und keine «normative» Bedeutung"] e p. 72 ("§ 1353 BGB erhält damit eine neue rechtliche Bedeutung: Diese Vorschrift regelt die ehelichen «Treuepflichten», die in etwa den «gesellschaftsrechtlichen Treuepflichten» entsprechen").

[872] PAWLOWSKI, *Die "Bürgerliche Ehe" als Organisation* cit., pp. 45-46 (as pretensões patrimoniais emergentes do regime dos efeitos do divórcio são excluídas ou limitadas, "wenn ihre Anerkennung «grob unbillig» wäre. Das kann der Fall sein, wenn der Berechtigte seine «Pflichten» verletzt hat, braucht es aber nicht") e pp. 54--55 (a aplicação das "cláusulas de equidade" a hipóteses em que um dos cônjuges adere a um grupo religioso com convicções acentuadamente distintas das da maioria dos cidadãos é feita por terem sido "iludidas as legítimas expectativas sociais" do cônjuge que se manteve fiel à perspectiva moral dominante).

como reflexos particulares do princípio da culpa. As consequências patrimoniais desfavoráveis que determinam não constituem uma reacção à violação de deveres conjugais, mas uma maneira de compensar um dos cônjuges que foi afectado nas suas expectativas. E assim se recupera a visão que fora expendida a propósito das causas subjectivas de divórcio.

Num pequeno artigo subsequente[873], Pawlowski reafirma as linhas gerais da sua tese, alarga a sua fundamentação e enuncia desassombradamente os corolários e pressupostos daquela. A regulamentação jurídica da comunhão conjugal resume-se aos aspectos formais da organização "casamento civil". O legislador não fixou regras de conduta para o comportamento dos cônjuges, nem o podia fazer por causa dos direitos fundamentais de liberdade de convicção e de religião, do direito ao livre desenvolvimento da personalidade individual e do princípio do igual tratamento em matéria de orientações de vida e de fé. Ou seja, a determinação estatal de deveres conjugais pessoais é incompatível também com o direito ao livre desenvolvimento da personalidade, previsto no artigo 2 da GG. A título de exemplo, os problemas decorrentes da conversão de um cônjuge às Testemunhas de Jeová são reputados de análogos aos que suscita a adesão da mulher de um técnico de energia nuclear ao Partido dos Verdes ou o facto de um de dois fumadores casados se tornar não-fumador e militante anti-tabagista. O Estado não pode, em caso algum, impedir os cônjuges de viverem segundo as suas próprias concepções, sejam elas religiosas ou seculares.

Deste modo, a Pawlowski não choca um modelo de casamento em que o marido tenha a supremacia, *v.g.*, o casamento dos fundamentalistas cristãos e muçulmanos. Importa apenas assegurar que o tipo concreto de casamento tenha sido escolhido por acordo das partes. Mais: num Estado pluralista, o Direito tem de se reduzir à regulamentação formal. Sob o ponto de vista jurídico, o casamento constitui unicamente "uma forma especial de organização, relativamente à qual se colocam, tal como para outras organizações, os problemas do nexo de responsa-

---

[873] PAWLOWSKI, "Die Ehe im Staat der Glaubensfreiheit" cit. No mesmo sentido, cfr. o seu livro *Methodenlehre für Juristen* cit., p. 392 e s.

bilidade, da representação, dos meios de individualização (nome, domicílio) e dos direitos de filiação". E o texto termina com o elogio da formalização do Direito, "porque ela – e apenas ela – possibilita a convivência pacífica entre homens de diferentes culturas, religiões e concepções de vida".

Num último artigo[874], Pawlowski reitera que à lei é vedado dispor sobre o conteúdo do casamento e considera até a ideia válida para toda a União Europeia. Por força do princípio do pluralismo, que preside aos ordenamentos jurídicos dos vários Estados da União, somente é admissível uma regulamentação meramente formal do casamento. Qualquer regulamentação substancial ofenderia o princípio da liberdade de crença e de consciência. A própria imposição do casamento igualitário, generalizada nos Estados da União Europeia, é impugnável, por des-

---

[874] PAWLOWSKI, "Abschied von der «Bürgerliche Ehe»?" cit., *Studi*, p. 695 e s. O texto é interessante por tomar como pacífica a afinidade existente entre os vários Estados da União Europeia, a nível do Direito da Família. E, na verdade, há "convergências básicas" entre os países europeus, que, no Direito Matrimonial, se vislumbram justamente logo no princípio da igualdade entre marido e mulher. A diversidade das tradições nacionais não obsta à unificação do Direito da Família, "porque as tradições nacionais do espaço europeu também se modificaram com o tempo e convergiram em certos regimes fundamentais como o do casamento, do divórcio, ou do estatuto dos filhos" [GUILHERME DE OLIVEIRA, "Um direito da família europeu? (*Play it again, and again... Europe*)", *Temas de Direito da Família*, 2.ª ed., Coimbra, Coimbra Editora, 2001, p. 330; ver também DE VITA, "Aperçu comparatif sur l'évolution européenne" cit., pp. 265-266]. No entanto, o Grupo de Estudos para a Elaboração do Código Civil Europeu coloca reservas à imediata uniformização do Direito da Família, considerando que a mesma não seria exequível sem sacrifício da "identidade jurídica" dos Estados membros. Seja como for, não exclui uma harmonização a longo prazo: "In the long term the prospects of harmonising family law may look quite appreciably less difficult than many suppose. This is because the principles of equal rights for the sexes and the organization of children's rights from the standpoint of the child's interests have already brought about a colossal field of approximated law" (BAR, "The Study Group on a European Civil Code", em AAVV, *Um Código Civil para a Europa/ A Civil Code for Europe/ Un Code civil pour l'Europe*, Coimbra Editora, Coimbra, 2002, pp. 68-69). Parece-nos, porém, que esta atitude é fruto de uma estratégia de concentração de esforços na uniformização do Direito Patrimonial Geral, o que é natural no quadro de uma União que sucede à Comunidade Económica Europeia e que visa em primeiro lugar objectivos de cariz económico.

prezar as convicções favoráveis ao modelo de casamento em que a mulher está subordinada ao marido. Em seguida, o autor assume que a sua tese dificulta a distinção entre casamento (estatal) e união de facto, não se vendo nisso, porém, qualquer inconveniente. Há que acabar com essa "desagradável" contraposição e ver nos institutos duas modalidades de casamento, uma celebrada perante um funcionário do Estado ou um representante de uma comunidade religiosa e a outra constituída sem especial solenidade[875].

Com a análise da obra de Pawlowski, fica patente que a rejeição do carácter jurídico dos deveres conjugais sexuais implica igualmente a rejeição da especificidade jurídica do casamento. No plano geral, a comunhão conjugal é uma organização entre muitas. No plano familiar, é a organização composta por duas pessoas de sexo diferente que foi instituída através de uma cerimónia solene. Para se chegar aqui foi preciso efectuar um trabalho interpretativo peculiar, frequentemente em colisão manifesta com a lei ordinária (*v.g.*, derrogação da acção de restabelecimento, recusa de eficácia normativa à disposição que obriga à comunhão conjugal de vida, restrição do alcance das "cláusulas de equidade"). Todavia, e apesar da admiração que a obra, objectiva, desenvolvida e bem estruturada, do jurista em causa suscita, trata-se de um trabalho que não é avalizado pelas normas constitucionais.

A teoria propugnada por Pawlowki baseia-se sobretudo na conjugação do princípio do pluralismo com a existência de direitos fundamentais de liberdade individual. O princípio do pluralismo, constitucionalmente consagrado, característico de uma sociedade aberta e tolerante, pressuporia neutralidade ética da parte do Estado. Nesta lógica, não pode haver uma disciplina legal que se oriente por certos valores, pois isso colide necessariamente com valores diferentes, eventualmente, prosseguidos por este ou por aquele grupo de cidadãos. É, designadamente, inviável a regulamentação heterónoma substancial do casamento, porque dita autoritariamente um padrão de comportamento conjugal. O Estado só tem uma alternativa: respeitar os valores de qualquer grupo de cidadãos, através de uma formalização crescente da

---

[875] PAWLOWSKI, "Abschied von der «Bürgerliche Ehe»?" cit., p. 712, usa as expressões "formell geschlossene Ehe" e "formlos begründete Ehe".

sua intervenção jurídica. O estádio ideal é, portanto, o da "Jurisprudência formal"[876], pouco propício à tarefa de preenchimento das cláusulas gerais e dos conceitos indeterminados. A garantia dos direitos fundamentais de liberdade, mais precisamente, do direito ao livre desenvolvimento da personalidade e do direito de liberdade de crença e de consciência, confirmaria a necessidade de neutralidade ética do Estado. A prescrição legal de regras de conduta conjugal, inspiradas na moral social dominante, impede a execução lícita de decisões tomadas de acordo com concepções de vida distintas. Ora, o reconhecimento dos ditos direitos de liberdade justifica-se principalmente para protecção dos interesses das pessoas que se regem por ordens de valores que não são maioritárias na sociedade em questão. Há que evitar o perigo de entender esses direitos, no domínio externo, como direitos de agir de acordo com o padrão social dominante em matéria de crença, de consciência e de desenvolvimento da personalidade[877].

Naturalmente, não oferece discussão a matriz pluralista do moderno Estado de direito, que se divisa nas leis fundamentais através da consagração do princípio da igualdade (designadamente, o artigo 3 II da GG, na parte em que proíbe a discriminação de alguém "em razão da sua crença e das suas concepções religiosas ou políticas, e o artigo 13.º, n.º 2, da Constituição portuguesa, na parte em que proíbe a discriminação "em razão de religião, convicções políticas ou ideológicas") e do reconhecimento dos mais diversos direitos (por exemplo, o direito ao livre desenvolvimento da personalidade, nos termos do artigo 2 I da GG e do artigo 26.º, n.º 1, da Constituição portuguesa, e o direito de liberdade de crença e de consciência, nos termos do artigo 4 I da GG,

---

[876] Cfr. PAWLOWSKI, "Die Ehe im Staat der Glaubensfreiheit" cit., p. 215: "Rechtswissenschaft oder Jurisprudenz wird damit immer stärker zu dem, was man bisher vielfach abwertend als Formaljurisprudenz bezeichnet".

[877] Neste sentido, cfr., por exemplo, PAWLOWSKI, *Das Studium der Rechtswissenschaft* cit., pp. 306-307, que, referindo-se às sentenças que consideram ilícito o comportamento de um cônjuge recém-convertido, que agia com o zelo apostólico preconizado pela sua religião (Testemunhas de Jeová), por violar o dever conjugal de respeito, conclui: "Es ist nicht zu übersehen, daß man hierbei aber in die Gefahr gerät, das Grundrecht der Glaubensfreiheit nur als Recht zu interpretieren, dem Glauben der Mehrheit der Rechtsgenossen anzugehören".

e do artigo 41.º, n.º 1, da Constituição portuguesa, complementada pelo artigo 18.º da Declaração Universal dos Direitos do Homem).

Apesar disso, não se pode pensar num Estado neutro, eticamente indiferente[878]. Na sua acção, o modelo de Estado ocidental actual confere especial atenção aos valores. O pluralismo é um desses valores, mas não é o único. Ao contrário dos modelos precedentes, liberais e autoritários ou totalitários, o Estado moderno tenta fazer com que o seu poder seja aceite pelos conteúdos materiais que prossegue e não apenas pela força das formas e dos processos. A História tem, aliás, demonstrado à saciedade como é difícil a subsistência de uma autoridade que não tenha em conta a dimensão ética da sociedade a que se refere. As convicções correntes formam o contexto em que se desenrola a acção estatal e condicionam-na. Há, certamente, que respeitar as opiniões minoritárias e assegurar que elas possam ter projecção em actos. No entanto, há limites. O Estado não pode deixar de se guiar pela consciência social dominante no seu tempo e no seu território. É, por isso, que, nas Constituições, surge como valor cimeiro a dignidade da pessoa humana (cfr. artigo 1.º da Constituição portuguesa e artigo 2 I da GG), em vez da construção de uma sociedade sem classes, da vontade de Deus, da grandeza da raça ou nação, etc.. Nos aspectos mais cruciais, o Estado está vinculado às concepções comuns da comunidade. A família e o casamento não são excepções. Quando, por exemplo, o legislador constitucional prevê que os pais têm o direito e o dever de educação dos filhos e que, em regra, os filhos não podem ser separados dos pais (artigo 36.º, n.os 5 e 6, da Constituição portuguesa, artigo 6 I e II da GG) vai ao encontro da opinião dominante, bem diversa de opiniões de raiz filosófica que julgam ser melhor separar os filhos dos pais para educá-los em instituições públicas (neste sentido, Platão). Quando, por exemplo, se prevê a igualdade dos cônjuges (artigo 36.º, n.º 3, da Constituição portuguesa; na Lei Fundamental alemã, decorre do princípio da igualdade dos sexos, vertido no artigo 3 I) acolhe-se uma ideia que impera na sociedade ocidental recente, em detrimento

---

[878] Cfr. as reflexões de LOSCHELDER, "Staatlicher Schutz für Ehe und Familie (Der Auftrag der Verfassung und die Krise der Institution)", *FamRZ* 1988, pp. 337--338.

das teses favoráveis à subordinação da mulher ao marido ou vice-versa. Expondo o que há de imoderado na sua perspectiva, Pawlowski insurge-se contra a tendência de impor o modelo igualitário de casamento[879]. Mas, como se vê, o Estado tem inteira legitimidade para intervir de acordo com o pensamento típico do seu círculo civilizacional. Ilegítimo é, ao invés, negar a eficácia de uma lei que estabelece deveres que estão de harmonia com a consciência social dominante.

Defende o autor cuja posição contestamos que vários direitos constitucionalmente reconhecidos seriam atingidos pela regulamentação jurídica das relações pessoais entre os cônjuges. Concretamente, ficariam em risco o direito de liberdade de consciência e o direito ao livre desenvolvimento da personalidade. A liberdade de consciência inclui a liberdade que cada pessoa tem de adoptar e manifestar uma convicção (religiosa ou outra), sem ser pressionado ou perseguido, e o direito ao livre desenvolvimento da personalidade passa pela "salvaguarda do poder de autodeterminação de cada homem e de auto-constituição da sua personalidade individual"[880]. Ora, a comunhão conjugal é insusceptível de realização coactiva, o que deixa intacta a liberdade negativa em matéria de consciência e de desenvolvimento da personalidade. Só que, para Pawlowski, a estatuição de um dever jurídico de comunhão conjugal, a possibilidade de serem censurados e sancionados comportamentos conflituantes com um padrão de comportamento conjugal julgado correcto, bastaria para se falar de uma violação dos referidos direitos fundamentais. Levada a sério, esta opinião teria como consequência a aniquilação do poder legislativo do Estado[881]. Qualquer cidadão poderia licitamente recusar-se a cumprir uma norma jurídica e a sujeitar-se às consequências estabelecidas para o caso de incumprimento, invocando razões do domínio da consciência e do

---

[879] No entanto, de certo modo paradoxalmente, PAWLOWSKI, *Die "Bürgerliche Ehe" als Organisation* cit., pp. 13-14, não põe em causa o carácter monogâmico do casamento civil, embora esta característica exclua, nomeadamente, a afirmação plena da doutrina matrimonial islâmica.

[880] Cfr. CAPELO DE SOUSA, *O direito geral de personalidade,* cit., pp. 269, 270 e 353.

[881] Cfr. a crítica que é dirigida à posição de Pawlowski por LIPP, *Die eherechtlichen Pflichten und ihre Verletzung* cit., p. 36 e s.

desenvolvimento da personalidade. Haveria então um direito geral irrestrito de "objecção de consciência", perante o qual a regulamentação estatal se teria de render. Em última análise, a própria Constituição ficaria paralisada, não só por depender da continuação da actividade normativa do Estado mas também por ser expressão – máxima – da juridicidade.

Os direitos fundamentais são finitos. E nem sequer se pode afirmar que as limitações sejam independentes da ética, quando se encontram dados expressamente contrários: por exemplo, o artigo 2 I da GG aponta a "lei moral" como um dos limites do direito ao livre desenvolvimento da personalidade, e o artigo 29.º, n.º 2, da Declaração Universal dos Direitos do Homem contém uma cláusula geral[882] que liga as limitações ao exercício dos direitos às "justas exigências da moral". Os direitos fundamentais são, repete-se, finitos[883]. Um certo direito individual está limitado por igual direito de outrem como por "outros direitos ou interesses constitucionalmente protegidos". Sendo assim, o conteúdo do casamento não pode ser sacrificado em nome de uma noção demasiado extensa de liberdade. A lei constitucional tutela o casamento (cfr. artigo 36.º, n.ºs 1 e 2, da Constituição portuguesa, e artigo 6 I da GG) e a protecção conferida só faz sentido se se tiver em vista algo mais do que um *instituto vazio* ou uma mera *forma jurídica*.

---

[882] Como decorre do artigo 16.º, n.º 2, da Constituição portuguesa, a cláusula vale plenamente no nosso ordenamento jurídico, aplicando-se aos direitos fundamentais e, por maioria de razão, aos restantes direitos: cfr. JORGE MIRANDA, *Manual de Direito Constitucional* IV cit., p. 299 e s.

[883] Cfr. a análise muito pertinente do ac. STJ 16/5/2002, proc. n.º 02B1290, *http://www.dgsi.pt*, que declarou único culpado pela dissolução do casamento o cônjuge que, vivendo fanaticamente as suas convicções religiosas, violou de modo grave os seus deveres conjugais. Justificando a necessidade de atender à existência de limites ao exercício da liberdade de religião ou de culto, o Supremo Tribunal afirmou que se um comportamento pudesse ser considerado insusceptível de censura ético--jurídica, apenas por corresponder às convicções mais profundas do agente, "estavam necessariamente afastados de qualquer condenação os mais hediondos crimes que têm sido praticados contra a Humanidade ao abrigo de princípios religiosos, esotéricos e até políticos e filosóficos quando de origem religiosa".

2.3. A "hipótese do Direito" na relação conjugal pessoal

68. A difícil problemática da articulação entre família e Direito dá azo a formulações de tal modo divergentes que um autor[884] chega a interrogar-se acerca da própria possibilidade "de reconduzir as diversas tomadas de posição a um mesmo estatuto lógico que lhes garanta a pertença a um universo discursivo comum". E se assim acontece, a causa reside em boa parte na relutância em compreender o carácter multifacetado do objecto de estudo. É aconselhável um tratamento equilibrado do tema[885]. O *panjuridismo* e o *niilismo jurídico* são analogamente inapropriados. A família não é um fenómeno a que o Direito seja estranho, nem um fenómeno que evolua para a integração total na zona do *non-droit*. Em compensação, a família não é um fenómeno cuja vida esteja exaustivamente subordinada ao Direito ou que esteja a caminho de vir a estar completamente sujeita à interferência legislativa. Em geral, há que evitar uma visão rígida, como é, por exemplo, a que propõe soluções de acordo com uma compartimentação estanque do universo conjugal, contrapondo relações patrimoniais, determinadas pela lei, a relações pessoais, que se desenrolariam independentemente de regulamentação jurídica.

---

[884] Cfr. ROPPO, *Il giudice nel conflitto coniugale* cit., p. 58, que, de seguida (pp. 58-60), apresenta exemplos.

[885] Cfr., designadamente, CAMPANINI, "La famiglia fra «pubblico» e «privato»", *La coscienza contemporanea tra «pubblico» e «privato»: la famiglia crocevia della tensione*, com contributos de Lazzati e outros, Milano, Università Cattolica del Sacro Cuore, 1979, pp. 64 e 82 (propugna uma leitura da família em que convirjam o público e o privado, o jurídico e o não jurídico, de forma a afastar os riscos do "intimismo" e do "totalitarismo"); D'AGOSTINO, em introdução à obra colectiva *Famiglia, Diritto e Diritto di Famiglia*, estudos recolhidos por D'Agostino, Milano, Jaca Book, 1985, pp. 8-9 (critica simultaneamente os modelos "ipergiuridicizzatto" e "degiuridicizzatto" da família); DÍEZ-PICAZO, "Familia e Derecho" (primeiramente publicado em *Anales de Moral Social y Económica*, 55, 1982, num volume intitulado *Protección jurídica de la familia*), *Familia y Derecho*, Madrid, Editorial Civitas, 1984, pp. 21-22 (distancia-se quer da concepção "panjurista", segundo a qual "familia es igual a Derecho", quer da concepção "pansociologista", segundo a qual "familia y Derecho se mantienen en órbitas diferentes").

Generalizações excessivas e separações totais não são, decerto, os instrumentos ideais para apreender a complexidade do domínio jusfamiliar. Importa, por isso, desfazer alguns equívocos que impulsionam a "luta contra o Direito". Entre eles, está a ideia de que menos Direito significa automaticamente mais liberdade individual. No entanto, por um lado, o *non-droit* não se identifica com a ausência de regras externas: a normatividade social não jurídica tende a ocupar algum do terreno que o Direito abandona[886]. Por outro lado, a abstenção de regulação estatal leva, por vezes, ao sacrifício da autonomia substancial de uma das partes. Antes das reformas marcadas pelo princípio da igualdade dos cônjuges, a preponderância do marido era entendida como expressão da situação social, que a lei nada mais fazia do que registar. Neste contexto, em que a definição do modo de exercício do poder marital tinha principalmente por fonte o *non-droit*, o "costume social da época e do local", a intervenção activa do legislador era vista como um processo necessário para controlar e restringir a supremacia masculina[887]. E as reformas italiana, portuguesa e espanhola do Direito da Família não se limitaram a expurgar da lei as normas que discriminavam os cônjuges em razão do sexo. Numa atitude que revela alguma desconfiança perante os mecanismos de regulação social e de regulação interna da família, impuseram o modelo de casamento igualitário. Entretanto, tem-se comprovado a imperfeição do sistema de auto-regulação do casal. Nas situações mais críticas, o acordo dos cônjuges tem-se saldado no favorecimento objectivo da parte mais forte e na negação à parte mais fraca, frequentemente a mulher, da "tutela que o Direito poderia e deveria assegurar"[888]. Como se escreve em certa

---

[886] Cfr. *supra*, nota 852.

[887] Cfr. GIORGIANNI, "La disciplina dei rapporti personali nel disegno di legge governativo sulla riforma del diritto di famiglia", *Aspetti della riforma del Diritto di Famiglia*, publicação do Istituto per la Documentazione e gli Studi Legislativi, Milano, Giuffrè, 1968, pp. 10-11.

[888] Cfr. POCAR, "Trasformazioni delle famiglie e regolazione sociale. Osservazioni comparative", *Forme delle famiglie, forme del diritto. Mutamenti della famiglia e delle istituzioni nell'Europa Occidentale*, a cura di Pocar e Ronfani, Milano, Franco Angeli, 1995, p. 190; POCAR/RONFANI, *La famiglia e il diritto*, Bari/Roma, Editori Laterza, 1998, pp. 145, 150 e 151.

obra[889], a "«livre concorrência das famílias» é implacável para as crianças, para os fracos, para os menos instruídos, para os que se enganam, para aqueles que sofrem e para aqueles a quem nem a sorte nem a origem social sorriram".

Um segundo equívoco encontra-se na ideia de que não é possível a comunicação do Direito com a "natureza" ou com a moral. O "elemento legal" da família seria completamente independente do "elemento natural" e do "elemento moral". Todavia, o Direito não inventa os dados com que trabalha nem é um sistema fechado. A matéria objecto da disciplina legislativa é pré-legal ou extrajurídica[890] e o Direito está aberto a todo o género de influências, incluindo as morais.

Apesar disto, argumenta-se com a particularidade de alguns dados extrajurídicos que compõem o "elemento natural" da família. O Direito não teria capacidade para tratar de factos tão íntimos e tão ligados à interioridade das pessoas como são o sentimento e a sexualidade. Estas realidades escapariam à regulamentação jurídica, porque seriam incontroláveis, insusceptíveis de serem dominadas pela vontade. Quanto ao afecto, diz-se que "não é possível escolher quem se ama" e que "não se tem culpa por deixar de amar o cônjuge e passar a amar outrem"[891]. No que toca à sexualidade, esclare-

---

[889] MALAURIE/AYNÈS, *Cours de Droit Civil* III cit., p. 32. Cfr. ainda TERRÉ, "Terre à terre dans le droit du divorce", em *Mélanges à la mémoire de Danièle Huet-Weiller (Droit des Personnes et de la Famille)*, Presses Universitaires de Strasbourg, 1994, p. 494 ("Il serait absurde de penser que le législateur a entendu laisser de la sorte la loi de la jungle régir les conflits conjugaux. Les familles ont besoin de la justice, les époux pas seulement les enfants").

[890] Cfr. OLIVEIRA ASCENSÃO, *Teoria Geral do Direito Civil,* I cit., p. 36: "Os elementos fundamentais com que o Direito trabalha preexistem à intervenção do legislador, como realidade social. São jurídicos, porque estão integrados na ordem jurídica, mas são pré-legais". Referindo-se a estas mesmas realidades, que designa de "extrajurídicas", PAIS DE VASCONCELOS, *Teoria Geral do Direito Civil*, I cit., pp. 28-29, destaca a ligação entre a natureza e o Direito: "Até a Natureza, em cujo ambiente as pessoas vivem, limita e condiciona o Direito, porque este só rege condutas humanas e só pode o que as pessoas puderem".

[891] Cfr., por exemplo, com linguagem mais técnica, UCELLA, *Persona e famiglia*, Padova, CEDAM, 1980, p. 68: "l'insistere sulla ordinamentalità della formazione familiare significa voler disconoscere la sussistenza di una spontaneità e di una

ce-se[892] que a "programação genética" e as "experiências infantis" do ser humano são contrárias à regra da exclusividade sexual entre os cônjuges.

Curiosamente, esta orientação argumentativa confirma o aforismo popular segundo o qual "os extremos tocam-se". Defender a não interferência do Direito nas áreas conexas com o afecto e a sexualidade equivale a conceder aprovação jurídica a qualquer comportamento conforme com o sentimento e com o impulso hedonístico do agente. Ou seja, os dados extrajurídicos acabam por ser integralmente juridificados, esquecendo-se a separação entre "elemento natural" e "elemento legal". Mas pior do que isso: o modo de realização do processo de integração no Direito afecta gravemente a função regulativa da lei, uma vez que o dever-ser jurídico se identifica com o facto que traduzir o sentimento ou o desejo[893]. Efectivamente, nesta lógica, não caberia ao legislador impor comportamentos aos cônjuges, mas remover os obstáculos eventualmente erigidos à actuação espontânea destes; não caberia ao legislador sancionar condutas, mas reconhecer a licitude das manifestações de instinto e de sentimento, facultando, assim, um regime isento de sinais de censura ou de repressão, praticamente confinado à certificação da ruptura.

Avulta, de novo, a conveniência da moderação. Obviamente, o sentimento enquanto facto psíquico puro não interessa ao Direito[894]. A

---

libertà degli affetti, che per loro stessa definizione, sono sfuggevoli ad ogni incasellatura formale".

[892] Cfr. GAZZONI, *Amore e Diritto ovverosia i diritti dell'amore*, Napoli, Edizioni Scientifiche Italiane, 1994, p. 183. Sob o prisma "genético", a "tentazione dell'infedeltà è forte, perché forte é l'istinto atavico della caccia" (p. 179); "l'unione di tipo monogamico è, nel regno animale, una rarità", própria de uma ou duas espécies que se caracterizam pela sua configuração física muito excepcional, que em nada se assemelha à do homem (p. 183). Sob o prisma psicanalítico, a criança aspira à "fusão" com a mãe, o que representa uma traição perante o pai (p. 184). Seja como for, com esta obra, o autor não se deseja comprometer no plano estrito do Direito da Família; logo no início (p. IX), adverte que não se trata de um trabalho com carácter científico.

[893] Cfr. a interpretação crítica de PARADISO, *La comunità familiare* cit., p. 32 e s.

[894] Cfr. FALZEA, "Fatto di sentimento" cit., que exclui a possibilidade de uma norma jurídica que obrigasse os cônjuges a amarem-se reciprocamente, de uma

lei não estabelece nem pode estabelecer, por exemplo, um dever de amar ou deixar de amar, de gostar ou deixar de gostar[895]. Mas, na sequência de uma exteriorização, o sentimento torna-se acessível ao Direito[896]. O Direito permite e proíbe comportamentos, mas não é indiferente às motivações das condutas e às consequências emocionais que as mesmas têm sobre terceiros. E quando um acto que tem na sua base uma motivação marcadamente emocional adquire relevância social, a ordem jurídica, por ser uma ordem social portadora de valores, tem de intervir activamente. O Direito, produto eminentemente cultural, só pode desempenhar a sua função se se acreditar que o ser humano consegue adoptar comportamentos que não sejam comandados pelos seus instintos ou "sentimentos primordiais". É, aliás, quando falta o afecto entre duas pessoas, quando surgem os sentimentos negativos, que o Direito se torna mais útil, como última barreira contra a violência e o egoísmo[897].

---

obrigação legal que tivesse por conteúdo "il sentimento dell'amore dell'un coniuge verso l'altro e di conseguenza lo statto affettivo del disamore concreterebbe un illecito", porque a natureza do Direito, ordem social integrada por normas destinadas a influir sobre a vida concreta dos sujeitos na comunidade, não se compadece com a relevância de um mero sentimento (p. 492 e s.); "Il sentimento non emerge al livello del diritto se non in virtù della sua esteriorizzazione e questa, a sua volta, avviene, se non esclusivamente, di prevalenza mediante il comportamento" (pp. 523-524).

[895] "Das Recht erreicht die Liebe nicht" (HUBA, "Recht und Liebe" cit., pp. 127-128).

[896] ALPA, "I sentimenti e il Diritto", *NGCC* 1995, II, pp. 354-355, classifica as exteriorizações de sentimento relevantes no plano do Direito Civil, distinguindo quatro hipóteses: as exteriorizações "come regola di comportamento" (*v.g.*, no âmbito das relações entre cônjuges, o dever de assistência moral), "come presupposto di un vantaggio" ("È il caso del risarcimento del danno morale"), "come presupposto di un'obbligazione" (p. e., "dei fatti che danno origine alle obbligazioni naturali") e "come oggetto di sanzione" (p. e., "atti emulatori che esprimono l' *animus nocendi*"). Note-se, porém, que a análise não é, nem procura ser, muito rigorosa.

[897] Cfr. RUSSO, "Le idee della riforma del diritto di famiglia", *Studi sulla riforma del diritto di famiglia*, sob a direcção de Ennio Russo, Milano, Giuffrè, 1973, pp. 40-41 (o facto de o Direito não conseguir impor "os afectos familiares" não justifica a renúncia à regulamentação jurídica da família. Se há afecto, os comportamentos que o Direito exige dos membros da família serão facilmente cumpridos. Não havendo afecto, é então que o Direito é mais importante, para assegurar a tutela da

Não procede, portanto, a ideia de que o Direito esteja absolutamente inibido de intervir na área do sentimento, por força de uma limitação de cariz técnico. E muito menos justa é a opinião de que a actividade sexual esteja imune ao influxo do Direito. Ainda que possa estar ligado ao sentimento de amor, o acto sexual é *a priori* um comportamento, uma realidade que ultrapassa a esfera psíquica, projectando-se no exterior. O Direito está, pois, em condições de regular a matéria sexual, uma vez que os "impulsos naturais" são permeáveis ao ambiente social[898]. E, verdade seja dita, o Direito não fica propriamente tolhido quando está em causa a sexualidade[899].

Afastada a concepção separatista do jurídico e do natural, resta apreciar, também no plano familiar, a concepção separatista do Direito e da moral. Esta última, encarada como aplicação da doutrina geral de Thomasius[900], rejeita a recepção de conteúdos morais por normas jurí-

---

liberdade e da dignidade humana); TRABUCCHI, "Famiglia e Diritto" cit., pp. 38-39 (nas relações familiares, o Direito não substitui nem cria os sentimentos mais nobres, mas tem de estar presente nas situações graves, "exercitando, quando sia possibile, la sua elementare funzione contro la sopraffazione").

[898] Cfr. GAZZONI, *Amore e Diritto* cit., pp. 183-184: aos factores genético e psicanalítico, supostamente avessos à regra da fidelidade, opõem-se "la morale, la religione, l'educazione, le convenienze sociali".

[899] Cfr. AMATO, *Sessualità e corporeità (I limiti dell'identificazione giuridica)*, Milano, Giuffré, 1985, p. 178 e s., que, observando a tendência actual para desvelar, publicitar, "des-intimizar" a actividade sexual, conclui que se está a evoluir para um novo modelo, em que já não há "una sfera precostituita che, particularizandosi, circoscrive oggettivamente i campi di azzioni assolutamente preclusi all'intervento statale, ma il contrario". A *privacy* torna-se residual, correspondendo àquilo que é concedido aos indivíduos pelos órgãos públicos. Ver também PIERRAT, *Le sexe et la loi* cit., p. 11 ("La loi s'est toujours crue investie d'un droit de regard sur la sexualité des individus"). Especificamente sobre a sexualidade no Direito Civil, cfr. SAINT-ALARY-HOUIN, "La sexualité dans le droit civil contemporain", *AUSST* 1985, p. 5 e s.: embora consagre o princípio geral da liberdade sexual, o Direito Privado intervém para impor uma "moral sexual".

[900] Segundo a tese de Thomasius, a moral visa a perfeição do Homem e caracteriza-se pela interioridade e pela ausência de coactividade; o Direito visa a conservação ou restauração da paz externa, caracterizando-se pela exterioridade e pela coactividade (cfr. BIGOTTE CHORÃO, *Introdução ao Direito*, vol. I, *O conceito de Direito*, Coimbra, Almedina, 2000, pp. 196-197).

dicas, considerando o valor moral incompatível com a coercibilidade. Como é nítido, a cisão funda-se num critério exclusivamente formal. Se se tiver em conta a moral social e o papel dos aspectos valorativos na ordem jurídica, afigura-se mais correcta a ideia de que a moral e o Direito se relacionam à semelhança de dois círculos secantes[901]. As relações entre o Direito da Família e a moral não são adequadamente representadas nem pela teoria da separação nem pela teoria da unidade. Há áreas do Direito da Família com[902] e sem conteúdo ético, tal como há áreas da "moral familiar" que não são comuns ao Direito.

É preciso manter esta atitude, equidistante perante as teorias da separação e da unidade, quando se lida com as normas jurídicas que fixam os deveres conjugais. Não se pode negar aos conceitos indeterminados e às cláusulas gerais delas constantes a função de "portas de entrada das normas extrajurídicas no Direito"[903]. Claudicam, por isso, as teorias que excluem a possibilidade de recepção de normas morais através das mencionadas cláusulas e conceitos, independentemente de a exclusão pretendida se fundar na necessidade de preservar a quali-

---

[901] Cfr. MENEZES CORDEIRO, *Da boa fé no Direito Civil* cit., p. 1165. Na esteira de Henkel, este professor enuncia quatro esferas no âmbito da moralidade – a moral autónoma, a ética dos sistemas religiosos ou universais, a moral social e a moral humana – e define a moral social como a esfera que "corresponde à exigência de comportamentos éticos posta, pela sociedade, aos seus membros" (pp. 1162-1163).

[902] Cfr. SAINT-ALARY-HOUIN, "La sexualité dans le droit civil contemporain" cit., p. 19, que aponta o divórcio decretado "pour adultère ou à raison de l'excès ou de l'insuffisance des rapports sexuels" como uma primeira manifestação da moral sexual da sociedade no campo do Direito da Família. É de rejeitar, portanto, a opinião de que o adultério "não é ofensivo da moral pública ou dos bons costumes", constante do ac. RC 9/5/1989, *CJ* 1989/3, p. 67 = *RLJ* 122.º, 1989-90, pp. 121, e severamente criticada por ANTUNES VARELA, em anotação, *RLJ* 122.º, 1989-90, pp. 158-159. Parece-nos, porém, que o aresto em apreço, que se debruça sobre o problema da procedência de uma acção de despejo, não tem grande valor no campo específico do Direito da Família. O tribunal concentrou-se quase exclusivamente no regime do arrendamento, sendo nítido o desconhecimento das normas jurídicas acerca do casamento (diz-se, por exemplo, sem mais, que a prática de relações sexuais adulterinas é lícita, por não violar qualquer proibição legal, nem ofender o direito subjectivo ou o interesse legalmente protegido de outrem).

[903] Cfr. HEPTING, *Ehevereinbarungen* cit., pp. 188-189 ("Einbruchstelle außerrechtlicher Normen in das Recht").

dade moral das normas ou num conceito radical de pluralismo. E são igualmente de contestar as teorias inversas, conotadas com uma variante da chamada doutrina institucional do casamento, que tendem a entender como jurídicas todas as normas morais respeitantes à relação conjugal. Nem tudo o que é ditado pela moral e pela ética pode ser recebido pelo Direito Matrimonial, não só por se ter de atender à diversidade das ordens normativas em questão, mas também por se ter de assegurar, hoje e no futuro, o consenso em torno da regulação jurídica traçada.

69. Examinando a evolução recente do Direito da Família, várias obras[904] aludem à "des-juridificação" das relações conjugais pessoais. O fenómeno estaria enquadrado num movimento amplo de diminuição do nível de intervenção do Estado na família, que se teria revelado, por volta de meados da década de sessenta nos principais países industrializados (embora pudesse ser detectado na generalidade dos países ocidentais, de uma forma mais ou menos pronunciada), através dos seguintes sinais: no plano estatístico[905], decréscimo da taxa de nupcia-

---

[904] Cfr. GLENDON, *The Transformation of Family Law* cit., p. 143 e s., p. 291 e s.; POCAR, "Trasformazioni delle famiglie e regolazione sociale" cit., p. 183 e s.; RONFANI, "Verso una degiuridicizzazione e una degiurisdizionalizzazione della famiglia?", em Pocar/Ronfani (org.), *Forme delle famiglie* cit., p. 7 e s.; ROPPO, *Il giudice nel conflitto coniugale* cit., p. 260 e s.

[905] Em Portugal, a mudança verifica-se e acelera-se fundamentalmente a partir da Revolução de 1974. Cfr. PEDRO DELGADO, *Divórcio e separação em Portugal (Análise social e demográfica. Século XX)*, Lisboa, Editorial Estampa, 1996, p. 259 e s., e PANTOJA NAZARETH, "A situação demográfica portuguesa no contexto da União Europeia no início dos anos 90", *Traços da família portuguesa* cit., p. 27 e s. A título de exemplo, a taxa de nupcialidade por 1000 habitantes era de 7,4 em 1970 e de 7,1 em 1980 (PANTOJA NAZARETH, ob. cit., p. 47); a taxa de divórcios por mil casamentos era de 1,0 em 1970 e de 6,0 em 1980, enquanto a taxa de nascimentos fora do casamento por mil nados vivos era de 73,3 em 1970 e de 92,0 em 1980 (PEDRO DELGADO, ob. cit., pp. 268-269). Infelizmente, no que respeita à união de facto, "embora seja um fenómeno existente, os dados são muito escassos, inviabilizando a tomada de conclusões plausíveis" (PEDRO DELGADO, ob. cit., p. 266). Em plena década de noventa, foi efectuado um "inquérito por amostragem", cujos resultados foram utilizados na elaboração do *Relatório sobre a situação actual da família portuguesa*, apresentado em 1993 pela Comissão para o Ano Internacional da Família. A metodologia seguida não

lidade, acréscimo da taxa de divórcios, de uniões de facto e de nascimentos extramatrimoniais; no plano da política legislativa, facilitação do divórcio (admissibilidade da extinção do vínculo matrimonial por consenso, acentuação do princípio da ruptura no regime do divórcio, eliminação de restrições à concessão do divórcio por mútuo consentimento) e instituição do acordo entre os cônjuges como regra a observar na resolução das questões familiares; numa perspectiva mais subjectiva, "banalização" dos comportamentos anteriormente reputados de transgressivos (nomeadamente, de índole sexual).

Contudo, os autores dessas mesmas obras não são peremptórios. O processo de recuo da intervenção do Estado não é descrito como sendo linear ou irreversível. Perante factores contraditórios, seria "provavelmente razoável pensar na existência de movimentos ondulatórios na tendência para o aumento ou para a diminuição da regulação institucional das relações familiares"[906]. E realmente, nos últimos tempos, tem crescido a actividade legislativa em matéria familiar[907], tem aumentado o recurso aos tribunais para dirimir litígios que antes não eram submetidos à consideração de uma autoridade externa[908], tem-se

---

possibilitou, porém, apurar ao certo a percentagem dos inquiridos que viviam maritalmente (cfr. p. 36 do mencionado relatório). No que parece ser uma tentativa, pouco conseguida, de determinar com rigor o número de uniões de facto, o censo de 2001 socorreu-se de uma contraposição ambígua – entre "casamento registado" e "casamento não registado".

[906] Cfr. POCAR, "Trasformazioni delle famiglie e regolazione sociale" cit., p. 185.

[907] Cfr. PARADISO, "I rapporti personali fra coniugi" cit., p. 601 e s., e "Famiglia e nuovi diritti della personalità: norma, desiderio e rifiuto del diritto" (reproduz o conteúdo de "comunicação" apresentada em 1988, no âmbito de um Congresso), *Quadr.* 1989, p. 302 e s., locais em que fala de "massiccia opera di legificazione" e de " iper-giuridificazione". No entanto, critica globalmente a legislação resultante por ser demasiado individualista e permissiva.

[908] Cfr. FRANK, "100 Jahre BGB – Familienrecht" cit., p. 417 e s., que fala de uma "crescente juridificação do casamento e da família" ("zunehmende Verrechtlichung von Ehe und Familie"), apontando, nomeadamente, o exemplo de acções em que se discute a relevância dos acordos de contracepção, em que uma dona de casa exige ao marido a entrega de quantias muito precisas ("5% des Nettoeinkomens des Verpflichteten"), para despesas pessoais correntes, ou em que um filho maior pede

assistido ao "retorno a formas de tipo institucional de tratamento do conflito conjugal"[909] e à formação de uma corrente de opinião que contesta a "abstinência do Direito na esfera familiar"[910] ou que vaticina o aprofundamento da intervenção legislativa do Estado[911].

Na tese da "des-juridificação", é atribuído papel central à análise sociológica. Ora, não se discute a relevância das Ciências Sociais para o Direito[912] e, muito menos, para o Direito da Família[913], disciplina

---

que os pais sejam condenados a financiar os seus estudos no estrangeiro; ORLANDO GOMES, "A reforma do Direito de Família", *RDCLB* 1983/Julho, p. 35 ("Amplia-se, a olhos vistos, o raio de intervenção do Estado, principalmente através dos juízes").

[909] Cfr. POCAR/RONFANI, *La famiglia e il diritto* cit., p. 151, com indicação de que a situação ocorre nos países "che hanno ormai raggiunto una certa tradizione nell'uso della mediazione familiare", sobretudo para garantir a relação com os filhos nascidos do matrimónio.

[910] Cfr. LOSCH/RADAU, "Die «Kind als Schaden»- Diskussion", *NJW* 1999, p. 822, que se pronunciam pela indispensabilidade da intervenção do Estado na família, designadamente através da fixação de um regime de deveres para os respectivos membros, alegando que a família está na base da sociedade e na origem do Direito ("eine der Keimzellen des Rechts"). O facto de o regime das relações familiares integrar um dos mais antigos ramos de Direito demonstraria a fraca consistência da posição genericamente favorável à menor intervenção jurídica possível nos "domínios de decisão pessoal" ("persönliche Entscheidungsbereiche").

[911] Cfr. MENEZES CORDEIRO, *Tratado de Direito Civil português*, I, *Parte geral*, t. I, 2.ª ed., Coimbra, Livraria Almedina, 2000, p. 215: "a fragilidade da família, a dar-se, vai obrigar a intervenções mais fundas e cuidadas do legislador, para salvar o essencial". Diferentemente, A. MIRANDA, "La privatizzazione del Diritto di Famiglia: il modello di *common law*", *Matrimonio, matrimonii*, a cura di D'Usseaux e D'Angelo, Milano, Giuffrè, 2000, p. 370 e s., que entende ser a redução drástica da intervenção estatal no governo da família o melhor método para fazer face ao problema das modificações sociais.

[912] Acerca de tal relevância, cfr., *v.g.*, BAPTISTA MACHADO, *Introdução ao Direito e ao discurso legitimador*, 12.ª reimpressão (da edição de 1983), Coimbra, Almedina, 2000, pp. 263-264, e PAMPLONA CORTE-REAL, *Direito da Família e das Sucessões (Relatório)* cit., pp. 14-16.

[913] Cfr., entre outros, LEITE DE CAMPOS, *Lições de Direito da Família*, 2.ª ed., cit., p. 132 e PEREIRA COELHO/GUILHERME DE OLIVEIRA, *Curso de Direito da Família* I cit., p. 167 e s., que falam da "permeabilidade do Direito da Família às transformações sociais", e, de novo, PAMPLONA CORTE-REAL, *Direito da Família e das Sucessões (Relatório)* cit., p. 186.

especialmente sensível, por comparação ao que sucede com outros ramos de Direito, às transformações sociais. Só que não se pode ignorar o que separa o Direito da Sociologia. "Cabe ao Direito, atenta embora a realidade, exprimir o que é exigível de todos, o que deve ser. Procura, portanto, submeter os factos (a realidade social) a normas (intenção modeladora) e não subordinar estas à força dos factos (atitude passiva de pura adaptação)"[914]. Por razões de eficácia, o Direito tem de conhecer os mecanismos de certos comportamentos humanos e sociais, "mas esta consideração ou perspectivação da conduta humana social interessa, predominantemente, senão exclusivamente, na fase de elaboração dos projectos legislativos"[915]. Enquanto característica do Direito da Família, a "permeabilidade às transformações sociais" traduz, acima de tudo, o impacto das modificações políticas e sociais na actividade legislativa, concretizando-se num processo formal de alteração da lei e não num processo automático, imediato, de "desqualificação" da lei vigente ou de identificação da norma com o facto. Mesmo quando a legislação de família se abre aos dados extrajurídicos através de conceitos indeterminados e de cláusulas gerais, não "normativiza" a realidade social; antes recebe, criticamente, o *dever-ser* social. Por tudo isto, não é a prática social que define o que é e o que deixa de ser jurídico, seja no plano geral, seja no plano da família[916].

---

[914] Cfr. BAPTISTA MACHADO, *Introdução ao Direito e ao discurso legitimador* cit., p. 261. Ver também p. 254 ("Do facto para a norma: trânsito inviável").

[915] Cfr. BAPTISTA MACHADO, *Introdução ao Direito e ao discurso legitimador* cit., p. 256, que prossegue: "Então, haverá que tomar em conta, precipuamente, considerações de praticabilidade (da tutela jurídica) e considerações relativas aos possíveis efeitos directos e reflexos da regulamentação a instituir".

[916] No campo do Direito da Família, são diversos os depoimentos que alertam para a necessidade de não confundir normatividade com facticidade. Cfr., entre outros, DE VITA, "Nota per una comparazione", em D'Usseaux/D'Angelo, *Matrimonio, matrimonii* cit., pp. 170-171 ("L'obiezione che la pratica tradisca il modello, che le indicazioni dell'ordine giuridico siano minate dall'ineffettività, non è determinante. Ciò che vale in tale ordine è la *potenzialità*, l'attitudine a divenire forza regolatrice della generalità e della normalità delle relazioni intersoggettive"); LO CASTRO, "L'idea di matrimonio e i rapporti interordinamentali", *RIFD* 1988, p. 60 e s. (deve ser dada "prioridade ético-jurídica" ao "esquema de relações interpessoais proposto e regulado pelo legislador" e não às "relações que se estabeleçam na experiência social cocreta");

O valor da Sociologia como ciência auxiliar do Direito não pode esconder as dificuldades ligadas à importação incontrolada dos "contributos sociológicos". O *non-droit* é um justo motivo de orgulho para a Sociologia do Direito. Todavia, a aplicação que Carbonnier faz da construção ao casamento[917] suscita perplexidade, se for avaliada pelo prisma da Ciência do Direito. Tendo começado por esclarecer que o Direito não se confina ao *contencioso*, o autor defende que, nas relações conjugais, normalmente, "o Direito apenas entra em cena quando é chamado pela vontade expressa de pelo menos um dos interessados". Mas o que significa isto? Que é impossível a realização espontânea do Direito? Que o Direito se aplica apenas quando há litígio? E, uma vez "chamado", aplica-se a partir do momento em que é invocado ou com eficácia *ex tunc*? E se a lei afinal prescreve o mesmo que as ordens normativas do *non-droit*, *v.g.*, porque remete para elas a definição do conteúdo dos deveres conjugais? Perfilha-se uma perspectiva separatista, afirmando-se que só está presente o *non-droit*[918]? É nitidamente problemática a passagem do discurso do "flexible Droit" para o do Direito em sentido próprio[919]. Por alguma razão, o civilista Carbonnier

---

MALAURIE/AYNÈS, *Cours de Droit Civil* III cit., pp. 32-33 (opõem-se à propensão para fazer coincidir a norma jurídica com o facto, porque entre uma e outro há um "abismo", documentado pela seguinte frase de Poincaré: "Un million d'indicatifs ne feront jamais un impératif"); PARADISO, *La comunità familiare* cit., p. 32 e s. (debruçando-se sobre a opinião que encontra na comunhão espiritual dos cônjuges, enquanto *facto concretamente subsistente*, a essência do casamento, diz, na p. 36, que a mesma incorre naquela "fallacia naturalistica", que consiste em considerar possível "operare una trasposizione diretta dal piano descrittivo dei fenomeni a quello prescrittivo dell'esigenza etica e in genere della norma di comportamento").

[917] Cfr. *supra*, n.º 65.

[918] Aparentemente, neste sentido discutível, S. NASCIMENTO RODRIGUES, *A contratualidade do casamento*, dact., relatório de Mestrado, Faculdade de Direito da Universidade de Lisboa, 1995-96, p. 94, ao concluir que a utilização de conceitos indeterminados na fixação dos deveres conjugais revela a existência de uma "zona que escapa ao Direito".

[919] Embora cativante, o estilo de Carbonnier, no campo da Sociologia do Direito, propicia o equívoco: cfr. THÉRY, *Le démariage: justice et vie privée* cit., pp. 97-98 (que começa por frisar que "Rien n'est plus facile que de mal lire Jean Carbonnier").

terá prescindido do conceito de *non-droit* quando estuda as relações pessoais entre os cônjuges...

Carbonnier é o primeiro a sublinhar a diversidade das perspectivas jurídica e sociológica. Num artigo[920] em que se ocupa de um tema que depois se tornará "um dos lugares-comuns da Sociologia do Direito", explica que a "inefectividade da regra jurídica" interessa à Sociologia, ao passo que, para a dogmática do Direito, pouco importa que a lei não seja aplicada – *continua a ser lei*, porque "a aplicação efectiva, a efectividade não pertencem à definição de regra jurídica". Isto é, a eventual existência de uma massa de comportamentos contrários aos deveres conjugais legalmente previstos que ficam *impunes* nada diz sobre a juridicidade de tais deveres. A situação nem sequer é extraordinária no mundo do Direito, em que, pelas mais diversas razões, uma grande parte das infracções (civis ou penais) detectadas (por sua vez, somente uma pequena parte do conjunto de todas as infracções) não chegam a ser sancionadas.

No entanto, a tese da "des-juridificação" dos deveres conjugais pessoais não se baseia exclusivamente em considerações de tom mais ou menos sociológico. Extrai também argumentos da evolução legislativa que o Direito Matrimonial sofreu nos últimos anos. Com a consagração do princípio do acordo dos cônjuges, nos aspectos respeitantes à orientação da vida em comum, teria havido uma "retirada" da lei em benefício da regulamentação autónoma. Com a previsão da dissolução do casamento por mútuo consentimento e a eliminação de restrições a esta modalidade de divórcio, com a atenuação ou até o abandono do princípio da culpa, no quadro dos pressupostos do divórcio, o Estado teria renunciado ao controle *ex post* das condutas conjugais. Mas, as mencionadas alterações legislativas não autorizam a conclusão de que os deveres de fidelidade e de coabitação sexual perderam o carácter jurídico. Quanto ao acordo[921], trata-se de um meio de auto-regulação da família que sucedeu a outro, o poder marital. Assim sendo, não se pode falar de um grande recuo da intervenção do Estado na família.

---

[920] CARBONNIER, "Effectivité et ineffectivité de la règle de droit" (primeiramente publicado em *Année Sociologique* 1957-1958), *Flexible Droit* cit., p. 123 e s.
[921] Cfr. *supra*, n.os 22 e 24.

Para mais, o acordo em questão não é produto da autonomia irrestrita das partes. Antes de mais, é ele mesmo configurado como um dever jurídico dos cônjuges; nos ordenamentos em que foi expressamente previsto, está também expressamente sujeito a condições (ponderação do "bem", ou das "exigências preeminentes", da família, e dos "interesses" ou "exigências" de cada um dos cônjuges – artigos 1671.º, n.º 2, do Código Civil português, e 144, par. 1.º, do Código Civil italiano); abstraindo disso, o princípio do acordo tem, como é natural, de ser conjugado com outros princípios e preceitos jurídicos. Falta, pois, a demonstração de que o Estado quis colocar a questão do comportamento dos cônjuges na área do livre arbítrio das partes[922].

No que toca ao divórcio, as modificações verificadas ampliam em muito o peso da decisão individual ou conjunta na extinção do vínculo mas não atingem a normatividade dos deveres conjugais durante a permanência do vínculo. No essencial, e em diferentes graus conforme os países, as alterações reflectem uma opção correcta do legislador – autonomizar o problema da mera dissolução do casamento do do cumprimento das regras respeitantes à relação conjugal. Não há, em princípio, motivo plausível para a manutenção de um casamento, quando nenhuma das partes quer a vida em comum ou quando esta não é possível. Nestas situações, impedir que as partes se libertem dos compromissos assumidos parece constituir, de certo modo, um acto de *violência gratuita*. Diferentemente do que ainda se passa nas leis portuguesa e francesa, a dissolução, ou não, do casamento não deve estar ligada à prova da prática de um ilícito conjugal[923]. A concessão do divórcio não

---

[922] Cfr., nomeadamente, WESTERMANN-REINHARDT, *Das Ehe- und Familiennamensrecht und seine Entwicklung – ein Beispiel für den Rückzug des Staates aus dem Bereich von Ehe und Familie?*, dact., Von dem Fachbereich Rechtswissenschaften der Universität Hannover zur Erlangung des akademischen Grades eines Doktors der Rechtswissenschaften genehmigte Dissertation, 1999, pp. 36-37, que, apesar de associar o peso actual do acordo a uma "retirada do Estado do domínio do casamento e da família", aceita a existência de um conjunto de deveres conjugais injuntivos.

[923] Cfr. LEITE DE CAMPOS, *Lições de Direitos de Personalidade* cit., pp. 92-93: "O casamento é algo que tão profundamente afecta os cônjuges, que de tal modo altera as suas vidas que, se um casamento feliz é um dos principais factores de felicidade e humanização do ser humano, um casamento infeliz (ou como tal considerado

é o instrumento adequado para punir a violação de deveres conjugais. O incumprimento destes deveres pode e deve ser sancionado através de outros meios: v.g., pelo regime dos efeitos patrimoniais do divórcio e da responsabilidade civil.

Paradoxalmente, o deferimento legislativo da reivindicação de alargamento da faculdade de divórcio dá força ao entendimento de que os deveres conjugais pessoais têm cariz jurídico. A facilitação do divórcio justifica-se pela necessidade "de consentir ao indivíduo que se liberte de um vínculo que agora se tornou insuportável"[924]. O divórcio é tido como objecto de um direito "que emerge do direito geral de personalidade, v.g., do direito à recuperação da plena liberdade pessoal"[925].

Por fim, o intuito de tratar as relações dos cônjuges em conformidade com uma suposta tendência de decréscimo da interferência estatal, ou de neutralidade do poder público, na área familiar, depara com mais obstáculos. A lei estabeleceu o princípio da igualdade dos cônjuges, impondo às partes o modelo de casamento igualitário. Continua a haver normas legais que prevêem deveres conjugais. No caso português, por exemplo, o elenco de deveres chegou a aumentar. E persiste a técnica da referência mediante conceitos indeterminados e cláusulas gerais, cuja vaguidade potencia a expansão do papel do juiz[926]. Além disso, foram introduzidos preceitos que institucionalizam mecanismos

---

por uma das partes) é «pena» grave demais para ser imposta. Aliás, um casamento mal sucedido não serve os interesses dos cônjuges, das suas famílias e da sociedade; servindo só de pólo de conflitos.

"Julgo, assim, que o direito ao divórcio deve ser reconhecido a qualquer dos cônjuges, unilateralmente e independentemente da averiguação das culpas. Embora seja de consagrar legislativamente um curto período de reflexão, de alguns meses".

[924] Cfr. DOSSETTI, "Intorno a *favor matrimonii* (e *favor divortii*)", *Studi in onore di Pietro Rescigno*, II.1, Milano, Giuffrè, 1998, p. 292, que enuncia como questão central na definição de qualquer disciplina concreta do divórcio a escolha pelo legislador da preponderância relativa que vão possuir duas exigências opostas, "quella di garantire la stabilità del vincolo matrimoniale e quella di consentire al singolo di liberarsi di un vincolo ormai divenuto insopportabile".

[925] Cfr. CAPELO DE SOUSA, *O direito geral de personalidade,* cit., p. 271, nota 646.

[926] Cfr. FURGIUELE, *Libertà e famiglia* cit., p. 305; MALAURIE/AYNÈS, *Cours de Droit Civil* III cit., p. 28.

de intervenção judicial em assuntos que cabem na ideia de orientação da vida familiar (*v.g.*, artigo 1673.º, n.º 3, do Código Civil português). E a este conjunto de factos acresce a preocupação de nem sequer deixar de fora as realidades parafamiliares, o que, entre nós, é visível com a Lei n.º 7/2001, de 11 de Maio. Neste contexto, é ampliado e sistematizado o regime jurídico da união de facto, que se vai aproximando do regime legal dos efeitos patrimoniais do casamento, sublinhando, por isso, mais do que nunca, a relevância diferenciadora da vertente pessoal da relação conjugal[927].

70. Poderá persistir o cepticismo acerca da natureza jurídica dos deveres matrimoniais sexuais, após uma leitura das normas constitucionais respeitantes à família e ao casamento?

Numa norma programática, integrada no capítulo dos direitos e deveres sociais, a Constituição portuguesa qualifica a família como "elemento fundamental da sociedade". E é nessa qualidade que a família vê reconhecido, no mesmo artigo 67.º, n.º 1, o "direito à protecção da sociedade e do Estado e à efectivação de todas as condições que permitam a realização pessoal dos seus membros"[928]. Num capítulo dedicado aos direitos, liberdades e garantias pessoais, o casamento é

---

[927] Ainda que se admitisse ter importância estatística quase idêntica à do casamento, o fenómeno da união de facto, que é difícil de medir com rigor, não poderia ser interpretado como indício de uma eventual rejeição da vinculatividade do conteúdo pessoal do casamento na consciência social. Cfr. POCAR/RONFANI, *La famiglia e il diritto* cit., p. 134 e s.: normalmente, a união de facto não representa um modelo alternativo, mas uma "transição para o casamento"; a quase totalidade das pessoas que vivem em coabitação não matrimonial admite vir a casar, não repudia "os conteúdos típicos do casamento"; mais do que a recusa deste instituto, a escolha da união de facto exprime uma atitude de prudência, o desejo de "assunção limitada de responsabilidade"; o casamento é evitado ou adiado por ser encarado como fonte de especiais compromissos.

[928] Cfr., analogamente, artigo 6 I da GG ("Ehe und Familie stehen unter dem besonderen Schutz der staatlichen Ordnung"); artigo 29, par. 1.º, da Constituição italiana ("La Repubblica riconosce i diritti della famiglia come società naturale fondata sul matrimonio"); par. 10.º do preâmbulo da Constituição francesa ("La nation assure à l'individu et à la famille les conditions nécessaires à son développement"); artigo 39.1 da Constituição espanhola ("Los poderes públicos aseguran la protección social, económica y jurídica de la familia").

objecto de tratamento específico. O artigo 36.º, no n.º 1, reconhece a todos o direito de contrair casamento, autonomizando-o do direito de constituir família. E no n.º 2 estabelece que cabe à lei regular os requisitos e os efeitos do casamento e da sua dissolução[929].

A lei constitucional não define o que é família, mas não oferece dúvidas a inclusão da união conjugal no conceito. Como decorre do artigo 36.º, n.º 1, que distingue direito de contrair casamento e direito de constituir família, a união fundada no casamento não é o único tipo de grupo familiar[930]; porém, é suficientemente importante para obter

---

[929] O artigo 36.º consagra o casamento como garantia institucional em sentido restrito (cfr. JORGE MIRANDA, *Manual de Direito Constitucional* IV cit., p. 72 e s.). O mesmo se aplica ao artigo 32 da Constituição espanhola, que dispõe: "1. El hombre y la mujer tienen derecho a contraer matrimonio con plena igualdad jurídica. 2. La ley regulará las formas de matrimonio, la edad y capacidad para contraerlo, los derechos y deberes de los cónyuges, las causas de separación y disolución y sus efectos".

[930] Opinião que é dominante: cfr. ANTUNES VARELA, *Direito da Família* cit., p. 160 e s.; BIGOTTE CHORÃO, "O papel da instituição familiar numa ordem social justa", *Dir.* 1974/1987, p. 111 (embora censure a "dissociação intencional entre família e casamento"); DAVID DUARTE, "Perspectivas constitucionais da família" cit., pp. 94-95; EDUARDO DOS SANTOS, *Direito da Família* cit., p. 93 e s.; GOMES CANOTILHO/VITAL MOREIRA, *Constituição da República Portuguesa anotada*, 3.ª ed., Coimbra, Coimbra Editora, 1993, p. 220; GONÇALVES DE PROENÇA, *Direito da Família*, reimpressão, SPB, Lisboa, 1999, p. 70; LEITE DE CAMPOS, *Lições de Direito da Família*, 2.ª ed., cit., pp. 102-103; LEONOR BELEZA, *Direito da Família* cit., p. 9 e s.; PEREIRA COELHO, "Casamento e família", *Temas de Direito da Família*, Coimbra, Livraria Almedina, 1986, pp. 4-5; PEREIRA COELHO/GUILHERME DE OLIVEIRA, *Curso de Direito da Família* I cit., p. 138 e s. Perfilharam tese oposta: CASTRO MENDES, "Artigo 36.º, n.º 1 (Família e casamento)", *Estudos sobre a Constituição*, I, Lisboa, Livraria Petrony, 1977, pp. 372-373, com o argumento de que a palavra "família" tem de ter igual significado nos vários artigos da Constituição e de que a amplitude da protecção conferida pelo artigo 67.º só é configurável para a família fundada no casamento e não para todas e quaisquer formas "que surjam e que, desempenhando funções de família, pretendam para si o qualificativo de *familiares*"; JORGE MIRANDA, *Um projecto de revisão constitucional*, Coimbra, Coimbra Editora, 1980, p. 38 ("A palavra *família* do artigo 36.º não pode razoavelmente deixar de significar o mesmo que no artigo 67.º actual, circunscrito à *família modelo legal*, à família fundada no casamento"); P. SOARES MARTÍNEZ, *Comentários à Constituição de 1976*, Lisboa/São Paulo, Verbo, 1978, p. 53, vendo no texto do artigo 36.º, n.º 1, uma repetição desnecessária, já que somente seria possível constituir família por via do casamento.

atenção especial do poder constituinte, o qual não se contenta com a referência genérica ao direito de constituir família e prevê uma reserva da lei para a matéria dos requisitos, efeitos e dissolução do casamento.

Todavia, a Constituição portuguesa, tal como a alemã, a italiana, a francesa e a espanhola, não formula expressamente nem uma noção de casamento nem um enunciado de efeitos do instituto. Obviamente, não se pode traçar a concepção de casamento constitucionalmente relevante com base no Código Civil, já que isso significaria efectuar uma interpretação e integração da Constituição conforme com a lei ordinária, erro metodológico grave, de inversão da hierarquia dos actos normativos, e, apesar de tudo, frequente no campo do Direito Privado[931]. No entanto, é algo simplista a dedução[932] de que a Constituição não teve em vista qualquer noção substancial de casamento. À luz da Constituição, a união conjugal, enquanto exemplo de família, é, insista-se, um "elemento fundamental da sociedade", beneficiando não só da protecção derivada da inclusão no conceito de família como de protecção directa[933]. Se estivesse em causa uma realidade confundível com

---

[931] Cfr. as advertências de PERLINGIERI, "La familia en el sistema constitucional español", *RDP* 1998, p. 112, e P. STANZIONE, "Principi costituzionali e Diritto di Famiglia nell'esperienza spagnola", *DFP* 1984, p. 263.

[932] Dedução que é efectuada por FRANK, "100 Jahre BGB – Familienrecht" cit., p. 408 ("Art. 6 Abs. 1 GG stellt die Ehe unter den besonderen Schutz der staatlichen Ordnung, aber niemand weiß so recht, was die Zivilehe inhaltlich auszeichnet").

[933] Mal, SERRANO MORENO, *El efecto familia* (veinticuatro tesis sobre derecho constitucional de familia), Granada, Ediciones TAT, Granada, 1987, pp. 76-77, ao concluir que: "Lo que la Constitución protege no es el matrimonio, sino el derecho a contraerlo". A sua interpretação das normas constitucionais é bastante literal: o casamento não estaria constitucionalmente protegido porque a Constituição não disse expressamente que protegia o casamento. Há apenas um artigo que confere protecção à *família*. Por isso, a afirmação "según la cual la protección del artículo 39, hay que entenderla como extendida al matrimonio es, a nuestro juicio, un tanto forzada, ya que, en ningún momento, el artículo 39 habla de la familia fundada en el matrimonio, sino, sencilla y ampliamente, de la familia y donde la ley no distingue no debe distinguir el intérprete". A frase final, totalmente desenquadrada, é mais uma infelicidade. A citação da máxima interpretativa não permite supor que anteriormente ocorrera apenas um lapso de escrita, que Serrano Moreno queria somente negar a existência de protecção constitucional *específica* para o casamento. O autor considera não haver qualquer tutela, directa ou indirecta, da instituição matrimonial global. A

qualquer outra, uma simples "forma jurídica", um "instituto vazio", o empenho do poder constituinte seria bem estranho, no mínimo desproporcionado[934].

Não cabe à Constituição apresentar uma noção de casamento. A família é um "elemento natural da sociedade" (cfr. artigo 16.º, n.º 3, da Declaração Universal dos Direitos do Homem) e, portanto, um dado extrajurídico. À lei do Estado exige-se unicamente que reconheça e proteja essa realidade preexistente. O conteúdo do casamento não tem

---

Constituição só protege o que expressamente diz tutelar. Desta forma, só seria inconstitucional o preceito legal que restringisse o *ius conubii* ou alterasse a regra da plena igualdade dos contraentes (cfr. artigo 32.1 da Constituição). Qualquer outro preceito "puede ser entendido como un atentado contra la institución matrimonial y, sin embargo, con la Constitución en la mano, no sería posible argumentar su inconstitucionalidad alegando desprotección".

De assinalar que, já anteriormente, numa conferência proferida em 1984, cujo texto corresponde ao artigo "Casamento e família" citado *supra*, na nota 930, PEREIRA COELHO manifestara as maiores reservas acerca da harmonia deste género de raciocínio com o pensamento vazado na Constituição portuguesa (p. 6), pensamento não muito distinto daquele que foi seguido pela Constituição espanhola de 1978 e que é correctamente apreendido por GARRIDO DE PALMA, "El Derecho de Familia en el final del siglo XX", *RGLJ* Julho de 1987, pp. 19-20, HERNANDEZ IBAÑEZ, "La evolución del Derecho de Familia en España", *RDConcep.* 1993, n.º 194, p. 54, e MARTÍNEZ CALCERRADA, *El nuevo Derecho de Familia*, t. I, 2.ª ed., Madrid, 1981, p. 33 e s.; de facto, a Constituição espanhola tutela a família constituída através do casamento]. Na perspectiva do ilustre professor português, não seria decisiva a falta de formulação explícita do princípio da protecção do casamento: "o legislador apenas teria receado" – sem razão, acrescenta – "que a enunciação desse princípio impedisse o reconhecimento de efeitos jurídicos à união de facto, ou que, por outro lado, um tal princípio contrariasse a não discriminação entre filhos nascidos do casamento e fora do casamento". E, de imediato, pergunta se o princípio da garantia do instituto matrimonial não estará pressuposto nos princípios do artigo 36.º referentes ao casamento, sugerindo que estes perderiam todo o sentido "se o legislador, afinal, pudesse suprimir o casamento ou desfigurar o «núcleo essencial» do instituto".

[934] Cfr. PERLINGIERI, "Norme costituzionali e rapporti di diritto civile", *Rass. DC* 1980, pp. 104-105: o ordenamento constitucional contém elementos normativos substanciais e não simples formas e processos, pelo que o estudo da lei civil à luz da Constituição é "la via praticabile per ovviare al rischio delle degenerazioni dello stato di diritto formale".

de ser fixado pelo legislador constituinte[935]; é aquele que resultar do entendimento social. Entendimento social que não pode corresponder a uma qualquer opinião. Num Estado de direito democrático e pluralista que não abdica da sua história e do seu futuro, o conceito pressuposto pelo poder constituinte tem de ser aquele que, sob uma perspectiva territorial e temporal, reúna o maior consenso possível da comunidade, sempre sem prejuízo da identidade particular da figura em questão. Deste modo, o casamento-estado surge sobretudo como uma união ampla, necessariamente íntima e exclusiva, de duas pessoas de sexo diferente, que, em contraste com a união de facto heterossexual e monogâmica, não assenta no *facto vivido* mas (também) no *compromisso de vida*[936]. Na concepção social pertinente, a ideia de casamento

---

[935] Cfr. GIESEN, "Les notions de mariage et de famille dans la loi fondamentale", *Mariage et famille en question (l'évolution contemporaine du droit allemand)*, sous la direction de H.A. Schwarz-Liebermann von Wahlendorf, I, CNRS, 1979, p. 8, explicando por que razão a GG não precisa o que entende por casamento e família: "Cela tient au fait que l'article 6 fait référence à des notions qui ont précédé l'Etat, dont l'origine historique est très ancienne et qui, dans leurs grands traits, nous parviennent inchangées, dont le sens, par conséquent, est supposé connu. C'est pourquoi on ne peut appréhender les notions de mariage et de famille sans se référer à la coutume et plus précisément à la manière dont ces notions sont généralement perçues en République Fédérale d'Allemagne. Sont significatifs les éléments qui, au cours de l'évolution historique, ont été reconnus comme tels par l'opinion générale et que la société prend aujourd'hui encore en considération". Ver também LIPP, *Die eherechtlichen Pflichten und ihre Verletzung* cit., p. 35 ["Struktur und Inhalt der «Ehe» wie sie Art. 6 Abs. 1 GG dem einfachen, aber auch dem verfassungsändernden Gesetzgeber (Art. 79 Abs. 3 GG) vorgegeben sind, entnimmt das Grundgesetz den «vorgefundenen, überkommenen Lebensformen»"]; RICCIO, *Il matrimonio nella Costituzione italiana*, Padova, CEDAM, 1968, p. 100 (a Constituição remete "all'ordine che nasce dalla stessa natura del matrimonio e della famiglia che sono considerati come ordinamenti originari").

[936] Cfr. FOSAR-BENLLOCH, *Estudios de Derecho de Familia*, t. I, *La Constitución de 1978 y el Derecho de Familia*, Barcelona, Bosch, 1981, pp. 293-294 ("Se ha pretendido constitucionalizar, en el caso del matrimonio, aquella parcela de las relaciones privadas que median entre un hombre y una mujer en sus dimensiones afectivas, sexuales y sociales, cuando las mismas adquieren un elevado grado de estabilidad, publicidad y compromiso social que justifica su legalización, la intervención de la ley en su génesis y desarrollo"); LOSCHELDER, "Staatlicher Schutz für Ehe und Familie" cit., p. 338 ("Oberhalb der grundsätzlichen verfassungsrechtlichen

é inseparável da ideia de dever, nomeadamente de dever que abarca a esfera de "comunicação" mais pessoal, como é a esfera de "comunicação sexual".

É a compreensão da eficácia vinculativa do casamento no plano pessoal que leva a Constituição a consagrar explicitamente o direito à liberdade matrimonial[937], retirando-o do direito de constituir família. É igualmente em homenagem ao conceito social de casamento que o legislador constituinte, para materializar a convicção geral de obrigatoriedade quanto a certos aspectos da vida matrimonial, não se desinteressa da matéria dos efeitos do casamento, nem a submete a um princípio de não intervenção do Estado. A matéria ficou sujeita ao princípio da reserva da lei formal. E isto está longe de representar a *passagem de um cheque em branco à ordem do legislador ordinário*. Este último

---

Gewährleistung, aber unterhalb der gesellschaftlichen Auseindersetzungen – etwa über die Rollenverteilung der Ehegatten – finden sich zahlreiche Strukturmerkmale, über die nicht erstlich gestritten werden kann: die auf Dauer und Ausschließlichkeit angelegte personale Bindung der Ehegatten, die umfassende Verantwortung füreinander und für die Kinder, die Gemeinsamkeit der Lebensgestaltung in wechselseitiger Achtung, Rücksichtnahme und Liebe"); ÁLVAREZ VÉLEZ/ALCÓN YUSTAS, "La regulación constitucional del matrimonio en las constituciones de los Estados de la Unión Europea. Especial referencia al matrimonio de los miembros de las Casas Reales en los Estados monárquicos", em *Hominum Causa Omne Ius Constitutum Est (Escritos sobre el matrimonio en homenaje al Prof. Dr. José María Díaz Moreno, S.J.)*, Madrid, Universidad Pontificia Comillas, 2000, pp. 1065-1066.

[937] Cfr. REGOURD, "Sexualité et libertés publiques" cit., p. 58, que chega a definir o direito à liberdade matrimonial por referência ao conteúdo sexual do casamento: "Il apparaît alors clairement que le droit au mariage peut se définir comme le droit d'obtenir une consécration juridique des relations intimes entre deux personnes désirant cohabiter et avoir des relations sexuelles". Mesmo que se discorde da noção, não se pode ignorar a conexão entre liberdade matrimonial e relação conjugal pessoal. Quem levanta a hipótese de esta última não ter carácter jurídico, tem, logicamente, de questionar a protecção jurídica conferida àquela: cfr. PAMPLONA CORTE-REAL, *Direito da Família e das Sucessões (Relatório)* cit., que detecta uma situação de "progressivo cerceamento do teor do estado conjugal" (p. 68 e s.) e, coerentemente, defende contrastar a mesma com o facto de ser "exaltada a solenidade do casamento como acto e a relevância do consenso plenamente livre, através de ditames legais de inequívoco rigor dum ponto de vista consequencial" (p. 71).

não pode fixar, para as relações entre os cônjuges, um regime incompatível com a concepção de casamento subentendida pela Constituição[938].

Por maioria de razão, os conceitos indeterminados e as cláusulas gerais têm de ser entendidos pelo intérprete[939] como *portas que a lei abriu para a entrada no Direito das normas sociais*[940] *fundamentais respeitantes às relações entre os cônjuges.*

---

[938] Cfr. PEREIRA COELHO, ob. cit. *supra*, nota 933, na linha de certa doutrina alemã. Cfr., p. e., GERNHUBER/COESTER-WALTJEN, *Lehrbuch des Familienrechts* cit., p. 39, que incluem a obrigação de comunhão conjugal de vida na garantia constitucional do casamento e defendem que o legislador ordinário não pode eliminá-la, "weil mit ihrer Beseitigung das Rechtsinstitut der bürgerlichen Ehe überhaupt entfallen würde". Para além de terem de ser legislativamente consagradas, as "estruturas fundamentais" ("Grundstrukturen") do casamento, *v.g.*, o dever de exclusividade sexual, situam-se, segundo HEPTING, *Ehevereinbarungen* cit., p. 224, no chamado "espaço de Direito injuntivo" ("Der Bereich zwingenden Rechts").

[939] Cfr. DELGADO ECHEVERRÍA, "La transformación del Derecho de Familia y la formación del jurista", em Lacruz Berdejo e outros, *El nuevo régimen de la familia* I cit., pp. 16-17: os conceitos indeterminados e as cláusulas gerais do Direito da Família não são "un cheque en blanco que el intérprete pueda rellenar de acuerdo con sus convicciones personales (...). El intérprete no puede sustituir las convicciones del pueblo, del que emana la justicia, por las suyas propias".

[940] Ou, para usar outra terminologia (cfr. PAIS DE VASCONCELOS, "A natureza das coisas", *Estudos em homenagem ao Professor Doutor Manuel Gomes da Silva*, Faculdade de Direito da Universidade de Lisboa, 2001, p. 741) *portas que a lei abriu para a entrada* da "normatividade juridico-culturalmente vigente", de "entia moralia".

B. OUTRO DILEMA: *SER OU NÃO SER* DIREITO SUBJECTIVO

1. O DIREITO SUBJECTIVO CONJUGAL

1.1. O eixo da oponibilidade

71. A insuficiência das explicações baseadas nos modelos tradicionais do direito real ou do direito de crédito não impede o predomínio actual da orientação que reconduz os deveres conjugais sexuais a correlativos de direitos subjectivos. Nas tentativas de uma caracterização mais completa, é privilegiada a questão do lugar desses "direitos conjugais" na classificação que separa as situações jurídicas absolutas das relativas. De acordo com a doutrina clássica, o critério de distinção é o da eficácia. Nesta perspectiva, surge como paradigmática a contraposição dos direitos reais aos direitos de crédito, entendendo-se que aqueles são absolutos, porque oponíveis *erga omnes*, e estes são relativos, porque dotados unicamente de eficácia *inter partes*.

De Cupis procurou tratar o problema da oponibilidade de modo a não qualificar o *ius in corpus* como direito real nem como direito de crédito. Em reacção às teorias de Carnelutti e de Fedele, formulou uma posição em que o *ius in corpus* é enquadrado no âmbito de um direito de personalidade. Por efeito do casamento, a liberdade sexual sofre "uma transformação radical, visto que, relativamente à pessoa escolhida para realizar a convivência matrimonial, se converte num poder a que corresponde um limite imposto à liberdade dessa mesma pessoa. Através da atribuição do *ius in corpus*, a liberdade sexual é simultaneamente reforçada (converte-se num poder cujo respeito se impõe ao outro cônjuge) e sacrificada (por causa do tal respeito que é requerido). Esta situação, verificando-se quanto a ambos os cônjuges, tem carácter de reciprocidade: reforço e sacrifício verificam-se, no que toca aos cônjuges, segundo uma relação de igualdade, apta a salvaguardar a dignidade humana. E enquanto a liberdade sexual se manifesta como *ius in corpus* perante o outro cônjuge, perde-se perante terceiros (obrigação de fidelidade: artigo 143 c.c.): esta perda serve para compensar a gravidade daquele poder e da correspondente limitação. Com o casamento, a pessoa impõe, portanto, uma autodisciplina à própria liberdade sexual, a qual sofre a transformação descrita: logo, pode dizer-se que o casamento teve virtude dispositiva quanto a tal liberdade. Além disso, o casamento não só implica a perda, por ambos os cônjuges, da liberdade sexual perante terceiros, como produz também a perda, para todos os terceiros, da liberdade sexual perante os cônjuges; com esta perda, o interesse de cada um dos cônjuges na fidelidade é tutelado externamente"[941].

Na opinião de De Cupis, o *ius in corpus* identifica-se com o direito de liberdade sexual na constância do matrimónio e, por isso, facilmente se demarca do direito real e do direito de crédito. Os direitos de personalidade são direitos não patrimoniais absolutos[942]. A nota da absolutidade é partilhada pelos direitos reais e pelos direitos de personalidade, afastando-os dos direitos de crédito. Mas, conjugada com a não patrimonialidade, permite a autonomização plena da categoria dos direitos de personalidade.

No entanto, a concepção de De Cupis acerca da generalidade dos "direitos subjectivos familiares", no seio dos quais insere os "direitos conjugais" à fidelidade e à coabitação, contraria a ideia da redutibilidade do *ius in corpus* a um direito de personalidade. Os direitos subjectivos familiares são desenhados como poderes afectados à realização concomitante dos interesses dos indivíduos, enquanto membros da família, e dos interesses do grupo familiar[943]; nesta medida, não se confundem com os direitos de personalidade, unicamente "instituídos no

---

[941] DE CUPIS, "Ancora una postilla sul *jus in corpus*" cit., p. 506. Cfr. ainda "Il diritto alla libertà sessuale", *Studi giuridici in memoria di F. Vassalli*, I, Torino, UTET, 1960, pp. 432-433; "Coniuge" cit., p. 2; *I diritti della personalità*, 2.ª ed., cit., pp. 228, 229 e 232.

[942] DE CUPIS, *I diritti della personalità*, 2.ª ed., cit., p. 50 e s.

[943] DE CUPIS, "La tutela esterna degli interessi familiari" cit., p. 236 e s., *Il Diritto di Famiglia* cit., pp. 11-12, e *Istituzioni di Diritto Privato*, 3.ª ed., Milano, Giuffrè, 1983, pp. 122-123.

interesse do seu titular"[944]. Aliás, o ilustre autor italiano não se mostra muito firme na defesa da tese do *ius in corpus* como direito de personalidade; justamente nos textos em que aponta os interesses subjacentes aos direitos familiares, fundamenta a tutela externa dos deveres de coabitação e de fidelidade no carácter não meramente individual dos interesses em causa ou/e sem estabelecer qualquer conexão com a matéria da liberdade sexual[945].

Analogamente problemática é a visão de Padrutt[946], que considera a fidelidade conjugal um "bem da personalidade absolutamente protegido". Dever jurídico fundamental, por garantir a exclusividade da comunhão sexual, atribuindo ao casamento especificidade perante

---

[944] Cfr. CAPELO DE SOUSA, *O direito geral de personalidade,* cit., p. 580, ao destrinçar os direitos de personalidade de um "conjugal *ius in corpus*, ou talvez melhor, de um conjugal *ius in personam*, decorrente dos deveres de fidelidade positiva e de coabitação".

[945] Cfr., em particular, DE CUPIS, *Il Diritto di Famiglia* cit., p. 12 ("L'aggiunta di questa tutela esterna è giustificata dall'essenza non puramente individuale degli interessi in discorso"), e "La tutela esterna degli interessi familiari" cit., pp. 236, 237 e 238 ("Trattandosi di interesse corrispondente allo scopo del consorzio coniugale, di interesse avente natura non meramente individuale, essendo proprio anche del gruppo familiare e cosí assumendo una nota di superiorità, appare giusto che la sua tutela non si esaurisca nei confronti dell'altro coniuge, ma sussista anche nei confronti dei terzi"; "Non v'è bisogno di attribuire natura reale al coniugale *ius in corpus* per riconoscere la pretesa all'astenzione dei terzi dal concorrere nella lesione della fedeltà; è sufficiente poggiare il riconoscimento di tale pretesa sulla superiore importanza dell'interesse alla fedeltà: interesse che non è esclusivamente proprio del coniuge e, per il normale ed onesto svolgimento della vita della famiglia, per la salvezza della coesione di questa, merita di essere difeso anche contro i terzi"). No próprio artigo "Ancora una postilla sul *jus in corpus*" (1981) cit., p. 506, DE CUPIS refere-se, com algum distanciamento, à tese personalista do *ius in corpus*; resultado da sua inspiração da década de sessenta. A exposição da tese começa e termina com verbos no pretérito: "non mancai di contraporre alle teorie di Carnelutti e di Fedele (...) un'altra teoria"; "Quindi, alle errate ed inutili teorie di Carnelutti e di Fedele (...) contrapponevo un'altra teoria".

[946] PADRUTT, *Die Ehestörungsklage,* Bern, Stämpfli & Cie, 1954, pp. 37, 39 e 40 ("Die eheliche Treue als absolut geschützes Persönlichkeitsgut"). A sua opinião foi muito saudada por BOEHMER, "Die Ehestörungsklage", *FamRZ* 1955, pp. 8-9, para quem o adultério representa uma violação do direito geral de personalidade do cônjuge lesado.

outros tipos de comunhão, a fidelidade seria também um "valor ligado à vida espiritual", à personalidade, de cada cônjuge. Na perspectiva deste autor, a fidelidade assegura as "qualidades essenciais" e as "condições psíquicas" do indivíduo que é membro da comunhão conjugal e apresenta, consequentemente, a "relevância absoluta" típica dos restantes bens da personalidade. "Se o marido se torna infiel, viola o bem pessoal da fidelidade que pertence à mulher; se a mulher é infiel, viola aquele bem que pertence ao marido. Se um terceiro se une com a mulher, viola o bem da fidelidade que pertence ao marido".

Mas, atendendo aos traços em comum, será possível separar totalmente os direitos conjugais dos direitos de personalidade? A diversidade apurada a nível dos interesses não constituirá somente uma razão para integrar os direitos conjugais pessoais numa espécie particular de direitos de personalidade? Ionescu[947], por exemplo, divide os direitos de personalidade em "direitos do indivíduo como tal" e em "direitos do indivíduo como membro da família". Os dois grupos estão unificados pelos aspectos da extrapatrimonialidade, da oponibilidade *erga omnes* e da inseparabilidade da pessoa do titular.

Existe, porém, um elemento essencial, de índole estrutural, que confere aos direitos familiares pessoais independência conceptual perante os direitos de personalidade. Os primeiros assentam numa verdadeira relação jurídica, numa "relação intersubjectiva não ubiquitária"[948], o que não acontece com os segundos. Como se diz na lei portu-

---

[947] IONESCU, *La notion de droit subjectif dans le Droit Privé*, 2.ª ed., Bruxelles, Émile Bruylant, 1978, p. 197 e s. (note-se que a expressão "direitos do indivíduo como membro da família" não tem em vista todos os direitos que resultam das relações de família; os "direitos puramente patrimoniais" são considerados na contraposição entre direitos reais e direitos de crédito).

[948] Cfr. HENRIQUE MESQUITA, *Obrigações reais e ónus reais*, Coimbra, Livraria Almedina, 1990, p. 66 e s., que rejeita a construção dos direitos reais e de outros direitos que implicam um dever geral de respeito ou de abstenção como "relações jurídicas intersubjectivas ubiquitárias" e considera secundário, para efeitos de fixação do conceito de direito real, o elemento da eficácia *erga omnes;* fundamental seria, pelo contrário, perceber que os direitos reais "não são direitos contra as pessoas ou em relação às pessoas, mas sim direitos de soberania (*Herrschaftsrechte*) sobre as coisas". Como demonstrou OLIVEIRA ASCENSÃO, *Teoria Geral do Direito Civil,* IV,

guesa, o contrato de casamento é fonte de uma relação jurídica familiar (artigos 1576.º e 1577.º do Código Civil), os deveres dos cônjuges são vínculos entre duas pessoas determinadas (artigo 1672.º do Código Civil). Na acepção técnico-jurídica correcta da classificação que opõe as situações jurídicas absolutas às relativas[949], os direitos conjugais pessoais são relativos, enquanto os direitos de personalidade são absolutos.

Excluída a viabilidade de uma relação jurídica que envolva todas as pessoas do mundo, é pacífica a relatividade dos direitos de fidelidade e de coabitação, se se adoptar como critério de qualificação a integração numa relação jurídica. Só que a noção mais corrente de relatividade socorre-se do critério clássico da eficácia (materializável em responsabilidade). E neste plano é menor o consenso.

Para Leite de Campos, a relatividade como oponibilidade acompanha a relatividade em sentido próprio dos deveres conjugais sexuais. "Os direitos familiares pessoais são relativos: vinculam pessoas certas e determinadas, não projectando os seus efeitos em relação a terceiros. Assim, se um dos cônjuges mantiver relações adulterinas com terceiro, este não será responsável para com o cônjuge «lesado»"[950]. Tal posição coincide com a doutrina portuguesa dominante acerca dos direitos de crédito, que propugna o princípio da ineficácia externa das obrigações[951]. Em regra, recusa-se, entre nós, a protecção delitual do crédito. Como a obrigação se traduz num vínculo particular ou especial, numa relação que se estabelece entre pessoas determinadas ou determináveis, afirma-se que os direitos de crédito só podem ser ofendidos pelo devedor, pelo que apenas este incorre em responsabilidade civil perante o credor, ainda que um terceiro tenha contribuído para o incumprimento.

Relações e situações jurídicas, dact., Lisboa, FDL, 1993, pp. 21-22, a ideia de relação jurídica absoluta conduz a um absurdo prático.

[949] Cfr. OLIVEIRA ASCENSÃO, *Direito Civil: Reais* cit., p. 45, e *Teoria Geral do Direito Civil*, IV cit., pp. 135-136; MENEZES CORDEIRO, *Direitos Reais – Sumários* cit., pp. 112-113, e *Tratado de Direito Civil português* I/1 cit., p. 142.

[950] LEITE DE CAMPOS, *Lições de Direito da Família*, 2.ª ed., cit., p. 144.

[951] Ver, por todos, ALMEIDA COSTA, *Direito das Obrigações* cit., p. 79 e s.; ANTUNES VARELA, *Das obrigações em geral* I cit., p. 166 e s.

No direito francês, não se questiona a tutela delitual do direito de crédito[952]. O terceiro que, culposamente, impede o cumprimento da obrigação contratual ou colabora na ofensa ao direito de crédito responde, nos termos do artigo 1382 do *Code civil*, pelos danos causados. O princípio da eficácia externa das obrigações foi admitido, pela primeira vez, através duma sentença de 1818, que considerou responsável, como terceiro cúmplice, aquele que, de má fé, adquiriu um bem, objecto de um pacto de preferência[953]. Pouco depois[954], a doutrina do terceiro cúmplice foi aplicada num caso de adultério e desde então, até 1999, não será contestada a oponibilidade *erga omnes* do dever de fidelidade[955]: o terceiro que tivesse relações sexuais com uma pessoa,

---

[952] Cfr. RITA CABRAL, "A tutela delitual do direito de crédito", *Estudos em homenagem ao Professor Doutor Manuel Gomes da Silva* cit., pp. 1035-1036.

[953] Cfr. FÁTIMA DUARTE, *O pacto de preferência e a problemática da eficácia externa das obrigações*, Lisboa, AAFDL, 1989, p. 46; MENEZES CORDEIRO, *Direito das Obrigações* I cit., p. 274.

[954] CassFr 5/6/1829, *D. Jur. gén.*, v.º *Adultère*, n.º 111 (*apud* PLANIOL/RIPERT//ROUAST, *Traité Pratique de Droit Civil Français* II cit., p. 269, nota 1).

[955] Cfr. HOLLEAUX, em recensão à obra de Padrutt citada *supra*, na nota 946, *RIDC* 1955, p. 466: "Il est clair pour tout tribunal ou tout auteur français que l'atteinte portée à l'union conjugale constitue objectivement une *faute civile*, qui astreint tout ceux, époux ou *tiers*, qui y ont coopéré à réparer le dommage – au moins moral – qu'ils ont contribué à causer. L'action en indemnité en particulier relève tout simplement, depuis le Code civil, de l'article 1382". Mais recentemente, ver BACH, *Droit Civil* 1 cit., p. 233; BÉNABENT, *Droit Civil. La famille* cit., p. 92; CARBONNIER, *Droit civil 2* cit., p. 472; CORNU, *Droit Civil. La famille* cit., p. 58; LABBÉE, *Les rapports juridiques dans le couple sont-ils contractuels?* cit., pp. 75-76; LARRIBAU-TERNEYRE, "Mariage" cit., n.º 43; RAYMOND, *Droit Civil* cit., p. 536; RINGEL/PUTMAN, *Droit de la Famille* cit., p. 128.

No final do séc. XX, a CassFr 3/2/1999, *D.* 1999, p. 267 (com anotação de LANGLADE-O'SUGHRUE), admitiu a validade de uma liberalidade feita por uma pessoa casada em benefício do seu amante, jurisprudência que foi confirmada pela CassFr 25/1/2000, n.º 97-19.548 (cfr. SAINT-HILAIRE/CASEY, "Libéralités et concubinage adultérin: jurisprudence confirmée", *RJPF* 2000-4/54). Para alguma doutrina [cfr. LARROUMET, "La libéralité consentie par un concubin adultère", *D.* 1999, chron., p. 352; LÉCUYER, "Mariage et contrat", em Fenouillet/Vareilles-Sommières (org.), *La contractualisation de la famille* cit., pp. 64-65], esta orientação reflecte a recusa de reconhecer ao dever de fidelidade eficácia perante terceiros.

sabendo que ela era casada, era obrigado a indemnizar o cônjuge traído, nos termos do mencionado artigo do *Code civil*.

A tese da eficácia externa das obrigações acabou por vingar também em Itália, embora bastante mais tarde[956]. No entanto, é controversa a questão de saber se o terceiro está ou não sujeito a responsabilidade civil em virtude de ter participado numa situação de adultério. Um acórdão de 1988[957] respondeu positivamente, baseando-se na teoria da responsabilidade por indução ao incumprimento, que foi elaborada no âmbito do Direito das Obrigações. À luz dessa teoria, aquele que convence o devedor a não realizar a prestação devida viola o dever geral de respeito dos direitos de crédito e incorre, nos termos do artigo 2043 do *Codice Civile*, em responsabilidade aquiliana perante o credor. Na perspectiva do tribunal colectivo, "tais conclusões podem ser perfeitamente transferidas para o campo dos deveres emergentes do casamento. Não há dúvida de que o sujeito que induz ou instiga a mulher de um terceiro a ter relações sexuais consigo coopera, com o seu comportamento, na produção do facto lesivo do dever de fidelidade, concorrendo, assim, com a mulher na violação de tal dever". Opinião radicalmente oposta foi manifestada por vários comentadores[958], que assinalaram ao esquema da indução ao incumprimento uma lógica patrimonial, contrastante com o regime que seria adequado a um dever conjugal pessoal.

---

[956] Cfr. MENEZES CORDEIRO, *Direito das Obrigações* I cit., pp. 275-276. Segundo, RITA CABRAL, "A tutela delitual do direito de crédito" cit., p. 1033, foi a partir do caso *Meroni* (CassIt 26/1/1971, *Giur.It.* 1971, p. 680) que se passou a defender "uma tutela amplíssima dos direitos de crédito".

[957] Trib. Roma 17/9/1988, *NGCC* 1989, I, p. 559 (em especial, pp. 562-563), com anotação de PALETTO = *Giur.Mer.* 1991, p. 754, com anotação de LATTANZI.

[958] Cfr. os dois autores *supra*, citados na nota 957 (PALETTO, p. 566, e LATTANZI, pp. 761-762) e ainda CENDON, "Non desiderare la donna d'altri", *Contr.* 1990, p. 627, particularmente incisivo: "Non meno goffa appare, d'altro canto, la trasposizione del modello della lesione del credito – di cui si dà, addirittura, per scontata una valenza ormai generale – nell'ambito dei rapporti personali fra coniugi. Come vedere in categorie il cui attuale destino è, semmai, quello di trovarsi sistematicamente rimesse in discussione sul loro stesso terreno d'origine (quello patrimoniale), una ricchezza di contenuto sufficiente a giustificare importazioni così drastiche?".

No ordenamento alemão, em que predomina[959], tal como no direito português, a tendência contrária ao princípio da eficácia externa das obrigações, são múltiplas as soluções propostas para a questão da oponibilidade *erga omnes* dos deveres conjugais sexuais – mesmo abstraindo do tema do "domínio espacial-objectivo do casamento" ("räumlich-gegenständlicher Bereich der Ehe"), que será tratado em especial *infra*, na Parte III (A.4.3). Alguma doutrina e alguma jurisprudência inclinam-se para uma posição paralela àquela que se observa no Direito das Obrigações. Henrich[960] afasta a possibilidade de "pretensões de defesa externa" do dever de fidelidade ou de comunhão conjugal de vida, alegando que o casamento é uma relação pessoal da qual emergem unicamente direitos e deveres relativos, direitos esses que, pela sua relatividade, não são susceptíveis de fazer incorrer terceiro em responsabilidade civil. Afirmando que o dever previsto no § 1353 I 2 (Hs. 1) do BGB "existe apenas perante o outro cônjuge e dá ao outro cônjuge apenas um direito relativo à comunhão conjugal de vida perante o cônjuge infractor e não um direito absoluto perante terceiro", Larenz/Wolf[961] excluem a validade de quaisquer pretensões contra o terceiro, indemnizatórias ou semelhantes às que constam do § 1004 do BGB ("Beseitigungs- und Unterlassungsansprüche"). Dois acórdãos do Supremo Tribunal Federal de finais da década de 50[962] negaram a um cônjuge o direito de ser indemnizado por terceiro que mantivera com o outro cônjuge relações sexuais. No primeiro aresto, de 1957, a indemnização era pedida para compensar os danos patrimoniais e não patrimoniais decorrentes da cessação da vida conjugal e foi apresentada após ter sido decretado o divórcio, com fundamento exclusivamente na recusa do débito conjugal pelo cônjuge que, afinal, também era adúltero. No segundo aresto, de 1958, o marido pretendia ser ressarcido das despesas de alimentos que tivera com o filho nascido das relações

---

[959] Cfr. ANTUNES VARELA, *Das obrigações em geral* I cit., p. 176, nota 1; RITA CABRAL, "A tutela delitual do direito de crédito" cit., p. 1036 e s.
[960] HENRICH, *Familienrecht* cit., p. 73 e s. (na p. 75, encontra-se a expressão "Abwehransprüche nach außen").
[961] LARENZ/WOLF, *Allgemeiner Teil des Bürgerlichen Rechts* cit., p. 295.
[962] BGH 6/2/1957, *BGHZ* 23, p. 279, e 8/1/1958, *BGHZ* 26, p. 217.

extramatrimoniais da mulher, bem como dos custos associados à acção de impugnação de paternidade. Em ambos os casos, o tribunal começou por sublinhar que os deveres decorrentes da celebração do casamento apenas vinculam os cônjuges entre si e que, por isso, só o cônjuge, e nunca um terceiro, pode violar aqueles deveres[963].

Numa igual tendência de alinhamento do direito de comunhão conjugal de vida com o direito de crédito, no aspecto da oponibilidade, mas com conclusões substancialmente divergentes, situa-se Löwisch, partidário do efeito externo das obrigações. O autor defende[964] que, apesar de integrados numa relação jurídica entre duas pessoas determinadas, os direitos conjugais beneficiariam, tal como os direitos de crédito, de eficácia directa perante terceiros. Deste modo, reconhece ao cônjuge a faculdade de se proteger contra "actos pertubadores da rela-

---

[963] Declara concordar, sem reservas, com o pressuposto do Supremo Tribunal, KÜNKEL, "Kostenerstattungs- und Schadensausgleichungsanspruch im Ehelichkeitsanfechtungsrechsstreit", *FamRZ* 1966, p. 178: "Die Richtigkeit des Ausgangspunktes des BGH, daß die durch die Eingehung der Ehe begründete Pflicht der Ehegatten auf dauernde, innigste und ausschließliche Verbindung als höchstpersönliche Bindung nur zwischen den Ehegatten selbst besteht (§ 1353 BGB) und daher durch Dritte nicht verletzbar ist, kann nicht in Frage gestellt werden". E, na sequência, afasta a possibilidade de o terceiro ser responsabilizado por ter colaborado na violação dos deveres conjugais: "Daher kann er auch für die Nachteile, die aus der Zerstörung oder Störung der Ehe durch Verstöße gegen eheliche Pflichten erwachsen, nicht haftbar gemacht werden". Contudo, volvida uma página, entende que o marido que impugnou a paternidade do filho da mulher (situação apreciada pelo acórdão de 1958) deve ser reembolsado por terceiro das despesas efectuadas com o processo, dizendo que o casamento também tem efeitos externos: "Denn die Ehe hat nicht nur rechtliche Wirkungen zwischen den Ehegatten, mithin eine Innenwirkung, sondern schließet auch den Anspruch jedem Dritten gegenüber ein, die Ehe als ein unantastbares Gut zu achten". No parecer de GERNHUBER/COESTER-WALTJEN, *Lehrbuch des Familienrechts* cit., p. 152, nota 6, trata-se de uma "discrepância" "Auch im Schrifttum finden sich zwiespältige Äußerungen. Vgl. *Künkel* (...)". Em minha opinião, não há contradição interna na construção de KÜNKEL (cfr. ob. cit., p. 179): o terceiro incorreria em responsabilidade por ter violado um direito oponível "erga omnes", decorrente da celebração do casamento, mas destituído de cariz jusfamiliar ("Recht auf ungestörte Lebensgemeinschaft mit dem anderen Ehegatten").

[964] LÖWISCH, *Der Deliktsschutz relativer Rechte*, Berlin, Walter de Gruyter & Co., 1970, p. 1 e s., p. 191 e s.

ção conjugal" ("Ehestörungen") desenvolvidos por terceiro, mediante o requerimento de providências em que se exija a este último a abstenção imediata da prática de tais actos. As providências teriam lugar no caso de "usurpação" do direito à comunhão conjugal de vida ("Eingriff in das relative Recht des Ehegatten"), conceito que cobre duas hipóteses: relações sexuais de terceiro com o cônjuge, quando aquele sabe que está a interferir na relação conjugal ("usurpação" que preenche o tipo subjectivo e o tipo objectivo e que constitui o melhor exemplo de "Ehestörung"); união de facto entre terceiro e o cônjuge de outrem, quando aquele ignora o verdadeiro estado civil do seu companheiro ("usurpação objectiva").

Todavia, as "lentes" do Direito das Obrigações afiguram-se pouco adaptadas à análise do problema da oponibilidade *erga omnes* ou meramente *inter partes* dos deveres conjugais sexuais[965]. A razão do desajustamento não é, porém, aquela que é apontada para obviar à transposição da doutrina da indução ao cumprimento, no direito italiano. Entre nós, a patrimonialidade não é uma característica que separe o direito de crédito do direito de coabitação ou de fidelidade[966]. O que impede a analogia é o contexto demasiado específico da discussão em torno da eficácia externa das obrigações. Se, num primeiro momento, a corrente da inoponibilidade frente a terceiros invoca a relatividade em sentido próprio dos direitos de crédito, rapidamente privilegia uma argumentação baseada num conjunto de disposições legais que têm subjacente a ideia de contraposição dos direitos de crédito aos direitos reais[967]. Por exemplo, o artigo 406.º, n.º 2, do Código Civil português,

---

[965] Isto mesmo se vislumbra na posição de ANTUNES VARELA, *Direito da Família* cit., p. 19, p. 369 e s. Apesar da sua forte oposição à teoria da eficácia externa das obrigações, o ilustre cultor do Direito da Família e das Obrigações esclarece que alguns dos "direitos nascidos das relações familiares" valem *erga omnes*, inclinando--se para colocar nesse grupo de "direitos relativos com eficácia absoluta" os direitos dos cônjuges correspondentes à respectiva relação pessoal e ao dever recíproco de fidelidade.

[966] Cfr. *supra*, n.ºs 58, 60 e 61.

[967] Cfr. ALMEIDA COSTA, *Direito das Obrigações* cit., p. 80 e s.; ANTUNES VARELA, *Das obrigações em geral* I cit., p. 175 e s.; RIBEIRO DE FARIA, *Direito das Obrigações*, I, Coimbra, Livraria Almedina, 1990, p. 41 e s.; RUI ALARCÃO, *Direito*

que, em cotejo com o artigo 408.º, define a eficácia obrigacional dos contratos; o artigo 413.º, sobre a eficácia real do contrato-promessa; o artigo 421.º, sobre a eficácia real do pacto de preferência; o artigo 1306.º, n.º 1, que sujeita os direitos reais ao princípio do "numerus clausus". Ou seja, a ineficácia *erga omnes* dos direitos de crédito é tida como resultado da sua identidade, desenhada por contraste com os direitos reais. Nestas condições, estando os dois direitos totalmente marcados pelo interesse individual do titular, não pode ser, naturalmente, ponderada a "vertente comunitária" do direito conjugal. A polémica da eficácia externa das obrigações desenrola-se num cenário em que se confronta o interesse exclusivo de cada um de dois intervenientes: de um lado, o credor, a quem convém uma tutela ampla do seu crédito; do outro lado, o terceiro, que tem vantagem em agir e contratar sem correr o risco de ser responsabilizado.

Demonstrada a incorrecção da qualificação dos direitos conjugais pessoais como direitos de personalidade e verificados os limites da explicação obrigacionista na resolução do problema da oponibilidade dos primeiros, importa apreciar duas grandes orientações que têm sido seguidas em abono da protecção externa da vida conjugal. A primeira delas reconhece ao direito conjugal sexual eficácia meramente interna, mas concede a cada um dos cônjuges um direito subjectivo adicional e distinto, com eficácia perante terceiros – designado por "direito à não perturbação da comunhão conjugal"[968]. A segunda, conhecida por "concepção relativa-absoluta do casamento"[969], fundamenta a protecção *erga omnes* da vida conjugal nos próprios direitos conjugais pessoais, entendendo-os como situações jurídicas familiares com dupla eficácia, externa e interna, perfeitamente autonomizadas de um direito, geral ou especial, de personalidade.

---

das Obrigações, texto elaborado pelos Drs. J. Sousa Ribeiro, J. Sinde Monteiro, Almeno de Sá e J.C. Proença, com base nas lições ao 3.º ano jurídico, dact., Coimbra, 1983, p. 68 e s.

[968] A expressão encontra-se em D. Schwab, "Ehestörungsklage und Schadenersatzansprüche wegen Ehestörung", *JuS* 1961, p. 143: "das Recht *auf Ungestörtheit der ehelichen Gemeinschaft*".

[969] O termo é usado por Gernhuber/Coester-Waltjen, *Lehrbuch des Familienrechts* cit., p. 153, nota 13: "Die absolut-relative Eheauffassung (...)".

Na variante encabeçada por Schwab[970] antes da reforma alemã de 1976, o "direito à não perturbação da comunhão conjugal", que confere a cada cônjuge uma "pretensão ao respeito da natureza exclusiva" da sua relação pessoal com o outro cônjuge, decorre da garantia constitucional do casamento. Nos termos do artigo 6 I da GG, a instituição teria de ser respeitada em cada caso concreto e não apenas genericamente. O casamento seria então fonte de duas espécies de situações jurídicas: direitos e deveres entre os cônjuges e somente entre eles, por exemplo, o dever de fidelidade, emergentes do § 1353 do BGB, e um direito de cada cônjuge perante terceiro, que ficaria obrigado a não "perturbar" o casamento por força do aludido preceito da lei fundamental. Na hipótese de adultério, seriam, portanto, atingidos dois direitos do cônjuge traído: o direito à fidelidade, violado pelo cônjuge adúltero, e o direito à não perturbação da comunhão conjugal, violado pelo terceiro cúmplice. Este último ficaria obrigado a indemnizar o cônjuge lesado não por ter violado o dever de fidelidade, oponível unicamente entre os membros da união conjugal, mas por não ter cumprido o dever de respeitar uma relação matrimonial.

Como se disse *supra*, no n.º 70, as normas constitucionais atinentes à família e ao casamento, que, no direito português, se encontram, nos artigos 36.º e 67.º da lei fundamental, influem na interpretação das

---

[970] D. SCHWAB, "Ehestörungsklage und Schadenersatzansprüche wegen Ehestörung" cit., p. 143. Igualmente, KÜNKEL, "Kostenerstattungs- und Schadensausgleichungsanspruch" cit., p. 179 (o artigo 6 I da GG protege "das subjektive Recht des einzelnen Ehegatten auf ungestörte eheliche Lebensgemeinschaft"; cfr. ainda *supra*, nota 963) e OLG Celle 27/4/1964, *FamRZ* 1964, p. 367 (é possível extrair do artigo 6 I da GG um direito pessoal de defesa contra interferências de terceiro no casamento; há que distinguir os deveres internos dos cônjuges das posições jurídicas resultantes da instituição matrimonial; o terceiro que "interfere" na relação conjugal não lesa o direito conjugal de fidelidade, atinge um direito individual do cônjuge e é, por esse motivo, obrigado a indemnizar). Após as alterações do regime legal do divórcio, D. SCHWAB, *Familienrecht* cit., pp. 53, 54, 75 e 76, passou a rejeitar qualquer pretensão ("auf Unterlassung oder Schadenersatz") do cônjuge contra terceiro, fundada em perturbação do casamento. Entretanto, REUTER, *Einführung in das Familienrecht* cit., p. 55, insiste em falar de "ein absolutes, d.h. gegen jedermann gerichtetes Recht auf Freiheit von Störungen der ehelichen Lebensgemeinschaft", pressuposto pelo artigo 6 I da GG.

normas do Código Civil e na avaliação das acções e omissões do legislador ordinário, tendo particular interesse na fixação do conteúdo e do carácter dos deveres estabelecidos mediante a técnica das cláusulas gerais e dos conceitos indeterminados. No entanto, é já bastante discutível que a Constituição possa outorgar directamente um direito subjectivo privado à não perturbação da comunhão conjugal. Há, é verdade, preceitos constitucionais que consagram direitos, liberdades e garantias, e que são imediatamente aplicáveis a entidades privadas. *V.g.*, o artigo 36.º, n.º 3, da Constituição portuguesa, que prevê a igualdade de direitos e deveres dos cônjuges. Todavia, estão em causa aqui "direitos nas relações entre particulares só elevados a direitos fundamentais por virtude da sua conexão com certos princípios constitucionais ou com outros direitos ou por virtude da relevância das instituições dentro das quais surgem"[971]. Trata-se, afinal, de casos em que a Constituição compreende, pura e simplesmente, disposições de Direito Privado. Fora deste quadro, a vinculação dos particulares aos preceitos constitucionais liga-se ao problema da "eficácia horizontal" ("Drittwirkung") dos direitos fundamentais.

É insustentável uma posição absolutamente contrária à vigência dos direitos, liberdades e garantias, nas relações entre particulares (em especial no direito português, dada a existência do artigo 18.º, n.º 1, da Constituição)[972]. E é também indefensável uma posição que atribua a todos os preceitos constitucionais sobre direitos fundamentais o efeito de vinculação directa dos cidadãos nas suas vidas jurídico-privadas. A tese da vinculação directa irrestrita impõe ao indivíduo a obrigação de respeitar um conjunto de direitos que foram concebidos como "posições das pessoas contra o Estado". Ignorando a diferença qualitativa entre a actuação do Estado e a da pessoa privada, redunda numa limitação excessiva da liberdade que cabe a cada indivíduo[973]. Sendo

---

[971] Cfr. JORGE MIRANDA, *Manual de Direito Constitucional* IV cit., p. 320.

[972] Cfr. JORGE MIRANDA, *Manual de Direito Constitucional* IV cit., pp. 324--325, e "O regime dos direitos, liberdades e garantias", em AAVV, *Estudos sobre a Constituição*, vol. III, Lisboa, Livraria Petrony, 1979, p. 77.

[973] Cfr. MENEZES CORDEIRO, *Manual de Direito do Trabalho* cit., p. 151 e s., e *Tratado de Direito Civil português* I/1 cit., pp. 209-210.

assim, fica prejudicada a teoria que, sem mediação da lei civil, retira de uma norma constitucional, em que se prevê a protecção do casamento pelo Estado, o dever de cada particular respeitar a comunhão conjugal de outrem[974].

Numa outra variante, o direito à não perturbação da comunhão conjugal surge como emanação do direito geral de personalidade ou como direito especial de personalidade. Esta corrente não se confunde com aquela que qualifica as situações conjugais como direitos de personalidade. O direito à não perturbação da vida em comum tem como correlativo um dever que vincula unicamente terceiros, coexistindo com os direitos recíprocos dos cônjuges, que não chegam a ser integrados no Direito da Personalidade. De acordo com Jayme[975], o direito à não perturbação da comunhão conjugal permite ao cônjuge exigir a terceiro uma indemnização ou a abstenção da continuação da actividade incompatível com a subsistência da relação que une os dois cônjuges. Isto porque "a protecção de cada cônjuge no que concerne ao seu casamento se aproxima tanto do direito geral de personalidade que,

---

[974] Cfr. LIPP, *Die eherechtlichen Pflichten und ihre Verletzung* cit., pp. 178--179, e MAIER, *Die Abwehr von Ehestörungen im räumlich-gegenständlichen Bereich der Ehe*, Dissertation zur Erlangung des Doktorgrades der Juristichen Fakultät der Universität Regensburg, 1996, p. 98 e s., que contestam a possibilidade de um direito subjectivo do cônjuge perante terceiro emergir directamente do artigo 6 I da GG.

[975] JAYME, *Die Familie im Recht der unerlaubten Handlungen*, Frankfurt am Main/Berlin, Alfred Metzner, 1971, pp. 254-255, 267-268, apoiado por WACKE/ /MünchKomm cit., § 1353, Nm. 40. Antes, cfr. HIPPEL, "Schadensersatz bei Ehestörung", *NJW* 1965, p. 670, que entende caber ao cônjuge uma indemnização por danos não patrimoniais face a terceiro que se envolva sexualmente com o outro cônjuge, argumentando: "Grundsätzliche dogmatische Bedenken bestehen hiergegen nicht mehr. Seit dem sog. Herrenreiter-Urteil ist anerkannt, daß bei Verletzung von Persönlichkeitsrechten in Analogie zu § 847 BGB ein Anspruch auf Ersatz immateriellen Schadens gegeben sein kann. *Das Recht auf ungestörten Fortbestand der ehelichen Lebensgemeinschaft hängt* nun aber *mit der Persönlichkeit des Ehegatten so eng zusammen*, daß sich nach den Grundgedanken des Herrenreiter-Urteils ein Anspruch auf dommage moral auch bei Ehestörungen sehr wohl rechtfertigen ließe, und zwar unabhängig davon, ob man dieses Recht als Ausfluß des allgemeinen Persönlichkeitsrechts betrachtet oder nicht" (os itálicos são nossos). Ao § 847, revogado pela "Zweites Gesetz zur Änderung schadensersatzrechtlicher Vorschriften", de 2002, corresponde, com alterações, o actual § 253 II do BGB.

reconhecendo-se um direito geral de personalidade, não se pode negar a eficácia externa do casamento". Seja como for, a tutela interna teria como fundamento exclusivo uma norma jus-familiar (§ 1353 do BGB).

Para Werner[976], há que separar, quanto ao âmbito e fundamento, a protecção entre os cônjuges da protecção dos cônjuges perante terceiros. A protecção de um cônjuge face ao outro é somente a que decorre da regulamentação especificamente familiar; por isso, não compreende pretensões indemnizatórias e, na área das providências para cessação de comportamentos ilícitos, inclui apenas a acção para restabelecimento da comunhão, a que se refere o § 1353 II do BGB. Em contrapartida, a protecção contra terceiros tem por base um direito especial de personalidade do cônjuge e, consequentemente, é mais ampla: é possível exigir ao terceiro perturbador que pague uma indemnização e deixe de interferir no casamento do lesado. O direito especial de personalidade do cônjuge que justifica a concessão de tutela externa e a que corresponde o dever, que recai sobre terceiro, de não perturbar a comunhão conjugal, é recortado a partir do direito geral de personalidade: "A possibilidade do livre desenvolvimento de um cônjuge no domínio conjugal é uma parte do seu direito geral de personalidade", escreve o autor. A partir deste direito geral, caberia à doutrina e à jurisprudência deduzir direitos especiais de personalidade, num processo necessariamente extensível à "posição que um cônjuge assume no seio da comunhão conjugal (...), uma vez que a opinião dominante reconhece que os cônjuges realizam uma determinada parte da sua personalidade através do casamento".

Em rigor, e porque o direito do cônjuge, perante terceiros, detectado por Werner, é reconduzido a uma mera concretização de um direito mais vasto, a fundamentação da tutela externa do casamento no plano do Direito da Personalidade acaba sempre por assentar nos dois primeiros artigos da Lei Fundamental alemã, mais precisamente nos preceitos que são invocados para afirmar a existência do direito geral de personalidade – o artigo 1 I, ao prever que "a dignidade da pessoa

---

[976] WERNER, *Ehestörung und Gattenrecht*, dact., Inaugural-Dissertation zur Erlangung des Grades eines Doktors der Rechte, Rheinischen Friedrich-Wilhelms--Universität Bonn, 1968, nomeadamente, pp. 67-68, 141-142, 157-158, 173-174.

humana é inviolável" e que "todo o poder estatal tem o dever de a respeitar e proteger", e o artigo 2 I, ao estabelecer que "todos têm direito ao livre desenvolvimento da sua personalidade". Nesta medida, parece que se volta a colocar o problema da eficácia das normas constitucionais relativamente a particulares[977]. No entanto, é possível superar a questão se se considerar que as disposições constitucionais mencionadas sintetizam regras fundamentais de Direito Privado, revestindo o carácter de normas materialmente civis. De qualquer modo, o tema da aplicabilidade imediata das normas constitucionais não se apresenta, entre nós, como um obstáculo válido à teoria do direito geral de personalidade, que se socorre, em primeira linha, do artigo 70.º do Código Civil português[978].

Apesar de tudo, a ideia do direito geral de personalidade é discutível por se traduzir na admissão de uma situação jurídica vasta e de difícil delimitação[979]. Para evitar uma extensão ilimitada da figura, os partidários do direito geral de personalidade preconizam uma ponderação, constante e cuidadosa, dos interesses e dos valores jurídicos, susceptível de apurar o significado preciso do "direito-quadro" no caso concreto[980]. É justamente a necessidade de uma tal ponderação que leva alguma doutrina[981] a recusar a explicação do direito geral de personalidade no domínio da tutela externa do cônjuge, explicação que é criticada, principalmente, por relativizar o juízo acerca da licitude ou ilicitude da acção do terceiro perturbador do casamento: seria impensável fazer depender a tutela externa, no caso concreto, da prova de que o interesse do cônjuge requerente é superior ao interesse do terceiro

---

[977] Neste sentido, cfr. o próprio WERNER, *Ehestörung und Gattenrecht* cit., p. 173 ("Wenn man schon nicht in die Untersuchung eintreten will, ob diese Grundrechtsbestimmungen unmittelbar als Normen des Privatrechts angewandt werden können, so ist doch unbedenklich davon auszugehen, daß es ein allgemeines privatrechtliches Persönlichkeitsrecht des Einzelnen gibt").

[978] Cfr. CAPELO DE SOUSA, *O direito geral de personalidade,* cit., p. 619 e s.

[979] Cfr. OLIVEIRA ASCENSÃO, *Teoria Geral do Direito Civil* I cit., pp. 87-88, que rejeita o direito geral de personalidade por razões de segurança jurídica.

[980] Cfr. MAIER, *Die Abwehr von Ehestörungen* cit., p. 77.

[981] Explicitamente, GERNHUBER/COESTER-WALTJEN, *Lehrbuch des Familienrechts* cit., p. 153, e LIPP, *Die eherechtlichen Pflichten und ihre Verletzung* cit., pp. 219-220.

cúmplice de adultério. Efectivamente, a avaliação dos interesses em jogo é aconselhável, mas tem de ser efectuada no contexto da averiguação dogmática da viabilidade da oponibilidade *erga omnes* do direito conjugal, nunca depois de se ter tomado posição favorável a essa oponibilidade (ou à existência de um direito subjectivo, não familiar, do cônjuge, relevante perante terceiros).

É claro que a força do argumento da instabilidade do juízo de licitude se esbate nas situações em que a protecção externa da posição do cônjuge é associada a um direito especial de personalidade, como acontece na tese de Werner ou na hipótese de se acenar com o direito à honra. Há, porém, um aspecto que abala todas as orientações jus-personalistas. A interferência de terceiro suscita reprovação por estar conexa com o incumprimento ou a impossibilidade de cumprimento[982] de um dever a que o cônjuge está, na sequência da celebração do casamento, vinculado perante o outro. A acção de terceiro é chamada à colação enquanto elemento constitutivo da situação de adultério ou enquanto causa da não realização da actividade sexual entre os cônjuges. A problemática da tutela da personalidade do cônjuge coloca-se, portanto, num segundo momento; é acessória da dos deveres conjugais.

Gernhuber[983] não tem dúvidas: "O núcleo absoluto do conteúdo do casamento faz parte de um direito familiar amplo; ele não se separa

---

[982] Cfr. CassIt 11/11/1986, *NGCC* 1987, I, p. 343 = *Giur.It.* 1987, I, p. 2043. Na acção, o autor, marido de uma pessoa que, por causa de uma cistoscopia efectuada de modo negligente, ficara impossibilitada de ter relações sexuais, exigia ao médico responsável o pagamento de uma indemnização para o compensar dos danos que sofrera por não ter tido e por não poder ter relações sexuais com a sua mulher. Condenado na primeira instância, o réu interpôs recurso, que o tribunal superior italiano rejeitou com a seguinte motivação: "Il comportamento doloso o colposo del terzo che cagiona ad una persona coniugata l'impossibilità dei rapporti sessuali è immediatamente e direttamente lesivo, sopprimendolo, del diritto dell'altro coniuge a tali rapporti, quale diritto-dovere reciproco, inerente alla persona, strutturante, insieme agli altri diritti-doveri reciproci, il rapporto di coniugio. //La soppressione di tale diritto, menomando la persona del coniuge, nel suo modo di essere e nel suo svolgimento nella famiglia, è di per sé risarcibile, quale modo di riparazione della lesione di quel diritto della persona (...)".

[983] GERNHUBER/COESTER-WALTJEN, *Lehrbuch des Familienrechts* cit., pp. 19, 152-153. Na mesma linha, cfr. REBMANN, "Einleitung", Nm. 14, *Münchener Kom-*

do conteúdo meramente relativo do dever para formar um direito de personalidade autónomo". O direito à comunhão conjugal, emergente do § 1353 do BGB, revela-se, simultaneamente, relativo e absoluto. É relativo por ter como contrapartida uma obrigação do outro cônjuge, dotada de eficácia exclusivamente interna. É absoluto porque a "relação pessoal dos cônjuges enquanto tal" ("personrechtliche Zuordnung als solche") e "o dever conjugal de fidelidade sexual" estão protegidos perante terceiros. Assim, com o adultério, ocorre a violação de um único direito familiar, sancionada de forma diversa consoante o infractor.

Na perspectiva de Gernhuber, a oponibilidade *erga omnes* do dever de fidelidade não é corolário de uma eficácia externa que seria mais ou menos natural nos direitos relativos em sentido próprio. A sua opinião não é um sucedâneo da de Löwisch. À luz da corrente relativa-absoluta, a fidelidade é um dever raro, complexo no seu conteúdo. A dupla eficácia prende-se com a especificidade jus-familiar, estrutural, da obrigação de comunhão conjugal de vida. Esta figura é descrita como uma só obrigação com duas faces (uma, para os dois cônjuges; outra, para terceiros). Daí que vários autores[984] critiquem a construção pela inconsistência dogmática. Como defender a unidade de um direito subjectivo conjugal que tem duas categorias de eficácia, de conteúdo e de "sujeitos passivos"? Como aceitar – perguntam – a "absolutidade como oponibilidade" do direito se há, *a priori*, um conteúdo que não é violável por todos, sem distinção, mas apenas pelo cônjuge do titular

---

mentar zum Bürgerlichen Gesetzbuch, Band 7, *Familienrecht I*, 3.ª ed., München, C.H.Beck, 1993; ROLLAND, *Das neue Ehe- und Familienrecht* cit., Nm. 65 e 83; RGRK/ROTH-STIELOW cit., vor § 1353, Nm. 8 e 9. A concepção relativa-absoluta remonta a MAGIS, *Schadensersatz- und Unterlassungsanspruch bei Verletzung der ehelichen Treue*, Bonn, Ludwig Röhrscheid, Bonn, 1935, p. 6 e s.: tendo sucessivamente recusado identificar a fidelidade com um direito de personalidade, com um direito análogo ao direito real e com um direito análogo ao direito de crédito, o autor propugnou o carácter *sui generis* do "direito subjectivo à fidelidade" ("subjektives Recht auf Treue"), definido como uma situação jurídica familiar dotada de dupla eficácia, interna e externa.

[984] Cfr. LIPP, *Die eherechtlichen Pflichten und ihre Verletzung* cit., pp. 201--202; E. WOLF, "Der Begriff Familienrecht" cit., p. 498.

ou "apenas" por terceiros (aqueles que não estão casados com o titular)?

De certo modo, a tese relativa-absoluta encontra eco junto da doutrina portuguesa, no seio da qual se contam dois nomes prestigiados que se inclinam para a protecção *erga omnes* do casamento, por via da índole peculiar dos direitos familiares pessoais. Para Antunes Varela[985], o dever de fidelidade é exemplo de um dever relativo que goza de uma eficácia absoluta que lhe advém da sua inserção num tipo de relações jurídicas com "natureza intrínseca especial", como são as relações jurídicas familiares. Hörster[986] situa os direitos conjugais pessoais no conjunto dos "direitos subjectivos influenciados e moldados pelas relações jurídicas familiares dentro das quais existem" e que, por isso, ostentam "estrutura complexa": face a terceiros, "possuem, à semelhança dos direitos reais, carácter de exclusividade"; entre os cônjuges, "apresentam-se-nos como direitos obrigacionais de carácter duradouro".

72. Ao contrário do que se pressupõe nas orientações que recusam oponibilidade *erga omnes* aos direitos conjugais (com ou sem reconhecimento de um direito distinto com eficácia perante terceiros) e numa das críticas apontadas à chamada concepção relativa-absoluta, a eficácia dos direitos que têm por fonte uma relação jurídica não está necessariamente confinada aos sujeitos dessa mesma relação. Em contrapartida, exigências legítimas de tutela da liberdade de terceiros impõem o princípio da excepcionalidade da eficácia externa das situações jurídicas relativas, aspecto que não é considerado pelas teorias que atribuem relevância *erga omnes* à generalidade dos direitos. Isto significa que a afirmação da oponibilidade *erga omnes* dos direitos conjugais carece de uma fundamentação específica, de uma fundamentação que não se resuma, em última análise, à ideia de que todos os direitos têm de ser respeitados por todos.

---

[985] ANTUNES VARELA, *Direito da Família* cit., pp. 18-19, pp. 369-370.

[986] HÖRSTER, *A parte geral do Código Civil português. Teoria Geral do Direito Civil*, reimpressão da ed. de 1992, Coimbra, 2000, p. 254 e s., e "A respeito da responsabilidade civil dos cônjuges entre si (ou: A doutrina da «fragilidade da garantia» será válida?)", *SI* 1995, pp. 115-116. Identicamente, S. NASCIMENTO RODRIGUES, *A contratualidade do casamento* cit., pp. 76-77.

E há, de facto, motivos para incluir a fidelidade e a coabitação sexual no grupo restrito das situações jurídicas relativas com eficácia externa. Em primeiro lugar, os deveres em apreço referem-se a uma união exclusiva entre duas pessoas, a uma união que não admite ligação concorrente com terceiros. Nos termos da lei, o casamento é uma comunhão plena de vida entre duas pessoas e ninguém pode celebrar segundo casamento sem o primeiro estar dissolvido. Verifica-se uma situação de monopólio, o que implica a consideração não só da relação dos cônjuges entre si, mas também da relação de ambos com terceiros[987]. Em segundo lugar, o carácter não estritamente individual dos interesses subjacentes às situações jurídicas conjugais pessoais é um factor que as distancia das situações jurídicas relativas comuns e justifica a hipotética preterição de interesses individuais de terceiros. Os deveres conjugais são deveres de comunhão, de solidariedade entre dois membros de um mesmo grupo familiar, de um tipo de grupo que é reputado de "célula fundamental da sociedade". Em terceiro lugar, em vários casos legalmente previstos, os interesses de terceiro são expressamente preteridos por causa de um casamento em que não foi parte: havendo bigamia, o segundo casamento é inválido [artigos

---

[987] Cfr. HEINZ, "Der Begriff der Ehe und seine Bedeutung für das geltende Eherecht in der Bundesrepublik Deutschland", *RTh* 1988, p. 168 e s., que indica a existência de dois pontos de vista possíveis no estudo do conceito de casamento: o da relação entre os cônjuges e o da relação dos cônjuges com os outros membros da sua comunidade. Com algum exagero, o autor entende que o segundo ponto de vista é o correcto, já que o efeito primordial do casamento é assegurar a exclusividade da relação sexual dos cônjuges perante terceiros e, deste modo, a "paz sexual" ("Geschlechtsfrieden") na sociedade. Na opinião de PIETROBON, "Sull'essenza del matrimonio civile", *La riforma del Diritto di Famiglia dieci anni dopo*, Padova, CEDAM, 1986, p. 222, "il matrimonio appare come lo strumento con cui l'uomo e la donna si procurano la reciproca esclusività. Col matrimonio essi rinunciano alla libertà, ma vogliono por fine alla battaglia dei sentimenti, alle rivalità, alle inquietudini. All'incertezza subentra la certezza, all'inquietudine la serenità, all'ansia la riflessione e il pensiero della costruzione del futuro, della vita insieme. L'uomo e la donna, se non si accontentano, a garanzia di tutto questo, del reciproco consenso ma si rivolgono al matrimonio, è perché ad esso chiedono l'esclusività, dell'amore e della vita insieme, sotratta alle incertezze del sentimento e alle rivalità". De assinalar, por fim, ROWTHORN, "Marriage as a signal" cit., p. 135 e s.: com o casamento, as partes dão ao mundo exterior um "sinal" do seu compromisso de exclusividade sexual.

1601.º, alínea b), e 1631.º, alínea a), do Código Civil português], o que é bem diferente do que acontece no Direito das Obrigações, em que não deixa de ser válida a constituição de direito de crédito incompatível com um crédito anterior de outrem[988]; com o registo, os efeitos do casamento retrotraem-se à data da sua celebração, nunca ficando ressalvados "os direitos de terceiro" incompatíveis com os "direitos e deveres de natureza pessoal dos cônjuges" (cfr. artigo 1670.º); em regra, são inválidas as liberalidades feitas pelo cônjuge adúltero em benefício do seu cúmplice (artigos 2196.º, n.º 1, e 953.º).

Além disso, os direitos conjugais são típicos e a relação matrimonial goza de publicidade, características que atenuam as desvantagens da eficácia externa para com terceiros[989]. O risco de eles serem surpreendidos pela existência de direitos que desconheciam torna-se substancialmente menor sobretudo graças a uma publicidade que opera em dois planos. O registo do casamento é obrigatório (artigo 1669.º) e está generalizada a prática do uso da aliança como sinal exterior do vínculo conjugal[990] (facto até há pouco tempo contemplado pela lei, quando regulava as formalidades da cerimónia do casamento: cfr. artigo 155.º, n.º 3, do Código de Registo Civil, na redacção do Decreto-Lei n.º 131/95, de 6 de Junho).

E não são procedentes as objecções à oponibilidade *erga omnes* dos direitos conjugais sexuais baseadas na inconsistência interna destas

---

[988] Cfr. L. MENEZES LEITÃO, *Direito das Obrigações*, vol. I, *Introdução. Da constituição das obrigações*, Coimbra, Almedina, 2000, p. 90: invocando a ausência de prevalência do crédito anterior sobre o posterior, conclui que, em regra, a obrigação não é oponível perante terceiros.

[989] Sobre a conveniência da tipicidade e da publicidade nos direitos oponíveis *erga omnes*, cfr. ANTUNES VARELA, *Das obrigações em geral* I cit., pp. 180-181.

[990] Cfr. FABRICIUS, "Zur Dogmatik des «sonstigens Rechts» gemäß § 823 Abs. I BGB", *AcP* 1961, p. 318 e s., que associa a "publicidade típica social" ("Socialtypische Offenkundigkeit des Rechtsguts") do casamento, nomeadamente, ao uso da aliança pelos cônjuges: a aliança constitui um "indício típico-social" da existência de um casamento; aos olhos do homem médio, aquele que usa aliança é membro de uma dada comunhão conjugal e, portanto, é identificado como alguém que está vinculado a deveres conjugais e, concretamente, àqueles que são seguramente assinalados pela consciência social dominante – a exclusividade sexual e a coabitação.

figuras e na protecção da personalidade de terceiros. Quanto ao argumento da heterogeneidade do conteúdo, enunciado a propósito da concepção relativa-absoluta, é inteiramente certo que a eficácia externa leva à construção de cada um dos deveres conjugais como realidades complexas. Todavia, não é controvertida a possibilidade científica das situações jurídicas complexas, nem tão-pouco se discute a unidade de situações jurídicas compostas, simultaneamente, no pólo activo ou no pólo passivo, por uma posição principal e por uma ou várias posições acessórias. Tanto a fidelidade como a coabitação sexual compreendem uma dimensão interna e uma dimensão externa. Na vertente interna, encontra-se um dever principal[991], que vincula reciprocamente os cônjuges a terem entre si relações sexuais (coabitação carnal) e a não as terem com outrem (fidelidade). Na vertente externa, encontra-se um dever instrumental, que obriga terceiros, perante cada um dos cônjuges, a não contribuirem para o incumprimento ou para a impossibilidade de cumprimento do dever principal.

Quanto à questão da protecção da personalidade de terceiro, não é, em geral, plausível que a liberdade deste prevaleça sobre o casamento de outrem. Isto é pacífico[992] quando a acção de terceiro provoca a impossibilidade não culposa do cumprimento dos deveres a que um

---

[991] A vertente interna tem prioridade sobre a externa. Não colhe a opinião de HEINZ, que privilegia a dimensão externa (cfr. *supra*, nota 987), nem a de PIETROBON, "Sull'essenza del matrimonio civile" cit., p. 222, que considera "più conveniente, per il nostro tema, abbandonare gli strumenti, finora prevalentemente utilizzati, degli obblighi o dei doveri, anche reciproci, per rivolgersi allo strumento che, sul piano giuridico, attribuisce l'esclusività, cioè al modello logico che chiamiamo diritto assoluto".

[992] Independentemente de se considerar que o direito do outro cônjuge lesado por terceiro é direito conjugal ou direito de personalidade. Cfr. STARK, "Kann ein Dritter wegen Ehestörung zu Genugtuungszahlungen verpflichtet werden?", *Festschrift für Cyril Hegnauer zum 65. Geburtstag*, Bern, Verlag Stämpfli & Cie AG, 1986, p. 515 e s., nomeadamente p. 523, que se pronuncia no sentido da ilicitude da "perturbação da relação" ("Beziehungsstörung") conjugal imputável ao terceiro que agiu sem a colaboração de qualquer um dos cônjuges, emitindo juízo oposto para a conduta de terceiro que participa no adultério. No primeiro caso, o terceiro teria violado um direito de personalidade do cônjuge – "das Recht, Beziehungen zu haben, zu unterhalten und zu pflegen".

cônjuge estava vinculado perante o outro (v.g., se o cônjuge é vítima de violação ou de intervenção cirúrgica negligente). E quando o terceiro participa no adultério ou noutra situação de incumprimento dos deveres conjugais sexuais (v.g., por instigação à não coabitação sexual), o seu comportamento configura uma ofensa aos bons costumes, que ultrapassa de forma clamorosa os limites que balizam o direito de liberdade[993].

1.2. O eixo do objecto

73. A identificação do objecto do *ius in corpus* separa claramente as teorias realista e creditícia. De um lado, está Carnelutti, que considera o cônjuge objecto do direito em apreço. Do outro lado, segundo Fedele, encontra-se a orientação canonista, que atribui ao cônjuge a posição de sujeito, vinculado a uma prestação, e não de objecto. Vassalli rejeita ambas as teorias por nenhuma atender à essência não patrimonial do *ius in corpus*. No entanto, embora nunca se comprometa numa qualificação jurídica precisa dos direitos conjugais sexuais, o autor[994] não deixa de manifestar, implicitamente, preferência por uma das duas soluções possíveis acerca do objecto do direito. Vassalli defende que, no plano dogmático, nada se opõe à hipótese de a pessoa ser objecto de direito; são "exigências morais, higiénicas e políticas"

---

[993] Como se depreende da pesquisa de MENEZES CORDEIRO, *Da boa fé no Direito Civil* cit., pp. 1222-1223, os bons costumes exprimem a moral social nos "domínios da actuação sexual e familiar, onde o legislador não pode, ou não quis, ser explícito". Mantém actualidade a seguinte opinião de MAGIS, *Schadensersatz- und Unterlassungsanspruch bei Verletzung der ehelichen Treue* cit., pp. 24-25: o interesse de terceiro em assegurar a sua liberdade de ter, sem obstáculos, relações sexuais com pessoas casadas não é digno de tutela, em virtude de, segundo a concepção geral dominante, colidir com os bons costumes. Contra, STARK, "Kann ein Dritter wegen Ehestörung zu Genugtuungszahlungen verpflichtet werden?" cit., em particular p. 523, que, entre as várias razões apontadas para afastar a responsabilização do cúmplice do cônjuge adúltero, menciona a necessidade de proteger a liberdade pessoal de terceiros.

[994] VASSALLI, *Del «Ius in corpus» del «debitum coniugale»* cit., pp. 135-136.

que repelem "a admissibilidade dos direitos sobre a pessoa própria e sobre a de outrem, entendidos principalmente naquela plenitude de gozo e de disposição que dá o direito de propriedade". O direito sobre a pessoa de outrem verificar-se-ia sempre que se detectasse um poder muito extenso de uma pessoa sobre outra, por exemplo, um "poder de anular-lhe a existência" ou um poder indefinido. Contudo, no âmbito do Direito Privado, após a abolição da "sujeição por dívidas" (com a "Lex Poetelia Papiria") e da escravatura, teria ocorrido uma evolução histórica, ao longo da qual se foi eliminando progressivamente o direito sobre a pessoa, "para dar lugar à figura do direito a determinados comportamentos, nem sequer directamente coercíveis, tanto no campo dos direitos de crédito como no campo do direito familiar".

Bem distinta é a opinião de Hörster[995]: "os direitos familiares pessoais não possuem um objecto". Só que a argumentação deduzida tem em vista exclusivamente a negação da hipótese dos direitos sobre pessoas, da "concepção dos direitos familiares pessoais como direitos de domínio". O ilustre académico explica que as relações jurídicas familiares têm de ser compatíveis com "a relação jurídica fundamental", que consiste numa relação em que os homens se respeitam mutuamente como pessoas. Por isso, seriam, em geral, inadmissíveis: "situações de extrema dependência que excluem por completo autodeterminação e liberdade (como, p. ex., a escravatura, a situação de servo da gleba, contratos perpétuos, trabalhos forçados, etc.)"; "o uso linguístico indigno que fala, a propósito da transferência de profissionais de desporto, da «venda» de jogadores ou de «jogadores negociáveis»"; e as construções que vêem uma pessoa singular, "que coincide com a pessoa em sentido ético", como objecto de relação jurídica ou de direito subjectivo. Daqui resultaria que, no Direito da Família, uma pessoa não pode ser objecto de direitos subjectivos de uma outra; "ninguém se torna por meio de relações jurídicas familiares num objecto de direito, dominado por outrem; um cônjuge não é objecto do direito do outro, nem os filhos são objecto de direito dos pais". E este entendimento teria sido adoptado pela lei portuguesa, que define as

---

[995] HÖRSTER, *A parte geral do Código Civil português* cit., p. 153 e s., pp. 174-
-175, e pp. 255-256.

relações jurídicas familiares (artigos 1577.º, 1578.º, 1584.º e 1586.º, do Código Civil) como vínculos entre sujeitos, entre pessoas. "Deste modo, está logicamente excluído que uma das pessoas, que, por definição da própria lei, é sujeito, possa ser objecto da relação".

Expressamente, nada é dito que contrarie a possibilidade de os direitos conjugais sexuais terem como objecto comportamentos. Aliás, como se sabe, Hörster sustenta que, *inter partes*, os direitos familiares pessoais se assemelham a direitos obrigacionais de carácter duradouro. Por que razão não segue o autor, em sede de objecto, a tese de Fedele, Vassalli e outros[996]? Apenas podemos especular. Constituirá motivo da apontada ausência de objecto a eficácia externa dos direitos conjugais pessoais? Mas a oponibilidade *erga omnes* dos direitos reais não os priva de objecto – a coisa e não o comportamento correspondente à chamada "obrigação passiva universal"[997]. Em coerência, porque não abstrair da eficácia externa dos direitos conjugais sexuais, atribuindo-lhes, em paralelo com o que sucede nos direitos reais, o objecto sobre que recai o direito principal (o direito recíproco dos cônjuges) – aqui, aparentemente, o comportamento? Ora, a conduta pode ser, sem dúvida, objecto mediato da relação jurídica. Será que o obstáculo não residirá na ideia de que os comportamentos exigidos aos membros da família são de tal modo extensos e profundos, que a sua escolha para objecto dos direitos familiares pessoais permitiria, afinal, pensar que se está na presença de direitos sobre a pessoa de outrem?

Por vezes, a doutrina destaca justamente o teor global, múltiplo, dos direitos familiares para os demarcar dos direitos que são o paradigma das situações jurídicas que têm por objecto uma conduta. Para Cunha Gonçalves[998], os *direitos de família* "posto que sejam direitos relativos, como os direitos das obrigações, distinguem-se destes em

---

[996] V.g., BERNALDO DE QUIRÓS, *Derecho de Familia* cit., p. 149, que, acerca dos direitos conjugais, escreve: "Estos derechos tienen por objeto no la persona del otro cónyuge sino el comportamiento del otro cónyuge. Puede estimarse hoy superada la tesis canónica del *jus in corpus* (cf. canon 1081 del antiguo Código de Derecho Canónico). La dignidad y libertad de la persona imponen que el objeto de un derecho no pueda ser directamente la persona misma".

[997] Cfr. HÖRSTER, *A parte geral do Código Civil português* cit., p. 236 e s.

[998] CUNHA GONÇALVES, *Direitos de Família e Direitos das Sucessões* cit., p. 8.

que não visam uma certa actividade do devedor, mas envolvem a inteira pessoa do sujeito passivo". Na perspectiva de Antunes Varela[999], as relações jurídicas familiares são "relações cujo objecto mediato se não reduz, como nas relações de crédito, a uma simples prestação. O casamento e o parentesco, por exemplo, geram situações muito complexas, que envolvem sentimentos, instintos, relações físicas, laços afectivos, atitudes de conteúdo moral, formas exteriores e interiores de comportamento, inibições, ligadas às camadas mais fundas da personalidade". Segundo Oliveira Ascensão[1000], nas relações familiares criam-se direitos "que escapam a uma fragmentação em relações creditícias", "em que é a pessoa total que é implicada e não apenas certas actividades ou prestações"; por isso, talvez fosse admissível dizer que a pessoa pode ser objecto de situações jurídicas, que há "verdadeiros direitos sobre pessoas, entre os cônjuges e de pais para filhos, por exemplo".

A tese de que os direitos familiares pessoais não têm objecto enfrenta duas dificuldades. Em primeiro lugar, a noção de direito subjectivo compreende a ideia de afectação ou aproveitamento de um *bem* ou *meio jurídico*[1001]. Ou seja, a realidade definida é indissociável de um objecto. Em segundo lugar, a admissibilidade da figura dos direitos sem sujeito[1002] não legitima uma segunda situação anómala, que seria a existência de toda uma categoria de direitos que se caracterizam pela ausência de objecto. O fenómeno dos direitos sem sujeito é excepcional

---

[999] ANTUNES VARELA, *Direito da Família* cit., p. 19.

[1000] OLIVEIRA ASCENSÃO, *Teoria Geral do Direito Civil* I cit., p. 350.

[1001] Sobre o conceito de direito subjectivo, cfr. M. GOMES DA SILVA, *O dever de prestar e o dever de indemnizar*, vol. I, Lisboa, s/editora, 1944, p. 52; MENEZES CORDEIRO, *Tratado de Direito Civil português* I/1 cit., p. 166; OLIVEIRA ASCENSÃO, *Teoria Geral do Direito Civil* IV cit., p. 90.

[1002] A figura resolve o problema da natureza jurídica da herança jacente: cfr. CARVALHO FERNANDES, *Lições de Direito das Sucessões*, Lisboa, Quid juris?, 1999, p. 235 e s.; CASTRO MENDES, *Teoria Geral do Direito Civil*, I, Lisboa, AAFDL, 1978, p. 79 e s.; PAMPLONA CORTE-REAL, *Direito da Família e das Sucessões*, vol. II – *Sucessões*, Lisboa, Lex, 1993, p. 267; OLIVEIRA ASCENSÃO, *Direito Civil: Sucessões*, 5.ª ed., Coimbra, Coimbra Editora, 2000, p. 396 e s.

e transitório; para mais, tende[1003] a ser tido como dogmaticamente válido por não contender com a "objectividade do direito subjectivo". Não tem paralelo com o reconhecimento de todo um conjunto de direitos subjectivos que, desde a constituição até à extinção, estariam desprovidos de objecto.

A serem direitos subjectivos, a fidelidade e a coabitação sexual apresentam necessariamente um objecto, que importa estabelecer. Pessoa ou comportamento? – é a questão clássica. Contra a construção dos direitos sobre a pessoa tem sido invocado o princípio da dignidade da pessoa humana[1004]. E o princípio não é propriamente favorável às leituras concretas dos direitos conjugais como direitos sobre pessoas[1005]: em Carnelutti, o cônjuge assume a qualidade de realidade fungível, permutável com a coisa; em Kant, apesar da marca global do personalismo ético, o cônjuge é susceptível de posse e de usufruto. Em geral, é censurável qualquer fórmula ou aproximação teórica que diminua o valor do ser humano. Nesta lógica, merecem repúdio absoluto as posições que, directa ou indirectamente, atribuam aos direitos conjugais o carácter de "direitos de soberania" ("Herrschafstrechte"), ainda que renunciem à terminologia típica dos Direitos Reais. Nomeadamente, não é aceitável que se conceda ao cônjuge um "direito pessoal" sobre o outro que permita ao titular obter de terceiro, que retém o outro cônjuge, a "reconstituição natural", traduzida, cumulativamente, na libertação deste último e na reparação dos prejuízos causados com a detenção indevida[1006].

[1003] Cfr. OLIVEIRA ASCENSÃO, *Direito Civil: Sucessões* cit., pp. 399-400, e *Teoria Geral do Direito Civil* IV cit., pp. 93-94.

[1004] Ver, por todos, CASTRO MENDES, *Teoria Geral do Direito Civil* I cit., pp. 423-424 (alegando que a pessoa é um fim em si mesmo); HÖRSTER, *A parte geral do Código Civil português* cit., p. 153 e s., pp. 174-175 (através da fundamentação da teoria da relação jurídica fundamental).

[1005] Versadas *supra*, nos n.os 54 e 56.

[1006] Cfr. KIPP/WOLFF, *Derecho de Familia* I cit., p. 196: o direito que cada um dos cônjuges tem sobre o outro é um "direito pessoal absoluto" porque eficaz *erga omnes*, razão pela qual, por exemplo, "se um pai mantém a sua filha fechada em casa, apesar de esta querer ir ter com o seu marido, este pode, nos termos do § 823 I do BGB, pedir ao pai a reconstituição natural, ou seja, que permita à filha abandonar o domicílio do pai e o indemnize dos danos causados".

Algo surpreendentemente, a teoria dos direitos conjugais pessoais como direitos subjectivos familiares com eficácia externa é criticada[1007] por implicar direitos de soberania, ou "direitos de domínio" ("Beherrschungsrechte"), que têm por objecto a pessoa do outro cônjuge ou uma parte da sua personalidade (a esfera sexual). Graças à oponibilidade *erga omnes*, seria indiferente a vontade do outro cônjuge. Enquanto direitos de monopólio ou de exclusivo, os direitos conjugais sexuais seriam violáveis por terceiro, com ou sem a colaboração de um dos cônjuges. Todavia, os adeptos (*v.g.*, Gernhuber[1008] e Hörster) da dupla eficácia ou da concepção relativa-absoluta repudiam abertamente os direitos de domínio sobre a pessoa de outrem.

A referida crítica é injusta. As situações jurídicas conjugais, mesmo que interpretadas como direitos subjectivos oponíveis a terceiros, não se enquadram no conceito de direitos de soberania. A eficácia *erga omnes* é apenas um, e nem sequer o mais importante, dos elementos que compõem o direito de soberania. O domínio de um objecto pressupõe, por um lado, a subordinação desse objecto à vontade do titular ("sentido ou aspecto positivo da soberania") e, por outro lado, a exclusão da interferência de terceiros ("sentido ou aspecto negativo da soberania")[1009]. Ora, ao direito conjugal falta o "aspecto positivo da soberania". Os deveres de fidelidade e de coabitação sexual não se baseiam exclusivamente no interesse próprio do outro cônjuge. E, se um dos cônjuges recusa o respectivo cumprimento, não há nenhum mecanismo de realização coactiva. O traço comunitário dos deveres conjugais e a liberdade sexual negativa que é assegurada ao cônjuge vinculado mostram que este não se encontra subordinado à vontade do outro. Se a isto se somar a vigência do princípio da igualdade das partes a nível dos efeitos do casamento e o abandono da concepção do direito

---

[1007] Cfr. LIPP, *Die eherechtlichen Pflichten und ihre Verletzung* cit., p. 203 e s.; E. WOLF, "Der Begriff Familienrecht" cit., p. 498, nota 88.

[1008] GERNHUBER/COESTER-WALTJEN, *Lehrbuch des Familienrechts* cit., pp. 18--19 ("Niemand wird durch Familienrechte zu einem Rechtsobjekt, das beschränkt oder vollständig von einem anderen beherrscht wird").

[1009] Cfr. a noção de direitos de soberania apresentada por HENRIQUE MESQUITA, *Obrigações reais e ónus reais* cit., p. 61 e s.

subjectivo como poder da vontade[1010], torna-se absurdo comparar o direito conjugal pessoal oponível *erga omnes* com aquilo que é, historicamente, o paradigma do direito de soberania sobre outrem – o direito que o senhor exerce sobre o escravo.

74. Na problemática da pessoa como objecto, a questão relevante é a do valor ético do ser humano. Consequentemente, a categoria dos direitos sobre a pessoa de outrem parece ser admissível desde que esteja concretamente acautelada a protecção da dignidade da pessoa humana[1011]. É o que se passa com a construção de Gomes da Silva[1012].

Na obra do insigne professor da Faculdade de Direito da Universidade de Lisboa, o tema dos direitos sobre pessoas completa "o exame das perspectivas fundamentais em que se desenvolve a concepção personalista do direito". Num primeiro passo, distinguem-se os direitos sobre pessoas de outros direitos "cujo exercício incide sobre pessoas". Os primeiros são exercidos "por actos materiais ou psíquicos praticados sobre pessoas, independentemente ou contra a vontade delas"; os segundos, direitos de carácter puramente obrigacional, pressupõem o consentimento das pessoas e não compreendem a hipótese de execução forçada em espécie. Estes últimos direitos, de que são exemplo "aqueles cujo exercício se traduz em actos praticados sobre pessoas a título de violências desportivas (luta, pugilismo), de experiências ou tratamentos médicos, da utilização de pessoas como meios de publicidade", têm por objecto uma verdadeira prestação, porque dependem, no seu exercício, da "submissão voluntária" da pessoa que está adstrita a eles.

[1010] Seguia essa concepção WINDSCHEID, *Diritto delle Pandette*, trad. italiana do alemão (*Lehrbuch des Pandektenrechts*), vol. I, parte prima, Torino, UTET, 1902, § 41, p. 179, que qualificava os direitos familiares como direitos sobre a pessoa de outrem, eficazes perante todos, aludindo ao "direito do marido à restituição da mulher sequestrada".

[1011] Cfr. CAPELO DE SOUSA, *O direito geral de personalidade*, cit., p. 578, e C. MOTA PINTO, *Teoria Geral do Direito Civil*, 10.ª reimpressão da edição de 1985, Coimbra, Coimbra Editora, 1996, pp. 333-334.

[1012] M. GOMES DA SILVA, *Esboço de uma concepção personalista do Direito* cit., p. 166 e s.

Posto isto, são indicadas as características dos "verdadeiros direitos sobre pessoas": destinação a fins intrínsecos das pessoas, estreita ligação com direitos e deveres propriamente ditos, orientação para a personalidade no seu conjunto e limitação pelo respeito devido às pessoas como tais e aos seus fins intrínsecos.

Com base no critério da finalidade, é estabelecida uma classificação de direitos sobre pessoas. Assim, há "direitos conferidos para realização de fins do próprio sujeito passivo" (*v.g.*, direitos para protecção dos incapazes maiores de idade), "direitos cujo fim directo reside no próprio titular e só por este pode ser atingido" (*v.g.*, o direito de punir do Estado) e "direitos que se destinam a fins pertencentes simultaneamente ao titular e ao sujeito passivo, por forma que a realização do fim de um se confunde com o bem do outro, e vice-versa". Nesta última classe, são incluídos os "direitos conjugais correspondentes ao chamado débito conjugal".

Os direitos conjugais partilham as características dos demais direitos sobre pessoas. Nomeadamente, "nunca surgem puros, isto é, reduzidos a simples poderes sobre pessoas"; estão inseridos em relações jurídicas, enquadrando-se em direitos subjectivos e deveres propriamente ditos. Nos direitos conjugais, são "muito restritos os aspectos em que podem descobrir-se verdadeiros poderes sobre pessoas, aspectos nos quais eles se encontram sempre organizados em torno do débito conjugal, que, por definição, é um dever". Além disso, os direitos conjugais "têm em vista, por natureza, atingir aspectos integrais da personalidade (expansão e fruição da pessoa, aperfeiçoamento moral, desenvolvimento dos afectos familiares, etc.)"; "visam, por conseguinte, a personalidade no seu conjunto, e não aspectos limitados dela". Por último, são limitados pelo respeito devido à pessoa e aos seus fins intrínsecos, na medida em "que os direitos familiares se têm de considerar sempre dominados pela necessidade de se fomentar o desenvolvimento moral de todas as personalidades interessadas e de intensificar entre elas o culto dos afectos e da responsabilidade pessoal".

Enunciados os caracteres dos direitos sobre pessoas, Gomes da Silva confronta estes com os direitos sobre coisas[1013], concluindo "que

---

[1013] M. GOMES DA SILVA, *Esboço de uma concepção personalista do Direito* cit., p. 173 e s.

a assimilação das duas espécies de direitos e da correspondente posição que neles ocupam as pessoas e as coisas é profundamente superficial e errónea". Os direitos sobre coisas são "formas de garantir a autonomia", exercendo-se "independentemente da colaboração de terceiro", e visam fins extrínsecos do homem. Os direitos sobre pessoas são "por essência formas de colaboração" e estão destinados à consecução de fins intrínsecos do ser humano. E, para sublinhar ainda mais o contraste, são feitas as seguintes considerações de índole terminológica:

"Ao direito sobre coisas tem-se dado o nome de *jus in re*, não para exprimir o aspecto (nesta espécie de direitos contingente e variável) da incidência dos actos exteriores por que se manifesta, mas para traduzir a afectação da coisa em si mesma, nas suas utilidades, *como revelação do senhorio do homem sobre o mundo exterior*.

"Nos direitos sobre pessoas tem-se em vista, com o vocábulo «sobre», apenas a manifestação exterior desses direitos, por isso que eles visam a pessoa na sua integralidade e constituem uma forma de colaboração humana". Perante isto, Gomes da Silva entende como mais correcta a denominação de *jus in personam* ou "direito para com as pessoas", em vez da expressão *jus in persona* ou direito sobre pessoas.

Na teoria do professor de Lisboa, está bem patente a preocupação constante de salvaguardar o "valor sagrado da personalidade humana", preocupação que se reflecte até no plano meramente terminológico. Todavia, este elemento não basta. É preciso determinar se a qualificação como *direitos para com as pessoas* exprime ou não, com exactidão, a realidade das situações jurídicas conjugais.

Como decorre do início da sua análise, em que o ilustre universitário contrapõe os direitos que, incidindo sobre pessoas, têm por objecto uma prestação aos direitos para com as pessoas, a colocação dos direitos conjugais entre os últimos significa que os mesmos seriam susceptíveis de "execução forçada em espécie". De facto, o sistema normativo da época consagrava mecanismos legais de realização coactiva do dever de comunhão de habitação, reprimia directamente o adultério e não reagia energicamente contra a utilização de meios de justiça privada motivada por incumprimento dos deveres de fidelidade e de débito conjugal: o Código de Processo Civil previa a providência de entrega judicial da mulher casada e a providência para obrigar o marido a receber a mulher em casa[1014]; o Código Penal punia o adultério[1015] e previa atenuantes extraordinárias para certos casos de homicídio cometido contra o cônjuge adúltero[1016]; a cópula entre os cônjuges, sem o consentimento de um deles, não era tida como crime[1017].

No entanto, o sistema normativo actual não contém dados que nos permitam falar de deveres conjugais pessoais susceptíveis de execução específica ou forçada num sentido muito amplo. Recorrendo ao critério de Gomes da Silva, o objecto dos direitos conjugais sexuais é a prestação e não a pessoa; estes filiam-se na modalidade de direito subjectivo "que se realiza necessàriamente pelo concurso duma pessoa diferente do titular, que voluntàriamente há-de tomar uma atitude activa ou passiva com a qual se atinge o fim em vista"[1018].

Apesar de tudo, Capelo de Sousa[1019] hesita em excluir totalmente a hipótese de os cônjuges serem objecto de direitos. Na ordem jurídica portuguesa vigente, a maioria dos deveres conjugais pessoais, entre os quais insere o de exclusividade sexual (designado por dever de "fidelidade negativa"), "têm como objecto jurídico não directamente a pessoa dos cônjuges, mas prestações, condutas ou actos destes". Todavia, e aparentemente sob a influência do significado literal da expressão tradicional *ius in corpus*, o professor de Coimbra pronuncia-se dubitativamente pela existência de "um conjugal *ius in personam*", decorrente dos deveres emergentes do casamento civil que impõem o relacionamento carnal "e da finalidade juscivílistica do casamento (artigo 1577.º do Código Civil)". Mas, ao mesmo tempo, o ilustre autor afirma que "esse *ius in corpus*, em caso de incumprimento, não é susceptível de acção directa ou de execução específica". Ou seja, a satisfação do *débito* depende, tal como a satisfação dos restantes direitos conjugais, da "submissão voluntária" do outro cônjuge, pelo que o dever de coa-

---

[1014] Cfr. *supra*, n.º 57.
[1015] Cfr. *supra*, n.º 38.
[1016] Cfr. *supra* n.º 17.
[1017] Cfr. *infra*, n.º 90.
[1018] Definição do "direito consistente na afectação duma prestação", formulada por M. GOMES DA SILVA, *O dever de prestar e o dever de indemnizar* I cit., p. 55.
[1019] CAPELO DE SOUSA, *O direito geral de personalidade*, cit., p. 580.

bitação sexual não se aproxima suficientemente de outras situações jurídicas[1020] que Capelo de Sousa integra, sem dúvidas, na categoria dos direitos sobre a pessoa de outrem.

Nos dois deveres conjugais sexuais, o objecto é apenas uma certa conduta humana: através do dever de fidelidade, cada cônjuge é obrigado a não ter relações sexuais com terceiro (prestação de facto negativo); através do dever de coabitação carnal, os cônjuges são obrigados a ter relações sexuais um com o outro (prestação de facto positivo). Se bem que acarretem restrições ao exercício da liberdade sexual dos sujeitos vinculados, as situações jurídicas em causa não têm por objecto um bem da personalidade do outro cônjuge. É que o casamento não extingue nem suspende o direito de liberdade sexual daquele que contraiu matrimónio; normalmente, não é lícito o emprego de coacção para forçar um cônjuge a ter ou a deixar de ter relações sexuais com esta ou aquela pessoa, desta ou daquela forma, neste ou naquele momento, no local X ou no local Y.

Para encerrar a questão do objecto, esses deveres têm ainda de ser apreciados num contexto mais vasto, já que o que impressiona uma parte da doutrina é a extensão e a profundidade da eficácia global do casamento. No entanto, o correlativo da totalidade dos deveres conjugais pessoais não é um direito sobre a pessoa do cônjuge obrigado. É certo que os mencionados deveres exprimem a comunhão que a lei associa ao casamento; porém, com essa comunhão não se pretende a eliminação da individualidade de qualquer uma das partes[1021]. Como diz Gernhuber[1022], a plena comunhão é uma utopia; cada cônjuge por

---

[1020] CAPELO DE SOUSA, *O direito geral de personalidade,* cit., pp. 578-579: "Pense-se no direito dos pais a reclamarem a entrega e a guarda do filho menor, mesmo que contra a vontade deste (art. 1887.º, n.º 2, do Código Civil), no poder-dever dos pais de dirigir a educação dos filhos menores (art. 1878.º, n.º 1, do Código Civil), o que comportará o poder de corrigir moderadamente o filho nas suas faltas, no poder-dever dos pais de promover o desenvolvimento físico, intelectual e moral dos filhos menores (art. 1885.º, n.º 1, do Código Civil) e no poder dos pais de decidir sobre a educação religiosa dos filhos menores de dezasseis anos (art. 1886.º do Código Civil)".

[1021] Cfr. *supra*, n.º 20.

[1022] GERNHUBER/COESTER-WALTJEN, *Lehrbuch des Familienrechts* cit., p. 162.

o ser não deixa de dispor de uma área de liberdade e de privacidade, de um espaço próprio, que coexiste com o espaço da vida em comum. É certo que a *felicidade conjugal* assenta em sentimentos, instintos, afectos, em aspectos ligados à vida interior dos interessados. Mas a lei impõe somente "formas exteriores de comportamento". Formas de comportamento que são determináveis, ainda que os textos se socorram de conceitos indeterminados e cláusulas gerais. Formas de comportamento que, embora unificadas pela ideia de comunhão, são objecto de deveres particulares, tipificados pela própria lei ou detectados pelo labor da doutrina e da jurisprudência. Formas de comportamento que, sendo *devidas*, não comportam realização coactiva.

1.3. O eixo da função

75. As situações jurídicas conjugais pessoais afastam-se da imagem clássica do direito subjectivo, baseada na concepção de Savigny (poder da vontade), de Jhering (interesse protegido) ou de ambos. Os direitos conjugais são conferidos para realização da comunhão de vida e não para protecção exclusiva do interesse individual do titular. E tais direitos não se traduzem no reconhecimento de um âmbito de inteira liberdade ao seu titular, o qual está até duplamente vinculado: ele tem de exercer os direitos conjugais de harmonia com a respectiva finalidade comunitária e tem de cumprir os mesmos deveres correspondentes aos direitos que lhe cabem face ao outro cônjuge (por exemplo, se um cônjuge pode exigir ao outro que lhe seja fiel, ele próprio lhe tem de ser fiel).

Perante isto, predomina, no direito português, a tese de que as posições conjugais activas são direitos subjectivos peculiares. Na orientação dos direitos familiares pessoais como poderes funcionais ou poderes-deveres, que é adoptada por Pereira Coelho[1023], parte-se da

---

[1023] PEREIRA COELHO/GUILHERME DE OLIVEIRA, *Curso de Direito da Família* I cit., p. 172 e s. Igualmente, GONÇALVES DE PROENÇA, *Direito da Família* cit., p. 25, e LEITE DE CAMPOS, *Lições de Direito da Família*, 2.ª ed., cit., p. 139. Ver também CAPELO DE SOUSA, *O direito geral de personalidade*, cit., p. 578 e s., que, para distin-

noção de direito subjectivo formulada por Manuel de Andrade[1024]. O direito subjectivo é então definido como um poder de exigir de outrem um certo comportamento (direito subjectivo propriamente dito) ou de produzir certas consequências jurídicas (direito potestativo). Porque a noção abstrai do ponto de vista funcional, o direito subjectivo paradigmático seria aquele em que o titular escolhe livremente o modo de exercício (*v.g.*, o direito de crédito), sem ultrapassar os limites do abuso do direito. No entanto, os direitos familiares pessoais não caberiam nesta categoria tradicional de direitos subjectivos: "Não são direitos que o seu titular possa exercer como queira. Pelo contrário, o seu titular é obrigado a exercê-los; e é obrigado a exercê-los de certo modo, do modo que for exigido pela função do direito, pelo interesse que ele serve". Ou seja, e ainda segundo Pereira Coelho, nos direitos familiares pessoais é mais nítido o relevo da função: "enquanto os direitos de crédito e, em geral, os direitos patrimoniais se destinam a servir – salvos os limites que eventualmente sejam postos pela doutrina do abuso do direito – quaisquer interesses do respectivo titular", os direitos familiares pessoais têm por função "favorecer e garantir o cumprimento dos particulares deveres morais que incumbem ao seu titular para com a pessoa contra quem se dirigem".

No entanto, a ideia do poder funcional como direito subjectivo é contestada por faltar àquele a componente "liberdade de actuação" ou "permissão"[1025]. Desta forma, Eduardo dos San-

---

guir os direitos de personalidade dos direitos familiares sobre a pessoa de outrem (filho ou cônjuge), afirma que os primeiros são direitos subjectivos tradicionais e os segundos poderes-deveres ou poderes funcionais.

[1024] MANUEL DE ANDRADE, *Teoria Geral da Relação Jurídica*, I, *Sujeitos e objecto,* Coimbra, Livraria Almedina, 1987, n.º 2, p. 3.

[1025] Cfr. C. MOTA PINTO, *Teoria Geral do Direito Civil* cit., pp. 169-170 ("por existir uma vinculação ao exercício dos poderes respectivos, não são autênticos direitos subjectivos os chamados poderes-deveres ou poderes funcionais ou «ofícios», como, p. ex., os poderes integrados no poder paternal ou na tutela") e MENEZES CORDEIRO, *Tratado de Direito Civil português* I/1 cit., pp. 169-170, 181-182 (os poderes funcionais são "obrigações específicas de aproveitamento de um bem", contrapondo-se aos direitos subjectivos, nos quais esse aproveitamento não é obrigatório, mas permitido). Diversamente, OLIVEIRA ASCENSÃO, *Teoria Geral do Direito Civil* IV cit., pp. 76-77: há dever de exercício nos poderes funcionais, mas a liberdade de actuação

tos[1026] afirma que, sendo poderes-deveres, os direitos pessoais de família não são, em rigor, verdadeiros direitos subjectivos. E na doutrina italiana, Santoro-Passarelli[1027], argumentando que as posições jurídicas conjugais estão sobretudo ao "serviço da unidade e estabilidade da família", duvida da sua configuração como direitos subjectivos por se aproximarem mais da "potestà", figura a que é alheia a "noção específica de interesse individual directamente protegido".

Há, porém, autores que sustentam a especialidade do direito subjectivo conjugal, prescindindo do conceito de poder funcional. Entre eles, encontra-se Gomes da Silva[1028], que, atribuindo aos direitos

---

não é característica essencial do direito subjectivo; este ocorre desde que esteja garantida uma zona de exercício no próprio interesse; consequentemente, há poderes funcionais que não são direitos subjectivos, como os que resultam de função pública, e há poderes funcionais que são direitos subjectivos, como sucede com o poder paternal. "Ele é estabelecido para prover aos interesses do filho, mas não esquece o interesse (espiritual) do pai, que se realiza no seu exercício e não pode ser tratado como mero funcionário".

[1026] EDUARDO DOS SANTOS, *Direito da Família* cit., pp. 73-74.

[1027] SANTORO-PASSARELLI, comentário ao art. 143, *Commentario al Diritto Italiano della Famiglia* cit., pp. 504-505. Identicamente, CIPPITANI, "L'addebito della separazione come rimedio di carattere patrimoniale" cit., pp. 697-699 ("Manca nei cosiddetti diritti matrimoniali il carattere della tutela di un interesse direttamente legato al soggetto, tipico del diritto soggettivo"; "per quanto si è detto, la categoria della potestà è sembrata meglio corrispondere alle caratteristiche delle posizioni giuridiche"), e PINO, *Il Diritto di Famiglia*, 2.ª ed., cit., pp. 86-87 ("Più che di diritti si dovrebbe parlare di poteri in quanto essi non sono riconosciuti al coniuge a tutela di un interesse individuale, ma in funzione dell'adempimento del dovere correlativo. Potere e dovere sono reciproci, non sono legati da nesso di corrispettività e sono attribuiti nell'eguale interesse di ciascuno al perseguimento della finalità giuridica del matrimonio"). Os dois últimos autores mudaram entretanto de posição. Agora PINO, *Diritto di Famiglia*, 3.ª ed., Padova, CEDAM, 1998, pp. 74-75, defende que os cônjuges não estão juridicamente obrigados a assumir um determinado comportamento nas suas relações pessoais: "L'art. 143 non prescrive i comportamenti reciprocamente dovuti dai coniugi per effetto del matrimonio, ma li presuppone e li assume come criterio indicativo della comunione materiale e spirituale, al fine di stabilire per quali unioni matrimoniali possono essere giudizialmente pronunciati la interruzione o lo scioglimento". Ou seja, o cônjuge não seria titular nem de direitos subjectivos nem de poderes funcionais, perante o outro. Quanto a Cippitani, cfr. *infra*, nota 1038.

[1028] M. GOMES DA SILVA, *Curso de Direito da Família* (1955) cit., pp. 33-34.

familiares uma configuração diferente dos outros direitos – a de direitos subjectivos de fim altruísta –, considera exagerada a concepção dos poderes-deveres: "Nós não podemos esquecer um ponto vital que é a necessidade da existência da família para cada pessoa. As funções, a vida e os deveres da família são formas normais da realização da própria personalidade de cada membro. Não podemos pensar à maneira romântica, egoísta, que cada membro tem tudo a receber do outro e nada a dar". A posição activa familiar é conferida também no interesse próprio do titular; o respectivo exercício não equivale à actividade da função pública. O direito em apreço visa o interesse dos outros membros da família, mas a realização desse fim altruísta decorre de uma necessidade natural de aperfeiçoamento do titular enquanto ser humano. "Trata-se de prestar um serviço a outrem mas no próprio interesse".

Numa das suas obras[1029], Castro Mendes divide o conjunto dos direitos subjectivos em direitos de conteúdo egoísta e direitos de conteúdo altruísta. Os direitos de conteúdo egoísta seriam aqueles em que ao titular é conferido um poder para tutela do interesse próprio. Nos direitos de conteúdo altruísta, direitos subjectivos de tipo especial, "a titularidade do poder e do interesse estão em pessoas distintas". Segundo o eminente professor, os direitos de conteúdo altruísta dominam no Direito da Família e são, em regra, de exercício vinculado. No entanto, os direitos de conteúdo altruísta e de exercício vinculado, de que é apresentado como exemplo o poder paternal, são designados pelas expressões "poderes-deveres" ou "poderes funcionais". E, como exemplo de um direito de conteúdo altruísta, excepcionalmente, de exercício livre, é apontada uma situação estranha ao ramo do Direito da Família – "o direito que compete a qualquer pessoa de pagar uma dívida alheia" (artigo 767.º do Código Civil).

Mas, numa outra obra[1030], Castro Mendes deixa claro que os deveres conjugais não são o verso de poderes funcionais, ao inserir os direitos correspondentes àqueles deveres na categoria dos direitos derivados. "Os direitos familiares pessoais podem pertencer a um de

---

[1029] CASTRO MENDES, *Teoria Geral do Direito Civil* I cit., p. 368 e s.
[1030] CASTRO MENDES, *Direito da Família* cit., pp. 24-25.

dois tipos: esses direitos podem ser originários, quando são atribuídos directamente ao seu titular (como, por exemplo, o poder paternal), ou derivados (ou reflexos), quando são recíprocos de deveres impostos a outrem (como, por exemplo, os direitos recíprocos dos deveres conjugais, artigo 1672.º).// Os direitos originários são poderes funcionais (ou poderes-deveres), dado que são atribuídos para que o seu titular os exerça tendo por objectivo a consecução de uma determinada finalidade que é legalmente definida e programada (quanto ao poder paternal, essa finalidade é a prossecução do interesse dos filhos na sua segurança, saúde, sustento, representação e administração de bens: artigo 1878.º, n.º 1).// Os direitos derivados também possuem características funcionais, dado que eles mesmos, como, aliás, os correspondentes deveres, se orientam, em última *ratio*, para a realização do interesse familiar e para a salvaguarda da instituição familiar".

Esboça-se assim uma classificação de situações jurídicas familiares em que um dos grupos se insere na categoria dos poderes funcionais, grupo esse a que não pertence o direito conjugal. Sob esta perspectiva, há alguma semelhança com as sistematizações de dois autores italianos. Para De Cupis[1031], alguns "poderes familiares" destinam-se à realização concomitante dos interesses do titular e dos interesses da família da qual ele é membro, outros são "poderes familiares com natureza funcional", dirigidos unicamente à realização dos interesses próprios, não do respectivo titular, mas de outros sujeitos pertencentes à família. Os primeiros poderes formam o grupo dos "direitos subjectivos familiares", em que cabem, nomeadamente, os direitos recíprocos dos cônjuges à fidelidade e à coabitação; os restantes são poderes funcionais ("potestà"), no âmbito dos quais se conta o poder paternal. Por seu turno, Tamburrino[1032] faz uma tripartição das posições activas familiares: há direitos subjectivos, "poderes em sentido restrito" e poderes funcionais. Os direitos subjectivos familiares têm em vista a tutela quer do interesse próprio do titular quer do interesse do núcleo

---

[1031] DE CUPIS, *Il Diritto di Famiglia* cit., pp. 12-13, e *Istituzioni di Diritto Privato* cit., pp. 122-123.

[1032] TAMBURRINO, *Lineamenti del nuovo Diritto di Famiglia italiano* cit., p. 42 e s.

familiar. Os poderes em sentido restrito são conferidos para tutela exclusiva do interesse de um membro da família que não o titular. O titular de poderes funcionais é investido numa posição *super partes*, para prosseguir interesses supra-individuais, do grupo familiar. É manifesto que os direitos conjugais não se enquadram nas duas últimas classes indicadas, as quais têm como melhores exemplos, segundo Tamburrino, o poder de representação legal do incapaz e o poder paternal, respectivamente.

Ainda na perspectiva de acentuação da especialidade dos direitos conjugais com base no aspecto funcional, encontra-se Antunes Varela[1033], que, porém, rejeita a aplicação da figura dos poderes funcionais não só aos direitos conjugais como à generalidade dos direitos familiares pessoais. Mesmo os direitos pessoais em que se desdobra o poder paternal não são tidos como poderes funcionais, em virtude de estes implicarem uma posição de supremacia e uma minimização excessiva do interesse do titular. Por isso, o ilustre professor prefere caracterizar os direitos familiares pessoais, no seu todo, como "direitos-deveres"[1034], termo que destaca o relevo especial que assume o dever que recai sobre o titular daqueles direitos – o dever de os exercer de harmonia com o fim para que foram concebidos. É que os direitos recíprocos dos cônjuges e os demais direitos familiares pessoais são conferidos simultaneamente no interesse do titular e da sociedade conjugal ou da comunidade familiar, apresentando uma marca funcional superior à que se observa nos direitos subjectivos comuns.

[1033] ANTUNES VARELA, *Direito da Família* cit., p. 77 e s., e *Das obrigações em geral* I cit., p. 199.

[1034] Identicamente, HÖRSTER, *A parte geral do Código Civil português* cit., p. 256: "Para além da sua estrutura complexa, os direitos familiares pessoais possuem natureza específica no que respeita ao seu conteúdo. Significa isto que o seu conteúdo não consiste apenas em poderes e faculdades, mas que ele comporta também deveres. Os direitos familiares pessoais são autênticos «direitos-deveres». O seu titular não é apenas auto-responsável, também é responsável, com força igual, por outrem (p. ex., pela educação dos fihos). Ele não pode exercer o seu direito de «livre vontade», mas apenas dentro das funções a que este se destina, sendo o exercício controlado pela ordem jurídica".

Na explicação de Gernhuber[1035], todo o direito subjectivo acarreta um "conteúdo de dever", anteriormente traduzido pela noção de "limite do direito". Não obstante isto, a expressão "direito-dever" ("Pflichtrecht") coaduna-se somente com os direitos subjectivos cujo "conteúdo de dever" é tão intenso que não se aproximam da noção normal de poder. Nos direitos-deveres em sentido próprio, ocorre uma ligação estreita entre poder e dever, uma tendencial identificação entre permissão e adstrição. Seria o caso dos direitos pessoais das relações familiares, cujo exercício está, em geral, muito "vinculado a deveres".

Mas a tese dos direitos-deveres é repudiada por Wolf[1036], "porque direitos subjectivos e deveres jurídicos são elementos de espécie distinta, que, conceptualmente, se excluem um ao outro". Um direito subjectivo com um conteúdo de dever, mais ou menos intenso, seria uma total contradição. A atitude de Wolf completa-se com a recusa da caracterização dos direitos familiares como poderes estabelecidos no interesse de outrem ou da família, caracterização reputada de desnecessária em virtude de o autor supor que a natureza pessoal dos direitos subjectivos familiares é suficiente para os distinguir dos outros direitos subjectivos.

Nesta linha de desvalorização do significado funcional dos direitos familiares e, portanto, de negação da sua especificidade enquanto direitos subjectivos, merece referência a posição de Bianca[1037]. Opondo-se à hipótese de existir um escopo do grupo familiar, diferente do dos sujeitos que o compõem, o famoso jurista italiano defende que as posições activas familiares tutelam interesses individuais, revelando-se, por isso, enquadráveis nas figuras jus-privatísticas gerais. E o facto

---

[1035] GERNHUBER/COESTER-WALTJEN, *Lehrbuch des Familienrechts* cit., p. 19.

[1036] E. WOLF, "Der Begriff Familienrecht" cit., p. 497. Este género de objecção é antiga e mereceu a seguinte apreciação de CICU, *Il Diritto di Famiglia* cit., p. 71: "quando si dice che un diritto è nello stesso tempo un obbligo, non si intende considerare quest'obbligo come correlativo allo stesso diritto: che sarebbe davvero un controsenso. Al diritto corrisponderà sempre in altra o altre persone un obbligo ed all'obbligo potrà corrispondere in altre persone un diritto. S'intende invece dire che i poteri che costituiscono il contenuto del diritto sono anche dei doveri; che si può e contemporaneamente si deve".

[1037] BIANCA, "Famiglia (Diritti di)" cit., pp. 71-72.

de deverem ser exercidas também no interesse de outrem pouco mudaria, já que "é um fenómeno comum aos outros ramos de Direito Privado". Bianca reconhece que os direitos familiares são inderrogáveis, indisponíveis e irrenunciáveis por causa da essencialidade dos interesses subjacentes, mas esclarece que o mesmo se passa com os direitos de personalidade. Mais uma vez, não haveria motivo para demarcar aqueles das categorias mais gerais do Direito Privado. Nem sequer seria correcto aludir à especialidade dos direitos de família, "pois que não é justificado assumir os outros institutos jurídicos como componentes exclusivos da fisionomia comum do Direito Privado".

Perante as teorias que vêem nas posições activas familiares direitos-deveres ou poderes funcionais, atendendo ao facto de acarretarem deveres para o respectivo titular e de serem instituídas, total ou parcialmente, no interesse de outrem, Cippitani[1038] confessa-se perplexo e contesta essa "presumida pecularidade estrutural". Por um lado, não se impressiona com a circunstância de o sujeito activo da relação familiar ter deveres: "No âmbito do regime geral das obrigações, isto é perfeitamente normal, visto que, por exemplo, o credor está, por seu turno, obrigado a tornar possível o cumprimento pontual por parte do devedor". Por outro lado, tão-pouco seria anómala a tutela do interesse de outrem: "O facto de as relações familiares serem bilaterais faz com que cada sujeito seja simultaneamente titular de situações activas e passivas, como acontece na relação conjugal, construída de uma forma perfeitamente simétrica. O que pode acontecer igualmente em outras relações jurídicas, como nos contratos, em que uma das partes pode ser credor e ao mesmo tempo devedor. Nestes casos, não parece que se possa afirmar que uma das partes, por exemplo o comprador que deve pagar o preço, exerça um poder funcional, porque o seu interesse em receber o bem está associado ao interesse do vendedor em receber o preço".

Ora, é pouco convincente a *orientação do direito subjectivo comum* e afigura-se até legítimo o cepticismo em torno da construção das situações jurídicas conjugais pessoais enquanto direitos subjectivos *especiais*. A lei é a primeira a sublinhar o pólo passivo das posições

---

[1038] CIPPITANI, *La ricerca giuridica e il Diritto di Famiglia* cit., p. 78 e s.

jurídicas emergentes do casamento. Nos códigos civis, a fidelidade, a coabitação, a convivência, a comunhão de vida, surgem como deveres ou obrigações dos cônjuges. E, independentemente de se aceitar a afirmação de que, nas relações conjugais, o dever prevalece sobre o direito[1039], a verdade é que a vinculação a que está submetido o titular de uma posição activa conjugal está muito longe de ser comparável com o *dever de colaboração* do credor no cumprimento da obrigação; tal dever de colaboração, a assumir a natureza de verdadeiro dever jurídico e não de mero ónus[1040], não deixa de ser uma figura acessória, de importância menor. Para mais, não se pode ignorar a influência da finalidade colectiva nas posições jurídicas conjugais[1041]. Elas representam justamente a concepção legal de comunhão familiar; a indisponibilidade e a intransmissibilidade que lhes são assinaladas compreendem-se pelo valor do interesse em questão, interesse que não é, e neste ponto concorda-se com Bianca, o interesse de uma entidade diversa dos membros da família, mas que também não se confunde com a soma dos interesses individuais dos dois cônjuges. Trata-se de um interesse comum das partes, o que impede qualquer paralelo com as obrigações fundadas em contratos sinalagmáticos; aqui a hipótese da excepção de não cumprimento força cada um dos contraentes a ter em conta o interesse individual do outro, para não pôr em risco a vantagem que pretende obter para si próprio.

[1039] Cfr. CARBONNIER, *Droit civil 2* cit., p. 467 ("C'est par les devoirs, non par les droits, que le mariage se définit le mieux"); TRABUCCHI, *Istituzioni di Diritto Civile*, 38.ª ed., Padova, Cedam, 1998, p. 255, nota 1 ("Insistiamo sull'accentuazione che in tutto il diritto di famiglia va posta sulla figura del dovere rispetto a quella dei diritti").

[1040] Ver, por todos, MENEZES CORDEIRO, *Direito das Obrigações*, 2.º vol., reimpressão (da ed. de 1980), Lisboa, AAFDL, 1990, p. 453 e s.

[1041] Cfr. P. STANZIONE, "Principi costituzionali e Diritto di Famiglia nell'esperienza spagnola" cit., p. 265 (e intervenção no Convegno di Salerno 5-7 novembre 1982, em *Persona e comunità familiare*, Edizioni Scientifiche Italiane, 1985, p. 11), que chega a alertar para a inadequação do modelo conceptual do direito subjectivo no tratamento das situações jurídicas familiares, com a seguinte explicação: a particularidade destas, que "reside em serem substancialmente inspiradas pela solidariedade", exige um estudo que capte inteiramente a sua dimensão funcional.

2. A REJEIÇÃO DO DIREITO SUBJECTIVO CONJUGAL

2.1. Aproximações funcionais de inspiração publicista

76. Apesar de usar constantemente a expressão "direitos subjectivos familiares" ("diritti subiettivi familiari"), a representação que Cicu[1042] faz das situações jurídicas por ele assim qualificadas não se harmoniza com a noção de direito subjectivo em sentido próprio. Aliás, o distinto autor italiano está, com toda a justiça, ligado às teorias que negam a existência de verdadeiros direitos subjectivos no Direito da Família[1043].

Antes de caracterizar as situações jurídicas familiares, Cicu estabelece a distinção entre a relação jurídica privada e a relação jurídica pública[1044]. Na relação jurídica privada, o indivíduo surge como "centro autónomo de interesses" ou "fim em si mesmo"; por isso, o "direito subjectivo privado", que tem por função a garantia da liberdade individual, apresenta prioridade lógica sobre o dever. Na relação jurídica pública, em que falta a ideia de autonomia individual, o dever tem prevalência lógica sobre o direito. Na relação privada, a imposição da obrigação decorre do reconhecimento do direito. Na relação pública, a obrigação tem uma posição central: ou há deveres a que não correspondem direitos, como acontece com as funções exercidas pelos órgãos do Estado[1045]; ou há direitos que são meros reflexos de obrigações

---

[1042] CICU, *Il Diritto di Famiglia* (1914) cit., em especial p. 91 e s.

[1043] Cfr. M. GOMES DA SILVA, *Curso de Direito da Família* (1960) cit., p. 150: da doutrina de Cicu resulta o entendimento de que "o Direito da Família não consagra verdadeiros direitos e deveres, mas apenas normas de competência de carácter funcional, que atribuem poderes a determinadas pessoas, não para o interesse delas, mas para a realização do bem-comum da família e dos interesses dos outros membros dela".

[1044] CICU, *Il Diritto di Famiglia* cit., p. 43 e s.

[1045] Cfr. CICU, *Il Diritto di Famiglia* cit., p. 49: "Ora che la funzione consista in un dovere è comunemente ammesso anche là dove sono riconosciuti dei poteri discrezionali. E che il dovere sia qui il momento originario, è dimostrato dal fatto che un diritto corrispondente può anche mancare. Questo concetto di un dovere senza un corrispondente diritto è stato trovato insostenibile, contrastante colla più elementare

assumidas pelo Estado, como é o caso dos direitos dos cidadãos. Segundo Cicu, estes direitos são conferidos unicamente porque o Estado, titular do poder soberano, se autolimitou; no pressuposto de que apenas o Estado pode criar Direito, os direitos públicos dos particulares são produto de uma autovinculação, existindo apenas porque o Estado se obrigou a respeitá-los.

Uma vez destacada a preeminência do dever na relação jurídica de Direito Público, Cicu concentra-se exclusivamente na figura do direito[1046]. Na sua opinião, o direito subjectivo é composto por dois elementos, que são a vontade e o interesse. E há um "direito subjectivo privado" e um "direito subjectivo público", que se demarcam um do outro pelo peso diverso que apresentam os referidos elementos. No direito subjectivo privado, prevalece a vontade sobre o interesse: ao indivíduo é reconhecida a liberdade de agir no seu próprio interesse. No direito subjectivo público, predomina o interesse: a vontade encontra-se subordinada à prossecução de um escopo supra-individual; a autonomia do indivíduo cede perante o interesse da sociedade. Na primeira hipótese, o direito é a posição jurídica do indivíduo enquanto tal; na segunda hipótese, o direito é a posição jurídica do indivíduo como membro de um todo.

Ora, as situações jurídicas familiares estariam mais próximas das situações jurídicas de Direito Público do que das situações jurídicas de Direito Privado[1047]. Na relação jurídica familiar, é o dever que ocupa o papel primordial. No exercício do "direito subjectivo familiar", o respectivo titular não é livre, estando vinculado a um fim superior.

---

esigenza della tecnica giuridica. E si è voluto quindi trovare il diritto correlativo in ogni caso. Si è detto che il diritto, se non è del cittadino (ed anche quando lo sia), è dello Stato: qui tuttavia sorge la difficoltà di conciliare la possibilità di un rapporto fra organo e Stato con l'idea che la volontà del organo è la volontà stessa dello Stato. Si è cercato di superarla ponendo il rapporto anzichè fra Stato ed organo, fra Stato e individuo in cui l'organo si concreta: vano sforzo: perchè se la volontà dell'individuo nella sua qualità di funzionario è volontà dell'organo e cioè dello Stato, il dovere dell'individuo a quella determinata attività e volontà è dovere dell'organo e cioè dello Stato".

[1046] CICU, *Il Diritto di Famiglia* cit., p. 61 e s.
[1047] CICU, *Il Diritto di Famiglia* cit., p. 91 e s.

Para demonstrar a afinidade que afirma haver entre as relações jurídicas familiares e as relações jurídicas públicas, Cicu socorre-se do exemplo do poder paternal: a relação entre pai e filho baseia-se no dever, como entende a doutrina "quando diz que o direito de poder paternal se funda sobre o dever; que é meio para cumprir um dever; que aqui o dever é a coisa principal e o direito não existe senão em razão do dever; que o poder é atribuído em consequência de um dever jurídico preexistente; que é a idoneidade para observar as obrigações que constitui o verdadeiro fundamento da atribuição dos direitos". Mas o autor acrescenta que a estrutura da relação familiar não muda se os sujeitos forem capazes e nenhum deles tiver supremacia sobre o outro, invocando, nesse sentido, o exemplo dos alimentos: "na relação de alimentos, continua a ser verdade que a obrigação não é imposta em razão de um direito; a obrigação existe por si própria e está à disposição do titular do direito; o aproveitamento que este faça não pode ser considerado como causa daquela".

Para ilustrar a afinidade existente entre os "direitos subjectivos públicos" e os "direitos subjectivos familiares", Cicu divide-os em duas categorias: "no Direito da Família, o direito subjectivo ou é poder da vontade não respeitante a um interesse próprio do titular ou é simples meio destinado a obter o cumprimento de um dever, isto é, mera acção". Na primeira categoria, inclui o "direito do poder paternal", explicando que o progenitor é chamado a cuidar dos interesses de outrem, pelo que o seu poder é um poder vinculado. Na segunda categoria, refere o direito a alimentos, que descreve como "interesse elevado a direito", como figura não dependente de um poder discricionário, condicionada basicamente por dois pressupostos: a necessidade do titular e a capacidade económica do obrigado. Nas duas categorias de direitos familiares, detecta-se a prevalência do interesse sobre a vontade. E o interesse em questão é o interesse familiar, superior ao interesse individual de qualquer um dos membros da família. Os direitos familiares são situações jurídicas que cabem a pessoas por estarem integradas num "organismo"[1048], o que basta "para que se possa falar

---

[1048] Cfr. Cicu, *Il Diritto di Famiglia* cit., pp. 85-86: a família é um organismo porque há entre os seus membros um "vincolo reciproco d'interdipendenza personale;

de interesse superior distinto e eventualmente oposto aos interesses individuais das pessoas. O interesse é ainda aqui sentido pelos indivíduos e até tanto mais fortemente quanto mais estreita for a relação e mais acentuada for a destinação; mas é interesse sentido como membro e não como indivíduo, exactamente como no Estado; é interesse não do indivíduo A nem do indivíduo B, mas de A, marido, pai, tutor, parente, e de B, mulher, filho, pupilo, parente"[1049].

Todavia, o ilustre professor italiano não chega a qualificar os direitos familiares como direitos públicos. O interesse supra-individual não seria idêntico nos dois casos[1050]. Nos direitos públicos, esse interesse é o da sociedade, da generalidade das pessoas; nos direitos familiares, o interesse é o da família, de um grupo restrito de pessoas. E como o direito familiar contrasta com o "direito subjectivo privado", porque este se caracteriza pelo predomínio da vontade sobre o interesse, tudo leva a crer que, numa primeira fase, Cicu defende a existência de três categorias diversas de direitos: direitos públicos, direitos privados e direitos familiares.

---

il che significa che manca nei rapporti famigliari l'indipendenza, la libertà, l'autonomia, che contraddistinguono i rapporti, specie i patrimoniali, del diritto privato. Vi è interdipendenza, perchè nell'ambito dei bisogni che la famiglia è chiamata a soddisfare, vi è destinazione reciproca; tipico il rapporto alimentare: sebbene di contenuto patrimoniale, anzi appunto perciò, esso costituisce la prova più sicura della organicità del vincolo; vi manca infatti il concetto dell'indipendenza economica; diritto e dovere si spostano ed alternano e graduano secondo il bisogno ed i mezzi: manifestazione caratteristica della solidarietà. E si ha interdipendenza personale, e cioè della persona in sè stessa, perchè il dovere sopraffà la persona in quel che è espressione d'indipendenza, e cioè nella libertà di volere ed agire: il dovere si presenta qui come antecedente anzichè come conseguente; non è riconducibile alla libertà, volontà, ma le sovrasta. In ciò sta l'essenza di ogni organismo: subordinazioni delle parti ad un fine con assegnazione di funzioni". O pensamento de Cicu está muito influenciado pela concepção hegeliana da família como "organismo ético": cfr. FROSINI, "Il diritto di famiglia nella teoria generale del diritto", *FI* 1977, pp-84-86; PALAZZO, "L'autorità familiare nell'anniversario capograssiano", *DFP* 1987, p. 319, nota 18.

[1049] CICU, *Il Diritto di Famiglia* cit., p. 108.
[1050] CICU, *Il Diritto di Famiglia* cit., p. 106.

Mais tarde, Cicu declara, porém, que o Direito da Família faz parte do Direito privado[1051], o que implica o abandono da concepção dos direitos familiares como *tertium genus*. No entanto, o autor nunca deixará de frisar a semelhança que entende existir entre os direitos familiares e os direitos públicos, insistindo na ideia de que em ambos o elemento do interesse prevalece sobre o elemento da vontade. E, acerca da relação conjugal, escreverá especificamente o seguinte: "O interesse que é tido em consideração na relação conjugal não é o interesse, individual de cada um dos cônjuges, na satisfação da necessidade sexual. Embora esta seja uma das necessidades mais individuais e prementes, ela não constitui a essência da relação que juridicamente se qualifica como relação conjugal. O interesse que é tutelado não é o interesse na união sexual, nem como interesse momentâneo, nem como interesse permanente. Ainda que a vontade o assuma como interesse duradouro e queira, como no concubinato, regulá-lo, a lei não lhe dá reconhecimento jurídico, não o eleva a relação conjugal. A relação conjugal não surge senão através do casamento.

"É o casamento que origina juridicamente a família; o concubinato não lhe dá origem. Esta conexão do casamento com a família leva a que a relação conjugal esteja intimamente conexa com a relação entre progenitores e filho; duas relações que, portanto, não são juridicamente originadas, nem na sua génese nem na sua vida, pela vontade dos progenitores. Isto revela que o interesse que fundamenta o casamento é um interesse que excede o interesse individual dos cônjuges; interesse que é, portanto, superior e que, como tal, predomina sobre o interesse individual e sobre a vontade daqueles. E dá razão de ser à sua indissolubilidade, que é reflexo da indissolubilidade da relação entre progenitores e filho"[1052].

[1051] Cfr. CICU, "Principii generali del diritto di famiglia", *RTDPC* 1955, p. 20: "Nella distinzione, fondamentale per la scienza giuridica, fra diritto pubblico e privato, al diritto di famiglia va mantenuta la posizione tradizionale che lo assegna al diritto privato. Ma sarebbe antiscientifico ignorare o non rendersi ragione della speciale posizione che in esso vi assume, a causa della particolare struttura che presenta il rapporto di famiglia; e sottoporlo a principî che, proprî del diritto privato, ad esso sono estranei".

[1052] CICU, "Principii generali del diritto di famiglia" cit., p. 3.

É inegável o mérito da obra daquele que é apontado como o fundador do Direito da Família italiano moderno[1053] e é conhecida a repercussão que teve a sua doutrina[1054]. Não obstante isto, é muito discutível a visão da família como organismo dotado de um interesse próprio e superior ao interesse dos seus membros.

É esta visão que impede a qualificação dos direitos familiares de Cicu como direitos subjectivos numa acepção técnica[1055]. Para Cicu, os direitos familiares estão totalmente ao serviço da colectividade familiar. As situações jurídicas familiares são desenhadas como simples poderes conferidos às pessoas que integram a família, para que estas realizem os interesses do todo. Os chamados "direitos subjectivos familiares" identificam-se com "funções" ou "competências": no seu exercício, é irrelevante o interesse do titular respectivo. Os "direitos subjectivos familiares" não tutelam o indivíduo, mas uma entidade abstracta. O pai, o filho ou o cônjuge limitam-se a desenvolver uma actividade que é necessária para a prossecução dos fins da família; assemelham-se a órgãos de uma pessoa colectiva. Não é, pois, possível admitir que situações jurídicas assim concebidas caibam na noção de direito subjectivo. À partida, não cabem no conceito apresentado por Gomes da Silva[1056], já que, no direito subjectivo, *o bem* tem de ser afectado à realização de fins de *pessoas individualmente consideradas*. Não se enquadram de modo algum nas noções que dão relevância expressa à ideia de liberdade[1057], porque é patente a falta de autonomia

---

[1053] Refere-se a Cicu nestes termos, MOSCARINI, *Parità coniugale e governo della famiglia* cit., p. 97 ("illustre civilista italiano, non a torto considerato il fondatore del moderno diritto di famiglia").

[1054] Cfr., designadamente, BELTRÁN DE HEREDIA, "La doctrina de Cicu sobre la posición sistemática del Derecho de Familia", *RDP* 1965, p. 819 e s., que descreve o impacto da perspectiva do autor italiano na construção das características do Direito da Família e dos direitos familiares.

[1055] Cfr. a crítica de M. GOMES DA SILVA, *Curso de Direito da Família* (1960) cit., pp. 85-86, pp. 150-151.

[1056] Cfr. M. GOMES DA SILVA, *O dever de prestar e o dever de indemnizar* I cit., pp. 51-53.

[1057] Noções que aludem directamente à vontade ou à permissão. Segundo MENEZES CORDEIRO, *Tratado de Direito Civil português* I/1 cit., p. 166, as outras definições pecam por não terem em conta o "nível significativo-ideológico" do direito

do titular das situações jurídicas tal como são traçadas por Cicu. E, por fim, nem sequer cabem nas formulações mais correntes da teoria do interesse, pois que, nestas, o interesse protegido é o do titular do direito subjectivo[1058].

Mas não é a imprecisão do enquadramento dogmático das situações familiares aquilo que mais fragiliza a posição de Cicu. Os maiores obstáculos à aceitação da sua tese residem na dificuldade de configurar a família como ente autónomo portador de um interesse próprio e na impossibilidade de conceber o Direito da Família à margem do aspecto individual. Por um lado, não tendo personalidade jurídica nem estando incluída entre as associações sem personalidade jurídica, falta à família a base para ser suporte de um interesse digno de tutela, diferente daquele que cabe às pessoas que a compõem[1059]. Por outro lado, a ideia de um fim familiar superior, que elimina completamente a relevância jurídica dos interesses individuais dos membros do grupo familiar, colide com a representação actual da família no Direito e na sociedade. Hoje em dia, atribui-se papel fundamental à realização pessoal dos membros da família (cfr., por exemplo, artigo 67.º, n.º 1, da Constituição portuguesa) e entende-se que a pertença à família é compatível com a tutela da personalidade e com a liberdade individual[1060]. Na verdade,

---

subjectivo. Todavia, nem M. GOMES DA SILVA nem OLIVEIRA ASCENSÃO desvalorizam o aspecto da liberdade: o primeiro dos ilustres professores da Escola de Lisboa liga o direito subjectivo à garantia da liberdade humana (*O dever de prestar e o dever de indemnizar* I cit., p. 52); o segundo afirma que o mesmo direito resulta de "determinações normativas que criam um espaço de actuação autónoma" (*Teoria Geral do Direito Civil* IV cit., p. 90).

[1058] Cfr., nomeadamente, o que escreve M. GOMES DA SILVA, *O dever de prestar e o dever de indemnizar* I cit., pp. 41-42, sobre as posições que fundamentam o direito subjectivo no interesse.

[1059] Cfr. BIANCA, "Famiglia (Diritti di)" cit., p. 71; CAMPAGNA, *Famiglia legittima e famiglia adottiva*, Milano, Giuffrè, 1966, p. 62 e s.

[1060] Cfr FERRI, "Il diritto di famiglia e la costituzione della Repubblica italiana", *RTDPC* 1962, pp. 116-117: "La teoria di Cicu è stata osteggiata più o meno apertamente, perchè in essa si sono ravvisati i germi di una dottrina politica assai pericolosa, utilizzabile a difesa del totalitarismo statuale". Precisando: o argumento do interesse superior foi usado para legitimar o sacrifício da liberdade individual e "la più frequente e penetrante ingerenza dello Stato nel campo familiare, osservando che

não se pode ignorar a conexão existente entre a realidade familiar e as necessidades e aspirações mais íntimas de pessoas concretas.

Por último, é improcedente a justificação específica da validade da teoria do interesse superior no âmbito da relação conjugal. Erigida no pressuposto de que existe uma conexão muito estreita entre aquela relação e a relação de filiação, a opinião de Cicu só poderia vencer num contexto em que o casamento fosse a única forma de constituir família e em que a procriação constituísse objecto de um dever conjugal. Só que não é esse o contexto vigente[1061]. Acresce que o eminente estudioso do Direito da Família, ao concluir que no casamento há um interesse que ultrapassa o interesse individual dos cônjuges, depois de estabelecer a conexão da relação conjugal com a relação de filiação, se mostra seduzido pelo "mito do filho-rei"[1062], que se manifesta na afirmação da prevalência absoluta do "interesse superior" do menor – interesse que é, porém, um interesse individual de outrem e não o interesse do conjunto familiar.

---

la tutela di interessi superiori non poteva essere attuata che da un potere superiore". Sobre o aproveitamento, pelo Estado nacional-socialista alemão, da tese do interesse supra-individual no domínio matrimonial, cfr. VASSALLI, "Diritto pubblico e diritto privato in materia matrimoniale" *Studi Giuridici*, vol. I, Roma, Soc. Ed. del "Foro Italiano", 1939, p. 205 e s. Apesar de tudo, FERRI (ob. cit., pp. 127, 132 e 133) não abdica da ideia de interesse superior da família; rejeita apenas a intervenção do Estado que tenha "per iscopo una forma di permanente integrazione o sostituzione dei poteri familiari stessi". Ora, numa época em que vigorava o poder marital, instituto que este autor não via motivo para abolir, permanecia o risco de uma limitação excessiva da autonomia individual, desta feita operada pelo chefe da família, em nome do interesse familiar. Mesmo no sistema contemporâneo de direcção da família, o risco subsiste: a subordinação da regra do acordo à prossecução do fim superior do grupo fundamenta uma "bilateralização do poder de ingerência na vida privada" e, portanto, um modelo de casamento em que cada cônjuge tem poderes amplos de interferência na esfera estritamente pessoal do outro (cfr. ZATTI, "I diritti e i doveri che nascono dal matrimonio" cit., pp. 59-60).

[1061] Cfr. *supra*, n. os 70 e 51.

[1062] Sobre o "mito da criança-rei" ("mythe de l'enfant-roi"), ver DEKEUWER--DÉFOSSEZ, "Réflexions sur les mythes fondateurs du droit contemporain de la famille", *RTDC* 1995, p. 261 e s., que chega a reputar o Direito da Família recente de "pédocentrique".

77. Müller-Freienfels[1063] propõe também uma construção funcional das situações jurídicas conjugais, que, porém, difere da doutrina de Cicu em três aspectos: o autor alemão rejeita expressamente a figura do direito subjectivo conjugal, procura obter uma formulação que seja compatível com o Estado social de Direito (que permita a "superação da concepção do Estado de polícia"), e privilegia a vertente processual.

Na perspectiva de Müller-Freienfels, para efeitos de apuramento da natureza das situações jurídicas conjugais, revela-se mais proveitosa a análise da regulamentação processual do que da regulamentação material: no Direito processual, é mais nítida a "concepção dogmática fundamental de um legislador". A aplicação do Direito Matrimonial material não fica ao critério das partes, está sujeita a controle judicial, pelo que a relação entre casamento e Direito acaba por estar dominada pelas regras adjectivas. Tido como menos importante, o Direito processual fica mais resguardado do debate ideológico e emocional que se trava em torno do casamento, facilitando, por isso, uma apreensão mais objectiva da configuração jurídica do instituto. Além disso, o Direito Processual atribui prioridade às questões da investigação da verdade e da boa aplicação da lei, que são justamente aquelas que conferem complexidade especial ao Direito Matrimonial. Por fim, da experiência resulta que as alterações das regras processuais do divórcio têm maior impacto efectivo no instituto do casamento do que as alterações dos enunciados de fundamentos do divórcio.

Deste modo, o autor dedica atenção particular ao regime processual do divórcio da época (anterior, portanto, à reforma alemã de 1976), concluindo que o mesmo não se adequa à ideia de que existem direitos subjectivos conjugais. O processo que tem por objecto, indubitavelmente, direitos subjectivos, como os direitos reais e os direitos de crédito, é encarado sobretudo como um assunto das partes, como um processo em que dois sujeitos se digladiam entre si perante um juiz neutral, passivo, a quem cabe apenas decidir a disputa à luz de regras materiais precisas. Neste quadro, o processo, centrado basicamente no

---

[1063] MÜLLER-FREIENFELS, *Ehe und Recht* (1962) cit., p. 225 e s., pp. 265-266, e, apesar de ser muito menos relevante, "Las modernas tendencias del desarrollo del Derecho de Familia", *RFDCar* 1964, n.º 29, pp. 25 e 27.

problema da existência e da violação de direitos, está inteiramente ao dispor das partes; uma pessoa pode, por exemplo, renunciar validamente à acção que tutela o seu direito.

O processo de divórcio apresenta outras características: o juiz tem uma posição activa, designadamente, porque é chamado a aplicar normas que contêm cláusulas gerais e conceitos indeterminados e porque está obrigado a tentar a conciliação dos cônjuges; a renúncia à acção é inadmissível; a sentença de divórcio depende da prova de que há uma situação de ruptura objectiva da vida em comum. No processo de divórcio, o juiz é quase uma "terceira parte", o que mostra que o casamento não é tratado como uma matéria que apenas diga respeito aos cônjuges. O cônjuge só pode "perdoar fundamentos de divórcio" ("Scheidungsgründe verzeihen"). E o "perdão" não apresenta carácter negocial, não se confunde com a renúncia à acção; significa somente que há ainda fundamento para a continuação do casamento. Ora, a indisponibilidade do meio de tutela reflecte a indisponibilidade da própria situação jurídica material, facto que colide com a noção de direito subjectivo. De facto, as situações jurídicas conjugais são "competências no âmbito do Direito objectivo" ("Zuständigkeiten im Rahmen des objektiven Rechts"). Apesar de, na acção de divórcio, se invocar o incumprimento de deveres conjugais, o divórcio é decretado não por terem sido violados direitos de um dos cônjuges, mas por o casamento ter fracassado, por ter deixado objectivamente de ter sentido no caso concreto.

As situações jurídicas conjugais não são direitos subjectivos, que se traduziriam sempre em "direitos de soberania" ("Herrschaftsrechte") de um cônjuge sobre o outro. "As relações pessoais dos cônjuges entre si e com os seus filhos – na medida em que os progenitores desempenham a função de seus representantes – ficam, no seu conjunto, sujeitas a apreciação. A avaliação do conflito matrimonial deve ser também efectuada segundo um critério suprapessoal «überpersönlich», comunitário, e não pode levar à desconsideração e, muito menos, à eliminação de uma individualidade. A tese dos direitos conjugais como «direitos de soberania» contraria, por isso, a sua utilidade externa «Fremdnützigkeit» fundamental, o seu conteúdo de deveres «Pflichtengehalt». Ela é incompatível com a concessão destas competências no interesse de uma vida numa comunhão conjugal e familiar boa e que faça sentido. Isto porque o conceito corrente de «direito de soberania» tem origem nas posições dos Direitos Reais. Na sua limitação, ajusta-se bem a posições jurídicas individuais, mas não às relações de comunhão, que estão vocacionadas para uma vida duradoura em comum e abrangem cada um dos seus membros na sua totalidade pessoal. Por isso, muito menos se adequa à relação de comunhão mais estreita e íntima: o casamento"[1064].

Para Müller-Freienfels, os chamados "direitos conjugais" equivalem, afinal, a poderes funcionais conferidos para a prossecução do bem da família, assemelhando-se a situações jurídicas de Direito Público. Desta forma, o interesse em questão, com carácter colectivo ou social, tornaria compreensível o papel activo do juiz nos litígios familiares.

O regime alemão de divórcio sofreu entretanto modificações. Antes da reforma de 1976, a lei previa a concessão do divórcio com base em causas subjectivas, que, na opinião de Müller-Freienfels[1065], só tinham relevo enquanto indícios de ruptura matrimonial. Actualmente, vigora um sistema de ruptura quase puro, a nível dos pressupostos do divórcio. Aparentemente, as mudanças legislativas entretanto operadas vieram dar mais à força à opinião de que as situações jurídicas conjugais correspondem a "competências no âmbito do Direito objectivo".

O próprio regime português de divórcio ostenta alguns pontos favoráveis à importação da doutrina de Müller-Freienfels. Em primeiro lugar, a concessão do divórcio litigioso fundamenta-se ou em causas objectivas (artigo 1781.º do Código Civil) ou numa violação dos deveres conjugais que comprometa a possibilidade da vida em comum (artigo 1779.º, n.º 1, do Código Civil). Ou seja, só é decretado o divórcio se tiver havido ruptura da comunhão. Em segundo lugar, a acção de divórcio não está ao dispor das partes: é inadmissível a renúncia ao divórcio[1066], bem como a confissão e a transacção na acção de divórcio

---

[1064] MÜLLER-FREIENFELS, *Ehe und Recht* cit., p. 234.
[1065] MÜLLER-FREIENFELS, *Ehe und Recht* cit., p. 135 e s.
[1066] Cfr., por todos, PEREIRA COELHO/GUILHERME DE OLIVEIRA, *Curso de Direito da Família* I cit., pp. 594-596.

litigioso (artigo 299.º, n.º 1, do Código de Processo Civil)[1067]. Em terceiro lugar, a entidade que decreta o divórcio, o juiz ou o conservador do registo civil, tem poderes muito amplos. Cabe-lhe tentar, na medida do possível, a conciliação entre os cônjuges (artigo 1774.º, n.º 1, do Código Civil). Compete-lhe efectuar o controle substancial dos acordos entre cônjuges que têm de instruir o processo de divórcio por mútuo consentimento, podendo convidar as partes a alterá-los, convite que é irrecorrível, e podendo até recusar a homologação de tais acordos, o que acarreta o indeferimento do pedido de divórcio (artigos 1776.º, n.º 2, 1778.º e 1778.º-A, n.º 1, do Código Civil; artigo 1424.º do Código de Processo Civil; artigo 272.º, n.º 3, do Código do Registo Civil; art. 14.º, n.º 8, do Decreto-Lei n.º 272/2001, de 13 de Outubro). No caso do divórcio litigioso e se não for possível a conciliação dos cônjuges, o juiz deve, em geral, procurar obter o acordo para o divórcio por mútuo consentimento (artigo 1774.º, n.º 2, do Código Civil); se o não conseguir, deve tentar obter o acordo das partes quanto aos alimentos, quanto à regulação do poder paternal e quanto à utilização da casa de morada da família (artigo 1407.º, n.º 2, do Código de Processo Civil). Na hipótese mais específica do divórcio fundado em causas subjectivas, é preciso apurar se foram violados deveres conjugais e se está comprometida a possibilidade da vida em comum; para pronunciar a sentença, o juiz tem, portanto, de desenvolver uma actividade intensa de concretização de conceitos indeterminados. Em geral, não é legítimo ver no processo de divórcio um assunto estritamente privado dos cônjuges. Mesmo no divórcio por mútuo consentimento, o papel da autoridade competente não se resume à tentativa de conciliação e à fiscalização dos acordos. Ao divórcio requerido por ambos os cônjuges, de comum acordo, aplicam-se as regras gerais dos processos privativos do registo civil. Isto quer dizer que a autoridade competente para o processo pode

---

[1067] Cfr. CASTRO MENDES, *Direito Processual Civil*, 1.º vol., edição que incorpora as "Notas de actualização" publicadas em vida do Prof. Castro Mendes pelos Assistentes Drs. Armindo Ribeiro Mendes e Miguel Teixeira de Sousa, Lisboa, AAFDL, 1986, p. 206 e s., que ilustra o princípio processual da submissão aos limites substantivos justamente com exemplos respeitantes à acção de divórcio ou separação litigiosa.

ordenar as diligências que considere necessárias (artigo 227.º do Código do Registo Civil). Além disso, a estruturação do processo de divórcio por mútuo consentimento como processo de jurisdição voluntária permite, nos termos do artigo 1410.º do Código de Processo Civil, a adopção de providências segundo critérios de conveniência e oportunidade, e não de legalidade estrita, critérios que são típicos da "zona da decisão administrativa"[1068]. Se se tiver em conta igualmente a natureza administrativa da entidade competente para decidir o processo de divórcio por mútuo consentimento [cfr. art. 12.º, n.º 1, al. b), do Decreto-Lei n.º 272/2001, de 13 de Outubro], fica no ar a impressão de que a extinção da relação conjugal é um problema de interesse público e de que, consequentemente, este interesse marca as situações jurídicas conjugais.

No entanto, Müller-Freienfels adopta uma visão excessivamente rígida acerca do que separa o processo civil paradigmático do processo de divórcio. Os processos em que se debatem questões de Direitos Reais e de Direito das Obrigações são representados como "duelos judiciários" entre as partes, que o juiz se limita a arbitrar. É perfilhada uma concepção puramente privatística destes processos, há muito ultrapassada[1069]. No máximo, o que se pode dizer é que, neles, o princípio dispositivo predomina sobre o princípio do inquisitório. Tão-pouco é correcta uma imagem puramente publicística do processo de divórcio, processo que, aliás, no momento em que Müller-Freienfels escrevia, seguia a matriz do processo normal: não era um processo administra-

---

[1068] Formam o "campo do mérito" da actuação administrativa: cfr. JOÃO CAUPERS, *Direito Administrativo*, Lisboa, Aequitas/Editorial de Notícias, 1995, pp. 46-47. Cfr. ainda, em confirmação do texto principal, ALBERTO DOS REIS, *Processos especiais* II cit., p. 398: "a jurisdição voluntária implica o exercício duma actividade essencialmente administrativa, a jurisdição contenciosa implica o exercício duma actividade verdadeiramente jurisdicional".

[1069] Cfr. CASTRO MENDES, *Direito Processual Civil* I cit., pp. 135-136, 140--142, 183, 192-193: no processo civil moderno (introduzido, entre nós, pela reforma de 1926, efectuada sobretudo pelo Decreto n.º 12 353, de 22 de Setembro de 1926), o juiz assume a direcção do processo; anteriormente, observava-se "o princípio do juiz passivo, ou inerte (do juiz-fantoche como lhe chegou a chamar a doutrina alemã)".

tivo nem um processo de jurisdição voluntária. E quando o autor faz propostas de política legislativa nem sequer sugere um caminho que, na sua lógica, traduziria de forma mais nítida, no plano processual, a alegada diferença entre os direitos subjectivos e as situações jurídicas conjugais: *de jure condendo*, defende uma solução intermédia para o processo de divórcio, entre o processo judicial de jurisdição voluntária ("Verfahren der Freiwiligen Gerichtsbarkeit") e o processo civil em sentido formal ("Verfahren nach der ZPO")[1070].

O regime português do divórcio contém aspectos que apontam para uma certa particularidade das situações jurídicas conjugais, mas que não são decisivos para excluir o carácter de direitos subjectivos destas realidades. No processo de declaração ordinário, prevê-se também a realização de uma tentativa de conciliação, embora facultativa (artigo 509.º, n.º 1, do Código de Processo Civil). Os litígios matrimoniais não são os únicos em que se exige uma tarefa de concretização de conceitos indeterminados (se bem que sejam litígios em que este tipo de tarefa é mais importante). A acção de divórcio litigioso está sujeita a um processo (especial) de jurisdição contenciosa. Ainda que se aplicasse um processo de jurisdição voluntária a todas as modalidades de divórcio, tal solução não seria muito significativa, uma vez que a lei admite processos de jurisdição voluntária para tutela de realidades que se enquadram inequivocamente na categoria dos direitos subjectivos: por exemplo, o processo em que se requerem "providências destinadas a evitar a consumação de qualquer ameaça à personalidade física ou moral ou a atenuar os efeitos de ofensa já cometida" (artigos 1474.º, n.º 1, e 1475.º, do Código de Processo Civil). E o facto de ser reconhecida competência a uma entidade administrativa para decidir em matéria de divórcio por mútuo consentimento não altera o panorama, até porque é um membro do principal órgão do Estado-Administração (o Ministro da Justiça) que decide sobre o processo de alteração do nome (artigo 278.º e s. do Código do Registo Civil), objecto de um direito de personalidade regulado especificamente pelo Código Civil (artigo 72.º).

[1070] MÜLLER-FREIENFELS, *Ehe und Recht* cit., p. 250 e s.

Associando a irrenunciabilidade da acção de divórcio à indisponibilidade das situações jurídicas conjugais, Müller-Freienfels contesta a possibilidade de as colocar entre os direitos subjectivos. Todavia, a disponibilidade não é um traço essencial do direito subjectivo. Se, normalmente, é permitido ao respectivo titular prescindir livremente do seu direito, mediante renúncia, abandono, repúdio ou celebração de contrato de remissão, há, porém, direitos subjectivos que são irrenunciáveis – como, por exemplo, o direito a alimentos (artigo 2008.º, n.º 1, do Código Civil português) e os direitos de personalidade[1071].

Outro aspecto central na argumentação do autor que agora criticamos prende-se com a maneira como se extingue a relação matrimonial. A necessidade da prova de um facto objectivo (a ruptura da vida em comum), para ser decretado o divórcio, é tida como um obstáculo à tese jus-subjectivista das situações jurídicas emergentes do casamento. Mas, em rigor, nada impede que um direito subjectivo ou uma relação jurídica em que se inserem direitos subjectivos se extingam com base em factos objectivos: os direitos reais extinguem-se pela perda da coisa, imputável ou não a terceiro [cfr., por exemplo, quanto ao usufruto, o artigo 1476.º, n.º 1, alínea d), do Código Civil português]; a "obrigação extingue-se quando a prestação se torna impossível por causa não imputável ao devedor" (artigo 790.º, n.º 1, do Código Civil). A natureza de direito subjectivo não se manifesta necessariamente no regime que fixa exclusivamente os pressupostos da sua perda.

Na obra de Müller-Freienfels, a caracterização como "competências objectivas" ou "ofícios" surge como alternativa à caracterização das situações jurídicas conjugais como direitos subjectivos. Só que os direitos subjectivos são identificados com os direitos de soberania, o que denuncia uma visão do direito subjectivo tão vetusta[1072] quanto a

---

[1071] Cfr. OLIVEIRA ASCENSÃO, *Teoria Geral do Direito Civil*, I cit., p. 93: "O titular pode renunciar ao exercício de um direito de personalidade, mas não pode renunciar ao direito em si".

[1072] Que era, nomeadamente, a de THUR, *Teoría general del Derecho Civil alemán*, tradução espanhola do alemão (*Der Allgemeine Teil des Deutschen Bürgerlichen Rechts*), vol. I, *Los derechos subjetivos y el patrimonio*, Madrid/Barcelona, Marcial Pons, 1998, p. 137, p. 144 e s.: incluía os direitos de crédito entre os direitos de soberania.

sua visão do processo civil, *supra* descrita. Os direitos subjectivos principais não se circunscrevem aos direitos de soberania[1073]. E, como se viu[1074], nem a recondução das situações jurídicas conjugais a direitos subjectivos oponíveis a terceiro exige o recurso ao conceito de direitos de domínio.

Em suma, nenhum dos motivos assinalados pelo professor alemão permite que se afaste a hipótese do direito subjectivo conjugal. Pelo contrário, é patente que a teoria da competência objectiva não se harmoniza com o entendimento da relação decorrente do casamento. O conceito de ofício implica uma separação absoluta entre a esfera pessoal e a esfera funcional do titular[1075]. Aquele que exerce uma competência objectiva deve abstrair da sua condição pessoal para melhor prosseguir uma finalidade que lhe é exterior (útil a terceiros). Os assuntos a que se refere o ofício não podem, de algum modo, dizer respeito aos assuntos privados de quem desempenha a função. Dado que, como diz Müller-Freienfels, as relações de comunhão "estão vocacionadas para uma vida duradoura em comum e abrangem cada um dos seus membros na sua totalidade pessoal" e que a relação conjugal é a "relação de comunhão mais estreita e íntima" de todas, será razoável pensar nas situações jurídicas conexas com esta relação – uma relação destinada à realização pessoal de ambos os cônjuges – como situações inteiramente funcionais, exercidas por alguém que está a cuidar de interesses estranhos a si próprio?

[1073] Cfr. LARENZ/WOLF, *Allgemeiner Teil des Bürgerlichen Rechts* cit., pp. 296--297: "Die Forderung ist kein Herrschaftsrecht, da sie weder die Person des Schuldners noch seine Leistungshandllung noch den Leistungsgegenstand der unmitellbaren Herrschaft des Gläubigers unterwirft"

[1074] *Supra*, no n.º 73.

[1075] Cfr. LIPP, *Die eherechtlichen Pflichten und ihre Verletzung* cit., p. 23: "Das «Amt» basiert auf der strikten Differenzierung verschiedener Sphären einer Person, die rechtlich beziehungslos nebeneinander gedacht werden. Es verlangt vom Amtsträger, in Ausübung seiner Zuständigkeiten die eigene, personale Natur geradezu zu verleugnen, persönliche Motivation und Individualität zu unterdrücken".

2.2. Os deveres conjugais como emanações de um bem jurídico, não mediadas pela categoria do direito subjectivo

78. Para Lipp, é líquido que os deveres conjugais não são situações objectivas de índole funcional. E isto principalmente pela razão que se acabou de indicar: a figura do ofício, uma "competência para protecção de interesses alheios" ("Wahrnehmungszuständigkeit fremder Interessen"), não exprime adequadamente o cariz de posições jurídicas que estão fortemente ligadas à vida pessoal do respectivo titular[1076]. Contudo, o autor opõe-se também à representação dos deveres conjugais como correlativos de direitos subjectivos.

Na opinião de Lipp[1077], o legislador queria que o dever de comunhão conjugal de vida, consagrado pelo § 1353 do BGB, fosse uma obrigação em sentido técnico. Mas não o conseguiu. E não o conseguiu porque o casamento comporta inevitavelmente uma dimensão espiritual. A realização da vida em comum impõe uma certa predisposição interior das partes, designada pelo termo "espírito conjugal". Enquanto dever de prestar, a comunhão conjugal implicaria uma "prestação" do *forum internum*, realidade que é desconhecida do Direito das Obrigações. Neste ramo, a prestação tem que ser um comportamento humano *exterior*. Assim sendo, e apesar da intenção do legislador, o dever de comunhão conjugal de vida não é uma verdadeira obrigação. E Lipp vai mais longe[1078]: a pretensão de restabelecimento da comunhão, delimitada pelo § 1353 II do BGB, é um "direito falso" ("falsches Recht"). O casamento não pode criar um direito subjectivo entre cônjuges, creditício ou de outro tipo. A contrapartida desse direito seria um dever de comportamento fundamentalmente interior, o que violaria a linha de fronteira – intransponível – entre o Direito e a moral. O Direito não

---

[1076] LIPP, *Die eherechtlichen Pflichten und ihre Verletzung* cit., p. 20 e s.

[1077] LIPP, *Die eherechtlichen Pflichten und ihre Verletzung* cit., p. 44 e s., *Examens-Repetitorium Familienrecht*, Heidelberg, Müller, 2001, pp. 3, 4 e 31. Ver, igualmente, *supra*, n.º 60.

[1078] LIPP, *Die eherechtlichen Pflichten und ihre Verletzung* cit., em particular, as pp. 329-331, que formam a divisão que encerra a obra – o § 9.º, sugestivamente intitulado "Abschied vom subjektiv-rechtlichen Anspruch im Ehepersonenrecht".

pode impor o "espírito conjugal", não pode forçar as partes a agir em conformidade com a moral: o acto moral é, por natureza, livre.

No entanto, a comunhão conjugal não é remetida para o plano da factualidade pura. O §1353 I 2 estabelece um dever jurídico, "o dever jurídico de respeitar o estado conjugal do outro" ("die Rechtspflicht, den eherechtlichen Status den anderen Partners zu achten"), que não é, porém, o lado inverso de um direito subjectivo, mas uma situação jurídica objectiva, através da qual é protegido um bem da personalidade que assegura ao indivíduo "o quadro de desenvolvimento conjugal próprio" ("den eigenen ehelichen Entfaltungsrahmen")[1079].

De acordo com o autor em apreço[1080], o *status* conjugal compreende uma posição jurídica que é reconhecida a cada cônjuge (individualmente considerado) para proteger o que já lhe pertence e não para exigir ao outro cônjuge um determinado comportamento, a título de cumprimento de um dever. O regime do *status* conjugal inclui, além de aspectos jurídicos respeitantes às condições de celebração e extinção do casamento, efeitos materiais do casamento. Estes efeitos estatutários não têm carácter relativo, não derivam da relação entre cônjuges, não reflectem um interesse no cumprimento de uma obrigação; resultam de uma posição que, com a celebração do casamento, cabe ao indivíduo enquanto tal. São, assim, efeitos jurídicos absolutos. Todavia, não são direitos absolutos, porque não atribuem ao sujeito algo que lhe seja exterior. O *status* conjugal é inerente ao indivíduo, caracteriza-o, descreve-o na sua qualidade de pessoa casada.

Com a celebração do casamento, o regime geral de tutela da personalidade é complementado e adaptado à nova situação. E isso ocorre por força do *status* conjugal, que é, nada mais nada menos, do que uma manifestação especial da personalidade. Tal como a personalidade individual, existe e vale só por si, independentemente de jus-subjectivação. O *status* conjugal é um bem jurídico semelhante aos bens da personalidade que se encontram nomeados no § 823 I do BGB (vida, corpo, saúde e liberdade).

[1079] LIPP, *Die eherechtlichen Pflichten und ihre Verletzung* cit., p. 330.
[1080] LIPP, *Die eherechtlichen Pflichten und ihre Verletzung* cit., pp. 207-209.

Traçada a natureza do *status* conjugal, Lipp pronuncia-se sobre o seu âmbito de protecção[1081]. A tutela geral da personalidade não protege só bens jurídicos "estáticos", como a vida e a saúde, protege também o desenvolvimento da personalidade individual. Analogamente, o *status* conjugal protege não só o apelido comum do casal e a qualidade de cônjuge enquanto tais, prevenindo e reprimindo a apropriação destes elementos por terceiro, como também a vertente dinâmica do desenvolvimento da personalidade enquanto cônjuge. O *status* do indivíduo enquanto cônjuge concretiza-se através da realização da comunhão conjugal de vida, o que determina a "protecção da actividade especificamente conjugal" ("Schutz ehespezifischer Tätigkeit"). Atendendo à definição legal do casamento como "uma comunhão de vida completa" ("eine umfassende Lebensgemeinschat"), não fica de fora nenhuma área de actividade: o âmbito de protecção do *status* conjugal abarca o "desenvolvimento da comunhão em todos os domínios pessoais que definem o casamento."

Nesta perspectiva, que repudia a construção do direito conjugal relativo, resta delimitar o significado do § 1353 do BGB, na parte em que vincula reciprocamente os cônjuges a uma comunhão conjugal de vida[1082]. Por um lado, a cláusula geral estabelece o conteúdo do casamento – uma comunhão pessoal extensa entre dois indivíduos. Este conteúdo constitui um dado objectivo que marca os limites do desenvolvimento bilateral da comunhão conjugal. No que toca ao âmbito de protecção do estatuto conjugal, o § 1353 I 2 é uma norma injuntiva: "A comunhão de habitação e a comunhão sexual são, enquanto características do conteúdo e do conceito de casamento, independentes do acordo entre os cônjuges". Por outro lado, a "obrigação de comunhão conjugal de vida", prevista pela cláusula geral, tem que ser interpretada como um dever de respeitar o *status* conjugal do outro cônjuge. Isto é, como um dever absoluto. Logicamente, a violação dos chamados deveres conjugais situa-se no campo delitual.

[1081] LIPP, *Die eherechtlichen Pflichten und ihre Verletzung* cit., pp. 212-214.

[1082] LIPP, *Die eherechtlichen Pflichten und ihre Verletzung* cit., pp. 217-218. Ver também *Examens-Repetitorium Familienrecht* cit., pp. 29-30.

Ao entender as situações jurídicas conjugais como deveres de não atingir um certo bem da personalidade (o *status* conjugal) pertencente a outrem, Lipp aproxima-se das várias concepções que se socorrem do Direito da Personalidade para explicar a protecção do casamento[1083]. O ilustre jurista tem consciência disto, uma vez que se procura demarcar[1084] de uma orientação, particularmente influente nos ordenamentos de língua alemã, que fundamenta a protecção do casamento no direito geral de personalidade. Tal orientação desdobra-se em duas correntes: a primeira, mais difundida, representada, nomeadamente, por Jayme[1085], defende a existência de um direito à não perturbação da comunhão conjugal, que decorre do direito geral de personalidade e que só pode ser invocado contra terceiros; a segunda, protagonizada sobretudo por Padrutt, baseia tanto a protecção externa como a protecção interna do casamento no direito geral de personalidade, excluindo, porém, a aplicabilidade dos meios comuns de tutela do mesmo direito entre os cônjuges, quando se trate de matéria matrimonial, os quais, portanto, valem unicamente para a protecção do casamento perante terceiros[1086]. Apesar de tudo, Lipp não se refere concretamente a nenhuma das duas correntes: emite um juízo global sobre a orientação do direito geral de personalidade.

A fundamentação através do direito geral de personalidade é tida como inadequada por fazer depender a licitude ou a ilicitude da interferência de terceiro na comunhão conjugal de uma ponderação de interesses, inconveniente que é evitado pela tese do bem da personalidade: "a protecção absoluta do casamento justifica-se enquanto protecção de uma posição de monopólio. O estado conjugal é atribuído pelo Direito a um cônjuge – e apenas a ele. Aqui é protegido um bem da personalidade juridicamente reconhecido e não uma forma da

---

[1083] Cfr. *supra*, n.º 71.
[1084] Lipp, *Die eherechtlichen Pflichten und ihre Verletzung* cit., pp. 218-220.
[1085] Jayme, *Die Familie im Recht der unerlaubten Handlungen* cit., pp. 254--255, 267-268.
[1086] Padrutt, *Die Ehestörungsklage* cit., p. 37 e s., pp. 119 e 126: o Direito Matrimonial contém um regime especial de Direito da Personalidade, cabendo-lhe a regulamentação exclusiva das consequências da violação dos deveres que, por força do casamento, vinculam reciprocamente os cônjuges.

liberdade geral de acção e de actividade". Ao contrário do bem jurídico, a categoria do direito geral da personalidade não permitiria retratar aquilo que o casamento tem de invariável e exclusivo.

Mais: a construção do direito geral da personalidade enfrenta uma crítica que, tendo sido inicialmente dirigida à teoria de Gernhuber (concepção relativa-absoluta do casamento), é, pelo seu teor, extensível a todas as posições que ligam a protecção do casamento a um direito absoluto ou a um direito relativo oponível *erga omnes*[1087]. Segundo Lipp, afirmar que um cônjuge é titular de um direito com eficácia externa, destinado a proteger a comunhão conjugal, equivale a propugnar a existência de um direito de domínio, ou de soberania, que teria como objecto a pessoa de outrem. Apresentando a comunhão conjugal carácter íntimo e pessoal, não há outra qualificação possível para um direito que, obrigando terceiros a se absterem de perturbar a comunhão conjugal, atribui a um cônjuge um poder exclusivo sobre o outro cônjuge.

Desta forma, o autor recusa expressamente a existência de um dever de fidelidade oponível *erga omnes*. No entanto, nem sequer admite que a "vinculação dos cônjuges à fidelidade conjugal" constitua "um bem jurídico absolutamente protegido": "Excluída a hipótese de fundamentar a protecção do casamento num direito absoluto, porque, neste caso, haveria sempre uma relação jurídica entre sujeito e objecto, fica então apenas por resolver a questão de saber se pode ser assegurada aos cônjuges protecção jurídica através da perspectiva do «bem jurídico conjugal». Isto pressupõe a prova de que o *interesse conjugal* considerado digno de protecção corresponde a uma das posições jurídicas mencionadas no § 823 I do BGB; tem de se tratar de *«bens» da pessoa*. Só a protecção de determinados *bens da vida [Lebensgüter]*, isto é, de determinadas características do próprio Homem – não a protecção de relações jurídicas, mediante as quais é atribuído a um determinado sujeito um objecto, para apropriação e utilização em exclusivo – pode levar a uma protecção do casamento que seja convincente". Diferentemente da vida, do corpo, da saúde ou da liberdade, nomeados na dis-

---

[1087] LIPP, *Die eherechtlichen Pflichten und ihre Verletzung* cit., p. 203 e s., p. 330, *Examens-Repetitorium Familienrecht* cit., p. 4.

posição legal referida, a fidelidade não é uma "manifestação directa" da pessoa humana.

O contexto legal português difere do contexto legal em que assenta a tese de Lipp. Quando estabelece os pressupostos da responsabilidade civil por facto ilícito, o § 823 do BGB enuncia três situações susceptíveis de constituir a obrigação de indemnizar: a lesão de bens jurídicos (vida, corpo, saúde e liberdade); a lesão da propriedade e de "outro direito" ("sonstiges Recht"); e a violação de uma norma de protecção (Abs. II). O artigo 483.º do Código Civil português indica somente duas situações análogas às que constam do § 823 I do BGB: a lesão do direito de outrem e a violação de "disposição legal destinada a proteger interesses alheios". O direito português não consagra, portanto, a tutela delitual de um bem jurídico em si mesmo, autonomizado de um direito subjectivo ou de um interesse legalmente protegido, o que coloca um obstáculo de direito positivo a qualquer tentativa de interpretar, entre nós, os deveres conjugais como bens jurídicos directamente protegidos. A tentativa de construir os deveres conjugais pessoais à margem da figura do direito subjectivo e com base no instituto da responsabilidade civil por factos ilícitos só se pode inspirar na ideia de "interesse alheio protegido". Contudo, é um caminho condenado à partida, por exigir a prova prévia da inaplicabilidade do esquema do direito subjectivo[1088].

Ainda que o artigo 483.º do Código Civil português reproduzisse o teor do § 823 do BGB, não faltariam elementos adversos à teoria de Lipp. Um deles reside no facto de o autor escolher o caminho do "direito objectivo centralizado", perigoso pela sua pretensa "neutralidade" e contrário à tendência generalizada de "subjectivação dos meca-

---

[1088] O esquema dos interesses alheios protegidos opera unicamente na falta de verdadeiros direitos subjectivos. Neste sentido, refira-se a prioridade que o direito subjectivo tem no enunciado do artigo 483.º, n.º 1, do Código Civil, a sua maior "nitidez teórica" e, por fim, a razão de ser da referência legal ao interesse legalmente protegido – o alargamento da tutela delitual para evitar casos "em que, não havendo violação de nenhum direito, seria injusto recusar indemnização ao titular do interesse ofendido" (cfr. PESSOA JORGE, *Ensaio sobre os pressupostos da responsabilidade civil*, Lisboa, Centro de Estudos Fiscais, 1969, n.º 81-IV).

nismos jurídicos tuteladores dos bens da personalidade humana"[1089]. Na lógica desta tendência, a negação do direito subjectivo só se compreende quanto aos bens jurídicos enumerados pelo § 823 I do BGB. Ora, o *status* conjugal não está entre eles e, ao contrário deles, não tem natureza originária ou inata; é adquirido com a celebração do casamento, em momento subsequente ao da aquisição da personalidade jurídica, o que prejudica a *analogia legis*. E não se pode considerar que a atipicidade extrema da técnica de protecção do *status* conjugal fique legitimada pela necessidade de não adoptar a solução dos direitos de soberania sobre a pessoa de outrem. Como já se esclareceu[1090], a oponibilidade *erga omnes* dos direitos subjectivos conjugais pessoais não os converte em direitos de soberania.

Mas o mais surpreendente numa construção que procura acentuar a vertente externa e *monopolizadora* da protecção do casamento é a incapacidade de lidar com o importante dever de fidelidade. Para Lipp[1091], o dever não resulta de nenhuma figura, direito subjectivo ou bem jurídico, com eficácia externa. A fidelidade não é possível sem a colaboração das partes; implica um certo comportamento do cônjuge. "O Direito permite apenas que se fale aqui de uma pretensão a este comportamento". Ou seja: a "relação creditícia surge como o único *vinculum iuris* possível". Há então, afinal, um direito subjectivo à fidelidade? Lipp não é claro acerca disto. No entanto, perfilam-se duas respostas, nenhuma delas favorável à aceitação global da sua posição: ou a fidelidade é efectivamente um direito relativo ou não tem expressão jurídica. No primeiro caso, abre-se uma brecha apreciável à doutrina absoluta do casamento. No segundo caso, é garantida a coerência interna duma teoria que confina a pretensão de restabelecimento da comunhão conjugal ao plano moral, com um preço demasiado alto: a rejeição de um elemento que tão bem traduz o carácter íntimo e exclusivo do casamento enquanto estado.

[1089] Cfr. CAPELO DE SOUSA, *O direito geral de personalidade*, cit., p. 129 e s. (análise do pensamento jurídico alemão sobre a tutela civil da personalidade humana).
[1090] *Supra*, no n.º 73, *in fine*.
[1091] LIPP, *Die eherechtlichen Pflichten und ihre Verletzung* cit., pp. 204-205.

2.3. Os deveres conjugais nas *teorias de fronteira*

79. As *teorias de fronteira* escapam à representação típica da dicotomia "espaço livre de Direito" – "espaço de Direito", caracterizando os deveres conjugais como entidades com relevância jurídica, mas sem a natureza de deveres jurídicos. Situados numa zona contígua à linha divisória que demarca os dois espaços mencionados, os deveres conjugais são concebidos como "deveres morais ou sociais juridicamente relevantes" que formam obrigações naturais ou como "deveres de intensidade mínima" correspondentes a "ónus".

No Direito da Família, o Código Civil português contém uma manifestação expressa da figura da obrigação natural no artigo 1895.º, n.º 2, norma que, obrigando os pais a compensarem os filhos menores pelo trabalho prestado em benefício dos seus progenitores, afasta a possibilidade de o cumprimento deste dever ser judicialmente exigido. No âmbito do Direito Matrimonial, não se conhece norma similar. No direito alemão, que admite claramente a validade do contrato de agência ou mediação matrimonial, o § 656 I do BGB[1092] nega simultaneamente a vinculatividade do compromisso de pagamento de uma quantia ao intermediário, a título de contrapartida por serviços que proporcionaram a realização de um casamento ou que levaram à sua celebração, e o direito do interessado em contrair matrimónio à repetição do que tiver prestado. Esta hipótese de obrigação natural não diz respeito a uma relação familiar, mas a uma relação obrigacional susceptível de facilitar a constituição daquela.

[1092] Sob a epígrafe "Heiratsvermittlung", o § 656 estabelece no seu primeiro número (Abs. I): "Durch das Versprechen eines Lohnes für den Nachweis der Gelegenheit zur Eingehung einer Ehe oder für die Vermittlung des Zustandekommens einer Ehe wird eine Verbindlichkeit nicht begründet. Das auf Grund des Versprechens Geleistete kann nicht deshalb zurückgefordert werden, weil eine Verbindlichkeit nicht bestanden hat". A solução parece acautelar o princípio da liberdade matrimonial e, portanto, afigura-se acertada. A ser adoptada pela lei portuguesa, pouparia uma discussão sobre o contrato de agência ou mediação matrimonial praticamente centrada na alternativa entre invalidade ou validade com vinculatividade plena, como é aquela que tem lugar no direito italiano (cfr., por exemplo, AULETTA, *Il Diritto di Famiglia* cit., pp. 19-20).

Apesar de vigorar o princípio de que se não presume a existência de obrigações naturais[1093], um autor italiano[1094], debruçando-se sobre a problemática do crime de violação entre os cônjuges, defende que o débito conjugal tem o carácter de obrigação natural. Desta forma, o autor pretende demonstrar que a prestação sexual de um cônjuge é objecto de um "mero interesse", e não de um direito, do outro, pelo que seria ilícito o emprego de violência para conseguir a conjunção carnal. Todavia, sob este prisma, a construção revela-se dispensável. Não bastaria invocar o exercício de um direito (de ter relações sexuais com o cônjuge) para excluir a ilicitude do facto. Seria preciso que estivessem preenchidos os pressupostos da acção directa, o que é impensável no caso de violação sexual[1095].

Além disso, é duvidoso o entendimento de que o credor da obrigação natural não seja titular de um direito em sentido técnico-jurídico[1096]. Ou seja, é questionável a concepção do dever conjugal sexual como obrigação natural *enquanto teoria de fronteira*. A sujeição genérica ao regime comum das obrigações civis "em tudo o que não se relacione com a realização coactiva da prestação" (artigo 404.º do Código Civil português) leva a crer que a obrigação natural cabe na categoria das obrigações jurídicas imperfeitas[1097]. Por fim, a tese da obrigação

---

[1093] Cfr. MENEZES CORDEIRO, *Direito das Obrigações* I cit., p. 323: a incoercibilidade que distingue a obrigação natural nunca se presume, antes "deve resultar de disposições legais que, expressa ou implicitamente, vedem, por quaisquer razões, o recurso ao tribunal".

[1094] STRINA, "Violenza carnale tra coniugi", em *Homo* 1960, 54 (*apud* BOTTO, "*Ius in corpus* tra coniugi" cit., pp. 577 e 579, nota 26).

[1095] Cfr. *infra*, III Parte.

[1096] Cfr., *v.g.*, C. MOTA PINTO, *Teoria Geral do Direito Civil* cit., pp. 173-174; HÖRSTER, *A parte geral do Código Civil português* cit., pp. 228-229. Para ambos os autores, a obrigação natural constitui uma situação a que corresponde um direito subjectivo que confere ao seu titular o poder de pretender, mas não o poder de exigir.

[1097] Assim, por exemplo, ALMEIDA COSTA, *Direito das Obrigações* cit., p. 174; MANUEL DE ANDRADE, *Teoria Geral das Obrigações*, 3.ª ed., com a colaboração de Rui Alarcão, Coimbra, Livraria Almedina, 1966, p. 77; MENEZES CORDEIRO, *Direito das Obrigações* I cit., pp. 320-321 (embora com outra terminologia: "As obrigações naturais são, por tudo isto, autênticas obrigações, perfeitas, apenas diferentes das restantes por o seu regime não permitir a execução"). Contra, nomeadamente, ANTUNES

natural enfrenta um obstáculo que nenhuma posição sobre a respectiva qualificação jurídica (relação de facto, obrigação imperfeita ou dever extrajurídico) consegue superar. O incumprimento dos deveres conjugais sexuais é susceptível de desencadear consequências jurídicas de cariz sancionatório.

Este último aspecto, a coercibilidade dos deveres conjugais pessoais, impede igualmente a aceitação da teoria do "ónus material", criada por Wacke[1098]. Na perspectiva do autor alemão, a reforma de 1976 teria mudado a "qualidade normativa" da cláusula geral da obrigação conjugal de vida. Embora se lesse na exposição de motivos da 1. EheRG que a cláusula continuaria a vigorar inalterada, com o conteúdo anterior[1099], tal não passaria de uma simples declaração, contrariada pela própria actuação do legislador. Antes da reforma, a violação das obrigações conjugais por um dos cônjuges era sancionada pela atribuição ao outro do direito ao divórcio, do direito a alimentos e da guarda dos filhos. A partir das modificações de 1976, e na sequência da abolição do princípio da culpa a nível do regime dos pressupostos do divórcio, o incumprimento da generalidade dos deveres conjugais teria deixado de ser punível. Consequentemente, teria também mudado a natureza destes deveres, anteriormente deveres jurídicos, agora simples "ónus materiais". Não sendo possível coagir directamente o obrigado,

---

VARELA, *Das obrigações em geral* I cit., pp. 739-741; L. MENEZES LEITÃO, *O enriquecimento sem causa no Direito Civil*, Lisboa, Centro de Estudos Fiscais, 1996, pp. 492--494, que vêem na obrigação natural um dever oriundo de outras ordens normativas, a cujo cumprimento a lei atribui efeitos jurídicos. Para uma terceira corrente, a obrigação natural é uma relação de facto juridicamente relevante: cfr. GALVÃO TELLES, *Direito das Obrigações* cit., pp. 54-55; GUILHERME MOREIRA, *Instituições do Direito Civil português*, vol. II, *Das Obrigações*, 2.ª ed., Coimbra, Coimbra Editora, 1925, p. 23.

[1098] WACKE/MünchKomm cit., § 1353, Nm. 13 e 14 (teoria antes expendida, com menos restrições, em "Änderungen der allgemeinen Ehewirkungen durch das 1. EheRG", *FamRZ* 1977, pp. 506-507). A generalidade dos deveres conjugais resultantes do § 1353 do BGB seriam "Obliegenheiten". Seguindo MENEZES CORDEIRO, *Tratado de Direito Civil português* I/1 cit., p. 189, traduzimos "Obliegenheit" pelo termo "ónus material".

[1099] *BT-Drucks.* 7/650, p.65.

ele estaria apenas reflexamente vinculado. Se não agisse de harmonia com aqueles deveres, ficaria sujeito a uma desvantagem – à dissolução do casamento, requerida pela outra parte (nos termos do princípio da ruptura, aplicável em matéria de divórcio).

O exame crítico da posição de Wacke exige a delimitação prévia de um conceito que não é autonomizado pela maioria da doutrina portuguesa[1100]. Entre nós, tende-se a falar[1101] de uma figura ampla de ónus, que consistiria na necessidade de adopção de certa conduta, não imposta por lei, para obtenção ou conservação de uma vantagem a favor do onerado. O ónus é fundamentalmente contraposto ao dever jurídico através de dois aspectos: pela facultatividade e pela finalidade *egoísta* do comportamento a que respeita. No que toca ao primeiro aspecto, diz-se que o comportamento em causa não é obrigatório. O onerado pode praticar ou não um determinado acto; se o não praticar, apenas perde ou deixa de obter uma vantagem. A ordem jurídica não reprova nem sanciona o não acatamento do ónus. Sobre o segundo aspecto, afirma-se que o ónus tutela sempre um interesse próprio. O acto a que se refere visa, exclusivamente ou não, a satisfação do interesse do onerado. Acatando o ónus, é ele que adquire ou evita a perda de uma vantagem. Os exemplos de ónus que acabam por ser mais citados, porque tidos como mais típicos, são extraídos da área do Direito Processual Civil (*v.g.*, o ónus da prova, o ónus de impugnação especificada, o ónus de deduzir contestação).

No direito alemão, separam-se os "ónus materiais" ("Obliegenheiten") dos "ónus processuais" ("Lasten")[1102]. Ambos visam a satis-

---

[1100] São excepções HÖRSTER, *A parte geral do Código Civil português* cit., pp. 234-235; MENEZES CORDEIRO, *Tratado de Direito Civil português* I/1 cit., p. 189.

[1101] Cfr. ALMEIDA COSTA, *Direito das Obrigações* cit., pp. 56-58; ANTUNES VARELA, *Das obrigações em geral* I cit., p. 57 e s.; C. MOTA PINTO, *Teoria Geral do Direito Civil* cit., p. 180; CASTRO MENDES, *Teoria Geral do Direito Civil* I cit., pp. 379-380; GALVÃO TELLES, *Direito das Obrigações* cit., p. 9; OLIVEIRA ASCENSÃO, *Teoria Geral do Direito Civil* IV cit., pp. 100-101, 103-104; PESSOA JORGE, *Direito das Obrigações*, I cit., p. 52; RIBEIRO DE FARIA, *Direito das Obrigações* I cit., pp. 23--25; RUI ALARCÃO, *Direito das Obrigações* cit., pp. 30-31.

[1102] Cfr. LARENZ/WOLF, *Allgemeiner Teil des Bürgerlichen Rechts* cit., pp. 264-266.

fação do interesse do onerado. No entanto, o "ónus processual" tutela exclusivamente o interesse próprio, enquanto, normalmente, o "ónus material" tutela em parte o interesse de outrem. O não acatamento do "ónus material" e do "ónus processual" acarreta desvantagens para o onerado, bem distintas das sanções previstas para o incumprimento de deveres jurídicos. Contudo, as desvantagens associadas ao "ónus processual" surgem pelo facto de o onerado não ter observado o comportamento conforme ao ónus, por força de "mera violação objectiva", enquanto as desvantagens associadas ao "ónus material" só têm lugar se tiver havido "culpa" do onerado, "uma culpa para consigo próprio". Por isso, conclui-se que o "ónus material" é um "dever de intensidade mínima" e que o "ónus processual" não tem o carácter de dever, nem sequer de "dever menor". Os "ónus processuais, de que seriam exemplos o "ónus da prova" ("Beweislast") e o "ónus de alegação perante o tribunal" ("Behauptunglast vor Gericht"), conteriam somente regras de distribuição de riscos e desvantagens, que seriam desencadeadas ainda que não houvesse "uma culpa para consigo próprio".

Sendo semelhante, a noção de ónus material do direito alemão, cujo melhor exemplo é dado com base no § 254 I do BGB[1103], não coincide exactamente com a ideia de ónus (de direito substantivo)

[1103] O § 254 I regula a obrigação de indemnização no caso de um facto culposo do lesado ter contribuído para a produção dos danos, estabelecendo: "Hat bei der Entstehung des Schadens ein Verschulden des Beschädigten mitgewirkt, so hängt die Verpflichtung zum Ersatze sowie der Umfang des zu leistenden Ersatzes von den Umständen, insbesondere davon ab, inwieweit der Schaden vorwiegend von dem einen oder dem anderen Teile verursacht worden ist". A este preceito corresponde o artigo 570.º, n.º 1, do Código Civil português, de que se socorre HÖRSTER, *A parte geral do Código Civil português* cit., pp. 234-235, justamente para explicar a noção de "incumbência" (termo usado pelo autor para traduzir a palavra "Obliegenheit"): "Em princípio, cada um pode tratar das suas coisas com o cuidado ou com a negligência que entender por bem (p. ex., tirar ou não a chave de ignição do carro estacionado; registar ou não o imóvel adquirido; chamar ou não os bombeiros; etc.). Mas se ocorrer um facto danoso e a negligência do lesado tiver contribuído para ele ou para aumentar ainda mais o prejuízo, então o lesado não agiu de acordo com as suas «incumbências» (ou ónus) de cuidar dos seus interesses ou de tratar dos seus direitos; ele não será indemnizado na medida em que o facto danoso ou o dano resultam da sua negligência".

difundida no direito português. A construção do ónus material põe em evidência o elemento da diligência na condução dos interesses próprios: quem não cuida dos seus interesses, agindo com "culpa para consigo próprio", sofre consequências jurídicas desagradáveis.

Será que os deveres conjugais podem ser caracterizados como "deveres para consigo próprio", isto é, como deveres de comportamento que, apesar de terem sido estabelecidos também no interesse do outro cônjuge, não podem ser exigidos por ele[1104]? Será que a violação dos deveres conjugais não acarreta qualquer sanção jurídica, que a única consequência negativa para o obrigado é a decorrente da existência de fundamento para divórcio, em virtude de apenas haver uma "culpa para consigo próprio", que não é culpa em sentido técnico?

Uma coisa é certa. Considerar que todos os deveres conjugais são ónus materiais equivale a negar eficácia jurídica substancial ao casamento[1105], o que Wacke não deseja. O casamento tem de ser fonte de algum direito subjectivo ou de algum dever jurídico para as partes. O autor alemão é, portanto, forçado a limitar o alcance da sua tese. Ele vai assim encontrando vários deveres jurídicos conjugais. E não são só deveres de índole patrimonial. A exclusividade sexual e a comunhão de habitação são tidos como autênticos deveres jurídicos[1106]. O universo

---

[1104] No entender de SCHWENCK, *Die eherechtliche Generalklausel – ihre Entwicklung und der Einfluss des 1. EheRG*, Inaugural-Dissertation zur Erlangung der Doktorwürde der Juristischen Fakultät der Eberhard-Karls-Universität zu Tubingen, 1987, pp. 61-63, a consagração pela lei alemã da possibilidade de uma acção de restabelecimento da comunhão conjugal basta para demonstrar que os deveres conjugais pessoais são mais do que meros ónus materiais.

[1105] Cfr. as reticiências de LÜKE, "Grundsätzliche Veränderungen im Familienrecht" cit., p. 5: a concepção de Wacke não pode estar correcta, porque levaria à "rejeição do casamento enquanto relação jurídica"; é unicamente legítimo perguntar se todos os deveres pessoais que, antes da reforma, eram tidos como deveres conjugais, conservam ou não a qualidade de deveres jurídicos, questão que para ser resolvida implica a "análise da opinião dominante". As observações são dirigidas à concepção de WACKE tal como ela surgiu no artigo "Änderungen der allgemeinen Ehewirkungen" (1977) cit. Posteriormente, Wacke virá a moderar a sua posição, um pouco na linha do que era defendido por Lüke, como resulta do texto principal.

[1106] WACKE/MünchKomm cit., § 1353, Nm. 3, 25 e 30.

dos ónus materiais conjugais, que parecia ser composto pela generalidade dos deveres conjugais, fica então reduzido a alguns deveres conjugais pessoais, entre os quais se conta o dever de ter relações sexuais com o outro cônjuge[1107].

Mas, a argumentação aduzida não é suficientemente forte para se concluir que a coabitação carnal é um ónus material. A posição de Wacke assenta nos seguintes alicerces: primeiro, a irrelevância da exposição de motivos da reforma de 1976; segundo, a ausência de sanções expressas para a violação do débito conjugal; terceiro, a exigência de não interferência do Estado na esfera de intimidade dos cônjuges; quarto, o divórcio como desvantagem decorrente da inobservância de uma conduta. O primeiro fundamento é compreensível, na medida em que os trabalhos preparatórios não são elementos decisivos na interpretação da lei; têm, porém, um valor auxiliar, que Wacke tenta anular[1108] com a alusão às mudanças operadas no regime legal do divórcio. Passamos, assim, ao segundo fundamento. Em 1976, o Código Civil alemão deixa de fazer referência à violação dos deveres conjugais. A partir daqui, Wacke considera que determinados deveres conjugais teriam ficado desprovidos de toda e qualquer garantia. Mas, revelando dualidade de critérios, afirma que outros beneficiam de uma protecção que lhes seria concedida por normas que não se referem expressamente a nenhum dos vários deveres conjugais[1109], conservando, por esse motivo, o carácter de deveres jurídicos. Ao mesmo tempo, incorre, pois, noutro vício: eleva a sanção a elemento essencial do dever jurídico[1110].

[1107] WACKE/MünchKomm cit., § 1353, Nm. 31.

[1108] Cfr. BOSCH, "Die Neuordnung des Eherechts" cit., p. 572, ironizando acerca da atitude de Wacke perante a lei e perante o elemento histórico da interpretação ("Ein Glück, daß nicht alle Deutungen in diese Richtung gehen").

[1109] WACKE/MünchKomm cit., § 1353, Nm. 13 (§§ 1565 II, 1381 e 1579 do BGB) e 40 (indemnização por violação do dever de fidelidade e de diversos deveres conjugais).

[1110] Apontam este vício à teoria de Wacke, ERMAN/HECKELMANN (2000) cit., § 1353, Nm. 4; GERNHUBER, "Die geordnete Ehe", *FamRZ* 1979, p. 195, nota 4; HEPTING, *Ehevereinbarungen* cit., p. 204; SOERGEL/LANGE cit., § 1353, Nm. 3.

Em terceiro lugar, a qualificação do dever de ter relações sexuais é defendida, alegando-se que não cabe ao Estado estabelecer regras para a vida íntima dos cônjuges[1111]. Só que a invocação da ilegitimidade da regulamentação heterónoma colide de imediato com a ideia de juridicidade *plena* da fidelidade (dever jurídico) e de juridicidade supostamente *menos intensa* da coabitação carnal (ónus material). Em quarto lugar, o não acatamento do ónus acarreta uma consequência negativa para o onerado, consequência que, na hipótese do ónus material conjugal, seria, segundo Wacke, a dissolução do casamento. A recusa "culposa" do débito conjugal provocaria a ruptura da vida em comum, situação que, nos termos do § 1565 I do BGB, é suficiente para ser decretado o divórcio. Todavia, não é seguro que o divórcio seja sentido como uma desvantagem para aquele que viola os deveres conjugais[1112]. Por vezes, é até o seu objectivo.

Neste momento, verifica-se a falta de margem de manobra para a teoria do ónus material aplicada aos deveres conjugais. Wacke tem consciência da juridicidade da coabitação carnal. Mas, por associar dever jurídico a sanção e por pensar, injustificadamente[1113], que qualquer sanção jurídica do incumprimento do débito conjugal atenta contra a liberdade individual do inadimplente, acaba por escolher o caminho do ónus material. E se o não impressiona a *minimização jurídica* de um dos deveres mais simbólicos do significado pessoalíssimo do casamento, a verdade é que também nunca se inclinou para o afastamento total da respectiva juridicidade, que tem de ocorrer se se insistir naquele caminho. No direito alemão, o divórcio em si mesmo não pode ser visto, *objectivamente*, como uma desvantagem (apenas) para aquele que age com "culpa para consigo próprio". Qualquer um dos cônjuges, mesmo o que contribuiu para a ruptura através da recusa do débito, pode obter o divórcio; e o efeito de dissolução do casamento atinge, de igual modo, ambas as partes. Falta, em suma, a estrutura que é necessária para haver ónus material. Não havendo também dever jurídico, a coabitação carnal fica privada de valor no campo do Direito.

[1111] "Dem Staat kommt es nicht zu, den Eheleuten für ihren Intimbereich Vorschriften zu machen" (WACKE/MünchKomm cit., § 1353, Nm. 31).

[1112] Cfr. HEPTING, *Ehevereinbarungen* cit., p. 101.

[1113] Cfr. *supra*, n.º 49.

Na perspectiva do autor em questão, a inobservância do dever de ter relações sexuais é censurável (há "culpa para consigo próprio") e tem de implicar uma consequência desfavorável (uma "desvantagem") para o inadimplente. Dentro desta lógica, resta admitir o funcionamento de sanções que a lei alemã não afastou expressamente[1114], sanções que, não sendo condição necessária, são indícios suficientes da existência de um dever jurídico. E tal género de indícios está bem patente nos artigos do Código Civil português que fixam os efeitos da declaração do cônjuge culpado.

C. OS DEVERES CONJUGAIS SEXUAIS ENQUANTO DEVERES ESTATUTÁRIOS

1. O *STATUS* NA COMPREENSÃO DOS DEVERES CONJUGAIS SEXUAIS

80. Os deveres conjugais sexuais são deveres jurídicos a que correspondem autênticos direitos subjectivos. Encaradas pelo lado activo, as situações jurídicas conjugais sexuais harmonizam-se com a acepção mais exigente de direito subjectivo[1115]. O cônjuge não está

[1114] Cfr., por exemplo, STAUDINGER/HÜBNER/VOPPEL cit., § 1353, Nm. 36, que, com base no § 1579 Nr. 6 do BGB, conferem relevância à recusa injustificada de ter relações sexuais, como motivo de perda dos alimentos a que, noutras circunstâncias, teria direito o ex-cônjuge.

[1115] Cfr. OLIVEIRA ASCENSÃO, *Teoria Geral do Direito Civil* IV cit., pp. 76-77, que coloca o problema de saber "se é constitutiva do direito subjectivo a garantia de uma zona de exercício no próprio interesse ou se, pelo contrário, e mais restritamente, é ainda indispensável a liberdade de actuação". O ilustre professor defende que a liberdade de exercício não é uma característica essencial do direito subjectivo e, por isso, entende que o poder paternal é um direito. Posição oposta é adoptada por C. MOTA PINTO, *Teoria Geral do Direito Civil* cit., pp. 169-170, e MENEZES CORDEIRO, *Tratado de Direito Civil português* I/1 cit., pp. 169-170, 181-182, que afirmam ser incompatível com o conceito de direito subjectivo a existência de um dever jurídico de agir e, consequentemente, negam o carácter de direito subjectivo ao poder paternal e aos demais poderes funcionais.

obrigado a exercer as situações jurídicas activas de que é titular. Ele não tem de exigir que o outro lhe seja fiel ou que tenha consigo relações sexuais. E, em caso de violação de um dever conjugal, o cônjuge lesado não tem de requerer o divórcio-sanção nem tem de solicitar a reparação dos danos decorrentes da violação, ainda que haja fundamento para deduzir qualquer um dos dois pedidos. Nesta medida, as situações jurídicas conjugais demarcam-se dos poderes funcionais, que são de exercício obrigatório. O não exercício dos poderes funcionais, públicos ou privados, é inadmissível e punível: o funcionário que não exerce as funções que lhe foram cometidas incorre num ilícito disciplinar, o progenitor que deixa de exercer o poder paternal é passível de sanções civis (*v.g.*, inibição do poder paternal).

Todavia, os direitos conjugais são direitos subjectivos peculiares. Não sendo poderes funcionais, apresentam características funcionais. Se o titular do direito conjugal não está obrigado a exercê-lo, quando o exercer tem de observar condicionalismos que ultrapassam aqueles a que estão sujeitos os restantes direitos. Os direitos conjugais são instrumentos de realização da finalidade do casamento. Um cônjuge deve, pois, exercê-los de modo a criar, manter e reforçar os laços de comunhão com o outro. E esta vinculação no sentido de uma convergência, de uma associação de duas vidas é confirmada pela forma de consagração legal dos direitos conjugais. Há o cuidado de comunicar que os cônjuges têm *deveres*, evitando-se, assim, a expressão *direitos*, que, normalmente, sugere sobretudo autonomia ou liberdade. E há o cuidado de acrescentar que tais deveres são recíprocos, atitude que expõe a vertente comunitária das situações jurídicas em causa.

Não é pequena a relevância distintiva da *funcionalidade* dos direitos conjugais. Recorde-se que, para uma parte representativa da doutrina, o aspecto é suficiente para separar os direitos conjugais da generalidade dos direitos subjectivos, através de classificações dicotómicas, que, por exemplo, contrapõem direitos de conteúdo ou fim altruísta a direitos de conteúdo ou fim egoísta e direitos-deveres a direitos *tout court*. No entanto, não é apenas a funcionalidade que contribui para a especialidade dos direitos conjugais. Estes são também direitos relativos oponíveis *erga omnes*, escapando, portanto, à tendência corrente em matéria de conjugação da classificação baseada na integração em relação jurídica com a classificação baseada na eficácia das situações jurídicas. De facto, normalmente, a relatividade acompanha a oponibilidade meramente *inter partes* e a absolutidade coincide com a oponibilidade *erga omnes*.

Muitas vezes, a singularidade dos direitos conjugais pessoais é justificada, de um modo mais ou menos breve, pela sua conexão com a figura do *status*. Na opinião de Tamburrino[1116], o "*status* indica a posição jurídica particular de um sujeito enquanto membro de uma determinada colectividade reconhecida (ou, pelo menos, tomada em consideração) pelo ordenamento"; e há um *status familiae*, que torna visível a "influência dos interesses supra-individuais na determinação da posição jurídica dos membros da família", isto é, a funcionalidade dos direitos familiares. Segundo Dölle, os direitos familiares são "direitos de *status* ou direitos de estado" ("Status- oder Zustandsrechte"), porque estão de tal forma ligados a uma relação familiar concreta e de tal forma afectados ao seu serviço que, na ausência de tal relação, seria impossível que tivessem existência jurídica; e é este "enraizamento" ("Verwurzelung") na relação familiar que desenha a configuração dogmática dos direitos familiares – "direitos em parte absolutos, em parte relativos", ou, mais correctamente, direitos relativos oponíveis *erga omnes*[1117].

Aliás, alguma doutrina portuguesa invoca a figura do *status* para fundamentar a defesa da eficácia perante terceiros dos direitos subjectivos familiares. Castro Mendes afirma[1118] que os "direitos familiares pessoais, assim como os respectivos estados pessoais, são eficazes *erga omnes*, isto é, têm de ser respeitados por todos, mesmo que, como acontece com a generalidade desses direitos, a correspondente conduta

---

[1116] TAMBURRINO, *Lineamenti del nuovo Diritto di Famiglia italiano* cit., p. 47.

[1117] DÖLLE, *Familienrecht* I cit., pp. 8-9. Para o autor, absolutidade é sinónimo de eficácia externa, como decorre da passagem em que qualifica como absolutos os direitos de um cônjuge "sobre" o outro: "Absolut sind ferner die Rechte eines Ehegatten «an» seinem Ehepartner, wenn damit gesagt sein soll, daß alle Welt diese Rechte zu respektieren und für den Fall des rechtswidrigen Einbruchs in die fremde Sphäre Nachteile zu gewärtigen hat".

[1118] CASTRO MENDES, *Direito da Família* cit., p. 25.

só possa ser exigida a um determinado membro familiar (como sucede, por exemplo, com o poder paternal e com os direitos conjugais)". E Teixeira de Sousa escreve[1119]: "Os deveres conjugais vinculam reciprocamente cada um dos cônjuges perante o outro: assim, por exemplo, os cônjuges estão mutuamente vinculados a observar o dever de fidelidade. Mas os deveres conjugais também são eficazes perante terceiros, porque, tal como o estado de casado é oponível *erga omnes*, também os correspondentes deveres são eficazes contra terceiros".

Contudo, no quadro da caracterização dos direitos familiares pessoais, a referência ao *status* surge, entre nós, frequentemente, de modo fugaz, a propósito de um único aspecto, que nem sequer é dos mais importantes na individualização daqueles direitos (o carácter duradouro)[1120]. Neste contexto, é justo voltar a destacar Castro Mendes[1121], que, embora em termos sumários, associa explicitamente ao *status* a quase totalidade das características que atribui aos direitos familiares pessoais: a eficácia *erga omnes*, como já se viu; a perdurabilidade ("Os direitos familiares pessoais são duradouros, tal como o são os estados familiares a que se prendem e dos quais são expressão"); a intransmissibilidade e a irrenunciabilidade "Os direitos familiares pessoais são intransmissíveis (quer *inter vivos*, quer *mortis causa*) e irrenunciáveis. Isso é um corolário da sua estreita ligação com os respectivos estados pessoais, também eles naturalmente intransmissíveis e irrenunciáveis". E, apesar de rejeitar a qualificação das situações jurídicas familiares pessoais como direitos subjectivos, não se pode ignorar Eduardo dos Santos[1122], que, quando enumera alguns dos que seriam os caracteres do Direito da Família (*v.g.*, predomínio das relações estritamente pes-

---

[1119] TEIXEIRA DE SOUSA, *O regime jurídico do divórcio* cit., pp. 37-38.

[1120] Cfr. ANTUNES VARELA, *Direito da Família* cit., pp. 81-83 (que começa por dizer que o carácter duradouro é uma "nota não privativa" dos direitos familiares pessoais); LEITE DE CAMPOS, *Lições de Direito da Família*, 2.ª ed., cit., p. 143; PEREIRA COELHO/GUILHERME DE OLIVEIRA, *Curso de Direito da Família* I cit., p. 177 (sublinhando que o carácter duradouro dos direitos ou relações de família é uma ideia "que não pode exagerar-se, pois é certo que também há relações obrigacionais de longa duração").

[1121] CASTRO MENDES, *Direito da Família* cit., pp. 24-25.

[1122] EDUARDO DOS SANTOS, *Direito da Família* cit., p. 71 e s.

soais sobre as relações patrimoniais, predomínio do interesse do grupo familiar sobre o interesse individual, indisponibilidade dos direitos de família), torna evidente o alcance da sua concepção daquelas como derivações do estado pessoal.

Na verdade, no Direito da Família, o *status* não é uma simples reminiscência histórica ou uma categoria a que se tenha de aludir unicamente por causa do *status familiae* do Direito Romano. Paulo Cunha[1123] chega a dizer que "o Direito da Família, no fundo das coisas, não é mais que a disciplina do estado de família nas suas múltiplas modalidades, ou seja, no sentido particularista do termo, a disciplina dos diferentes estados de família". Mais recentemente, Gernhuber[1124] fala do Direito da Família enquanto "Direito de estado" ("Statusrecht"). E a importância do *status* no campo mais específico do Direito Matrimonial é destacada por vários autores[1125], ao tratarem o tema dos deveres conjugais.

A conexão entre o *status* e os deveres conjugais pessoais é especialmente aprofundada por Lipp, para quem a obrigação de comunhão conjugal de vida, prevista pelo § 1353 do BGB, se traduz no dever de respeito do estado conjugal[1126]. O autor prescinde deliberada e persistentemente da figura do direito subjectivo, a qual, segundo outra doutrina alemã, se manifesta na pretensão de restabelecimento da comu-

---

[1123] PAULO CUNHA, *Direito da Família* cit., p. 32.

[1124] GERNHUBER/COESTER-WALTJEN, *Lehrbuch des Familienrechts* cit., p. 9 e s.

[1125] Cfr. DE CUPIS, *Il Diritto di Famiglia* cit., pp. 45-46 (os direitos e deveres conjugais são mencionados como situações jurídicas correspondentes ao "*status coniugale*" assumido com a celebração do matrimónio), seguido muito de perto por CATAPANO, "I rapporti personali tra i coniugi", *Diritto di Famiglia*, a cura di Fulvio Ucella, IPSOA, 1996, p. 119; FORTINO, *Diritto di Famiglia*, Milano, Giuffrè, 1997, p. 50 ["lo *status* di coniuge determina in capo ai soggetti il sorgere (...) del diritto--dovere di fedeltà, di assistenza materiale e morale, di contribuzione ai bisogni della famiglia, di coabitazione"]; GALOPPINI, "*Status coniugale* e diritti di libertà" cit., p. 1534 e s. (artigo em que se problematiza a relação entre os deveres conjugais – "obblighi inerenti allo stato coniugale" – e os direitos de liberdade); SCARDULLA, *La separazione personale dei coniugi* cit., p. 3 e s. (o "stato coniugale" impõe aos cônjuges deveres e obrigações recíprocos).

[1126] Cfr. *supra*, n.º 78.

nhão conjugal. Contudo, Lipp inclui no "estado conjugal injuntivo" ("zwingender Ehestatus") a "comunhão de casa, espírito e corpo" ("häusliche, geistig-seelische und körperliche Gemeinschaft"), concluindo pela invalidade dos acordos entre cônjuges que a atinjam em qualquer dos seus elementos estruturais[1127]. Dá assim razão àqueles[1128] que o criticam por distinguir artificialmente o *status* conjugal da pretensão de restabelecimento da vida conjugal.

A construção laboriosa de Lipp e as reacções suscitadas pela mesma alertam para a indefinição doutrinária que se verifica em torno da ideia de *status* conjugal. Neste sentido, são bastante elucidativas as apreciações que Pawlowski[1129] tece acerca da dissertação de habilitação de Lipp (*Die eherechtlichen Pflichten und ihre Verletzung*): dada a excessiva preocupação teórico-jurídica, o trabalho não constitui um grande contributo para a discussão sobre o fundamento do Direito Matrimonial; abstraindo disso, há concordância de concepções – designadamente, ambos pensam que a protecção do casamento se deve orientar para o *status* dos cônjuges. Só que a última afirmação pouco mais exprime do que o consenso sobre a relevância de um *nomen*. O *status* conjugal de Pawlowski, adversário da juridicidade dos deveres conjugais pessoais, não é, obviamente, o *status* conjugal de Lipp. Mas nada disto espanta se se tiver em conta a polémica que a ideia de *status* desencadeia logo no plano da Teoria Geral do Direito.

[1127] Ver, sobretudo, LIPP, *Examens-Repetitorium Familienrecht* cit., p. 30 (na qual é concretamente apreciada a eficácia de um acordo, celebrado perante o notário, em que ambos os cônjuges declaram excluir a existência de qualquer pretensão recíproca à comunhão de habitação).

[1128] Cfr., nomeadamente, KÜPPERS, *Der Regreß des Ehemannes nach der außerehelichen Zeugung eines zeitweilig ehelichen Kindes*, Berlin, Duncker & Humblot, 1993, p. 192, que, sobre a posição de Lipp, de que a lei protegeria apenas o bem jurídico *status*, observa: "Personale Ansprüche aus einem solchen Rechtsgut bedeuten immer Ansprüche auf Herstellung des ehelichen Lebens".

[1129] Cfr. PAWLOWSKI, em recensão à referida obra de Lipp, *FamRZ* 1989, pp. 584-585.

2. O CONCEITO DE *STATUS*

81. As divergências quanto ao significado jurídico preciso da palavra *status* são grandes[1130] e revelam-se, de imediato, no plano da qualificação de inúmeras situações. Se é relativamente pacífica a colocação da qualidade de nacional, de filho ou de cônjuge na categoria do *status* propriamente dito, o mesmo já se não pode dizer relativamente ao enquadramento da situação de incapaz (menor, interdito e inabilitado), de herdeiro, de sócio, de falido ou insolvente, daquele que desenvolve uma dada actividade profissional, de eclesiástico, de pensionista, de trabalhador subordinado, etc.[1131].

A variedade de entendimentos e de aplicações deixa a impressão de que o *status* tem sido "um instrumento que cada um gere como quer"[1132], o que torna, de certo modo, compreensível o cepticismo acerca da possibilidade de definição da respectiva noção[1133]. Perante isto, o caminho mais fácil parece ser o da renúncia absoluta à utilização da figura do *status*, com o argumento de que ela carece de sentido específico, não passando de "uma simples *conceptio verborum*, isto é, de uma daquelas categorias com as quais o legislador e o intérprete trabalham, por simples comodidade de expressão"[1134].

[1130] Divergências que não são de hoje: cfr. CICU, "Il concetto di *status*", *Studi giuridici in onore di Vincenzo Simoncelli*, Napoli, Casa Tipografico-Editrice N. Jovene E.C., 1917, p. 61 (o conceito de *status* "è rimasto sempre fra i più vaghi nella elaborazione scientifica dei concetti giuridici"); D'ANGELO, "Il concetto giuridico di *status*", *RISG* 1938, p. 252 (a figura do *status* levou os vários autores "a costruzioni dogmatiche tutt'altro che concordi").

[1131] Para um resumo do panorama doutrinário no domínio da qualificação destas e de outras situações, cfr. CARBONI, *"Status" e soggettività giuridica*, Milano, Giuffrè, 1998, p. 10 e s.; CRISCUOLI, "Variazioni e scelte in tema di *status*", *RDC* 1984, I, pp. 160-161.

[1132] A frase encontra-se no texto de CRISCUOLI, "Variazioni e scelte in tema di *status*" cit., p. 157.

[1133] Esse cepticismo transparece na análise de RESCIGNO, "Situazione e status nell'esperienza del Diritto", *RDC* 1973, I, em particular nas pp. 212-213, 220-221.

[1134] Cfr. VASSALLI, *Lezioni di Diritto Matrimoniale* I cit., pp. 38-39. Igualmente, PROSPERI, "Rilevanza della persona e nozione di *status*", *Rass.DC* 1997, p. 846 e s., que afasta a utilidade do recurso a quaisquer formulações, novas ou velhas, do conceito de *status*.

No entanto, continua viva a opinião de que o *status* é uma categoria a que cabe um lugar relevante na Ciência do Direito. E a última década do século XX trouxe-nos, inclusive, sinais muito palpáveis da existência de um forte interesse pelo assunto[1135]. Os novos trabalhos não têm, porém, o condão – que seria quase mágico – de levar à aceitação uniforme de um conceito substancial de *status*. Um deles[1136], apesar de ter sido elaborado por um jurista afamado, movido pelo propósito de revitalização da figura, arrisca-se até a ter um efeito contraproducente.

Para Alpa[1137], o *status* é um instrumento jurídico de distinção das pessoas na sociedade, que, no plano do Direito Privado, se não circunscreve às áreas da família e da actividade económica exercida; antes engloba todas as situações que fixam com exactidão "as coordenadas que indicam a relação entre o indivíduo e a comunidade". Assim, o autor enumera formas novas de *status*: os ricos e os "membros do aparelho", os desempregados, os ciganos, os portadores de doenças contagiosas (como a sida), os subversivos, os idosos, os deficientes, os presos, os dementes, os consumidores, os que vivem em união de facto, os homossexuais, etc. E Alpa detecta um movimento de "retorno ao *status*", que elogia porque encerra uma preocupação inédita: na sociedade contemporânea, o conceito de *status* visa proteger os mais débeis e não, como acontecia nos séculos passados, os mais fortes; visa, por exemplo, corrigir os "abusos perpetrados através do contrato, ou seja, através de uma liberdade de querer fictícia, imputada a consumidores, aforradores, accionistas e trabalhadores dependentes".

O alargamento da noção de *status*, a qualquer qualidade ou modo de ser da pessoa que a identifique socialmente, é bem intencionado. Mas é também desmesurado. O termo *status* é a tal ponto vulgarizado, que se pode legitimamente defender que, aqui, nada mais é do que uma *conceptio verborum*. Ora, é de crer que exista uma outra acepção de *status*, uma acepção técnico-jurídica rigorosa, pois não se pode partir

---

[1135] Cfr., por todos, CARBONI, *"Status" e soggettività giuridica* cit., e ALPA, *Status e capacità (La costruzione giuridica delle differenze individuali)*, Roma, Laterza, 1993.

[1136] ALPA, *Status e capacità* cit.

[1137] ALPA, *Status e capacità* cit., pp. 3-4, p. 21 e s., p. 201 e s.

do princípio de que tantos e tão prestigiados estudiosos se tenham enganado rotundamente ao ver no *status* o centro do Direito da Família ou uma categoria digna de um esforço de caracterização (que, nomeadamente, se concretiza na alusão à eficácia *erga omnes*, à perdurabilidade e à indisponibilidade). É preciso pressupor, nem que seja provisoriamente, que a expressão *status* traduz um significado jurídico determinado e autónomo. Por isso, o aspecto diferenciador, que Alpa destaca e eleva a componente único do *status*, é válido sim, mas como um primeiro elemento de delimitação do conceito.

Esse primeiro elemento colide com a hipótese do *status personae*, nascida no seio de uma tendência que se resigna com a pluralidade conceptual e que se limita, portanto, a "individualizar e catalogar, ainda que de uma forma aproximada, os muitos e diversos significados atribuídos ao *status*"[1138]. O *status personae* surge então como um tipo de *status* que se contrapõe aos demais – *v.g.*, ao *status civitatis*, ao *status familiae* e ao *status* profisssional – por ser comum a todos os indivíduos. O *status personae* constitui "uma situação permanente de base, adquirida originariamente, que sintetiza, como situação unitária e complexa, os direitos «invioláveis» e os deveres «inderrogáveis», típicos e atípicos, conexos, segundo o ordenamento vigente, ao viver do homem na sociedade civil". No fundo, "exprime um ser", "representa a pessoa".

A ideia de um *status* individual ou "personalístico", que designa o conjunto das situações jurídicas de que é titular todo e qualquer ser humano, pelo simples facto de o ser, é contraditória[1139], uma vez que o *status* é um "conceito necessariamente relacional". O *status* existe em função da comunidade e não do indivíduo enquanto entidade abstracta. A pessoa que viva isolada da sociedade, sozinha numa ilha deserta, não tem *status*: a figura implica a referência a um imaginário colectivo que confere relevância a certos sinais distintivos.

[1138] Assim, PERLINGIERI, *Il diritto civile nella legalità costituzionale*, 2.ª ed., Napoli, Edizioni Scientifiche Italiane, 1991, p. 277 e s.

[1139] Cfr. as observações de ALPA, *Status e capacità* cit., pp. 41-42; MAIORCA, *Istituzioni di Diritto Privato. Temi di ricerca*, I, *Personalità. Capacità. Status*, Torino, Giappichelli, 1979, pp. 25-26, p. 216 e s.

Se bem que Pawlowski[1140] mencione o *"status* da pessoa" ("Status der Person") entre os cinco grandes núcleos problemáticos da parte geral do Direito Civil, a sua posição não se confunde com aquela que acabou de ser impugnada. O ilustre professor alemão não põe em causa o carácter diferenciador do *status*. Em sentido técnico, a palavra *status* traduz a diversidade de "capacidades"[1141]. Não há um *status* da Pessoa, um *status* universal, mas pessoas com estados diferentes, nomeadamente, estados resultantes da situação familiar ou profissional concreta. Mas importa dizer qual o critério que é efectivamente adoptado: o *status* prende-se com a chamada "Handlungsfähigkeit", figura que se desdobra em "capacidade negocial" ("Geschäftsfähigkeit") e em "capacidade delitual" ("Deliktsfähigkeit")[1142].

Entre nós, Oliveira Ascensão[1143] define os estados como "posições ocupadas pela pessoa na vida social, de que resultam graduações da sua capacidade" e aponta como estados principais a nacionalidade, a situação familiar e a menoridade. Nesta perspectiva, o estado é uma posição típica que determina a capacidade, demarcando-se de outras posições, como a de inquilino ou de proprietário, que não atingem a capacidade mas sim a titularidade e a legitimidade.

As concepções dos dois insignes juristas integram-se numa corrente que tem raízes profundas no tempo[1144]. Todavia, a identificação

---

[1140] PAWLOWSKI, *Allgemeiner Teil des BGB*, 5.ª ed., Heidelberg, Müller, 1998, p. 43 e s.

[1141] Cfr., nitidamente, PAWLOWSKI, *Allgemeiner Teil des BGB* cit., p. 45: "Die Rechtssubjekte (les personnes bzw. the subjects of legal rights and duties) haben unterschiedliche Fähigkeiten (capacités, capacities) – d.h., sie haben einen jeweils unterschiedlichen Status (état, status)".

[1142] Cfr., designadamente, PAWLOWSKI, *Allgemeiner Teil des BGB* cit., p. 68, p. 81 e s. Na obra *Das Studium der Rechtswissenschaft* cit., p. 299, é patente que a palavra *status* é usada como sinónimo de "Handlungsfähigkeit": "Es ist daher erforderlich, den *Status* (d.h. die rechtliche Handlungsfähigkeit) der Ehegatten differenziert zu regeln".

[1143] OLIVEIRA ASCENSÃO, *Teoria Geral do Direito Civil* I cit., p. 148 e s.

[1144] Cfr., por exemplo, D'AMELIO, "Capacità e status delle persone", *Il Diritto Privato nella società moderna*, a cura di Stefano Rodotà, Bologna, Società editrice il Mulino, 1971, p. 140 e s., que demonstra a ligação entre o *status* e as limitações de capacidade, no período anterior à Revolução francesa.

do *status* com a capacidade jurídica ou com um elemento que a condiciona lança dúvidas sobre a autonomia do conceito em discussão. Por este motivo, Savigny[1145] defende que a validade da figura depende da sua separação da noção de capacidade, o que passa pelo reconhecimento de uma conexão indissolúvel entre o *status* e a participação do sujeito numa dada comunidade nacional ou familiar. E há ainda outro aspecto a ponderar. O estado de cônjuge é um *status* paradigmático. É inteiramente correcto que o mesmo condiciona a capacidade: quem está casado não pode casar [artigo 1601.º, alínea c), do Código Civil português]. Não obstante isto, a importância do *status conjugal* não deriva da repercussão que tem sobre a capacidade do indivíduo. O que avulta são os efeitos sobre a titularidade e a legitimidade (*v.g.*, os direitos e deveres conjugais e as regras aplicáveis aos actos de administração e disposição dos bens do casal).

Na óptica de Paulo Cunha[1146], o estado corresponde a "uma qualidade jurídica, de que uma pessoa está revestida e da qual resulta imediatamente a atribuição a essa pessoa de certa massa prèdeterminada de direitos e obrigações". Seja como for, embora concedendo lugar central à ligação entre o *status* e a esfera jurídica, acaba, paralelamente, por aceitar a influência da definição baseada na categoria da capacidade. Neste sentido, depõem os exemplos de estado apresentados (a posição de cidadão, a posição na família, a situação etária e a situação mental) e as seguintes palavras: "se afirmarmos que é pelo estado que se determina a capacidade, ou ainda que é pelo estado que se determinam os poderes e deveres que formam a capacidade, empregamos modos de dizer correctos e técnicos. Tôdas essas afirmações giram à volta da mesma ideia fundamental: da existência de certas qualidades em certa pessoa, resulta para essa pessoa tôda uma prèdeterminada categoria de direitos e obrigações".

Tal visão marca a doutrina portuguesa[1147], que, primeiro, formula a noção de estado apoiando-se no critério da técnica normativa de

---

[1145] SAVIGNY, *Traité de Droit Romain*, II, trad. francesa do alemão (*System des heutigen Römischen Rechts*), Paris, Firmin Didot Frères, 1841, p. 423 e s.

[1146] PAULO CUNHA, *Direito da Família* cit., p. 30 e s., p. 142 e s.

[1147] Cfr. CARVALHO FERNANDES, *Teoria Geral do Direito Civil*, I, 2.ª ed., Lisboa, Lex, 1995, p. 137 e s.; HÖRSTER, *A parte geral do Código Civil português* cit.,

investidura em direitos e vinculações, e, logo depois, amplia a noção, esclarecendo que os estados podem interferir também na capacidade da pessoa. Consequentemente, são referidos, para além do *status civitatis* e do *status familiae*, o estado de menor, de interdito e de inabilitado, entre outros. Verifica-se, porém, simultaneamente, uma tentativa de restrição do conceito, que opera no plano da investidura. Relacionando o *status* com a atribuição em massa da titularidade de direitos e obrigações a uma pessoa, independentemente de ela se encontrar ou não inserida num grupo, esta orientação pode implicar a inutilidade prática do instituto. Deste modo, exige-se que a qualidade que condiciona a atribuição da titularidade de uma massa pré-determinada de direitos e obrigações "seja um aspecto fundamental da situação jurídica da pessoa". No entanto, o elemento introduzido é "pouco nítido e definido, mais quantitativo que qualitativo". Quais as qualidades que são fundamentais? A melhor resposta que ocorre é a de que "são aquelas que se encontram inscritas no registo civil, ou que a doutrina repute de relevância igual à dessas"[1148]. Por esta via, constrói-se um conceito de *status* que, em parte, é instrumental perante a categoria da capacidade, e, na outra parte, é produto de um critério formal (a inscrição registal). Resta saber se não será possível alcançar uma noção de *status* que concilie autonomia e substancialidade[1149].

---

pp. 305-306; PAIS DE VASCONCELOS, *Teoria Geral do Direito Civil* I cit., pp. 61-62; e, sobretudo, CASTRO MENDES, *Teoria Geral do Direito Civil* I cit., p. 97 e s.

[1148] As passagens transcritas neste parágrafo são de CASTRO MENDES, *Teoria Geral do Direito Civil* I cit., pp. 100-101.

[1149] Contra, privilegiando a vertente formal (coincidente com a intervenção da autoridade pública) para assegurar independência conceptual ao *status*, CARBONI, *"Status" e soggettività giuridica* cit., em especial p. 114: "Connotazione essenziale, e al tempo stesso peculiare, può così individuarsi nella circostanza che la relativa fattispecie si realizza soltanto con e in conseguenza dell'intervenuta verifica dell'esistenza di quegli elementi di fatto, dei quali si è fatto innanzi cenno [ver *infra*] , da parte dell'ordinamento. Vi è, insomma, tra le componenti strutturali dello stato, un momento recettizio o acquisitivo, ma al tempo stesso di verifica, da parte dell'ordinamento, che è parte essenziale di esse e che determina il prodursi e il perdurare di tutti gli effetti che al verificarsi di quella determinata ipotesi lo stesso ordinamento riconnette". Os "elementi di fatto" a que a autoridade tem de atender são "inerenti a vicende relative alla persona fisica, ed al suo essere ed esplicarsi nell'ambito delle

Censurada pelo seu carácter descritivo e empírico[1150], a concepção do *status* como pertença a uma comunidade consegue, apesar disso, tornear o formalismo e romper com a subordinação ao instituto da capacidade. Esta tendência, que prevalece no direito italiano[1151] e que reduz as manifestações de *status* à nacionalidade, à relação matrimonial e à relação de filiação, encontra em Cicu um dos seus mais conhecidos defensores.

Para Cicu[1152], o *status* designa a posição da pessoa que se encontra sujeita a um "vínculo orgânico". Esse "vínculo orgânico" verifica-se quando a pessoa que participa num grupo está obrigada a prosseguir um fim da colectividade que é tido como superior ao seu próprio interesse individual. Há, portanto, *status* desde que uma pessoa faça verdadeiramente parte de um todo e não quando ela participe num grupo apenas como entidade independente ou como indivíduo que mantém a sua liberdade. Aplicado ao domínio familiar, o conceito transmite uma visão da família que foi já recusada[1153].

Em alternativa à definição de Cicu, que rejeita justamente por reflectir a concepção do Direito da Família como disciplina que tutela um interesse superior não individual, D'Angelo[1154] propõe a seguinte noção de *status*: "qualidade jurídica pessoal que exprime a participação de um sujeito numa relação da vida social juridicamente reconhecida e constitui em si mesma um bem que é objecto de protecção autónoma (isto é, de um direito subjectivo)". O que eleva a qualidade de membro de um grupo a *status* não é, pois, o vínculo orgânico, mas o facto de aquela constituir objecto de um direito subjectivo. D'Angelo nega, por isso, o carácter de *status* à condição profissional, alegando que não é um bem nem um meio de satisfação de uma necessidade do titular . Todavia, vai longe de mais

---

colletività alle quali partecipa, contrassegnandone i momenti esistenziali di maggiore rilevanza, sia a livello individuale che, e prima ancora, al livello di quella medesima colletività" (ob. cit., p. 113).

[1150] Neste sentido, cfr. CARBONI, *"Status" e soggettività giuridica* cit., 103 e s.; PROSPERI, "Rilevanza della persona e nozione di *status*" cit., p. 827.

[1151] RESCIGNO, "Situazione e status " cit., pp. 216-217.

[1152] CICU, "Il concetto di *status*" cit., p. 65 e s.

[1153] Cfr. *supra*, n.º 76 *in fine*.

[1154] D'ANGELO, "Il concetto giuridico di *status*" cit., pp. 266-267, p. 292 e s.

na restrição, considerando que a qualidade de progenitor não é um *status*, por carecer de protecção autónoma, de uma acção de tutela específica[1155]. Tanto mais que se evidencia alguma incoerência[1156]: segundo o autor, a qualidade de cônjuge casado catolicamente é um estado, se bem que não seja possível intentar uma acção destinada a reconhecê-la.

As incertezas decorrentes da aplicação, nesta área, da categoria do direito subjectivo, recomendam outro caminho, como, por exemplo, o de Criscuoli[1157], para quem o *status* é a posição jurídica particular assumida por um sujeito que se mantém ligado a um grupo por um "nexo orgânico", que depende de uma "determinação bilateral". A recondução de uma qualidade de um indivíduo à figura do *status* implica o preenchimento cumulativo de dois pressupostos: uma relação orgânica entre o indivíduo e o grupo, definida como um elo que obriga aquele a prosseguir um fim distinto do seu interesse pessoal; um acto de concordância tanto do indivíduo como do grupo. Com o primeiro pressuposto, Criscuoli não pretende ressuscitar a tese de Cicu: o fim do grupo não é tido como superior ao interesse pessoal dos seus membros. Com o segundo pressuposto, o jurista italiano sustenta que a constituição e a extinção do *status* exigem a combinação de dois actos: a adesão do indivíduo e a recepção pelo grupo, quando se trata da constituição; a "demissão" ("dismisisone") do indivíduo e a aceitação da mesma pelo grupo, quando está em causa a extinção.

O segundo pressuposto, invocado, nomeadamente, para excluir a possibilidade do *status* de condómino ou sócio[1158], é, porém, muito

---

[1155] D'ANGELO, "Il concetto giuridico di *status*" cit., pp. 297-298.

[1156] Só ao filho é admissível a reivindicação judicial da sua qualidade (D'ANGELO, ob. cit., pp. 296-297). No caso da qualidade de cônjuge casado catolicamente, das duas uma: ou houve transcrição e então falta à "azione di accertamento dello stato" uma das suas condições, o interesse em agir, ou não houve transcrição e então fica impedida a tutela, em virtude de o estado ser ainda inexistente "per incompletezza della fattispecie costitutiva"... (p. 297).

[1157] CRISCUOLI, "Variazioni e scelte in tema di *status*" cit., p. 174 e s., p. 204 e s.

[1158] Cfr. CRISCUOLI, "Variazioni e scelte in tema di *status*" cit., p. 208: o condómino e o sócio fazem parte de grupos, "ma la loro participazione ad essi, per quanto attiene all'ingresso quanto all'uscita, non è (sempre e necessariamente) legata al consenso degli stessi corpi".

discutível. De acordo com Criscuoli, o único sujeito legitimado a agir em nome do grupo familiar é o Estado, que, por via da "representação tutelar (contra os abusos e os *inquinamentos* unilaterais e egoístas) ou promotora (no plano da constituição e da subsistência do grupo)", intervém sempre ao serviço da família (e nunca servindo-se dela como instrumento). Nos casos normais, a intervenção terá "carácter concessório", concretizando-se numa providência administrativa ou judicial; em casos excepcionais, manifestar-se-á, de um modo antecipatório e geral, através da "técnica do sistema normativo"[1159]. No entanto, se é possível detectar a presença constante de um acto estatal (registal, judicial ou normativo), atinente à aquisição ou perda do *status* familiar por um dado indivíduo, susceptível de ser interpretado como indício da expressão do interesse colectivo, falta, muitas vezes, um sinal da concordância do indivíduo em questão. Normalmente, uma pessoa obtém a qualidade de filho de outra, independentemente da sua própria vontade e pode perder o *status* de filho, mesmo que queira mantê-lo (*v.g.*, na sequência de uma acção de impugnação de paternidade, intentada pelo pretenso pai). E se a aquisição do *status* de cônjuge depende inevitavelmente do consentimento do respectivo titular, a extinção pode ter lugar com a sua oposição (*v.g.*, através de divórcio litigioso, requerido pelo outro cônjuge). Consequentemente, não é essencial aquilo que Criscuoli designa por "bilateralidade". Essencial é, somente, na nossa opinião, a presença de um acto que revele a força do interesse colectivo, no plano da constituição e da extinção da qualidade denominada de *status*.

Em suma, o *status* implica uma ligação orgânica entre o indivíduo e o grupo, cuja especial dignidade seja reconhecida pelo Estado.

3. A LIGAÇÃO ORGÂNICA DOS CÔNJUGES

82. Num momento inicial[1160], Cicu considera que a família é um organismo, por os respectivos membros estarem subordinados a um

---

[1159] Cfr. CRISCUOLI, "Variazioni e scelte in tema di *status*" cit., p. 182.
[1160] CICU, *Il Diritto di Famiglia* cit., p. 81 e s., p. 106 e s., p. 315. Ver ainda *supra*, nota 1048.

interesse superior. Paralelamente, a relação familiar, descrita como sendo uma relação entre indivíduos que estão unidos na prossecução de "um fim superior ao arbítrio individual", é caracterizada como sendo uma "relação orgânica", conceito que o autor identifica com o de "relação de *status*". Num texto posterior à II Guerra Mundial[1161], Cicu abandona a concepção da família enquanto organismo, afirmando que tal concepção parece não ser correcta porque "falta uma organização jurídica da família para a unidade". Não abdica, porém, da sua visão anterior da relação familiar: "uma vez que é característica de todo o organismo a subordinação das partes a um fim, e consequente interdependência das partes, bem se pode dizer que, embora a família se não possa qualificar como organismo, como um todo orgânico, ela é constituída por relações que têm natureza orgânica".

Partilhando a referência ao interesse familiar superior, as duas propostas do famoso jurista italiano mostram o que realmente se discute quando se alude a um vínculo orgânico. Não é a existência de um organismo, mas de uma dada finalidade. O aspecto orgânico designa a pertença a um grupo, que se manifesta quando as pessoas têm em vista um interesse distinto dos seus interesses individuais. Cicu entende que, na relação familiar, aquele interesse corresponde a um interesse do grupo que tem supremacia sobre os interesses individuais, mas não é forçoso que o aspecto orgânico se traduza desta forma. Além disso, a própria defesa de um interesse autónomo e superior da família conhece uma orientação dominante que se demarca das versões que são preconizadas por Cicu.

No pensamento de Cicu, o interesse familiar superior, sinónimo de "interesse da família como instituição", é análogo ao interesse do Estado[1162]. A família visa o sustento, a educação e a assistência dos seus membros, desenvolvendo uma função que cabe nas funções do Estado. Por esse motivo, a prossecução das finalidades da família legitima uma ingerência ampla e frequente do Estado[1163]. Ora, esta dependência "asfixiante" da família perante o Estado é excluída, expressa ou

---

[1161] Cicu, "Principii generali del diritto di famiglia" cit., pp. 6, 7, 12 e 13.
[1162] Cicu, "Sull'indissolubilità del matrimonio", *RTDPC* 1952, p. 690.
[1163] Cicu, *Il Diritto di Famiglia* cit., p. 157 e s.

tacitamente, pela maioria dos autores que se batem pela tese do interesse superior da família[1164]. Seja como for, esta tese não fornece uma resposta satisfatória para o problema da conjugação dos direitos individuais com os direitos familiares. Mesmo na sua formulação corrente, a lógica interna da teoria do interesse superior da família só se compatibiliza com uma solução de sacrifício sistemático dos interesses individuais[1165].

Há, no entanto, construções que conseguem atenuar ou evitar a imagem de associação entre autonomia do interesse de grupo e inapli-

---

[1164] Cfr., claramente, FERRI, "Il diritto di famiglia e la costituzione" cit., pp. 116, 117, 127, 132 e 133. Ver também DE CUPIS, "Coniuge" cit., p. 1, e "Il valore istituzionale della famiglia", *Giur.It.* 1987, pp. 402-403; MOSCARINI, *Parità coniugale e governo della famiglia* cit., p. 95 e s.; SANTORO-PASSARELLI, "Eguaglianza, accordo, doveri e poteri dei coniugi", *Libertà e autorità nel Diritto Civile: altri saggi* cit., pp. 216-217, e *Status familiae*, Urbino, Armando Argalia, 1948, p. 3; TAMBURRINO, *Lineamenti del nuovo Diritto di Famiglia italiano* cit., p. 40 e s. No direito português, cfr. ANTUNES VARELA, *Direito da Família* cit., p. 69 e s.; EDUARDO DOS SANTOS, *Direito da Família* cit., p. 71. No direito espanhol, cfr. ALBALADEJO, *Curso de Derecho Civil* IV cit., p. 116; CASTRO LUCINI, *Temas de Derecho de Familia*, Madrid, AGISA, 1989, p. 13; COSSIO Y CORRAL, *Instituciones de Derecho Civil* II cit., pp. 369, 370 e 394; DÍAZ-AMBRONA BARDAJÍ/ HERNÁNDEZ GIL, *Lecciones de Derecho de Familia* cit., pp. 42-43, 159-161; DORAL GARCÍA, "El interés de la familia", *Documentación Jurídica (Monográfico dedicado a la reforma española del Derecho de Familia de 1981)*, vol. I, Madrid, Secretaria General Tecnica del Ministerio de Justicia, 1982, pp. 10-11; GARCÍA CANTERO, *Comentarios al Código Civil* cit., p. 189; PUIG BRUTAU, *Compendio de Derecho Civil* IV cit., p. 2; RUIZ VADILLO, *Introducción al estudio teórico práctico del Derecho Civil*, 16.ª ed., com a colaboração de Zuloaga Arteaga, Logroño, Editorial Ochoa, 1989, p. 676; TORRERO MUÑOZ, *Curso básico de Derecho de Familia*, com a coordenação de Llopis Giner, Valencia, Editorial Práctica de Derecho, 2000, p. 21. O nível de popularidade alcançado por alguns ensinamentos de Cicu pode ajudar a compreender o porquê do número apreciável de partidários do interesse familiar superior, no direito espanhol. Se, em Itália, a doutrina de Cicu caiu quase no esquecimento, a partir da década de 60 do século XX (segundo MOSCARINI, *Parità coniugale e governo della famiglia* cit., pp. 97-98), o mesmo não aconteceu em Espanha (cfr., nomeadamente, em meados da década de 60, o estudo de BELTRÁN DE HEREDIA, "La doctrina de Cicu sobre la posición sistemática del Derecho de Familia" cit.).

[1165] Cfr. a análise de GUERINI, *Famiglia e Costituzione* cit., p. 72 e s.

cabilidade do regime de tutela da personalidade. Irti[1166], por exemplo, detecta, no seio da vida familiar, domínios de prevalência do interesse da família e domínios de prevalência do interesse dos membros. E Criscuoli[1167] admite que o interesse do grupo familiar não seja necessariamente tido como superior ao interesse dos membros. Mas é difícil vislumbrar um interesse jurídico próprio de uma realidade, à qual a lei recusa, simultaneamente, personalidade jurídica e personalidade judiciária. Tudo leva a crer que o chamado interesse familiar se não distingue do interesse das pessoas que compõem a família[1168].

Não sendo a família titular de um interesse autónomo, surge a dúvida acerca do carácter orgânico da união conjugal. Porque não dizer, como Carboni[1169], que o estado de cônjuge "não implica nem uma comunidade, nem uma colectividade", mas "uma simples relação, cada vez mais frágil, entre duas pessoas"? Muitos são os autores que se pronunciam contra a existência de interesses distintos dos interesses individuais das partes ou que aceitam a relevância de interesses comuns, desde que subordinados aos interesses individuais[1170]; num

---

[1166] IRTI, "Il governo della famiglia" cit., pp. 37-39.

[1167] CRISCUOLI, "Variazioni e scelte in tema di *status*" cit., pp. 176-177.

[1168] Cfr. BIANCA, "Famiglia (Diritti di)" cit., p. 71; CAMPAGNA, *Famiglia legittima e famiglia adottiva* cit., p. 62 e s.; LEITE DE CAMPOS, *Lições de Direito da Família*, 2.ª ed., cit., pp. 15, 139 e 140.

[1169] CARBONI, *"Status" e soggettività giuridica* cit., p. 137.

[1170] Cfr. ALAGNA, *Famiglia e rapporti tra coniugi* cit., p. 23 e s.; BARCELLONA, "Famiglia (dir. civ.)", *ED*, XVI, 1967, pp. 785-786; BESSONE/ALPA/D'ANGELO/ /FERRANDO/SPALLAROSSA, *La famiglia nel nuovo diritto* cit., p. 33 e s.; DÍEZ PICAZO/ /ANTONIO GULLÓN, *Sistema de Derecho Civil* IV cit., p. 92; FRACCON, "I diritti della persona nel matrimonio. Violazione dei doveri coniugali e risarcimento del danno", *DFP* 2001, p. 373; FURGIUELE, *Libertà e famiglia* cit., p. 58 e s.; G. STANZIONE, *Sui rapporti familiari* cit., pp. 167-169; LASARTE ÁLVAREZ, *Principios de Derecho Civil* 6.º cit., p. 91; MONJE BALSAMEDA, *Compendio de Derecho de Familia*, sob a direcção de Lledó Yagüe, Madrid, Dykinson, 2000, p. 54; P. STANZIONE, "Principi costituzionali e Diritto di Famiglia nell'esperienza spagnola" cit., pp. 271-272; PERLINGIERI, "I diritti del singolo quale appartenente al gruppo familiare", *Rapporti personali nella famiglia* cit., pp. 44-45; PIEPOLI, em AAVV, *Eguaglianza morale e giuridica dei coniugi* cit., pp. 423-424; PROSPERI, "Rilevanza della persona e nozione di *status*" cit., pp. 823-825; PULEO, "Famiglia. II) Disciplina privatistica: in generale", pp. 7 e 9, *Enc.Giur.* 1989; LÓPEZ Y LÓPEZ, "Efectos personales y patrimoniales del matrimonio"

caso e noutro, geralmente, com o argumento de que a família merece tutela apenas por permitir a realização do desenvolvimento da personalidade dos seus membros. O interesse individual substituiria, no pedestal, o interesse de grupo. Só que o desenrolar coerente desta posição proporciona um resultado que continua a ser pouco animador: o Direito da Família perde a sua identidade, convertendo-se, eventualmente, numa extensão do Direito da Personalidade.

Os dados legais apontam para uma terceira via. Nos termos do artigo 1671.º, n.º 2, do Código Civil português, e do artigo 144.º do Código Civil italiano, o interesse ou bem da família está a par dos interesses ou exigências de ambos os cônjuges. Dado que o interesse da família se não concretiza num interesse do agregado familiar enquanto entidade independente, isso significa que a dicotomia exprime a presença de dois tipos de interesses necessariamente pertencentes aos cônjuges: os interesses comuns e os interesses individuais. Os primeiros são sinais da união conjugal, os segundos representam a conservação de um espaço exclusivo, não partilhado. Uns e outros têm de ser considerados. Uns e outros têm de ser coordenados, na vivência familiar. O casamento não assinala o fim da autonomia individual, mas também não é um acto com efeitos nulos na vida pessoal das partes. Os direitos de personalidade coexistem com os *direitos de comunhão* e, em conjunto, os dois tipos de direitos desempenham um papel, diverso e complementar, na realização pessoal do respectivo titular. O cônjuge acumula a qualidade de *pessoa por si só* e a de membro do grupo, sem que se estabeleça *a priori* uma hierarquia rígida entre as duas qualidades[1171].

---

cit., pp. 89-90; E. ROCA, "Familia y Derecho de Familia", em E. Roca (org.), *Derecho de Familia* cit., pp. 21-22; RUSCELLO, *I rapporti personali fra coniugi*, Milano, Giuffrè, 2000, pp. 52-53; RUSSO, "Le idee della riforma del diritto di famiglia" cit., pp. 26-28; UCELLA, *Persona e famiglia* cit., pp. 22-23.

[1171] Na relação conjugal, devem concorrer, equilibradamente, interesses individuais e interesses comuns: cfr. DONISI, "Limiti all'autoregolamentazione degli interessi nel Diritto di Famiglia", *Famiglia e circolazione giuridica*, a cura di Guido Fucillo, Corsico, IPSOA, 1997, pp. 7-8; PARADISO, *I rapporti personali tra coniugi* cit., p. 19 e s.; RESCIGNO, "L'individuo e la comunità familiare", *Persona e comunità* II cit., pp. 239-240; ZATTI, "I diritti e i doveri che nascono dal matrimonio" cit., pp. 93-95.

Não há, pois, um interesse da família contraponível ao interesse do cônjuge. Há, porém, a finalidade de comunhão tendencialmente plena de vida, interesse comum aos cônjuges que é suficiente para detectar a existência de um grupo em sentido sociológico. A ligação orgânica dos cônjuges molda, naturalmente, os direitos conjugais, caracterizados pela funcionalidade, que se exprime pela afectação daquelas situações jurídicas à prossecução de um interesse comunitário do titular.

No entanto, o *status* não se resume a um nexo orgânico. A relação de pertença ao grupo tem ainda de estar condicionada por um acto de autoridade. Assim sendo, a qualidade de cônjuge corresponde a um *status*. Para a adquirir ou para a perder, não basta o mútuo consentimento das partes. No caso do casamento civil, a aquisição da qualidade de cônjuge depende da intervenção do funcionário do registo civil (ou da intervenção do *funcionário de facto*, equiparada àquela nos termos do artigo 1630.º do Código Civil português), no momento da celebração (casamento civil comum) ou em momento posterior (homologação do casamento urgente). Na falta de tal intervenção, o casamento é juridicamente inexistente [artigo 1628.º, alíneas a) e b), do Código Civil]. No caso do casamento católico, a aquisição da qualidade de cônjuge depende da intervenção da entidade competente à luz do Direito Canónico, intervenção que, neste contexto, equivale à do funcionário do registo civil, por força da recepção do Direito Canónico pelo direito português. E em qualquer das modalidades de casamento, o direito potestativo à extinção da relação matrimonial carece de ser integrado por um acto ulterior de uma autoridade estatal: o divórcio é decretado pelo juiz ou pelo conservador do registo civil.

A obrigatoriedade da intervenção do Estado, quando está em causa a constituição e a dissolução voluntária do vínculo matrimonial, evidencia o interesse público do núcleo conjugal. A família é, certamente, um grupo orientado para a satisfação das necessidades dos seus membros e, portanto, uma realidade que respeita prioritariamente às pessoas que a compõem. Mas a ligação comunitária de índole familiar, é também, segundo a lei básica, "elemento fundamental da sociedade" (artigo 67.º, n.º 1, da Constituição portuguesa), o que leva o Estado a limitar a autonomia das partes e a marcar presença enquanto intérprete do interesse colectivo.

4. A INDISPONIBILIDADE DOS DIREITOS CONJUGAIS SEXUAIS

83. Em meados do século XIX, Maine[1172] defende a existência de uma dada tendência em matéria de evolução da sociedade: "Em todo o seu desenvolvimento, tal evolução caracterizou-se pelo desaparecimento gradual da dependência perante a família, à qual se substitui progressivamente uma série de obrigações individuais. O indivíduo toma o lugar da família, como unidade de que se ocupa o Direito Civil". Teria ocorrido uma mudança a nível da fonte das situações jurídicas. "Não é difícil determinar o tipo de ligação que, pouco a pouco, substitui aquelas relações recíprocas de direitos e deveres que tinham a sua origem na família: é o contrato. Tomando como ponto de partida histórico uma situação social em que todas as relações entre sujeitos se resumem a relações familiares, parece ter havido um movimento constante no sentido de formas de organização social em que todas aquelas relações nascem do livre acordo entre os indivíduos". E o autor usa o vocábulo *status* para exprimir com uma fórmula o princípio que regeria as transformações mencionadas: "Todas as formas de *status* no Direito das Pessoas têm a sua origem nos poderes e privilégios antigamente atribuídos à família, que ainda desempenham uma certa influência. Se, por conseguinte, adoptarmos o termo *status* na acepção que lhe atribuem os melhores escritores, sem o referir a situações que directa ou indirectamente resultam de um acordo, podemos dizer que a evolução das organizações sociais tem sido até agora caracterizada pela passagem *do status ao contrato*".

Opondo o *status* ao *contrato*, Maine pressupõe a indisponibilidade das situações jurídicas emergentes de uma ligação orgânica de pertença a um grupo. Descrevendo todo o processo de desenvolvimento das sociedades humanas como um processo de transição do *status* para o contrato, declara que é, em geral, cada vez menor a importância que o *status*, e acima de tudo o *status* familiar, assume na

---

[1172] MAINE, *Ancient Law: Its Connections with Early Story of Society and Its Relations to Modern Ideas*, 10.ª ed., London, Murray, 1906, pp. 172-174 (a 1.ª ed. é de 1864).

determinação da existência e da natureza dos direitos e deveres que cabem aos indivíduos. No entanto, a entusiástica recepção da "lei de Maine"[1173] não deu azo a uma contestação ampla do carácter estatutário do conjunto dos próprios direitos e deveres conjugais pessoais. Durante o período em que alcançou maior popularidade, a "lei de Maine" foi, aliás, normalmente, associada ao liberalismo económico, tendo sido quase exclusivamente aplicada ao campo patrimonial, pela Sociologia do Direito[1174]. Além disso, ao adoptar um conceito de *status* que exclui "situações que directa ou indirectamente resultam de um acordo", Maine foi o primeiro a reconhecer, implicitamente, a ineficácia da sua fórmula no âmbito da relação conjugal[1175].

Entretanto, as transformações do século XX vieram desmentir a ideia de que o progresso social é sinónimo de "mais contrato". As restrições da liberdade contratual atingiram tal proporção que uma parte

---

[1173] Cfr. GRAVESON, *Status in the Common Law*, University of London, The Athlone Press, 1953, p. 33: "The unquestioning acceptance which that dictum has so universally received is no more than a natural recognition of its author's scholarly eminence. The very brilliance of Maine's generalisations hypnotised contemporary thought".

[1174] Cfr. ROPPO, *O contrato*, trad. portuguesa do italiano (*Il contratto*, Bologna, il Mulino, 1977), Coimbra, Livraria Almedina, 1988, p. 28: "Quando Maine observava que a sociedade que lhe era contemporânea (portanto, a sociedade do séc. XIX) baseava-se no contrato e na liberdade de contratar, ao contrário das sociedades antigas governadas pelos vínculos de *status*, elevava o contrato a eixo fundamental da sociedade liberal, a protótipo dos seus valores e dos seus princípios (da livre iniciativa individual à concorrência entre os empresários no mercado, à procura ilimitada de lucro...) em antítese com o modelo de organização da sociedade do «antigo regime», com os seus resíduos feudais, com os seus vínculos e privilégios corporativos, com a sua economia fechada". Ver também SCHWENZER, *Vom Status zur Realbeziehung (Familienrecht im Wandel)*, Baden-Baden, Nomos, 1987, p. 274: "Auf dem Gebiet des Vermögensrechts ist der soziale Wandel von primitiven zu modernen Gesellschaften von der rechtssoziologischen Forschung oft als Entwicklung «from status to contract» beschrieben worden".

[1175] Cfr. GRAVESON, *Status in the Common Law* cit., p. 36, que critica Maine pela "confusion of thought which is apparent in a refusal to regard as status legal conditions resulting from agreement of certain kinds, particularly marriage"; "it is not the agreement itself which secures the status, but the State alone when the agreement has been both made and performed according to its terms".

da doutrina chega a aludir a um movimento "do contrato para o *status*"[1176]. A frase, que não é muito feliz[1177], ilustra, porém, a decadência do princípio de Maine. Curiosamente, o princípio é agora retomado por Schwenzer[1178], que o pretende aplicar, com adaptações, ao Direito da Família: ao longo do século XX, o Direito da Família evoluiu «from status to contract *and* relation». O regime jurídico influenciado pela ideologia do *status*, assente em regras rígidas, típico do início do século XX, teria sido gradualmente substituído por um regime jurídico que reconhece a autonomia privada no desenvolvimento das relações pessoais e que, na ausência de um acordo entre as partes, tem em consideração "a relação tal como é vivida no caso concreto" ("die konkret gelebte Beziehung im Einzelfall"). Mas fica por demonstrar o afastamento da indisponibilidade dos direitos conjugais, porque, no plano do Direito Matrimonial, Schwenzer debruça-se apenas sobre o tema do divórcio. Discorrendo acerca dos pressupostos do divórcio e acerca dos efeitos do divórcio, quanto aos alimentos entre os cônjuges e à regulação do poder paternal[1179], o autor não se pronuncia especificamente sobre os acordos e as práticas em matéria de deveres conjugais. O esforço de comprovação da tese da flexibilidade da disciplina jus-matrimonial tem em vista o regime que regula a extinção e as consequências da extinção do vínculo matrimonial e não o regime que vigora na constância do matrimónio. Para representar a fase do *status*, é invocada a época em que a questão da culpa determina a concessão do divórcio e as consequências deste. Para representar a fase actual, de "contract and relation", invoca-se: enquanto manifestação da vertente contratual, a admissibilidade do divórcio por mútuo consentimento, bem como dos acordos que definem a situação posterior ao divórcio (regulação do poder paternal e prestação de alimentos); enquanto manifestação da vertente da "relação real" ("Realbeziehung"), a possibili-

---

[1176] Cfr., entre outros, ALPA, *Status e capacità* cit., p. 30 e s., pp. 205-206, e RESCIGNO, "Situazione e status " cit., pp. 217-218.

[1177] Não se pode falar de um retorno ao *status* – nem em sentido técnico, nem sequer no sentido de Maine (cfr. GRAVESON, *Status in the Common Law* cit., p. 51 e s.).

[1178] SCHWENZER, *Vom Status zur Realbeziehung* cit., em especial p. 274 e s.

[1179] SCHWENZER, *Vom Status zur Realbeziehung* cit., p. 31 e s.

dade de o divórcio ser requerido unilateralmente, independentemente da culpa da outra parte, e os critérios que são tidos como centrais na fixação dos alimentos entre os ex-cônjuges (duração do casamento e guarda dos filhos) e na regulação do poder paternal (dimensão psíquica da relação progenitores-filhos).

As opiniões acerca da tendência que se verifica quanto ao *status* e ao contrato – evolução do *status* para o contrato, do *status* para o contrato e a relação ou do contrato para o *status* – baseiam-se numa ideia comum: a da incompatibilidade entre o *status* e o contrato. Ao analisar o regime jurídico italiano da relação conjugal, Giaimo[1180] põe em causa esta ideia. Se o artigo 143 do *Codice Civile* enuncia os direitos e deveres recíprocos dos cônjuges, o artigo 144 prevê que a orientação da vida familiar é acordada entre os cônjuges. Assim sendo, a enumeração legal não impede a realização de acordos sobre os deveres conjugais. O *status* e o contrato podem coexistir. Importa unicamente saber qual a relação que existe entre as duas figuras. Sob a influência explícita de Alagna, que cita, Giaimo defende que o *status* tem carácter supletivo. Entre o *status* e o contrato haveria uma relação análoga à que se observa entre a sucessão legítima e a sucessão testamentária: a regulamentação legal aplica-se na falta de uma regulamentação voluntária. Há, é claro, restrições à autonomia privada – "limites inderrogavelmente definidos pelo ordenamento (por exemplo, a nível de direitos pessoalíssimos ou dos bons costumes)" –, mas são restrições que não advêm do *status*. "Pode dizer-se, em conclusão, que os acordos de orientação, expressão de uma vontade negocial, podem perfeitamente coexistir – no ordenamento italiano – com o *status* de cônjuge estabelecido pela disciplina do Código em matéria de casamento; no entanto, têm, perante este último, uma força prevalente, porque constituem uma *lex specialis* à face da regulamentação geral de índole legislativa".

Ora, é inequívoco que os titulares do *status* de cônjuge podem realizar acordos acerca de assuntos da sua vida em comum. Isso não significa, porém, que tais acordos se sobreponham à regulamentação que a lei associa ao *status* de cônjuge. O *status* e as situações jurídicas

---

[1180] GIAIMO, "Il matrimonio tra status e contratto", *Matrimonio, matrimonii* cit., pp. 337-339.

estatutárias[1181] são indisponíveis. A vontade das partes não pode derrogar os deveres conjugais legais. Apesar disso, o acordo tem um papel relevante, em virtude de a lei não fixar uma disciplina pormenorizada da vida conjugal. Como diz Giaimo, o *status* e o contrato podem coexistir. Todavia, e salvo excepção prevista na lei, a regulamentação estipulada pelos cônjuges não substitui a regulamentação dos efeitos do casamento que foi instituída pelo Código Civil; ao acordo cabe desenvolver e completar o regime legal[1182].

84. No entanto, como conciliar a orientação favorável à indisponibilidade com a concepção de interesse familiar que foi adoptada[1183] e com o facto de a lei portuguesa não conter nenhuma norma que proíba expressamente aos cônjuges a realização de acordos mediante os quais eles afastem os deveres legalmente previstos? Se os direitos conjugais tutelam prioritariamente o interesse dos próprios cônjuges, o que impede, afinal, que estes decidam livremente, em conjunto, acerca daqueles?

Em resposta, convém começar por dizer que, embora não exista nenhuma norma que impeça especificamente a realização, na constância do matrimónio, de acordos que derroguem os deveres conjugais, há preceitos que negam a licitude de acordos do género, quando efectuados no momento da celebração do casamento ou em momento anterior. É o caso dos artigos 1618.º, n.º 2, e 1699.º, n.º 1, alínea b), do Código Civil português. Que lógica presidiria a tais preceitos, se, após a celebração do casamento, as partes pudessem convencionar a alteração dos deveres recíprocos que a lei impõe aos cônjuges ?

[1181] Em meu entender, deve fazer-se a distinção. Para muitos autores, incluindo Giaimo, Schwenzer e Maine, o *status* não designa a qualidade de que resultam situações jurídicas, mas as situações jurídicas ligadas à qualidade que assume a pessoa. Seja como for, a questão, meramente formal (cfr. ALPA, *Status e capacità* cit., pp. 123-124), não merece uma atenção particular.

[1182] Cfr. LEVENEUR, "Introduction", em Fenouillet/Vareilles-Sommières (org.), *La contractualisation de la famille* cit., pp. 7-8: o papel do contrato é modesto no campo das relações pessoais dos cônjuges, não tendo vingado aqui a lei de Maine.

[1183] Cfr. *supra*, n.º 82.

O artigo 123, par. 1.º, do *Codice Civile*, determina que o casamento pode ser impugnado por qualquer um dos cônjuges quando os nubentes tenham combinado "não cumprir os deveres e não exercer os direitos" emergentes do casamento. Comentando a disposição, Paradiso[1184] afirma que não é possível encontrar uma diferença substancial entre um acordo anterior ao casamento, sempre ilícito, e um acordo posterior. Ferrari[1185], partidária da validade dos acordos em que os cônjuges derrogam os deveres de coabitação e de fidelidade, entende que se deve traçar uma distinção: os acordos a que se refere o artigo 123 são pactos que excluem *a priori*, de forma absoluta, a vinculatividade das obrigações emergentes do casamento. Deste modo, na sua opinião, o artigo não constituiria um obstáculo à validade dos acordos que se limitam a estabelecer a derrogação, sem carácter definitivo, de certos deveres conjugais.

Num ponto, Ferrari tem razão: a relevância do *pactum simulationis*, como causa de invalidade do casamento, implica a vontade de um afastamento irrestrito dos deveres conjugais. Retornando ao direito português, a anulação do casamento com fundamento em simulação só tem lugar quando as partes não tenham querido vincular-se a nenhum dos deveres conjugais legalmente previstos. A simulação tem de ser total. Se as partes declaram casar, aceitando certos deveres e rejeitando outros, aplica-se o artigo 1618.º, n.º 2, e não o artigo 1635.º, alínea d), do Código Civil. O casamento é válido e produz todos os seus efeitos legais. Os cônjuges estão, portanto, obrigados a cumprir todos os deveres constantes do artigo 1672.º. Contudo, não há motivo para uma avaliação diferente do acordo em que as partes convencionem a exclusão, provisória ou revogável, de um dado dever conjugal. Quando se prevê que a vontade de contrair casamento importa a aceitação de todos os efeitos legais do matrimónio e quando se dispõe que se consideram não escritas as cláusulas pelas quais os nubentes pretendam modificar os

---

[1184] PARADISO, *I rapporti personali tra coniugi* cit., pp. 179-180. Identicamente, RUSCELLO, "Accordi fra coniugi e dovere di fedeltà", *St.Iur.* 1999, p. 634, e *I rapporti personali fra coniugi* cit., p. 376.

[1185] FERRARI, "Gli accordi relativi ai diritti e doveri reciproci dei coniugi", *Rass.DC* 1994, pp. 795-796.

efeitos do casamento (artigo 1618.º), fica claro que se não reconhece às partes a faculdade de restringirem temporalmente a eficácia dos deveres conjugais através de um simples acordo.

Isto nada tem de surpreendente. O papel imprescindível do Estado na constituição e na extinção de cada vínculo conjugal[1186] evidencia a indisponibilidade do *status* de cônjuge e sugere igualmente a indisponibilidade das situações jurídicas que a lei associa à aquisição do *status*, sob pena de ocorrer uma desproporção manifesta entre os meios e os resultados. O tipo de intervenção do Estado nas vicissitudes do *status* conjugal exige contrapartidas suficientes na configuração da vida em comum dos seus titulares. Em princípio, as disposições legais relativas aos efeitos do casamento têm de ser vistas como imperativas. E a imperatividade não é prejudicada pelo regime da simulação do acto. Segundo Alice Feiteira[1187], a anulabilidade do casamento, na hipótese de os nubentes terem renunciado, por mútuo consentimento, ao exercício dos direitos que essencialmente decorrem do matrimónio, é, aparentemente, incompatível com a natureza imperativa do conteúdo do vínculo matrimonial, já que é permitido às partes libertarem-se deste vínculo, em vez de ficarem sujeitas ao mesmo e a todos os deveres conjugais. A incompatibilidade é, realmente, apenas aparente. As partes nunca conseguem adquirir o *status* de cônjuge sem ficarem sujeitas a todos os deveres conjugais legais. Ou é anulado o casamento ou sana-se a invalidade do acto. Havendo anulação, nem sequer se pode pensar na livre disponibilidade do vínculo. Faltou um pressuposto legal para a obtenção do *status* de cônjuge (a *vontade matrimonial* dos nubentes). Havendo sanação, o casamento produz os respectivos efeitos legais.

Mas a referência legal aos deveres conjugais é vaga, o que coloca o problema do âmbito preciso da sua inderrogabilidade. Até onde é possível ir na concretização dos conceitos indeterminados? A consagração da regra do acordo entre os cônjuges colide com a ideia de uma definição pormenorizada dos deveres conjugais injuntivos, a cargo da moral social. Prevê-se que os cônjuges decidam em conjunto sobre

---

[1186] Cfr. *supra*, n.º 82, *in fine*.
[1187] ALICE FEITEIRA, *Autonomia da vontade e efeitos pessoais do casamento* cit., p. 59.

aspectos importantes da sua vida em comum (cfr. artigo 1671.º, n.º 2, do Código Civil português). As últimas grandes reformas do Direito Matrimonial introduziram uma solução de compromisso entre a regulamentação heterónoma e a regulamentação autónoma[1188], o que força à seguinte conclusão: a indisponibilidade dos direitos conjugais abarca o núcleo essencial ou as "estruturas fundamentais" do casamento. Só que a dúvida permanece. Como delimitar o núcleo essencial do casamento?

A pergunta remete para o problema da justificação da indisponibilidade dos direitos conjugais, que se liga, por seu turno, à questão do fundamento da indisponibilidade do *status*. Na óptica de Carboni[1189], a "natureza rigorosamente pessoal e o interesse público subjacente a qualquer fenómeno de *status* tornam pleonástico qualquer discurso no sentido da sua indisponibilidade absoluta".

Fortino[1190] considera que os direitos emergentes do *status familiae* são irrenunciáveis e inegociáveis, em virtude de serem "estreitamente inerentes à pessoa". Prosperi[1191], que rejeita a necessidade da figura do *status*, não atribui particular significado à presença concreta e constante do Estado na constituição da relação familiar, esclarecendo que, tal como a indisponibilidade dos direitos de personalidade, a indisponibilidade das situações jurídicas familiares "deriva da circunstância de estas respeitarem a exigências fundamentais da pessoa". E estes autores não estão isolados na defesa da indisponibilidade dos direitos familiares, com base no argumento da "natureza rigorosamente pessoal". Todavia, o contributo explicativo deste argumento é inseguro. O

[1188] Cfr., no direito alemão, BRIGITTE LEHMANN, *Ehevereinbarungen im 19. und 20. Jahrhundert*, Frankfurt am Main, Peter Lang, 1990, p. 172: "Das 1. EheRG von 1977 enthält einen Kompromiß zwischen einer abschließend gesetzlich geregelten und einer von den Ehegatten in freier Übereinstimmung ausgestalteten Ehe. Denn es sollen nach dem Willen des Gesetzgebers die Grundstrukturen der Ehe beibehalten werden, doch haben die Ehepartner die Frage der Haushaltsführung im gegenseitigen Einvernehmen zu regeln".

[1189] CARBONI, *"Status" e soggettività giuridica* cit., p. 141.

[1190] FORTINO, *Diritto di Famiglia* cit., p. 51.

[1191] PROSPERI, "Rilevanza della persona e nozione di *status*" cit., pp. 827-828, nota 49, em que critica a posição de Criscuoli.

paralelo entre os direitos familiares e os direitos de personalidade não é muito convincente. Aqueles dizem respeito à pessoa e não à personalidade[1192]; a indisponibilidade dos direitos de personalidade apoia-se no "carácter essencial, necessário e inseparável da maioria dos bens jurídicos da personalidade física e moral humana (*v.g.*, a vida, o corpo, a liberdade e a honra)"[1193]. A isto acresce que não se observa um nexo de coincidência perfeita entre os direitos pessoais e os direitos indisponíveis, no campo do Direito Matrimonial[1194]. A inderrogabilidade do dever de assistência, delimitado pelo artigo 1675.º, n.º 1, do Código Civil português, extrai-se, nitidamente, do texto inicial do artigo 2008.º, n.º 1, cuja aplicação não é prejudicada pela especialidade da obrigação alimentar entre os cônjuges, e também do teor genérico dos artigos 1618.º, n.º 2, e 1699.º, n.º 1, alínea b). Por fim, o argumento da "natureza rigorosamente pessoal" é ambíguo, prestando-se a múltiplas utilizações. Pode-se, por exemplo, invocá-lo para sustentar a supletividade das normas legais que impõem deveres recíprocos aos cônjuges, alegando que esses deveres estão, justamente pela sua natureza, ao dispor das partes[1195]. Pode-se invocá-lo até para negar carácter jurídico a deveres conjugais[1196].

[1192] Cfr. CRISCUOLI, "Variazioni e scelte in tema di *status*" cit., p. 208: não é correcto o entendimento de que o *status* é indisponível por corresponder a um reflexo da personalidade do titular; "gli status riguardano la persona, non la personalità".

[1193] CAPELO DE SOUSA, *O direito geral de personalidade*, cit., pp. 404-405.

[1194] É o que sublinha ANGELONI, *Autonomia privata e potere di disposizione nei rapporti familiari*, Padova, CEDAM, 1997, pp. 280-282: o artigo 160, integrado na secção das disposições gerais do regime patrimonial da família do *Codice Civile*, comporta a "rottura del presunto nexo non patrimonialità-indisponibilità"; ainda que se entenda que a disposição, ao determinar que é vedado aos nubentes derrogar os deveres resultantes do casamento, é aplicável aos deveres conjugais pessoais, tem de se admitir a indisponibilidade de situações jurídicas conjugais de cariz patrimonial.

[1195] Cfr. ZOPPINI, "L'autonomia privata nel Diritto di Famiglia, sessant'anni dopo", *RDC* 2002, pp. 223-224, que se inclina para a "legittimità del potere di autodeterminazione" dos cônjuges em todas as matérias que não prejudiquem a "disciplina posta a tutela dei figli menori e, più in generale, dei terzi che con il nucleo familiare entrano in contatto".

[1196] Assim, COMES, *Der rechtsfreie Raum (Zur Frage der normativen Grenzen des Rechts)*, Berlin, Duncker § Humblot, 1976, p. 91: "Soweit die «ehelichen Pflichten» also höchstpersönlicher Natur sind, stellen sie keine Rechtspflichten dar".

Concentremo-nos, portanto, no argumento do interesse público. O chamado interesse familiar nada mais é do que o interesse comum dos membros da família. Apesar disso, os interesses, pessoais ou comuns, dos indivíduos, não são os únicos que são atendíveis no quadro da regulamentação jus-familiar. O vínculo familiar apresenta um interesse público mediato, que, designadamente, legitima o nível que a acção do Estado assume na fase da constituição e da extinção da relação conjugal e transparece na tendência para a apreciação da conformidade do exercício da autonomia privada, em assuntos familiares, com a ordem pública[1197]. Em que consiste esse interesse público? O texto da Constituição portuguesa não receou um lugar-comum: a família surge como "elemento fundamental da sociedade". Na família, estabelecem-se relações entre certas pessoas, mas elas estão também em contacto com o resto do mundo[1198]. Uma visão completa exige que se tenha em conta

---

[1197] Cfr. BÉNABENT, "L'ordre public en Droit de la Famille", *L'ordre public à la fin du XX siècle*, avec la coordination de Thierry Revet, Paris, Dalloz, 1996, p. 27 e s.; DONISI, "Limiti all'autoregolamentazione degli interessi nel Diritto di Famiglia" cit, pp. 11-12; MULIERI/RAITI, "Limiti costituzionali, ordine pubblico e buon costume nel nuovo Diritto di Famiglia", *Il nuovo Diritto di Famiglia (Contributi notarili)*, Milano, Giuffrè, 1975, p. 5 e s.; VALPUESTA FERNANDEZ, *Los pactos conyugales de separación de hecho* cit., p. 163 e s. Na opinião de KIRCHHOF, *Die rechtliche Behandlung von Ehegestaltungsvereinbarungen*, dact., Inauguraldissertation zur Erlangung des Grades eines Doktors des Rechts, Rheinischen Friedrich-Wilhelms-Universität, Bonn, 1995, pp. 83-84, os acordos que atinjam o "Kernbereich der ehelichen Lebensgemeinschaft" são nulos por violarem os "bons costumes" ("die guten Sitten", § 138 do BGB). Seguindo a lição de MENEZES CORDEIRO, *Da boa fé no Direito Civil* cit., p. 1220, predomina, no direito alemão, uma noção ampla de bons costumes, que engloba a de ordem pública. De qualquer modo, no quadro do direito português, em que bons costumes e ordem pública são figuras dotadas de domínios conceituais próprios (cfr. MENEZES CORDEIRO, ob. cit., pp. 1222-1223), os acordos contrários aos deveres essenciais da comunhão conjugal violam-nas simultaneamente: violam os bons costumes, ao colidirem com a moral social no plano familiar; violam a ordem pública porque "o núcleo fundamental dos bons costumes é de ordem pública".

[1198] Cfr. TERESA RIBEIRO, "Família e psicologia", *Traços da família portuguesa* cit., p. 64: "A família como sistema existe em interacção com outros sistemas circundantes – os *supra-sistemas* (família alargada, escola, trabalho, amigo, vizinhos), numa relação circular". Por isso, a vida familiar é uma "aventura individual" com repercussões sociais (cfr. LENSEL/LAFOND, *La famille à venir* cit., p. 213).

que a união conjugal não se esgota numa mera ligação entre duas pessoas – é ainda uma parte especialmente relevante do todo social[1199]. A *ratio* da indisponibilidade radica na *função social (da função comunitária) da família*[1200]. Como escreve Teresa Ribeiro[1201], é a família que realiza preferencialmente uma função fundamental do ser humano, que se traduz "na articulação entre o indivíduo e a sociedade, conseguindo com equilíbrio o «estar bem consigo próprio» e o «estar bem

---

[1199] Cfr. ROBBEL, *Die Einigung in der ehelichen Lebensgemeinschaft*, dact., Inauguraldissertation zur Erlangung des Grades eines Doktors des Rechts, Freien Universität Berlin, 1997, pp. 30-31 (na concepção jurídica actual, o casamento reveste um duplo carácter: "Einerseits ist sie eine einzigartige, natürliche, menschliche Individualbeziehung"; "Andererseits stellt die Ehe eine soziale überpersönliche Institution dar. Sie ist eine der wesentlichsten Grundlagen der Familie und der Ordnungsformen der im Staat zusammengeschlossenen menschlichen Gemeinschaft").

[1200] Cfr. DESCHAMPS, "Les renonciations en Droit de la Famille", *D*. 1993, chron., p. 259 (o regime restritivo da renúncia aos direitos familiares funda-se na função social da família).

[1201] TERESA RIBEIRO, "Família e psicologia" cit., p. 58. Ver também QUADRIO, "La realtà psicologica dell'uomo di oggi e il matrimonio", *Il matrimonio oggi tra crisi e rinnovamento* (Atti del Convegno Internazionale promosso dalla Facoltà di Giurisprudenza dell'Università Cattolica, Milano), Milano, Vita e Pensiero, 1980, p. 121 (o casamento não visa exclusivamente o *bonum coniugum*, é "anche sede di costruzione del sociale, di impegno nella prospettiva di realizzazione di un progetto di vita costituito da obiettivi concreti di arricchimento dell'esperienza, di miglioramento personale, di maturazione, di trasferimento dell'esperienza stessa ai figli e in senso più ampio alla società"); e, já num enquadramento puramente jurídico, BORTEN, "Sex, Procreation and the State Interest in Marriage" cit., p. 1123 e s. (a relevância social do casamento enquanto factor de estabilidade, entreajuda e educação, explica o interesse do Estado na respectiva protecção); MILLARD, *Famille et Droit Public* cit., p. 93 (destaca "l'importance pour l'Etat d'un fonctionnement «correct» de la famille, c'est-à-dire l'importance de voir certaines fonctions familiales remplies", como, por exemplo, "celles de l'éveil au collectif, ou de la socialisation, qui, par l'éducation, la transmission des valeurs, fait de l'individu égoïste un citoyen potentiel"); SURAULT, "Les transformations du modèle familial et de ses fonctions socio-économiques", em AAVV, *Le droit non civil de la famille*, Paris, PUF, 1983, p. 425 ("C'est, en effet, d'abord au sein de la famille que se reproduit l'idéologie, que se transmettent les normes, les valeurs dominantes, qui constituent le support des rapports sociaux dans une société, lesquels viennent justifier, et, par là même, renforcer les rapports sociaux de production existants, la cohésion sociale et le respect du système établi").

com os outros», ou seja, adequar individuação (nas dimensões afectiva, cognitiva e comportamental) e socialização". A incompreensão do significado do interesse público tem levado a perspectivas deformadas dos deveres conjugais. Pawlowski[1202], nomeadamente, acha que o interesse do Estado na protecção da família se justifica na medida em que esta corresponda às necessidades de uma "sociedade industrial dinâmica". À "forma *europeia* de casamento", à pequena família monogâmica, seria reconhecido interesse geral, por conjugar mobilidade e estabilidade da maneira que convém a uma economia avançada. Consequentemente, o autor recusa natureza jurídica aos deveres conjugais pessoais e concebe a união conjugal praticamente como uma organização de vocação económica. Paradoxalmente, a decadência da função económica da família é apontada como um dos indícios do "processo de privatização da família na sociedade ocidental"[1203]. Na verdade, a importância social da família prende-se, principalmente, com o papel cultural e psíquico que desempenha na vida do indivíduo.

Note-se, porém, que, na área do Direito da Família, a tutela do interesse público se tem de fazer tendo presente que o interesse primário pertence a quem compõe a família. É em nome deste aspecto que a família conjugal se não constitui sem que ambas as partes o tenham consentido[1204] e que o divórcio não é decretado oficiosamente. A indisponibilidade decorre efectivamente do interesse público da relação conjugal, mas o seu âmbito tem de ser delimitado mediante o sopesar do interesse do indivíduo perante o interesse social.

No pensamento de Comes[1205], a fidelidade e a comunhão de corpos não cabem na área do Direito injuntivo. Não cabem sequer na área

---

[1202] PAWLOWSKI, *Das Studium der Rechtswissenschaft* cit., pp. 320-323.

[1203] Cfr. CAMPANINI, "La famiglia fra «pubblico» e «privato»" cit., pp. 66-68.

[1204] Cfr. SCALISI, "Consenso e rapporto nella teoria del matrimonio civile", *RDC* 1990, I, p. 158: "nell'istituto del matrimonio civile si fronteggiano due piani di interessi apparentemente – ma solo apparentemente – in conflitto tra loro: un interesse, di rango sicuramente individuale, alla purezza e libertà del consenso inteso ad evitare che i soggetti possano restare legati ad un impegno che non hanno voluto e non vogliono; e un interesse, invece collettivo, sociale o più esattamente pubblico alla certezza e stabilità del vincolo".

[1205] COMES, *Der rechtsfreie Raum* cit., p. 41 e s., p. 73 e s.

do Direito. Para o autor, o "espaço livre de Direito" é composto por aspectos cuja "exigência de autonomia individual" supera a "conexão social" ("Sozialbezug"). Na sua dimensão mais íntima, mais característica, a relação conjugal não teria suficiente "referência externa" ("Fremdbetroffenheit"). Em todos os assuntos predominantemente pessoais, o Direito tem de respeitar a autonomia das partes, "isto é, a sua liberdade perante o estabelecimento externo de conteúdos matrimoniais e também perante a fixação estatal dos mesmos conteúdos por via legal"[1206]. No caso do casamento, compete ao Direito assegurar a realização pessoal dos indivíduos. "Deste modo, tem de atender aos seus valores e de ajudá-los na resolução das suas dificuldades práticas, ou seja, nas questões dos alimentos, da administração, das relações com terceiros e assim por diante".

Comes equipara a relação pessoal dos cônjuges à relação de amizade. No entanto, há uma diferença relevante entre uma e outra (ou entre a primeira e a união de facto). As formalidades preliminares do casamento, a cerimónia e o registo atribuem à relação conjugal uma projecção social incomparável. Uma relação resultante de um acto particularmente solene e publicitado não tem significado idêntico ao de qualquer outra relação. Se nos é permitido fazer algum humor, o próprio Comes[1207] esclarece que um jogo de futebol "oficial" está dentro das fronteiras do Direito, ao contrário do que acontece com um jogo entre amigos ou conhecidos.

Bem diferente é o juízo de Hepting[1208], que se não deixa ofuscar pelo argumento da "natureza rigorosamente pessoal". Procurando delimitar o "espaço livre de Direito" com base nos critérios da "intensidade da necessidade de autonomia" e da "intensidade da conexão social", o jurista alemão situa o dever de fidelidade sexual, explicitamente, no "espaço de Direito injuntivo".

85. Sob o ponto de vista da lógica formal, a nossa concepção, restrita, de fidelidade aponta para um único caminho: a submissão da

---
[1206] COMES, ob. cit., p. 90.
[1207] COMES, *Der rechtsfreie Raum* cit., p. 44.
[1208] HEPTING, *Ehevereinbarungen* cit., p. 215 e s., em especial p. 224.

exclusividade sexual à regra geral da inderrogabilidade dos deveres conjugais legais. O acordo que permite o adultério não deixa nenhum conteúdo a um dos deveres nominados. No seio de uma concepção ampla do dever de fidelidade, detecta-se, pelo contrário, uma linha de pensamento[1209] que, procedendo a uma graduação distinta dos vários conteúdos que aquele dever albergaria, se inclina para a *negociabilidade* da exclusividade sexual. O acordo que afasta a exclusividade sexual seria válido por não atingir o núcleo essencial do dever de fidelidade ("compromisso de dedicação" ou "vontade de plena união"), este sim sujeito ao princípio da inderrogabilidade. A crítica desta orientação[1210] e da noção de fidelidade conexa[1211] foi já efectuada. Contudo, a proibição absoluta do adultério vigora independentemente do conteúdo, mais ou menos extenso, apontado ao dever de fidelidade.

No direito português actual, o artigo 1795.º-D, n.º 3, do Código Civil representa um sinal da intangibilidade da obrigação de exclusividade sexual. Numa fase em que, apesar da extinção do dever de coabitação, o vínculo conjugal subsiste, a prática do adultério é motivo para a obtenção unilateral e imediata do divórcio, o que constitui o único desvio explícito ao regime consagrado no n.º 1 do artigo referido, para o requerimento unilateral da conversão. À luz da lei, com o adultério, a permanência do vínculo matrimonial modificado perde inteiramente a sua razão de ser. A exclusividade sexual surge, portanto, como o *último reduto* do vínculo.

Mas, a injuntividade da proibição de ter relações sexuais com terceiro encontra no princípio do casamento monogâmico um fundamento menos localizado e menos datado. A interdição da poligamia simultânea corresponde a um princípio fundamental da civilização ocidental[1212], que teve origem no Direito Romano e que se consolidou com a

---

[1209] Cfr., nomeadamente, ALAGNA, *Famiglia e rapporti tra coniugi* cit., p. 77 e s.; FERRARI, "Gli accordi relativi ai diritti e doveri reciproci dei coniugi" cit., p. 781 e s.; FURGIUELE, *Libertà e famiglia* cit., pp. 145-146, n. 76, e 163-164; ZATTI, "I diritti e i doveri che nascono dal matrimonio" cit., p. 28 e s., p. 182 e s.

[1210] Cfr. *supra*, n.º 36 e s.

[1211] Cfr. *supra*, n.ºˢ 31 e 34.

[1212] Nas palavras de CARBONNIER, *Droit civil 2* cit., p. 443, trata-se de "une clef de voûte de la civilisation européenne".

difusão do cristianismo[1213]. Nos dias de hoje, a proibição reflecte-se numa norma que impede a celebração de novo casamento antes de o casamento anterior estar dissolvido [artigo 1601.º, alínea c), do Código Civil português, artigo 147 do *Code Civil*, artigo 46/2.ºdo Código Civil espanhol, § 1306 do BGB, artigo 86 do *Codice Civile*] e alarga-se a institutos análogos ao casamento, como o da união entre homossexuais constituída, mediante declaração das partes, perante funcionário do Estado competente (vulgarmente conhecida como "casamento de homossexuais")[1214]. Não obstante isto, o princípio do casamento monogâmico tem um significado que ultrapassa a sua vertente preventiva, de obstáculo à celebração da cerimónia de casamento (ou da cerimónia de união homossexual) – manifesta-se no desenrolar da relação conjugal validamente constituída através do dever de exclusividade sexual, como é reconhecido por partidários[1215] e adversários[1216] da inderrogabilidade deste mesmo dever.

[1213] Como frisa BÉNABENT, *Droit Civil. La famille* cit., p. 33, o princípio "ne paraît pas lié à la christianisation puisqu'il était déjà reçu avant celle-ci en droit romain". Cfr. FUMAGALLI, "Matrimonio nel Diritto Romano", *Dig. D.P.*, Sez.Civ., XI, 1994, p. 322 (no Direito Romano, tem lugar uma "rigorosa e costante applicazione del principio monogamico"); VOLTERRA, "Matrimonio (diritto romano)", *ED*, XXV, 1975, p. 795 (o princípio monogâmico está presente tanto no direito clássico como no direito pós-clássico e justinianeu).

[1214] Ver, no ordenamento alemão, a LPartG, de 16 de Fevereiro de 2001, cujo § 1 II 1 estabelece: "Eine Lebenspartnerschaft kann nicht wirksam begründet werden mit einer Person, die minderjährig oder verheiratet ist oder bereits mit einer anderen Person eine Lebenspartnerschaft führt".

[1215] WACKE/MünchKomm cit., § 1353, Nm. 30, acompanhado por AMBROCK, "Zur Bedeutung des § 1353" cit., p. 1; ERMAN/HECKELMANN (1993) cit., § 1353, Nm. 5; STAUDINGER/HÜBNER/VOPPEL cit., § 1353, Nm. 31.

[1216] Cfr. FERRARI, "Gli accordi relativi ai diritti e doveri reciproci dei coniugi" cit., p. 786; FRACCON, "I diritti della persona nel matrimonio" cit., pp. 377-378 (é válido o acordo "che consenta reciprocamente, nel rispetto della parità coniugale, una certa libertà", mas não o acordo mediante o qual um ou ambos os cônjuges renunciem à exclusividade sexual, "dal momento che l'attuale cultura della famiglia, sia legittima, che di fatto, è ispirata al principio monogamico"). Cfr. ainda CALAIS-AULOY, "Pour un mariage aux effets limités" cit., pp. 257-258, que, *de jure condendo*, defende até a abolição do dever de exclusividade sexual, afirmando que a sociedade ocidental é menos realista do que certas sociedades que admitem a poligamia; MCMURTRY,

Ora, é grande a relevância do princípio da monogamia nos Estados europeus, sendo frequentemente invocado para limitar a aplicabilidade das leis de países islâmicos às relações privadas internacionais, através do mecanismo da ordem pública internacional[1217]. Devido à "pressão da imigração muçulmana"[1218], o assunto tem sido muito debatido no meio jurídico francês. Aqui vinga a posição que distingue entre efeito pleno e efeito atenuado da ordem pública internacional. É negada qualquer eficácia à poligamia constituída em território gaulês e é concedida uma certa eficácia ao casamento poligâmico regularmente celebrado no estrangeiro[1219]. Todavia, o reconhecimento de eficácia ao

---

"Monogamy: a Critique", em Freeman (org.), *Family, State and Law*, vol. I, Aldershot (England), Ashgate, 1999, pp. 288, 290 e 291, que, ao contestar o "dogma" da monogomia, esclarece que dele decorre a proibição do adultério.

[1217] Segundo MARQUES DOS SANTOS, *As normas de aplicação imediata no Direito Internacional Privado. Esboço de uma Teoria Geral*, Coimbra, Livraria Almedina, 1991, p. 738, "a designação *ordem pública (internacional)* deve ser guardada para a reserva, excepção ou limite de carácter geral à aplicação *in concreto* das leis estrangeiras normalmente competentes de acordo com as normas de conflitos, quando tal aplicação ofenda gravemente valores ético-jurídicos fundamentais da ordem jurídica do foro, tal como está consagrado, entre nós, no artigo 22.º do Código Civil". Parece duvidar desta noção LIMA PINHEIRO, *Direito Internacional Privado*, vol. I, *Introdução e Direito dos Conflitos. Parte Geral*, Coimbra, Almedina, 2001, p. 467. De qualquer forma, no contexto, importa somente recordar que os princípios veiculados pela ordem pública internacional têm carácter mais restrito do que os princípios inscritos na ordem pública interna (cfr. LIMA PINHEIRO, ob. cit., p. 465; MARQUES DOS SANTOS, *Direito Internacional Privado. Sumários*, Lisboa, AAFDL, 1987, p. 183): a ordem pública internacional só abrange os princípios de ordem pública interna de cuja aplicação a ordem jurídica do foro não abdica mesmo nas relações privadas internacionais reguladas por uma lei estrangeira.

[1218] CORNU, *Droit Civil. La famille* cit., p. 273. Cfr. o estudo de DÉPREZ, "Statut personnel et pratiques familiales des étrangers musulmans en France. Aspects de droit international privé", *Familles – Islam – Europe. Le Droit confronté au changement*, sous la direction de Marie-Claire Foblets, Paris, L'Harmattan, 1996, p. 57 e s.

[1219] É o que relata FENOUILLET, *Droit de la Famille* cit., p. 48. Em Portugal, a doutrina inclina-se igualmente para a tese do efeito atenuado da ordem pública internacional, no domínio do Direito Matrimonial: cfr. BAPTISTA MACHADO, *Lições de Direito Internacional Privado*, 3.ª ed., Coimbra, Livraria Almedina, 1988, p. 267 (sobre o casamento poligâmico); MARQUES DOS SANTOS, *As normas de aplicação*

casamento poligâmico cobre somente aspectos das relações patrimoniais (v.g., direito da segunda mulher a exigir alimentos ao marido ou a beneficiar de uma indemnização devida pela morte do cônjuge) e não das relações pessoais (p. e., a obrigação de fidelidade da segunda mulher perante o marido) entre cônjuges[1220]. O efeito atenuado da ordem pública internacional não questiona o valor elevado do dever de exclusividade sexual na acepção do ordenamento jurídico interno francês.

A discriminação patente da mulher no regime do casamento islâmico leva alguns autores[1221] a privilegiar a questão da igualdade entre homem e a mulher, no quadro do funcionamento da ordem pública internacional. Por esse motivo convém lembrar que o princípio do casamento monogâmico não constitui uma emanação do princípio da igualdade dos sexos[1222]; tendo atravessado incólume períodos histó-

---

imediata no Direito Internacional Privado cit., p. 171 e s. (para ilustrar as consequências do recurso excessivo à reserva de ordem pública internacional, o autor procede a uma exposição crítica da jurisprudência espanhola atinente à indissolubilidade do vínculo matrimonial e às modalidades de casamento, durante o período que decorre desde a entrada em vigor do Código Civil de 1889 até ao início da vigência da Constituição de 1978 e da Lei n.º 30/81, de 7 de Julho, demonstrando que os tribunais espanhóis raramente admitiam o efeito atenuado da ordem pública, facto que censura).

[1220] Cfr. GALOPPINI, "Ricongiungimento familiare e poligamia", *DFP* 2000, p. 749 e s. Não obteve sucesso a tese de BOURDELOIS, *Mariage polygamique et droit positif français*, Paris, GLN Joly, 1993, p. 240 e s., segundo a qual "les dispositions relatives aux relations personnelles entre époux des droits étrangers reconnaissant la polygamie ne heurtent pas systématiquement l'ordre public français". Já no próprio prefácio da obra, BOUREL considerava que a perspectiva da autora acerca do âmbito de aplicação da "lex matrimonii" não deixaria de suscitar reservas (p. IX). Numa recensão, PUTMAN esclarece o leitor de que o texto de Bourdelois se distancia do direito positivo, com a intenção de o melhorar (*RTDC* 1994, p. 198).

[1221] Cfr. DÉPREZ, "Statut personnel et pratiques familiales des étrangers musulmans en France" cit., pp. 95-97.

[1222] Cfr. ENDRÉO, "Bigamie et double ménage", *RTDC* 1991, p. 281. A aplicação do Direito Islâmico ao casamento nos tribunais europeus coloca dois problemas diferentes – compatibilidade com o princípio monogâmico e compatibilidade com o princípio da igualdade entre o homem e a mulher –, qualquer um deles susceptível de acarretar a intervenção da ordem pública internacional (cfr. GALOPPINI, "Ricongiungimento familiare e poligamia" cit., pp. 752-753).

ricos de desigualdade nítida entre a posição do marido e da mulher tanto na família como na sociedade em geral, impede também a poliandria e o casamento entre os nubentes que estejam ambos casados com outrem. Tão-pouco se pode pensar que a monogamia tem raízes económicas, como sugere Pawlowski[1223] ou que se deve à necessidade de assegurar a conformidade do princípio de paternidade presumida do marido da mãe com a paternidade biológica[1224]. Se se recuar ao tempo do Império Romano em que se institucionalizou o casamento monogâmico, descobre-se que a mutação se deve a uma nova moral, de inspiração estóica, que vê nos cônjuges "companheiros de toda a vida"[1225]. O ideal do "companheirismo preferencial" chegou até à nossa época, por razões de estabilidade e segurança[1226]. O elemento pacificador inerente ao compromisso de exclusividade sexual interessa ao indivíduo e à sociedade. Ao indivíduo, porque o compromisso permite-lhe cessar a demanda de parceiros sexuais e investir mais na sua relação com uma determinada pessoa, o cônjuge, no pressuposto de que são menores os riscos da interferência de um terceiro, estranho ao casal. À sociedade, porque beneficia com o maior empenho na vida conjugal e com a diminuição de conflitos de ordem passional e sexual.

Em suma, é nulo qualquer acordo de disposição do direito de fidelidade, ainda que através dele se pretenda uma dispensa recíproca e temporalmente muito circunscrita do cumprimento da obrigação de exclusividade sexual[1227]. Não sendo obrigatório o exercício do direito

---

[1223] Cfr. *supra*, n.º 84.

[1224] Cfr. CALAIS-AULOY, "Pour un mariage aux effets limités" cit., pp. 257--258.

[1225] Cfr. VEYNE, "O Império Romano", *História da vida privada* (trad. portuguesa do francês), sob a direcção de Philippe Ariès e Georges Duby, vol. I, *Do Império Romano ao ano mil*, 2.ª ed., Edições Afrontamento, Porto, 1990, pp. 47-49.

[1226] Cfr. ENDRÉO, "Bigamie et double ménage" cit., pp. 269, 281 e 282; HEINZ, "Der Begriff der Ehe und seine Bedeutung" cit., p. 170 e s.; PIETROBON, "Sull'essenza del matrimonio civile" cit., p. 222. Na Alta Idade Média, o modelo germânico de casamento poligâmico ("Friedelehe") causou "terríveis batalhas entre mulheres para obterem o coração do homem... e o poder" (ROUCHE, "Alta Idade Média ocidental", *História da vida privada* I cit., pp. 459-460).

[1227] Cfr. KIRCHHOF, *Die rechtliche Behandlung von Ehegestaltungsvereinbarungen* cit., pp. 93-94, que se pronuncia pela invalidade de um acordo mediante o qual

de fidelidade, como não é obrigatório o exercício do direito a alimentos ou de outro direito indisponível, a funcionalidade intrínseca do direito, totalmente afectado à conservação da comunhão conjugal, não se compadece com a licitude de qualquer convenção de restrição do exercício.

A invalidade do acordo, porém, não impede que as partes actuem da maneira que combinaram[1228], nem implica a punição de quem se limitou a executar o que foi estipulado[1229]. Todavia, o fenómeno não colide com a declarada inderrogabilidade do dever de fidelidade, nem

---

dois cônjuges estipulam que, durante as férias, que costumam passar separados um do outro, será permitido a qualquer um deles ter relações sexuais com terceiro. Sobre "une convention temporaire présentée par des époux socieux de divorcer par consentement mutuel, aux termes de laquelle les parties se dispensaient mutuellement du devoir de fidélité", cfr. LÉCUYER, "Mariage et contrat" cit., p. 63; HAUSER, "Une fidélité conventionelle mais exclusive", *RTDC* 2000, pp. 296-297. Sobre um acordo de troca de parceiros entre dois casais, cfr. HAUSER, "Retour sur l'indisponibilité de l'obligation de fidélité: parties carrées", *RTDC* 2002, p. 78.

[1228] Cfr. BÉNABENT, "L'ordre public en Droit de la Famille" cit., p. 30 ("Rien n'interdit aux gens de vivre différemment de ce que prescrivent les règles d'ordre public. Ce qui leur est interdit, c'est de passer des conventions contraires, de s'engager à vivre différemment"); HAUSER, "Épouses et concubines: le dernier round?", *RTDC* 1999, pp. 817-819.

[1229] O acordo configura uma causa de exculpação do adultério, inviabilizando a sanção, correspondente a um conjunto de consequências patrimoniais desfavoráveis para o cônjuge adúltero ou à própria concessão do divórcio pedido pelo outro cônjuge [artigo 1780.º, alínea a), do Código Civil português]. No direito francês, cfr. BÉNABENT, *Droit Civil. La famille* cit., pp. 92-93 (o "pacte de liberté" pode afastar o "carácter injurioso" do adultério cometido durante o período de execução do acordo); LÉCUYER, "Je te suis fidèle, un peu, beaucoup, passionnément", *Dr. Fam.* 2001/3, pp. 24-25; LÉCUYER/LESTRINGANT, *Le couple en 200 décisions (De 1996 à 2001)*, *Dr. Fam.* 2001/Hors-série, pp. 68-69. No direito italiano, cfr. PARADISO, *I rapporti personali tra coniugi* cit., p. 38 (considerando que a obrigação de exclusividade sexual é inderrogável, defende que o "patto di esonero della fedeltà" exclui a possibilidade de o "addebito" da separação judicial caber exclusivamente ao cônjuge infiel), seguido por RUSCELLO, *I rapporti personali fra coniugi* cit., p. 380. No direito alemão, cfr. GRZIWOTZ, "Möglichkeiten und Grenzen von Vereinbarungen unter Ehegatten", *MDR* 1998, p. 1078 (o acordo de dispensa do dever de fidelidade não confere "ein Recht zur Fortsetzung eines außerehelichen Verhältnisses"; no entanto, "kann die wechselseitige Tolerierung außerehelicher sexueller Beziehungen im Rahmen der Scheidungsfolgen durchaus Bedeutung haben") e "Sexuelle (Vertrags-) Freiheit für Lebensgemeinschaften?", *FamRZ* 2002, p. 1155.

é algo de extraordinário no campo do Direito. Não é incompatível com a solução da inderrogabilidade, porque qualquer um dos cônjuges pode exigir, a qualquer momento e sem condições, que o outro lhe seja de novo fiel[1230]; a partir daí, qualquer infidelidade é susceptível de sanção. Não é algo de extraordinário, na medida em que, como é óbvio, a invalidade é uma simples qualificação jurídica e não um acto do mundo físico que se opõe, preventivamente, às operações materiais das partes. E também não é algo de extraordinário, em virtude de o Direito Civil Comum admitir que a culpa do lesado possa obstar à indemnizabilidade dos danos derivados de um acto ilícito praticado por outrem (artigo 570.º, n.º 1, do Código Civil português) e de o Direito do Trabalho prever um caso importante em que a invalidade não afecta a situação passada, constituída com base no mútuo consentimento das partes (o contrato de trabalho declarado nulo ou anulado "produz efeitos como se fosse válido em relação ao tempo durante o qual esteve em execução", nos termos do artigo 15.º, n.º 1, do regime jurídico do contrato de trabalho, aprovado pelo Decreto-Lei n.º 49 408, de 24 de Novembro de 1969, preceito a que corresponde o artigo 115.º, n.º 1, do Código do Trabalho).

O mesmo regime de nulidade é aplicável aos acordos que excluem, definitivamente ou por um período prolongado, a actividade sexual entre os cônjuges[1231]. A obrigação de ter relações sexuais

---

[1230] No sentido da livre "revogabilidade" do acordo inadmissível, cfr. KERSCHNER, "Vereinbarungen der Ehegatten über die Gestaltung der ehelichen Lebensgemeinschaft", *Familie und Recht*, Friedrich Harrer/Rudolf Zitta (org.), Wien, Wirtschaftsverlag Dr. Anton Orlac, 1992, p. 400.

[1231] A não ser que os acordos de castidade se baseiem em circunstâncias que, de qualquer modo, impossibilitariam o débito conjugal (*v.g.*, impotência, idade avançada) ou legitimariam a sua recusa unilateral (*v.g.*, risco de transmissão de uma doença grave através do contacto sexual): cfr. AMBROCK, *Ehe und Ehescheidung* cit., pp. 26-27; SOERGEL/LANGE cit., § 1353, Nm. 10. Defendem incondicionalmente a validade dos acordos, GRZIWOTZ, "Möglichkeiten und Grenzen von Vereinbarungen unter Ehegatten" cit., p. 1078; RAYMOND, *Droit Civil* cit., p. 537; ROLLAND, *Das neue Ehe- und Familienrecht* cit., Nm. 8 e 35; ROLLAND/ BRUDERMÜLLER cit., § 1353, Nm. 10 e 45. A última posição revela pouca sensibilidade no que respeita ao aspecto sexual da comunhão conjugal: cfr., sintomaticamente, GRZIWOTZ que, num texto recente ["Sexuelle (Vertrags-) Freiheit für Lebensgemeinschaften?" cit., p. 1156], aceita, sem reservas, a celebração de acordos em que as relações sexuais entre os cônjuges

exprime uma parte fundamental do dever de coabitação[1232]. É indiscutível que este dever se mostra mais frágil do que o dever de fidelidade, na medida em que depende das circunstâncias e se extingue logo que seja decretada a separação de pessoas e bens. Mas a exclusividade sexual apresenta carácter singular no conjunto dos deveres conjugais: é o único dever que se impõe, com o mesmo conteúdo, em todas as situações[1233]. Ora, não se pode supor que todos os outros deveres conjugais sejam derrogáveis, ignorando o que resulta do tom genérico das disposições legais que limitam a autonomia privada na área dos efeitos do casamento[1234]. E não há motivo para proceder a uma interpretação restritiva destinada a subtrair o dever de coabitação do domínio dos deveres conjugais inderrogáveis. Na sua dupla vertente de comunhão sexual e de comunhão de habitação, impõe os tipos de comportamento positivo mais relevantes no quadro de uma comunhão tendencialmente plena de vida.

No entanto, naquilo em que não esteja em causa o essencial do dever de coabitação, o aspecto individual sobreleva o aspecto social. Em princípio, os acordos dos cônjuges acerca da sua sexualidade comum são válidos desde que se não traduzam na negação do próprio dever de coabitação carnal[1235]. Ou seja, desde que não fiquem aquém

---

estejam dependentes de contrapartidas materiais, argumentando com o novo regime legal da prostituição ("Prostitutionsgesetz", em vigor na Alemanha desde o dia 1 de Janeiro de 2002).

[1232] Cfr. *supra*, n.º 46 e s.

[1233] Cfr. GERNHUBER/COESTER-WALTJEN, *Lehrbuch des Familienrechts* cit., p. 173.

[1234] Cfr. *supra*, n.º 84.

[1235] Cfr. PEDRO DE ALBUQUERQUE, *Autonomia da vontade e negócio jurídico em Direito da Família*, Lisboa, Centro de Estudos Fiscais, 1986: entende que é "incontrovertível a qualificação do dever de coabitar como de ordem pública" (p. 46) e considera que a lei não pode disciplinar com minúcia o débito conjugal, o que equivale a dizer que há espaço para uma regulamentação situada no campo da autonomia privada (pp. 158-160). Ver ainda ROBBEL, *Die Einigung in der ehelichen Lebensgemeinschaft* cit., pp. 54-56 (aceita a admissibilidade dos acordos acerca da actividade sexual, realizados dentro dos limites traçados pelas normas injuntivas, das quais resulta, nomeadamente, o dever jurídico de comunhão sexual).

do *padrão mínimo de conduta sexual comum*[1236]. O acordo cujo teor exceda o padrão mínimo exige mais do que é imposto aos cônjuges pelo Direito Matrimonial, pelo que está sujeito ao regime das restrições voluntárias aos direitos de personalidade: se não contrariar princípios da ordem pública, é válido mas livremente revogável (artigo 81.º do Código Civil português). O acordo de execução ou concretização do padrão mínimo pertence à categoria dos "acordos sobre a orientação da vida em comum"[1237]; não se extingue por acto discricionário de apenas uma das partes e o responsável pelo seu incumprimento é passível de incorrer em consequências jurídicas negativas[1238].

[1236] Cfr. *supra*, n.ºs 52 e 53. Como exemplo de uma posição demasiado rígida, cfr. REINHART, "Zur Festlegung persönlicher Ehewirkungen" cit., pp. 189-190, que não aceita a validade de nenhum dos acordos dos cônjuges sobre a sua vida sexual, por se referirem a um assunto que se insere no "Kernbereich der Ehe".

[1237] Acerca do regime dos acordos sobre a orientação da vida em comum, cfr. PEDRO DE ALBUQUERQUE, *Autonomia da vontade e negócio jurídico em Direito da Família* cit., pp. 81-82 (o autor fundamenta a impossibilidade de denúncia unilateral na necessidade de evitar a destruição, na prática, da regra da igualdade dos cônjuges); PANUCCIO, "L'indirizzo della vita familiare: rilevanza dell'inattuazione", *La riforma del Diritto di Famiglia dieci anni dopo* cit., p. 205 e s. (admite que o incumprimento do acordo influencie a determinação do "addebito" da separação judicial, opinião que julgamos ser de transpor para o nosso ordenamento, com a consequente atribuição de relevância àquele incumprimento em sede de declaração do cônjuge culpado, nos termos do artigo 1787.º do Código Civil português, e, como está implícito, em sede de concessão do divórcio, ou da separação judicial de pessoas e bens, com fundamento em violação culposa dos deveres conjugais). Com uma visão oposta, DE CUPIS, "Efficacia dell'accordo coniugale circa l'indirizzo della vita familiare", *RDC* 1984, II, p. 362 e s.: sustenta "che il potere derivante dall'accordo coniugale circa l'indirizzo della vita familiare sia operante semplicemente come facoltà di agire, atta a qualificare come lecita l'attuazione dell'indirizzo concordato, senza che dalla inosservanza dello stesso accordo derivi un'azione individuale rivolta ad ottenere un provvedimento giudiziale"; e acrescenta que "perché la facoltà derivante dall'accordo sia realmente esercitata e sia rispettata dall'altro coniuge, non basta l'iniziale accordo, ma occorre la perdurante costanza di esso".

[1238] Sem prejuízo de alguma sensibilidade na apreciação dos factos: "la delicatezza della materia impone di valutare attentamente il «mutamento delle circostanze» e di dare rilievo adeguato alle allegazioni di ciascuno circa l'eccessiva gravosità dell'intesa sui rapporti sessuali" (PARADISO, *I rapporti personali tra coniugi* cit., p. 173).

PARTE III

GARANTIA DOS DEVERES CONJUGAIS SEXUAIS

A. *A RELAÇÃO CONJUGAL COMO* UM MUNDO À PARTE

86. A questão da garantia dos direitos conjugais sexuais integra-se na problemática mais ampla da garantia dos direitos de um cônjuge perante o outro. No âmbito desta problemática, deparamos com duas visões que se opõem entre si. Para uma delas, a particularidade da relação conjugal não afecta as regras gerais previstas em matéria de garantia de direitos. A celebração do casamento não é tida como motivo para levar à aplicação de um *regime de excepção* entre os cônjuges. Um cônjuge não deixa de ser uma pessoa sempre que está em causa a sua relação com o outro. Deste modo, a protecção de um cônjuge perante o outro tem de ser, em princípio, igual à que lhe é conferida perante terceiro.

Para uma segunda visão do tema da garantia dos direitos de um cônjuge perante o outro, a garantia comum não se aplica. Muitas vezes, em nome do interesse superior da continuidade da vida familiar, que se não compadece com interferências externas, defende-se que, no caso de um cônjuge ofender um direito do outro, vigoram regras muito diferentes daquelas que se observam nas situações em que o lesado é um estranho ou em que há uma ligação não familiar entre o infractor e o lesado. Se o direito violado por um cônjuge for um direito não conjugal do outro, admite-se que o infractor fique impune (doutrina da imunidade). Se o direito violado por um cônjuge for um direito conjugal, admite-se que o lesado não seja inteiramente compensado (doutrina da fragilidade da garantia).

1. A NÃO RESPONSABILIZAÇÃO PELA VIOLAÇÃO DE DIREITOS GERAIS

1.1. A doutrina anglo-americana da imunidade

87. O problema da responsabilidade do cônjuge que viola direitos não conjugais do outro tem sido mais estudado no sistema anglo-americano do que em qualquer outro[1239].

Até há pouco tempo, os ordenamentos jurídicos do sistema da *common law* seguiam a regra da "imunidade interconjugal" ("interspousal immunity"), nos termos da qual era vedado a um cônjuge exigir o ressarcimento dos danos causados por um acto ilícito praticado pelo outro. Numa primeira fase, a regra da imunidade teve como fundamento teórico o princípio da "unity of spouses". De acordo com tal princípio, os cônjuges constituíam juridicamente uma só pessoa[1240], ficção que se traduzia nas duas proposições seguintes[1241]: nenhum facto ilícito, doloso ou meramente culposo, cometido por um dos cônjuges contra o outro, durante o casamento, podia criar uma situação de responsabilidade; nenhum dos cônjuges podia intentar uma acção contra o outro na constância do matrimónio. A primeira proposição, de carácter substantivo, baseava-se na ideia de que a concentração do direito e da obrigação correspectiva numa mesma entidade jurídica levava à exoneração do dever[1242]. A segunda proposição era fruto de

---

[1239] Cfr. PATTI, "Intra-Family Torts", *IECL*, vol. IV (Mary Ann Glendon/Chief Editor), 1998, chapter 9, p. 7.

[1240] Cfr. BLACKSTONE, *Commentaries on the Laws of England*, vol. I, Oxford, 1765, p. 430: "By marriage, the husband and the wife are one person in law: that is, the very being or legal existence of the woman is suspended during the marriage or at least is incorporated and consolidated into that of the husband: under whose wing, protection and cover she performs everything".

[1241] Cfr. FLEMING, *The Law of Torts*, 9.ª ed., Sydney, LBC Information Services, 1998, p. 746; JAYME, "Interspousal Immunity: Revolution and Counterrevolution in American Tort Conflicts", *So.Calif.L.R.*, 40, 1966-67, p. 315.

[1242] Cfr. ASHDOWN, "Intrafamily Immunity, Pure Compensation, and the Family Exclusion Clause", *Io.L.R.*, 60, 1974-75, p. 240; MCCURDY, "Torts Between Persons in Domestic Relations", *Harv.L.R.*, 43, 1929-1930, p. 1033.

considerações de ordem processual: como não era reconhecida capacidade judiciária à mulher casada (salvo nas acções criminais e de divórcio ou separação judicial), qualquer acção proposta por um cônjuge contra o outro implicaria que o marido interviesse simultaneamente como autor e como réu.

A teoria da "unity of spouses" assentava numa perspectiva discriminatória da condição da mulher casada. A unidade do casal era assegurada à custa desta: "O marido e a mulher eram considerados como uma só pessoa e essa pessoa era o marido!"[1243]. Com o casamento, a mulher perdia a capacidade judiciária, activa e passiva, bem como a capacidade contratual de exercício e o poder de administrar os bens que levasse para o casamento ou que viesse a adquirir na constância do mesmo[1244]. Em matérias não criminais, ela ficava, fundamentalmente, sob a "protecção" do marido[1245]. Como diz McCurdy[1246], as fontes mais importantes na origem histórica do tratamento das relações entre os cônjuges na *common law* são: no plano pessoal, a concepção que o Direito Natural tinha da família como uma pequena unidade de governo chefiada pelo marido, enquanto elemento fisicamente mais forte; e, no plano patrimonial, o feudalismo.

Deste modo, a decadência da doutrina da "unity of spouses" está estreitamente ligada aos avanços no sentido da emancipação da mulher e da igualdade entre os cônjuges. No século XVIII, é dado um pequeno passo nessa direcção[1247]: os tribunais da "Equity" aceitam a validade dos acordos que conferem à mulher o direito de fruir e de dispor dos seus bens sem estar sujeita à interferência e ao controle do marido. Consequentemente, admite-se que ela possa intervir, pessoalmente e sem a assistência do marido, em quaisquer lítigios atinentes aos bens abrangidos pelos referidos acordos. Ou seja, admite-se que um cônjuge possa demandar o outro por causa da violação de direitos patrimoniais. No entanto, o alcance da "separate estate" na "Equity" é ainda limi-

---

[1243] Cfr. STATSKY, *Family Law*, 4.ª ed., Albany (New York), West Publishing, 1996, p. 747.
[1244] Cfr. McCURDY, "Torts Between Persons" cit., p. 1031 e s.
[1245] Cfr. *supra*, nota 1240.
[1246] McCURDY, "Torts Between Persons" cit., p. 1035.
[1247] Cfr. McCURDY, "Torts Between Persons" cit., pp. 1035-1036.

tado: na falta de um acordo de "separação da propriedade", um cônjuge não pode exigir ao outro reparação por danos provocados ao seu património; se houver acordo, a responsabilidade opera apenas quanto aos bens que se estipulou que ficariam em "separate estate".

O processo que conduz à abolição da ficção da unidade dos cônjuges será desencadeado apenas no século seguinte e através da "Statute Law". Nos Estados Unidos, o processo inicia-se por volta de 1844, altura em que, nos vários Estados Federados, começam a ser aprovados os chamados "Emancipation Acts" ou "Married Women's Acts"[1248]. Em Inglaterra, o princípio da "unity of spouses" é severamente atingido pelo "Married Women's Property Act" de 1882[1249].

A generalidade dos "Emancipation Acts" atribuía à mulher casada plenos poderes sobre os seus bens e a capacidade para intervir sozinha nas acções relativas ao seu património. Como os "Emancipation Acts" tinham como objectivo principal pôr fim ao controlo marital do património da mulher, a grande maioria da jurisprudência norte-americana veio a entender que os diplomas permitiam que a mulher exigisse judicialmente ao marido uma indemnização pela prática de qualquer acto ilícito que ofendesse os seus interesses patrimoniais. Por igualdade de razão, aceitou-se que o marido pudesse demandar a mulher pela prática de ilícitos contra os seus bens. Em Inglaterra, o "Married Women's Property Act" de 1882 reconheceu a "separate property" da mulher, independentemente da celebração de qualquer acordo, e concedeu-lhe os respectivos meios de tutela. De ora em diante, a mulher não precisava de estar acompanhada pelo cônjuge nas acções em que estivessem em causa apenas os seus bens. E a secção 12 do texto legal de 1882 atribuía-lhe o direito de agir judicialmente contra o marido, para defender a sua "separate property".

Contudo, os "personal torts" continuaram a estar sujeitos à regra da "interspousal immunity", tanto na Inglaterra como nos Estados Unidos. Apesar de os tribunais ingleses terem hesitado, durante algum

---

[1248] Cfr. PROSSER, *Handbook of the Law of Torts*, 4.ª ed., St. Paul (Minn.), West Publishing, 1971, p. 861.

[1249] Cfr. MORRISON, "Tort", *A Century of Family Law*, Graveson/Crane (editors), London, Sweet Maxwell, 1957, p. 91 e s.

tempo, entre a opinião que via no "Married Women's Property Act" de 1882 uma lei de que resultava a equiparação total da condição da mulher casada à da mulher solteira, no plano da responsabilidade delitual, e a interpretação que extraía do diploma um significado meramente patrimonial, acabou por prevalecer a segunda posição. A partir de 1925[1250], os tribunais consideraram então que em 1882 nada mais teria ocorrido do que o reconhecimento legal da "separate property" à mulher casada, instituto que antes era reconhecido somente nos termos da *Equity*. A interpretação da jurisprudência viria a ser confirmada pelo "Law Reform (Married Women and Tortfeasors) Act" de 1935, cuja secção 1 estabelecia que um cônjuge não podia intentar acções de responsabilidade delitual contra o outro senão no caso previsto pela secção 12 da lei de 1882. Dado o carácter excessivamente restritivo desta orientação, ao contrário do que sucedeu nos Estados Unidos, a possibilidade de a mulher intentar contra o marido uma certa categoria de acções de responsabilidade delitual não levou os tribunais ingleses a concederem ao marido a possibilidade de intentar o mesmo tipo de acções contra a mulher[1251].

Outra diferença entre o direito inglês e o direito norte-americano revela-se na justificação teórica da regra da imunidade nas situações de ilícito cometido contra a pessoa do cônjuge. Na Inglaterra, talvez devido a alguma inércia, os tribunais não abandonaram a fundamentação tradicional das situações de imunidade interconjugal[1252], a des-

---

[1250] Com o caso *Edwards v. Porter* [1925] A.C.1, referido por MORRISON, "Tort" cit., p. 93.

[1251] Cfr. CLERK LINDSELL, *On Torts*, 17.ª ed., London, Sweet Maxwell, 1995, p. 138; MORRISON, "Tort" cit., pp. 96-98.

[1252] Cfr. CRETNEY/MASSON, *Principles of Family Law* cit., p. 79: "the unity doctrine continued to rear its head «hydra-like» and to be applied with surprising results. For example, in 1945 a magistrates' court was reported to have acquitted a man of an offence in using his wife's non-transferable railway ticket because they were in law one person". Segundo BROMLEY/LOWE, *Family Law*, 8.ª ed., London, Butterworths, 1992, p. 135, a doutrina da unidade dos cônjuges foi definitivamente afastada com o caso *Midland Bank Trust Co Ltd v. Green (No 3)* [1982] Ch. 529, C.A.: a "Court of Appeal" recusou-se a aplicar aquilo que na primeira instância foi descrito "as the primitive and inaccurate maxim that spouses are one person".

peito de a consagração da autonomia da mulher casada, no campo patrimonial, provar até à exaustão que, mesmo fora do domínio do Direito Criminal, o marido e a mulher eram tratados como duas pessoas diferentes, tanto no plano substantivo como no plano processual. Nos Estados Unidos, foram adoptados novos fundamentos. O principal foi, sem dúvida, o da exigência de protecção da harmonia familiar e da paz doméstica.

Na orientação da jurisprudência norte-americana, será determinante o caso *Thompson v. Thompson*[1253], apreciado pelo Supremo Tribunal dos Estados Unidos no início do século XX. Na primeira instância, a autora pediu que o réu, seu marido, fosse condenado a pagar-lhe uma indemnização destinada a compensá-la dos danos que ele lhe infligira mediante a prática de diversos actos ofensivos da sua integridade física, o que suscitou o problema da interpretação a dar à parte da secção 1155 do "Code of District of Columbia", de 1901, que conferia às mulheres casadas o poder de demandarem por causa de "delitos" ("torts") cometidos contra elas, "de um modo tão pleno e tão livre como se não fossem casadas". Na óptica do Supremo Tribunal dos Estados Unidos, a faculdade que a disposição legal em apreço concedia à mulher casada referia-se exclusivamente à esfera patrimonial, porque uma construção mais liberal iria "abrir a porta dos tribunais a acusações de todo o tipo feitas por um cônjuge contra o outro" e colocar todo o género de queixas entre os cônjuges no domínio do conhecimento

---

[1253] Caso *Thompson v. Thompson* 218 U.S. 611 (1910), consultado na compilação de McCurdy, *Cases on the Law of Persons and Domestic Relations*, 4.ª ed., Chicago, O'Callaghan Company, 1952, pp. 769-771. De acordo com Clark, *The Law of Domestic Relations in The United States*, 2.ª ed., vol. 1, St. Paul (Minn.), West Publishing, 1987, p. 632, e Harper/James/Gray, *The Law of Torts*, 2.ª ed., vol. 2, Boston, Little, Brown and Company, 1986, p. 564, trata-se de um "leading-case" na questão da responsabilidade delitual de um cônjuge por violação de direitos de personalidade do outro. Prosser, *Handbook of the Law of Torts* cit., p. 863, nota 50, refere um caso bastante anterior mas menos influente, *Ritter v. Ritter*, 31 Pa. 396 (1858), que surpreende pela violência da sua linguagem: "The flames which litigation would kindle on the domestic hearth would consume in an instant the conjugal bond, and bring on a new era indeed – an era of universal discord, of unchastity, of bastardy, of dissoluteness, of violence, cruelty and murders".

geral, o que não contribuiria muito para a promoção "do bem-estar público e da harmonia doméstica".

O argumento da harmonia doméstica foi invocado em muitos casos posteriores[1254]. Entre eles, destaca-se o caso *Corren v. Corren*[1255], em que se decidiu que um cônjuge não podia demandar o outro por causa de ofensas corporais negligentes resultantes de um acidente de viação. Na ocasião, o tribunal alegou que se os cônjuges fossem livres de litigar entre si por causa de qualquer mal, real ou imaginário, isso facilmente afectaria a tranquilidade do lar e destruiria a harmonia de que depende, em larga medida, o êxito da instituição matrimonial. Contudo, o argumento que destronou a teoria da "unity of spouses", na fundamentação norte-americana da tese da imunidade interconjugal, não se revelou ser o mais adequado.

A ideia da paz familiar, que tem também um lugar central na defesa da doutrina da fragilidade da garantia dos deveres conjugais pessoais[1256], foi invocada, designadamente, para excluir a responsabilidade civil mesmo no caso de as acções terem sido propostas após a dissolução do casamento[1257] ou de a harmonia conjugal já ter cessado antes da propositura da acção[1258]. Raramente se teve em conta que a acção pode ser um sintoma e não uma causa de ruptura da vida em comum. Por isso, a solução da imunidade premiava o autor de actos particularmente graves (*v.g.*, agressões mais violentas), que contri-

---

[1254] Cfr., por todos, o elenco de FOSTER, "Modern Status of Interspousal Tort Immunity in Personal Injury and Wronful Death Actions", *ALR3d – Cases and Annotations*, 92, 1979, p. 920.

[1255] Caso *Corren v. Corren* (1950, Fla) 47 So.2d 774, referido por FOSTER, "Modern Status of Interspousal Tort Immunity" cit., p. 920, e SPEISER/KRAUSE/GANS, *The American Law of Torts*, vol. 2, Rochester (New York), The Lawyers Co-Operative Publishing, 1985, p. 228, nota 11.

[1256] Cfr. *infra*, n.º 93.

[1257] Por exemplo, o caso *Ensminger v. Campbell*, 242 Miss. 519, 134 So.2d 728 (1961), cuja acção foi proposta depois de as partes se terem divorciado (referido por PROSSER, *Handbook of the Law of Torts* cit., p. 862, nota 40).

[1258] Por exemplo, o caso *Taibi v. De Gennaro*, 65 N.J.Super. 294, 167 A.2d 667 (1961), em que os cônjuges se tinham separado antes da acção (referido por CLARK, *The Law of Domestic Relations* 1 cit., p. 633, nota 18, e PROSSER, *Handbook of the Law of Torts* cit., p. 862, nota 39).

buíam, de modo efectivo e decisivo, para uma situação de ruptura matrimonial pré-existente à acção de responsabilidade civil delitual. Nessas hipóteses tornava-se, aliás, visível a incoerência de uma jurisprudência que, chamada a pronunciar-se sobre o mesmo facto, por um lado, afastava a responsabilidade civil, em nome da tranquilidade do lar, e, por outro lado, admitia, sem pruridos, uma acção destinada a efectivar a responsabilidade criminal do agente, uma vez que, em regra, a doutrina da imunidade se não aplicava no domínio do Direito Penal. Incoerência esta, que não era a única. Como atrás se esclareceu[1259], desde os "Emancipation Acts" que os tribunais tendiam a aceitar a responsabilidade baseada em "property torts" cometidos por um cônjuge contra o outro.

Para Hancock[1260], os "chavões antigos respeitantes à preservação da paz doméstica não deviam ter sido levados tão à letra. Os juízes que os usavam tinham em mente o espectáculo de um marido ou de uma mulher que se acusam mutuamente em público de agressão, injúrias e actos semelhantes. Tal quadro degradante e impróprio iria perturbar o resto da sociedade e poderia, a longo prazo, minar os ideais do casamento e a moral da comunidade. Não era a calma conubial dos cônjuges desavindos mas a imagem simbólica do casamento como uma grande instituição social e religiosa que os juízes procuravam preservar". E, na verdade, essa intenção transparece no caso *Thompson v. Thompson*. Seja como for, a utilização do argumento da harmonia familiar para garantir "a boa imagem" do instituto matrimonial tem um preço demasiado alto: não se reage contra os comportamentos que atingem concretamente a pessoa do cônjuge e a continuidade da vida em comum, sacrificando-se a justiça para "salvar as aparências".

Os tribunais norte-americanos partidários da imunidade interconjugal aduziram também outro tipo de argumentos, alguns deles (novamente) muito parecidos com aqueles que são apresentados pela doutrina da fragilidade da garantia dos deveres conjugais pessoais.

[1259] Cfr. *supra*, texto a seguir à nota 1248 e s.
[1260] HANCOCK, "The Rise and Fall of *Buckeye v. Buckeye*, 1931-1959: Marital Immunity for Torts in Conflict of Laws" [a referência do caso é a seguinte: 203 Wis. 248, 234 N.W. 342 (1931)], *U.Chi.L.R.* , 29, 1961-62, p. 240.

Contra a admissibilidade de acções por "personal torts", afirmou-se, nomeadamente que: a) tais acções arrastam os tribunais para a discussão das questões triviais dos cônjuges[1261]; b) o regime do divórcio é suficiente; c) o Direito Penal tem os remédios adequados[1262]; d) a propositura das acções não se coaduna com a solidariedade familiar exigível a ambos os cônjuges[1263].

Todas essas razões são refutáveis: a) os tribunais estão em condições de dissuadir a litigância frívola, se julgarem com razoabilidade[1264]; b) e c) nem o regime do divórcio nem o regime penal cobrem todos os danos ou todos os ilícitos possíveis[1265]; d) o que colide com a

---

[1261] Caso *Goode v. Martinis*, 58 Wash.2d 229, 361 P.2d 941 (1961), referido por CLARK, *The Law of Domestic Relations* 1 cit., p. 632, nota 11.

[1262] Os argumentos b) e c) foram referidos no caso *Thompson v. Thompson*, citado *supra*, na nota 1253, p. 771: "Nor is the wife left without remedy for such wrongs. She may resort to the criminal courts, which, it is to be presumed, will inflict punishment commensurate with the offense committed. She may sue for divorce or separation and for alimony. The court in protecting her rights and awarding relief in such cases may consider, and, so far as possible, redress her wrongs and protect her rights".

[1263] Cfr. CLARK, *The Law of Domestic Relations* 1 cit., p. 632: "A further consideration not often mentioned in judicial opinions but perhaps in the minds of some judges is that it appears broadly inconsistent with family solidarity, or unseemly, to have husbands and wifes suing each other"

[1264] Cfr. ASHDOWN, "Intrafamily Immunity" cit., p. 247, que, neste sentido, indica o caso *Balts v. Balts* 273 Minn. 419, 433, 142 N.W.2d 66, 75 (1966).

[1265] Cfr. PROSSER, *Handbook of the Law of Torts* cit., p. 863, nota 45: "Ordinary negligent injury, for example, is nowhere a crime, or a ground for divorce". Ver ainda os casos analisados por FOSTER, "Modern Status of Interspousal Tort Immunity" cit., pp. 939-940: segundo o autor, no caso *Mosier v. Carney* 376 Mich. 532, 138 N.W.2d 343 (1965), o tribunal "rejected the contention that the injured spouse may achieve redress by means of a divorce action. Noting that such an argument suggests that alimony may be awarded to compensate for a tortious personal injury which has not impaired the injured spouse's ability to labor, the court stated that such was not the law, and that alimony is a device whereby a spouse is obliged to discharge an obligation of support, and is not a means of recompensing one spouse for tortious injuries incurred during marriage"; no caso *Courtney v. Courtney*, 184 Okla. 395, 87 P.2d 660 (1938), o tribunal "rejected the argument that the wife has sufficient remedy in criminal proceedings and separation or divorce actions for the wrongs commited by her husband. Such actions may be adequate to prevent future wrongs, the court observed, but they would not compensate her for past injuries".

solidariedade familiar é o facto que origina a responsabilidade delitual, bem como ausência de compensação dos danos daí resultantes. Além disso, verificou-se que a imunidade interconjugal atingia o princípio fundamental que confere a cada cidadão tutela judicial para obter a compensação que lhe cabe pela violação injusta dos seus direitos[1266].

Apesar da incoerência da orientação da imunidade, o certo é que ela continuava a ser seguida pela maioria dos tribunais norte-americanos, por volta de 1970[1267]. Entretanto, a Inglaterra registava um maior avanço no rumo da abolição da regra da imunidade interconjugal, que se não devia à acção dos tribunais – no geral excessivamente conservadores quer na forma quer na substância –, mas a uma "Statute Law": a secção 1 (1) do "Law Reform (Husband and Wife) Act" de 1962 determinou que o direito de "action in tort" de qualquer um dos cônjuges contra o outro seria idêntico ao que lhes assistiria se não fossem casados entre si.

A disposição legal foi saudada por ter terminado com as anomalias e as injustiças sérias decorrentes da aplicação da regra oposta de "Common Law"[1268]. Não obstante isto, a secção 1 (2) do texto parlamentar de 1962 veio conceder ao juiz o poder de suspender a acção instaurada na constância do matrimónio, se lhe parecer que a continuação da mesma não produzirá um "benefício substancial" para qualquer das partes. A limitação da "action in tort" é, normalmente, explicada pela preocupação de evitar a litigância por motivos fúteis[1269].

[1266] Cfr. os casos enumerados por FOSTER, "Modern Status of Interspousal Tort Immunity" cit., p. 939, e SPEISER/KRAUSE/GANS, *The American Law of Torts* 2 cit, pp. 222-223.

[1267] Cfr. PROSSER, *Handbook of the Law of Torts* cit., pp. 861-862.

[1268] Cfr. ROGERS, *Winfield and Jolowicz on Tort*, 15.ª ed., London, Sweet Maxwell, 1988, p. 835.

[1269] Cfr. BRAZIER/MURPHY, *The Law of Torts*, 10.ª ed., London, Butterworths, 1999, pp. 588-589; CRETNEY/MASSON, *Principles of Family Law* cit., p. 134; ROGERS, *Winfield and Jolowicz on Tort* cit., p. 835. Em nota, HEUSTON/BUCKLEY, *Salmond and Heuston on the Law of Torts*, 20.ª ed., London, Sweet Maxwell, 1992, p. 431, dizem que, no decurso dos trabalhos preparatórios parlamentares, o porta-voz do partido do Governo terá esclarecido que a frase *benefício substancial* "was intended to mean benefit of financial value to the parties, and not that it should include ethical or moral values".

Contudo, a expressão "benefício substancial" deixa uma margem de discricionaridade que pode ser aproveitada para a manutenção de uma zona extensa de imunidade[1270].

Nos últimos anos da derradeira década do século XX, o princípio da imunidade interconjugal em matéria de "personal torts" foi, finalmente, abolido em todos os Estados norte-americanos[1271], culminando, assim, uma tendência, que se acelerou ao longo da década de 70, a ponto de, na década de 80, se poder observar[1272], sem dúvidas, que o princípio fora rejeitado pelos tribunais da maioria dos Estados. O factor impulsionador desta tendência, que se vinha desenhando de modo nítido mas mais tímido antes da referida década de 1970, foi, sobretudo, a problemática dos acidentes de viação, que se multiplicaram num contexto de crescente motorização. Os tribunais foram frequentemente chamados a apreciar acções de responsabilidade civil intentadas por causa de acidente imputável ao condutor, em que o lesado era o seu cônjuge, que o acompanhava no mesmo automóvel. Dado que o sinistro se encontrava habitualmente coberto pelo seguro, os litígios apenas formalmente opunham um cônjuge ao outro. Decorrendo o

---

[1270] Cfr. CRETNEY/MASSON, *Principles of Family Law* cit., p. 78, nota 12 ("the legislation thus reflects a cautious approach to the desirability of litigation within the family"); BRAZIER/MURPHY, *The Law of Torts* cit., pp. 588-589 ("The expression «substantial benefit» may give the courts some trouble. For example, when deciding whether to exercise its discretionary power to stay, the court may have to balance its estimate of how much cash the plaintiff spouse is likely to collect in the form of damages against the chance of unhappiness or even disruption of the marriage resulting from the litigation. It may also inquire whether any damages awarded will be paid by the spouse's insurers. Furthermore, just what constitutes a trivial grievance? Should we, for instance, tolerate at the turn of the millennium any notion of a «trivial battery» against a wife?").

[1271] Cfr. SPECTOR, "Marital Torts: The Current Legal Landscape", *Fam.L.Q.* 33, 1999, p. 746: "At the end of the millenium, the situation is very different. Interspousal immunity has been totally routed and is no longer the law in any state". A eliminação completa da "immunity doctrine" foi mais rápida do que predisseram JOHNSON/GUNN, *Studies in American Tort Law*, Durkham (North Carolina), Carolina Academic Press, 1994, p. 767: "A few states may still retain it; in another decade it will almost certainly have vanished everywhere. The doctrine has no current intellectual or political support".

[1272] Cfr. CLARK, *The Law of Domestic Relations* 1 cit., pp. 633-634.

"litígio substancial" entre um cônjuge e terceiro – a seguradora –, os tribunais mostraram-se mais condescendentes quanto a este tipo de acções, porque se tornava claro que elas não atingiam a harmonia da relação conjugal[1273]. Aos poucos, por força da recusa de uma invocação cega do principal fundamento da imunidade intrafamiliar, foram sendo admitidos outros tipos de acções entre os cônjuges.

Na sequência da abolição da regra da imunidade, assiste-se, nos Estados Unidos, a um aumento crescente e contínuo das acções baseadas em "personal torts", cometidos por um cônjuge contra o outro"[1274]. O fenómeno revela, em boa medida, a insuficiência dos meios de tutela

---

[1273] Cfr. ASHDOWN "Intrafamily Immunity" cit., p. 245; HARPER/JAMES/GRAY, *The Law of Torts* 2 cit., pp. 567-568; JAYME, "Interspousal Immunity" cit., p. 317. Como relata o último autor, a resistência inicial à admissibilidade desse tipo de acções não deixou de ser grande, encontrado que foi entretanto um novo argumento para a manutenção da imunidade interconjugal: prevenir conluios fraudulentos entre os cônjuges, destinados a obter benefícios em detrimento das seguradoras. Cfr., designadamente, o caso *Smith v. Smith* 205 Ore. 286, 287 P.2d 572 (1955). Mas o argumento do conluio fraudulento só podia persuadir quem não confiasse na capacidade do sistema judicial: cfr., a propósito, o caso *Immer v. Risko*, 56 N.J. 482, 267 A.2d 481 (1970), que recusou a aplicação da doutrina da imunidade nas situações de condução automóvel negligente. Entendeu-se aqui que o conluio fraudulento por parte de uns não devia impedir as pretensões legítimas de outros, ainda que a hipótese de fraude seja maior quando estejam envolvidos familiares. De acordo com FOSTER, "Modern Status of Interspousal Tort Immunity" cit., p. 938, o tribunal sustentou que "the courts must depend upon the efficacy of the judicial process to ferret out the meritorious from the fraudulent in particular cases, without closing the door to all cases of a particular class considered to be subject to fraud or collusion". Esta ideia tornou-se importante enquanto argumento contra a imunidade (cfr. EMANUEL, *Torts*, 6.ª ed., New York, Aspen Law and Business, 2001, p. 281).

[1274] Cfr., por ordem cronológica, WALKER, "Till Torts Do Us Part", *Fam.Adv.*, Winter 1985, n.º 4, pp. 5-6 (a mudança de atitude judicial relativamente à imunidade intrafamiliar preparou o caminho para "an explosion of new domestic torts"); SPECTOR, "All in the Family – Tort Litigation Comes of Age", *Fam.L.Q.* 28, 1994, p. 387 ("The claims for tort actions growing out of domestic litigation show no sign of abating. Rather, the number of cases are steadily growing although courts continue to place limits on «new» tort actions"); KROHSE, "No Longer Following the Rule of Thumb – What to do with Domestic Torts and Divorce Claims", *U.Ill.L.R.* 1997, p. 928 ("The number of torts emerging from divorce proceedings continues to expand").

especificamente jus-familiares[1275], agravada pela introdução do "no-fault divorce"[1276]. Cerca de três quartos das acções em questão correspondem a "assault and battery cases", recondutíveis, grosso modo, a situações de ofensas intencionais à integridade física ou maus tratos físicos[1277]. A segunda maior categoria de "tort actions" entre os cônjuges é o "intentional infliction of emotional distress"[1278], muito frequentemente associado a maus tratos físicos[1279].

[1275] Cfr. YOUNG, "Interspousal Torts and Divorce: Problems, Policies, Procedures", J.Fam.L. 27, 1988-89, p. 489: "The purpose of divorce statutes is to end the marriage, divide property, and provide for the care of dependents. The purpose of tort law is to compensate victims for their injuries. Neither cause of action can substitute for the other, but sometimes they do overlap".

[1276] Cfr. BERNDT, *Marital Torts, No-Fault Divorce and Alimony: Schadensersatzklagen zwischen Ehegatten und nacheheliche Unterhaltsansprüche nach Einführung der No-Fault Divorce im us-amerikanischem Recht*, dact., Dissertation zur Erlangung des Doktorgrades der Juristischen Fakultät der Universität Regensburg, 1997, p. 4: nos Estados Unidos, considera-se que há, parcialmente, um nexo directo entre o acréscimo significativo das acções de responsabilidade civil e o "no-fault divorce". Na opinião de SPECTOR, "Marital Torts " cit., p. 746, a existência de tal nexo é justificada por dois factores: "First, the appearance of no-fault divorce grounds meant that many victims of marital misconduct were unable to use the divorce process to «point the moral finger». The use of a tort suit is a method of vindicating the moral innocence of one spouse and, at the same time, indicating the moral blame of the other. Second, no-fault divorce and equitable distribution of marital property were two ideas that generally arrived at the same time. The result was that marital fault was often excluded from consideration in the division of marital property. Tort claims were thought, by some attorneys, to be particularly useful in obtaining an unequal division of the property through the device of claiming compensation for injuries suffered during the marriage".

[1277] O número é mencionado por KROHSE, "No Longer Following the Rule of Thumb" cit., p. 929, e SPECTOR, "All in the Family " cit., p. 364. O "assault" distingue-se do "battery" em virtude de a agressão originar também traumatismos psíquicos (v.g., medo de futuras agressões, sentimento de humilhação): cfr. BERNDT, *Marital Torts* cit., pp. 53-54.

[1278] Cfr. SPECTOR, "Marital Torts " cit., p. 749, que enumera os pressupostos do ilícito com base na secção 46 do "Restatement (Second) of Torts", do American Law Institute: "The defendant must (1) intentionally or recklessly (2) by outrageous conduct (3) cause severe mental distress to the plaintiff".

[1279] Cfr. KROHSE, "No Longer Following the Rule of Thumb" cit., p. 932: "Over seventy-five percent of the interspousal intentional infliction of emotional

Com a propagação da sida, as acções de responsabilidade civil motivadas por doenças sexualmente transmissíveis têm vindo a adquirir algum peso[1280]. Apesar de os assuntos do domínio da "intimidade marital" serem, por vezes, considerados como insusceptíveis de fundamentarem uma "tort action", mesmo após a abolição da doutrina da imunidade interconjugal[1281], tem-se colocado o interesse na prevenção e no controlo de doenças contagiosas perigosas acima do direito individual à privacidade[1282] – elemento que, somado a outros, mostra como é, afinal, escassa a importância da necessidade de defesa da intimidade enquanto argumento inibidor da intervenção judicial no domínio familiar. Recorde-se que foram outros os motivos em que se baseou a doutrina da imunidade interconjugal. O desenvolvimento do "right of privacy" nunca chegou a ser seriamente aproveitado para elaborar uma nova justificação da doutrina. Adiante-se, por fim, que nem sequer a "marital rape exemption", totalmente situada no plano da actividade

---

distress suits involve claims of physical abuse". No entanto, a mesma autora (ob. cit. 933) refere dois casos interessantes em que foi concedida uma indemnização por "emotional distress without physical injury": *Vance v. Chandler*, 597 N.E.2d 233 (Ill. App. Ct. 1992), em que os danos sofridos pela mulher se ligavam à descoberta de que o marido e a filha tentavam contratar alguém para a assassinar; *Koepke v. Koepke*, 556 N.E.2d 1198 (Ohio Ct. App. 1989), em que os danos psíquicos provados estavam conexos com uma declaração da mulher durante o processo de divórcio, afirmando, pela primeira vez, que o filho nascido na constância do matrimónio não era do marido.

[1280] Cfr. KARP/KARP, "Sexual Domestic Torts – Transmission of Contagious Diseases", *Am.J.Fam.L.*, vol. 1, 1987, p. 405 e s.; OYLER, "Interspousal Tort Liability for Infliction of a Sexually Transmitted Disease", *J.Fam.L.* 29, 1990-91, p. 519 e s. As acções em apreço têm tido fundamentos jurídicos diversos: "negligence" (o mais frequente), "battery", "fraud" ou/e "infliction of emotional distress".

[1281] Cfr. BRINIG, *Virginia Domestic Relations Handbook*, 3.ª ed., Charlottesville (Virginia), Michie, 1996, pp. 95-96. A autora invoca o caso *Merenoff v. Merenoff*, 76 N.J. 535, 388 A.2d 951 (1978), no qual o Supremo Tribunal de New Jersey declarou estar abolida a doutrina da "interspousal immunity" no respectivo Estado, acrescentando, porém, que isso não tornava possível a instauração de acções em matérias que impliquem "marital intimacy".

[1282] Cfr. KARP/KARP, "Sexual Domestic Torts" cit., pp. 423-424; OYLER, "Interspousal Tort Liability" cit., pp. 534-535.

sexual dos cônjuges, é explicada por razões que traduzam uma preocupação de tutela da privacidade.

88. O campo privilegiado de aplicação da doutrina da imunidade interconjugal foi, claramente, o da responsabilidade civil. Se se recuar até às primeiras décadas do século XIX, época em que esta doutrina ainda estava no seu apogeu, detecta-se um panorama algo distinto no plano da "responsabilidade familiar" e da responsabilidade penal[1283]. De facto, admitia-se que certos actos de um cônjuge constituíssem fundamento para o outro conseguir o divórcio *mensa et thoro* ou a separação judicial. E, em geral, não se aplicava a doutrina da imunidade nas situações de crime contra as pessoas.

No entanto, a regra da imunidade interconjugal vigorou para os crimes contra a propriedade e com o mesmo fundamento que levou à sua observância no capítulo dos "property torts"[1284]. Por isso, não resistiu à aprovação dos "Emancipation Acts", nos Estados Unidos. Em Inglaterra, o "Married Women's Act" de 1882 não impediu, porém, a conservação de uma área de imunidade, produzindo-se, alegadamente, "um compromisso entre o princípio de interesse público que milita contra os procedimentos criminais instituídos por um cônjuge contra o outro e a conveniência de proteger a propriedade através das sanções de Direito Penal"[1285]. Nos termos da secção 12 daquele diploma e da secção 36 do "Larceny Act" de 1916, só podia haver procedimento criminal por furto (ou roubo) se os cônjuges não estivessem a viver juntos. O texto do "Theft Act" de 1968 já não contém tal restrição. Mas este diploma (secção 30) e o "Theft Act" de 1978 (secção 5), "com o propósito de reduzir o risco de uma acusação que pudesse prejudicar a continuação do casamento", determinaram que o procedimento criminal contra um cônjuge por furto ou dano que tivesse afectado os bens pertencentes ao outro ficaria dependente do consentimento do "Direc-

---

[1283] Cfr. McCurdy, "Torts Between Persons" cit., p. 1034.

[1284] Cfr. Weisberg, *Family Law*, Gaithersburg (New York), Aspen Law Business, 1999, p. 78: "At common law, a spouse could not be liable for a criminal act involving the other spouse's property based on the fiction of marital unity".

[1285] Cfr. Bromley/Lowe, *Family Law* cit., p. 138.

tor of Public Prosecutions"[1286]. Ora, em abstracto, a solução inglesa permite que o cônjuge que praticou crimes contra a propriedade do outro fique impune, ainda que haja separação de facto, se o dito órgão considerar, por exemplo, que ainda é possível a reconciliação. E, acima de tudo, a propósito de um crime contra a propriedade, força uma autoridade com competência criminal a efectuar uma investigação acerca da viabilidade de... um casamento.

No que toca aos crimes contra as pessoas, desde há muito que a imunidade interconjugal assume carácter excepcional. São apontados apenas dois exemplos de isenção da responsabilidade penal: as ofensas corporais à mulher no exercício do "ius corrigendi" do marido e a violação. O primeiro exemplo tem um significado praticamente histórico. O "right of chastisement", que esteve subordinado à famosa "rule of thumb"[1287], deixou de ser reconhecido ao marido a partir dos finais do século XIX ou até antes[1288]. De qualquer forma, não se pode ignorar a existência de uma atitude de tolerância, relativamente à violência doméstica, que pautou a prática das autoridades policiais durante boa parte do século XX. Felizmente, durante a última década, foram desenvolvidos esforços, quer na Inglaterra quer nos Estados Unidos, para

---

[1286] Cfr. BROMLEY/LOWE, ob. e loc. cit.

[1287] Cfr. KROHSE, "No Longer Following the Rule of Thumb" cit., pp. 925--926: "William Blackstone described the attitude of early common law towards domestic abuse and violence in explaining the term «rule of thumb» which allowed a husband to beat his wife, so long as the stick he used was no wider than his thumb".

[1288] Cfr. CROTTY, *Family Law in The United States: Changing Perspectives*, New York, Peter Lang, 1999, p. 67: "Until the late 19th century a man's right to use violence to manage his household was legally protected and socially condoned. Under *coverture*, separate spheres and privacy doctrines, courts were reluctant to disturb family life". Veja-se também o que escreve, no início do século XX, o famoso jurista norte-americano SPENCER, *A Treatise on the Law of Domestic Relations and the Status and Capacity of Natural Persons as Generally Administered in The United States*, New York, The Banks Law Publishing, 1911, pp. 104-105: "whatever may have been the earlier common law, the modern law, both in England and here, practically denies the right of chastisement altogether. If he beats her, therefore, even under the guise of wholesome correction, he is criminally liable for assault and battery".

contrariar essa prática e para incutir a ideia de que a violência doméstica tem relevância penal[1289].

Bastante actual é a "marital rape exemption", que se baseia em vários argumentos[1290]. Uma das teorias favoráveis à isenção de responsabilidade penal do cônjuge que viola o outro sustenta que a mulher é um "bem móvel" ("chattel") pertencente ao marido e que a violação

---

[1289] Em Inglaterra, cfr. CRETNEY/MASSON, *Principles of Family Law* cit., pp. 240-241: reconhecem que a mulher vítima de violência doméstica tem recebido pouca protecção penal efectiva, esclarecendo que tal decorre, em certa medida, de uma política policial de não intervenção nos conflitos domésticos; e afirmam que "determined efforts have now been made to assert the principle that domestic violence is a crime like any other and justifies an appropriate criminal response", apontando, a título de exemplo, vários textos normativos do Governo dos anos 90, entre os quais uma circular em que o Ministério do Interior "had (amongst other things) reminded police forces of the effectiveness of arrest in defusing a situation of domestic tension". Nos Estados Unidos, cfr. CROTTY, *Family Law* cit., pp. 67-68: por um lado, defende que a prática policial minimizou a importância dos actos violentos praticados por uma pessoa contra o seu cônjuge ("The culture of condoning spouse abuse was abetted by police practices of not arresting wife abusers because they perceived domestic violence as less serious than ordinary misdemeanor assaults. Police departments and training materials in several states had explicit policies against making arrests whenever possible. Assaults between males in a bar received more attention than assaults in the home. When arrests did occur, it was predominantly in cases that involved lower income and minority families"); por outro lado, refere-se aos sinais e às causas de uma mudança em curso ["Because of media publicity, women's rights lobbyists, and new legal strategies, the meaning of what has been traditionally viewed as the public and the private has shifted concerning battered women. Instead of trying to eliminate sex discrimination in assault cases, many advocates for battered women now try to eliminate police discretion. Violence in the home has also received a great deal of media attention. The Federal Violence Against Women's Act was passed *(em 1994)* because of feminist activism and the recognition, especially through the publicity surrounding the O.J. Simpson case, that the states were not doing an adequate job policing violence in the home"]. No entanto, detecta-se algum cepticismo quanto à eficácia da nova linha de combate à violência doméstica, adoptada após a "era dos julgamentos de O. J. Simpson": cfr. DURHAM, "The Domestic Violence Dilemma: How Our Ineffective and Varied Responses Reflect Our Conflicted Views of the Problem", *So.Calif.L.R.* 71, 1997-98, p. 641 e s.

[1290] Cfr. o artigo de GLASGOW, "The Marital Rape Exemption: Legal Sanction of Legal Abuse", *J.Fam.L.* 18, 1979-1980, p. 566, que trata de modo muito completo o tema da fundamentação da imunidade da violação no casamento.

nada mais é do que um modo de usar a respectiva propriedade. Tal fundamentação, algo semelhante à concepção realista do *ius in corpus*[1291], é manifestamente incompatível com a dignidade da pessoa humana e, talvez por isso, tenha sido pouco invocada. Para uma segunda perspectiva, a violação no casamento é uma impossibilidade jurídica porque os cônjuges se fundem numa só pessoa – o marido não se pode violar a si próprio. O tom caricato desta aplicação literal da doutrina da "unity of spouses" não a tornou particularmente popular entre os juristas.

A teoria do consentimento genérico da mulher, cuja origem remonta a um "dictum" de Lord Hale[1292], é a principal base da "rape-in-marriage doctrine" ao longo de três séculos. Ao celebrar o casamento, a mulher declararia aceitar ter relações sexuais com o marido sempre que ele quisesse, consentimento que seria irrevogável. Ora, trata-se de uma visão irrazoavelmente absoluta do dever conjugal de coabitação carnal[1293], que nega à mulher casada a liberdade sexual negativa[1294] e que colide com o Direito Matrimonial vigente no sistema anglo-americano durante a época em que se segue o princípio do divórcio-sanção[1295]. Como diz Regan[1296], o argumento de Lord Hale acaba por resultar na "coisificação" de um dos cônjuges, inteiramente

---

[1291] Cfr. *supra*, n.º 54.

[1292] HALE, *The history of the pleas of the Crown* (1736), p. 629: "But the husband cannot be guilty of a rape commited by himself upon his lawful wife, for by their mutual matrimonial consent and contract, the wife hath given up herself in this kind unto her husband which she cannot retreat". O excerto foi reproduzido por GLASGOW, "The Marital Rape Exemption" cit., p. 566. Hale foi "Chief Justice of the Court of King's Bench" de 1671 a 1675 [cfr. GREGORY/SWISHER/SCHEIBLE, *Understanding Family Law*, New York, Matthew Bender, reimpressão (de ed. de 1993), 1995, p. 179].

[1293] Cfr. *supra*, n.ºs 51 a 53.

[1294] Cfr. *supra*, n.º 49.

[1295] Cfr. GLASGOW, "The Marital Rape Exemption" cit., pp. 567-568: os tribunais não concediam o divórcio com fundamento na recusa de ter relações sexuais ao longo de um curto período de tempo (*v.g.*, três semanas) e reconheciam à mulher "the right to refuse consent to intercourse with her husband in order to avoid condoning marital infidelities", bem como o direito de recusar ter relações sexuais com o marido quando ele tivesse uma doença venérea.

[1296] REGAN, *Family Law and the Pursuit of Intimacy*, New York, New York University Press, 1993, p. 130.

ao dispor dos desejos sexuais do outro, ideia que o casamento procura justamente combater.

Não obstante isto, a tese de que o marido pode ter relações sexuais com a sua mulher contra a vontade desta, sem consequências penais, prevaleceu até aos finais do século XX, graças à teoria do consentimento genérico e a um conjunto de fundamentos práticos igualmente discutíveis. Afirmou-se, nomeadamente, que a abolição da imunidade levaria a um aumento de falsas acusações, porque a mulher tenderia a acusar o marido de a ter violado para se vingar e para obter maiores benefícios patrimoniais no momento do divórcio; que seria difícil provar a prática do crime de violação entre os cônjuges; que a criminalização perturbaria a paz familiar e obstaria à reconciliação dos cônjuges. Mas a tudo isso se pode contrapor que, não sendo a imunidade a regra no plano do Direito Penal, a mulher tem acesso a meios similares de pressão e de retaliação, e que o sistema judicial tem mecanismos para enfrentar o risco de acusações falsas; que a prova é difícil em qualquer hipótese de violação (por exemplo, se ocorrer entre pessoas que namoram, que vivem juntas ou que já antes tinham tido relações sexuais entre si) e não somente quando o autor e a vítima estão casados um com o outro; que a violação efectuada pelo marido evidencia o grau de degradação a que chegou a relação conjugal, perante o qual se torna absurda a referência à harmonia do lar e à possibilidade de reconciliação.

A irracionalidade da subsistência duradoura da "marital rape exemption" quase leva a pensar que um dos grandes motivos da inércia era o receio que os membros dos corpos legislativos, maioritariamente homens casados, tinham de vir a ser, injustamente, arguidos num processo-crime por violação[1297]. Nos Estados Unidos, por exemplo, só

[1297] Cfr., nomeadamente, GEIS, "Rape-in-marriage: Law and Law Reform in England, The United States, and Sweden", *Ade.L.R.* 6, 1977-1978, p. 294: "Undoubtedly there are diverse reasons for the inertia associated with change in the rape-in-marriage doctrine, including intellectual reservations about the desirability of change. But as was true for rape law reform in Britain, there also seems to be an element of self-concern behind legislative inaction: the matter may be too close for personal comfort for the well-placed, married males who make up the vast majority of the membership of American state legislatures. It may take only a little imagination

em 1975, um Estado Federado (Dakota do Sul) aboliu, por via legislativa, a "marital rape exemption". Contudo, a alteração foi revogada no ano seguinte, retomando-se a ideia de que não pode haver crime de violação se o agente estiver casado com a vítima[1298]. Desta forma, o maior impulso para a mudança foi dado por via jurisprudencial e somente na década seguinte, com os casos *Smith* e *Chretien*, que foram seguidos por um número crescente de Estados[1299]. Em 1999, Weisberg[1300] faz o seguinte balanço da situação norte-americana: muitos Estados aboliram ou limitaram a imunidade, mas "a *marital rape exemption* não está morta e enterrada. Alguns Estados conferem tratamento preferencial aos violadores conjugais (*v.g.*, considerando a violação conjugal um crime menos grave, distinto da violação em geral). Acresce que outros Estados vão contra a tendência actual: estendem a imunidade aos que vivem em união de facto".

Em Inglaterra, a imunidade da violação conjugal foi abolida em 1991, com o caso *R. v. R.*, cuja posição foi confirmada pela secção 142 do "Criminal Justice and Public Order Act" de 1994[1301]. No entanto, os tribunais tendem a punir menos severamente a violação quando o crime é cometido pelo marido da vítima, considerando que a violação conjugal é menos grave e menos traumática do que aquela em que a vítima

---

for them to create a scenario in which, in their worst forebodings, they are cast as the protagonist in a Kafka-like performance".

[1298] Cfr. GEIS, "Rape-in-marriage" cit., pp. 294-295.

[1299] Cfr. GREGORY/SWISHER/SCHEIBLE, *Understanding Family Law* cit., p. 179, que menciona, na nota 122, ambos os casos: "*Smith v. State*, 426 A.2d 38 (N.J. 1981) (husband was convicted of raping his estranged wife when the parties were living separate and apart at the time of the attack); *Commonwealth v. Chretien*, 417 N.E.2d 1203 (Mass. 1981) (husband was convicted of raping his wife where the attack occurred after the wife had been granted an interlocutory divorce, but before entry on the final divorce decree)".

[1300] Cfr. WEISBERG, *Family Law* cit., p. 77.

[1301] Cfr. CRETNEY/MASSON, *Principles of Family Law* cit., pp. 239-240. Quando o caso *R. v. R.* 1991 2 All ER 257, foi apreciado, o "Chief of Justice", Lord Lane, declarou que "a rapist remains a rapist subject to the criminal law, irrespective of his relationship with his victim" (cfr. RUMNEY, "When Rape Isn't Rape: Court of Appeal Sentencing Practice in Cases of Marital and Relationship Rape", *OJLS* 19, 1999, p. 243).

não tem qualquer ligação com o infractor[1302]. Só que o pressuposto correcto é o inverso: dada a relação de confiança e de intimidade que existe ou deve existir entre familiares próximos, qualquer ilícito praticado por um cônjuge contra o outro tem efeitos psíquicos mais negativos e é susceptível de maior censura[1303]. Na hipótese concreta de violação, há, aliás, estudos que demonstram que o crime em que o agente é o marido tem, a longo prazo, efeitos mais traumáticos do que aquele em que o agente é outra pessoa[1304]. A vítima sente-se profundamente traída, desiludida e isolada – não encontra refúgio no seu próprio lar, nem apoio junto do seu próprio cônjuge.

1.2. A imunidade no sistema romano-germânico

89. Até ao fim do século XVIII, é possível estabelecer um paralelo entre o direito francês e o direito inglês. No Antigo Regime, vigorou o princípio da imunidade interconjugal[1305], que se fundamentava na máxima "vir et uxor censentur in lege una persona".

[1302] Cfr. RUMNEY, "When Rape Isn't Rape" cit., p. 244. Na p. 258 e s., o autor compara as penas aplicadas pela "Court of Appeal" nas condenações por crime de violação: de 1986 até 1997, num total de 90 casos de violação de todos os tipos, a pena média aplicada foi de 7,4 anos de prisão; de 1991 até 1997, houve 10 condenações por violação conjugal e a pena média foi de 6,3 anos de prisão, nos 4 casos em que os cônjuges estavam separados, e de 3,8 anos, nos restantes casos.
[1303] Cfr. REGAN, *Family Law* cit., p. 129: "Marriage is meant to embody a relationship in which one's sense of self is constituted in part through connection with another. This interdependence gives rise both to mutual trust and to mutual vulnerability. Marital rape is a violent betrayal of that trust and a blatant exploitation of that vulnerability".
[1304] Cfr. REGAN, *Family Law* cit., pp. 129-130; RUMNEY, "When Rape Isn't Rape" cit., p. 254 e s.
[1305] Cfr. ROLLAND, *La responsabilité entre époux* cit., p. 18, que, porém, acrescenta: "Ce principe, affirmé par la justice officielle, celle des Parlements (justice procédurière, lourde, coûteuse et infamante), fut toutefois laminé: une autre justice, émanant du roi, secrète et efficace, s'est développée, limitant singulièrement la portée de ce principe d'irresponsabilité. La lettre de cachet, requise par un époux (mari ou femme), permettant d'obtenir l'enfermement du conjoint, à raison de la gravité des fautes dont l'époux demandeur est victime, fut, au XVIIIe siècle, une pratique

Com a Revolução Francesa, ocorreu uma ruptura. A afirmação do valor intrínseco do indivíduo impunha a tutela de todos os direitos que lhe eram reconhecidos, ainda que a respectiva violação fosse imputável a um familiar. Consequentemente, o *Code civil* consagrou o princípio da reparação dos danos causados a uma pessoa por facto ilícito de outrem, sem prever uma excepção para o caso de o lesante e o lesado estarem casados um com o outro. E a jurisprudência francesa nunca se pronunciou directamente a favor da existência de uma regra de imunidade interconjugal[1306]. Nem mesmo antes da Lei de 18 de Fevereiro de 1938, que veio abolir o poder marital e conceder a ambos os cônjuges plena capacidade jurídica. A incapacidade da mulher casada não levou os tribunais a excluírem a admissibilidade de acções de responsabilidade civil intentadas contra o marido. Sendo necessária a autorização do marido para a prática de actos judiciários, era igualmente possível o suprimento judicial da falta de autorização, que era obtido com relativa facilidade.

No entanto, os tribunais raramente eram chamados a apreciar acções de responsabilidade civil movidas por um cônjuge contra o outro[1307]. O fenómeno, que traduz afinal uma situação de *imunidade de facto*, justifica-se com base na conjugação de duas ordens de factores. Por um lado, imperava, na sociedade, a convicção de que, para bem da harmonia familiar, os conflitos entre os cônjuges deviam ser resolvidos por eles, sem intervenção de terceiros[1308]. Por outro lado, num contexto

---

courante. Certes, une telle mesure n'est pas, à strictement parler, pénale, ni même judiciaire: ce serait plutôt, selon la terminologie actuelle, un enfermement administratif. Néanmoins, c'est bien de responsabilité quasi-pénale dont il faut parler: l'époux fautif était incarcéré à la demande de son conjoint, afin de le sanctionner".

[1306] Cfr. LABRUSSE, "Les actions en justice intentées par un époux contre son conjoint (Étude comparative de leur recevabilité et de leur fondement juridique)", *RIDC* 1967, pp. 436, 438 e 439.

[1307] Cfr. LABRUSSE, "Les actions en justice intentées par un époux contre son conjoint" cit., pp. 433, 436 e 439.

[1308] Cfr. LABRUSSE, "Les actions en justice intentées par un époux contre son conjoint" cit., pp. 432-433: "Même l'individu le moins prévenu conviendra sans ample réflexion que l'on n'assigne pas son conjoint en justice si l'on veut vivre en ménage et que l'action judiciaire n'est pas humainement le procédé adéquat de faire valoir ou reconnaître les droits qu'un époux détient en cette qualité contre son

em que era atribuída supremacia decisória a uma das partes, tal ideia não impedia, aparentemente, a resolução prática dos conflitos: persistindo a divergência, a última palavra cabia ao marido. Deste modo, 1970 constitui um marco na evolução histórica da problemática da responsabilidade entre os cônjuges[1309]. A Lei n.º 70-459, de 4 de Junho desse ano, eliminou a figura do chefe da família, instituindo um modelo de direcção conjunta da vida familiar. O desaparecimento de uma técnica (discutível) de resolução de conflitos entre os cônjuges que tinha a vantagem de tornar dispensáveis soluções de origem externa determinou o início da decadência da prática das imunidades interconjugais. Tendo-se mantido até hoje a consciência das dificuldades que uma acção judicial coloca à continuação da vida familiar[1310], não se podia, porém, aceitar a ideia de litígios sem a possibilidade de uma (justa) composição.

A experiência francesa é idêntica à de outros países do sistema jurídico romano-germânico. Em Portugal[1311], admitia-se já desde o século XIX que um cônjuge intentasse contra o outro acções de responsabilidade civil. A incapacidade da mulher casada, que só seria abolida

---

conjoint, ni même de trancher les litiges peut-être passagers.// Cette observation est corroborée par l'examen des faits: le contentieux entre époux a en général pour objet l'existence du mariage lui-même; on plaide en divorce ou en séparation de corps et plus rarement en nullité; les procès pendant le mariage son rares; la paix du ménage relève du for interne".

[1309] Cfr. ROLLAND, *La responsabilité entre époux* cit., p. 43.

[1310] Cfr., pouco depois de 1970, THOMAS, *Les interférences du Droit des Obligations et du Droit Matrimonial*, Presses Universitaires de Grenoble, 1974, p. 325. Concluindo que, em teoria, nada se opõe à admissibilidade de uma acção de responsabilidade civil intentada por um cônjuge contra o outro, na constância do matrimónio, com fundamento num facto estranho aos deveres conjugais, o autor questiona, contudo, essa admissibilidade à luz das regras do bom senso: "En dehors de toute procédure en divorce ou en séparation de corps, il semble difficile d'imaginer un procès entre époux unis. Régler les affaires en justice n'est pas le signe d'une excellente entente familiale et on peut avoir des doutes sur la survivance du lien matrimonial à la suite d'une action en responsabilité entre époux, intentée durant le mariage".

[1311] Para uma análise mais pormenorizada da questão da imunidade interconjugal no ordenamento jurídico português, cfr. ÂNGELA CERDEIRA, *Da responsabilidade civil dos cônjuges entre si*, Coimbra, Coimbra Editora, 2000, p. 40 e s.

totalmente com a entrada em vigor do Código Civil de 1966, não representou um obstáculo técnico-jurídico: de acordo com a doutrina da primeira metade do século XIX e nos termos do artigo 1192.º do Código Civil de 1867, era excepcionalmente permitido à mulher estar em juízo, sem autorização do marido, nos casos em que litigasse contra ele. Todavia, na altura em que vigorou um modelo de sociedade conjugal que consagrava a preponderância do marido – ou seja, até à Constituição de 1976 –, registou-se um número escasso de acções de responsabilidade civil entre os cônjuges, principalmente porque a "subordinação da mulher evitava o surgimento de conflitos ou, pelo menos, a sua exteriorização, pois tudo se resolvia no seio da família"[1312]. Em Itália[1313], o panorama não é muito distinto. Durante um longo período, anterior à adaptação do *Codice Civile* ao princípio da igualdade dos cônjuges (Reforma de 1975), são quase inexistentes as acções de responsabilidade civil propostas por um cônjuge contra o outro. E, mais uma vez, a imunidade não foi directamente imposta por uma norma legal nem por uma orientação jurisprudencial ou doutrinária. Decorria de um uso, associado à concepção que via na família um grupo fechado ao exterior e dirigido pelo marido.

O direito alemão do século XX não adoptou a teoria da imunidade interconjugal. E a Lei de Igualdade de Direitos ("Gleichberechtigungsgesetz"), de 18 de Junho de 1957, eliminou a supremacia do marido em assuntos estranhos ao exercício do poder paternal, afastando, assim, uma concepção de relação conjugal propícia à imunidade de facto de uma das partes. Não obstante isto, a Alemanha ocupa um lugar *sui generis* no sistema romano-germânico. Ao contrário do que acontece em outros países do sistema, a apreciação da culpa do cônjuge, para

---

[1312] Em nossa opinião, esta frase de ÂNGELA CERDEIRA, proferida a propósito do regime consignado pelo Código de Seabra (cfr. *Da responsabilidade civil dos cônjuges entre si* cit., pp. 43-45), adequa-se também ao regime constante da versão originária do Código Civil de 1966.

[1313] Cfr. PATTI, "Il declino della *immunity doctrine* nei rapporti familiari", *RDC* 1981, I, pp. 394-395, ou em *Danno e responsabilità civile* (parte seconda, capitolo sesto), em co-autoria com Busnelli, Torino, Giappichelli, 1997, pp. 271-273; "Famiglia e immunità", em *Persona e comunità familiare* cit., p. 101; *Famiglia e responsabilità civile*, Milano, Giuffrè, 1984, p. 17 e s., pp. 67-69.

efeitos de determinação da responsabilidade por facto ilícito comum que afectou o outro cônjuge, não se rege pelo critério geral. No direito alemão, prevalece uma interpretação do § 1359 do BGB que implica uma limitação da responsabilidade delitual entre os cônjuges. Sob a epígrafe "Âmbito do dever de diligência", a disposição legal mencionada prescreve que, no cumprimento das obrigações que resultam da relação conjugal, os cônjuges têm de observar a diligência que põem habitualmente nos seus próprios negócios. Dado que, nos termos do § 277 do BGB, a "diligentia quam in suis" não obsta à responsabilidade por negligência grosseira, isto significa que o lesante poderá ficar isento de indemnizar quando actua com culpa leve. Ora, o § 1359 do BGB, que apenas se refere às "obrigações resultantes da relação conjugal" ("aus dem ehelichen Verhältnis ergebenden Verpflichtungen") e que foi redigido a pensar na administração dos bens do casal e na gestão da vida familiar[1314], acaba por ser aplicado a hipóteses de ilícito comum, argumentando-se que os cônjuges têm de assumir, no plano da responsabilidade civil, as consequências de terem decidido casar com alguém que tem certas qualidades e certos defeitos[1315]. Há, porém, divisão quanto ao tipo de ilícitos comuns em que a culpa do cônjuge teria de ser apreciada em concreto. Alguns juristas[1316] defendem que seriam tendencialmente todos, incluindo os que correspondem a acidentes de viação. Mas esta está longe de ser a posição maioritária. Num acórdão de 11 de Março de 1970[1317], o *Bundesgerichtshof* achou que o "privilégio da responsabilidade" ("Haftungsprivileg") não era válido nos casos de circulação automóvel na via pública, aplicando-se unica-

---

[1314] Cfr. LIPP, *Die eherechtlichen Pflichten und ihre Verletzung* cit., p. 301: "Der Gesetzgeber verband mit der Regelung eine Haftungsbeschränkung im Rahmen der Schlüsselgewalt und der güterrechtlichen Vermögensverwaltung".

[1315] Cfr. SCHELLHAMMER, *Familienrecht* cit., p. 38: "Da sie einander mit all ihren persönlichen Vorzügen und Schwächen ausgewählt haben, müssen sie einander auch haftungsrechtlich so nehmen, wie sie sind".

[1316] Por exemplo, WUTZ, *Beschränkungen von Schadensersatzansprüchen zwischen Ehegatten*, dact., Inaugural-Dissertation zur Erlangung der Doktorwürde einer Hohen Juristischen Fakultät der Ludwig-Maximilians-Universität zu München, 1991, pp. 179-180.

[1317] BGH 11/3/1970, *BGHZ* 53, p. 352.

mente no "espaço doméstico" ("häuslicher Bereich"). De então para cá, domina claramente a opinião que rejeita a relevância da norma do § 1359 do BGB quando haja violação das regras de circulação rodoviária[1318]. Todavia, a generalidade da doutrina não aceita a redução do âmbito do privilégio do cônjuge, em matéria de responsabilidade civil, aos ilícitos cometidos no espaço doméstico[1319]. Em suma, no direito alemão, a quem não quiser sofrer as consequências do desleixo ou da distracção do seu cônjuge resta um único caminho: não casar[1320]. De qualquer modo, há autores[1321] que manifestam algumas dúvidas quanto à "atenuação da responsabilidade" ("Haftungsmilderung") entre os cônjuges e propõem uma limitação do seu alcance actual.

90. Na área da responsabilidade por crimes praticados por um cônjuge contra o outro, é pouco o que separa os sistemas anglo-americano e romano-germânico. Rejeitando o princípio geral da imunidade, nenhum dos dois sistemas deixou de consagrar imunidades particulares[1322].

Em França, o artigo 324 do Código Penal de 1810, ao mesmo tempo que previa a punição do conjugicídio, fixava uma pena menor

---

[1318] Cfr. GERNHUBER/COESTER-WALTJEN, *Lehrbuch des Familienrechts* cit., pp. 260-261.

[1319] Cfr. LIPP, *Die eherechtlichen Pflichten und ihre Verletzung* cit., pp. 301--302, que chama a atenção para o que separa a doutrina da jurisprudência. Ver ainda LÜDERITZ, *Familienrecht* cit., p. 93, que, tendo em vista a posição dos tribunais, pergunta: "Was gilt, wenn der nachlässige Ehemann im Hotelzimmer ein Glas zerbricht und sich seine Frau hieran den Fuß verletzt? Doch sicher § 1359!".

[1320] Neste sentido, LÜDERITZ, *Familienrecht* cit., p. 93: "Wer die Folgen der Zerstreutheit oder Nachlässigkeit des anderen Gatten nicht in Kauf nehmen will, darf die Ehe nicht eingehen".

[1321] Cfr. GERNHUBER/COESTER-WALTJEN, *Lehrbuch des Familienrechts* cit., pp. 259-260, que, começando por destacar a antiguidade da lógica subjacente ao § 1359 do BGB e a existência de algum "mal-estar" ("Unbehagen") em torno da disposição, terminam considerando que os cônjuges respondem nos termos do critério geral de culpa, "wenn der schädigende Akt den Partner als anonym gebliebenen Dritten trifft und deshalb der Teleologie des § 1359 nicht mehr eingefügt werden kann (ein Ehegatte überfährt den Partner auf der Straße)".

[1322] Cfr. PATTI, "Intra-Family Torts" cit., p. 5.

para o marido que surpreendesse a sua mulher a cometer adultério no lar conjugal (1 a 5 anos de prisão em vez de trabalhos forçados perpétuos), atenuação que só foi eliminada pelo artigo 17 da Lei n.º 75-617, de 11 de Julho de 1975. Independentemente disso, e mesmo durante a segunda metade do século XX, os tribunais franceses detectavam facilmente circunstâncias ordinárias atenuantes da pena quando estavam em causa homicídios conjugais[1323].

Em Portugal, a atenuante extraordinária para o crime de homicídio cometido contra o cônjuge adúltero, abolida também em 1975 (Decreto-Lei n.º 262/75, de 27 de Maio), era válida quer para o marido quer para a mulher, traduzindo-se numa pena de desterro de seis meses para fora da comarca (artigo 372.º do Código Penal de 1886). Os pressupostos da atenuação variavam em razão do sexo: se o agente fosse o marido, bastava que ele tivesse encontrado a mulher a ter relações sexuais com outrem; se o agente fosse a mulher, exigia-se que o marido vivesse com a amante no lar conjugal. Tal discriminação valorativa verifica-se ainda na década posterior à eliminação da atenuante extraordinária: perante dois conjugicídios alegadamente motivados pelo adultério da vítima, a jurisprudência só admitiu enquadrar na figura do homicídio privilegiado (artigo 133.º do Código Penal) um deles – aquele em que o autor do crime fora o marido –, enquanto no caso do outro, praticado pela mulher, nem sequer aceitou a possibilidade de uma atenuação da pena, nos termos do artigo 72.º do Código Penal[1324]. No final do século XX, era, aliás, justo afirmar[1325] que os tribunais

---

[1323] Cfr. BÉNABENT, "La liberté individuelle et le mariage" cit., p. 476, nota 195.

[1324] Cfr. o ac. STJ 28/5/1986, *BMJ* 357, p. 254 (entende que agiu "dominado por compreensível emoção violenta" o marido que reagiu à infidelidade da consorte matando-a) e o ac. STJ 11/6/1987, *BMJ* 368, p. 312 (defende que as infidelidades do marido não diminuem sensivelmente a culpa do cônjuge mulher e que é obsoleto o argumento de que esta teria cometido o homicídio "para desagravar a sua dignidade de esposa"). Os acórdãos são do mesmo relator. Já no século XXI, cfr. o ac. RL 3/4/2002, proc. n.º 01412525, *http: //www.dgsi.pt*.

[1325] Cfr. CARLOTA ALMEIDA, *Em nome da família: os valores familiares e os maus tratos conjugais*, dact., relatório de Mestrado, Faculdade de Direito da Universidade de Lisboa, 1996, pp. 32-33.

portugueses utilizavam com frequência a atenuação da pena, prevista no referido artigo, no julgamento de homicídios conjugais, principalmente nos casos de uxoricídio, praticados em reacção ao adultério, real ou imaginado, da mulher.

Quanto aos crimes contra a integridade física, é nítido o contraste entre *law in books* e *law in action*. Em França[1326], o poder de correcção do marido foi suprimido com a Revolução de 1789, mas a alteração não implicou a sua efectiva sujeição à responsabilidade penal comum por ofensas corporais: a jurisprudência considerava que o dever conjugal de assistência ou o dever de obediência ao marido impunham à mulher que perdoasse os actos de violência ligeira cometidos pelo marido contra ela. Recentemente, há sinais de mudança de atitude dos tribunais franceses. Todavia, sabe-se que é muito pequena a percentagem de casos de violência doméstica que são submetidos a julgamento.

Em Portugal, os textos legais deixaram de se referir ao poder de correcção do marido no século XIX continuando, porém, a prática da "violência moderada" contra a mulher a ser, ao longo do século XX, tida como normal[1327]. Com o Código Penal de 1982 é tomada uma iniciativa de vulto destinada a combater essa prática. O artigo 153.º incrimina os maus tratos do cônjuge, bem como dos menores e subordinados, reflectindo "uma progressiva consciencialização da gravidade destes comportamentos e de que a família, a escola e a fábrica não mais podiam constituir feudos sagrados, onde o direito penal se tinha de abster de intervir"[1328].

No entanto, alguma jurisprudência[1329] viria a negar grande parte da eficácia da neocriminalização, sustentando que só caberiam no tipo de maus tratos conjugais as ofensas corporais "cometidas com malvadez por egoísmo". A favor de tal interpretação do artigo 153.º, n.º 3, na versão primitiva do Código de 1982, foi dito, por um lado, que

---

[1326] Cfr. ROLLAND, *La responsabilité entre époux* cit., pp. 35-37, 45 e 46.

[1327] Cfr. TERESA BELEZA, *Maus tratos conjugais: o artigo 153, n.º 3, do Código Penal*, Lisboa, AAFDL, 1989, pp. 44-45.

[1328] Cfr. TAIPA DE CARVALHO, comentário ao artigo 152.º, *Comentário Conimbricense do Código Penal, Parte Especial*, t. I, dirigido por Figueiredo Dias, Coimbra, Coimbra Editora, 1999, p. 330.

[1329] Cfr. ac. RL 4/7/1984, *BMJ* 346, p. 300 (= *CJ* 1984/4, p. 132).

"em relação a diversos actos de falta de assistência ou de ofensas corporais entre cônjuges, considera a lei como mais relevante a defesa do interesse da manutenção da sociedade familiar sobre o do Estado em punir eventuais violações da ordem criminal" e, por outro lado, que uma interpretação distinta resultaria numa "intromissão abusiva de um Estado totalitário na vida da sociedade familiar, não adaptada à nossa tradição, ou ao nosso sistema jurídico, e que, nos tempos actuais, não existe em qualquer Estado minimamente civilizado". A orientação restritiva seria desenvolvidamente criticada por Teresa Beleza[1330], enquanto expressão da ideia mistificadora de não intervenção estatal na família como forma de preservar a privacidade. Na sequência da revisão do Código Penal, aprovada pelo Decreto-Lei n.º 48/95, de 15 de Março, que modificou a redacção do artigo atinente aos maus tratos conjugais (antes 153.º, agora 152.º), ficou completamente inviabilizada a interpretação que indicava um dolo específico como condição de preenchimento do tipo criminal. Noutro aspecto, houve, porém, um recuo: o crime passou de público a semipúblico. A solução então fixada quanto ao procedimento criminal, que não teve em conta as pressões que são exercidas sobre as vítimas de maus tratos conjugais para não apresentarem queixa ou desistirem dela, foi entretanto abandonada. Com a Lei n.º 7/2000, de 27 de Maio, o crime voltou a ser público, rejeitando-se, portanto, a solução intermédia da Lei n.º 65/98, de 2 de Setembro (o procedimento criminal dependia de queixa, mas o Ministério Público podia dar início ao processo; havendo instauração oficiosa, admitia-se que o procedimento se extinguisse por decisão da vítima). Apesar de tudo, é ainda cedo para se falar entre nós, como em tantos outros países, de uma mudança profunda de mentalidades relativamente à questão da violência doméstica[1331].

[1330] TERESA BELEZA, *Maus tratos conjugais* cit., p. 41 e s., e *Mulheres, Direito, crime* cit., p. 363 e s. Como explica a ilustre professora, o abstencionismo do Estado na família coloca em risco a liberdade real e a igualdade material de ambos os cônjuges.

[1331] Basta ver que, no final do século XX, prevalecia um tratamento policial das disputas conjugais que, desvalorizando a relevância penal da violência familiar, contribuía para a falta de repressão efectiva deste género de criminalidade (cfr. CARLOTA ALMEIDA, *Em nome da família* cit., pp. 24-26).

O argumento da reserva da vida privada, usado para limitar a repressão penal dos maus tratos conjugais, após 1982, não serviu, em contrapartida, para assegurar a protecção do segredo da correspondência entre os cônjuges, antes de 1976. O artigo 461.º § 1.º, do Código Penal de 1886, que declarava lícita a abertura da correspondência da mulher pelo marido, sem o consentimento da destinatária, só seria revogado pela última Constituição portuguesa, cujo artigo 293.º, n.º 1, correspondente ao actual artigo 290.º, n.º 2, obstava à continuação da vigência da norma penal, incompatível com o princípio constitucional da inviolabilidade da correspondência, estabelecido no artigo 34.º da Lei Fundamental. Em Itália, a falta de uma norma penal análoga não impediu que os tribunais[1332] qualificassem de lícita a intercepção, pelo marido, das comunicações telefónicas da mulher, entendendo que essa faculdade, reconhecida apenas a um dos cônjuges, tinha por finalidade assegurar a unidade da família e o cumprimento do dever de fidelidade pela mulher. A orientação jurisprudencial, que se apoiava na ideia de que a chefia marital conferia um poder de vigilância sobre a mulher, não podia, obviamente, sobreviver à Reforma do *Codice Civile*, realizada em 1975[1333].

[1332] Cfr. App. Milano 9/7/1971, *Dir.Ecl.* 1973, II, p. 201, com anotação discordante de PACE = *Giur.Mer.*1973, I, p. 165 (por lapso, o acórdão é indicado como tendo data de 17 de Julho), com anotação discordante de ROSELLI (intitulada "Sulla legittimità delle intercettazioni telefoniche fra i coniugi"). Na época, o acórdão exprimia a tendência dominante na jurisprudência (cfr. GALOPPINI, "Intercettazioni telefoniche e potestà maritale" cit., p. 644, e ROSELLI, "Sulla legittimità delle intercettazioni telefoniche fra i coniugi" cit., p. 165), mas já não na doutrina (ver – além de PACE e ROSELLI – BESSONE/D'ANGELO, "Diritti della persona e garanzia costituzionale di unità della famiglia" cit., p. 127 e s.; CERRI, "Libertà negativa di manifestazione del pensiero e di comunicazione – diritto alla riservatezza: fondamento e limiti", *Giur.Cost.* 1974, pp. 624-626; GALOPPINI, ob. cit., p. 640 e s.; RICHTER, "Il segreto epistolare tra coniugi", *Dem. e Dir.* 1964, p. 207 e s.).

[1333] Cfr. AULETTA, "La riservatezza nell'ambito della società familiare" (1975) cit., pp. 210-211, e *Riservatezza e tutela della personalità*, Milano, Giuffrè, 1978, pp. 193-194; MARANIELLO, "«Secret de la correspondance», nei rapporti tra coniugi e diritto alla riservatezza", *FI* 1978, IV, pp. 118-120; SALVESTRONI, "Comunità familiare, libertà di corrispondenza e diritto alla riservatezza", *St.Sen.* 1978, pp. 118-119.

Mais tempo resistiu a imunidade interconjugal pela prática de actos contrários à liberdade sexual. No sistema romano-germânico, a justificação da impunidade do marido que violava o cônjuge tinha ao seu dispor duas teorias: uma, mais antiga, que remontava aos glosadores e caiu rapidamente em desuso, afirmava que ele tinha a posse da mulher ("in eam habet manus injectionem")[1334]; a outra, mais importante, considerava que o marido agia no exercício legítimo de um direito emergente do casamento (o direito de ter relações sexuais com o cônjuge).

A Itália será um dos primeiros países a abandonar a tese da não repressão da violência sexual entre os cônjuges. Pouco depois da reforma do *Codice Civile* e perante legislação que não excluía do tipo criminal de violação a conjunção carnal violenta em que o agente e a vítima estavam casados um com o outro, a *Cassazione* decidiu que era punível a conduta do marido que tinha forçado a mulher a ter cópula consigo, ameaçando-a com uma arma, e isto porque a existência do dever conjugal de ter relações sexuais não tornava lícito o emprego de coacção para obter a realização da prestação[1335]. Em Portugal, a imunidade terminará com o Código Penal de 1982. Ao definir o crime de violação, o artigo 393.º do Código Penal anterior exigia que a cópula realizada contra a vontade da mulher fosse *ilícita*, o que significava que não se reputava criminosa a cópula realizada entre cônjuges, mesmo quando imposta com violência pelo marido à mulher[1336]. O artigo 201.º

[1334] Cfr. a alusão de BELEZA DOS SANTOS, "O crime de violação", *RLJ* 57, p. 355.

[1335] CassIt 16/2/1976, *Giust.Pen.* 1978, II, p. 406, sendo de destacar, designadamente, a seguinte passagem: "Il consenso alla *dedicatio corporis* prestato col matrimonio non ha carattere assoluto ed illimitato, né comporta un completo asservimento, quasi a titolo di servitù personale, del proprio corpo in funzione permanente ed integrale del soddisfacimento delle esigenze di piacere sessuale dell'altro coniuge". A particular relevância do aresto é sublinhada por FERRANDO, "Diritti e doveri nascenti dal matrimonio" cit., p. 111 e s., e PATTI, "Intra-Family Torts" cit., p. 10, nota 49.

[1336] Cfr. BELEZA DOS SANTOS, "O crime de violação" cit., p. 355, que, escrevendo em 1925, se mostrava muito crítico da solução vigente ("A imposição violenta das relações sexuais, mesmo entre cônjuges, é um acto brutal, odioso, indesculpável, que o casamento não pode autorizar e que, por isso, a lei não devia permitir"); TERESA BELEZA, "O conceito legal de violação", *RMP* 59, 1994, pp. 53-54.

da versão primitiva do Código Penal de 1982 (a que corresponde, com alterações, o actual artigo 164.º) suprimiu o vocábulo "ilícita", enquanto caracterizadora da cópula, e não o substituiu pela expressão "fora do casamento", que constava do artigo 243.º do Projecto do Código Penal de 1966. Deste modo, foi criminalizada a violação entre cônjuges[1337]. No entanto, não há notícia de casos deste tipo submetidos a julgamento nos tribunais portugueses, até ao fim do século XX[1338].

Em França[1339], a violação entre os cônjuges não era punida até 1980, ano em que foi alterado o Código Penal e em que foi proferido um acórdão[1340] que condenou o marido por ter imposto à mulher a prática de relações sexuais, mediante o emprego de violência e com a colaboração de terceiro. Durante um certo período, a jurisprudência mostrou-se ambígua. Há, por exemplo, um acórdão de 1984[1341], que, tendo condenado o marido que violou a sua mulher, na pendência de uma acção de divórcio e quando uma decisão judicial já tinha atribuído aos cônjuges residências separadas, não deixava claro se o tipo criminal estava preenchido por os cônjuges não estarem na altura obrigados a ter relações sexuais um com o outro ou por ser absolutamente vedado qualquer acto sexual imposto, independentemente de haver ou não um vínculo conjugal. Finalmente, um acórdão de 1992[1342] veio determinar que é ilícita a violação entre os cônjuges, estejam ou não separados e ainda que aquela não tenha tido lugar mediante a prática de actos "contra natura". Contudo, na mesma ocasião, o Tribunal afirmou que,

---

[1337] LEAL-HENRIQUES/SIMAS SANTOS, *O Código Penal de 1982 (referências doutrinárias, indicações legislativas, resenha jurisprudencial)*, vol. 3, reimpressão (da edição de 1986), Lisboa, Rei dos Livros, 1989, pp. 62-63.

[1338] Cfr. CARMO DIAS, "A propósito do crime de violação: ainda faz sentido a sua autonomização?", *RMP* 81, 2000, p. 83.

[1339] Sobre a evolução no direito francês, cfr., principalmente, NICOLEAU, *Droit de la Famille* cit., pp. 70-73.

[1340] Grenoble 4/6/1980, *D*. 1981, IR, p. 154. Pouco antes fora proferido na Bélgica um acórdão (App. Bruxelles 21/6/1979, *RTDFam*, 1980/1, p. 159, com nota de MAINGAIN) que, considerando inadmissível a utilização da força privada para assegurar o cumprimento dos deveres conjugais, declarou ser penalmente punível a violação da mulher pelo marido.

[1341] CassFr 17/7/1984, *Bull.crim*., n.º 260.

[1342] CassFr 11/6/1992, *Bull.crim*., n.º 232.

na "intimidade da vida privada conjugal", vale a presunção de consentimento dos cônjuges quanto à prática de actos sexuais, salvo prova em contrário.

Na Alemanha, até 1998, o § 177 I do Código Penal alemão punia somente a violação extramatrimonial, embora, antes disso[1343], a jurisprudência civil tivesse condenado um marido que violou a mulher ao pagamento de uma indemnização. Em Espanha, ainda hoje, tem algum peso a posição de Alonso Pérez[1344], segundo a qual não há crime de violação entre os cônjuges que vivem juntos, porque, através da celebração do casamento, cada um deles teria renunciado à sua liberdade sexual a favor do outro, enquanto durasse o vínculo e desde que se não rompesse a *affectio maritalis* com a separação. A perspectiva, que é, *a priori*, estranha, afigura-se ainda mais estranha se se tiver presente que o autor defende que o débito conjugal conhece limites e que a violação corresponde a uma forma de exercício abusivo do *ius in corpus*, contrária ao dever conjugal de respeito mútuo.

Para concluir o tema das imunidades interconjugais de cariz penal, importa tratar da questão dos crimes contra a propriedade. Tradicionalmente, o furto entre os cônjuges não é punido[1345]. Fiel à tradição, o artigo 303.º, na versão primitiva do Código Penal português de 1982, afastou, em regra, a punibilidade do crime de furto simples praticado por um cônjuge em prejuízo do outro, solução que procurava garantir "a instituição familiar e a paz entre os seus membros, evitando

---

[1343] OLG Schleswig 15/9/1992, *NJW* 1993, p. 2945: o marido ofendeu o direito geral de personalidade da mulher, na medida em que, no caso concreto, ela tinha "fundamentos sólidos" ("triftige Gründe") para se recusar a ter relações sexuais. O acórdão foi criticado, com justiça, por Haller, "Das sexuelle Selbstbestimmungsrecht der verheirateten Frau", *MDR* 1994, p. 426, em virtude de levar a crer que a violação é lícita, no plano jus-civil, quando a mulher se negar injustificadamente a cumprir o débito conjugal.

[1344] Alonso Pérez, "Dialéctica entre fidelidad matrimonial" cit., p. 60 e s. Igualmente, Valentín-Fernández, "El matrimonio, realidad social e institución jurídica", tema 1 da obra *Instituciones de Derecho Privado* (sob a coordenação geral de Delgado de Miguel), t. IV, *Familia*, vol. 1.º (sob a coordenação de Garrido de Palma) cit., p. 116.

[1345] Cfr. Rolland, *La responsabilité entre époux* cit., p. 10: "Traditionnellement, il n'y pas de vol entre époux".

ódios e ressentimentos que a rigorosa aplicação da lei penal geral poderia provocar"[1346]. Na sequência da revisão de 1995, adoptou-se outra solução: o crime é punido, mas o procedimento criminal depende de acusação particular [artigo 207.º, alínea a), do Código Penal, aplicável também aos crimes de abuso de confiança, de apropriação ilegítima em caso de acessão ou de coisa achada, de dano, de alteração de marcos, de burla, de infidelidade, de abuso de cartão de garantia ou de crédito e de receptação], não bastando a queixa, suficiente no furto simples comum. Ora, sendo o regime dos crimes particulares fortemente dissuasor do prosseguimento da acção penal, a nova opção legislativa é susceptível de representar a mera passagem de uma imunidade absoluta – que o direito francês continua a consagrar[1347] – para uma imunidade tendencial.

1.3. "Quando é que um ilícito não é um ilícito?"

91. No direito português anterior a 1974, apesar de faltar a previsão expressa do princípio da imunidade interconjugal, as relações conjugais acabavam por estar subordinadas a um *ius singulare*[1348] que discriminava negativamente a mulher: o marido que a violasse, que lhe batesse, que lhe abrisse a correspondência, que lhe causasse deliberadamente prejuízos patrimoniais, que a proibisse de trabalhar fora de casa ou de conviver com certas pessoas, não incorria nem em responsabilidade civil nem em responsabilidade penal. Era o resultado, directo ou

---

[1346] LEAL-HENRIQUES/SIMAS SANTOS, *O Código Penal de 1982 (referências doutrinárias, indicações legislativas, resenha jurisprudencial)*, vol. 4, reimpressão (da edição de 1987), Lisboa, Rei dos Livros, 1989, p. 81.

[1347] O artigo 311-12 do *Code pénal* dispõe: "Ne peut donner lieu à des poursuites pénales le vol commis par une personne: 1.º Au préjudice de son ascendant ou de son descendant; 2.º Au préjudice de sont conjoint, sauf lorsque les époux sont séparés de corps ou autorisés à résider séparément".

[1348] Com uma terminologia similar, relativamente ao direito italiano anterior a 1975, cfr. FRACCON, "I diritti della persona nel matrimonio cit., pp. 384-385; GALOPPINI, "Intercettazioni telefoniche e potestà maritale" cit., p. 651; ZATTI, "I diritti e i doveri che nascono dal matrimonio" cit., pp. 18-19.

indirecto, da regra da chefia marital e de uma disciplina penal particular.

A Revolução de 25 de Abril pôs fim à ideia da relação conjugal como relação subtraída à lei comum. Por um lado, o princípio da igualdade dos cônjuges opunha-se frontalmente à discriminação da mulher casada. Por outro lado, a prioridade constitucionalmente conferida à dignidade da pessoa humana, de que aquele princípio era uma de muitas emanações, não admitia a bilateralização das imunidades interconjugais[1349]. De harmonia com isto e na sequência da Reforma de 1977, a enumeração legal de deveres conjugais foi enriquecida com o dever de não violar os direitos gerais do outro cônjuge. Ora, o dever de respeito, que surge em primeiro lugar no elenco do artigo 1672.º do Código Civil, constitui uma demonstração inequívoca, no plano da legislação ordinária, da regra da inadmissibilidade de qualquer tipo de imunidade interconjugal. Ou seja, a negação da responsabilidade, civil ou criminal, pela prática de um acto ilícito comum, negligente ou doloso, colide abertamente com os nossos princípios fundamentais.

Não obstante isto, permanece no Código Penal uma forma de imunidade interconjugal, quando estão em causa vários crimes dolosos contra o património. Afastou-se, é certo, a imunidade por recusa expressa de punição (que vigorava antes entre nós) ou de instauração de procedimento criminal (que se observa, designadamente, em França), mas consagrou-se uma imunidade que opera mediante a colocação de dificuldades processuais (necessidade de acusação particular em vez de mera queixa). Pretensamente, a particularidade visa garantir a tranquilidade da vida familiar. Mas esta justificação, usada habitualmente como fundamento teórico das imunidades interconjugais, não colhe. E não colhe em nenhum caso de ilícito doloso, civil ou penal. A irresponsabilização do cônjuge autor em nada contribui para a paz familiar. Qual é o futuro de uma relação em que uma das partes, aquela a quem é negada (ou dificultada) a tutela, se sente injustiçada, e outra, aquela que fica impune, não vê motivo para cessar a prática de actos ilícitos? Qual é o *efeito pedagógico* de uma situação de imunidade no comportamento da generalidade dos casais?

[1349] Cfr. *supra*, n.º 20.

No direito alemão, aceita-se que a culpa leve de um cônjuge o isente da obrigação de indemnizar o outro. A menor censurabilidade do ilícito em apreço obsta a uma rejeição liminar da ideia no quadro do direito português. Pode-se, por exemplo, sustentar que a relação de proximidade que advém da ligação familiar e da vida em comum impõe a cada cônjuge uma maior indulgência quanto às faltas cometidas pelo outro, o que se reflecte na atenuação da responsabilidade deste. Todavia, o argumento é reversível[1350]: pode-se afirmar que a maior proximidade dos cônjuges cria, afinal, um dever recíproco de maior cuidado, o que torna mais grave qualquer ilícito comum praticado por um deles contra o outro[1351]. Ponderando tudo, não há uma razão que legitime a derrogação do regime geral da responsabilidade civil.

Alerte-se, porém, para a eventualidade de um pedido de indemnização formulado por um cônjuge contra o outro, com fundamento em ilícito comum, poder integrar, num caso concreto, uma situação de exercício inadmissível de um direito. O dever conjugal de respeito não se limita a vincular um cônjuge a observar os direitos não conjugais do outro. Porque a situação de duas pessoas casadas entre si não é exactamente igual à de duas pessoas que não estão unidas pelo vínculo conjugal, aquele dever exige a um cônjuge que seja prudente no exercício dos seus direitos gerais, perante o outro[1352]. Deste modo, a figura geral do exercício abusivo adquire maior importância na relação conjugal[1353]. Obviamente, isto nada tem que ver com imunidades automáticas, baseadas na existência de um laço matrimonial.

[1350] Cfr. ROLLAND, *La responsabilité entre époux* cit., pp. 24, 56 e 57.

[1351] Cfr., nomeadamente, PATTI, "*Famiglia e responsabilità civile* cit., pp. 32--33: "Lo status di familiare non deve comportare una riduzione ed una limitazione delle prerogative della persona ma semmai un aggravamento delle conseguenze a carico del (familiare) responsabile". A esta opinião adere plenamente BALDINI, *Responsabilità civile e ordinamento familiare (Profili essenziali)*, Napoli, Edizioni Scientifiche Italiane, 1998, p. 25.

[1352] Cfr. *supra*, n.º 45.

[1353] No caso da indemnização, pensamos que será, por exemplo, abusiva a pretensão de compensação de um cônjuge quando concorram as seguintes circunstâncias: coabitação, ilícito isolado, culpa leve do cônjuge lesante e valor diminuto do dano. Merece também atenção a doutrina alemã dos limites da invocação da pretensão indemnizatória decorrentes do dever conjugal de respeito mútuo. Segundo WYSK,

2. A TUTELA DOS DIREITOS GERAIS NO CASAMENTO E A TUTELA DOS DIREITOS CONJUGAIS: CONEXÕES PROBLEMÁTICAS

92. O Direito da Família e o Direito Comum interagem de várias formas. Presentemente, numa conjuntura adversa à imunidade interconjugal pela prática de um ilícito comum, o dever matrimonial de respeito desempenha um papel crucial no estabelecimento de uma área de harmonização do espírito que anima a disciplina jus-familiar e o regime geral. O ilícito comum é, simultaneamente, ilícito conjugal. Nesta hipótese de concurso, a tutela geral não deixa de operar. Consequentemente, um dado direito conjugal beneficia da garantia comum, que se pode cumular com a garantia especificamente familiar. Tendo em conta a vertente não patrimonial do dever conjugal de respeito, depara-se então com um domínio em que é inaplicável a doutrina da fragilidade da garantia dos deveres conjugais pessoais. A violação por um cônjuge de um direito de personalidade do outro, que é igualmente um ilícito conjugal, faz incorrer o lesante em responsabilidade civil e, eventualmente, criminal (por exemplo, se houver maus tratos)[1354].

Rechtsmißbrauch und Eherecht cit., p. 208 e s., são três os grupos de casos típicos de exercício abusivo referidos pela jurisprudência: "Unverhältnismäßige Minderung des Familienunterhalts", "Überschießende Einbußen des ersatzplifchtigen Ehepartners", "Angemessene, ehegemäße Schadenslinderung". Ao tratar dos efeitos do dever conjugal de respeito sobre as pretensões indemnizatórias, WUTZ, *Beschränkungen von Schadensersatzansprüchen zwischen Ehegatten* cit., p. 133 e s., faz uma análise particularmente ilustrativa desses três grupos de situações: o primeiro grupo compreende os casos em que o pagamento da indemnização coloca em perigo o cumprimento das obrigações familiares pelo lesante (*v.g.*, o dever de alimentos, relativamente aos filhos); o segundo abarca os casos em que o pagamento da indemnização excede a capacidade económica do lesante (pondo em risco a sua sobrevivência ou forçando-o a vender bens por um preço muito inferior ao do mercado); o último grupo inclui hipóteses em que o lesado pode exigir o valor da indemnização a terceiro (*v.g.*, a uma seguradora).

[1354] Cfr. HÖRSTER, "A respeito da responsabilidade civil dos cônjuges entre si" cit., p. 116: "Nestes casos, a «fragilidade da garantia» é, por assim dizer, contornada por força da sanção provocada pela violação simultânea de um outro direito subjectivo privado em relação ao qual a garantia funciona, como deve ser, sem restrições".

Numa época anterior, de prevalência da imunidade interconjugal, a impunidade associada à prática de um ilícito comum justificava-se através de razões familiares. Num caso, era o próprio exercício de um direito conjugal: o marido que violava a mulher exercia o seu direito de coabitação. Isto é, a tutela de um direito conjugal de uma das partes levava à negação da tutela de um direito de personalidade (liberdade sexual negativa) da outra. Habitualmente, a imunidade geral era baseada na protecção da família. Implicitamente, a garantia comum cedia perante a garantia dos deveres conjugais, já que estes teriam como função a defesa da família. Mais explicitamente, dizia-se que a existência de meios de garantia jus-familiar (*v.g.*, divórcio e separação de pessoas e bens) dispensava a responsabilidade civil entre os cônjuges. Por vezes, o resultado acabava por ser uma "espiral de denegação de justiça". Se o regime de divórcio ou separação de pessoas e bens era excessivamente restritivo, como acontecia no direito português anterior a 1974, o cônjuge cujos direitos de personalidade eram violados só podia obter alguma protecção em casos extremos – aqueles que, por exemplo, se enquadravam na visão que os juízes masculinos contemporâneos tinham de ofensas *graves* à integridade física ou moral [cfr. artigo 1778.º, alínea g), na redacção primitiva do Código Civil português de 1966].

A "espiral de denegação de justiça" entre os cônjuges pertence ao passado (recente, acrescente-se). Nesse sentido, depõem não só a decadência da imunidade interconjugal e a consagração do dever conjugal de respeito, mas também a tendência para a utilização explícita dos mecanismos jurídicos familiares no combate aos ilícitos comuns mais graves e mais frequentes que são cometidos por um cônjuge contra o outro. Em Espanha, cresce um movimento favorável à alteração do processo e das causas de divórcio e separação, que tem por objectivo a obtenção de uma melhor resposta legal às situações de maus tratos conjugais[1355]. Em França, uma proposta de lei de reforma do divórcio, adoptada pela Assembleia Nacional em primeira leitura no dia 10 de

---

[1355] Cfr. Arcos Vieira, *La desaparición de la* affectio maritalis *como causa de separación y divorcio*, Elcano (Navarra), Aranzadi, 2000, p. 18.

Outubro de 2001, continha uma norma que censurava expressamente a violência conjugal[1356].

A intercomunicabilidade que se observa entre os direitos conjugais e os direitos gerais ou entre a tutela comum e a tutela especificamente familiar é múltipla e prova a artificialidade das tentativas de recusa de uma protecção, mínima ou plena, às posições jurídicas tipicamente conjugais. No direito alemão, domina uma jurisprudência que, em regra, repudia a indemnizabilidade do dano provocado pelo adultério, com base na ideia do carácter moral do conteúdo do casamento. No entanto, o dogma da natureza moral da relação conjugal não evita a produção de danos efectivos causados pelo adultério e que seria injusto não compensar. Por isso, alguns autores[1357] transferem a discussão do plano dos direitos conjugais nucleares para o plano estrito dos bens ou direitos de personalidade. Aquele cônjuge que, por exemplo, é infectado com sida, ao ter relações sexuais extramatrimoniais, e que, por sua vez, infecta o seu próprio cônjuge, estaria obrigado a indemnizar este, não por ter cometido adultério, mas por ter cometido uma ofensa contra a vida ou a saúde do lesado. Só que é difícil ignorar o contributo causal do adultério na criação dos danos. No direito norte-americano, o fim do "no-fault divorce" reflectiu-se num aumento de acções de responsabilidade civil entre cônjuges e ex-cônjuges, fundadas em circunstâncias ocorridas na constância do matrimónio. Um conjunto dessas acções pretende reagir contra "condutas conjugais impróprias"[1358]. Nesse conjunto, umas acções fazem-no directamente, enquadrando os ilícitos conjugais numa situação de "misrepresentation" ou, sobretudo, de "intentional infliction of emotional distress", enquanto as restantes, contornando uma jurisprudência que declara abolido o sistema sancio-

---

[1356] Artigo 8-*bis*, que aditava ao *Code civil* o artigo 259-5, com o seguinte teor: "Lorsque des faits d'une particulière gravité procédant notamment de *violences physiques ou morales*, commis au cours du mariage, peuvent être imputés à un époux à l'encontre de son conjoint, celui-ci peut demander au juge de le constater dans le jugement prononçant le divorce.// Le juge peut aussi, à l'occasion de la procédure de divorce, être saisi par un époux d'une demande de dommages-intérêts à l'encontre de l'autre sur le fondement de l'article 1382" (o itálico é nosso).
[1357] Cfr. TIEDEMANN, "Aids – Familienrechtliche Probleme" cit., p. 731.
[1358] Cfr. *supra*, nota 1276.

natório de condutas opostas à moral matrimonial, se socorrem de outras técnicas para alcançar o seu verdadeiro propósito[1359].

3. A DOUTRINA DA FRAGILIDADE DA GARANTIA DOS DEVERES CONJUGAIS PESSOAIS

93. No direito português, é relativamente normal a opinião[1360] de que a protecção legal dos direitos familiares pessoais é mais frágil do que aquela que cabe aos direitos de crédito. Nesta linha, afirma-se que aqueles direitos não são susceptíveis de execução específica e que a respectiva violação não origina responsabilidade civil, mas a aplicação exclusiva de mecanismos de Direito da Família, cujo carácter sancionatório é controvertido[1361].

Sendo antiga[1362], não se pode dizer[1363], com todo o rigor, que a tese em apreço se ligue a uma tradição que rejeita a utilização de meios de coacção, ou de meios comuns, para efeitos de garantia dos deveres

---

[1359] Cfr. SPECTOR, "Marital Torts " cit., p. 747; WEISBERG, *Family Law* cit., p. 84.

[1360] Cfr. ALMEIDA COSTA, *Direito das Obrigações* cit., pp. 107-108; ANTUNES VARELA, *Das obrigações em geral* I cit., pp. 199-200, e *Direito da Família* cit., pp. 370-371; GONÇALVES DE PROENÇA, *Direito da Família* cit., pp. 26-27; LEITE DE CAMPOS, *Lições de Direito da Família*, 2.ª ed., cit., pp. 141-142.

[1361] A favor da natureza sancionatória do divórcio e da separação de pessoas e bens, cfr. ANTUNES VARELA, *Direito da Família* cit., pp. 370-371, e, sobretudo, "As concepções institucionais e as concepções inter-individuais do casamento" cit., pp. 188-189; contra, cfr., designadamente, GONÇALVES DE PROENÇA, *Direito da Família* cit., p. 27.

[1362] Nas palavras de PEREIRA COELHO/GUILHERME DE OLIVEIRA, *Curso de Direito da Família* I cit., pp. 175 e 176, a opinião de que os direitos familiares pessoais teriam uma garantia mais frágil do que a dos direitos de crédito constitui "doutrina tradicional".

[1363] Segundo CIAN, "Introduzione. Sui presupposti storici e sui caratteri generali del Diritto di Famiglia riformato" cit., p. 42, se a reforma italiana de 1975 não tivesse imposto um tratamento negativo do cônjuge a quem é imputada a separação judicial, os deveres conjugais não patrimoniais "sarebbero rimasti sprovvisti di sanzione in diritto, dal momento che per tradizione altri strumenti coercitivi non sono per i medesimi previsti: ci riferiamo in particolare al risarcimento dei danni morali o materiali"

conjugais. O Código de Processo Civil de 1939, que prosseguia a orientação do Código de Processo Civil de 1876, tutelava o dever de coabitação mediante dois processos especiais, um para entrega da mulher ao marido e outro para obrigar este a receber aquela em casa, sendo que a falta de colaboração voluntária do cônjuge infractor no cumprimento da diligência judicial preenchia o tipo do crime de desobediência[1364]. O Código Penal de 1886, seguindo uma tendência ancestral[1365], enquadrava o adultério num tipo criminal, qualificação que a Lei do Divórcio de 1910 não pôs em causa[1366]; deste modo, acabava por ser muito ampla a tutela comum de que dispunha o titular do direito de fidelidade, já que o artigo 2365.º do Código Civil de 1867 previa que a responsabilidade civil acompanhasse a responsabilidade criminal[1367].

A despenalização do adultério e a abolição dos processos especiais de entrega e recebimento da mulher casada podem, numa primeira leitura, ser entendidas como alterações que reforçam a posição da teoria da fragilidade da garantia. Em compensação, a consagração legal do dever conjugal de respeito implica o reconhecimento da existência

---

[1364] Cfr. *supra*, n.º 57.

[1365] Cfr. PAIS DE AMARAL, *Do casamento ao divórcio* cit., p. 78: "Desde os tempos mais antigos, o adultério constituía um dos crimes mais horríveis. As leis de Moisés castigavam com pena de morte os adúlteros. Na Índia eram devorados pelos cães e no Egipto impunham-se horríveis mutilações. Entre nós, nos primeiros tempos foi o facto deixado à *vindicta privada*, mas, a partir das Ordenações Afonsinas, passou a ser punido e pelas Ordenações Filipinas era punido com pena de morte, quando o marido acusasse, e com degredo para África, quando não acusasse". Para uma análise mais desenvolvida da regulamentação penal do adultério da mulher, em Portugal e Espanha, antes do século XIX, consultar FOSAR-BENLLOCH, *Estudios de Derecho de Familia*, t. III, *Las uniones libres. La evolución histórica del matrimonio y el divorcio en España*, Barcelona, Bosch, 1985, p. 425 e s.

[1366] Cfr. *supra*, n.º 38.

[1367] Cfr. PIRES VERÍSSIMO, "Do problema de saber, se são aplicáveis, em matéria de violação dos deveres recíprocos dos cônjuges, os princípios gerais sobre responsabilidade civil", *ROA* 1948, p. 256. Era análoga a situação no direito italiano contemporâneo, por força do respectivo Código Penal: cfr. DARI, "Danni da adulterio e da separazione personale" cit., p. 689 ["l'adulterio, in quanto reato (art. 559 c.p.), obbliga il colpevole al risarcimento di ogni danno, patrimoniale o non patrimoniale (art. 185 c.p.)"].

de um âmbito das relações pessoais dos cônjuges subordinado ao regime geral da garantia. E a atitude da jurisprudência alemã leva a pensar noutra hipótese de derrogação do princípio da fragilidade, desta vez com base no critério do local da infracção. Como se verá adiante, os tribunais alemães, muito favoráveis à regra da aplicação exclusiva do Direito da Família às violações dos deveres conjugais pessoais, admitem, excepcionalmente, o recurso a meios comuns para tutela do dever de fidelidade no "domínio territorial do casamento". Mas, qualquer que seja o seu âmbito, menor ou maior em razão do tipo de dever violado ou do local do incumprimento, a ideia da fragilidade da garantia assenta numa fundamentação discutível.

A harmonia familiar é o principal argumento aduzido: a família não ficaria protegida "se se abrissem amplamente aos tribunais as portas do santuário familiar"[1368]; "toda a acção contenciosa movida entre os cônjuges, seja para obter uma sanção teórica do dever de coabitação seja para reprimir o adultério, não fará mais do que agravar a desunião dos cônjuges"[1369]. Pressupõe-se que a continuidade de um dado casamento é uma prioridade absoluta, que a intervenção judicial invariavelmente destrói. Todavia, exclui-se a garantia comum dos deveres conjugais pessoais mesmo quando ela é solicitada após a ruptura do casamento e esquece-se a relevância que o cumprimento dos deveres tem para a estabilidade da união. É certo que a propositura de uma acção dificilmente resultará na melhoria do relacionamento entre os litigantes, mas a possibilidade da responsabilidade civil tem um efeito de prevenção geral. É um factor que contribui para uma maior observância dos deveres conjugais na generalidade dos casamentos. Acresce que a exclusão da garantia comum dos deveres conjugais pessoais não coincide com o fecho do acesso a vias contenciosas distintas daquelas que se destinam à modificação e à extinção do vínculo matrimonial. E, obviamente, não se pode supor que um processo motivado pela prática de um ilícito comum, instaurado por um cônjuge contra o outro, tenha um impacto positivo na relação de ambos.

[1368] PEREIRA COELHO, *Curso de Direito de Família*, I, *Direito Matrimonial*, Coimbra, 1965, p. 21.

[1369] RIGAUX, *Les personnes*, t. I, *Les relations familiales*, Bruxelles, Larcier, 1971, p. 404.

O carácter moral dos deveres é outra razão que é invocada para sustentar a aplicação exclusiva das normas de Direito da Família. Os deveres pessoais dos cônjuges seriam fundamentalmente deveres morais "e como tais insusceptíveis de avaliação económica ou patrimonial, necessária para calcular o valor a atribuir a uma eventual indemnização correspondente à sua violação"[1370]. Os deveres pessoais dos cônjuges seriam essencialmente morais, pertencendo a um "domínio da vida humana a que repugna qualquer pressão externa"[1371]. Na primeira perspectiva, a expressão moral contrapõe-se a patrimonial. No entanto, a não patrimonialidade é compatível com a responsabilidade civil. Os danos morais são indemnizáveis, apesar de serem insusceptíveis de avaliação pecuniária. Na segunda perspectiva, moral opõe-se a coercibilidade. Contudo, a previsão legal de deveres a que estão reciprocamente obrigados os cônjuges tem de ser interpretada como beneficiando de sanção jurídica, não só porque ao legislador não compete pronunciar-se sobre assuntos que são do mero foro interno dos indivíduos mas também porque a Constituição incumbe o Estado da protecção da família, tarefa que se não confunde com a acção que é exercida por associações religiosas e cívicas no plano da consciência individual. Além disso, no direito português, as consequências negativas associadas à declaração de culpa do cônjuge, no divórcio com fundamento em causas subjectivas, integram inequivocamente uma forma indirecta de pressão externa, embora moderada, com vista ao cumprimento dos deveres matrimoniais pessoais.

Não termina aqui a argumentação em prol da fragilidade da garantia. A natureza íntima e "privada" dos deveres é referida como elemento que impede a concessão de uma indemnização pelo incumprimento. A liberdade do lesante prevaleceria sempre sobre os interesses do lesado: "perante casos graves de incumprimento de deveres familiares, a única possibilidade que assiste ao lesado é dissolver o vínculo, de modo a não continuar a suportar violações dos seus interesses"[1372]. Resta saber, porém, se a intimidade, ou a "privacidade",

---

[1370] GONÇALVES DE PROENÇA, *Direito da Família* cit., p. 27.
[1371] RIGAUX, *Les personnes* I cit., p. 403.
[1372] LEITE DE CAMPOS, *Lições de Direito da Família*, 2.ª ed., cit., p. 141.

justifica o afastamento da tutela dos deveres conjugais. Esta parece ser harmonizável com a ideia de direitos de personalidade, desde que se admita uma razoável limitação dos mesmos. Os deveres de fidelidade e de coabitação sexual, por exemplo, não representam uma eliminação autoritária da liberdade sexual das pessoas que contraíram o casamento. Por um lado, aqueles deveres decorrem de um acto em que a autenticidade da vontade das partes é especialmente protegida por lei. Por outro lado, a liberdade sexual não se extingue com a celebração do casamento: em várias situações, não é censurável a conduta de um cônjuge que se recusa a ter relações sexuais com o outro e a violação conjugal é sempre ilícita, independentemente de ser ou não justificada a recusa do débito.

Considerando-se que o Direito Civil não contém instrumentos que sancionem eficazmente o ilícito conjugal, escreve-se[1373] que o cumprimento ou o incumprimento dos compromissos assumidos com o matrimónio depende da sensibilidade das partes e do espírito de tolerância e compreensão que reciprocamente as anima e que, ultrapassada a fase da tolerância, o incumprimento releva unicamente para efeitos de separação e de dissolução do vínculo, "com as consequências patrimoniais que podem resultar da declaração de *addebito*". Sugere-se, assim, que a inexistência ou a atenuação da tutela dos deveres conjugais pessoais pode estar conexa com uma obrigação de tolerância mútua. Será que as faltas conjugais de um *têm de ser* perdoadas pelo outro, a não ser em casos extremos? Será que nestes casos, em que não é exigível o perdão, a parte que se sente lesada apenas pode lançar mão dos meios consagrados pela legislação familiar, em virtude de o vínculo, atenuando o princípio geral da responsabilidade, obstar à aplicação de meios diversos? Uma vez colocada, tal hipótese explicativa da fragilidade da garantia não se mostra convincente. Não é concebível um dever conjugal que destrua a eficácia de todos os demais.

No direito alemão, entende-se[1374] que o ponto fulcral da polémica sobre a responsabilidade delitual dos cônjuges não é tanto o reconhe-

---

[1373] TOMMASINI, "I rapporti personali tra coniugi", em *Il Diritto di Famiglia*, t. I, a cura di Albisetti e outros, Torino, Giappicchelli, 1999, p. 128.

[1374] Cfr. LIPP, *Die eherechtlichen Pflichten und ihre Verletzung* cit., p. 266.

cimento de um interesse legítimo à protecção dos deveres conjugais pessoais quanto a incerteza relativamente ao que é, de facto, indemnizável. Desta forma, importa perguntar até que ponto a tese da exclusão genérica da tutela comum não tem subjacente o receio de uma litigância conjugal por motivos fúteis. A resposta afirmativa será pouco compreensível, por exprimir desconfiança relativamente à capacidade do sistema judicial. Afinal, os tribunais dispõem de instrumentos dissuasores da litigância abusiva.

Acima de tudo, não se pode perder de vista um princípio jurídico fundamental: salvo determinação legal em contrário, *a todo o direito corresponde uma acção adequada* (artigo 2.º, n.º 2, do Código de Processo Civil português, e artigo 20.º, n.º 1, da Constituição da República Portuguesa). É, aliás, a oposição à regra da tutela judicial dos direitos que tanto aproxima a doutrina da imunidade interconjugal por ilícito comum da doutrina da fragilidade da garantia dos deveres conjugais[1375].

Afigura-se, consequentemente, indispensável o estudo global da regulamentação, tanto comum como jus-familiar, susceptível de ser aplicada ao ilícito conjugal. Na ausência de tal pesquisa, é arriscado concluir que a tutela comum é inaplicável aos deveres conjugais pessoais. Não havendo um preceito que resolva directamente a questão, a ideia do Direito da Família como *lex specialis* que derroga a *lex generalis*[1376] carece de ser comprovada (ou infirmada) mediante uma averiguação sobre o significado dos deveres conjugais, realizada nas partes anteriores da presente dissertação, e sobre o regime dos meios de tutela em abstracto admissíveis, que se irá em seguida realizar.

É precipitado pensar que a restrição da garantia dos deveres conjugais é imposta, sem mais, por uma atitude de retraimento do legisla-

---

[1375] Ou, dizendo de outra forma (cfr. FURGIUELE, "Condizioni umane protette e nuovi diritti individuali nella famiglia" cit., p. 96), o abandono das duas posições visa um objectivo idêntico – a salvaguarda dos direitos do indivíduo na família.

[1376] Não é uma ideia exclusiva da jurisprudência alemã; também alguma doutrina italiana (cfr. anotação de PALETTO cit., p. 566) rejeita "un diritto al risarcimento del danno in materia di obblighi coniugali, in quanto per questi l'ordinamento predisporrebe autonomi profili di sanzionabilità (quali, per es., l'addebito della separazione)".

dor em face dos assuntos familiares, ilustrada pela despenalização do adultério e pela abolição dos processos judiciais de entrega e recebimento de mulher casada. A incriminação do adultério fundamentava-se na necessidade de protecção de um bem jurídico complexo, de que a fidelidade conjugal era apenas uma das parcelas. A despenalização ocorreu por ser inviável a continuação da protecção desse bem jurídico, no seu conjunto, em virtude de se achar que uma das parcelas (a ordem matrimonial e social) era demasiado vaga; que outra (a honra) obtinha já tutela penal; e que a protecção civil do dever de fidelidade era suficiente, obstando a uma garantia penal específica. Ou seja, a despenalização do adultério pressupôs a tutela civil do dever de fidelidade e, sobretudo, a eficiência desta. No que respeita à abolição dos mencionados processos, ela traduziu *somente* o abandono de uma espécie de tutela que se reputou, muito justamente, pouco compatível com a dignidade da pessoa humana. Por fim, as alterações introduzidas pela Reforma portuguesa de 1977, e que marcam o Direito da Família actual, estão longe de indiciar uma intenção de recuo a nível da intervenção estatal[1377]. Um modelo de família baseado na predominância marital foi substituído por um modelo igualitário, mais propício à interferência externa. O bloqueio causado pela falta de um acordo dos cônjuges sobre a orientação da vida em comum só pode ser superado mediante uma decisão judicial, cujo requerimento é expressamente admitido pela lei quando está em causa a fixação ou alteração da residência da família. O número de deveres conjugais nominados foi ampliado e o aditamento de um deles – o de respeito – resultou num alargamento significativo de condutas susceptíveis de serem avaliadas imediatamente pelos tribunais como ilícitos conjugais. Note-se que é no contexto legislativo estruturado pela Reforma de 77 que se tem

---

[1377] A Reforma italiana de 1975 caracterizou-se, tal como a nossa, por uma tendência de maior intervenção no Estado no âmbito da família, aspecto que leva PATTI, "*Famiglia e responsabilità civile* cit., pp. 27-28, a declarar que, na falta de uma norma específica para a situação de conflito familiar, constituiria um erro metodológico grave afastar o esquema geral de garantia civil. A mesma opinião é adoptada por BALDINI, *Responsabilità civile e ordinamento familiare* cit., p. 24.

vindo a desenhar um movimento doutrinário e jurisprudencial[1378] que permite questionar actualmente a hegemonia da teoria da fragilidade da garantia no direito português.

Uma norma isolada como a do artigo 1792.º do Código Civil português, que prescreve a reparação de danos não patrimoniais causados pela dissolução do casamento, dificilmente será esclarecedora. Por vezes, o preceito é interpretado *a contrario sensu* para se afastar a aplicação do artigo 483.º do Código Civil no caso de violação de direitos familiares pessoais[1379]. Contudo, no direito francês, o artigo 266 do *Code civil*, que, na redacção da Reforma de 1975, admite a reparação dos prejuízos decorrentes da dissolução do casamento, tendo inspirado a solução do nosso artigo 1792.º, não impediu a vitória da tese que sujeitou o incumprimento dos deveres conjugais ao regime geral da responsabilidade civil. Unicamente um panorama alargado da problemática da tutela dos direitos conjugais sexuais pode proporcionar resultados satisfatórios. Porque o que realmente interessa apurar é se os meios de Direito da Família são ou não suficientes, se os meios comuns são ou não apropriados e se a cumulação de ambos é ou não excessiva.

[1378] Cfr. PEREIRA COELHO, que, antes da Reforma, aceitou em princípio a doutrina da fragilidade da garantia (*Curso de Direito da Família* I, ed. de 1965, p. 21), e que, após a Reforma, admite "a possibilidade de, independentemente de ter sido requerido o divórcio ou a separação judicial de pessoas e bens, se deduzir pedido de indemnização dos danos causados pela violação dos deveres do art. 1672.º" (*Curso de Direito da Família*, ed. policopiada de 1987, p. 112, e ed. de 2001, em co-autoria com GUILHERME DE OLIVEIRA, p. 176); HÖRSTER, "A respeito da responsabilidade civil dos cônjuges entre si" cit., p. 115 e s. (em que argumenta no sentido de ser reconhecido o direito ao ressarcimento dos danos provocados pela violação dos direitos pessoais emergentes do casamento); ÂNGELA CERDEIRA, *Da responsabilidade civil dos cônjuges entre si* cit., p. 175 (na hipótese de violação dos deveres conjugais de natureza pessoal, propugna a coexistência das sanções específicas do Direito da Família com as regras da responsabilidade civil). Na jurisprudência, destaque-se o ac. RP 7/2/1980, *CJ* 1980/1, p. 29, o ac. STJ 27/10/1992, proc. n.º 082749, sumário em *http://www.dgsi.pt* (os dois arestos consideram que o cônjuge que pratica o adultério tem de indemnizar o outro por todos os danos causados, nos termos gerais do artigo 483.º e s. do Código Civil), e ainda o ac. STJ 26/6/1991, *BMJ* 408, p. 538 (concedeu uma indemnização para reparar os danos produzidos por comportamentos que se entendeu corresponderem a uma violação dos deveres de coabitação e de respeito).

[1379] Cfr. ALMEIDA COSTA, *Direito das Obrigações* cit., p. 108, nota 1.

4. CUMPRIMENTO COERCIVO E COERÇÃO PARA O CUMPRIMENTO DOS DEVERES CONJUGAIS SEXUAIS

4.1. Proibição da execução específica e da justiça privada

94. Quanto aos deveres de fidelidade e de coabitação sexual, não há dúvidas sobre a inadmissibilidade da execução *in natura*[1380]. Partidários e adversários da doutrina da fragilidade da garantia concordam inteiramente quanto a este ponto[1381]. Como Pedro de Albuquerque [1382] incisivamente afirma, ninguém imaginará "poder o cônjuge infiel ou que se recusa ao cumprimento do débito ser coagido ao comportamento devido ou substituído por outrem na realização da prestação a que estava adstrito". O mesmo jurista defende, porém, que, neste aspecto, o Direito da Família está em contraste com a mecânica do Direito das

---

[1380] Cfr. LACRUZ BERDEJO, *Derecho de Familia* (1997) cit., p. 100, que esclarece ser unânime "la doctrina acerca de la incoercibilidad directa o indirecta de los deberes íntimos conyugales". Ainda no direito espanhol, cfr. ALBALADEJO, *Curso de Derecho Civil* IV cit., p. 119; BERNALDO DE QUIRÓS, *Derecho de Familia* cit., p. 154; DÍAZ-AMBRONA BARDAJÍ/ HERNÁNDEZ GIL, *Lecciones de Derecho de Familia* cit., pp. 155 e 156; DÍEZ PICAZO/ANTONIO GULLÓN, *Sistema de Derecho Civil* IV cit., p. 91; GETE-ALONSO Y CALERA, "De los derechos y deberes" (1984) cit., p. 318; MOZOS, "Persona y comunidad familiar" cit., p. 61; RUIZ SERRAMALERA, *Derecho de Familia* (1991) cit., p. 97; VALENTÍN-FERNÁNDEZ, "El matrimonio, realidad social e institución jurídica" cit., p. 93. Apenas sobre o dever de coabitação, ver SANTOS BRIZ, *Derecho Civil* V cit., p. 95 ("Actualmente es unánime el criterio de que el deber de convivencia no puede imponerse coactivamente a ninguno de ambos cónyuges"); SANCHO REBULLIDA, em *Comentarios al Código Civil* II cit., p. 123; TORRERO MUÑOZ, *Curso básico de Derecho de Familia* cit., p. 33.

[1381] Cfr., a título de exemplo, as tomadas de posição muito nítidas, do lado dos adeptos da fragilidade da garantia, de ANTUNES VARELA, "As concepções institucionais e as concepções inter-individuais do casamento" cit., p. 188; e, do lado oposto, de HÖRSTER, "A respeito da responsabilidade civil dos cônjuges entre si" cit., p. 116.

[1382] PEDRO DE ALBUQUERQUE, *Autonomia da vontade e negócio jurídico em Direito da Família* cit., p. 164.

Obrigações, ideia que se encontra, de certo modo, implantada[1383]. Todavia, a impossibilidade de ter lugar uma sanção que reconstitua a situação que existiria, se se não tivesse verificado a recusa de cumprimento do dever, não é uma particularidade do Direito da Família.

Os deveres conjugais patrimoniais, *v.g.*, o dever de assistência, são susceptíveis de execução específica. Os direitos de crédito que têm por objecto prestações infungíveis já não a admitem. Ora, a fidelidade e a coabitação caracterizam-se pela infungibilidade do comportamento devido. Obviamente, um cônjuge não se pode fazer substituir por outrem no cumprimento destas duas obrigações. Assim sendo, o afastamento da execução *in natura* explica-se sem que haja a necessidade de apelar para o carácter especial das posições jurídicas familiares.

[1383] Cfr. BATIFFOL, "Existence et spéficité du droit de la famille", em *Archives de Philosophie du Droit*, n.º 20, *Réformes du Droit de la Famille*, Paris, Sirey, 1975, pp. 8-9: a sanção do adultério não restabelece a ordem violada; o divórcio dissolve o vínculo conjugal e a indemnização atenua simplesmente o mal; não existe algo de equivalente à execução *in natura* de um contrato, pelo que o Direito da Família se aproxima do Direito Internacional Público. Ver também DÍEZ-PICAZO, "Familia e Derecho" cit., pp. 34-35: "el Derecho de Familia es un instrumento bastante limitado. El art. 56 del Código Civil dice que los cónyuges están obligados a vivir juntos, guardarse fidelidad y socorrerse mutuamente y el art. 57 que el marido y la mujer se deben respecto recíproco. Me gustaría saber de qué modo pueden los cónyuges ser obligados a vivir juntos o a guardarse fidelidad o a respetarse, cuando no están dispuestos a hacerlo. No creo que exista ninguna fuerza humana que pueda conseguir el restablecimiento de la vida común, de la fidelidad o del respeto. Podrá conseguirse por la vía de la persuasión o de la intimidación, pero no por la fuerza. Por la fuerza es posible meter en la cárcel al cónyuge que ha abandonado a su consorte. Podrán aplicársele multas, condenas pecuniarias o yo que sé qué, pero la restauración de la situación rota es inalcanzable. Esto quiere decir que en el campo familiar lo único que se le puede pedir al Derecho es que sobre unos hechos irremediables declare justas unas pretensiones. El cónyuge a quien su consorte falta a la obligación de fidelidad o de respeto, tendrá una justa pretensión para separarse o para divorciarse si el divorcio llega. Para restaurar la situación anterior me temo que no tiene ninguna vía jurídica". Na mesma linha, BUSTOS VALDIVIA, em Moreno Quesada e outros, *Derecho Civil de la persona y de la familia*, Granada, Comares, 2000, p. 158.

Resulta do regime dos direitos de prestação infungível, subordinados ao princípio "nemo praecise ad factum cogi potest"[1384].

A natureza absoluta do princípio "nemo praecise ad factum cogi potest", quanto aos direitos de prestação infungível, exclui toda a espécie de cumprimento coercivo. Por isso, nem sequer são concebíveis, no que toca aos direitos de fidelidade e de coabitação, as formas de autotutela que são excepcionalmente ressalvadas pela lei geral[1385]. Não se considera, por exemplo, justificado, pela figura da legítima defesa, o

---

[1384] Cfr. MALAGÙ, *Esecuzione forzata e Diritto di Famiglia*, Milano, Giuffrè, 1986, pp. 104-105; VILLA, "Gli effetti del matrimonio" cit., pp. 193-194; ver também BRACINHA VIEIRA, *Alguns aspectos da evolução do moderno direito familiar* cit., p. 5.

[1385] Segundo GERNHUBER/COESTER-WALTJEN, *Lehrbuch des Familienrechts* cit., p. 268, nota, não existe nunca um "direito à autotutela" dos direitos conjugais, mas a afirmação vale apenas para os componentes exclusivamente conjugais dos direitos pessoais, incluindo, portanto, o dever de coabitação em toda a sua extensão. A obrigação de comunhão de habitação não comporta cumprimento coercivo mediante o emprego de força, pública ou privada. Cfr. RAGEL SÁNCHEZ, *A qué obliga el matrimonio?* cit., pp. 63-64: "La ley obliga a los consortes a observar el deber de convivencia, pero no puede imponerlo coactivamente, porque se trata de una obligación personalísima, en la que no cabe que otra persona sustituya al deudor en la prestación de esa actividad o conducta debidas. *Un juez no puede obligar a un cónyuge a permanecer en el domicilio familiar, en contra de su voluntad.* Si ese cónyuge infringe su deber de convivencia, se estará exponiendo a que su consorte ejercite, en su caso, la acción penal de abandono de familia, o las acciones civiles de separación matrimonial o de indemnización por los daños y perjuicios que ocasione ese incumplimiento. Y si el juez, que es la máxima encarnación del Derecho, no puede imponer la convivencia coactivamente, con mayor razón no la podrá imponer uno de los cónyuges utilizando la fuerza".

Em contrapartida, o cumprimento do dever conjugal de respeito, na sua área de intersecção com o dever geral de respeito da integridade física, pode, nomeadamente, ser garantido através da legítima defesa: cfr. CARLOTA ALMEIDA, *Em nome da família* cit., pp. 29 e 30; GEILEN, "*Eingeschränkte Notwehr unter Ehegatten?*", *JR* 1976, p. 314 e s. Apesar disso, e como é destacado nos dois últimos textos, os tribunais são demasiado restritivos na aceitação da legítima defesa contra maus tratos, elemento que, em nosso parecer, não deixa de estar conexo com a prática da imunidade interconjugal (ver, em particular GEILEN, ob. cit., p. 317, que, criticando um acórdão que afasta a hipótese de legítima defesa contra agressões físicas ligeiras, pergunta ironicamente se os cônjuges não estarão, nesta medida, vinculados a deveres de tolerância).

acto de um marido que impede, pela força, a mulher de sair de casa para se encontrar com o seu amante[1386], nem o acto de intercepção de correspondência ou de telecomunicações, cometido para evitar a prática de adultério[1387]. Tão-pouco é, designadamente, lícita, enquanto manifestação eventual de acção directa, a violação de um cônjuge que se recusou injustificadamente a ter relações sexuais[1388].

4.2. Proibição das sanções compulsórias

95. Ao contrário do que sucede no direito alemão, o direito português não consagra, como instituto geral, a prisão destinada a compelir o devedor ao cumprimento das obrigações[1389]. Consequentemente, e na

---

[1386] Diferentemente, SPENCER, *A Treatise on the Law of Domestic Relations* cit., p. 105: "the husband may doubtless restrain the wife forcibly where she is about to commit adultery".

[1387] Como dá conta RICHTER, "Il segreto epistolare tra coniugi" cit., p. 216 e s., no direito italiano anterior à reforma de 1975, era corrente o entendimento de que era lícito, ao abrigo das normas sobre a legítima defesa, o apossamento ou a destruição por um cônjuge da correspondência do outro, quando esta constituísse um instrumento de preparação do adultério. Na altura, a autora contestou tal orientação, quer sob o prisma das regras próprias da legítima defesa ("è impossibile conoscere preventivamente il contenuto delle lettere e quindi il carattere illecito delle stesse") quer sob o prisma das regras próprias do cumprimento do dever de fidelidade ("non è concepibile una tutela diretta all'adempimento di tale obbligo mediante la realizzazione coattiva e forzata"). Contudo, quase uma década após a reforma, RUSCELLO, "Le libertà familiari" cit., p. 321, não afasta a possibilidade de se proteger o direito de fidelidade mediante a violação da privacidade das comunicações de um cônjuge, nos termos do princípio da legítima defesa tal como é consagrado no Direito Privado.

[1388] Cfr. o acórdão citado *supra*, na nota 1335, que declara ser ilegítimo o "atto di autoesecuzione forzata in forma specifica della pretesa avanzata dal titolare del diritto alla prestazione sessuale ingiustamente negata"; a anotação de MAINGAIN ao acórdão citado *supra*, na nota 1340, pp. 163-164, em que o jurista se pronuncia pela ilicitude da violação, invocando a insusceptibilidade de execução *in natura* da obrigação de coabitação.

[1389] Cfr. CALVÃO DA SILVA, "Sanção pecuniária compulsória" cit., p. 59 e s., para quem a divergência decorre, principalmente, da "linha evolutiva do nosso ordenamento jurídico".

falta de uma norma excepcional[1390], não é admissível a aplicação de uma medida privativa de liberdade para levar uma pessoa a respeitar os seus deveres conjugais sexuais.

O direito português prevê a possibilidade de sanções pecuniárias compulsórias no caso da generalidade das obrigações de prestação de facto infungível, positivo ou negativo (artigo 829.º-A do Código Civil), solução que é modelada sobre a experiência francesa da *astreinte*. Ora, em França, a *astreinte* chegou a ser usada para assegurar o cumprimento do dever de fidelidade e, sobretudo, do dever de coabitação[1391]. Actualmente, predomina aqui a orientação que exclui a utilização de tal medida, no campo dos deveres conjugais pessoais, por se entender que caiu em desuso, que é ineficaz e que atenta profundamente contra a liberdade individual[1392].

[1390] Como a do artigo 190.º da OTM, aprovada pelo Decreto-Lei n.º 314/78, de 27 de Outubro, que sujeitava a pessoa judicialmente obrigada a prestar alimentos a menores a uma pena de prisão até seis meses, que se extinguia quando se provasse estarem pagos os alimentos em dívida. A disposição só veio a ser revogada expressamente pelo artigo 2.º, alínea b), do Decreto-Lei n.º 48/95, de 15 de Março (aprovou a revisão do Código Penal), diploma que pôs fim a uma larga polémica suscitada em torno da questão da eventual revogação do artigo 190.º da OTM pelo artigo 197.º da versão originária do Código Penal de 1982 (cfr. RUI EPIFÂNIO/ANTÓNIO FARINHA, *Organização Tutelar de Menores* cit., pp. 459-460, que achavam que a aprovação do Código não teria prejudicado a vigência do mencionado artigo 190.º).

[1391] No século XIX (Castel-Sarrazin 8/4/1864, *D*. 1864, 3, p. 46, e Toulouse 29/6/1864, *D*. 1864, 2, p. 174), uma mulher e o seu amante foram condenados a cessar as suas relações sob a ameaça de uma *astreinte* de 25 francos por dia. Todavia, foi sempre rara a aplicação da *astreinte* para compelir ao cumprimento do dever de fidelidade, em contraste com o que se verificava quanto ao dever de coabitação: após 1875, multiplicam-se as decisões judiciais que condenam um cônjuge a uma *astreinte* para o obrigar a retomar a comunhão de habitação e, pouco depois da II Guerra Mundial, "l'astreinte est le moyen le plus normal employé pour forcer un mari à recevoir sa femme ou une femme à revenir chez son mari": cfr. PLANIOL/RIPERT/ROUAST, *Traité Pratique de Droit Civil Français* II cit. pp. 271 e 295. Por volta de 1960, a condenação a uma *astreinte*, para constranger um cônjuge a regressar ao lar conjugal, era tida como conforme "aux moeurs du jour" (cfr. VERDOT, "La cohabitation", *D*. 1964, chron., p. 124).

[1392] Cfr. BATTEUR, *Droit des Personnes et de la Famille* cit., pp. 191-192; BÉNABENT, *Droit Civil. La famille* cit., pp. 92 e 95; CARBONNIER, *Droit civil 2* cit., p. 471; COLOMBET, *La famille* cit., pp. 79 e 82; CORNU, *Droit Civil. La famille* cit.,

Apesar de não chocar totalmente ao Direito da Família o emprego de medidas coercitivas[1393] e de o Código Civil português excluir, de modo expresso, o recurso a sanções pecuniárias compulsórias unicamente quanto a obrigações "que exigem especiais qualidades científicas ou artísticas do obrigado", estas sanções não se adequam, entre nós, para forçar ao cumprimento dos deveres conjugais sexuais[1394]. Tem-se defendido que é idêntica a *ratio* do afastamento das sanções compulsórias nos dois grupos de situações: tanto nas obrigações que exigem especiais qualidades científicas ou artísticas como nos deveres de fidelidade e coabitação carnal, o cumprimento dependeria de factores estranhos à vontade de aquele que está vinculado, da inspiração ou do "espírito conjugal", respectivamente[1395]; em ambos, a coerção tenderia a não assegurar o interesse do credor nem o do outro cônjuge, porque o bom cumprimento de obrigações e deveres tão pessoais exigiria justa-

---

p. 56; COURBE, *Droit de la Famille* cit., p. 83; FENOUILLET, *Droit de la Famille* cit., p. 81; HAUSER/HUET-WEILLER, *La famille (Fondation et vie)* cit., p. 752; HENAFF, "La communauté de vie du couple en droit français" cit., p. 561; HESS-FALLON/SIMON, *Droit de la Famille*, 3.ª ed., avec la collaboration de Hélène Hess, Paris, Dalloz, 2001, p. 46; LABRUSSE-RIOU, *Droit de la Famille.1. Les personnes* cit., p. 218; MANIGNE, "La communauté de vie" cit., n.º 12; MATTEI, *Droit de la Famille* cit., p. 86; POUSSON--PETIT/POUSSON, *L'affection et le droit* cit., pp. 364-365; RINGEL/PUTMAN, *Droit de la Famille* cit., p. 136; TERRÉ/FENOUILLET, *Droit Civil. Les personnes. La famille* cit., p. 349; VOIRIN/GOUBEAUX, *Droit Civil* 1 cit., p. 103.

Depois de 1970, insistem na hipótese de *astreinte*, para coagir ao cumprimento do dever de comunhão de habitação, BACH, *Droit Civil* 1 cit. pp. 231-232; MARTY//RAYNAUD, *Droit Civil (Les personnes)*, cit., p. 238; MAZEAUD/MAZEAUD/CHABAS//LEVENEUR, *Leçons de Droit Civil (La famille)* cit., n.º 1078.

[1393] Em particular, quando esteja em causa o interesse do menor: no direito português, cfr. o artigo 181.º, n.º 1, da OTM, que permite ao tribunal ordenar as diligências necessárias para o cumprimento coercivo do que, relativamente à situação do menor, tiver sido acordado ou decidido em matéria de regulação do poder paternal, e o antigo artigo 190.º da OTM (referido *supra*, na nota 1390); no direito comparado, cfr. a análise de MALAGÙ, *Esecuzione forzata e Diritto di Famiglia* cit., p. 111 e s.

[1394] É desta opinião CALVÃO DA SILVA, "Sanção pecuniária compulsória" cit., p. 120.

[1395] Cfr. a posição de LIPP, *Die eherechtlichen Pflichten und ihre Verletzung* cit., p. 50 e s., criticada *supra*, no n.º 60.

mente ausência de pressão[1396]. Contudo, a maioria dos ilícitos conjugais continuados não resulta de uma *paixão avassaladora* de um cônjuge por terceiro, nem de um *sentimento incontrolável de repugnância* pelo próprio cônjuge; e o interesse do cônjuge no cumprimento pelo outro do dever de fidelidade satisfaz-se pura e simplesmente com a inexistência de adultério, sendo juridicamente inviável a avaliação qualitativa do cumprimento (como bom ou mau, perfeito ou defeituoso). O abandono da *astreinte*, no direito francês, após mais de um século de aplicação e numa época em que foi abolida a concepção autoritária da família, revela que o motivo determinante do repúdio das sanções em apreço, no domínio das relações pessoais dos cônjuges, não é tanto a ineficácia prática da coerção quanto a necessidade de garantir um certo grau de liberdade a qualquer um dos cônjuges.

Um certo grau de liberdade, repita-se, e não uma ausência absoluta de vinculação. A rejeição da sanção pecuniária compulsória não implica a rejeição de toda e qualquer sanção, designadamente da sanção indemnizatória[1397]. A natureza da primeira não é idêntica à da última. Elas não restringem de igual modo a liberdade do sujeito passivo. Numa hierarquia dos meios disponíveis para assegurar a realização do cumprimento do dever jurídico[1398], a indemnização surge como o meio menos restritivo da liberdade do devedor, que se não quiser cumprir tem apenas de reparar os prejuízos causados ao credor; no extremo, encontra-se a prisão compulsória sem limite de tempo, que sacrifica totalmente a liberdade do devedor em benefício do interesse do credor; num ponto intermédio, situa-se a sanção pecuniária com-

---

[1396] Cfr. LABBÉE, *Les rapports juridiques dans le couple sont-ils contractuels?* cit., pp. 80-81.

[1397] Cfr. FABRICIUS, "Zur Dogmatik des «sonstigens Rechts» gemä § 823 Abs. I BGB" cit., pp. 325-326: pronunciando-se sobre o § 888 II do Código de Processo Civil alemão, que afasta a aplicação de sanções compulsórias, pessoais ou pecuniárias, quando um cônjuge se recusar a respeitar a sentença de restabelecimento da comunhão conjugal, considera que a disposição legal não exclui a indemnização, em virtude de esta apresentar carácter diverso, não coercitivo; cfr., igualmente, JAYME, *Die Familie im Recht der unerlaubten Handlungen* cit., pp. 261-262.

[1398] Cfr. CALVÃO DA SILVA, "Sanção pecuniária compulsória" cit., pp. 49-50.

pulsória, que, incidindo sobre o património do devedor, tenta vencer a sua inércia e resistência e levá-lo a cumprir voluntariamente.

Sendo ilegítima a coerção patrimonial para o cumprimento dos deveres conjugais sexuais, é menor a intensidade da sua tutela, em comparação com o dever jurídico comum, que tem por paradigma a obrigação em sentido técnico. Por isso, a negação da responsabilidade civil desequilibrará ainda mais os deveres conjugais defronte dos deveres jurídicos comuns, no capítulo da protecção, se o regime jurídico especificamente familiar não proporcionar uma resposta eficaz às situações de incumprimento.

96. A fragilidade da garantia compulsória dos deveres conjugais sexuais confirma-se noutro aspecto. A excepção de não cumprimento, meio coercitivo privado[1399] fundado em razões de justiça comutativa[1400], pode ser utilizada para obter o cumprimento de obrigações *stricto sensu*, incluindo as que são ressalvadas pelo artigo 829.º-A, n.º 1, do Código Civil português, mas não é aplicável aos deveres conjugais pessoais[1401]. O adultério de um cônjuge, por exemplo, não autoriza o adultério do outro[1402]. A diferença de regime justifica-se pela

---

[1399] Cfr. CALVÃO DA SILVA, "Sanção pecuniária compulsória" cit., p. 51.

[1400] Cfr. GALVÃO TELLES, *Direito das Obrigações* cit., p. 451; JOÃO ABRANTES, *A excepção de não cumprimento* cit., p. 197 e s.

[1401] Cfr. PEREIRA COELHO/GUILHERME DE OLIVEIRA, *Curso de Direito da Família* I cit., p. 646: as regras gerais dos contratos sinalagmáticos não são válidas para o casamento.

[1402] BRUNET, "Les incidences de la réforme du divorce sur la séparation de fait entre époux", *D.* 1977, chron., p. 194, concorda que a infidelidade de um cônjuge não dispensa o outro do seu dever de fidelidade, mas pensa que isso não prejudica a vigência da *exceptio non adimpleti contractus* em matéria de deveres conjugais. A reforma do divórcio de 1975 teria alterado o espírito do casamento, contratualizando-o: "Il suffit, pour s'en persuader, de constater que l'une des innovations les plus importantes de la loi de 1975 est constituée par le divorce ou la séparation de corps par consentement mutuel. Dès lors, comme dans un contrat ordinaire, il existe entre les obligations que le mariage impose aux époux une interdépendance qui autorise un époux à ne pas exécuter son obligation de cohabitation aussi longtemps que l'autre manquera à tel ou tel devoir du mariage". Contudo, a excepção de não cumprimento não se destinaria a dispensar uma parte das suas obrigações: "simplement, elle lui permet

natureza funcional dos direitos conjugais[1403]. O seu titular não os pode exercer como bem entender, mas de forma a conservar ou reforçar a comunhão. Conceder, em nome da equidade, a um cônjuge a faculdade de não cumprir o dever recíproco que o outro se recusa a cumprir seria enveredar por um caminho oposto à lógica de exercício dos direitos resultantes do casamento. A comunhão conjugal baseia-se no respeito, e não na isenção, ainda que temporária, dos compromissos matrimoniais de índole pessoal.

No direito francês, o cônjuge a quem é imputável a separação de facto não tem o direito de exigir ao outro o cumprimento do dever de contribuição para os encargos da vida do casal, solução que tem sido vista como uma medida compulsória[1404], para levar o primeiro a retomar a observância do dever de comunhão de habitação, ou até como um exemplo de excepção de não cumprimento[1405]. Falta, porém,

d'en suspendre l'exécution aussi longtemps que dureront les manquements de l'autre partie. L'exception ne signifie pas que les manquements d'une partie justifient ceux de l'autre; elle n'est qu'un moyen de pression, fondé sur l'interdépendance des obligations, dont use la partie qui est disposée à exécuter son obligation contre celle qui n'exécute pas la sienne. Il n'y a donc pas de violation de part et d'autre des obligations mutuelles: seule une partie n'a pas respecté ses engagements; l'autre, en mesure de rétorsion, se contente de différer l'exécution des siens". Ou seja, a inadmissibilidade da dispensa do dever de fidelidade a que está sujeito um cônjuge por causa do adultério do outro não serviria para afastar a aplicabilidade do mecanismo da *exceptio* nas relações conjugais: "En effet, la suspension de l'obligation de fidélité ne se conçoit pas. Suspendre l'exécution d'une telle obligation revient nécessairement à la violer, car l'obligation de fidélité est une obligation de ne pas faire: le mariage impose à chaque époux l'obligation de ne pas avoir de relations intimes avec une tierce personne. Or suspendre l'exécution d'une obligation de ne pas faire, c'est faire, donc violer l'obligation".

A argumentação de Brunet, baseada numa visão peculiar da distinção entre suspensão do cumprimento e incumprimento, é pouco feliz. Nesta ordem de ideias, resta concluir que não é concebível a suspensão de qualquer dever conjugal, já que suspender o cumprimento de um dever de *facere* (como, por exemplo, a obrigação de comunhão de habitação, que pressupõe um comportamento contínuo) é *deixar de fazer*, é, portanto, violá-lo.

[1403] Cfr. supra, n.os 61 e 75.
[1404] Cfr. MARTY/RAYNAUD, *Droit Civil (Les personnes)*, cit., p. 238; PLANIOL//RIPERT/ROUAST, *Traité Pratique de Droit Civil Français* II cit., pp. 292-293.
[1405] Cfr. BÉNABENT, *Droit Civil. La famille* cit., pp. 102-103.

um elemento mínimo para que se possa enquadrar a hipótese na última categoria: ao dever de coabitação de um cônjuge não corresponde o dever de socorro (terminologia francesa) ou de assistência (terminologia portuguesa) do outro, porque nem sequer há um nexo legal de reciprocidade entre deveres conjugais diferentes. Se fosse configurável, a excepção de inadimplência no âmbito dos efeitos do casamento teria de se referir a deveres mútuos (*v.g.*, o dever de coabitação de um cônjuge e o dever de coabitação do outro), aqueles que, no contexto, são mais susceptíveis de serem encarados como estando ligados por um nexo de interdependência.

Nos termos do artigo 1675.º, n.º 3, 1.ª parte, do Código Civil português, havendo separação de facto imputável a um dos cônjuges, ou a ambos, o dever de assistência só incumbe, em princípio, ao único ou principal culpado. Pelo que se disse anteriormente, a disposição não pode ser vista como uma manifestação da *exceptio non adimpleti*. Não obstante isto, importa apurar se não estamos perante outro tipo de meio coercivo[1406]. A suspensão do dever de assistência é um meio conferido a um cônjuge para pressionar o outro, único ou principal culpado da separação de facto, a restabelecer a vida em comum? Não parece que esta seja a melhor interpretação. O regime que, no seu conjunto, o artigo 1675.º prevê, quando os cônjuges estão separados de facto, encontra paralelo no regime de alimentos, fixado nos casos de divórcio e separação de pessoas e bens [artigo 2016.º, n.º 1, alínea a), n.os 2 e 4, do Código Civil]. Há, portanto, uma regra comum às situações de separação de facto, separação de pessoas e bens e divórcio: o cônjuge único ou principal culpado da ruptura não tem, em princípio, direito à prestação de alimentos. A regra tem, decerto, cariz sancionatório, mas

---

[1406] No artigo 146, par. 1.º, do *Codice Civile*, estabelece-se que fica suspenso o direito de assistência do cônjuge que, afastando-se sem justa causa da residência familiar, se recusa a regressar, norma a que alguma doutrina atribui carácter coercitivo (cfr. Checchini, "Allontanamento per giusta causa o ripudio?" cit., p. 270; PARADISO, *I rapporti personali tra coniugi* cit., p. 231 e s., e, explicitamente, pp. 250-251; SANTORO-PASSARELLI, em *Commentario al Diritto Italiano della Famiglia* cit., p. 534; VILLA, "Gli effetti del matrimonio" cit., p. 206).

a sanção *sub iudice* não assume carácter compulsório[1407]. O divórcio e a separação de pessoas e bens extinguem o dever de coabitação, para ambas as partes. Aqui, a negação do direito a alimentos não constitui, portanto, um instrumento de coerção para o cumprimento do dever de coabitação. Ora, a construção unitária da solução em matéria de prestação de alimentos, quando um dos cônjuges é o único ou principal culpado pela ruptura da vida em comum, não se compatibiliza com o reconhecimento de carácter coercivo à disposição inscrita na 1ª parte do artigo 1675.º, n.º 3. Na verdade, tal disposição nada mais é do que um aspecto da disciplina de alimentos que a lei procura fixar sempre que ocorra uma situação anómala no desenvolvimento da vida conjugal (a separação de pessoas e bens, a separação de facto e também a pendência de acção de divórcio ou separação de pessoas e bens, como resulta do artigo 1775.º, n.º 2, do Código Civil, e do artigo 1407.º, n.ᵒˢ 2 e 7, do Código de Processo Civil).

[1407] No que toca ao artigo 146, par. 1.º, do *Codice Civile*, ZATTI, "I diritti e i doveri che nascono dal matrimonio" cit., pp. 112-113, contesta que o preceito tenha por finalidade pressionar o cônjuge que se afastou do lar a regressar ("L'idea della pressione riflette infatti, in gran parte, la vecchia norma, riferita alla sola moglie, che era considerata tipicamente dipendente dal marito nel proprio mantenimento ed esposta alla minaccia del «taglio dei viveri»"). Todavia, também não admite a ideia de uma sanção: "Non si tratta infatti di stabilire, per un illecito, conseguenze adeguate in termini di sanzione – «meritate», cioè dal colpevole – ma conseguenze adeguate piuttosto all'offeso, in quanto si circoscrivano i doveri il cui adempimento è ancora esigibile da lui, in ragione della rottura, qualificata dalla violazione dell'altro". O raciocínio é manifestamente estranho, se se tiver em conta que o afastamento da casa de morada de família, sem motivo justificado, constitui uma violação de deveres conjugais e acarreta uma consequência negativa, que é a perda do direito de assistência.

4.3. A tutela do dever de fidelidade e a doutrina do "räumlich-gegenständlicher Bereich der Ehe" ("domínio espacial-objectivo do casamento")

4.3.1. *A proibição de execução da sentença proferida na acção de "restabelecimento da vida conjugal" ("Herstellung des ehelichen Lebens")*

97. Segundo o Código de Processo Civil (ZPO), o sistema germânico de coerção para o cumprimento dos deveres de prestação infungível comporta as seguintes espécies de medidas: a prisão compulsória ("Zwangshaft"), ou a ameaça da sua aplicação, e a sanção pecuniária compulsória ("Zwangsgeld"). O recurso aos referidos meios pressupõe a existência de um título executivo, nomeadamente uma sentença. A sentença susceptível de execução tanto pode implicar a adopção de um comportamento positivo ("Handlung"), como de um comportamento negativo ("Unterlassung"). Na primeira hipótese regula o § 888, na segunda o § 890 da ZPO. A sentença que impõe um comportamento negativo é proferida na sequência de uma acção de abstenção designada por "Unterlassungsklage". A "Unterlassungsklage" é o meio processual típico usado para fazer valer judicialmente a pretensão ("Unterlassungsanspruch") que, nos termos do § 1004 I 2 do BGB, é reconhecida a uma pessoa para defesa da sua propriedade contra actos lesivos, sempre que haja receio da continuação da prática dos mesmos. Por analogia, admite-se a propositura de uma "Unterlassungsklage" para pedir a cessação da prática de actos que violam outros direitos eficazes *erga omnes*, além dos direitos reais, do direito ao nome, dos direitos de autor e de propriedade industrial, como, por exemplo, o direito geral de personalidade[1408].

Mas exclui-se, no direito alemão, a coerção para o cumprimento dos deveres conjugais pessoais, com base no § 888 III da ZPO, que

---

[1408] Cfr. CREIFELDS, *Rechtswörterbuch* cit., entrada "Unterlassungsanspruch", p. 1348; LARENZ/WOLF, *Allgemeiner Teil des Bürgerlichen Rechts* cit., pp. 289--290.

proíbe o uso das medidas compulsórias mencionadas para assegurar o respeito da sentença proferida na acção de "Herstellung des ehelichen Lebens". Esta acção, também conhecida como "Eheherstellungsklage" e na qual se pede o cumprimento da obrigação de comunhão conjugal de vida, imposta pelo § 1353 do BGB, tem suscitado grande polémica desde a Reforma de 1976. Uma parte da doutrina entende que a eliminação do divórcio com fundamento em causas subjectivas retirou todo o sentido à acção de restabelecimento da vida conjugal, que seria até então fundamentalmente uma acção preparatória do divórcio baseado na violação culposa de deveres conjugais, havendo assim quem defenda que a "Eheherstellungsklage" foi abolida em 1976[1409] ou que tem de ser abolida o mais rapidamente possível[1410]. No entanto, a opinião dominante[1411] é de que a acção ainda apresenta alguma utilidade: pode influenciar o comportamento do cônjuge que está a violar os deveres conjugais[1412]; releva para efeitos de recusa do direito a alimentos por motivo de "iniquidade grosseira" (§ 1579 Nr. 6 e 7 do BGB) e de concessão do divórcio antes de ter decorrido o período de um ano de separação de facto (§ 1565 II do BGB)[1413].

Apesar da sua designação ampla, considera-se que a "Eheherstellungsklage" só se adequa ao pedido de cumprimento dos deveres

---

[1409] Cfr. PAWLOWSKI, *Die "Bürgerliche Ehe" als Organisation* cit., pp. 72-73. Para SCHLOSSER, anotação *vor* § 606, Nm. 14a, *Stein/Jonas Kommentar zur Zivilprozeßordnung*, 21.ª ed., Band 5, Teilband 2, Tübingen, J.C.B. Mohr, 1993 (de agora em diante citado STEIN/JONAS/SCHLOSSER), conhece-se somente uma situação em que não falta à "Eheherstellungsklage" o pressuposto processual do interesse em agir ("Rechtsschutzbedürfnis"): quando é aplicável direito estrangeiro semelhante ao regime jurídico do divórcio que vigorava na Alemanha antes de 1976.

[1410] Cfr. STAKE, "Die Pflichten aus der ehelichen Lebensgemeinschaft und ihre gerichtliche Durchsetzung", *JA* 1994, p. 122.

[1411] Isto é reconhecido por STAKE, "Die Pflichten aus der ehelichen Lebensgemeinschaft" cit., p. 122, partidária da abolição da "Eheherstellungsklage".

[1412] Cfr. GIESEN, "Allgemeine Ehewirkungen gem. §§ 1353, 1356" cit., p. 95.

[1413] Cfr. WALTER, anotação ao § 606, Nm. 9, *Münchener Kommentar zur Zivilprozeßordnung*, Band 2, München, C.H.Beck, 1992 (de agora em diante citado WALTER/MünchKomm).

conjugais pessoais[1414], quer por ser possível exigir o cumprimento dos deveres conjugais patrimoniais (*v.g.*, o dever de sustento) através de outros meios processuais (*v.g.*, a "Unterhaltsklage"), quer por ser afastado o recurso a medidas compulsórias para garantir a observância da sentença de restabelecimento num preceito relativo aos "actos infungíveis" ("unvertretbare Handlungen")[1415]. De qualquer forma, é nítido que a proibição de coerção para o cumprimento, estabelecida no § 888 da ZPO, abarca o dever de ter relações sexuais com o respectivo cônjuge[1416].

Quanto ao dever de fidelidade, um dever de abstenção, a formulação legal é menos clara. A proibição das medidas compulsórias para assegurar a sentença de restabelecimento da comunhão conjugal consta do § 888 da ZPO, que trata apenas das "acções" ("Handlungen"); o § 890 da ZPO, atinente às omissões ou factos negativos, não alude à sentença de restabelecimento da comunhão conjugal, nem fixa limites à aplicação dos meios coercitivos. Contudo, a obrigação de comunhão

---

[1414] Cfr. BERNREUTHER, anotação ao § 606 Nm. 6, *Münchener Kommentar zur Zivilprozeßordnung*, 2.ª ed., Band 2, München, C.H.Beck, 2000 (de agora em diante citado BERNREUTHER/MünchKomm); e a definição de MÜNCH, *Ehe- und Familienrecht von A-Z*, 13.ª ed., München, Beck, 1996, p. 56 ("Eheherstellungsklage oder Klage auf Herstellung des ehelichen Lebens heißt diejenige Klage, mit der ein Ehegatte die sich aus der ehelichen Lebensgemeinschaft ergebenden Pflichten gerichtlich geltend machen kann, soweit diese Pflichten persönlicher und nicht vermögensrechtlicher Natur sind").

[1415] Cfr. ALBERS, anotação ao § 606, Nm. 7, *Zivilprozeßordnung*, 57.ª ed., begründet von Dr. Adolf Baumbach, München, Beck, 1999 (de agora em diante citado BAUMBACH/ALBERS); PHILIPPI, anotação ao § 606, Nm. 4, *Zivilprozeßordnung*, 21.ª ed., begründet von Dr. Richard Zöller, Köln, Dr. Otto Schmidt, 1999 (de agora em diante citado ZÖLLER/PHILIPPI); ROTH, anotação ao § 606 da ZPO, Nm. 4. *Familienrecht Kommentar*, herausgegeben von Prof. Dr. Walter Rolland, Neuwied/Kriftel//Berlin, Luchterhand, 1993 (de agora em diante citado ROLLAND/ROTH).

[1416] Cfr. HALLER, "Das sexuelle Selbstbestimmungsrecht der verheirateten Frau" cit., p. 428; HANELT, *Schadensersatz-, Beseitigungs- und Unterlassungsansprüche gegen den anderen Ehegatten und den Drittstörer aus ehewidrigem Verhalten*, dact., Dissertation vorgelegt der Rechts- und Wirtschaftswissenschaftlichen Fakultät der Johannes Gutenberg-Universität in Mainz zur Erlangung des Grades eines Doktors der Rechtswissenschaft, 1971, p. 158; STRECK, *Generalklausel und unbestimmter Begriff im Recht der allgemeinen Ehewirkungen* cit., p. 168.

conjugal de vida, cujo cumprimento é exigido através da "Eheherstellungsklage", compreende deveres positivos e deveres negativos, pelo que o pedido de cessação da violação de deveres conjugais de abstenção equivale a um pedido de restabelecimento da comunhão conjugal[1417]; a *ratio* da interdição da coerção para a adopção de comportamentos de *facere* – manter um certo grau de liberdade de decisão dos cônjuges – justifica idêntica interdição quando estão em causa comportamentos de *non facere*[1418]; por fim, na perspectiva de alguns[1419], é frágil o critério que separa uma acção de uma omissão.

Deste modo, sustenta-se que, directamente ou por analogia, o § 888 da ZPO impede a utilização de medidas compulsórias para constranger uma das partes a se abster da prática de actos que violem especificamente a obrigação de comunhão conjugal de vida[1420]. No caso do dever de fidelidade, a jurisprudência e a maioria da doutrina chegam a este resultado negando a possibilidade de uma acção destinada a obter a cessação da prática do adultério, porque a acção (uma "Unterlassungsklage") beneficiaria, nos termos gerais, de garantia executiva e compulsória[1421]. E a acção é afastada ainda que seja proposta unica-

---

[1417] Cfr. LIPP, *Die eherechtlichen Pflichten und ihre Verletzung* cit., p. 251 e s.

[1418] Cfr. HANELT, *Schadensersatz-, Beseitigungs- und Unterlassungsansprüche* cit., pp. 158-159.

[1419] Cfr. STRECK, *Generalklausel und unbestimmter Begriff im Recht der allgemeinen Ehewirkungen* cit., p. 170: "Das Recht auf geschlechtliche Treue kann ich geltend machen als einen Anspruch auf ein diesem Gebot entsprechendes Verhalten oder als Anspruch auf Unterlassen des Ehebruchs. Das Recht aus häusliche Gemeinschaft kann eingeklagt werden mit dem Antrag, der Ehepartner möge es unterlassen, ständig die Pflicht zur häuslichen Gemeinschaft zu verletzen, oder mit dem Antrag, der Ehepartner möge die häusliche Gemeinschaft herstellen".

[1420] As medidas compulsórias são viáveis se o facto ilícito violar simultaneamente um dever conjugal pessoal e um dever geral (p. e., ofensas corporais): cfr. LÖWISCH, *Der Deliktsschutz relativer Rechte* cit., p. 187, e, mais recentemente, FUGE, em *Praxis des Familienrechts*, Rotax (org.), Recklinghausen, ZAP, 2001, Teil 2, Nm. 94. Nas restantes situações, a tese mais comum é a da aplicação analógica do § 888 da ZPO às abstenções (cfr., nomeadamente, SOERGEL/LANGE cit., § 1353, Nm. 32). A favor da aplicação directa, cfr. LIPP, *Die eherechtlichen Pflichten und ihre Verletzung* cit., pp. 254-255.

[1421] Cfr., entre outros, BERG, "Ehestörungsklage und Schadenersatzansprüche wegen Ehestörung", *JuS* 1961, p. 137. Diferentemente, admitindo a "Klage auf

mente contra o terceiro cúmplice, alegando-se que ela constituiria um instrumento indirecto de coerção para o cumprimento do dever de fidelidade pelo cônjuge inadimplente[1422].

Todavia, se a infidelidade ocorrer no chamado "räumlich-gegenständlicher Bereich der Ehe" verifica-se uma mudança radical de orientação. Não só se admite a propositura de uma "Unterlassungsklage" contra o cônjuge ou contra o seu cúmplice, como se confere plena garantia[1423] à respectiva sentença. O cônjuge lesado pode requerer até, num processo de providências cautelares[1424], que o terceiro cúmplice que se encontre a viver no lar conjugal seja afastado daqui pelo outro cônjuge ou despejado, que o outro cônjuge não volte a receber o seu amante no "domínio espacial-objectivo do casamento" e que o amante não volte a frequentar o "território conjugal". A ordem de despejo comporta execução e as outras possíveis pretensões do cônjuge vítima de adultério gozam agora de tutela pecuniária compulsória. E há mesmo quem confira ao cônjuge ofendido um direito de legítima defesa contra o adultério no "räumlich-gegenständlicher Bereich der Ehe", desde que esteja preenchido o pressuposto da "agressão actual e contrária à lei"[1425].

Unterlassung von Ehebruch" enquanto "Eheherstellungsklage" (nesta medida, necessariamente destituída de garantia compulsória): BERNREUTHER/MünchKomm cit., § 606 da ZPO, Nm. 7; ZÖLLER/PHILIPPI cit., § 606 da ZPO, Nm. 6; ROLLAND/ROTH cit., § 606 da ZPO, Nm. 5; WALTER/MünchKomm cit., § 606 da ZPO, Nm. 11.

1422 Cfr., designadamente, D. SCHWAB, "Ehestörungsklage und Schadenersatzansprüche wegen Ehestörung" cit., pp. 145-146. Contra, BOEHMER, "Zur Frage der Unterlassungs- und Schadensersatzklage bei Ehestörungen", JZ 1953, pp. 745-746, e JAYME, Die Familie im Recht der unerlaubten Handlungen cit., p. 267, que não vêem motivo para excluir a acção e a respectiva garantia compulsória quando o réu seja o terceiro.

1423 O § 888 III da ZPO não obstaria aqui ao emprego de meios coercitivos: cfr BREHM, anotação ao § 888 da ZPO, Nm. 36, Stein/Jonas Kommentar zur Zivilprozeßordnung, 21.ª ed., Band 7, Teilband 1, Tübingen, J.C.B. Mohr, 1996 (de agora em diante citado STEIN/JONAS/BREHM); STÖBER, anotação ao § 888 da ZPO, Nm. 17, Zivilprozeßordnung, begründet von Zöller cit. (de agora em diante citado ZÖLLER/STÖBER).

1424 Cfr. GIELER, Vorläufiger Rechtsschutz in Ehe-, Familien- und Kindschaftssachen, 3.ª ed., München, Beck, 2000, pp. 485-486.

1425 Cfr. GERNHUBER/COESTER-WALTJEN, Lehrbuch des Familienrechts cit., p. 156.

4.3.2. A génese e a evolução da doutrina do "räumlich-gegenständlicher Bereich der Ehe"

98. A doutrina do "räumlich-gegenständlicher Bereich der Ehe" é uma criação jurisprudencial que remonta a um acórdão do BGH de 26 de Junho de 1952[1426], no qual se colocou a questão de saber se, tendo o cônjuge marido levado a amante para o lar conjugal e passado a viver aí com ela, o cônjuge mulher, que permaneceu no mesmo local, podia intentar uma acção de abstenção (susceptível de execução e de coerção), exigindo o fim da relação extramatrimonial na casa de morada da família. O Supremo Tribunal alemão começou por aludir à natureza predominantemente moral do casamento, considerando que dela resultava a proibição do uso de coerção para obter o cumprimento dos deveres conjugais pessoais. No entanto, sublinhou que a proibição de coerção valia apenas para as relações recíprocas puramente pessoais dos cônjuges. Ao lado deste "domínio puramente pessoal do casamento", haveria um domínio do casamento, determinado por um critério espacial ou objectivo, "que representa o fundamento material externo da vida conjugal e familiar e que, simultaneamente, deve permitir aos membros da família o desenvolvimento da sua personalidade". O "räumlich-gegenstandlicher Bereich der Ehe", que inclui, antes de mais, a residência familiar, corresponde a um domínio externo, em que é, portanto, desajustado impor um regime jurídico associado ao carácter moral do casamento. Os cônjuges têm, por isso, direito a uma protecção estatal ilimitada deste domínio, nos termos da norma constitucional que garante a protecção do Estado ao casamento e à família (artigo 6 da Lei Fundamental alemã).

Na perspectiva do acórdão *sub iudice*, a mulher carece de protecção jurídica plena, para que não seja afectada "a sua dignidade feminina, o seu direito de personalidade e a sua saúde", quando as ofensas do cônjuge marido ou de terceiro ao domínio exterior da vida conjugal a impossibilitam de desempenhar, de forma duradoura, o seu "papel de esposa e de mãe". Para se defender de tais ofensas, a mulher poderia intentar, contra aquelas duas pessoas, uma acção para eliminar os

---

[1426] BGH 26/6/1952, *BGHZ* 6, p. 360.

efeitos da perturbação ("Beseitigungsklage") ou, havendo o perigo de repetição das agressões, uma acção para impedir perturbações futuras ("Unterlassungsklage"). Deste modo, foi deferida a pretensão da autora. Mas o tribunal federal não chegou a caracterizar com rigor o direito da mulher ao "räumlich-gegenständlicher Bereich der Ehe", hesitando entre duas qualificações: a de "direito absoluto no sentido do § 823 I do BGB" e a de "bem jurídico, protegido pela disposição do artigo 6 da GG, que é directamente aplicável por força do artigo 1 III da GG".

A jurisprudência posterior adoptou e alargou a orientação do acórdão de 1952, vindo a reconhecer também ao marido[1427] o direito de propor uma acção de abstenção ou de eliminação para defesa do "território" da comunhão conjugal. Independentemente do sexo do autor, a acção pressupõe, em regra[1428], a presença, esporádica ou habitual, no lar conjugal, de uma terceira pessoa que mantém relações sexuais com o outro cônjuge. A doutrina do "räumlich-gegenständlicher Bereich der Ehe" sobreviveu à 1ª Lei de Reforma do Casamento, de 1976[1429]. É, aliás, de 1988 o famoso acórdão sobre o caso da "troca de parceiros" ("Partnertausch").

Neste acórdão de 26 de Outubro de 1988[1430], a matéria de facto era a seguinte: o autor e a ré estavam casados um com o outro; no respectivo lar conjugal, teve lugar uma troca consensual de parceiros sexuais com outro casal, em que se incluía o réu; pouco depois, o réu mudou-se para a residência do primeiro casal, onde passou a viver e a

---

[1427] Cfr. LG Saarbrücken 10/11/1966, *FamRZ* 1967, p. 288; OLG Karlsruhe 16/3/1978, *FamRZ* 1980, p. 139; OLG Dusseldörf 24/2/1981, *FamRZ* 1981, p. 577; OLG Zweibrücken 26/10/1988, *FamRZ* 1989, p. 55 = *NJW* 1989, p. 1614.

[1428] Cfr., no entanto, OLG Köln 19/4/1983, *FamRZ* 1984, p. 267, que confere a protecção do "räumlich-gegenständlicher Bereich" contra "perturbações do casamento" que ocorram na loja em que ambos os cônjuges trabalham.

[1429] Cfr., expressamente OLG Celle 29/11/1979, *FamRZ* 1980, p. 242 (= *NJW* 1980, p. 711): a Reforma de 1976 não aboliu a protecção do "domínio espacial--objectivo do casamento", reflectindo-se somente no regime da concessão do divórcio; tal como anteriormente, um cônjuge não tem de tolerar o adultério praticado pelo outro no lar conjugal.

[1430] OLG Zweibrücken 26/10/1988, *FamRZ* 1989, p. 55 = *NJW* 1989, p. 1614.

ter relações sexuais com a ré; entretanto, o autor deixou o lar conjugal e escreveu ao réu exigindo que ele não voltasse a frequentar a casa, o que não sucedeu. O autor intentou então uma acção em que, sob a cominação de medidas compulsórias, pedia que o réu não continuasse a frequentar a residência familiar do autor e que a ré deixasse de receber o réu na mesma residência. O tribunal aderiu à doutrina do "räumlich-gegenständlicher Bereich der Ehe" e, na linha de outro acórdão[1431], admitiu que a construção era válida ainda que o cônjuge lesado tivesse saído entretanto do lar conjugal. No entanto, julgou a pretensão do autor improcedente, alegando que, com o seu comportamento anterior, o marido da ré tinha perdido a protecção inerente ao domínio externo do casamento. Ao consentir numa troca de parceiros, em que a ré e o réu tiveram relações sexuais entre si, o autor abdicou do princípio da exclusividade matrimonial, tendo de suportar a interferência do réu na sua esfera conjugal: "Aquele que aprova a prática de relações sexuais do seu cônjuge com um terceiro, viola ele próprio a integridade do casamento, pelo que não pode exigir que o seu cônjuge e o terceiro a respeitem". Ou seja, o cônjuge que contribuiu para a prática do adultério do outro no lar conjugal não poderia, contraditoriamente, recorrer aos meios de tutela do "räumlich-gegenständlicher Bereich der Ehe".

O acórdão de 1988 é criticado por vários juristas. Smid censura-lhe a argumentação de cariz moralista[1432]. Considerando também que o tribunal deu prevalência às razões morais em detrimento dos motivos jurídicos, Riegel[1433] afirma que devia ter sido concedida protecção ao cônjuge marido. Segundo Gernhuber/Coester-Waltjen[1434], os cônjuges que participam numa troca de parceiros que decorre no seu próprio lar

---

[1431] BGH 22/5/1963, *FamRZ* 1963, p. 553, que admitiu a acção de defesa do domínio externo do casamento proposta por uma mulher que tinha deixado o lar conjugal, antes de o marido ter passado a viver aqui com a sua amante.

[1432] SMID, "Der Fluch der bösen Tat, oder: Verwirkung des Besitzschutzes an der Ehewohnung aufgrund vorangegangenen unmoralischen Tuns ?", *FamRZ* 1989, pp. 1145-1146.

[1433] RIEGEL, "Grenzen des Schutzes des räumlich-gegenständlichen Bereichs der Ehe", *NJW* 1989, p. 2800.

[1434] GERNHUBER/COESTER-WALTJEN, *Lehrbuch des Familienrechts* cit., p. 156.

conjugal não renunciam ao direito de agir contra futuras violações do dever de fidelidade, cometidas pelos intervenientes na troca de parceiros: "ninguém está impedido de mudar de opinião; os acordos de adultério são revogáveis em qualquer altura".

4.3.3. *A qualificação do direito subjacente à tutela do "räumlich-gegenständlicher Bereich der Ehe"*

99. A protecção do domínio espacial-objectivo do casamento é conferida contra o outro cônjuge e contra terceiros, o que revela a oponibilidade *erga omnes* do direito subjacente. No entanto, o acórdão do Tribunal Federal alemão de 26 de Junho de 1952 pouco adiantou sobre a questão da natureza jurídica. Enunciou duas hipóteses, mas não tomou posição acerca de nenhuma delas. Ficou em aberto o problema de saber se se está perante uma situação jurídica decorrente directamente do artigo 6 da GG ou se se está perante um direito subjectivo, oponível a terceiros, enquadrável na mesma categoria de direitos a que pertencem a propriedade e os direitos de personalidade (cuja violação pode implicar responsabilidade civil por facto ilícito, nos termos do § 823 I do BGB).

O primeiro caminho, seguido por alguma jurisprudência[1435], ignora os limites da aplicabilidade imediata das normas constitucionais nas relações entre os particulares[1436]. O artigo 6 I da Lei Fundamental alemã declara que a família e o casamento beneficiam da protecção *do Estado*. Reconhecendo concretamente uma posição das pessoas perante o Estado, a disposição não pode vincular directamente as entidades pri-

---

[1435] BGH 22/5/1963, *FamRZ* 1963, p. 553; OLG Frankfurt 17/7/1974, *NJW* 1974, p. 2325.

[1436] Sobre as dificuldades da aplicabilidade imediata no Direito Matrimonial, ver *supra*, n.º 71 (no contexto da avaliação da teoria do "direito à não perturbação da comunhão conjugal"). Muitas vezes, a rejeição da fundamentação do "räumlich--gegenständlicher Bereich" no artigo 6 da GG reflecte a recusa absoluta da ideia de "unmittelbare Drittwirkung": cfr. LIPP, *Die eherechtlichen Pflichten und ihre Verletzung* cit., pp. 178-179; MAIER, *Die Abwehr von Ehestörungen* cit., p. 98 e s.; RIEGEL, "Grenzen des Schutzes" cit., pp. 2798-2799.

vadas. O segundo caminho, demasiado vago, carece de especificação. São muitos os direitos subjectivos, oponíveis *erga omnes*, merecedores de tutela delitual. Certo é apenas que o BGH, impressionado pela proibição legal da aplicação de medidas compulsórias para assegurar o respeito da sentença de restabelecimento da comunhão conjugal, quis evitar a ligação da protecção contra a prática do adultério no lar conjugal a um dever conjugal pessoal.

O facto de a tutela em apreço depender do local, do espaço físico, onde se desenrola o comportamento lesivo, origina posições que apontam como fundamento da mesma um direito sobre uma coisa. Ramm[1437] entende que a acção para a protecção do domínio externo do casamento se destina a defender o condomínio ou a compropriedade do autor. Struck[1438] considera que a acção se baseia na comunhão do lar conjugal. Os cônjuges seriam contitulares de um direito sobre o bem, que poderia ser a propriedade, o arrendamento ou outra situação jurídica. Na qualidade de contitulares, eles teriam de observar algumas regras gerais da comunhão de direitos e das sociedades civis, *v.g.*, a de que o contitular está autorizado a usar o bem comum desde que não prejudique o direito de uso do outro contitular (§ 743 II do BGB); a de que a realização de um acto implica o consentimento unânime dos sócios, quando a administração tenha de ser exercida por todos eles conjuntamente, ou a inexistência de oposição de um deles, quando todos os sócios possam exercer a administração isoladamente (§§ 709 I e 711 do BGB). A presença de terceiro no lar conjugal, a convite de um cônjuge e sem o consentimento do outro, violaria automaticamente tais regras. Afectaria, nomeadamente, o uso de uma casa normal pelo cônjuge dissidente, dada a pequena dimensão das divisões e das áreas de circulação[1439].

[1437] Cfr. RAMM, *Familienrecht I* cit., p. 237.

[1438] Cfr. STRUCK, "Räumlich-gegenständlicher Bereich der Ehe", *JZ* 1976, p. 160 e s.

[1439] Numa passagem capaz de fazer sorrir qualquer pessoa, STRUCK, "Räumlich-gegenständlicher Bereich der Ehe", pp. 162-163, indica os aspectos que dificultam o uso simultâneo, por duas pessoas, dos corredores, da cozinha e, sobretudo, da casa de banho: "Die Flure sind regelmäßig so eng, daß jede weitere Person in der Wohnung bei Begegnungen ein Ausweichen verlangt. In der Küche kann nur einer sinnvoll arbeiten. Auch andere Räumen sind so beschaffen, daß man sich häufig

Para Berg[1440], a acção do "räumlich-gegenständlicher Bereich" tem carácter possessório, justificando-se porque os cônjuges são compossuidores do lar conjugal. O cônjuge lesado goza, assim, de tutela possessória irrestrita (§§ 859 e s. do BGB), contra o terceiro perturbador, e da tutela possessória que é permitida entre compossuidores (§ 866 do BGB, que, na relação entre compossuidores, e à semelhança do artigo 1286.º, n.º 2, do Código Civil português, só confere protecção em caso de esbulho), contra o outro cônjuge. Smid[1441] prefere falar de uma *posse de mão comum* ("gesamthänderische Besitz"). Como as decisões acerca do lar têm de ser tomadas em conjunto pelos dois, haveria uma contitularidade do tipo germânico e não do tipo romano. Quando um cônjuge age sozinho presume-se que o faz com o consentimento do outro. Se afinal havia oposição, o cônjuge preterido pode intentar uma acção destinada a restabelecer a situação que existiria se a sua vontade tivesse sido considerada, atingindo, por esta via, a eficácia do acto unilateral. Ora, a "correcção" da situação criada pelo exercício abusivo da posse por um dos cônjuges seria justamente o motivo da admissibilidade da acção para tutela do domínio exterior do casamento. Contudo, pelo seu cariz possessório, a acção só poderia ser intentada contra o terceiro. Não exigindo o esbulho (p. e., a privação total da posse do cônjuge através de mudança da fechadura da porta da

---

abstimmen muß. Das kleine Bad bringt es mit sich, daß man eine Menge sehr private Gegenstände herumliegen läßt. Ohne weitgehende Übertreibung kann man formulieren, daß man ein Bad nur mit jemanden teil kann, mit dem man auch sonst alles zu teilen bereit ist".

[1440] Cfr. BERG, "Ehestörungsklage und Schadenersatzansprüche" cit., pp. 138--139. Com ele estão LANGE-KLEIN/ *Reihe* cit., § 1353, Nm. 16; LÜKE, "Grundsätzliche Veränderungen im Familienrecht" cit., p. 9.

[1441] SMID, "Der Fluch der bösen Tat" cit, pp. 1144-1146; "Fallweise Abwägung zur Bestimmung des Schutzes des «räumlich-gegenständlichen Bereichs» der Ehe?", *NJW* 1990, pp. 1345-1346; "Schutz des «räumlich-gegenständlichen Bereichs» der Ehe oder Eheschutz – OLG Celle, NJW 1980, 711" [acórdão de 29/11//1979, que foi publicado também em *FamRZ* 1980, p. 242], *JuS* 1984, p. 103 e s.; e, principalmente, a monografia *Zur Dogmatik der Klage auf Schutz des «räumlich-gegenständlichen Bereichs» der Ehe (Das Hausrecht der Ehe)*, Berlin, Duncker Humblot, 1983, em especial p. 80 e s. Igualmente, PAWLOWSKI, *Die "Bürgerliche Ehe" als Organisation* cit., p. 22 e s.; *Methodenlehre für Juristen* cit., p. 34, p. 36 e s.

casa, de agressão física ou ameaças, para o afastar do lar conjugal), mas uma mera perturbação da posse (emergente da presença de terceiro no lar conjugal, autorizada ou solicitada pelo cônjuge que com ele mantém uma relação amorosa), a tutela do "räumlich-gegenständlicher Bereich" contra o próprio cônjuge seria, normalmente, excluída pelo § 866 do BGB, aplicável também à posse de mão comum.

É insustentável a ideia de que, após a celebração do casamento, pertence, invariavelmente, a ambos os cônjuges o "direito de fundo" (*v.g.*, propriedade ou arrendamento) que recai sobre a casa em que é fixada a residência da família. Mas tão-pouco pode ser sustentada a ideia de que a posse constitui a base da protecção do "räumlich-gegenständlicher Bereich". Na construção jurisprudencial, a presença do cúmplice do cônjuge adúltero no lar conjugal permite a propositura da acção contra o cônjuge e contra terceiro. De acordo com as regras possessórias, aquela presença não é suficiente para desencadear a protecção entre os cônjuges, por se não preencher o pressuposto da tutela entre os compossuidores (o esbulho), como reconhece Smid. E há, por fim, um aspecto importante que escapa a todas as teorias que agitam a existência de um direito cujo objecto é um bem corpóreo. Se se prescindir da categoria dos direitos conjugais pessoais[1442] não se consegue explicar o tratamento desigual da situação de terceiro que se encontra no lar conjugal a convite de apenas um dos cônjuges, conforme haja ou não entre ambos uma relação amorosa. Em regra, o outro cônjuge pode opor-se à entrada ou permanência do cúmplice do cônjuge adúltero na residência familiar. Ao invés, o mesmo cônjuge não pode, em princípio, invocar um direito qualquer sobre a casa para afastar daqui, unilateralmente, um amigo ou parente do outro cônjuge[1443].

[1442] Cfr. BEITZKE, em recensão à monografia de Smid citada *supra*, na nota 1441, *ZZP* 1987, pp. 126-127: é vão o esforço desenvolvido para evitar a referência aos deveres conjugais pessoais; o "Hausrecht der Ehe" depende deles.

[1443] Cfr. MAIER, *Die Abwehr von Ehestörungen* cit., pp. 119-120: se fosse lícito o uso da tutela possessória contra qualquer terceiro, um cônjuge poderia impedir a visita de todos aqueles de quem não gostasse, independentemente de não prejudicarem a relação conjugal e ainda que fossem os progenitores do outro cônjuge; ao outro cônjuge acabaria por ficar vedado qualquer género de contacto social no lar conjugal, interdição que o casamento não impõe.

A posição dominante[1444] fundamenta a tutela do domínio externo do casamento num direito de personalidade. Aflorada pelo acórdão do BGH de 26 de Junho de 1952, que alude ao "räumlich-gegenständlicher Bereich" como base de desenvolvimento da personalidade dos membros da família e à sua tutela enquanto meio de prevenir a lesão da dignidade e do direito de personalidade da mulher casada, a solução é convictamente proposta por Coing[1445], para o qual a perturbação do lar, elemento que está ao serviço do desenvolvimento da personalidade dos membros da família, é uma perturbação do desenvolvimento da personalidade do cônjuge. Nas palavras de Henrich[1446], o que está em causa é "a protecção do cônjuge no seu domínio da personalidade, uma protecção para que a sua reputação não seja prejudicada, uma protecção da sua honra e da sua dignidade, enfim, uma protecção de um domínio de que o cônjuge necessita para o desenvolvimento da sua personalidade. É, portanto, protegido o direito particular de personalidade do cônjuge, uma forma específica do direito geral da personalidade".

Todavia, a tutela do "räumlich-gegenständlicher Bereich" é conferida na sequência de uma violação do dever de fidelidade[1447] que, por

---

[1444] Segundo GIESEN, *Familienrecht* cit., p. 96; ERMAN/HECKELMANN (2000) cit., § 1353, Nm. 22.

[1445] COING, anotação a BGH 26/6/1952, *JZ* 1952, p. 690 (o acórdão em apreço, publicado aqui na p. 688, foi publicado também em *BGHZ* 6, p. 360).

[1446] HENRICH, *BGB-Familienrecht (Fälle und Lösungen nach höchstrichterlichen Entscheidungen)*, 3.ª ed., com a colaboração de Heinrichsmeier, Heidelberg, C.F.Müller, 1990, p. 43. Cfr. também, na jurisprudência: BGH 16/12/1960, *BGHZ* 34, p. 80; OLG Düsseldorf 24/2/1981, *FamRZ* 1981, p. 577; OLG Zweibrücken 26/10//1988, *FamRZ* 1989, p. 55 = *NJW* 1989, p. 1614. Na doutrina, ver: CAEMERER, *Wandlungen des Deliktrechts*, Karlsruhe, C.F.Müller, 1964, pp. 111-112; DÖLLE, *Familienrecht* I cit., p. 373; HUBMANN, *Das Persönlichkeitsrecht*, 2.ª ed., Köln, Böhlau, 1967, p. 264; MAIER, *Die Abwehr von Ehestörungen* cit., p. 65 e s.; SCHELLHAMMER, *Familienrecht* cit., p. 26; SCHLÜTER, *BGB-Familienrecht* cit., pp. 38 e 39; SCHWERDTNER, *Das Persönlichkeitsrecht in der deutschen Zivilrechtsordnung*, Berlin, J.Schweitzer, 1977, p. 183; STAKE, "Die Pflichten aus der ehelichen Lebensgemeinschaft" cit., p. 123.

[1447] Ou, muito excepcionalmente, de outro dever conjugal pessoal, como o de respeito: cfr. o caso raro, antigo e curioso da "Haushälterin" (BGH 2/11/1955, *FamRZ* 1956, p. 50), em que a "governanta", que não tinha qualquer ligação sexual com o marido, fora contratada por ele, contra a vontade da mulher, para desempenhar todas

se verificar no lar conjugal, assume especial gravidade e não pode deixar de suscitar uma reacção enérgica. O pensamento maioritário pressupõe, porém, que vigora uma proibição absoluta de coerção para o cumprimento dos deveres conjugais pessoais e que aquela não é atingida pela fundamentação assente num direito de personalidade. Diz-se[1448], por exemplo, que a protecção do domínio externo do casamento não obsta à livre violação do dever de fidelidade porque o adultério pode continuar fora do lar conjugal. Só que há coerção para o cumprimento do dever de fidelidade *no lar conjugal*. Assim sendo, a construção germânica do "räumlich-gegenständlicher Bereich" tem de se fundar no dever de fidelidade, mais precisamente na ideia da particular gravidade do adultério cometido no lar conjugal. Para conciliar a admissibilidade da construção com a interdição de coerção constante do § 888 da ZPO, há apenas que concluir que tal proibição comporta uma excepção, justamente no "räumlich-gegenständlicher Bereich" do casamento[1449].

---

as tarefas domésticas que até aí incumbiam a esta, retirando-lhe qualquer papel na administração do lar. De acordo com BEITZKE, na recensão citada *supra*, na nota 1442, p. 127, é o dever recíproco de respeito, e já não o dever de fidelidade conjugal, que justifica a tutela do domínio externo do casamento na hipótese de os cônjuges estarem a viver na mesma casa separados de facto e um deles coabitar com terceiro. Mas, em nossa opinião, isso só valeria se a separação extinguisse o dever de fidelidade.

[1448] Cfr. MAIER, *Die Abwehr von Ehestörungen* cit., pp. 44-45.

[1449] Baseiam a tutela do "räumlich-gegenständlicher Bereich" nos deveres conjugais pessoais: GERNHUBER/COESTER-WALTJEN, *Lehrbuch des Familienrechts* cit., pp. 155-156 (fidelidade); BEITZKE, na recensão citada *supra*, na nota 1442, p. 127 (fidelidade ou, no caso de separação de facto, respeito); OLG Celle 29/11/1979, *FamRZ* 1980, p. 242 ("Verpflichtung zur eheliche Treue und zur Bereitstellung der eheliche Wohnung"); STAUDINGER/HÜBNER/VOPPEL cit., § 1353, Nm. 114 (o respeito do "räumlich-gegenständlicher Bereich" é um dos deveres pessoais decorrentes do § 1353 do BGB). Indicam genericamente o § 1353 como fundamento jurídico da acção intentada contra o cônjuge: LÖWISCH, *Der Deliktsschutz relativer Rechte* cit., pp. 186-187; ROLLAND/ BRUDERMÜLLER cit., § 1353, Nm. 80; SOERGEL/LANGE cit., § 1353, Nm. 38; STRECK, *Generalklausel und unbestimmter Begriff im Recht der allgemeinen Ehewirkungen* cit., pp. 168-169; WACKE/MünchKomm cit., § 1353, Nm. 43.

4.4. A tutela do dever de fidelidade na casa de morada da família, à luz do direito português

100. O emprego de meios coercivos para garantir o cumprimento do dever de fidelidade fora do lar conjugal não é compatível com a consciência social vigente. Contudo, a situação muda se o adultério ocorrer no lar conjugal. Afigura-se então chocante recusar ao cônjuge lesado a possibilidade de pôr fim à violação do dever de fidelidade que se verifica na própria casa. O diferente nível de gravidade do ilícito reclama uma tutela diversa[1450].

A casa de morada da família é objecto de um regime específico, que se exprime, nomeadamente, na previsão expressa da possibilidade de intervenção judicial para resolver um conflito entre os cônjuges acerca da determinação do local da residência e nas normas que, independentemente da titularidade do direito de propriedade ou de arrendamento, exigem o consentimento de ambos os cônjuges, para que seja válida a prática de actos de disposição sobre o imóvel em apreço (artigos 1682.º-A, n.º 2, e 1682.º-B, do Código Civil português). A protecção da casa de morada da família não se explica, obviamente, pelo seu valor patrimonial mas pelo seu valor enquanto centro da vida comum dos membros da família. A casa é tida como um espaço privilegiado de realização da comunhão conjugal[1451]. Por esse motivo, a relevância negativa da infidelidade acentua-se se esta se desenrolar no local em que se espera que os cônjuges adoptem comportamentos correspondentes aos seus compromissos matrimoniais.

Se a prática do adultério ocorrer na casa que é também do cônjuge lesado, a tutela não se pode circunscrever à acção de divórcio, de sepa-

---

[1450] Com outra opinião, BOEHMER, "Zur Ehestörungsklage", *AcP* 1956, pp. 203-204; JAYME, *Die Familie im Recht der unerlaubten Handlungen* cit., pp. 266--267; WERNER, *Ehestörung und Gattenrecht* cit., pp. 153-154. Atribuindo ao adultério o carácter de uma infracção ao direito de personalidade do outro cônjuge, os três autores propugnam uma resposta jurídica uniforme, que é excessivamente ampla – porque engloba sempre os meios coercivos – e despreza o aspecto do local da infracção.

[1451] Mais concretamente, é, em regra, o local do cumprimento do dever de coabitação: cfr. SALTER CID, *A protecção da casa de morada da família no direito português*, Coimbra, Almedina, 1996, pp. 120-121.

ração de pessoas e bens ou de indemnização. Tem de lhe ser facultado o recurso a meios susceptíveis de impedir efectivamente a continuação ou a repetição do ilícito conjugal. Consequentemente, o cônjuge ofendido pode exigir o afastamento do cúmplice do cônjuge adúltero, sob a cominação de uma sanção pecuniária compulsória ou da pena aplicável ao crime de desobediência[1452], mediante a propositura de uma acção ou o requerimento de uma providência cautelar, em que o outro cônjuge ou terceiro serão réus ou requeridos.

Importa, porém, clarificar os limites desta garantia excepcional. *Quid iuris* se o cônjuge que a pretender autorizou previamente o outro a ter relações sexuais com terceiro, na residência familiar[1453]? Como se lê *supra*, nos n.os 39 e 85, o acordo configura uma causa de exculpação do adultério. Não é punível a conduta do cônjuge que age ao abrigo do que foi combinado, apesar de ser nulo qualquer acordo de disposição do direito de fidelidade. Mas isto não significa que, neste contexto,

---

[1452] A pena do crime de desobediência (prisão até 1 ano ou multa até 120 dias) por incumprimento de uma decisão cível percebe-se como último instrumento capaz de assegurar a observância de um acto da autoridade judicial. Cfr. o sumário do ac. RL 15/1/1997, proc. n.º 0004614, em *http://www.dgsi.pt*: "A desobediência de uma decisão cível não reúne os requisitos necessários para poder integrar esse tipo legal de crime", salvo quando "tem clara a ordem que quer ver cumprida e implícito o reconhecimento de que não existem outros meios de forçar o seu cumprimento". Acrescente-se que, à partida, a obrigação a que respeita a sentença tem de ser, em abstracto, susceptível de ser garantida através de sanção pecuniária compulsória e que é exigível a cominação, pelo juiz, da punição de desobediência [artigo 348.º, n.º 1, alínea b), do Código Penal português]. Na eventualidade de ser decretada providência cautelar, dado o teor do artigo 391.º do Código de Processo Civil português, na versão do Decreto-Lei n.º 392-A/95, de 12 de Dezembro, o despacho não tem de advertir o destinatário de que incorre na pena do crime de desobediência se a não acatar (cfr. LÍBANO MONTEIRO, comentário ao artigo 348.º, *Comentário Conimbricense do Código Penal, Parte Especial*, t. III, dirigido por Figueiredo Dias, Coimbra, Coimbra Editora, 2001, p. 355) e a pena máxima a que fica sujeito o infractor é superior (prisão até 2 anos ou multa até 240 dias). Ver ainda MOITINHO DE ALMEIDA, *Providências cautelares não especificadas*, reimpressão, Coimbra, Coimbra Editora, 1981, p. 67 e s. Note-se que, embora a pena do crime de desobediência não tenha o carácter de sanção compulsória, por não se extinguir com o acto de obediência, a ameaça da sua aplicação é dotada de significado compulsório.

[1453] Cfr. o exemplo da troca de parceiros, mencionado *supra*, no n.º 98.

fique excluída a protecção contra o cônjuge e também contra o terceiro cúmplice (que se encontra numa posição acessória). Se o acordo entre os cônjuges não contemplava a situação que um deles pretende que se não volte a verificar (por exemplo, o consentimento referia-se a um único contacto sexual extramatrimonial preciso), não opera a causa de exculpação do adultério. Se o acordo entre os cônjuges permitia a situação (por exemplo, incluindo todos os actos sexuais extramatrimoniais futuros), o cônjuge que solicita a protecção pode obtê-la, atendendo à nulidade do que fora estipulado. Só os actos passados, praticados enquanto subsistia o consenso, é que não são sancionáveis. O adultério subsequente à extinção do consenso já não beneficia de imunidade.

No que toca à separação de facto, a situação não extingue o dever de fidelidade e, em princípio, não desqualifica a habitação como casa de morada da família[1454]. Todavia, se o período de separação for igual ou superior a três anos, observa-se uma ruptura da vida em comum que a lei considera suficiente para um cônjuge obter o divórcio, ainda que o outro a isso se oponha [cfr. artigo 1781.º, alínea a), do Código Civil português]. No caso, o efeito da separação de facto na degradação da relação conjugal é tal que o adultério subsequente, mesmo que seja praticado na casa em que foi fixada a residência familiar, torna-se um factor de importância secundária. É, por isso, de excluir a tutela compulsória[1455].

Após a separação de pessoas e bens, a tutela compulsória do dever de fidelidade é sempre inadmissível: por um lado, com a cessação da obrigação de coabitação, deixa de haver uma casa de morada da família

---

[1454] Cfr. SALTER CID, *A protecção da casa de morada da família* cit., p. 153: "A separação de facto – entendida como manifestação de ruptura da comunhão de vida que o casamento deve visar, e que constitui a sua essência –, em si mesma, não tem por efeito o de desqualificar uma habitação como residência da família. Para tanto, é necessário que, a par dessa separação, exista (tenha existido) um acordo entre os cônjuges no sentido daquela desqualificação, ou que a própria separação traduza a existência de um tal acordo (cf. art. 217.º, n.º 1)".

[1455] Cfr. RIEGEL, "Grenzen des Schutzes" cit., pp. 2799-2800, que sugere uma conexão estreita entre a acção do "räumlich-gegenständlicher Bereich" do casamento e a problemática do período mínimo de separação de facto necessário para o divórcio ser decretado.

comum aos cônjuges; por outro lado, é menor a gravidade da violação do dever de fidelidade, já que a união de facto integrada por cônjuge separado de pessoas e bens recebe protecção legal (cfr. artigo 2020.º, n.º 1, do Código Civil português, e a Lei n.º 7/2001, de 11 de Maio) e o adultério cometido depois da separação não altera o que foi decidido sobre a culpa dos cônjuges no processo de separação (n.ºs 3 e 4 do artigo 1795.º-D do Código Civil).

5. A GARANTIA JURÍDICA TIPICAMENTE FAMILIAR

101. A tutela exclusivamente jus-familiar dos deveres conjugais assenta sobretudo na regulamentação dos pressupostos e das consequências das vicissitudes do vínculo matrimonial. O divórcio é actualmente admitido por qualquer um dos ordenamentos estrangeiros do sistema romanístico a que temos dedicado maior atenção (espanhol, francês, italiano e alemão). Contudo, impõe-se uma distinção quanto à atitude das várias ordens jurídicas relativamente à modificação do vínculo matrimonial. O direito alemão vigente não consagra o instituto da separação de pessoas e bens, que foi abolido em 1938[1456]. O direito francês prevê a figura da "séparation de corps" (art. 296 e s. do *Code civil*), que é concebida fundamentalmente como uma mera alternativa ao divórcio, não constituindo uma condição para a obtenção do mesmo. Na mesma linha se situa o direito português, com a separação de pessoas e bens (artigo 1794.º e s. do Código Civil). Em ambas as ordens jurídicas, a separação de pessoas e bens adquire relevância legislativa menor do que aquela que é conferida ao divórcio. Primeiramente, é definida uma disciplina completa do divórcio. Depois, é regulada a separação nos aspectos em que difira do divórcio. Deste modo, nos direitos português e francês, os elementos principais da garantia jurí-

---

[1456] Cfr. MÜNCH, *Ehe- und Familienrecht von A-Z* cit., p. 256, entrada "Trennung von Tisch und Bett": antes da Ehegesetz de 1938, o BGB previa a possibilidade de "Aufhebung der ehelichen Gemeinschaft", instituto que era uma espécie de separação de pessoas e bens e com o qual se não confunde a "Aufhebung der Ehe", ou anulação do casamento, que se encontra regulada no § 1313 e s. do BGB.

dica tipicamente matrimonial dos deveres conjugais detectam-se mediante o estudo directo do regime do divórcio.

Nos direitos espanhol e italiano, pelo contrário, tem de ser privilegiada a análise do regime da separação de pessoas e bens. Nos dois ordenamentos, a separação de pessoas e bens surge como uma condição que facilita a obtenção do divórcio. No Código Civil espanhol, a "separación" é regulada no artigo 81 e s., antes do divórcio. A causa principal de divórcio é a cessação efectiva da convivência conjugal[1457]. Se foi decretada a separação de pessoas e bens, basta que tenha decorrido um ano de separação de facto desde a propositura da acção, para ser concedido o divórcio ao cônjuge que formulou o pedido de separação ou que nele consentiu (artigo 86, 1ª e 2ª). Não havendo separação de pessoas e bens prévia, exige-se cinco anos de separação de facto (artigo 86, 4ª), período que pode ser reduzido a dois anos nos termos do artigo 86, 3ª (v.g., separação de facto por acordo ou se, no momento em que se iniciou a separação de facto, o réu na acção de divórcio tinha incorrido em causa legal de separação de pessoas e bens).

No direito italiano, a "separazione personale" encontra-se regulada no artigo 150 e s. do *Codice Civile* e comporta duas modalidades – a "separazione giudiziale" (artigo 151), que corresponde, em certa medida, à nossa separação de pessoas e bens litigiosa, e a "separazione consensuale" (artigo 158), que corresponde, de certa forma, à nossa separação de pessoas e bens por mútuo consentimento (mas a "separazione consensuale" não produz efeitos sem a homologação do juiz). O divórcio é disciplinado num diploma avulso – a Lei 898/1970. Embora um dado número de causas de dissolução do casamento civil ou de cessação dos efeitos civis do casamento católico se refiram a factos de natureza criminal praticadas pelo outro cônjuge (artigo 3, par. 1.º, da

---

[1457] Cfr., entre outros, E. ROCA, com a colaboração de Alegría Barras e Luis Zarraluqui, "Family Law in Spain", *Family Law in Europe*, edited by Carolyn Hamilton e Kate Standley, London, Butterworths, 1995, p. 458; LÓPEZ Y LÓPEZ, "La crisis matrimonial: separación y divorcio", *La reforma del Derecho de Familia*, textos das jornadas promovidas pela Universidad Hispalense e outras instituições, 1982, p. 55.

Lei 898/1970), a causa de longe mais importante[1458] pressupõe a "separazione personale" e o decurso de um período mínimo de 3 anos de separação de facto, contado a partir da data da audiência preliminar[1459] do processo judicial de separação [artigo 3, par. 2.º, alínea b)].

A relação que as legislações espanhola e italiana estabelecem entre a separação de pessoas e bens e o divórcio torna normal a duplicação de procedimentos judiciais com vista à obtenção da dissolução do casamento[1460]. Apesar disso, não têm sido bem sucedidas tentativas recentes[1461] destinadas a pôr fim a esta solução pouco razoável. Importa, portanto, ter em conta a especificidade em apreço nas páginas subsequentes. No direito português, a caracterização da garantia jurídica exclusivamente familiar dos deveres conjugais centra-se no

---

[1458] Segundo GRANET, "Convergences et divergences des droits européens de la famille", *Dr. Fam.* 2000/12 *bis*, p. 8, nota 14, em Itália, "98,6% des divorces obtenus en 1991 l'ont été par conversion d'une séparation légale antérieure". Como vaticinava GALOPPINI, "Divorzio (Diritto privato e processuale)", *NovissDig.it.*, *Appendice* III, 1982, p. 75, as condenações criminais têm carácter marginal "nella statistica complessiva delle cause di divorzio".

[1459] Na audiência, que implica a comparência pessoal das partes (ou de procuradores com poderes pessoais), é efectuada uma tentativa de conciliação: cfr., designadamente, DOGLIOTTI, "La separazione giudiziale" cit., p. 391.

[1460] Cfr. LÓPEZ ALARCÓN, "La separación judicial por cese de la convivencia y su conexión con el divorcio", *La Ley* 1982, p. 775; REINA/MARTINELL, *Curso de Derecho Matrimonial*, Madrid, Marcial Pons, 1995, p. 58.

[1461] Cfr., por exemplo, duas iniciativas legislativas que foram tomadas em Espanha nos últimos meses do ano de 2001: "Proposición de Ley de modificación del Código Civil para posibilitar el acceso al procedimiento de divorcio sin necesidad de un previo proceso judicial de separación", com o n.º 122/000146, apresentada pelo "Grupo Parlamentario Catalán (Convergència i Unió)" em 24 de Setembro de 2001 e publicada no *BOCG – CD*, serie B, n.º 164-1, de 5 de Outubro de 2001; "Proposición de Ley sobre modificación del Código Civil en materia de separación y divorcio (Orgánica)", com o n.º 122/000160, apresentada pelo "Grupo Parlamentario Socialista" em 20 de Novembro de 2001 e publicada no *BOCG – CD*, serie B, n.º 178-1, de 30 de Novembro de 2001. As "proposiciones de ley" foram rejeitadas em 11 de Dezembro de 2001 (cfr. *BOCG – CD*, serie B, de 14 de Dezembro de 2001, n.os 164- -2 e 178-2, respectivamente).

regime do divórcio. Nos direitos espanhol e italiano é, para o efeito, crucial o regime da separação de pessoas e bens.

5.1. A consideração do ilícito conjugal no plano das causas do divórcio ou da separação de pessoas e bens

102. A Alemanha é apontada como exemplo de um país em que o regime jurídico de divórcio se encontra subordinado ao "princípio puro da ruptura" ("reine Zerrütungsgrundsatz")[1462]. Efectivamente, o § 1565 I do BGB consagra expressamente o princípio da ruptura, fixando o fracasso da relação conjugal como única condição de dissolução do casamento. Nesta linha, o § 1566 do BGB fixa presunções inilídiveis de ruptura que correspondem às seguintes situações: separação de facto há mais de um ano, se o divórcio for requerido pelos dois cônjuges ou por um deles sem a oposição do outro; separação de facto há mais de três anos, nos demais casos. Verificando-se uma destas duas hipóteses, o divórcio é decretado, sem necessidade de mais diligências probatórias. Todavia, quando não for aplicável uma presunção inilídivel, o ilícito conjugal releva enquanto indício de ruptura[1463], dentro dos limites do § 1565 II (preceito de que resulta o carácter excepcional da concessão do divórcio quando os cônjuges estejam separados há menos de um ano). Entre as violações de deveres conjugais que fundamentam a concessão do divórcio, à margem do § 1566 do BGB, encontra-se a recusa do débito conjugal e, sobretudo, o adultério[1464]. De qualquer

---

[1462] Cfr. COMAILLE e outros, *Le divorce en Europe occidentale (La loi et le nombre)*, Paris, INED, 1983, p. 18; G. STANZIONE, *Divorzio e tutela della persona (L'esperienza francese, italiana e tedesca)*, Napoli, Edizioni Scientifiche Italiane, 1981, p. 65 e s.

[1463] Cfr. BOIZEL, "Le divorce et la faute: un couple harmonieux? (Perspectives de rapprochement des droits français et allemand)", *RIDC* 2000, p. 895; BOULANGER, *Droit Civil de la Famille*, t. II, *Aspects comparatifs et internationaux*, Paris, Economica, 1994, pp. 413-414.

[1464] Cfr. A. WOLF, anotação ao § 1565, Nm. 57 e 59, *Münchener Kommentar zum Bürgerlichen Gesetzbuch*, 4.ª ed., 2000 (de agora em diante citado A. WOLF/

modo, a apreciação do ilícito conjugal neste contexto não apresenta cariz sancionatório. Em regra, quem solicita o divórcio pode obtê-lo invocando um ilícito que foi por ele próprio cometido[1465]. E quanto mais grave for o ilícito conjugal do requerente maior probabilidade de êxito terá a sua pretensão[1466], o que contraria abertamente a ideia de divórcio-sanção. Não interessa punir com base num juízo de censura, mas apurar se se está ou não "predisposto para o divórcio" ("scheidungswillig").

A escolha legislativa do divórcio-ruptura em detrimento do divórcio-sanção é justificada com argumentos de índole constitucional[1467]: negar o divórcio nos casos de "falência" do casamento seria incompatível com os direitos fundamentais de livre desenvolvimento da personalidade (artigo 2 I da Lei Fundamental alemã) e de livre celebração do casamento (direito que não autoriza a poligamia simultânea e que o Tribunal Constitucional extrai do artigo 6 I da GG). Consequentemente, a doutrina considera que o regime legal de concessão de divórcio é injuntivo[1468].

No entanto, Lüke[1469] alude a duas disposições do BGB que constituiriam "corpos estranhos" num sistema de divórcio-ruptura: o § 1568 I e o § 1565 II. O § 1568 I contém duas "cláusulas de dureza negativas"

/MünchKomm); RAUSCHER, anotação ao § 1565, Nm. 75 e 81, *Staudingers Kommentar zum Bürgerlichen Gesetzbuch*, 13.ª ed., 1999 (de agora em diante citado STAUDINGER/RAUSCHER)

[1465] Cfr. FURKEL, "La faute dans le divorce en droits français et allemand", *RIDC* 1982, pp. 1169-1170; A. WOLF/MünchKomm cit., § 1568, Nm. 37.

[1466] Cfr. RUMLER, *Möglichkeiten und Grenzen der Eliminierung des Verschuldensprinzips aus dem Scheidungsrecht*, Frankfurt a.M, Peter Lang, 1984, p. 33.

[1467] Cfr. LÜKE, "Die persönlichen Ehewirkungen" cit., pp. 642-643; G. STANZIONE, *Divorzio e tutela della persona* cit., pp. 167-168.

[1468] Cfr. LÜDERITZ, *Familienrecht* cit., pp. 188-189. Diferentemente, HATTENHAUER, "Die Privatisierung der Ehe (Thesen zum künftigen Eherecht)", *ZRP* 1985, p. 201 e s., que defende a validade do acordo pelo qual os cônjuges renunciam à faculdade de requerer o divórcio. Por maioria de razão, nesta lógica, nada obstaria a um acordo em que se permitisse apenas o divórcio por violação ilícita e culposa de deveres conjugais.

[1469] Cfr. LÜKE, "Die persönlichen Ehewirkungen" cit., pp. 639 e 642 (por lapso, o autor refere aqui o § 1567 em vez do § 1568).

("negative Härteklauseln"): apesar de se provar o fracasso da comunhão conjugal, o divórcio não é decretado quando e enquanto a conservação do casamento se afigurar, por motivos especiais, excepcionalmente indispensável para assegurar o interesse dos filhos menores nascidos do matrimónio ou quando e enquanto o divórcio representar, com base em circunstâncias extraordinárias, uma situação de tal modo dura, para o cônjuge que a ele se opõe, que, mesmo ponderando o interesse do cônjuge que requer o divórcio, se revele excepcionalmente necessária a conservação do casamento. O § 1565 II contém uma "cláusula de dureza positiva" ("positive Härteklausel"): se os cônjuges ainda não estiverem separados há um ano, o divórcio pode ser concedido desde que a continuação do casamento implique para o requerente uma situação de "dureza inexigível" ("unzumutbare Härte"), atendendo a motivos que respeitam à pessoa do outro cônjuge.

Na opinião de Lüke, qualquer cláusula de dureza que exclua a dissolução de um casamento fracassado tende a ser uma "porta de entrada" para o princípio da culpa. Todavia, nenhuma das cláusulas do § 1568 I, nem sequer a segunda, que manda ter em conta a situação do cônjuge requerido e o interesse do cônjuge requerente, tem sido usada como instrumento de punição da prática de um ilícito conjugal[1470]. Para a jurisprudência, o que interessa são as consequências que o divórcio tem para o cônjuge requerido (ou para os filhos menores), e não o comportamento do requerente na constância do matrimónio. As hipóteses, aliás raras, de aplicação da segunda cláusula de dureza são determinadas pela avaliação das condições em que ficaria o cônjuge que se opõe ao divórcio se o seu casamento fosse dissolvido (*v.g.*, risco de suicídio ou de agravamento de doenças físicas ou psíquicas particularmente perigosas ou incapacitantes)[1471]. De harmonia com isto, foi, por

---

[1470] Cfr. PALANDT/BRUDERMÜLLER cit., § 1568, Nm. 3 e s.; FURKEL, "La faute dans le divorce" cit., pp. 1158-1159; GERNHUBER/COESTER-WALTJEN, *Lehrbuch des Familienrechts* cit., pp. 329-330; STAUDINGER/RAUSCHER cit., § 1568, Nm. 85 e s.

[1471] A "cláusula de protecção dos cônjuges" ("Ehegattenschutzklausel") tem um significado que se assemelha ao do artigo 1784.º do Código Civil português, na redacção do Decreto-Lei n.º 496/77, de 25 de Novembro. A disposição legal, criticada pelo seu *pieguismo* rançoso (cfr. PIRES DE LIMA/ANTUNES VARELA, anotação ao art. 1784.º, *Código Civil Anotado* IV cit., p. 544) e revogada pelo artigo 2.º da Lei

exemplo, recusado um pedido de aplicação do § 1568, que o cônjuge fundamentava invocando o adultério do outro[1472].

No que toca ao § 1565 II, cuja importância prática é superior à do § 1568 I[1473], a conclusão é distinta. Tal como temia Lüke, a cláusula de dureza positiva propicia uma manifestação do princípio da culpa. Ao colocar o acento tónico na inexigibilidade de continuação do casamento, por razões atinentes à pessoa do outro cônjuge, como fundamento da concessão imediata do divórcio, a formulação legal do § 1565 II sugere a ligação entre o divórcio e a censurabilidade do comportamento daquele cônjuge[1474], levando à definição de uma área em que as situações de aplicação da norma coincidem com casos de violação ilícita e culposa de deveres conjugais.

O adultério do outro cônjuge é um dos principais motivos que justifica o divórcio imediato[1475]. Para um dado sector[1476], o simples

---

n.º 47/98, de 10 de Agosto, impunha o indeferimento do pedido de divórcio formulado com base na alteração das faculdades mentais do outro cônjuge quando fosse de presumir que o divórcio agravaria consideravelmente o estado mental do réu. Numa posição algo polémica, PAMPLONA CORTE-REAL, *Direito da Família e das Sucessões (Relatório)* cit., p. 115, via no artigo 1784.º um dos "índices reveladores da tónica dominante, entre nós, do divórcio-sanção".

[1472] Cfr. JAEGER, anotação ao § 1568 do BGB, Nm. 29, *Eherecht: Scheidung, Trennung, Folgen*, Kommentar herausgegeben von Johannsen und Henrich, 2.ª ed., München, Beck, 1992 (de agora em diante citado JOHANNSEN/HENRICH/JAEGER); HEINTZMANN, anotação ao § 1568, Nm. 37, *Soergel- Bürgerliches Gesetzbuch*, 12.ª ed., 1988 (de agora em diante citado SOERGEL/ HEINTZMANN); RUMLER, *Möglichkeiten und Grenzen der Eliminierung des Verschuldensprinzips* cit., pp. 54-55.

[1473] Cfr. JOHANNSEN/HENRICH/JAEGER cit., § 1565, Nm. 86: 4,3% de todos os divórcios concedidos na República Federal da Alemanha, em 1988, tiveram por base o § 1565 II, mas a percentagem seria certamente maior se não se tivesse usado frequentemente a recusa do apoio judiciário como instrumento para evitar a proliferação de requerimentos de divórcio, antes de se ter verificado um ano de separação de facto.

[1474] Cfr. RUMLER, *Möglichkeiten und Grenzen der Eliminierung des Verschuldensprinzips* cit., p. 37.

[1475] Cfr. JOHANNSEN/HENRICH/JAEGER cit., § 1565, Nm. 68; STAUDINGER//RAUSCHER cit., § 1565, Nm 170.

[1476] Neste sentido, cfr. SOERGEL/LANGE cit., § 1353, Nm. 12; acórdãos enumerados por A. WOLF/MünchKomm cit., § 1565, Nm. 104, nota 426.

adultério é suficiente. Mas a maioria da jurisprudência e da doutrina[1477] entende que, no contexto do § 1565 II, a violação do dever de exclusividade sexual tem de ser reiterada, duradoura ou particularmente grave (*v.g.*, adultério no próprio lar conjugal ou com parentes próximos do cônjuge requerente). Relativamente ao dever de coabitação carnal, duvida-se[1478] da possibilidade de o respectivo incumprimento servir como fundamento para decretar o divórcio antes de decorrido o período de um ano de separação de facto, alegando-se que essa possibilidade atingiria o carácter excepcional do § 1565 II, por a separação de facto pressupor também a falta de comunhão sexual.

Como o tratamento do § 1565 II do BGB ilustra, há, afinal, limites ao princípio da ruptura[1479]. E, como se verá[1480], a culpa condiciona também as consequências do divórcio. Não é, pois, totalmente correcta a afirmação de que, em 1976, se tenha instaurado um sistema puro de ruptura na Alemanha. Tal não aconteceu nem sequer no campo das causas do divórcio. Houve, sim, a passagem de um regime em que predominava o princípio da culpa para um regime em que é nítido o predomínio do princípio da ruptura. Confirma-se, assim, a dificuldade que enfrenta qualquer tentativa destinada a abolir a sanção por incum-

---

[1477] Cfr. DIECKMANN, anotação ao § 1565, Nm. 15, *Erman Bürgerliches Gesetzbuch*, 10.ª ed., 2000 (de agora em diante citado ERMAN/DIECKMANN); GRAßHOF, anotação ao § 1565, Nm. 87, *Das Bürgerliche Gesetzbuch mit besonderer Berücksichtigung der Rechtsprechung*, 12.ª ed., 1999 (de agora em diante citado RGRK//GRAßHOF); JOHANNSEN/HENRICH/JAEGER cit., § 1565, Nm. 69 e 70; PALANDT//BRUDERMÜLLER cit., § 1565, Nm. 10; STAUDINGER/RAUSCHER cit., § 1565, Nm 171 e s.; A. WOLF/MünchKomm cit., § 1565, Nm. 102 e s.

[1478] Cfr. SOERGEL/HEINTZMANN cit., § 1565, Nm. 64: "Problematisch ist die Beurteilung der Folgen von verweigertem Geschlechtsverkehr. Die Verweisung auf den Ablauf einer Trennungszeit von mindestens einem Jahr deutet darauf hin, daß der Gesetzgeber diese Folge in Kauf genommen wissen wollte und sie daher nicht «unzumutbar hart» sein kann". Identicamente, STAUDINGER/RAUSCHER cit., § 1565, Nm. 187.

[1479] Cfr. FURKEL, "La faute dans le divorce" cit., p. 1168; RUMLER, *Möglichkeiten und Grenzen der Eliminierung des Verschuldensprinzips* cit., p. 35 e s.

[1480] *Infra*, no n.º 103.

primento dos deveres conjugais[1481]. Todavia, se é pouco aceitável uma solução de impunidade (quando for praticado um ilícito conjugal grave), não se pode admitir uma qualquer técnica de reacção. Por outras palavras, há que questionar a adequação da resposta que recorre à regulamentação jurídica da modificação ou da extinção do vínculo matrimonial. Não será preferível disciplinar o ilícito conjugal através das regras gerais de responsabilidade civil? É no fundo o que está em causa nesta quinta divisão.

Surpreendentemente, hoje em dia, é maior a componente de ruptura do regime jurídico italiano das causas de modificação e extinção do vínculo matrimonial. A previsão de situações que permitem a um cônjuge obter a dissolução do seu casamento quando o outro tenha sido condenado, na constância do matrimónio, pela prática de um crime não procura punir um eventual incumprimento de deveres conjugais (*v.g.*, do dever de respeito). Nos termos do artigo 3, par. 1.º, da Lei n.º 898/1970, é, nomeadamente, indiferente se o facto criminoso foi cometido *antes* ou depois do casamento. E a causa fundamental de divórcio, que pressupõe a "separazione personale", pode ser invocada por qualquer um dos cônjuges (artigo 3, par. 1.º, *a contrario*). Além disso, com a reforma de 1975[1482], a separação susceptível de conversão em divórcio reclama apenas a prova de que se verificam factos que tornam intolerável a prossecução da convivência conjugal (artigo 151, par. 1.º, do *Codice Civile*). O próprio cônjuge a quem é imputável a ruptura da vida em comum pode conseguir a separação litigiosa[1483].

[1481] Recorde-se a famosa frase "Chassez la faute, elle revient au galop", proferida por Lecanuet durante uma sessão parlamentar de discussão do projecto de lei francês sobre o divórcio, em 1975 (cfr. FURKEL, "La faute dans le divorce" cit., p. 1152).

[1482] No período anterior, vigorava "il principio della separazione «per colpa»": cfr. GALOPPINI, "Divorzio" cit., p. 68. De acordo com CARRESI, "La separazione personale", *La riforma del Diritto di Famiglia*, Atti del II Convegno di Venezia, CEDAM Padova, 1972, p. 101, a "separazione per colpa pressuppone sempre una cosciente trasgressione dei doveri coniugali da parte del coniuge nei confronti del quale è pronunciata o, quanto meno, una cosciente commissione di fatti incompatibili con un ordinato svolgimento della convivenza matrimoniale".

[1483] Cfr., expressamente, D'AMICO, "Opposizione alla separazione e tutela del coniuge", *Rapporti personali nella famiglia* cit., p. 222 ("Nonostante la sostanziale

Mas, a declaração de "addebito"[1484] acaba por atribuir ao regime jurídico italiano de modificação e extinção do vínculo matrimonial, no seu todo, uma componente de culpa superior à que se vislumbra no conjunto das regras alemãs sobre o divórcio.

Apesar de não ter usado a palavra "culpa", o legislador da reforma espanhola de 1981 não erradicou a concepção que associa a concessão da faculdade de separação de pessoas e bens ou de divórcio ao incumprimento dos deveres conjugais[1485]. A primeira causa (complexa) de

---

iniquità di una soluzione che conceda al coniuge in colpa la possibilità di ledere ulteriormente le aspettative e le esigenze affettive dell'altro chiedendo la separazione, non sembra, sotto il profilo meramente processuale, che sia possibile sostenere una tesi restrittiva"). Directa ou indirectamente, a jurisprudência tem reconhecido legitimidade para requerer a separação ao cônjuge que, violando os deveres conjugais, se tornar responsável pela impossibilidade da continuação da vida em comum (cfr. DALLA VALLE, *Separazione, divorzio, annullamento del matrimonio*, Dalla Valle e outros, Torino, UTET, 1999, pp. 156-157; QUADRI, "La crisi della unione matrimoniale", *Famiglia e ordinamento civile*, Torino, Giappichelli, 1997 p. 193). No entanto, PESCARA, "Separazione personale con addebito o separazione per addebito?", *RDC* 2000, p. 891 e s., comenta um acórdão da Corte di Cassazione (CassIt 13/8/1998, *FI* 2000, I, p. 2307), no qual se teria procurado reintroduzir subrepticiamente a figura da separação por culpa no direito italiano. Numa atitude incomum, o acórdão mencionado defende que não é viável cindir o momento em que é decretada a separação do momento em que é determinado o "addebito", o que, na crítica de PESCARA, acarreta a defesa de dois modelos de separação ("l'uno di separazione senza addebito, l'altro di separazione con addebito"), em contraste com a solução legal da separação unitária (concedida, independentemente da culpa do requerente)

[1484] Cfr. *infra*, n.º 104.

[1485] Sobre a culpa nas causas de separação de pessoas e bens, cfr. PUIG FERRIOL, "De la separación", em AAVV, *Comentarios a las reformas del Derecho de Familia*, vol. I, Madrid, Tecnos, 1984, pp. 447-448; REINA/MARTINELL, *Curso de Derecho Matrimonial* cit., pp. 598-599; ROMERO COLOMA, *El matrimonio y sus crisis jurídicas* cit., pp. 167-168, e *La separación matrimonial por causa de transgressión de los deberes conyugales y paternofiliales (Estudio de los apartados 1 y 2 del artículo 82 del Código Civil)*, Madrid, Dijusa, 2001, em particular p. 115. VÁZQUEZ IRUZUBIETA, *Régimen jurídico de la celebración y disolución del matrimonio* cit., p. 364, afirma que o sistema espanhol "no es causalista", "es el de divorcio-ruptura y no el de divorcio-sanción". Contra, ARCOS VIEIRA, *La desaparición de la* affectio maritalis cit., p. 25 (subsistem "la separación y el divorcio de carácter causal, incluso sancionador"); LÓPEZ Y LÓPEZ, "La crisis matrimonial" cit., p. 56 "el sistema tiende

separação de pessoas e bens indicada pelo artigo 82 do Código Civil espanhol é "o abandono injustificado do lar, a infidelidade conjugal, a conduta injuriosa ou vexatória e qualquer outra violação grave ou reiterada dos deveres conjugais", que só pode ser invocada pelo cônjuge que nela não tenha incorrido (artigo 81, 2.º). Havendo prévia separação de pessoas e bens litigiosa, a causa de divórcio que consiste na cessação efectiva da convivência conjugal durante um ano desde a propositura da acção de separação, aproveita somente ao cônjuge cujo pedido de separação foi deferido (artigo 86, 2ª)[1486].

Mais explícito foi o legislador da reforma portuguesa de 1977, que conferiu a qualquer dos cônjuges a faculdade de requerer o divórcio se o outro violar culposamente os deveres conjugais (artigo 1779.º, n.º 1, do Código Civil). Coexistindo com o divórcio fundado na ruptura em vida em comum (artigo 1781.º), esta espécie de divórcio litigioso é encarada como uma forma de reagir ao incumprimento dos deveres conjugais, designadamente, ao adultério, uma causa subjectiva de divórcio particularmente importante, e à recusa de trato sexual[1487]. É certo que o mero incumprimento não basta para que seja decretado o divórcio; é preciso que tenha ficado comprometida a possibilidade da

---

(pero solo tiende) al divorcio-sanción". Na verdade, ao caracterizar o regime espanhol de divórcio não se pode abstrair do regime de separação: a noção de culpa aparece no divórcio de uma forma indirecta, através das causas de separação-sanção (cfr. HERNANDO COLLAZOS, *Causas de divorcio* cit., p. 101).

[1486] Cfr. a explicação de ARZA, *Remedios jurídicos a los matrimonios rotos* cit., p. 107: "La petición de divorcio puede hacerla en este caso solamente el demandado o el reconveniente. Pero no puede pedir el divorcio el demandado, si no ha reconvenido y la separación se la concedieron al demandante. Podrá pedir el divorcio el reconveniente, si le dieron la separación. No puede pedir el divorcio el que fue declarado como causador de separación".

[1487] Na jurisprudência, cfr., por exemplo, entre os acórdãos que reconhecem o adultério como causa de divórcio-sanção, os arestos do STJ de 15/12/1981, proc. n.º 069643, sumário em *http://www.dgsi.pt*, de 15/12/1983, *BMJ* 332, p. 478, de 5/3/1987, proc. n.º 074507, sumário em *http://www.dgsi.pt*, e de 10/12/1996, *CJ-S* 1996/3, p. 131. Entre as decisões judiciais que atribuem sentido análogo à negação do débito conjugal, destaque-se o ac. RL 17/6/1980, *CJ* 1980/3, p. 192, e os acórdãos do STJ de 16/7/1981, *BMJ* 309, p. 346, e de 28/6/1994, proc. n.º 085035, sumário em *http://www.dgsi.pt*.

vida em comum. Contudo, a causa do divórcio em apreço não é a ruptura do casamento, mas a violação culposa dos deveres conjugais que tenha provocado aquela ruptura[1488]. É certo que o artigo 1779.º do Código Civil ao adoptar a técnica da cláusula geral, abandonando a enumeração legal das causas de divórcio, se demarca da teoria clássica do divórcio-sanção, que, fiel ao princípio *nullum crimen sine lege*, considerava que "a *pena* do divórcio só deve ser imposta aos ilícitos conjugais como tais *tipicizados* na lei"[1489]. Mas, nem mesmo antes da reforma de 1977, época em que o sistema de modificação e extinção do vínculo matrimonial estava muito mais marcado pelo princípio da culpa do que actualmente, se prescindia de uma cláusula geral, inserida após um elenco de causas específicas de separação judicial e divórcio. Na versão originária do Código Civil, o artigo 1778.º, aplicável ao divórcio por força do artigo 1792.º, depois de referir concretamente várias situações (*v.g.*, o adultério), incluía como fundamento de separação litigiosa "qualquer outro facto que ofenda gravemente a integridade física e moral do requerente".

Ora, o regime substantivo e processual da concessão do divórcio baseado na violação dos deveres conjugais é inequivocamente delineado como um instrumento punitivo do cônjuge inadimplente. Os requisitos de que depende a obtenção desta espécie de divórcio são moldados por uma lógica de índole delitual-criminal[1490]. A violação de um dever constitui o primeiro elemento. A culpa do requerido é um aspecto indispensável. A gravidade ou a reiteração do ilícito tem de justificar a dissolução do casamento; a sentença do divórcio surge, pois, como última *ratio*, dependendo da certificação da situação de ruptura da vida em comum suscitada pela prática do ilícito, o que evoca um importante princípio de Direito Penal (subsidiariedade ou intervenção mínima). A alínea a) do artigo 1780.º contém causas de exculpação da conduta do agente. A alínea b) do mesmo artigo determina

---

[1488] Cfr. PEREIRA COELHO/GUILHERME DE OLIVEIRA, *Curso de Direito da Família* I cit., p. 610.

[1489] Cfr. PEREIRA COELHO, "Divórcio e separação judicial" cit., pp. 31-32. Igualmente, FRANÇA PITÃO, *Sobre o divórcio* cit., pp. 48-49.

[1490] Cfr. a análise das causas subjectivas de divórcio efectuada por TEIXEIRA DE SOUSA, *O regime jurídico do divórcio* cit., p. 50 e s.

que o perdão extingue o direito ao divórcio do cônjuge ofendido; paralelamente, o artigo 127.º do Código Penal prevê que o perdão genérico e o indulto extinguem a responsabilidade criminal. Por fim, o artigo 1785.º, n.º 1, do Código Civil reconhece legitimidade para intentar acção de divórcio, nos termos do artigo 1779.º, só ao cônjuge ofendido ou ao seu representante legal[1491].

Desde 1975, tem vigorado no direito francês um regime de causas de divórcio similar ao que foi adoptado por nós em 1977. Entre os tipos de divórcio previstos, encontra-se o "divorce pour faute", que pode ser requerido por um cônjuge com fundamento em "factos imputáveis ao outro, desde que estes factos constituam uma violação grave ou renovada de deveres e obrigações do casamento e tornem intolerável a manutenção da vida comum" (artigo 242). Embora o legislador da reforma francesa de 1975, com o uso da palavra "imputabilidade", procurasse "eliminar qualquer alusão à censura, à culpa, para tentar «desdramatizar o divórcio»"[1492], a concessão do divórcio "pour faute" não pode deixar de ser encarada como uma forma de sancionar o cônjuge requerido pelo incumprimento de um dever conjugal[1493], como, por exemplo, o de fidelidade ou de coabitação carnal[1494]. Deste modo, para estabelecer a existência da "faute" enquanto causa do divórcio, a jurisprudência segue uma técnica de Direito Penal, exigindo a cumu-

---

[1491] Propondo uma interpretação "actualista" do artigo 1779.º, LEITE DE CAMPOS, Lições de Direito da Família, 2.ª ed., cit., pp. 295-296, entende que o divórcio com fundamento em adultério também pode ser pedido pelo cônjuge culpado do adultério, porque seria inaceitável a conservação de um casamento que "cessou". De jure condendo, a solução é inteiramente justa. Mas, de direito constituído, embate no teor do artigo 1785.º, n.º 1.

[1492] GROSLIÈRE, La réforme du divorce (Loi du 11 juillet 1975 et décret d'application du 5 décembre 1975), Paris, Sirey, 1976, p. 82.

[1493] Cfr. COURBE, Le divorce, 3.ª ed., Paris, Dalloz, 1999, p. 32: "Avant la réforme du 11 juillet 1975, le divorce ne pouvait être prononcé, en droit français, qu'à titre de sanction des fautes commises par un époux. Cette forme de divorce a été conservée".

[1494] Para uma referência ao papel da violação dos deveres conjugais sexuais enquanto fundamento do divórcio "pour faute", na jurisprudência francesa, ver DEKEUWER-DÉFOSSEZ, "Impressions de recherche sur les fautes causes de divorce" cit., pp. 220-221; LINDON/BÉNABENT, Le Droit du Divorce cit., pp. 321 e 323.

lação de um "elemento material", correspondente à ilicitude, com um "elemento moral", que se observa quando o facto ilícito é culposo e traduz um "dolo especial", correspondente à "vontade de romper a intimidade que deveria presidir às relações entre os cônjuges"[1495].

Em 1999, o divórcio "pour faute" representou 42,8 % de todo o universo de divórcios decretados (composto ainda pelo divórcio por mútuo consentimento e pelo divórcio por ruptura da vida comum)[1496], pelo que é legítimo pensar que "um número não negligenciável de «divorciandos» permanecem presos à ideia de *faute*"[1497]. Não obstante isto, a proposta de lei n.º 708, sobre a reforma do divórcio, adoptada pela Assembleia Nacional em 10 de Outubro de 2001, eliminava a categoria do divórcio com fundamento em ilícito culposo do outro cônjuge[1498]. Trata-se de uma iniciativa que merece o nosso inteiro aplauso[1499] e que urge desencadear no direito português[1500].

[1495] Cfr. ROLLAND, *La responsabilité entre époux* cit., p. 140 e s. Cfr. também BUFFELAN-LANORE, "Divorce" cit., n.º 8 e s., que traça um bom panorama da metodologia utilizada pelos tribunais na apreciação da "faute" que confere ao outro cônjuge o direito ao divórcio.

[1496] São dados estatísticos do Ministério da Justiça francês, obtidos em *http://www.justice.gouv.fr.*

[1497] A expressão de BLARY-CLÉMENT, *Le divorce*, Paris, Litec, 1995, p. 99, é proferida atendendo à percentagem elevada de divórcios "pour faute" que foi apurada no ano de 1991 (47,7%).

[1498] O documento foi consultado em *http://www.assemblee-nationale.fr.*

[1499] No entanto, e apesar de um movimento favorável (cfr., por exemplo, TEITGEN, *La faute dans le divorce pour faute*, mémoire de D.E.A. de Sociologie du Droit, Université Paris II Panthéon-Assas, 2000, em particular p. 87), a iniciativa de François Colcombet não conseguiu vencer. Em 21 de Fevereiro de 2002, o Senado aprovou a proposta de lei n.º 87, que insistia na conservação do divórcio "pour faute", recuperando a tese de DEKEUWER-DÉFOSSEZ — apresentada no relatório oficial *Rénover le droit de la famille*, Paris, La documentation Française, 1999, pp. 130-132. A proposta do Senado foi depois remetida à Assembleia Nacional, para se proceder à "segunda leitura". Entretanto, meses depois, na sequência da demissão do Governo, o parlamento foi dissolvido, tendo sido convocadas novas eleições. Em 17 de Julho de 2002, a proposta do Senado foi reapresentada (agora sob o n.º 102) na Assembleia Nacional, para segunda leitura, encontrando-se o processo legislativo ainda nesta fase em Outubro de 2002.

[1500] Não se concorda, assim, com a concepção de BIGOTTE CHORÃO, "O papel da instituição familiar" cit., pp. 111-112, para quem "facilitar o divórcio do próprio

A tese do divórcio como sanção por si só choca com a finalidade do casamento, com as características funcionais dos deveres conjugais, com a tutela da personalidade, com o princípio da proporcionalidade e com os valores da eficácia e da coerência. Negar o direito ao divórcio do cônjuge que violou os deveres conjugais, ainda que a violação tenha levado à ruptura definitiva da relação do casal, propicia a conservação de casamentos que já não têm em vista uma comunhão entre as partes e ocasiona situações de vinculação prolongada a obrigações que a lei pôs ao serviço de uma comunhão conjugal material. O mesmo se diga quando o cônjuge que contribuiu para a prática do ilícito conjugal pelo outro fica impedido de requerer o divórcio [cfr. artigo 1780.º, alínea a), do Código Civil português]. Qual o benefício social ou individual resultante da conservação do vínculo matrimonial, contra a vontade de ambas as partes, se estiver comprometida a possibilidade da sua vida em comum e se nenhum dos cônjuges apostar no cumprimento dos deveres conjugais?

A subordinação da faculdade de divórcio ao objectivo de repressão do ilícito conjugal aceita a hipótese de divergência entre o aspecto formal e o aspecto material: o casamento pode deixar de ser dissolvido, apesar de a ruptura conjugal ser irreversível. Pode o casamento ter fracassado, mas as partes continuam vinculadas aos deveres conjugais. Pode o casamento ter fracassado, mas às partes não é permitido recomeçar a sua vida familiar, voltando a casar. Dada a ausência de funcionalidade do casamento em concreto e dos posições jurídicas dele emergentes, a negação do divórcio como forma de punição restringe, de modo violento e injustificado, direitos fundamentais[1501] – *v.g.*, o direito

---

cônjuge culpado da ruptura e do abandono da família" conduz a um "extremo de injustiça". Como escreve SOUTO PAZ, "Matrimonio y convivencia", em *Hominum Causa Omne Ius Constitutum Est* cit., p. 132, "un matrimonio en el que no existe convivencia y en el que no existen posibilidades de restaurarla difícilmente merece recibir tal nombre. Mantener la realidad jurídica del matrimonio, cuando ya no existe la realidad social, la comunidad íntima de vida y amor de la que habla el Concilio Vaticano II, constituye o al, menos parece que constituye, una fictio iuris".

[1501] Tendo o projecto de vida a dois falhado, o divórcio surge como um "instituto de liberdade" (SCALISI, "Divorzio – persona e comunità familiare", em *Persona e comunità familiare* cit., pp. 192-193), como um meio mediante o qual se permite às pessoas que "procurem noutra situação a felicidade conjugal que não experi-

de liberdade. Como diz Leite de Campos[1502], "um casamento infeliz (ou como tal considerado por uma das partes) é «pena» grave demais para ser imposta". Há, certamente, outro tipo de sanções disponíveis.

As objecções não terminam aqui. A concessão do divórcio não é sentida necessariamente como uma sanção por aquele que viola os deveres conjugais. Em alguns casos, a obtenção do divórcio é até o seu propósito[1503], oculto ou totalmente exteriorizado num pedido reconvencional. Por último, se o efeito principal da sentença de divórcio vale para ambos os cônjuges, se é o casamento dos dois que é dissolvido, a que título é conferido ao divórcio o carácter de sanção perante um e não perante o outro[1504] ou na hipótese de o pedido se fundar numa causa subjectiva e não numa causa objectiva?

Todavia, a abolição plena do divórcio-sanção não determina a insignificância jurídica do ilícito conjugal. Nada autoriza uma atitude de indiferença quando tem lugar uma ofensa grave das regras de Direito Matrimonial. A justiça exige que o agressor seja punido e que

---

mentam" (GUILHERME DE OLIVEIRA, "Sobre a verdade e a ficção no Direito da Família", *BFDUC* 1975, p. 276). Chamado a pronunciar-se sobre a constitucionalidade do divórcio com base em causas objectivas, o Tribunal Constitucional entendeu que o mesmo é compatível com o princípio da dignidade da pessoa humana (ac. TC 29/3/1990, proc. n.º 88-0039, *http://www.dgsi.pt*). Há, porém, que ir mais longe: aquele é o único tipo de divórcio litigioso que se harmoniza com o tecido constitucional moderno da Europa Ocidental. A rejeição do modelo de divórcio-sanção na Alemanha assentou, aliás, em razões de cariz constitucional.

[1502] LEITE DE CAMPOS, *Lições de Direitos de Personalidade* cit., p. 93.

[1503] Cfr. PEREIRA COELHO/GUILHERME DE OLIVEIRA, *Curso de Direito da Família* I cit., p. 609: "o cônjuge culpado pode ser precisamente o que mais deseja o divórcio. A lei que ao facultar o divórcio quisesse castigar o culpado correria assim o risco de errar o seu alvo, dando ao culpado um prémio em vez de um castigo". Para PAILLET, *Infidélité conjugale* cit., pp. 15 e 640, o adultério, por exemplo, comporta "le désir d'un renouvellement".

[1504] Cfr. PESCARA, "Separazione personale con addebito" cit., p. 892, que retoma um argumento apresentado por Falzea em 1943, para contestar, sob o ponto de vista lógico, a tese da separação como mecanismo sancionatório: decretada a separação judicial, o "direito a viver em separado" é reconhecido tanto ao cônjuge lesado como ao cônjuge lesante.

a vítima seja protegida[1505]. Se o fim do sistema de causas subjectivas de divórcio é, por vezes, louvado por ajudar a "desdramatizar" a dissolução do casamento, por dispensar a "exarcebação da litigiosidade entre os cônjuges", normal numa acção em que o autor tem de indicar desenvolvidamente as faltas do outro[1506], não se pode pensar na simples formalização estatal da ruptura como um remédio único, exclusivo e *milagroso*. Qualquer tentativa de ignorar, artificialmente, o papel da culpa acaba por ser vã e nefasta. Na realidade, o princípio da culpa não está ausente de ordenamentos que afastaram o divórcio assente em causas subjectivas[1507]. E quando a lei e os tribunais se escusam ostensivamente a considerar o ilícito conjugal, em qualquer circunstância e em qualquer sede (mesmo numa acção comum), o cônjuge que se julga fortemente lesado é tentado a usar de outros meios (*v.g.*, a propositura das acções judiciais mais diversas, com uma causa de pedir deliberadamente estranha ao ilícito conjugal, para retaliar ou conseguir uma compensação pecuniária; e o emprego da força física).

5.2. A consideração do ilícito conjugal no plano das consequências do divórcio ou da separação de pessoas e bens

5.2.1. *O sistema de equidade*

103. O estudo do regime jurídico alemão dos efeitos do divórcio prova novamente que existem obstáculos à concretização da tese da

---

[1505] Cfr. LÓPEZ ALARCÓN, *El nuevo sistema matrimonial español* cit., p. 147; RUMLER, *Möglichkeiten und Grenzen der Eliminierung des Verschuldensprinzips* cit., p. 158.

[1506] Cfr. HAUSER, "Cas de divorce", *J.-Cl.Civ.* art. 220, fasc. 40, 1998, n.º 12.

[1507] Neste ponto, o direito alemão é paradigmático. De assinalar também o facto de uma proposta de lei de reforma do divórcio, adoptada pela Assembleia Nacional francesa em primeira leitura no dia 10/10/2001, admitir a censura judicial de comportamentos dos cônjuges que se afigurem particularmente graves (cfr. *supra*, nota 1356). Por isso, é inteiramente correcta a seguinte proposição de BOIZEL, "Le divorce et la faute" cit., pp. 891 e 901 – a supressão do divórcio "pour faute" não obsta à relevância da violação dos deveres conjugais.

imunidade para o autor da violação dos deveres conjugais pessoais. Neste ordenamento, em que domina a posição da inadmissibilidade da indemnização com fundamento em ilícito conjugal, o legislador procurou, em 1976, traçar uma regulamentação das consequências patrimoniais do divórcio segundo critérios objectivos ou quantitativos, favorecendo soluções que visam satisfazer necessidades financeiras de uma das partes ou estabelecer uma situação de equilíbrio entre elas. Apesar disso, não se conseguiu afastar totalmente a relevância negativa da culpa[1508]. Ainda que excepcionalmente, o ilícito conjugal acaba por ter repercussões no plano dos efeitos do divórcio, graças à consagração de cláusulas de equidade ("Billigkeitklauseln") em matéria de alimentos (§ 1579 do BGB), da repartição dos ganhos patrimoniais (§ 1381) e da "compensação de pensões"[1509] (§ 1587c Nr. 1). Ou seja, quer se queira quer não, o casamento abarca uma dimensão ética, cuja influência tem de ser inevitavelmente reconhecida no mundo do material[1510].

Na prática judicial alemã, o § 1579 do BGB tem funcionado como peça principal da garantia dos direitos conjugais pessoais. O comportamento de um cônjuge perante o outro, durante o matrimónio, não é, em regra, factor condicionante da obrigação de alimentos, após o divórcio. Nos termos do § 1569 e s., vigora o princípio de que uma pessoa pode exigir ao ex-cônjuge uma prestação de alimentos quando não consiga auferir rendimentos suficientes para o seu sustento, através do exercício de uma actividade profissional, por motivo de ocupação com a educação de um filho menor comum, idade avançada, doença,

---

[1508] A ideia é especialmente sublinhada por especialistas de Direito Estrangeiro e de Direito Comparado: cfr. BOIZEL, "Le divorce et la faute" cit., pp. 908 e 911; FURKEL, "La faute dans le divorce" cit., pp. 1181-1182; GLENDON, *The Transformation of Family Law* cit., p. 182.

[1509] Expressão que JOÃO TOMÉ, *O direito à pensão de reforma enquanto bem comum do casal*, Coimbra, Coimbra Editora, 1997, p. 111, usa para traduzir "Versorgungsausgleich".

[1510] Cfr. DIEDERICHSEN, "Bewährung und Nichtbewährung der Eherechtsreform von 1977", em *Hat sich das Erste Eherechtsreformgesetz bewährt?*, Symposium des Justizministeriums Baden-Württemberg am 6. und 7. Mai 1981 in Triberg, p. 22 e s., que cita uma locução de Horácio – "Naturam expellas furca, tamen usque recurret" – , cujo significado é semelhante ao da frase de Lecanuet (*supra*, nota 1481).

deficiência ou falta de oportunidades adequadas no mercado de trabalho. Nesta medida, a reforma de 1976 veio pôr fim a uma regulamentação em que a culpa dos cônjuges era um dos elementos fundamentais para efeitos de atribuição do direito a alimentos (§ 58 da EheG)[1511]. Contudo, o § 1579 I do BGB, na versão de 1976, apontava hipóteses em que, a despeito de se encontrarem preenchidos os requisitos da constituição do direito a alimentos, à luz dos páragrafos anteriores, a pretensão de sustento do ex-cônjuge deveria ser negada por ofensa grosseira das regras da equidade. As hipóteses eram as seguintes: duração curta do casamento; ter o ex-cônjuge, credor de alimentos, praticado acto criminoso contra o outro ou contra um familiar próximo deste; ter o ex-cônjuge provocado intencionalmente a sua própria situação de necessidade; haver outro fundamento tão importante quanto os três anteriores. Na opinião de Diederichsen[1512], a última hipótese, que estava prevista no Nr. 4, configurava o caso mais nítido de apelo ao princípio da culpa na nova legislação. E a jurisprudência[1513] cedo recorreu ao § 1579 I Nr. 4 para punir violações ilícitas e culposas dos deveres conjugais, preocupando-se, porém, em marcar a diferença relativamente à regulamentação anterior a 1976: só os ilícitos conjugais mais graves justificaram decisões de exclusão do direito de alimentos; de fora ficaram os ilícitos, que, normalmente, determinam a ruptura da vida do casal.

Com a Lei de 20 de Fevereiro de 1986, houve uma mudança de redacção. O § 1579 Nr. 6 substituiu o § 1579 I Nr. 4. Agora, estabelece-se que a pretensão de alimentos do ex-cônjuge deve ser negada ou limitada se violar grosseiramente as regras da equidade, em virtude de o credor de alimentos ter praticado contra o obrigado "um acto incor-

---

[1511] Cfr. RUMLER, *Möglichkeiten und Grenzen der Eliminierung des Verschuldensprinzips* cit., p. 61 e s.

[1512] DIEDERICHSEN, "Bewährung und Nichtbewährung der Eherechtsreform von 1977" cit., p. 23.

[1513] Cfr. HÄBERLE "Zum Einfluß persönlicher Eheverfehlungen auf den Ehegattenunterhalt", *FamRZ* 1982, p. 558 e s.; KLAUSER, "Hat sich das Erste Eherechtsreformgesetz bewährt?", *Hat sich das Erste Eherechtsreformgesetz bewährt?* cit., p. 77; RUMLER, *Möglichkeiten und Grenzen der Eliminierung des Verschuldensprinzips* cit., p. 89 e s.

recto manifestamente grave" ("ein offensichtlich schwerwiegendes Fehlverhalten") e lesivo, cuja responsabilidade caiba inteiramente ao agente. De qualquer forma, a alteração não produziu diferenças substanciais de orientação. Pelo contrário: a nova formulação terá ido ao encontro da jurisprudência do BGH acerca do antigo § 1579 I Nr. 4[1514]. O § 1579 Nr. 6, que consagra o caso que mais frequentemente tem servido para excluir ou circunscrever o direito de alimentos com fundamento na equidade[1515], é encarado[1516] como uma cláusula de equidade negativa que autoriza, em condições particulares, a avaliação da culpa dos cônjuges. Não tem, por isso, tido grande impacto na *praxis* dos tribunais a contestação que alguns autores[1517] têm feito da utilização do § 1579 como instrumento de sanção dos ilícitos conjugais, com o argumento de que a reforma de 1976 eliminou o princípio da culpa do regime de divórcio, impedindo qualquer interpretação do § 1579 assente em tal princípio, e de que o procedimento dos tribunais discrimina os cônjuges, já que, na grande maioria das situações, é a mulher

---

[1514] Cfr. CUNY, anotação ao § 1579, Nm. 40, *Das Bürgerliche Gesetzbuch mit besonderer Berücksichtigung der Rechtsprechung* 12.ª ed., 1999 (de agora em diante citado RGRK/CUNY); ERMAN/DIECKMANN cit., § 1579, Nm. 22; HÄBERLE, anotação ao § 1579, Nm. 15, *Soergel- Bürgerliches Gesetzbuch* 12.ª ed., 1988 (de agora em diante citado SOERGEL/HÄBERLE); PALANDT/BRUDERMÜLLER cit., § 1579, Nm. 23; VERSCHRAEGEN, anotação ao § 1579, Nm. 125, *Staudingers Kommentar zum Bürgerlichen Gesetzbuch* 12.ª ed., 1999 (de agora em diante citado STAUDINGER/ /VERSCHRAEGEN).

[1515] Cfr. VOELSKOW, anotação ao § 1579 do BGB, Nm. 31, *Eherecht: Scheidung, Trennung, Folgen*, 2.ª ed., 1992 (de agora em diante citado JOHANNSEN/ /HENRICH/ VOELSKOW).

[1516] Cfr. HÜBNER, "Eherecht am Ausgang des 20. Jahrhunderts" cit., p. 673.

[1517] Cfr. BEHRENS, *Verschuldensfeststellung nach § 1579 Nr. 6 BGB (Rechts- und sozialwissenschaftliche Analyse obergerichtlicher Rechtsfindung)*, Frankfurt a.M., Peter Lang, 1998, p. 77 e s., pp. 157-159; REBE, "Ehe «ausbruch» als absoluter Unterhaltsverwirkungsgrund?", *ZfJ* 1981, pp. 82-84; SCHUCHMANN, *Das nacheheliche Unterhaltsrecht in einem Scheidungsrecht ohne Verschulden (Unter Berücksichtigung des UÄndG)*, Frankfurt a.M., Peter Lang, 1986, p. 86 e s., p. 101 e s., pp. 210-211; WELLENHOFER-KLEIN, *Vierzehn Jahre Negative Härteklausel § 1579 BGB (Eine kritische Bestandsaufnahme)*, München, VVF, 1992, pp. 2, 133, 134, 149, 150 e 285.

que carece de alimentos e que, por isso, se torna o alvo preferencial da repressão do ilícito conjugal.

No universo de circunstâncias tidas como susceptíveis de desencadear a aplicação do § 1579 Nr. 6 actual ou do § 1579 I Nr. 4, na versão de 1976, a violação do dever de fidelidade ocupa o primeiro lugar[1518]. Contudo, defende-se geralmente[1519] que um acto isolado de relações sexuais extramatrimoniais não implica a perda nem a redução do direito a alimentos. Não obstante isto, afirma-se que um único acto de adultério se enquadra, inequivocamente, na categoria dos ilícitos conjugais graves. A razão da imunidade específica é, portanto, outra: evitar defraudar a reforma de 1976, cuja finalidade teria sido abolir um regime em que o adultério integrava uma causa peremptória da perda do direito de alimentos[1520].

As situações típicas de adultério relevante à luz do § 1579 correspondem, na perspectiva da jurisprudência[1521], a três formas: união de facto, ligação sexual duradoura do cônjuge com uma terceira pessoa, sem que entre eles haja uma comunhão de habitação, e prática

---

[1518] Cfr. JOHANNSEN/HENRICH/VOELSKOW cit., § 1579, Nm. 32; MAURER, anotação ao § 1579, Nm. 47, *Münchener Kommentar zum Bürgerlichen Gesetzbuch* 4.ª ed., 2000 (de agora em diante citado MAURER/MünchKomm); RGRK/CUNY cit., § 1579, Nm. 36; SOERGEL/Häberle cit., § 1579, Nm. 18; STAUDINGER/VERSCHRAEGEN cit., § 1579, Nm. 127.

[1519] Trata-se de uma opinião quase unânime: cfr. STAUDINGER/VERSCHRAEGEN cit., § 1579, Nm. 127; WELLENHOFER-KLEIN, *Vierzehn Jahre Negative Härteklausel § 1579 BGB* cit. p. 144. De referir porém, a posição de SCHELD, "Unterhaltsversagung wegen grober Unbilligkeit. Einige Überlegungen zur Anwendung von § 1579 Abs. 1 Nr. 4 BGB", *FamRZ* 1978, pp. 651-652, que considera um simples acto de adultério suficiente para excluir a prestação de alimentos.

[1520] Cfr. R. BECKER, *Die negative Härteklausel des § 1579 BGB*, Frankfurt a.M., Peter Lang, 1982, p. 91; HÄBERLE "Zum Einfluß persönlicher Eheverfehlungen" cit., p. 559.

[1521] Cfr. ERMAN/DIECKMANN cit., § 1579, Nm. 24; HOPPENZ, *Familiensachen (Kommentar anhand der Rechtsprechung des Bundesgerichtshofs)*, 7.ª ed., Heidelberg, C.F.Müller, 2001, pp. 254-255; JOHANNSEN/HENRICH/VOELSKOW cit., § 1579, Nm. 32; MAURER/MünchKomm cit., § 1579, Nm. 48; PALANDT/BRUDERMÜLLER cit., § 1579, Nm. 27; RGRK/CUNY cit., § 1579, Nm. 36; SOERGEL/HÄBERLE cit., § 1579, Nm. 18; STAUDINGER/VERSCHRAEGEN cit., § 1579, Nm. 134.

de relações sexuais com múltiplos parceiros. Alguma doutrina[1522] tem-se oposto à utilização do § 1579 para sancionar a violação do dever de fidelidade, sobretudo quando esta coincide com a participação numa união de facto, alegando que a consequência desfavorável tende a recair sobre a mulher que, na falta de emprego e de formação profissional, só pode efectivar a ruptura da vida conjugal, se aceitar coabitar com outro homem (que a apoie). Ora, a concepção da união de facto como "bengala" de uma mulher casada, psicologicamente dependente da figura masculina, afigura-se discutível até para alguns dos que rejeitam totalmente a garantia dos direitos conjugais através do regime jurídico dos alimentos[1523]. Em contrapartida, parece-nos certa a crítica que é dirigida a certos acórdãos por atingirem, de modo automático, a união de facto composta por pessoa casada, esquecendo a complexidade do processo que origina o fracasso do casamento[1524].

[1522] Cfr. REBE, "Ehe «ausbruch» als absoluter Unterhaltsverwirkungsgrund?" cit., p. 82; WELLENHOFER-KLEIN, *Vierzehn Jahre Negative Härteklausel § 1579 BGB* cit., pp. 161-162 (com a ressalva da união de facto instalada no lar conjugal, como resulta da p. 169, em que a autora considera que, excepcionalmente, o adultério prejudica o direito de alimentos, "wenn darin ein Angriff auf den räumlich-gegenständlichen Bereich der Ehe liegt").

[1523] Cfr. SCHUCHMANN, *Das nacheheliche Unterhaltsrecht* cit., p. 102: a alusão à condição psicológica da dona de casa, que precisaria de um novo companheiro para se conseguir separar do marido, não constitui um bom argumento para obstar à consideração da culpa no domínio da obrigação de alimentos; "na maior parte dos casos que são tratados nos escritórios dos advogados, a razão fundamental não é a «fuga» para um novo companheiro, na tentativa de obter ajuda e apoio, mas um desejo de emancipação, que simultaneamente se traduz numa nova ligação".

A colocação do problema à luz de um "estado de necessidade económica" muito menos sentido faz. A adesão a uma união de facto não é a única solução de que dispõe a dona de casa que se quer separar do marido, sem pôr em causa a sua própria subsistência. Ela pode exigir ao seu cônjuge uma prestação de alimentos nos termos do § 1361 do BGB, norma que disciplina o dever de sustento entre os cônjuges separados e que, em regra, não recusa o direito de alimentos à mulher que não exercer uma actividade profissional.

[1524] Um desses acórdãos foi proferido pelo BGH em 23/4/1980, *NJW* 1980, p. 1686 = *FamRZ* 1980, p. 665: o tribunal superior declarou que uma mulher casada que se encontrava a viver com outrem em união de facto não podia exigir ao marido alimentos, independentemente de quem tivesse sido o responsável pela ruptura da

No contexto do § 1579 do BGB, as referências à questão do incumprimento do dever conjugal de coabitação carnal são incomparavelmente menores. Em dois comentários[1525], admite-se que a recusa de trato sexual afecte o direito de alimentos. Haller[1526] opõe-se a esta hipótese, por sugerir uma troca de "sexo contra dinheiro" e "equiparar a mulher casada a uma prostituta".

Mas, no direito alemão, a consideração do ilícito conjugal no plano das consequências do divórcio não ocorre somente por força do § 1579. De acordo com o § 1363 I do BGB, o regime de bens supletivo é o "Zugewinngemeinschaft". Apesar da designação, o instituto demarca-se da nossa comunhão de adquiridos, por excluir a existência de bens comuns (§ 1363 II 1). O "Zugewinngemeinschaft" impõe a divisão em partes iguais da diferença entre o património inicial e o património final dos dois cônjuges ("Zugewinn"), operação que normalmente se realiza na sequência da dissolução do casamento (§ 1353 II 2, § 1371 e s.). Se, na constância do matrimónio, o valor do saldo patrimonial de um dos cônjuges for superior ao do outro, aquele deve compensar este no montante necessário para se obter uma igualação absoluta, a não ser que a compensação ofenda de modo grosseiro as regras da equidade. Tal excepção está consagrada no § 1381 I.

Paralelamente, o § 1587 prevê, no caso de divórcio, a existência de "Versorgunsausgleich", seja qual for o regime de bens vigente. O instituto "visa a compensação entre os cônjuges do valor das «expectativas» (*Anwartschaften*), «perspectivas» (*Aussichten*) e direitos

---

vida conjugal. Cfr. as apreciações de BEHRENS, *Verschuldensfeststellung nach § 1579 Nr. 6 BGB* cit., pp. 133, 134, 326 e 327; REBE, "Ehe «ausbruch» als absoluter Unterhaltsverwirkungsgrund?" cit., p. 80.

[1525] MAURER/MünchKomm cit., § 1579, Nm. 52; STAUDINGER/HÜBNER/ VOPPEL cit., § 1353, Nm. 36. De assinalar, KG 16/5/1991, *FamRZ* 1992, p. 571: tendo-se provado que o marido se negava a ter relações sexuais com a mulher desde 1970, o tribunal concluiu que ela não devia ser total ou parcialmente privada do direito de alimentos – não obstante ter mantido relações sexuais extramatrimoniais com quatro homens desde Novembro de 1986 –, argumentando que o § 1579 Nr. 6 só sanciona a conduta daquele que tenha sido o causador exclusivo da dissolução do casamento.

[1526] HALLER, "Das sexuelle Selbstbestimmungsrecht der verheirateten Frau" cit., p. 428, que aproveita a terminologia forte do BGH 2/11/1966, *FamRZ* 1967, p. 211.

(*Vollrechte*) à pensão de reforma e de incapacidade profissional ou laboral, adquiridos durante o casamento. Tão obrigado à compensação é o já pensionista como o ainda trabalhador activo. Ao cônjuge com direitos de valor inferior cabe, como compensação, metade da diferença de valor resultante do confronto referido *supra*. Deste modo, acolheu-se e desenvolveu-se a teleologia subjacente ao *Zugewinnausgleich*"[1527]. O § 1587c Nr. 1 afasta, porém, o direito à compensação se a mesma for manifestamente iníqua, tendo em conta a situação de ambos os cônjuges, em especial no que toca aos bens adquiridos na constância do matrimónio ou em conexão com o divórcio, esclarecendo que, para efeitos desta avaliação, não têm de ser consideradas somente as circunstâncias que determinaram o fracasso do casamento.

O § 1381 I e o § 1587c Nr. 1 são aplicados quando o credor da compensação tenha praticado um ilícito conjugal manifestamente grave, porque não se harmoniza com a equidade "premiar" o comportamento incorrecto do infractor[1528]. Embora a formulação dos preceitos seja distinta, entende-se que são idênticas as condições de relevância do ilícito conjugal[1529]. Assim sendo, domina a ideia de que a violação culposa de deveres conjugais pessoais, ainda que não produza consequências patrimoniais, é susceptível de sanção através dos mecanismos do "Zugewinnausgleich" e do "Versorgungsausgleich"[1530]. Mas o

---

[1527] JOÃO TOMÉ, *O direito à pensão de reforma* cit., p. 112 e s.

[1528] Cfr. FRISCHMANN, *Die grobe Unbilligkeit beim Zugewinnausgleich*, dact., Dissertation zur Erlangung des Doktorgrades der Juristischen Fakultät der Universität Regensburg, 1989, p. 79; HAHNE, anotação ao § 1587c do BGB, Nm. 28, *Eherecht: Scheidung, Trennung, Folgen* cit. (de agora em diante citado JOHANNSEN/HENRICH/ HAHNE).

[1529] Cfr. FRISCHMANN, *Die grobe Unbilligkeit beim Zugewinnausgleich* cit., pp. 89, 90 e 207; JOHANNSEN/HENRICH/ HAHNE cit., § 1587c, Nm. 29; DÖRR, anotação ao § 1587c, Nm. 33, *Münchener Kommentar zum Bürgerlichen Gesetzbuch* 4.ª ed., 2000 (de agora em diante citado DÖRR/MünchKomm); SCHLÜTER, *BGB-Familienrecht* cit., p. 167; VORWERK, anotação ao § 1587c, Nm. 21, *Soergel- Bürgerliches Gesetzbuch* 12.ª ed., 1999 (de agora em diante citado SOERGEL/VORWERK); WICK, anotação ao § 1587c, Nm. 57, *Das Bürgerliche Gesetzbuch mit besonderer Berücksichtigung der Rechtsprechung* 12.ª ed., 1999 (de agora em diante citado RGRK/WICK).

[1530] Cfr. DÖRR/MünchKomm cit., § 1587c, Nm. 33; HOPPENZ, *Familiensachen* cit., p. 385; JOHANNSEN/HENRICH/ HAHNE cit., § 1587c, Nm. 28; PALANDT/ BRUDER-

ilícito conjugal tem de ser ainda mais grave do que aquele que é susceptível de ser sancionado nos termos do § 1579[1531]: os direitos à "Zugewinnausgleich" e à "Versorgungsausgleich" têm por objecto uma participação em valores patrimoniais que se presume terem sido adquiridos em conjunto pelos cônjuges no passado, ao longo do período de comunhão conjugal, o que já não sucede com o direito de alimentos. Isto reflecte-se na apreciação do adultério[1532]. Um período relativamente curto de união de facto (meses, quando a coabitação conjugal durou décadas) não justifica, em princípio, a exclusão da "compensação de pensões" e da "compensação do lucro".

5.2.2. *O sistema de declaração de culpa ou imputabilidade*

104. Relativamente ao direito espanhol, lê-se, numa ou noutra obra[1533], que a propositura de uma acção de separação é a única sanção para o incumprimento dos deveres conjugais pessoais ou que é totalmente irrelevante a culpa dos cônjuges no domínio das consequências da separação e do divórcio. Tal género de afirmações é frontalmente desmentida pela lei. O regime dos efeitos da modificação e extinção do

---

MÜLLER cit., § 1587c, Nm 23; RGRK/WICK cit., § 1587c, Nm. 56; RUMLER, *Möglichkeiten und Grenzen der Eliminierung des Verschuldensprinzips* cit., p. 126 e s.; SCHLÜTER, *BGB-Familienrecht* cit., p. 95; SOERGEL/VORWERK cit., § 1587c, Nm. 21. Embora adopte a tese dominante, FRISCHMANN, *Die grobe Unbilligkeit beim Zugewinnausgleich* cit., pp. 120-122, p. 163 e s., p. 208, acha que, havendo "personales Fehlverhalten ohne wirtschaftliche Folgen", no domínio do § 1381, tem de ser ponderado também o contributo patrimonial que o infractor deu para o "Zugewinn" comum.

[1531] Cfr. DÖRR/MünchKomm cit., § 1587c, Nm. 33; RGRK/WICK cit., § 1587c, Nm. 57; RUMLER, *Möglichkeiten und Grenzen der Eliminierung des Verschuldensprinzips* cit., pp. 129-130; SCHLÜTER, *BGB-Familienrecht* cit., pp. 95 e 167.

[1532] Cfr. DÖRR/MünchKomm cit., § 1587c, Nm. 35; JOHANNSEN/HENRICH/HAHNE cit., §1587c, Nm. 29; MAYDELL, anotação ao § 1587c, Nm. 14, *Erman Bürgerliches Gesetzbuch* 10.ª ed., 2000; RGRK/WICK cit., § 1587c, Nm. 58; SCHLÜTER, *BGB-Familienrecht* cit., pp. 167-168; SOERGEL/VORWERK cit., § 1587c, Nm. 22.

[1533] Cfr. G. STANZIONE, *Sui rapporti familiari* cit., p. 213; TORRERO MUÑOZ, *Curso básico de Derecho de Familia* cit., p. 34.

vínculo matrimonial constante do Código Civil espanhol é, em alguns aspectos, menos favorável ao cônjuge a quem é imputável a separação[1534]: só conserva o direito à legítima, na herança do cônjuge, aquele que estiver separado por culpa do *de cuius* (artigos 834, 835 e 855/1ª); as doações para casamento feitas ao cônjuge culpado são revogáveis (artigo 1343 II e III); o cônjuge que violou grave ou reiteradamente os deveres conjugais está impedido de exigir alimentos ao outro (artigos 152/4.º e 855/1ª).

O peso real da garantia jurídica familiar dos deveres conjugais é, porém, escasso, por faltar carácter sancionatório à pensão compensatória[1535]. Caso a separação ou o divórcio provoque um desequilíbrio económico entre os cônjuges, que implique para um deles uma situação pior do que aquela que tinha antes do casamento, o artigo 97 do Código Civil espanhol atribui-lhe uma pensão. A violação dos deveres conjugais não é uma das circunstâncias que o preceito enuncia como relevantes para efeitos de fixação da prestação. No entanto, a enumeração é exemplificativa, pelo que alguns autores[1536] se têm pronunciado pela possibilidade de um ilícito conjugal que causou a ruptura da vida do casal prejudicar o direito à pensão. Mas a tese não tem tido qualquer repercussão nas decisões judiciais. Os tribunais excluem o papel da culpa na separação e no divórcio, quando apreciam os litígios sobre pensões compensatórias[1537]. Porque a figura da pensão alimentícia

---

[1534] Cfr. BERNALDO DE QUIRÓS, *Derecho de Familia* cit., pp. 101-102; MARÍN LÓPEZ, comentário ao artigo 68, em Rodríguez-Cano (org.), *Comentarios al Código Civil* cit., p. 169.

[1535] Cfr. LORENTE BARRAGAN, "La idea de culpabilidad en la nueva regulación de la separación y el divorcio en el Código Civil", *La reforma del Derecho de Familia*, textos das jornadas promovidas pela Universidade Hispalense e outras instituições, cit., p. 93.

[1536] Cfr. LACRUZ BERDEJO, *Derecho de Familia* (1997) cit., p. 176, nota 13. Dubitativamente, GARCÍA CANTERO, *Comentarios al Código Civil* cit., p. 436. Unicamente *de lege ferenda*, LASARTE ÁLVAREZ, *Principios de Derecho Civil* 6.º cit., pp. 168-169.

[1537] Cfr. TORRERO MUÑOZ, *Las crisis familiares en la jurisprudencia (Criterios para una mediación familiar)*, Valencia, Editorial Práctica de Derecho, 1999, pp. 147-148.

entre cônjuges e ex-cônjuges não desapareceu[1538], o resultado é um traçado errático dos efeitos do divórcio e da separação. Na hipótese de violação grave e reiterada dos deveres conjugais, a pensão alimentícia, que se destina a satisfazer as necessidades básicas do beneficiário, é recusada, enquanto a pensão compensatória, com outra finalidade e de valor eventualmente superior, é concedida por inteiro.

Este tipo de discrepância lógica, pouco aceitável, não se repete noutro ordenamento em que a separação de pessoas e bens também é importante enquanto condição de obtenção do divórcio. O direito italiano distingue, após a separação de pessoas e bens, entre o direito ao "mantenimento" e o direito de alimentos. O primeiro confere ao titular os meios que lhe permitem conservar o nível económico-social de que beneficiava como cônjuge, antes da modificação do vínculo matrimonial; a prestação de alimentos proporciona ao credor apenas aquilo de que ele necessita para assegurar o seu sustento. Ora, somente o cônjuge a quem não seja imputável ("addebitabile") a separação tem direito a receber do outro uma prestação de "mantenimento", se não dispuser de rendimentos próprios adequados (artigo 156, par. 1.º, do *Codice Civile*). O cônjuge responsável pela separação pode unicamente exigir alimentos, se estiver em "estado de necessidade" ("istato di bisogno") e não estiver em condições de providenciar o seu próprio sustento (artigo 156, par. 3.º, e artigo 438). Ou seja, a declaração de "addebito" que recai sobre o cônjuge com menor capacidade económica implica sempre uma redução do montante da prestação patrimonial que ele pode exigir ao outro cônjuge, a título de pensão.

O "addebito" produz outros efeitos desfavoráveis[1539]. A posição sucessória do cônjuge sobrevivo separado que não tenha sido julgado responsável pela separação de pessoas e bens é idêntica à do cônjuge não separado (artigos 548, par. 1.º, e 585, par. 1.º, do *Codice Civile*). Se

---

[1538] Cfr. DÍAZ-AMBRONA BARDAJÍ/ HERNÁNDEZ GIL, *Lecciones de Derecho de Familia* cit., p. 229.

[1539] Sobre os efeitos do "addebito", cfr. BONILINI, *Nozioni di Diritto di Famiglia* cit., pp. 110-111, e *Manuale di Diritto di Famiglia*, Torino, UTET, 1998, pp. 196-197; DOGLIOTTI, "La separazione giudiziale" cit., pp. 384-386; FORTINO, *Diritto di Famiglia* cit., p. 298 e s.; SESTA, *Lezioni di Diritto di Famiglia* cit., pp. 145--146.

o cônjuge sobrevivo for julgado responsável pela separação, fica impedido de adquirir a qualidade de herdeiro legal que é reconhecida a um cônjuge, cabendo-lhe somente uma pensão vitalícia, que onera a herança, se, no momento da abertura da sucessão, recebia uma pensão de alimentos do *de cuius*, sendo que o valor daquela pensão nunca excederá o desta (artigos 548, par. 2.º, e 585, par. 2.º). Tudo somado, e porque não há uma pensão compensatória, ou afim, a que seja estranho o critério do "addebito", observa-se que o direito italiano, distante do sistema das causas da separação-sanção, acaba por reagir com maior intensidade à violação dos deveres conjugais, no momento de fixar os efeitos patrimoniais da separação, do que o direito espanhol, que é um ordenamento que consagra causas de separação assentes no ilícito conjugal do outro cônjuge.

Efectivamente, o "addebito" sanciona o incumprimento dos deveres conjugais[1540]. De acordo com o artigo 151, par. 2.º, do *Codice*

[1540] Cfr. ANSALDO, em *Codice della famiglia: rapporti personali e patrimoniali tra coniugi (Commentato con la dottrina e la giurisprudenza)*, a cura di Dogliotti, 2.ª ed., Milano, IPSOA, 1999, p. 231; BESSONE/ALPA/D'ANGELO//FERRANDO/SPALLAROSSA, *La famiglia nel nuovo diritto* cit., p. 114; BONILINI, *Manuale di Diritto di Famiglia* cit., p. 191; CAVALLO, "Sulla violazione del dovere di fedeltà coniugale" cit., p. 3078; DALLA VALLE, *Separazione, divorzio, annullamento del matrimonio* cit., p. 164; DE CUPIS, "Brevi precisazioni sulla colpa nel Diritto di Famiglia", *Rass.DC* 1990, p. 44; DE FILIPPIS/CASABURI, *Separazione e divorzio nella dottrina e nella giurisprudenza*, Padova, CEDAM, 1998, p. 385 e s.; DOGLIOTTI, *Separazione e divorzio* cit., pp. 38-39; PINELLI, *La crisi coniugale tra separazione e divorzio*, Milano, Giuffrè, 2001, pp. 121-123, 197 e 198; QUADRI, "Crisi coniugale e separazione personale dei coniugi", *Casi e questioni di Diritto Privato, III. Matrimonio e famiglia* (a cura di Auletta e outros), 8.ª ed., Milano, Giuffrè, 1997, p. 137; F. della ROCCA, "Il nuovo Diritto di Famiglia (generalia)", *Appunti sul nuovo Diritto di Famiglia*, Milano, Giuffrè, 1976, pp. 18-19 (texto primeiramente publicado em *Temi Romana* 1975); TRABUCCHI, "Separazione dei coniugi" cit., p. 1468, e *Istituzioni di Diritto Civile* cit., pp. 288-289. A tese do cariz sancionatório do "addebito" é quase unânime na jurisprudência e claramente maioritária na doutrina, como é reconhecido até pelos seus adversários: cfr. CIPPITANI, "L'addebito della separazione" cit., p. 690, nota 9, e CARLEO, "La separazione e il divorzio", *Il Diritto di Famiglia* I, a cura di Albisetti e outros, cit., p. 198, nota 62; POLIDORI, "Addebito della separazione ed efficienza causale della violazione dei doveri coniugali nella crisi della coppia", *Rass.DC* 1999, pp. 874 e 876.

Civile, mediante requerimento de uma das partes no processo de separação e desde que as circunstâncias o justifiquem, o juiz declara a qual dos cônjuges é "addebitabile" a separação, atendendo ao seu compor-

Sublinhando a indeterminação dos deveres conjugais e afirmando que as noções de causalidade e de culpa são incompatíveis com as particularidades inerentes à relação conjugal, CIPPITANI, ob. cit., p. 703 e s., conclui que o "addebito" não é uma espécie de sanção, mas um "strumento specifico per rimediare alla situazione di squilibrio patrimoniale che si realizzerebbe con la pronuncia della sentenza di separazione". No mesmo sentido, CARLEO, "La separazione e il divorzio" cit., pp. 198--199. Entre os adeptos da teoria do "*addebito*-remédio", cfr. ainda PERLINGIERI, *Il diritto civile nella legalità costituzionale* cit., pp. 512-513, e intervenção, em *Diritto di Famiglia: casi e questioni*, Incontro sul nuovo Diritto di Famiglia, Napoli, Edizioni Scientifiche Italiane, 1982, pp. 163-164; POLIDORI, "Addebito della separazione" cit., pp. 875, 876, 886 e s.; G. STANZIONE, "Crisi coniugale e tutela della persona", em *Persona e comunità familiare* cit., p. 239 e s., *Diritto di Famiglia* cit., p. 131 e s., *Divorzio e tutela della persona* cit., p. 194 e s., e intervenção, em *Diritto di Famiglia: casi e questioni* cit., p. 154 e s.; TARTAGLIA, "La separazione per addebito, a qualche anno dalla entrata in vigore della legge di riforma del Diritto di Famiglia", em *Diritto di Famiglia: Raccolta di scritti in onore di Rosario Nicolò*, Milano, Giuffrè, 1982, p. 178.

Na opinião de ZATTI, "I diritti e i doveri che nascono dal matrimonio" cit., p. 173 (seguido por AMATO, "Giudizio di separazione: il addebito", *Giur.It.* 1997, I, 1, p. 843), a função do "addebito" é "determinare una soluzione adeguata a un particolare carattere della vicenda che ha condotto alla separazione, evitando a un coniuge, che ha patito una convivenza non solo fallita, ma travagliata da una condotta dell'altro contraria agli impegni assunti con il matrimonio, di restare legato a quest'ultimo da obblighi di assistenza e vincoli di carattere ereditario". Com isto, o autor, que é, por vezes, registado como opositor da tese do "*addebito*-sanção" (cfr. CIPPPITANI, ob. cit., p. 690, nota 9, e CARLEO, ob. cit., p. 198, nota 62), não nega que o "addebito", pelos seus efeitos, sancione o comportamento contrário aos deveres conjugais; o ilustre jurista quer apenas tornar claro que a componente sancionatória é secundária ("I diritti e i doveri che nascono dal matrimonio" cit., p. 173, nota 67). Revela-se realmente artificial considerar o "addebito" absolutamente desprovido de índole sancionatória. É, aliás, esta índole que tem sido invocada pelo movimento que se bate há anos pela abolição do instituto. Cfr., recentemente, a intervenção de DE FILIPPIS, "Separazione e divorzio: una nuova legge alle soglie del 2000", Incontro-Dibattito svoltosi a Salerno (1998), *DFP* 2000, pp. 439-440. Em 1985, foram apresentados, no parlamento italiano, dois projectos de lei que propunham a eliminação do "addebito". Na altura, COLUCCI, "Sull'addebito nella separazione dei coniugi", *DFP* 1985, p. 1057 e s., pronunciou-se pela manutenção da figura, empregando uma argumentação de

tamento contrário aos deveres emergentes do casamento. A referência a um requerimento e a necessidade de ocorrerem determinadas circunstâncias, que o preceito não especifica, apontam para a natureza excepcional[1541] ou, no mínimo, meramente eventual do "addebito", no âmbito da separação de pessoas e bens. Mas, na prática, a declaração de "addebito" tem sido frequente[1542]. Apesar disso, o deferimento dos pedidos em que se solicita que o outro cônjuge seja declarado responsável pela separação depende do preenchimento, cumulativo, dos seguintes pressupostos[1543]: violação de deveres conjugais pelo cônjuge requerido; culpa deste; nexo de causalidade entre o ilícito conjugal e a inexigibilidade da prossecução da vida em comum; gravidade do ilícito, à luz de uma avaliação global e comparativa da conduta de ambos os cônjuges.

---

consistência duvidosa. Por um lado, dizia que o "addebito" não tinha carácter sancionatório. Por outro lado, achava que se impunha a conservação do instituto para que os comportamentos mais graves de um cônjuge não passassem a ser tidos como lícitos.

[1541] Atribuem carácter excepcional à separação com "addebito", BARBIERA, *Separazione e divorzio: fattispecie, disciplina processuale, effetti apatrimoniali*, Bologna, Zanichelli, 1997, pp. 26-27; BOCCACIO/DOGLIOTTI, "Separazione personale" cit., pp. 1175, 1177 e 1190; DI MARTINO, "Dovere di fedeltà e dichiarazione di addebito", *Giur.Mer.* 1983, I, pp. 939-941; DOGLIOTTI, *Separazione e divorzio* cit., pp. 38-39; PINELLI, *La crisi coniugale* cit., p. 200 e s.; VETTORI, "L'unità della famiglia" cit., p. 740; ZATTI/MANTOVANI, *La separazione personale* cit., p. 110; contra, DE FILIPPIS//CASABURI, *Separazione e divorzio* cit., pp. 394-395 (a letra do artigo 151 do *Codice Civile* não sustenta a posição favorável à excepcionalidade).

[1542] Cfr. BOCCACIO/DOGLIOTTI, "Separazione personale" cit., pp. 1175 e 1190; DOGLIOTTI, "Colpa ed addebito nella separazione non sono la stessa cosa!", *Giur. Mer.*, 1983, I, pp. 122-123; ENRICO VITALI, *Delle persone e della famiglia: artt. 1-230 bis (Commentario)*, Milano, IPSOA, 1990, p. 526. A declaração de "addebito" é mais comum a sul do que a norte de Itália: cfr. a intervenção de TARDITI, em "Separazione e divorzio: una nuova legge" cit., pp. 446-447.

[1543] Cfr. BARBIERA, *Separazione e divorzio* cit., p. 26 e s. Ver ainda DE FILIPPIS/CASABURI, *Separazione e divorzio* cit., p. 392 e s.; FORTINO, *Diritto di Famiglia* cit., pp. 290-292; MANTOVANI, "Separazione personale dei coniugi: I) Disciplina sostanziale", *Enc.Giur.* 1992, pp. 8-10; TESTINI, "La separazione con addebito tra diritto e processo", *Giur.It.* 1978, IV, pp. 91-93.

A violação de qualquer dever conjugal é susceptível de se enquadrar no primeiro pressuposto, sendo o adultério uma das hipóteses mais comuns[1544]. A violação do dever conjugal tem de ser culposa[1545], o que implica um comportamento consciente e voluntário do agente. Quando se coloca o problema do "addebito", já foi feita a prova de que é impossível a continuação da convivência conjugal, prova esta de que depende a concessão da separação judicial. No entanto, é preciso demonstrar que a continuação da vida em comum é intolerável por causa do ilícito conjugal. É por isso que, em regra, sem questionar a gravidade do acto, a jurisprudência não associa automaticamente a prática de adultério ao "addebito" da separação[1546]. Por fim, o ilícito conjugal tem de ser

---

[1544] Cfr. BONILINI, *Nozioni di Diritto di Famiglia* cit., p. 109, e *Manuale di Diritto di Famiglia* cit., p. 192; DE FILIPPIS/CASABURI, *Separazione e divorzio* cit., pp. 398-399; ALFIO FINOCCHIARO, *Nuova rassegna di giurisprudenza sul Codice Civile*, Libro I, a cura di A. Finocchiaro e outros, t. III, Milano, Giuffrè, 1994, p. 1169; TRABUCCHI, *Istituzioni di Diritto Civile* cit., 289, nota 1. É também possível o "addebito" por causa da recusa do débito conjugal (cfr. ZATTI/MANTOVANI, *La separazione personale* cit., pp. 172-173).

[1545] Acerca do papel da culpa no "addebito", cfr. BELLANTONI/PONTORIERI, *La riforma del Diritto di Famiglia*, Napoli, Jovene, 1976, p. 76; DE CUPIS, "Brevi precisazioni sulla colpa nel Diritto di Famiglia" cit., p. 44; DE FILIPPIS, intervenção, em "Separazione e divorzio: una nuova legge" cit., p. 439; JEMOLO, "Separazione consensuale e per colpa" cit., p. 214; LENER, "Il nuovo Diritto di Famiglia", *C.Cat.* 1975/4, pp. 449-450; NACCI, "Effetti personali della separazione e mutamento del titolo", *RDC* 2000, I, pp. 832-833; TESTINI, "La separazione con addebito tra diritto e processo" cit., p. 91; UCELLA/CATAPANO, "La separazione personale", *Diritto di Famiglia*, a cura di Fulvio Ucella, cit., pp. 191-192.

[1546] Cfr. CassIt 23/4/1982: "la violazione del reciproco dovere di fedeltà, ancorché questo sia stato ribadito come regola di condotta dei coniugi (art. 143 cod. civ.), non legittima di per sé, automaticamente, la pronunzia di separazione con addebito al coniuge adultero, ma solo se abbia reso intollerabile la prosecuzione della convivenza o recato grave pregiudizio all'educazione della prole; pertanto, il giudice deve controllare l'oggettivo verificarsi di tali conseguenze, valutando, con apprezzamento incensurabile in sede di legittimità se congruamente motivato, in qual misura la violazione di quel dovere abbia inciso sulla vita familiare, tenuto conto delle modalità e frequenze dei fatti, del tipo di ambiente in cui si sono verificati e della sensibilità morale dei soggetti interessati" [excerto reproduzido por BELLAGAMBA/CARITI, *Separazione personale dei coniugi e divorzio (Rassegna della giurisprudenza)*, Milano, Giuffrè, 1998, p. 27]. Ver ainda CassIt 4/12/1985 (citado por AMATO, "Giudizio di

situado num contexto mais amplo, reclamando-se uma análise do comportamento do próprio cônjuge requerente da declaração de "addebito"[1547]. Importa, por exemplo, apurar se não houve por parte dele um contributo relevante para o acto ilícito do outro ou a adopção de uma atitude subsequente mais grave, o que poderá obstar ao vencimento da pretensão.

Se um dos cônjuges for declarado responsável pela separação, a declaração repercute-se também nos efeitos do divórcio[1548]. Nos ter-

separazione: il addebito" cit., p. 844); Cass. civ. 2/3/1987 [cujo sumário é transcrito por G.GIACOBBE/MARINI, *Codice Civile. Libro I (Legislazione. Giurisprudenza)*], Milano, LED, 1998, p. 263. Note-se que o acórdão de 1982 não é o primeiro a perfilhar a orientação em apreço: cfr. DI MARTINO, "Dovere di fedeltà e dichiarazione di addebito" cit., p. 943, nota 8, que menciona cinco acórdãos proferidos entre 1976 e 1980.

[1547] Cfr. CassIt 30/1/1992, *Giust.Civ.* 1993, I, p. 3075 (com anotação de CAVALLO, "Sulla violazione del dovere di fedeltà coniugale" cit.): "In tema di separazione personale dei coniugi, l'indagine sull'intollerabilità della convivenza e sull'addebitabilità [...] non può basarsi sull'esame di singoli episodi di frattura (che possono essere anche successivi al verificarsi della situazione di intollerabilità della convivenza e possono incidere sul giudizio di addebitabilità quale causa concorrente alla definitiva rottura) ma deve derivare dalla valutazione globale dei reciproci comportamenti, quali emergono dal processo; ne consegue che la violazione del dovere di fedeltà può non giustificare, da sola, la pronuncia di separazione con addebito al coniuge adultero". Esta posição é reafirmada pela CassIt 18/9/1997, *Giust.Civ.* 1997, I, p. 2383 (com anotação de GIACALONE). O raciocínio aplica-se à violação do dever de coabitação carnal, afigurando-se válida a doutrina seguinte: "non può ritenersi colpevole la mancata prestazione del debito coniugale quando determinati comportamenti dell'altro coniuge non favoriscano quello stato d'animo necessario perché una persona sia umanamente disposta a compiere l'atto stesso" [CassIt 16/4/1975, acórdão anterior à entrada em vigor da reforma italiana do Direito da Família, citado por CASSONE, *Il nuovo Diritto di Famiglia inserito nel codice civile (Commentato ed annotato con la giurisprudenza)*, Roma, Jandi Sapi, 1975, p. 155].

[1548] Cfr. DE FILIPPIS/CASABURI, *Separazione e divorzio* cit., p. 388; DOSSETTI, "Gli effetti della pronunzia di divorzio", *Famiglia e matrimonio*, a cura di Bonilini e Cattaneo, cit., p. 525; GRASSETTI, em *Commentario al Diritto Italiano della Famiglia* cit. p. 686; NACCI, "Effetti personali della separazione" cit., p. 838; TRABUCCHI, "Separazione dei coniugi" cit., pp. 1468-1469; EMIDIA VITALI, "Il mutamento del titolo della separazione" cit., pp. 271-272. DOGLIOTTI/BRANCA, "Giurisprudenza edita e inedita in materia di rapporti personali tra i coniugi" cit., p. 1069, criticam a existência de decisões judiciais que consideram relevantes os comportamentos contrários

mos do artigo 5, par. 6.º, da Lei 898/1970, o tribunal que decreta a dissolução do casamento pronuncia-se sobre o chamado "assegno" de divórcio, prestação patrimonial periódica a que fica obrigada uma das partes perante aquela que careça de meios adequados ou que os não possa obter por motivos objectivos, tendo em conta "as condições dos cônjuges, *as razões da decisão*, o contributo pessoal e económico dado por cada um à direcção da família e à formação do património de cada um ou do património comum, do rendimento de ambos"[1549], e avaliando todos esses elementos em conexão com o período de duração do matrimónio. A expressão "razões da decisão" (subentenda-se, de decretar o divórcio), que se refere às circunstâncias que influíram na ruptura definitiva da vida em comum, comporta uma conotação sancionatória, legitimando a ideia de que a declaração de "addebito" condiciona o montante do "assegno" de divórcio.

105. O legislador português reconhece ao ilícito conjugal um papel importante na determinação das consequências patrimoniais do divórcio e da separação de pessoas e bens. A violação culposa dos deveres conjugais pode desencadear efeitos desfavoráveis em matéria de partilha dos bens, de eficácia das liberalidades, de responsabilidade civil, de alimentos e de arrendamento da casa de morada da família. Esses efeitos atingem o cônjuge que foi reputado único ou principal culpado no processo de divórcio litigioso. É de assinalar que o tribunal está obrigado a pronunciar-se sobre a culpa dos cônjuges, ainda que nenhum deles o tenha requerido (artigo 1787.º do Código Civil). O regime jurídico português é, assim, bem diverso do que se observa no direito alemão, no qual o ilícito conjugal só é atendível para obviar a uma ofensa grosseira dos princípios de equidade, em matéria de alimentos, da repartição dos ganhos patrimoniais e da compensação conexa com a pensão de reforma. Entre nós, a referência à equidade não surge como um meio para permitir que seja sancionada a violação dos deveres conjugais. A sanção é coman-

---

aos deveres conjugais anteriores à separação, por criarem uma espécie de divórcio por culpa, que a lei italiana não prevê. SCALISI, "Divorzio – persona e comunità familiare" cit., p. 197, manifesta-se igualmente contra uma utilização sancionatória do "assegno" de divórcio.

[1549] O sublinhado é nosso.

dada pela declaração do cônjuge culpado. Em regra, os "motivos de equidade" são desprezados; excepcionalmente, servem para corrigir a rigidez do esquema da declaração de culpa no capítulo do direito de alimentos (artigo 2016.º, n.º 2, do Código Civil).

Nos ordenamentos espanhol e italiano, a culpa repercute-se na posição que cabe ao cônjuge sobrevivo separado de pessoas e bens na sucessão legal do *de cuius*. O mesmo não acontece no direito português. Seja qual for a culpa das partes, o cônjuge separado de pessoas e bens não é sucessível legítimo nem legitimário do cônjuge falecido (artigos 2133.º, n.º 3, e 2157.º do Código Civil). A diferença não chega para contrariar a ideia de que a definição da culpa tem maior impacto global no nosso ordenamento. Em Espanha, a pensão compensatória é concedida independentemente da culpa. Em Itália, o cônjuge culpado pode exigir ao outro uma pensão de alimentos, quando dela careça para assegurar a sua subsistência. Em Portugal, não é normal a atribuição do direito de alimentos ao cônjuge considerado único ou principal culpado. Além disso, nem em Espanha nem em Itália se prevê que a culpa condicione a partilha dos bens do casal e a titularidade do arrendamento da casa de morada de família; nem em Espanha nem em Itália se encontra uma disposição que impõe ao cônjuge declarado único ou principal culpado o dever de reparar os danos não patrimoniais causados ao outro pela dissolução ou modificação do vínculo matrimonial (cfr. artigo 1792.º do Código Civil português, aplicável à separação de pessoas e bens *ex vi* do artigo 1794.º).

A regulamentação portuguesa das consequências do divórcio litigioso apresenta afinidades com a regulamentação que foi introduzida em França pela reforma de 1975. Na versão desta reforma, o *Code civil* consagra soluções negativas, para o único cônjuge que foi julgado culpado no processo de divórcio, no domínio da prestação compensatória (artigo 280-1), da reparação dos prejuízos causados pela dissolução do casamento (artigo 266), das liberalidades e das vantagens decorrentes da adopção de um regime convencional de comunhão de bens (artigos 265, par. 2.º, e 267).

Em contraste com a legislação portuguesa, o *Code civil*, na redacção de 1975, prevê também a indemnizabilidade dos prejuízos *patrimoniais* causados pelo divórcio (artigo 266, já mencionado) e o tratamento diferenciado do cônjuge do *de cuius* "séparé de corps", que conserva os direitos sucessórios que a lei confere ao cônjuge sobrevivo, se não tiver sido o único que foi considerado culpado ou se não tiver sido o requerente da separação obtida com fundamento em ruptura da vida em comum (artigo 301). No entanto, a estes aspectos pode contrapor-se o silêncio da lei francesa quanto à transferência do direito ao arrendamento para o cônjuge do arrendatário, uma vez decretado o divórcio ou a separação de pessoas e bens, que, de acordo com o artigo 84.º do RAU, pode ser decidida pelo tribunal, tendo em conta, designadamente, a culpa imputável ao arrendatário. Mas, no campo da sanção do ilícito conjugal através das consequências jus-familiares do divórcio, um elemento assegura a primazia indiscutível do direito português: a declaração do cônjuge culpado é, entre nós, um instituto geral do divórcio litigioso, enquanto no direito francês da reforma de 1975 está confinada à categoria do "divorce pour faute".

Segundo o artigo 1787.º, n.º 1, do Código Civil português, é obrigatório declarar-se na sentença proferida no processo de divórcio litigioso se houve culpa de um ou de ambos os cônjuges e, nesta hipótese, se a culpa de um deles é consideravelmente superior à do outro e qual deles é o principal culpado. Essa obrigação é evidente quando o divórcio se basear na violação culposa dos deveres conjugais. Mas a lei impõe expressamente ao juiz o dever de declarar a culpa dos cônjuges no divórcio decretado com fundamento em separação de facto (artigo 1782.º, n.º 2) ou em ausência (artigo 1783.º). Uma vez que o legislador nada diz concretamente quanto ao divórcio fundamentado na alteração das faculdades mentais do outro cônjuge, que dure há mais de três anos e que, pela sua gravidade, comprometa a possibilidade da vida em comum [artigo 1781.º, alínea c)], Francisco Clamote[1550] entende que a declaração de culpa não tem lugar aqui, porque, "por natureza, não há culpa". Contudo, não é de afastar totalmente a possibilidade de se apurar a culpa dos cônjuges nesta situação particular de divórcio baseado em causas objectivas. Como explica Teixeira de Sousa[1551], "não é

[1550] FRANCISCO CLAMOTE, "Evolução do Direito da Família em Portugal e alguns aspectos da sua regulamentação", *RN* 1987/2, p. 181.
[1551] TEIXEIRA DE SOUSA, *O regime jurídico do divórcio* cit., pp. 90-91.

impossível que o próprio cônjuge afectado tenha originado a sua patologia mental ou que a alteração das faculdades mentais tenha resultado de comportamentos anti-sociais do outro cônjuge. Se assim suceder, não parece que a falta de uma específica previsão legal semelhante aos artigos 1782.º, n.º 2, e 1783.º deva obstar à apreciação dessa culpa quando o fundamento do divórcio é a alteração das faculdades mentais do cônjuge demandado. Os artigos 1782.º, n.º 2, e 1783.º concretizam a estipulação genérica contida no artigo 1787.º, pelo que, tal como, perante a eventual inexistência daqueles preceitos, a apreciação da culpa dos cônjuges num divórcio com fundamento em separação de facto ou em ausência seria abrangida pelo artigo 1787.º, também a inexistência de um preceito específico relativo à valoração da culpa dos cônjuges quando o divórcio é fundamentado na alteração das faculdades mentais do cônjuge demandado é suprida por essa mesma estipulação genérica enunciada pelo artigo 1787.º".

Na redacção de 1975 do *Code civil*, a culpa dos cônjuges é apreciada unicamente se o divórcio for decretado com fundamento em violação dos deveres conjugais (artigo 242 e s.). Requerido o divórcio com fundamento em ruptura da vida em comum, só pode haver declaração de culpa desde que tenha sido julgada procedente uma reconvenção em que o réu peça o divórcio com base em ilícito conjugal do outro (artigo 241, par. 2.º). A procedência do pedido reconvencional implica que o pedido de divórcio assente em causas objectivas (que são apenas duas – a separação de facto, nos termos do artigo 237, e a alteração das faculdades mentais, nos termos do artigo 238) seja rejeitado e que o divórcio seja decretado "aux torts" do autor. Ou seja, a declaração de culpa é incompatível com a procedência do pedido de divórcio fundado na ruptura da vida em comum.

No entanto, se o divórcio litigioso for decretado com base na ruptura da vida em comum, o autor fica sujeito a um tratamento desfavorável, análogo àquele que decorre do estatuto do cônjuge que foi declarado exclusivamente culpado (artigo 265, par. 1.º). A maior diferença reside no facto de aquele não estar, como este, obrigado a ressarcir os danos causados pela dissolução do casamento, razão pela qual o cônjuge demandado numa acção de divórcio com base em causas objectivas não deixa de ter interesse em formular um pedido reconvencional de divórcio, alegando que o autor violou deveres conjugais[1552]. Apesar de tudo, não se pode pensar que a lei sanciona o cônjuge que obteve o divórcio com fundamento em ruptura da vida em comum. Ele não praticou nenhum ilícito; ao requerer o divórcio, limitou-se a exercer uma prerrogativa legal[1553]. Deste modo, as consequências patrimoniais negativas que sobre ele recaem por o respectivo pedido de divórcio ter procedido correspondem ao "preço da sua libertação"[1554]. Ou por outra: verifica-se uma situação excepcional de responsabilidade por facto lícito.

Na opinião de Eduardo dos Santos[1555], foi pena que o legislador português não tivesse atribuído ao divórcio com fundamento em separação de facto os efeitos da lei francesa de 1975, porque "isso haveria de desencorajar muitos divórcios que, afinal, são verdadeiros repúdios". Salvo o devido respeito, temos de discordar. Por um lado, a separação de facto prolongada é um sintoma da ausência de funcionalidade do casamento. Não há motivo para dificultar o divórcio, em nome do *favor matrimonii*, mediante a previsão de consequências negativas para o cônjuge que nada mais pretende do que a extinção de um vínculo concretamente desprovido de significado substancial. Por outro lado, a conduta desse cônjuge não é eticamente equiparável à do cônjuge que foi declarado único ou principal culpado.

Todavia, a disposição do artigo 1782.º, n.º 2, do Código Civil português não exclui em absoluto o risco de uma prática judicial que leve a resultados finais idênticos aos impostos pela legislação francesa de 1975. Basta que os tribunais nacionais declarem automaticamente único ou principal culpado o cônjuge que intentou a acção de divórcio com fundamento em separação de facto. Mas não foi essa a orientação da nossa jurisprudência. Com muito rigor, os tribunais tiveram o cuidado de não seguir o caminho fácil da atribuição sistemática da culpa ao cônjuge requerente do divórcio com base na separação de facto.

[1552] Cfr. MASSIP, *La réforme du divorce* I cit., p. 91.
[1553] Cfr. GUITON, "Les dommages-intérêts en réparation d'un préjudice résultant du divorce", *D.* 1980, chron., p. 243.
[1554] Cfr. ROLLAND, *La responsabilité entre époux* cit., pp. 151-152.
[1555] EDUARDO DOS SANTOS, *Direito da Família* cit., pp. 385-386.

Conhecem-se casos em que nenhum dos cônjuges foi declarado culpado[1556], por falta de prova, e em que o réu foi declarado único ou principal culpado[1557]. E mesmo nas situações em que o autor foi julgado único ou principal culpado[1558], a avaliação não foi determinada por ter sido ele quem tomou a iniciativa de pedir a dissolução do casamento. Em geral, proclama-se[1559] a necessidade de a declaração de culpa assentar na prova de factos ocorridos na constância do matrimónio, sem que entre estes se inclua o próprio acto de propositura da acção de divórcio.

A relevância da culpa no divórcio com fundamento em ruptura da vida em comum aproxima o direito português do direito italiano, no que toca ao regime dos pressupostos da sanção do ilícito conjugal através das consequências patrimoniais da extinção ou da modificação do vínculo matrimonial. Recorde-se que a "separazione giudiziale" é decretada com base na impossibilidade da prossecução da vida conjugal, o que não obsta à eventual definição do "addebito" da separação. Não obstante isto, algo separa os dois ordenamentos. No direito italiano, a decisão sobre o "addebito" tem de ser requerida (artigo 151, par. 2.º, do *Codice Civile*). No direito português, embora dependa dos factos que são alegados e provados pelas partes, a declaração de culpa

---

[1556] Cfr. ac. RC 19/6/1984, *CJ* 1984/3, p. 67; ac. STJ 2/12/1986, proc. n.º 074275, *http://www.dgsi.pt*; ac. STJ 4/12/1986, *BMJ* 362, p. 541; ac. RC 14/2/1989, *CJ* 1989/1, p. 65; ac. STJ 11/12/1990, proc. n.º 079601, *http://www.dgsi.pt* ; ac. STJ 12/1/1993, *CJ-S* 1993/1, p. 20; ac. RC 20/4/1993, *CJ* 1993/2, p. 50.

[1557] Cfr. ac. RC 9/5/2000, proc. n.º 305/2000, *http://www.dgsi.pt*.

[1558] Cfr ac. STJ 19/4/1989, proc. n.º 076602, *http://www.dgsi.pt* (o autor foi declarado o único cônjuge culpado do divórcio, dado ter-se provado que tem vindo a cometer adultério com uma irmã de sua mulher, com a qual vive maritalmente, e que abandonou o lar conjugal há mais de trinta anos, sem que a ré-mulher lhe tenha dado qualquer motivo); ac. RC 11/12/1984, *CJ* 1984/5, p. 84 (o autor foi declarado único culpado por ter saído de casa e ido viver maritalmente com outra mulher).

[1559] Cfr. ac. STJ 6/2/1992, *BMJ* 414, p. 551; ac. STJ 2/3/1995, proc. n.º 085878, *http://www.dgsi.pt*; ac. RP 7/1/1999, proc. n.º 9831348, *http://www.dgsi.pt*; ac. STJ 23/9/1999, proc. n.º 99A455, *http://www.dgsi.pt*; ac. RC 16/5/2000, proc. n.º 661/00, *http://www.dgsi.pt*.

é susceptível de decisão oficiosa[1560]. A letra do Código português não oferece dúvidas: "o juiz deve declarar a culpa dos cônjuges, quando a haja" (artigo 1782.º, n.º 2); "Se houver culpa de um ou de ambos os cônjuges, assim o declarará a sentença" (artigo 1787.º, n.º 1).

Ora, compreende-se mal este desvio ao princípio dispositivo. Se as vicissitudes do vínculo matrimonial dependem da iniciativa de uma ou de ambas as partes, não há razão para se prescindir da iniciativa do cônjuge que se presume inocente ou menos culpado quando se colocar a questão do apuramento da responsabilidade das partes na cessação da vida em comum. É verdade que a declaração de culpa permite aplicar diversas sanções a quem ofendeu direitos conjugais indisponíveis. No entanto, o *status* conjugal também é indisponível e, apesar disso, só é adquirido por pessoas que manifestaram a vontade de casar e só se extingue, na sequência de um divórcio, desde que, pelo menos, uma das partes tenha, previamente, solicitado a dissolução do casamento. O correlativo do dever conjugal é uma situação jurídica que, embora *sui generis*, assume a natureza de direito subjectivo. O titular do direito conjugal não está obrigado a exercê-lo e o Estado não pode suprir a sua inércia. A indisponibilidade do *status* e das situações jurídicas dele emergentes liga-se a um interesse público, que, porém, é mediato e subordinado ao interesse das partes[1561]. Havendo incumprimento dos

---

[1560] Assim, mais ou menos textualmente, cfr. ac. RL 14/5/1996, proc. n.º 0093821, http://www.dgsi.pt. Ver ainda ac. RC. 9/12/1987, *BMJ* 372, p. 475 ("A sentença que julga a acção de divórcio deve, oficiosamente, apreciar o grau de culpa de cada um dos cônjuges desavindos").

[1561] Cfr. *supra*, n.º 80 e s. Aparentemente, o artigo 1933.º, n.º 1, alínea f), do Código Civil, constituiria um dado em abono da superioridade do interesse público na declaração do cônjuge culpado. Referido pelo ac. STJ 23/4/1998, recurso n.º 251/98, *CJ-S* 1998/2, p. 54, como um dos preceitos comprovativos da importância prática da declaração de culpa, nele se estabelece que não podem ser tutores os divorciados e os separados judicialmente por sua culpa. Contudo, se bem que não tenha sido objecto de revogação expressa, a disposição em apreço deixou de vigorar por ser incompatível com as alterações introduzidas pela reforma de 1977 no capítulo dos efeitos da filiação.

O artigo 1933.º, n.º 1, alínea f), representa uma manifestação de um princípio tradicional, segundo o qual o juízo sobre a conduta recíproca dos cônjuges releva para efeitos de atribuição da guarda do menor. Por exemplo, o artigo 21.º do Decreto de 3

deveres conjugais, o interesse que é protegido em primeira linha é o do titular dos direitos correlativos. A indisponibilidade dos direitos conjugais não significa que os mesmos beneficiem de *protecção oficiosa*,

---

de Novembro de 1910 prescrevia que os filhos seriam "de preferência entregues e confiados ao cônjuge a favor de quem tenha sido proferido o divórcio". O Código Civil de 1966, na versão originária, não consagrou uma regra idêntica, mas também não a rejeitou. O artigo 1902.º dispunha que, nos casos de divórcio e separação judicial de pessoas e bens, o exercício do poder paternal seria regulado por acordo dos pais, sujeito a homologação do tribunal, ou, na falta de acordo, pelo tribunal de menores. Não indicando o critério que deveria presidir à recusa de homologação e à regulação judicial do exercício do poder paternal, o preceito, aplicável ainda aos casos de separação de facto (artigo 1903.º), admitia que os tribunais seguissem a orientação que era prescrita pelo Decreto de 1910. De assinalar, nomeadamente, o ac. RLM 27/8/1968 (*ARLM* 1968, p. 291) em cujo sumário se pode ler: "Não deve ser entregue à mãe uma filha de cinco anos de idade, quando o divórcio foi proferido contra ela, por adultério e que continua a viver em mancebia". FÁTIMA DUARTE, *O poder paternal* cit., p. 176, que cita o acórdão mencionado, afirma que a respectiva posição estava longe de se poder considerar dominante, e, para o demonstrar, cita dois acórdãos da mesma época. No entanto, os sumários dos dois acórdãos em apreço são os seguintes: "O adultério da mãe, não deixando de estabelecer sérias reservas para que, em acção de regulação do exercício do poder paternal, mereça confiança na entrega do menor aos seus cuidados, não é de molde, só por si a afastar a oportunidade dessa entrega, desde que outros factores se deparem para contrabalançar tais reservas" (ac. RLuanda 17/6/1969, *ATRLuanda* 1969, p. 310); "Deve ser entregue à mãe, com idoneidade ou capacidade educativa, e não a tios paternos, uma menor de 4 anos de idade, ainda que ela viva maritalmente com um homem com quem pretende consorciar-se, se conseguir o divórcio" (ac. RL 20/3/1970, *JRel* 1970, p. 255). No primeiro aresto, o adultério, então com fortíssimo peso na declaração do cônjuge culpado, é reconhecido como um aspecto relevante em sede de regulação do exercício do poder paternal – a entrega do menor à mãe adúltera enfrentava "sérias reservas", que tinham de ser "contrabalançadas" por outros factores. O segundo aresto é inexpressivo: o tribunal fora chamado a escolher entre a mãe e os tios da criança e não entre os dois progenitores.

A reforma de 1977 veio disciplinar o poder paternal em função do interesse do menor. O poder paternal compete aos pais "no interesse dos filhos" (artigo 1878.º, n.º 1). Nos casos de divórcio, de separação de pessoas e bens e de separação de facto, a homologação do acordo dos pais sobre a regulação do poder paternal "será recusada se o acordo não corresponder ao interesse do menor" e, na falta de acordo, "o tribunal decidirá de harmonia com o interesse do menor" (artigos 1905.º e 1909.º). Passou, portanto, a interessar apenas a relação entre o filho e o progenitor, quebrando-se, totalmente, o nexo entre o comportamento na relação conjugal e a "competência" para

uma vez violados. Significa que o alcance de tais direitos está subtraído à vontade das partes. Nesta medida, a convenção dos cônjuges acerca da culpa poderá ser inválida[1562], porque a apreciação desta tem de ser efectuada com base justamente no conceito de deveres conjugais que se supõe estar subjacente à lei que os impõe. Isto é, o acordo entre os cônjuges sobre a culpa será inadmissível, por poder reflectir, indirectamente, uma posição sobre o conteúdo, a importância e a vigência dos direitos conjugais, que não encontra apoio na lei.

A declaração de que um dos cônjuges é culpado só é proferida desde que ele tenha violado, ilícita e culposamente, os deveres conjugais[1563]. De acordo com o artigo 1787.º, n.º 2, com o objectivo de conseguir essa declaração, o outro cônjuge pode alegar factos que o decurso do tempo não permite que sejam invocados como fundamento de uma acção de divórcio por violação culposa dos deveres conjugais. Entre os ilícitos conjugais que mais frequentemente são ponderados na fase de avaliação da culpa, encontra-se a prática do adultério. A hipó-

---

o exercício do poder paternal. Cfr., a título ilustrativo, o ac. RP 28/5/1991, proc. n.º 9110045, *http://www.dgsi.pt* ("A questão da custódia do menor, filho de pais separados, deve ser decidida em função dos interesses deste, à luz das circunstâncias concretas do caso, e independentemente da culpa de um ou outro progenitor na separação judicial ou no divórcio, de acordo com o preceito do artigo 1905.º, n.º 1 e n.º 2 do Código Civil"); ac. RL 24/11/1992, proc. n.º 0021971, *http://www.dgsi.pt* ("Não se deve confundir o interesse dos filhos, único atendível na regulação do poder paternal, com os conflitos entre os pais, sendo, por isso, despida de interesse a questão de saber qual deles tem culpa nesses conflitos"); ac. RP 12/12/2000, proc. n.º 0020913, *http://www.dgsi.pt* ("Para a regulação do poder paternal de menor filho de pais separados de facto, não é necessária a prova da culpa da separação"). Estando a tutela sujeita aos princípios gerais do poder paternal (artigo 1935.º), resta concluir que a conservação do artigo 1933.º, n.º 1, alínea f), foi fruto de um mero lapso do legislador da reforma de 1977.

[1562] O ac. RP 27/2/1995, proc. n.º 9440688, *http://www.dgsi.pt*, entendeu que o acordo mediante o qual os cônjuges imputam a culpa a um deles é nulo, em virtude de versar matéria pertencente ao domínio dos direitos indisponíveis.

[1563] Cfr. ac. STJ 2/3/1995, proc. n.º 085878, *http://www.dgsi.pt*: "Os factos causais da ruptura para efeitos de juízo de culpa, nos termos dos artigos 1782.º, n.º 2, e 1787.º, do Código Civil de 1966, reconduzem-se aos que se subsumem à violação culposa dos deveres conjugais".

tese de incumprimento do dever de ter relações sexuais com o próprio cônjuge é muito menos mencionada[1564].

Para haver declaração de culpa, exige-se ainda que o ilícito conjugal tenha provocado a impossibilidade da vida em comum[1565]. O requisito do nexo de causalidade não retira, porém, interesse à apreciação dos factos ilícitos posteriores a uma situação de crise matrimonial. Porque o estado de ruptura da vida em comum assume diversas formas e é susceptível de sofrer alterações substanciais, o incumprimento subsequente dos deveres conjugais "poderá considerar-se causa do alargamento ou do aprofundamento do estado de ruptura inicial e, portanto, concausa da ruptura das relações conjugais, tal como ela existia, concretamente, à data em que foi requerido o divórcio"[1566]. Deste modo, a separação de facto ou a violação grave e reiterada de deveres conjugais cometida por um dos cônjuges não tem impedido os tribunais de declararem único ou principal culpado o outro cônjuge, quando, posteriormente, tenha cometido adultério[1567].

Se ambos os cônjuges contribuíram para a cessação da sua vida em comum, coloca-se o problema da graduação de culpas. Sendo a culpa de um dos cônjuges manifestamente superior à do outro, aquele será tido como o principal culpado (artigo 1787.º, n.º 1). Se a culpa de um dos cônjuges for apenas um pouco superior à do outro, o divórcio

---

[1564] Cfr. acórdãos do STJ de 25/2/1987, *BMJ* 364, p. 866, e 23/4/1998, proc. n.º 98B286, *http://www.dgsi.pt*.; ac. RE 29/7/1982, *CJ* 1982/4, p. 275.

[1565] É constante na jurisprudência do STJ a afirmação de que a declaração de culpa de um ou de ambos os cônjuges está ligada a uma conduta reprovável que dá causa ao divórcio: cfr. acórdãos de 4/7/1980, proc. n.º 068669, 7/6/1984, proc. n.º 071644, 27/10/1987, proc. n.º 075132, 5/4/1990, proc. n.º 077551, 26/5/1994, proc. n.º 084467, 23/2/1995, proc. n.º 086258, 27/2/1996, proc. n.º 088080, 8/4/1997, proc. n.º 96A833, todos consultados em *http://www.dgsi.pt*.

[1566] PEREIRA COELHO/GUILHERME DE OLIVEIRA, *Curso de Direito da Família* I cit., pp. 626-627.

[1567] Cfr. o ac. STJ 23/5/1996, proc. n.º 088092, *http://www.dgsi.pt*: o cônjuge que cometeu adultério após a separação de facto foi tido como o único culpado, porque o seu comportamento teria comprometido definitivamente a possibilidade da vida em comum. Ver também ac. RL 13/7/1977, *CJ* 1977/4, p. 931; ac. STJ 9/7/1987, proc. n.º 074447, *http://www.dgsi.pt*; ac. RP 26/9/2000, proc. 0020758, *http://www.dgsi.pt*.

será decretado com culpas iguais de ambos. Qualquer conclusão tem de assentar num "juízo global sobre a crise matrimonial"[1568], efectuado "segundo as regras do bom senso e da razão lógica e, dadas as suas implicações, com a maior prudência e à luz dos ditames da experiência comum"[1569]. Na dúvida, as culpas serão equiparadas. A hierarquização atende sobretudo ao papel que o comportamento de cada um dos cônjuges desempenhou no processo causal conducente à ruptura e é estabelecida mediante a utilização conjugada dos critérios da "prioridade cronológica das faltas cometidas" e da "gravidade relativa da conduta dos desavindos"[1570]. O primeiro critério, que permite "determinar quem deu culposamente causa ao processo de deterioração" da relação matrimonial, não é o único que é digno de consideração; o comportamento ilícito de um dos cônjuges, posterior ao do outro, pode, pela sua gravidade, comprometer definitivamente a reconciliação do casal e levar o juiz a declarar ambos os cônjuges igualmente culpados ou até a declarar como principal culpado o cônjuge que prevaricou em segundo lugar. É, nomeadamente, com base no critério da gravidade que, muitas vezes, o cônjuge adúltero é julgado o principal culpado[1571]. Não obs-

---

[1568] PEREIRA COELHO, anotação ao ac. STJ 26/2/1980, *RLJ* 114, 1981-82, p. 183 (o acórdão em apreço encontra-se publicado na p. 180). Igualmente, ac. RL 9/4/1991, proc. n.º 0034861, ac. RP 14/6/1993, proc. n.º 9320174, ac. STJ 24/2/1999, proc. n.º 98B1204, ac. RP 16/1/2001, proc. n.º 0021320, todos com o sumário disponível em *http://www.dgsi.pt*. O primeiro acórdão entendeu que os ilícitos conjugais perdoados pelo outro cônjuge têm de ser valorados porque "a declaração de cônjuge culpado deve exprimir o resultado de um juízo global sobre a crise matrimonial".

[1569] Ac. STJ 6/12/1990, *BMJ* 402, p. 596.

[1570] Cfr. ANTUNES VARELA, *Direito da Família* cit., pp. 505-506. Neste sentido, ac. STJ 12/7/1994, proc. n.º 085488, *http://www.dgsi.pt*.

[1571] Ver, por exemplo, o ac. RL 21/2/1978, *CJ* 1978/1, p. 111, e o ac. RP 22/3/1990, *BMJ* 395, p. 669, que classificaram a culpa do cônjuge que pratica o adultério muito superior à do cônjuge que ofende a integridade física do seu consorte; o ac. RC 30/1/2001, proc. n.º 2339/2000, *http://www.dgsi.pt*., que destacou o valor do dever de fidelidade conjugal, claramente maior do que o que caberia aos deveres de respeito e de cooperação. O ac. RL 11/6/1992, proc. n.º 0059142, *http://www.dgsi.pt*., foi peremptório: "Numa sociedade como a portuguesa, sem dúvida que a violação mais grave de todos os deveres conjugais é a do dever de fidelidade". Mais recentemente, cfr. o ac. STJ 28/2/2002, proc. n.º 02B190, *http://www.dgsi.pt*, que reputou o

tante isto, alguma jurisprudência atribui menor importância à violação do dever de exclusividade sexual se o ilícito ocorrer numa situação de separação de facto originada pelo outro cônjuge[1572]. Obviamente, a justeza da decisão estará condicionada pelas circunstâncias do caso concreto. No entanto, em geral, pode dizer-se que, embora não se extinguindo, o dever de fidelidade está particularmente enfraquecido a partir do momento em que o período de separação de facto for susceptível de fundamentar um pedido de divórcio nos termos do artigo 1781.º, independentemente de quem a tenha causado.

adultério de um cônjuge muito mais lesivo do que o desinteresse anterior do outro pela vida em comum.
 [1572] Cfr. ac. STJ 26/2/1980, *RLJ* 114, 1981-82, p. 180 (foi declarado principal culpado o cônjuge mulher por ter contribuído decisivamente para a separação do casal, ao beijar e abraçar outro homem, apesar de o cônjuge marido, depois da separação de facto, ter cometido adultério); ac. STJ 15/12/1983, *BMJ* 332, p. 478 (foi decretado o divórcio com "culpas concorrentes equiparadas", tendo-se provado que o marido violou culposa e injustificadamente o dever de comunhão de habitação e que, posteriormente, a mulher passou a viver em união de facto com outro homem); ac. STJ 7/6/1984, proc. n.º 071644, *http://www.dgsi.pt* (dado que o cônjuge mulher se ligou a outro homem somente após trinta anos de afastamento e desinteresse total do marido, considerou-se o último o principal culpado do divórcio); ac. STJ 10/12/1985, *BMJ* 352, p. 366 ("Não se mostra que haja uma diferença de culpa consideravelmente superior de um em relação à do outro, como se exige no artigo 1787.º, n.º 1, do Código Civil, se a ré deu início à separação de facto, sem provar qualquer mínima justificação para tal atitude, e o autor só refez a sua vida, passando a viver com outra mulher, decorridos alguns anos depois da saída da ré"); ac. RP 29/7/1986, *CJ* 1986/4, p. 228 ("só por si o adultério não determina contra o adúltero a declaração de culpado principal, pois, se tiver sido cometido durante a separação de facto, originada pelo outro cônjuge, que a agravou com a recusa de conciliação, ele é igualmente culpado por ter criado condições objectivamente favoráveis à conduta adulterina"); ac. RL 13/7/1995, proc. n.º 0003301, *http://www.dgsi.pt* (tendo havido violação do dever de coabitação por parte da ré e adultério por parte do autor, entendeu-se que a ré seria o cônjuge principal culpado por ter iniciado o processo de ruptura do lar conjugal).
 Para um panorama da jurisprudência francesa, no caso de adultério posterior à separação de facto, cfr. HAUSER, "L'adultère n'est plus ce qu'il était", *RTDC* 1991, pp. 302-303, "Divorce pour faute: les degrés du mariage ou faut-il abroger l'article 260 du code civil?", *RTDC* 1994, pp. 571-572, e "Divorce pour faute: fidélité à éclipse", *RTDC* 1995, pp. 607-608; LÉCUYER, "Je te suis fidèle" cit., pp. 24-25; LÉCUYER/LESTRINGANT, *Le couple en 200 décisions* cit., pp. 68-69.

106. O artigo 1790.º do Código Civil português prevê uma das consequências negativas a que fica sujeito o cônjuge declarado único ou principal culpado: ele "não pode na partilha receber mais do que receberia se o casamento tivesse sido celebrado segundo o regime da comunhão de adquiridos". O preceito, que não encerra uma excepção ao princípio da imutabilidade do regime de bens convencionado ou legalmente fixado[1573], é aplicável se estiverem preenchidos dois requisitos: primeiro, o regime de bens em vigor tem de implicar uma comunhão mais intensa do que a comunhão de adquiridos[1574]; segundo, é necessário que se verifique que o cônjuge único ou principal culpado seria mais beneficiado com a partilha segundo o regime de bens vigente do que com a partilha realizada de acordo com as regras da comunhão de adquiridos.

O primeiro requisito impõe que o casamento tenha sido celebrado sob o regime típico da comunhão geral de bens ou sob um regime atípico, nos termos do qual as partes tenham estipulado a comunicabilidade de bens que seriam considerados próprios dos cônjuges por força das regras da comunhão de adquiridos (cfr. artigo 1722.º). O segundo requisito ilustra nitidamente o carácter sancionatório da solução[1575] e significa que "o artigo 1790.º só tem aplicação se, concretamente, os bens levados para o casamento pelo cônjuge inocente ou menos culpado tiverem valor superior ao dos bens que o culpado ou principal culpado trouxe para o casamento ou adquiriu a título gratuito depois dele"[1576]. O universo de hipóteses em que a sanção em apreço é concebível está, porém, consideravelmente limitado em virtude de a

---

[1573] Cfr. ac. STJ de 20/11/1984, proc. n.º 071919, e de 14/2/1991, proc. n.º 080312, ambos em *http://www.dgsi.pt*.

[1574] Cfr. LEONOR BELEZA, *Direito da Família* cit., p. 157. Não é rigorosa a ideia (defendida, por exemplo, pelo ac. RP 15/3/1993, proc. n.º 9240972, *http://www.dgsi.pt*) de que o artigo 1790.º só se aplica quando o regime de bens for o da comunhão geral.

[1575] Cfr. ac. STJ 14/2/1991, citado *supra*, na nota 1573 (o artigo 1790.º comina uma "sanção que a lei estabelece para a partilha dos bens em casamento dissolvido") e ainda: ac. RC 16/1/1990, *CJ* 1990/1, p. 86; ac. RP 15/1/1991, proc. n.º 0123796, ac. RL 13/7/1995, proc. n.º 0084336, os dois com sumário em *http://www.dgsi.pt*.

[1576] PEREIRA COELHO/GUILHERME DE OLIVEIRA, *Curso de Direito da Família* I cit., p. 659.

comunhão de adquiridos ser justamente o regime de bens supletivo (cfr. artigo 1717.º).

O artigo 1791.º prescreve mais uma sanção de natureza civil[1577] para o cônjuge declarado único ou principal culpado: ao contrário do cônjuge inocente ou menos culpado, ele não conserva os benefícios recebidos ou que haja de receber do outro cônjuge ou de terceiro, em vista do casamento ou em consideração do estado de casado. A sanção, que opera "ipso jure"[1578], afecta, indubitavelmente, as doações para casamento e as doações entre casados, como decorre do artigo 1760.º, n.º 1, alínea b), e n.º 2, e do artigo 1766.º, n.º 1, alínea c), respectivamente. São também afectados outros benefícios feitos ao cônjuge único ou principal culpado em vista do casamento ou em consideração do estado de casado, *v.g.*, as chamadas prendas de casamento[1579]. Não obstante o teor amplo da letra do artigo 2317.º, alínea d), que determina a caducidade das disposições testamentárias "se o chamado à sucessão era cônjuge do testador e à data da morte deste se encontravam divorciados ou separados judicialmente de pessoas e bens ou o casamento tenha sido declarado nulo ou anulado, por sentença já transitada ou que venha a transitar em julgado, ou se vier a ser proferida, posteriormente àquela data, sentença de divórcio, separação judicial de pessoas e bens, declaração de nulidade ou anulação do casamento", a jurisprudência entende que, com a separação de pessoas e bens e o divórcio, só ficam privadas de eficácia as liberalidades testamentárias feitas entre os

---

[1577] Cfr., por todos, PEREIRA COELHO/GUILHERME DE OLIVEIRA, *Curso de Direito da Família* I cit., p. 671.

[1578] Cfr. PEREIRA COELHO/GUILHERME DE OLIVEIRA, *Curso de Direito da Família* I cit., p. 672; PIRES DE LIMA/ANTUNES VARELA, anotação ao art. 1791.º, *Código Civil Anotado* IV cit., p. 564; ac. STJ 15/10/1996, proc. n.º 088395, http://www.dgsi.pt.

[1579] Cfr. ANTUNES VARELA, *Direito da Família* cit., p. 523; TEIXEIRA DE SOUSA, *O regime jurídico do divórcio* cit., p. 122. No mesmo sentido, mas sobre o artigo 1785.º, n.º 1, na redacção originária do Código Civil, ver ac. STJ 18/2/1986, *BMJ* 354, p. 555. Inclinam-se para a inaplicabilidade do artigo 1791.º aos simples "donativos conformes aos usos sociais", PEREIRA COELHO/GUILHERME DE OLIVEIRA, *Curso de Direito da Família* I cit., p. 672, e EDUARDO DOS SANTOS, *Direito da Família* cit., p. 400.

cônjuges se o destinatário for o cônjuge único ou principal culpado[1580]. Temos dúvidas quanto a tal interpretação, que prefere "adequar" este preceito ao disposto no artigo 1791.º em vez de o compreender como reflexo de uma regra geral sucessória (válida entre ex-cônjuges ou entre cônjuges separados de pessoas e bens, qualquer que tenha sido a declaração de culpa), com outro possível afloramento no artigo 2133.º, n.º 3. Seja como for, a "caducidade sancionatória" não deixa de atingir liberalidades testamentárias – aquelas em que o terceiro contemplou o cônjuge principal ou exclusivamente culpado, em vista do casamento ou em consideração do estado de casado. No entanto, o artigo 1791.º não abrange as vantagens económicas eventualmente decorrentes do regime de bens adoptado, já objecto do artigo 1790.º[1581].

O artigo 1792.º, um dos artigos relativos aos efeitos do divórcio que maior número de decisões dos tribunais superiores tem originado[1582], obriga quer o cônjuge único ou principal culpado quer o cônjuge que pediu o divórcio com fundamento em alteração das faculdades mentais a reparar os danos não patrimoniais causados ao outro pela dissolução do casamento. Na hipótese de divórcio com fundamento em alteração das faculdades mentais, não havendo motivo para, excepcionalmente, se declarar um dos cônjuges único ou principal culpado, o requerente tem de indemnizar os prejuízos que a outra parte sofreu por ele ter exercido o seu direito ao divórcio. Trata-se, portanto, de "um caso de responsabilidade civil por facto lícito, a juntar a todos os demais previstos no Código"[1583]. Contudo, a situação contida no artigo 1792.º não se coaduna muito com a ideia de equidade, que geralmente justifica as previsões legais de casos de responsabilidade por facto lícito. A possibilidade da vida em comum está comprometida devido à alteração das faculdades mentais de um dos cônjuges. O outro cônjuge, que não contribuiu para essa patologia mental, ao requerer o divórcio,

---

[1580] Cfr. ac. STJ 7/12/1994, proc. n.º 086057, http://www.dgsi.pt.

[1581] Cfr. PAIS DE AMARAL, Do casamento ao divórcio cit., p. 159; PIRES DE LIMA/ANTUNES VARELA, anotação ao art. 1791.º, Código Civil Anotado IV cit., p. 566; ac. STJ 14/6/1984, BMJ 338, p. 424.

[1582] No extenso rol de decisões judiciais, destaque-se o ac. RP 7/2/1980, CJ 1980/1, p. 29, e o ac. STJ 13/3/1985, BMJ 345, p. 414.

[1583] PEREIRA COELHO, "Divórcio e separação judicial" cit., p. 49.

é obrigado não só a prestar-lhe alimentos [artigo 2016.º, n.º 1, alínea b)] mas também a indemnizá-lo dos prejuízos morais decorrentes da extinção do vínculo.

O cônjuge único ou principal culpado responde já por facto ilícito. Os danos causados ao outro cônjuge pelo divórcio são consequência indirecta do comportamento censurável do cônjuge que foi declarado único ou principal culpado[1584]. Todavia, a obrigação de indemnizar imposta pelo artigo 1792.º não inclui todos os danos causados pela violação dos deveres conjugais. O artigo refere-se apenas aos danos não patrimoniais causados pela dissolução do casamento, estabelecendo no n.º 2 que o pedido de ressarcimento dos mesmos tem de ser deduzido na própria acção de divórcio. Nos danos em apreço englobam-se, designadamente, o sofrimento ocasionado pela destruição do casamento e pelo desvalor social eventualmente ligado à condição de divorciado[1585]. Dada a evolução social, é cada vez menor a repercussão negativa do divórcio sobre a reputação de um indivíduo. Por isso, há que privilegiar o ressarcimento de outros danos não patrimoniais: a perda das "ilusões matrimoniais" e a perda dos direitos conjugais pessoais[1586]. A sentença de divórcio formaliza o insucesso de um projecto afectivo, o que pode ter consequências psicológicas para o cônjuge inocente ou menos culpado. Com a dissolução do casamento, extinguem-se os deveres conjugais recíprocos, o que pode levar aquele cônjuge a sentir-se isolado e impedido de satisfazer as suas necessidades sexuais e emocionais.

[1584] Cfr. PEREIRA COELHO, *Curso de Direito da Família* I (1965) cit., p. 542: os danos resultantes do divórcio decorrem indirectamente dos factos praticados pelo cônjuge culpado.

[1585] Cfr., em *http://www.dgsi.pt*, ac. STJ 3/2/1994, proc. n.º 084646 (a indemnização foi concedida por o divórcio ter representado o ruir de toda a vida afectiva da mulher e por a qualidade de divorciada afectar a sua maneira de ser e personalidade); ac. STJ 27/2/1996, proc. n.º 088080 (à ré foi atribuída uma indemnização para compensá-la da solidão, frustração, instabilidade e insegurança resultantes da dissolução do casamento); ac. STJ 7/7/1999, proc. n.º 99B580 (decretado o divórcio, a autora obteve uma indemnização porque "foi seriamente afectada do ponto de vista afectivo, segurança e estabilidade emocional e sofreu intensamente com a desconsideração social a que foi votada já que instruída de forte religiosidade").

[1586] Cfr. ROLLAND, *La responsabilité entre époux* cit., p. 214 e s.

Atendendo ao disposto no artigo 1794.º, também são indemnizáveis os danos causados pela modificação do vínculo matrimonial[1587]. No entanto, os danos não patrimoniais decorrentes da separação de pessoas e bens ficam aquém dos que são provocados pelo divórcio[1588]. A esperança de reconciliação subsiste. A desconsideração da condição de separado de pessoas e bens é inferior à que suscita, no meio social e nos ensinamentos da Igreja Católica, a condição de divorciado.

Na opinião de Dias José[1589], o artigo 1792.º confere direito a indemnização "apenas ao cônjuge inocente ou menos culpado que não pede nem pretende o divórcio por não estar convencido do carácter irremediável e definitivo da cessação das relações conjugais. Logo que pede o divórcio ainda que por via reconvencional, qualquer dos cônjuges está a demonstrar de forma inequívoca que deixou de lhe interessar a relação conjugal e seria iníquo demandar do seu cônjuge indemnização pelo fim e dissolução que ele também pretende. Seria algo como ir contra facto próprio ou pedir indemnização pelo divórcio por mútuo consentimento". Esta interpretação restritiva, que não é seguida pela generalidade da doutrina nem da jurisprudência[1590], assenta numa visão deformada do fenómeno da causalidade. Os danos decorrentes da dissolução do casamento não são imputáveis a quem pede o divórcio, mas ao cônjuge que, com a sua conduta, comprometeu a possibilidade da vida em comum. O pedido de divórcio formulado pelo cônjuge inocente ou menos culpado fundamenta-se numa situação de ruptura que foi provocada pelo outro. Negar-lhe o direito de ser indemnizado pelos danos derivados da dissolução do casamento, em virtude de ter

---

[1587] Cfr. ac. RC 25/6/1985, *BMJ* 348, p. 475; ac. RP 28/10/1991, proc. n.º 9110382, *http://www.dgsi.pt*.

[1588] Cfr. GUITON, "Les dommages-intérêts en réparation d'un préjudice résultant du divorce", *D*. 1980, chron., p. 238; LOBIN, "Les dommages-intérêts en matière de divorce et de séparation de corps", *JCP* 1953.I.1109, n.º 2.

[1589] DIAS JOSÉ, "Indemnizar pelo divórcio?", *TJ* 1985, n.º 5, pp. 4 e 8.

[1590] Cfr., em particular, o ac. STJ 18/2/1986, *BMJ* 354, p. 567, e ÂNGELA CERDEIRA, *Da responsabilidade civil dos cônjuges entre si* cit., pp. 157 e 158, que argumentam a favor do reconhecimento do direito à indemnização em causa ao cônjuge inocente ou menos culpado que deduziu o pedido de divórcio.

sido ele que a solicitou, é tão estranho quanto negar ao credor o direito de ser indemnizado pelos danos decorrentes da extinção de um contrato que ele resolveu por haver, da parte do devedor, incumprimento ou impossibilidade culposa da prestação (cfr., designadamente, artigo 801.º, n.º 2, do Código Civil).

O artigo 1792.º teve por fonte o artigo 266 do *Code civil*, na versão de 1975. Não obstante isto, o artigo 1792.º do nosso Código, ao contrário da disposição legal francesa, não prevê a indemnizabilidade dos danos patrimoniais sofridos com a dissolução do casamento. Como melhor exemplo desta categoria de danos, menciona-se, no direito francês, o agravamento das condições materiais de existência ou a perda de um certo nível de vida. Mas, uma vez que é usado o instituto da prestação compensatória para corrigir o desequilíbrio económico entre os ex-cônjuges, entende-se que o espaço que cabe à responsabilidade civil por prejuízos materiais acaba por ser muito reduzido. Praticamente, a indemnização só seria concebível quando houvesse "a perda de uma oportunidade precisa de lucro na empresa do cônjuge" ou a obrigação de assumir despesas excepcionais para efectuar uma mudança de residência. Nada que se compare, pois, à relevância da indemnização por danos não patrimoniais[1591]. Posto isto, é legítimo supor que o legislador português afastou a reparação dos danos patrimoniais causados pelo divórcio[1592]. A solução, que se corporiza na única diferença substancial entre o texto do artigo 1792.º do nosso Código Civil e o artigo 266 do *Code civil*, na versão de 1975, partiu, em boa parte, do princípio de que o regime dos alimentos seria sufi-

---

[1591] Cfr. GUITON, "Les dommages-intérêts en réparation d'un préjudice résultant du divorce" cit., n.os 13 e 15.

[1592] Cfr. ANTUNES VARELA, *Direito da Família* cit., p. 523: "São intencionalmente excluídos do âmbito da indemnização os danos de carácter patrimonial, nomeadamente os lucros cessantes relacionados com a não conservação do casamento". Ver ainda LEONOR BELEZA, *Direito da Família* cit., pp. 160-161; ac. RL 1/4/1982, *CJ* 1982/2, p. 176; ac. STJ de 13/3/1985, *BMJ* 345, p. 414, e de 18/2/1986, *BMJ* 354, p. 567. Diversamente, defendendo a indemnizabilidade dos prejuízos patrimoniais resultantes da extinção do vínculo, EDUARDO DOS SANTOS, *Direito da Família* cit., p. 406; ac. RP 31/7/1980, *BMJ* 303, p. 271.

ciente para assegurar, no fundamental, a reparação daqueles danos[1593]. Mas, terá sido devidamente ponderado o carácter da prestação de alimentos?

Por fim, o artigo 1792.º não prevê a indemnização por danos causados directamente pela violação dos deveres conjugais. Na linha do que se tem observado no direito francês[1594], defende-se, porém, que o cônjuge inocente ou menos culpado pode sempre reclamar o ressarcimento de tais danos, nos termos gerais, utilizando a via processual comum[1595]. De facto, o artigo 1792.º não estabelece nem pretende estabelecer uma disciplina exaustiva da matéria da responsabilidade civil conexa, directa ou indirectamente, com os deveres conjugais. Por consagrar somente a reparação dos danos que são consequência do divórcio, não se pode presumir que a disposição legal obste à indemnização dos danos imediatamente resultantes do incumprimento dos deveres conjugais[1596]. Afinal, o artigo 1792.º insere-se numa subsecção dedicada aos efeitos do divórcio.

Obtido o divórcio ou a separação de pessoas e bens, o artigo 1793.º, n.º 1, permite ao tribunal "dar de arrendamento a qualquer dos

---

[1593] Segundo PEREIRA COELHO/GUILHERME DE OLIVEIRA, *Curso de Direito da Família* I cit., p. 689, tal reparação "é ponto a considerar noutra sede, na fixação do montante da prestação de alimentos (artigo 2016.º, n.º 3)".

[1594] Cfr., entre outros, BOIZEL, "Le divorce et la faute" cit., pp. 907-908.

[1595] Neste sentido, é abundante a jurisprudência nacional. Entre os primeiros arestos, cfr. ac. RP 28/4/1981, *CJ* 1981/2, p. 126; ac. RP 21/4/1982, *CJ* 1982/2, p. 301; ac. RL 29/11/1984, *CJ* 1984/5, p. 157; ac. STJ 5/2/1985, *BMJ* 344, p. 357; ac. STJ 13/3/1985, *BMJ* 345, p. 414. Entre os últimos arestos, cfr. ac. RP 8/3/1999, *CJ* 1999/2, p. 176, e ac. STJ 8/2/2001, proc. n.º 00A4061, *http://www.dgsi.pt*. O ac. STJ 5/2/1985, citado nesta nota, explica a razão de ser da exigência da forma de processo comum: enquanto os danos causados pela dissolução do casamento são de averiguação e instrução fáceis, coadunando-se com o tipo especial do processo de divórcio – e por isso é que o artigo 1792.º, n.º 2, impõe que o pedido da sua indemnização seja deduzido na própria acção de divórcio –, os danos resultantes (directamente) da violação dos deveres conjugais pressupõem um esforço de averiguação e instrução que se não compadece com a natureza especial desse processo.

[1596] Todavia, ALMEIDA COSTA, *Direito das Obrigações* cit., p. 108, nota 1, pronuncia-se contra a regra da aplicação da responsabilidade civil no âmbito dos direitos familiares pessoais, apoiando-se numa interpretação *a contrario sensu* do artigo 1792.º, n.º 1.

cônjuges, a seu pedido, a casa de morada da família, quer esta seja comum quer própria do outro, considerando, nomeadamente, as necessidades de cada um dos cônjuges e o interesse dos filhos do casal". Se os cônjuges viverem em casa arrendada, o artigo 84.º, n.º 2, do RAU, confere ao tribunal o poder de decidir acerca da atribuição do direito ao arrendamento, "tendo em conta a situação patrimonial dos cônjuges, as circunstâncias de facto relativas à ocupação da casa, o interesse dos filhos, a culpa imputada ao arrendatário na separação ou divórcio, o facto de ser o arrendamento anterior ou posterior ao casamento e quaisquer outras razões atendíveis". O artigo 1793.º do Código Civil não alude à culpa e o artigo 84.º do RAU menciona apenas "a culpa imputada ao arrendatário". Apesar de tudo, não há dúvidas quanto à necessidade de ser considerada a culpa de ambos os cônjuges na separação ou no divórcio, sempre que se discuta a questão do destino da casa de morada da família[1597]. A controvérsia surge em torno da importância relativa da declaração do cônjuge culpado no conjunto dos factores que influenciam a decisão. Um sector entende que seria inadmissível atribuir o arrendamento da casa ao cônjuge único ou principal culpado: "ir-se-ia contra o espírito que anima o sistema de divórcio, a partilha de bens depois do casamento, e a perda de benefícios que o cônjuge culpado ou principal culpado vê infligida"[1598]. Prevalece,

---

[1597] Sobre o artigo 84.º, n.º 2, do RAU, cfr. PEREIRA COELHO/GUILHERME DE OLIVEIRA, *Curso de Direito da Família* I cit., p. 669, nota: "Embora a letra do preceito apenas refira expressamente a culpa imputada «ao arrendatário», é manifesto que também releva a culpa imputada ao cônjuge ou ex-cônjuge não arrendatário". Sobre o artigo 1793.º do Código, cfr. ac. STJ 8/11/1988, *TJ* 1988, n.º 12, p. 33 ("I- Na atribuição do direito ao arrendamento da casa de morada de família a um dos cônjuges, deve o juiz tomar em consideração não só os factores referidos no artigo 1793.º, n.º 1, do CC, mas ainda quaisquer outros que o seu bom senso e sentido de equidade lhe apontem como relevantes. II- Entre estes, deve o juiz atender a qual dos ex-cônjuges foi declarado o único ou principal culpado"); ac. RL 21/5/1998, proc. n.º 0020052, *http://www.dgsi.pt* (a decisão que constitui o arrendamento decretado ao abrigo do artigo 1793.º "pode fazer apelo ao elemento culpa do divórcio, uma vez que a consagração do advérbio «nomeadamente» no n.º 1 daquele normativo representa uma cláusula genérica susceptível de o considerar").

[1598] Cfr. LEITE DE CAMPOS, *Lições de Direito da Família*, 2.ª ed., cit., p. 307. Ver igualmente ANTUNES VARELA, *Direito da Família* cit., p. 529: "Seria altamente

porém, a tese de que a "necessidade" da casa é o critério principal[1599]. Não é objectivo da lei castigar o culpado e premiar o inocente, mas "proteger o cônjuge ou ex-cônjuge que mais seria atingido pelo divórcio ou pela separação quanto à estabilidade da habitação familiar, cônjuge ou ex-cônjuge ao qual, porventura, os filhos tivessem sido confiados". A culpa desempenha, portanto, um papel secundário: "só quando as necessidades de ambos os cônjuges ou ex-cônjuges forem iguais ou sensivelmente iguais haverá lugar para considerar a culpa que possa ou tenha sido efectivamente imputada a um e outro na sentença de divórcio ou separação judicial de pessoas e bens".

No regime dos alimentos, já se não pode contestar a importância cimeira do aspecto da culpa. O cônjuge inocente ou menos culpado tem direito a alimentos, direito que, em regra, é recusado ao cônjuge único

---

chocante, por exemplo, que o divórcio tivesse sido decretado porque um dos cônjuges atentou contra a vida do outro ou o traiu escandalosamente, e a vítima do atentado ou do adultério fosse coagida a arrendar-lhe a sua casa própria, a pretexto de o culpado ter necessidade do imóvel ou de tal ser exigido pelo interesse dos filhos".

[1599] Cfr. PEREIRA COELHO, anotação ao ac. STJ 2/4/1987, *RLJ* 122, 1989-90, pp. 207-208 (o acórdão em apreço encontra-se publicado na p. 118). Identicamente, JANUÁRIO GOMES, *Arrendamentos para habitação*, Coimbra, Almedina, 1994, p. 154; SALTER CID, *A protecção da casa de morada da família* cit., p. 326 e s. Na jurisprudência, cfr. ac. STJ 19/11/1991, *BMJ* 411, p. 578; ac. RP 14/3/1995, *CJ* 1995/2, p. 199; ac. RL 26/10/1995, proc. n.º 0000483, *http://www.dgsi.pt*; ac. STJ 12/3/1996, proc. n.º 96B019, *http://www.dgsi.pt*. De assinalar também outros arestos, *v.g.*, aqueles em que o arrendamento da casa de habitação do casal foi atribuído ao cônjuge único ou principal culpado: ac. STJ de 27/10/1983, proc. n.º 070821, *http://www.dgsi.pt*, e 25/10/1988, *TJ* 1988, n.º 12, p. 33.

PIRES DE LIMA/ANTUNES VARELA, anotação ao art. 1793.º, *Código Civil Anotado* IV cit., pp. 570-571, ao excluírem a existência de uma "ordem rígida de prioridade" entre as circunstâncias atendíveis na decisão judicial sobre o destino da casa de morada da família não arrendada, parecem aderir a uma posição intermédia. Da mesma forma, PAIS DE AMARAL, *Do casamento ao divórcio* cit., pp. 153-154. O ac. STJ 19/6/1980, *BMJ* 298, p. 329, sustentou que a culpa na separação ou divórcio apresentava relevância igual à dos demais elementos do elenco constante do artigo 1110.º, n.º 3, do Código Civil. O elenco desta disposição legal, entretanto revogada, coincidia com o do artigo 84.º, n.º 2, do RAU. Um acórdão mais recente – RL 14/4/1994, proc. n.º 0075512, *http://www.dgsi.pt* – afirma ser igual o peso dos vários critérios de atribuição do arrendamento da casa em que residia a família.

ou principal culpado (cfr. artigo 2016.º, n.ᵒˢ 1 e 2). É pacífico o cariz sancionatório da recusa de alimentos ao cônjuge único ou principal culpado. É, porém, polémico o problema de saber se os alimentos têm ou não significado análogo ao da prestação compensatória do direito francês, no caso de divórcio ou de separação de pessoas e bens. Uma boa parte da doutrina responde negativamente[1600]. Outra parte da doutrina e alguma jurisprudência defendem que a prestação de alimentos deve assegurar ao alimentando o nível de vida de que gozava antes da ruptura da vida em comum[1601]. E regista-se ainda uma opinião intermédia, segundo a qual o cônjuge titular do direito de alimentos "poderá aspirar a um socorro que o coloque numa situação razoável – acima do limiar de sobrevivência, «nos limites de uma vida sóbria», provavelmente abaixo do padrão de vida que o casal atingiria"[1602]. Ora, mesmo que se admita que o direito de alimentos que é reconhecido ao cônjuge inocente ou menos culpado se concretiza numa prestação compensatória, destinada a corrigir o desequilíbrio económico decorrente da ruptura do casamento e proporcionando, por isso, um resultado de certa forma similar ao de uma indemnização por danos materiais causados pela dissolução do casamento, a verdade é que a função dos alimentos é assistencial e não ressarcitória[1603]. Na fixação dos alimentos, atende-

---

[1600] Cfr. LEITE DE CAMPOS, *Lições de Direito da Família*, 2.ª ed., cit., p. 311; ÂNGELA CERDEIRA, *Da responsabilidade civil dos cônjuges entre si* cit., p. 160 e s.; M. N. LOBATO GUIMARÃES, "Alimentos", *Reforma do Código Civil* cit., p. 190; PIRES DE LIMA/ANTUNES VARELA, anotação ao art. 2016.º, *Código Civil Anotado*, vol. V, Coimbra, Coimbra Editora, 1995, p. 612; GALVÃO TELLES, parecer, *CJ* 1988/2, pp. 20-21.

[1601] Cfr. ABEL DELGADO, *O divórcio* cit., p. 168; EDUARDO DOS SANTOS, *Direito da Família* cit., pp. 404-405; JOÃO TOMÉ, *O direito à pensão de reforma* cit., pp. 319, 320 e 327. Ver, na jurisprudência, acórdãos do STJ de 25/1/1979, *BMJ* 283, p. 310, de 18/6/1985, proc. n.º 072556, e de 16/2/1993, proc. n.º 083123, os dois últimos com o sumário disponível em http://www.dgsi.pt.

[1602] Cfr. PEREIRA COELHO/GUILHERME DE OLIVEIRA, *Curso de Direito da Família* I cit., pp. 678-679.

[1603] Isto é aceite até pelos adeptos da ideia da prestação compensatória: cfr., designadamente, EDUARDO DOS SANTOS, *Direito da Família* cit., p. 405, para quem a obrigação de alimentos não tem natureza indemnizatória. Diferentemente, ANTUNES VARELA, *Direito da Família* cit., p. 525: "O carácter indemnizatório da prestação

se às necessidades do cônjuge credor e às possibilidades do cônjuge devedor (artigo 2004.º, n.º 1, e artigo 2016.º, n.º 3, *in fine*). A prestação não é determinada pelo montante do dano.

O rol de normas relativas às consequências da extinção ou modificação do vínculo matrimonial que sancionam a prática de ilícitos conjugais ficaria incompleto se se não referisse o artigo 1789.º, n.º 2, preceito que permite a um dos cônjuges requerer que os efeitos do divórcio se retrotraiam à data em que a coabitação tenha cessado por culpa exclusiva ou predominante do outro. Deste modo, admite-se que o divórcio produza efeitos quanto às relações patrimoniais entre os cônjuges antes da data da proposição da acção, o que representa uma excepção à regra estabelecida pelo artigo 1789.º, n.º 1, com eventuais consequências desfavoráveis para o cônjuge único ou principal culpado do fim da coabitação. A partir da data da cessação da coabitação, todos os bens que venham a ser adquiridos por um dos cônjuges são incomunicáveis. Se, por exemplo, o casamento for celebrado sob o regime da comunhão geral de bens, o imóvel herdado pelo cônjuge requerente da retroacção, após a separação, é tido como bem próprio do herdeiro; se o casamento for celebrado sob o regime da comunhão de adquiridos, o salário auferido pelo cônjuge requerente, após o fim da coabitação, não integrará a comunhão.

Normalmente, a aplicação do artigo 1789.º, n.º 2, ocorre nos casos de divórcio litigioso fundado em violação do dever de coabitação ou

---

explica que os alimentos onerem, em princípio, o cônjuge culpado ou o cônjuge tido (judicialmente) por principal culpado no divórcio". Contudo, a relevância que é concretamente conferida à culpa em matéria de alimentos indicia apenas a presença de uma componente sancionatória. Aliás, PIRES DE LIMA/ANTUNES VARELA, anotação ao art. 2019.º, *Código Civil Anotado* V cit., p. 618, entendem que "a concepção indemnizatória do direito a alimentos, apesar da inegável influência que o factor da culpa reveste nalguns casos do seu reconhecimento, nenhuma base de apoio encontra no direito português e que dos princípios da responsabilidade civil nenhuma conclusão se pode extrair para a definição do regime da obrigação alimentícia". M. N. LOBATO GUIMARÃES, "Alimentos" cit., p. 197, escreve: "Os alimentos terão como base primeira uma compensação-indemnização pela perda dos benefícios da comunidade que fiquem sem cobertura". Mas, noutra passagem (ob. cit., p. 190), entende que, após a extinção da comunidade familiar, um cônjuge não pode accionar o outro para beneficiar do nível de vida comum anterior.

em separação de facto. No entanto, nada impede que a disposição se aplique quando o pedido de divórcio se fundar em outras causas, *v.g.*, em violação do dever de fidelidade. Um cônjuge pode requerer que os efeitos do divórcio se retrotraiam à data em que cessou a coabitação, alegando, nomeadamente, que o requerido cometeu adultério e que por isso se separou dele[1604]. Mas, a culpa que é condição da retroacção é diferente da culpa que o artigo 1787.º prevê[1605]. Neste normativo, trata-se da culpa pelo divórcio. No artigo 1789.º, n.º 2, da culpa pela cessação da coabitação. Surge, assim, uma zona de potenciais dissonâncias no sistema de garantia dos deveres conjugais. Aquele cônjuge que foi declarado menos ou igualmente culpado, nos termos do artigo 1787.º, não está livre de ser afectado pelo mecanismo do artigo 1789.º, n.º 2.

107. A despeito de conter uma vertente largamente sancionatória, o regime português dos efeitos do divórcio não torna inútil o recurso ao instituto geral da responsabilidade civil. A regulamentação jurídica indemnizatória especificamente familiar resume-se ao disposto no artigo 1792.º do Código Civil. Não se estabelece qualquer forma de tutela compensatória oponível a um terceiro que tenha contribuído para o incumprimento ou para a impossibilidade de cumprimento dos deveres conjugais, nem se impõe ao cônjuge único ou principal culpado a obrigação de reparar integralmente os danos resultantes da lesão dos direitos conjugais.

Além disso, o esquema de sanção do ilícito conjugal através das consequências do divórcio, delineado pelo nosso Direito da Família, enferma de dois vícios. Por um lado, a sua formulação afigura-se demasiado rígida. Por exemplo, o cônjuge único ou principal culpado perde as vantagens decorrentes da celebração do casamento sob um regime de bens com comunicabilidade superior à comunhão de adquiridos e os benefícios recebidos ou que haja de receber do outro cônjuge ou de terceiro, em vista do casamento ou em consideração do estado de casado. Perde todas as vantagens e todos os benefícios. Não há um

---

[1604] Cfr. PEREIRA COELHO/GUILHERME DE OLIVEIRA, *Curso de Direito da Família* I cit., p. 657.
[1605] Cfr. ac. STJ 12/6/1997, *BMJ* 468, p. 411.

meio termo. Não há um sentido de proporcionalidade. Por outro lado, até nas disposições legais em que a culpa adquire importância crucial, a sanção aí prevista é, na prática, demasiado eventual: *v.g.*, o artigo 1790.º não se aplica quando vigorar o regime supletivo ou da separação de bens; "na generalidade dos casos, não há lugar à aplicação do artigo 1791.º por o cônjuge declarado único ou principal culpado não ter recebido qualquer dos «benefícios» aí referidos"[1606]; a solução do artigo 2016.º só atinge o cônjuge único ou principal culpado se ele carecer de alimentos.

Não é aconselhável, porém, a passagem a um sistema de tutela dos deveres conjugais totalmente assente no instituto da responsabilidade civil. Deve aproveitar-se a disciplina específica dos efeitos do divórcio para prevenir a ocorrência de situações chocantes[1607]. Não sendo perfeito, o melhor caminho parece consistir na adopção de um sistema que conjugue a responsabilidade civil nos termos gerais com uma regulamentação jus-familiar das consequências do divórcio (nomeadamente, no plano da partilha dos bens, da eficácia das liberalidades, da atribuição da casa de morada da família, dos alimentos

---

[1606] PEREIRA COELHO/GUILHERME DE OLIVEIRA, *Curso de Direito da Família* I cit., p. 175.

[1607] Em França, a Assembleia Nacional adoptou em primeira leitura, no dia 10 de Outubro de 2001, uma proposta de lei que se traduz na abolição da consideração da culpa na secção do *Code civil* sobre as consequências do divórcio e na introdução de uma norma que permite a um cônjuge formular contra o outro, no próprio processo de divórcio, um pedido de indemnização fundado no direito comum. Sobre o diploma, interessa ouvir a voz abalizada de LÉCUYER, "Brèves observations sur la proposition de loi «portant réforme du divorce»", *Dr. Fam.* 2001/12, p. 4: "Un homme délaisse sa femme au profit de sa maîtresse, ne s'acquittant plus, de plus, de longue date de sa contribution aux charges du mariage. Il décide, contre la volonté de son épouse, le divorce. La donation de biens à venir qu'il a consenti à cette dernière, les avantages matrimoniaux qui lui bénéficiaient sont révoqués. Non content de ce beau coup, l'homme demande et obtient le report des effets du divorce, au plan patrimonial, au jour où il a cessé toute cohabitation et collaboration avec celle qu'il a abandonnée et enfin, obtient le versement à son profit, d'une prestation compensatoire. Situation inouïe? Abjecte? Situation en voie d'être légalisée". Todavia, a situação não chegou a ser "legalizada" (cfr. *supra*, nota 1499)

e da pensão de reforma[1608]) em que o ilícito conjugal releve por via de cláusulas de equidade negativa. Uma técnica de sanção centrada na equidade nada tem de rígido ou automático. E a adição da tutela indemnizatória contrabalança uma certa tendência discriminatória ligada à legislação que fixa as consequências do divórcio sem abstrair da violação dos deveres conjugais. Dados os reflexos da culpa pelo divórcio no domínio do direito a alimentos *lato sensu*, esta legislação[1609] afecta sobretudo a "parte economicamente mais débil", normalmente a mulher. O mesmo se não pode dizer acerca da obrigação de indemnizar.

[1608] O problema do direito à pensão de reforma no divórcio tem de ser expressamente regulado pela lei portuguesa, sob pena de continuar a ser ignorado pelos tribunais, tanto mais que são discutíveis as soluções que a legislação actual é susceptível de disponibilizar (elemento que determina o "quantum" da obrigação de alimentos ou bem comum do casal a partilhar – cfr. JOÃO TOMÉ, *O direito à pensão de reforma* cit., p. 224 e s., p. 301 e s.).

[1609] Neste aspecto, em pouco se distingue o sistema de equidade do sistema de declaração da culpa. Sobre o primeiro, cfr. *supra*, n.º 103. Sobre o segundo, cfr. FURKEL, "La faute dans le divorce" cit., p. 1181, que, apreciando o direito francês instituído pela reforma de 1975, comenta: "Il faut déplorer notamment que la femme, maltraitée parfois des années durant par un conjoint auquel elle a sacrifié sa profession, puisse se retrouver sans ressources si elle a la faiblesse de se consoler avec un tiers!". Não obstante o esforço algo forçado de desculpabilização do adultério, a nota vale por esboçar o perfil do cônjuge mais exposto às sanções que compõem a garantia jurídica tipicamente familiar.

B. *A RELAÇÃO CONJUGAL COMO* UMA PARTE DO MUNDO

1. A RESPONSABILIDADE CIVIL POR VIOLAÇÃO DOS DEVERES CONJUGAIS SEXUAIS

1.1. A admissibilidade da responsabilidade civil por ilícito conjugal

1.1.1. *A natureza e a garantia dos deveres conjugais sexuais; o argumento da liberdade; o discurso da imunidade interconjugal*

108. É a questão da responsabilidade civil por ilícito conjugal que revela a existência de uma profunda fractura entre duas concepções acerca da garantia dos deveres conjugais pessoais. Para uma delas, as consequências do ilícito conjugal são estabelecidas exclusivamente pela regulamentação familiar. No direito português e no direito francês, decorrente da reforma de 1975, isto significa que apenas é admissível a reparação dos danos causados pelo divórcio. Nos ordenamentos espanhol, italiano e alemão, a doutrina da fragilidade da garantia implica a recusa do ressarcimento de quaisquer danos resultantes, directa ou indirectamente, do incumprimento de um dever conjugal pessoal. Para a outra concepção, nada impede a aplicação dos meios comuns de tutela. Ou seja, o cônjuge infractor é susceptível de incorrer em responsabilidade civil, nos termos gerais.

No direito português, os tribunais entendem que os danos causados por ilícito conjugal estão sujeitos ao regime geral da responsabilidade civil[1610]. Na doutrina, a posição da fragilidade da garantia

---

[1610] Seria fastidioso enumerar as dezenas de acórdãos dos tribunais superiores que foram proferidos neste sentido, após a entrada em vigor da reforma de 1977. Deste modo, limitamo-nos a referir os seguintes arestos: o ac. RP 7/2/1980, *CJ*

conta com o apoio de juristas ilustres[1611], mas tem vindo a perder influência nos últimos anos[1612]. No direito francês, a tese da exclusividade da regulamentação familiar não assume grande expres-

---

1980/1, p. 29, que foi o primeiro, em toda a jurisprudência superior, a tomar posição sobre o assunto, tendo declarado que nada impede que o cônjuge que pratica o adultério em que se fundamentou o divórcio se constitua na obrigação de indemnizar, nos termos gerais dos artigos 483.º e seguintes do Código Civil, por todos os danos causados; o ac. STJ 5/2/1985, *BMJ* 344, p. 357, primeiro acórdão do mais alto tribunal judicial a debruçar-se sobre a matéria; o ac. RP 20/10/1988, *CJ* 1988/4, p. 201, que apreciou o recurso de uma sentença em que o ex-marido fora condenado no pagamento, à sua ex-mulher, de uma indemnização pelos danos morais emergentes dos factos ilícitos causais do divórcio (*v.g.*, a circunstância de o R. ter ido viver com outra mulher, na constância do matrimónio); o ac. STJ 26/6/1991, *BMJ* 408, p. 538, que condenou um cônjuge a pagar ao outro uma indemnização pelos danos decorrentes da prática de relações sexuais com pessoa do mesmo sexo e da violação do dever de coabitação carnal; o ac. STJ 27/10/1992, proc. n.º 82749, *http://www.dgsi.pt*, que considerou que o cônjuge que pratica o adultério tem de indemnizar o outro por todos os danos causados, nos termos gerais do artigo 483.º e s. do Código Civil; o ac. RC 15/2/2000, proc. n.º 2890/99, *http://www.dgsi.pt*, que esclareceu que a indemnização devida pelos danos causados pelos factos ilícitos geradores do divórcio, designadamente pelo adultério praticado pelo cônjuge infractor, está sujeita aos princípios da responsabilidade civil por factos ilícitos.

[1611] Cfr. ALMEIDA COSTA, *Direito das Obrigações* cit., pp. 107-108; ANTUNES VARELA, *Das obrigações em geral* I cit., pp. 199-200, e *Direito da Família* cit., pp. 370-371; GONÇALVES DE PROENÇA, *Direito da Família* cit., pp. 26-27; LEITE DE CAMPOS, *Lições de Direito da Família*, 2.ª ed., cit., pp. 141-142.

[1612] Cfr. PAIS DE AMARAL, *Do casamento ao divórcio* cit., p. 151; ÂNGELA CERDEIRA, *Da responsabilidade civil dos cônjuges entre si* cit., p. 175; PEREIRA COELHO, *Curso de Direito da Família* (1987) cit., p. 112; PEREIRA COELHO/GUILHERME DE OLIVEIRA, *Curso de Direito da Família* I cit., p. 176; CRISTINA DIAS, "Responsabilidade civil e direitos familiares conjugais (pessoais e patrimoniais) – Possibilidade de indemnização ou fragilidade da garantia?", *SI* 2000, pp. 359-360; GRASSI DE GOUVEIA, *O Direito patrimonial do divórcio*, dact., relatório do curso de aperfeiçoamento conducente a doutorado, Faculdade de Direito da Universidade de Lisboa, 1998, p. 61; HÖRSTER, "A respeito da responsabilidade civil dos cônjuges entre si" cit., p. 115 e s.; EDUARDO DOS SANTOS, *Direito da Família* cit., pp. 405-406 (admite a indemnização de danos que não estão previstos no artigo 1792.º do Código Civil); CAPELO DE SOUSA, *O direito geral de personalidade,* cit., p. 231, nota 489 (afirma que pode haver responsabilidade civil entre os cônjuges, com fundamento nas práticas sexuais extramatrimoniais de um deles); TEIXEIRA DE SOUSA, *O regime*

são[1613]. No direito espanhol[1614], a jurisprudência e alguns autores excluem a possibilidade de o cônjuge ofendido pelo incumprimento do dever de fidelidade ou de outros deveres conjugais pessoais exigir uma

---

jurídico do divórcio cit., p. 123; ROCHA TORRES, *O Direito patrimonial do divórcio*, dact., relatório de mestrado, Faculdade de Direito da Universidade de Lisboa, 1996, p. 45 (mas, *de jure condendo*, a favor da fragilidade da garantia – cfr. ob. cit., p. 50).

[1613] As vozes que manifestam reservas quanto à tutela dos deveres conjugais pessoais através do instituto geral da responsabilidade civil são raras e anteriores à reforma de 1975. Na década de 60, do século XX, cfr. LABRUSSE, "Les actions en justice intentées par un époux contre son conjoint" cit., pp. 449-450; TUNC, "Le préjudice causé par l'infidélité conjugale", *RTDC* 1961, p. 312. É da mesma época um acórdão de uma Cour d'appel (App. Paris 27/6/1963, *JCP* 1963.II.13360) que negou a um cônjuge lesado, pelo incumprimento do dever de coabitação, o direito de ser indemnizado nos termos comuns. A Cour de cassation (CassFr 9/11/1965, *D*. 1966, p. 80, com anotação de J. MAZEAUD) revogou-o, reconhecendo ao cônjuge afectado pelo incumprimento de um dever conjugal a possibilidade de exigir ao cônjuge infractor uma reparação dos prejuízos distintos daqueles que emergem da extinção ou modificação do vínculo matrimonial. Aliás, a Cour de cassation sempre admitiu esta possibilidade [cfr. MAZERON/RUBELLIN, em Rubellin-Devichi (org.), *Droit de la Famille* cit., p. 288]. No primeiro lustro da década de 70, cfr. THOMAS, *Les interférences du Droit des Obligations et du Droit Matrimonial* cit., p. 305 (que se confessou chocado com a aplicação das regras gerais da responsabilidade civil aos casos de adultério); TGI Brest 9/7/1974, *D*. 1975, p. 418 (que concluiu: "l'un des conjoints ne peut engager la responsabilité de l'autre, que ce soit sur le terrain délictuel ou contractuel, dans les termes du droit commun, par application des dispositions des art. 1382 ou 1142 c.civ., pour un manquement pur et simple aux obligations nées du statut de l'institution matrimoniale"), com nota discordante de PRÉVAULT.

[1614] Um acórdão do Tribunal Supremo de 30 de Julho de 1999, *La Ley* 1999/6, 11101, p. 777, é particularmente ilustrativo da orientação dos tribunais do país vizinho, que se pronunciam pela exclusividade da regulamentação familiar. A situação na doutrina é, porém, diversa. A ideia da fragilidade da garantia é sustentada por ALBALADEJO, *Curso de Derecho Civil* IV cit., pp. 119 e 121; MORO ALMARAZ/SÁNCHEZ CID, *Lecciones de Derecho de Familia* cit., p. 90; LÓPEZ Y LÓPEZ, "Efectos personales y patrimoniales del matrimonio" cit., p. 88; TORRERO MUÑOZ, *Las crisis familiares en la jurisprudencia* cit., p. 57 e s., e *Curso básico de Derecho de Familia* cit., p. 34. Mas um sector importante entende que o adultério obriga o cônjuge infractor a reparar os danos sofridos pelo outro: cfr. ALONSO PÉREZ, "Dialéctica entre fidelidad matrimonial" cit., p. 57, nota 35; GARCÍA CANTERO, *Comentarios al Código Civil* cit., pp. 195-196; GETE-ALONSO Y CALERA, "De los derechos y deberes de los cónyuges" (1993) cit., p. 321; LACRUZ BERDEJO, *Derecho de Familia* (1997) cit.,

indemnização por perdas e danos. No direito italiano[1615], o panorama é pouco nítido. No direito alemão[1616], a jurisprudência rejeita a admissibilidade da indemnização com fundamento em violação dos deveres conjugais pessoais e a doutrina encontra-se dividida.

---

pp. 103-104, e comentário ao artigo 68, em Lacruz Berdejo (org.), *Matrimonio y divorcio* (1994) cit., p. 663; RAGEL SÁNCHEZ, *Estudio legislativo y jurisprudencial de Derecho Civil: Familia*, Madrid, Dykinson, 2001, pp. 131-133 (em que critica o acórdão do Tribunal Supremo mencionado nesta nota); SANCHO REBULLIDA, em *Comentarios al Código Civil* II cit., pp. 124-125; SANTOS BRIZ, *Derecho Civil* V cit., p. 96.

[1615] No acórdão do Trib. Milano 10/2/1999, *DFP* 2001, p. 988, defendeu-se a indemnizabilidade dos danos emergentes do incumprimento dos deveres conjugais pessoais. No entanto, a Corte di Cassazione não tem adoptado uma linha uniforme: no acórdão de 19 de Junho de 1975, *RFI* 1975, *Matrimonio*, 1939, n.º 288, admitiu o ressarcimento dos danos patrimoniais resultantes da violação do dever de fidelidade; nos acórdãos de 22 de Março de 1993 e de 6 de Abril 1993, publicados no *MGiust.Civ.* 1993, pp. 535 e 624, respectivamente, rejeitou a hipótese de haver uma indemnização por incumprimento dos deveres conjugais; no acórdão de 26 de Maio de 1995, *MGiust.Civ.* 1995, p. 1082, afirmou que os factos que levam à declaração de "addebito" podem integrar um ilícito gerador de responsabilidade civil. Na doutrina, é difícil dizer qual é actualmente a tendência dominante. A favor da fragilidade da garantia, estão, designadamente, DOGLIOTTI, "La responsabilità civile entra nel diritto di famiglia", *DFP* 2002, p. 61 e s.; GERI, "Interessi emergenti, tutela risarcitoria e nozione di danno", *RCDP* 1996, pp. 47-49; LENTI, "Famiglia e danno esistenziale", capítulo da obra *Il danno esistenziale. Una nuova categoria della responsabilità civile*, a cura di Cendon e Ziviz, Milano, Giuffrè, 2000, p. 255 e s.; PALETTO, anotação a Trib. Roma 17/9/1988 cit., p. 566. Contra a opinião da exclusividade da regulamentação familiar, pugnam, por exemplo, DE MARZO, comentário a Trib. Firenze 13/6/2000, *Dan. e Resp.* 2001, p. 746 (o acórdão em apreço encontra-se publicado na p. 741); FRACCON, "I diritti della persona nel matrimonio" cit., p. 384 e s.; PATTI, "*Famiglia e responsabilità civile* cit., p. 74 e s.; P. della ROCCA, "Violazione dei doveri coniugali: immunità o responsabilità?", *RCDP* 1988, p. 618 e s.

[1616] Após a II Guerra Mundial, é fundamental o acórdão do BGH 30/1/1957, *BGHZ* 23, p. 215, que se decidiu pela improcedência de uma acção em que o marido, vítima de adultério, pretendia obter da sua mulher uma compensação pecuniária dos danos resultantes do ilícito conjugal. Na doutrina, são muitos os que concordam com esta decisão: *v.g.*, BERG, "Ehestörungsklage und Schadenersatzansprüche" cit., pp. 139-140; ERMAN/HECKELMANN (2000) cit., § 1353, Nm. 21; LANGE-KLEIN/*Reihe* cit., § 1353, Nm. 17; RGRK/ROTH-STIELOW cit., *vor* § 1353, Nm. 10; WUTZ, *Beschränkungen von Schadensersatzansprüchen zwischen Ehegatten* cit., p. 18 e s. Contudo, também são numerosos os autores que a contestam. É o caso, entre outros, de

Várias objecções à responsabilidade civil por ilícito conjugal baseiam-se na natureza jurídica dos deveres de fidelidade e de coabitação. O carácter não creditício dos deveres em apreço é indicado como um aspecto incompatível com a aplicação de uma figura cuja disciplina é traçada pelo Direito das Obrigações[1617]. A natureza pessoal dos mesmos deveres é invocada para se afastar uma compensação pecuniária, que apenas se compreenderia no caso de violação de deveres susceptíveis de avaliação económica[1618]. Por fim, a componente ética dos deveres conjugais pessoais é vista como um obstáculo à indemnização, porque sancionar o incumprimento com o pagamento de uma quantia em dinheiro equivaleria a uma "comercialização do casamento"[1619].

Tais objecções são facilmente refutáveis. A responsabilidade civil é um instrumento geral de tutela dos direitos subjectivos e não um meio específico de garantia dos direitos de crédito. O regime dos direitos de personalidade prova claramente que a lesão de direitos pessoais pode originar a constituição da obrigação de indemnizar[1620]. No que respeita à dimensão ética dos direitos conjugais, duas observações se impõem.

GERNHUBER/COESTER-WALTJEN, *Lehrbuch des Familienrechts* cit., p. 157 e s.; HIPPEL, "Schadensersatz bei Ehestörung" cit., pp. 665-666; ROLLAND, *Das neue Ehe- und Familienrecht* cit., Nm. 73 e s.; WACKE/MünchKomm cit., § 1353, Nm. 40; ZEUNER, anotação ao § 823, Nm. 65-67, *Soergel- Bürgerliches Gesetzbuch*, 12.ª ed., 1998 (de agora em diante citado SOERGEL/ZEUNER).

[1617] Cfr. BGH 30/1/1957, *BGHZ* 23, p. 215: "die Pflicht zur Herstellung der ehelichen Lebensgemeinschaft, die Treuepflicht, erschöpfen sich in einem diesen Pflichten entsprechenden Verhalten und, wenn aus der Verletzung solcher Pflichten Folgerungen zu ziehen sind, so lassen diese sich grundsätzlich nicht aus dem Schuldrecht herleiten".

[1618] Cfr. GONÇALVES DE PROENÇA, *Direito da Família* cit., pp. 26-27.

[1619] O risco de uma "Komerzialisierung der Ehe" foi destacado pelo RG 26/10/1909, *RGZ* 72, p. 128. Em Portugal, cfr. PIRES VERÍSSIMO, "Do problema de saber, se são aplicáveis, em matéria de violação dos deveres recíprocos dos cônjuges, os princípios gerais sobre responsabilidade civil" cit., pp. 254-255, que, considerando "a natureza especial dos direitos de família, intensamente influenciados por princípios de ordem moral", afirma ser inaceitável um pedido de indemnização por perdas e danos na hipótese de violação de qualquer dos deveres recíprocos dos cônjuges.

[1620] Cfr. BOEHMER, "Zur Frage der Unterlassungs- und Schadensersatzklage bei Ehestörungen" cit., p. 746; D. SCHWAB, "Ehestörungsklage und Schadenersatzansprüche wegen Ehestörung" cit., p. 144.

Apresentando cumulativamente cariz jurídico, é de supor que esses direitos beneficiem de uma protecção maior do que aquela que é conferida aos "direitos sem fundo ético"[1621]; nesta ordem de ideias, afigura-se, portanto, estranha a exclusão do recurso a um instrumento geral de tutela dos direitos subjectivos, sempre que ocorra um ilícito conjugal pessoal. Além disso, o resultado da tese da exclusividade da regulamentação familiar é extremamente questionável numa perspectiva moral: o cônjuge lesado tem de suportar os danos que lhe foram causados pelo comportamento censurável do outro[1622].

Ora, se se pretende determinar aspectos do regime de um instituto, relativamente aos quais não há uma solução legal expressa, a partir da sua qualificação, não se pode deixar de concluir que o incumprimento dos deveres conjugais sexuais é, em abstracto, susceptível de acarretar a obrigação de indemnizar. A fidelidade e a coabitação carnal são deveres jurídicos a que correspondem direitos subjectivos, pelo que a respectiva violação preenche o primeiro dos pressupostos da responsabilidade civil[1623]. Contudo, a natureza jurídica das situações emer-

---

[1621] Cfr. KÜNKEL, "Kostenerstattungs- und Schadensausgleichanspruch" cit., p. 179: "Es ist nicht einzusehen, daß, wer gegen gesetzliche Pflichten verstößt, die zugleich sittliche sind, besser gestellt sein soll als derjenige, welcher nur gesetzliche Pflichten verletzt".

[1622] Cfr. BOEHMER, "Zur Ehestörungsklage" cit., p. 192; DÖLLE, *Familienrecht* I cit., p. 379.

[1623] Cfr. HÖRSTER, "A respeito da responsabilidade civil dos cônjuges entre si" cit., p. 117 ("os direitos familiares pessoais – pese embora a sua natureza «sui generis» – são concebidos como direitos privados, o que significa que lhes subjaz o binómio «liberdade-responsabilidade». Quem lesar o direito subjectivo de outrem responde pelos danos causados"); LACRUZ BERDEJO, comentário ao artigo 68, em Lacruz Berdejo (org.), *Matrimonio y divorcio* (1994) cit., p. 663 ("si el deber de fidelidad, como el de convivencia, son obligaciones jurídicas, el obligado no puede faltar a ellas sin quedar sujeto al resarcimiento de los daños que cause"); ROLLAND, *La responsabilité entre époux* cit., pp. 191-192 (a recusa do princípio da responsabilidade civil "comme sanction de la violation par un époux de ses devoirs conjugaux est cependant contestable. Dès lors que l'époux dispose d'un droit subjectif à l'égard de son conjoint, ou, autrement dit, dès lors que l'époux subit légalement un préjudice moral ou matériel résultant d'une telle violation, il doit être en mesure d'obtenir réparation"); Trib. Milano 10/2/1999, *DFP* 2001, p. 988 ("Ritenuto che i doveri personali derivanti dal matrimonio hanno natura precipuamente giuridica, e non solo

gentes do casamento não é o único elemento relevante. Há que evitar o conceptualismo mediante uma análise mais alargada.

109. O princípio da proibição da coerção para o cumprimento dos deveres conjugais pessoais[1624] tem sido usado para excluir a indemnização no caso de violação dos deveres de fidelidade e de coabitação[1625]. Porque o receio de incorrer em responsabilidade civil pode levar um cônjuge a respeitar as suas obrigações matrimoniais, pressupõe-se que a indemnização equivaleria a uma sanção pecuniária com-

---

morale, e che ogni coniuge ha il diritto soggettivo a che l'altro si comporti in modo tale da onorare tali doveri, sono risarcibili i danni che un coniuge possa avere arrecato all'altro per il mancato adempimento dei doveri medesimi").

A Antunes Varela, *Das obrigações em geral* I cit., pp. 199-200, repugna a obrigação de indemnizar porque "há no domínio das relações familiares certos institutos como o dever de assistência e a obrigação de alimentos, que tornam dispensável o recurso a medidas que, pela sua expressão material e egoísta, colidem com as exigências morais dos altos valores em jogo". A "expressão material e egoísta" da responsabilidade civil não se coaduna com os deveres pessoais familiares, que "não são, como o dever de prestar, próprio das obrigações, prescritos no exclusivo interesse da outra parte". Mas, o carácter funcional dos direitos subjectivos conjugais não destoa realmente da tutela indemnizatória geral [assim, Carlos Cecchini/Ignacio Saux, *Daños entre cónyuges (Prejudicialidad y responsabilidad civil)*, reimpressão da ed. de 1994, Rosario (Argentina), Zeus Editora, 2000, pp. 110-111]. Eles têm de ser exercidos de forma a conservar e a aprofundar a comunhão; paralelamente, é excluída a excepção de não cumprimento, enquanto manifestação de justiça privada compulsória que, reagindo à violação de um dever conjugal pessoal com a suspensão de um dever igual que recai sobre o lesado, amplia directamente a falta de empenho no projecto matrimonial. Nos demais aspectos, cessam as particularidades. O interesse primário protegido pelo direito conjugal pessoal é o do seu titular, que, consequentemente, nem sequer está obrigado a exercer essa sua situação jurídica activa. Por isso, as sanções familiares aproveitam patrimonialmente ao cônjuge não infractor, que pode obter mais vantagens do que aquelas que resultariam do regime de bens convencionado (artigo 1790.º), que pode readquirir bens que doara ao outro (artigo 1791.º), que pode ser indemnizado dos danos que lhe foram causados pela dissolução do casamento (artigo 1792.º) e que pode ser dispensado da obrigação de alimentos [artigo 2016.º, n.º 1, alínea a)].

[1624] Cfr. *supra*, n.º 94 e s.
[1625] Cfr. BGH 30/1/1957, *BGHZ* 23, p. 215.

pulsória. Todavia, não são idênticos os dois meios de tutela[1626]: a sanção pecuniária compulsória é "independente da existência e da extensão do dano resultante do não cumprimento pontual", sendo cumulável com a indemnização (cfr. artigo 829.º-A, n.º 2, do Código Civil português). A regra da recusa de garantia compulsória não obsta à indemnizabilidade por ilícito conjugal[1627]; impede o emprego de medidas destinadas a induzir o cônjuge ao cumprimento e não a reparação dos danos provocados à outra parte pela falta de cumprimento. Nada autoriza uma inversão do processo interpretativo. A lei que proíbe o mais não proíbe o menos. O ordenamento jurídico que afasta um meio de tutela particularmente restritivo da liberdade do obrigado não afasta o meio de tutela que restringe em menor grau a liberdade do obrigado.

No entanto, para alguns[1628], o argumento da liberdade vale por si só, não sendo necessário basear directamente a inadmissibilidade da responsabilidade civil na interdição das sanções compulsórias. O cumprimento das obrigações familiares pessoais teria de ficar inteiramente ao critério do sujeito vinculado. Qualquer forma de pressão económica seria inconcebível. E, de facto, a hipótese de uma indemnização por ilícito conjugal é susceptível de influenciar o comportamento de um cônjuge, que pode acabar por acatar os seus deveres para não sofrer eventuais consequências patrimoniais negativas. Importa, porém, perguntar até que ponto merece protecção a liberdade individual no Direito Matrimonial. Terá o "interesse na liberdade" do sujeito vin-

---

[1626] Cfr. CALVÃO DA SILVA, "Sanção pecuniária compulsória" cit., pp. 69-70.

[1627] Cfr. FABRICIUS, "Zur Dogmatik des «sonstigens Rechts» gemäß § 823 Abs. I BGB" cit., p. 324 e s.; LIPP, *Die eherechtlichen Pflichten und ihre Verletzung* cit., p. 270 e s.

[1628] Cfr. FISCHER, anotação ao § 1353 BGB, Leitsätze 29-30, *Leitsatzkommentar zum Familienrecht*, Band 1, Hüllsmann/Klattenhoff/Runge, Verlag Recht und Praxis, Februar 1994 (de agora em diante citado *Leitsatzkommentar*/FISCHER); HANELT, *Schadensersatz-, Beseitigungs- und Unterlassungsansprüche* cit., p. 94 e s.; WUTZ, *Beschränkungen von Schadensersatzansprüchen zwischen Ehegatten* cit., p. 19 e s. LEITE DE CAMPOS, *Lições de Direito da Família*, 2.ª ed., cit., pp. 141-142, opõe-se a que a mulher que cometeu adultério seja obrigada a indemnizar o marido, em nome do direito à liberdade que assiste a cada um dos membros da família.

culado prioridade absoluta sobre o "interesse no ressarcimento" do sujeito lesado? Não, como se depreende do regime da promessa de casamento[1629]. Apesar da preocupação legal indiscutível de salvaguarda do direito de não casar, o contraente que rompe a promessa injustificadamente é obrigado a indemnizar (artigo 1594.º, n.º 1, do Código Civil português). Se nem a liberdade matrimonial dita a eliminação da obrigação de indemnizar, por que há-de a existência desta obrigação suscitar reservas quando passa a estar em causa a violação de deveres que emergem do casamento?

110. A questão da garantia dos direitos conjugais sexuais relaciona-se com a problemática mais ampla da garantia dos direitos de um cônjuge perante o outro. Assim, o debate sobre a responsabilidade civil por ilícito conjugal pessoal torna inevitável um reencontro com as proposições clássicas da imunidade interconjugal[1630]. Alude-se, de novo, ao perigo de uma litigância originada por motivos iníquos: muitas vezes, a propositura de uma acção de indemnização com base na violação de um dever conjugal nada mais seria do que fruto de um desejo de vingança[1631]. E, de novo, se pode responder que os direitos não devem ser negados a todos porque alguns poderiam exercê-los abusivamente e que a ordem jurídica conhece instrumentos aptos a repelir os abusos.

Mas o sinal de maior convergência entre a teoria da imunidade interconjugal e a doutrina da fragilidade da garantia, no plano dos fundamentos, reside na relevância, igualmente grande, que é conferida à ideia da paz familiar. A responsabilidade civil entre os cônjuges por ilícito conjugal pessoal aumentaria a conflitualidade, agravaria a desu-

---

[1629] Cfr. HIPPEL, "Schadensersatz bei Ehestörung" cit., p. 666: a previsão da responsabilidade civil por rompimento da promessa de casamento (§ 1298 BGB) mostra que não há razões para excluir a responsabilidade civil de um cônjuge por adultério.

[1630] Cfr. *supra*, n.º 87 e s.

[1631] Cfr. LABRUSSE, "Les actions en justice intentées par un époux contre son conjoint" cit., p. 449; THOMAS, *Les interférences du Droit des Obligations et du Droit Matrimonial* cit., p. 305; TUNC, "Le préjudice causé par l'infidélité conjugale" cit., p. 312.

nião do casal, impossibilitando a reconciliação[1632]. Todavia, alguns autores, que temem os efeitos negativos de uma acção de indemnização sobre a tranquilidade da vida familiar, não excluem que a mesma possa ser intentada após a dissolução do casamento[1633]. Nesta altura, em que se extingue o vínculo conjugal, é realmente absurdo pensar na continuidade da vida em comum. De qualquer modo, o próprio adiamento da exigibilidade da indemnização oferece dúvidas. Primeiramente, é difícil perceber a rejeição absoluta ou a limitação temporal automática da obrigação de ressarcimento dos danos causados directamente pela violação de deveres conjugais sexuais quando se não colocam restrições à efectivação, entre os cônjuges, de toda uma série de pretensões – cíveis ou penais, patrimoniais ou pessoais, familiares (cfr. artigos 1673.º, n.º 3, 1676.º, n.º 3, 1684.º, n.º 3, 1687.º, 1767.º, 1901.º, n.º 2, do Código Civil português) ou não familiares – que parecem reflectir ou ampliar a desarmonia de uma união matrimonial[1634]. Finalmente, a defesa da paz familiar através da imunidade plena ou temporária do autor de um acto que ameaçou justamente essa mesma paz tem algo de contraproducente: "Como acontece em qualquer comunidade social, é a falta de sanção do comportamento ilícito que favorece a sua repetição e com isso a destruição dos laços existentes entre os membros do grupo"[1635].

[1632] Cfr. PEREIRA COELHO, *Curso de Direito da Família* I (1965) cit., p. 21; RIGAUX, *Les personnes* I cit., p. 404.

[1633] Cfr. BOEHMER, "Zur Ehestörungsklage" cit., pp. 190-191; CRISTINA DIAS, "Responsabilidade civil e direitos familiares conjugais" cit., pp. 360-361; HIPPEL, "Schadensersatz bei Ehestörung" cit., p. 665; HÖRSTER, "A respeito da responsabilidade civil dos cônjuges entre si" cit., pp. 122-123; WERNER, *Ehestörung und Gattenrecht* cit., pp. 69-70.

[1634] Cfr. ÂNGELA CERDEIRA, *Da responsabilidade civil dos cônjuges entre si* cit., p. 169 e s.

[1635] PATTI, "*Famiglia e responsabilità civile* cit., p. 34. Analogamente, ÂNGELA CERDEIRA, *Da responsabilidade civil dos cônjuges entre si* cit., p. 170; FRACCON, "I diritti della persona nel matrimonio" cit., pp. 384-385. Ver também JAYME, *Die Familie im Recht der unerlaubten Handlungen* cit., p. 249 (o adultério constitui um perigo real para a paz familiar, pelo que a sua impunidade aumenta o risco de ruína da comunhão conjugal; permitindo-se o mal menor, abre-se a porta ao mal maior); ROLLAND, *La responsabilité entre époux* cit., pp. 29 (a responsabilidade

1.1.2. *Adequação técnica do ilícito conjugal aos pressupostos da responsabilidade civil*

111. A afirmação da admissibilidade da responsabilidade civil por ilícito conjugal depende da prova de que a violação de um dever conjugal pessoal pode preencher os pressupostos da obrigação de indemnizar. Isto é óbvio mas é, também, descurado pelos adversários da doutrina da fragilidade da garantia, que, normalmente, se satisfazem com a demonstração da ilicitude do comportamento de um dos cônjuges, remetendo, no demais, para as regras gerais da responsabilidade civil[1636]. No entanto, para que surja a obrigação de indemnizar, estas regras exigem, além da ilicitude, a culpa, o dano e o nexo de causalidade entre o facto ilícito e o dano. Uma confiança absoluta na adequação técnica de cada um dos três últimos pressupostos da responsabilidade civil a uma realidade de ilícito conjugal pessoal não é sustentável sem que antes sejam esclarecidos alguns aspectos que são tratados tanto por adeptos da doutrina da exclusividade da regulamentação familiar, como do desaparecimento da sanção no regime jurídico matrimonial.

De destacar Cippitani[1637], que contesta a viabilidade da aplicação das noções de culpa, causalidade e dano à relação conjugal. Quanto à culpa, considera que não é concebível a sua apreciação, porque "não se pode construir, em abstracto, um *standard* de bom marido ou boa mulher". A propósito da causalidade, enuncia uma diferença radical entre a estrutura submetida à disciplina da responsabilidade civil e a

---

conjugal reforça a coesão familiar, que assenta no respeito dos deveres decorrentes do casamento). Noutro plano, destaque-se a análise de RASMUSEN, "An economic approach to adultery law", em Dnes/Rowthorn (org.), *The Law and Economics of Marriage and Divorce* cit., p. 70 e s. : a protecção do investimento pessoal e patrimonial no casamento exige a "legal remedy for adultery".

[1636] O fenómeno verifica-se mesmo quando o autor começa por declarar que se propõe estudar o tema do preenchimento dos pressupostos da responsabilidade civil nos direitos conjugais: cfr., designadamente, CRISTINA DIAS, "Responsabilidade civil e direitos familiares conjugais" cit., pp. 352-353, que, de imediato, circunscreve a sua área de interesse ao pressuposto da ilicitude.

[1637] CIPPITANI, "L'addebito della separazione" cit., p. 705 e s., e *La ricerca giuridica e il Diritto di Famiglia* cit., p. 82 e s.

estrutura da relação conjugal. O nexo causal previsto no regime da tutela indemnizatória ordena comportamentos e situações sequencialmente (primeiro, surge o comportamento do agente; depois, a lesão do direito subjectivo); a disciplina da responsabilidade civil "assenta na ideia de que existe uma linha causal entre comportamento e evento danoso, que se pode decompor de um modo limitado e *monodireccional*". A relação conjugal forma um "quadro diverso, de situações jurídicas recíprocas e móveis, em que é difícil isolar os comportamentos, quanto mais dispô-los numa sequência lógico-jurídica precisa"; o uso do mecanismo da causalidade pelo jurista conduz a uma simplificação excessiva, porque o nexo causal entre o comportamento de um cônjuge e um dado resultado deve "pesquisar-se na esfera psíquica dos cônjuges, onde se desenvolve toda uma série de processos que dificilmente assumem uma exteriorização com relevância para o Direito". A complexidade e multiplicidade das circunstâncias com repercussão na vida do casal é tal que se não vislumbra um critério que permita seleccionar este ou aquele comportamento. "Portanto, o modelo teórico da causalidade adequada, que geralmente se tem por recebido pela disciplina civil do nexo de causalidade, não é aplicável na matéria de que aqui se trata". Por fim, Cippitani pronuncia-se sobre o elemento da responsabilidade civil em torno do qual "giram" a culpa e a causalidade: afirmando que o conceito de dano, em Direito Civil, exige sempre uma apreciação de cariz patrimonial, que a responsabilidade civil implica a prática de um ilícito "que seja avaliável em termos de diminuição do património do lesado", conclui que, nas relações familiares, um comportamento não é susceptível de produzir um dano em sentido técnico.

Mas Cippitani não é o único a tecer considerações susceptíveis de abalar uma convicção cega na possibilidade da violação de um dever conjugal preencher todos os pressupostos da responsabilidade civil. Entre nós, Pamplona Corte-Real, em lições orais, tem-se oposto à fixação da culpa dos cônjuges no divórcio, alegando que não se sabe o que é "a culpa no exercício do afecto". No direito alemão, a jurisprudência superior[1638] contesta a responsabilidade civil por ilícito conjugal, invocando a extrema dificuldade da tarefa de determinação dos danos

---

[1638] Cfr. BGH 30/1/1957, *BGHZ* 23, p. 215.

indemnizáveis, fonte potencial de "uma excepcional insegurança jurídica"; Behrens e Breithaupt publicaram obras[1639] em que atacam, desenvolvidamente, a utilização do binómio culpa-causalidade enquanto instrumento destinado a permitir a sanção das violações dos deveres conjugais, merecendo, por isso, uma referência particular.

Segundo Behrens, é impossível identificar, num caso concreto, as condições que causaram a ruptura do casamento. De acordo com a teoria sociológica da interacção no conflito, a causalidade das perturbações na relação conjugal assume uma forma circular e não linear: o comportamento de cada parte depende directamente do comportamento da outra e este influi, por seu turno, no comportamento da primeira como acontece num "processo de *retroalimentação*" ("Rückkopplungsprozeß"). Não se pode partir do princípio de que o comportamento de um cônjuge vale como causa exclusiva do comportamento do outro. Cada comportamento é simultaneamente causa e efeito. A vida em conjunto traduz-se, portanto, num "processo dinâmico contínuo de um sistema, em que os membros da família fixam o seu próprio padrão de actuação e o padrão da relação comum". Neste contexto, é impensável a causalidade que orienta a sanção, porque se não consegue apurar com rigor qual o contributo de cada cônjuge na crise matrimonial. Numa ordem circular de causas e respectivas consequências, a análise de circunstâncias isoladas revela-se ineficaz. A relação conjugal forma um todo em permanente mudança e regeneração, cuja essência se não capta através de uma investigação que incida apenas sobre uma das suas fracções.

Para Breithaupt, a determinação da culpa na relação conjugal não é exequível por dois motivos: os comportamentos conjugais ilícitos são indícios e não causas da ruptura do casamento; no mundo actual, marcado pelo individualismo e pelo pluralismo, falta um critério de apreciação de culpa que seja válido para todos os casamentos. Consequentemente, o fracasso da vida em comum deveria ser imputado igualmente aos dois cônjuges. Aliás, num casamento, há sempre duas

---

[1639] BEHRENS, *Verschuldensfeststellung nach § 1579 Nr. 6 BGB* cit., p. 286 e s.; BREITHAUPT, *Die Akzeptanz des Zerrütungsprinzips des 1. EheRG*, München, Florentz, 1986, p. 287 e s.

partes e ambas contribuem para a evolução da relação conjugal. E a autora acrescenta que a categoria da culpa é um conceito dispensável e até pouco recomendável: a responsabilização de uma pessoa em concreto não é um "imperativo da Humanidade" ("Gebot der Humanität"), mas uma conveniência do Estado que, assim, oculta o papel que a sociedade em que o indivíduo se insere desempenhou na produção de um resultado negativo. Atribuir culpas aos cônjuges parece ser uma forma de fazer esquecer o contributo da sociedade para a ruptura do casamento ou um expediente estatal para resolver os problemas da maneira mais fácil.

Abstraindo da dupla falácia em que incorre Cippitani quando exclui a figura do dano no domínio dos deveres conjugais pessoais, dupla falácia que consiste em entender que a violação dos direitos pessoais não pode produzir danos patrimoniais e que só os danos patrimoniais são indemnizáveis, as posições descritas deixam a impressão de que os seus subscritores não são apenas críticos da legitimidade da aplicação de certas categorias do Direito ao ilícito conjugal, mas da legitimidade do reconhecimento dessas categorias no Direito em geral, bem como da natureza jurídica dos deveres conjugais. É certo que eles podem ter visado especificamente o tema do ilícito conjugal em conexão com a ruptura da vida em comum. No entanto, as suas observações são extensíveis a situações em que se debate a imputação de um dano ao autor de um facto ilícito, conjugal ou não. Senão vejamos.

Contra a culpa dos cônjuges, invoca-se a ideia do afecto, da falta de um padrão de conduta e da comparticipação das condições sociais. A referência ao afecto sugere a presença, nas relações pessoais íntimas, de um factor incontrolável pela vontade humana; o indivíduo seria comandado pelo sentimento, razão pela qual não estaria nas suas mãos a observância de uma regra de conduta; o incumprimento de um dever conjugal sexual não seria, por isso, censurável. Contudo, os deveres conjugais sexuais, como qualquer dever jurídico, baseiam-se na liberdade da vontade humana[1640]. Na alusão à ausência de um critério universal de apreciação da conduta dos cônjuges, é novamente a juridicidade dos deveres conjugais que é questionada: se não for crível uma

---

[1640] Cfr. *supra*, n.os 50 e 68.

avaliação *a posteriori* do comportamento de todos os cônjuges, com base num mesmo padrão, torna-se inútil a imposição de deveres de conduta através de regras gerais. Todavia, o conteúdo dos deveres conjugais sexuais é determinável[1641]; e se há critérios para estabelecer o conteúdo, também os há para formular um juízo de culpa no caso de violação daqueles deveres. Quanto à tese de que a fixação da culpa dos cônjuges serve apenas para esconder as deficiências de uma sociedade, o argumento, levado a sério, implica a anulação do próprio conceito jurídico de culpa; a culpabilidade individual seria substituída pela culpabilidade colectiva ("não é o indivíduo em si mesmo que é culpado, mas a sociedade em que ele se integra"). Não há, em suma, obstáculos insuperáveis a um juízo de censurabilidade da conduta do cônjuge que viola um dever conjugal. Na verdade, os critérios comuns de definição da culpa são aqui aplicáveis[1642].

Em matéria de recusa do nexo causal, tudo se centraria na complexidade da relação conjugal. Diz-se que o emprego da noção de causalidade que está na origem da responsabilidade civil ou da concessão do divórcio litigioso com fundamento em violação culposa dos deveres conjugais produz uma representação deformada, excessivamente simplificada, da realidade familiar. Só que a causalidade enquanto categoria jurídica é forçosamente uma simplificação da realidade. Na verificação de qualquer facto concorrem em geral múltiplas circunstâncias; o jurista rejeita a teoria da equivalência das condições e acaba por eleger uma delas como causa. Em muitas situações de lesão entre dois indivíduos – na escola, no trabalho, nas relações de vizinhança –, o comportamento de uma pessoa influi no da outra, o desta no daquela e assim por diante; o jurista tende a raciocinar à luz do esquema da chamada causalidade linear. Se assim é normalmente, a impugnação do pensamento jurídico causal no plano da relação conjugal encerra um corolário mais amplo – o afastamento da construção dos pressupostos da responsabilidade civil –, que é pouco razoável; no limite, é a própria legitimidade do conhecimento científico que é discutida, uma vez que não está ao alcance do ser humano a explicação perfeita da realidade.

[1641] Cfr. *supra*, Parte I.
[1642] Cfr. TEIXEIRA DE SOUSA, *O regime jurídico do divórcio* cit., p. 57 e s.

A questão da causalidade não é, pois, um autêntico impedimento à admissibilidade da responsabilidade civil por ilícito conjugal[1643].

A desconfiança perante o Direito repete-se nas considerações sobre a dificuldade da delimitação dos danos indemnizáveis resultantes de um ilícito conjugal. Em nome da segurança jurídica, sacrifica-se a possibilidade do recurso à responsabilidade civil. É o tudo ou nada, atitude que se vislumbra também no repúdio da responsabilidade civil para eliminar o risco da litigância abusiva[1644], quando, tanto numa hipótese como noutra, há mecanismos que permitem assegurar um uso controlado da tutela indemnizatória. Sendo mais explícito: o problema da determinabilidade dos danos indemnizáveis resolve-se recorrendo aos critérios apontados *infra*, no n.º 116.

1.1.3. *A compatibilidade do cúmulo das sanções familiares com a responsabilidade civil comum*

112. Ao prever no artigo 151 a possibilidade de o cônjuge culpado pelo divórcio ser obrigado a reparar não só os danos causados pela dissolução do casamento mas também os danos resultantes dos factos que determinaram a extinção do vínculo conjugal, o Código Civil suíço de 1907 admitiu expressamente a responsabilidade civil pelos danos decorrentes, directa ou indirectamente, da violação dos deveres conjugais. Como se sabe, em Espanha, em Itália ou na Alemanha, a lei nada diz concretamente acerca da responsabilidade civil por ilícito conjugal, enquanto os códigos português[1645] e francês se limitam

---

[1643] Cfr. LIPP, *Die eherechtlichen Pflichten und ihre Verletzung* cit., p. 288, que é bastante firme: mesmo numa época de grande liberalização do Direito Matrimonial, é indubitável que o adultério e os ilícitos conjugais graves podem funcionar como "causas adequadas" ("adäquate Ursachen") do divórcio e de gastos patrimoniais.

[1644] Cfr. *supra*, n.º 110.

[1645] Apesar do que se dispunha no "Anteprojecto de dois títulos do novo Código Civil referentes às relações pessoais dos cônjuges e à sua capacidade patrimonial", *BMJ* 56 (1956), p. 5 e s., de PIRES DE LIMA, a doutrina da fragilidade da garantia nunca chegou a ser consagrada pelo nosso Código Civil. Recorde-se que a

a impor ao cônjuge único ou principal culpado pelo divórcio o dever de reparar os danos causados pela dissolução do casamento. Este silêncio, absoluto ou relativo, da legislação, que contrasta com o texto do diploma helvético, dá azo a ilações opostas. Para uns[1646], a situação mostra que é inadmissível a responsabilidade civil por ilícito conjugal: se esta tivesse sido querida pelo legislador, teria sido prevista; na falta de uma norma, não há fundamento para conceder uma pretensão indemnizatória. Para outros[1647], não há elementos para excluir a indemnização; na insuficiência de um regime particular, recorre-se ao regime geral.

A esta argumentação algo formal subjaz, porém, um confronto entre duas visões fundamentais: identificar o silêncio da lei com a rejeição do direito comum é supor que, em regra, o Direito da Família corresponde a um sistema jurídico fechado, auto-suficiente[1648]; aceitar um eventual cúmulo das sanções familiares com as sanções comuns é compreender que, em regra, o Direito da Família fixa tão-somente uma disciplina específica das relações familiares, susceptível de ser completada mediante a aplicação de normas gerais. Entre as duas posições, a segunda parece ser a mais apropriada. Se a lei se não pronunciar acerca da responsabilidade civil entre os membros da família e não houver uma lacuna, a omissão deliberada deve, em primeiro lugar, ser

---

parte final do artigo 1.º do anteprojecto, subordinado à epígrafe "Deveres recíprocos dos cônjuges", determinava que a violação dos mesmos importaria a aplicação das sanções *especialmente* previstas no diploma.

[1646] Cfr. BGH 8/1/1958, *BGHZ* 26, p. 217; SCHLÜTER, *BGB-Familienrecht* cit., p. 41.

[1647] Cfr. BEITZKE, anotação a BGH 6/2/1957, *MDR* 1957, p. 409 (o acórdão em apreço, publicado aqui na p. 407, foi publicado também em *BGHZ* 23, p. 279); DÖLLE, *Familienrecht* I cit., pp. 378-379; LACRUZ BERDEJO, *Derecho de Familia* (1997) cit., p. 104, e comentário ao artigo 68, em Lacruz Berdejo (org.), *Matrimonio y divorcio* (1994) cit., p. 663.

[1648] A concepção do Direito Matrimonial como um mundo à parte é patente na posição de LANGE-KLEIN/*Reihe* cit., § 1353, Nm. 41, para quem não é legítimo o recurso à responsabilidade civil; as consequências inaceitáveis de um ilícito conjugal devem ser antes combatidas mediante "medidas imanentes ao sistema" ("systemimmanente Mitteln"), por exemplo, com uma interpretação extensiva das cláusulas de dureza e de equidade.

entendida como uma remissão para as normas gerais de Direito e não como uma rejeição destas[1649]. Aliás, os adversários da indemnização por ilícito matrimonial adoptam a metodologia referida quando se debruçam sobre outros aspectos atinentes à garantia dos direitos subjectivos na relação conjugal[1650]: a responsabilidade civil entre os cônjuges por ilícito comum é admitida nos termos gerais, embora não esteja expressamente consagrada na lei; a tutela compulsória no "räumlich-gegenständlicher Bereich der Ehe" é concedida, sem que seja necessariamente reconduzida a uma disposição de Direito Matrimonial.

Surpreendentemente, a orientação alemã que atribui ao silêncio da lei um sentido de exclusão da responsabilidade civil por ilícito conjugal invoca a norma legal que impõe a obrigação de indemnizar no caso de incumprimento da promessa de casamento. Se o regime geral se aplicasse na falta de disposição específica do Direito da Família, a previsão do § 1298 do BGB seria redundante – afirma-se[1651]. Contudo, a norma, que estabelece uma regulamentação semelhante à do artigo 1594.º do Código Civil português, é útil, ainda que se defenda, como é mais correcto, que a omissão da lei familiar tende a valer como uma remissão para as regras comuns da responsabilidade civil. Ela elimina qualquer dúvida acerca da responsabilidade civil por rompimento da promessa, que poderia surgir atendendo à convicção do grau elevado de intangibilidade da liberdade matrimonial, e não contém uma simples concretização das regras gerais; os danos indemnizáveis são limitados por força da especial relevância que se reconhece ao direito de não casar. Posto isto, verifica-se que o regime da promessa de casamento não permite que se associe à omissão deliberada da lei familiar o significado tendencial de recusa da responsabilidade civil comum, o que se torna mais nítido no direito português, em que o legislador sentiu a necessidade de estabelecer, no artigo 1591.º do Código Civil, que, na falta de cumprimento, a promessa de casamento não dá direito a reclamar outras

---

[1649] Cfr. PATTI, *"Famiglia e responsabilità civile* cit., p. 27 e s.
[1650] Cfr. as críticas que WERNER, *Ehestörung und Gattenrecht* cit., p. 131 e s., dirige à incongruência da jurisprudência alemã.
[1651] Cfr. BGH 8/1/1958, *BGHZ* 26, p. 217. Igualmente, BERG, "Ehestörungsklage und Schadenersatzansprüche" cit., p. 140.

indemnizações que não sejam as previstas no artigo 1594.º. Pelo contrário, se a liberdade matrimonial exprime um direito fundamental do indivíduo digno da maior protecção possível[1652] e se quem não celebra o casamento prometido está obrigado a indemnizar, é muito difícil explicar por que motivo aquele que não cumpre os seus deveres conjugais está isento de responsabilidade civil.

Almeida Costa[1653] afasta completamente a ideia do Direito da Família como um sistema fechado, cujo objecto não estaria, em princípio, subordinado às regras gerais. Contudo, o ilustre professor de Coimbra exclui, em princípio, a responsabilidade civil, no âmbito dos direitos familiares pessoais, através de uma interpretação restritiva do artigo 483.º do Código Civil português, com apoio "no argumento «a contrario sensu» que resulta do artigo 1792.º". Ou seja, na sequência da violação dos direitos conjugais pessoais, apenas seriam indemnizáveis os danos não patrimoniais causados pela dissolução do casamento.

No entanto, o carácter excepcional do artigo 1792.º, n.º 1, na parte que impõe a obrigação de indemnizar ao cônjuge único ou principal culpado, circunscreve-se ao facto de não terem sido aí abrangidos os danos patrimoniais decorrentes da extinção do vínculo. Através do preceito, que se integra na disciplina dos efeitos do divórcio, o legislador pretendeu somente esclarecer que os danos causados pela dissolução do casamento são indemnizáveis, dissipando, assim, qualquer hesitação que se pudesse instalar em virtude de os mesmos constituírem uma consequência indirecta do ilícito conjugal, e, sobretudo, restringir o universo dos danos mediatos que justificam a responsabilidade civil aos danos não patrimoniais[1654]. O problema da reparação dos danos causados directamente pela violação dos deveres conjugais não foi, pois, considerado no artigo 1792.º, o que autoriza a pensar numa solução baseada nas regras gerais da responsabilidade civil.

[1652] Cfr. BÉNABENT, "La liberté individuelle et le mariage" cit., p. 447.
[1653] ALMEIDA COSTA, *Direito das Obrigações* cit., p. 108, nota 1.
[1654] Cfr. ac. RP 7/2/1980, *CJ* 1980/1, p. 29; ac. STJ 13/3/1985, *BMJ* 345, p. 414; PEREIRA COELHO/GUILHERME DE OLIVEIRA, *Curso de Direito da Família* I cit., p. 176; CRISTINA DIAS, "Responsabilidade civil e direitos familiares conjugais" cit., p. 360.

113. O dilema do cúmulo ou não-cúmulo das sanções familiares com a responsabilidade civil comum reflecte-se na contraposição de um concurso de pretensões a um concurso de normas, pelo que a respectiva solução exige um tratamento integrado das conexões que se estabelecem entre o regime do divórcio (ou da separação de pessoas e bens) e as regras gerais da formação da obrigação de indemnizar[1655].

Na posição do concurso de normas, o cúmulo das sanções familiares com a responsabilidade civil comum surge como excessivo[1656], contrário ao princípio "ne bis in idem"[1657]. Dada a alegada insustentabilidade do cúmulo, fala-se então de uma relação de especialidade[1658], nos termos da qual a regulamentação do ilícito conjugal cabe

---

[1655] Cfr. TEIXEIRA DE SOUSA, *O concurso de títulos de aquisição da prestação (Estudo sobre a dogmática da pretensão e do concurso de pretensões)*, Coimbra, Almedina, 1988, pp. 148-149, que se propõe tratar o tema do concurso da responsabilidade aquiliana com a responsabilidade contratual relativamente a uma mesma prestação indemnizatória através de uma metodologia que "determina o abandono das deduções formais e das formulações axiomáticas".

[1656] Cfr. BGH 30/1/1957, *BGHZ* 23, p. 215 (um dever de reparação com fundamento nas disposições do Direito das Obrigações tornaria supérflua – "überflüssig" – uma área importante da regulamentação jurídica familiar); DEUTSCH, "Familienrechte als Haftungsgrund", *Festschrift für Joachim Gernhuber zum 70. Geburtstag*, Tübingen, Mohr Siebeck, 1993, p. 587 (garantir o dever do § 1353 do BGB com uma pretensão indemnizatória "würde leicht zu einem Übermaß der Sanktion führen"); TGI Brest 9/7/1974, *D.* 1975, p. 418 (autorizar o cônjuge a invocar as disposições gerais da responsabilidade civil "reviendrait à lui permettre, par une sorte de détournement de procédure, de bénéficier d'avantages supérieurs à ceux que peuvent lui procurer normalement l'exercice des voies spécialement aménagées par la loi").

[1657] Cfr. ENTRENA KLETT, *Matrimonio, separación y divorcio* cit., p. 490: "dudosa se nos plantea la cuestión en relación a la posibilidad de reclamación formulada contra el cónyuge infiel, dado que el Código Civil establece una específica sanción (la separación), para la deslealtad, que puede arrastrar perjuicios indirectos y pudiera darse un «bis in idem»". No direito americano, YOUNG, "Interspousal Torts and Divorce" cit., p. 504, explica que o receio da duplicação de sanções, "first in the tort suit and again under fault divorce", levou os tribunais pura e simplesmente a eliminar "all fault issues from the divorce, even those that differ from the tort claim".

[1658] Cfr. CARLEO, "La separazione e il divorzio" cit., p. 196, nota 56 ("Appare interessante rammentare che si esclude, solitamente, la possibilità di chiedere il risarcimento del danno al coniuge che è venuto meno ad uno dei diritti-doveri reciproci sulla base del principio *lex specialis derogat legi generali*"); ZACCARIA, "Adulterio e

exclusivamente ao Direito da Família, "lex specialis" perante a "lex" da responsabilidade civil.

Na tese do concurso de pretensões, o cúmulo do regime próprio da modificação ou extinção do vínculo matrimonial com o regime comum da responsabilidade civil não viola o princípio "ne bis in idem"[1659]. Neste sentido, sugere-se[1660], por vezes, que não há o perigo de sobreposição de sanções, porque o regime especificamente familiar nem sequer é dotado de cariz autenticamente sancionatório. Mas, na argumentação mais frequente, sublinha-se[1661] a insuficiência da

---

risarcimento dei danni per violazione dell'obbligo di fedeltà", *Fam. e Dir.* 1997, p. 466 ("il richiamo agli obblighi relativi scaturenti dal matrimonio dovrebbe, invece, indurre nuovamente ad escludere la risarcibilità. Infatti, la circostanza che i diritti-doveri reciproci fra i coniugi siano già regolati, pure sotto il profilo delle sanzioni conseguenti alla loro inosservanza, dalle norme del diritto di famiglia, dovrebbe condurre alla conclusione, sulla base del principio «lex specialis derogat legi generali», che il coniuge, nel caso di loro violazione, non va incontro a conseguenze diverse ed ulteriori rispetto a quelle previste nelle norme appena ricordate"). Ver ainda AMBROCK, *Ehe und Ehescheidung* cit., p. 19 (a indemnização por perturbação do casamento é afastada pelo § 1579 do BGB, à luz do qual o ilícito conjugal pode implicar a perda do direito de alimentos); PALETTO, anotação a Trib. Roma 17/9/1988 cit., p. 566 (acha que a doutrina italiana se opõe ao ressarcimento dos danos causados pela violação dos deveres conjugais em virtude de o ordenamento consagrar meios autónomos de sanção, como o "addebito" da separação); RGRK/ROTH-STIELOW cit., vor § 1353, Nm. 10 (as disposições especiais dos §§ 1361, 1569 e s., 1587 e s., 1933 e 2335 do BGB obstam ao reconhecimento de pretensões indemnizatórias com fundamento na prática de um ilícito conjugal).

[1659] Princípio que serve de justificação substancial não só à relação de especialidade como às demais relações de subordinação e hierarquia entre as diversas disposições sancionatórias: cfr. EDUARDO CORREIA, *A teoria do concurso em Direito Criminal: I. Unidade e pluralidade de infracções; II. Caso julgado e poder de cognição do juiz*, reimpressão, Coimbra, Livraria Almedina, 1983, p. 127 e s., sobre a relevância do princípio "ne bis in idem" a nível do concurso de normas de Direito Penal.

[1660] Cfr. HÖRSTER, "A respeito da responsabilidade civil dos cônjuges entre si" cit., pp. 116-117 (apesar de poder comportar efeitos menos favoráveis para o cônjuge culpado, na dimensão patrimonial, o divórcio não é uma sanção da violação dos deveres conjugais). Identicamente, CRISTINA DIAS, "Responsabilidade civil e direitos familiares conjugais" cit., p. 359.

[1661] Cfr. P. della ROCCA, "Violazione dei doveri coniugali" cit., p. 619 e s.: os efeitos do "addebito" são absolutamente destituídos de função ressarcitória e a sua

vertente sancionatória do Direito da Família, que se traduz em sanções meramente eventuais e não ressarcitórias ou, pelo menos, insusceptíveis de proporcionarem uma compensação integral dos danos causados pelo ilícito conjugal.

Outro caminho é seguido por Lipp[1662]. O autor procura demonstrar que, entre o regime dos pressupostos e das consequências do divórcio e o regime da responsabilidade civil, não existe a coincidência normativa de tipos inerente a uma relação de especialidade. Numa relação de especialidade, o tipo da norma geral está contido no tipo da norma especial, observando-se uma relação género-espécie. Ora, os tipos do regime dos pressupostos e das consequências do divórcio não abarcam o ilícito, um dos elementos indispensáveis para se constituir a

---

função sancionatória, a existir, é perfeitamente eventual senão casual; o regime das relações pessoais dos cônjuges "non può quindi essere considerato un sistema chiuso ed esaustivo, nel quale il generale principio di risarcibilità del danno ingiusto sarebbe soppiantato da una disciplina speciale". Na mesma linha, cfr. DE MARZO, comentário a Trib. Firenze 13/6/2000 cit., p. 746; FRACCON, "I diritti della persona nel matrimonio" cit., pp. 384-385; Trib. Milano 10/2/1999, *DFP* 2001, p. 988; VILLA, "Gli effetti del matrimonio" cit., pp. 194-195. Ver também WACKE/MünchKomm cit., § 1353, Nm. 40: a consideração dos ilícitos conjugais no regime dos alimentos e da "Zugewinnausgleich" não basta; só o cônjuge devedor da prestação de alimentos ou da "Zugewinnausgleich", que age por excepção, consegue obter uma compensação dos danos; a rejeição do direito de indemnização discrimina negativamente o cônjuge que somente pode agir por acção. Esta opinião é partilhada por STAUDINGER/HÜBNER/ /VOPPEL cit., § 1353, Nm. 118 ("es ist nicht zu begründen, daß die Restitutionsmöglichkeiten des Geschädigten auf die Fälle beschränkt werden sollen, in denen er eine Zahllast – Zugewinnausgleich, Unterhaltsleistung – zu tragen hat"). Nos direitos português e francês, tendo-se em conta a previsão expressa do dever de reparação dos danos causados pela dissolução do casamento (artigo 1792.º do Código Civil; artigo 266 do *Code civil*, na redacção da Reforma de 1975, e 301, na versão anterior), chama-se a atenção para o facto de o regime jurídico dos efeitos do divórcio não assegurar a indemnizabilidade dos restantes danos ocasionados pela prática do ilícito conjugal: cfr. THOMAS, *Les interférences du Droit des Obligations et du Droit Matrimonial* cit., p. 299 e s. (contudo, o jurista, que aceita o ressarcimento, nos termos gerais, dos danos causados pela violação do dever de coabitação, é pouco receptivo à reparação civil, com base nas regras comuns, quando haja adultério); ac. STJ 26/6/ /1991, *BMJ* 408, p. 538.

[1662] LIPP, *Die eherechtlichen Pflichten und ihre Verletzung* cit., p. 232 e s., p. 255 e s.

obrigação geral de indemnizar. Embora o ilícito conjugal possa condicionar o regime das causas e dos efeitos do divórcio, este regime não tem por objecto o ilícito conjugal. As normas das causas do divórcio (§ 1564 e s. do BGB) regulam unicamente o fracasso da relação conjugal. As normas sobre a perda e a redução da prestação de alimentos (§ 1579), da "compensação de pensões" (§ 1587c Nr. 1) e da "compensação do lucro da comunhão" (§ 1381) aplicam-se quando haja ofensa grosseira dos princípios da equidade.

O problema é bem colocado por Lipp: é preciso apurar se está ou não preenchido o conceito de relação de especialidade, tendo em conta o conteúdo dos tipos legais em apreço. É pacífico que essa relação ocorre desde que uma norma ("lex specialis") inclua os elementos da outra ("lex generalis") e, além disso, algum ou alguns elementos específicos[1663]. Assim sendo, não há uma relação de especialidade entre todo o regime das causas e dos efeitos do divórcio e o regime comum da responsabilidade civil, no direito português. No entanto, os tipos do regime das causas e dos efeitos do divórcio regulam o ilícito conjugal, que é um dos pressupostos do divórcio previsto no artigo 1779.º do Código Civil, bem como da declaração do cônjuge culpado. O afastamento da modalidade mais conhecida do concurso de normas assenta noutro motivo. Os tipos das causas e dos efeitos do divórcio identificam-se com o tipo da responsabilidade civil geral quanto aos componentes do ilícito, da culpa e do nexo de causalidade. Mas, salvo uma excepção, os tipos do regime familiar não chegam a compreender a totalidade do tipo da responsabilidade civil. O elemento do dano, que é essencial na responsabilidade civil, é substituído pelo elemento da ruptura da vida em comum.

Só o tipo do artigo 1792.º do Código Civil, na parte que respeita ao cônjuge declarado único ou principal culpado, que contém o elemento do dano (e o nexo de causalidade, ainda que indirecto, entre o facto ilícito e o dano), engloba o tipo da responsabilidade civil comum e mais alguns aspectos específicos (o nexo de causalidade entre o ilícito e o dano é mediado pela ligação causal entre o ilícito e a ruptura,

---

[1663] Cfr. EDUARDO CORREIA, *A teoria do concurso em Direito Criminal* cit., p. 127.

associada à declaração do cônjuge culpado, e pela ligação causal entre a dissolução do casamento e o dano). Consequentemente, a relação de especialidade circunscreve-se aos danos causados pelo divórcio. Quanto a eles, as regras gerais da responsabilidade civil são inaplicáveis; a respectiva disciplina esgota-se no artigo 1792.º (que não contempla a reparação dos prejuízos patrimoniais decorrentes da dissolução do casamento).

Em matéria de danos produzidos directamente pelo ilícito conjugal, a responsabilidade civil é cumulável com a tutela especificamente familiar. O princípio "ne bis in idem" não cria aqui qualquer obstáculo, apesar do carácter sancionatório de algumas normas respeitantes ao divórcio. A natureza das sanções familiares é distinta da da sanção indemnizatória. Como se depreende da divergência relativa à inclusão do dano no tipo legal, apenas a última das sanções se caracteriza pelo carácter compensatório. As sanções familiares desempenham uma função punitiva. A duplicação de sanções diferentes em razão da sua natureza não colide, normalmente, com uma elementar exigência de justiça. O princípio "ne bis in idem" opõe-se, *v.g.*, à aplicação de duas penas de prisão pela prática de um mesmo crime. Nada impede *a priori*, por exemplo, a cumulação de uma sanção indemnizatória com uma sanção compulsória (expressamente admitida pelo artigo 829.º-A, n.º 2, *in fine*, do Código Civil) ou punitiva.

Seja como for, não é recomendável uma solução rígida e apriorística com base em regras ideais do concurso de pretensões[1664]. A diferença de função das pretensões concorrentes não legitima, designadamente, uma sobreposição económica que destrua a função de cada uma delas[1665]. De acordo com isto, no âmbito mais restrito do Direito da Família e em ordenamentos cuja lei não fixa uma regulamentação especial da reparação dos danos resultantes do divórcio (ou separação

---

[1664] Cfr., a propósito do concurso de títulos de aquisição de uma prestação indemnizatória, MENEZES CORDEIRO, *Da responsabilidade civil dos administradores das sociedades comerciais*, Lisboa, Lex, 1997, pp. 491-492; TEIXEIRA DE SOUSA, *O concurso de títulos de aquisição da prestação* cit., p. 148 e s.

[1665] Cfr. L. MENEZES LEITÃO, *O enriquecimento sem causa no Direito Civil* cit., p. 949, sobre o concurso da pretensão delitual com a de enriquecimento sem causa por intervenção.

de pessoas e bens), os partidários[1666] da responsabilidade civil nos termos gerais traçam limites à eficácia da figura: a tutela indemnizatória não deve ser concedida para reparar os danos decorrentes da extinção da obrigação recíproca de assistência material, uma vez que, após o divórcio, a lei familiar resolve o problema da assistência material através da obrigação de alimentos. No direito francês, em que o artigo 266 do *Code civil*, na versão da reforma de 1975, estabeleceu a indemnizabilidade dos danos patrimoniais sofridos com a dissolução do casamento, o instituto da prestação compensatória inspirou uma interpretação restritiva do alcance daquele preceito: os danos patrimoniais indirectos resumem-se, praticamente, à "perda de uma oportunidade precisa de lucro na empresa do cônjuge" e às despesas excepcionais motivadas pela necessidade de mudança de residência[1667].

Contudo, o legislador português evitou qualquer risco de sobreposição económica das pretensões indemnizatória e de alimentos, na medida em que o artigo 1792.º do Código Civil não atribui ao cônjuge inocente ou menos culpado o direito de ser indemnizado dos danos patrimoniais causados pelo divórcio[1668].

[1666] Cfr. CARLOS CECCHINI/IGNACIO SAUX, *Daños entre cónyuges* cit., p. 114 (há zonas comuns de cobertura à prestação alimentícia e à responsabilidade civil, pelo que "se debe ser especialmente cuidadoso para no imponer obligaciones dinerarias coincidentes"); FABRICIUS, "Zur Dogmatik des «sonstigens Rechts» gemäß § 823 Abs. I BGB" cit., p. 335 (ao cônjuge é vedado obter indemnizações que interfiram com o regime legal dos alimentos); VILLA, "Gli effetti del matrimonio" cit., pp. 195--196 (a responsabilidade civil não pode duplicar a oneração patrimonial a que está sujeito o cônjuge vinculado ao "assegno di mantenimento").

[1667] Cfr. GUITON, "Les dommages-intérêts en réparation d'un préjudice résultant du divorce" cit., n.º 13.

[1668] Antes do Código Civil de 1966, cfr. ADOLFO BRAVO, "Carácter da pensão alimentar, e perdas e danos, em caso de divórcio", *GRL* 48, 1935, p. 305 e s.: na falta de uma norma similar à do actual artigo 1792.º, n.º 1, este jurista admitia a responsabilidade civil do cônjuge culpado do divórcio perante o cônjuge inocente, mas somente quanto a prejuízos diversos dos que resultavam da extinção do dever de ajuda material.

114. Segundo Lüke[1669], a concessão de uma indemnização por violação culposa dos deveres conjugais não se conjuga com o propósito do legislador da reforma alemã de 1976, que teria querido afastar a apreciação da culpa no processo de divórcio. Atendendo ao regime do divórcio, a admissibilidade de uma acção de responsabilidade civil é tida como "contrária ao sistema" ("systemwidrig"). No direito americano, vários autores[1670] se têm insurgido contra a tendência para reconhecer a responsabilidade civil dos cônjuges entre si, com fundamento em "intentional infliction of emotional distress", por entenderem que tal movimento reintroduz a noção de culpa no processo de divórcio. No direito italiano, Lenti[1671] contesta a indemnizabilidade do "dano existencial" ocasionado pelo ilícito conjugal, achando que seria um contra--senso abolir a culpa na separação judicial, para depois impor ao cônjuge que violou os seus deveres conjugais a obrigação de pagar ao outro uma quantia em dinheiro, a título de compensação pelo sofrimento causado.

No direito português actual, dada a coexistência de causas de divórcio objectivas e subjectivas, é difícil imaginar que a responsabilidade civil subjectiva acarrete uma contradição sistemática. Será, porém, um pouco menos descabido perguntar se o recuo progressivo do princípio da culpa no nosso regime do divórcio (com duas grandes fases: a Reforma de 1977, que introduz uma nova espécie de divórcio litigioso, em pé de igualdade com o divórcio fundado em ilícito conjugal; a Lei n.º 47/98, de 10 de Agosto, que facilitou o divórcio com base em simples ruptura da vida em comum) não é um sinal de rejeição crescente do uso de um instrumento de direito comum, assente no princípio da culpa, para tutela dos deveres conjugais pessoais. E, de qual-

---

[1669] LÜKE, "Grundsätzliche Veränderungen im Familienrecht" cit., p. 9. Visão semelhante é partilhada por BGH 19/12/1989, *FamRZ* 1990, p. 367 = *NJW* 1990, p. 706 = LM § 823 (Af) BGB Nr. 11; DEUTSCH, "Familienrechte als Haftungsgrund" cit., p. 588; KÜPPERS, *Der Regreß des Ehemannes nach der außerehelichen Zeugung eines zeitweilig ehelichen Kindes* cit., pp. 193-194; SCHELLHAMMER, *Familienrecht* cit., p. 25; SCHLÜTER, *BGB-Familienrecht* cit., pp. 41-42.

[1670] Cfr. o nome de três comentadores mencionados por WEISBERG, *Family Law* cit., p. 84.

[1671] LENTI, "Famiglia e danno esistenziale" cit., pp. 258-259.

quer forma, importa averiguar se uma futura abolição do ilícito conjugal como pressuposto do divórcio, que preconizamos, impede o recurso à protecção conferida pela responsabilidade civil comum.

Numa primeira análise, exclusivamente dominada pela questão da suficiência ou insuficiência dos meios de tutela dos deveres conjugais pessoais, a perda de terreno do princípio da culpa no Direito Matrimonial é susceptível de representar um ponto a favor da admissibilidade da responsabilidade nos termos gerais: por um lado, o risco de sobreposição de sanções patrimoniais, que leva a encarar o cúmulo com uma atitude prudente ou hostil, seria menor; por outro lado, teria de ser ocupado o "espaço sancionatório" deixado vago pelo Direito da Família[1672].

Todavia, foram deduzidas objecções à compatibilidade valorativa do princípio da ruptura com a noção de culpa. Na verdade, a experiência legislativa revela a fraqueza das mesmas. O direito português é um exemplo vivo da possibilidade de se construir um regime causal de divórcio, internamente coerente, moldado em simultâneo pelos princípios da culpa e da ruptura. O direito italiano apresenta-nos uma disciplina da separação de pessoas e bens que, no plano dos pressupostos, se entrega ao princípio da ruptura, e que, no plano dos efeitos, consagra a relevância do "addebito". Perante isto, pressente-se que é algo injustificado o cepticismo acerca da harmonia entre um regime de Direito Matrimonial que é regido pelo princípio da ruptura e um regime geral de responsabilidade civil que está subordinado ao princípio da culpa[1673]. E

[1672] Cfr. BERNDT, *Marital Torts* cit., p. 130 (nos Estados norte-americanos, a combinação do "no-fault divorce" com a recusa de "marital torts" obstaria a qualquer compensação material dos danos infligidos ao cônjuge lesado, desencadeando a reivindicação de um retorno ao "fault divorce"); ÂNGELA CERDEIRA, *Da responsabilidade civil dos cônjuges entre si* cit., p. 12, nota 8 ("a perder-se a tradicional sanção do direito matrimonial, mais acuidade ganharia o nosso problema, na medida em que os deveres familiares pessoais ficariam desprovidos de sanção"); DEKEUWER-DÉFOSSEZ, "Divorce et contrat", em Fenouillet/Vareilles-Sommières (org.), *La contractualisation de la famille* cit., pp. 78-79.

[1673] Cfr. SOERGEL/ZEUNER cit., § 823, Nm. 66: "Die Reform des Ehescheidungsrechts hat hieran nichts geändert, da die Abkehr des Scheidungsrechts vom Verschuldensprinzip nicht auf einen Ausschluß der sich aus allgemeinen Haftungsgrundsätzen ergebenden Ersatzpflicht gerichtet ist".

O pressentimento confirma-se logo que é identificado o sentido do recuo do princípio da culpa – que em caso algum corresponde à negação de tutela aos deveres conjugais. No âmbito das causas do divórcio, o triunfo da ruptura exprime um progresso em matéria de liberdade de extinção do *status* e de ajustamento ao aspecto da funcionalidade do casamento. No contexto das consequências, reage-se contra a inadequação concreta das sanções ditadas por um sistema de declaração da culpa rígido. Não há, em suma, a recusa da ideia de sanção[1674] e tão-pouco da sanção compensatória. O que se questiona é somente um certo modelo de sanções – as "sanções tradicionais" do Direito da Família[1675].

Para terminar esta breve crítica à orientação do não-cúmulo, nada melhor do que apreciar as suas repercussões na prática. Opondo-se ao emprego dos meios comuns, a tese do não-cúmulo rejeita a indemnizabilidade dos danos patrimoniais e não patrimoniais, causados directa e indirectamente pela violação de um dever conjugal sexual, quando a lei familiar não impuser especificamente o dever de reparação. Os resultados alcançados são pouco razoáveis se, na sequência do adultério, o cônjuge lesado for infectado com sida ou tiver de sustentar um filho de outrem.

Para ilustrar o primeiro caso, suponha-se que um cônjuge teve relações sexuais extramatrimoniais com uma pessoa que pertencia a um grupo de risco ou que habitava numa área geográfica em que era

---

[1674] Note-se que no direito alemão, em que é patente o predomínio do princípio da ruptura no divórcio, uma alteração recente ao § 1353 I 2 do BGB (EheSchlRG, de 4/5/1998) aditou, ao lado da previsão da obrigação de comunhão conjugal de vida, a referência à responsabilidade recíproca dos cônjuges ("sie tragen füreinander Verantwortung"), que tem de ser interpretada em sentido jurídico (cfr. WAGENITZ, "Wider die Verantwortungslosigkeit im Eherecht" cit., p. 384).

[1675] Cfr. DESNOYER, *L'évolution de la sanction* cit., p. 213 e s. (no Direito da Família, detecta-se uma transformação que consiste no desaparecimento progressivo da essência retributiva da sanção e na proliferação de acções de responsabilidade civil comum); HAUSER, "L'article 1382, dernier rempart de la morale", *RTDC* 1997, p. 909 ("La multiplication des actions en responsabilité civile ordinaire, contre l'époux ou des tiers, pour sanctioner les devoirs du mariage, pourrait accompagner la décadence accélérée des autres sanctions").

elevada a taxa de contágio, sem tomar as devidas precauções; foi infectado com sida e, sabendo-o ou não, com ou sem a intenção de dissimular o adultério, procedeu como se nada tivesse acontecido; não se preocupando com a saúde do seu cônjuge, acabou por contagiá-lo. Na óptica da fragilidade da garantia, o cônjuge infectado pelo outro não beneficia de qualquer indemnização, em virtude de não serem ressarcíveis os "danos de saúde" ("Gesundheitschäden") provocados pela prática de um ilícito conjugal pessoal[1676].

Para ilustrar o segundo caso, imagine-se que o cônjuge mulher tem relações sexuais extramatrimoniais; na constância do matrimónio, nasce um filho cujo pai biológico não é o marido; enquanto não for impugnada a paternidade (em cuja acção o autor deve provar que a paternidade do marido da mãe é manifestamente improvável, nos termos do artigo 1839.º, n.º 2, do Código Civil português), vigora a presunção "pater is est" (artigo 1826.º, n.º 1, do Código Civil); deste modo, o marido vai sendo obrigado a sustentar um filho de terceiro homem. Mas, como o pai biológico estava obrigado a sustentar o menor desde o seu nascimento, é de crer que o marido enganado, após a impugnação da paternidade, possa exigir ao primeiro o reembolso das despesas até aí efectuadas. No entanto, o reembolso é inviável se o pai biológico for desconhecido. Se for identificado o verdadeiro pai, o marido da mãe da criança disporá de duas vias: a responsabilidade civil, na hipótese de o verdadeiro pai saber (ou dever saber) qual era o estado civil da mãe da criança na altura em que teve relações sexuais com ela, ou a subrogação nos direitos do credor de alimentos (artigo

---

[1676] Cfr. BGH 6/2/1957, *BGHZ* 23, p. 279. Entretanto, o Tribunal Federal alemão não abriu uma excepção para a hipótese de uma pessoa infectada com sida, na sequência de um acto de adultério, agindo com negligência grosseira, transmitir a doença ao seu próprio cônjuge (cfr. HENRICH, *Familienrecht* cit., p. 74). Na situação em apreço, TIEDEMANN, "Aids – Familienrechtliche Probleme" cit., p. 731, afirma que a teoria da exclusividade da regulamentação familiar é harmonizável com a responsabilidade civil entre os cônjuges, porque ocorre uma ofensa de bens jurídicos (vida, saúde) que são directamente protegidos pelo § 823 do BGB. A lógica da teoria da exclusividade da regulamentação familiar não se compadece, porém, com a aplicação do § 823 para fundamentar o ressarcimento dos danos derivados da violação de um dever conjugal nuclear, como é a fidelidade.

477.º, n.º 2, do Código Civil), na hipótese contrária. Seguindo-se a primeira via, pode acontecer que o pai biológico não possua a capacidade económica necessária para pagar a indemnização que cabe ao marido da mãe da criança. Seguindo-se a segunda via, pode suceder que o marido da mãe consiga ser reembolsado de todas as despesas realizadas para sustento da criança, por o pai biológico, fruindo um nível de vida inferior, estar vinculado a uma prestação de sustento comparativamente menor. Ora, a teoria do não-cúmulo, insistindo na impossibilidade de haver ressarcimento dos danos causados pela violação do dever de fidelidade, implica que a mulher não tenha de compensar o marido dos danos patrimoniais que ele sofreu por ela ter dado à luz um filho não matrimonial[1677]. E tão-pouco serão indemnizáveis os danos não patrimoniais causados ao marido que tenha sido levado a acreditar, durante um período de tempo mais ou menos longo, que era o pai da criança[1678].

[1677] Cfr. BGH 19/12/1989, *FamRZ* 1990, p. 367; KÖTZ/WAGNER, *Deliktsrecht*, 9.ª ed., Neuwied, Luchterhand, 2001, pp. 31-32; KÜPPERS, *Der Regreß des Ehemannes nach der außerehelichen Zeugung eines zeitweilig ehelichen Kindes* cit., p. 186 e s.: contra, e correctamente, cfr. RAISER, "Die Rechte des Scheinvaters in bezug auf geleistete Unterhaltszahlungen", *FamRZ* 1986, p. 942 e s.

[1678] Neste sentido, o acórdão do Tribunal Supremo de 30 de Julho de 1999, citado *supra*, nota 1614. Apesar de não discutir a tese que exclui a responsabilidade civil por infracção de deveres conjugais, ROMERO COLOMA, chocada com a rejeição da pretensão indemnizatória do marido no caso concreto, pergunta se não haveria forma de lhe assegurar "la reparación del perjuicio sufrido a través de la vía extra-contractual, *ex* artículo 1.902 del Código Civil" (*La separación matrimonial* cit., pp. 83-84), se ele não poderia obter uma indemnização, "desconectando esa pretensión de su condición de esposo engañado" ("Genera responsabilidad civil la violación de los artículos 67 y 68 del Código Civil?", *RRCCS* 2000, p. 549). A sugestão foi seguida pelo lesado em recurso apresentado junto do TCesp (Auto n.º 140/2001, de 4 de Junho, *Aranzadi TC* 2001/2, p. 1101), no qual o recorrente alegou que a indemnização pedida contra a mulher não se fundamentava na violação do dever conjugal de fidelidade: "El daño reclamado es por algo ajeno al matrimonio, si bien es cierto que los hijos son fruto de la infidelidad de la esposa, el daño es consecuencia de la ocultación al actor del hecho de que los hijos no son suyos". O Tribunal Constitucional declarou não ter competência para apreciar o recurso, em virtude de o mesmo

1.2. O regime da responsabilidade civil por ilícito conjugal

1.2.1. *Os pressupostos da responsabilidade; o problema da prova da culpa*

115. No campo da responsabilidade civil comum, a responsabilidade subjectiva desdobra-se em delitual e obrigacional. Os pressupostos das duas modalidades são idênticos – ilícito, culpa, dano e nexo de causalidade entre o facto ilícito e o dano[1679]. Sob o ponto de vista conceptual, o que as separa é o tipo de ilícito. Na responsabilidade delitual, o acto ilícito consiste na violação de um dever diverso de uma obrigação *lato sensu*. Sob o ponto de vista da regulamentação, a diferença principal entre as duas categorias de responsabilidade civil reside no tratamento do ónus da prova de um dos seus pressupostos. Na responsabilidade delitual, a culpa do agente tem de ser, em regra, provada pelo lesado (artigo 487.º, n.º 1, do Código Civil português). Na respon-

---

ter por objecto um problema "de legalidad ordinaria" e não de constitucionalidade. Deste modo, MORO ALMARAZ/SÁNCHEZ CID, *Lecciones de Derecho de Familia* cit., p. 90, nota 1, cometem uma imprecisão, ao informarem que, com este acórdão, o Tribunal "deniega el derecho a ser indemnizado por daños morales como consecuencia de la infidelidad de un cónyuge".

[1679] Cfr. L. MENEZES LEITÃO, *Direito das Obrigações* I cit., p. 308; GALVÃO TELLES, *Direito das Obrigações* cit., p. 333. A favor de uma construção científica unitária da responsabilidade civil, cfr. PESSOA JORGE, *Ensaio sobre os pressupostos da responsabilidade civil* cit., n.º 12 IV e V; MENEZES CORDEIRO, *Direito das Obrigações* II cit., pp. 275-276. No entanto, em obra mais recente, MENEZES CORDEIRO, *Da responsabilidade civil dos administradores* cit., p. 468 e s., veio rever formalmente a sua posição: enquanto o artigo 483.º, n.º 1, consagra o modelo culpa/ilicitude, o artigo 798.º adopta o modelo da "faute"; esta conclusão "inverte totalmente o movimento, antes em curso e tendente a abolir as diferenças entre os dois tipos de responsabilidade". A última orientação de MENEZES CORDEIRO é criticada por L. MENEZES LEITÃO, *Direito das Obrigações* I cit., pp. 308-310, com razões que nos convencem. De qualquer modo, a eventual adopção do sistema da "faute" na responsabilidade extra-obrigacional não impede a formulação de um elenco de pressupostos comum aos dois tipos de responsabilidade. O modelo francês da "faute" impõe uma presunção simultânea de ilicitude, culpa e nexo de causalidade entre o facto e o dano, repercutindo-se somente no plano da prova dos pressupostos.

sabilidade obrigacional, presume-se a culpa do devedor na falta de cumprimento (artigo 799.º, n.º 1)[1680].

No campo da responsabilidade civil por ilícito conjugal, a classificação fundamental é a que contrapõe a responsabilidade por danos causados directamente pela violação de um dever conjugal à responsabilidade do cônjuge declarado único ou principal culpado por danos causados pelo divórcio (ou pela separação judicial de pessoas e bens). De facto, o ilícito é um elemento comum às duas modalidades. O dever de reparação que o artigo 1792.º impõe ao cônjuge único ou principal culpado não decorre de uma situação de responsabilidade por facto lícito[1681]. O cônjuge que não praticou um ilícito conjugal não pode ser declarado único ou principal culpado. Dado que a declaração de culpa implica também a censurabilidade da conduta do cônjuge, há um segundo elemento comum às duas modalidades de responsabilidade civil por ilícito conjugal – a culpa propriamente dita. O dano e o nexo de causalidade entre o ilícito e o dano são outros elementos em comum. Os danos que o cônjuge único ou principal culpado é obrigado a reparar, nos termos do artigo 1792.º, foram desencadeados pelo seu comportamento ilícito: a dissolução do casamento, que causa danos ao outro cônjuge, tem como fundamento a ruptura da vida em comum, que é, por seu turno, tida como resultado da conduta do cônjuge declarado único ou principal culpado. Para efeitos de responsabilidade civil, não

---

[1680] Cfr. MENEZES CORDEIRO, *Da boa fé no Direito Civil* cit., p. 600, nota 260 (que vê no artigo 799.º, n.º 1, o "último e único ponto de diferenciação significativa entre as responsabilidades delitual e obrigacional, perante o direito substantivo"); PEDRO MÚRIAS, "A responsabilidade por actos de auxiliares e o entendimento dualista da responsabilidade civil", *RFDUL* 1996, p. 180 (a questão do ónus da prova é uma diferença de regime que os vários autores têm considerado como sendo de maior relevo prático e dogmático).

[1681] Contra, o ac. STJ 5/2/1985, *BMJ* 344, p. 357, que, para explicar a necessidade da previsão do artigo 1792.º, afirma que os danos aí mencionados são causados por um facto lícito – a dissolução do casamento –, e que, por isso, ao contrário dos danos resultantes dos factos que fundamentam o pedido de divórcio nos termos do artigo 1779.º, não seriam indemnizáveis à luz da lei geral sobre a responsabilidade civil, uma vez que esta só admite a reparação dos danos decorrentes de ilícito.

se exige um nexo causal directo ou mediato entre o facto e o dano[1682]. Assim sendo, todos os pressupostos da responsabilidade civil subjectiva comum estão presentes na responsabilidade civil por ilícito conjugal.

Em rigor, os pressupostos das duas modalidades de responsabilidade civil por ilícito conjugal são os mesmos da responsabilidade civil subjectiva comum. No plano conceptual, as duas categorias de responsabilidade por ilícito conjugal distinguem-se pela composição do nexo causal entre o facto e o dano. Na responsabilidade regulada pelo artigo 1792.º, de agora em diante designada como responsabilidade civil conjugal pelo divórcio, a ruptura da vida em comum e a dissolução do casamento interpõem-se entre o ilícito e o dano. Para ligar o ilícito ao dano, há necessariamente que traçar uma cadeia causal sucessiva entre o ilícito e a ruptura e entre o divórcio e o dano. A relação entre o ilícito e a ruptura é definida no momento da declaração do cônjuge culpado; a relação entre o divórcio e o dano é expressamente requerida pelo preceito em apreço[1683]. A conexão entre estas duas relações está implícita no regime legal dos pressupostos do divórcio litigioso (o divórcio por

---

[1682] Cfr. ALMEIDA COSTA, *Direito das Obrigações* cit., p. 700, para quem basta uma causalidade indirecta ou mediata: "Será suficiente, sem dúvida, que o facto, embora não tenha ele mesmo provocado o dano, desencadeie outra condição que directamente o produza, contanto que esta segunda condição se mostre uma consequência adequada do facto que deu origem à primeira. A solução justifica-se, porque o dano, muitas vezes, apenas se torna possível pela intermediação de factores de diversa ordem (factos naturais, acções ou omissões do próprio lesado ou de terceiro), sendo razoável que o agente responda por esses factos posteriores, desde que especialmente favorecidos pela sua conduta ou tão-só prováveis segundo o curso normal das coisas".

PEREIRA COELHO/GUILHERME DE OLIVEIRA, *Curso de Direito da Família* I cit., p. 689, nota 169, admitem que os danos causados pela dissolução do casamento são consequência indirecta do ilícito conjugal e acrescentam que, na falta de lei expressa, se poderia pôr em dúvida o nexo de causalidade entre o ilícito e aqueles danos nas situações em que é o cônjuge inocente que deduz o pedido de divórcio, porque ele os não teria sofrido se não tivesse pedido o divórcio. Note-se que as afirmações não são proferidas de ânimo leve. PEREIRA COELHO é o autor da dissertação "O nexo de causalidade na responsabilidade civil", suplemento IX do *BFDUC*, 1951, p. 65 e s.

[1683] O artigo 266 do *Code civil* também não dispensa o nexo entre o divórcio e o dano (cfr. HAUSER, "Divorce: dommages et intérêts", *RTDC* 1995, p. 870).

causas subjectivas só é decretado se estiver comprometida a possibilidade da vida em comum; as causas objectivas do divórcio traduzem-se em indícios de ruptura da vida em comum). Na outra modalidade de responsabilidade civil por ilícito conjugal, de agora em diante designada como responsabilidade civil directa pelo ilícito conjugal, a ligação causal entre a dissolução do casamento e o dano nunca se interpõe entre o ilícito e o dano.

Mas a responsabilidade civil conjugal pelo divórcio e a responsabilidade civil directa pelo ilícito conjugal não se distinguem em razão do tipo de ilícito[1684]. Nos dois casos, o ilícito conjugal consiste na violação de um dever emergente de uma relação jurídica; nos dois casos, a responsabilidade assume, portanto, carácter obrigacional[1685].

[1684] No direito francês, isso é reconhecido por COURBE, *Droit de la Famille* cit., pp. 193-194, e GUITON, "Les dommages-intérêts en réparation d'un préjudice résultant du divorce" cit., n.ᵒˢ 11 e 16, que consideram o artigo 266 do *Code civil* como uma manifestação particular do mesmo artigo que fundamenta a responsabilidade civil directa pelo ilícito conjugal. Todavia, eles extraem ambas as modalidades de responsabilidade civil pelo ilícito conjugal do artigo 1382, o que aponta para uma qualificação delitual (e, portanto, incorrecta) do ilícito em apreço.

[1685] Cfr. MENEZES CORDEIRO, *Da responsabilidade civil dos administradores* cit., p. 488: "A responsabilidade obrigacional traduz o desrespeito duma situação relativa ou relação jurídica, enquanto a delitual implica uma violação de posições absolutas, no sentido estrutural de desligadas de relações".

ÂNGELA CERDEIRA, *Da responsabilidade civil dos cônjuges entre si* cit., p. 61 e s., depois de concluir que o casamento é um contrato, atribui natureza contratual à responsabilidade civil por ilícitos matrimoniais. CRISTINA DIAS, "Responsabilidade civil e direitos familiares conjugais" cit., p. 354, nota 12, também se inclina para a possibilidade de a violação dos deveres conjugais fazer incorrer o cônjuge infractor em responsabilidade contratual, aludindo ao carácter contratual do casamento e à qualificação dos direitos familiares pessoais como direitos relativos. No entanto, no direito português, tem dominado a tese de que a eventual responsabilidade civil directa pela prática de um ilícito conjugal se fundamenta no artigo 483.º, ainda que não tenha sido violado o dever de respeito. Na jurisprudência, cfr., designadamente, os acórdãos do STJ de 13/3/1985, *BMJ* 345, p. 414; 18/2/1986, *BMJ* 354, p. 567; 27/10/1992, proc. n.º 82749, *http://www.dgsi.pt*; 15/6/1993, *CJ-S* 1993/2, p. 154. Na doutrina, cfr. PAIS DE AMARAL, *Do casamento ao divórcio* cit., p. 151; PEREIRA COELHO/GUILHERME DE OLIVEIRA, *Curso de Direito da Família* I cit., p. 176; TEIXEIRA DE SOUSA, *O regime jurídico do divórcio* cit., p. 123. Sobre a responsabilidade civil conjugal pelo divórcio, cfr. ANTUNES VARELA/PIRES DE LIMA, anotação ao art. 1792.º,

Não obstante isto, a regulamentação das duas modalidades de responsabilidade pelo ilícito conjugal difere num aspecto que é também aquele que melhor exprime, normalmente, o contraste entre o regime

---

Código Civil Anotado IV cit., p. 567: o artigo 1792.º "constitui uma excepção à regra de que só o ilícito extracontratual obriga à reparação dos danos não patrimoniais (artigo 496.º, n.º 1)". Ideia oposta está implícita na posição de EDUARDO DOS SANTOS, *Direito da Família* cit., pp. 405-406, para quem o disposto no artigo 483, n.º 1, dispensa a previsão do artigo 1792.º, n.º 1.

No direito francês, tal como entre nós, prevalece a qualificação delitual da responsabilidade civil directa por ilícito conjugal (cfr. JOURDAIN, "Droit à réparation", n.º 24 e s., *J.-Cl.Civ.* art. 1382 à 1386, fasc. 130-2, 1998-2002; ROLLAND, *La responsabilité entre époux* cit., pp. 192-193). Geralmente, a indemnização é concedida com base no artigo 1382 e não no artigo 1142 do *Code civil*. No sentido do fundamento delitual, correspondente à aplicação do artigo 1382, argumenta-se que os deveres conjugais não são estipulados pelas partes, mas fixados por lei, constituindo situações jurídicas de índole institucional e não convencional (cfr. LARRIBAU-TERNEYRE, "Mariage" cit., n.º 41; PLANIOL/RIPERT/ROUAST, *Traité Pratique de Droit Civil Français* II cit., p. 292; THOMAS, *Les interférences du Droit des Obligations et du Droit Matrimonial* cit., pp. 301-302). Os poucos autores que preferem a qualificação contratual sublinham que o casamento é um contrato (FENOUILLET, *Droit de la Famille* cit., p. 82: "engagement pris devant l'officier d'état civil") ou um acto jurídico muito semelhante porque susceptível de ser livremente celebrado pelas partes (ROLLAND, ob. cit., pp. 193-194).

No direito italiano, é também mais frequente a orientação delitual entre os que aceitam a responsabilidade civil por violação de deveres conjugais pessoais: cfr. BONILINI, *Nozioni di Diritto di Famiglia* cit., p. 62, e *Manuale di Diritto di Famiglia* cit., pp. 102-103; DEPINGUENTE, "Rapporti personali tra coniugi", *RDC* 1990, II, pp. 451-452; FRACCON, "I diritti della persona nel matrimonio" cit., p. 380 e s.; PATTI, "*Famiglia e responsabilità civile* cit., p. 74 e s.; P. della ROCCA, "Violazione dei doveri coniugali" cit., pp. 622-623; RUSCELLO, *I rapporti personali fra coniugi* cit., p. 337 e s.; Trib. Milano 10/2/1999, *DFP* 2001, p. 988; VILLA, "Gli effetti del matrimonio" cit., p. 193 e s.). A responsabilidade é baseada no artigo 2043 do *Codice Civile*, apesar de se reconhecer uma relação de "prossimità tipologica" entre os deveres pessoais dos cônjuges e as obrigações ditas contratuais. Cfr. nomeadamente, P. della ROCCA, ob. e loc. cit.: "Il complesso dei reciproci diritti e doveri dei coniugi, nato *ex lege* ed inderogabilmente da atto riferibile alla volontà delle parti, è indubiamente destinato a soddisfare l'interesse di ciascun coniuge nell'ambito di un rapporto determinato. Tuttavia sarebbe arduo formulare ipotesi di responsabilità contrattuale con riferimento alla violazione di questi doveri coniugali, non solamente per il carattere non (direttamente) patrimoniale delle prestazioni e per la particolare natura

da responsabilidade delitual e o regime da responsabilidade obrigacional: o ónus da prova da culpa. Na responsabilidade directa pelo ilícito conjugal, presume-se a culpa do cônjuge que violar um dever conjugal. Na responsabilidade civil pelo divórcio, tem de se provar a culpa do cônjuge infractor[1686].

dei comportamenti dovuti (essendo pur sempre possibile una loro incidenza indiretta sul patrimonio del coniuge), ma anche e soprattutto per la loro immediata e diretta incidenza sulla persona del coniuge e sulla sua possibilità di continuare a svolgere, ed a svolgere utilmente, la sua personalità nella famiglia, quale formazione personale di appartenenza".

No direito alemão, os autores que admitem a responsabilidade civil por ilícito conjugal tendem a invocar exclusivamente o § 1353 do BGB, a invocar exclusivamente o § 823 I ou a invocar ambos os preceitos (cfr. HIPPEL, "Schadensersatz bei Ehestörung" cit., p. 666). A posição com maior peso considera que há responsabilidade delitual ou obrigacional, consoante a espécie de danos: o ressarcimento dos danos de saúde causados pelo ilícito conjugal teria por fundamento a responsabilidade extra-obrigacional, a que se refere o § 823 I; o ressarcimento dos demais danos teria lugar por força do § 1353, dada a "ligação especial" ("Sonderverbindung") entre o lesado e o lesante. Cfr. GERNHUBER/COESTER-WALTJEN, *Lehrbuch des Familienrechts* cit., p. 160; JAYME, *Die Familie im Recht der unerlaubten Handlungen* cit., p. 260 e s.; ROLLAND/ BRUDERMÜLLER cit., § 1353, Nm. 91.

Curiosamente, no direito espanhol, predomina a qualificação contratual da responsabilidade: cfr. LACRUZ BERDEJO, *Derecho de Familia* (1997) cit., p. 104, e comentário ao artigo 68, em Lacruz Berdejo (org.), *Matrimonio y divorcio* (1994) cit., p. 663; RAGEL SÁNCHEZ, *Estudio legislativo y jurisprudencial* cit., pp. 132-133; SANCHO REBULLIDA, em *Comentarios al Código Civil* II cit., p. 125, nota 8; SANTOS BRIZ, *Derecho Civil* V cit., p. 96.

[1686] Igualmente, ÂNGELA CERDEIRA, *Da responsabilidade civil dos cônjuges entre si* cit., pp. 69-70. Cfr. ainda PEREIRA COELHO, anotação ao ac. STJ 17/2/1983, *RLJ* 117, 1984-85, p. 94 (o acórdão em apreço encontra-se publicado na p. 61), que, afastando a validade da presunção da culpa do cônjuge infractor na própria acção de divórcio, não exclui que a presunção possa eventualmente relevar numa acção de indemnização proposta por um dos cônjuges contra o outro, para reparação de prejuízos decorrentes das violações dos deveres conjugais e distintos dos danos causados pela dissolução do casamento. Numa hipótese de divórcio com fundamento em causa objectiva [separação de facto por seis anos consecutivos, nos termos do artigo 1781.º, alínea a), na redacção anterior à Lei n.º 47/98, de 10 de Agosto], em que uma das partes pretendia uma indemnização pelos danos decorrentes da dissolução do casamento, o ac. STJ 4/12/1986, *BMJ* 362, p. 541, entendeu que incumbia ao lesado a prova da culpa do outro cônjuge.

Ora, atendendo ao silêncio do artigo 1792.º acerca do ónus da prova da culpa, seria de pensar na aplicação do regime geral próprio da responsabilidade obrigacional[1687]. No entanto, o regime geral próprio da responsabilidade obrigacional, tal como o regime geral comum à responsabilidade obrigacional e à responsabilidade delitual, é aplicável às modalidades da responsabilidade civil por ilícito conjugal, *desde que não contrarie as especificidades das mesmas*[1688]. No caso da responsabilidade civil pelo divórcio, o dever de indemnizar depende da declaração do cônjuge culpado, o que constitui uma particularidade incompatível com a presunção de culpa. A declaração de culpa no processo de divórcio (artigo 1787.º) pressupõe uma demonstração efectiva da censurabilidade ético-jurídica do comportamento dos cônjuges. Em primeiro lugar, o juízo de censura subjacente à declaração de culpa é igual ao juízo de censura que condiciona o divórcio com fundamento no artigo 1779.º e "as rigorosas exigências, que o artigo 1779.º continua a formular, quanto à violação dos deveres conjugais capaz de fundar a dissolução do casamento parecem requerer um apuramento efectivo da culpa do ofensor"[1689]. Em segundo lugar, a lei comina várias sanções

---

[1687] Nesta linha precipitada de raciocínio, cfr. o ac. STJ 17/2/1983, *RLJ* 117, 1984-85, p. 61: "o casamento é um contrato, pelo que deve considerar-se submetido ao regime jurídico estabelecido na lei, no artigo 799.º do Código Civil, sobre o incumprimento contratual, relativamente à prova da culpa".

[1688] Tanto mais que o artigo 799.º, n.º 1, não é de aplicação absoluta em sede de responsabilidade obrigacional: cfr. PEDRO MÚRIAS, "A responsabilidade por actos de auxiliares" cit., p. 180, nota 53, que alerta para a eficácia de certas convenções sobre o ónus da prova. Segundo TEIXEIRA DE SOUSA, *O concurso de títulos de aquisição da prestação* cit., p. 147, "a restrição convencional da responsabilidade obrigacional aos actos dolosos determina a reversão do *onus probandi* da culpa para o lesado".

[1689] PEREIRA COELHO, anotação ao ac. STJ 17/2/1983 cit., p. 94. Na mesma época, CARLOS MATIAS, "Da culpa e da inexigibilidade da vida em comum no divórcio", *Temas de Direito da Família* cit., p. 75 e s. (redução a escrito de uma conferência proferida em Novembro de 1984), pronunciou-se também contra a visão sufragada pelo aresto. Finalmente, através do assento de 26/1/1994, *BMJ* 433, p. 80, o Supremo Tribunal de Justiça fixou a seguinte doutrina: "no âmbito e para efeitos do n.º 1 do artigo 1779.º do Código Civil, o autor tem o ónus da prova da culpa do cônjuge infractor do dever de coabitação". Em nosso entender, a solução é correcta e extensível às situações em que é invocada a violação deste ou de qualquer outro dever

para o cônjuge único ou principal culpado, sendo que apenas uma delas (justamente a do artigo 1792.º) tem carácter indemnizatório. Predominando as sanções de índole punitiva, vigora o princípio "nulla poena sine culpa", ou seja, o de que toda a pena tem de ter como suporte a existência de uma culpa concreta.

No caso da responsabilidade civil directa pelo ilícito conjugal, já não há obstáculos à aplicação do artigo 799.º, n.º 1. O dever de indemnizar não depende de uma declaração de culpa no processo de divórcio e traduz-se numa sanção que é compensatória e não punitiva. Além disso, a dimensão estatutária dos direitos conjugais, indisponíveis e marcados por um interesse público (embora secundário), está de acordo com um acesso mais fácil à respectiva tutela, o que acontece se vigorar a presunção de culpa.

1.2.2. *A delimitação dos danos indemnizáveis*

116. A jurisprudência alemã entende que não existe nenhum modo para determinar quais são os danos subsequentes a uma violação

---

conjugal, seja para os efeitos do artigo 1779.º, n.º 1, seja para os efeitos do artigo 1787.º, n.º 1. Contudo, já não concordamos com parte da fundamentação do assento em apreço. Socorrendo-se da distinção entre casamento-acto e casamento-estado, o Supremo defende que a noção legal do casamento como contrato (artigo 1577.º) tem em vista somente o casamento-acto. Logo, "as regras próprias dos contratos" só relevam na medida em que respeitem ao acto de casamento "e, mesmo aí, desde que não funcionem regras específicas". A relação conjugal, institucional por natureza, não se confunde com o "acto desencadeante". Nesta óptica, nega-se a aplicação da regra contratual geral da presunção de culpa no domínio do divórcio à luz do artigo 1779.º, porque aqui o cerne da questão não estaria no acto contratual mas na instituição familiar ou na "plena comunhão de vida". A argumentação, parecida com aquela que se encontra no direito francês para defender o fundamento delitual da responsabilidade civil por ilícito conjugal (cfr. *supra*, nota 1685), é desenvolvida segundo um esquema analítico-formal que abstrai da convergência estrutural existente entre os direitos conjugais e os direitos inequivocamente submetidos às "regras próprias dos contratos" – é que todos são direitos relativos, todos reclamam, em princípio, um regime que se adeque ao contexto de "ligação especial" entre as partes em vez de um regime que regulamente as consequências do comportamento de uma das partes perante a outra como se não passassem de simples estranhos entre si.

de um dever conjugal sexual que devem ser objecto de reparação. Contudo, estão disponíveis no direito alemão critérios gerais de delimitação dos danos indemnizáveis, que também podem ser usados na área do Direito Matrimonial. As concepções acerca do nexo de causalidade entre o facto e o dano vigentes neste ordenamento – a teoria da causalidade adequada, a teoria do "escopo da protecção" ("Schutzzweck") e a posição que complementa a primeira teoria com a segunda – permitem separar o dano em que o ilícito conjugal foi a sua verdadeira causa do dano em que o ilícito conjugal nada mais foi do que uma "conditio sine qua non". E, uma vez ultrapassado o filtro do nexo de causalidade, o dano decorrente da violação de um dever conjugal sexual tem ainda de superar a barreira que representa o § 253 I do BGB: os danos não patrimoniais só são ressarcíveis nos casos estabelecidos na lei. Deste modo, a possibilidade de ressarcimento dos danos não patrimoniais causados pelo incumprimento de um dever conjugal sexual restringe-se, portanto, aos danos de saúde, cuja compensação é assegurada pelo § 253 II (que corresponde, com alterações, ao § 847, revogado em Agosto de 2002).

Mas o que impressiona desagradavelmente os tribunais germânicos são as consequências da aplicação das posições gerais sobre o nexo de causalidade na delimitação dos danos patrimoniais provocados por ilícito conjugal[1690]. Na sua pureza, tais posições acarretam a indemnização dos danos decorrentes da sujeição ao regime legal dos efeitos da dissolução do casamento. O casamento cria direitos e expectativas de cariz patrimonial, que o divórcio extingue. Em regra, o ex-cônjuge não pode exigir ao outro uma prestação de alimentos (§ 1569 e s.). Com o divórcio, o ex-cônjuge fica impedido de adquirir a qualidade de herdeiro ou de legitimário[1691] do *de cuius*, que de outra forma lhe caberia (§§ 1931 e 2303). Segundo uma leitura estrita das teorias da causali-

---

[1690] Cfr. a interpretação de D. SCHWAB, "Ehestörungsklage und Schadenersatzansprüche wegen Ehestörung" cit., p. 144, sobre os motivos da oposição do BGH à responsabilidade civil por perturbação do casamento.

[1691] No direito alemão, o legitimário não é um herdeiro – a legítima ("Pflichtteil") é uma "Geldforderung", uma simples *pars valoris* (cfr. DUARTE PINHEIRO, *Legado em substituição da legítima*, Lisboa, Edições Cosmos, 1996, p. 140).

dade, se o fracasso do casamento, que constitui o pressuposto do divórcio, for originado pela violação de um dever conjugal, o ofendido poderia exigir ao infractor a reparação de todos os danos patrimoniais causados pela dissolução do casamento, incluindo os que resultam da perda do direito de sustento e do desaparecimento das expectativas sucessórias. Ora, é óbvio que a obrigação de indemnizar não pode assumir uma tamanha extensão. Contudo, na visão do BGH, nada mais se pode fazer – a não ser abdicar totalmente da responsabilidade civil por ilícito conjugal. Não se vislumbra nenhum critério susceptível de assegurar uma delimitação coerente dos danos indemnizáveis, razão pela qual é sempre arbitrária a decisão de indemnizar certos danos e não indemnizar outros.

Não se conformando com a orientação da jurisprudência, Hippel[1692] propõe a seguinte fórmula de delimitação dos danos causados pelo adultério: "São de indemnizar todas as desvantagens resultantes da perturbação do casamento, mas não as vantagens que foram concedidas ao cônjuge por efeito do casamento, apenas no interesse da sua realização e conservação, e que se extinguem com a dissolução do casamento". Os danos correspondentes às "desvantagens" ("Nachteile") sofridas por um cônjuge por causa da infidelidade do outro têm de ser reparados por razões de justiça. Os danos traduzidos em "vantagens perdidas" ("entgehende Vorteile") já não são ressarcíveis: com o divórcio, desaparece o fundamento interno das vantagens, que dependiam da manutenção do casamento. Pertencem ao conjunto das "desvantagens": as despesas realizadas para demonstração da culpa do cônjuge infractor (v.g., honorários do detective); as despesas de divórcio; as despesas de impugnação da paternidade, bem como aquelas que estão associadas ao parto e ao sustento do filho não matrimonial; os danos de saúde decorrentes do choque da descoberta do adultério; os danos patrimoniais provocados pela relação extraconjugal (o escândalo em torno do adultério pode, p. e., forçar o cônjuge ofendido a mudar de residência ou a deixar o seu emprego). Estão compreendidas no grupo das "vantagens": todas as prestações a que os cônjuges estão vinculados por estarem casados, a que eles se vincularam em vista do casamento ou as

---

[1692] HIPPEL, "Schadensersatz bei Ehestörung" cit., p. 667.

que efectuam voluntariamente (dever de sustento, administração do lar, colaboração no negócio, educação das crianças, liberalidades); todas as expectativas e oportunidades que se baseiam na qualidade de cônjuge (direitos sucessórios, direito a uma pensão); todas as vantagens patrimoniais que um terceiro concedeu a um cônjuge em atenção à existência do casamento (*v.g.*, quantias entregues pelos sogros para serem afectadas aos encargos da vida familiar, comodato de uma casa, colocação num emprego especialmente bem remunerado).

A tese de Hippel é contestada por não conter um argumento de base legal que justifique a não aplicação das regras gerais sobre a obrigação de indemnizar (§ 249 e s. do BGB)[1693]. De facto, o § 252 impõe a indemnização também do "lucro cessante" ("entgangener Gewinn") e o autor exclui o ressarcimento pela perda dos benefícios que o cônjuge lesado deixou de obter em consequência do ilícito conjugal. Não obstante isto, a exclusão proposta parece ser, na prática e no essencial, correcta.

Por isso, Gernhuber[1694] inspira-se na distinção entre danos emergentes e lucros cessantes, para definir aquela que é, no direito alemão, a melhor construção acerca da extensão da obrigação de indemnizar, na responsabilidade civil por adultério. Na sua opinião, os danos indemnizáveis podem ser determinados através da teoria do escopo da protecção. O "escopo da protecção do núcleo absoluto do casamento" ("Schutzzweck des absoluten Ehekerns") impede a compensação pelo sacrifício do chamado "Bestandsinteresse", isto é, o interesse na continuação do casamento e na continuação do cumprimento dos deveres conjugais. Através do § 1569 e s., o BGB regula as relações patrimoniais dos cônjuges posteriores ao divórcio de uma forma tal que torna incompatível qualquer pretensão indemnizatória paralela ou correctiva entre eles. As normas em apreço reflectem uma valoração da lei, que acaba por aproveitar ao cônjuge infractor. A natureza do núcleo abso-

---

[1693] Cfr. BGH 3/11/1971, *BGHZ* 57, p. 229.

[1694] GERNHUBER/COESTER-WALTJEN, *Lehrbuch des Familienrechts* cit., pp. 158-160. Identicamente, JAYME, *Die Familie im Recht der unerlaubten Handlungen* cit., pp. 259 e 261; STAUDINGER/HÜBNER/VOPPEL cit., § 1353, Nm. 127; WACKE/ /MünchKomm cit., § 1353, Nm. 40.

luto do casamento obsta à conservação, "in natura" ou por equivalente, do "invólucro jus-patrimonial" ("vermögensrechtliche Hülle") de um casamento dissolvido. Por conseguinte, não são indemnizáveis os danos patrimoniais causados pelo divórcio. O cônjuge que viola o dever de fidelidade responde unicamente pela lesão do "Abwicklungsinteresse" – pelos danos emergentes.

A tese de Gernhuber faculta um critério rigoroso para a determinação do âmbito da obrigação de indemnizar em que incorre o cônjuge que não cumpre os deveres conjugais sexuais, no contexto do ordenamento alemão. O ilustre académico baseia a restrição da norma geral do § 252 do BGB na especificidade da relação conjugal, patente no § 1569 e s. Note-se que o regime próprio dos efeitos do divórcio não é apresentado como um regime exaustivo das relações patrimoniais entre os ex-cônjuges que tornaria supérfluo o reconhecimento da responsabilidade civil por dissolução do casamento. As normas sobre os efeitos do divórcio servem para provar que, após a extinção do vínculo, é excepcional a atribuição a um cônjuge do direito a prestações patrimoniais perante o outro. O BGB é, designadamente, muito restritivo na outorga do direito de alimentos. Se a lei, em regra, não aceita a subsistência de deveres "conjugais" patrimoniais, ainda que sob configurações atenuadas, não é concebível a reparação dos danos que decorrem dos efeitos do divórcio no campo patrimonial.

No direito português, os dados de direito positivo são diferentes e facilitam, até certo ponto, a resolução do problema da demarcação dos danos indemnizáveis. No entanto, há, é claro, pontos em comum com o direito alemão. Num primeiro momento, coloca-se a questão de saber se o ilícito conjugal é verdadeira causa ou simples condição de um dano. A resposta é dada em função da ideia adoptada acerca do método de estabelecimento do nexo de causalidade entre o facto e o dano. Na teorização geral da responsabilidade civil, predomina, entre nós, a concepção da causalidade adequada, que foi, aliás, adoptada no artigo 563.º do Código Civil[1695]. Verificando-se a existência de um nexo de

---

[1695] Cfr. L. MENEZES LEITÃO, *Direito das Obrigações* I cit., pp. 305-306, que, relativamente à letra do preceito, afirma: "a introdução do advérbio «provavelmente» faz supor que não está em causa apenas a imprescindibilidade da condição para o

causalidade, há que ter em conta o tipo de danos produzidos pela violação de um dever conjugal sexual. Em sede de responsabilidade civil conjugal pela dissolução do casamento, admite-se expressamente a reparação dos danos não patrimoniais (artigo 1792.º, n.º 1). Por esta via, é indemnizável o sofrimento ocasionado pelo desvalor social eventualmente ligado à qualidade de divorciado, pelo fim das "ilusões matrimoniais" e pela perda dos direitos conjugais pessoais[1696]. No campo da responsabilidade civil directa por ilícito conjugal, é igualmente possível o ressarcimento dos danos não patrimoniais, uma vez que o artigo 496, n.º 1, se aplica, em princípio, à responsabilidade

---

desencadear do processo causal, exigindo-se ainda que essa condição, de acordo com um juízo de probabilidade, seja idónea a produzir um dano, o que corresponde à consagração da teoria da causalidade adequada". O autor frisa, porém, a superioridade técnica da teoria do escopo da norma violada (ob. cit., p. 306, e *A responsabilidade do gestor perante o dono do negócio no Direito Civil português*, Lisboa, Centro de Estudos Fiscais, 1991, p. 281). Seja como for, os partidários da perspectiva da causalidade adequada conferem alguma relevância à teoria do escopo da protecção: ANTUNES VARELA, *Das obrigações em geral* I cit., p. 902, entende que a determinação dos interesses protegidos pelo contrato não cumprido ou pela norma legal infringida pode constituir um "auxiliar precioso na resolução das dúvidas suscitadas quanto à existência, em algumas espécies, quer da ilicitude, quer do nexo de causalidade"; ALMEIDA COSTA, *Direito das Obrigações* cit., p. 699, defende que, no domínio da responsabilidade objectiva, o nexo de causalidade entre a conduta e a lesão tem de ser fixado com base na teoria do escopo da protecção da norma violada, cabendo à causalidade adequada intervir como "factor correctivo", no momento de apurar os danos indemnizáveis. Na oposição à teoria da causalidade adequada, destaca-se MENEZES CORDEIRO, *Da responsabilidade civil dos administradores* cit., p. 532 e s. Batendo-se pela doutrina do escopo da norma violada, o ilustre professor considera que o artigo 563.º do Código Civil não revela uma preferência do legislador pela causalidade adequada e que a fórmula da adequação "não é bitola de coisa nenhuma".

Na área do Direito da Família em particular, a problemática do nexo de causalidade é pouco tratada em Portugal, o que leva a crer que a solução será traçada de harmonia com o pensamento obrigacional. Na Alemanha, por exemplo, a teoria do escopo da protecção é dominante quer no Direito das Obrigações quer no Direito da Família – cfr., entre outros, GERNHUBER/COESTER-WALTJEN, *Lehrbuch des Familienrechts* cit., p. 158.

[1696] Cfr. *supra*, n.º 106.

obrigacional[1697]. É, por isso, indemnizável o "choque psíquico" sofrido com a descoberta do adultério; a perturbação decorrente da prática do adultério, no lar conjugal, pelo outro cônjuge; a humilhação e a vergonha sentidas por ser conhecida no meio social a infidelidade do outro cônjuge; o sofrimento provocado por uma doença (sífilis, gonorreia, herpes genital, sida) que foi transmitida ao lesado pelo outro cônjuge, que a tinha contraído na sequência de um contacto sexual extramatrimonial[1698]; o "choque psíquico" decorrente da descoberta pelo marido de que não é o pai do filho da mulher; a frustração dos "naturais anseios" sexuais[1699]. O direito português é, portanto, mais permissivo do que o direito alemão, no que toca ao ressarcimento dos danos não patrimoniais resultantes de ilícito conjugal. Sublinhe-se, porém, que não são indemnizáveis todos e quaisquer danos não patrimoniais causados pela violação de deveres conjugais sexuais. Como se depreende do artigo 496.º, n.º 1, que é aplicável não só à responsabilidade civil directa por ilícito conjugal mas também à responsabilidade civil conjugal pelo divórcio, têm de se tratar de danos com alguma gravidade[1700].

[1697] A favor da reparação dos danos não patrimoniais na responsabilidade obrigacional, cfr., entre muitos, FERREIRA DIAS, *O dano moral na doutrina e na jurisprudência*, Coimbra, Almedina, 2001, p. 33 e s.; MAYA DE LUCENA, *Danos não patrimoniais*, Coimbra, Almedina, 1985, pp. 20-21; GALVÃO TELLES, *Direito das Obrigações* cit., pp. 385-387.

[1698] Veja-se a hipótese de um cônjuge que nunca usa preservativo, que tem relações sexuais com a sua mulher e, paralelamente, recorre ao serviço de prostitutas. O adultério constitui então uma causa adequada (segundo a formulação de GALVÃO TELLES, *Direito das Obrigações* cit., p. 409) para o contágio do cônjuge mulher com uma doença que o marido contraiu ao ter relações sexuais com terceira pessoa, na medida em que o ilícito conjugal, "agravando o risco de produção do prejuízo, o torna mais provável". À luz da teoria do escopo da protecção da norma violada, o adultério é ainda causa normativa do contágio do outro cônjuge, porque a exclusividade sexual exprime uma comunhão que, em última análise, visa o bem-estar dos seus membros.

[1699] Cfr. o ac. STJ 26/6/1991, *BMJ* 408, p. 538, em que um dos motivos da condenação de um dos cônjuges no pagamento de uma quantia ao outro, a título de indemnização pelos danos não patrimoniais, foi o incumprimento do dever de coabitação carnal.

[1700] Cfr. ALMEIDA COSTA, *Direito das Obrigações* cit., p. 541: "Serão irrelevantes, designadamente, os pequenos incómodos ou contrariedades, assim como os sofrimentos ou desgostos que resultam de uma sensibilidade anómala". Sobre a não

À semelhança do que acontece no direito alemão, uma norma geral sobre o dever de indemnizar prevê a reparação dos lucros cessantes (artigo 564.º, n.º 1, do Código Civil). Mas a lei portuguesa contém elementos que tornam menos árdua a tarefa de restrição dos danos indemnizáveis aos danos emergentes, no âmbito da responsabilidade civil por ilícito conjugal. Os danos reconduzíveis à categoria dos lucros cessantes correspondem, grosso modo, aos danos patrimoniais causados pela dissolução do casamento. Ora, o artigo 1792.º prevê unicamente a reparação dos danos *não patrimoniais*. Ou seja, a norma que, no quadro dos efeitos do divórcio, se ocupa da responsabilidade civil exclui o ressarcimento dos danos patrimoniais. Deliberadamente[1701] ou não, foi eliminada a possibilidade, pouco aceitável, de uma compensação pela perda de benefícios resultantes da violação de um dever conjugal. E ao mesmo tempo, evitou-se o risco de uma sobreposição económica entre a prestação de alimentos e a prestação indemnizatória[1702]. Assim, não são indemnizáveis: a extinção do dever de contribuir para os encargos da vida familiar e das expectativas respeitantes à sucessão do cônjuge; a perda da participação em mais-valias que teriam lugar se se mantivesse a comunhão de bens, ao contrário do que se defende no direito francês, em que, ao abrigo do artigo 266 do *Code civil* (que, na redacção de 1975, assegura a reparação dos danos patrimoniais causados pela extinção do vínculo matrimonial), se aceita que um cônjuge seja compensado por ter perdido "uma oportunidade precisa de lucro na empresa do outro"; outras situações de perda de vantagens indicadas por Hippel. Todavia, além disso, não são indemnizáveis os danos emergentes causados pela dissolução do casamento: *v.g.*, os custos da mudança de residência, em virtude de a casa de morada de

---

indemnizabilidade dos danos não patrimonais sem gravidade, ver ainda FERREIRA DIAS, *O dano moral* cit., pp. 23-24; MAYA DE LUCENA, *Danos não patrimoniais* cit., pp. 19-20; CAPELO DE SOUSA, *O direito geral de personalidade,* cit., pp. 555-556.

[1701] Cfr. ac. STJ 13/3/1985, *BMJ* 345, p. 414: "A atribuição ao cônjuge inocente de uma indemnização somente pelos prejuízos não patrimoniais apenas pode ser fruto do propósito de não lhe conceder reparação por um certo tipo de danos patrimoniais causados pelo divórcio e que não seriam decerto aceites pela mentalidade das nossas gentes".

[1702] Cfr. *supra*, n.º 113, *in fine*.

família ter sido atribuída ao outro cônjuge, em contraste com o direito francês, que obriga ao ressarcimento "des frais exceptionnels de déménagement et d'établissement"[1703]; os danos patrimoniais associados aos danos não patrimoniais causados pela dissolução do casamento (por exemplo, despesas de tratamento psiquiátrico). À primeira vista, poderá parecer estranho o afastamento dos danos emergentes provocados pelo divórcio, dado o respectivo ressarcimento repugnar menos, em comparação com os lucros cessantes. Todavia, em nossa opinião, a solução acaba por fazer sentido, harmonizando-se plenamente com uma tendência que se detecta na legislação familiar e que consiste em procurar um certo equilíbrio entre o valor da liberdade pessoal do infractor e o princípio da reparação dos danos originados por facto ilícito (ver, nomeadamente, os artigos 1591.º e 1594.º do Código Civil português[1704]): não se nega a obrigação de indemnizar nem se impõe o dever de reparação de todos os danos causados; prevê-se uma obrigação de indemnizar cuja extensão é menor do que aquela que seria imposta pelas regras gerais.

Quanto aos restantes danos patrimoniais, resultantes directamente da violação do dever conjugal e não da dissolução do casamento, são, em princípio, indemnizáveis. A título exemplificativo, refira-se: as despesas com o divórcio, com a impugnação da paternidade de filho não matrimonial concebido na constância do matrimónio e com a obtenção da tutela judicial do dever de fidelidade no lar conjugal[1705]; os gastos

---

[1703] GUITON, "Les dommages-intérêts en réparation d'un préjudice résultant du divorce" cit., n.º 13.

[1704] A responsabilidade civil por falta de cumprimento da promessa de casamento fundamenta-se na prática de um facto ilícito (cfr. PIRES DE LIMA/ANTUNES VARELA, anotação ao art. 1594.º, *Código Civil Anotado* IV cit., pp. 63-64). No direito alemão, cfr. GERNHUBER/COESTER-WALTJEN, *Lehrbuch des Familienrechts* cit., pp. 74 e 76, e HOHLOCH, *Familienrecht*, Stuttgart, Boorberg, 2002, p. 155: a promessa cria um dever jurídico de celebração do casamento, cuja violação injustificada é sancionada com a obrigação de indemnizar (§§ 1297 e 1298 do BGB).

[1705] Não há uma "interrupção do nexo causal" ("Unterbrechung des Kausalzusammenhangs") pelo facto de os processos serem movidos pelo titular do direito conjugal violado. O deferimento da pretensão do autor significa que a sua atitude foi uma reacção normal, previsível, ao ilícito conjugal. Cfr. BOEHMER, "Zur Ehestörungs-

com o parto e o sustento da criança nascida de uma relação do outro cônjuge com terceiro; as despesas com o tratamento de problemas de saúde provocados pelo incumprimento do outro cônjuge; a perda de rendimentos obtidos no exercício da actividade profissional, por força da atitude social perante o cônjuge vítima de adultério[1706] ou do impacto psíquico do ilícito conjugal na capacidade de trabalho do cônjuge lesado; as despesas de alojamento noutro local, até que o amante do cônjuge se retire do lar conjugal[1707].

1.2.3. *O momento oportuno para apresentar o pedido de indemnização; as cláusulas sobre responsabilidade*

117. Na falta de uma estatuição legal ou de uma estipulação eficaz em contrário, as regras da prescrição representam, normalmente, o único limite temporal ao exercício de um direito. Reunidos os pressupostos da responsabilidade civil, a indemnização pode ser, em geral, pedida em qualquer altura, desde que se respeite o prazo de três anos a contar da data em que o lesado teve conhecimento do direito que lhe compete (artigo 498.º, n.º 1, do Código Civil)[1708]. Todavia, há quem pretenda sujeitar o regime da responsabilidade civil por ilícito conjugal a um regime distinto. Para uma corrente doutrinária[1709], a indemni-

---

klage" cit., pp. 187-188; MAGIS, *Schadensersatz- und Unterlassungsanspruch bei Verletzung der ehelichen Treue* cit., p. 54 e s.

[1706] Cfr. CassIt 19/6/1975, *RFI* 1975, *Matrimonio*, 1939, n.º 288: "La violazione da parte di un coniuge dell'obbligo di fedeltà, a parte le conseguenze sui rapporti di natura personale, può anche costituire, in concorso di particolari circostanze, fonte di danno patrimoniale per l'altro coniuge, per effetto del discredito derivantegli".

[1707] Cfr. LIPP, *Die eherechtlichen Pflichten und ihre Verletzung* cit., p. 289, sobre as consequências da violação do "räumlich-gegenständlicher Bereich der Ehe".

[1708] O prazo prescricional é idêntico para a responsabilidade aquiliana e para a responsabilidade obrigacional: cfr. PEDRO DE ALBUQUERQUE, "A aplicação do prazo prescricional do n.º 1 do artigo 498.º do Código Civil à responsabilidade civil contratual", *ROA* 1989, p. 793 e s., com o qual concordamos, embora estando cientes de que a questão está longe de ser pacífica.

[1709] Ver *supra*, nota 1633.

zação por ilícito conjugal não pode ser pedida antes da dissolução do casamento. Para outra corrente[1710], a indemnização só pode ser exigida no processo de divórcio.

No sentido do diferimento da indemnização que é devida por violação de um dever conjugal pessoal, argumenta-se com a necessidade de protecção da paz familiar. A dedução de um pedido de indemnização seria indesejável porque levaria à ruptura da vida em comum. Contra esta opinião não se pode, é certo, invocar o risco de extinção do direito de indemnização, alertando para a hipótese do decurso de um período longo de tempo entre o facto danoso e a dissolução do casamento: a prescrição não começa nem corre entre os cônjuges, ainda que separados de pessoas e bens [artigo 318.º, alínea a)]. Mas há fortes obstáculos à ideia de um adiamento imposto ao exercício de um dado direito de indemnização entre os cônjuges. Alguns foram já mencionados[1711]. A eles junta-se a dificuldade prática de prova que habitualmente enfrenta aquele que recorre aos tribunais, para obter a reparação de danos causados por um facto que se verificara muitos anos atrás[1712]. No direito português, é permitido ao cônjuge lesado exercer o seu direito de indemnização, logo que constituído, na constância do matrimónio. Do artigo 1792.º, n.º 2, que obriga à formulação do pedido de reparação dos danos não patrimoniais decorrentes da dissolução do casamento na própria acção de divórcio, não resulta qualquer desvio. Regula-se aqui um direito de indemnização que antes não existia. Sem dissolução do casamento, não há responsabilidade civil conjugal pelo divórcio.

[1710] Cfr. FENOUILLET, *Droit de la Famille* cit., pp. 115-116. A autora vê no parágrafo 2.º do artigo 266 do *Code civil*, na versão de 1975, norma que não admite a reparação dos danos causados pela dissolução do casamento fora da acção de divórcio, uma solução que exprime a "politique de concentration des effets du divorce", cuja lógica consiste em "bloquer un éventuel contentieux à retardement". E de imediato censura a jurisprudência, por permitir a reparação ulterior de danos distintos dos que resultam da dissolução do casamento, sem consideração pela referida "política de concentração".

[1711] Cfr. *supra*, n.º 110.

[1712] Cfr. LOPES CARDOSO, *A administração dos bens do casal*, Coimbra, Livraria Almedina, 1973, pp. 298-299; ÂNGELA CERDEIRA, *Da responsabilidade civil dos cônjuges entre si* cit., p. 170.

O último preceito encerra, porém, uma manifestação do princípio da economia processual e da chamada "política de concentração dos efeitos do divórcio", que está associada à preocupação de evitar o prolongamento ou a perpetuação da situação de conflito entre os cônjuges. Simultaneamente, o artigo 1792.º, n.º 2, integra uma dupla excepção: no plano substantivo, à regra da limitação temporal ao exercício de um direito somente por via da prescrição; no plano processual, à regra da não cumulação de um pedido a que corresponde uma forma de processo comum com um pedido a que corresponde uma forma de processo especial (cfr. artigos 470.º, n.º 1, 31.º, n.º 1, 460.º, n.º 1, 1407.º e 1408.º, do Código de Processo Civil português). Para não incorrer na consequência do não cumprimento do ónus de dedução, que consiste na preclusão da tutela indemnizatória, o cônjuge lesado tem de pedir a reparação de todos os danos não patrimoniais causados pela dissolução do casamento, incluindo os danos futuros previsíveis (cfr. artigo 564.º, n.º 2, do Código Civil)[1713], na própria acção de divórcio. Mas os danos cuja ocorrência não era previsível na altura do julgamento e que venham a ocorrer não são indemnizáveis, ainda que a dissolução do casamento tenha sido causa adequada dos mesmos (a segunda parte do artigo 564.º, n.º 2, visa somente os danos futuros *previsíveis indeterminados*). Trata-se de mais um pequeno limite legal à obrigação de indemnizar que se harmoniza com a já mencionada tendência de equilíbrio entre a liberdade pessoal do infractor e a exigência de reparação dos danos derivados da prática de um acto desconforme ao Direito da Família[1714].

Contudo, a responsabilidade civil directa por ilícito conjugal não tem de ser efectivada na acção de divórcio. Na falta de uma previsão legal específica, a respectiva indemnização está submetida às regras

---

[1713] Cfr. ac. STJ 5/2/1985, *BMJ* 344, p. 357 (o cônjuge interessado em obter a indemnização tem de alegar factos que evidenciem danos não patrimoniais previsíveis que podem advir-lhe da dissolução do casamento).

[1714] Diferente é o entendimento de ÂNGELA CERDEIRA, *Da responsabilidade civil dos cônjuges entre si* cit., pp. 156-157: não encontrando razões susceptíveis de justificar a caducidade do direito de reparação dos danos em questão, esta jurista sugere "que fosse estabelecido um prazo razoável para o exercício do direito de indemnização, a contar da data do trânsito em julgado do divórcio".

gerais atinentes à cumulação de pedidos e ao exercício temporal de direitos. O pedido de indemnização pode ser deduzido numa acção separada, que siga o processo comum[1715], e pode ser apresentado desde o momento em que tem lugar o facto danoso até à altura em que se completam três anos, a contar da data em que o lesado teve conhecimento do direito de indemnização que lhe assiste, prazo que não começa a correr antes da dissolução do casamento [artigos 498.º, n.º 1, e 318.º, alínea a), do Código Civil]. De resto, outra solução seria incompreensível. Os danos produzidos directamente pelo ilícito conjugal demarcam-se daqueles que são consequência do divórcio, não se situando rigorosamente na esfera de acção da "política de concentração dos efeitos do divórcio". O alegado resultado de pacificação definitiva é ilusório, porque se resume à negação de uma tutela judicial posterior à extinção do vínculo matrimonial, e não compensa de modo algum as repercussões perniciosas que adviriam da consagração legal do ónus de dedução de todas as pretensões indemnizatórias, com base em ilícito conjugal, no processo de divórcio. Não admitindo a indemnização antes deste processo, a tese da concentração sujeita-se a algumas das críticas que são dirigidas à corrente que defende a impossibilidade de efectivação da responsabilidade civil antes da dissolução do casamento. Não admitindo a indemnização fora do processo de divórcio, a tese da concentração estimula uma "explosão de litigiosidade" na acção de divórcio, forçando as partes a formular todo o género de pretensões indemnizatórias, em resposta ao risco de preclusão, sem que, no entanto, se assegure a compensação dos danos patrimoniais ou não patrimoniais, causados directamente pelo ilícito conjugal, efectivos e futuros, que não fossem previsíveis à data da sentença. Por fim, a complexidade e a heterogeneidade do processo de divórcio atingiriam

---

[1715] A jurisprudência portuguesa chegou a sustentar, de modo uniforme, que nem sequer era admissível a dedução do pedido na acção de divórcio (cfr. *supra*, nota 1595), concepção que mudou na sequência das alterações à lei processual civil introduzidas pelos Decretos-Lei n.os 329-A/95, de 12 de Dezembro, e 180/96, de 25 de Setembro (cfr. ac. RE 7/2/2002, *CJ* 2002/1, p. 270: aquelas alterações permitem que em acção de divórcio seja formulado o pedido de indemnização por danos resultantes dos factos ilícitos e culposos que fundamentam o pedido de dissolução do casamento).

níveis que não permitem uma decisão rápida e justa. Além de ser chamado a pronunciar-se sobre o pedido de divórcio e eventualmente sobre o pedido de alimentos, sobre a regulação do poder paternal e sobre a atribuição da casa de morada da família, o juiz teria de apreciar os mais diversos pedidos de indemnização por ilícito conjugal. Se é possível aproveitar boa parte do processado relativo ao pedido de divórcio para decidir acerca da indemnização dos danos não patrimoniais causados pela dissolução do casamento, uma vez que as regras sobre a declaração do cônjuge culpado são comuns, o mesmo se não pode dizer quanto à indemnização de outros danos. Na responsabilidade civil directa pelo ilícito conjugal, a infracção pode ser distinta daquela que fundamenta o pedido de divórcio litigioso ou a declaração do cônjuge culpado; presume-se a culpa; o dano pode ser patrimonial ou não patrimonial; e não tem de haver um nexo causal entre a violação do dever conjugal e a ruptura da vida em comum.

118. Reina o consenso quanto à invalidade das cláusulas sobre a responsabilidade civil por violação de deveres conjugais pessoais, embora as opiniões variem quanto à *ratio* da proibição. No direito francês, pressupondo-se a inadmissibilidade das cláusulas sobre responsabilidade extra-obrigacional, invoca-se o carácter delitual da responsabilidade por ilícito conjugal[1716], o que é muito discutível. No direito alemão, tendo-se principalmente em mente as cláusulas penais, diz-se que estas são contrárias aos bons costumes por converterem os deveres conjugais em dinheiro ou por limitarem a liberdade pessoal das partes, explicações que reproduzem argumentos, pouco adequados, das orientações contrárias à responsabilidade civil por ilícito conjugal ("comercialização do casamento", coerção para o cumprimento) e à vinculatividade dos deveres pessoais dos cônjuges (valor absoluto da liberdade)[1717].

[1716] Para uma síntese da situação no direito francês, cfr. ROLLAND, *La responsabilité entre époux* cit., pp. 194-195.

[1717] A objecção dominante assenta na componente ética dos deveres conjugais (cfr. as alusões de HEPTING, *Ehevereinbarungen* cit., p. 112, e LANGENFELD, *Handbuch der Eheverträge und Scheidungsvereinbarungen*, 4.ª ed., München, C.H.Beck, 2000, p. 24). Aparentemente, situam-se nesta linha também PÉREZ GONZÁLEZ/CASTÁN

Em nosso entender, o elemento-chave é a liberdade de estipulação, da qual depende a validade das cláusulas sobre responsabilidade. Torna-se, assim, determinante a questão dos acordos sobre os deveres conjugais sexuais[1718]. Sendo nulo qualquer acordo de disposição do direito de fidelidade, será nula qualquer estipulação dos cônjuges sobre a responsabilidade civil por adultério. No que toca ao dever de comunhão sexual, admite-se somente o acordo de execução ou concretização do padrão mínimo de conduta sexual comum[1719]; por isso, as cláusulas

---

TOBEÑAS, em anotação ("Estudios de comparación y adaptación a la legislación y jurisprudencia espanõlas") a KIPP/WOLFF, *Derecho de Familia* I cit., p. 209. Segundo HEPTING, *Ehevereinbarungen* cit., p. 113, há uma tensão entre a relação pessoal e a pressão económica inerente à sanção pecuniária, que tem de ser resolvida através do seguinte critério: o grau de admissibilidade das cláusulas penais é inversamente proporcional ao grau de intensidade pessoal dos comportamentos que se pretende regular. RAMM, *Familienrecht I* cit., pp. 231-232, em nome da liberdade de decisão dos cônjuges, rejeita a validade das cláusulas penais para garantia da exclusividade sexual e a existência de deveres conjugais pessoais.

[1718] Cfr. *supra*, n.º 85.

[1719] O acordo que estabelece comportamentos que ultrapassam o que é imposto pelo padrão mínimo não regula o dever conjugal de coabitação carnal; pertence já ao domínio do Direito da Personalidade. Seja como for, é escassa ou nenhuma a relevância das cláusulas sobre responsabilidade, por incumprimento deste acordo. Se não contrariar princípios da ordem pública, o acordo será válido, mas livremente revogável a todo o tempo, o que mostra que o respectivo incumprimento é lícito. Não obstante isto, o artigo 81.º, n.º 2, prevê a obrigação de indemnizar "os prejuízos causados às legítimas expectativas da outra parte". Deslocando o debate para a área mais ampla das convenções sobre o exercício dos direitos de personalidade em geral, pode perguntar-se se não será plausível uma cláusula penal ou de fixação antecipada da responsabilidade. Parece que sim desde que a cláusula fixe um montante de indemnização igual ou inferior ao que resultaria do regime legal; assim o exige a natureza da obrigação de indemnizar consagrada no artigo 81.º, n.º 2, excepcional quanto à responsabilidade civil comum (cuja fonte é um facto ilícito), e a protecção da liberdade de revogação unilateral, que impede uma pressão económica restritiva do exercício da faculdade de revogação que se não justifique pela necessidade de reparação dos danos efectivamente causados. No entanto, é sempre difícil configurar uma situação de responsabilidade civil concreta, na sequência da violação de um acordo entre os cônjuges como aquele que temos vindo a analisar concretamente: a parte interessada na observância do acordo tem de demonstrar que foi atingida nas suas "legítimas expectativas" e o artigo 496.º, n.º 1, só confere uma indemnização por danos não patrimoniais cuja gravidade mereça a tutela do Direito.

sobre responsabilidade por incumprimento do dever *sub iudice* estarão necessariamente reduzidas a um papel meramente confirmativo do regime legal de responsabilidade civil aplicável ao ilícito conjugal, o que lhes retira autonomia e interesse prático.

2. A RESPONSABILIDADE DELITUAL DO TERCEIRO POR INTERFERÊNCIA NA RELAÇÃO CONJUGAL

2.1. O debate sobre a responsabilidade do "terceiro cúmplice de adultério"

119. No sistema romanístico, tende-se a tratar das questões gerais em torno da responsabilidade delitual do terceiro por interferência na relação conjugal a propósito da responsabilidade da pessoa que teve relações sexuais com o cônjuge de outrem, isto é, do chamado "terceiro cúmplice de adultério"[1720]. Embora os casos de interferência de terceiro se não resumam a situações de prática de adultério, estas constituem, sem dúvida, os melhores exemplos de intervenção externa concreta na esfera sexual do casamento. Por isso, não hesitamos em aderir à orientação metodológica mais comum no sistema em que se insere o nosso ordenamento.

Mas o acordo sobre a relevância do tema, neste contexto, não é acompanhado por uma resposta uniforme ao problema da admissibilidade da responsabilidade civil do terceiro cúmplice de adultério, perante o cônjuge lesado. Apenas em França[1721] se deparava até há

[1720] Apesar do carácter ambíguo da palavra "cúmplice" (no Direito Penal, cúmplice é aquele que auxilia outrem na prática de um facto ilícito, não chegando a tomar parte directa na sua execução), a terminologia tem base legal (cfr. artigo 2196.º, epígrafe e n.º 1, do Código Civil português).

[1721] Cfr., por exemplo, CassFr 2/4/1979, *D.* 1980, IR, p. 34, TGI Dunkerque 25/6/1980, *Gaz. Pal.* 1980.2.som.484, acórdãos que são constantemente invocados; HOLLEAUX, em recensão cit., *RIDC* 1955, p. 466; NERSON, "Le devoir de fidélité", *RTDC* 1978, p. 865. O ac. da CassFr 3/2/1999, *D.* 1999, p. 267, que não declarou a

pouco com uma opinião mais ou menos consolidada, que ia no sentido da responsabilização daquele. No direito português, Castro Mendes[1722] defende que "o terceiro cúmplice na violação do dever de fidelidade por um dos cônjuges pode ser obrigado a indemnizar os danos não patrimoniais infligidos ao cônjuge inocente", enquanto Leite de Campos[1723] exclui o dever de reparação. Em Espanha, onde o assunto não tem recebido grande atenção, Lacruz Berdejo[1724] pronuncia-se pela responsabilidade civil do terceiro cúmplice de adultério, ideia partilhada por Entrena Klett[1725], que, porém, não aceita a possibilidade

nulidade de uma liberalidade feita por uma pessoa casada em benefício do seu amante, quebrou a unanimidade em torno da oponibilidade *erga omnes* do dever de fidelidade (cfr. LÉCUYER, "Mariage et contrat" cit., pp. 64-65). No entanto, e segundo HAUSER, a orientação da Cassation, embora acarrete a supressão de um dos instrumentos sancionatórios do adultério (cfr. "L'obligation de fidélité et les libéralités: une nouvelle mise en cause du mariage?", *RTDC* 1999, pp. 364-365), não prejudica a utilização do instituto da responsabilidade civil contra o terceiro cúmplice (cfr. "Sanctions de l'obligation de fidélité", *RTDC* 2000, pp. 810-811). Após 1999, a favor dessa utilização também LE BIHAN-GUÉNOLÉ, *Droit Civil: Droit de la Famille*, Paris, Hachette, 2000, pp. 34-35.

O referido acórdão de 1999 suscitou as mais diversas reacções: foi negado o seu relevo prático (BEIGNIER, "Libéralités. Évolution ou révolution", *Dr. Fam.* 1999/5, p. 18); foi tido como expressão de uma mudança notável (MASSIP, "Le sort des libéralités faites à une concubine adultère", *Defrénois* 1999, p. 680); foi censurado por não respeitar o carácter da fidelidade enquanto dever de ordem pública (CHAMPENOIS, anotação, *Defrénois* 1999, pp. 818-819; GRIMALDI, anotação, *D.* 1999, som., p. 308; LEVENEUR, "Une libéralité consentie pour maintenir une relation adultère peut-elle être valable?", *JCP* 1999.I.152; PATARIN, comentário, *RTDC* 1999, p. 895); foi aplaudido por "pôr fim a uma hipocrisia" (MAZEAUD, "Libertine première Chambre civile...", *Defrénois* 1999, p. 739) ou por conseguir distinguir entre o cônjuge e terceiro, entre quem está e quem não está vinculado ao dever de fidelidade (LARROUMET, "La libéralité consentie par un concubin adultère" cit., p. 352); e foi apresentado como um sinal de relativização do dever de fidelidade (BILLIAU/LOISEAU, "La libéralité consentie en vue du maintien d'une relation adultère n'est pas contraire aux bonnes moeurs", *JCP* 1999.II.10.083; VASSAUX, "Le déclin du devoir de fidélité entre époux", *RJPF* 2000-4/32; VILLA-NYS, "Réflexions sur le devenir de l'obligation de fidélité" cit., pp. 89-91).

[1722] CASTRO MENDES, *Direito da Família* cit., p. 26.
[1723] LEITE DE CAMPOS, *Lições de Direito da Família*, 2.ª ed., cit., p. 143.
[1724] LACRUZ BERDEJO, *Derecho de Familia* (1997) cit., p. 103.
[1725] ENTRENA KLETT, *Matrimonio, separación y divorcio* cit., p. 490.

de haver lugar a responsabilidade civil entre os cônjuges por motivo de infidelidade. No direito italiano, um acórdão do Tribunal de Roma, favorável à tese da responsabilidade civil do terceiro cúmplice de adultério, desencadeou uma onda de interesse doutrinário, traduzida num conjunto de textos que sustentam a tese oposta[1726]; entretanto, o Tribunal de Monza[1727] tomou partido também contra a tese da responsabilidade civil do terceiro cúmplice. Na Alemanha, a jurisprudência[1728] rejeita a possibilidade de o terceiro perturbador da relação conjugal ser obrigado a indemnizar o cônjuge lesado, posição que alguma doutrina apoia e outra contesta. É de destacar aqui o facto de ser frequente um mesmo autor dar à questão da responsabilidade civil uma solução diferente em razão da qualidade do interveniente na prática de relações sexuais extramatrimoniais (cônjuge adúltero ou terceiro cúmplice)[1729].

Como se adivinha a partir desta pequena digressão por algumas das ordens jurídicas pertencentes ao sistema romanístico, a discussão acerca da responsabilidade civil do terceiro por interferência na relação conjugal não é uma exacta reprodução do debate que se trava sobre a responsabilidade civil por ilícito conjugal. Há aspectos específicos a

---

[1726] Trib. Roma 17/9/1988, *NGCC* 1989, I, p. 559, com anotação discordante de PALETTO cit. = *Giur.Mer.* 1991, p. 754, com anotação discordante de LATTANZI cit. (intitulada "Dovere di fedeltà e responsabilità civile e coniugale"). Cfr. ainda CENDON, "Non desiderare la donna d'altri" cit., p. 613 e s., que critica severamente o acórdão.
[1727] Trib. Monza 15/3/1997, *Fam. e Dir.* 1997, p. 462, com anotação concordante de ZACCARIA, "Adulterio e risarcimento dei danni" cit.
[1728] Cfr. BGH 6/2/1957, *BGHZ* 23, p. 279; BGH 8/1/1958, *BGHZ* 26, p. 217; BGH 3/11/1971, *BGHZ* 57, p. 229.
[1729] Aceitam somente a hipótese de o terceiro cúmplice incorrer em responsabilidade civil: MEDICUS, *Bürgerliches Recht*, 17.ª ed., Köln, Carl Heymanns, 1996, pp. 451-452; RGRK/ROTH-STIELOW cit., *vor* § 1353, Nm. 10-11; K. H. SCHWAB, anotação a BGH 21/3/1956, *NJW* 1956, p. 1150 (o acórdão em apreço encontra-se publicado na p. 1149). Entendem que a indemnização contra o cônjuge adúltero não pode ser exigida antes da dissolução do casamento, mas não colocam restrições temporais à formulação do pedido contra o terceiro cúmplice: BOEHMER, "Zur Ehestörungsklage" cit., pp. 190-192; HIPPEL, "Schadensersatz bei Ehestörung" cit., pp. 665 e 671.

considerar e o mais importante deles prende-se com a oponibilidade *erga omnes* dos direitos conjugais sexuais. Sendo indiferente em matéria de responsabilidade intra-conjugal, a análise do assunto é indispensável quando está em causa uma obrigação de indemnizar a cargo de terceiro. Os deveres conjugais sexuais são objecto de uma relação jurídica, da qual o cúmplice de adultério não é uma das partes. Se se concluir pela eficácia meramente interna dos referidos direitos, o problema da responsabilidade de terceiro fica liminarmente resolvido. E há, de facto, quem negue essa responsabilidade, argumentando com a relatividade dos direitos familiares pessoais.

O tema da oponibilidade dos deveres conjugais sexuais já foi estudado desenvolvidamente *supra*, nos n.os 71 e 72. Como então se disse, os deveres são oponíveis *erga omnes*, apesar de serem relativos. O reconhecimento da sua eficácia externa não é, porém, o resultado de uma extensão da teoria da eficácia externa das obrigações ao domínio do Direito da Família. A oponibilidade *erga omnes* dos direitos conjugais baseia-se, designadamente, na respectiva natureza comunitária, estatutária, num elemento que, portanto, os demarca nitidamente dos direitos de crédito. E outros aspectos justificam a defesa da eficácia externa dos direitos conjugais sexuais: a visão do casamento como uma comunhão exclusiva entre duas pessoas [cfr. artigos 1577.º e 1601.º, alínea c), do Código Civil português]; os casos de preterição dos interesses de terceiro por causa de um casamento em que não foi parte [artigos 1601.º, alínea c), e 1631.º, alínea a); artigo 1670.º, n.º 2, *a contrario*; artigos 2196.º, n.º 1, e 953.º; a tutela da fidelidade no lar conjugal]; a tipicidade dos direitos e a publicidade da relação matrimonial. Dadas as insuficiências do pensamento dicotómico formal na classificação dos direitos subjectivos[1730], é legítimo atribuir aos deveres conjugais sexuais uma dupla faceta. A par da vertente principal, que respeita unicamente ao comportamento recíproco dos cônjuges,

---

[1730] Cfr. WACKE, "Logische Paradoxien in antiker und moderner Jurisprudenz" cit., pp. 360-362: o afastamento da responsabilidade civil do terceiro perturbador da relação conjugal com base na separação radical dos direitos relativos, dotados sempre de eficácia meramente interna, e absolutos, dotados de oponibilidade *erga omnes*, é tido como exemplo de um sofisma resultante do desconhecimento dos limites do raciocínio jurídico dicotómico.

obrigados a terem relações sexuais entre si e a serem fiéis um ao outro, existe uma faceta instrumental, que respeita a terceiros, obrigando-os a não contribuírem para o incumprimento nem para a impossibilidade de cumprimento dos deveres a que os cônjuges estão reciprocamente vinculados. No entanto, tal como a responsabilidade civil do cônjuge infractor não decorre necessariamente do carácter jurídico dos deveres conjugais, a identificação de um âmbito de eficácia externa dos direitos conjugais não basta para se sustentar a responsabilidade civil do terceiro que contribuiu para a lesão dos mesmos[1731]. Há que ponderar objecções susceptíveis de serem levantadas à margem do tema da oponibilidade.

Os argumentos da exigência de protecção da harmonia do casal e da regulamentação familiar enquanto lei especial que derrogaria a lei geral, tão relevantes no movimento de contestação à responsabilidade por ilícito conjugal, não desempenham agora uma função significativa na lógica do combate à responsabilidade civil de terceiro[1732]. A subor-

---

[1731] Cfr., nomeadamente, LÖWISCH, *Der Deliktsschutz relativer Rechte* cit., p. 191 e s.: o autor, que defende a eficácia externa dos direitos conjugais pessoais, confere ao cônjuge uma tutela inibitória desmesuradamente ampla contra o terceiro perturbador da relação conjugal (a "Unterlassungsklage" não depende de uma conexão entre a perturbação e o domínio territorial do casamento), mas não admite que este possa incorrer em responsabilidade civil.

[1732] Cfr. BOHEMER ("Zur Ehestörungsklage" cit., p. 192) e HIPPEL ("Schadensersatz bei Ehestörung" cit., p. 671), que consideram o interesse na conservação da relação conjugal uma razão suficiente para rejeitar a hipótese de um pedido de indemnização entre os cônjuges, durante o casamento, mas não para excluir a efectivação da responsabilidade civil do terceiro perturbador, na constância do matrimónio; KOENIGS, "Zur Schadensersatzpflicht des Ehebrechers", *JR* 1954, pp. 207-208 (embora se oponha a uma responsabilidade civil do terceiro perturbador fundada no § 823 do BGB, este jurista esclarece tal opinião não pode ser defendida com base na tese da regulamentação exclusiva do ilícito conjugal pelo Direito da Família, porque o Direito da Família se ocupa somente da relação entre os dois cônjuges); PADRUTT, *Die Ehestörungsklage* cit., pp. 119-120 (no contexto do direito suíço, em que o artigo 151 do Código Civil admite que o cônjuge culpado pelo divórcio possa ser obrigado a indemnizar o outro quer dos danos decorrentes da dissolução do casamento quer dos danos causados pelos factos que fundamentaram o divórcio, o autor entende que, na constância do matrimónio, a regulamentação familiar obsta à responsabilidade civil entre os cônjuges, mas não à responsabilidade do terceiro perturbador perante o

dinação de um terceiro à obrigação de indemnizar o cônjuge não implica um litígio entre os dois cônjuges, mas um conflito que opõe um deles ao terceiro; o regime familiar dos efeitos do divórcio aplica-se apenas aos cônjuges. Contudo, insiste-se na ideia de que o carácter pessoal e moral dos deveres de fidelidade e coabitação não é compatível com a concessão de uma tutela indemnizatória[1733], ideia que já foi impugnada[1734].

E de novo se observa o apelo ao argumento da liberdade. Para um certo sector[1735], o terceiro cúmplice de adultério age licitamente, no exercício da sua "liberdade de autodeterminação nas relações interpessoais". Por isso, não incorre em responsabilidade civil perante o cônjuge do seu parceiro. O terceiro perturbador da relação conjugal é obrigado a compensar uma pessoa que é impedida de desenvolver a sua relação matrimonial somente quando causar a morte ou a lesão corporal do outro cônjuge. Só nestes casos o comportamento do terceiro deixaria de estar sob a protecção do seu direito de liberdade. No entanto, o entendimento em apreço é pouco plausível. A liberdade sexual está subordinada aos limites extrínsecos dos direitos de personalidade. No seio desses limites contam-se quer a existência de direitos subjectivos de outrem oponíveis ao titular do direito de personalidade, quer os bons costumes. Ora, o direito conjugal de fidelidade é justamente um direito subjectivo oponível *erga omnes* e a prática de relações sexuais com o cônjuge de outrem corresponde a uma violação clamorosa dos bons costumes. E, em princípio, nada muda se se procurar resolver a questão

---

cônjuge ofendido, em virtude de o regime jurídico do casamento valer como *lex specialis* apenas na relação dos cônjuges); K. H. SCHWAB, anotação a BGH 21/3/1956 cit., p. 1150 (os motivos que afastam a responsabilidade civil entre os cônjuges – *v.g.*, a manutenção do casamento e a natureza especial das disposições legais familiares – não impedem a responsabilidade de terceiro).

[1733] Cfr. FIEDLER/ZYDEK, "Die Schadensersatzpflicht des Ehebrechers", *JR* 1954, pp. 454-455; KOENIGS, "Zur Schadensersatzpflicht des Ehebrechers" cit., p. 207.

[1734] *Supra*, no n.º 108.

[1735] Cfr. Trib. Monza 15/3/1997, *Fam. e Dir.* 1997, p. 462, e respectiva anotação de ZACCARIA, "Adulterio e risarcimento dei danni" cit., pp. 467-468, bem como GARÉ, "La maîtresse d'un homme marié doit-elle réparation à l'épouse de son amant?", *JCP* 2000.II.10.356.

através das regras da colisão de direitos[1736]. Não há base para fazer prevalecer a liberdade sexual de terceiro sobre o direito de fidelidade do outro cônjuge, até porque o último direito visa a satisfação de uma finalidade que não é exclusivamente privada[1737].

Nos Estados Unidos da América, a abolição das acções de responsabilidade civil contra o terceiro que interfere na relação conjugal é reivindicada por se achar que criam um risco elevado de actos de extorsão e chantagem, derivados de um conluio entre marido e mulher. Na verdade, não se tem conseguido demonstrar que a possibilidade de abusos é maior aqui do que em outros domínios. E, de qualquer modo, não parece razoável abolir um meio de protecção só porque algumas pessoas o usam de forma censurável. Há, aliás, mecanismos destinados a combater a má fé no exercício do direito de acção[1738]. Na América Latina, alguns tribunais encontram no Direito da Filiação um pretexto para rejeitar a admissibilidade de acções de indemnização contra o terceiro cúmplice de adultério. Funcionando como um factor dissuasor da confissão da prática de adultério, a ameaça de uma sanção patrimonial tornaria mais difícil o estabelecimento da paternidade do filho não matrimonial e a atribuição dos alimentos que são devidos ao

---

[1736] Cfr. a tentativa de STARK, "Kann ein Dritter wegen Ehestörung zu Genugtuungszahlungen verpflichtet werden?" cit., p. 521 e s., que defende a imunidade do terceiro cúmplice de adultério, desenhando um cenário de conflito entre dois direitos de personalidade – o direito de terceiro ao desenvolvimento das suas relações e o direito do cônjuge à não perturbação da sua ligação matrimonial.

[1737] Cfr. PADRUTT, *Die Ehestörungsklage* cit., p. 45 e s.: porque o casamento é "a célula da sociedade", o interesse do cônjuge na exclusividade da relação conjugal é hierarquicamente superior ao interesse meramente egoísta de terceiro numa actividade sexual sem restrições. CAPELO DE SOUSA também não vê na liberdade sexual um elemento adverso à constituição da obrigação de indemnizar. Para o ilustre professor, o terceiro que participa no adultério viola o direito geral de personalidade do outro cônjuge, "*v.g.*, em matéria de honra e sentimentos pessoais", praticando um ilícito que pode justificar a aplicação do instituto da responsabilidade civil (cfr. *O direito geral de personalidade,* cit., p. 231, nota 489).

[1738] Cfr. KELLY, "The case for retention of causes of action for intentional interference with the marital relationship", *Notre D.L.* 48, 1972-1973, pp. 429-430.

menor[1739]. Ora, mesmo num país em que seja muito alta a taxa de nascimentos ocorridos na sequência de adultério, afigura-se muito controvertível o impacto positivo deste género de orientação judicial. A hipótese de o terceiro cúmplice incorrer em responsabilidade civil pode ser entendida como uma medida susceptível de evitar o acréscimo das situações tidas como mais problemáticas no campo do Direito da Filiação. O receio da sanção pode limitar a prática do adultério ou, pelo menos, incentivar o uso de técnicas de contracepção nos contactos sexuais extramatrimoniais, que, quando eficazes, reduzem a extensão dos danos causados ao outro cônjuge[1740] e eliminam a probabilidade de uma circunstância que seria o sinal mais evidente do ilícito.

[1739] Cfr. o caso *Moisés Romero Soto v. Ambrosio Morales Laboy*, apreciado pelo Tribunal Supremo de Porto Rico (93 *JTS* 169, 1993) e citado por TORRES CARTAGENA, "Acción de daños contra el amante del cónyuge adúltero", *RDPuert*. 34, 1994-95, pp. 329-330, que transcreve os seguintes excertos do acórdão: "Reconocer una causa de acción de daños y perjuicios contra el amante del cónyuge adúltero, indudablemente desalentará las acciones de impugnación de paternidad instadas por el padre biológico, provocando prácticamente su erradicación"; "De manera similar y desafortunadamente, la causa de acción que se intenta implantar en este caso, tendría también el efecto de desalentar el reconocimiento voluntario en los casos en que un hombre casado procrea un hijo como resultado de una relación adúltera. El hombre en tal situación se vería disuadido de reconocer voluntariamente a su hijo extramatrimonial, por miedo que su cónyuge demande a su amante a base de acción reconocida por el tribunal de instancia"; "la acción en cuestión también tendrá un efecto negativo sobre una madre que afirmativamente solicita los alimentos para su hijo habido de relaciones sexuales con un hombre casado. Al hacer valer el derecho fundamental de su hijo a alimentos, se expone a una acción por daños y perjuicios instada por la esposa del padre biológico".

[1740] Note-se que nos repugna falar da criança nascida de uma ligação extramatrimonial como um *dano* causado ao outro cônjuge. O cônjuge sofre, quando muito, danos associados à existência, ou à descoberta da existência, de uma criança que é fruto de uma relação do seu cônjuge com terceiro. Por conseguinte, também não concordamos com uma certa terminologia que prolifera ultimamente em vários estudos sobre a responsabilidade civil do médico que não consegue impedir o nascimento de uma criança, que não foi desejada pelos seus progenitores – cfr. a obra colectiva *Un bambino non voluto è un danno risarcibile?*, a cura di Antonino D'Angelo, Milano, Giuffrè, 1999, e LOSCH/RADAU, "Die «Kind als Schaden» – Diskussion" cit.

120. A constituição da obrigação de indemnizar depende do preenchimento dos requisitos da responsabilidade civil. Tratando-se de responsabilidade civil por ilícito, é indispensável o dolo ou a negligência do agente. Isto significa que é preciso que o terceiro cúmplice de adultério soubesse (ou, se ignorar, devesse saber) que estava a ter relações sexuais com uma pessoa casada, o que distingue uma eventual acção de responsabilidade civil movida contra ele, no sistema romanístico, da "criminal conversation", acção clássica do direito anglo-americano[1741]. Como o dever violado pelo terceiro cúmplice não resulta de uma relação jurídica estabelecida com o lesado, a responsabilidade só poderá revestir cariz extra-obrigacional. Deste modo, cabe ao cônjuge

---

[1741] No direito anglo-americano, pode ser exigida uma indemnização ao terceiro que teve relações sexuais com uma pessoa casada através de dois tipos de acções: a "criminal conversation" e a "alienation of affections". A primeira, que se aplica exclusivamente aos casos de adultério, não é condicionada pelo aspecto do conhecimento (efectivo ou exigido) do vínculo matrimonial. A segunda, que é reconhecida nos Estados Unidos e desconhecida em Inglaterra, reage contra todas as situações de interferência intencional na relação conjugal, o que inclui o adultério, desde que o mesmo tenha sido praticado com conhecimento do estado civil da pessoa casada e tenha levado à ruptura da vida em comum do casal. Sobre a "criminal conversation", abolida em Inglaterra pelo "Law Reform (Miscellaneous Provisions) Act", de 1970 (apesar de ter sido decretada a abolição da acção em 1857, altura em que foi criado o "Divorce Court", o novo tribunal continuou a receber pedidos de indemnização com o mesmo fundamento), e em muitos Estados da federação norte-americana, a partir de 1930 ("Anti-Heart Balm Legislation"), cfr. EMANUEL, *Torts* cit., p. 481; FEINSINGER, "Legislative Attack on «Heart Balm»", *Mich.L.R.* 33, 1935, p. 988 e s.; FLEMING, *The Law of Torts* cit., p. 720; HARPER/JAMES/GRAY, *The Law of Torts* 2 cit., pp. 510-511; HEUSTON/BUCKLEY, *Salmond and Heuston on the Law of Torts* cit., pp. 350-351; LANDON, *Pollock's Law of Torts*, 15.ª ed., London, Stevens Sons Limited, 1951, p. 169; LIPPMAN, "The breakdown of consortium", *Col.L.R.* 1930, p. 654 e s.; SPEISER/KRAUSE/GANS, *The American Law of Torts*, vol. 7, Rochester (New York), The Lawyers Co-Operative Publishing, 1990, p. 563 e s.; SPENCER, *A Treatise on the Law of Domestic Relations* cit., pp. 136-138; STATSKY, *Family Law* cit., pp. 505-506, e *Torts. Personal Injury. Litigation*, 3.ª ed., Minneapolis/St. Paul, West Publishing Company, 1995, p. 486; WEISBERG, *Family Law* cit., pp. 79-81. Da "alienation of affections" falaremos mais detidamente *infra*, no n.º 121.

ofendido pelo adultério provar a culpa do parceiro do seu cônjuge[1742]. E a existência de culpa é demonstrável. A despeito do que alguns autores[1743] sugerem, a intervenção do terceiro cúmplice não é um acontecimento *fortuito*.

Aqui e ali, nega-se que os danos produzidos pelo adultério possam ser imputados a terceiro, afirmando-se que na origem do ilícito está um problema de relacionamento entre os dois cônjuges ou a decisão do cônjuge que viola o dever de fidelidade[1744]. Mas as dificuldades prévias no relacionamento interconjugal são somente um motivo do comportamento de um dos intervenientes no acto de adultério. O terceiro cúmplice é, recorde-se, o outro interveniente. Ora, o cônjuge não é o único ser livre. O terceiro é mais do que um mero objecto inanimado, arrastado, contra a sua vontade, para o acto sexual. Ocorre um fenómeno de "causalidade conjunta"[1745]. Não deixa de ser, porém, relevante o comportamento dos dois cônjuges e o estado da respectiva união. Se o adultério for consentido pelo cônjuge lesado, o consenti-

---

[1742] Vigorando a presunção da culpa do cônjuge que viola os deveres conjugais, na responsabilidade civil directa por ilícito conjugal, o regime da prova da culpa dos intervenientes no adultério pode, pois, variar em razão dos agentes.

[1743] Cfr. FEINSINGER, "Legislative Attack on «Heart Balm»" cit., p. 995: "As a rule, defendant becomes enmeshed with plaintiff's spouse without preconceived design".

[1744] Cfr. D. SCHWAB, *Familienrecht* cit., p. 76 (a imagem do terceiro que destrói um casamento é falsa, "porque as causas da perturbação do casamento estão sempre na relação entre os cônjuges"); STARK, "Kann ein Dritter wegen Ehestörung zu Genugtuungszahlungen verpflichtet werden?" cit., p. 533 ("Die Krise einer Ehe kommt nicht von aussen, sondern aus dem Verhältnis der beiden Partner zueinander"); Trib. Monza 15/3/1997, *Fam. e Dir.* 1997, p. 462 ["Appare evidente che la configurabilità del concorso del terzo nella violazione di diritti relativi trovi un limite nel principio di autoresponsabilità, per il quale ognuno risponde delle proprie azioni deliberate in modo libero e responsabile (...) In altri termini la signora M. è una persona adulta, capace di liberamente effettuare le proprie scelte. Se la signora M. ha eventualmente violato gli obblighi coniugali, instaurando una relazione con un terzo e consentendo a questi di abitare nella casa assegnatale dal giudice, sarà ella a dover rispondere di tale violazione e, una volta però che sia provato il nesso causale, secondo il metro della causalità adeguata, delle relative conseguenze dannose"].

[1745] Cfr. PADRUTT, *Die Ehestörungsklage* cit., p. 131 ("gemeinsame Kausalität").

mento, que, ofendendo os bons costumes, não exclui a ilicitude do acto lesivo (artigo 340.º, n.º 2, do Código Civil), representa uma causa de exculpação da conduta dos participantes na relação extramatrimonial [artigos 570.º e 1780.º, alínea a)] e, consequentemente, não há lugar a responsabilidade civil[1746]. Se for o cônjuge infractor que tomou a iniciativa, se o terceiro for mais o "assediado" do que o "assediador", a situação repercute-se na repartição de culpas, condicionando o direito de regresso entre os intervenientes no adultério, solidariamente responsáveis pelos danos (artigo 497.º). O terceiro continua a ser responsável perante o cônjuge lesado, mas a sua quota da obrigação de indemnização será inferior à do cônjuge infractor[1747]. Se o adultério se verificar numa altura em que o relacionamento dos cônjuges se encontra particularmente degradado (*v.g.*, separação de facto, separação de pessoas e bens, pendência de acção de divórcio), os danos não patrimoniais causados ao cônjuge lesado pelo acto sexual extramatrimonial serão

---

[1746] O mesmo sucede no direito norte-americano. Cfr. SPEISER/KRAUSE/GANS, *The American Law of Torts* 7 cit., p. 558: "Consent of the non-participating spouse to the conduct complained of as interference with the marital relationship – whether as alienation or criminal conversation – is a total defense".

[1747] Diferentemente, Trib. Roma 17/9/1988, *NGCC* 1989, I, p. 559 = *Giur. Mer.* 1991, p. 754, partindo do princípio de que a infidelidade constitui um risco típico do casamento: "il problema della responsabilità del terzo danneggiante sussiste solo nel caso in cui quest'ultimo, con la sua condotta, determini un ampliamento delle probabilità che si verifichi violazione dell'obbligo di fedeltà. Pertanto, la tutela di un marito nei confronti dell'amante della moglie può configurarsi solo in questa ipotesi non in quella in cui sia la moglie a prendere la concreta iniziativa di tradire il marito cercando il rapporto sessuale o affettivo con il terzo". No entanto, o adultério não é uma circunstância inevitável e a vontade de terceiro tem algum papel, a não ser que ele seja vítima de violação, caso em que, obviamente, não incorre em responsabilidade civil. No direito norte-americano, entende-se que o terceiro só responde por "alienation of affections" se os seus actos forem "the controlling cause of the alienation" (LEE/LINDAHL, *Modern Tort Law. Liability Litigation*, vol. 3, edição revista, Deerfield/Illinois, Callaghan Company, 1990, p. 9) ou se ele for "the pursuer rather than then pursued" (BROWN, "The Action for Alienation of Affections", *U.Pa.L.R.*, 82, 1933-34, pp. 478-479; HARPER/JAMES/GRAY, *The Law of Torts* 2 cit., p. 510), salvo se a interferência se traduzir na prática voluntária de relações sexuais com o "alienated spouse", hipótese em que o terceiro tende a ser sempre responsabilizado.

menores e, eventualmente, não terão gravidade suficiente para fundar a concessão de uma indemnização[1748].

As normas legais que concedem uma indemnização a terceiros em caso de morte ou lesão corporal (entre nós, os artigos 495.º e 496.º, n.ᵒˢ 2 e 3, do Código Civil) são apontadas como exemplos de excepções à regra da oponibilidade meramente *inter partes* dos direitos familiares pessoais[1749]. Nesta lógica, não havendo morte ou lesão corporal de um cônjuge, o outro cônjuge não teria o direito de ser compensado pelo autor do ilícito[1750]. Ou seja, os danos causados pelo cúmplice do adultério não seriam indemnizáveis. No entanto, as referidas disposições não permitem chegar a uma tal conclusão. Com a devida vénia, nada autoriza a entendê-las como manifestações excepcionais de oponibilidade *erga omnes* das posições jurídicas matrimoniais. As normas reconhecem a determinados familiares (*v.g.*, o cônjuge) o direito de serem indemnizados de certos danos (perda do direito de alimentos, que, na vigência da sociedade conjugal, se reconduz ao direito à contribuição para os encargos da vida familiar; danos não patrimoniais sofridos pelo falecido e pelo próprio titular do direito de indemnização) em duas situações (lesão ou morte corporal), sem afastarem a possibilidade de os mesmos beneficiarem de uma compensação noutras situações ou por causa de outros danos. E nem sequer são os únicos exemplos legais explícitos de eficácia externa do casamento. O casamento com uma pessoa já casada é anulável [artigos 1601.º, alínea c), e 1631.º, alínea a)]; é igualmente anulável a alienação ou oneração de um

---

[1748] No direito norte-americano, considera-se que, havendo previamente "separation or estrangement of the spouses", a indemnização devida pelo terceiro participante no adultério, com base em "alienation of affections", será menor, porque será igualmente menor a extensão dos danos que ele causa ao cônjuge ofendido (cfr. BROWN, "The Action for Alienation of Affections" cit., p. 488; PROSSER, *Handbook of the Law of Torts* cit., pp. 878-879; SPEISER/KRAUSE/GANS, *The American Law of Torts* 7 cit., p. 558).

[1749] Cfr. LEITE DE CAMPOS, *Lições de Direito da Família*, 2.ª ed., cit., p. 144.

[1750] Cfr. BERG, "Ehestörungsklage und Schadenersatzansprüche" cit., p. 140; STARK, "Kann ein Dritter wegen Ehestörung zu Genugtuungszahlungen verpflichtet werden?" cit., p. 523; Trib. Monza 15/3/1997, *Fam. e Dir.* 1997, p. 462; ZACCARIA, "Adulterio e risarcimento dei danni" cit., p. 467.

bem próprio de um cônjuge, quando falte o consentimento do outro cônjuge, nos casos em que é legalmente exigido (artigo 1687.º, n.ºs 1, 2 e 3); as liberalidades do cônjuge adúltero a favor do cúmplice são nulas (artigos 2196.º, n.º 1, e 953.º). Mas a lei não se limita a prever efeitos do casamento que são negativos para terceiros: muitas dívidas contraídas por um dos cônjuges, sem o consentimento do outro, responsabilizam ambos [cfr., nomeadamente, artigo 1691.º, n.º 1, alíneas b) e c)]. Na verdade, a imposição da obrigatoriedade do registo (artigo 1669.º) só se compreende num cenário em que seja normal a oponibilidade *erga omnes* do casamento e das posições jurídicas que lhe estão essencialmente associadas.

Além disso, é justamente na hipótese de adultério mais do que em qualquer outro caso de interferência de terceiro na relação conjugal, que se torna mais nítida a fragilidade de uma defesa da inoponibilidade *erga omnes* do dever de fidelidade, mediante a invocação das normas que concedem uma indemnização em caso de morte ou lesão corporal de um familiar. Essas normas regulam as consequências de um acto que causa danos simultaneamente a duas pessoas, não tendo sido concebidas para disciplinar o adultério, acto em que é violado o direito de uma única pessoa (o cônjuge que não participa no acto sexual extramatrimonial)[1751].

Não há, pois, obstáculos à indemnizabilidade dos danos causados pela acção de terceiro. Contudo, em virtude de estar vinculado a um dever de abstenção que surge para evitar a criação de condições adversas à realização da finalidade do casamento pelos cônjuges, a responsabilidade de terceiro não ultrapassa aquela que cabe a um cônjuge que viola um dos seus deveres para com o outro cônjuge. Dada a instrumentalidade do dever que é imposto a terceiro, o elenco dos danos indemnizáveis por causa de interferência na relação conjugal não difere daquele

---

[1751] Cfr. HANELT, *Schadensersatz-, Beseitigungs- und Unterlassungsansprüche* cit., pp. 105-106, que explica por que não é pertinente o recurso aos §§ 844 e 845 do BGB para negar a admissibilidade da responsabilidade civil do cúmplice de adultério. Adiante-se, porém, que alguma terminologia adoptada pelo autor pode ser equívoca. Não é forçosamente o dano reflexo ou indirecto que é reparado através da indemnização conferida ao cônjuge da pessoa que foi vítima de lesão corporal – cfr. *infra*, n.º 123.

que foi traçado para a responsabilidade por ilícito conjugal[1752]. Isto é, se o comportamento do terceiro provocar a extinção do casamento, ele não é obrigado, entre nós, a reparar os danos patrimoniais causados pela dissolução. Mas tem de reparar os danos não patrimoniais decorrentes da dissolução do casamento[1753] e todos os danos directamente resultantes do seu acto[1754].

[1752] Cfr. *supra*, n.º 116.

[1753] O artigo 1792.º ocupa-se unicamente do dever de reparação dos danos causados pela dissolução do casamento entre os cônjuges, não podendo ser invocado para excluir a responsabilidade civil de terceiro relativamente aos mesmos danos. Cfr., assim, no direito francês, LARROUMET, anotação a CassFr 2/4/1979, *D*. 1980, IR, p. 34, esclarecendo que o terceiro é obrigado a indemnizar com fundamento no artigo 1382, e não no artigo 266, do *Code civil*. Algo ambígua se revela a proposta de "une application distributive correcte des règles", que é apresentada por NERSON//RUBELLIN-DEVICHI, "Le devoir de fidélité" cit., p. 340: "de l'art. 266 relève le préjudice causé par la dissolution elle-même du mariage; il n'y a pas de complicité possible, semble-t-il; de l'art. 1382, relèvent les fautes, tel l'adultère, qui son sans doute à l'origine du divorce ou de la séparation de corps mais auraient pu ne pas l'engendrer". Pretende-se negar a responsabilidade civil de terceiro no que toca aos danos causados pela dissolução do casamento ou afirmar apenas que, como é natural, o cônjuge lesado tem de pedir a respectiva indemnização ao terceiro numa acção comum (e nunca na acção de divórcio, na qual o último não é uma das partes)?

[1754] Nos danos directos ressarcíveis pelo cúmplice de adultério, importa destacar os que se ligam ao nascimento de um filho não matrimonial e à transmissão de doenças. Sobre a responsabilidade civil de terceiro pelos danos decorrentes do nascimento de um filho não matrimonial, cfr., nomeadamente, BOSCH, anotação a BGH 8/1/1958, *FamRZ* 1958, pp. 101-102 (o acórdão em apreço, publicado aqui na p. 99 e em *BGHZ* 26, p. 217, é censurado por afastar a responsabilidade de terceiro quanto aos danos sofridos pelo cônjuge lesado e correspondentes às despesas com a impugnação da paternidade e às despesas com o sustento do menor que sejam superiores a uma "prestação de alimentos normal"); NEHLSEN/STRYK, "Probleme des Scheinvaterregresses", *FamRZ* 1988, p. 228 (não sendo reconhecida a responsabilidade delitual de terceiro, o marido da mãe teria de suportar, injustamente, os danos correspondentes às despesas de sustento do menor que excedessem o valor da obrigação de alimentos que incumbe ao pai biológico). A contaminação de um cônjuge por via de acto sexual extramatrimonial pode fazer incorrer o terceiro cúmplice em responsabilidade civil perante o cônjuge não participante no adultério, à luz dos artigos 495.º, n.ºs 2 e 3, e 496.º, n.ºs 2 e 3 (cfr. GUILHERME DE OLIVEIRA, "HIV e SIDA – 14 perguntas sobre as relações de família" cit., pp. 227-228). Quando o cônjuge não participante no adultério for infectado pelo outro cônjuge, que, por seu turno,

Todavia, numa situação de adultério, o terceiro é um dos dois responsáveis. Por isso, não é razoável sustentar que apenas ele se encontra obrigado a suportar os custos dos danos causados ao cônjuge lesado[1755]. O terceiro e o outro cônjuge respondem solidariamente[1756], apesar de serem diversos os tipos de responsabilidade civil a que estão sujeitos (delitual, quanto ao terceiro; obrigacional, quanto ao cônjuge)[1757]. O cônjuge lesado pode demandar qualquer um deles pela totalidade do crédito de indemnização e aquele que for demandado dispõe contra o outro condevedor de um direito de regresso, que é definido pela proporção das culpas dos intervenientes no adultério. Além do artigo 497.º do Código Civil, aplicam-se outras regras da solidariedade passiva. Desta forma, se o crédito de indemnização do cônjuge lesado contra o cônjuge infractor se mantiver, graças ao artigo 318.º, alínea a), quando já prescreveu o seu crédito contra o terceiro, o cônjuge infractor que paga a totalidade da indemnização não perde o seu direito de regresso (cfr. artigo 521.º, n.º 1). Por aplicação analógica do artigo 521.º, n.º 1, o terceiro não perde igualmente o direito de regresso se pagar a totalidade do crédito de indemnização, respeitante aos danos não patrimoniais causados pela dissolução do casamento, depois de se extinguir o direito de indemnização entre os cônjuges, em virtude de ter transitado em julgado a sentença de divórcio, sem que o pedido houvesse sido formulado nos termos do artigo 1792.º, n.º 2. Por

---

contraíra a doença através do contacto sexual extra-matrimonial, o terceiro pode ser chamado a reparar os danos que o cônjuge não participante sofreu por ter sido infectado: cfr. KARP/KARP, "Sexual Domestic Torts" cit., pp. 417-419, 427-428 (o terceiro responde perante o cônjuge não participante se estava ciente do risco de infecção e não informou a pessoa com quem ia ter relações sexuais; todavia, o terceiro deixa de ser responsável perante o cônjuge não participante, se a infecção deste se verificou depois de o outro cônjuge ter sabido que ele próprio estava contagiado).

[1755] Como fazem alguns dos autores citados *supra*, na nota 1729.

[1756] Cfr. CassFr 2/4/1979, *D.* 1980, IR, p. 34, e respectiva anotação de LARROUMET; GERNHUBER/COESTER-WALTJEN, *Lehrbuch des Familienrechts* cit., p. 160; LAGARDE, "Obligation *in solidum* du complice de l'épouse adultère, à la réparation du préjudice subi par le conjoint", *RTDC* 1955, pp. 659-660; LIPP, *Die eherechtlichen Pflichten und ihre Verletzung* cit., pp. 326-327.

[1757] Cfr. LABBÉE, *Les rapports juridiques dans le couple sont-ils contractuels?* cit., p. 75, que chama a atenção para esta particularidade.

aplicação, também analógica, do artigo 864.º, n.º 1, o terceiro demandado pelo cônjuge lesado é obrigado a pagar somente a sua parte da dívida de indemnização, quando a falta do cônjuge infractor tenha sido perdoada.

2.2. Outras situações de interferência do terceiro: a doutrina da "alienation of affections" e a instigação ao incumprimento dos deveres conjugais sexuais; a acção de "loss of consortium", a lesão acidental da capacidade sexual de um cônjuge e os crimes contra a liberdade sexual

121. A responsabilidade civil de terceiro perante um cônjuge, com fundamento em "alienation of affections", foi judicialmente reconhecida pela primeira vez em meados do século XIX em Nova Iorque, vindo a ser aceite pela "common law" de todos os Estados norte-americanos, com excepção da Luisiana[1758]. Os requisitos da acção, destinada a reagir contra uma interferência intencional na relação conjugal, são: a "conduta censurável" ("wrongful conduct") de terceiro; a perda, pelo cônjuge ofendido, do "consortium" do seu cônjuge; e o nexo causal entre a conduta de terceiro e a perda do "consortium"[1759]. A palavra "consortium" designa o conteúdo da comunhão conjugal, incluindo o direito de coabitação sexual. Por conseguinte, assinala-se pacificamente a impropriedade da denominação da acção em apreço, que não visa reparar os danos decorrentes da perda do afecto do outro cônjuge, mas os danos decorrentes da perda dos aspectos englobados pelo conceito de "consortium"[1760]. Aliás, a acção de "alienation of affections", que inicialmente só podia ser intentada pelo marido, tem um fundamento originário idêntico à acção de "loss of consortium": a ideia

---

[1758] Cfr. PROSSER, *Handbook of the Law of Torts* cit., p. 876, que identifica o primeiro caso: *Heermance v. James* 47 Barb., N.Y. 120 (1866).

[1759] Cfr. CLARK, *The Law of Domestic Relations* 1 cit., p. 653; PAULSEN//WADLINGTON/GOEBEL, *Cases and Other Materials on Domestic Relations*, Mineola//N.Y., The Foundation Press, 1970, p. 275, que transcreve o caso *Hedman v. Siegriest* 127 Vt. 291, 248 A.2d 685 (1968).

[1760] Cfr. BROWN, "The Action for Alienation of Affections" cit., p. 472.

de que a mulher está ao serviço do seu cônjuge e de que aquele que prejudica os direitos conjugais do marido tem de o indemnizar pela "loss of services"[1761]. Por influência do princípio da igualdade dos cônjuges, a doutrina da "alienation of affections" foi desligada da teoria da "loss of services" e a mulher passou a beneficiar também da faculdade de propor a acção[1762].

A participação directa no adultério e a instigação à separação dos cônjuges são as duas situações de interferência de terceiro que suscitam mais frequentemente uma acção de "alienation of affections" [1763], interessando, agora, apenas considerar a segunda situação. Neste contexto, o demandado pode ser, por exemplo, um psicólogo ou um membro do clero, que exerçam funções de conselheiro matrimonial, bem como um amigo ou um familiar do cônjuge que violou o dever de coabitação. De qualquer modo, a responsabilidade civil pressupõe má fé do terceiro. Note-se que a conduta dos parentes próximos (v.g., pais e irmãos) de um cônjuge se presume desculpável, ainda que tenha provocado a ruptura da vida do casal, competindo ao outro cônjuge, que pretende o ressarcimento, provar que aqueles se não limitaram a dar conselhos e a fazer recomendações "de um modo honesto, razoável, e com o desejo, bem intencionado, de beneficiar o cônjuge"[1764].

[1761] Cfr. LIPPMAN, "The breakdown of consortium" cit., pp. 655, 656 e 660; caso *Curry v. Kline* 187 Kan. 109, 353 P.2d 508 (1960), recolhido por PAULSEN/ /WADLINGTON/GOEBEL, *Cases and Other Materials* cit., p. 272.

[1762] Cfr. BROWN, "The Action for Alienation of Affections" cit., pp. 476-477, que apresenta *Hayes v. Nowlin*, 129 Ind. 581, 29 N.E. 389 (1891) como "leading case"; FEINSINGER, "Legislative Attack on «Heart Balm»" cit., pp. 992-993; LIPPMAN, "The breakdown of consortium" cit., p. 662 e s.; HOLBROOK, "The Change in the Meaning of Consortium", *Mich.L.R.* 22, 1923, pp. 4-5; VERNIER, *American Family Laws*, vol. III, Stanford University/California, Stanford University Press, 1935, p. 86.

[1763] Cfr. PROSSER, *Handbook of the Law of Torts* cit., p. 876; SPEISER/KRAUSE/ /GANS, *The American Law of Torts* 7 cit., pp. 541, 549 e 550.

[1764] Cfr. CLARK, *The Law of Domestic Relations* 1 cit., pp. 655-656: o ofendido tem de demonstrar que os seus familiares por afinidade agiram "de forma maliciosa ou hostil", ou que recorreram à fraude ou a ameaças, ou que "their conduct amounts to officious meddling in the marital relationship". Para ilustrar a dificuldade da matéria, o autor resume o caso *Poulos v. Poulos* 351 Mass. 603, 222 N.E.2d 887 (1967): "The wife, pregnant by the husband before marriage, was a divorcee and

Em 1935, a acção de "alienation of affections" foi abolida no Indiana através da chamada "Nicholson Bill"[1765], iniciando-se um movimento (conhecido por "Anti-Heart Balm Legislation"), que atingiu vários Estados norte-americanos[1766]. No sentido da extinção, invocou-se o carácter anacrónico da acção, o que era uma alusão ao seu fundamento originário, e os abusos que a admissibilidade da mesma tinha originado (pedidos de pagamento de indemnizações com valor astronómico, hipóteses de conluio entre os cônjuges para extorquir dinheiro a terceiros, etc.)[1767]. No entanto, a acção por "loss of consortium", criada igualmente a partir de uma ideia que sugeria a existência de uma relação de servidão entre os cônjuges ou de um direito de propriedade de uma pessoa sobre a outra, não só não desapareceu como conheceu até um maior desenvolvimento[1768], e os alegados abusos em torno da "alienation of affections" seriam evitáveis através de uma regulamentação mais cuidada e restritiva desta acção[1769]. Nos Estados em que a acção foi definitivamente abolida, e que são a maioria, houve a necessidade de procurar outros caminhos para voltar a submeter o terceiro a responsabilidade civil pela prática dos mesmos factos: passou-se a admitir pedidos de indemnização

---

somewhat older than the husband. The husband's mother opposed the marriage vigorously, referred to it as a disgrace, and importuned her son on nine different occasions to leave his wife and come home. Two days after the marriage he did so and never returned to his wife. The court held that this evidence supported a verdict in favor of the wife against the mother for alienation of affections, though it conceded that the mother might have been motivated by a desire to protect her son from the consequences of a hasty and ill-considered marriage, and that both proper and improper motives are often mingled in cases of this sort".

[1765] Cfr. FEINSINGER, "Legislative Attack on «Heart Balm»" cit., p. 997, nota 96.

[1766] Cfr., entre outros, HARPER/JAMES/GRAY, *The Law of Torts* 2 cit., pp. 532--534.

[1767] Cfr., nomeadamente, KELLY, "The case for retention of causes of action" cit., p. 429 e s., que enumera os principais argumentos a favor da abolição.

[1768] Cfr. *infra*, n.º 122.

[1769] Cfr. BROWN, "The Action for Alienation of Affections" cit., pp. 505-506; KELLY, "The case for retention of causes of action" cit. p. 430 (que pergunta se a abolição total da acção, por força dos abusos cometidos, não constituirá "a case of discarding the baby with the bath water").

deduzidos pelos filhos comuns do casal[1770] ou, sobretudo, pedidos do próprio cônjuge lesado, formulados noutros tipos de acção (*v.g.*, "infliction of emotional distress")[1771].

Em nossa opinião, a doutrina da "alienation of affections" é, nos seus traços gerais, válida e aplicável no direito português, quanto ao instigador do incumprimento dos deveres conjugais sexuais. Verificada a admissibilidade da responsabilidade civil de terceiro por interferência na relação conjugal e atendendo ao disposto no artigo 490.º do Código Civil, o terceiro que determinar dolosamente um dos cônjuges a violar os deveres do casamento poderá ser obrigado a indemnizar o cônjuge afectado pelo incumprimento. Contudo, os pressupostos da responsabilidade civil têm de se encontrar integralmente preenchidos. Por isso, não é obrigado a indemnizar aquele que, agindo ao abrigo do direito de necessidade a favor de outrem (cfr. artigo 339.º, n.º 1), contribuir decisivamente para o incumprimento do dever de comunhão sexual por parte de um dos cônjuges. Não incorre em responsabilidade civil, por exemplo, o terceiro que convencer um dos cônjuges a sair da casa de morada de família para impedir que ele continue a ser alvo de maus tratos conjugais[1772] ou que o persuadir a não ter relações sexuais com o outro cônjuge enquanto houver um risco sério para a sua saúde. Por isso, também não é obrigado a indemnizar aquele que determinar, desculpavelmente[1773], um cônjuge a não ter relações sexuais com o outro. Nesta hipótese, pode enquadrar-se, nomeadamente, o parente próximo de um dos cônjuges que, apercebendo-se de uma situação de particular degradação da respectiva vida matrimonial e movido pelo propósito de evitar

---

[1770] Cfr. JAYME, *Die Familie im Recht der unerlaubten Handlungen* cit., p. 239 e s.

[1771] Cfr. HARPER/JAMES/GRAY, *The Law of Torts*, 2.ª ed., *1999 Cumulative Supplement No. 1*, vol. 2, by Oscar Gray, Gaithersburg/New York, Aspen Law Business, 1999, aditamento ao § 8.7., n. 13, p. 535.

[1772] A própria conduta do cônjuge que abandona o lar está justificada pelo direito de necessidade, "pois que o dever de coabitação entre os cônjuges cede perante o interesse na protecção da integridade física do cônjuge abandonante" (TEIXEIRA DE SOUSA, *O regime jurídico do divórcio* cit., p. 55).

[1773] Sobre a desculpabilidade enquanto causa geral de exculpação, cfr. PESSOA JORGE, *Ensaio sobre os pressupostos da responsabilidade civil* cit., n.º 106.

que ele venha a sofrer desnecessariamente, investindo demasiado numa ligação aparentemente condenada ao fracasso, o convencer a não voltar a ter relações sexuais com o outro cônjuge. Quando surgem indícios de ruptura, não é, por vezes, humanamente exigível o respeito do dever de não interferência na relação conjugal a uma pessoa que nutre por uma das partes a afeição característica de um parente na linha recta ou irmão.

122. Numa obra da "American Bar Association"[1774], escrita a pensar no grande público, afirma-se que a lesão corporal de uma pessoa casada pode obrigar terceiro ao pagamento de duas indemnizações: uma, à pessoa vítima da lesão corporal; e outra, ao cônjuge da pessoa lesada, destinada a compensá-lo da "loss of consortium", expressão que, segundo o mesmo texto, abarca a "perda de relações sexuais" e de outros elementos inerentes à relação conjugal ("loss of general companionship"). Embora, conforme advertência prévia, os pontos de vista constantes do livro não pretendam reflectir as posições oficiais da "American Bar Association", aquela opinião traduz uma orientação que é actualmente comum nos Estados Unidos da América e que se divisa especialmente nos casos de acidente de viação[1775].

A acção por "loss of consortium"[1776], que visa a compensação de danos diversos dos que resultam da morte de um dos cônjuges, indemnizáveis através de outra acção, tem as suas raízes na acção medieval "per quod servitium amisit", concedida a um senhor contra o terceiro que, tendo agredido um dos seus servos, o privasse dos benefícios associados ao uso da respectiva força de trabalho. Com base nesta acção, cuja natureza era inicialmente real[1777], viria a surgir a acção "per quod

---

[1774] AMERICAN BAR ASSOCIATION, *Guide to Family Law*, New York, Times Books, 1996, p. 88.

[1775] Cfr. LEE/LINDAHL, *Modern Tort Law* 3 cit., p. 24 e s., que apresentam formulários de "Claim for Loss of Consortium", atinentes justamente a situações de acidente de viação.

[1776] Sobre a origem histórica da figura, cfr. JAMES, *General Principles of the Law of Torts*, 2.ª ed., London, Butterworths, 1964, pp. 308-310; LANDON, *Pollock's Law of Torts* cit., pp. 167-169.

[1777] Cfr. HEUSTON/BUCKLEY, *Salmond and Heuston on the Law of Torts* cit., p. 347: "the action was originally in trespass and not in case: for although the act

consortium amisit", mediante a qual o marido demandava terceiro que, na sequência da prática de um acto ilícito contra a pessoa do seu cônjuge, o tivesse privado dos "serviços prestados pela mulher" (trabalho doméstico, relações sexuais, companhia). No entanto, o percurso evolutivo do instituto não foi idêntico em Inglaterra e nos Estados Unidos. Em Inglaterra, a acção por "loss of consortium" manteve a sua conotação ancestral, nunca foi concedida à mulher[1778] e, dada a sua feição anacrónica, acabou por ser abolida pelo "Administration of Justice Act", de 1982, secção 2.

Nos Estados Unidos, a concepção da "loss of consortium" como uma concretização da "loss of services" deu lugar à ideia de que a acção marital se funda na violação de direitos *sui generis*, conjugais, insusceptíveis de serem comparados com os que assistem a um patrão ou proprietário[1779]. Contudo, foi preciso esperar algum tempo até que a faculdade de intentar a acção viesse a ser plenamente reconhecida a ambos os cônjuges. Antes da segunda metade do século XX, praticamente só era permitido à mulher demandar terceiro que tivesse vendido ao marido quantidades excessivas de drogas ou bebidas alcóolicas[1780]. A mudança será impulsionada com o caso *Hitaffer v. Argone Co.*,

---

complained of must have been wrongful as against the servant himself, it was also regarded as being a direct invasion of the interest of a proprietary nature which the master had either in the servant himself or in the services which were the fruit of relationship between them".

[1778] Cfr. o caso *Best v. Samuel Fox, Ltd.* 1952 A.C. 716, referido por FLEMING, *The Law of Torts* cit., pp. 724-725; HEUSTON/BUCKLEY, *Salmond and Heuston on the Law of Torts* cit., p. 351. Na ocasião, a Câmara dos Lordes negou a tutela indemnizatória ao cônjuge de um homem que sofrera lesões corporais negligentes, considerando que seria aberrante alargar à mulher a faculdade de instaurar uma acção que, fosse qual fosse o sexo do autor, não se adequava ao espírito dos tempos modernos.

[1779] Cfr. CLARK, *The Law of Domestic Relations* 1 cit., pp. 672-673; LIPPMAN, "The breakdown of consortium" cit., p. 662; LUPOI, "Risarcibilità del danno non patrimoniale subito dalla moglie nelle relazioni coniugali: l'evoluzione del diritto statunitense contemporaneo", *RDCom* 1968, pp. 486-487.

[1780] Cfr. HOLBROOK, "The Change in the Meaning of Consortium" cit., pp. 5 e 7; LIPPMAN, "The breakdown of consortium" cit., p. 663; VERNIER, *American Family Laws* III cit., p. 86 e s.

Inc.[1781]. Devido a um acidente de trabalho, foi atribuída à vítima uma incapacidade permanente que lhe restringia a capacidade de desenvolver uma vida activa e que a impossibilitava de ter relações sexuais. Apesar de o trabalhador já ter obtido uma indemnização por acidente de trabalho, o tribunal concedeu à sua mulher uma compensação pecuniária por "loss of consortium". Actualmente, a grande maioria dos Estados norte-americanos reconhece a ambos os cônjuges o direito de instaurar a acção por "loss of consortium"[1782].

Em virtude de a acção em apreço pressupor que o cônjuge do autor tenha sofrido uma lesão causada por um acto ilícito de terceiro, *que tanto pode ser doloso como negligente*, torna-se, assim, mais uma vez visível a incoerência da orientação norte-americana que preconiza a abolição formal da acção de "alienation of affections", um instrumento destinado a proteger um cônjuge contra interferências intencionais de terceiro na relação conjugal.

[1781] Caso *Hitaffer v. Argone Co., Inc.* 183 F.2d 811 (App. DC 1950). A importância do caso é constantemente sublinhada: cfr., nomeadamente, LEE/LINDAHL, *Modern Tort Law* 3 cit., p. 15; LUPOI, "Risarcibilità del danno non patrimoniale subito dalla moglie" cit., pp. 469-471.

[1782] Cfr. JOHNSON/GUNN, *Studies in American Tort Law* cit., p. 171; RAISTY, "Bystander Distress and Loss of Consortium: an Examination of the Relationship Requirements in Light of *Romer v. Evans*" [a referência do caso é a seguinte: 116 S. Ct. 1620 (1996)], *Ford.L.R.* 1997, p. 2649 e s. A última autora, que pugna pelo alargamento da tutela da "loss of consortium" aos membros das uniões de facto homossexuais, alude a uma tentativa de expansão do instituto, registada a partir de 1980, com algumas decisões judiciais a permitirem que os filhos de um casal e os membros de uniões de facto heterossexuais demandem terceiros com fundamento, respectivamente, em "loss of parental consortium" ou "loss of consortium" propriamente dita. Todavia, na década de 90, é muito claro o domínio da orientação que circunscreve o direito de acção aos cônjuges. Além de RAISTY, ver GREGORY/SWISHER/SCHEIBLE, *Understanding Family Law* cit., pp. 73-74; STATSKY, *Family Law* cit., pp. 504-505, e *Torts* cit., pp. 484-485.

Curiosamente, e não obstante a matéria de facto apreciada no caso *Hitaffer v. Argone Co., Inc.*, é, em regra, excluída a aplicação da doutrina da "loss of consortium" às situações de acidente de trabalho, por se entender que as mesmas estão sujeitas apenas às regras do Direito do Trabalho: cfr. LEE/LINDAHL, *Modern Tort Law* 3 cit., p. 15; LUPOI, "Risarcibilità del danno non patrimoniale subito dalla moglie" cit., p. 484.

123. Em Itália, onde o regime norte-americano da "loss of consortium" tem suscitado um interesse considerável[1783], um acórdão da Cassação[1784] veio conceder uma indemnização ao cônjuge de uma mulher que ficara impossibilitada de ter relações sexuais, na sequência de uma intervenção cirúrgica negligente. O tribunal partiu do princípio de que o comportamento doloso ou negligente de terceiro que impossibilita uma pessoa casada de ter relações sexuais atinge, de forma directa e imediata, o direito do outro cônjuge ao "debitum coniugale". A generalidade da doutrina concorda com a solução de responsabilizar o terceiro perante o cônjuge da pessoa impossibilitada de ter relações sexuais, se bem que nem sempre perfilhe inteiramente a fundamentação do acórdão, que, numa segunda parte, equiparou o dano sofrido pelo cônjuge da pessoa incapacitada a um dano biológico[1785].

[1783] Cfr., por exemplo, DE CUPIS, "La tutela esterna degli interessi familiari" cit., p. 240; LUPOI, "Risarcibilità del danno non patrimoniale subito dalla moglie" cit., p. 457 e s.; PATTI, *Famiglia e responsabilità civile* cit., pp. 130-131; V.M., "Colpi d'obbiettivo", *RDC* 1966, II, pp. 215-216, que critica a jurisprudência norte-americana que negava à mulher o direito de acção por "loss of consortium".

[1784] Cass. 11/11/1986, *NGCC* 1987, I, p. 343 = *Giur.It.* 1987, I, p. 2043. No direito francês, cfr. Dijon 31/3/1988, *Gaz.Pal.* 1989.1.225, em que é atribuída ao marido da vítima uma indemnização no valor de 80.000 francos, a título de compensação pelo "prejuízo sexual".

[1785] Cfr. ALPA, "Lesione del *ius in corpus*" cit., pp. 573-575; ALPA/BESSONE//CARBONE, *Atipicità dell'illecito*, I – *Persone e rapporti familiari*, 3.ª ed., Milano, Giuffrè, 1993, p. 262 e s.; BUSNELLI/PATTI, "Lesione del diritto all'attività sessuale e risarcimento del danno (a proposito di Cass., 11 novembre 1986, n. 6607 e Cass., 21 maggio 1996, n. 4671)", capítulo da obra *Danno e responsabilità civile*, Torino, G. Giappichelli, 1997, p. 101 e s.; DIMUNDO, "Lo stato di salute... del danno alla salute: spunti giurisprudenziali per un tentativo di diagnosi", *NGCC* 1995, I, p. 372 e s.; FERRANDO, anotação a CassIt 11/11/1986, n.º 6607, *NGCC* 1987, I, p. 351 e s.; FRACCON, "I diritti della persona nel matrimonio" cit., pp. 393-394; PATTI, "La lesione del diritto all'attività sessuale e gli attuali confini del danno risarcibile", *Giur.It.* 1987, I, p. 2043 e s.; PELLECCHIA, "La lesione della sfera sessuale del coniuge", capítulo da obra *Il dano esistenziale. Una nuova categoria della responsabilità civile* cit., p. 59 e s.; P. della ROCCA, "Violazione dei doveri coniugali" cit., pp. 628-629. Em alguns destes textos, os autores (ALPA, BUSNELLI/PATTI, FERRANDO, PATTI, PELLECCHIA) não prescindem de uma referência à "loss of consortium".

Solução análoga se impõe no direito português. Tal como noutros ordenamentos do sistema romanístico, é pacífica, entre nós, a possibilidade de o terceiro ser obrigado a indemnizar os danos sofridos pelo cônjuge da pessoa cuja morte provocou[1786]. O artigo 496.º, n.º 2, do Código Civil, prevê expressamente que, por morte da vítima, o direito à indemnização por danos não patrimoniais cabe, em primeira linha e em conjunto, ao cônjuge não separado judicialmente de pessoas e bens e aos filhos e outros descendentes. De acordo com o artigo 496.º, n.º 3, para efeitos de fixação do montante a receber, são atendíveis os danos não patrimoniais sofridos pelos titulares da indemnização. Por conseguinte, na parte que cabe ao cônjuge do falecido, terão de ser ponderados os danos não patrimoniais correspondentes à perda do convívio matrimonial. Contudo, a lei não é tão explícita quanto aos direitos que cabem aos familiares de uma pessoa vítima de lesão corporal. Assim sendo, há que aplicar a regra geral: o terceiro incorre em responsabilidade civil se tiver violado um direito que lhe era oponível.

Ora, o acto ilícito de terceiro que impossibilita uma pessoa casada de ter relações sexuais viola direitos de duas pessoas que são eficazes *erga omnes*: o direito à integridade física, de que é titular a "vítima principal", e o direito de coabitação sexual, pertencente ao cônjuge da vítima da lesão corporal. Ou seja, um único acto causa simultaneamente dois danos indemnizáveis: um dano sofrido pela vítima da lesão corporal e um dano sofrido pelo seu cônjuge. E o segundo é, tal como o primeiro, um dano directo[1787]. A privação do direito conjugal de coabitação sexual de uma parte constitui um efeito necessário da incapacidade sexual da outra parte, ocorrendo na mesma altura em que se produz esta incapacidade.

Como é habitual numa hipótese de responsabilidade civil por facto ilícito, exige-se que tenha havido um comportamento doloso ou negligente. No entanto e diferentemente do que acontece nos casos de adultério e instigação ao incumprimento dos deveres conjugais, a respon-

---

[1786] Nas palavras de BUSNELLI, "La tutela aquiliana del credito: evoluzione giurisprudenziale e significato attuale del principio", *RCDP* 1987, p. 281, "il caso paradigmatico" de interferência de terceiro na relação familiar.

[1787] Cfr. o acórdão italiano citado *supra*, na nota 1784, e PELLECCHIA, "La lesione della sfera sessuale del coniuge" cit., p. 67.

sabilidade de terceiro perante o cônjuge da pessoa impossibilitada de ter relações sexuais existe, ainda que ele não saiba, nem tenha que saber, qual é o estado civil desta pessoa. É suficiente a prova do dolo ou negligência no plano do resultado principal. Aliás, nas situações em que a lei obriga especificamente o terceiro a indemnizar a "vítima secundária" do acto ilícito (cfr. artigos 495.º, n.º 3, e 496.º, n.ºs 2 e 3), a responsabilidade surge independentemente da questão do conhecimento ou da cognoscibilidade pelo agente da existência de familiares próximos, ou credores de alimentos, da pessoa falecida ou vítima de lesão corporal.

Segundo De Cupis[1788], a tutela externa do dever de fidelidade não abarca os crimes cometidos contra a liberdade sexual de uma pessoa casada; havendo violação de um cônjuge por terceiro, o outro cônjuge não pode exigir uma indemnização ao autor do ilícito. Dada a ausência de colaboração da vítima do crime, coagida a ter relações sexuais, não é afectado o interesse do outro cônjuge na exclusividade sexual. "O facto, até porque não está comprometida a fidelidade conjugal, não prejudica o afecto da mulher, a honesta prossecução da vida familiar: e por isso, seja qual for a dor e a indignação do marido, este não é titular de um direito ao ressarcimento contra o culpado".

Salvo o devido respeito, a tese do famoso autor italiano é pouco convincente. A acção de terceiro afecta objectivamente a exclusividade sexual entre os cônjuges, impedindo o cumprimento de um dos deveres a que eles estão reciprocamente vinculados. É certo que o cônjuge que foi vítima do crime não participou de livre vontade no acto sexual, mas a tutela externa de um dever conjugal sexual é assegurada ainda que o terceiro tenha agido sem o acordo do cônjuge vinculado. O próprio De Cupis admite a responsabilidade civil de terceiro perante o cônjuge da pessoa que ficou total ou parcialmente impotente, por culpa exclusiva daquele[1789]. Para mais, o crime contra a liberdade sexual pode ter efei-

---

[1788] DE CUPIS, "La tutela esterna degli interessi familiari" cit., pp. 242-243.

[1789] DE CUPIS, "La tutela esterna degli interessi familiari" cit., p. 240. Pelo menos, ao rejeitar a responsabilidade civil de terceiro perante o familiar da pessoa que foi violada ou que foi vítima de qualquer outro acto, SCALFI ("Diritto alla serenità familiare", em AAVV, *La civilistica italiana dagli anni '50 ad oggi tra crisi dogmatica e riforme legislative*, Padova, CEDAM, 1991, pp. 283-285) previne uma incoerência.

tos profundos no desenvolvimento futuro da relação conjugal. É natural que, por motivos psicológicos, a actividade sexual entre os cônjuges venha a ser mais ou menos afectada. Conhecem-se mesmo hipóteses em que a violação de um cônjuge por terceiro representou um factor decisivo na ruptura da vida em comum[1790]. E, por fim, não é de excluir a possibilidade de a vítima do crime engravidar ou ser contagiada com uma doença grave, o que não deixa de ter consequências negativas relevantes para o seu cônjuge[1791]. Posto isto, não faz sentido uma discriminação positiva do autor de crimes contra a liberdade sexual. Resta, portanto, admitir a responsabilidade civil de terceiro perante o cônjuge da pessoa impossibilitada de cumprir qualquer um dos seus deveres conjugais sexuais – qualquer um, ainda que seja "apenas" o dever de fidelidade.

[1790] Cfr. o caso *Salinas v. Fort Worth Cab Baggage Co.*, 725 S.W.2d 701 (Tex. 1987), referido por HARPER/JAMES/GRAY, *The Law of Torts*, 1999 Cumulative Supplement No. 1, vol. 2, cit., aditamento ao § 8.9, n. 45, p. 550: em reacção ao crime de violação de que a mulher fora vítima, o marido afastou-se da família; o tribunal atribuiu aos filhos comuns do casal uma indemnização destinada a compensá-los dos danos sofridos com a separação do pai, a cujo pagamento foi condenada a sociedade que contratara o autor do ilícito, apesar dos seus extensos antecedentes criminais.

[1791] Cfr., por exemplo, ESSER/WEYERS, *Schuldrecht*, Band II, *Besonderer Teil*, 7.ª ed., Heidelberg, C.F. Müller, 1991, p. 555, que aludem aos custos de impugnação da paternidade do filho do autor da violação, considerando que os mesmos justificam a responsabilidade civil de terceiro em face do marido da mãe. Dentro de certos condicionalismos, é também legalmente concebível a interrupção da gravidez [cfr. artigo 142.º, n.º 1, alínea d), do Código Penal português]. De uma forma ou de outra, a violação terá então impacto na economia do casal e, sobretudo, repercussões na saúde psíquica dos seus dois membros, afirmação que é, sem esforço, extensível ao ilícito que provocar o contágio da vítima com sida.

CONCLUSÃO

I

No campo do Direito Matrimonial, a atitude do legislador do sistema romanístico distingue-se daquela que é adoptada pelo legislador no sistema anglo-americano. Ao contrário deste, o primeiro indica os deveres a que os cônjuges estão entre si vinculados por força da celebração do casamento. No entanto, a lei que estabelece tais deveres não os define de um modo preciso. Nos países do sistema romanístico, as disposições respeitantes aos efeitos do casamento socorrem-se de um elenco de conceitos indeterminados ou de uma cláusula geral. A primeira técnica de referência legislativa aos deveres conjugais é adoptada em França (artigos 212 e 215 do *Code civil*), Espanha (artigos 67 e 68 do Código Civil), Itália (artigo 143 do *Codice Civile*) e Portugal (artigo 1672.º do Código Civil). A segunda é seguida na Alemanha.

A enumeração legal de deveres conjugais é semelhante nos quatro mencionados países do sistema romanístico. A maior diferença entre eles consiste no facto de apenas Portugal e Espanha consagrarem expressamente o dever de respeito. Fora isso, os termos usados para formar o elenco de deveres num ordenamento acabam por ter correspondência nos demais ordenamentos. Em todos se estabelece o dever de fidelidade; o dever de coabitação dos direitos português e italiano encontra paralelo na obrigação de comunhão de vida do direito francês e no dever de convivência do direito espanhol; e a previsão de "deveres de entreajuda" constitui uma constante (socorro e assistência, no direito francês; ajuda e socorro, no direito espanhol; assistência e colaboração, no direito italiano; cooperação e assistência, no direito português). Todavia, não se pode falar de uma orientação interpretativa transnacional comum, até porque já é difícil apreender a tendência dominante em cada ordenamento relativamente ao sentido de cada termo constante do elenco legal de deveres conjugais. A falta de unidade doutrinária que se observa é imputável ao uso de uma técnica de regulamentação assente em conceitos indeterminados e à influência das teses do pluralismo jus-familiar.

No direito alemão, o regime dos efeitos do casamento baseia-se numa cláusula geral que impõe aos cônjuges a obrigação recíproca de comunhão conjugal de vida (§ 1353 I 2 Hs. 1 do BGB), a partir da qual a doutrina formula catálogos diversos de obrigações conjugais particulares. Frequentemente, a diversidade dos elencos afigura-se, porém, mais aparente do que real, sendo possível encontrar uma tendência para atribuir maior relevância aos seguintes deveres: sustento da família, dever particular expressamente previsto pelo BGB (§ 1360 I), comunhão de habitação, fidelidade, respeito e assistência. Mas a fixação do conteúdo de cada um destes deveres não deixa de ser uma tarefa que suscita divisões. De qualquer forma, e a despeito do afastamento de uma enumeração legal, a discussão processa-se segundo as mesmas grandes linhas daquela que ocorre nos países cujos códigos civis contêm elencos de deveres conjugais.

Os óbices que se colocam à concretização dos deveres conjugais, patentes ao longo da análise dos ordenamentos do sistema romanístico, levantam a dúvida acerca da própria viabilidade de uma concretização, dúvida que cresce quando se depara com certas propostas dominadas pela preocupação de assegurar aos cônjuges um espaço amplo de liberdade individual (*v.g.*, Wolf, Streck, Scalisi). Apesar disto, não se justifica uma renúncia à pesquisa de critérios para o preenchimento dos conceitos indeterminados ou das cláusulas gerais relativos aos deveres conjugais, porque não se pode pressupor a inutilidade das normas que aderem a um tal método de regulamentação. Acima de tudo, há que recorrer aos ensinamentos da Ciência do Direito, o que implica reconhecer o papel da tópica, complementada pela consideração de parâmetros jurídicos fundamentais, que, no caso específico dos deveres conjugais, são, nomeadamente, o princípio da igualdade dos cônjuges, a protecção da personalidade e a regra do acordo em assuntos comuns.

O princípio da igualdade dos cônjuges, que inspirou as últimas grandes modificações do regime dos efeitos do casamento (cfr., designadamente, a Reforma do Código Civil português de 1977) e que, entre nós, se encontra previsto expressamente quer na Constituição (artigo 36.º, n.º 3) quer na lei ordinária (artigo 1671.º do Código Civil), molda os deveres conjugais, impedindo uma concretização que se traduza na fixação de um conteúdo variável em função do género, masculino ou feminino, do obrigado. A realização da igualdade entre os cônjuges assinala também o triunfo da ideia de tutela da personalidade na relação familiar, ilustrado pela consagração do dever conjugal de respeito nos códigos civis de Portugal e Espanha. O "princípio personalista" exclui a existência de poderes recíprocos de ingerência de um cônjuge na vida privada do outro (que, por exemplo, se exerçam mediante a fiscalização das comunicações telefónicas), o emprego da violência para obter o cumprimento dos deveres conjugais e um traçado injuntivo do regime dos efeitos do casamento cujo pormenor e variedade temática ameace a liberdade individual. Além disso, legitima certos comportamentos que, aparentemente, colidem com a lógica de comunhão conjugal. Rejeita-se, assim, a imagem da união matrimonial como uma "relação de servidão" e esta rejeição confirma-se no papel que é reconhecido ao acordo entre os cônjuges. Para assegurar a aplicação do princípio da igualdade dos cônjuges, a lei repudia o poder marital, substituindo-o pela obrigação de os cônjuges decidirem em conjunto sobre a orientação da vida em comum (cfr. artigo 1671.º, n.º 2, do Código Civil português). Na falta de acordo quanto aos assuntos familiares mais relevantes, a decisão cabe ao tribunal (cfr. artigo 1673.º, n.º 3, que, embora referindo-se concretamente à fixação ou alteração da residência da família, é aplicável analogicamente a outras questões ligadas à direcção da família), solução a que subjaz a visão do mútuo consentimento dos cônjuges como único caminho para o autogoverno da família. E neste contexto importa esclarecer que o "dever de chegar a acordo" abrange o modo de cumprimento dos deveres conjugais.

No entanto, os três factores assinalados não são suficientes na tarefa de concretização. Uma vez alcançado um estatuto paritário, o princípio da igualdade dos cônjuges termina a sua função, desinteressando-se da substância dos deveres conjugais. A utilidade do discurso da tutela da personalidade perde-se se se ignorar que o casamento é uma comunhão tendencialmente plena de vida. O acordo não é atendível se colidir com o princípio da igualdade dos cônjuges ou com o núcleo inderrogável dos direitos de personalidade e dos deveres conjugais. Na pesquisa do conteúdo dos deveres conjugais, é essencial a noção social do que deve ser o casamento. Há um mínimo de que depende a especificidade do instituto e que não pode ser atingido pela autonomia privada, nem por uma perspectiva hipertrofiada da liberdade individual. Esse mínimo, o núcleo intangível do casamento, não se traduz em meras posições jurídicas típicas de quem pertence a uma organização económica. Reflecte-se sobretudo na esfera mais pessoal das partes. Assim sendo, os deveres conjugais sexuais são fundamentais na defesa da autonomia do casamento perante outras figuras. E a respectiva importância é reconhecida pelo legislador do sistema romanístico, que a eles se refere nas normas que estabelecem os deveres conjugais (por exemplo, no artigo 1672.º do Código Civil português).

O dever de não ter relações sexuais com terceiro, que abrange todos os actos de relacionamento que se subtraiam à exclusividade conjugal em matéria de partilha interpessoal de experiências sexuais, não foi prejudicado pela despenalização do adultério, pelo facto de este ter deixado de ser causa nominada de separação de pessoas e bens ou de divórcio, nem pela "descoberta dos métodos de contracepção". O dever mantém-se por força da persistência da imagem da comunhão matrimonial como única [cfr. artigo 1601.º, alínea c), do Código Civil português] e abrangendo a generalidade dos aspectos da vida dos cônjuges, incluindo o aspecto sexual – que é objecto de evidente atenção legislativa (cfr. as normas que impõem a heterossexualidade do casamento e impedem a celebração do acto entre pais e filhos ou entre irmãos). Contra o dever de exclusividade sexual também não depõe o cerne da tutela da personalidade, porque a proibição do adultério acarreta somente a existência de um limite relativo a uma faculdade do direito à liberdade sexual, que é fruto da aquisição voluntária de um estado, pelo interessado, na sequência de um acto que integra o exercício de um direito constitucionalmente protegido (cfr. artigo 36.º, n.º 1, da Constituição portuguesa). O dever em apreço decorre do dever de fidelidade. Ou melhor, identifica-se totalmente com ele. Não é de aceitar a *des-sexualização* frontal do dever de fidelidade nem a *diluição* do seu conteúdo, puramente sexual, associada às *teorias de alargamento*. A construção da infidelidade moral, que impera nos direitos francês e português, é incompatível com o alcance do dever de respeito.

A formulação positiva e lata do dever de fidelidade (entendido, nomeadamente, como "compromisso recíproco de devoção"), dominante no direito italiano, dificulta ainda mais a diferenciação do dever de fidelidade, que acaba por se confundir com o dever de respeito, com o dever de assistência ou até com a generalidade dos deveres conjugais. Na valoração social, fidelidade conjugal significa somente não cometer adultério. Deste modo, há que retomar a concepção restrita, clássica, do dever de fidelidade, que, aliás, nunca foi abandonada pela maioria da doutrina alemã.

O dever de ter relações sexuais com o seu cônjuge não se reconduz ao dever de fidelidade. A agregação numa só figura da abstenção de adultério e do débito conjugal, defendida por alguns autores espanhóis e italianos, não se harmoniza com o entendimento social relevante e não assegura a unidade do dever de fidelidade. Os elementos que se pretende reunir ditam condutas de sinal oposto ("facere" e "non facere"), têm importância diversa (a violação da exclusividade sexual suscita uma censura manifestamente superior à que origina a recusa do débito), não exprimem a mesma característica do casamento (a monogamia) e estão sujeitos a um regime distinto (no caso da separação de pessoas e bens, mantém-se a proibição de adultério enquanto a obrigação de trato sexual se torna inexigível). Tão-pouco é pertinente a colocação do dever de ter relações sexuais com o cônjuge no dever de assistência italiano, correspondente à nossa obrigação de socorro e auxílio mútuos, sugerida por De Cupis, antes da reforma italiana de 1975 do Direito da Família, e por Auletta. Não é plausível conceber o acto sexual como a solução para um mal que atormentaria um dos membros do casal ("o apetite carnal"), como uma ajuda ao cônjuge ou uma intervenção exclusivamente no interesse do outro. Por fim, a obrigação de ter relações sexuais não se enquadra no dever de respeito, que apresenta cariz residual. Há outro dever nominado em que se pode fundamentar aquela obrigação.

O dever de coabitação comporta a obrigação de comunhão de habitação e a obrigação de comunhão sexual. A aparente heterogeneidade destas duas obrigações não autoriza uma adesão à tendência maioritária no direito italiano, que vê no termo "coabitação" um sinónimo de "habitação sob o mesmo tecto". O dever alargado de coabitação está animado por um espírito global que desaconselha a separação dos seus componentes. Estimula-se a aproximação física de duas pessoas para criar, manter e reforçar laços de intimidade entre elas. A comunhão de habitação traduz-se numa convivência, que se quer o mais prolongada e frequente possível, num mesmo local, o lar, espaço territorial da vida privada por excelência; a comunhão sexual atinge o expoente da aproximação física, envolvendo áreas pessoalíssimas dos seus intervenientes. Daí que seja compreensível uma certa unidade de regime, inalcançável se se repartisse as duas obrigações em apreço por diferentes deveres nominados. A situação de cessação do dever de coabitação na constância do matrimónio (artigo 1795.º-A do Código Civil português) não pode deixar de incluir a actividade sexual entre os cônjuges. Por isso, merece aprovação a perspectiva que prevalece na doutrina portuguesa. A conotação sexual tradicional da palavra "coabitação" não perdeu actualidade e encontra apoio na norma que regula a cessação da presunção de paternidade (o artigo 1829.º, n.º 1, do Código Civil português, estabelece uma conexão clara entre a coabiação e a procriação e, portanto, entre a coabitação e o acto que habitualmente origina a reprodução). Isto significa que Souto Paz não tem razão quando, ao comparar o casamento civil com o casamento católico, nega a existência da obrigação de trato sexual na relação matrimonial civil.

A contestação ao dever de coabitação carnal é, porém, grande, maior do que aquela que enfrenta o dever de exclusividade sexual. As principais objecções ao seu reconhecimento baseiam-se no argumento da protecção da personalidade de cada um dos cônjuges. Neste sentido, considera-se que a defesa da liberdade individual impõe uma interpretação que exclua a sexualidade entre os cônjuges da área de intervenção do legislador civil. Mas o que é certo é que a regulamentação do casamento contém indícios de que a matéria assume relevância fundamental para o legislador: o casamento-estado é definido como uma união profunda, necessariamente íntima, de duas pessoas, que têm de ser de sexo diferente e que não podem estar ligadas por um parentesco próximo. Vários adversários da existência do dever de coabitação carnal tentam contrabalançar estes dados, invocando abertamente o direito de liberdade sexual. Todavia, aquele dever não afecta a parte essencial deste direito. A pessoa vinculada à obrigação de ter relações sexuais com o seu cônjuge continua a beneficiar da liberdade sexual negativa. O casamento restringe somente a dimensão positiva da liberdade sexual. E, por um lado, a restrição em causa é voluntária, resultando da celebração de um acto em que a vontade das partes se encontra suficientemente acautelada (cfr. a intensidade da tutela da liberdade matrimonial). Por outro lado, a eficácia restritiva do casamento não leva à supressão de todas as prerrogativas inerentes à vertente positiva da liberdade sexual. O dever de coabitação carnal impõe aos cônjuges apenas uma *mínima* comunhão sexual.

A determinação do padrão mínimo de conduta sexual comum que é prescrito pelo dever de coabitação varia em função das circunstâncias concretas do casal, sendo válido o acordo dos cônjuges que não exclua um mínimo de actividade sexual entre eles. E aqui se detecta o primeiro grande ponto de contraste entre os dois deveres conjugais sexuais. Embora ambos sejam injuntivos, o dever de ter relações sexuais varia em razão das circunstâncias e não absorve todas as manifestações da sexualidade, enquanto o dever de fidelidade proíbe sempre qualquer acto sexual entre um cônjuge e terceiro. Não obstante certas propostas de leitura que apelam ao princípio da confiança (Streck) ou à boa fé (Hauser/Huet-Weiller), o conteúdo do dever de fidelidade não é susceptível de relativização. Um eventual acordo de dispensa da exclusividade sexual, por exemplo, nunca é válido; quando muito, configura uma causa de exculpação do adultério. As modificações legislativas que despenalizaram o adultério e que substituíram, no campo do regime do divórcio (ou separação de pessoas e bens), uma enumeração de causas específicas, que referia o adultério, por uma causa única genérica, não converteram a exclusividade sexual num direito conjugal disponível. A descriminalização foi fruto de uma tomada de consciência quanto à inadequação do tratamento penal do adultério. A perda da qualidade de causa nominada de divórcio não eliminou a gravidade da violação do dever de exclusividade sexual; o adultério é ainda importante, enquanto fundamento de dissolução do casamento.

A possibilidade de extinção total do dever de coabitação na constância do matrimónio, *i.e.*, no caso de ser decretada a separação de pessoas e bens (artigo 1795.º-A do Código Civil português), representa o segundo grande ponto de contraste entre o dever de não ter relações sexuais com terceiro e o dever de ter relações sexuais com o seu cônjuge. O dever de fidelidade perdura até à dissolução do casamento. Apesar de constituir um acto menos grave, o adultério posterior à separação de pessoas e bens (ou à separação de facto que se prolongar por três anos consecutivos) não deixa de ser ilícito. A incompatibilidade do adultério com a separação de pessoas e bens (e, por maioria de razão, com a separação de facto) é confirmada pelo artigo 1795.º-D, n.º 3, do Código Civil, que confere ao cônjuge ofendido o direito de requerer unilateralmente a conversão em divórcio, antes de ter decorrido o período de dois anos sobre o trânsito em julgado da sentença de separação. Ora, esta divergência de regime entre os dois deveres harmoniza liberdade individual e *favor matrimonii*. Numa situação de acentuada deterioração do casamento, não se impõe a um cônjuge que tenha relações sexuais com o outro, mas também se não permite que, antes da dissolução do casamento, qualquer uma das partes tenha relações sexuais com terceiro, impossibilitando a reconciliação e confiando a outrem uma parcela de intimidade que está ínsita na ideia de comunhão de vida. Segue-se uma via intermédia, entre extinção e subsistência dos dois deveres sexuais.

II

A conhecida propensão para resolver o problema da qualificação de qualquer posição jurídica mediante o recurso a uma das duas categorias clássicas de direito subjectivo observa-se na polémica que suscitou a questão da natureza do *ius in corpus* em Itália, durante a quarta década do século XX, magistralmente analisada e ridicularizada por Vassalli. Na altura, Carnelutti defendia que ao conjunto formado pelos deveres conjugais de fidelidade e de coabitação carnal correspondia, no pólo activo, um "verdadeiro direito real" ou, pelo menos, um "direito absoluto, em que ao outro cônjuge não cabe a posição de obrigado mas de objecto de direito". Outra era a opinião de Fedele, que via no *ius in corpus* um direito de crédito.

A teoria do direito real foi completamente abandonada, no plano dos deveres de fidelidade e de coabitação sexual, a partir da Segunda

Guerra Mundial, por sugerir uma aproximação entre a coisa, objecto do direito real propriamente dito, e a pessoa, ou o corpo, de quem está vinculado aos mencionados deveres conjugais, o que manifestamente repugna à consciência social vigente. No entanto, no direito português, as providências do depósito e da entrega judicial da mulher casada só foram abolidas em 1967 e o último resquício da prática do direito real no domínio dos efeitos do casamento (a providência de recebimento da mulher pelo marido) perdurou até 1976. A resistência ao tempo da teoria e da prática do direito de crédito é bem maior, destacando-se recentemente as posições de Cippitani e de Labbée. Assentes numa noção patrimonialista do direito de crédito, tais posições estão, porém, longe de captar a essência dos direitos conjugais pessoais. E ainda que se prescinda da patrimonialidade do direito de crédito, aspecto meramente acidental da figura no direito português (cfr. artigo 398.º, n.º 2, 1ª parte, do Código Civil), a qualificação dos deveres conjugais sexuais como obrigações *stricto sensu* revela-se incorrecta. Revela-se incorrecta não pelos motivos aduzidos por Lipp (o qual afirma que os deveres conjugais pessoais impõem uma atitude interior, necessariamente espiritual, ao passo que as obrigações em sentido técnico exigem um comportamento meramente exterior do devedor), mas em virtude da *disposição funcional* das situações jurídicas familiares pessoais. A obrigação está ao serviço de qualquer finalidade do credor, enquanto o dever conjugal visa a realização de uma estreita comunhão de vida entre duas pessoas.

Quase até meados do século XX, predominou a tese da juridicidade dos deveres conjugais pessoais, não se tendo chegado a enraizar a linha de Savigny, que atribuía à fidelidade e à "entrega" dos cônjuges o carácter de deveres meramente morais. No período imediatamente subsequente à Segunda Guerra Mundial, esboçou-se uma orientação que anuncia as limitações do Direito na regulamentação da família e que se enquadra num movimento amplo de algum cepticismo perante o Estado, a autoridade e a sociedade. Jemolo retrata a família "como uma ilha que o mar do Direito pode tocar, mas apenas tocar". Carbonnier descobre o *non-droit* da família. Todo este ambiente, que coincide com a percepção do fracasso dos modelos tradicionais do direito subjectivo, será aproveitado para uma elaboração de posições contrárias à juridicidade dos deveres conjugais pessoais, distintas das que se enquadravam na Escola Histórica.

Pawloswki é o nome que mais se notabiliza no seio da nova orientação que recusa carácter jurídico aos deveres conjugais pessoais. Conjugando o princípio do pluralismo com a existência de direitos fundamentais de liberdade individual (*v.g.*, liberdade de crença e de consciência), o autor nega ao legislador ordinário legitimidade constitucional para intervir no domínio íntimo da família. O casamento civil não passa de uma "organização", de uma simples "forma jurídica" mediante a qual cada indivíduo pode viver de acordo com as suas crenças e convicções. Nesta perspectiva, que rejeita a especificidade jurídica do casamento, é inadmissível uma regulamentação substancial do instituto. Só que a posição deste ilustre jurista não é avalizada pelas normas constitucionais: a matriz pluralista do moderno Estado de direito não implica indiferença ética e os direitos fundamentais são finitos.

Um tratamento equilibrado da problemática da articulação entre família e Direito reclama o combate às generalizações excessivas e às separações totais, nas quais se contam equívocos que impulsionam a "luta contra o Direito Pessoal da Família" (a ideia de que menos Direito significa automaticamente mais liberdade individual ou de que o mundo do Direito está hermeticamente fechado aos elementos natural e moral). A "des-juridificação" das relações conjugais pessoais constitui uma conclusão que se baseia em dados contraditórios e discutíveis (*v.g.*, a "inefectividade da regra jurídica", quando, como esclarece Carbonnier, "a aplicação efectiva, a efectividade não pertencem à definição da regra jurídica"; o alargamento da faculdade de divórcio, que afinal pressupõe a eficácia restritiva do casamento-estado no campo da liberdade individual). Normas como as dos artigos 36.º, n.º 1, e 67.º, n.º 1, da Constituição portuguesa, mostram que o casamento-estado não é um "instituto vazio", mas uma união ampla, necessariamente íntima e exclusiva, de duas pessoas de sexo diferente, assente no *compromisso de vida*.

No entanto, não basta proclamar a natureza jurídica dos deveres conjugais sexuais. Estamos perante dois deveres jurídicos perfeitos a que correspondem direitos subjectivos. Designadamente, o dever de coabitação carnal não é uma obrigação natural, nem, como pretende

Wacke, um "ónus material" ("Obliegenheit"), porque o seu incumprimento é susceptível de desencadear consequências de cariz sancionatório. Sob o prisma activo, a fidelidade e a coabitação não são situações jurídicas objectivas, através das quais seria protegido um bem da personalidade que assegura ao indivíduo "o quadro de desenvolvimento conjugal próprio". Apoiando-se no § 823 I do BGB, esta tese de Lipp, que é criticável mesmo à luz do direito alemão, depara com um obstáculo adicional no direito português: entre nós, não se consagra a tutela delitual de um bem jurídico em si mesmo, autonomizado de um direito subjectivo ou de um interesse legalmente protegido.

A fidelidade e a coabitação tão-pouco se reconduzem a situações objectivas de índole funcional. Na doutrina de Cicu, os chamados "direitos subjectivos familiares" ("diritti subiettivi familiari") identificam-se com "funções" ou "competências". Têm de ser exercidos em prol de um interesse que não é o do seu titular – o interesse superior da família. Todavia, dois aspectos inquinam a posição em causa: não tendo personalidade jurídica nem estando incluída entre as associações sem personalidade jurídica, falta à família a base para ser suporte de um interesse digno de tutela, diferente daquele que cabe às pessoas que a compõem; a ideia de um fim familiar superior, que elimina completamente a relevância jurídica dos interesses individuais dos membros do grupo familiar, colide com a representação actual da família no Direito e na sociedade. Segundo Müller-Freienfels, que privilegia a análise da regulamentação processual do divórcio, as situações jurídicas conjugais são "competências no âmbito do Direito objectivo" ("Zuständigkeiten im Rahmen des objektiven Rechts"), conferidas "no interesse de uma vida numa comunhão conjugal e familiar boa e que faça sentido". Contudo, o autor alemão aceita que as relações de comunhão "estão vocacionadas para uma vida duradoura em comum e abrangem cada um dos seus membros na totalidade pessoal" e que a relação conjugal é a "relação de comunhão mais estreita e íntima" de todas. Ora, a competência objectiva não se adequa ao seu entendimento, certeiro, da relação decorrente do casamento, por pressupor uma separação absoluta entre a esfera pessoal e a esfera funcional do titular.

Encaradas pelo lado activo, as situações jurídicas conjugais sexuais harmonizam-se com a acepção mais estrita de direito subjectivo. O cônjuge não está obrigado a exercer as suas situações jurídicas activas. Ele não tem de exigir que o outro lhe seja fiel ou que tenha consigo relações sexuais. E, em caso de violação de um dever conjugal, o cônjuge lesado não tem de requerer o divórcio-sanção nem tem de solicitar a reparação dos danos resultantes da violação, ainda que haja fundamento para deduzir qualquer um dos dois pedidos. Nesta medida, as situações jurídicas conjugais demarcam-se dos poderes funcionais, que são de exercício obrigatório.

Para efectuar uma classificação mais completa da fidelidade e da coabitação sexual enquanto direitos subjectivos, revela-se útil a consideração dos principais aspectos que distinguem o direito real do direito de crédito, bem como do motivo que leva à rejeição do enquadramento dos direitos conjugais pessoais em qualquer destas duas categorias. A oponibilidade *erga omnes* aproxima os direitos sexuais emergentes do casamento dos direitos reais. No sentido da eficácia externa dos primeiros, concorrem os seguintes elementos: a visão do casamento como uma comunhão exclusiva entre duas pessoas; a finalidade não estritamente individual dos interesses subjacentes às situações jurídicas; os casos de preterição dos interesses de terceiro por causa de um casamento em que não foi parte; a tipicidade dos direitos e a publicidade da relação matrimonial. Mas, tal como os direitos de crédito, os direitos conjugais sexuais assentam numa relação jurídica. Deste modo, a tese de De Cupis, que os qualifica como direitos de personalidade, não se afigura muito convincente.

A fidelidade e a coabitação sexual compreendem uma dimensão interna e uma dimensão externa. Na vertente interna, encontra-se um dever principal, que vincula reciprocamente os cônjuges a terem entre si relações sexuais (coabitação carnal) e a não as terem com terceiro (fidelidade). Na vertente externa, encontra-se um dever instrumental que obriga terceiros, perante cada um dos cônjuges, a não contribuírem para o incumprimento nem para a impossibilidade de cumprimento do dever principal. A fundamentação da oponibilidade *erga omnes* da vida conjugal na linha da "concepção relativa-absoluta do casamento" (Gernhuber) é mais satisfatória do que a da corrente do "direito à não perturbação da comunhão conjugal". A corrente que atribui a cada cônjuge um direito conjugal sexual com eficácia meramente interna e um direito subjectivo adicional e distinto, com eficácia perante terceiros, invoca as normas constitucionais que prevêem a protecção do casamento pelo Estado (Schwab, antes de 1976) ou entende o direito à não perturbação da comunhão conjugal como um direito, geral (Jayme) ou especial (Werner), de personalidade. Todavia, as referidas normas constitucionais não são directamente aplicáveis nas relações entre particulares e as leituras jus-personalistas não têm em conta o facto de a reprovação da interferência de terceiro estar conexa com o incumprimento ou com a impossibilidade de cumprimento de um dever a que o cônjuge está, na sequência da celebração do casamento, vinculado perante o outro.

À semelhança dos direitos de crédito, os direitos conjugais sexuais têm por objecto uma certa conduta humana: através do dever de fidelidade, cada cônjuge é obrigado a não ter relações sexuais com terceiro (prestação de facto negativo); através do dever de coabitação carnal, os cônjuges são obrigados a ter relações sexuais um com o outro (prestação de facto positivo). De acordo com o critério de Gomes da Silva, as situações jurídicas em questão não são direitos sobre pessoas, uma vez que, no sistema normativo actual, os deveres conjugais pessoais carecem de susceptibilidade de execução específica ou forçada num sentido muito amplo.

A funcionalidade dos direitos conjugais sexuais separa-os quer dos direitos de crédito quer dos direitos reais. Não sendo poderes funcionais, apresentam características funcionais. Se é certo que o titular do direito conjugal não está obrigado a exercê-lo, quando o exerce tem de observar condicionalismos que ultrapassam aqueles a que estão sujeitos os restantes direitos subjectivos. Os direitos conjugais são instrumentos de realização da finalidade do casamento; um cônjuge deve exercê-los de maneira a criar, manter e reforçar os laços da comunhão com o outro. Esta e outras particularidades dos direitos conjugais pessoais, *v.g.*, a oponibilidade *erga omnes*, aliada ao carácter relativo, e a indisponibilidade, reflectem a presença de um *status*. De facto, a qualidade de cônjuge implica o compromisso de prossecução de um interesse distinto do interesse individual, que, no direito português, é designado por "bem da família" (cfr. artigo 1671.º, n.º 2, do Código Civil). O bem ou interesse da família, apesar de se identificar com o interesse comum dos membros do agregado familiar e de não ser *a priori* superior aos interesses individuais, é suficiente para assegurar a existência de uma relação de pertença ao grupo. E a especial dignidade de tal relação de pertença é reconhecida pelo Estado, que intervém obrigatoriamente quando está em causa a constituição e a dissolução voluntária do vínculo matrimonial.

O papel imprescindível do Estado na constituição e na extinção de cada vínculo matrimonial e os preceitos que negam a licitude dos acordos que derroguem os deveres conjugais, efectuados no momento da celebração do casamento ou em momento anterior [cfr. artigos 1618.º, n.º 2, e 1699.º, n.º 1, alínea b), do Código Civil português], apontam para a indisponibilidade das situações jurídicas que a lei associa à constituição do *status* conjugal. Por força da regra do acordo entre os cônjuges quanto aos aspectos importantes da sua vida em comum (artigo 1671.º, n.º 2), a indisponibilidade dos direitos conjugais abarca unicamente o núcleo essencial do casamento, que coincide com uma área de interesse público mediato. Assim sendo, a proibição do adultério, que se funda no princípio do casamento monogâmico, é absolutamente inderrogável, ao passo que a regulamentação da actividade sexual entre os dois cônjuges é relativamente disponível. Ou seja, os acordos dos cônjuges acerca da sua sexualidade comum são válidos desde que se não traduzam na negação do próprio dever de coabitação carnal.

III

Muitas vezes, a particularidade da relação conjugal é apontada como uma razão válida para excluir a aplicação da garantia comum, nos casos em que um cônjuge ofende um direito do outro, sendo esta tendência perfilhada quer pela doutrina da imunidade interconjugal quer pela doutrina da fragilidade da garantia dos deveres conjugais pessoais.

Até há pouco tempo, os ordenamentos jurídicos do sistema da *common law* seguiam a regra da "interspousal immunity", nos termos da qual era vedado a um cônjuge exigir o ressarcimento dos danos causados por um acto ilícito praticado pelo outro. A regra, que tinha como principais fundamentos teóricos o princípio da "unity of spouses" e a exigência de protecção da harmonia familiar e da paz doméstica, foi abolida em Inglaterra no ano de 1962, mas vigorou em alguns Estados federados dos Estados Unidos até aos últimos anos do século XX. No sistema romano-germânico, a regra da imunidade interconjugal não foi directamente imposta por uma norma legal nem por uma orientação jurisprudencial ou doutrinária. No entanto, os tribunais raramente eram chamados a apreciar acções de responsabilidade civil movidas por um cônjuge contra o outro, o que configurava um fenómeno de *imunidade de facto*, decorrente da conjugação de duas ordens de factores: a convicção social de que, para bem da harmonia familiar, os conflitos entre os cônjuges deviam ser resolvidos por eles, sem intervenção de terceiros, e a supremacia decisória do marido, que permitia a resolução prática interna dos conflitos. Deste modo, a consagração do princípio da igualdade dos cônjuges afastou uma concepção de relação conjugal propícia à imunidade de facto de uma das partes.

Na área da responsabilidade por crimes praticados por um cônjuge contra o outro, é pouco o que separa os sistemas anglo-americano e romano-germânico. Rejeitando o princípio geral da imunidade, nenhum desses sistemas deixou de consagrar imunidades particulares, de que a violência doméstica e os crimes contra a liberdade sexual constituem tristes exemplos.

É inaceitável qualquer espécie de imunidade interconjugal. No direito português, a isenção da responsabilidade, civil ou criminal, pela prática de um ilícito comum, negligente ou doloso, colide abertamente com a prioridade constitucionalmente conferida à dignidade da pessoa humana e com o significado da introdução do dever de respeito no elenco legal dos deveres conjugais. E não pode ser ignorada a conexão entre as questões da garantia dos direitos gerais e da garantia dos direitos exclusivamente conjugais. A falta de uma protecção, mínima ou plena, das posições jurídicas tipicamente conjugais traduz-se num acréscimo da utilização dos mecanismos concebidos para a protecção de outros tipos de posições. A doutrina da imunidade e a doutrina da fragilidade socorrem-se de argumentos semelhantes (*v.g.*, a harmonia familiar). Na resolução de qualquer das duas questões, tem de ser ponderado o princípio fundamental da tutela judicial dos direitos. Por isso, e no que toca à garantia dos direitos conjugais sexuais, interessa apurar se os meios de protecção do Direito da Família são ou não suficientes, se os meios comuns são ou não apropriados e se a cumulação de ambos é ou não excessiva.

Não há dúvidas quanto à inadmissibilidade do cumprimento coercivo dos deveres de fidelidade e de coabitação sexual. A proibição da execução específica e da tutela privada resulta, porém, do regime dos direitos de prestação infungível, subordinados ao princípio "nemo praecise ad factum cogi potest", não se mostrando necessário apelar ao carácter especial das posições jurídicas familiares. A preocupação de assegurar um certo grau de liberdade a qualquer um dos cônjuges impede, em regra, o emprego de sanções compulsórias para o forçar ao cumprimento dos deveres de fidelidade e coabitação. Mas seria chocante recusar o emprego de meios coercivos para obter o cumprimento do dever de fidelidade *no lar conjugal*. Se o adultério ocorrer no chamado "räumlich-gegenständlicher Bereich der Ehe", a jurisprudência alemã admite que o cônjuge lesado proponha uma "Unterlassungsklage", dotada de plena garantia, contra o outro cônjuge ou contra o seu cúmplice. Apesar das posições que fundamentam a tutela *sub iudice* numa situação jurídica decorrente directamente do artigo 6 da Lei Fundamental alemã, num direito sobre uma coisa ou num direito de personalidade, a construção germânica só se pode basear no dever de fidelidade, mais precisamente na ideia da particular gravidade do adultério cometido no lar conjugal. Ora, o nível de gravidade deste ilícito em concreto justifica, também no direito português, uma excepção à regra que obsta à coerção para o cumprimento dos deveres conjugais pessoais.

A tutela exclusivamente jus-familiar dos deveres conjugais sexuais extrai-se sobretudo da regulamentação dos pressupostos e das consequências das vicissitudes do vínculo matrimonial. No plano dos pressupostos, o ilícito conjugal não deixa de ser relevante na Alemanha (cfr. § 1565 II do BGB), apesar de, por vezes, se afirmar que o regime jurídico de divórcio deste país se encontra dominado pelo "princípio puro da ruptura". De qualquer modo, é de longe muito maior o peso da lógica sancionatória no direito português. Na linha da reforma francesa de 1975, confere-se, entre nós, a qualquer dos cônjuges a faculdade de requerer o divórcio se o outro violar culposamente os deveres conjugais (artigo 1779.º, n.º 1, do Código Civil). Coexistindo com o divórcio fundado na ruptura da vida em comum, esta espécie de divórcio litigioso é encarada como uma forma de reagir ao incumprimento dos deveres conjugais, designadamente ao adultério, uma causa subjectiva de divórcio particularmente importante, e à recusa de trato sexual. Todavia, a tese do divórcio como sanção por si só choca com a finalidade do casamento, com as características funcionais dos deveres conjugais e com os valores da eficácia e da coerência.

No plano das consequências do divórcio e da separação de pessoas e bens, o legislador português reconhece ao ilícito conjugal um papel importante. A violação culposa dos deveres conjugais pode desencadear efeitos desfavoráveis em matéria de partilha dos bens, de eficácia das liberalidades, de responsabilidade civil, de alimentos e de arrendamento da casa de morada de família. Esses efeitos atingem o cônjuge que foi reputado único ou principal culpado no processo de divórcio litigioso. O regime jurídico português é, assim, bem diverso do alemão, no qual o ilícito conjugal só é atendível para obviar a uma ofensa grosseira dos princípios da equidade, na área dos alimentos, da repartição dos ganhos patrimoniais imposta pela "Zugewinngemeinschaft" e da compensação conexa com a pensão de reforma ("Versorgungsausgleich"). O impacto global da culpa no nosso ordenamento atribui-lhe uma posição cimeira mesmo entre os ordenamentos que consideram o ilícito conjugal através de um sistema de declaração de culpa ou imputabilidade, como acontece com os direitos francês, espanhol e italiano. Apresentando nítidas afinidades com a regulamentação dos efeitos do divórcio litigioso que foi introduzida em França pela reforma de 1975, a nossa regulamentação contém um elemento que, no campo da sanção do ilícito conjugal, lhe assegura a primazia: a declaração do cônjuge culpado é um instituto geral do divórcio litigioso, enquanto no direito francês está confinada à categoria do "divorce pour faute".

O esquema de sanção do ilícito conjugal através das consequências do divórcio, delineado pelo nosso Direito da Família, afigura-se demasiado rígido, sendo recomendável a sua futura substituição por um sistema em que o ilícito conjugal releve, na disciplina específica dos efeitos do divórcio, por via de cláusulas de equidade negativa. Além disso, e a despeito da sua vertente largamente sancionatória, o regime português do divórcio não torna inútil o recurso ao instituto geral da responsabilidade civil. A regulamentação jurídica indemnizatória especificamente familiar resume-se ao disposto no artigo 1792.º do Código Civil. Não se estabelece qualquer forma de tutela compensatória oponível a um terceiro que tenha contribuído para o incumprimento ou para a impossibilidade de cumprimento dos deveres conjugais, nem se impõe ao cônjuge único ou principal culpado a obrigação de reparar integralmente os danos resultantes da lesão dos direitos conjugais.

Na verdade, nada impede a aplicação dos meios comuns à tutela dos deveres conjugais pessoais. A celebração do casamento não cria uma *área de excepção*. Os danos causados pela ofensa de um direito conjugal sexual estão sujeitos ao regime geral da responsabilidade civil. A responsabilidade civil é um instrumento de tutela de todos os direitos subjectivos e não um meio específico de garantia dos direitos de crédito (ou dos direitos reais); a lesão de direitos pessoais é susceptível de originar a constituição da obrigação de indemnizar; não é de esperar que os "direitos com fundo ético" beneficiem de uma menor protecção. No Direito Matrimonial, como se depreende da previsão da responsabilidade por rompimento da promessa de casamento (cfr. artigo 1594.º, n.º 1, do Código Civil português), o "interesse na liberdade" do sujeito vinculado não tem prioridade absoluta sobre o "interesse no ressarcimento" do sujeito lesado. Os argumentos da doutrina da fragilidade comuns à teoria da imunidade interconjugal são pouco eficazes: a defesa da paz familiar mediante o afastamento da responsabilidade civil do autor de um acto que ameaçou essa mesma paz tem algo de contraproducente, por exemplo.

Os pressupostos da responsabilidade civil adequam-se ao ilícito conjugal: é possível formular um juízo de culpa acerca da conduta do cônjuge que viola um dever conjugal, a complexidade da relação conjugal não inviabiliza a fixação do nexo causal e há critérios que permitem a determinação dos danos indemnizáveis. As sanções familiares são cumuláveis com a responsabilidade civil comum. Não correspondendo o Direito da Família a um sistema jurídico fechado, auto-suficiente, uma omissão da lei acerca da responsabilidade civil entre os membros da família deve ser preferencialmente entendida como uma remissão para as normas gerais de Direito e não como uma rejeição destas. O carácter excepcional do artigo 1792.º, n.º 1, do Código Civil português, na parte em que impõe a obrigação de indemnizar ao cônjuge único ou principal culpado, circunscreve-se ao facto de não terem sido aí abrangidos os danos patrimoniais decorrentes da extinção do vínculo, pelo que não procede uma interpretação "a contrario sensu" que exclua a aplicação das regras gerais da responsabilidade civil, no âmbito dos direitos familiares pessoais.

O cúmulo do regime próprio da modificação ou extinção do vínculo matrimonial com o regime comum da responsabilidade civil não viola o princípio "ne bis in idem", porque, abstraindo do artigo 1792.º, a natureza das sanções familiares – punitiva – é distinta da da sanção indemnizatória. Para mais, o legislador português evitou qualquer risco de sobreposição económica das pretensões indemnizatórias e de alimentos, na medida em que o referido artigo não atribui ao cônjuge inocente ou menos culpado o direito de ser indemnizado dos danos *patrimoniais* causados pelo divórcio. A tese do não-cúmulo não pode invocar em seu benefício o recuo do princípio da culpa no Direito Matrimonial. O triunfo da ruptura no regime do divórcio não exprime a recusa da ideia de sanção e tão-pouco da sanção compensatória. O que se questiona é somente um certo modelo de sanções – as sanções "tradicionais" do Direito da Família. Contra a tese do não-cúmulo depõem as consequências práticas da sua própria adopção. Os resultados alcançados são pouco razoáveis se, *v.g.*, na sequência do adultério, o cônjuge lesado for infectado com sida ou tiver de sustentar um filho de outrem. Deste modo, a responsabilidade civil por ilícito conjugal não se limita à responsabilidade do cônjuge declarado único ou principal culpado por danos causados pelo divórcio (ou pela separação de pessoas e bens), abarcando ainda a responsabilidade por danos causados directamente pela violação de um dever conjugal.

Os pressupostos das duas modalidades de responsabilidade civil por ilícito conjugal são os mesmos da responsabilidade subjectiva comum. No plano conceptual, aquelas modalidades distinguem-se pela composição do nexo causal entre o facto e o dano. Mas não se distinguem em razão do tipo de ilícito. Ambas assumem carácter obrigacional. Não obstante isto, a culpa só se presume na responsabilidade directa pelo ilícito conjugal. Em matéria de delimitação dos danos indemnizáveis por violação de um dever conjugal sexual, parece aconselhável restringir a reparação aos danos emergentes. Contrastando com a lei alemã, a lei portuguesa contém elementos que tornam menos árdua a tarefa de restrição. O artigo 1792.º do Código Civil não prevê a reparação dos danos patrimoniais causados pelo divórcio. Contudo, a norma não se limitou a excluir a possibilidade de uma compensação da perda de benefícios provocada pela violação de um dever conjugal. Também foram afastados os danos emergentes causados pela dissolução do casamento, aspecto que está de harmonia com uma tendência que se detecta na legislação familiar e que consiste em procurar um certo equilíbrio entre o valor da liberdade pessoal do infractor e o princípio da reparação dos danos originados por facto ilícito.

Nos termos do artigo 1792.º, n.º 2, o pedido de reparação dos danos causados pelo divórcio tem de ser formulado na acção de divórcio. No entanto, a responsabilidade civil directa por ilícito conjugal não tem de ser efectivada na acção de divórcio. O respectivo pedido de indemnização pode ser deduzido numa acção separada, que siga o processo comum, e pode ser apresentado desde o momento em que tem lugar o facto danoso até à altura em que se completam três anos, a contar da data em que o lesado teve conhecimento do direito de indemnização que lhe assiste, prazo que não começa a correr antes da dissolução do casamento [artigos 498.º, n.º 1, e 318.º, alínea a), do Código Civil português]. No plano das cláusulas sobre responsabilidade civil, é nula qualquer estipulação dos cônjuges sobre a responsabilidade por adultério e as cláusulas sobre responsabilidade por incumprimento do dever de comunhão sexual não se podem distanciar do regime legal da responsabilidade civil.

A oponibilidade *erga omnes* dos direitos conjugais sexuais coloca o problema da responsabilidade delitual do terceiro por interferência na relação conjugal. O "terceiro cúmplice de adultério" incorre em responsabilidade civil diante do cônjuge do seu parceiro. Ele agiu ilicitamente, por não ter respeitado dois limites extrínsecos do direito de liberdade sexual – a existência de um direito subjectivo de outrem que lhe era oponível e os bons costumes. Não se pode negar a possibilidade de preenchimento dos requisitos da responsabilidade civil, quanto ao terceiro, afirmando-se, nomeadamente, que na origem do acto de adultério está um problema de relacionamento entre os dois cônjuges ou a decisão do cônjuge que viola o dever de fidelidade. O terceiro é mais do que um mero objecto inanimado, arrastado, contra a sua vontade, para o acto sexual. Dada a instrumentalidade do dever que é imposto a terceiro, o elenco dos danos indemnizáveis por causa de interferência na relação conjugal não difere daquele que foi traçado para a responsabilidade por ilícito conjugal. E numa situação de adultério, o terceiro e o cônjuge infractor respondem solidariamente.

A participação directa no adultério não é, porém, o único caso em que é configurável a hipótese de responsabilidade delitual do terceiro por interferência na relação conjugal. Nos seus traços gerais, a doutrina da "alienation of affections" é válida no direito português, quanto ao instigador do incumprimento dos deveres conjugais sexuais. No direito português, o terceiro que impossibilita uma pessoa casada de ter relações sexuais é susceptível de incorrer em responsabilidade civil perante o cônjuge da "vítima principal", solução que é análoga à que resulta do regime norte-americano da "loss of consortium". A tutela externa do dever de fidelidade abrange os crimes contra a liberdade sexual de uma pessoa casada: havendo violação de um cônjuge por terceiro, o outro cônjuge pode exigir, por direito próprio, uma indemnização ao autor do ilícito.

IV

Os cônjuges estão reciprocamente vinculados a deveres jurídicos de índole sexual, que são inderrogáveis e conferem identidade própria ao casamento. Estes deveres, cuja particularidade se coaduna com a aplicação da garantia comum, formam o *núcleo intangível da comunhão conjugal*, numa visão que, acreditando no Direito Matrimonial enquanto disciplina jurídica, privilegia o aspecto pessoal perante o patrimonial.

BIBLIOGRAFIA CITADA

ABRANTES, J. João – *A excepção de não cumprimento do contrato no Direito Civil português (Conceito e fundamento)*, Coimbra, Livraria Almedina, 1986.
ALAGNA, S. – *Famiglia e rapporti tra coniugi nel nuovo diritto*, 2.ª ed., Milano, Giuffrè, 1983.
ALARCÃO, Rui – *Direito das Obrigações*, texto elaborado pelos Drs. J. Sousa Ribeiro, J. Sinde Monteiro, Almeno de Sá e J.C. Proença, com base nas lições ao 3.º ano jurídico, dact., Coimbra, 1983.
ALBALADEJO, M. – *Curso de Derecho Civil, IV, Derecho de Familia*, 9.ª ed., Barcelona, Bosch, 2002.
ALBERS, J. – anotação ao § 606, *Zivilprozeßordnung*, 57.ª ed., begründet von Dr. Adolf Baumbach, München, Beck, 1999.
ALBERTO DOS REIS, J. – *Processos especiais*, II, reimpressão (de obra póstuma, publicada em 1956), Coimbra, Coimbra Editora, 1982.
ALBUQUERQUE, Pedro de – "A aplicação do prazo prescricional do n.º 1 do artigo 498.º do Código Civil à responsabilidade civil contratual", *ROA* 1989, p. 793 e s.
ALBUQUERQUE, Pedro de – *Autonomia da vontade e negócio jurídico em Direito da Família*, Lisboa, Centro de Estudos Fiscais, 1986.
ALCÓN YUSTAS, M. F. – ver ÁLVAREZ VÉLEZ, M. I./ ALCÓN YUSTAS, M. F.
ALMEIDA, Carlota – *Em nome da família: os valores familiares e os maus tratos conjugais*, dact., relatório de Mestrado, Faculdade de Direito da Universidade de Lisboa, 1996.
ALMEIDA COSTA, M. J. – *Direito das Obrigações*, 8.ª ed., Coimbra, Livraria Almedina, 2000.
ALONSO PÉREZ, M. – "Dialéctica entre fidelidad matrimonial y libertad sexual: el delito de violación entre esposos separados y el llamado *debito conyugal*", *Estudios de Derecho civil en Homenaje al Profesor Dr. José Luis Lacruz Berdejo* [ver a referência completa nesta bibliografia], pp. 39-64.
ALPA, G. – "I principi generali e il Diritto di Famiglia", *DFP* 1993, pp. 261-271.
ALPA, G. – "I sentimenti e il Diritto", *NGCC* 1995, II, pp. 354-356.
ALPA, G. – "Lesione del *ius in corpus* e danno biologico del «creditore»", *Giust.Civ.* 1987, I, pp. 573-575.

ALPA, G. – *Status e capacità (La costruzione giuridica delle differenze individuali)*, Roma, Laterza, 1993.
ALPA, G. – ver BESSONE, M./ ALPA, G./ D'ANGELO, A./ FERRANDO, G./ SPALLAROSSA, M.
ALPA, G./ BESSONE, M./ CARBONE, V. – *Atipicità dell'illecito*, I – *Persone e rapporti familiari*, 3.ª ed., Milano, Giuffrè, 1993.
ÁLVAREZ VÉLEZ, M. I./ ALCÓN YUSTAS, M. F. – "La regulación constitucional del matrimonio en las constituciones de los Estados de la Unión Europea. Especial referencia al matrimonio de los miembros de las Casas Reales en los Estados monárquicos", *Hominum Causa Omne Ius Constitutum Est* [ver a referência completa nesta bibliografia], pp. 1063-1082.
ALVAREZ-CAPEROCHIPI, J. – comentário ao artigo 69, *Matrimonio y divorcio* (1982), Lacruz Berdejo (org.) [ver a referência completa nesta bibliografia], pp. 397-408.
ALVAREZ-CAPEROCHIPI, J. – *Curso de Derecho de Família*, t. I, *Matrimonio y régimen económico*, Madrid, Editorial Civitas, 1987.
AMATO, A. – "Giudizio di separazione: il addebito", *Giur.It.* 1997, I, 1, pp. 843-848.
AMATO, S. – *Sessualità e corporeità (I limiti dell'identificazione giuridica)*, Milano, Giuffré, 1985.
AMBROCK, E. – "Zur Bedeutung des § 1353 nach Inkrafttreten des Eherechtsgesetzes; das Verhältnis der Vorschrift zu § 1565 BGB und den Scheidungstatbeständen", *JR* 1978, pp. 1-4.
AMBROCK, E. – *Ehe und Ehescheidung*, Berlin/New York, Walter de Gruyter, 1977.
AMERICAN BAR ASSOCIATION – *Guide to Family Law*, New York, Times Books, 1996.
AMORES CONRADÍ, – M. "La nueva ordenación de la ley aplicable a los efectos del matrimonio", *RJCLM* 1991, pp. 39-72.
ANDRADE, Manuel de – *Teoria Geral da Relação Jurídica*, I, *Sujeitos e objecto*, Coimbra, Livraria Almedina, 1987.
ANDRADE, Manuel de – *Teoria Geral da Relação Jurídica*, II, *Facto jurídico, em especial negócio jurídico*, 7.ª reimpressão, Coimbra, Livraria Almedina, 1987.
ANDRADE, Manuel de – *Teoria Geral das Obrigações*, 3.ª ed., com a colaboração de Rui Alarcão, Coimbra, Livraria Almedina, 1966.
ANGELONI, F. – *Autonomia privata e potere di disposizione nei rapporti familiari*, Padova, CEDAM, 1997.
ANSALDO, A. – comentário ao artigo 150 e s., *Codice della famiglia: rapporti personali e patrimoniali tra coniugi (Commentato con la dottrina e la giurisprudenza)*, a cura di Dogliotti, 2.ª ed., Milano, IPSOA, 1999.
ANTUNES VARELA, J. M. – "As concepções institucionais e as concepções inter-individuais do casamento", *Pers. y Der.* 1985, pp. 163-196.
ANTUNES VARELA, J. M. – "Do projecto ao Código Civil" (comunicação feita na Assembleia Nacional, por Sua Excelência o Ministro da Justiça, no dia 26 de Novembro de 1966), *BMJ* 161 (1966), p. 5 e s.
ANTUNES VARELA, J. M. – anotação ao ac. RC 9/5/1989, *RLJ* 122.º, 1989-90, pp. 125--160.

ANTUNES VARELA, J. M. – *Das obrigações em geral*, vol. I, 10.ª ed., Coimbra, Almedina, 2000.
ANTUNES VARELA, J. M. – *Direito da Família*, 1.º vol., 5.ª ed., Lisboa, Livraria Petrony, 1999.
ANTUNES VARELA, J. M. – ver PIRES DE LIMA, F. A./ ANTUNES VARELA, J. M.
ARCHBOLD, C. – "Family Law-Making and Human Rights in the United Kingdom", *Making Law for Families* [ver a referência completa nesta bibliografia], pp. 185-208.
ARCOS VIEIRA, M. L. – *La desaparición de la* affectio maritalis *como causa de separación y divorcio*, Elcano (Navarra), Aranzadi, 2000.
ARZA, A. – *Remedios jurídicos a los matrimonios rotos (Nulidad, separación, divorcio)*, Bilbao, Publicaciones de la Universidad de Deusto, 1982.
ASHDOWN, G. – "Intrafamily Immunity, Pure Compensation, and the Family Exclusion Clause", *Io.L.R.*, 60, 1974-75, pp. 239-260.
AULETTA, T. – "La riservatezza nell'ambito della società familiare", *Eguaglianza morale e giuridica dei coniugi* [ver a referência completa nesta bibliografia], pp. 209-212.
AULETTA, T. – *Il Diritto di Famiglia*, 6.ª ed., Torino, Giappichelli, 2002.
AULETTA, T. – *Riservatezza e tutela della personalità*, Milano, Giuffrè, 1978.
AYNÈS, L. – ver MALAURIE, P. / AYNÈS, L.
AZZOLINA, V. – *La separazione personale dei coniugi*, Torino, UTED, 1948.
BACH, L. – *Droit Civil*, t. 1, 13.ª ed., Paris, Sirey, 1999.
BALDINI, G. – *Responsabilità civile e ordinamento familiare (Profili essenziali)*, Napoli, Edizioni Scientifiche Italiane, 1998.
BAPTISTA MACHADO, J. – *Introdução ao Direito e ao discurso legitimador*, 12.ª reimpressão (da edição de 1983), Coimbra, Almedina, 2000.
BAPTISTA MACHADO, J. – *Lições de Direito Internacional Privado*, 3.ª ed., Coimbra, Livraria Almedina, 1988.
BAR, C. von – "The Study Group on a European Civil Code", em *Um Código Civil para a Europa* [ver a referência completa nesta bibliografia], pp.65-78.
BARBIERA, L. – *Separazione e divorzio: fattispecie, disciplina processuale, effetti apatrimoniali*, Bologna, Zanichelli, 1997.
BARCELLONA, P. – "Famiglia (dir. civ.)", *ED*, XVI, 1967, pp. 779-789.
BARLON, C. – *De la volonté dans le Droit Extrapatrimonial de la Famille*, dact., thèse pour le Doctorat en Droit Privé, Université de Reims, 2000.
BATIFFOL, H. – "Existence et spéficité du Droit de la Famille", *Archives de Philosophie du Droit*, n.º 20, *Réformes du Droit de la Famille*, Paris, Sirey, 1975, pp. 7-15.
BATTEUR, A. – *Droit des Personnes et de la Famille*, Paris, LGDJ, 1998.
BECKER, R. – *Die negative Härteklausel des § 1579 BGB*, Frankfurt a.M., Peter Lang, 1982.
BEHRENS, A. – *Verschuldensfeststellung nach § 1579 Nr. 6 BGB (Rechts- und sozialwissenschaftliche Analyse obergerichtlicher Rechtsfindung)*, Frankfurt a.M., Peter Lang, 1998.

BEIGNIER, B. – "Libéralités. Évolution ou révolution", *Dr. Fam.* 1999/5, pp. 17-18.
BEIGNIER, B. – *L'honneur et le droit*, Paris, LGDJ, 1995.
BEITZKE, G. – anotação a BGH 6/2/1957, *MDR* 1957, pp. 408-410.
BEITZKE, G. – recensão a Smid, *Zur Dogmatik der Klage auf Schutz des «räumlich--gegenständlichen Bereichs» der Ehe (Das Hausrecht der Ehe)*, ZZP 1987, pp. 124-128.
BEITZKE, G. – *Familienrecht*, 26.ª ed. (com a colaboração de Lüderitz), München, C.H.Beck, 1992.
BELEZA, M. Leonor – "O estatuto das mulheres na Constituição", *Estudos sobre a Constituição* I [ver a referência completa nesta bibliografia], pp. 63-91.
BELEZA, M. Leonor – *Direito da Família*, apontamentos das lições proferidas no ano lectivo de 1980-81, Lisboa, AAFDL, 1980.
BELEZA, M. Leonor – "Os efeitos do casamento", *Reforma do Código Civil* [ver a referência completa nesta bibliografia], pp. 91-135.
BELEZA, Teresa – "O conceito legal de violação", *RMP* 59, 1994, pp. 51-64.
BELEZA, Teresa – *Direito Penal*, 1.º vol., 2.ª ed., dact., AAFDL, 1984.
BELEZA, Teresa – *Maus tratos conjugais: o artigo 153, n.º 3, do Código Penal*, Lisboa, AAFDL, 1989.
BELEZA, Teresa – *Mulheres, Direito, crime ou A perplexidade de Cassandra*, Lisboa, s/editora, 1990.
BELEZA DOS SANTOS, J. – "O crime de violação", *RLJ* 57 (1925), p. 321 e s.
BELLAGAMBA, G./ CARITI, G. – *Separazione personale dei coniugi e divorzio (Rassegna della giurisprudenza)*, Milano, Giuffrè, 1998.
BELLANTONI, L./ PONTORIERI, F. – *La riforma del Diritto di Famiglia*, Napoli, Jovene, 1976.
BELTRÁN DE HEREDIA – "La doctrina de Cicu sobre la posición sistemática del Derecho de Familia", *RDP* 1965, pp. 819-845.
BÉNABENT, A. – "L'ordre public en Droit de la Famille", *L'ordre public à la fin du XX siècle*, avec la coordination de Thierry Revet, Paris, Dalloz, 1996, pp. 27--31.
BÉNABENT, A. – "La liberté individuelle et le mariage", *RTDC* 1973, pp. 440-495.
BÉNABENT, A. – *Droit Civil. La famille*, 10.ª ed., Litec, Paris, 2001.
BÉNABENT, A. – ver LINDON, R./ BÉNABENT, A.
BERG, H. – "Ehestörungsklage und Schadenersatzansprüche wegen Ehestörung", *JuS* 1961, pp. 137-142.
BERGERFURTH, B. – *Das Eherecht*, 10.ª ed., Freiburg i.Br., Haufe, 1993.
BERNALDO DE QUIRÓS, M. – *Derecho de Familia*, Madrid, Universidad de Madrid, 1989.
BERNDT, R. – *Marital Torts, No-Fault Divorce and Alimony: Schadensersatzklagen zwischen Ehegatten und nacheheliche Unterhaltsansprüche nach Einführung der No-Fault Divorce im us-amerikanischem Recht*, dact., Dissertation zur Erlangung des Doktorgrades der Juristischen Fakultat der Universität Regensburg, 1997.

BERNREUTHER – anotação ao § 606, *Münchener Kommentar zur Zivilprozeßordnung* (2000) [ver a referência completa nesta bibliografia] (citado BERNREUTHER/ /MünchKomm).
BESSONE, M. – "L'ordinamento costituzionale del Diritto di Famiglia e le prospettive di evoluzione della società italiana", *DFP* 1975, pp. 1449-1455.
BESSONE, M. – ver ALPA, G./ BESSONE, M./ CARBONE, V.
BESSONE, M./ ALPA, G./ D'ANGELO, A./ FERRANDO, G./ SPALLAROSSA, M. – *La famiglia nel nuovo diritto (Principi costituzionali, riforme legislative, orientamenti della giurisprudenza)*, 4.ª ed., Bologna, Zanichelli, 1995.
BESSONE, M./ D'ANGELO, A. – "Diritti della persona e garanzia costituzionale di unità della famiglia", *Giur.Mer.* 1975 (contendo "sintesi dei materiali utilizzati per un seminario svolto durante l'anno accademico 1973-74"), IV, pp. 127-132.
BESSONE, M./ ROPPO, E. – *Il Diritto di Famiglia (Evoluzione storica. Principi costituzionali. Lineamenti della riforma)*, Torino, Giappichelli, 1977.
BETTETINI, A. – *La secolarizzazione del matrimonio nell' esperienza giuridica contemporanea*, Padova, CEDAM, 1996.
BIANCA, C. M. – "Famiglia (Diritti di)", *NovissDig.it.*, vol. VII, s/ data (1960?), pp. 68-73.
BIANCA, C. M. – "I rapporti personali nella famiglia e gli obblighi di contribuzione", *La riforma del Diritto di Famiglia dieci anni dopo* [ver a referência completa nesta bibliografia], pp. 74-84.
BIANCA, C. M. – *Diritto civile, II. La famiglia. Le successioni*, 3.ª ed., Milano, Giuffrè, 2001.
BIGOTTE CHORÃO, M. – "O papel da instituição familiar numa ordem social justa", *Dir.* 1974/1987, pp. 103-118.
BIGOTTE CHORÃO, M. – *Introdução ao Direito*, vol. I, *O conceito de Direito*, Coimbra, Almedina, 2000.
BILLIAU, M./ LOISEAU, G. – "La libéralité consentie en vue du maintien d'une relation adultère n'est pas contraire aux bonnes moeurs", *JCP* 1999.II.10.083.
BLACKSTONE, W. – *Commentaries on the Laws of England*, vol. I, Oxford, 1765.
BLANK, T. – *Familienrecht I: Eherecht*, Köln, Carl Heymanns, 2000.
BLARY-CLÉMENT, E. – *Le divorce*, Paris, Litec, 1995.
BOCCACIO, S./ DOGLIOTTI, M. – "Separazione personale: intolerabilità della convivenza e addebito", *RTDPC* 1988, pp. 1169-1191.
BOEHMER, G. – "Die Ehestörungsklage", *FamRZ* 1955, pp. 7-9.
BOEHMER, G. – "Zur Ehestörungsklage", *AcP* 1956, pp. 181-208.
BOEHMER, G. – "Zur Frage der Unterlassungs- und Schadensersatzklage bei Ehestörungen", *JZ* 1953, pp. 745-748.
BÖHMER, C. – anotação ao § 1353, *Das gesamte Familienrecht*, begründet von Franz Massfeller und Christof Böhmer, 3.ª ed., Neuwied/Kriftel/Berlin, Luchterhand, 1994.
BOIZEL, R. – "Le divorce et la faute: un couple harmonieux? (Perspectives de rapprochement des droits français et allemand)", *RIDC* 2000, pp. 891-912.

BONILINI, G. – *Manuale di Diritto di Famiglia*, Torino, UTET, 1998.
BONILINI, G. – *Nozioni di Diritto di Famiglia*, Torino, UTET, 1987.
BORTEN, L. – "Sex, Procreation and the State Interest in Marriage", *Col.L.R.* 102/4, 2002, pp. 1089-1128.
BOSCH, F. W. – "Die Neuordnung des Eherechts ab 1. Juli 1977", *FamRZ* 1977, pp. 569-582.
BOSCH, F.W. – "Neuordnung oder nur Teilreform des Eheschließungsrechts?", *NJW* 1998, pp. 2004-2012.
BOSCH, F.W. – anotação a BGH 8/1/1958, *FamRZ* 1958, pp. 101-102.
BOTTO, A. – "*Ius in corpus* tra coniugi e risarcibilità per atto lesivo del terzo", *Giust.Civ.* 1987, I, pp. 575-579.
BOULANGER, F. – *Droit Civil de la Famille*, 2.ª ed.:
  t. I, *Aspects internes et internationaux*, Paris, Economica, 1992;
  t. II, *Aspects comparatifs et internationaux*, Paris, Economica, 1994.
BOURDELOIS, B. – *Mariage polygamique et droit positif français*, Paris, GLN Joly, 1993.
BOUREL, P. – prefácio a Bourdelois, *Mariage polygamique et droit positif français* [ver a referência completa nesta bibliografia].
BOUTON, J. em – *Droit de la Famille*, Rubellin-Devichi (org.) [ver a referência completa nesta bibliografia], p. 153 e s.
BRACINHA VIEIRA, J. M. – *Alguns aspectos da evolução do moderno direito familiar*, dact., Direcção-Geral da Assistência, 1969.
BRAGA DA CRUZ, G. – ver PIRES DE LIMA, F. A./ BRAGA DA CRUZ, G.
BRANCA, M. G. – ver DOGLIOTTI, M./ BRANCA, M. G.
BRANLARD, J.-P. – *Le sexe et l'état des personnes*, Paris, LGDJ, 1993.
BRAVO, Adolfo – "Carácter da pensão alimentar, e perdas e danos, em caso de divórcio", *GRL* 48, 1935, pp. 305-309.
BRAZIER, M./ MURPHY, J. – *The Law of Torts*, 10.ª ed., London, Butterworths, 1999.
BRECCIA, U. – "Separazione personale dei coniugi", *Dig.DP*, Sez.Civ., XVIII, 1998, pp. 351-427.
BREHM, W. – anotação ao § 888, *Stein/Jonas Kommentar zur Zivilprozeßordnung*, [ver a referência completa nesta bibliografia] (citado STEIN/JONAS/BREHM).
BREITHAUPT, M. – *Die Akzeptanz des Zerrütungsprinzips des 1. EheRG*, München, Florentz, 1986.
BRIGUGLIO, M. – "Separazione personale dei coniugi (diritto civile)", *NovissDig.it.*, vol. XVII, 1970, pp. 7-28.
BRINIG, M. – *Virginia Domestic Relations Handbook*, 3.ª ed., Charlottesville (Virginia), Michie, 1996.
BROMLEY, P. M./ LOWE, N. V. – *Family Law*, 8.ª ed., London, Butterworths, 1992.
BROWN, R. – "The Action for Alienation of Affections", *U.Pa.L.R.*, 82, 1933-34, pp. 472-506.
BRUDERMÜLLER, G. – anotação ao § 1353, *Palandt Bürgerliches Gesetzbuch*, 60.ª ed., München, C.H.Beck, 2001 (citado PALANDT/BRUDERMÜLLER).

BRUDERMÜLLER, G. – anotação ao § 1353 BGB, *Familienrecht Kommentar* [ver a referência completa nesta bibliografia] (citado ROLLAND/BRUDERMÜLLER).
BRUGUIÈRE, J.-M. – "Le devoir conjugal (Philosophie du code et morale du juge)", *D*. 2000, chron., pp. 10-14.
BRUNET, A. – "Les incidences de la réforme du divorce sur la séparation de fait entre époux", *D*. 1977, chron., pp. 191-200.
BUCKLEY, R. – ver HEUSTON, R./ BUCKLEY, R.
BUFFELAN-LANORE, Y. – "Divorce", *J.-Cl.Civ*. art. 242 à 246, fasc. 10, 1995.
BUFFELAN-LANORE, Y. – *Droit Civil 1e année*, 12.ª ed., Paris, Armand Colin, 2001.
BUSNELLI, F. D. – "La tutela aquiliana del credito: evoluzione giurisprudenziale e significato attuale del principio", *RCDP* 1987, pp. 273-312.
BUSNELLI, F. D. – "Libertà e responsabilità dei coniugi nella vita familiare", *Jus* 1974, pp. 57-88.
BUSNELLI, F. D. – "Significato attuale del dovere di fedeltà coniugale", *Eguaglianza morale e giuridica dei coniugi* [ver a referência completa nesta bibliografia], pp. 272-286.
BUSNELLI, F. D./ PATTI, S. – "Lesione del diritto all'attività sessuale e risarcimento del danno (a proposito di Cass., 11 novembre 1986, n. 6607 e Cass., 21 maggio 1996, n. 4671)", *Danno e responsabilità civile*, Torino, G. Giappichelli, 1997, p. 101 e s.
BUSTOS VALDIVIA, I. – em Moreno Quesada e outros, *Derecho Civil de la persona y de la familia*, Granada, Comares, 2000.
CABRAL, Rita – "A tutela delitual do direito de crédito", *Estudos em homenagem ao Professor Doutor Manuel Gomes da Silva* [ver a referência completa nesta bibliografia], pp. 1025-1053.
CAEMERER, E. von – *Wandlungen des Deliktrechts*, Karlsruhe, C.F.Müller, 1964.
CALAIS-AULOY, M.-T. – "Pour un mariage aux effets limités", *RTDC* 1988, pp. 255-266.
CALLU, M.-F. – "Les rapports personnels entre époux", *Mariage et famille en question (l'évolution contemporaine du droit français)*, sous la direction de Roger Nerson, II, CNRS, 1979, p. 5 e s.
CALVÃO DA SILVA, J. – "Sanção pecuniária compulsória (artigo 829.º-A do Código Civil)", *BMJ* 359 (1986), pp. 39-126.
CAMPAGNA, L. – *Famiglia legittima e famiglia adottiva*, Milano, Giuffrè, 1966.
CAMPANINI, G. – "La famiglia fra «pubblico» e «privato»", *La coscienza contemporanea tra «pubblico» e «privato»: la famiglia crocevia della tensione*, com contributos de Lazzati e outros, Milano, Università Cattolica del Sacro Cuore, 1979, pp. 61-84.
CAMPUZANO TOMÉ, H. – em *Manual de Derecho de Familia*, Serrano Alonso (org.) [ver a referência completa nesta bibliografia], p. 91 e s.
CANARIS, C.-W. – *Pensamento sistemático e conceito de sistema na Ciência do Direito*, tradução portuguesa da 2.ª ed. alemã (1983), Lisboa, Fundação Calouste Gulbenkian, 1989.

CANTERO NÚÑEZ, F. J. – "Uniones de hecho", *Instituciones de Derecho Privado*, Delgado de Miguel (coordenação geral), t. IV, *Familia*, vol. 1.º [ver a referência completa nesta bibliografia], pp. 269-488.

CAPELO DE SOUSA, R. – *Direito da Família e das Sucessões (Relatório sobre o programa, o conteúdo e os métodos de ensino de tal disciplina)*, Coimbra, Coimbra Editora, 1999.

CAPELO DE SOUSA, R. – *O direito geral de personalidade*, Coimbra, Coimbra Editora, 1995.

CAPOGRASSI, G. – "Analisi dell'esperienza comune", *Opere*, II, Milano, Giuffrè, 1959, p. 1 e s. (primeiramente publicado em 1930).

CAPRIOLI, S. – "La riva destra dell'Adda – si vestivano di nomi le cose, il nostro mondo aveva un centro" (texto primeiramente publicado na *RDC* 1981, II, p. 390 e s.), estudo que precede a edição, de 1981, da obra de Vassalli, *Del ius in corpus del debitum coniugale*.

CARBONE, V. – ver ALPA, G./ BESSONE, M./ CARBONE, V.

CARBONI, B. – *"Status" e soggettività giuridica*, Milano, Giuffrè, 1998.

CARBONNIER, J. – *Flexible Droit (Pour une sociologie du droit sans rigueur)*, 7.ª ed., Paris, LGDJ, 1992:
"Effectivité et ineffectivité de la règle de droit" (primeiramente publicado em *Année Sociologique* 1957-1958), pp. 123-135;
"L'hypothèse du non-droit" (primeiramente publicado em 1963 nos *Archives de Philosophie du Droit*), pp. 23-48.

CARBONNIER, J. – *Droit Civil 2/ La famille (L' enfant, le couple)*, 21.ª ed., Paris, Presses Universitaires de France, 2002.

CARITI, G. – ver BELLAGAMBA, G./ CARITI, G.

CARLEO, L. – "La separazione e il divorzio", *Il Diritto di Famiglia* I, a cura di Albisetti e outros [ver a referência completa nesta bibliografia], pp. 161-456.

CARNELUTTI, F. – "Accertamento del matrimonio", *FI* 1942, IV, pp. 41-44.

CARNELUTTI, F. – "Replica intorno al matrimonio", *FI* 1943, IV, pp. 1-6.

CARRARO, L. – "Il nuovo Diritto di Famiglia", *RDC* 1975, I, pp. 93-106.

CARRESI, F. – "La separazione personale", *La Riforma del Diritto di Famiglia*, Atti del II Convegno di Venezia, CEDAM, Padova, 1972, pp. 99-105.

CARVALHO, Orlando de – *A teoria geral da relação jurídica – seu sentido e limites*, 2.ª ed., Coimbra, Centelha, 1981.

CARVALHO, Orlando de – *Teoria geral da relação jurídica. Bibliografia e sumário desenvolvido*, Coimbra, 1970.

CARVALHO FERNANDES, L. A. – *Lições de Direito das Sucessões*, Lisboa, Quid juris?, 1999.

CARVALHO FERNANDES, L. A. – *Teoria Geral do Direito Civil*, I, 2.ª ed., Lisboa, Lex, 1995.

CASABURI, G. – ver DE FILIPPIS, B. de/ CASABURI, G.

CASEY, J. – ver SAINT-HILAIRE, P. D./ CASEY, J.

CASSONE, D. – *Il nuovo Diritto di Famiglia inserito nel codice civile (Commentato ed annotato con la giurisprudenza)*, Roma, Jandi Sapi, 1975.
CASTÁN TOBEÑAS – ver PÉREZ GONZÁLEZ, B./ CASTÁN TOBEÑAS, J.
CASTÁN TOBEÑAS, J./ GARCÍA CANTERO, G./ CASTÁN VÁZQUEZ, J. M. – *Derecho Civil Español, Común y Foral*, tomo quinto, *Derecho de Familia*, volumen primero, *Relaciones cónyugales*, 12.ª ed., revisada e puesta al día por García Cantero e Castán Vázquez, Madrid, Reus, 1994.
CASTÁN VÁZQUEZ, J. M. – ver CASTÁN TOBEÑAS, J./ GARCÍA CANTERO, G./ CASTÁN VÁZQUEZ, J. M.
CASTRO LUCINI, F. – *Temas de Derecho de Familia*, Madrid, AGISA, 1989.
CASTRO MENDES, J. – "Artigo 36.º, n.º 1 (Família e casamento)", *Estudos sobre a Constituição* I [ver a referência completa nesta bibliografia], pp. 371-374.
CASTRO MENDES, J. – *Direito da Família*, edição revista por Miguel Teixeira de Sousa, AAFDL, 1990/1991.
CASTRO MENDES, J. – *Direito Processual Civil*, 1.º vol., edição que incorpora as "Notas de actualização" publicadas em vida do Prof. Castro Mendes pelos Assistentes Drs. Armindo Ribeiro Mendes e Miguel Teixeira de Sousa, Lisboa, AAFDL, 1986.
CASTRO MENDES, J. – *Introdução ao Estudo do Direito*, Lisboa, Editora Danúbio, 1984.
CASTRO MENDES, J. – *Teoria Geral do Direito Civil*:
vol. I, Lisboa, AAFDL, 1978;
vol. II, Lisboa, AAFDL, 1979.
CATAPANO, F. – "I rapporti personali tra i coniugi", em *Diritto di Famiglia*, a cura di Fulvio Ucella [ver a referência completa nesta bibliografia], p. 119 e s.
CATAPANO, F. – ver UCELLA, F./ CATAPANO, F.
CATAUDELA, A. – "Riserbo e segreto", em Alpa/Zatti (org.), *Letture di Diritto Civile*, Padova, CEDAM, 1990, pp. 189-203.
CATTANEO, G. – *Corso di Diritto Civile. Effetti del matrimonio, regime patrimoniale, separazione e divorzio*, Milano, Giuffrè, 1988.
CAUPERS, João – *Direito Administrativo*, Lisboa, Aequitas/Editorial de Notícias, 1995.
CAVALIERE, B. – "Diritti e doveri dei coniugi", *I rapporti personali fra coniugi* (Saggi dal Corso di Lezioni di Diritto Civile tenute dai Proff. Michele Spinelli e Giuseppe Panza), Bari, Adriatica Editore, 1983, pp. 295-327.
CAVALLO, L. – "Sulla violazione del dovere di fedeltà coniugale e sulle sue conseguenze in tema di addebitabilità della separazione", *Giust.Civ.* 1993, I, pp. 3078-3083.
CECCHINI, F. Carlos / SAUX, E. Ignacio – *Daños entre cónyuges (Prejudicialidad y responsabilidad civil)*, reimpressão da ed. de 1994, Rosario (Argentina), Zeus Editora, 2000.
CENDERELLI, F. F. – *Profili penali del nuovo regime dei rapporti familiari*, Milano, Giuffrè, 1984.
CENDON, P. – "Non desiderare la donna d'altri", *Contr.* 1990, pp. 607-630.

CERDEIRA, Ângela – *Da responsabilidade civil dos cônjuges entre si*, Coimbra, Coimbra Editora, 2000.

CERRI, A. – "Libertà negativa di manifestazione del pensiero e di comunicazione – diritto alla riservatezza: fondamento e limiti", *Giur.Cost.* 1974, p. 610 e s.

CHABAS, F. – ver MAZEAUD, H. e L./ MAZEAUD, J./ CHABAS, F./ LEVENEUR, L.

CHABAULT, C. – "De la relativité de l'adultère dans le divorce pour faute", *Dr. Fam.* 1998/7-8, pp. 6-11.

CHAMPENOIS, G. – anotação a CassFr 3/2/1999, *Defrénois* 1999, pp. 814-822.

CHECCHINI, A. – "Allontanamento per giusta causa o ripudio?", *RDC* 1981, I, pp. 264--278.

CIAN, G. – "Introduzione. Sui presupposti storici e sui caratteri generali del Diritto di Famiglia riformato", *Commentario alla Riforma del Diritto di Famiglia* [ver a referência completa nesta bibliografia], pp. 23-77.

CICU, A. – "Il concetto di *status*", *Studi giuridici in onore di Vincenzo Simoncelli*, Napoli, Casa Tipografico-Editrice N. Jovene E.C., 1917, pp. 59-74.

CICU, A. – "Principii generali del diritto di famiglia", *RTDPC* 1955, pp. 1-23.

CICU, A. – "Sull'indissolubilità del matrimonio", *RTDPC* 1952, pp. 688-692.

CICU, A. – *Il Diritto di Famiglia (Teoria generale)*, Roma, Athenaeum, 1914.

CIFUENTES, Santos – *Los derechos personalísimos*, Buenos Aires/Córdoba, Lerner Ediciones, 1974.

CIPPITANI, R. – "L'addebito della separazione come rimedio di carattere patrimoniale", *DFP* 1996, pp. 687-733.

CIPPITANI, R. – *La ricerca giuridica e il Diritto di Famiglia (A proposito di un saggio di Augusto Pino)*, Milano, Giuffrè, 1998.

CLAMOTE, Francisco – "Evolução do Direito da Família em Portugal e alguns aspectos da sua regulamentação", *RN* 1987, p. 1 e s., p. 153 e s.

CLARK, H. – *The Law of Domestic Relations in The United States*, 2.ª ed., vol. 1, St. Paul (Minn.), West Publishing, 1987.

CLERK LINDSELL – *On Torts*, 17.ª ed., London, Sweet Maxwell, 1995.

COESTER-WALTJEN, D. – ver GERNHUBER, J./ COESTER-WALTJEN, D.

COING, H. – anotação a BGH 26/6/1952, *JZ* 1952, pp. 689-690.

COLOMBET, C. – *La famille*, 6.ª ed., Paris, Presses Universitaires de France, 1999.

COLUCCI, R. – "Sull'addebito nella separazione dei coniugi", *DFP* 1985, pp. 1057-1071.

COMAILLE, J. e outros – *Le divorce en Europe occidentale (La loi et le nombre)*, Paris, INED, 1983.

Comentário Conimbricense do Código Penal, dirigido por Figueiredo Dias:
    Parte Especial, t. I, artigos 131.º a 201.º, Coimbra, Coimbra Editora, 1999;
    Parte Especial, t. III, artigos 308.º a 386.º, Coimbra, Coimbra Editora, 2001.

Comentarios a las Reformas del Derecho de Familia (Ley 11/81, de 13 de mayo, y Ley 30/81, de 7 de julio), vol. I, Amorós Guardiola e outros, Madrid, Tecnos, 1984.

COMES, H. – *Der rechtsfreie Raum (Zur Frage der normativen Grenzen des Rechts)*, Berlin, Duncker § Humblot, 1976.

COMISSÃO PARA O ANO INTERNACIONAL DA FAMÍLIA – *Relatório sobre a situação actual da família portuguesa*, dact., Direcção-Geral da Família, 1993.

Commentario al Diritto Italiano della Famiglia, a cura di Luigi Carraro, Giorgio Oppo, Alberto Trabucchi, volume secondo, Milano, CEDAM, 1992.

Commentario alla Riforma del Diritto di Famiglia, a cura di Luigi Carraro, Giorgio Oppo, Alberto Trabucchi, tomo primo, parte prima, Padova, CEDAM, 1977.

CORNU, G. – *Droit Civil. La famille*, 7.ª ed., Paris, Montchrestien, 2001.

CORREIA, Eduardo – "Da natureza criminosa do adultério dos cônjuges separados de facto", *RLJ* 90, 1957-58, pp. 291-298.

CORREIA, Eduardo – *A teoria do concurso em Direito Criminal: I. Unidade e pluralidade de infracções; II. Caso julgado e poder de cognição do juiz*, reimpressão, Coimbra, Livraria Almedina, 1983.

COSSIO Y CORRAL, A. – *Instituciones de Derecho Civil*, t. II, *Derechos Reales y Derecho Hipotecario. Derecho de Familia y Derecho de Sucesiones*, revisado y puesto al día por Cossío y Martínez e León Alonso, Madrid, Editorial Civitas, 1988.

COSTANZA, M. – "Il governo della famiglia nella legge di riforma", *DFP* 1976, pp. 1876-1909.

COURBE, P. – *Droit Civil. Les personnes, la famille, les incapacités*, 3.ª ed., Paris, Dalloz, 2000.

COURBE, P. – *Droit de la Famille*, 2.ª ed., Paris, Armand Colin, 2001.

COURBE, P. – *Le divorce*, 3.ª ed., Paris, Dalloz, 1999.

CREIFELDS (fund.) – *Rechtswörterbuch*, 15.ª ed., München, Beck, 1999.

CRETNEY, S.M./ MASSON, J. M. – *Principles of Family Law*, 6.ª ed., London, Sweet & Maxwell, 1997.

CRISCUOLI, G. – "Variazioni e scelte in tema di *status*", *RDC* 1984, I, pp. 157-209.

CROTTY, P. – *Family Law in The United States: Changing Perspectives*, New York, Peter Lang, 1999.

CUNHA, Paulo – *Direito da Família*, texto segundo as prelecções ao curso do 4.º ano da Faculdade de Direito da Universidade de Lisboa no ano lectivo de 1939--1940, elaborado pelos alunos Raúl Ventura, Raúl Marques e Júlio Salcedas, t. I, dact., Lisboa, 1941.

CUNHA GONÇALVES, L. – *Direitos de Família e Direitos das Sucessões*, Lisboa, Edições Ática, 1955.

CUNY, A. – anotação ao § 1579, *Das Bürgerliche Gesetzbuch mit besonderer Berücksichtigung der Rechtsprechung* IV/2 [ver a referência completa nesta bibliografia] (citado RGRK/CUNY).

D'AGOSTINO, F. – introdução à obra colectiva *Famiglia, Diritto e Diritto di Famiglia*, estudos recolhidos por D'Agostino, Milano, Jaca Book, 1985, pp. 7-14.

D'AMELIO, G. – "Capacità e status delle persone", *Il Diritto Privato nella società moderna*, a cura di Stefano Rodotà, Bologna, Società editrice il Mulino, 1971, pp. 139-144.

D'AMICO, P. – "Opposizione alla separazione e tutela del coniuge", *Rapporti personali nella famiglia* [ver a referência completa nesta bibliografia], pp. 214-256.
D'ANGELO, A. – "Il concetto giuridico di *status*", *RISG* 1938, pp. 249-301.
D'ANGELO, A. – ver BESSONE, M./ ALPA, G./ D'ANGELO, A./ FERRANDO, G./ SPALLAROSSA, M.
D'ANGELO, A. – ver BESSONE, M./ D'ANGELO, A.
D'ANGELO, A. (org.) – *Un bambino non voluto è un danno risarcibile?*, Milano, Giuffrè, 1999.
D'ANTONIO, A. – "Separazione personale dei coniugi e mutamento del titolo", *RDC* 1977, I, pp. 638-664.
D'ANTONIO, A. – *La colpa nella separazione personale dei coniugi*, Padova, CEDAM, 1968.
D'HAM, E./ HAASE, R. – *Bürgerliches Recht II (Familien- und Erbrecht)*, 2.ª ed., Stuttgart/Berlin/Köln/Mainz, Kohlhammer, 1974.
DALLA VALLE, P. – *Separazione, divorzio, annullamento del matrimonio*, Dalla Valle e outros, Torino, UTET, 1999, p. 153 e s.
DARI, F. – "Danni da adulterio e da separazione personale", *RTDPC* 1948, pp. 688-695.
Das Bürgerliche Gesetzbuch mit besonderer Berücksichtigung der Rechtsprechung des Reichsgerichts und des Bundesgerichtshofes, 12.ª ed.:
Band IV, 1. Teil, §§ 1297-1563, Berlin/New York, Walter de Gruyter, 1984;
Band IV, 2. Teil, §§ 1303-1320, §§ 1564-1588, Berlin/New York, Walter de Gruyter, 1999.
DASTE, A. – *Divorce. Séparations de corps et de fait: conditions, procédure, conséquences, contentieux de l'après-divorce*, 6.ª ed., Paris, Delmas, 2001.
DE CUPIS, A. – "Ancora una postilla sul *jus in corpus*", *RDC* 1981, II, pp. 504-514.
DE CUPIS, A. – "Brevi precisazioni sulla colpa nel Diritto di Famiglia", *Rass.DC* 1990, pp. 44-45.
DE CUPIS, A. – "Coniuge", *ED*, IX, 1961.
DE CUPIS, A. – "Efficacia dell'accordo coniugale circa l'indirizzo della vita familiare", *RDC* 1984, II, pp. 362-365.
DE CUPIS, A. – "Il diritto alla libertà sessuale", *Studi giuridici in memoria di F. Vassalli*, I, Torino, UTET, 1960, pp. 431-453.
DE CUPIS, A. – "Il valore istituzionale della famiglia", *Giur.It.* 1987, pp. 402-403.
DE CUPIS, A. – "La tutela esterna degli interessi familiari", *RDCom* 1971, pp. 235-249.
DE CUPIS, A. – "Persona e famiglia nell'ordinamento giuridico", *DFP* 1988, pp. 1745-1750.
DE CUPIS, A. – *I diritti della personalità*, 2.ª ed., Milano, Giuffrè, s/ data (mas 1982).
DE CUPIS, A. – *Il Diritto di Famiglia*, Padova, CEDAM, 1988.
DE CUPIS, A. – *Istituzioni di Diritto Privato*, 3.ª ed., Milano, Giuffrè, 1983.
DE FILIPPIS, B. – intervenção, "Separazione e divorzio: una nuova legge alle soglie del 2000" [ver a referência completa nesta bibliografia], pp. 439-440.
DE FILIPPIS, B. / CASABURI, G. – *Separazione e divorzio nella dottrina e nella giurisprudenza*, Milano, CEDAM, 1998.

DE MARZO, G. – comentário a Trib. Firenze 13/6/2000, *Dan. e Resp.* 2001, pp. 745--750.
DE VITA, A. – "Aperçu comparatif sur l'évolution européenne: considérations et conjectures", *La contractualisation de la famille*, Fenouillet/Vareilles--Sommières (org.) [ver a referência completa nesta bibliografia], pp. 257-284.
DE VITA, A. – "Nota per una comparazione", *Matrimonio, matrimonii*, a cura di D'Usseaux/D'Angelo [ver a referência completa nesta bibliografia], pp. 143-175.
DEGNI, F. – *Il Diritto di Famiglia nel nuovo Codice Civile italiano*, Padova, CEDAM, 1943.
DEKEUWER-DÉFOSSEZ, F. – "Divorce et contrat", *La contractualisation de la famille*, Fenouillet/Vareilles-Sommières (org.) [ver a referência completa nesta bibliografia], pp. 67-79.
DEKEUWER-DÉFOSSEZ, F. – "Couple et cohabitation", em Brunetti-Pons (org.), *La notion juridique de couple*, Paris, Economica, 1998, pp. 61-73.
DEKEUWER-DÉFOSSEZ, F. – "Impressions de recherche sur les fautes causes de divorce", *D.* 1985, chron., pp. 219-226.
DEKEUWER-DÉFOSSEZ, F. – "Réflexions sur les mythes fondateurs du droit contemporain de la famille", *RTDC* 1995, p. 249 e s.
DEKEUWER-DÉFOSSEZ, F. – *Rénover le droit de la famille*, Paris, La documentation Française, 1999.
DELGADO, Abel – *O divórcio*, 2.ª ed., com a colaboração de Filomena Delgado, Livraria Petrony, Lisboa, 1994.
DELGADO, Pedro – *Divórcio e separação em Portugal (Análise social e demográfica. Século XX)*, Lisboa, Editorial Estampa, 1996.
DELGADO ECHEVERRÍA, J. – "La transformación del Derecho de Familia y la formación del jurista", *El nuevo régimen de la familia* I [ver a referência completa nesta bibliografia], pp. 13-18.
DEPINGUENTE, R. P. – "Rapporti personali tra coniugi", *RDC* 1982, II, pp. 403-447.
DEPINGUENTE, R. P. – "Rapporti personali tra coniugi", *RDC* 1990, II, pp. 449-479.
DÉPREZ, J. – "Statut personnel et pratiques familiales des étrangers musulmans en France. Aspects de droit international privé", *Familles – Islam – Europe. Le Droit confronté au changement*, sous la direction de Marie-Claire Foblets, Paris, L'Harmattan, 1996, pp. 57-124.
Derecho de Familia, E. Roca (org.), 3.ª ed., Valencia, Tirant lo Blanch, 1997.
DESCHAMPS, A. L. – "Les renonciations en Droit de la Famille", *D.* 1993, chron., pp. 259-264.
DESNOYER, C. – *L'évolution de la sanction en droit de la famille*, Paris, L'Harmattan, 2001.
DETHLOFF, N. – "Die Eingetragene Lebenspartnerschaft – Ein neues familienrechtliches Institut", *NJW* 2000, pp. 2598-2604.
DEUTSCH, E. – "Familienrechte als Haftungsgrund", *Festschrift für Joachim Gernhuber zum 70. Geburtstag*, Tübingen, Mohr Siebeck, 1993, pp. 581-596.

DI MARTINO, A. – "Dovere di fedeltà e dichiarazione di addebito", *Giur.Mer.* 1983, I, pp. 939-944.
DIAS, Cristina – "Responsabilidade civil e direitos familiares conjugais (pessoais e patrimoniais) – Possibilidade de indemnização ou fragilidade da garantia?", *SI* 2000, pp. 351-374.
DIAS, M. do Carmo – "A propósito do crime de violação: ainda faz sentido a sua autonomização?", *RMP* 81, 2000, pp. 57-90.
DIAS JOSÉ, R. – "Indemnizar pelo divórcio?", *TJ* 1985, n.º 5, pp. 4 e 8.
DIAS JOSÉ, R.– "O dever conjugal de coabitação", *TJ* 1986, n.º 16, pp. 1-3.
DÍAZ-AMBRONA BARDAJÍ, M. D./ HERNÁNDEZ GIL, F. – *Lecciones de Derecho de Familia*, Madrid, Editorial Centro de Estudios Ramón Areces, 1999.
DIECKMANN, A. – anotações aos §§ 1565 e 1579, *Erman Bürgerliches Gesetzbuch*, 10.ª ed. [ver a referência completa nesta bibliografia] (citado ERMAN/DIECKMANN).
DIEDERICHSEN, U. – "Bewährung und Nichtbewährung der Eherechtsreform von 1977", *Hat sich das Erste Eherechtsreformgesetz bewährt?* [ver a referência completa nesta bibliografia], pp. 11-68.
DIEDERICHSEN, U. – "Die allgemeinen Ehewirkungen nach dem 1. EheRG und Ehevereinbarungen", *NJW* 1977, pp. 217-223.
DIEDERICHSEN, U. – anotação ao § 1353, *Palandt Bürgerliches Gesetzbuch*, 56.ª ed., München, C.H.Beck, 1997 (citado PALANDT/DIEDERICHSEN).
DÍEZ PICAZO, L./ GULLÓN, Antonio – *Sistema de Derecho Civil*, vol. IV, *Derecho de Familia. Derecho de Sucesiones*, 8.ª ed., Madrid, Tecnos, 2001.
DÍEZ PICAZO, L. – "Familia e Derecho" (primeiramente publicado em *Anales de Moral Social y Económica*, 55, 1982, num volume intitulado *Protección jurídica de la familia*), *Familia y Derecho*, Madrid, Editorial Civitas, 1984, pp. 21-40.
DIMUNDO, F. – "Lo stato di salute... del danno alla salute: spunti giurisprudenziali per un tentativo di diagnosi", *NGCC* 1995, I, pp. 371-390.
Diritto di Famiglia, a cura di Fulvio Ucella, IPSOA, 1996.
Diritto di Famiglia: casi e questioni, Incontro sul nuovo Diritto di Famiglia, Napoli, Edizioni Scientifiche Italiane, 1982.
DOGLIOTTI, M. – "Colpa ed addebito nella separazione non sono la stessa cosa!", *Giur.Mer.* 1983, I, pp. 114-127.
DOGLIOTTI, M. – "La responsabilità civile entra nel diritto di famiglia", *DFP* 2002, pp. 61-69.
DOGLIOTTI, M. – "La separazione giudiziale", *Famiglia e matrimonio* [ver a referência completa nesta bibliografia], pp. 350-400.
DOGLIOTTI, M. – "Rapporti personali e patrimoniali tra coniugi (dir. priv.)", *ED*, vol. XXXVIII, 1987, pp. 383-402.
DOGLIOTTI, M. – "Separazione, addebito, affidamenti: criteri interpretativi e valutazioni di merito", *Giur.It.* 1982, I, 2, pp. 681-690.
DOGLIOTTI, M. – *Separazione e divorzio. Il dato normativo. I problemi interpretativi*, 2.ª ed., Torino, UTET, 1995.

DOGLIOTTI, M. – ver BOCCACIO, S./ DOGLIOTTI, M.
DOGLIOTTI, M./ BRANCA, M. G. – "Giurisprudenza edita e inedita in materia di rapporti personali tra i coniugi", *Rass.DC* 1985, pp. 1061-1070.
DÖLLE, H. – *Familienrecht*, Band I, Karlsruhe, C.F.Müller, 1964.
DONISI, C. – "Limiti all'autoregolamentazione degli interessi nel Diritto di Famiglia", *Famiglia e circolazione giuridica*, a cura di Guido Fucillo, Corsico, IPSOA, 1997, pp. 3-32.
DORAL GARCÍA, J. A. – "El interés de la familia", *Documentación Jurídica (Monográfico dedicado a la reforma española del Derecho de Familia de 1981)*, vol. I, Madrid, Secretaria General Tecnica del Ministerio de Justicia, 1982, pp. 3-21.
DORAL, J. A. – comentário ao artigo 82, *Matrimonio y divorcio* (1994), Lacruz Berdejo (org.) [ver a referência completa nesta bibliografia], pp. 840-862.
DÖRR, C. – anotação ao § 1587c, *Münchener Kommentar zum Bürgerlichen Gesetzbuch*, 4.ª ed. [ver a referência completa nesta bibliografia] (citado DÖRR/Münch Komm).
DOSSETTI, M. – "Gli effetti della pronunzia di divorzio", em *Famiglia e matrimonio* [ver a referência completa nesta bibliografia], pp. 499-620.
DOSSETTI, M. – "Intorno a *favor matrimonii* (e *favor divortii*)", *Studi in onore di Pietro Rescigno* [ver a referência completa nesta bibliografia], pp. 285-295.
DOUCHY, M. – *Droit Civil 1ère année: Introduction, personnes, famille*, Paris, Dalloz, 2001.
Droit de la Famille, Rubellin-Devichi (org.), Paris, Dalloz, 1996.
DUARTE, David – "Perspectivas constitucionais da família", *Traços da família portuguesa* [ver a referência completa nesta bibliografia], pp. 77-112.
DUARTE, M. de Fátima – *O pacto de preferência e a problemática da eficácia externa das obrigações*, Lisboa, AAFDL, 1989.
DUARTE, M. de Fátima – *O poder paternal – Contributo para o estudo do seu actual regime*, Lisboa, AAFDL, 1.ª reimpressão (da ed. de 1989), 1994.
DUARTE PINHEIRO, J. – *Legado em substituição da legítima*, Lisboa, Edições Cosmos, 1996.
DURHAM, G. – "The Domestic Violence Dilemma: How Our Ineffective and Varied Responses Reflect Our Conflicted Views of the Problem", *So.Calif.L.R.* 71, 1997-98, pp. 641-665.
EEKELAAR, J. – "The End of an Era?", em Katz/Eekelaar/MacLean (org.), *Cross Currents: Family Law and Policy in the US and England*, New York, Oxford University Press, 2000, pp. 637-655.
EEKELAAR, J. – "Uncovering Social Obligations: Family Law and the Responsible Citizen", *Making Law for Families* [ver a referência completa nesta bibliografia], pp. 9-28.
Eguaglianza morale e giuridica dei coniugi, Atti di un Convegno di Studi, Napoli, Jovene Editore, 1975.
Ehe und Kindschaft im Wandel, Band 1, Henrich/Jayme/Sturm, Frankfurt a.M./Berlin, Verlag für Standesamtswesen, 1998.

Eherecht: Scheidung, Trennung, Folgen, Kommentar herausgegeben von Johannsen und Henrich, 2.ª ed., München, Beck, 1992.
El nuevo régimen de la familia, I. *La transformación del Derecho de Familia y la formación del jurista. Matrimonio y divorcio*, Lacruz Berdejo e outros, Madrid, Editorial Civitas, 1982.
EMANUEL, S. L. – *Torts*, 6.ª ed., New York, Aspen Law and Business, 2001.
ENDRÉO, G. – "Bigamie et double ménage", *RTDC* 1991, pp. 264-282.
ENGISCH, K. – *Introdução ao pensamento jurídico*, 5.ª ed., tradução portuguesa da 3.ª ed. alemã de 1964, Lisboa, Fundação Calouste Gulbenkian, 1979.
ENGISCH, K. – *Introdução ao pensamento jurídico*, 7.ª ed., tradução portuguesa da 8.ª ed. alemã de 1983, Lisboa, Fundação Calouste Gulbenkian, 1996.
ENTRENA KLETT, C. M. – *Matrimonio, separación y divorcio*, 3.ª ed., Aranzadi, 1990.
EPIFÂNIO, Rui / FARINHA, António – *Organização Tutelar de Menores (Decreto-Lei n.º 314/78, de 27 de Outubro) – Contributo para uma visão interdisciplinar do Direito de Menores e de Família*, 2.ª ed., Coimbra, Livraria Almedina, 1992.
Erman Bürgerliches Gesetzbuch, 10.ª ed., 2. Band, Münster, Aschendorff, 2000.
ESMEIN, A. – *Le mariage en droit canonique*, 2.ª ed. (mise à jour par Génestal e Dauvillier), tome second, Paris, Recueil Sirey, 1935.
ESPÍN CÁNOVAS, D. – *Manual de Derecho Civil español*, IV, *Familia*, 7.ª ed., Madrid, Edersa, 1982.
ESSER, J./ WEYERS, H.-L. – *Schuldrecht*, Band II, *Besonderer Teil*, 7.ª ed., Heidelberg, C.F. Müller, 1991.
Estudios de Derecho civil en Homenaje al Profesor Dr. José Luis Lacruz Berdejo, volumen I, coordinación a cargo del Área de Derecho civil de la Facultad de Derecho de la Universidad de Zaragoza, Barcelona, José Maria Bosch Editor, 1992.
Estudos em homenagem ao Professor Doutor Manuel Gomes da Silva, Faculdade de Direito da Universidade de Lisboa/Coimbra Editora, 2001.
Estudos sobre a Constituição:
vol. I, Lisboa, Livraria Petrony, 1977;
vol. III, Lisboa, Livraria Petrony, 1979.
EUDIER, F. – *Droit de la Famille*, Paris, Armand Colin, 1999.
FABRICIUS, F. – "Zur Dogmatik des «sonstigens Rechts» gemäß § 823 Abs. I BGB", *AcP* 1961, pp. 273-336.
FALZEA, A. – "Considerazioni conclusive", *La riforma del Diritto di Famiglia dieci anni doppo* [ver a referência completa nesta bibliografia], pp. 296-307.
FALZEA, A. – "Fatto di sentimento", *Voci di Teoria Generale del Diritto*, Milano, Giuffrè, 1978, pp. 437-530 (primeiramente publicado em *Studi in onore di Santoro Passarelli*, vol. VI, Napoli, 1972).
FALZEA, A. – "Il dovere di contribuizone nel regime patrimoniale della famiglia", *RDC* 1977, I, pp. 609-637.

Famiglia e matrimonio, a cura di Giovanni Bonilini e Giovanni Cattaneo, Torino, UTET, 1997.
Familienrecht Kommentar, herausgegeben von Prof. Dr. Walter Rolland, Neuwied/ /Kriftel/Berlin, Luchterhand, 1993.
FARINHA, António – ver EPIFÂNIO, Rui / FARINHA, António
FEDELE, P. – "Ancora su la natura del matrimonio e l'oggetto del consenso matrimoniale", *ADE* 1943, pp. 384-387.
FEDELE, P. – "Postilla a una nota di F. Carnelutti", *ADE* 1943, pp. 64-67.
FEINSINGER, N. – "Legislative Attack on «Heart Balm»", *Mich.L.R.* 33, 1935, pp. 979--1009.
FEITEIRA, Alice – *Autonomia da vontade e efeitos pessoais do casamento*, dact., dissertação de Mestrado em Ciências Jurídicas, Faculdade de Direito da Universidade de Lisboa, 1996.
FENOUILLET, D. – "Couple hors mariage et contrat", *La contractualisation de la famille*, Fenouillet/Vareilles-Sommières (org.) [ver a referência completa nesta bibliografia], pp. 81-132.
FENOUILLET, D. – *Droit de la Famille*, Paris, Dalloz, 1997.
FENOUILLET, D. – ver TERRÉ, F./ FENOUILLET, D.
FERNANDEZ NETO, A. – *Causas de exclusão do direito ao divórcio fundado em violação culposa dos deveres conjugais (Contribuição para o estudo do perdão do cônjuge ofendido)*, dact., dissertação de Mestrado, Faculdade de Direito da Universidade de Coimbra, 1992.
FERRAND, F. – "Le Droit Civil de la Famille et l'égalité des époux en République Fédérale d' Allemagne", *RIDC* 1986, pp. 867-895.
FERRANDO, G. – "Diritti e doveri nascenti dal matrimonio", *Giurisprudenza del Diritto di Famiglia (Casi i materiali* a cura di Mario Bessone, raccolti da Massimo Dogliotti e Gilda Ferrando), *II. Rapporti personali e patrimoniali tra coniugi, famiglia di fatto*, 5.ª ed., Milano, Giuffrè, 1997, pp. 1-131.
FERRANDO, G. – "Famiglia e matrimonio", *Familia* 2001, pp. 939-988.
FERRANDO, G. – anotação a CassIt 11/11/1986, *NGCC* 1987, I, pp. 343-356.
FERRANDO, G. – *Il matrimonio*, Milano, Giuffrè, 2002.
FERRANDO, G. – ver BESSONE, M./ ALPA, G./ D'ANGELO, A./ FERRANDO, G./ SPALLAROSSA, M.
FERRARI, M. – "Gli accordi relativi ai diritti e doveri reciproci dei coniugi", *Rass.DC* 1994, pp. 776-805.
FERREIRA DIAS, P. B. – *O dano moral na doutrina e na jurisprudência*, Coimbra, Almedina, 2001.
FERREIRA PINTO, F. B. – *Causas do divórcio*, 3.ª ed., Porto, ELCLA, 1996.
FERREIRA PINTO, F. B. – *Direito da Família*, dact., Departamento de Direito da Universidade Internacional, 1988/89.
FERRI, L. – "Il diritto di famiglia e la costituzione della Repubblica italiana", *RTDPC* 1962, pp. 112-134.

FIEDLER, P. / ZYDEK, H. – "Die Schadensersatzpflicht des Ehebrechers", *JR* 1954, pp. 452-455.
FIGUEIREDO DIAS, J. – *Direito Penal Português. Parte Geral II (As consequências jurídicas do crime)*, Lisboa, Aequitas/Editorial Notícias, 1993.
FINGER, P. – *Familienrecht*, Königstein, Athenäum, 1979.
FINOCCHIARO, Alfio – *Nuova rassegna di giurisprudenza sul Codice Civile*, Libro I, a cura di A. Finocchiaro e outros, t. III, Milano, Giuffrè, 1994.
FINOCCHIARO, Alfio/ FINOCCHIARO, Mario – *Diritto di Famiglia (Commento sistematico della legge 19 maggio 1975, n.151)*, volume primo, artt. 1-89, Milano, Giuffrè, 1984.
FINOCCHIARO, Francesco – "Rapporti personali fra coniugi e patria potestà", *Eguaglianza morale e giuridica dei coniugi* [ver a referência completa nesta bibliografia], pp. 89-117.
FINOCCHIARO, Francesco – *Commentario del Codice Civile Scialoja-Branca* (a cura di Francesco Galgano), *Del matrimonio*, t. II, Bologna-Roma, Zanichelli Editore, Soc. Ed. del Foro Italiano, 1993.
FIRSCHING, K./ GRABA, H.-U. – *Familienrecht,1. Halbband: Familiensachen* (em *Handbuch der Rechtspraxis*, Band 5a), 6.ª ed., München, C.H Beck, 1998.
FISCHER anotação ao § 1353 BGB, – *Leitsatzkommentar zum Familienrecht*, Band 1, Hüllsmann/Klattenhoff/Runge, Verlag Recht und Praxis, Februar 1994.
FLEMING, J. – *The Law of Torts*, 9.ª ed., Sydney, LBC Information Services, 1998.
Forme delle famiglie, forme del diritto. Mutamenti della famiglia e delle istituzioni nell'Europa Occidentale, a cura di Pocar e Ronfani, Milano, Franco Angeli, 1995.
FORTINO, M. – *Diritto di Famiglia*, Milano, Giuffrè, 1997.
FOSAR-BENLLOCH, E. – *Estudios de Derecho de Familia*:
   t. I, *La Constitución de 1978 y el Derecho de Familia*, Barcelona, Bosch, 1981;
   t. II, *La separación y el divorcio en el Derecho español vigente*, vol. 1.º, Barcelona, Bosch, 1982;
   t. III, *Las uniones libres. La evolución histórica del matrimonio y el divorcio en España*, Barcelona, Bosch, 1985.
FOSTER, W. – "Modern Status of Interspousal Tort Immunity in Personal Injury and Wronful Death Actions", *ALR3d – Cases and Annotations*, 92, 1979, pp. 901-959.
FRACCON, A. – "I diritti della persona nel matrimonio. Violazione dei doveri coniugali e risarcimento del danno", *DFP* 2001, pp. 367-397.
FRANÇA PITÃO, J. A. – *Sobre o divórcio (Anotações aos artigos 1773.º a 1895.º-D do Código Civil)*, Coimbra, Livraria Almedina, 1986.
FRANÇA PITÃO, J. A. – *Uniões de facto e economia comum (Comentário crítico às leis n.ᵒˢ 6/2001 e 7/2001, ambas de 11.05)*, Almedina, Coimbra, 2002.
FRANCESCHELLI, V. – *La separazione di fatto*, Milano, Giuffrè, 1978.
FRANK, R. – "100 Jahre BGB – Familienrecht zwischen Rechtspolitik, Verfassung und Dogmatik", *AcP* 2000, pp. 401-425 = "Le centenaire du BGB: le Droit de la

Famille face aux exigences du raisonnement politique, de la Constitution et de la cohérence du système juridique", *RIDC* 2000, pp. 819-842.

FRISCHMANN, G. – *Die grobe Unbilligkeit beim Zugewinnausgleich*, dact., Dissertation zur Erlangung des Doktorgrades der Juristischen Fakultät der Universität Regensburg, 1989.

FROSINI, V. – "Il diritto di famiglia nella teoria generale del diritto", *FI* 1977, pp. 84-90.

FUGE – em *Praxis des Familienrechts*, Rotax (org.), Recklinghausen, ZAP, 2001, Teil 2.

FUMAGALLI, M. B. – "Matrimonio nel Diritto Romano", *Dig.DP*, Sez.Civ., XI, 1994, pp. 317-324.

FURGIUELE, G. – "Condizioni umane protette e nuovi diritti individuali nella famiglia dei diritti europei", *Rass.DC* 1987, pp. 90-102.

FURGIUELE, G. – "Libertà e famiglia: dal sistema al microsistema", *Persona e comunità familiare* [ver a referência completa nesta bibliografia], pp. 81-95.

FURGIUELE, G. – *Libertà e famiglia*, Milano, Giuffrè, 1979.

FURKEL, F. – "La faute dans le divorce en droits français et allemand", *RIDC* 1982, pp. 1153-1183.

FURKEL, F. – "La loi portant réorganisation du droit de la formation du mariage en République Fédérale d'Allemagne (Eheschließungsrechtsgesetz)", *Dr. Fam.* 2000/5, pp. 8-9.

GALGANO, F. – *Diritto Civile e Commerciale*, volume quarto, *La famiglia. Le successioni. La tutela dei diritti. Il fallimento*, 2.ª ed., Padova, CEDAM, 1993.

GALOPPINI, A. – "Divorzio (Diritto privato e processuale)", *NovissDig.it.*, Appendice III, 1982, pp. 62-107.

GALOPPINI, A. – "Intercettazioni telefoniche e potestà maritale", *RTDPC* 1974, pp. 640-653.

GALOPPINI, A. – "Ricongiungimento familiare e poligamia", *DFP* 2000, pp. 740-757.

GALOPPINI, A. – "*Status coniugale* e diritti di libertà", *DFP* 1975, pp. 1534-1537.

GALVÃO TELLES, I. – *Direito das Obrigações*, 7.ª ed., Coimbra, Coimbra Editora, 1997.

GALVÃO TELLES, I. – parecer sobre alimentos, *CJ* 1988/2, pp. 17-21.

GANGI, C. – *Il matrimonio*, 2.ª ed., Milano, Giuffrè, 1947.

GANS, A. – ver SPEISER, S./ KRAUSE, C./ GANS, A.

GARCÍA CANTERO, G. – "La crisis de la sexualidad y su reflejo en el Derecho de Familia", *Estudios de Derecho civil en Homenaje al Profesor Dr. José Luis Lacruz Berdejo* [ver a referência completa nesta bibliografia], pp. 337-353.

GARCÍA CANTERO, G. – *Comentarios al Código Civil y Compilaciones Forales*, dirigidos por Manuel Albaladejo, t. II, Artículos 42 a 107 do Código Civil, 2.ª ed., Madrid, Editorial Revista de Derecho Privado, 1982.

GARCÍA CANTERO, G. – ver CASTÁN TOBEÑAS, J./ GARCÍA CANTERO, G./ CASTÁN VÁZQUEZ, J. M.

GARCÍA VARELA, R. – "De los derechos y deberes de los cónyuges", em Gil de la Cuesta (org.), *Comentario del Código Civil*, t. 1, Barcelona, Bosch, 2000, pp. 740-764.

GARÉ, T. – "La maîtresse d'un homme marié doit-elle réparation à l'épouse de son amant?", *JCP* 2000.II.10.356.

GARRIDO DE PALMA, V. M. – "El Derecho de Familia en el final del siglo XX", *RGLJ* Julho de 1987, pp. 17-44.

GASTIGER, S./ OSWALD, G. – *Familienrecht*, Stuttgart/Berlin/Köln/Mainz, Kohlhammer, 1978.

GAZZONI, F. – *Amore e Diritto ovverosia i diritti dell'amore*, Napoli, Edizioni Scientifiche Italiane, 1994.

GAZZONI, F. – *Manuale di Diritto Privato*, 6.ª ed., Napoli, Edizioni Scientifiche Italiane, 1997.

GEILEN, G. – *"Eingeschränkte Notwehr unter Ehegatten?"*, *JR* 1976, pp. 314-318.

GEIS, G. – "Rape-in-marriage: Law and Law Reform in England, The United States, and Sweden", *Ade.L.R.* 6, 1977-1978, pp. 284-303.

GERI, L. – "Interessi emergenti, tutela risarcitoria e nozione di danno", *RCDP* 1996, pp. 29-59.

GERNHUBER, J./ COESTER-WALTJEN, D. – *Lehrbuch des Familienrechts,* 4.ª ed., München, C.H.Beck, 1994.

GETE-ALONSO Y CALERA, M. – "De los derechos y deberes de los cónyuges", *Comentarios a las Reformas del Derecho de Familia* [ver a referência completa nesta bibliografia], pp. 314-358.

GETE-ALONSO Y CALERA, M. – "De los derechos y deberes de los cónyuges", em Paz-Ares Rodriguez e outros, *Comentario del Código Civil*, Madrid, Ministerio de Justicia, 1993, pp. 317-324.

GIACALONE, G. – anotação a CassIt 18/9/1997, *Giust.Civ.* 1997, I, pp. 2388-2390.

GIACOBBE, G. – "Eguaglianza morale e giuridica tra i coniugi e rapporti familiari", *RDC* 1997, I, pp. 899-918.

GIACOBBE, G./ MARINI, A. – *Codice Civile. Libro I (Legislazione. Giurisprudenza)*, Milano, LED, 1998.

GIAIMO, G. – "Il matrimonio tra status e contratto", *Matrimonio, matrimonii* [ver a referência completa nesta bibliografia], pp. 327-339.

GIELER, H. – *Vorläufiger Rechtsschutz in Ehe-, Familien- und Kindschaftssachen*, 3.ª ed., München, Beck, 2000.

GIESEN, D. – "Allgemeine Ehewirkungen gem. §§ 1353, 1356 im Spiegel der Rechtsprechung", *JR* 1983, pp. 89-99.

GIESEN, D. – "Les notions de mariage et de famille dans la loi fondamentale", *Mariage et famille en question (l'évolution contemporaine du droit allemand)*, sous la direction de H.A. Schwarz-Liebermann von Wahlendorf, I, CNRS, 1979, pp. 7-36.

GIESEN, D. – *Familienrecht*, 2.ª ed., Tübingen, Mohr Siebeck, 1997.

GIORGIANNI, M. – "La disciplina dei rapporti personali nel disegno di legge governativo sulla riforma del diritto di famiglia", *Aspetti della riforma del Diritto di Famiglia*, publicação do Istituto per la Documentazione e gli Studi Legislativi, Milano, Giuffrè, 1968, pp. 9-29.

GIORGIANNI, M. – *L'obbligazione (La parte generale delle obbligazioni)*, I, reimpressão (da ed. de 1945), Milano, Giuffrè, 1968.
GLASGOW, J. – "The Marital Rape Exemption: Legal Sanction of Legal Abuse", *J.Fam. L.* 18, 1979-1980, p. 565-586.
GLENDON, M. A. – "The Tension between Individual Liberty and Family Protection in the U.N. Universal Declaration of Human Rights", *Liber Amicorum Marie--Thérèse Meulders-Klein* [ver a referência completa nesta bibliografia], pp. 283--296.
GLENDON, M. A. – *The Transformation of Family Law (State, Law and Family in the United States and Western Europe)*, Chicago, The University of Chicago Press, 1989.
GOEBEL, J. – ver PAULSEN, M./ WADLINGTON, W./ GOEBEL, J.
GOMES, Orlando – "A reforma do Direito de Família", *RDCLB* 1983/Julho, pp. 22--40.
GOMES CANOTILHO, J. J./ MOREIRA, Vital – *Constituição da República Portuguesa anotada*, 3.ª ed., Coimbra, Coimbra Editora, 1993.
GOMES DA SILVA, M. – *Aditamentos às Lições de Direito da Família*, relativos ao ano lectivo de 1966/67 e elaborados pelos alunos Manuel Ernesto Coutinho e Jorge Neto Valente (não revistos pelo Professor), dact., Lisboa, AAFDL, 1967.
GOMES DA SILVA, M. – *Curso de Direito da Família*, apontamentos das lições proferidas no ano lectivo de 1960-61, coligidos pelos alunos Jorge Liz e Vasconcelos Abreu, dact., AAFDL, 1960.
GOMES DA SILVA, M. – *Curso de Direito da Família*, apontamentos das lições ao curso jurídico de 1953-1954, coligidos por Fernando Collaço e Ramiro Vidigal, dact., AAFDL, 1955.
GOMES DA SILVA, M. – *Esboço de uma concepção personalista do Direito (reflexões em torno da utilização do cadáver humano para fins terapêuticos e científicos)*, Lisboa, separata da RFDUL, 1965.
GOMES DA SILVA, M. – *O dever de prestar e o dever de indemnizar*, vol. I, Lisboa, s/ editora, 1944.
GONÇALVES DE PROENÇA, J. J. – *Direito da Família*, reimpressão, SPB, Lisboa, 1999.
GOUBEAUX, G. – ver VOIRIN, P. / GOUBEAUX, G.
GOURDON, C. – *La notion de cause de divorce étudiée dans ses rapports avec la faute*, Paris, LGDJ, 1963.
GRAßHOF, K. – anotação ao § 1565, *Das Bürgerliche Gesetzbuch mit besonderer Berücksichtigung der Rechtsprechung* IV/2 [ver a referência completa nesta bibliografia] (citado RGRK/GRAHOF).
GRABA, H.-U. – ver FIRSCHING, K./ GRABA, H.-U.
GRANET, F. – "Convergences et divergences des droits européens de la famille", *Dr. Fam.*, 2000/12 bis, pp. 6-17.
GRANET, F. – *Le Droit de la Famille*, Grenoble, Presses Universitaires de Grenoble, 1997.

GRASSETTI, C. – comentário ao art. 156, *Commentario al Diritto Italiano della Famiglia* [ver a referência completa nesta bibliografia], pp. 704-714.

GRASSI DE GOUVEIA, L. – *O Direito patrimonial do divórcio*, dact., relatório do curso de aperfeiçoamento conducente a doutorado, Faculdade de Direito da Universidade de Lisboa, 1998.

GRAVESON, R. H. – *Status in the Common Law*, University of London, The Athlone Press, 1953.

GRAY, O. – ver HARPER, F./ JAMES, F./ GRAY, O.

GREGORY, J. de W./ SWISHER, P. N./ SCHEIBLE, S.L. – *Understanding Family Law*, New York, Matthew Bender, reimpressão (de ed. de 1993), 1995.

GRIMALDI, M. – anotação, *D*. 1999, som., pp. 307-308.

GROSLIÈRE, J.-C. – *La réforme du divorce (Loi du 11 juillet 1975 et décret d'application du 5 décembre 1975)*, Paris, Sirey, 1976.

GROSSI, P. – "La famiglia nella evoluzione della giurisprudenza costituzionale", *La famiglia nel Diritto Pubblico* (a cura di Giuseppe Dalla Torre), Roma, Edizioni Studium, 1996, pp. 7-46.

GRZIWOTZ, H. – "Möglichkeiten und Grenzen von Vereinbarungen unter Ehegatten", *MDR* 1998, pp. 1075-1080.

GRZIWOTZ, H. – "Sexuelle (Vertrags-) Freiheit für Lebensgemeinschaften ?", *FamRZ* 2002, pp. 1154-1156.

GUERINI, R. B. – *Famiglia e Costituzione*, Milano, Giuffrè, 1989.

GUIMARÃES, Elina – "A mulher portuguesa na legislação civil", *An. Soc.* 1986/3.º-4.º, pp. 557-577.

GUITON, D. – "Les dommages-intérêts en réparation d'un préjudice résultant du divorce", *D*. 1980, chron., pp. 238-246.

GULLÓN, Antonio – ver DÍEZ PICAZO, L./ GULLÓN, Antonio

GUNN, A. – ver JOHNSON, V./ GUNN, A.

GUYON, Y. – "De l'obligation de sincérité dans le mariage", *RTDC* 1964, pp. 473-497.

HAAG, P. *Consent. Sexual Rights and the Transformation of American Liberalism*, Ithaca/London, Cornell University Press, 1999.

HAASE, R. – ver D'HAM, E./ HAASE, R.

HÄBERLE, O. – "Zum Einfluß persönlicher Eheverfehlungen auf den Ehegattenunterhalt", *FamRZ* 1982, pp. 557-561.

HÄBERLE, O. – anotação ao § 1579, *Soergel- Bürgerliches Gesetzbuch* [ver a referência completa nesta bibliografia] (citado SOERGEL/HÄBERLE).

HAHNE, M.-M. – anotação ao § 1587c do BGB, *Eherecht: Scheidung, Trennung, Folgen* [ver a referência completa nesta bibliografia] (citado JOHANNSEN/ /HENRICH/Hahne).

HALLER, K. – "Das sexuelle Selbstbestimmungsrecht der verheirateten Frau", *MDR* 1994, pp. 426-428.

HANCOCK, M. – "The Rise and Fall of *Buckeye v. Buckeye*, 1931-1959: Marital Immunity for Torts in Conflict of Laws", *U.Chi.L.R.*, 29, 1961-62, pp. 237-274.

Handkommentar zum Bürgerlichen Gesetzbuch (bis zur 4. Aufl herausgegeben von Professor Dr. Walter Erman), 9.ª ed., 2. Band, Münster, Aschendorff, 1993.

HANELT, H. – *Schadensersatz-, Beseitigungs- und Unterlassungsansprüche gegen den anderen Ehegatten und den Drittstörer aus ehewidrigem Verhalten*, dact., Dissertation vorgelegt der Rechts- und Wirtschaftswissenschaflichen Fakultät der Johannes Gutenberg-Universität in Mainz zur Erlangung des Grades eines Doktors der Rechtswissenschaft, 1971.

HARPER, F./ JAMES, F./ GRAY, O. – *The Law of Torts*, 2.ª ed.:
vol. 2, Boston, Little, Brown and Company, 1986;
1999 Cumulative Supplement No. 1, vol. 2, by Oscar Gray, Gaithersburg/New York, Aspen Law Business, 1999.

HARTEMANN, L. – *Droit Civil: la famille*, 3.ª ed., Lyon, L'Hermès, 2000.

Hat sich das Erste Eherechtsreformgesetz bewährt?, Symposium des Justizministeriums Baden-Württemberg am 6. und 7. Mai 1981 in Triberg, Sttugart, 1981.

HATTENHAUER, H. – "Die Privatisierung der Ehe (Thesen zum künftigen Eherecht)", *ZRP* 1985, pp. 200-203.

HAUSER, J. – "Cas de divorce", *J.-Cl.Civ.* art. 220, fasc. 40, 1998.

HAUSER, J. – "Divorce pour faute: fidélité à éclipse", *RTDC* 1995, pp. 607-608.

HAUSER, J. – "Divorce pour faute: les degrés du mariage ou faut-il abroger l'article 260 du code civil?", *RTDC* 1994, pp. 571-572.

HAUSER, J. – "Divorce: dommages et intérêts", *RTDC* 1995, pp. 869-870.

HAUSER, J. – "Épouses et concubines: le dernier round?", *RTDC* 1999, pp. 817--819.

HAUSER, J. – "L'article 1382, dernier rempart de la morale", *RTDC* 1997, p. 909.

HAUSER, J. – "L'adultère n'est plus ce qu'il était", *RTDC* 1991, pp. 302-303.

HAUSER, J. – "L'obligation de fidélité et les libéralités: une nouvelle mise en cause du mariage?", *RTDC* 1999, pp. 364-365.

HAUSER, J. – "Retour sur l'indisponibilité de l'obligation de fidélité: parties carrées", *RTDC* 2002, p. 78.

HAUSER, J. – "Sanctions de l'obligation de fidélité", *RTDC* 2000, pp. 810-811.

HAUSER, J. – "Une fidélité conventionelle mais exclusive", *RTDC* 2000, pp. 296-297.

HAUSER, J. (org.) – *Code des personnes et de la famille*, Paris, Litec, 2002.

HAUSER, J./ HUET-WEILLER, D. – *Traité de Droit Civil* (sous la direction de Jacques Ghestin). *La famille (Fondation et vie de la famille)*, 2.ª ed., Paris, LGDJ, Paris, 1993.

HECKEL, H. – *Einführung in das Ehe- und Familienrecht*, Darmstadt, Wissenschaftliche Buchgesellschaft, 1981.

HECKELMANN, D. – anotação ao § 1353, *Erman Bürgerliches Gesetzbuch*, 10.ª ed. [ver a referência completa nesta bibliografia] [citado ERMAN/HECKELMANN (2000)].

HECKELMANN, D. – anotação ao § 1353, *Handkommentar zum Bürgerlichen Gesetzbuch*, 9.ª ed. [ver a referência completa nesta bibliografia] [citado ERMAN//HECKELMANN (1993)].

HEINTZMANN, W. – anotações aos §§ 1565 e 1568, *Soergel- Bürgerliches Gesetzbuch* [ver a referência completa nesta bibliografia] (citado SOERGEL/HEINTZMANN).

HEINZ, K. – "Der Begriff der Ehe und seine Bedeutung für das geltende Eherecht in der Bundesrepublik Deutschland", *RTh* 1988, pp. 167-189.

HENAFF, G. – "La communauté de vie du couple en droit français", *RTDC* 1996, pp. 551-578.

HENRICH, D. – "Die Ehe: ein Rechtsinstitut im Wandel", *Ehe und Kindschaft im Wandel* [ver a referência completa nesta bibliografia], pp. 31-46.

HENRICH, D. – "Diritto di famiglia e giurisprudenza costituzionale in Germania: riforma del Diritto di Famiglia ad opera dei giudici costituzionali?", *RDC* 1991, I, pp. 49-75.

HENRICH, D. – *BGB – Familienrecht (Fälle und Lösungen nach höchstrichterlichen Entscheidungen)*, 3.ª ed., com a colaboração de Heinrichsmeier, Heidelberg, C.F.Müller, 1990.

HENRICH, D. – *Familienrecht*, 5.ª ed., Berlin, New York, Walter de Gruyter, 1995.

HEPTING, R. – *Ehevereinbarungen*, München, C.H.Beck, 1984.

HERNÁNDEZ GIL, F. – ver DÍAZ-AMBRONA BARDAJÍ, M. D./ HERNÁNDEZ GIL, F.

HERNANDEZ IBAÑEZ, C. – "La evolución del Derecho de Familia en España", *RDConcep.* 1993, n.º 194, p. 51 e s.

HERNANDO COLLAZOS, I. – *Causas de divorcio: derecho español y francés comparado*, Viscaya, Universidad del País Vasco, 1989.

HERVADA, J. – "Obligaciones esenciales del matrimonio", *Ius Can.* 1991, pp. 59--83.

HESS-FALLON, B./ SIMON, A.-M. – *Droit de la Famille*, 3.ª ed., avec la collaboration de Hélène Hess, Paris, Dalloz, 2001.

HEUSTON, R./ BUCKLEY, R. – *Salmond and Heuston on the Law of Torts*, 20.ª ed., London, Sweet Maxwell, 1992.

HIPPEL, E. von – "Schadensersatz bei Ehestörung", *NJW* 1965, pp. 664-671.

História da vida privada (trad. portuguesa do francês), sob a direcção de Philippe Ariès e Georges Duby, vol. I, *Do Império Romano ao ano mil*, 2.ª ed., Edições Afrontamento, Porto, 1990.

HOHLOCH, G. – *Familienrecht*, Stuttgart, Boorberg, 2002.

HOLBROOK, E. – "The Change in the Meaning of Consortium", *Mich.L.R.* 22, 1923, pp. 1-9.

HOLLEAUX, G. – recensão a Padrutt, *Die Ehestörungsklage* [ver a referência completa nesta bibliografia], *RIDC* 1955, pp. 465-467.

Hominum Causa Omne Ius Constitutum Est (Escritos sobre el matrimonio en homenaje al Prof. Dr. José María Díaz Moreno, S.J.), Madrid, Universidad Pontificia Comillas, 2000.

HONORÉ, T. – *Sex law*, London, Duckworth, 1978.

HOPPENZ, R. – *Familiensachen (Kommentar anhand der Rechtsprechung des Bundesgerichtshofs)*, 7.ª ed., Heidelberg, C.F.Müller, 2001.

HÖRSTER, H. E. – "A respeito da responsabilidade civil dos cônjuges entre si (ou: A doutrina da «fragilidade da garantia» será válida?), *SI* 1995, pp. 113-124.
HÖRSTER, H. E. – *A parte geral do Código Civil português. Teoria Geral do Direito Civil*, reimpressão da ed. de 1992, Coimbra, 2000.
HUBA, H. – "Recht und Liebe", *FamRZ* 1989, pp. 127-129.
HUBMANN, H. – *Das Persönlichkeitsrecht*, 2.ª ed., Köln, Böhlau, 1967.
HÜBNER, H. – "Eherecht am Ausgang des 20. Jahrhunderts – Versuch einer Positionsbestimmung", *Festschrift für Gottfried Baumgärtel*, Köln/Berlin/Bonn//München, Carl Heymanns, 1990, pp. 663-679.
HÜBNER, H. – anotação ao § 1353, *J. von Staudingers Kommentar zum Bürgerlichen Gesetzbuch*, 12.ª ed. [ver a referência completa nesta bibliografia] (citado STAUDINGER/HÜBNER).
HÜBNER, H./ VOPPEL, R. – anotação ao § 1353, *J. von Staudingers Kommentar zum Bürgerlichen Gesetzbuch*, 13.ª ed. [ver a referência completa nesta bibliografia] (citado STAUDINGER/HÜBNER/VOPPEL).
HUET-WEILLER, D. – ver HAUSER, J./ HUET-WEILLER, D.
Il danno esistenziale. Una nuova categoria della responsabilità civile, a cura di Cendon e Ziviz, Milano, Giuffrè, 2000.
Il Diritto di Famiglia, t. I, a cura di Albisetti e outros, Torino, Giappicchelli, 1999.
Instituciones de Derecho Privado (sob a coordenação geral de Delgado de Miguel), t. IV, *Familia*, vol. 1.º (sob a coordenação de Garrido de Palma) Madrid, Consejo General de Notariado/Civitas Ediciones, 2001.
IONESCU, O. – *La notion de droit subjectif dans le Droit Privé*, 2.ª ed., Bruxelles, Émile Bruylant, 1978.
IRTI, N. – "Il governo della famiglia", *Il nuovo Diritto di Famiglia* (Convegno del Sindacato Avvocati e Procuratori di Milano e Lombardia), Milano, Giuffrè, 1976, pp. 37-53.
J. von Staudingers Kommentar zum Bürgerlichen Gesetzbuch mit Einführungsgesetz und Nebengesetzen, 12.ª ed.:
Viertes Buch, *Familienrecht*, §§ 1353-1362, Berlin, Sellier/de Gruyter, 1993;
Viertes Buch, *Familienrecht*, §§ 1569-1586b, Berlin, Sellier/de Gruyter, 1999.
J. von Staudingers Kommentar zum Bürgerlichen Gesetzbuch mit Einführungsgesetz und Nebengesetzen, 13.ª ed.:
Viertes Buch, *Familienrecht*, Einleitung zu §§ 1297 ff., §§ 1297-1302, Nichteheliche Lebensgemeinschaft (Anhang zu §§ 1297 ff.), §§ 1303-1362, Berlin, Sellier/de Gruyter, 2000;
Viertes Buch, *Familienrecht*, §§ 1564-1568, Berlin, Sellier/de Gruyter, 1999.
J.- G.M. – anotação a App. Paris 13/2/1986, *Gaz.Pal.*1986.1.216.
JAEGER, W. – anotações aos §§ 1565 e 1568 do BGB, *Eherecht: Scheidung, Trennung, Folgen* [ver a referência completa nesta bibliografia] (citado JOHANNSEN//HENRICH/JAEGER).
JAMES, F. – ver HARPER, F./ JAMES, F./ GRAY, O.

JAMES, P. – *General Principles of the Law of Torts*, 2.ª ed., London, Butterworths, 1964.
JANUÁRIO GOMES, M. – *Arrendamentos para habitação*, Coimbra, Almedina, 1994.
JAYME, E. – "Interspousal Immunity: Revolution and Counterrevolution in American Tort Conflicts", *So.Calif.L.R.*, 40, 1966-67, p. 307-350.
JAYME, E. – *Die Familie im Recht der unerlaubten Handlungen*, Frankfurt am Main/Berlin, Alfred Metzner, 1971.
JEMOLO, A. C. – "La famiglia e il Diritto", texto de conferência proferida em 1949, *Pagine sparse di Diritto e Storiografia*, Milano, Giuffrè, 1957, pp. 222-241.
JEMOLO, A. C. – "Separazione consensuale e per colpa", *RDC* 1977, II, p. 214.
JEMOLO, A. C. – "Sul Diritto di Famiglia (pensieri di un malpensante)", *Studi in onore di Gioacchino Scaduto. Diritto Civile*, I, Padova, CEDAM, 1970, pp. 553-564.
JEMOLO, A. C. – *Il matrimonio*, reimpressão da 3.ª ed., Torino, Unione Tipografico--Editrice Torinese, 1961.
JENT, A. – *Die immaterielle Beistandspflicht zwischen Ehegatten unter dem Gesichtspunkt des Persönlichkeitsschutzes*, Bern/Frankfurt am Main/New York, Peter Lang, 1985.
JOHNSON, V./ GUNN, A. – *Studies in American Tort Law*, Durkham (North Carolina), Carolina Academic Press, 1994.
JOURDAIN, P. – "Droit à réparation", *J.-Cl.Civ.* art. 1382 à 1386, fasc. 130-2, 1998-2002.
JUGLART, M./ PIEDELIEVRE, A./ PIEDELIEVRE, S. – *Cours de Droit Civil*, t. I, 1er vol., *Introduction. Personnes. Famille*, 16.ª ed., Paris, Montchrestien, 2001.
KANT, I. – *Die Metaphysik der Sitten*, 2.ª ed., Königsberg, bey Friedrich Nicolovius, 1798, obra republicada por Wilhelm Weischedel, sob o título *Immanuel Kant: Die Metaphysik der Sitten*, 9.ª ed., Frankfurt a.M., Suhrkamp, 1991.
KARP, L./ KARP, C. – "Sexual Domestic Torts – Transmission of Contagious Diseases", *Am.J.Fam.L.*, vol. 1, 1987, pp. 405-437.
KELLY, W. – "The case for retention of causes of action for intentional interference with the marital relationship", *Notre D.L.* 48, 1972-1973, pp. 426-434.
KERSCHNER, F. – "Vereinbarungen der Ehegatten über die Gestaltung der ehelichen Lebensgemeinschaft", *Familie und Recht*, Friedrich Harrer/Rudolf Zitta (org.), Wien, Wirtschaftsverlag Dr. Anton Orlac, 1992, pp. 391-417.
KIPP, T./ WOLFF, M. – *Derecho de Familia*, vol. I (em *Tratado de Derecho Civil* por Ludwig Enneccerus, Theodor Kipp y Martin Wolff, cuarto tomo), 2.ª ed., tradução espanhola da 20.ª ed. alemã (sexta revisión, 1928), Barcelona, Bosch, 1953.
KIRCHHOF, E. – *Die rechtliche Behandlung von Ehegestaltungsvereinbarungen*, dact., Inauguraldissertation zur Erlangung des Grades eines Doktors des Rechts, Rheinischen Friedrich-Wilhelms-Universität, Bonn, 1995.
KLAUSER, K.-A. – "Hat sich das Erste Eherechtsreformgesetz bewährt?", *Hat sich das Erste Eherechtsreformgesetz bewährt?* [ver a referência completa nesta bibliografia], pp. 69-99.

KOENIGS, F. – "Zur Schadensersatzpflicht des Ehebrechers", *JR* 1954, pp. 206-208.
KÖTZ, H./ WAGNER, G. – *Deliktsrecht*, 9.ª ed., Neuwied/Kriftel/Berlin, Luchterhand, 2001.
KRAUSE, C. – ver SPEISER, S./ KRAUSE, C./ GANS, A.
KRAUSE, H. – *Bürgerliches Recht: Familienrecht*, Stuttgart/Berlin/Köln/Mainz, Kohlhammer, 1977.
KROHSE, K. – "No Longer Following the Rule of Thumb – What to do with Domestic Torts and Divorce Claims", *U.Ill.L.R.* 1997, pp. 923-957.
KÜNKEL, J. – "Kostenerstattungs- und Schadensausgleichungsanspruch im Ehelichkeitsanfechtungsrechsstreit", *FamRZ* 1966, pp. 176-181.
KÜPPERS, C. – *Der Regreß des Ehemannes nach der außerehelichen Zeugung eines zeitweilig ehelichen Kindes*, Berlin, Duncker & Humblot, 1993.
La contractualisation de la famille, Fenouillet/Vareilles-Sommières (org.), Paris, Economica, 2001.
La reforma del Derecho de Familia, jornadas promovidas pela Universidad Hispalense e outras instituições, 1982.
La riforma del Diritto di Famiglia dieci anni doppo (Bilanci e prospettive), Atti del Convegno di Verona 14-15 giugno 1985, Padova, CEDAM, 1986.
LABBÉE, X. – "L'infidélité conventionnelle dans le mariage", *D.* 2000, jur., pp. 254--256.
LABBÉE, X. – *Les rapports juridiques dans le couple sont-ils contractuels?*, Presses Universitaires du Septentrion, Villeneuve d'Ascq (Nord), 1996.
LABRUSSE, C. – "Les actions en justice intentées par un époux contre son conjoint (Étude comparative de leur recevabilité et de leur fondement juridique)", *RIDC* 1967, pp. 431-456.
LABRUSSE-RIOU, C. – *Droit de la Famille. 1. Les personnes*, Paris, Masson, 1984.
LACRUZ BERDEJO, J. L. – comentário ao artigo 68, revisto por Rams Albesa e Delgado Echeverría, *Matrimonio y divorcio* (1994), Lacruz Berdejo (org.) [ver a referência completa nesta bibliografia], pp. 650-664.
LACRUZ BERDEJO, J. L. e outros – *Derecho de Familia* 4.ª ed., Barcelona, Bosch, 1997.
LACRUZ BERDEJO, J. L. e outros – *Derecho de Familia*, 3.ª ed., Barcelona, Bosch, 1989.
LAFOND, J. – ver LENSEL, D./ LAFOND, J.
LAGARDE, G. – "Obligation *in solidum* du complice de l'épouse adultère, à la réparation du préjudice subi par le conjoint", *RTDC* 1955, pp. 659-660.
LAMARCHE, M. – *Les degrés du mariage*, thèse pour l'obtention du grade de Docteur en Droit, Université Montesquieu-Bordeaux IV, 1997.
LANDON, P. A. – *Pollock's Law of Torts*, 15.ª ed., London, Stevens Sons Limited, 1951.
LANGE, H. – anotação ao § 1353, *Soergel- Bürgerliches Gesetzbuch* [ver a referência completa nesta bibliografia] (citado SOERGEL/LANGE).
LANGE-KLEIN, B. – anotação ao § 1353, *Reihe Alternativkommentare. Kommentar zum Bürgerlichen Gesetzbuch*, Band 5, *Familienrecht*, Neuwied/Darmstadt, Luchterhand, 1981 (citado LANGE-KLEIN/Reihe).

LANGENFELD, G. – *Handbuch der Eheverträge und Scheidungsvereinbarungen*, 4.ª ed., München, C.H.Beck, 2000.
LANGLADE-O'SUGHRUE, J.-P. – anotação a CassFr 3/2/1999, *D*. 1999, jur., pp. 268-269.
LARENZ, K. – *Metodologia da Ciência do Direito*, 3.ª ed. portuguesa (tradução da 6.ª ed. alemã, de 1991), Lisboa, Fundação Calouste Gulbenkian, 1997.
LARENZ, K./ WOLF, M. – *Allgemeiner Teil des Bürgerlichen Rechts*, 8.ª ed., Beck, München, 1997.
LARRIBAU-TERNEYRE, V. – "Mariage", *J.-Cl.Civ*. art. 205 à 211, fasc. 10, 1998.
LARROUMET, C. – "La libéralité consentie par un concubin adultère", *D*. 1999, chron., pp. 351-352.
LARROUMET, C. – anotação a CassFr 2/4/1979, *D*. 1980, IR, p. 34.
LASARTE ÁLVAREZ, C. – *Principios de Derecho Civil*, tomo sexto, *Derecho de Familia*, 2.ª ed., Madrid, Editorial Trivium, 2000.
LATTANZI, R. – "Dovere di fedeltà e responsabilità civile e coniugale", *Giur.Mer*. 1991, pp. 758-766.
LE BIHAN-GUÉNOLÉ, M. – *Droit Civil: Droit de la Famille*, Paris, Hachette, 2000.
LEAL-HENRIQUES, M. O./ SIMAS SANTOS, M. J. – *O Código Penal de 1982 (referências doutrinárias, indicações legislativas, resenha jurisprudencial)*:
vol. 3, reimpressão (da edição de 1986), Lisboa, Rei dos Livros, 1989;
vol. 4, reimpressão (da edição de 1987), Lisboa, Rei dos Livros, 1989.
LÉCUYER, H. – "Je te suis fidèle, un peu, beaucoup, passionnément", *Dr. Fam.* 2001/3, pp. 24-25.
LÉCUYER, H. – "Journal intime: La Cour de cassation n'est pas isolée", *Dr. Fam.* 2001/6, pp. 18-19.
LÉCUYER, H. – "Mariage et contrat", *La contractualisation de la famille*, Fenouillet/ /Vareilles-Sommières (org.) [ver a referência completa nesta bibliografia], pp. 57-65.
LÉCUYER, H. – "Brèves observations sur la proposition de loi «portant réforme du divorce»", *Dr. Fam.* 2001/12, pp. 4-12.
LÉCUYER, H./ LESTRINGANT, A. – *Le couple en 200 décisions (De 1996 à 2001)*, *Dr. Fam.* 2001/Hors-série.
LEE, J. D./ LINDAHL, B. – *Modern Tort Law. Liability Litigation*, vol. 3, edição revista, Deerfield/Illinois, Callaghan Company, 1990.
LEHMANN, BRIGITTE – *Ehevereinbarungen im 19. und 20. Jahrhundert*, Frankfurt am Main, Peter Lang, 1990.
LEHMANN, H. – *Deutsches Familienrecht*, 3.ª ed., Berlin, Walter de Gruyter, 1960.
LEHMANN, K.-H. – *Recht der Ehelichen Lebensgemeinschaft*, Stuttgart/Berlin/Köln/ /Mainz, Kohlhammer, 1974.
LEITE DE CAMPOS, D. – "A família como grupo: as duas agonias do Direito da Família", *ROA* 1994, pp. 915-934.
LEITE DE CAMPOS, D. – *A invenção do Direito Matrimonial, I. A institucionalização do casamento*, separata do vol. LXII do BFDUC (1986), reimpressão, Coimbra, 1995.

LEITE DE CAMPOS, D. – *Lições de Direito da Família e das Sucessões*, 1.ª ed., Coimbra, Livraria Almedina, 1990.
LEITE DE CAMPOS, D. – *Lições de Direito da Família e das Sucessões*, 2.ª ed., Coimbra, Livraria Almedina, 1997.
LEITE DE CAMPOS, D. – *Lições de Direitos de Personalidade*, 2.ª ed., Coimbra, separata do BFDUC, 1995.
LEITE DE CAMPOS, D. – ver SOARES, Rogério / LEITE DE CAMPOS, D.
LEMME, F. – "Libertà sessuale (delitti contro la)", *ED* XXIV, 1974, pp. 555-564.
LEMOULAND, J.-J. – "Le pluralisme et le droit de la famille, post-modernité ou pré-déclin?", *D*. 1997, chron., pp. 133-137.
LEMOULAND, J.-J. – *Le mariage*, Paris, Dalloz, 1998.
LENER, S. – "Il nuovo Diritto di Famiglia", *C.Cat.* 1975/4, p. 441 e s.
LENSEL, D./ LAFOND, J. – *La famille à venir (Une réalité menacée mais nécessaire)*, Paris, Economica, 2000.
LENTI – "Famiglia e danno esistenziale", capítulo da obra *Il danno esistenziale* [ver a referência completa nesta bibliografia], pp. 253-264.
LESTRINGANT, A. – ver LÉCUYER, H./ LESTRINGANT, A.
LETE DEL RÍO, J. M. – comentário ao artigo 67, *Matrimonio y divorcio* (1994), Lacruz Berdejo (org.) [ver a referência completa nesta bibliografia], pp. 641-649.
LEVENEUR, L. – "Introduction", *La contractualisation de la famille*, Fenouillet/ /Vareilles-Sommières (org.) [ver a referência completa nesta bibliografia], pp. 1-14.
LEVENEUR, L. – "Une libéralité consentie pour maintenir une relation adultère peut-elle être valable?", *JCP* 1999.I.152.
LEVENEUR, L. – ver MAZEAUD, H. e L./ MAZEAUD, J./ CHABAS, F./ LEVENEUR, L.
LÍBANO MONTEIRO, C. – comentário ao artigo 348.º, *Comentário Conimbricense do Código Penal, Parte Especial*, t. III [ver a referência completa nesta bibliografia], pp. 349-359.
Liber Amicorum Marie-Thérèse Meulders-Klein (Droit Comparé des Personnes et de la Famille), Bruxelles, Bruylant, 1998.
LIMA PINHEIRO, L. – *Direito Internacional Privado*, vol. I, *Introdução e Direito dos Conflitos. Parte Geral*, Coimbra, Almedina, 2001.
LINDAHL, B. – ver LEE, J. D./ LINDAHL, B.
LINDON, R./ BÉNABENT, A. – *Le Droit du Divorce*, Paris, Litec, 1984.
LIPP, M. – "Ersatzansprüche zwischen Ehegatten wegen vorprozessualer Aufwendungen – BGH, NJW 1988, 2032", *JuS* 1990, pp. 790-795.
LIPP, M. – *Die eherechtlichen Pflichten und ihre Verletzung – ein Beitrag zur Fortbildung des persönlichen Eherechts*, Bielefeld, Gieseking, 1988.
LIPP, M. – *Examens-Repetitorium Familienrecht*, Heidelberg, Müller, 2001.
LIPPMAN, J. – "The breakdown of consortium", *Col.L.R.* 1930, pp. 651-673.
LO CASTRO, G. – "L'idea di matrimonio e i rapporti interordinamentali", *RIFD* 1988, pp. 45-73.

LOBATO GUIMARÃES, M. N. – "Alimentos", *Reforma do Código Civil* [ver a referência completa nesta bibliografia], pp. 169-217.
LOBIN, Y. – "Les dommages-intérêts en matière de divorce et de séparation de corps", *JCP* 1953.I.1109.
LOISEAU, G. – ver BILLIAU, M./ LOISEAU, G.
LOJACONO, V. – "Fedeltà coniugale, etica giuridica e Costituzione", *DFP* 1974, pp. 1127-1138.
LOJACONO, V. – *La potestà del marito nei rapporti personali tra coniugi*, Milano, Giuffrè, 1963.
LOPES CARDOSO, A. – *A administração dos bens do casal*, Coimbra, Livraria Almedina, 1973.
LÓPEZ ALARCÓN, M. – "La separación judicial por cese de la convivencia y su conexión con el divorcio", *La Ley* 1982, pp. 772-778.
LÓPEZ ALARCÓN, M. – "La separación judicial por culpa y su conexión con el divorcio", *La Ley* 1982, pp. 805-814.
LÓPEZ ALARCÓN, M. – *El nuevo sistema matrimonial español (Nulidad, separación y divorcio)*, Madrid, Tecnos, 1983.
LÓPEZ Y LÓPEZ, A. M. – "Efectos personales y patrimoniales del matrimonio", *Derecho de Familia*, E. Roca (org.) [ver a referência completa nesta bibliografia], pp. 87-103.
LÓPEZ Y LÓPEZ, A. M. – "La crisis matrimonial: separación y divorcio", *La reforma del Derecho de Familia*, jornadas promovidas pela Universidad Hispalense ver a referência completa nesta bibliografia, pp. 45-62.
LÓPEZ-MUÑIZ CRIADO, C. – "Separación", em O'Callaghan Muñoz (org.), *Matrimonio: nulidad canónica y civil, separación y divorcio*, Madrid, Editorial Centro de Estudios Ramón Areces, 2001, pp. 177-204.
LÓPEZ-MUÑIZ GOÑI, M. – "La separación conyugal" (cap. II), *La Ley de Divorcio*, García Varela e outros, 4.ª ed., Madrid, Colex, 1992, p. 39 e s.
LORENTE BARRAGAN, M. C. – "La idea de culpabilidad en la nueva regulación de la separación y el divorcio en el Código Civil", *La reforma del Derecho de Familia*, jornadas promovidas pela Universidad Hispalense [ver a referência completa nesta bibliografia], pp. 89-94.
LOSCH, B./ RADAU, W. – "Die «Kind als Schaden» – Diskussion", *NJW* 1999, pp. 821--827.
LOSCHELDER, W. – "Staatlicher Schutz für Ehe und Familie (Der Auftrag der Verfassung und die Krise der Institution)", *FamRZ* 1988, pp. 333-339.
LOWE, N. V. – ver BROMLEY, P. M./ LOWE, N. V.
LÖWISCH, M. – *Der Deliktsschutz relativer Rechte*, Berlin, Walter de Gruyter & Co., 1970.
LÜDERITZ, A. – *Familienrecht*, obra fundada por G. Beitzke, 27.ª ed., München, C.H. Beck, 1999.
LÜKE, G. – "Die persönlichen Ehewirkungen und die Scheidungsgründe nach dem

neuen Ehe- und Familienrecht", *Festschrift für Friedrich Wilhelm Bosch zum 65. Geburtstag*, Bielefeld, Verlag Ernst und Werner Gieseking, 1976, pp. 627-643.

LÜKE, G. – "Grundsätzliche Veränderungen im Familienrecht durch das 1. EheRG", *AcP* 1978, pp. 1-33.

LUNA SERRANO, A. – "Matrimonio y divorcio", *El nuevo régimen de la familia*, I [ver a referência completa nesta bibliografia], p. 19 e s.

LUPOI, M. – "Risarcibilità del danno non patrimoniale subito dalla moglie nelle relazioni coniugali: l'evoluzione del diritto statunitense contemporaneo", *RDCom* 1968, pp. 457-487.

MACHADO, Jónatas – *Liberdade religiosa numa comunidade constitucional inclusiva (Dos direitos da verdade aos direitos dos cidadãos)*, Coimbra, Coimbra Editora, 1996.

MAGIS, N. – *Schadensersatz- und Unterlassungsanspruch bei Verletzung der ehelichen Treue*, Bonn, Ludwig Röhrscheid, Bonn, 1935.

MAIA GONÇALVES, M. – *Código Penal Português* (anotado e comentado), 5.ª ed., Coimbra, Livraria Almedina, 1990.

MAIA GONÇALVES, M. – *Código Penal Português* (anotado e comentado), 9.ª ed., Coimbra, Livraria Almedina, 1996.

MAIA GONÇALVES, M. – *Código Penal Português* (anotado e comentado), 13.ª ed., Coimbra, Livraria Almedina, 1999.

MAIER, S. – *Die Abwehr von Ehestörungen im räumlich-gegenständlichen Bereich der Ehe*, Dissertation zur Erlangung des Doktorgrades der Juristichen Fakultät der Universität Regensburg, 1996.

MAINE, H. S. – *Ancient Law: Its Connections with Early Story of Society and Its Relations to Modern Ideas*, 10.ª ed., London, Murray, 1906 (a 1.ª ed. é de 1864).

MAINGAIN, B. – anotação a App. Bruxelles 21/6/1979, *RTDFam* 1980/1, pp. 162-167.

MAIORCA, C. – *Istituzioni di Diritto Privato. Temi di ricerca*, I, *Personalità. Capacità. Status*, Torino, Giappichelli, 1979.

Making Law for Families, MacLean (org.), Oxford/Portland, Hart, 2000.

MALAGÙ, L. – *Esecuzione forzata e Diritto di Famiglia*, Milano, Guiffrè, 1986.

MALAURIE, P. / AYNÈS, L. – *Cours de Droit Civil*, t. III, *La famille*, Philippe Malaurie, 6.ª ed., Paris, Éditions Cujas, 1998.

MALUQUER DE MOTES, C. J. – "Los efectos del matrimonio", em Maluquer de Motes (org.), *Derecho de Familia (Análisis desde el derecho catalán)*, Barcelona, Bosch, 2000, pp. 93-113.

MANIGNE, M.-C. – "La communauté de vie", *JCP* 1976.I.2803.

MANTOVANI, M. – "Separazione personale dei coniugi: I) Disciplina sostanziale", *Enc.Giur.* 1992.

MANTOVANI, M. – ver ZATTI, P. / MANTOVANI, M.

Manual de Derecho de Familia, Serrano Alonso (org.), Madrid, Edisofer, 2000.

MANZINI, V. – *Trattato di Diritto Penale italiano*, 4.ª ed., Torino, UTET, 1963, vol. VII.

MARANIELLO, M. R. – "«Secret de la correspondance», nei rapporti tra coniugi e diritto alla riservatezza", *FI* 1978, IV, pp. 114-119.

MARÍN LÓPEZ, M. J. – comentários aos artigos 67 e 68, em Rodríguez-Cano (org.), *Comentarios al Código Civil*, Elcano (Navarra), Aranzadi, 2001, pp. 167-169.

MARINI, A. – ver GIACOBBE, G./ MARINI, A.

MARQUES DOS SANTOS, A. – *As normas de aplicação imediata no Direito Internacional Privado. Esboço de uma Teoria Geral*, Coimbra, Livraria Almedina, 1991.

MARQUES DOS SANTOS, A. – *Direito Internacional Privado. Sumários*, Lisboa, AAFDL, 1987.

MARTINELL, J. M. – ver REINA, V./ MARTINELL, J. M.

MARTÍNEZ BLANCO, A. – *Derecho Canónico*, Murcia, DM, 1995.

MARTÍNEZ CALCERRADA, L. – *El nuevo Derecho de Familia*, t. I, 2.ª ed., Madrid, 1981.

MARTY, G./ RAYNAUD, P. – *Droit Civil*, 3.ª ed., *Les personnes*, Pierre Raynaud, Paris, Sirey, 1976.

MASSIP, J. – "Le sort des libéralités faites à une concubine adultère", *Defrénois* 1999, pp. 680-682.

MASSIP, J. – *La réforme du divorce*, t. I, 2.ª ed., Paris, Répertoire du notariat Defrénois, 1986.

MASSON, J. M. – ver CRETNEY, S.M./ MASSON, J. M.

MATIAS, Carlos – "Da culpa e da inexigibilidade da vida em comum no divórcio", *Temas de Direito da Família* [ver a referência completa nesta bibliografia], pp. 67-87.

Matrimonio y divorcio. Comentarios al nuevo título IV del libro primero del Código Civil, Lacruz Berdejo (org.), Madrid, Editorial Civitas, 1982.

Matrimonio y divorcio. Comentarios al nuevo título IV del libro primero del Código Civil, 2.ª ed., Lacruz Berdejo (org.), Madrid, Editorial Civitas, 1994.

Matrimonio, matrimonii, a cura di D'Usseaux e D'Angelo, Milano, Giuffrè, 2000.

MATTEI, E. – em *Droit de la Famille*, Rubellin-Devichi (org.) [ver a referência completa nesta bibliografia], p. 83 e s.

MATTU, E. – "Libertà religiosa e Diritto di Famiglia: una sintetica rassegna di giurisprudenza", *DFP* 1998, pp. 430-442.

MÄUERLE, K.-H. – ver ZIEGLER, E./ MÄUERLE, K.-H.

MAUGER-VIELPEAU, L. – "Le mariage peut il «survivre» au transsexualisme d'un époux?", *D.* 2002, jur., pp. 124-127.

MAURER, H.-U. – anotação ao § 1579, *Münchener Kommentar zum Bürgerlichen Gesetzbuch*, 4.ª ed. [ver a referência completa nesta bibliografia] (citado MAURER/ /MünchKomm).

MAYA DE LUCENA, D. – *Danos não patrimoniais*, Coimbra, Almedina, 1985.

MAYAUD, Y. – "L'adultère, cause de divorce, depuis la loi du 11 juillet 1975", *RTDC* 1980, pp. 494-523.

MAYDELL, B. B. von – anotação ao § 1587c, *Erman Bürgerliches Gesetzbuch*, 10.ª ed. [ver a referência completa nesta bibliografia].

MAZEAUD, D. – "Libertine première Chambre civile...", *Defrénois* 1999, pp. 738--740.
MAZEAUD, H. e L./ MAZEAUD, J./ CHABAS, F./ LEVENEUR, L. – *Leçons de Droit Civil*, t. I, 3e vol., *La famille*, 7.ª ed. por Laurent Leveneur, Paris, Montchrestien, 1995.
MAZEAUD, J. – anotação a CassFr 9/11/1965, *D*. 1966, jur., pp. 80-81.
MAZEAUD, J. – ver MAZEAUD, H. e L./ MAZEAUD, J./ CHABAS, F./ LEVENEUR, L.
MAZERON, H./ RUBELLIN, P. – em Rubellin-Devichi (org.), *Droit de la Famille*, Rubellin-Devichi (org.) [ver a referência completa nesta bibliografia], p. 228 e s.
MCCURDY, W. E. – "Torts Between Persons in Domestic Relations", *Harv.L.R.*, 43, 1929-1930, pp. 1030-1082.
MCCURDY, W. E. – *Cases on the Law of Persons and Domestic Relations*, 4.ª ed., Chicago, O'Callaghan Company, 1952.
MCMURTRY, J. – "Monogamy: a Critique", em Freeman (org.), *Family, State and Law*, vol. I, Aldershot (England), Ashgate, 1999, pp. 287-299.
MEDICUS, D. – *Bürgerliches Recht*, 17.ª ed., Köln, Carl Heymanns, 1996.
MELÓN INFANTE, C. – "El Derecho de Familia en Alemania (Orientaciones y tendencias desde la promulgación del BGB hasta la actualidad")", *ADC* 1959, p. 3-125.
MELONI, L. F. – "Gli obblighi di assistenza e coabitazione tra coniugi nel quadro delle innovazioni normative e dell'evoluzione della giurisprudenza", *DFP* 1990, II, pp. 699-733.
MELONI, L. F. – "I rapporti familiari; evoluzione della giurisprudenza civile e penale ed innovazioni normative", *DFP* 1989, II, p. 1123 e s.
MENEZES CORDEIRO, A. – *Da boa fé no Direito Civil*, vol. II, Coimbra, Livraria Almedina, 1984.
MENEZES CORDEIRO, A. – *Da responsabilidade civil dos administradores das sociedades comerciais*, Lisboa, Lex, 1997.
MENEZES CORDEIRO, A. – *Direito das Obrigações*:
1.º vol., reimpressão (da ed. de 1980), Lisboa, AAFDL, 1990;
2.º vol., reimpressão (da ed. de 1980), Lisboa, AAFDL, 1990.
MENEZES CORDEIRO, A. – *Direitos Reais – Sumários*, Lisboa, 1984-1985.
MENEZES CORDEIRO, A. – *Direitos Reais*, reprint de 1979, Lex, Lisboa, 1993.
MENEZES CORDEIRO, A. – Introdução à edição portuguesa da obra de Canaris, *Pensamento sistemático e conceito de sistema na Ciência do Direito* [ver a referência completa nesta bibliografia].
MENEZES CORDEIRO, A. – *Manual de Direito do Trabalho*, reimpressão, Coimbra, Livraria Almedina, 1997.
MENEZES CORDEIRO, A. – *Tratado de Direito Civil português*, I, *Parte geral*, t. I, 2.ª ed., Coimbra, Livraria Almedina, 2000.
MENEZES LEITÃO, L. – *A responsabilidade do gestor perante o dono do negócio no Direito Civil português*, Lisboa, Centro de Estudos Fiscais, 1991.
MENEZES LEITÃO, L. – *Direito das Obrigações*, vol. I, *Introdução. Da constituição das obrigações*, Coimbra, Almedina, 2000.

MENEZES LEITÃO, L. – *O enriquecimento sem causa no Direito Civil*, Lisboa, Centro de Estudos Fiscais, 1996.
MENGONI, L. – "Problema e sistema nella controversia sul metodo giuridico", *Jus* 1976, pp. 3-40.
MERELLO, S. – "Comunione materiale e spirituale fra i coniugi: matrimonio e divorzio", *DFP* 2001, pp. 1300-1329.
MESQUITA, M. Henrique – *Obrigações reais e ónus reais*, Coimbra, Livraria Almedina, 1990.
MEULDERS-KLEIN, M.-T. – "Internationalisation des droits de l'homme et l'évolution du droit de la famille: Un voyage sans destination?", *ADL* 1996, n.º 1, pp. 3-38.
MEULDERS-KLEIN, M.-T. – "Vie privée, vie familiale et droits de l' homme", *RIDC* 1992, pp. 767-794.
MEULDERS-KLEIN, M.-T. – *La personne, la famille et le droit: 1968-1998 (Trois décennies de mtuations en occident)*, Bruxelles, Bruylant, 1999.
MILLARD, E. – *Famille et Droit Public – Recherches sur la construction d'un objet juridique*, Paris, LGDJ, 1995.
MIRANDA, A. – "La privatizzazione del Diritto di Famiglia: il modello di *common law*", *Matrimonio, matrimonii* [ver a referência completa nesta bibliografia], pp. 369-391.
MIRANDA, Jorge – "O regime dos direitos, liberdades e garantias", *Estudos sobre a Constituição* III [ver a referência completa nesta bibliografia], p. 41 e s.
MIRANDA, Jorge – *Manual de Direito Constitucional*, IV, *Direitos Fundamentais*, 3.ª ed., Coimbra, Coimbra Editora, 2000.
MIRANDA, Jorge – *Um projecto de revisão constitucional*, Coimbra, Coimbra Editora, 1980.
MOITINHO DE ALMEIDA, L. P. – *As sevícias e as injúrias graves como fundamentos legais de divórcio e de separação de pessoas e bens*, Lisboa, Jornal do Fôro, 1959.
MOITINHO DE ALMEIDA, L. P. – *Providências cautelares não especificadas*, reimpressão, Coimbra, Coimbra Editora, 1981.
MOLINA MELIÁ, A./ OLMOS ORTEGA, M. E. – *Derecho Matrimonial Canónico, sustantivo y procesal*, 4.ª ed., Madrid, Editorial Civitas, 1991.
MONJE BALSAMEDA, O. – *Compendio de Derecho de Familia*, sob a direcção de Lledó Yagüe, Madrid, Dykinson, 2000, p. 27 e s.
MONTECCHIARI, T. – "La separazione con addebito", em AAVV, *La famiglia*, vol. V, *Separazione dei coniugi*, Torino, UTET, 2000, pp. 81-103.
MOREIRA, Guilherme – *Instituições do Direito Civil português*, vol. II, *Das Obrigações*, 2.ª ed., Coimbra, Coimbra Editora, 1925.
MOREIRA, Vital – ver GOMES CANOTILHO, J. J./ MOREIRA, Vital
MORO ALMARAZ, M. J./ SÁNCHEZ CID, I. – *Lecciones de Derecho de Familia*, Madrid, Universidad de Salamanca/Colex, 2002.
MORRISON, C. A. – "Tort", *A Century of Family Law*, Graveson/Crane (editors), London, Sweet Maxwell, 1957, pp. 88-115.

MOSCARINI, L. V. – *Parità coniugale e governo della famiglia*, Milano, Giuffrè, 1974.
MOTA PINTO, C. – *Teoria Geral do Direito Civil*, 10.ª reimpressão da edição de 1985, Coimbra, Coimbra Editora, 1996.
MOTA PINTO, P. – "O direito à reserva sobre a intimidade da vida privada", *BFDUC* 1993, pp. 479-586.
MOZOS, J. L. de los – "Nueva imagen del matrimonio y sistema matrimonial español", *La reforma del Derecho de Familia en España, hoy*, vol. I, Universidad de Valladolid, Departamento de Derecho Civil, 1981, pp. 31-68.
MOZOS, J. L. de los – "Despenalización del adulterio y nuevo significado de la fidelidad conyugal", *La reforma del Derecho de Familia en España, hoy*, vol. I, Universidad de Valladolid, Departamento de Derecho Civil, 1981 pp. 69--87.
MOZOS, J. L. de los – "Persona y comunidad familiar en el derecho español", *Persona e comunità familiare* [ver a referência completa nesta bibliografia], pp. 53-75.
MULIERI, A./ RAITI, N. – "Limiti costituzionali, ordine pubblico e buon costume nel nuovo Diritto di Famiglia", *Il nuovo Diritto di Famiglia (Contributi notarili)*, Milano, Giuffrè, 1975, pp. 5-14.
MÜLLER-FREIENFELS, W. – "Las modernas tendencias del desarrollo del Derecho de Familia", *RFDCar* 1964, n.º 29, pp. 9-37.
MÜLLER-FREIENFELS, W. – "Réforme du Droit de la Famille en République Fédérale d' Allemagne", *ALFE* 1976, pp. 34-56.
MÜLLER-FREIENFELS, W. – *Ehe und Recht*, Tubingen, J.C.B. Mohr, 1962.
MÜNCH, E. M. von – *Ehe- und Familienrecht von A-Z*, 13.ª ed., München, Beck, 1996.
Münchener Kommentar zum Bürgerlichen Gesetzbuch, Band 7, *Familienrecht I*, §§ 1297-1588, 3.ª ed., München, C.H.Beck, 1993.
Münchener Kommentar zum Bürgerlichen Gesetzbuch, Band 7, *Familienrecht I*, §§ 1297-1588, 4.ª ed., München, C.H.Beck, 2000.
Münchener Kommentar zur Zivilprozeßordnung mit Gerichtsverfassungsgesetz und Nebengesetzen, Band 2, §§ 355-802, Band 3, §§ 803-1048, München, C.H. Beck, 1992.
Münchener Kommentar zur Zivilprozeßordnung mit Gerichtsverfassungsgesetz und Nebengesetzen, 2.ª ed., Band 2, §§ 355-802, München, C.H.Beck, 2000.
MÚRIAS, Pedro – "A responsabilidade por actos de auxiliares e o entendimento dualista da responsabilidade civil", *RFDUL* 1996, pp. 171-217.
MURPHY, J. – ver BRAZIER, M./ MURPHY, J.
NACCI, G. – "Effetti personali della separazione e mutamento del titolo", *RDC* 2000, I, pp. 829-850.
NASCIMENTO RODRIGUES, S. – *A contratualidade do casamento*, dact., relatório de Mestrado, Faculdade de Direito da Universidade de Lisboa, 1995-96.
NATSCHERADETZ, K. P. – *O Direito Penal Sexual: conteúdo e limites*, Livraria Almedina, Coimbra, 1985.
NAVARRO VALLS, R. – *Matrimonio y Derecho*, Tecnos, Madrid, 1995.

NEHLSEN, K./ STRYK, v. – "Probleme des Scheinvaterregresses", *FamRZ* 1988, pp. 225-238.
NERSON, R. – "La faute dans les relations sexuelles entre époux", *RTDC* 1971, pp. 365-367.
NERSON, R. – "Le devoir de fidélité", *RTDC* 1978, pp. 864-870.
NERSON, R./ RUBELLIN-DEVICHI, J. – "Le devoir de fidélité", *RTDC* 1980, p. 333-354.
NICOLAS-MAGUIN, M.-F. – *Droit de la Famille*, Paris, Éditions La Découverte, 1998.
NICOLEAU, P. – *Droit de la Famille*, Paris, Elipses, 1995.
O'CALLAGHAN, X. – *Compendio de Derecho Civil*, t. IV, *Derecho de Familia*, 5.ª ed., Madrid, Editorial Revista de Derecho Privado, 2001.
OLIVEIRA, Guilherme de – "HIV e SIDA – 14 perguntas sobre as relações de família", *RLJ* 129 (1996), pp. 198-232.
OLIVEIRA, Guilherme de – "Sobre a verdade e a ficção no Direito da Família", *BFDUC* 1975, pp. 271-285.
OLIVEIRA, Guilherme de – "Um direito da família europeu ? (*Play it again, and again... Europe*)", *Temas de Direito da Família*, 2.ª ed., Coimbra, Coimbra Editora, 2001, pp. 319-331 = *Um Código Civil para a Europa* [ver a referência completa nesta bibliografia], pp. 117-126.
OLIVEIRA, Guilherme de – *Impugnação da paternidade*, separata do BFDUC, Coimbra, 1979.
OLIVEIRA, Guilherme de – *O testamento. Apontamentos*, s/ local, Reproset, s/ data.
OLIVEIRA, Guilherme de – ver PEREIRA COELHO, F. / OLIVEIRA, Guilherme de
OLIVEIRA ASCENSÃO, J. – *Direito Civil: Reais*, 5.ª ed., Coimbra, Coimbra Editora, 1993.
OLIVEIRA ASCENSÃO, J. – *Direito Civil: Sucessões*, 5.ª ed., Coimbra, Coimbra Editora, 2000.
OLIVEIRA ASCENSÃO, J. – *O Direito – Introdução e Teoria Geral*, 11.ª ed., Coimbra, Livraria Almedina, 2001.
OLIVEIRA ASCENSÃO, J. – *Teoria Geral do Direito Civil*:
vol. I, *Introdução. As pessoas. Os bens*, 2.ª ed., Coimbra, Coimbra Editora, 2000;
vol. III, *Acções e factos jurídicos*, dact., Lisboa, 1992;
vol. IV, *Relações e situações jurídicas*, dact., Lisboa, FDL, 1993.
OLMOS ORTEGA, M. E. – ver MOLINA MELIÁ, A./ OLMOS ORTEGA, M. E.
ONECHA Y SANTAMARIA, C. – "El deber de convivencia de los cónyuges", *RGD* 1997, pp. 6887-6896.
ORRÙ, G. – "I criteri extralegali di integrazione del diritto positivo nella dottrina tedesca contemporanea", *Jus* 1977, pp. 298-427.
ORTS BERENGUER, E. – *Delitos contra la libertad sexual*, Valencia, Tirant lo Blanch, 1995.
OSSORIO SERRANO, J. M. – "Efectos del matrimonio", em Moreno Quesada (org.), *Curso de Derecho Civil* IV, *Derecho de Familia y Sucesiones*, Valencia, Tirant lo blanch, 2002, pp. 89-97.
OSWALD, G. – ver GASTIGER, S./ OSWALD, G.

OYLER, D. – "Interspousal Tort Liability for Infliction of a Sexually Transmitted Disease", *J.Fam.L.* 29, 1990-91, pp. 519-537.
PACE, A. – "Intercettazioni telefoniche del coniuge, utillizabilità delle prove illecite e unità familiare", *Dir.Eccl.* 1973, II, pp. 201-222.
PADRUTT, W. – *Die Ehestörungsklage*, Bern, Stämpfli & Cie, 1954.
PAILLET, E. – *Infidélité conjugale et continuité familiale*, dact., thèse pour le Doctorat d'État en Droit, Université de Bordeaux I, 1979.
PAIS DE AMARAL, J. A. – "Divórcio litigioso", *Que divórcio?*, Maria Saldanha Pinto Ribeiro e outros, 2.ª ed., Lisboa, Edições 70, Lisboa, 1992, pp. 103-125.
PAIS DE AMARAL, J. A. – *Do casamento ao divórcio*, Lisboa, Edições Cosmos, 1997.
PAIS DE VASCONCELOS, P. – "A natureza das coisas", *Estudos em homenagem ao Professor Doutor Manuel Gomes da Silva* [ver a referência completa nesta bibliografia], p. 707-764.
PAIS DE VASCONCELOS, P. – *Teoria Geral do Direito Civil*, vol. I, Lisboa, Lex, 1999.
PAJARDI, P. – *La separazione personale dei coniugi nella giurisprudenza*, Padova, CEDAM, 1966.
PALAZZO, A. – "L'autorità familiare nell'anniversario capograssiano", *DFP* 1987, pp. 315-324.
PALETTO, V. – anotação a Trib. Roma 17/9/1988, *NGCC* 1989, I, pp. 563-566.
PAMPLONA CORTE-REAL, C. – *Direito da Família e das Sucessões (Relatório)*, Lisboa, Lex, 1995.
PAMPLONA CORTE-REAL, C. – *Direito da Família e das Sucessões*, vol. II – *Sucessões*, Lisboa, Lex, 1993.
PANTOJA NAZARETH, J. A. – "A situação demográfica portuguesa no contexto da União Europeia no início dos anos 90", *Traços da família portuguesa* [ver a referência completa nesta bibliografia], pp. 27-54.
PANUCCIO, F. D. – "L'indirizzo della vita familiare: rilevanza dell'inattuazione", *La riforma del Diritto di Famiglia dieci anni dopo* [ver a referência completa nesta bibliografia], pp. 204-213.
PARADISO, M. – "Famiglia e nuovi diritti della personalità: norma, desiderio e rifiuto del diritto" (reproduz o conteúdo de "comunicação" apresentada em 1988, no âmbito de um Congresso), *Quadr.* 1989, pp. 302-316.
PARADISO, M. – "I rapporti personali fra coniugi tra riforma del Diritto di Famiglia e leggi speciali. Linee per una riflessione", *I cinquant'anni del Codice Civile (Atti del Convegno di Milano, 4-6 giugno 1992)*, II, Milano, Giuffrè, 1993, pp. 601-607.
PARADISO, M. – *Il Codice Civile. Commentario*, diretto da Piero Schlesinger, *I rapporti personali tra coniugi*, Milano, Giuffrè, 1990.
PARADISO, M. – *La comunità familiare*, Milano, Giuffrè, 1984.
Pareceres da Procuradoria-Geral da República, II, *Constituição da República. Direitos, liberdades e garantias*, sob a coordenação de Garcia Marques e Luís Silveira, Lisboa, Gabinete de Documentação e Direito Comparado, s/d mas 1997.

PATARIN, J. – comentário, *RTDC* 1999, pp. 892-895.
PATTI, S. – "Famiglia e immunità", *Persona e comunità familiare* [ver a referência completa nesta bibliografia], pp. 97-107.
PATTI, S. – "Il declino della *immunity doctrine* nei rapporti familiari", *RDC* 1981, I, pp. 378-414 = em *Danno e responsabilità civile* [ver a referência completa em BUSNELLI, F. D./ PATTI, S.], pp. 253-295.
PATTI, S. – "Intra-Family Torts", *IECL*, vol. IV (Mary Ann Glendon/Chief Editor), 1998, chapter 9, pp. 3-26.
PATTI, S. – "La lesione del diritto all'attività sessuale e gli attuali confini del danno risarcibile", *Giur.It.* 1987, I, pp. 2043-2048.
PATTI, S. – *Diritto Privato. Introduzione. La famiglia. Le Successioni*, Milano, Giuffrè, 1999.
PATTI, S. – *Famiglia e responsabilità civile*, Milano, Giuffrè, 1984.
PATTI, S. – ver BUSNELLI, F. D./ PATTI, S.
PAULSEN, M./ WADLINGTON, W./ GOEBEL, J. – *Cases and Other Materials on Domestic Relations*, Mineola/N.Y., The Foundation Press, 1970.
PAWLOWSKI, H.-M. – "Die Ehe als Problem des staatlichen Rechts (Überlegungen zu den Grundlagen des Rechts)", *Europäisches Rechtsdenken und Gegenwart – Festschrift für Helmut Coing zum 70. Geburtstag*, Band I, München, Beck, 1982, p. 637-657.
PAWLOWSKI, H.-M. – "Abschied von der «Bürgerliche Ehe»?", *Studi in onore di Pietro Rescigno* [ver a referência completa nesta bibliografia], pp. 695-715.
PAWLOWSKI, H.-M. – "Die Ehe im Staat der Glaubensfreiheit", *FuR* 4/90, pp. 213-215.
PAWLOWSKI, H.-M. – *Allgemeiner Teil des BGB*, 5.ª ed., Heidelberg, Müller, 1998.
PAWLOWSKI, H.-M. – *Das Studium der Rechtswissenschaft: eine Einführung in das Wesen des Rechts*, Tübingen, J.C.B. Mohr, 1969.
PAWLOWSKI, H.-M. – *Die "Bürgerliche Ehe" als Organisation*, Heidelberg/Hamburg, R. v. Decker's Verlag, 1983.
PAWLOWSKI, H.-M. – *Methodenlehre für Juristen: Theorie der Norm und des Gesetzes; ein Lehrbuch*, 2.ª ed., Heidelberg, C.F.Müller, 1991.
PAWLOWSKI, H.-M. – recensão a Lipp, *Die eherechtlichen Pflichten und ihre Verletzung* [ver a referência completa nesta bibliografia], *FamRZ* 1989, pp. 583-585.
PELLECCHIA, E. – "La lesione della sfera sessuale del coniuge", capítulo da obra *Il danno esistenziale* [ver a referência completa nesta bibliografia], pp. 59-69.
PEREIRA COELHO, F. – "Casamento e família", *Temas de Direito da Família* [ver a referência completa nesta bibliografia], pp. 1-29.
PEREIRA COELHO, F. – "Divórcio e separação judicial de pessoas e bens na Reforma do Código Civil", *Reforma do Código Civil* [ver a referência completa nesta bibliografia], pp. 25-53.
PEREIRA COELHO, F. – anotação ao ac. STJ 17/2/1983, *RLJ* 117, 1984-85, pp. 61-64, 91-96.

PEREIRA COELHO, F. – anotação ao ac. STJ 2/4/1987, *RLJ* 122, 1989-90, pp. 118-121, 135-143, 206-209.
PEREIRA COELHO, F. – anotação ao ac. STJ 24/10/1985, *RLJ* 118, 1985-86, pp. 332--335, 119, 1986-87, pp. 8-16.
PEREIRA COELHO, F. – anotação ao ac. STJ 26/2/1980, *RLJ* 114, 1981-82, pp. 180-184.
PEREIRA COELHO, F. – *Curso de Direito de Família*, I, *Direito Matrimonial*, Coimbra, 1965.
PEREIRA COELHO, F. – *Curso de Direito da Família*, dact., Coimbra, 1987.
PEREIRA COELHO, F. – *Filiação*, apontamentos das lições proferidas no âmbito da cadeira de Direito Civil (Curso Complementar), coligidos pelos alunos Rui Duarte Morais, Oehen Mendes e Maria José Castanheira Neves, dact., Faculdade de Direito da Universidade de Coimbra, 1978.
PEREIRA COELHO, F. – "O nexo de causalidade na responsabilidade civil", suplemento IX do *BFDUC*, 1951, p. 65 e s.
PEREIRA COELHO, F. / OLIVEIRA, Guilherme de – *Curso de Direito da Família*, vol. I, *Introdução. Direito Matrimonial*, 2.ª ed., com a colaboração de Moura Ramos, Coimbra, Coimbra Editora, 2001.
PÉREZ GONZÁLEZ, B./ CASTÁN TOBEÑAS, J. – anotação ("Estudios de comparación y adaptación a la legislación y jurisprudencia espanõlas") a Kipp/Wolff, *Derecho de Familia* I [ver a referência completa nesta bibliografia].
PERLINGIERI, P. – "I diritti del singolo quale appartenente al gruppo familiare", *Rapporti personali nella famiglia* [ver a referência completa nesta bibliografia], pp. 43-78.
PERLINGIERI, P. – "La familia en el sistema constitucional español", *RDP* 1998, pp. 107-113.
PERLINGIERI, P. – "Norme costituzionali e rapporti di diritto civile", *Rass.DC* 1980, pp. 95-122.
PERLINGIERI, P. – "Sulla famiglia come formazione sociale", *Rapporti personali nella famiglia* [ver a referência completa nesta bibliografia], pp. 38-42.
PERLINGIERI, P. – *Il diritto civile nella legalità costituzionale*, 2.ª ed., Napoli, Edizioni Scientifiche Italiane, 1991.
PERLINGIERI, P. – intervenção, *Diritto di Famiglia: casi e questioni* [ver a referência completa nesta bibliografia], pp. 163-165.
Persona e comunità familiare, P. Stanzione (org.), Edizioni Scientifiche Italiane, 1985.
PESCARA, R. – "Separazione personale con addebito o separazione per addebito?", *RDC* 2000, pp. 891-898.
PESSOA JORGE, F. – *Direito das Obrigações*, 1.º vol., Lisboa, AAFDL, 1975/76.
PESSOA JORGE, F. – *Ensaio sobre os pressupostos da responsabilidade civil*, Lisboa, Centro de Estudos Fiscais, 1969.
PHILIPPE, C. – *Le devoir de secours et d'assistance entre époux (Essai sur l'entraide conjugale)*, Paris, LGDJ, 1981.

PHILIPPI, P. – anotação ao § 606, *Zivilprozeßordnung*, begründet von Dr. Richard Zöller [ver a referência completa nesta bibliografia] (citado ZÖLLER/PHILIPPI).
PIEDELIEVRE, A. e PIEDELIEVRE, S. – ver JUGLART, M./ PIEDELIEVRE, A./ PIEDELIEVRE, S.
PIEPOLI, G. – intervenção, *Eguaglianza morale e giuridica dei coniugi* [ver a referência completa nesta bibliografia], pp. 423-426.
PIERRAT, E. – *Le sexe et la loi*, 2.ª ed., Paris, La Musardine, 2002.
PIETROBON, V. – "Sull'essenza del matrimonio civile", *La riforma del Diritto di Famiglia dieci anni dopo* [ver a referência completa nesta bibliografia], pp. 220-224.
PINELLI, A. M. – *La crisi coniugale tra separazione e divorzio*, Milano, Giuffrè, 2001.
PINO, A. – *Diritto di Famiglia*, 3.ª ed., Padova, CEDAM, 1998.
PINO, A. – *Il Diritto di Famiglia*, 2.ª ed., Padova, CEDAM, 1984.
PIRES DE LIMA, F. A. – "Anteprojecto de dois títulos do novo Código Civil referentes às relações pessoais dos cônjuges e à sua capacidade patrimonial", *BMJ* 56 (1956), p. 5 e s.
PIRES DE LIMA, F. A./ ANTUNES VARELA, J. M. – *Código Civil Anotado*:
vol. IV, 2.ª ed., Coimbra, Coimbra Editora, 1992;
vol. V, Coimbra, Coimbra Editora, 1995.
PIRES DE LIMA, F. A./ BRAGA DA CRUZ, G. – *Direitos de Família,* 3.ª ed., vol. II (*Efeitos jurídicos do casamento. Doações matrimoniais*), Coimbra, Coimbra Editora, 1953.
PIRES DE LIMA, F. A./ BRAGA DA CRUZ, G. – *Lições de Direito Civil (Relações de Família e Sucessões)*, Coimbra, Livraria do Castelo, 1936.
PIRES VERÍSSIMO, F. – "Do problema de saber, se são aplicáveis, em matéria de violação dos deveres recíprocos dos cônjuges, os princípios gerais sobre responsabilidade civil", *ROA* 1948, pp. 234-256.
PLANIOL, M./ RIPERT, G./ ROUAST, A. – *Traité Pratique de Droit Civil Français*, t. II, *La famille*, 2.ª ed., par André Rouast, Paris, LGDJ, 1952.
POCAR, V. – "Trasformazioni delle famiglie e regolazione sociale. Osservazioni comparative", *Forme delle famiglie, forme del diritto* [ver a referência completa nesta bibliografia], pp. 183-192.
POCAR, V./ RONFANI, P. – *La famiglia e il diritto*, Bari/Roma, Editori Laterza, 1998.
POLIDORI, S. – "Addebito della separazione ed efficienza causale della violazione dei doveri coniugali nella crisi della coppia", *Rass.DC* 1999, pp. 874-891.
PONTORIERI, F. – ver BELLANTONI, L./ PONTORIERI, F.
POUSSON, A. – ver POUSSON-PETIT, J./ POUSSON, A.
POUSSON-PETIT, J. – *Le démariage en droit comparé*, Bruxelles, Larcier, 1981.
POUSSON-PETIT, J./ POUSSON, A. – *L'affection et le droit*, Paris, Éditions du Centre Nacional de la Recherche Scientifique, 1990.
PRÉVAULT, J. – anotação a TGI Brest 9/7/1974, *D.* 1975, jur., pp. 419-422.
PROSPERI, F. – "La «famiglia di fatto» tra libertà e coercizione giuridica", *Persona e comunità familiare* [ver a referência completa nesta bibliografia], pp. 297--312.

PROSPERI, F. – "Rilevanza della persona e nozione di *status*", *Rass.DC* 1997, pp. 810--857.
PROSSER, W. – *Handbook of the Law of Torts*, 4.ª ed., St. Paul (Minn.), West Publishing, 1971.
PUIG BRUTAU, J. – *Compendio de Derecho Civil*, vol. IV, *Derecho de Familia. Derecho de Sucesiones*, Barcelona, Bosch, 1990.
PUIG FERRIOL, L. – "De la separación", *Comentarios a las reformas del Derecho de Familia* [ver a referência completa nesta bibliografia], pp. 439-488.
PUIG FERRIOL, L. – comentário ao artigo 82.º, *Comentario del Código Civil*, dirigido por Paz-Ares Rodriguez e outros, 2.ª ed., t. I, Madrid, Ministerio de Justicia, 1993, pp. 336-339.
PUIG PEÑA, F. – *Compendio de Derecho Civil español*, 3.ª ed., V. *Familia y Sucesiones*, Madrid, Ediciones Pirámide, 1976.
PULEO, S. – "Famiglia. II) Disciplina privatistica: in generale", *Enc.Giur.* 1989.
PUTMAN, E. – recensão a Bourdelois, *Mariage polygamique et droit positiv français* [ver a referência completa nesta bibliografia], *RTDC* 1994, pp. 197-199.
PUTMAN, E. – ver RINGEL, F./ PUTMAN, E.
PY, B. – *Le sexe et le droit*, Paris, PUF, 1999.
QUADRI, E. – "Crisi coniugale e separazione personale dei coniugi", *Casi e questioni di Diritto Privato, III. Matrimonio e famiglia* (a cura di Auletta e outros), 8.ª ed., Milano, Giuffrè, 1997, pp. 136-150.
QUADRI, E. – "La crisi della unione matrimoniale", *Famiglia e ordinamento civile*, Torino, Giappichelli, 1997, pp. 187-207.
QUADRI, E. – "La famiglia dal Codice ai nostri giorni", *DFP* 1992, pp. 763-775.
QUADRIO, A. – "La realtà psicologica dell'uomo di oggi e il matrimonio", *Il matrimonio oggi tra crisi e rinnovamento* (Atti del Convegno Internazionale promosso dalla Facoltà di Giurisprudenza dell'Università Cattolica, Milano), Milano, Vita e Pensiero, 1980, p. 111-122.
RADAU, W. – ver LOSCH, B./ RADAU, W.
RAGEL SÁNCHEZ, L.-F. – *A qué obliga el matrimonio?*, Cáceres, Caja Duero-Universidad de Extremadura, 1998.
RAGEL SÁNCHEZ, L.-F. – *Estudio legislativo y jurisprudencial de Derecho Civil: Familia*, Madrid, Dykinson, 2001.
RAISER, G. H. – "Die Rechte des Scheinvaters in bezug auf geleistete Unterhaltszahlungen", *FamRZ* 1986, pp. 942-946.
RAISTY, L. – "Bystander Distress and Loss of Consortium: an Examination of the Relationship Requirements in Light of *Romer v. Evans*", *Ford.L.R.* 1997, pp. 2647-2683.
RAITI, N. – ver MULIERI, A./ RAITI, N.
RAMM, T. – *Familienrecht: Verfassung, Geschichte, Reform; ausgewählte Aufsätze*, Tubingen, Mohr, 1996.
RAMM, T. – *Familienrecht, I: Recht der Ehe*, München, Beck, 1984.

Rapporti personali nella famiglia, a cura di P. Perlingieri, Napoli, Edizioni Scientifiche Italiane, 1982.

RASMUSEN, E. – "An economic approach to adultery law", *The Law and Economics of Marriage and Divorce* [ver a referência completa nesta bibliografia], pp. 70-91.

RAUSCHER, T. – anotações aos §§ 1565 e 1568, *J. von Staudingers Kommentar zum Bürgerlichen Gesetzbuch*, 13.ª ed. [ver a referência completa nesta bibliografia] (citado STAUDINGER/RAUSCHER).

RAYMOND, G. – *Droit Civil*, 3.ª ed., Paris, Litec, 1996.

RAYMOND, G. – *Ombres et lumières sur la famille*, avec la collaboration de Christiane Barreteau-Raymond, Paris, Bayard, 1999.

RAYNAUD, P. – ver MARTY, G./ RAYNAUD, P.

REBE, B. – "Ehe «ausbruch» als absoluter Unterhaltsverwirkungsgrund?", *ZfJ* 1981, pp. 78-92.

REBMANN, K. – "Einleitung", *Münchener Kommentar zum Bürgerlichen Gesetzbuch*, 3.ª ed. [ver a referência completa nesta bibliografia].

REBUTTATI, C. – "Matrimonio Diritto civile" *Nuovo Dig.it.*, vol. VIII, 1939, pp. 244-312.

Reforma do Código Civil, Lisboa, Ordem dos Advogados, 1981.

REGAN, M. – *Family Law and the Pursuit of Intimacy*, New York, New York University Press, 1993.

REGOURD, S. – "Sexualité et libertés publiques", *AUSST* 1985, pp. 45-69.

REINA, V./ MARTINELL, J. M. – *Curso de Derecho Matrimonial*, Madrid, Marcial Pons, 1995.

REINHART, G. – "Zur Festlegung persönlicher Ehewirkungen durch Rechtsgeschäft", *JZ* 1983, p. 184-191.

REIS RODRIGUES, A. – *Dos direitos e deveres pessoais dos cônjuges*, dact., dissertação de licenciatura, Faculdade de Direito da Universidade de Lisboa, 1941.

RENAULT-BRAHINSKY, C. – *Droit de la Famille (Concubinage, Pacs et mariage. Divorce. Filiation)*, 4.ª ed., Paris, Gaulino, 2002.

RESCIGNO, P. – *Persona e comunità (Saggi di Diritto Privato)*, II (1967-1987), Padova, CEDAM, 1988:
"L'individuo e la comunità familiare", pp. 231-250;
"La tutela della personalità nella famiglia, nella scuola, nelle associazioni", pp. 251-268.

RESCIGNO, P. – "Postilla" (ao texto de Caprioli, "La riva destra dell'Adda – si vestivano di nomi le cose, il nostro mondo aveva un centro"), *RDC* 1981, II, p. 433-435.

RESCIGNO, P. – "Situazione e status nell'esperienza del Diritto", *RDC* 1973, I, pp. 209--229.

REUTER, D. – *Einführung in das Familienrecht*, München, C.H.Beck, 1980.

RIBEIRO, M. Teresa – "Família e psicologia", *Traços da família portuguesa* [ver a referência completa nesta bibliografia], pp. 55-76.

RIBEIRO DE FARIA, J. – *Direito das Obrigações*, I, Coimbra, Livraria Almedina, 1990.

Riccio, S. – *Il matrimonio nella Costituzione italiana*, Padova, CEDAM, 1968.
Richter, G. S. – "Il segreto epistolare tra coniugi", *Dem. e Dir.* 1964, pp. 207-219.
Richter, G. S. – *Profili attuali della potestà maritale*, Milano, Giuffrè, 1970.
Riegel, R. – "Grenzen des Schutzes des räumlich-gegenständlichen Bereichs der Ehe", *NJW* 1989, pp. 2798-2800.
Rigaux, F. – *La protection de la vie privée et des autres biens de la personnalité*, Bruxelles/Paris, Émile Bruylant/LGDJ, 1990.
Rigaux, F. – *Les personnes*, t. I, *Les relations familiales*, Bruxelles, Larcier, 1971.
Ringel, F./ Putman, E. – *Droit de la Famille*, Aix-en-Provence, Librairie de l' Université/Presses universitaires d'Aix-Marseille, 1996.
Ripert, G. – ver Planiol, M./ Ripert, G./ Rouast, A.
Robbel, M. – *Die Einigung in der ehelichen Lebensgemeinschaft*, dact., Inauguraldissertation zur Erlangung des Grades eines Doktors des Rechts, Freien Universität Berlin, 1997.
Roca Juan – comentário ao art. 57, em *Comentarios a las reformas del C.c. El nuevo Título Preliminar del Código y la Ley de 2 de mayo de 1975*, II, Madrid, 1977, pp. 896-902.
Roca, E. – "Family Law in Spain", com a colaboração de Alegría Barras e Luis Zarraluqui, *Family Law in Europe*, edited by Carolyn Hamilton e Kate Standley, London, Butterworths, 1995, pp. 439-470.
Roca, E. – "Globalización y Derecho de familia. Los trazos comunes del Derecho de familia en Europa", *RFDUGr* 4, 2001, pp. 25-43.
Roca, E. – "Familia y Derecho de Familia", *Derecho de Familia*, E. Roca (org.) [ver a referência completa nesta bibliografia], pp. 15-27.
Rocca, F. della – "Il nuovo Diritto di Famiglia (generalia)", *Appunti sul nuovo Diritto di Famiglia*, Milano, Giuffrè, 1976, pp. 1-28 (texto primeiramente publicado em *Temi Romana* 1975).
Rocca, F. della – "Separazione personale (dir. priv.)", *ED* XLI, 1989, pp. 1376-1403.
Rocca, P. della – "Violazione dei doveri coniugali: immunità o responsabilità?", *RCDP* 1988, pp. 605-629.
Rocha Torres, O. – *O Direito patrimonial do divórcio*, dact., relatório de mestrado, Faculdade de Direito da Universidade de Lisboa, 1996.
Roche-Dahan, J. – "Les devoirs nés du mariage. Obligations réciproques ou obligations mutuelles?", *RTDC* 2000, pp. 735-738.
Rogers, W. – *Winfield and Jolowicz on Tort*, 15.ª ed., London, Sweet Maxwell, 1988.
Rolland, R. – *La responsabilité entre époux*, thèse pour le Doctorat en Droit, Université Paris II, 1997.
Rolland, W. – *Das neue Ehe- und Familienrecht: 1. EheRG; Kommentar zum 1. Eherechtsreformgesetz*, 2.ª ed., Neuwied/ Darmstadt, Luchterhand, 1982.
Romero Coloma, A. M. – "Genera responsabilidad civil la violación de los artículos 67 y 68 del Código Civil?", *RRCCS* 2000, pp. 544-549.

ROMERO COLOMA, A. M. – *El matrimonio y sus crisis jurídicas: problemática civil y procesal*, Barcelona, Serlipost, 1990.

ROMERO COLOMA, A. M. – *La separación matrimonial por causa de transgressión de los deberes convugales y paternofiliales (Estudio de los apartados 1 y 2 del artículo 82 del Código Civil)*, Madrid, Dijusa, 2001.

RONFANI, P. – "Verso una degiuridicizzazione e una degiurisdizionalizzazione della famiglia?", *Forme delle famiglie* [ver a referência completa nesta bibliografia], pp. 7-16.

RONFANI, P. – ver POCAR, V./ RONFANI, P.

ROPPO, E. – "Coniugi: I) Rapporti personali e patrimoniali tra coniugi", *Enc.Giur.* 1988.

ROPPO, E. – *Il giudice nel conflitto coniugale (La famiglia tra autonomia e interventi pubblici)*, Società editrice il Mulino, Bologna, 1981.

ROPPO, E. – *O contrato*, trad. portuguesa do italiano (*Il contratto*, Bologna, il Mulino, 1977), Coimbra, Livraria Almedina, 1988.

ROPPO, E. – ver BESSONE, M./ ROPPO, E.

ROSELLI, F. – "Sulla legittimità delle intercettazioni telefoniche fra i coniugi", *Giur.Mer.*1973, I, pp. 165-170.

ROTH, H. – anotação ao § 606 da ZPO, *Familienrecht Kommentar* [ver a referência completa nesta bibliografia] (citado ROLLAND/ROTH).

ROTH-STIELOW, K. – anotação ao § 1353 do BGB, *Das 1. EheRG. Das neue Ehe und Scheidungsrecht*, Kommentar erläutert von Günther Bastian, Klaus Roth-Stielow, Dietmar Schmeiduch, Stuttgart/Berlin/Köln/Mainz, Kohlhammer, 1978.

ROTH-STIELOW, K.– anotações *vor* § 1353 e ao § 1353, *Das Bürgerliche Gesetzbuch mit besonderer Berücksichtigung der Rechtsprechung* IV/1 [ver a referência completa nesta bibliografia] (citado RGRK/ROTH-STIELOW).

ROUAST, A. – ver PLANIOL, M./ RIPERT, G./ ROUAST, A.

ROUCHE, M. – "Alta Idade Média ocidental", *História da vida privada* I [ver a referência completa nesta bibliografia], pp. 399-530.

ROWTHORN, R. – "Marriage as a signal", *The Law and Economics of Marriage and Divorce* [ver a referência completa nesta bibliografia], pp. 132-156.

RUBELLIN, P. – ver MAZERON, H./ RUBELLIN, P.

RUBELLIN-DEVICHI, J. – "Les grandes réformes en cours dans le Droit de la Famille en France", *Liber Amicorum Marie-Thérèse Meulders-Klein* [ver a referência completa nesta bibliografia], pp. 661-696.

RUBELLIN-DEVICHI, J. – ver NERSON, R./ RUBELLIN-DEVICHI, J.

RUBIO, Enrique – "Matrimonio", *NEJ*, XVI, 1978, pp. 2-18.

RUIZ SERRAMALERA, R. – *Derecho de Familia*, dact., Madrid, 1991.

RUIZ VADILLO, E.– *Introducción al estudio teórico práctico del Derecho Civil*, 16.ª ed., com a colaboração de Zuloaga Arteaga, Logroño, Editorial Ochoa, 1989.

RUMLER, R. – *Möglichkeiten und Grenzen der Eliminierung des Verschuldensprinzips aus dem Scheidungsrecht*, Frankfurt a.M, Peter Lang, 1984.

RUMNEY, P. – "When Rape Isn't Rape: Court of Appeal Sentencing Practice in Cases of Marital and Relationship Rape", *OJLS* 19, 1999, pp. 243-269.
RUSCELLO, F. – "Accordi fra coniugi e dovere di fedeltà", *St.Iur.* 1999, pp. 630-635.
RUSCELLO, F. – "Le libertà familiari", *Persona e comunità familiare* [ver a referência completa nesta bibliografia], pp. 313-327.
RUSCELLO, F. – "Riservatezza e doveri coniugali", *Familia* 2001, pp. 999-1033.
RUSCELLO, F. – *I rapporti personali fra coniugi*, Milano, Giuffrè, 2000.
RUSSO, E. – "Le idee della riforma del diritto di famiglia", *Studi sulla riforma del diritto di famiglia*, sob a direcção de Ennio Russo, Milano, Giuffrè,1973, pp. 3-50.
SACCO, R. – comentário ao art. 42 Nov., *Commentario alla Riforma del Diritto di Famiglia* [ver a referência completa nesta bibliografia], pp. 323-327.
SAINT-ALARY-HOUIN, C. – "La sexualité dans le droit civil contemporain", *AUSST* 1985, pp. 5-25.
SAINT-HILAIRE, P. D./ CASEY, J. – "Libéralités et concubinage adultérin: jurisprudence confirmée", *RJPF* 2000-4/54.
SALTER CID, N. – *A protecção da casa de morada da família no direito português*, Coimbra, Almedina, 1996.
SALVESTRONI, U. – "Comunità familiare, libertà di corrispondenza e diritto alla riservatezza", *St.Sen.* 1978, pp. 115-122.
SÁNCHEZ CID, I. – ver MORO ALMARAZ, M. J./ SÁNCHEZ CID, I.
SÁNCHEZ GARCÍA, T. – "Salidas jurídicas a las crisis matrimoniales: las separaciones conyugales", em Instituto S. de Estudios y Orientaciones Familiares (org.), *Las rupturas matrimoniales: un enfoque multidisciplinar*, Universidade Pontificia de Salamanca, 1986, pp. 251-272.
SANCHO REBULLIDA, F. A. – comentários aos artigos 56 e 57, *Comentarios al Código Civil y Compilaciones Forales*, dirigidos por Manuel Albaladejo, t. II, Artículos 42 a 107 do Código Civil, Madrid, Editorial Revista de Derecho Privado, 1978, p. 121 e s.
SANTORO-PASSARELLI, F. – *Libertà e autorità nel Diritto Civile: altri saggi*, Padova, CEDAM, 1977:
"Divorzio e separazione personale", pp. 203-209;
"Eguaglianza, accordo, doveri e poteri dei coniugi", pp. 215-228.
SANTORO-PASSARELLI, F. – comentário ao art. 24 Nov., *Commentario alla Riforma del Diritto di Famiglia* [ver a referência completa nesta bibliografia], pp. 223-233.
SANTORO-PASSARELLI, F. – em *Commentario al Diritto Italiano della Famiglia* [ver a referência completa nesta bibliografia], p. 491 e s.
SANTORO-PASSARELLI, F. – *Status familiae*, Urbino, Armando Argalia, 1948.
SANTOS, Eduardo dos – *Direito da Família*, 2.ª ed., Coimbra, Almedina, 1999.
SANTOS, Eduardo dos – *Do divórcio. Suas causas*, Porto, ELCLA, 1994.
SANTOS BRIZ, J. – *Derecho Civil*, t. V, *Derecho de Familia*, Madrid, Editorial Revista de Derecho Privado, 1982.

SANTOSUOSSO, F. – "La separazione personale dei coniugi", *La riforma del Diritto di Famiglia dieci anni dopo* [ver a referência completa nesta bibliografia], pp. 85--120.

SANTOSUOSSO, F. – *Il matrimonio*, 3.ª ed., Torino, UTET, 1989.

SAUX, E. Ignacio – ver CECCHINI, F. Carlos/ SAUX, E. Ignacio.

SAVATIER, R. – *Le Droit, l' Amour et la Liberté*, Paris, LGDJ, 1937.

SAVIGNY, F. C. von – *Traité de Droit Romain*, trad. francesa do alemão (*System des heutigen Römischen Rechts*):
vol. I, Paris, Firmin Didot Frères, 1840;
vol. II, Paris, Firmin Didot Frères, 1841;
vol. III, Paris, Firmin Didot Frères, 1843.

SBISÀ, G. – "Riforma del Diritto di Famiglia", *NovissDig.it.*, *Appendice*, VI, 1986, pp. 797-816.

SCALFI, G. – "Diritto alla serenità familiare", em AAVV, *La civilistica italiana dagli anni '50 ad oggi tra crisi dogmatica e riforme legislative*, Padova, CEDAM, 1991, pp. 283-285.

SCALISI, V. – "Consenso e rapporto nella teoria del matrimonio civile", *RDC* 1990, I, pp. 153-196.

SCALISI, V. – "Divorzio – persona e comunità familiare", *Persona e comunità familiare* [ver a referência completa nesta bibliografia], pp. 187-204.

SCALISI, V. – "La famiglia e le «famiglie»", *La riforma del Diritto di Famiglia dieci anni dopo* [ver a referência completa nesta bibliografia], pp. 270-289.

SCARDULLA, F. – "Inseminazione artificiale omologa od eterologa ed intollerabilità della convivenza", *DFP* 1987, pp. 1343-1349.

SCARDULLA, F. – *La separazione personale dei coniugi ed il divorzio*, 3.ª ed., Milano, Giuffrè, 1996.

SCHEIBLE, S. L. – ver GREGORY, J. de W./ SWISHER, P. N./ SCHEIBLE, S. L.

SCHELD, R. – "Unterhaltsversagung wegen grober Unbilligkeit. Einige Überlegungen zur Anwendung von § 1579 Abs. 1 Nr. 4 BGB", *FamRZ* 1978, pp. 651-654.

SCHELLHAMMER, K. – *Zivilrecht nach Anspruchsgrundlagen. Familienrecht samt Verfahren in Familien- und Betreuungssachen*, Heidelberg, C.F.Müller, 1998 (citado SCHELLHAMMER, *Familienrecht*).

SCHILKEN, E. – anotação ao § 888, *Münchener Kommentar zur Zivilprozeßordnung* (1992) [ver a referência completa nesta bibliografia] (citado SCHILKEN/Münch Komm).

SCHLECHTRIEM, P. – anotação ao § 1353, *Bürgerliches Gesetzbuch*, herausgeben von Othmar Jauernig, 8.ª ed., München, C.H.Beck, 1997 (citado JAUERNIG//SCHLECHTRIEM).

SCHLOSSER, P. – anotação *vor* § 606, *Stein/Jonas Kommentar zur Zivilprozeßordnung* [ver a referência completa nesta bibliografia] (citado STEIN/JONAS/SCHLOSSER).

SCHLÜTER, W. – *BGB-Familienrecht*, 9.ª ed., Heidelberg, C.F. Müller Verlag, 2001.

SCHMID, V. – *Die Familie in Artikel 6 des Grundgesetzes*, Berlin, Duncker Humblot, 1989.
SCHMIDT-VON RHEIN, G. – anotação ao § 888, *Reihe Alternativkommentare. Kommentar zur Zivilprozeßordnung*, Rudolf Wassermann (Gesamtherausgeber), Luchterhand, 1987 (citado SCHMIDT-VON RHEIN/*Reihe*).
SCHUCHMANN, R. – *Das nacheheliche Unterhaltsrecht in einem Scheidungsrecht ohne Verschulden (Unter Berücksichtigung des UÄndG)*, Frankfurt a.M., Peter Lang, 1986.
SCHWAB, D. – "Ehestörungsklage und Schadenersatzansprüche wegen Ehestörung", *JuS* 1961, pp. 142-146.
SCHWAB, D. – "Eingetragene Lebenspartnerschaft – Ein Überblick", *FamRZ* 2001, pp. 385-398.
SCHWAB, D. – *Familienrecht*, 9.ª ed., München, Verlag C.H.Beck, 1999.
SCHWAB, K. H. – anotação a BGH 21/3/1956, *NJW* 1956, pp. 1149-1150.
SCHWELB, E. – "Marriage and Human Rights", *AJCL* 1963, pp. 337-383.
SCHWENCK, W. – *Die eherechtliche Generalklausel – ihre Entwicklung und der Einfluss des 1. EheRG*, Inaugural-Dissertation zur Erlangung der Doktorwürde der Juristischen Fakultät der Eberhard-Karls-Universität zu Tubingen, 1987.
SCHWENZER, I. – *Vom Status zur Realbeziehung (Familienrecht im Wandel)*, Baden--Baden, Nomos, 1987.
SCHWERDTNER, P. – *Das Persönlichkeitsrecht in der deutschen Zivilrechtsordnung*, Berlin, J. Schweitzer, 1977.
SCHWIND, F. – "Verrechtlichung und Entrechtlichung der Ehe", *FamRZ* 1982, pp. 1053-1056.
SEIDL, H. – *Familienrecht*, 3.ª ed., München, C.H.Beck, 1993.
"Separazione e divorzio: una nuova legge alle soglie del 2000", Incontro-Dibattito svoltosi a Salerno (1998), *DFP* 2000, pp. 436-495.
SERRANO GÓMEZ, E. – *Manual de Derecho de Familia*, Serrano Alonso (org.) [ver a referência completa nesta bibliografia], p. 21 e s.
SERRANO MORENO, J. L. – *El efecto familia (veinticuatro tesis sobre derecho constitucional de familia)*, Granada, Ediciones TAT, Granada, 1987.
SESTA, M. – *Lezioni di Diritto di Famiglia*, 2.ª ed., Padova, CEDAM, 1997.
SILVA, Amélia da – *Efeitos pessoais do casamento*, dact., dissertação para o Curso Complementar de Ciências Histórico-Jurídicas, Faculdade de Direito da Universidade de Coimbra, 1961.
SIMAS SANTOS, M. J. – ver LEAL-HENRIQUES, M. O./ SIMAS SANTOS, M. J.
SIMON, A.-M. – ver HESS-FALLON, B./ SIMON, A.-M.
SLAUGHTER, M. M. – "Marital Bargaining: Implications for Legal Policy", *Making Law for Families* [ver a referência completa nesta bibliografia], pp. 29-47.
SMID, S. – "Der Fluch der bösen Tat, oder: Verwirkung des Besitzschutzes an der Ehewohnung aufgrund vorangegangenen unmoralischen Tuns ?", *FamRZ* 1989, pp. 1144-1146.

SMID, S. – "Fallweise Abwägung zur Bestimmung des Schutzes des «räumlich-gegenständlichen Bereichs» der Ehe?", *NJW* 1990, pp. 1344-1346.
SMID, S. – "Schutz des «räumlich-gegenständlichen Bereichs» der Ehe oder Eheschutz – OLG Celle, NJW 1980, 711", *JuS* 1984, pp. 101-106.
SMID, S. – *Zur Dogmatik der Klage auf Schutz des «räumlich-gegenständlichen Bereichs» der Ehe (Das Hausrecht der Ehe)*, Berlin, Duncker Humblot, 1983.
SOARES, Rogério / LEITE DE CAMPOS, D. – "A família em Direito Constitucional Comparado", *ROA* 1990, pp. 5-20.
SOARES MARTÍNEZ, P. – *Comentários à Constituição de 1976*, Lisboa/São Paulo, Verbo, 1978.
Soergel – Bürgerliches Gesetzbuch mit Einführungsgesetz und Nebengesetzen, 12.ª ed.:
 Band 5/2, *Schuldrecht* IV/2, §§ 823-853, Stuttgart/Berlin/Köln/Mainz, Kohlhammer, 1998;
 Band 7, *Familienrecht* I, §§ 1297-1588, Stuttgart/Berlin/Köln/Mainz, Kohlhammer, 1988.
SOURVILLE, P. – "La réforme du divorce: le point de vue de l'huissier de justice", em AAVV, *Divorce, 20 ans après*, Paris, Dalloz/Revue Juridique d'Ile de France, 1997, pp. 67-75.
SOUTO PAZ, J. A. – "Matrimonio y convivencia", *Hominum Causa Omne Ius Constitutum Est* [ver referência completa nesta bibliografia], pp. 129-135.
SOUTO PAZ, J. A. – *Derecho Matrimonial*, 2.ª ed., Madrid/Barcelona, Marcial Pons, 2002.
SPALLAROSSA, M. – ver BESSONE, M./ ALPA, G./ D'ANGELO, A./ FERRANDO, G./ SPALLAROSSA, M.
SPECTOR, R. – "All in the Family – Tort Litigation Comes of Age", *Fam.L.Q.* 28, 1994, pp. 363-387.
SPECTOR, R. – "Marital Torts: The Current Legal Landscape", *Fam.L.Q.* 33, 1999, pp. 745-763.
SPEISER, S./ KRAUSE, C./ GANS, A. – *The American Law of Torts*:
 vol. 2, Rochester (New York), The Lawyers Co-Operative Publishing, 1985;
 vol. 7, Rochester (New York), The Lawyers Co-Operative Publishing, 1990.
SPENCER, E. – *A Treatise on the Law of Domestic Relations and the Status and Capacity of Natural Persons as Generally Administered in The United States*, New York, The Banks Law Publishing, 1911.
STAKE, C. – "Die Pflichten aus der ehelichen Lebensgemeinschaft und ihre gerichtliche Durchsetzung", *JA* 1994, pp. 115-124.
STANZIONE, G. – *Diritto di Famiglia*, Torino, Giappichelli, 1997.
STANZIONE, G. – "Crisi coniugale e tutela della persona", *Persona e comunità familiare* [ver a referência completa nesta bibliografia], pp. 239-242.
STANZIONE, G. – *Divorzio e tutela della persona (L'esperienza francese, italiana e tedesca)*, Napoli, Edizioni Scientifiche Italiane, 1981.

STANZIONE, G. – intervenção, *Diritto di Famiglia: casi e questioni* [ver a referência completa nesta bibliografia], pp. 154-163.
STANZIONE, G. – *Sui rapporti familiari nel vigente ordinamento spagnolo in comparazione con il diritto italiano*, Napoli, Edizioni Scientifiche Italiane, 1984.
STANZIONE, P. – "Principi costituzionali e Diritto di Famiglia nell'esperienza spagnola", *DFP* 1984, pp. 254-282.
STANZIONE, P. – intervenção, *Persona e comunità familiare* [ver a referência completa nesta bibliografia], pp. 11-13.
STARK, E. – "Kann ein Dritter wegen Ehestörung zu Genugtuungszahlungen verpflichtet werden?", *Festschrift für Cyril Hegnauer zum 65. Geburtstag*, Bern, Verlag Stämpfli & Cie AG, 1986, pp. 515-533.
STATSKY, W. – *Family Law*, 4.ª ed., Albany (New York), West Publishing, 1996.
STATSKY, W. – *Torts. Personal Injury. Litigation*, 3.ª ed., Minneapolis/St. Paul, West Publishing Company, 1995.
Stein/Jonas Kommentar zur Zivilprozeßordnung, 21.ª ed.:
Band 5, Teilband 2, §§ 597-703d, Tübingen, J.C.B. Mohr, 1993;
Band 7, Teilband 1, §§ 864-945, Tübingen, J.C.B. Mohr, 1996.
STÖBER, K. – anotação ao § 888 do ZPO, *Zivilprozeßordnung*, begründet von Zöller [ver a referência completa nesta bibliografia] (citado ZÖLLER/STÖBER).
STRECK, M. – *Generalklausel und unbestimmter Begriff im Recht der allgemeinen Ehewirkungen*, Bonn, Ludwig Röhrscheid Verlag, 1970.
STRUCK, G. – "Räumlich-gegenständlicher Bereich der Ehe", *JZ* 1976, pp. 160-164.
STRYK, V. – ver NEHLSEN, K./ STRYK, V.
Studi in onore di Pietro Rescigno, II.1, Milano, Giuffrè, 1998.
STURM, F. – "Wertwandel im Familienrecht", *Ehe und Kindschaft im Wandel* I [ver a referência completa nesta bibliografia], pp. 1-30.
SURAULT, P. – "Les transformations du modèle familial et de ses fonctions socio-économiques", em AAVV, *Le droit non civil de la famille*, Paris, PUF, 1983, pp. 401-435.
SWISHER, P. N. – ver GREGORY, J. de W./ SWISHER, P. N./ SCHEIBLE, S.L.
TAIPA DE CARVALHO, A. – comentário ao artigo 152.º, *Comentário Conimbricense do Código Penal, Parte Especial*, t. I [ver a referência completa nesta bibliografia], pp. 329-339.
TALAVERA FERNÁNDEZ, P. A. – *La unión de hecho y el derecho a no casarse*, Granada, Editorial Comares, 2001.
TAMBURRINO, G. – *Lineamenti del nuovo Diritto di Famiglia italiano*, 2.ª ed., Torino, UTET, 1981.
TARDITI intervenção, – "Separazione e divorzio: una nuova legge" [ver a referência completa nesta bibliografia], pp. 446-447.
TARTAGLIA, P. – "La separazione per addebito, a qualche anno dalla entrata in vigore, della legge di riforma del Diritto di Famiglia", *Diritto di Famiglia: Raccolta di scritti in onore di Rosario Nicolò*, Milano, Giuffrè, 1982, pp. 171-182.

TEITGEN, H. – *La faute dans le divorce pour faute*, mémoire de D.E.A. de Sociologie du Droit, Université Paris II Panthéon-Assas, 2000.

TEIXEIRA DE SOUSA, M. – *O concurso de títulos de aquisição da prestação (Estudo sobre a dogmática da pretensão e do concurso de pretensões)*, Coimbra, Almedina, 1988.

TEIXEIRA DE SOUSA, M. – *O regime jurídico do divórcio*, Coimbra, Livraria Almedina, 1991.

Temas de Direito da Família, conferências no Conselho Distrital do Porto da Ordem dos Advogados, Coimbra, Livraria Almedina, 1986.

TERRÉ, F. – "Terre à terre dans le droit du divorce", *Mélanges à la mémoire de Danièle Huet-Weiller (Droit des Personnes et de la Famille)*, Presses Universitaires de Strasbourg, 1994, pp. 483-495.

TERRÉ, F./ FENOUILLET, D. – *Droit Civil. Les personnes. La famille. Les incapacités*, 6.ª ed., Paris, Dalloz, 1996.

TESTINI, S. R. – "La separazione con addebito tra diritto e processo", *Giur.It.* 1978, IV, pp. 86-96.

The Law and Economics of Marriage and Divorce, Dnes/Rowthorn (org.), Cambridge, Cambridge University Press, 2002.

THÉRY, I. – *Le démariage: justice et vie privée*, Paris, Éditions Odile Jacob, 2001.

THOMAS, G. – *Les interférences du Droit des Obligations et du Droit Matrimonial*, Presses Universitaires de Grenoble, 1974.

THUR, A. von – *Teoría general del Derecho Civil alemán*, tradução espanhola do alemão (*Der Allgemeine Teil des Deutschen Bürgerlichen Rechts*), vol. I, *Los derechos subjetivos y el patrimonio*, Madrid/Barcelona, Marcial Pons, 1998.

TIEDEMANN, I. – "Aids – Familienrechtliche Probleme", *NJW* 1988, pp. 729-738.

TOMÉ, M. João – *O direito à pensão de reforma enquanto bem comum do casal*, Coimbra, Coimbra Editora, 1997.

TOMMASEO, F. – *Lezioni di Diritto di Famiglia*, Padova, CEDAM, 2000.

TOMMASINI, R. – "Diritto alla riservatezza, comunità familiare, tutela della intimità dei soggetti conviventi", *Persona e comunità familiare* [ver a referência completa nesta bibliografia], pp. 109-138.

TOMMASINI, R. – "I rapporti personali tra coniugi", *Il Diritto di Famiglia*, t. I, a cura di Albisetti [ver a referência completa nesta bibliografia], pp. 111-158.

TOMMASINI, R. – "Osservazioni in tema di diritto alla *privacy*", *DFP* 1976, pp. 242--306.

TORRERO MUÑOZ, M. – *Curso básico de Derecho de Familia*, com a coordenação de Llopis Giner, Valencia, Editorial Práctica de Derecho, 2000.

TORRERO MUÑOZ, M. – *Las crisis familiares en la jurisprudencia (Criterios para una mediación familiar)*, Valencia, Editorial Práctica de Derecho, 1999.

TORRES CARTAGENA, S. I. – "Acción de daños contra el amante del cónyuge adúltero", *RDPuert.* 34, 1994-95, pp. 323-344.

TRABUCCHI, A. – "Famiglia e Diritto nell'orizzonte degli anni' 80", *La riforma del Diritto di Famiglia dieci anni dopo* [ver a referência completa nesta bibliografia], p. 3 e s.
TRABUCCHI, A. – *Cinquant'anni nell'esperienza giuridica*, scritti raccolti e ordinati da Giorgio Cian e Renato Pescara, Padova, CEDAM, 1988:
"Fedeltà coniugale e Costituzione", pp. 1423-1425 (publicado pela primeira vez na rubrica "Attualità e notizie", *RDC* 1974, II, p. 314 e s.);
"Il governo della famiglia", pp. 334-343 (publicado pela primeira vez em *La riforma del Diritto di Famiglia*, Padova, 1972, p. 41 e s.);.
"Inseminazione artificiale diritto civile", pp. 881-904 (publicado pela primeira vez no *NovissDig.it.*, vol. VIII, 1962);
"Matrimonio diritto civile", pp. 937-980 (publicado pela primeira vez no *Noviss Dig.it., Appendice*, IV, s/data mas 1983);
"Separazione dei coniugi e mutamento del titolo per addebito di fatti sopravvenuti", pp. 1462-1470 (publicado pela primeira vez na *Giur.It.* 1977, I, 1, p. 2145 e s.).
TRABUCCHI, A. – anotação ao art. 148, *Commentario al Diritto Italiano della Famiglia* [ver a referência completa nesta bibliografia], p. 646 e s.
TRABUCCHI, A. – *Istituzioni di Diritto Civile*, 38.ª ed., Padova, Cedam, 1998.
Traços da família portuguesa, Bagão Félix e outros, Direcção-Geral da Família, 1994.
TSCHERNITSCHEK, H. – *Familienrecht*, 2.ª ed., München, Wien, Oldenbourg, 1998.
TUNC, A. – "Le préjudice causé par l'infidélité conjugale", *RTDC* 1961, pp. 312-313.
UCELLA, F. – *Il matrimonio*, Padova, CEDAM, 1996.
UCELLA, F. – *La tutela penale della famiglia (Orientamenti vecchi e nuovi)*, Padova, CEDAM, 1984.
UCELLA, F. – *Persona e famiglia*, Padova, CEDAM, 1980.
UCELLA, F./ CATAPANO, F. – "La separazione personale", *Diritto di Famiglia*, a cura di Fulvio Ucella [ver a referência completa nesta bibliografia], p. 169 e s.
Um Código Civil para a Europa/ A Civil Code for Europe/ Un Code civil pour l'Europe, AAVV, Coimbra, Coimbra Editora, 2002.
UNIVERSIDAD DE MURCIA (Departamento de Derecho Civil) – *Seminario sobre la reforma del Derecho de Familia*, vol. I, 1984.
V.M. – "Colpi d'obbiettivo", *RDC* 1966, II, pp. 215-216.
VALENTÍN-FERNÁNDEZ, M. L. – "El matrimonio, realidad social e institución jurídica", em *Instituciones de Derecho Privado*, sob a coordenação geral de Delgado de Miguel, t. IV, *Familia*, vol. 1.º [ver a referência completa nesta bibliografia], pp. 17-197.
VALLADARES RASCÓN, E. – *Nulidad, Separación, Divorcio*, 2.ª ed., Madrid, Editorial Civitas, 1982.
VALPUESTA FERNANDEZ, M. R. – *Los pactos conyugales de separación de hecho: historia y presente*, Universidad de Sevilla, 1982.

VASSALLI, F. – "Diritto pubblico e diritto privato in materia matrimoniale", *Studi Giuridici*, vol. I, Roma, Soc. Ed. del "Foro Italiano", 1939, pp. 195-213.

VASSALLI, F. – *Del «Ius in corpus» del «debitum coniugale» e della servitù d'amore ovverosia La Dogmatica Ludrica*, Arnaldo Forni, 1981 (precedido de "Lettura di Severino Caprioli"), publicado primeiramente em 1944 (Roma, Giovanni Bardi).

VASSALLI, F. – *Lezioni di Diritto Matrimoniale*, vol. I, Padova, CEDAM, 1932.

VASSAUX, J. – "Le déclin du devoir de fidélité entre époux", *RJPF* 2000-4/32.

VASSAUX, J. – *Liberté individuelle et devoirs personnels des époux*, dact., thèse pour le Doctorat d'État en Droit, Université de Lille II, 1989.

VÁZQUEZ IRUZUBIETA, C. – *Régimen jurídico de la celebración y disolución del matrimonio*, Madrid, Editorial Revista de Derecho Privado, 1981.

VEGA SALA, F. – "El nuevo Derecho del Matrimonio", *El nuevo Derecho de Familia español*, D. Espín Cánovas e outros, Madrid, Reus, 1982, pp. 241-294.

VERA-CRUZ PINTO, E. – *O Direito das Obrigações em Roma*, vol. I, Lisboa, AAFDL, 1997.

VERDOT, R. – "La cohabitation", *D.* 1964, chron., pp. 121-132.

VERNIER, C. – *American Family Laws*, vol. III, Stanford University/California, Stanford University Press, 1935.

VERSCHRAEGEN, B. – anotação ao § 1579, *J. von Staudingers Kommentar zum Bürgerlichen Gesetzbuch*, 12.ª ed. [ver a referência completa nesta bibliografia] (citado STAUDINGER/VERSCHRAEGEN).

VETTORI, G. – "L'unità della famiglia e la nuova disciplina della separazione giudizale fra coniugi (profili interpretativi degli artt. 151 e 156 c.c.)", *RTDPC* 1978, pp. 711-747.

VEYNE, P. – "O Império Romano", *História da vida privada* I [ver a referência completa nesta bibliografia], pp. 19-223.

VILADRICH, P.-J. – *La agonía del matrimonio legal*, 3.ª ed., Pamplona, EUNSA, 1997.

VILLA, G. – "Gli effetti del matrimonio", *Famiglia e matrimonio* [ver a referência completa nesta bibliografia], pp. 181-224.

VILLA-NYS, M.-C. – "Réflexions sur le devenir de l'obligation de fidélité dans le droit civil de la famille", *Dr. P.* 2000, n.º 85, pp. 88-100.

VITALI, Emidia – "Il mutamento del titolo della separazione", *DFP* 1980, pp. 264-314.

VITALI, Enrico – "Il matrimonio civile", *Famiglia e matrimonio* ver a referência completa nesta bibliografia, pp. 107-180.

VITALI, Enrico – *Delle persone e della famiglia: artt. 1-230 bis (Commentario)*, Milano, IPSOA, 1990.

VOELSKOW, R. – anotação ao § 1579 do BGB, *Eherecht: Scheidung, Trennung, Folgen* [ver a referência completa nesta bibliografia] (citado JOHANNSEN/HENRICH/VOELSKOW).

VOIRIN, P. / GOUBEAUX, G. – *Droit Civil*, t. 1, *Personnes. Famille. Incapacité. Biens. Obligations. Sûretés*, 27.ª ed., par Gilles Goubeaux, Paris, LGDJ, 1999.

VOLTERRA, E. – "Matrimonio (diritto romano)", *ED*, XXV, 1975, pp. 726-807.
VOPPEL, R. – ver HÜBNER, H./VOPPEL, R.
VORWERK, E. – anotação ao § 1587c, *Soergel- Bürgerliches Gesetzbuch* [ver a referência completa nesta bibliografia] (citado SOERGEL/VORWERK).
WACKE, A. – "Änderungen der allgemeinen Ehewirkungen durch das 1. EheRG", *FamRZ* 1977, p. 505 e s.
WACKE, A. – "Logische Paradoxien in antiker und moderner Jurisprudenz", *Festschrift der Rechtswissenschaftlichen Fakultät zur 600-Jahr-Feier der Universität zu Köln*, Köln/Berlin/Bonn/München, Carl Heymanns, 1988, pp. 325-366.
WACKE, A. – anotação ao § 1353, *Münchener Kommentar zum Bürgerlichen Gesetzbuch*, 4.ª ed. [ver a referência completa nesta bibliografia] (citado WACKE/ /Münch Komm).
WADLINGTON, – ver W. PAULSEN, M./ WADLINGTON, W./ GOEBEL, J.
WAGENITZ, T. – "Wider die Verantwortungslosigkeit im Eherecht", *Festschrift für Walter Rolland zum 70. Geburtstag*, Köln, Bundesanzeiger Verlag, 1999, pp. 379-393.
WAGNER, G. – ver KÖTZ, H./ WAGNER, G.
WALKER, T. – "Till Torts Do Us Part", *Fam.Adv.* Winter 1985, n.º 4, pp. 4-9.
WALTER, G. – anotação ao § 606, *Münchener Kommentar zur Zivilprozeßordnung* (1992) [ver a referência completa nesta bibliografia] (citado WALTER/ /MünchKomm).
WATINE-DROUIN, C. – *La séparation de corps*, thèse pour le Doctorat d'État en Droit, Université de Paris II, 1984, t. I.
WEISBERG, K. – *Family Law*, Gaithersburg (New York), Aspen Law Business, 1999.
WELLENHOFER-KLEIN, M. – *Vierzehn Jahre Negative Härteklausel § 1579 BGB (Eine kritische Bestandsaufnahme)*, München, VVF, 1992.
WERNER, N. – *Ehestörung und Gattenrecht*, dact., Inaugural-Dissertation zur Erlangung des Grades eines Doktors der Rechte, Rheinischen Friedrich-Wilhelms-Universität Bonn, 1968.
WESTERMANN-REINHARDT, J. – *Das Ehe- und Familiennamensrecht und seine Entwicklung – ein Beispiel für den Rückzug des Staates aus dem Bereich von Ehe und Familie?*, dact., Von dem Fachbereich Rechtswissenschaften der Universität Hannover zur Erlangung des akademischen Grades eines Doktors der Rechtswissenschaften genehmigte Dissertation, 1999.
WEYERS, H.-L. – "La evolución del Derecho de Familia en la República Federal Alemana desde la postguerra", AAVV, *La reforma del Derecho de Familia*, Universidad de Salamanca, 1977, p. 111-124.
WEYERS, H.-L. – ver ESSER, J./ WEYERS, H.-L.
WICK, H. – anotação ao § 1587c, *Das Bürgerliche Gesetzbuch mit besonderer Berücksichtigung der Rechtsprechung* IV/2 [ver a referência completa nesta bibliografia] (citado RGRK/WICK).

WINDSCHEID, B. – *Diritto delle Pandette*, trad. italiana do alemão (*Lehrbuch des Pandektenrechts*), vol. I, parte prima, Torino, UTET, 1902.

WOLF, A. – "Der Standesbeamte als Ausländerbehörde oder Das neue Eheverbot der pflichtenlosen Ehe", *FamRZ* 1998, pp. 1477-1488.

WOLF, A. – anotação ao § 1565, *Münchener Kommentar zum Bürgerlichen Gesetzbuch*, 4.ª ed. [ver a referência completa nesta bibliografia] (citado A.WOLF/Münch Komm).

WOLF, E. – "Ehe, Zerrütung und Verschulden", *NJW* 1968, pp. 1497-1502.

WOLF, E. – "Der Begriff Familienrecht", *FamRZ* 1968, pp. 493-498.

WOLF, M. – ver LARENZ, K./ WOLF, M.

WOLFF, M. – ver KIPP, T./ WOLFF, M.

WUTZ, M. – *Beschränkungen von Schadensersatzansprüchen zwischen Ehegatten*, dact., Inaugural-Dissertation zur Erlangung der Doktorwürde einer Hohen Juristischen Fakultät der Ludwig-Maximilians-Universität zu München, 1991.

WYSK, P. – *Rechtsmißbrauch und Eherecht*, Bielefeld, Gieseking, 1994.

YOUNG, B. – "Interspousal Torts and Divorce: Problems, Policies, Procedures", *J.Fam. L.* 27, 1988-89, pp. 489-517.

ZACCARIA, A. – "Adulterio e risarcimento dei danni", *Fam. e Dir.* 1997, pp. 463-468.

ZATTI, P. – "I diritti e i doveri che nascono dal matrimonio e la separazione dei coniugi", *Trattato di Diritto Privato*, diretto da Pietro Rescigno, reimpressão da 2.ª ed. de 1996, Torino, UTET, 2002, pp. 5-290.

ZATTI, P. / MANTOVANI, M. – *La separazione personale*, Padova, CEDAM, 1983.

ZEUNER, A. – anotação ao § 823, *Soergel- Bürgerliches Gesetzbuch* [ver a referência completa nesta bibliografia] (citado SOERGEL/ZEUNER).

ZIEGLER, E./ MÄUERLE, K.-H. – *Familienrecht*, 2.ª ed., Baden-Baden, Nomos, 2000.

Zivilprozeßordnung, 21.ª ed., begründet von Dr.Richard Zöller, Köln, Dr. Otto Schmidt, 1999.

ZOPPINI, A. – "L'autonomia privata nel Diritto di Famiglia, sessant'anni dopo", *RDC* 2002, pp. 213-237.

ZYDEK, H. – ver FIEDLER, P. / ZYDEK, H.

ÍNDICE DE JURISPRUDÊNCIA

1. JURISPRUDÊNCIA PORTUGUESA

Tribunal Constitucional

TC 29/3/1990 – 1501

Supremo Tribunal de Justiça/Tribunal Pleno

STJ 26/1/1994 – 1689

Supremo Tribunal de Justiça

STJ 10/12/1954 – 417, 419
STJ 6/4/1973 – 419
STJ 15/6/1973 – 419
STJ 5/2/1974 – 419
STJ 16/7/1974 – 419
STJ 20/10/1977 – 419
STJ 25/1/1979 – 1601
STJ 2/10/1979 – 419
STJ 26/2/1980 – 1568, 1572
STJ 19/6/1980 – 1599
STJ 4/7/1980 – 1565
STJ 16/7/1981 – 617, 1487
STJ 15/12/1981 – 1487
STJ 17/2/1983 – 1686, 1687, 1689
STJ 25/5/1983 – 616
STJ 27/10/1983 – 1599
STJ 15/12/1983 – 1487, 1572
STJ 7/6/1984 – 1565, 1572
STJ 14/6/1984 – 1581
STJ 20/11/1984 – 1573
STJ 5/2/1985 – 1595, 1610, 1681, 1713
STJ 1/3/1985 – 789
STJ 13/3/1985 – 1582, 1592, 1595, 1654, 1685, 1701
STJ 18/6/1985 – 1601
STJ 24/10/1985 – 564
STJ 10/12/1985 – 1572
STJ 17/12/1985 – 132
STJ 18/2/1986 – 1579, 1590, 1592, 1685
STJ 28/5/1986 – 1324
STJ 2/12/1986 – 1556
STJ 4/12/1986 – 1556, 1686
STJ 25/2/1987 – 420, 471, 1564
STJ 5/3/1987 – 1487
STJ 2/4/1987 – 1599
STJ 11/6/1987 – 1324
STJ 9/7/1987 – 1567
STJ 27/10/1987 – 1565

---

* As decisões são seguidas dos números das notas deste trabalho, nas quais são feitas as correspondentes citações)

STJ 25/10/1988 – 1599
STJ 8/11/1988 – 1597
STJ 19/4/1989 – 1558
STJ 5/4/1990 – 1565
STJ 6/12/1990 – 1569
STJ 11/12/1990 – 1556
STJ 14/2/1991 – 1573, 1575
STJ 26/6/1991 – 1378, 1610, 1661, 1699
STJ 19/11/1991 – 1599
STJ 6/2/1992 – 547, 1559
STJ 27/10/1992 – 1378, 1610, 1685
STJ 12/1/1993 – 1556
STJ 16/2/1993 – 1601
STJ 15/6/1993 – 1685
STJ 3/2/1994 – 1585
STJ 26/5/1994 – 1565
STJ 28/6/1994 – 1487
STJ 12/7/1994 – 1570
STJ 7/12/1994 – 1580
STJ 23/2/1995 – 1565
STJ 2/3/1995 – 1559, 1563
STJ 27/2/1996 – 1565, 1585
STJ 12/3/1996 – 1599
STJ 23/5/1996 – 1567
STJ 15/10/1996 – 1578
STJ 10/12/1996 – 1487
STJ 8/4/1997 – 1565
STJ 12/6/1997 – 1605
STJ 23/4/1998, recurso n.º 251/98 – 616, 1561
STJ 23/4/1998, proc. n.º 98B286 – 1564
STJ 2/12/1998 – 789
STJ 24/2/1999 – 1568
STJ 7/7/1999 – 1585
STJ 23/9/1999 – 1559
STJ 8/2/2001 – 1595
STJ 24/1/2002 – 460
STJ 28/2/2002 – 1571
STJ 16/5/2002 – 883

Tribunal da Relação de Coimbra

RC 18/5/1982 – 709
RC 19/6/1984 – 1556
RC 11/12/1984 – 1558
RC 25/6/1985 – 1587
RC 9/12/1987 – 1560
RC 14/2/1989 – 1556
RC 9/5/1989 – 902
RC 16/1/1990 – 1575
RC 20/4/1993 – 1556
RC 23/11/1995 – 789
RC 15/2/2000 – 1610
RC 9/5/2000 – 1557
RC 16/5/2000 – 1559
RC 30/1/2001 – 1571

Tribunal da Relação de Évora

RE 29/7/1982 – 617, 1564
RE 29/1/1987 – 420
RE 19/11/1987 – 132
RE 23/5/1989 – 546
RE 2/11/1995 – 471
RE 7/2/2002 – 1715

Tribunal da Relação de Lisboa

RL 20/3/1970 – 1561
RL 13/7/1977 – 1567
RL 21/2/1978 – 1571
RL 17/6/1980 – 617, 1487
RL 1/4/1982 – 1592
RL 4/7/1984 – 1329
RL 29/11/1984 – 1595
RL 9/4/1991 – 1568
RL 11/6/1992 – 1571
RL 24/11/1992 – 1561
RL 14/4/1994 – 1599
RL 13/7/1995, proc. n.º 0003301 – 1572

RL 13/7/1995, proc. n.º 0084336 – 1575
RL 26/10/1995 – 1599
RL 14/5/1996 – 1560
RL 15/1/1997 – 1452
RL 21/5/1998 – 1597
RL 3/4/2002 – 1324

Tribunal da Relação de Lourenço Marques

RLM 27/8/1968 – 1561

Tribunal da Relação de Luanda

RLuanda 17/6/1969 – 1561

Tribunal da Relação do Porto

RP 14/12/1978 – 419
RP 20/2/1979 – 419
RP 7/2/1980 – 1378, 1582, 1610, 1654
RP 31/7/1980 – 1592
RP 28/4/1981 – 1595
RP 21/4/1982 – 1595
RP 29/7/1986 – 1572
RP 20/10/1988 – 1610
RP 13/12/1988 – 471
RP 22/3/1990 – 1571
RP 15/1/1991 – 1575
RP 28/5/1991 – 1561
RP 28/10/1991 – 1587
RP 15/3/1993 – 1574
RP 14/6/1993 – 1568
RP 27/2/1995 – 1562
RP 14/3/1995 – 1599
RP 7/1/1999 – 1559
RP 8/3/1999 – 1595
RP 26/9/2000 – 1567
RP 12/12/2000 – 1561
RP 16/1/2001 – 1568

2. JURISPRUDÊNCIA ALEMÃ

Bundesverfassungsgericht

BVerfG 29/7/1959 – 259
BVerfG 5/3/1991 – 259, 260

Reichsgericht

RG 26/10/1909 – 1619

Bundesgerichtshof

BGH 26/6/1952, *BGHZ* – 1426, 1445
BGH 26/6/1952, *LM* – 818
BGH 2/11/1955 – 1447
BGH 21/3/1956 – 1729, 1732
BGH 30/1/1957 – 1616, 1617, 1625, 1638, 1656
BGH 6/2/1957 – 962, 1647, 1676, 1728
BGH 8/1/1958 – 962, 963, 1646, 1651, 1728, 1754
BGH 16/12/1960 – 1446
BGH 22/5/1963 – 1431, 1435
BGH 2/11/1966 – 714, 1526
BGH 11/3/1970 – 1317
BGH 3/11/1971 – 1693, 1728
BGH 23/4/1980 – 1524
BGH 17/4/1986 – 693
BGH 4/11/1987 – 817
BGH 19/12/1989 – 1669, 1677

Oberlandesgerichte

OLG Celle 27/4/1964 – 970
OLG Frankfurt 17/7/1974 – 1435
OLG Karlsruhe 16/3/1978 – 1427
OLG Celle 29/11/1979 – 1429, 1441, 1449

OLG Dusseldörf 24/2/1981 – 1427, 1446
OLG Köln 19/4/1983 – 1428
OLG Zweibrücken 26/10/1988 – 1427, 1430, 1446
OLG Schleswig 15/9/1992 – 1343

Kammergericht

KG 16/5/1991 – 1525

Landgericht

LG Saarbrücken 10/11/1966 – 1427

3. JURISPRUDÊNCIA BELGA

App. Bruxelles 21/6/1979 – 1340

4. JURISPRUDÊNCIA ESPANHOLA

Tribunal Constitucional

TCesp 4/6/2001 – 1678

Tribunal Supremo

TS 24/1/1935 – 413, 451
TS 30/7/1999 – 1614, 1678

Tribunais de apelação

AT Cáceres 2/6/1984 – 414
AT Valladolid 6/6/1984 – 478

5. JURISPRUDÊNCIA FRANCESA

Cour de cassation

CassFr 5/6/1829 – 954
CassFr 5/8/1901 – 517
CassFr 29/1/1936 – 520
CassFr 1/5/1939 – 520
CassFr 1/6/1950 – 521
CassFr 12/11/1953 – 518
CassFr 31/10/1962 – 519
CassFr 9/11/1965 – 1613
CassFr 5/11/1969 – 699
CassFr 15/4/1970 – 523
CassFr 2/4/1979 – 1721, 1753, 1756
CassFr 17/7/1984 – 1341
CassFr 11/6/1992 – 1342
CassFr 3/2/1999 – 955, 1721
CassFr 25/1/2000 – 955

Tribunais de apelação

App. Paris 27/6/1963 – 1613
App. Paris 13/2/1986 – 406

Tribunais de primeira instância

Saumur 2/8/1862 – 402
Castel-Sarrazin 8/4/1864 – 1391
Toulouse 29/6/1864 – 1391
Auxerre 3/5/1881 – 402, 424
Riom 22/12/1886 – 402
Nancy 10/3/1894 – 699
TGI Niort 21/11/1960 – 522
Paris 5/6/1969 – 404
TGI Brest 9/7/1974 – 1613, 1656
Montpellier 28/4/1980 – 429
Grenoble 4/6/1980 – 1340
TGI Dunkerque 25/6/1980 – 1721

Douai 19/3/1982 – 429
Paris 25/3/1982 – 404
Paris 29/6/1982 – 429
Montpellier 2/2/1983 – 429
Agen 7/3/1985 – 405
Dijon 31/3/1988 – 1784
Saintes 6/1/1992 – 700

6. JURISPRUDÊNCIA INGLESA

caso *Best v. Samuel Fox, Ltd.* 1778
caso *Edwards v. Porter* 1250
caso *Midland Bank Trust Co Ltd v. Green (No 3)* 1252
caso *R. v. R.* 1301

7. JURISPRUDÊNCIA ITALIANA

Corte Costituzionale

Corte Cost. 28/11/1961 – 503
Corte Cost. 19/12/1968, n.º 126 – 504
Corte Cost. 19/12/1968, n.º 127 – 259
Corte Cost. 3/12/1969 – 505
Corte Cost. 13/7/1970 – 259
Corte Cost. 18/4/1974 – 481, 491, 548
Corte Cost. 11/2/1988 – 260

Corte di Cassazione

CassIt 4/2/1946 – 586
CassIt 4/10/1951 – 697
CassIt 26/11/1963 – 586
CassIt 26/1/1971 – 956
CassIt 16/4/1975 – 1547
CassIt 19/6/1975 – 1615, 1706
CassIt 6/2/1976 – 437
CassIt 16/2/1976 – 301, 587, 1335
CassIt 24/3/1976 – 437
CassIt 23/4/1982 – 1546
CassIt 4/12/1985 – 1546
CassIt 11/11/1986 – 982, 1784, 1785, 1787
CassIt 2/3/1987 – 1546
CassIt 30/1/1992 – 1547
CassIt 22/3/1993 – 1615
CassIt 6/4/1993 – 1615
CassIt 10/6/1994 – 296
CassIt 26/5/1995 – 1615
CassIt 21/5/1996 – 1785
CassIt 18/9/1997 – 559, 1547
CassIt 13/8/1998 – 1483

Tribunais de apelação

App. Venezia 11/1/1958 – 698
App. Milano 9/7/1971 – 272, 1332

Tribunais de primeira instância

Roma 17/9/1988 – 957, 1615, 1658, 1726, 1747
Perugia 3/10/1992 – 392
Terni 22/11/1994 – 580
Monza 15/3/1997 – 1727, 1735, 1744, 1750
Milano 10/2/1999 – 1615, 1623, 1661, 1685
Firenze 13/6/2000 – 1615, 1661

8. JURISPRUDÊNCIA NORTE-AMERICANA

caso *Balts v. Balts* 1264
caso *Buckeye v. Buckeye* 1260

caso *Commonwealth v. Chretien* 1299
caso *Corren v. Corren* 1255
caso *Courtney v. Courtney* 1265
caso *Curry v. Kline* 1761
caso *Ensminger v. Campbell* 1257
caso *Goode v. Martinis* 1261
caso *Hayes v. Nowlin* 1762
caso *Hedman v. Siegriest* 1759
caso *Heermance v. James* 1758
caso *Hitaffer v. Argone Co., Inc.* 1781, 1782
caso *Immer v. Risko* 1273
caso *Koepke v. Koepke* 1279
caso *Merenoff v. Merenoff* 1281
caso *Mosier v. Carney* 1265
caso *Poulos v. Poulos* 1764
caso *Ritter v. Ritter* 1253

caso *Romer v. Evans* 1782
caso *Salinas v. Fort Worth Cab Baggage Co.* 1790
caso *Smith v. Smith* 1273
caso *Smith v. State* 1299
caso *Taibi v. De Gennaro* 1258
caso *Thompson v. Thompson* 1253, 1262
caso *Vance v. Chandler* 1279

9. JURISPRUDÊNCIA DE PORTO RICO

caso *Moisés Romero Soto v. Ambrosio Morales Laboy* 1739

ÍNDICE GERAL

Nota Prévia 7
Agradecimentos 9
Siglas e Abreviaturas 11
Introdução 21

Parte I
DELIMITAÇÃO DOS DEVERES CONJUGAIS SEXUAIS

A. A indeterminação dos deveres conjugais 31
   1. *A enumeração no sistema romanístico* 34
      1.1. Direito francês 34
      1.2. Direito espanhol 44
      1.3. Direito italiano 54
      1.4. Direito português 65
      1.5. As dificuldades gerais na concretização dos deveres conjugais 75
   2. *A cláusula geral do § 1353 I 2 Hs. 1 do BGB* 85
      2.1. A crítica à técnica da enumeração 85
      2.2. A construção dos deveres conjugais a partir da cláusula geral 91
      2.3. As dificuldades na concretização dos deveres conjugais 104

B. A concretização dos deveres conjugais 108
   1. *Os critérios de concretização* 108
   2. *A igualdade na concretização dos deveres conjugais* 113
   3. *A tutela da personalidade na concretização dos deveres conjugais* 123
   4. *O acordo na concretização dos deveres conjugais* 135
   5. *A ideia de núcleo intangível na concretização dos deveres conjugais* ... 152

C. O DEVER DE NÃO TER RELAÇÕES SEXUAIS COM TERCEIRO 162
   1. *Conexão com o dever de fidelidade* 162
      1.1. Identidade total 162
      1.2. Inexistência de identidade 172
      1.3. Identidade parcial 175
      1.4. O retorno da concepção restrita "grosseira" de fidelidade 195
   2. *Sobre a intangibilidade do conteúdo do dever de fidelidade* 213
      2.1. As orientações relativistas 213
      2.2. Os factores da dúvida 223

D. O DEVER DE TER RELAÇÕES SEXUAIS COM O CÔNJUGE 254
   1. *Alternativas à via do dever de coabitação* 256
      1.1. A hipótese do dever de fidelidade 256
      1.2. A hipótese do dever de cooperação 259
      1.3. A hipótese do dever de respeito 268
   2. *A via do dever de coabitação* 272
   3. *Conteúdo e intangibilidade do dever de coabitação sexual* 297

PARTE II

NATUREZA DOS DEVERES CONJUGAIS SEXUAIS

A. ENTRE A TRADIÇÃO E O NIILISMO 313
   1. *O fracasso dos dois modelos tradicionais de direito subjectivo* 313
      1.1. O *ius in corpus*: direito real ou direito de crédito? 313
      1.2. O estertor da teoria e da prática do direito real 320
      1.3. A resistência da teoria e da prática do direito de crédito 331
      1.4. Da denegação de qualificação jurídica precisa à denegação absoluta de carácter jurídico 361
   2. *A "fuga do Direito"* 366
      2.1. A "hipótese do non-droit" 366
      2.2. Em "luta contra o Direito" 373
      2.3. A "hipótese do Direito" na relação conjugal pessoal 390

B. OUTRO DILEMA: SER OU NÃO SER DIREITO SUBJECTIVO 412
   1. *O direito subjectivo conjugal* 412
      1.1. O eixo da oponibilidade 412
      1.2. O eixo do objecto 434
      1.3. O eixo da função 445
   2. *A rejeição do direito subjectivo conjugal* 454
      2.1. Aproximações funcionais de inspiração publicista 454

Índice Geral 827

2.2. Os deveres conjugais como emanações de um bem jurídico, não mediadas pela categoria do direito subjectivo.................................. 470
2.3. Os deveres conjugais nas teorias de fronteira 477

C. OS DEVERES CONJUGAIS SEXUAIS ENQUANTO DEVERES ESTATUTÁRIOS 485
1. O status na compreensão dos deveres conjugais sexuais...................... 485
2. O conceito de status 491
3. A ligação orgânica dos cônjuges... 499
4. A indisponibilidade dos direitos conjugais sexuais......................... 505

PARTE III

GARANTIA DOS DEVERES CONJUGAIS SEXUAIS

A. A RELAÇÃO CONJUGAL COMO UM MUNDO À PARTE.. 529
1. A não responsabilização pela violação de direitos gerais 530
   1.1. A doutrina anglo-americana da imunidade 530
   1.2. A imunidade no sistema romano-germânico............................... 549
   1.3. "Quando é que um ilícito não é um ilícito?"............................. 562
2. A tutela dos direitos gerais no casamento e a tutela dos direitos conjugais: conexões problemáticas 565
3. A doutrina da fragilidade da garantia dos deveres conjugais pessoais . 568
4. Cumprimento coercivo e coerção para o cumprimento dos deveres conjugais sexuais.. 576
   4.1. Proibição da execução específica e da justiça privada................ 576
   4.2. Proibição das sanções compulsórias....................................... 579
   4.3. A tutela do dever de fidelidade e a doutrina do "räumlich-gegenständlicher Bereich der Ehe" ("domínio espacial-objectivo do casamento") 587
      4.3.1. A proibição de execução da sentença proferida na acção de "restabelecimento da vida conjugal" ("Herstellung des ehelichen Lebens").. 587
      4.3.2. A génese e a evolução da doutrina do "räumlich-gegenständlicher Bereich der Ehe" 592
      4.3.3. A qualificação do direito subjacente à tutela do "räumlich-gegenständlicher Bereich der Ehe"....................................... 595
   4.4. A tutela do dever de fidelidade na casa de morada da família, à luz do direito português 601
5. A garantia jurídica tipicamente familiar 604
   5.1. A consideração do ilícito conjugal no plano das causas do divórcio ou da separação de pessoas e bens 607

5.2. A consideração do ilícito conjugal no plano das consequências do divórcio ou da separação de pessoas e bens 620
    5.2.1. O sistema de equidade 620
    5.2.2. O sistema de declaração de culpa ou imputabilidade 628

B. A RELAÇÃO CONJUGAL COMO *UMA PARTE DO MUNDO* 662
  1. *A responsabilidade civil por violação dos deveres conjugais sexuais*.... 662
    1.1. A admissibilidade da responsabilidade civil por ilícito conjugal..... 662
        1.1.1. A natureza e a garantia dos deveres conjugais sexuais; o argumento da liberdade; o discurso da imunidade interconjugal 662
        1.1.2. Adequação técnica do ilícito conjugal aos pressupostos da responsabilidade civil 672
        1.1.3. A compatibilidade do cúmulo das sanções familiares com a responsabilidade civil comum 677
    1.2. O regime da responsabilidade civil por ilícito conjugal.................. 692
        1.2.1. Os pressupostos da responsabilidade; o problema da prova da culpa 692
        1.2.2. A delimitação dos danos indemnizáveis 699
        1.2.3. O momento oportuno para apresentar o pedido de indemnização; as cláusulas sobre responsabilidade 708
  2. *A responsabilidade delitual do terceiro por interferência na relação conjugal* 714
    2.1. O debate sobre a responsabilidade do "terceiro cúmplice de adultério" 714
    2.2. Outras situações de interferência do terceiro: a doutrina da "alienation of affections" e a instigação ao incumprimento dos deveres conjugais sexuais; acção de "loss of consortium", a lesão acidental da capacidade sexual de um cônjuge e os crimes contra a liberdade sexual 729

CONCLUSÃO 741

BIBLIOGRAFIA CITADA 765

ÍNDICE DE JURISPRUDÊNCIA 819

ÍNDICE GERAL 825